ZHUANLI ZHIFA WEIQUAN
ZHIDAO SHOUCE

专利执法维权指导手册

国家知识产权局专利管理司 ◎ 编

知识产权出版社
全国百佳图书出版单位

图书在版编目（CIP）数据

专利执法维权指导手册/国家知识产权局专利管理司编. —北京：知识产权出版社，2018.6
（2019.9重印）

ISBN 978-7-5130-5244-3

Ⅰ.①专… Ⅱ.①国… Ⅲ.①专利权法—中国—手册 Ⅳ.①D923.42-62

中国版本图书馆CIP数据核字（2018）第252548号

内容提要

本手册包括已发布的与专利执法维权相关的法律法规、地方性法规和规章、部门规章、办案指南、行政答复以及政策文件，方便一线执法人员在日常工作中使用，并有助于专利权人、代理人、律师以及有关当事人了解专利执法维权的具体方式和流程，促进有关社会各界更加有效地运用专利制度保护创新。

责任编辑：王祝兰	责任校对：谷 洋
装帧设计：久品轩	责任印制：刘译文

专利执法维权指导手册
国家知识产权局专利管理司◎编

出版发行：知识产权出版社有限责任公司	网　　址：http://www.ipph.cn
社　　址：北京市海淀区气象路50号院	邮　　编：100081
责编电话：010-82000860转8555	责编邮箱：wzl@cnipr.com
发行电话：010-82000860转8101/8102	发行传真：010-82000893/82005070/82000270
印　　刷：北京嘉恒彩色印刷有限责任公司	经　　销：各大网上书店、新华书店及相关专业书店
开　　本：787mm×1092mm 1/16	印　　张：48.75
版　　次：2018年6月第1版	印　　次：2019年9月第2次印刷
字　　数：1300千字	定　　价：175.00元
ISBN 978-7-5130-5244-3	

出版权专有　侵权必究
如有印装质量问题，本社负责调换。

《专利执法维权指导手册》
编 写 组

主 编：雷筱云 赵梅生

成 员：姜 伟 王志超 于 光 关 健

　　　　安亚磊 蔡健炜 周源琦

目　　录

一、法律法规　/　1

中华人民共和国专利法　/　3
中华人民共和国专利法实施细则　/　12
中华人民共和国行政处罚法　/　31
中华人民共和国行政强制法　/　38
中华人民共和国行政复议法　/　47
中华人民共和国行政复议法实施条例　/　53
中华人民共和国行政诉讼法　/　60

二、省（自治区、直辖市）地方性法规、规章　/　71

北京市专利保护和促进条例　/　73
天津市专利促进与保护条例　/　78
河北省专利条例　/　85
山西省专利实施和保护条例　/　92
内蒙古自治区查处冒充专利行为办法　/　95
辽宁省专利条例　/　97
吉林省专利条例　/　102
黑龙江省专利保护条例　/　107
上海市专利保护条例　/　111
江苏省专利促进条例　/　115
浙江省专利条例　/　120
安徽省专利条例　/　126
福建省专利促进与保护条例　/　131
江西省专利促进条例　/　136
山东省专利条例　/　142
山东省专利纠纷处理和调解办法　/　148
河南省专利保护条例　/　153
湖北省专利条例　/　157
湖南省专利条例　/　163
广东省专利条例　/　169
广东省展会专利保护办法　/　175
广西壮族自治区专利条例　/　181
重庆市专利促进与保护条例　/　186
四川省专利保护条例　/　189
贵州省专利条例　/　195

云南省专利促进与保护条例 / 202
陕西省专利条例 / 207
甘肃省专利条例 / 214
青海省专利促进与保护条例 / 219
宁夏回族自治区专利保护条例 / 222
新疆维吾尔自治区专利促进与保护条例 / 228

三、部门规章 / 233

专利行政执法办法 / 235
专利标识标注办法 / 242
展会知识产权保护办法 / 243

四、办案指南 / 247

国家知识产权局关于印发《专利侵权判定和假冒专利行为认定指南（试行）》的通知（国知发管字〔2014〕42号） / 249

国家知识产权局关于印发《专利行政执法操作指南（试行）》的通知（国知发管字〔2016〕10号） / 345

国家知识产权局关于印发《专利侵权行为认定指南（试行）》《专利行政执法证据规则（试行）》《专利纠纷行政调解指引（试行）》的通知（国知发管字〔2016〕31号） / 425

国家知识产权局办公室关于加强专利权权属纠纷案件办理工作的通知（国知办发管字〔2016〕13号） / 549

国家知识产权局关于印发《专利执法行政复议指南（试行）》《专利执法行政应诉指引（试行）》的通知（国知发管字〔2017〕80号） / 550

五、行政答复 / 583

（一）处理专利侵权纠纷 / 585

1. 关于新产品的认定 / 587
2. 关于口头审理是否为专利行政执法必经程序 / 589
3. 关于专利权有效的证明及侵权起算时间点 / 591
4. 关于行政处理决定的性质、生效时间及当事人救济途径 / 594
5. 关于举证责任 / 598
6. 关于可否列入第三人 / 600
7. 关于修改前后的《专利行政执法办法》的过渡适用 / 602
8. 关于追加被请求人及处理决定对侵权行为的效力 / 603
9. 关于处理专利侵权纠纷的执法性质、行政诉讼中一并审理民事争议的含义及确认不侵权起诉条件 / 605
10. 关于举证期限 / 607
11. 关于依职权取得的证据是否必须质证 / 609
12. 关于中止处理的条件（1） / 611

13. 关于专利权被宣告无效后侵权案件的处理 / 614
14. 关于地域管辖 / 616
15. 关于中止处理的条件（2） / 618
16. 关于案外人参加案件处理 / 620
17. 关于缺席审理、追加被请求人及"使用"侵权行为的处理 / 622
18. 关于"为生产经营目的使用"的认定 / 625
19. 关于专利权期限届满后侵权纠纷的处理 / 626

（二）查处假冒专利行为 / 629
1. 关于地域管辖 / 631
2. 关于修改后《专利法》《专利行政执法办法》的溯及力 / 633
3. 关于假冒专利行为的认定 / 635
4. 关于专利权被宣告无效或终止后标注专利标识行为如何定性 / 638
5. 关于查封、扣押产品的处理及"责令改正"的性质 / 640
6. 关于销售或者使用假冒专利产品行为的定性及行政机关的
   举证责任 / 642
7. 关于企业使用法定代表人或员工专利权是否构成假冒专利行为及
   专利标识标注要求 / 645
8. 关于使用近亲属的专利是否构成假冒专利行为及"未被授予专利权"的
   产品的认定 / 647
9. 关于销售附有"将未被授予专利权的技术称为专利技术"的产品说明书的
   产品是否构成假冒专利行为的认定 / 650
10. 关于查处假冒专利行为中过罚相当原则的适用 / 652
11. 关于案件信息的公开 / 655
12. 关于专利实施许可合同的生效条件 / 657

（三）调解其他专利纠纷 / 659
1. 关于分案申请的临时保护 / 661

（四）其　　他 / 663
1. 关于故意不缴费是否属于不可抗拒的事由及专利程序的中止 / 665
2. 关于不可抗力或不可抗拒事由的认定 / 667
3. 关于地方颁发的专利行政执法证件的认定 / 670

六、政策文件 / 673

海关总署、中国专利局关于发布《关于实施专利权海关保护若干问题的规定》
　　的通知（署监〔1997〕202号） / 675
国家知识产权局关于印发《关于开展知识产权维权援助工作的指导意见》的通知
　　（国知发管字〔2007〕157号） / 677
国家知识产权局　公安部关于建立协作配合机制共同加强知识产权保护工作的通知
　　（国知发管字〔2008〕80号） / 680

国家知识产权局关于加强知识产权维权援助中心举报投诉维权服务工作的通知（国知发管字〔2010〕139号） / 683

国家知识产权局关于加强专利行政执法工作的决定（国知发管字〔2011〕74号） / 689

国家知识产权局关于知识产权系统执法督查督办工作若干事项的通知（国知发管字〔2011〕155号） / 693

国家知识产权局关于开展知识产权快速维权试点工作的通知（国知发管字〔2012〕112号） / 696

国家知识产权局关于印发《专利行政执法能力提升工程方案》的通知（国知发管函字〔2013〕34号） / 699

国家知识产权局关于公开有关专利行政执法案件信息具体事项的通知（国知发管字〔2014〕23号） / 703

国家知识产权局办公室关于深化电子商务领域专利执法维权协作机制的通知（国知办发管字〔2016〕2号） / 708

国家知识产权局关于开展知识产权系统社会信用体系建设工作若干事项的通知（国知发管字〔2016〕3号） / 711

国家知识产权局关于印发《专利行政执法案卷评查办法（试行）》的通知（国知发管字〔2016〕68号） / 714

国家知识产权局关于印发《专利行政执法证件与执法标识管理办法（试行）》的通知（国知发管字〔2016〕70号） / 727

国家知识产权局关于开展知识产权快速协同保护工作的通知（国知发管字〔2016〕92号） / 732

国家知识产权局关于印发《关于严格专利保护的若干意见》的通知（国知发管字〔2016〕93号） / 736

国家知识产权局办公室关于印发《〈关于严格专利保护的若干意见〉任务分工和工作进度方案》的通知（国知办发管字〔2017〕27号） / 744

国家知识产权局关于印发《"互联网＋"知识产权保护工作方案》的通知（国知办发管字〔2018〕21号） / 766

一、法律法规

中华人民共和国专利法

(1984年3月12日第六届全国人民代表大会常务委员会第四次会议通过 根据1992年9月4日第七届全国人民代表大会常务委员会第二十七次会议《关于修改〈中华人民共和国专利法〉的决定》第一次修正 根据2000年8月25日第九届全国人民代表大会常务委员会第十七次会议《关于修改〈中华人民共和国专利法〉的决定》第二次修正 根据2008年12月27日第十一届全国人民代表大会常务委员会第六次会议《关于修改〈中华人民共和国专利法〉的决定》第三次修正)

第一章 总 则

第一条 为了保护专利权人的合法权益,鼓励发明创造,推动发明创造的应用,提高创新能力,促进科学技术进步和经济社会发展,制定本法。

第二条 本法所称的发明创造是指发明、实用新型和外观设计。

发明,是指对产品、方法或者其改进所提出的新的技术方案。

实用新型,是指对产品的形状、构造或者其结合所提出的适于实用的新的技术方案。

外观设计,是指对产品的形状、图案或者其结合以及色彩与形状、图案的结合所作出的富有美感并适于工业应用的新设计。

第三条 国务院专利行政部门负责管理全国的专利工作;统一受理和审查专利申请,依法授予专利权。

省、自治区、直辖市人民政府管理专利工作的部门负责本行政区域内的专利管理工作。

第四条 申请专利的发明创造涉及国家安全或者重大利益需要保密的,按照国家有关规定办理。

第五条 对违反法律、社会公德或者妨害公共利益的发明创造,不授予专利权。

对违反法律、行政法规的规定获取或者利用遗传资源,并依赖该遗传资源完成的发明创造,不授予专利权。

第六条 执行本单位的任务或者主要是利用本单位的物质技术条件所完成的发明创造为职务发明创造。职务发明创造申请专利的权利属于该单位;申请被批准后,该单位为专利权人。

非职务发明创造,申请专利的权利属于发明人或者设计人;申请被批准后,该发明人或者设计人为专利权人。

利用本单位的物质技术条件所完成的发明创造,单位与发明人或者设计人订有合同,对申请专利的权利和专利权的归属作出约定的,从其约定。

第七条 对发明人或者设计人的非职务发明创造专利申请,任何单位或者个人不得压制。

第八条 两个以上单位或者个人合作完成的发明创造、一个单位或者个人接受其他单位或者个人委托所完成的发明创造,除另有协议的以外,申请专利的权利属于完成或者共同完成的单位或者个人;申请被批准后,申请的单位或者个人为专利权人。

第九条 同样的发明创造只能授予一项专利权。但是,同一申请人同日对同样的发明创造既申请实用新型专利又申请发明专利,先获得的实用新型专利权尚未终止,且申请人声明放弃该实用新型专利权的,可以授予发明专利权。

两个以上的申请人分别就同样的发明创造申请专利的,专利权授予最先申请的人。

第十条 专利申请权和专利权可以转让。

中国单位或者个人向外国人、外国企业或者外国其他组织转让专利申请权或者专利权的,应当依照有关法律、行政法规的规定办理手续。

转让专利申请权或者专利权的,当事人应当订立书面合同,并向国务院专利行政部门登记,由国务院专利行政部门予以公告。专利申请权或者专利权的转让自登记之日起生效。

第十一条 发明和实用新型专利权被授予后,除本法另有规定的以外,任何单位或者个人未经专利权人许可,都不得实施其专利,即不得为生产经营目的制造、使用、许诺销售、销售、进口其专利产品,或者使用其专利方法以及使用、许诺销售、销售、进口依照该专利方法直接获得的产品。

外观设计专利权被授予后,任何单位或者个人未经专利权人许可,都不得实施其专利,即不得为生产经营目的制造、许诺销售、销售、进口其外观设计专利产品。

第十二条 任何单位或者个人实施他人专利的,应当与专利权人订立实施许可合同,向专利权人支付专利使用费。被许可人无权允许合同规定以外的任何单位或者个人实施该专利。

第十三条 发明专利申请公布后,申请人可以要求实施其发明的单位或者个人支付适当的费用。

第十四条 国有企业事业单位的发明专利,对国家利益或者公共利益具有重大意义的,国务院有关主管部门和省、自治区、直辖市人民政府报经国务院批准,可以决定在批准的范围内推广应用,允许指定的单位实施,由实施单位按照国家规定向专利权人支付使用费。

第十五条 专利申请权或者专利权的共有人对权利的行使有约定的,从其约定。没有约定的,共有人可以单独实施或者以普通许可方式许可他人实施该专利;许可他人实施该专利的,收取的使用费应当在共有人之间分配。

除前款规定的情形外,行使共有的专利申请权或者专利权应当取得全体共有人的同意。

第十六条 被授予专利权的单位应当对职务发明创造的发明人或者设计人给予奖励;发明创造专利实施后,根据其推广应用的范围和取得的经济效益,对发明人或者设计人给予合理的报酬。

第十七条 发明人或者设计人有权在专利文件中写明自己是发明人或者设计人。

专利权人有权在其专利产品或者该产品的包装上标明专利标识。

第十八条 在中国没有经常居所或者营业所的外国人、外国企业或者外国其他组织在中国申请专利的,依照其所属国同中国签订的协议或者共同参加的国际条约,或者依照互惠原则,根据本法办理。

第十九条 在中国没有经常居所或者营业所的外国人、外国企业或者外国其他组织在中国申请专利和办理其他专利事务的,应当委托依法设立的专利代理机构办理。

中国单位或者个人在国内申请专利和办理其他专利事务的,可以委托依法设立的专利代理机构办理。

专利代理机构应当遵守法律、行政法规,按照被代理人的委托办理专利申请或者其他专利事务;对被代理人发明创造的内容,除专利申请已经公布或者公告的以外,负有保密责任。专利代理机构的具体管理办法由国务院规定。

第二十条 任何单位或者个人将在中国完成的发明或者实用新型向外国申请专利的,应当事先报经国务院专利行政部门进行保密审查。保密审查的程序、期限等按照国务院的规定执行。

中国单位或者个人可以根据中华人民共和国参加的有关国际条约提出专利国际申请。申请人提出专利国际申请的,应当遵守前款规定。

国务院专利行政部门依照中华人民共和国参加的有关国际条约、本法和国务院有关规定处理专利国际申请。

对违反本条第一款规定向外国申请专利的发明或者实用新型,在中国申请专利的,不授予专利权。

第二十一条 国务院专利行政部门及其专利复审委员会应当按照客观、公正、准确、及时的要求,依法处理有关专利的申请和请求。

国务院专利行政部门应当完整、准确、及时发布专利信息,定期出版专利公报。

在专利申请公布或者公告前,国务院专利行政部门的工作人员及有关人员对其内容负有保密责任。

第二章 授予专利权的条件

第二十二条 授予专利权的发明和实用新型,应当具备新颖性、创造性和实用性。

新颖性,是指该发明或者实用新型不属于现有技术;也没有任何单位或者个人就同样的发明或者实用新型在申请日以前向国务院专利行政部门提出过申请,并记载在申请日以后公布的专利申请文件或者公告的专利文件中。

创造性,是指与现有技术相比,该发明具有突出的实质性特点和显著的进步,该实用新型具有实质性特点和进步。

实用性,是指该发明或者实用新型能够制造或者使用,并且能够产生积极效果。

本法所称现有技术,是指申请日以前在国内外为公众所知的技术。

第二十三条 授予专利权的外观设计,应当不属于现有设计;也没有任何单位或者个人就同样的外观设计在申请日以前向国务院专利行政部门提出过申请,并记载在申请日以后公告的专利文件中。

授予专利权的外观设计与现有设计或者现有设计特征的组合相比,应当具有明显区别。

授予专利权的外观设计不得与他人在申请日以前已经取得的合法权利相冲突。

本法所称现有设计,是指申请日以前在国内外为公众所知的设计。

第二十四条 申请专利的发明创造在申请日以前六个月内,有下列情形之一的,不丧失新颖性:

(一)在中国政府主办或者承认的国际展览会上首次展出的;
(二)在规定的学术会议或者技术会议上首次发表的;
(三)他人未经申请人同意而泄露其内容的。

第二十五条 对下列各项,不授予专利权:

(一)科学发现;
(二)智力活动的规则和方法;
(三)疾病的诊断和治疗方法;
(四)动物和植物品种;
(五)用原子核变换方法获得的物质;
(六)对平面印刷品的图案、色彩或者二者的结合作出的主要起标识作用的设计。

对前款第(四)项所列产品的生产方法,可以依照本法规定授予专利权。

第三章 专利的申请

第二十六条 申请发明或者实用新型专利的，应当提交请求书、说明书及其摘要和权利要求书等文件。

请求书应当写明发明或者实用新型的名称，发明人的姓名，申请人姓名或者名称、地址，以及其他事项。

说明书应当对发明或者实用新型作出清楚、完整的说明，以所属技术领域的技术人员能够实现为准；必要的时候，应当有附图。摘要应当简要说明发明或者实用新型的技术要点。

权利要求书应当以说明书为依据，清楚、简要地限定要求专利保护的范围。

依赖遗传资源完成的发明创造，申请人应当在专利申请文件中说明该遗传资源的直接来源和原始来源；申请人无法说明原始来源的，应当陈述理由。

第二十七条 申请外观设计专利的，应当提交请求书、该外观设计的图片或者照片以及对该外观设计的简要说明等文件。

申请人提交的有关图片或者照片应当清楚地显示要求专利保护的产品的外观设计。

第二十八条 国务院专利行政部门收到专利申请文件之日为申请日。如果申请文件是邮寄的，以寄出的邮戳日为申请日。

第二十九条 申请人自发明或者实用新型在外国第一次提出专利申请之日起十二个月内，或者自外观设计在外国第一次提出专利申请之日起六个月内，又在中国就相同主题提出专利申请的，依照该外国同中国签订的协议或者共同参加的国际条约，或者依照相互承认优先权的原则，可以享有优先权。

申请人自发明或者实用新型在中国第一次提出专利申请之日起十二个月内，又向国务院专利行政部门就相同主题提出专利申请的，可以享有优先权。

第三十条 申请人要求优先权的，应当在申请的时候提出书面声明，并且在三个月内提交第一次提出的专利申请文件的副本；未提出书面声明或者逾期未提交专利申请文件副本的，视为未要求优先权。

第三十一条 一件发明或者实用新型专利申请应当限于一项发明或者实用新型。属于一个总的发明构思的两项以上的发明或者实用新型，可以作为一件申请提出。

一件外观设计专利申请应当限于一项外观设计。同一产品两项以上的相似外观设计，或者用于同一类别并且成套出售或者使用的产品的两项以上外观设计，可以作为一件申请提出。

第三十二条 申请人可以在被授予专利权之前随时撤回其专利申请。

第三十三条 申请人可以对其专利申请文件进行修改，但是，对发明和实用新型专利申请文件的修改不得超出原说明书和权利要求书记载的范围，对外观设计专利申请文件的修改不得超出原图片或者照片表示的范围。

第四章 专利申请的审查和批准

第三十四条 国务院专利行政部门收到发明专利申请后，经初步审查认为符合本法要求的，自申请日起满十八个月，即行公布。国务院专利行政部门可以根据申请人的请求早日公布其申请。

第三十五条 发明专利申请自申请日起三年内，国务院专利行政部门可以根据申请人随时提出的请求，对其申请进行实质审查；申请人无正当理由逾期不请求实质审查的，该申请即被视为撤回。

国务院专利行政部门认为必要的时候，可以自行对发明专利申请进行实质审查。

第三十六条 发明专利的申请人请求实质审查的时候,应当提交在申请日前与其发明有关的参考资料。

发明专利已经在外国提出过申请的,国务院专利行政部门可以要求申请人在指定期限内提交该国为审查其申请进行检索的资料或者审查结果的资料;无正当理由逾期不提交的,该申请即被视为撤回。

第三十七条 国务院专利行政部门对发明专利申请进行实质审查后,认为不符合本法规定的,应当通知申请人,要求其在指定的期限内陈述意见,或者对其申请进行修改;无正当理由逾期不答复的,该申请即被视为撤回。

第三十八条 发明专利申请经申请人陈述意见或者进行修改后,国务院专利行政部门仍然认为不符合本法规定的,应当予以驳回。

第三十九条 发明专利申请经实质审查没有发现驳回理由的,由国务院专利行政部门作出授予发明专利权的决定,发给发明专利证书,同时予以登记和公告。发明专利权自公告之日起生效。

第四十条 实用新型和外观设计专利申请经初步审查没有发现驳回理由的,由国务院专利行政部门作出授予实用新型专利权或者外观设计专利权的决定,发给相应的专利证书,同时予以登记和公告。实用新型专利权和外观设计专利权自公告之日起生效。

第四十一条 国务院专利行政部门设立专利复审委员会。专利申请人对国务院专利行政部门驳回申请的决定不服的,可以自收到通知之日起三个月内,向专利复审委员会请求复审。专利复审委员会复审后,作出决定,并通知专利申请人。

专利申请人对专利复审委员会的复审决定不服的,可以自收到通知之日起三个月内向人民法院起诉。

第五章 专利权的期限、终止和无效

第四十二条 发明专利权的期限为二十年,实用新型专利权和外观设计专利权的期限为十年,均自申请日起计算。

第四十三条 专利权人应当自被授予专利权的当年开始缴纳年费。

第四十四条 有下列情形之一的,专利权在期限届满前终止:

(一) 没有按照规定缴纳年费的;

(二) 专利权人以书面声明放弃其专利权的。

专利权在期限届满前终止的,由国务院专利行政部门登记和公告。

第四十五条 自国务院专利行政部门公告授予专利权之日起,任何单位或者个人认为该专利权的授予不符合本法有关规定的,可以请求专利复审委员会宣告该专利权无效。

第四十六条 专利复审委员会对宣告专利权无效的请求应当及时审查和作出决定,并通知请求人和专利权人。宣告专利权无效的决定,由国务院专利行政部门登记和公告。

对专利复审委员会宣告专利权无效或者维持专利权的决定不服的,可以自收到通知之日起三个月内向人民法院起诉。人民法院应当通知无效宣告请求程序的对方当事人作为第三人参加诉讼。

第四十七条 宣告无效的专利权视为自始即不存在。

宣告专利权无效的决定,对在宣告专利权无效前人民法院作出并已执行的专利侵权的判决、调解书,已经履行或者强制执行的专利侵权纠纷处理决定,以及已经履行的专利实施许可合同和专利权转让合同,不具有追溯力。但是因专利权人的恶意给他人造成的损失,应当给予赔偿。

依照前款规定不返还专利侵权赔偿金、专利使用费、专利权转让费，明显违反公平原则的，应当全部或者部分返还。

第六章 专利实施的强制许可

第四十八条 有下列情形之一的，国务院专利行政部门根据具备实施条件的单位或者个人的申请，可以给予实施发明专利或者实用新型专利的强制许可：

（一）专利权人自专利权被授予之日起满三年，且自提出专利申请之日起满四年，无正当理由未实施或者未充分实施其专利的；

（二）专利权人行使专利权的行为被依法认定为垄断行为，为消除或者减少该行为对竞争产生的不利影响的。

第四十九条 在国家出现紧急状态或者非常情况时，或者为了公共利益的目的，国务院专利行政部门可以给予实施发明专利或者实用新型专利的强制许可。

第五十条 为了公共健康目的，对取得专利权的药品，国务院专利行政部门可以给予制造并将其出口到符合中华人民共和国参加的有关国际条约规定的国家或者地区的强制许可。

第五十一条 一项取得专利权的发明或者实用新型比前已经取得专利权的发明或者实用新型具有显著经济意义的重大技术进步，其实施又有赖于前一发明或者实用新型的实施的，国务院专利行政部门根据后一专利权人的申请，可以给予实施前一发明或者实用新型的强制许可。

在依照前款规定给予实施强制许可的情形下，国务院专利行政部门根据前一专利权人的申请，也可以给予实施后一发明或者实用新型的强制许可。

第五十二条 强制许可涉及的发明创造为半导体技术的，其实施限于公共利益的目的和本法第四十八条第（二）项规定的情形。

第五十三条 除依照本法第四十八条第（二）项、第五十条规定给予的强制许可外，强制许可的实施应当主要为了供应国内市场。

第五十四条 依照本法第四十八条第（一）项、第五十一条规定申请强制许可的单位或者个人应当提供证据，证明其以合理的条件请求专利权人许可其实施专利，但未能在合理的时间内获得许可。

第五十五条 国务院专利行政部门作出的给予实施强制许可的决定，应当及时通知专利权人，并予以登记和公告。

给予实施强制许可的决定，应当根据强制许可的理由规定实施的范围和时间。强制许可的理由消除并不再发生时，国务院专利行政部门应当根据专利权人的请求，经审查后作出终止实施强制许可的决定。

第五十六条 取得实施强制许可的单位或者个人不享有独占的实施权，并且无权允许他人实施。

第五十七条 取得实施强制许可的单位或者个人应当付给专利权人合理的使用费，或者依照中华人民共和国参加的有关国际条约的规定处理使用费问题。付给使用费的，其数额由双方协商；双方不能达成协议的，由国务院专利行政部门裁决。

第五十八条 专利权人对国务院专利行政部门关于实施强制许可的决定不服的，专利权人和取得实施强制许可的单位或者个人对国务院专利行政部门关于实施强制许可的使用费的裁决不服的，可以自收到通知之日起三个月内向人民法院起诉。

第七章 专利权的保护

第五十九条 发明或者实用新型专利权的保护范围以其权利要求的内容为准，说明书及附图可以用于解释权利要求的内容。

外观设计专利权的保护范围以表示在图片或者照片中的该产品的外观设计为准，简要说明可以用于解释图片或者照片所表示的该产品的外观设计。

第六十条 未经专利权人许可，实施其专利，即侵犯其专利权，引起纠纷的，由当事人协商解决；不愿协商或者协商不成的，专利权人或者利害关系人可以向人民法院起诉，也可以请求管理专利工作的部门处理。管理专利工作的部门处理时，认定侵权行为成立的，可以责令侵权人立即停止侵权行为，当事人不服的，可以自收到处理通知之日起十五日内依照《中华人民共和国行政诉讼法》向人民法院起诉；侵权人期满不起诉又不停止侵权行为的，管理专利工作的部门可以申请人民法院强制执行。进行处理的管理专利工作的部门应当事人的请求，可以就侵犯专利权的赔偿数额进行调解；调解不成的，当事人可以依照《中华人民共和国民事诉讼法》向人民法院起诉。

第六十一条 专利侵权纠纷涉及新产品制造方法的发明专利的，制造同样产品的单位或者个人应当提供其产品制造方法不同于专利方法的证明。

专利侵权纠纷涉及实用新型专利或者外观设计专利的，人民法院或者管理专利工作的部门可以要求专利权人或者利害关系人出具由国务院专利行政部门对相关实用新型或者外观设计进行检索、分析和评价后作出的专利权评价报告，作为审理、处理专利侵权纠纷的证据。

第六十二条 在专利侵权纠纷中，被控侵权人有证据证明其实施的技术或者设计属于现有技术或者现有设计的，不构成侵犯专利权。

第六十三条 假冒专利的，除依法承担民事责任外，由管理专利工作的部门责令改正并予公告，没收违法所得，可以并处违法所得四倍以下的罚款；没有违法所得的，可以处二十万元以下的罚款；构成犯罪的，依法追究刑事责任。

第六十四条 管理专利工作的部门根据已经取得的证据，对涉嫌假冒专利行为进行查处时，可以询问有关当事人，调查与涉嫌违法行为有关的情况；对当事人涉嫌违法行为的场所实施现场检查；查阅、复制与涉嫌违法行为有关的合同、发票、账簿以及其他有关资料；检查与涉嫌违法行为有关的产品，对有证据证明是假冒专利的产品，可以查封或者扣押。

管理专利工作的部门依法行使前款规定的职权时，当事人应当予以协助、配合，不得拒绝、阻挠。

第六十五条 侵犯专利权的赔偿数额按照权利人因被侵权所受到的实际损失确定；实际损失难以确定的，可以按照侵权人因侵权所获得的利益确定。权利人的损失或者侵权人获得的利益难以确定的，参照该专利许可使用费的倍数合理确定。赔偿数额还应当包括权利人为制止侵权行为所支付的合理开支。

权利人的损失、侵权人获得的利益和专利许可使用费均难以确定的，人民法院可以根据专利权的类型、侵权行为的性质和情节等因素，确定给予一万元以上一百万元以下的赔偿。

第六十六条 专利权人或者利害关系人有证据证明他人正在实施或者即将实施侵犯专利权的行为，如不及时制止将会使其合法权益受到难以弥补的损害的，可以在起诉前向人民法院申请采取责令停止有关行为的措施。

申请人提出申请时，应当提供担保；不提供担保的，驳回申请。

人民法院应当自接受申请之时起四十八小时内作出裁定；有特殊情况需要延长的，可以延长四十八小时。裁定责令停止有关行为的，应当立即执行。当事人对裁定不服的，可以申请复议一次；复议期间不停止裁定的执行。

申请人自人民法院采取责令停止有关行为的措施之日起十五日内不起诉的，人民法院应当解除该措施。

申请有错误的，申请人应当赔偿被申请人因停止有关行为所遭受的损失。

第六十七条 为了制止专利侵权行为，在证据可能灭失或者以后难以取得的情况下，专利权人或者利害关系人可以在起诉前向人民法院申请保全证据。

人民法院采取保全措施，可以责令申请人提供担保；申请人不提供担保的，驳回申请。

人民法院应当自接受申请之时起四十八小时内作出裁定；裁定采取保全措施的，应当立即执行。

申请人自人民法院采取保全措施之日起十五日内不起诉的，人民法院应当解除该措施。

第六十八条 侵犯专利权的诉讼时效为二年，自专利权人或者利害关系人得知或者应当得知侵权行为之日起计算。

发明专利申请公布后至专利权授予前使用该发明未支付适当使用费的，专利权人要求支付使用费的诉讼时效为二年，自专利权人得知或者应当得知他人使用其发明之日起计算，但是，专利权人于专利权授予之日前即已得知或者应当得知的，自专利权授予之日起计算。

第六十九条 有下列情形之一的，不视为侵犯专利权：

（一）专利产品或者依照专利方法直接获得的产品，由专利权人或者经其许可的单位、个人售出后，使用、许诺销售、销售、进口该产品的；

（二）在专利申请日前已经制造相同产品、使用相同方法或者已经作好制造、使用的必要准备，并且仅在原有范围内继续制造、使用的；

（三）临时通过中国领陆、领水、领空的外国运输工具，依照其所属国同中国签订的协议或者共同参加的国际条约，或者依照互惠原则，为运输工具自身需要而在其装置和设备中使用有关专利的；

（四）专为科学研究和实验而使用有关专利的；

（五）为提供行政审批所需要的信息，制造、使用、进口专利药品或者专利医疗器械的，以及专门为其制造、进口专利药品或者专利医疗器械的。

第七十条 为生产经营目的使用、许诺销售或者销售不知道是未经专利权人许可而制造并售出的专利侵权产品，能证明该产品合法来源的，不承担赔偿责任。

第七十一条 违反本法第二十条规定向外国申请专利，泄露国家秘密的，由所在单位或者上级主管机关给予行政处分；构成犯罪的，依法追究刑事责任。

第七十二条 侵夺发明人或者设计人的非职务发明创造专利申请权和本法规定的其他权益的，由所在单位或者上级主管机关给予行政处分。

第七十三条 管理专利工作的部门不得参与向社会推荐专利产品等经营活动。

管理专利工作的部门违反前款规定的，由其上级机关或者监察机关责令改正，消除影响，有违法收入的予以没收；情节严重的，对直接负责的主管人员和其他直接责任人员依法给予行政处分。

第七十四条 从事专利管理工作的国家机关工作人员以及其他有关国家机关工作人员玩忽职守、滥用职权、徇私舞弊，构成犯罪的，依法追究刑事责任；尚不构成犯罪的，依法给予行政处分。

第八章 附　　则

第七十五条　向国务院专利行政部门申请专利和办理其他手续，应当按照规定缴纳费用。

第七十六条　本法自1985年4月1日起施行。

中华人民共和国专利法实施细则

(2001年6月15日中华人民共和国国务院令第306号公布 根据2002年12月28日《国务院关于修改〈中华人民共和国专利法实施细则〉的决定》第一次修订 根据2010年1月9日《国务院关于修改〈中华人民共和国专利法实施细则〉的决定》第二次修订)

第一章 总 则

第一条 根据《中华人民共和国专利法》(以下简称专利法),制定本细则。

第二条 专利法和本细则规定的各种手续,应当以书面形式或者国务院专利行政部门规定的其他形式办理。

第三条 依照专利法和本细则规定提交的各种文件应当使用中文;国家有统一规定的科技术语的,应当采用规范词;外国人名、地名和科技术语没有统一中文译文的,应当注明原文。

依照专利法和本细则规定提交的各种证件和证明文件是外文的,国务院专利行政部门认为必要时,可以要求当事人在指定期限内附送中文译文;期满未附送的,视为未提交该证件和证明文件。

第四条 向国务院专利行政部门邮寄的各种文件,以寄出的邮戳日为递交日;邮戳日不清晰的,除当事人能够提出证明外,以国务院专利行政部门收到日为递交日。

国务院专利行政部门的各种文件,可以通过邮寄、直接送交或者其他方式送达当事人。当事人委托专利代理机构的,文件送交专利代理机构;未委托专利代理机构的,文件送交请求书中指明的联系人。

国务院专利行政部门邮寄的各种文件,自文件发出之日起满15日,推定为当事人收到文件之日。

根据国务院专利行政部门规定应当直接送交的文件,以交付日为送达日。

文件送交地址不清,无法邮寄的,可以通过公告的方式送达当事人。自公告之日起满1个月,该文件视为已经送达。

第五条 专利法和本细则规定的各种期限的第一日不计算在期限内。期限以年或者月计算的,以其最后一月的相应日为期限届满日;该月无相应日的,以该月最后一日为期限届满日;期限届满日是法定休假日的,以休假日后的第一个工作日为期限届满日。

第六条 当事人因不可抗拒的事由而延误专利法或者本细则规定的期限或者国务院专利行政部门指定的期限,导致其权利丧失的,自障碍消除之日起2个月内,最迟自期限届满之日起2年内,可以向国务院专利行政部门请求恢复权利。

除前款规定的情形外,当事人因其他正当理由延误专利法或者本细则规定的期限或者国务院专利行政部门指定的期限,导致其权利丧失的,可以自收到国务院专利行政部门的通知之日起2个月内向国务院专利行政部门请求恢复权利。

当事人依照本条第一款或者第二款的规定请求恢复权利的,应当提交恢复权利请求书,说明理由,必要时附具有关证明文件,并办理权利丧失前应当办理的相应手续;依照本条第二款的规定请求恢复权利的,还应当缴纳恢复权利请求费。

当事人请求延长国务院专利行政部门指定的期限的，应当在期限届满前，向国务院专利行政部门说明理由并办理有关手续。

本条第一款和第二款的规定不适用专利法第二十四条、第二十九条、第四十二条、第六十八条规定的期限。

第七条 专利申请涉及国防利益需要保密的，由国防专利机构受理并进行审查；国务院专利行政部门受理的专利申请涉及国防利益需要保密的，应当及时移交国防专利机构进行审查。经国防专利机构审查没有发现驳回理由的，由国务院专利行政部门作出授予国防专利权的决定。

国务院专利行政部门认为其受理的发明或者实用新型专利申请涉及国防利益以外的国家安全或者重大利益需要保密的，应当及时作出按照保密专利申请处理的决定，并通知申请人。保密专利申请的审查、复审以及保密专利权无效宣告的特殊程序，由国务院专利行政部门规定。

第八条 专利法第二十条所称在中国完成的发明或者实用新型，是指技术方案的实质性内容在中国境内完成的发明或者实用新型。

任何单位或者个人将在中国完成的发明或者实用新型向外国申请专利的，应当按照下列方式之一请求国务院专利行政部门进行保密审查：

（一）直接向外国申请专利或者向有关国外机构提交专利国际申请的，应当事先向国务院专利行政部门提出请求，并详细说明其技术方案；

（二）向国务院专利行政部门申请专利后拟向外国申请专利或者向有关国外机构提交专利国际申请的，应当在向外国申请专利或者向有关国外机构提交专利国际申请前向国务院专利行政部门提出请求。

向国务院专利行政部门提交专利国际申请的，视为同时提出了保密审查请求。

第九条 国务院专利行政部门收到依照本细则第八条规定递交的请求后，经过审查认为该发明或者实用新型可能涉及国家安全或者重大利益需要保密的，应当及时向申请人发出保密审查通知；申请人未在其请求递交日起4个月内收到保密审查通知的，可以就该发明或者实用新型向外国申请专利或者向有关国外机构提交专利国际申请。

国务院专利行政部门依照前款规定通知进行保密审查的，应当及时作出是否需要保密的决定，并通知申请人。申请人未在其请求递交日起6个月内收到需要保密的决定的，可以就该发明或者实用新型向外国申请专利或者向有关国外机构提交专利国际申请。

第十条 专利法第五条所称违反法律的发明创造，不包括仅其实施为法律所禁止的发明创造。

第十一条 除专利法第二十八条和第四十二条规定的情形外，专利法所称申请日，有优先权的，指优先权日。

本细则所称申请日，除另有规定的外，是指专利法第二十八条规定的申请日。

第十二条 专利法第六条所称执行本单位的任务所完成的职务发明创造，是指：

（一）在本职工作中作出的发明创造；

（二）履行本单位交付的本职工作之外的任务所作出的发明创造；

（三）退休、调离原单位后或者劳动、人事关系终止后1年内作出的，与其在原单位承担的本职工作或者原单位分配的任务有关的发明创造。

专利法第六条所称本单位，包括临时工作单位；专利法第六条所称本单位的物质技术条件，是指本单位的资金、设备、零部件、原材料或者不对外公开的技术资料等。

第十三条 专利法所称发明人或者设计人,是指对发明创造的实质性特点作出创造性贡献的人。在完成发明创造过程中,只负责组织工作的人、为物质技术条件的利用提供方便的人或者从事其他辅助工作的人,不是发明人或者设计人。

第十四条 除依照专利法第十条规定转让专利权外,专利权因其他事由发生转移的,当事人应当凭有关证明文件或者法律文书向国务院专利行政部门办理专利权转移手续。

专利权人与他人订立的专利实施许可合同,应当自合同生效之日起3个月内向国务院专利行政部门备案。

以专利权出质的,由出质人和质权人共同向国务院专利行政部门办理出质登记。

第二章 专利的申请

第十五条 以书面形式申请专利的,应当向国务院专利行政部门提交申请文件一式两份。

以国务院专利行政部门规定的其他形式申请专利的,应当符合规定的要求。

申请人委托专利代理机构向国务院专利行政部门申请专利和办理其他专利事务的,应当同时提交委托书,写明委托权限。

申请人有2人以上且未委托专利代理机构的,除请求书中另有声明的外,以请求书中指明的第一申请人为代表人。

第十六条 发明、实用新型或者外观设计专利申请的请求书应当写明下列事项:

(一)发明、实用新型或者外观设计的名称;

(二)申请人是中国单位或者个人的,其名称或者姓名、地址、邮政编码、组织机构代码或者居民身份证件号码;申请人是外国人、外国企业或者外国其他组织的,其姓名或者名称、国籍或者注册的国家或者地区;

(三)发明人或者设计人的姓名;

(四)申请人委托专利代理机构的,受托机构的名称、机构代码以及该机构指定的专利代理人的姓名、执业证号码、联系电话;

(五)要求优先权的,申请人第一次提出专利申请(以下简称在先申请)的申请日、申请号以及原受理机构的名称;

(六)申请人或者专利代理机构的签字或者盖章;

(七)申请文件清单;

(八)附加文件清单;

(九)其他需要写明的有关事项。

第十七条 发明或者实用新型专利申请的说明书应当写明发明或者实用新型的名称,该名称应当与请求书中的名称一致。说明书应当包括下列内容:

(一)技术领域:写明要求保护的技术方案所属的技术领域;

(二)背景技术:写明对发明或者实用新型的理解、检索、审查有用的背景技术;有可能的,并引证反映这些背景技术的文件;

(三)发明内容:写明发明或者实用新型所要解决的技术问题以及解决其技术问题采用的技术方案,并对照现有技术写明发明或者实用新型的有益效果;

(四)附图说明:说明书有附图的,对各幅附图作简略说明;

(五)具体实施方式:详细写明申请人认为实现发明或者实用新型的优选方式;必要时,举例说明;有附图的,对照附图。

发明或者实用新型专利申请人应当按照前款规定的方式和顺序撰写说明书,并在说明书每一部分前面写明标题,除非其发明或者实用新型的性质用其他方式或者顺序撰写能节约说明书的篇幅并使他人能够准确理解其发明或者实用新型。

发明或者实用新型说明书应当用词规范、语句清楚,并不得使用"如权利要求……所述的……"一类的引用语,也不得使用商业性宣传用语。

发明专利申请包含一个或者多个核苷酸或者氨基酸序列的,说明书应当包括符合国务院专利行政部门规定的序列表。申请人应当将该序列表作为说明书的一个单独部分提交,并按照国务院专利行政部门的规定提交该序列表的计算机可读形式的副本。

实用新型专利申请说明书应当有表示要求保护的产品的形状、构造或者其结合的附图。

第十八条 发明或者实用新型的几幅附图应当按照"图1,图2,……"顺序编号排列。

发明或者实用新型说明书文字部分中未提及的附图标记不得在附图中出现,附图中未出现的附图标记不得在说明书文字部分中提及。申请文件中表示同一组成部分的附图标记应当一致。

附图中除必需的词语外,不应当含有其他注释。

第十九条 权利要求书应当记载发明或者实用新型的技术特征。

权利要求书有几项权利要求的,应当用阿拉伯数字顺序编号。

权利要求书中使用的科技术语应当与说明书中使用的科技术语一致,可以有化学式或者数学式,但是不得有插图。除绝对必要的外,不得使用"如说明书……部分所述"或者"如图……所示"的用语。

权利要求中的技术特征可以引用说明书附图中相应的标记,该标记应当放在相应的技术特征后并置于括号内,便于理解权利要求。附图标记不得解释为对权利要求的限制。

第二十条 权利要求书应当有独立权利要求,也可以有从属权利要求。

独立权利要求应当从整体上反映发明或者实用新型的技术方案,记载解决技术问题的必要技术特征。

从属权利要求应当用附加的技术特征,对引用的权利要求作进一步限定。

第二十一条 发明或者实用新型的独立权利要求应当包括前序部分和特征部分,按照下列规定撰写:

(一)前序部分:写明要求保护的发明或者实用新型技术方案的主题名称和发明或者实用新型主题与最接近的现有技术共有的必要技术特征;

(二)特征部分:使用"其特征是……"或者类似的用语,写明发明或者实用新型区别于最接近的现有技术的技术特征。这些特征和前序部分写明的特征合在一起,限定发明或者实用新型要求保护的范围。

发明或者实用新型的性质不适于用前款方式表达的,独立权利要求可以用其他方式撰写。

一项发明或者实用新型应当只有一个独立权利要求,并写在同一发明或者实用新型的从属权利要求之前。

第二十二条 发明或者实用新型的从属权利要求应当包括引用部分和限定部分,按照下列规定撰写:

(一)引用部分:写明引用的权利要求的编号及其主题名称;

(二)限定部分:写明发明或者实用新型附加的技术特征。

从属权利要求只能引用在前的权利要求。引用两项以上权利要求的多项从属权利要求,只能以择一方式引用在前的权利要求,并不得作为另一项多项从属权利要求的基础。

第二十三条 说明书摘要应当写明发明或者实用新型专利申请所公开内容的概要,即写明发明或者实用新型的名称和所属技术领域，并清楚地反映所要解决的技术问题、解决该问题的技术方案的要点以及主要用途。

说明书摘要可以包含最能说明发明的化学式；有附图的专利申请，还应当提供一幅最能说明该发明或者实用新型技术特征的附图。附图的大小及清晰度应当保证在该图缩小到4厘米×6厘米时，仍能清晰地分辨出图中的各个细节。摘要文字部分不得超过300个字。摘要中不得使用商业性宣传用语。

第二十四条 申请专利的发明涉及新的生物材料，该生物材料公众不能得到，并且对该生物材料的说明不足以使所属领域的技术人员实施其发明的，除应当符合专利法和本细则的有关规定外，申请人还应当办理下列手续：

（一）在申请日前或者最迟在申请日（有优先权的，指优先权日），将该生物材料的样品提交国务院专利行政部门认可的保藏单位保藏，并在申请时或者最迟自申请日起4个月内提交保藏单位出具的保藏证明和存活证明；期满未提交证明的，该样品视为未提交保藏；

（二）在申请文件中，提供有关该生物材料特征的资料；

（三）涉及生物材料样品保藏的专利申请应当在请求书和说明书中写明该生物材料的分类命名（注明拉丁文名称）、保藏该生物材料样品的单位名称、地址、保藏日期和保藏编号；申请时未写明的，应当自申请日起4个月内补正；期满未补正的，视为未提交保藏。

第二十五条 发明专利申请人依照本细则第二十四条的规定保藏生物材料样品的，在发明专利申请公布后，任何单位或者个人需要将该专利申请所涉及的生物材料作为实验目的使用的，应当向国务院专利行政部门提出请求，并写明下列事项：

（一）请求人的姓名或者名称和地址；

（二）不向其他任何人提供该生物材料的保证；

（三）在授予专利权前，只作为实验目的使用的保证。

第二十六条 专利法所称遗传资源，是指取自人体、动物、植物或者微生物等含有遗传功能单位并具有实际或者潜在价值的材料；专利法所称依赖遗传资源完成的发明创造，是指利用了遗传资源的遗传功能完成的发明创造。

就依赖遗传资源完成的发明创造申请专利的，申请人应当在请求书中予以说明，并填写国务院专利行政部门制定的表格。

第二十七条 申请人请求保护色彩的，应当提交彩色图片或者照片。

申请人应当就每件外观设计产品所需要保护的内容提交有关图片或者照片。

第二十八条 外观设计的简要说明应当写明外观设计产品的名称、用途，外观设计的设计要点，并指定一幅最能表明设计要点的图片或者照片。省略视图或者请求保护色彩的，应当在简要说明中写明。

对同一产品的多项相似外观设计提出一件外观设计专利申请的，应当在简要说明中指定其中一项作为基本设计。

简要说明不得使用商业性宣传用语，也不能用来说明产品的性能。

第二十九条 国务院专利行政部门认为必要时，可以要求外观设计专利申请人提交使用外观设计的产品样品或者模型。样品或者模型的体积不得超过30厘米×30厘米×30厘米，重量不得超过15公斤。易腐、易损或者危险品不得作为样品或者模型提交。

第三十条 专利法第二十四条第（一）项所称中国政府承认的国际展览会，是指国际展览会公约规定的在国际展览局注册或者由其认可的国际展览会。

专利法第二十四条第（二）项所称学术会议或者技术会议，是指国务院有关主管部门或者全国性学术团体组织召开的学术会议或者技术会议。

申请专利的发明创造有专利法第二十四条第（一）项或者第（二）项所列情形的，申请人应当在提出专利申请时声明，并自申请日起2个月内提交有关国际展览会或者学术会议、技术会议的组织单位出具的有关发明创造已经展出或者发表，以及展出或者发表日期的证明文件。

申请专利的发明创造有专利法第二十四条第（三）项所列情形的，国务院专利行政部门认为必要时，可以要求申请人在指定期限内提交证明文件。

申请人未依照本条第三款的规定提出声明和提交证明文件的，或者未依照本条第四款的规定在指定期限内提交证明文件的，其申请不适用专利法第二十四条的规定。

第三十一条 申请人依照专利法第三十条的规定要求外国优先权的，申请人提交的在先申请文件副本应当经原受理机构证明。依照国务院专利行政部门与该受理机构签订的协议，国务院专利行政部门通过电子交换等途径获得在先申请文件副本的，视为申请人提交了经该受理机构证明的在先申请文件副本。要求本国优先权，申请人在请求书中写明在先申请的申请日和申请号的，视为提交了在先申请文件副本。

要求优先权，但请求书中漏写或者错写在先申请的申请日、申请号和原受理机构名称中的一项或者两项内容的，国务院专利行政部门应当通知申请人在指定期限内补正；期满未补正的，视为未要求优先权。

要求优先权的申请人的姓名或者名称与在先申请文件副本中记载的申请人姓名或者名称不一致的，应当提交优先权转让证明材料，未提交该证明材料的，视为未要求优先权。

外观设计专利申请的申请人要求外国优先权，其在先申请未包括对外观设计的简要说明，申请人按照本细则第二十八条规定提交的简要说明未超出在先申请文件的图片或者照片表示的范围的，不影响其享有优先权。

第三十二条 申请人在一件专利申请中，可以要求一项或者多项优先权；要求多项优先权的，该申请的优先权期限从最早的优先权日起计算。

申请人要求本国优先权，在先申请是发明专利申请的，可以就相同主题提出发明或者实用新型专利申请；在先申请是实用新型专利申请的，可以就相同主题提出实用新型或者发明专利申请。但是，提出后一申请时，在先申请的主题有下列情形之一的，不得作为要求本国优先权的基础：

（一）已经要求外国优先权或者本国优先权的；
（二）已经被授予专利权的；
（三）属于按照规定提出的分案申请的。

申请人要求本国优先权的，其在先申请自后一申请提出之日起即视为撤回。

第三十三条 在中国没有经常居所或者营业所的申请人，申请专利或者要求外国优先权的，国务院专利行政部门认为必要时，可以要求其提供下列文件：

（一）申请人是个人的，其国籍证明；
（二）申请人是企业或者其他组织的，其注册的国家或者地区的证明文件；
（三）申请人的所属国，承认中国单位和个人可以按照该国国民的同等条件，在该国享有专利权、优先权和其他与专利有关的权利的证明文件。

第三十四条 依照专利法第三十一条第一款规定，可以作为一件专利申请提出的属于一个总的发明构思的两项以上的发明或者实用新型，应当在技术上相互关联，包含一个或者多个相同或者相应的特定技术特征，其中特定技术特征是指每一项发明或者实用新型作为整体，对现有技术作出贡献的技术特征。

第三十五条　依照专利法第三十一条第二款规定，将同一产品的多项相似外观设计作为一件申请提出的，对该产品的其他设计应当与简要说明中指定的基本设计相似。一件外观设计专利申请中的相似外观设计不得超过10项。

专利法第三十一条第二款所称同一类别并且成套出售或者使用的产品的两项以上外观设计，是指各产品属于分类表中同一大类，习惯上同时出售或者同时使用，而且各产品的外观设计具有相同的设计构思。

将两项以上外观设计作为一件申请提出的，应当将各项外观设计的顺序编号标注在每件外观设计产品各幅图片或者照片的名称之前。

第三十六条　申请人撤回专利申请的，应当向国务院专利行政部门提出声明，写明发明创造的名称、申请号和申请日。

撤回专利申请的声明在国务院专利行政部门作好公布专利申请文件的印刷准备工作后提出的，申请文件仍予公布；但是，撤回专利申请的声明应当在以后出版的专利公报上予以公告。

第三章　专利申请的审查和批准

第三十七条　在初步审查、实质审查、复审和无效宣告程序中，实施审查和审理的人员有下列情形之一的，应当自行回避，当事人或者其他利害关系人可以要求其回避：

（一）是当事人或者其代理人的近亲属的；

（二）与专利申请或者专利权有利害关系的；

（三）与当事人或者其代理人有其他关系，可能影响公正审查和审理的；

（四）专利复审委员会成员曾参与原申请的审查的。

第三十八条　国务院专利行政部门收到发明或者实用新型专利申请的请求书、说明书（实用新型必须包括附图）和权利要求书，或者外观设计专利申请的请求书、外观设计的图片或者照片和简要说明后，应当明确申请日、给予申请号，并通知申请人。

第三十九条　专利申请文件有下列情形之一的，国务院专利行政部门不予受理，并通知申请人：

（一）发明或者实用新型专利申请缺少请求书、说明书（实用新型无附图）或者权利要求书的，或者外观设计专利申请缺少请求书、图片或者照片、简要说明的；

（二）未使用中文的；

（三）不符合本细则第一百二十一条第一款规定的；

（四）请求书中缺少申请人姓名或者名称，或者缺少地址的；

（五）明显不符合专利法第十八条或者第十九条第一款的规定的；

（六）专利申请类别（发明、实用新型或者外观设计）不明确或者难以确定的。

第四十条　说明书中写有对附图的说明但无附图或者缺少部分附图的，申请人应当在国务院专利行政部门指定的期限内补交附图或者声明取消对附图的说明。申请人补交附图的，以向国务院专利行政部门提交或者邮寄附图之日为申请日；取消对附图的说明的，保留原申请日。

第四十一条　两个以上的申请人同日（指申请日；有优先权的，指优先权日）分别就同样的发明创造申请专利的，应当在收到国务院专利行政部门的通知后自行协商确定申请人。

同一申请人在同日（指申请日）对同样的发明创造既申请实用新型专利又申请发明专利

的，应当在申请时分别说明对同样的发明创造已申请了另一专利；未作说明的，依照专利法第九条第一款关于同样的发明创造只能授予一项专利权的规定处理。

国务院专利行政部门公告授予实用新型专利权，应当公告申请人已依照本条第二款的规定同时申请了发明专利的说明。

发明专利申请经审查没有发现驳回理由，国务院专利行政部门应当通知申请人在规定期限内声明放弃实用新型专利权。申请人声明放弃的，国务院专利行政部门应当作出授予发明专利权的决定，并在公告授予发明专利权时一并公告申请人放弃实用新型专利权声明。申请人不同意放弃的，国务院专利行政部门应当驳回该发明专利申请；申请人期满未答复的，视为撤回该发明专利申请。

实用新型专利权自公告授予发明专利权之日起终止。

第四十二条 一件专利申请包括两项以上发明、实用新型或者外观设计的，申请人可以在本细则第五十四条第一款规定的期限届满前，向国务院专利行政部门提出分案申请；但是，专利申请已经被驳回、撤回或者视为撤回的，不能提出分案申请。

国务院专利行政部门认为一件专利申请不符合专利法第三十一条和本细则第三十四条或者第三十五条的规定的，应当通知申请人在指定期限内对其申请进行修改；申请人期满未答复的，该申请视为撤回。

分案的申请不得改变原申请的类别。

第四十三条 依照本细则第四十二条规定提出的分案申请，可以保留原申请日，享有优先权的，可以保留优先权日，但是不得超出原申请记载的范围。

分案申请应当依照专利法及本细则的规定办理有关手续。

分案申请的请求书中应当写明原申请的申请号和申请日。提交分案申请时，申请人应当提交原申请文件副本；原申请享有优先权的，并应当提交原申请的优先权文件副本。

第四十四条 专利法第三十四条和第四十条所称初步审查，是指审查专利申请是否具备专利法第二十六条或者第二十七条规定的文件和其他必要的文件，这些文件是否符合规定的格式，并审查下列各项：

（一）发明专利申请是否明显属于专利法第五条、第二十五条规定的情形，是否不符合专利法第十八条、第十九条第一款、第二十条第一款或者本细则第十六条、第二十六条第二款的规定，是否明显不符合专利法第二条第二款、第二十六条第五款、第三十一条第一款、第三十三条或者本细则第十七条至第二十一条的规定；

（二）实用新型专利申请是否明显属于专利法第五条、第二十五条规定的情形，是否不符合专利法第十八条、第十九条第一款、第二十条第一款或者本细则第十六条至第十九条、第二十一条至第二十三条的规定，是否明显不符合专利法第二条第三款、第二十二条第二款、第四款、第二十六条第三款、第四款、第三十一条第一款、第三十三条或者本细则第二十条、第四十三条第一款的规定，是否依照专利法第九条规定不能取得专利权；

（三）外观设计专利申请是否明显属于专利法第五条、第二十五条第一款第（六）项规定的情形，是否不符合专利法第十八条、第十九条第一款或者本细则第十六条、第二十七条、第二十八条的规定，是否明显不符合专利法第二条第四款、第二十三条第一款、第二十七条第二款、第三十一条第二款、第三十三条或者本细则第四十三条第一款的规定，是否依照专利法第九条规定不能取得专利权；

（四）申请文件是否符合本细则第二条、第三条第一款的规定。

国务院专利行政部门应当将审查意见通知申请人，要求其在指定期限内陈述意见或者补正；申请人期满未答复的，其申请视为撤回。申请人陈述意见或者补正后，国务院专利行政部门仍然认为不符合前款所列各项规定的，应当予以驳回。

第四十五条 除专利申请文件外，申请人向国务院专利行政部门提交的与专利申请有关的其他文件有下列情形之一的，视为未提交：

（一）未使用规定的格式或者填写不符合规定的；

（二）未按照规定提交证明材料的。

国务院专利行政部门应当将视为未提交的审查意见通知申请人。

第四十六条 申请人请求早日公布其发明专利申请的，应当向国务院专利行政部门声明。国务院专利行政部门对该申请进行初步审查后，除予以驳回的外，应当立即将申请予以公布。

第四十七条 申请人写明使用外观设计的产品及其所属类别的，应当使用国务院专利行政部门公布的外观设计产品分类表。未写明使用外观设计的产品所属类别或者所写的类别不确切的，国务院专利行政部门可以予以补充或者修改。

第四十八条 自发明专利申请公布之日起至公告授予专利权之日止，任何人均可以对不符合专利法规定的专利申请向国务院专利行政部门提出意见，并说明理由。

第四十九条 发明专利申请人因有正当理由无法提交专利法第三十六条规定的检索资料或者审查结果资料的，应当向国务院专利行政部门声明，并在得到有关资料后补交。

第五十条 国务院专利行政部门依照专利法第三十五条第二款的规定对专利申请自行进行审查时，应当通知申请人。

第五十一条 发明专利申请人在提出实质审查请求时以及在收到国务院专利行政部门发出的发明专利申请进入实质审查阶段通知书之日起的3个月内，可以对发明专利申请主动提出修改。

实用新型或者外观设计专利申请人自申请日起2个月内，可以对实用新型或者外观设计专利申请主动提出修改。

申请人在收到国务院专利行政部门发出的审查意见通知书后对专利申请文件进行修改的，应当针对通知书指出的缺陷进行修改。

国务院专利行政部门可以自行修改专利申请文件中文字和符号的明显错误。国务院专利行政部门自行修改的，应当通知申请人。

第五十二条 发明或者实用新型专利申请的说明书或者权利要求书的修改部分，除个别文字修改或者增删外，应当按照规定格式提交替换页。外观设计专利申请的图片或者照片的修改，应当按照规定提交替换页。

第五十三条 依照专利法第三十八条的规定，发明专利申请经实质审查应当予以驳回的情形是指：

（一）申请属于专利法第五条、第二十五条规定的情形，或者依照专利法第九条规定不能取得专利权的；

（二）申请不符合专利法第二条第二款、第二十条第一款、第二十二条、第二十六条第三款、第四款、第五款、第三十一条第一款或者本细则第二十条第二款规定的；

（三）申请的修改不符合专利法第三十三条规定，或者分案的申请不符合本细则第四十三条第一款的规定的。

第五十四条 国务院专利行政部门发出授予专利权的通知后，申请人应当自收到通知之日起2个月内办理登记手续。申请人按期办理登记手续的，国务院专利行政部门应当授予专利权，颁发专利证书，并予以公告。

期满未办理登记手续的,视为放弃取得专利权的权利。

第五十五条 保密专利申请经审查没有发现驳回理由的,国务院专利行政部门应当作出授予保密专利权的决定,颁发保密专利证书,登记保密专利权的有关事项。

第五十六条 授予实用新型或者外观设计专利权的决定公告后,专利法第六十条规定的专利权人或者利害关系人可以请求国务院专利行政部门作出专利权评价报告。

请求作出专利权评价报告的,应当提交专利权评价报告请求书,写明专利号。每项请求应当限于一项专利权。

专利权评价报告请求书不符合规定的,国务院专利行政部门应当通知请求人在指定期限内补正;请求人期满未补正的,视为未提出请求。

第五十七条 国务院专利行政部门应当自收到专利权评价报告请求书后2个月内作出专利权评价报告。对同一项实用新型或者外观设计专利权,有多个请求人请求作出专利权评价报告的,国务院专利行政部门仅作出一份专利权评价报告。任何单位或者个人可以查阅或者复制该专利权评价报告。

第五十八条 国务院专利行政部门对专利公告、专利单行本中出现的错误,一经发现,应当及时更正,并对所作更正予以公告。

第四章 专利申请的复审与专利权的无效宣告

第五十九条 专利复审委员会由国务院专利行政部门指定的技术专家和法律专家组成,主任委员由国务院专利行政部门负责人兼任。

第六十条 依照专利法第四十一条的规定向专利复审委员会请求复审的,应当提交复审请求书,说明理由,必要时还应当附具有关证据。

复审请求不符合专利法第十九条第一款或者第四十一条第一款规定的,专利复审委员会不予受理,书面通知复审请求人并说明理由。

复审请求书不符合规定格式的,复审请求人应当在专利复审委员会指定的期限内补正;期满未补正的,该复审请求视为未提出。

第六十一条 请求人在提出复审请求或者在对专利复审委员会的复审通知书作出答复时,可以修改专利申请文件;但是,修改应当仅限于消除驳回决定或者复审通知书指出的缺陷。

修改的专利申请文件应当提交一式两份。

第六十二条 专利复审委员会应当将受理的复审请求书转交国务院专利行政部门原审查部门进行审查。原审查部门根据复审请求人的请求,同意撤销原决定的,专利复审委员会应当据此作出复审决定,并通知复审请求人。

第六十三条 专利复审委员会进行复审后,认为复审请求不符合专利法和本细则有关规定的,应当通知复审请求人,要求其在指定期限内陈述意见。期满未答复的,该复审请求视为撤回;经陈述意见或者进行修改后,专利复审委员会认为仍不符合专利法和本细则有关规定的,应当作出维持原驳回决定的复审决定。

专利复审委员会进行复审后,认为原驳回决定不符合专利法和本细则有关规定的,或者认为经过修改的专利申请文件消除了原驳回决定指出的缺陷的,应当撤销原驳回决定,由原审查部门继续进行审查程序。

第六十四条 复审请求人在专利复审委员会作出决定前,可以撤回其复审请求。

复审请求人在专利复审委员会作出决定前撤回其复审请求的,复审程序终止。

第六十五条 依照专利法第四十五条的规定,请求宣告专利权无效或者部分无效的,应当向专利复审委员会提交专利权无效宣告请求书和必要的证据一式两份。无效宣告请求书应当结合提交的所有证据，具体说明无效宣告请求的理由，并指明每项理由所依据的证据。

前款所称无效宣告请求的理由，是指被授予专利的发明创造不符合专利法第二条、第二十条第一款、第二十二条、第二十三条、第二十六条第三款、第四款、第二十七条第二款、第三十三条或者本细则第二十条第二款、第四十三条第一款的规定，或者属于专利法第五条、第二十五条的规定，或者依照专利法第九条规定不能取得专利权。

第六十六条 专利权无效宣告请求不符合专利法第十九条第一款或者本细则第六十五条规定的，专利复审委员会不予受理。

在专利复审委员会就无效宣告请求作出决定之后，又以同样的理由和证据请求无效宣告的，专利复审委员会不予受理。

以不符合专利法第二十三条第三款的规定为理由请求宣告外观设计专利权无效，但是未提交证明权利冲突的证据的，专利复审委员会不予受理。

专利权无效宣告请求书不符合规定格式的，无效宣告请求人应当在专利复审委员会指定的期限内补正；期满未补正的，该无效宣告请求视为未提出。

第六十七条 在专利复审委员会受理无效宣告请求后，请求人可以在提出无效宣告请求之日起1个月内增加理由或者补充证据。逾期增加理由或者补充证据的，专利复审委员会可以不予考虑。

第六十八条 专利复审委员会应当将专利权无效宣告请求书和有关文件的副本送交专利权人，要求其在指定的期限内陈述意见。

专利权人和无效宣告请求人应当在指定期限内答复专利复审委员会发出的转送文件通知书或者无效宣告请求审查通知书；期满未答复的，不影响专利复审委员会审理。

第六十九条 在无效宣告请求的审查过程中，发明或者实用新型专利的专利权人可以修改其权利要求书，但是不得扩大原专利的保护范围。

发明或者实用新型专利的专利权人不得修改专利说明书和附图，外观设计专利的专利权人不得修改图片、照片和简要说明。

第七十条 专利复审委员会根据当事人的请求或者案情需要，可以决定对无效宣告请求进行口头审理。

专利复审委员会决定对无效宣告请求进行口头审理的，应当向当事人发出口头审理通知书，告知举行口头审理的日期和地点。当事人应当在通知书指定的期限内作出答复。

无效宣告请求人对专利复审委员会发出的口头审理通知书在指定的期限内未作答复，并且不参加口头审理的，其无效宣告请求视为撤回；专利权人不参加口头审理的，可以缺席审理。

第七十一条 在无效宣告请求审查程序中，专利复审委员会指定的期限不得延长。

第七十二条 专利复审委员会对无效宣告的请求作出决定前，无效宣告请求人可以撤回其请求。

专利复审委员会作出决定之前，无效宣告请求人撤回其请求或者其无效宣告请求被视为撤回的，无效宣告请求审查程序终止。但是，专利复审委员会认为根据已进行的审查工作能够作出宣告专利权无效或者部分无效的决定的，不终止审查程序。

第五章 专利实施的强制许可

第七十三条 专利法第四十八条第（一）项所称未充分实施其专利，是指专利权人及其被许可人实施其专利的方式或者规模不能满足国内对专利产品或者专利方法的需求。

专利法第五十条所称取得专利权的药品,是指解决公共健康问题所需的医药领域中的任何专利产品或者依照专利方法直接获得的产品,包括取得专利权的制造该产品所需的活性成分以及使用该产品所需的诊断用品。

第七十四条 请求给予强制许可的,应当向国务院专利行政部门提交强制许可请求书,说明理由并附具有关证明文件。

国务院专利行政部门应当将强制许可请求书的副本送交专利权人,专利权人应当在国务院专利行政部门指定的期限内陈述意见;期满未答复的,不影响国务院专利行政部门作出决定。

国务院专利行政部门在作出驳回强制许可请求的决定或者给予强制许可的决定前,应当通知请求人和专利权人拟作出的决定及其理由。

国务院专利行政部门依照专利法第五十条的规定作出给予强制许可的决定,应当同时符合中国缔结或者参加的有关国际条约关于为了解决公共健康问题而给予强制许可的规定,但中国作出保留的除外。

第七十五条 依照专利法第五十七条的规定,请求国务院专利行政部门裁决使用费数额的,当事人应当提出裁决请求书,并附具双方不能达成协议的证明文件。国务院专利行政部门应当自收到请求书之日起3个月内作出裁决,并通知当事人。

第六章 对职务发明创造的发明人或者设计人的奖励和报酬

第七十六条 被授予专利权的单位可以与发明人、设计人约定或者在其依法制定的规章制度中规定专利法第十六条规定的奖励、报酬的方式和数额。

企业、事业单位给予发明人或者设计人的奖励、报酬,按照国家有关财务、会计制度的规定进行处理。

第七十七条 被授予专利权的单位未与发明人、设计人约定也未在其依法制定的规章制度中规定专利法第十六条规定的奖励的方式和数额的,应当自专利权公告之日起3个月内发给发明人或者设计人奖金。一项发明专利的奖金最低不少于3000元;一项实用新型专利或者外观设计专利的奖金最低不少于1000元。

由于发明人或者设计人的建议被其所属单位采纳而完成的发明创造,被授予专利权的单位应当从优发给奖金。

第七十八条 被授予专利权的单位未与发明人、设计人约定也未在其依法制定的规章制度中规定专利法第十六条规定的报酬的方式和数额的,在专利权有效期限内,实施发明创造专利后,每年应当从实施该项发明或者实用新型专利的营业利润中提取不低于2%或者从实施该项外观设计专利的营业利润中提取不低于0.2%,作为报酬给予发明人或者设计人,或者参照上述比例,给予发明人或者设计人一次性报酬;被授予专利权的单位许可其他单位或者个人实施其专利的,应当从收取的使用费中提取不低于10%,作为报酬给予发明人或者设计人。

第七章 专利权的保护

第七十九条 专利法和本细则所称管理专利工作的部门,是指由省、自治区、直辖市人民政府以及专利管理工作量大又有实际处理能力的设区的市人民政府设立的管理专利工作的部门。

第八十条 国务院专利行政部门应当对管理专利工作的部门处理专利侵权纠纷、查处假冒专利行为、调解专利纠纷进行业务指导。

第八十一条 当事人请求处理专利侵权纠纷或者调解专利纠纷的,由被请求人所在地或者侵权行为地的管理专利工作的部门管辖。

两个以上管理专利工作的部门都有管辖权的专利纠纷,当事人可以向其中一个管理专利工作的部门提出请求;当事人向两个以上有管辖权的管理专利工作的部门提出请求的,由最先受理的管理专利工作的部门管辖。

管理专利工作的部门对管辖权发生争议的,由其共同的上级人民政府管理专利工作的部门指定管辖;无共同上级人民政府管理专利工作的部门的,由国务院专利行政部门指定管辖。

第八十二条 在处理专利侵权纠纷过程中,被请求人提出无效宣告请求并被专利复审委员会受理的,可以请求管理专利工作的部门中止处理。

管理专利工作的部门认为被请求人提出的中止理由明显不能成立的,可以不中止处理。

第八十三条 专利权人依照专利法第十七条的规定,在其专利产品或者该产品的包装上标明专利标识的,应当按照国务院专利行政部门规定的方式予以标明。

专利标识不符合前款规定的,由管理专利工作的部门责令改正。

第八十四条 下列行为属于专利法第六十三条规定的假冒专利的行为:

(一)在未被授予专利权的产品或者其包装上标注专利标识,专利权被宣告无效后或者终止后继续在产品或者其包装上标注专利标识,或者未经许可在产品或者产品包装上标注他人的专利号;

(二)销售第(一)项所述产品;

(三)在产品说明书等材料中将未被授予专利权的技术或者设计称为专利技术或者专利设计,将专利申请称为专利,或者未经许可使用他人的专利号,使公众将所涉及的技术或者设计误认为是专利技术或者专利设计;

(四)伪造或者变造专利证书、专利文件或者专利申请文件;

(五)其他使公众混淆,将未被授予专利权的技术或者设计误认为是专利技术或者专利设计的行为。

专利权终止前依法在专利产品、依照专利方法直接获得的产品或者其包装上标注专利标识,在专利权终止后许诺销售、销售该产品的,不属于假冒专利行为。

销售不知道是假冒专利的产品,并且能够证明该产品合法来源的,由管理专利工作的部门责令停止销售,但免除罚款的处罚。

第八十五条 除专利法第六十条规定的外,管理专利工作的部门应当事人请求,可以对下列专利纠纷进行调解:

(一)专利申请权和专利权归属纠纷;

(二)发明人、设计人资格纠纷;

(三)职务发明创造的发明人、设计人的奖励和报酬纠纷;

(四)在发明专利申请公布后专利权授予前使用发明而未支付适当费用的纠纷;

(五)其他专利纠纷。

对于前款第(四)项所列的纠纷,当事人请求管理专利工作的部门调解的,应当在专利权被授予之后提出。

第八十六条 当事人因专利申请权或者专利权的归属发生纠纷,已请求管理专利工作的部门调解或者向人民法院起诉的,可以请求国务院专利行政部门中止有关程序。

依照前款规定请求中止有关程序的,应当向国务院专利行政部门提交请求书,并附具管理专利工作的部门或者人民法院的写明申请号或者专利号的有关受理文件副本。

管理专利工作的部门作出的调解书或者人民法院作出的判决生效后,当事人应当向国务院专利行政部门办理恢复有关程序的手续。自请求中止之日起 1 年内,有关专利申请权或者专利权归属的纠纷未能结案,需要继续中止有关程序的,请求人应当在该期限内请求延长中止。期满未请求延长的,国务院专利行政部门自行恢复有关程序。

第八十七条 人民法院在审理民事案件中裁定对专利申请权或者专利权采取保全措施的,国务院专利行政部门应当在收到写明申请号或者专利号的裁定书和协助执行通知书之日中止被保全的专利申请权或者专利权的有关程序。保全期限届满,人民法院没有裁定继续采取保全措施的,国务院专利行政部门自行恢复有关程序。

第八十八条 国务院专利行政部门根据本细则第八十六条和第八十七条规定中止有关程序,是指暂停专利申请的初步审查、实质审查、复审程序,授予专利权程序和专利权无效宣告程序;暂停办理放弃、变更、转移专利权或者专利申请权手续,专利权质押手续以及专利权期限届满前的终止手续等。

第八章 专利登记和专利公报

第八十九条 国务院专利行政部门设置专利登记簿,登记下列与专利申请和专利权有关的事项:

(一) 专利权的授予;
(二) 专利申请权、专利权的转移;
(三) 专利权的质押、保全及其解除;
(四) 专利实施许可合同的备案;
(五) 专利权的无效宣告;
(六) 专利权的终止;
(七) 专利权的恢复;
(八) 专利实施的强制许可;
(九) 专利权人的姓名或者名称、国籍和地址的变更。

第九十条 国务院专利行政部门定期出版专利公报,公布或者公告下列内容:

(一) 发明专利申请的著录事项和说明书摘要;
(二) 发明专利申请的实质审查请求和国务院专利行政部门对发明专利申请自行进行实质审查的决定;
(三) 发明专利申请公布后的驳回、撤回、视为撤回、视为放弃、恢复和转移;
(四) 专利权的授予以及专利权的著录事项;
(五) 发明或者实用新型专利的说明书摘要,外观设计专利的一幅图片或者照片;
(六) 国防专利、保密专利的解密;
(七) 专利权的无效宣告;
(八) 专利权的终止、恢复;
(九) 专利权的转移;
(十) 专利实施许可合同的备案;
(十一) 专利权的质押、保全及其解除;
(十二) 专利实施的强制许可的给予;
(十三) 专利权人的姓名或者名称、地址的变更;
(十四) 文件的公告送达;

（十五）国务院专利行政部门作出的更正；

（十六）其他有关事项。

第九十一条 国务院专利行政部门应当提供专利公报、发明专利申请单行本以及发明专利、实用新型专利、外观设计专利单行本，供公众免费查阅。

第九十二条 国务院专利行政部门负责按照互惠原则与其他国家、地区的专利机关或者区域性专利组织交换专利文献。

第九章 费 用

第九十三条 向国务院专利行政部门申请专利和办理其他手续时，应当缴纳下列费用：

（一）申请费、申请附加费、公布印刷费、优先权要求费；

（二）发明专利申请实质审查费、复审费；

（三）专利登记费、公告印刷费、年费；

（四）恢复权利请求费、延长期限请求费；

（五）著录事项变更费、专利权评价报告请求费、无效宣告请求费。

前款所列各种费用的缴纳标准，由国务院价格管理部门、财政部门会同国务院专利行政部门规定。

第九十四条 专利法和本细则规定的各种费用，可以直接向国务院专利行政部门缴纳，也可以通过邮局或者银行汇付，或者以国务院专利行政部门规定的其他方式缴纳。

通过邮局或者银行汇付的，应当在送交国务院专利行政部门的汇单上写明正确的申请号或者专利号以及缴纳的费用名称。不符合本款规定的，视为未办理缴费手续。

直接向国务院专利行政部门缴纳费用的，以缴纳当日为缴费日；以邮局汇付方式缴纳费用的，以邮局汇出的邮戳日为缴费日；以银行汇付方式缴纳费用的，以银行实际汇出日为缴费日。

多缴、重缴、错缴专利费用的，当事人可以自缴费日起3年内，向国务院专利行政部门提出退款请求，国务院专利行政部门应当予以退还。

第九十五条 申请人应当自申请日起2个月内或者在收到受理通知书之日起15日内缴纳申请费、公布印刷费和必要的申请附加费；期满未缴纳或者未缴足的，其申请视为撤回。

申请人要求优先权的，应当在缴纳申请费的同时缴纳优先权要求费；期满未缴纳或者未缴足的，视为未要求优先权。

第九十六条 当事人请求实质审查或者复审的，应当在专利法及本细则规定的相关期限内缴纳费用；期满未缴纳或者未缴足的，视为未提出请求。

第九十七条 申请人办理登记手续时，应当缴纳专利登记费、公告印刷费和授予专利权当年的年费；期满未缴纳或者未缴足的，视为未办理登记手续。

第九十八条 授予专利权当年以后的年费应当在上一年度期满前缴纳。专利权人未缴纳或者未缴足的，国务院专利行政部门应当通知专利权人自应当缴纳年费期满之日起6个月内补缴，同时缴纳滞纳金；滞纳金的金额按照每超过规定的缴费时间1个月，加收当年全额年费的5%计算；期满未缴纳的，专利权自应当缴纳年费期满之日起终止。

第九十九条 恢复权利请求费应当在本细则规定的相关期限内缴纳；期满未缴纳或者未缴足的，视为未提出请求。

延长期限请求费应当在相应期限届满之日前缴纳；期满未缴纳或者未缴足的，视为未提出请求。

著录事项变更费、专利权评价报告请求费、无效宣告请求费应当自提出请求之日起1个月内缴纳；期满未缴纳或者未缴足的，视为未提出请求。

第一百条 申请人或者专利权人缴纳本细则规定的各种费用有困难的，可以按照规定向国务院专利行政部门提出减缴或者缓缴的请求。减缴或者缓缴的办法由国务院财政部门会同国务院价格管理部门、国务院专利行政部门规定。

第十章 关于国际申请的特别规定

第一百零一条 国务院专利行政部门根据专利法第二十条规定，受理按照专利合作条约提出的专利国际申请。

按照专利合作条约提出并指定中国的专利国际申请（以下简称国际申请）进入国务院专利行政部门处理阶段（以下称进入中国国家阶段）的条件和程序适用本章的规定；本章没有规定的，适用专利法及本细则其他各章的有关规定。

第一百零二条 按照专利合作条约已确定国际申请日并指定中国的国际申请，视为向国务院专利行政部门提出的专利申请，该国际申请日视为专利法第二十八条所称的申请日。

第一百零三条 国际申请的申请人应当在专利合作条约第二条所称的优先权日（本章简称优先权日）起30个月内，向国务院专利行政部门办理进入中国国家阶段的手续；申请人未在该期限内办理该手续的，在缴纳宽限费后，可以在自优先权日起32个月内办理进入中国国家阶段的手续。

第一百零四条 申请人依照本细则第一百零三条的规定办理进入中国国家阶段的手续的，应当符合下列要求：

（一）以中文提交进入中国国家阶段的书面声明，写明国际申请号和要求获得的专利权类型；

（二）缴纳本细则第九十三条第一款规定的申请费、公布印刷费，必要时缴纳本细则第一百零三条规定的宽限费；

（三）国际申请以外文提出的，提交原始国际申请的说明书和权利要求书的中文译文；

（四）在进入中国国家阶段的书面声明中写明发明创造的名称，申请人姓名或者名称、地址和发明人的姓名，上述内容应当与世界知识产权组织国际局（以下简称国际局）的记录一致；国际申请中未写明发明人的，在上述声明中写明发明人的姓名；

（五）国际申请以外文提出的，提交摘要的中文译文，有附图和摘要附图的，提交附图副本和摘要附图副本，附图中有文字的，将其替换为对应的中文文字；国际申请以中文提出的，提交国际公布文件中的摘要和摘要附图副本；

（六）在国际阶段向国际局已办理申请人变更手续的，提供变更后的申请人享有申请权的证明材料；

（七）必要时缴纳本细则第九十三条第一款规定的申请附加费。

符合本条第一款第（一）项至第（三）项要求的，国务院专利行政部门应当给予申请号，明确国际申请进入中国国家阶段的日期（以下简称进入日），并通知申请人其国际申请已进入中国国家阶段。

国际申请已进入中国国家阶段，但不符合本条第一款第（四）项至第（七）项要求的，国务院专利行政部门应当通知申请人在指定期限内补正；期满未补正的，其申请视为撤回。

第一百零五条 国际申请有下列情形之一的，其在中国的效力终止：

（一）在国际阶段，国际申请被撤回或者被视为撤回，或者国际申请对中国的指定被撤回的；

（二）申请人未在优先权日起32个月内按照本细则第一百零三条规定办理进入中国国家阶段手续的；

（三）申请人办理进入中国国家阶段的手续，但自优先权日起32个月期限届满仍不符合本细则第一百零四条第（一）项至第（三）项要求的。

依照前款第（一）项的规定，国际申请在中国的效力终止的，不适用本细则第六条的规定；依照前款第（二）项、第（三）项的规定，国际申请在中国的效力终止的，不适用本细则第六条第二款的规定。

第一百零六条　国际申请在国际阶段作过修改，申请人要求以经修改的申请文件为基础进行审查的，应当自进入日起2个月内提交修改部分的中文译文。在该期间内未提交中文译文的，对申请人在国际阶段提出的修改，国务院专利行政部门不予考虑。

第一百零七条　国际申请涉及的发明创造有专利法第二十四条第（一）项或者第（二）项所列情形之一，在提出国际申请时作过声明的，申请人应当在进入中国国家阶段的书面声明中予以说明，并自进入日起2个月内提交本细则第三十条第三款规定的有关证明文件；未予说明或者期满未提交证明文件的，其申请不适用专利法第二十四条的规定。

第一百零八条　申请人按照专利合作条约的规定，对生物材料样品的保藏已作出说明的，视为已经满足了本细则第二十四条第（三）项的要求。申请人应当在进入中国国家阶段声明中指明记载生物材料样品保藏事项的文件以及在该文件中的具体记载位置。

申请人在原始提交的国际申请的说明书中已记载生物材料样品保藏事项，但是没有在进入中国国家阶段声明中指明的，应当自进入日起4个月内补正。期满未补正的，该生物材料视为未提交保藏。

申请人自进入日起4个月内向国务院专利行政部门提交生物材料样品保藏证明和存活证明的，视为在本细则第二十四条第（一）项规定的期限内提交。

第一百零九条　国际申请涉及的发明创造依赖遗传资源完成的，申请人应当在国际申请进入中国国家阶段的书面声明中予以说明，并填写国务院专利行政部门制定的表格。

第一百一十条　申请人在国际阶段已要求一项或者多项优先权，在进入中国国家阶段时该优先权要求继续有效的，视为已经依照专利法第三十条的规定提出了书面声明。

申请人应当自进入日起2个月内缴纳优先权要求费；期满未缴纳或者未缴足的，视为未要求该优先权。

申请人在国际阶段已依照专利合作条约的规定，提交过在先申请文件副本的，办理进入中国国家阶段手续时不需要向国务院专利行政部门提交在先申请文件副本。申请人在国际阶段未提交在先申请文件副本的，国务院专利行政部门认为必要时，可以通知申请人在指定期限内补交；申请人期满未补交的，其优先权要求视为未提出。

第一百一十一条　在优先权日起30个月期满前要求国务院专利行政部门提前处理和审查国际申请的，申请人除应当办理进入中国国家阶段手续外，还应当依照专利合作条约第二十三条第二款规定提出请求。国际局尚未向国务院专利行政部门传送国际申请的，申请人应当提交经确认的国际申请副本。

第一百一十二条　要求获得实用新型专利权的国际申请，申请人可以自进入日起2个月内对专利申请文件主动提出修改。

要求获得发明专利权的国际申请，适用本细则第五十一条第一款的规定。

第一百一十三条　申请人发现提交的说明书、权利要求书或者附图中的文字的中文译文存在错误的，可以在下列规定期限内依照原始国际申请文本提出改正：

（一）在国务院专利行政部门作好公布发明专利申请或者公告实用新型专利权的准备工作之前；

（二）在收到国务院专利行政部门发出的发明专利申请进入实质审查阶段通知书之日起3个月内。

申请人改正译文错误的，应当提出书面请求并缴纳规定的译文改正费。

申请人按照国务院专利行政部门的通知书的要求改正译文的，应当在指定期限内办理本条第二款规定的手续；期满未办理规定手续的，该申请视为撤回。

第一百一十四条 对要求获得发明专利权的国际申请，国务院专利行政部门经初步审查认为符合专利法和本细则有关规定的，应当在专利公报上予以公布；国际申请以中文以外的文字提出的，应当公布申请文件的中文译文。

要求获得发明专利权的国际申请，由国际局以中文进行国际公布的，自国际公布日起适用专利法第十三条的规定；由国际局以中文以外的文字进行国际公布的，自国务院专利行政部门公布之日起适用专利法第十三条的规定。

对国际申请，专利法第二十一条和第二十二条中所称的公布是指本条第一款所规定的公布。

第一百一十五条 国际申请包含两项以上发明或者实用新型的，申请人可以自进入日起，依照本细则第四十二条第一款的规定提出分案申请。

在国际阶段，国际检索单位或者国际初步审查单位认为国际申请不符合专利合作条约规定的单一性要求时，申请人未按照规定缴纳附加费，导致国际申请某些部分未经国际检索或者未经国际初步审查，在进入中国国家阶段时，申请人要求将所述部分作为审查基础，国务院专利行政部门认为国际检索单位或者国际初步审查单位对发明单一性的判断正确的，应当通知申请人在指定期限内缴纳单一性恢复费。期满未缴纳或者未足额缴纳的，国际申请中未经检索或者未经国际初步审查的部分视为撤回。

第一百一十六条 国际申请在国际阶段被有关国际单位拒绝给予国际申请日或者宣布视为撤回的，申请人在收到通知之日起2个月内，可以请求国际局将国际申请档案中任何文件的副本转交国务院专利行政部门，并在该期限内向国务院专利行政部门办理本细则第一百零三条规定的手续，国务院专利行政部门应当在接到国际局传送的文件后，对国际单位作出的决定是否正确进行复查。

第一百一十七条 基于国际申请授予的专利权，由于译文错误，致使依照专利法第五十九条规定确定的保护范围超出国际申请的原文所表达的范围的，以依据原文限制后的保护范围为准；致使保护范围小于国际申请的原文所表达的范围的，以授权时的保护范围为准。

第十一章 附　　则

第一百一十八条 经国务院专利行政部门同意，任何人均可以查阅或者复制已经公布或者公告的专利申请的案卷和专利登记簿，并可以请求国务院专利行政部门出具专利登记簿副本。

已视为撤回、驳回和主动撤回的专利申请的案卷，自该专利申请失效之日起满2年后不予保存。

已放弃、宣告全部无效和终止的专利权的案卷，自该专利权失效之日起满3年后不予保存。

第一百一十九条 向国务院专利行政部门提交申请文件或者办理各种手续,应当由申请人、专利权人、其他利害关系人或者其代表人签字或者盖章;委托专利代理机构的,由专利代理机构盖章。

请求变更发明人姓名、专利申请人和专利权人的姓名或者名称、国籍和地址、专利代理机构的名称、地址和代理人姓名的,应当向国务院专利行政部门办理著录事项变更手续,并附具变更理由的证明材料。

第一百二十条 向国务院专利行政部门邮寄有关申请或者专利权的文件,应当使用挂号信函,不得使用包裹。

除首次提交专利申请文件外,向国务院专利行政部门提交各种文件、办理各种手续的,应当标明申请号或者专利号、发明创造名称和申请人或者专利权人姓名或者名称。

一件信函中应当只包含同一申请的文件。

第一百二十一条 各类申请文件应当打字或者印刷,字迹呈黑色,整齐清晰,并不得涂改。附图应当用制图工具和黑色墨水绘制,线条应当均匀清晰,并不得涂改。

请求书、说明书、权利要求书、附图和摘要应当分别用阿拉伯数字顺序编号。

申请文件的文字部分应当横向书写。纸张限于单面使用。

第一百二十二条 国务院专利行政部门根据专利法和本细则制定专利审查指南。

第一百二十三条 本细则自 2001 年 7 月 1 日起施行。1992 年 12 月 12 日国务院批准修订、1992 年 12 月 21 日中国专利局发布的《中华人民共和国专利法实施细则》同时废止。

中华人民共和国行政处罚法

（1996年3月17日第八届全国人民代表大会第四次会议通过　根据2009年8月27日第十一届全国人民代表大会常务委员会第十次会议《关于修改部分法律的决定》第一次修正　根据2017年9月1日第十二届全国人民代表大会常务委员会第二十九次会议《关于修改〈中华人民共和国法官法〉等八部法律的决定》第二次修正）

第一章　总　　则

第一条　为了规范行政处罚的设定和实施，保障和监督行政机关有效实施行政管理，维护公共利益和社会秩序，保护公民、法人或者其他组织的合法权益，根据宪法，制定本法。

第二条　行政处罚的设定和实施，适用本法。

第三条　公民、法人或者其他组织违反行政管理秩序的行为，应当给予行政处罚的，依照本法由法律、法规或者规章规定，并由行政机关依照本法规定的程序实施。

没有法定依据或者不遵守法定程序的，行政处罚无效。

第四条　行政处罚遵循公正、公开的原则。

设定和实施行政处罚必须以事实为依据，与违法行为的事实、性质、情节以及社会危害程度相当。

对违法行为给予行政处罚的规定必须公布；未经公布的，不得作为行政处罚的依据。

第五条　实施行政处罚，纠正违法行为，应当坚持处罚与教育相结合，教育公民、法人或者其他组织自觉守法。

第六条　公民、法人或者其他组织对行政机关所给予的行政处罚，享有陈述权、申辩权；对行政处罚不服的，有权依法申请行政复议或者提起行政诉讼。

公民、法人或者其他组织因行政机关违法给予行政处罚受到损害的，有权依法提出赔偿要求。

第七条　公民、法人或者其他组织因违法受到行政处罚，其违法行为对他人造成损害的，应当依法承担民事责任。

违法行为构成犯罪，应当依法追究刑事责任，不得以行政处罚代替刑事处罚。

第二章　行政处罚的种类和设定

第八条　行政处罚的种类：

（一）警告；

（二）罚款；

（三）没收违法所得、没收非法财物；

（四）责令停产停业；

（五）暂扣或者吊销许可证、暂扣或者吊销执照；

（六）行政拘留；

（七）法律、行政法规规定的其他行政处罚。

第九条　法律可以设定各种行政处罚。

限制人身自由的行政处罚，只能由法律设定。

第十条 行政法规可以设定除限制人身自由以外的行政处罚。

法律对违法行为已经作出行政处罚规定，行政法规需要作出具体规定的，必须在法律规定的给予行政处罚的行为、种类和幅度的范围内规定。

第十一条 地方性法规可以设定除限制人身自由、吊销企业营业执照以外的行政处罚。

法律、行政法规对违法行为已经作出行政处罚规定，地方性法规需要作出具体规定的，必须在法律、行政法规规定的给予行政处罚的行为、种类和幅度的范围内规定。

第十二条 国务院部、委员会制定的规章可以在法律、行政法规规定的给予行政处罚的行为、种类和幅度的范围内作出具体规定。

尚未制定法律、行政法规的，前款规定的国务院部、委员会制定的规章对违反行政管理秩序的行为，可以设定警告或者一定数量罚款的行政处罚。罚款的限额由国务院规定。

国务院可以授权具有行政处罚权的直属机构依照本条第一款、第二款的规定，规定行政处罚。

第十三条 省、自治区、直辖市人民政府和省、自治区人民政府所在地的市人民政府以及经国务院批准的较大的市人民政府制定的规章可以在法律、法规规定的给予行政处罚的行为、种类和幅度的范围内作出具体规定。

尚未制定法律、法规的，前款规定的人民政府制定的规章对违反行政管理秩序的行为，可以设定警告或者一定数量罚款的行政处罚。罚款的限额由省、自治区、直辖市人民代表大会常务委员会规定。

第十四条 除本法第九条、第十条、第十一条、第十二条以及第十三条的规定外，其他规范性文件不得设定行政处罚。

第三章 行政处罚的实施机关

第十五条 行政处罚由具有行政处罚权的行政机关在法定职权范围内实施。

第十六条 国务院或者经国务院授权的省、自治区、直辖市人民政府可以决定一个行政机关行使有关行政机关的行政处罚权，但限制人身自由的行政处罚权只能由公安机关行使。

第十七条 法律、法规授权的具有管理公共事务职能的组织可以在法定授权范围内实施行政处罚。

第十八条 行政机关依照法律、法规或者规章的规定，可以在其法定权限内委托符合本法第十九条规定条件的组织实施行政处罚。行政机关不得委托其他组织或者个人实施行政处罚。

委托行政机关对受委托的组织实施行政处罚的行为应当负责监督，并对该行为的后果承担法律责任。

受委托组织在委托范围内，以委托行政机关名义实施行政处罚；不得再委托其他任何组织或者个人实施行政处罚。

第十九条 受委托组织必须符合以下条件：

（一）依法成立的管理公共事务的事业组织；

（二）具有熟悉有关法律、法规、规章和业务的工作人员；

（三）对违法行为需要进行技术检查或者技术鉴定的，应当有条件组织进行相应的技术检查或者技术鉴定。

第四章 行政处罚的管辖和适用

第二十条 行政处罚由违法行为发生地的县级以上地方人民政府具有行政处罚权的行政

机关管辖。法律、行政法规另有规定的除外。

第二十一条 对管辖发生争议的，报请共同的上一级行政机关指定管辖。

第二十二条 违法行为构成犯罪的，行政机关必须将案件移送司法机关，依法追究刑事责任。

第二十三条 行政机关实施行政处罚时，应当责令当事人改正或者限期改正违法行为。

第二十四条 对当事人的同一个违法行为，不得给予两次以上罚款的行政处罚。

第二十五条 不满十四周岁的人有违法行为的，不予行政处罚，责令监护人加以管教；已满十四周岁不满十八周岁的人有违法行为的，从轻或者减轻行政处罚。

第二十六条 精神病人在不能辨认或者不能控制自己行为时有违法行为的，不予行政处罚，但应当责令其监护人严加看管和治疗。间歇性精神病人在精神正常时有违法行为的，应当给予行政处罚。

第二十七条 当事人有下列情形之一的，应当依法从轻或者减轻行政处罚：

（一）主动消除或者减轻违法行为危害后果的；

（二）受他人胁迫有违法行为的；

（三）配合行政机关查处违法行为有立功表现的；

（四）其他依法从轻或者减轻行政处罚的。

违法行为轻微并及时纠正，没有造成危害后果的，不予行政处罚。

第二十八条 违法行为构成犯罪，人民法院判处拘役或者有期徒刑时，行政机关已经给予当事人行政拘留的，应当依法折抵相应刑期。

违法行为构成犯罪，人民法院判处罚金时，行政机关已经给予当事人罚款的，应当折抵相应罚金。

第二十九条 违法行为在二年内未被发现的，不再给予行政处罚。法律另有规定的除外。

前款规定的期限，从违法行为发生之日起计算；违法行为有连续或者继续状态的，从行为终了之日起计算。

第五章 行政处罚的决定

第三十条 公民、法人或者其他组织违反行政管理秩序的行为，依法应当给予行政处罚的，行政机关必须查明事实；违法事实不清的，不得给予行政处罚。

第三十一条 行政机关在作出行政处罚决定之前，应当告知当事人作出行政处罚决定的事实、理由及依据，并告知当事人依法享有的权利。

第三十二条 当事人有权进行陈述和申辩。行政机关必须充分听取当事人的意见，对当事人提出的事实、理由和证据，应当进行复核；当事人提出的事实、理由或者证据成立的，行政机关应当采纳。

行政机关不得因当事人申辩而加重处罚。

第一节 简易程序

第三十三条 违法事实确凿并有法定依据，对公民处以五十元以下、对法人或者其他组织处以一千元以下罚款或者警告的行政处罚的，可以当场作出行政处罚决定。当事人应当依照本法第四十六条、第四十七条、第四十八条的规定履行行政处罚决定。

第三十四条 执法人员当场作出行政处罚决定的，应当向当事人出示执法身份证件，填写预定格式、编有号码的行政处罚决定书。行政处罚决定书应当场交付当事人。

前款规定的行政处罚决定书应当载明当事人的违法行为、行政处罚依据、罚款数额、时间、地点以及行政机关名称，并由执法人员签名或者盖章。

执法人员当场作出的行政处罚决定，必须报所属行政机关备案。

第三十五条 当事人对当场作出的行政处罚决定不服的，可以依法申请行政复议或者提起行政诉讼。

第二节 一般程序

第三十六条 除本法第三十三条规定的可以当场作出的行政处罚外，行政机关发现公民、法人或者其他组织有依法应当给予行政处罚的行为的，必须全面、客观、公正地调查，收集有关证据；必要时，依照法律、法规的规定，可以进行检查。

第三十七条 行政机关在调查或者进行检查时，执法人员不得少于两人，并应当向当事人或者有关人员出示证件。当事人或者有关人员应当如实回答询问，并协助调查或者检查，不得阻挠。询问或者检查应当制作笔录。

行政机关在收集证据时，可以采取抽样取证的方法；在证据可能灭失或者以后难以取得的情况下，经行政机关负责人批准，可以先行登记保存，并应当在七日内及时作出处理决定，在此期间，当事人或者有关人员不得销毁或者转移证据。

执法人员与当事人有直接利害关系的，应当回避。

第三十八条 调查终结，行政机关负责人应当对调查结果进行审查，根据不同情况，分别作出如下决定：

（一）确有应受行政处罚的违法行为的，根据情节轻重及具体情况，作出行政处罚决定；

（二）违法行为轻微，依法可以不予行政处罚的，不予行政处罚；

（三）违法事实不能成立的，不得给予行政处罚；

（四）违法行为已构成犯罪的，移送司法机关。

对情节复杂或者重大违法行为给予较重的行政处罚，行政机关的负责人应当集体讨论决定。

在行政机关负责人作出决定之前，应当由从事行政处罚决定审核的人员进行审核。行政机关中初次从事行政处罚决定审核的人员，应当通过国家统一法律职业资格考试取得法律职业资格。

第三十九条 行政机关依照本法第三十八条的规定给予行政处罚，应当制作行政处罚决定书。行政处罚决定书应当载明下列事项：

（一）当事人的姓名或者名称、地址；

（二）违反法律、法规或者规章的事实和证据；

（三）行政处罚的种类和依据；

（四）行政处罚的履行方式和期限；

（五）不服行政处罚决定，申请行政复议或者提起行政诉讼的途径和期限；

（六）作出行政处罚决定的行政机关名称和作出决定的日期。

行政处罚决定书必须盖有作出行政处罚决定的行政机关的印章。

第四十条 行政处罚决定书应当在宣告后当场交付当事人；当事人不在场的，行政机关应当在七日内依照民事诉讼法的有关规定，将行政处罚决定书送达当事人。

第四十一条 行政机关及其执法人员在作出行政处罚决定之前，不依照本法第三十一条、第三十二条的规定向当事人告知给予行政处罚的事实、理由和依据，或者拒绝听取当事人的陈述、申辩，行政处罚决定不能成立；当事人放弃陈述或者申辩权利的除外。

第三节 听证程序

第四十二条 行政机关作出责令停产停业、吊销许可证或者执照、较大数额罚款等行政处罚决定之前，应当告知当事人有要求举行听证的权利；当事人要求听证的，行政机关应当组织听证。当事人不承担行政机关组织听证的费用。听证依照以下程序组织：

（一）当事人要求听证的，应当在行政机关告知后三日内提出；

（二）行政机关应当在听证的七日前，通知当事人举行听证的时间、地点；

（三）除涉及国家秘密、商业秘密或者个人隐私外，听证公开举行；

（四）听证由行政机关指定的非本案调查人员主持；当事人认为主持人与本案有直接利害关系的，有权申请回避；

（五）当事人可以亲自参加听证，也可以委托一至二人代理；

（六）举行听证时，调查人员提出当事人违法的事实、证据和行政处罚建议；当事人进行申辩和质证；

（七）听证应当制作笔录；笔录应当交当事人审核无误后签字或者盖章。

当事人对限制人身自由的行政处罚有异议的，依照治安管理处罚法有关规定执行。

第四十三条 听证结束后，行政机关依照本法第三十八条的规定，作出决定。

第六章 行政处罚的执行

第四十四条 行政处罚决定依法作出后，当事人应当在行政处罚决定的期限内，予以履行。

第四十五条 当事人对行政处罚决定不服申请行政复议或者提起行政诉讼的，行政处罚不停止执行，法律另有规定的除外。

第四十六条 作出罚款决定的行政机关应当与收缴罚款的机构分离。

除依照本法第四十七条、第四十八条的规定当场收缴的罚款外，作出行政处罚决定的行政机关及其执法人员不得自行收缴罚款。

当事人应当自收到行政处罚决定书之日起十五日内，到指定的银行缴纳罚款。银行应当收受罚款，并将罚款直接上缴国库。

第四十七条 依照本法第三十三条的规定当场作出行政处罚决定，有下列情形之一的，执法人员可以当场收缴罚款：

（一）依法给予二十元以下的罚款的；

（二）不当场收缴事后难以执行的。

第四十八条 在边远、水上、交通不便地区，行政机关及其执法人员依照本法第三十三条、第三十八条的规定作出罚款决定后，当事人向指定的银行缴纳罚款确有困难，经当事人提出，行政机关及其执法人员可以当场收缴罚款。

第四十九条 行政机关及其执法人员当场收缴罚款的，必须向当事人出具省、自治区、直辖市财政部门统一制发的罚款收据；不出具财政部门统一制发的罚款收据的，当事人有权拒绝缴纳罚款。

第五十条 执法人员当场收缴的罚款，应当自收缴罚款之日起二日内，交至行政机关；在水上当场收缴的罚款，应当自抵岸之日起二日内交至行政机关；行政机关应当在二日内将罚款缴付指定的银行。

第五十一条 当事人逾期不履行行政处罚决定的，作出行政处罚决定的行政机关可以采取下列措施：

（一）到期不缴纳罚款的，每日按罚款数额的百分之三加处罚款；

（二）根据法律规定，将查封、扣押的财物拍卖或者将冻结的存款划拨抵缴罚款；

（三）申请人民法院强制执行。

第五十二条 当事人确有经济困难，需要延期或者分期缴纳罚款的，经当事人申请和行政机关批准，可以暂缓或者分期缴纳。

第五十三条 除依法应当予以销毁的物品外，依法没收的非法财物必须按照国家规定公开拍卖或者按照国家有关规定处理。

罚款、没收违法所得或者没收非法财物拍卖的款项，必须全部上缴国库，任何行政机关或者个人不得以任何形式截留、私分或者变相私分；财政部门不得以任何形式向作出行政处罚决定的行政机关返还罚款、没收的违法所得或者返还没收非法财物的拍卖款项。

第五十四条 行政机关应当建立健全对行政处罚的监督制度。县级以上人民政府应当加强对行政处罚的监督检查。

公民、法人或者其他组织对行政机关作出的行政处罚，有权申诉或者检举；行政机关应当认真审查，发现行政处罚有错误的，应当主动改正。

第七章　法律责任

第五十五条 行政机关实施行政处罚，有下列情形之一的，由上级行政机关或者有关部门责令改正，可以对直接负责的主管人员和其他直接责任人员依法给予行政处分：

（一）没有法定的行政处罚依据的；

（二）擅自改变行政处罚种类、幅度的；

（三）违反法定的行政处罚程序的；

（四）违反本法第十八条关于委托处罚的规定的。

第五十六条 行政机关对当事人进行处罚不使用罚款、没收财物单据或者使用非法定部门制发的罚款、没收财物单据的，当事人有权拒绝处罚，并有权予以检举。上级行政机关或者有关部门对使用的非法单据予以收缴销毁，对直接负责的主管人员和其他直接责任人员依法给予行政处分。

第五十七条 行政机关违反本法第四十六条的规定自行收缴罚款的，财政部门违反本法第五十三条的规定向行政机关返还罚款或者拍卖款项的，由上级行政机关或者有关部门责令改正，对直接负责的主管人员和其他直接责任人员依法给予行政处分。

第五十八条 行政机关将罚款、没收的违法所得或者财物截留、私分或者变相私分的，由财政部门或者有关部门予以追缴，对直接负责的主管人员和其他直接责任人员依法给予行政处分；情节严重构成犯罪的，依法追究刑事责任。

执法人员利用职务上的便利，索取或者收受他人财物、收缴罚款据为己有，构成犯罪的，依法追究刑事责任；情节轻微不构成犯罪的，依法给予行政处分。

第五十九条 行政机关使用或者损毁扣押的财物，对当事人造成损失的，应当依法予以赔偿，对直接负责的主管人员和其他直接责任人员依法给予行政处分。

第六十条 行政机关违法实行检查措施或者执行措施，给公民人身或者财产造成损害、给法人或者其他组织造成损失的，应当依法予以赔偿，对直接负责的主管人员和其他直接责任人员依法给予行政处分；情节严重构成犯罪的，依法追究刑事责任。

第六十一条 行政机关为牟取本单位私利，对应当依法移交司法机关追究刑事责任的不移交，以行政处罚代替刑罚，由上级行政机关或者有关部门责令纠正；拒不纠正的，对直接负责的主管人员给予行政处分；徇私舞弊、包庇纵容违法行为的，依照刑法有关规定追究刑事责任。

第六十二条 执法人员玩忽职守，对应当予以制止和处罚的违法行为不予制止、处罚，致使公民、法人或者其他组织的合法权益、公共利益和社会秩序遭受损害的，对直接负责的主管人员和其他直接责任人员依法给予行政处分；情节严重构成犯罪的，依法追究刑事责任。

第八章 附 则

第六十三条 本法第四十六条罚款决定与罚款收缴分离的规定，由国务院制定具体实施办法。

第六十四条 本法自 1996 年 10 月 1 日起施行。

本法公布前制定的法规和规章关于行政处罚的规定与本法不符合的，应当自本法公布之日起，依照本法规定予以修订，在 1997 年 12 月 31 日前修订完毕。

中华人民共和国行政强制法

(2011年6月30日第十一届全国人民代表大会常务委员会第二十一次会议通过)

第一章 总 则

第一条 为了规范行政强制的设定和实施，保障和监督行政机关依法履行职责，维护公共利益和社会秩序，保护公民、法人和其他组织的合法权益，根据宪法，制定本法。

第二条 本法所称行政强制，包括行政强制措施和行政强制执行。

行政强制措施，是指行政机关在行政管理过程中，为制止违法行为、防止证据损毁、避免危害发生、控制危险扩大等情形，依法对公民的人身自由实施暂时性限制，或者对公民、法人或者其他组织的财物实施暂时性控制的行为。

行政强制执行，是指行政机关或者行政机关申请人民法院，对不履行行政决定的公民、法人或者其他组织，依法强制履行义务的行为。

第三条 行政强制的设定和实施，适用本法。

发生或者即将发生自然灾害、事故灾难、公共卫生事件或者社会安全事件等突发事件，行政机关采取应急措施或者临时措施，依照有关法律、行政法规的规定执行。

行政机关采取金融业审慎监管措施、进出境货物强制性技术监控措施，依照有关法律、行政法规的规定执行。

第四条 行政强制的设定和实施，应当依照法定的权限、范围、条件和程序。

第五条 行政强制的设定和实施，应当适当。采用非强制手段可以达到行政管理目的的，不得设定和实施行政强制。

第六条 实施行政强制，应当坚持教育与强制相结合。

第七条 行政机关及其工作人员不得利用行政强制权为单位或者个人谋取利益。

第八条 公民、法人或者其他组织对行政机关实施行政强制，享有陈述权、申辩权；有权依法申请行政复议或者提起行政诉讼；因行政机关违法实施行政强制受到损害的，有权依法要求赔偿。

公民、法人或者其他组织因人民法院在强制执行中有违法行为或者扩大强制执行范围受到损害的，有权依法要求赔偿。

第二章 行政强制的种类和设定

第九条 行政强制措施的种类：

（一）限制公民人身自由；

（二）查封场所、设施或者财物；

（三）扣押财物；

（四）冻结存款、汇款；

（五）其他行政强制措施。

第十条 行政强制措施由法律设定。

尚未制定法律，且属于国务院行政管理职权事项的，行政法规可以设定除本法第九条第一项、第四项和应当由法律规定的行政强制措施以外的其他行政强制措施。

尚未制定法律、行政法规，且属于地方性事务的，地方性法规可以设定本法第九条第二项、第三项的行政强制措施。

法律、法规以外的其他规范性文件不得设定行政强制措施。

第十一条 法律对行政强制措施的对象、条件、种类作了规定的，行政法规、地方性法规不得作出扩大规定。

法律中未设定行政强制措施的，行政法规、地方性法规不得设定行政强制措施。但是，法律规定特定事项由行政法规规定具体管理措施的，行政法规可以设定除本法第九条第一项、第四项和应当由法律规定的行政强制措施以外的其他行政强制措施。

第十二条 行政强制执行的方式：

（一）加处罚款或者滞纳金；

（二）划拨存款、汇款；

（三）拍卖或者依法处理查封、扣押的场所、设施或者财物；

（四）排除妨碍、恢复原状；

（五）代履行；

（六）其他强制执行方式。

第十三条 行政强制执行由法律设定。

法律没有规定行政机关强制执行的，作出行政决定的行政机关应当申请人民法院强制执行。

第十四条 起草法律草案、法规草案，拟设定行政强制的，起草单位应当采取听证会、论证会等形式听取意见，并向制定机关说明设定该行政强制的必要性、可能产生的影响以及听取和采纳意见的情况。

第十五条 行政强制的设定机关应当定期对其设定的行政强制进行评价，并对不适当的行政强制及时予以修改或者废止。

行政强制的实施机关可以对已设定的行政强制的实施情况及存在的必要性适时进行评价，并将意见报告该行政强制的设定机关。

公民、法人或者其他组织可以向行政强制的设定机关和实施机关就行政强制的设定和实施提出意见和建议。有关机关应当认真研究论证，并以适当方式予以反馈。

第三章 行政强制措施实施程序

第一节 一般规定

第十六条 行政机关履行行政管理职责，依照法律、法规的规定，实施行政强制措施。

违法行为情节显著轻微或者没有明显社会危害的，可以不采取行政强制措施。

第十七条 行政强制措施由法律、法规规定的行政机关在法定职权范围内实施。行政强制措施权不得委托。

依据《中华人民共和国行政处罚法》的规定行使相对集中行政处罚权的行政机关，可以实施法律、法规规定的与行政处罚权有关的行政强制措施。

行政强制措施应当由行政机关具备资格的行政执法人员实施，其他人员不得实施。

第十八条 行政机关实施行政强制措施应当遵守下列规定：

（一）实施前须向行政机关负责人报告并经批准；

（二）由两名以上行政执法人员实施；

（三）出示执法身份证件；

（四）通知当事人到场；

（五）当场告知当事人采取行政强制措施的理由、依据以及当事人依法享有的权利、救济途径；

（六）听取当事人的陈述和申辩；

（七）制作现场笔录；

（八）现场笔录由当事人和行政执法人员签名或者盖章，当事人拒绝的，在笔录中予以注明；

（九）当事人不到场的，邀请见证人到场，由见证人和行政执法人员在现场笔录上签名或者盖章；

（十）法律、法规规定的其他程序。

第十九条 情况紧急，需要当场实施行政强制措施的，行政执法人员应当在二十四小时内向行政机关负责人报告，并补办批准手续。行政机关负责人认为不应当采取行政强制措施的，应当立即解除。

第二十条 依照法律规定实施限制公民人身自由的行政强制措施，除应当履行本法第十八条规定的程序外，还应当遵守下列规定：

（一）当场告知或者实施行政强制措施后立即通知当事人家属实施行政强制措施的行政机关、地点和期限；

（二）在紧急情况下当场实施行政强制措施的，在返回行政机关后，立即向行政机关负责人报告并补办批准手续；

（三）法律规定的其他程序。

实施限制人身自由的行政强制措施不得超过法定期限。实施行政强制措施的目的已经达到或者条件已经消失，应当立即解除。

第二十一条 违法行为涉嫌犯罪应当移送司法机关的，行政机关应当将查封、扣押、冻结的财物一并移送，并书面告知当事人。

第二节　查封、扣押

第二十二条 查封、扣押应当由法律、法规规定的行政机关实施，其他任何行政机关或者组织不得实施。

第二十三条 查封、扣押限于涉案的场所、设施或者财物，不得查封、扣押与违法行为无关的场所、设施或者财物；不得查封、扣押公民个人及其所扶养家属的生活必需品。

当事人的场所、设施或者财物已被其他国家机关依法查封的，不得重复查封。

第二十四条 行政机关决定实施查封、扣押的，应当履行本法第十八条规定的程序，制作并当场交付查封、扣押决定书和清单。

查封、扣押决定书应当载明下列事项：

（一）当事人的姓名或者名称、地址；

（二）查封、扣押的理由、依据和期限；

（三）查封、扣押场所、设施或者财物的名称、数量等；

（四）申请行政复议或者提起行政诉讼的途径和期限；

（五）行政机关的名称、印章和日期。

查封、扣押清单一式二份，由当事人和行政机关分别保存。

第二十五条 查封、扣押的期限不得超过三十日；情况复杂的，经行政机关负责人批准，可以延长，但是延长期限不得超过三十日。法律、行政法规另有规定的除外。

延长查封、扣押的决定应当及时书面告知当事人，并说明理由。

对物品需要进行检测、检验、检疫或者技术鉴定的，查封、扣押的期间不包括检测、检验、检疫或者技术鉴定的期间。检测、检验、检疫或者技术鉴定的期间应当明确，并书面告知当事人。检测、检验、检疫或者技术鉴定的费用由行政机关承担。

第二十六条 对查封、扣押的场所、设施或者财物，行政机关应当妥善保管，不得使用或者损毁；造成损失的，应当承担赔偿责任。

对查封的场所、设施或者财物，行政机关可以委托第三人保管，第三人不得损毁或者擅自转移、处置。因第三人的原因造成的损失，行政机关先行赔付后，有权向第三人追偿。

因查封、扣押发生的保管费用由行政机关承担。

第二十七条 行政机关采取查封、扣押措施后，应当及时查清事实，在本法第二十五条规定的期限内作出处理决定。对违法事实清楚，依法应当没收的非法财物予以没收；法律、行政法规规定应当销毁的，依法销毁；应当解除查封、扣押的，作出解除查封、扣押的决定。

第二十八条 有下列情形之一的，行政机关应当及时作出解除查封、扣押决定：

（一）当事人没有违法行为；

（二）查封、扣押的场所、设施或者财物与违法行为无关；

（三）行政机关对违法行为已经作出处理决定，不再需要查封、扣押；

（四）查封、扣押期限已经届满；

（五）其他不再需要采取查封、扣押措施的情形。

解除查封、扣押应当立即退还财物；已将鲜活物品或者其他不易保管的财物拍卖或者变卖的，退还拍卖或者变卖所得款项。变卖价格明显低于市场价格，给当事人造成损失的，应当给予补偿。

第三节 冻 结

第二十九条 冻结存款、汇款应当由法律规定的行政机关实施，不得委托给其他行政机关或者组织；其他任何行政机关或者组织不得冻结存款、汇款。

冻结存款、汇款的数额应当与违法行为涉及的金额相当；已被其他国家机关依法冻结的，不得重复冻结。

第三十条 行政机关依照法律规定决定实施冻结存款、汇款的，应当履行本法第十八条第一项、第二项、第三项、第七项规定的程序，并向金融机构交付冻结通知书。

金融机构接到行政机关依法作出的冻结通知书后，应当立即予以冻结，不得拖延，不得在冻结前向当事人泄露信息。

法律规定以外的行政机关或者组织要求冻结当事人存款、汇款的，金融机构应当拒绝。

第三十一条 依照法律规定冻结存款、汇款的，作出决定的行政机关应当在三日内向当事人交付冻结决定书。冻结决定书应当载明下列事项：

（一）当事人的姓名或者名称、地址；

（二）冻结的理由、依据和期限；

（三）冻结的账号和数额；

（四）申请行政复议或者提起行政诉讼的途径和期限；

（五）行政机关的名称、印章和日期。

第三十二条 自冻结存款、汇款之日起三十日内，行政机关应当作出处理决定或者作出解除冻结决定；情况复杂的，经行政机关负责人批准，可以延长，但是延长期限不得超过三十日。法律另有规定的除外。

延长冻结的决定应当及时书面告知当事人，并说明理由。

第三十三条 有下列情形之一的，行政机关应当及时作出解除冻结决定：

（一）当事人没有违法行为；

（二）冻结的存款、汇款与违法行为无关；

（三）行政机关对违法行为已经作出处理决定，不再需要冻结；

（四）冻结期限已经届满；

（五）其他不再需要采取冻结措施的情形。

行政机关作出解除冻结决定的，应当及时通知金融机构和当事人。金融机构接到通知后，应当立即解除冻结。

行政机关逾期未作出处理决定或者解除冻结决定的，金融机构应当自冻结期满之日起解除冻结。

第四章 行政机关强制执行程序

第一节 一般规定

第三十四条 行政机关依法作出行政决定后，当事人在行政机关决定的期限内不履行义务的，具有行政强制执行权的行政机关依照本章规定强制执行。

第三十五条 行政机关作出强制执行决定前，应当事先催告当事人履行义务。催告应当以书面形式作出，并载明下列事项：

（一）履行义务的期限；

（二）履行义务的方式；

（三）涉及金钱给付的，应当有明确的金额和给付方式；

（四）当事人依法享有的陈述权和申辩权。

第三十六条 当事人收到催告书后有权进行陈述和申辩。行政机关应当充分听取当事人的意见，对当事人提出的事实、理由和证据，应当进行记录、复核。当事人提出的事实、理由或者证据成立的，行政机关应当采纳。

第三十七条 经催告，当事人逾期仍不履行行政决定，且无正当理由的，行政机关可以作出强制执行决定。

强制执行决定应当以书面形式作出，并载明下列事项：

（一）当事人的姓名或者名称、地址；

（二）强制执行的理由和依据；

（三）强制执行的方式和时间；

（四）申请行政复议或者提起行政诉讼的途径和期限；

（五）行政机关的名称、印章和日期。

在催告期间，对有证据证明有转移或者隐匿财物迹象的，行政机关可以作出立即强制执行决定。

第三十八条 催告书、行政强制执行决定书应当直接送达当事人。当事人拒绝接收或者无法直接送达当事人的，应当依照《中华人民共和国民事诉讼法》的有关规定送达。

第三十九条 有下列情形之一的，中止执行：

（一）当事人履行行政决定确有困难或者暂无履行能力的；

(二) 第三人对执行标的主张权利，确有理由的；
(三) 执行可能造成难以弥补的损失，且中止执行不损害公共利益的；
(四) 行政机关认为需要中止执行的其他情形。

中止执行的情形消失后，行政机关应当恢复执行。对没有明显社会危害，当事人确无能力履行，中止执行满三年未恢复执行的，行政机关不再执行。

第四十条 有下列情形之一的，终结执行：
(一) 公民死亡，无遗产可供执行，又无义务承受人的；
(二) 法人或者其他组织终止，无财产可供执行，又无义务承受人的；
(三) 执行标的灭失的；
(四) 据以执行的行政决定被撤销的；
(五) 行政机关认为需要终结执行的其他情形。

第四十一条 在执行中或者执行完毕后，据以执行的行政决定被撤销、变更，或者执行错误的，应恢复原状或者退还财物；不能恢复原状或者退还财物的，依法给予赔偿。

第四十二条 实施行政强制执行，行政机关可以在不损害公共利益和他人合法权益的情况下，与当事人达成执行协议。执行协议可以约定分阶段履行；当事人采取补救措施的，可以减免加处的罚款或者滞纳金。

执行协议应当履行。当事人不履行执行协议的，行政机关应当恢复强制执行。

第四十三条 行政机关不得在夜间或者法定节假日实施行政强制执行。但是，情况紧急的除外。

行政机关不得对居民生活采取停止供水、供电、供热、供燃气等方式迫使当事人履行相关行政决定。

第四十四条 对违法的建筑物、构筑物、设施等需要强制拆除的，应当由行政机关予以公告，限期当事人自行拆除。当事人在法定期限内不申请行政复议或者提起行政诉讼，又不拆除的，行政机关可以依法强制拆除。

第二节 金钱给付义务的执行

第四十五条 行政机关依法作出金钱给付义务的行政决定，当事人逾期不履行的，行政机关可以依法加处罚款或者滞纳金。加处罚款或者滞纳金的标准应当告知当事人。

加处罚款或者滞纳金的数额不得超出金钱给付义务的数额。

第四十六条 行政机关依照本法第四十五条规定实施加处罚款或者滞纳金超过三十日，经催告当事人仍不履行的，具有行政强制执行权的行政机关可以强制执行。

行政机关实施强制执行前，需要采取查封、扣押、冻结措施的，依照本法第三章规定办理。

没有行政强制执行权的行政机关应当申请人民法院强制执行。但是，当事人在法定期限内不申请行政复议或者提起行政诉讼，经催告仍不履行的，在实施行政管理过程中已经采取查封、扣押措施的行政机关，可以将查封、扣押的财物依法拍卖抵缴罚款。

第四十七条 划拨存款、汇款应当由法律规定的行政机关决定，并书面通知金融机构。金融机构接到行政机关依法作出划拨存款、汇款的决定后，应当立即划拨。

法律规定以外的行政机关或者组织要求划拨当事人存款、汇款的，金融机构应当拒绝。

第四十八条 依法拍卖财物，由行政机关委托拍卖机构依照《中华人民共和国拍卖法》的规定办理。

第四十九条 划拨的存款、汇款以及拍卖和依法处理所得的款项应当上缴国库或者划入财政专户。任何行政机关或者个人不得以任何形式截留、私分或者变相私分。

第三节 代履行

第五十条 行政机关依法作出要求当事人履行排除妨碍、恢复原状等义务的行政决定，当事人逾期不履行，经催告仍不履行，其后果已经或者将危害交通安全、造成环境污染或者破坏自然资源的，行政机关可以代履行，或者委托没有利害关系的第三人代履行。

第五十一条 代履行应当遵守下列规定：

（一）代履行前送达决定书，代履行决定书应当载明当事人的姓名或者名称、地址，代履行的理由和依据、方式和时间、标的、费用预算以及代履行人；

（二）代履行三日前，催告当事人履行，当事人履行的，停止代履行；

（三）代履行时，作出决定的行政机关应当派员到场监督；

（四）代履行完毕，行政机关到场监督的工作人员、代履行人和当事人或者见证人应当在执行文书上签名或者盖章。

代履行的费用按照成本合理确定，由当事人承担。但是，法律另有规定的除外。

代履行不得采用暴力、胁迫以及其他非法方式。

第五十二条 需要立即清除道路、河道、航道或者公共场所的遗洒物、障碍物或者污染物，当事人不能清除的，行政机关可以决定立即实施代履行；当事人不在场的，行政机关应当在事后立即通知当事人，并依法作出处理。

第五章 申请人民法院强制执行

第五十三条 当事人在法定期限内不申请行政复议或者提起行政诉讼，又不履行行政决定的，没有行政强制执行权的行政机关可以自期限届满之日起三个月内，依照本章规定申请人民法院强制执行。

第五十四条 行政机关申请人民法院强制执行前，应当催告当事人履行义务。催告书送达十日后当事人仍未履行义务的，行政机关可以向所在地有管辖权的人民法院申请强制执行；执行对象是不动产的，向不动产所在地有管辖权的人民法院申请强制执行。

第五十五条 行政机关向人民法院申请强制执行，应当提供下列材料：

（一）强制执行申请书；

（二）行政决定书及作出决定的事实、理由和依据；

（三）当事人的意见及行政机关催告情况；

（四）申请强制执行标的情况；

（五）法律、行政法规规定的其他材料。

强制执行申请书应当由行政机关负责人签名，加盖行政机关的印章，并注明日期。

第五十六条 人民法院接到行政机关强制执行的申请，应当在五日内受理。

行政机关对人民法院不予受理的裁定有异议的，可以在十五日内向上一级人民法院申请复议，上一级人民法院应当自收到复议申请之日起十五日内作出是否受理的裁定。

第五十七条 人民法院对行政机关强制执行的申请进行书面审查，对符合本法第五十五条规定，且行政决定具备法定执行效力的，除本法第五十八条规定的情形外，人民法院应当自受理之日起七日内作出执行裁定。

第五十八条 人民法院发现有下列情形之一的，在作出裁定前可以听取被执行人和行政机关的意见：

（一）明显缺乏事实根据的；
（二）明显缺乏法律、法规依据的；
（三）其他明显违法并损害被执行人合法权益的。

人民法院应当自受理之日起三十日内作出是否执行的裁定。裁定不予执行的，应当说明理由，并在五日内将不予执行的裁定送达行政机关。

行政机关对人民法院不予执行的裁定有异议的，可以自收到裁定之日起十五日内向上一级人民法院申请复议，上一级人民法院应当自收到复议申请之日起三十日内作出是否执行的裁定。

第五十九条 因情况紧急，为保障公共安全，行政机关可以申请人民法院立即执行。经人民法院院长批准，人民法院应当自作出执行裁定之日起五日内执行。

第六十条 行政机关申请人民法院强制执行，不缴纳申请费。强制执行的费用由被执行人承担。

人民法院以划拨、拍卖方式强制执行的，可以在划拨、拍卖后将强制执行的费用扣除。

依法拍卖财物，由人民法院委托拍卖机构依照《中华人民共和国拍卖法》的规定办理。

划拨的存款、汇款以及拍卖和依法处理所得的款项应当上缴国库或者划入财政专户，不得以任何形式截留、私分或者变相私分。

第六章　法律责任

第六十一条 行政机关实施行政强制，有下列情形之一的，由上级行政机关或者有关部门责令改正，对直接负责的主管人员和其他直接责任人员依法给予处分：

（一）没有法律、法规依据的；
（二）改变行政强制对象、条件、方式的；
（三）违反法定程序实施行政强制的；
（四）违反本法规定，在夜间或者法定节假日实施行政强制执行的；
（五）对居民生活采取停止供水、供电、供热、供燃气等方式迫使当事人履行相关行政决定的；
（六）有其他违法实施行政强制情形的。

第六十二条 违反本法规定，行政机关有下列情形之一的，由上级行政机关或者有关部门责令改正，对直接负责的主管人员和其他直接责任人员依法给予处分：

（一）扩大查封、扣押、冻结范围的；
（二）使用或者损毁查封、扣押场所、设施或者财物的；
（三）在查封、扣押法定期间不作出处理决定或者未依法及时解除查封、扣押的；
（四）在冻结存款、汇款法定期间不作出处理决定或者未依法及时解除冻结的。

第六十三条 行政机关将查封、扣押的财物或者划拨的存款、汇款以及拍卖和依法处理所得的款项，截留、私分或者变相私分的，由财政部门或者有关部门予以追缴；对直接负责的主管人员和其他直接责任人员依法给予记大过、降级、撤职或者开除的处分。

行政机关工作人员利用职务上的便利，将查封、扣押的场所、设施或者财物据为己有的，由上级行政机关或者有关部门责令改正，依法给予记大过、降级、撤职或者开除的处分。

第六十四条 行政机关及其工作人员利用行政强制权为单位或者个人谋取利益的，由上级行政机关或者有关部门责令改正，对直接负责的主管人员和其他直接责任人员依法给予处分。

第六十五条 违反本法规定，金融机构有下列行为之一的，由金融业监督管理机构责令改正，对直接负责的主管人员和其他直接责任人员依法给予处分：

（一）在冻结前向当事人泄露信息的；

（二）对应当立即冻结、划拨的存款、汇款不冻结或者不划拨，致使存款、汇款转移的；

（三）将不应当冻结、划拨的存款、汇款予以冻结或者划拨的；

（四）未及时解除冻结存款、汇款的。

第六十六条 违反本法规定，金融机构将款项划入国库或者财政专户以外的其他账户的，由金融业监督管理机构责令改正，并处以违法划拨款项二倍的罚款；对直接负责的主管人员和其他直接责任人员依法给予处分。

违反本法规定，行政机关、人民法院指令金融机构将款项划入国库或者财政专户以外的其他账户的，对直接负责的主管人员和其他直接责任人员依法给予处分。

第六十七条 人民法院及其工作人员在强制执行中有违法行为或者扩大强制执行范围的，对直接负责的主管人员和其他直接责任人员依法给予处分。

第六十八条 违反本法规定，给公民、法人或者其他组织造成损失的，依法给予赔偿。

违反本法规定，构成犯罪的，依法追究刑事责任。

第七章 附 则

第六十九条 本法中十日以内期限的规定是指工作日，不含法定节假日。

第七十条 法律、行政法规授权的具有管理公共事务职能的组织在法定授权范围内，以自己的名义实施行政强制，适用本法有关行政机关的规定。

第七十一条 本法自 2012 年 1 月 1 日起施行。

中华人民共和国行政复议法

(1999年4月29日第九届全国人民代表大会常务委员会第九次会议通过 根据2009年8月27日第十一届全国人民代表大会常务委员会第十次会议《关于修改部分法律的决定》第一次修正 根据2017年9月1日第十二届全国人民代表大会常务委员会第二十九次会议《关于修改〈中华人民共和国法官法〉等八部法律的决定》第二次修正)

第一章 总 则

第一条 为了防止和纠正违法的或者不当的具体行政行为，保护公民、法人和其他组织的合法权益，保障和监督行政机关依法行使职权，根据宪法，制定本法。

第二条 公民、法人或者其他组织认为具体行政行为侵犯其合法权益，向行政机关提出行政复议申请，行政机关受理行政复议申请、作出行政复议决定，适用本法。

第三条 依照本法履行行政复议职责的行政机关是行政复议机关。行政复议机关负责法制工作的机构具体办理行政复议事项，履行下列职责：

（一）受理行政复议申请；

（二）向有关组织和人员调查取证，查阅文件和资料；

（三）审查申请行政复议的具体行政行为是否合法与适当，拟订行政复议决定；

（四）处理或者转送对本法第七条所列有关规定的审查申请；

（五）对行政机关违反本法规定的行为依照规定的权限和程序提出处理建议；

（六）办理因不服行政复议决定提起行政诉讼的应诉事项；

（七）法律、法规规定的其他职责。

行政机关中初次从事行政复议的人员，应当通过国家统一法律职业资格考试取得法律职业资格。

第四条 行政复议机关履行行政复议职责，应当遵循合法、公正、公开、及时、便民的原则，坚持有错必纠，保障法律、法规的正确实施。

第五条 公民、法人或者其他组织对行政复议决定不服的，可以依照行政诉讼法的规定向人民法院提起行政诉讼，但是法律规定行政复议决定为最终裁决的除外。

第二章 行政复议范围

第六条 有下列情形之一的，公民、法人或者其他组织可以依照本法申请行政复议：

（一）对行政机关作出的警告、罚款、没收违法所得、没收非法财物、责令停产停业、暂扣或者吊销许可证、暂扣或者吊销执照、行政拘留等行政处罚决定不服的；

（二）对行政机关作出的限制人身自由或者查封、扣押、冻结财产等行政强制措施决定不服的；

（三）对行政机关作出的有关许可证、执照、资质证、资格证等证书变更、中止、撤销的决定不服的；

（四）对行政机关作出的关于确认土地、矿藏、水流、森林、山岭、草原、荒地、滩涂、海域等自然资源的所有权或者使用权的决定不服的；

（五）认为行政机关侵犯合法的经营自主权的；

（六）认为行政机关变更或者废止农业承包合同，侵犯其合法权益的；

（七）认为行政机关违法集资、征收财物、摊派费用或者违法要求履行其他义务的；

（八）认为符合法定条件，申请行政机关颁发许可证、执照、资质证、资格证等证书，或者申请行政机关审批、登记有关事项，行政机关没有依法办理的；

（九）申请行政机关履行保护人身权利、财产权利、受教育权利的法定职责，行政机关没有依法履行的；

（十）申请行政机关依法发放抚恤金、社会保险金或者最低生活保障费，行政机关没有依法发放的；

（十一）认为行政机关的其他具体行政行为侵犯其合法权益的。

第七条 公民、法人或者其他组织认为行政机关的具体行政行为所依据的下列规定不合法，在对具体行政行为申请行政复议时，可以一并向行政复议机关提出对该规定的审查申请：

（一）国务院部门的规定；

（二）县级以上地方各级人民政府及其工作部门的规定；

（三）乡、镇人民政府的规定。

前款所列规定不含国务院部、委员会规章和地方人民政府规章。规章的审查依照法律、行政法规办理。

第八条 不服行政机关作出的行政处分或者其他人事处理决定的，依照有关法律、行政法规的规定提出申诉。

不服行政机关对民事纠纷作出的调解或者其他处理，依法申请仲裁或者向人民法院提起诉讼。

第三章 行政复议申请

第九条 公民、法人或者其他组织认为具体行政行为侵犯其合法权益的，可以自知道该具体行政行为之日起六十日内提出行政复议申请；但是法律规定的申请期限超过六十日的除外。

因不可抗力或者其他正当理由耽误法定申请期限的，申请期限自障碍消除之日起继续计算。

第十条 依照本法申请行政复议的公民、法人或者其他组织是申请人。

有权申请行政复议的公民死亡的，其近亲属可以申请行政复议。有权申请行政复议的公民为无民事行为能力人或者限制民事行为能力人的，其法定代理人可以代为申请行政复议。有权申请行政复议的法人或者其他组织终止的，承受其权利的法人或者其他组织可以申请行政复议。

同申请行政复议的具体行政行为有利害关系的其他公民、法人或者其他组织，可以作为第三人参加行政复议。

公民、法人或者其他组织对行政机关的具体行政行为不服申请行政复议的，作出具体行政行为的行政机关是被申请人。

申请人、第三人可以委托代理人代为参加行政复议。

第十一条 申请人申请行政复议，可以书面申请，也可以口头申请；口头申请的，行政复议机关应当当场记录申请人的基本情况、行政复议请求、申请行政复议的主要事实、理由和时间。

第十二条 对县级以上地方各级人民政府工作部门的具体行政行为不服的，由申请人选择，可以向该部门的本级人民政府申请行政复议，也可以向上一级主管部门申请行政复议。

对海关、金融、国税、外汇管理等实行垂直领导的行政机关和国家安全机关的具体行政行为不服的，向上一级主管部门申请行政复议。

第十三条 对地方各级人民政府的具体行政行为不服的，向上一级地方人民政府申请行政复议。

对省、自治区人民政府依法设立的派出机关所属的县级地方人民政府的具体行政行为不服的，向该派出机关申请行政复议。

第十四条 对国务院部门或者省、自治区、直辖市人民政府的具体行政行为不服的，向作出该具体行政行为的国务院部门或者省、自治区、直辖市人民政府申请行政复议。对行政复议决定不服的，可以向人民法院提起行政诉讼；也可以向国务院申请裁决，国务院依照本法的规定作出最终裁决。

第十五条 对本法第十二条、第十三条、第十四条规定以外的其他行政机关、组织的具体行政行为不服的，按照下列规定申请行政复议：

（一）对县级以上地方人民政府依法设立的派出机关的具体行政行为不服的，向设立该派出机关的人民政府申请行政复议；

（二）对政府工作部门依法设立的派出机构依照法律、法规或者规章规定，以自己的名义作出的具体行政行为不服的，向设立该派出机构的部门或者该部门的本级地方人民政府申请行政复议；

（三）对法律、法规授权的组织的具体行政行为不服的，分别向直接管理该组织的地方人民政府、地方人民政府工作部门或者国务院部门申请行政复议；

（四）对两个或者两个以上行政机关以共同的名义作出的具体行政行为不服的，向其共同上一级行政机关申请行政复议；

（五）对被撤销的行政机关在撤销前所作出的具体行政行为不服的，向继续行使其职权的行政机关的上一级行政机关申请行政复议。

有前款所列情形之一的，申请人也可以向具体行政行为发生地的县级地方人民政府提出行政复议申请，由接受申请的县级地方人民政府依照本法第十八条的规定办理。

第十六条 公民、法人或者其他组织申请行政复议，行政复议机关已经依法受理的，或者法律、法规规定应当先向行政复议机关申请行政复议、对行政复议决定不服再向人民法院提起行政诉讼的，在法定行政复议期限内不得向人民法院提起行政诉讼。

公民、法人或者其他组织向人民法院提起行政诉讼，人民法院已经依法受理的，不得申请行政复议。

第四章 行政复议受理

第十七条 行政复议机关收到行政复议申请后，应当在五日内进行审查，对不符合本法规定的行政复议申请，决定不予受理，并书面告知申请人；对符合本法规定，但是不属于本机关受理的行政复议申请，应当告知申请人向有关行政复议机关提出。

除前款规定外，行政复议申请自行政复议机关负责法制工作的机构收到之日起即为受理。

第十八条 依照本法第十五条第二款的规定接受行政复议申请的县级地方人民政府，对依照本法第十五条第一款的规定属于其他行政复议机关受理的行政复议申请，应当自接到该行政复议申请之日起七日内，转送有关行政复议机关，并告知申请人。接受转送的行政复议机关应当依照本法第十七条的规定办理。

第十九条 法律、法规规定应当先向行政复议机关申请行政复议、对行政复议决定不服再向人民法院提起行政诉讼的，行政复议机关决定不予受理或者受理后超过行政复议期限不作答复的，公民、法人或者其他组织可以自收到不予受理决定书之日起或者行政复议期满之日起十五日内，依法向人民法院提起行政诉讼。

第二十条 公民、法人或者其他组织依法提出行政复议申请，行政复议机关无正当理由不予受理的，上级行政机关应当责令其受理；必要时，上级行政机关也可以直接受理。

第二十一条 行政复议期间具体行政行为不停止执行；但是，有下列情形之一的，可以停止执行：

（一）被申请人认为需要停止执行的；
（二）行政复议机关认为需要停止执行的；
（三）申请人申请停止执行，行政复议机关认为其要求合理，决定停止执行的；
（四）法律规定停止执行的。

第五章 行政复议决定

第二十二条 行政复议原则上采取书面审查的办法，但是申请人提出要求或者行政复议机关负责法制工作的机构认为有必要时，可以向有关组织和人员调查情况，听取申请人、被申请人和第三人的意见。

第二十三条 行政复议机关负责法制工作的机构应当自行政复议申请受理之日起七日内，将行政复议申请书副本或者行政复议申请笔录复印件发送被申请人。被申请人应当自收到申请书副本或者申请笔录复印件之日起十日内，提出书面答复，并提交当初作出具体行政行为的证据、依据和其他有关材料。

申请人、第三人可以查阅被申请人提出的书面答复、作出具体行政行为的证据、依据和其他有关材料，除涉及国家秘密、商业秘密或者个人隐私外，行政复议机关不得拒绝。

第二十四条 在行政复议过程中，被申请人不得自行向申请人和其他有关组织或者个人收集证据。

第二十五条 行政复议决定作出前，申请人要求撤回行政复议申请的，经说明理由，可以撤回；撤回行政复议申请的，行政复议终止。

第二十六条 申请人在申请行政复议时，一并提出对本法第七条所列有关规定的审查申请的，行政复议机关对该规定有权处理的，应当在三十日内依法处理；无权处理的，应当在七日内按照法定程序转送有权处理的行政机关依法处理，有权处理的行政机关应当在六十日内依法处理。处理期间，中止对具体行政行为的审查。

第二十七条 行政复议机关在对被申请人作出的具体行政行为进行审查时，认为其依据不合法，本机关有权处理的，应当在三十日内依法处理；无权处理的，应当在七日内按照法定程序转送有权处理的国家机关依法处理。处理期间，中止对具体行政行为的审查。

第二十八条 行政复议机关负责法制工作的机构应当对被申请人作出的具体行政行为进行审查，提出意见，经行政复议机关的负责人同意或者集体讨论通过后，按照下列规定作出行政复议决定：

（一）具体行政行为认定事实清楚，证据确凿，适用依据正确，程序合法，内容适当的，决定维持；
（二）被申请人不履行法定职责的，决定其在一定期限内履行；
（三）具体行政行为有下列情形之一的，决定撤销、变更或者确认该具体行政行为违法；

决定撤销或者确认该具体行政行为违法的，可以责令被申请人在一定期限内重新作出具体行政行为：

1. 主要事实不清、证据不足的；
2. 适用依据错误的；
3. 违反法定程序的；
4. 超越或者滥用职权的；
5. 具体行政行为明显不当的。

（四）被申请人不按照本法第二十三条的规定提出书面答复、提交当初作出具体行政行为的证据、依据和其他有关材料的，视为该具体行政行为没有证据、依据，决定撤销该具体行政行为。

行政复议机关责令被申请人重新作出具体行政行为的，被申请人不得以同一的事实和理由作出与原具体行政行为相同或者基本相同的具体行政行为。

第二十九条 申请人在申请行政复议时可以一并提出行政赔偿请求，行政复议机关对符合国家赔偿法的有关规定应当给予赔偿的，在决定撤销、变更具体行政行为或者确认具体行政行为违法时，应当同时决定被申请人依法给予赔偿。

申请人在申请行政复议时没有提出行政赔偿请求的，行政复议机关在依法决定撤销或者变更罚款，撤销违法集资、没收财物、征收财物、摊派费用以及对财产的查封、扣押、冻结等具体行政行为时，应当同时责令被申请人返还财产，解除对财产的查封、扣押、冻结措施，或者赔偿相应的价款。

第三十条 公民、法人或者其他组织认为行政机关的具体行政行为侵犯其已经依法取得的土地、矿藏、水流、森林、山岭、草原、荒地、滩涂、海域等自然资源的所有权或者使用权的，应当先申请行政复议；对行政复议决定不服的，可以依法向人民法院提起行政诉讼。

根据国务院或者省、自治区、直辖市人民政府对行政区划的勘定、调整或者征收土地的决定，省、自治区、直辖市人民政府确认土地、矿藏、水流、森林、山岭、草原、荒地、滩涂、海域等自然资源的所有权或者使用权的行政复议决定为最终裁决。

第三十一条 行政复议机关应当自受理申请之日起六十日内作出行政复议决定；但是法律规定的行政复议期限少于六十日的除外。情况复杂，不能在规定期限内作出行政复议决定的，经行政复议机关的负责人批准，可以适当延长，并告知申请人和被申请人；但是延长期限最多不超过三十日。

行政复议机关作出行政复议决定，应当制作行政复议决定书，并加盖印章。

行政复议决定书一经送达，即发生法律效力。

第三十二条 被申请人应当履行行政复议决定。

被申请人不履行或者无正当理由拖延履行行政复议决定的，行政复议机关或者有关上级行政机关应当责令其限期履行。

第三十三条 申请人逾期不起诉又不履行行政复议决定的，或者不履行最终裁决的行政复议决定的，按照下列规定分别处理：

（一）维持具体行政行为的行政复议决定，由作出具体行政行为的行政机关依法强制执行，或者申请人民法院强制执行；

（二）变更具体行政行为的行政复议决定，由行政复议机关依法强制执行，或者申请人民法院强制执行。

第六章　法律责任

第三十四条　行政复议机关违反本法规定，无正当理由不予受理依法提出的行政复议申请或者不按照规定转送行政复议申请的，或者在法定期限内不作出行政复议决定的，对直接负责的主管人员和其他直接责任人员依法给予警告、记过、记大过的行政处分；经责令受理仍不受理或者不按照规定转送行政复议申请，造成严重后果的，依法给予降级、撤职、开除的行政处分。

第三十五条　行政复议机关工作人员在行政复议活动中，徇私舞弊或者有其他渎职、失职行为的，依法给予警告、记过、记大过的行政处分；情节严重的，依法给予降级、撤职、开除的行政处分；构成犯罪的，依法追究刑事责任。

第三十六条　被申请人违反本法规定，不提出书面答复或者不提交作出具体行政行为的证据、依据和其他有关材料，或者阻挠、变相阻挠公民、法人或者其他组织依法申请行政复议的，对直接负责的主管人员和其他直接责任人员依法给予警告、记过、记大过的行政处分；进行报复陷害的，依法给予降级、撤职、开除的行政处分；构成犯罪的，依法追究刑事责任。

第三十七条　被申请人不履行或者无正当理由拖延履行行政复议决定的，对直接负责的主管人员和其他直接责任人员依法给予警告、记过、记大过的行政处分；经责令履行仍拒不履行的，依法给予降级、撤职、开除的行政处分。

第三十八条　行政复议机关负责法制工作的机构发现有无正当理由不予受理行政复议申请、不按照规定期限作出行政复议决定、徇私舞弊、对申请人打击报复或者不履行行政复议决定等情形的，应当向有关行政机关提出建议，有关行政机关应当依照本法和有关法律、行政法规的规定作出处理。

第七章　附　则

第三十九条　行政复议机关受理行政复议申请，不得向申请人收取任何费用。行政复议活动所需经费，应当列入本机关的行政经费，由本级财政予以保障。

第四十条　行政复议期间的计算和行政复议文书的送达，依照民事诉讼法关于期间、送达的规定执行。

本法关于行政复议期间有关"五日"、"七日"的规定是指工作日，不含节假日。

第四十一条　外国人、无国籍人、外国组织在中华人民共和国境内申请行政复议，适用本法。

第四十二条　本法施行前公布的法律有关行政复议的规定与本法的规定不一致的，以本法的规定为准。

第四十三条　本法自1999年10月1日起施行。1990年12月24日国务院发布、1994年10月9日国务院修订发布的《行政复议条例》同时废止。

中华人民共和国行政复议法实施条例

(2007年5月23日国务院第177次常务会议通过，自2007年8月1日起施行)

第一章 总 则

第一条 为了进一步发挥行政复议制度在解决行政争议、建设法治政府、构建社会主义和谐社会中的作用，根据《中华人民共和国行政复议法》（以下简称行政复议法），制定本条例。

第二条 各级行政复议机关应当认真履行行政复议职责，领导并支持本机关负责法制工作的机构（以下简称行政复议机构）依法办理行政复议事项，并依照有关规定配备、充实、调剂专职行政复议人员，保证行政复议机构的办案能力与工作任务相适应。

第三条 行政复议机构除应当依照行政复议法第三条的规定履行职责外，还应当履行下列职责：

（一）依照行政复议法第十八条的规定转送有关行政复议申请；

（二）办理行政复议法第二十九条规定的行政赔偿等事项；

（三）按照职责权限，督促行政复议申请的受理和行政复议决定的履行；

（四）办理行政复议、行政应诉案件统计和重大行政复议决定备案事项；

（五）办理或者组织办理未经行政复议直接提起行政诉讼的行政应诉事项；

（六）研究行政复议工作中发现的问题，及时向有关机关提出改进建议，重大问题及时向行政复议机关报告。

第四条 专职行政复议人员应当具备与履行行政复议职责相适应的品行、专业知识和业务能力，并取得相应资格。具体办法由国务院法制机构会同国务院有关部门规定。

第二章 行政复议申请

第一节 申 请 人

第五条 依照行政复议法和本条例的规定申请行政复议的公民、法人或者其他组织为申请人。

第六条 合伙企业申请行政复议的，应当以核准登记的企业为申请人，由执行合伙事务的合伙人代表该企业参加行政复议；其他合伙组织申请行政复议的，由合伙人共同申请行政复议。

前款规定以外的不具备法人资格的其他组织申请行政复议的，由该组织的主要负责人代表该组织参加行政复议；没有主要负责人的，由共同推选的其他成员代表该组织参加行政复议。

第七条 股份制企业的股东大会、股东代表大会、董事会认为行政机关作出的具体行政行为侵犯企业合法权益的，可以以企业的名义申请行政复议。

第八条 同一行政复议案件申请人超过5人的，推选1至5名代表参加行政复议。

第九条 行政复议期间，行政复议机构认为申请人以外的公民、法人或者其他组织与被审查的具体行政行为有利害关系的，可以通知其作为第三人参加行政复议。

行政复议期间，申请人以外的公民、法人或者其他组织与被审查的具体行政行为有利害关系的，可以向行政复议机构申请作为第三人参加行政复议。

第三人不参加行政复议，不影响行政复议案件的审理。

第十条 申请人、第三人可以委托1至2名代理人参加行政复议。申请人、第三人委托代理人的，应当向行政复议机构提交授权委托书。授权委托书应当载明委托事项、权限和期限。公民在特殊情况下无法书面委托的，可以口头委托。口头委托的，行政复议机构应当核实并记录在卷。申请人、第三人解除或者变更委托的，应当书面报告行政复议机构。

第二节 被申请人

第十一条 公民、法人或者其他组织对行政机关的具体行政行为不服，依照行政复议法和本条例的规定申请行政复议的，作出该具体行政行为的行政机关为被申请人。

第十二条 行政机关与法律、法规授权的组织以共同的名义作出具体行政行为的，行政机关和法律、法规授权的组织为共同被申请人。

行政机关与其他组织以共同名义作出具体行政行为的，行政机关为被申请人。

第十三条 下级行政机关依照法律、法规、规章规定，经上级行政机关批准作出具体行政行为的，批准机关为被申请人。

第十四条 行政机关设立的派出机构、内设机构或者其他组织，未经法律、法规授权，对外以自己名义作出具体行政行为的，该行政机关为被申请人。

第三节 行政复议申请期限

第十五条 行政复议法第九条第一款规定的行政复议申请期限的计算，依照下列规定办理：

（一）当场作出具体行政行为的，自具体行政行为作出之日起计算；

（二）载明具体行政行为的法律文书直接送达的，自受送达人签收之日起计算；

（三）载明具体行政行为的法律文书邮寄送达的，自受送达人在邮件签收单上签收之日起计算；没有邮件签收单的，自受送达人在送达回执上签名之日起计算；

（四）具体行政行为依法通过公告形式告知受送达人的，自公告规定的期限届满之日起计算；

（五）行政机关作出具体行政行为时未告知公民、法人或者其他组织，事后补充告知的，自该公民、法人或者其他组织收到行政机关补充告知的通知之日起计算；

（六）被申请人能够证明公民、法人或者其他组织知道具体行政行为的，自证据材料证明其知道具体行政行为之日起计算。

行政机关作出具体行政行为，依法应当向有关公民、法人或者其他组织送达法律文书而未送达的，视为该公民、法人或者其他组织不知道该具体行政行为。

第十六条 公民、法人或者其他组织依照行政复议法第六条第（八）项、第（九）项、第（十）项的规定申请行政机关履行法定职责，行政机关未履行的，行政复议申请期限依照下列规定计算：

（一）有履行期限规定的，自履行期限届满之日起计算；

（二）没有履行期限规定的，自行政机关收到申请满60日起计算。

公民、法人或者其他组织在紧急情况下请求行政机关履行保护人身权、财产权的法定职责，行政机关不履行的，行政复议申请期限不受前款规定的限制。

第十七条 行政机关作出的具体行政行为对公民、法人或者其他组织的权利、义务可能产生不利影响的，应当告知其申请行政复议的权利、行政复议机关和行政复议申请期限。

第四节 行政复议申请的提出

第十八条 申请人书面申请行政复议的，可以采取当面递交、邮寄或者传真等方式提出行政复议申请。

有条件的行政复议机构可以接受以电子邮件形式提出的行政复议申请。

第十九条 申请人书面申请行政复议的，应当在行政复议申请书中载明下列事项：

（一）申请人的基本情况，包括：公民的姓名、性别、年龄、身份证号码、工作单位、住所、邮政编码；法人或者其他组织的名称、住所、邮政编码和法定代表人或者主要负责人的姓名、职务；

（二）被申请人的名称；

（三）行政复议请求、申请行政复议的主要事实和理由；

（四）申请人的签名或者盖章；

（五）申请行政复议的日期。

第二十条 申请人口头申请行政复议的，行政复议机构应当依照本条例第十九条规定的事项，当场制作行政复议申请笔录交申请人核对或者向申请人宣读，并由申请人签字确认。

第二十一条 有下列情形之一的，申请人应当提供证明材料：

（一）认为被申请人不履行法定职责的，提供曾经要求被申请人履行法定职责而被申请人未履行的证明材料；

（二）申请行政复议时一并提出行政赔偿请求的，提供受具体行政行为侵害而造成损害的证明材料；

（三）法律、法规规定需要申请人提供证据材料的其他情形。

第二十二条 申请人提出行政复议申请时错列被申请人的，行政复议机构应当告知申请人变更被申请人。

第二十三条 申请人对两个以上国务院部门共同作出的具体行政行为不服的，依照行政复议法第十四条的规定，可以向其中任何一个国务院部门提出行政复议申请，由作出具体行政行为的国务院部门共同作出行政复议决定。

第二十四条 申请人对经国务院批准实行省以下垂直领导的部门作出的具体行政行为不服的，可以选择向该部门的本级人民政府或者上一级主管部门申请行政复议；省、自治区、直辖市另有规定的，依照省、自治区、直辖市的规定办理。

第二十五条 申请人依照行政复议法第三十条第二款的规定申请行政复议的，应当向省、自治区、直辖市人民政府提出行政复议申请。

第二十六条 依照行政复议法第七条的规定，申请人认为具体行政行为所依据的规定不合法的，可以在对具体行政行为申请行政复议的同时一并提出对该规定的审查申请；申请人在对具体行政行为提出行政复议申请时尚不知道该具体行政行为所依据的规定的，可以在行政复议机关作出行政复议决定前向行政复议机关提出对该规定的审查申请。

第三章 行政复议受理

第二十七条 公民、法人或者其他组织认为行政机关的具体行政行为侵犯其合法权益提出行政复议申请，除不符合行政复议法和本条例规定的申请条件的，行政复议机关必须受理。

第二十八条 行政复议申请符合下列规定的，应当予以受理：

（一）有明确的申请人和符合规定的被申请人；

（二）申请人与具体行政行为有利害关系；

（三）有具体的行政复议请求和理由；
（四）在法定申请期限内提出；
（五）属于行政复议法规定的行政复议范围；
（六）属于收到行政复议申请的行政复议机构的职责范围；
（七）其他行政复议机关尚未受理同一行政复议申请，人民法院尚未受理同一主体就同一事实提起的行政诉讼。

第二十九条　行政复议申请材料不齐全或者表述不清楚的，行政复议机构可以自收到该行政复议申请之日起5日内书面通知申请人补正。补正通知应当载明需要补正的事项和合理的补正期限。无正当理由逾期不补正的，视为申请人放弃行政复议申请。补正申请材料所用时间不计入行政复议审理期限。

第三十条　申请人就同一事项向两个或者两个以上有权受理的行政机关申请行政复议的，由最先收到行政复议申请的行政机关受理；同时收到行政复议申请的，由收到行政复议申请的行政机关在10日内协商确定；协商不成的，由其共同上一级行政机关在10日内指定受理机关。协商确定或者指定受理机关所用时间不计入行政复议审理期限。

第三十一条　依照行政复议法第二十条的规定，上级行政机关认为行政复议机关不予受理行政复议申请的理由不成立的，可以先行督促其受理；经督促仍不受理的，应当责令其限期受理，必要时也可以直接受理；认为行政复议申请不符合法定受理条件的，应当告知申请人。

第四章　行政复议决定

第三十二条　行政复议机构审理行政复议案件，应当由2名以上行政复议人员参加。

第三十三条　行政复议机构认为必要时，可以实地调查核实证据；对重大、复杂的案件，申请人提出要求或者行政复议机构认为必要时，可以采取听证的方式审理。

第三十四条　行政复议人员向有关组织和人员调查取证时，可以查阅、复制、调取有关文件和资料，向有关人员进行询问。

调查取证时，行政复议人员不得少于2人，并应当向当事人或者有关人员出示证件。被调查单位和人员应当配合行政复议人员的工作，不得拒绝或者阻挠。

需要现场勘验的，现场勘验所用时间不计入行政复议审理期限。

第三十五条　行政复议机关应当为申请人、第三人查阅有关材料提供必要条件。

第三十六条　依照行政复议法第十四条的规定申请原级行政复议的案件，由原承办具体行政行为有关事项的部门或者机构提出书面答复，并提交作出具体行政行为的证据、依据和其他有关材料。

第三十七条　行政复议期间涉及专门事项需要鉴定的，当事人可以自行委托鉴定机构进行鉴定，也可以申请行政复议机构委托鉴定机构进行鉴定。鉴定费用由当事人承担。鉴定所用时间不计入行政复议审理期限。

第三十八条　申请人在行政复议决定作出前自愿撤回行政复议申请的，经行政复议机构同意，可以撤回。

申请人撤回行政复议申请的，不得再以同一事实和理由提出行政复议申请。但是，申请人能够证明撤回行政复议申请违背其真实意思表示的除外。

第三十九条　行政复议期间被申请人改变原具体行政行为的，不影响行政复议案件的审理。但是，申请人依法撤回行政复议申请的除外。

第四十条 公民、法人或者其他组织对行政机关行使法律、法规规定的自由裁量权作出的具体行政行为不服申请行政复议,申请人与被申请人在行政复议决定作出前自愿达成和解的,应当向行政复议机构提交书面和解协议;和解内容不损害社会公共利益和他人合法权益的,行政复议机构应当准许。

第四十一条 行政复议期间有下列情形之一,影响行政复议案件审理的,行政复议中止:

(一)作为申请人的自然人死亡,其近亲属尚未确定是否参加行政复议的;

(二)作为申请人的自然人丧失参加行政复议的能力,尚未确定法定代理人参加行政复议的;

(三)作为申请人的法人或者其他组织终止,尚未确定权利义务承受人的;

(四)作为申请人的自然人下落不明或者被宣告失踪的;

(五)申请人、被申请人因不可抗力,不能参加行政复议的;

(六)案件涉及法律适用问题,需要有权机关作出解释或者确认的;

(七)案件审理需要以其他案件的审理结果为依据,而其他案件尚未审结的;

(八)其他需要中止行政复议的情形。

行政复议中止的原因消除后,应当及时恢复行政复议案件的审理。

行政复议机构中止、恢复行政复议案件的审理,应当告知有关当事人。

第四十二条 行政复议期间有下列情形之一的,行政复议终止:

(一)申请人要求撤回行政复议申请,行政复议机构准予撤回的;

(二)作为申请人的自然人死亡,没有近亲属或者其近亲属放弃行政复议权利的;

(三)作为申请人的法人或者其他组织终止,其权利义务的承受人放弃行政复议权利的;

(四)申请人与被申请人依照本条例第四十条的规定,经行政复议机构准许达成和解的;

(五)申请人对行政拘留或者限制人身自由的行政强制措施不服申请行政复议后,因申请人同一违法行为涉嫌犯罪,该行政拘留或者限制人身自由的行政强制措施变更为刑事拘留的。

依照本条例第四十一条第一款第(一)项、第(二)项、第(三)项规定中止行政复议,满60日行政复议中止的原因仍未消除的,行政复议终止。

第四十三条 依照行政复议法第二十八条第一款第(一)项规定,具体行政行为认定事实清楚,证据确凿,适用依据正确,程序合法,内容适当的,行政复议机关应当决定维持。

第四十四条 依照行政复议法第二十八条第一款第(二)项规定,被申请人不履行法定职责的,行政复议机关应当决定其在一定期限内履行法定职责。

第四十五条 具体行政行为有行政复议法第二十八条第一款第(三)项规定情形之一的,行政复议机关应当决定撤销、变更该具体行政行为或者确认该具体行政行为违法;决定撤销该具体行政行为或者确认该具体行政行为违法的,可以责令被申请人在一定期限内重新作出具体行政行为。

第四十六条 被申请人未依照行政复议法第二十三条的规定提出书面答复、提交当初作出具体行政行为的证据、依据和其他有关材料的,视为该具体行政行为没有证据、依据,行政复议机关应当决定撤销该具体行政行为。

第四十七条 具体行政行为有下列情形之一的,行政复议机关可以决定变更:

(一)认定事实清楚,证据确凿,程序合法,但是明显不当或者适用依据错误的;

(二)认定事实不清,证据不足,但是经行政复议机关审理查明事实清楚,证据确凿的。

第四十八条 有下列情形之一的,行政复议机关应当决定驳回行政复议申请:

（一）申请人认为行政机关不履行法定职责申请行政复议，行政复议机关受理后发现该行政机关没有相应法定职责或者在受理前已经履行法定职责的；

（二）受理行政复议申请后，发现该行政复议申请不符合行政复议法和本条例规定的受理条件的。

上级行政机关认为行政复议机关驳回行政复议申请的理由不成立的，应当责令其恢复审理。

第四十九条 行政复议机关依照行政复议法第二十八条的规定责令被申请人重新作出具体行政行为的，被申请人应当在法律、法规、规章规定的期限内重新作出具体行政行为；法律、法规、规章未规定期限的，重新作出具体行政行为的期限为60日。

公民、法人或者其他组织对被申请人重新作出的具体行政行为不服，可以依法申请行政复议或者提起行政诉讼。

第五十条 有下列情形之一的，行政复议机关可以按照自愿、合法的原则进行调解：

（一）公民、法人或者其他组织对行政机关行使法律、法规规定的自由裁量权作出的具体行政行为不服申请行政复议的；

（二）当事人之间的行政赔偿或者行政补偿纠纷。

当事人经调解达成协议的，行政复议机关应当制作行政复议调解书。调解书应当载明行政复议请求、事实、理由和调解结果，并加盖行政复议机关印章。行政复议调解书经双方当事人签字，即具有法律效力。

调解未达成协议或者调解书生效前一方反悔的，行政复议机关应当及时作出行政复议决定。

第五十一条 行政复议机关在申请人的行政复议请求范围内，不得作出对申请人更为不利的行政复议决定。

第五十二条 第三人逾期不起诉又不履行行政复议决定的，依照行政复议法第三十三条的规定处理。

第五章 行政复议指导和监督

第五十三条 行政复议机关应当加强对行政复议工作的领导。

行政复议机构在本级行政复议机关的领导下，按照职责权限对行政复议工作进行督促、指导。

第五十四条 县级以上各级人民政府应当加强对所属工作部门和下级人民政府履行行政复议职责的监督。

行政复议机关应当加强对其行政复议机构履行行政复议职责的监督。

第五十五条 县级以上地方各级人民政府应当建立健全行政复议工作责任制，将行政复议工作纳入本级政府目标责任制。

第五十六条 县级以上地方各级人民政府应当按照职责权限，通过定期组织检查、抽查等方式，对所属工作部门和下级人民政府行政复议工作进行检查，并及时向有关方面反馈检查结果。

第五十七条 行政复议期间行政复议机关发现被申请人或者其他下级行政机关的相关行政行为违法或者需要做好善后工作的，可以制作行政复议意见书。有关机关应当自收到行政复议意见书之日起60日内将纠正相关行政违法行为或者做好善后工作的情况通报行政复议机构。

行政复议期间行政复议机构发现法律、法规、规章实施中带有普遍性的问题,可以制作行政复议建议书,向有关机关提出完善制度和改进行政执法的建议。

第五十八条 县级以上各级人民政府行政复议机构应当定期向本级人民政府提交行政复议工作状况分析报告。

第五十九条 下级行政复议机关应当及时将重大行政复议决定报上级行政复议机关备案。

第六十条 各级行政复议机构应当定期组织对行政复议人员进行业务培训,提高行政复议人员的专业素质。

第六十一条 各级行政复议机关应当定期总结行政复议工作,对在行政复议工作中做出显著成绩的单位和个人,依照有关规定给予表彰和奖励。

第六章 法律责任

第六十二条 被申请人在规定期限内未按照行政复议决定的要求重新作出具体行政行为,或者违反规定重新作出具体行政行为的,依照行政复议法第三十七条的规定追究法律责任。

第六十三条 拒绝或者阻挠行政复议人员调查取证、查阅、复制、调取有关文件和资料的,对有关责任人员依法给予处分或者治安处罚;构成犯罪的,依法追究刑事责任。

第六十四条 行政复议机关或者行政复议机构不履行行政复议法和本条例规定的行政复议职责,经有权监督的行政机关督促仍不改正的,对直接负责的主管人员和其他直接责任人员依法给予警告、记过、记大过的处分;造成严重后果的,依法给予降级、撤职、开除的处分。

第六十五条 行政机关及其工作人员违反行政复议法和本条例规定的,行政复议机构可以向人事、监察部门提出对有关责任人员的处分建议,也可以将有关人员违法的事实材料直接转送人事、监察部门处理;接受转送的人事、监察部门应当依法处理,并将处理结果通报转送的行政复议机构。

第七章 附 则

第六十六条 本条例自 2007 年 8 月 1 日起施行。

中华人民共和国行政诉讼法

(1989年4月4日第七届全国人民代表大会第二次会议通过 根据2014年11月1日第十二届全国人民代表大会常务委员会第十一次会议《关于修改〈中华人民共和国行政诉讼法〉的决定》第一次修正 根据2017年6月27日第十二届全国人民代表大会常务委员会第二十八次会议《关于修改〈中华人民共和国民事诉讼法〉和〈中华人民共和国行政诉讼法〉的决定》第二次修正)

第一章 总 则

第一条 为保证人民法院公正、及时审理行政案件，解决行政争议，保护公民、法人和其他组织的合法权益，监督行政机关依法行使职权，根据宪法，制定本法。

第二条 公民、法人或者其他组织认为行政机关和行政机关工作人员的行政行为侵犯其合法权益，有权依照本法向人民法院提起诉讼。

前款所称行政行为，包括法律、法规、规章授权的组织作出的行政行为。

第三条 人民法院应当保障公民、法人和其他组织的起诉权利，对应当受理的行政案件依法受理。

行政机关及其工作人员不得干预、阻碍人民法院受理行政案件。

被诉行政机关负责人应当出庭应诉。不能出庭的，应当委托行政机关相应的工作人员出庭。

第四条 人民法院依法对行政案件独立行使审判权，不受行政机关、社会团体和个人的干涉。

人民法院设行政审判庭，审理行政案件。

第五条 人民法院审理行政案件，以事实为根据，以法律为准绳。

第六条 人民法院审理行政案件，对行政行为是否合法进行审查。

第七条 人民法院审理行政案件，依法实行合议、回避、公开审判和两审终审制度。

第八条 当事人在行政诉讼中的法律地位平等。

第九条 各民族公民都有用本民族语言、文字进行行政诉讼的权利。

在少数民族聚居或者多民族共同居住的地区，人民法院应当用当地民族通用的语言、文字进行审理和发布法律文书。

人民法院应当对不通晓当地民族通用的语言、文字的诉讼参与人提供翻译。

第十条 当事人在行政诉讼中有权进行辩论。

第十一条 人民检察院有权对行政诉讼实行法律监督。

第二章 受案范围

第十二条 人民法院受理公民、法人或者其他组织提起的下列诉讼：

（一）对行政拘留、暂扣或者吊销许可证和执照、责令停产停业、没收违法所得、没收非法财物、罚款、警告等行政处罚不服的；

（二）对限制人身自由或者对财产的查封、扣押、冻结等行政强制措施和行政强制执行不服的；

（三）申请行政许可，行政机关拒绝或者在法定期限内不予答复，或者对行政机关作出的有关行政许可的其他决定不服的；

（四）对行政机关作出的关于确认土地、矿藏、水流、森林、山岭、草原、荒地、滩涂、海域等自然资源的所有权或者使用权的决定不服的；

（五）对征收、征用决定及其补偿决定不服的；

（六）申请行政机关履行保护人身权、财产权等合法权益的法定职责，行政机关拒绝履行或者不予答复的；

（七）认为行政机关侵犯其经营自主权或者农村土地承包经营权、农村土地经营权的；

（八）认为行政机关滥用行政权力排除或者限制竞争的；

（九）认为行政机关违法集资、摊派费用或者违法要求履行其他义务的；

（十）认为行政机关没有依法支付抚恤金、最低生活保障待遇或者社会保险待遇的；

（十一）认为行政机关不依法履行、未按照约定履行或者违法变更、解除政府特许经营协议、土地房屋征收补偿协议等协议的；

（十二）认为行政机关侵犯其他人身权、财产权等合法权益的。

除前款规定外，人民法院受理法律、法规规定可以提起诉讼的其他行政案件。

第十三条 人民法院不受理公民、法人或者其他组织对下列事项提起的诉讼：

（一）国防、外交等国家行为；

（二）行政法规、规章或者行政机关制定、发布的具有普遍约束力的决定、命令；

（三）行政机关对行政机关工作人员的奖惩、任免等决定；

（四）法律规定由行政机关最终裁决的行政行为。

第三章 管　辖

第十四条 基层人民法院管辖第一审行政案件。

第十五条 中级人民法院管辖下列第一审行政案件：

（一）对国务院部门或者县级以上地方人民政府所作的行政行为提起诉讼的案件；

（二）海关处理的案件；

（三）本辖区内重大、复杂的案件；

（四）其他法律规定由中级人民法院管辖的案件。

第十六条 高级人民法院管辖本辖区内重大、复杂的第一审行政案件。

第十七条 最高人民法院管辖全国范围内重大、复杂的第一审行政案件。

第十八条 行政案件由最初作出行政行为的行政机关所在地人民法院管辖。经复议的案件，也可以由复议机关所在地人民法院管辖。

经最高人民法院批准，高级人民法院可以根据审判工作的实际情况，确定若干人民法院跨行政区域管辖行政案件。

第十九条 对限制人身自由的行政强制措施不服提起的诉讼，由被告所在地或者原告所在地人民法院管辖。

第二十条 因不动产提起的行政诉讼，由不动产所在地人民法院管辖。

第二十一条 两个以上人民法院都有管辖权的案件，原告可以选择其中一个人民法院提起诉讼。原告向两个以上有管辖权的人民法院提起诉讼的，由最先立案的人民法院管辖。

第二十二条 人民法院发现受理的案件不属于本院管辖的，应当移送有管辖权的人民法院，受移送的人民法院应当受理。受移送的人民法院认为受移送的案件按照规定不属于本院管辖的,应当报请上级人民法院指定管辖,不得再自行移送。

第二十三条 有管辖权的人民法院由于特殊原因不能行使管辖权的,由上级人民法院指定管辖。

人民法院对管辖权发生争议,由争议双方协商解决。协商不成的,报它们的共同上级人民法院指定管辖。

第二十四条 上级人民法院有权审理下级人民法院管辖的第一审行政案件。

下级人民法院对其管辖的第一审行政案件,认为需要由上级人民法院审理或者指定管辖的,可以报请上级人民法院决定。

第四章 诉讼参加人

第二十五条 行政行为的相对人以及其他与行政行为有利害关系的公民、法人或者其他组织,有权提起诉讼。

有权提起诉讼的公民死亡,其近亲属可以提起诉讼。

有权提起诉讼的法人或者其他组织终止,承受其权利的法人或者其他组织可以提起诉讼。

人民检察院在履行职责中发现生态环境和资源保护、食品药品安全、国有财产保护、国有土地使用权出让等领域负有监督管理职责的行政机关违法行使职权或者不作为,致使国家利益或者社会公共利益受到侵害的,应当向行政机关提出检察建议,督促其依法履行职责。行政机关不依法履行职责的,人民检察院依法向人民法院提起诉讼。

第二十六条 公民、法人或者其他组织直接向人民法院提起诉讼的,作出行政行为的行政机关是被告。

经复议的案件,复议机关决定维持原行政行为的,作出原行政行为的行政机关和复议机关是共同被告;复议机关改变原行政行为的,复议机关是被告。

复议机关在法定期限内未作出复议决定,公民、法人或者其他组织起诉原行政行为的,作出原行政行为的行政机关是被告;起诉复议机关不作为的,复议机关是被告。

两个以上行政机关作出同一行政行为的,共同作出行政行为的行政机关是共同被告。

行政机关委托的组织所作的行政行为,委托的行政机关是被告。

行政机关被撤销或者职权变更的,继续行使其职权的行政机关是被告。

第二十七条 当事人一方或者双方为二人以上,因同一行政行为发生的行政案件,或者因同类行政行为发生的行政案件、人民法院认为可以合并审理并经当事人同意的,为共同诉讼。

第二十八条 当事人一方人数众多的共同诉讼,可以由当事人推选代表人进行诉讼。代表人的诉讼行为对其所代表的当事人发生效力,但代表人变更、放弃诉讼请求或者承认对方当事人的诉讼请求,应当经被代表的当事人同意。

第二十九条 公民、法人或者其他组织同被诉行政行为有利害关系但没有提起诉讼,或者同案件处理结果有利害关系的,可以作为第三人申请参加诉讼,或者由人民法院通知参加诉讼。

人民法院判决第三人承担义务或者减损第三人权益的,第三人有权依法提起上诉。

第三十条 没有诉讼行为能力的公民,由其法定代理人代为诉讼。法定代理人互相推诿代理责任的,由人民法院指定其中一人代为诉讼。

第三十一条 当事人、法定代理人,可以委托一至二人作为诉讼代理人。

下列人员可以被委托为诉讼代理人:

（一）律师、基层法律服务工作者；
（二）当事人的近亲属或者工作人员；
（三）当事人所在社区、单位以及有关社会团体推荐的公民。

第三十二条 代理诉讼的律师，有权按照规定查阅、复制本案有关材料，有权向有关组织和公民调查，收集与本案有关的证据。对涉及国家秘密、商业秘密和个人隐私的材料，应当依照法律规定保密。

当事人和其他诉讼代理人有权按照规定查阅、复制本案庭审材料，但涉及国家秘密、商业秘密和个人隐私的内容除外。

第五章 证　　据

第三十三条 证据包括：
（一）书证；
（二）物证；
（三）视听资料；
（四）电子数据；
（五）证人证言；
（六）当事人的陈述；
（七）鉴定意见；
（八）勘验笔录、现场笔录。

以上证据经法庭审查属实，才能作为认定案件事实的根据。

第三十四条 被告对作出的行政行为负有举证责任，应当提供作出该行政行为的证据和所依据的规范性文件。

被告不提供或者无正当理由逾期提供证据，视为没有相应证据。但是，被诉行政行为涉及第三人合法权益，第三人提供证据的除外。

第三十五条 在诉讼过程中，被告及其诉讼代理人不得自行向原告、第三人和证人收集证据。

第三十六条 被告在作出行政行为时已经收集了证据，但因不可抗力等正当事由不能提供的，经人民法院准许，可以延期提供。

原告或者第三人提出了其在行政处理程序中没有提出的理由或者证据的，经人民法院准许，被告可以补充证据。

第三十七条 原告可以提供证明行政行为违法的证据。原告提供的证据不成立的，不免除被告的举证责任。

第三十八条 在起诉被告不履行法定职责的案件中，原告应当提供其向被告提出申请的证据。但有下列情形之一的除外：
（一）被告应当依职权主动履行法定职责的；
（二）原告因正当理由不能提供证据的。

在行政赔偿、补偿的案件中，原告应当对行政行为造成的损害提供证据。因被告的原因导致原告无法举证的，由被告承担举证责任。

第三十九条 人民法院有权要求当事人提供或者补充证据。

第四十条 人民法院有权向有关行政机关以及其他组织、公民调取证据。但是，不得为证明行政行为的合法性调取被告作出行政行为时未收集的证据。

第四十一条 与本案有关的下列证据,原告或者第三人不能自行收集的,可以申请人民法院调取:

(一) 由国家机关保存而须由人民法院调取的证据;

(二) 涉及国家秘密、商业秘密和个人隐私的证据;

(三) 确因客观原因不能自行收集的其他证据。

第四十二条 在证据可能灭失或者以后难以取得的情况下,诉讼参加人可以向人民法院申请保全证据,人民法院也可以主动采取保全措施。

第四十三条 证据应当在法庭上出示,并由当事人互相质证。对涉及国家秘密、商业秘密和个人隐私的证据,不得在公开开庭时出示。

人民法院应当按照法定程序,全面、客观地审查核实证据。对未采纳的证据应当在裁判文书中说明理由。

以非法手段取得的证据,不得作为认定案件事实的根据。

第六章 起诉和受理

第四十四条 对属于人民法院受案范围的行政案件,公民、法人或者其他组织可以先向行政机关申请复议,对复议决定不服的,再向人民法院提起诉讼;也可以直接向人民法院提起诉讼。

法律、法规规定应当先向行政机关申请复议,对复议决定不服再向人民法院提起诉讼的,依照法律、法规的规定。

第四十五条 公民、法人或者其他组织不服复议决定的,可以在收到复议决定书之日起十五日内向人民法院提起诉讼。复议机关逾期不作决定的,申请人可以在复议期满之日起十五日内向人民法院提起诉讼。法律另有规定的除外。

第四十六条 公民、法人或者其他组织直接向人民法院提起诉讼的,应当自知道或者应当知道作出行政行为之日起六个月内提出。法律另有规定的除外。

因不动产提起诉讼的案件自行政行为作出之日起超过二十年,其他案件自行政行为作出之日起超过五年提起诉讼的,人民法院不予受理。

第四十七条 公民、法人或者其他组织申请行政机关履行保护其人身权、财产权等合法权益的法定职责,行政机关在接到申请之日起两个月内不履行的,公民、法人或者其他组织可以向人民法院提起诉讼。法律、法规对行政机关履行职责的期限另有规定的,从其规定。

公民、法人或者其他组织在紧急情况下请求行政机关履行保护其人身权、财产权等合法权益的法定职责,行政机关不履行的,提起诉讼不受前款规定期限的限制。

第四十八条 公民、法人或者其他组织因不可抗力或者其他不属于其自身的原因耽误起诉期限的,被耽误的时间不计算在起诉期限内。

公民、法人或者其他组织因前款规定以外的其他特殊情况耽误起诉期限的,在障碍消除后十日内,可以申请延长期限,是否准许由人民法院决定。

第四十九条 提起诉讼应当符合下列条件:

(一) 原告是符合本法第二十五条规定的公民、法人或者其他组织;

(二) 有明确的被告;

(三) 有具体的诉讼请求和事实根据;

(四) 属于人民法院受案范围和受诉人民法院管辖。

第五十条 起诉应当向人民法院递交起诉状,并按照被告人数提出副本。

书写起诉状确有困难的,可以口头起诉,由人民法院记入笔录,出具注明日期的书面凭证,并告知对方当事人。

第五十一条 人民法院在接到起诉状时对符合本法规定的起诉条件的,应当登记立案。

对当场不能判定是否符合本法规定的起诉条件的,应当接收起诉状,出具注明收到日期的书面凭证,并在七日内决定是否立案。不符合起诉条件的,作出不予立案的裁定。裁定书应当载明不予立案的理由。原告对裁定不服的,可以提起上诉。

起诉状内容欠缺或者有其他错误的,应当给予指导和释明,并一次性告知当事人需要补正的内容。不得未经指导和释明即以起诉不符合条件为由不接收起诉状。

对于不接收起诉状、接收起诉状后不出具书面凭证,以及不一次性告知当事人需要补正的起诉状内容的,当事人可以向上级人民法院投诉,上级人民法院应当责令改正,并对直接负责的主管人员和其他直接责任人员依法给予处分。

第五十二条 人民法院既不立案,又不作出不予立案裁定的,当事人可以向上一级人民法院起诉。上一级人民法院认为符合起诉条件的,应当立案、审理,也可以指定其他下级人民法院立案、审理。

第五十三条 公民、法人或者其他组织认为行政行为所依据的国务院部门和地方人民政府及其部门制定的规范性文件不合法,在对行政行为提起诉讼时,可以一并请求对该规范性文件进行审查。

前款规定的规范性文件不含规章。

第七章 审理和判决

第一节 一般规定

第五十四条 人民法院公开审理行政案件,但涉及国家秘密、个人隐私和法律另有规定的除外。

涉及商业秘密的案件,当事人申请不公开审理的,可以不公开审理。

第五十五条 当事人认为审判人员与本案有利害关系或者有其他关系可能影响公正审判,有权申请审判人员回避。

审判人员认为自己与本案有利害关系或者有其他关系,应当申请回避。

前两款规定,适用于书记员、翻译人员、鉴定人、勘验人。

院长担任审判长时的回避,由审判委员会决定;审判人员的回避,由院长决定;其他人员的回避,由审判长决定。当事人对决定不服的,可以申请复议一次。

第五十六条 诉讼期间,不停止行政行为的执行。但有下列情形之一的,裁定停止执行:

(一)被告认为需要停止执行的;

(二)原告或者利害关系人申请停止执行,人民法院认为该行政行为的执行会造成难以弥补的损失,并且停止执行不损害国家利益、社会公共利益的;

(三)人民法院认为该行政行为的执行会给国家利益、社会公共利益造成重大损害的;

(四)法律、法规规定停止执行的。

当事人对停止执行或者不停止执行的裁定不服的,可以申请复议一次。

第五十七条 人民法院对起诉行政机关没有依法支付抚恤金、最低生活保障金和工伤、医疗社会保险金的案件,权利义务关系明确、不先予执行将严重影响原告生活的,可以根据原告的申请,裁定先予执行。

当事人对先予执行裁定不服的,可以申请复议一次。复议期间不停止裁定的执行。

第五十八条 经人民法院传票传唤，原告无正当理由拒不到庭，或者未经法庭许可中途退庭的，可以按照撤诉处理；被告无正当理由拒不到庭，或者未经法庭许可中途退庭的，可以缺席判决。

第五十九条 诉讼参与人或者其他人有下列行为之一的，人民法院可以根据情节轻重，予以训诫、责令具结悔过或者处一万元以下的罚款、十五日以下的拘留；构成犯罪的，依法追究刑事责任：

（一）有义务协助调查、执行的人，对人民法院的协助调查决定、协助执行通知书，无故推拖、拒绝或者妨碍调查、执行的；

（二）伪造、隐藏、毁灭证据或者提供虚假证明材料，妨碍人民法院审理案件的；

（三）指使、贿买、胁迫他人作伪证或者威胁、阻止证人作证的；

（四）隐藏、转移、变卖、毁损已被查封、扣押、冻结的财产的；

（五）以欺骗、胁迫等非法手段使原告撤诉的；

（六）以暴力、威胁或者其他方法阻碍人民法院工作人员执行职务，或者以哄闹、冲击法庭等方法扰乱人民法院工作秩序的；

（七）对人民法院审判人员或者其他工作人员、诉讼参与人、协助调查和执行的人员恐吓、侮辱、诽谤、诬陷、殴打、围攻或者打击报复的。

人民法院对有前款规定的行为之一的单位，可以对其主要负责人或者直接责任人员依照前款规定予以罚款、拘留；构成犯罪的，依法追究刑事责任。

罚款、拘留须经人民法院院长批准。当事人不服的，可以向上一级人民法院申请复议一次。复议期间不停止执行。

第六十条 人民法院审理行政案件，不适用调解。但是，行政赔偿、补偿以及行政机关行使法律、法规规定的自由裁量权的案件可以调解。

调解应当遵循自愿、合法原则，不得损害国家利益、社会公共利益和他人合法权益。

第六十一条 在涉及行政许可、登记、征收、征用和行政机关对民事争议所作的裁决的行政诉讼中，当事人申请一并解决相关民事争议的，人民法院可以一并审理。

在行政诉讼中，人民法院认为行政案件的审理需以民事诉讼的裁判为依据的，可以裁定中止行政诉讼。

第六十二条 人民法院对行政案件宣告判决或者裁定前，原告申请撤诉的，或者被告改变其所作的行政行为，原告同意并申请撤诉的，是否准许，由人民法院裁定。

第六十三条 人民法院审理行政案件，以法律和行政法规、地方性法规为依据。地方性法规适用于本行政区域内发生的行政案件。

人民法院审理民族自治地方的行政案件，并以该民族自治地方的自治条例和单行条例为依据。

人民法院审理行政案件，参照规章。

第六十四条 人民法院在审理行政案件中，经审查认为本法第五十三条规定的规范性文件不合法的，不作为认定行政行为合法的依据，并向制定机关提出处理建议。

第六十五条 人民法院应当公开发生法律效力的判决书、裁定书，供公众查阅，但涉及国家秘密、商业秘密和个人隐私的内容除外。

第六十六条 人民法院在审理行政案件中，认为行政机关的主管人员、直接责任人员违法违纪的，应当将有关材料移送监察机关、该行政机关或者其上一级行政机关；认为有犯罪行为的，应当将有关材料移送公安、检察机关。

人民法院对被告经传票传唤无正当理由拒不到庭，或者未经法庭许可中途退庭的，可以将被告拒不到庭或者中途退庭的情况予以公告，并可以向监察机关或者被告的上一级行政机关提出依法给予其主要负责人或者直接责任人员处分的司法建议。

第二节 第一审普通程序

第六十七条 人民法院应当在立案之日起五日内，将起诉状副本发送被告。被告应当在收到起诉状副本之日起十五日内向人民法院提交作出行政行为的证据和所依据的规范性文件，并提出答辩状。人民法院应当在收到答辩状之日起五日内，将答辩状副本发送原告。

被告不提出答辩状的，不影响人民法院审理。

第六十八条 人民法院审理行政案件，由审判员组成合议庭，或者由审判员、陪审员组成合议庭。合议庭的成员，应当是三人以上的单数。

第六十九条 行政行为证据确凿，适用法律、法规正确，符合法定程序的，或者原告申请被告履行法定职责或者给付义务理由不成立的，人民法院判决驳回原告的诉讼请求。

第七十条 行政行为有下列情形之一的，人民法院判决撤销或者部分撤销，并可以判决被告重新作出行政行为：

（一）主要证据不足的；

（二）适用法律、法规错误的；

（三）违反法定程序的；

（四）超越职权的；

（五）滥用职权的；

（六）明显不当的。

第七十一条 人民法院判决被告重新作出行政行为的，被告不得以同一的事实和理由作出与原行政行为基本相同的行政行为。

第七十二条 人民法院经过审理，查明被告不履行法定职责的，判决被告在一定期限内履行。

第七十三条 人民法院经过审理，查明被告依法负有给付义务的，判决被告履行给付义务。

第七十四条 行政行为有下列情形之一的，人民法院判决确认违法，但不撤销行政行为：

（一）行政行为依法应当撤销，但撤销会给国家利益、社会公共利益造成重大损害的；

（二）行政行为程序轻微违法，但对原告权利不产生实际影响的。

行政行为有下列情形之一，不需要撤销或者判决履行的，人民法院判决确认违法：

（一）行政行为违法，但不具有可撤销内容的；

（二）被告改变原违法行政行为，原告仍要求确认原行政行为违法的；

（三）被告不履行或者拖延履行法定职责，判决履行没有意义的。

第七十五条 行政行为有实施主体不具有行政主体资格或者没有依据等重大且明显违法情形，原告申请确认行政行为无效的，人民法院判决确认无效。

第七十六条 人民法院判决确认违法或者无效的，可以同时判决责令被告采取补救措施；给原告造成损失的，依法判决被告承担赔偿责任。

第七十七条 行政处罚明显不当，或者其他行政行为涉及对款额的确定、认定确有错误的，人民法院可以判决变更。

人民法院判决变更，不得加重原告的义务或者减损原告的权益。但利害关系人同为原告，且诉讼请求相反的除外。

第七十八条 被告不依法履行、未按照约定履行或者违法变更、解除本法第十二条第一款第十一项规定的协议的，人民法院判决被告承担继续履行、采取补救措施或者赔偿损失等责任。

被告变更、解除本法第十二条第一款第十一项规定的协议合法，但未依法给予补偿的，人民法院判决给予补偿。

第七十九条 复议机关与作出原行政行为的行政机关为共同被告的案件，人民法院应当对复议决定和原行政行为一并作出裁判。

第八十条 人民法院对公开审理和不公开审理的案件，一律公开宣告判决。

当庭宣判的，应当在十日内发送判决书；定期宣判的，宣判后立即发给判决书。

宣告判决时，必须告知当事人上诉权利、上诉期限和上诉的人民法院。

第八十一条 人民法院应当在立案之日起六个月内作出第一审判决。有特殊情况需要延长的，由高级人民法院批准，高级人民法院审理第一审案件需要延长的，由最高人民法院批准。

第三节 简易程序

第八十二条 人民法院审理下列第一审行政案件，认为事实清楚、权利义务关系明确、争议不大的，可以适用简易程序：

（一）被诉行政行为是依法当场作出的；

（二）案件涉及款额二千元以下的；

（三）属于政府信息公开案件的。

除前款规定以外的第一审行政案件，当事人各方同意适用简易程序的，可以适用简易程序。

发回重审、按照审判监督程序再审的案件不适用简易程序。

第八十三条 适用简易程序审理的行政案件，由审判员一人独任审理，并应当在立案之日起四十五日内审结。

第八十四条 人民法院在审理过程中，发现案件不宜适用简易程序的，裁定转为普通程序。

第四节 第二审程序

第八十五条 当事人不服人民法院第一审判决的，有权在判决书送达之日起十五日内向上一级人民法院提起上诉。当事人不服人民法院第一审裁定的，有权在裁定书送达之日起十日内向上一级人民法院提起上诉。逾期不提起上诉的，人民法院的第一审判决或者裁定发生法律效力。

第八十六条 人民法院对上诉案件，应当组成合议庭，开庭审理。经过阅卷、调查和询问当事人，对没有提出新的事实、证据或者理由，合议庭认为不需要开庭审理的，也可以不开庭审理。

第八十七条 人民法院审理上诉案件，应当对原审人民法院的判决、裁定和被诉行政行为进行全面审查。

第八十八条 人民法院审理上诉案件，应当在收到上诉状之日起三个月内作出终审判决。有特殊情况需要延长的，由高级人民法院批准，高级人民法院审理上诉案件需要延长的，由最高人民法院批准。

第八十九条 人民法院审理上诉案件,按照下列情形,分别处理:

(一)原判决、裁定认定事实清楚,适用法律、法规正确的,判决或者裁定驳回上诉,维持原判决、裁定;

(二)原判决、裁定认定事实错误或者适用法律、法规错误的,依法改判、撤销或者变更;

(三)原判决认定基本事实不清、证据不足的,发回原审人民法院重审,或者查清事实后改判;

(四)原判决遗漏当事人或者违法缺席判决等严重违反法定程序的,裁定撤销原判决,发回原审人民法院重审。

原审人民法院对发回重审的案件作出判决后,当事人提起上诉的,第二审人民法院不得再次发回重审。

人民法院审理上诉案件,需要改变原审判决的,应当同时对被诉行政行为作出判决。

第五节 审判监督程序

第九十条 当事人对已经发生法律效力的判决、裁定,认为确有错误的,可以向上一级人民法院申请再审,但判决、裁定不停止执行。

第九十一条 当事人的申请符合下列情形之一的,人民法院应当再审:

(一)不予立案或者驳回起诉确有错误的;

(二)有新的证据,足以推翻原判决、裁定的;

(三)原判决、裁定认定事实的主要证据不足、未经质证或者系伪造的;

(四)原判决、裁定适用法律、法规确有错误的;

(五)违反法律规定的诉讼程序,可能影响公正审判的;

(六)原判决、裁定遗漏诉讼请求的;

(七)据以作出原判决、裁定的法律文书被撤销或者变更的;

(八)审判人员在审理该案件时有贪污受贿、徇私舞弊、枉法裁判行为的。

第九十二条 各级人民法院院长对本院已经发生法律效力的判决、裁定,发现有本法第九十一条规定情形之一,或者发现调解违反自愿原则或者调解书内容违法,认为需要再审的,应当提交审判委员会讨论决定。

最高人民法院对地方各级人民法院已经发生法律效力的判决、裁定,上级人民法院对下级人民法院已经发生法律效力的判决、裁定,发现有本法第九十一条规定情形之一,或者发现调解违反自愿原则或者调解书内容违法的,有权提审或者指令下级人民法院再审。

第九十三条 最高人民检察院对各级人民法院已经发生法律效力的判决、裁定,上级人民检察院对下级人民法院已经发生法律效力的判决、裁定,发现有本法第九十一条规定情形之一,或者发现调解书损害国家利益、社会公共利益的,应当提出抗诉。

地方各级人民检察院对同级人民法院已经发生法律效力的判决、裁定,发现有本法第九十一条规定情形之一,或者发现调解书损害国家利益、社会公共利益的,可以向同级人民法院提出检察建议,并报上级人民检察院备案;也可以提请上级人民检察院向同级人民法院提出抗诉。

各级人民检察院对审判监督程序以外的其他审判程序中审判人员的违法行为,有权向同级人民法院提出检察建议。

第八章 执 行

第九十四条 当事人必须履行人民法院发生法律效力的判决、裁定、调解书。

第九十五条 公民、法人或者其他组织拒绝履行判决、裁定、调解书的,行政机关或者第三人可以向第一审人民法院申请强制执行,或者由行政机关依法强制执行。

第九十六条 行政机关拒绝履行判决、裁定、调解书的,第一审人民法院可以采取下列措施:

(一) 对应当归还的罚款或者应当给付的款额,通知银行从该行政机关的账户内划拨;

(二) 在规定期限内不履行的,从期满之日起,对该行政机关负责人按日处五十元至一百元的罚款;

(三) 将行政机关拒绝履行的情况予以公告;

(四) 向监察机关或者该行政机关的上一级行政机关提出司法建议。接受司法建议的机关,根据有关规定进行处理,并将处理情况告知人民法院;

(五) 拒不履行判决、裁定、调解书,社会影响恶劣的,可以对该行政机关直接负责的主管人员和其他直接责任人员予以拘留;情节严重,构成犯罪的,依法追究刑事责任。

第九十七条 公民、法人或者其他组织对行政行为在法定期限内不提起诉讼又不履行的,行政机关可以申请人民法院强制执行,或者依法强制执行。

第九章 涉外行政诉讼

第九十八条 外国人、无国籍人、外国组织在中华人民共和国进行行政诉讼,适用本法。法律另有规定的除外。

第九十九条 外国人、无国籍人、外国组织在中华人民共和国进行行政诉讼,同中华人民共和国公民、组织有同等的诉讼权利和义务。

外国法院对中华人民共和国公民、组织的行政诉讼权利加以限制的,人民法院对该国公民、组织的行政诉讼权利,实行对等原则。

第一百条 外国人、无国籍人、外国组织在中华人民共和国进行行政诉讼,委托律师代理诉讼的,应当委托中华人民共和国律师机构的律师。

第十章 附 则

第一百零一条 人民法院审理行政案件,关于期间、送达、财产保全、开庭审理、调解、中止诉讼、终结诉讼、简易程序、执行等,以及人民检察院对行政案件受理、审理、裁判、执行的监督,本法没有规定的,适用《中华人民共和国民事诉讼法》的相关规定。

第一百零二条 人民法院审理行政案件,应当收取诉讼费用。诉讼费用由败诉方承担,双方都有责任的由双方分担。收取诉讼费用的具体办法另行规定。

第一百零三条 本法自 1990 年 10 月 1 日起施行。

二、省（自治区、直辖市）地方性法规、规章

北京市专利保护和促进条例

(2005年5月20日北京市第十二届人民代表大会常务委员会第二十次会议通过 2013年9月27日北京市第十四届人民代表大会常务委员会第六次会议修订)

第一章 总 则

第一条 为了鼓励发明创造，保护专利权人的合法权益，推动发明创造的应用，促进科学技术进步和经济社会发展，提高创新能力，根据《中华人民共和国专利法》、《中华人民共和国专利法实施细则》和其他有关法律、行政法规，结合本市实际情况，制定本条例。

第二条 本市行政区域内专利的保护、促进及相关活动，适用本条例。

第三条 本市专利工作应当遵循激励创新、合理运用、依法保护、科学管理、完善服务的原则。

第四条 市和区、县人民政府应当按照首都知识产权战略制定专利保护和促进规划，将专利工作纳入国民经济和社会发展规划并组织实施，保障专利事业发展需要的经费和投入，加强体制机制创新和政策环境建设，建立和完善专利发展评价指标，提升社会的专利创造、运用、保护和管理能力。

市和区、县人民政府应当加强服务，完善有利于专利保护和促进的市场环境，健全政府与市场、社会的统筹协调机制。

第五条 市专利管理部门负责本行政区域内的专利工作。

区、县专利管理部门在市专利管理部门的指导下，开展有关专利保护和促进工作。

发展改革、科学技术、经济和信息化、人力资源和社会保障、教育、农业、工商、商务以及国有资产管理等有关部门，应当按照各自的职责做好相关工作。

第六条 市和区、县人民政府有关部门应当指导企业、事业单位开展专利工作，引导企业、事业单位建立健全专利管理体系和管理制度。

第七条 市和区、县人民政府有关部门及有关单位应当加强专利宣传教育，在法制宣传教育计划和公务员培训体系中纳入专利知识的内容，加强对企业、事业单位人员的培训，鼓励高等院校开设专利课程，提高全社会的专利意识，营造专利保护和促进的良好环境。

第八条 市和区、县人民政府有关部门应当加强对专利信息发布、新闻报道工作的组织、协调，对重大专利事件新闻报道和舆情进行收集、分析、通报。

第二章 专利保护

第九条 市专利管理、工商、商务等有关部门应当建立专利保护的预防、查处、处理工作机制，重点预防假冒专利行为和群体性专利侵权行为，依法查处假冒专利行为、处理专利侵权纠纷。

第十条 市专利管理部门查处假冒专利行为、处理专利侵权纠纷时，应当依法调查取证，相关单位和个人应当协助配合，如实反映情况，不得拒绝、阻挠。

市专利管理部门查处假冒专利行为时，对有证据证明是假冒专利的产品，依法查封或者扣押。

第十一条 市专利管理部门处理专利侵权纠纷，认定专利侵权行为成立并作出处理决定

的,应当按照下列规定采取措施制止侵权行为:

(一)侵权人制造专利侵权产品的,责令其立即停止制造行为、销毁制造侵权产品的专用设备、模具等生产工具,并不得销售、使用尚未售出的侵权产品或者以其他形式将其投放市场;

(二)侵权人未经专利权人许可使用专利方法的,责令其立即停止使用行为、销毁实施专利方法的专用设备、模具等生产工具,并不得销售、使用尚未售出的依照专利方法所直接获得的侵权产品或者以其他形式将其投放市场;

(三)侵权人销售专利侵权产品或者依照专利方法直接获得的侵权产品的,责令其立即停止销售行为,并不得使用尚未售出的侵权产品或者以其他形式将其投放市场;

(四)侵权人许诺销售专利侵权产品或者依照专利方法直接获得的侵权产品的,责令其立即停止许诺销售侵权产品的行为、消除影响,并不得进行任何实际销售行为;

(五)侵权人进口专利侵权产品或者依照专利方法直接获得的侵权产品,已经进入本市的,责令其不得销售、使用该侵权产品或者以其他形式将其投放市场;

(六)侵权人以生产经营为目的使用专利侵权产品的,责令其立即停止使用行为;

(七)制止侵权行为的其他必要措施。

第十二条 本市建立专利保护工作协调机制,完善执法协作工作平台,健全专利案件行政执法和司法衔接机制,完善行政机关之间以及行政机关与司法机关之间的案件移送和线索通报制度。

第十三条 发生专利纠纷的,当事人可以自行协商解决,也可以在行政处理时向市专利管理部门申请行政调解,或者向人民法院提起诉讼。行业协会及其他中介组织可以接受行政机关或者人民法院委托进行调解的相关工作。

第十四条 市专利管理部门处理专利纠纷时,在当事人自愿的基础上优先采用调解的方式解决纠纷。专利纠纷当事人可以就下列专利纠纷请求市专利管理部门调解:

(一)侵犯专利权的赔偿数额纠纷;

(二)专利申请权和专利权归属纠纷;

(三)发明人、设计人资格纠纷;

(四)职务发明创造的发明人、设计人的奖励和报酬纠纷;

(五)专利权被授予之后提出,该发明专利申请公布后,专利权授予前使用发明而未支付适当费用的纠纷;

(六)其他专利纠纷。

第十五条 市专利管理部门进行调解时应当坚持自愿、合法原则,在查明事实、分清是非的基础上,促使当事人相互谅解,协商解决纠纷。双方当事人经调解达成协议的,市专利管理部门应当制作调解协议书,并告知双方当事人可以向人民法院申请司法确认;未能达成协议的,市专利管理部门应当依法处理。

第十六条 专利权人或者利害关系人应当合理运用专利制度,不得滥用专利权限制技术竞争和技术发展,维护公平竞争的市场秩序、公共利益以及他人合法权益。

第十七条 大型零售企业应当与供货企业就专利保护事项进行约定,明确双方的专利保护责任,预防假冒专利产品和专利侵权产品进入流通市场;专利产品的供货企业应当提供专利证书或者专利实施许可合同等相关证明材料。

第十八条 展览会、展示会、博览会、交易会等活动的主办方应当与参展方就专利保护事项进行约定,按照相关规定做好专利保护工作;参展方以专利产品或者专利技术的名义进场参展的，应当提供专利证书或者专利实施许可合同等相关证明材料；依法需要向海关部门申报的，应当提交相关材料。

在展会期间，展会的主办方、承办方、参展方应当对专利管理等部门的工作予以配合。

第十九条 市专利管理部门应当建立企业实施假冒专利、专利侵权违法行为的档案，纳入本市企业信用信息系统，对于依法给予行政处罚或者追究刑事责任的情形，应当及时向社会公布。

第二十条 本市设立专利举报投诉工作平台，公布举报投诉方式，并为举报人保密。

任何单位和个人有权向市和区、县专利管理部门举报投诉假冒专利行为，提供违法行为线索。对于举报查实的，应当予以奖励。

第二十一条 本市知识产权维权援助机构应当积极开展专利维权援助工作，重点援助、扶持困难人员和中小企业，实现维权援助的公益化、专业化、规范化。

第二十二条 市专利管理及相关部门应当指导企业、行业协会建立专利海外援助机制，鼓励行业协会、服务机构为企业提供应对海外专利纠纷、争端和突发事件的服务。行业协会应当制定本行业专利海外应急预案，指导会员建立海外专利保护制度。

第三章 专利促进

第二十三条 本市鼓励企业、科研院所、高等院校制定专利战略，加强科学技术的研究开发和专利创造、运用、保护、管理工作；鼓励个人发明创造，申请专利。

第二十四条 本市应当以提高自主创新能力为核心，创新组织模式，构建、完善以项目为载体、企业为主体、市场为导向、产学研用相结合的技术创新体系。

第二十五条 本市鼓励高等院校和科研院所依法申请专利，实施专利；支持企业、高等院校、科研院所开展多渠道、多形式的合作，共同研究开发和实施专利。

第二十六条 本市建立重大经济活动专利评议制度，对使用大额政府财政资金、涉及国有资产数额较大或者对经济社会发展有重大影响的经济活动进行专利评估和审议，防范专利纠纷隐患和市场风险，避免低水平重复研究，为政府科学决策提供依据。具体评议办法由市人民政府规定。

第二十七条 本市建立专利预警制度，对重点区域、行业的国内外专利状况、发展趋势、竞争态势等信息进行收集、分析、发布、反馈。市和区、县人民政府应当鼓励、引导企业开展专利预警工作，支持行业协会、专利中介服务机构在专利预警方面为政府决策和企业发展提供服务，维护产业安全，提高企业应对专利纠纷的能力。

第二十八条 本市建立专利研究开发、实施和交易的服务体系，建设专利公共信息服务基础设施、各类专业专题专利数据库，开展专利信息数据检索、加工和分析，促进专利信息的传播和利用，推动专利交易和专利运用。

第二十九条 本市设立专利奖，对在本市进行发明创造并实施，为促进本市经济社会发展做出突出贡献的专利权人予以表彰奖励。

专利奖资金应当用于奖励发明人、设计人以及对专利的实施、转让、许可做出实质贡献的专利管理、技术转移人员。

第三十条 本市对在进行发明创造、专利申请、专利实施、专利保护、专利预警等方面确需获得帮助的单位和个人，可以予以资金支持。具体办法由市专利管理部门、市财政部门会同市科学技术、发展改革、经济和信息化等有关部门制定。

第三十一条 本市通过各种优惠政策鼓励企业及其他组织增加专利研究开发的投入，其专利研究开发费用，在计算应纳税所得额时，可以在实际成本基础上按照规定比例加计扣除或者摊销。

企业购买专利所发生的费用，可以按照规定列入成本。

第三十二条　专利权转让合同、专利申请权转让合同、专利实施许可合同经依法认定登记的，当事人享受国家和本市有关技术交易的税收优惠政策。

第三十三条　市专利管理工作部门会同市科学技术、发展改革、经济和信息化、教育、农业等相关部门建立企业、高等院校、科研院所、社会组织等各类创新主体认定的专利考核指标体系，并将认定考核结果作为相关部门支持、奖励创新主体的依据之一。

第三十四条　本市鼓励企业将自主研究开发的专利产品、技术参与政府采购活动。

第三十五条　申请本市政府财政资金支持的研究开发、技术改造、技术引进等项目，涉及发明、实用新型专利的，应当根据项目的具体情况，按照有关规定和项目主管部门的要求提交专利文献检索报告或者专利分析报告。

市专利管理部门应当会同市科学技术、发展改革等有关部门，公布可以出具专利文献检索报告或者专利分析报告机构的推荐目录。

第三十六条　本市政府财政资金支持项目可能产生专利的，项目承担单位应当全面、准确、真实地报告专利成果。项目主管部门应当与项目承担单位就以下事项进行约定：

（一）涉及专利成果的研发目标和验收标准。

（二）资金使用计划。属于科技计划项目的，按照计划和规定所发生的费用，在项目验收后，可以按照相关规定在科技计划项目经费中列支。

（三）专利权的权属及相关权益。未约定的，专利权归项目承担单位所有，由项目承担单位自主决定专利的实施、许可、转让、作价入股等，并取得相应的收益。法律法规另有规定的除外。

（四）专利申请权及申请的合理期限。项目承担单位在合理期限内不提出专利申请的，发明人、设计人可以申请专利，专利权被授予后，项目承担单位享有专利免费实施权。

（五）专利的实施运用计划及其期限。项目承担单位未依照约定实施的，项目主管部门可以许可他人实施，所收取的费用，应当给予项目承担单位。

（六）专利维持的合理期限。

第三十七条　以专利出资方式设立企业的，专利出资占企业注册资本的比例，依法由出资各方约定。以专利作价出资的，应当出具评估机构的评估报告和验资机构的验资证明。涉及国有企事业单位的，应当符合有关国有资产的管理规定。

第三十八条　本市国有企事业单位应当按照规定建立专利管理制度，健全专利管理体系。有下列情形之一的，应当按照有关规定进行专利评估：

（一）以专利作价出资设立企业的；

（二）许可境外企业、其他组织或者个人使用专利权的；

（三）改制、上市、投资、转让、置换、拍卖、偿还债务等涉及专利的；

（四）合并、分立、解散、清算等涉及专利的；

（五）其他需要进行专利评估的。

第三十九条　被授予专利权的单位应当按照规定和约定给予职务发明创造的发明人、设计人以及对专利的实施、转让、许可做出实质贡献的专利管理、技术转移人员奖金和报酬。

奖金和报酬可以现金、股权收益或者当事人约定的其他形式给付。给付的数额、时间和方式等，由当事人依法约定。没有约定数额的，可以按照下列比例确定：

（一）单位转让、许可他人实施的，不低于转让费、许可使用费净收入的20%；

（二）以专利权入股的，不低于股份或者股权收益的20%。

第四十条　本市进行专业技术职称评审时，应当将发明人、设计人已经实施并取得经济或者社会效益的相关专利作为评价考核的重要因素；对技术进步能够产生重大作用、取得显著经济或者社会效益的专利，可以作为发明人、设计人以及对专利的实施、转让、许可做出实质贡献的专利管理、技术转移人员破格申报相关专业技术职称评价考核的重要因素。

第四十一条　对于具备实施条件、未能适时实施的单位拥有的专利，本市鼓励职务发明的发明人、设计人或者其他单位和个人，与拥有专利权的单位以签订合同的方式予以实施。

第四十二条　本市鼓励开展专利领域的金融创新，支持金融机构开展专利质押业务，创新专利质权处置机制，建立质押贷款和风险补偿机制，鼓励拥有专利的企业利用资本市场融资，支持境内外个人和机构开展以专利运用为目的的投资。

市和区、县人民政府及有关部门依法设立的创业投资引导资金和基金，应当采取阶段参股、跟进投资、风险补助等多种方式，支持专利产业化和商用化。

第四十三条　本市鼓励发展专利服务业，支持专利中介服务机构发展，加强专利中介服务业人才队伍建设，培育专利中介服务市场，完善专利中介服务体系。

第四十四条　专利中介服务机构及其执业人员应当依法提供服务，不得利用商业贿赂手段招揽业务、不得泄露委托人的商业秘密。

第四十五条　市专利管理部门依法对专利中介服务机构及执业人员进行监督和管理。依法设立并在本市从事专利代理业务的专利中介服务机构应当按照规定将机构及其执业人员的情况向市专利管理部门备案，并由市专利管理部门公示。

市专利管理部门建立专利中介服务机构及执业人员的违法行为信息管理系统，及时披露违法行为信息。

第四十六条　本市有关行业协会应当开展专利知识的宣传和培训，增强会员专利意识，规范会员行为，指导支持会员建立专利联盟和专利池，为会员提供专利信息咨询、预警、维权援助等服务。

行业协会应当加强与高校、科研院所的合作，充分利用高校、科研院所的优势，促进产学研合作。

第四章　法律责任

第四十七条　专利侵权纠纷的行政处理决定或者法院判决生效后，同一侵权人再次侵犯同一专利权的，可以由市专利管理部门责令改正，没收违法所得，并处二万元以上二十万元以下的罚款。

第四十八条　市专利管理部门根据本条例第十一条采取措施制止侵权行为，侵权人拒不履行行政处理决定，市专利管理部门可以对涉及的产品以及设备、模具等生产工具予以没收。

第四十九条　专利中介服务机构及其执业人员违反本条例第四十四条规定的，由市工商行政管理部门依法予以查处。

第五十条　负有专利保护和促进责任的相关部门及其工作人员，违反本条例规定，不履行、违法履行或者不当履行保护和审查职责的，依法追究行政责任；相关人员的行为构成犯罪的，依法追究刑事责任。

第五章　附　则

第五十一条　本条例自2014年3月1日起施行。

天津市专利促进与保护条例

(2011年1月6日天津市第十五届人民代表大会常务委员会第二十一次会议通过 根据2016年3月30日天津市第十六届人民代表大会常务委员会第二十五次会议《关于修改部分地方性法规的决定》修正)

第一章 总 则

第一条 为了鼓励发明创造，推动专利运用，保护发明人、设计人和专利权人的合法权益，提高自主创新能力，建设创新型城市，促进经济社会发展，根据《中华人民共和国专利法》、《中华人民共和国专利法实施细则》和有关法律、法规，结合本市实际情况，制定本条例。

第二条 本条例适用于本市行政区域内的专利创造、运用、保护和管理及其相关活动。

第三条 本市专利工作应当遵循激励创造、有效运用、依法保护、科学管理的原则。

第四条 市和区、县人民政府应当加强对专利工作的领导，将专利工作纳入国民经济和社会发展规划，制定和实施专利发展战略，采取措施促进专利创造、运用，加强专利保护和管理，并保障专利事业发展所需的经费。

第五条 市和区、县人民政府知识产权战略领导机构，负责统筹协调有关部门的专利工作，研究、解决与知识产权有关的重大问题。

第六条 市和区、县人民政府专利行政部门负责本行政区域内的专利工作。

市和区、县人民政府有关部门和机构应当按照各自的职责，做好专利促进和保护的相关工作。

第七条 市和区、县人民政府应当设立专利专项资金，保障专项资金的规模与专利工作的实际需要相适应。

第八条 市人民政府设立专利奖，对产生较好经济效益、社会效益的优秀专利项目的单位和发明人、设计人给予奖励。

区、县人民政府应当对在本地区产生较好经济效益和社会效益的优秀专利项目或者专利工作成绩突出的单位和个人给予奖励。

第二章 专利创造

第九条 本市的专利创造工作应当将研究开发对产业发展有重大作用的核心专利技术、关键专利技术作为重点，促进原始创新、集成创新和引进消化吸收再创新。

第十条 企业事业单位及其他组织研究、开发专利技术及产品的投入费用，按照有关规定准予在企业所得税前扣除，享受相应税收优惠政策。

企业购买专利所发生的费用，可以按照有关规定准予在企业所得税前扣除。

第十一条 政府财政资金支持的科研开发、技术改造和高新技术产业化等项目的立项、核准、验收，应当把获得专利权作为指标。申请和维持专利所发生的相关费用，可以在项目经费中列支。

申请前款项目的，申请人应当向项目主管部门提交相关技术的专利检索报告。申请人未提交专利检索报告的，项目主管部门不得予以立项。

第十二条 政府财政资金支持项目完成的发明创造，除涉及国家安全、国家利益和重大社会公共利益外，专利申请权和专利权属于项目承担单位。项目承担单位可以依法自主决定实施、许可他人实施、转让、作价入股等，并取得相应的收益。

政府财政资金支持项目形成的专利，项目承担单位应当积极推广和实施，并将实施和维持的情况定期向项目主管部门报告。

第十三条 高新技术企业、工程技术中心、工程研究中心、企业技术中心、重点实验室、工程实验室等认定和考核，应当将专利权拥有数量、质量、专利管理制度建设状况作为重要指标。

第十四条 被授予专利权的单位应当对职务发明创造的发明人或者设计人给予奖励。发明创造专利实施后，根据其推广应用的范围和取得的经济效益，对发明人或者设计人给予合理报酬。奖励或者报酬给付的方式和数量，当事人有约定的，从其约定。没有约定的，应当按照下列规定执行：

（一）自专利权公告之日起三个月内发给发明人或者设计人奖金，所发奖金不得低于法律、法规规定的最低标准。

（二）专利实施取得经济效益后，应当在专利权有效期内每年从实施该项发明专利或者实用新型专利的营业利润中提取不低于百分之五或者从实施该外观设计专利的营业利润中提取不低于百分之一，作为报酬支付发明人或者设计人，或者参照上述比例，发给发明人或者设计人一次性报酬。

（三）专利技术转让或者许可他人实施的，应在获得转让、许可收益后三个月内从收取的转让费、使用费用中提取不低于百分之三十的比例，作为报酬付给发明人或者设计人。

奖金和报酬可以现金、股份、股权收益或者当事人约定的其他形式给付。

第三章 专利运用

第十五条 市和区、县人民政府及其有关部门应当采取使用专项资金、贷款贴息等方式支持专利运用、促进专利技术的产业化；在政府扶持的科技、产业化计划项目立项时，同等条件下，优先支持拥有专利权的项目。

专利行政部门应当制定专利技术实施项目计划，重点支持符合国家和本市产业政策、技术水平高、市场前景好的专利技术项目的实施，促进专利技术的产业化。

第十六条 企业事业单位和个人可以依法采取专利权入股、质押、转让、许可等方式运用专利。

专利实施过程中形成的新产品，根据有关规定享受扶持新产品开发的优惠政策。

第十七条 本市鼓励和支持企业事业单位自主制定和参与制定基于自主知识产权的技术标准。

第十八条 本市鼓励科研机构、高等院校向企业转移专利技术成果。

科研机构和高等院校应当建立、完善专利技术转移机制，完善专利管理制度和激励机制。

对具备实施条件未能适时实施的单位享有的专利，鼓励职务发明创造的发明人、设计人或者其他单位和个人，与享有专利权的单位以签订合同的方式予以实施。该单位对上述专利的实施应当予以支持。

第十九条 市和区、县人民政府及其有关部门应当发展和规范专利交易市场，支持建立专利技术交易机构，推进专利技术交易服务，促进专利技术商品化和产业化。

第二十条 专利权转让合同、专利申请权转让合同、专利实施许可合同经依法登记或者备案的，当事人可以享受国家和本市规定的税收优惠。

第二十一条 专利中介服务机构从事专利技术转让、专利技术开发和与之相关的专利技术服务、技术咨询业务，按照有关规定可以享受税收优惠。

第二十二条 政府财政资金安排、设立的风险投资资金和风险投资机构，应当优先支持专利技术产业化项目的投融资需求。

市和区、县人民政府可以在专利专项资金和其他资金中安排一定资金对专利技术产业化贷款项目进行贴息，引导商业银行对专利技术产业化项目信贷。鼓励担保机构优先为专利技术产业化项目提供融资担保。

第二十三条 政府采购及其它使用财政性资金进行采购的，应当优先购买含有自主研究开发专利技术的产品。

具有专利权的自主创新产品首次投向市场的，符合国民经济发展要求和先进技术发展方向，具有较大市场潜力并需要重点扶持的，经认定后，政府进行首购或者订购。

第四章 专利保护

第二十四条 任何单位或者个人不得非法实施他人专利，不得假冒专利，不得为非法实施他人专利和假冒专利提供便利条件。

第二十五条 任何单位或者个人有权向专利行政部门举报假冒专利违法行为。

专利行政部门应当建立接受举报的工作制度，公布举报方式，对举报、揭发和协助查处假冒专利违法行为的单位或者个人给予奖励，并为举报人保密。

第二十六条 专利行政部门负责处理专利侵权纠纷、查处假冒专利行为的机构，应当有三名以上持有国务院专利行政部门或者市人民政府颁发的行政执法证件的执法人员。

第二十七条 请求专利行政部门处理专利侵权纠纷的，应当符合下列条件：

（一）请求人是专利权人或者利害关系人；

（二）有明确的被请求人；

（三）有明确的请求事项和具体事实、理由；

（四）属于专利行政部门的受案范围和管辖；

（五）当事人没有就该专利侵权纠纷向人民法院起诉。

第二十八条 当事人请求专利行政部门处理专利侵权纠纷，应当提交请求书和有关证据，并按照被请求人的数量提供请求书副本。专利行政部门应当自收到请求书之日起七日内决定是否受理，并书面通知请求人。决定受理的，应当自受理之日起七日内将请求书副本送达被请求人；不予受理的，应当说明理由。

被请求人应当自收到请求书副本之日起十五日内提交答辩书和有关证据。被请求人未按时提交或者不提交答辩书的，不影响专利侵权纠纷的处理。

第二十九条 专利行政部门处理专利侵权纠纷案件，可以根据当事人的申请或者案情需要，委托有关单位进行技术鉴定。

第三十条 专利行政部门认定专利侵权行为成立，作出处理决定的，应当按照下列规定采取措施制止侵权行为：

（一）侵权人制造专利产品的，责令其立即停止制造行为、销毁制造侵权产品的专用设备或模具，并不得销售、使用尚未售出的侵权产品或者以其他形式将其投放市场；

（二）侵权人使用专利方法的，责令其立即停止使用行为、销毁实施专利方法的专用设备或模具，并不得销售、使用尚未售出的依照专利方法直接获得的侵权产品或者以其他形式将其投放市场；

（三）侵权人销售专利产品或者依照专利方法直接获得的产品的，责令其立即停止销售行为，并不得使用尚未售出的侵权产品或者以其他形式将其投放市场；

（四）侵权人许诺销售专利产品或者依照专利方法直接获得的产品的，责令其立即停止许诺销售侵权产品的行为、消除影响，并不得进行任何实际销售行为；

（五）侵权人进口专利产品或者依照专利方法直接获得的产品，并且已经进入本市的，责令其不得销售、使用该侵权产品或者以其他形式将其投放市场；

（六）侵权人以生产经营为目的使用专利侵权产品的，责令其立即停止使用行为；

（七）停止侵权行为的其他必要措施。

采取前款第一项、第二项、第三项、第五项、第六项措施不能制止侵权行为，或者侵权产品难以保存的，专利行政部门可以责令侵权人销毁或者拆解侵权产品。

第三十一条 专利行政部门处理专利侵权纠纷和查处假冒专利行为，可以行使以下职权：

（一）询问当事人、利害关系人和证人；

（二）查阅、复制与案件有关的档案、合同、图纸、账簿、发票以及其他有关资料；

（三）对与案件有关的场所实施现场勘验检查；

（四）抽样取证、登记保存与案件有关的物品；

（五）对有证据证明是假冒专利的产品，可以查封或者扣押；

（六）调查与案件有关的其他情况。

专利行政部门的工作人员依法行使前款规定的职权时，有关单位和个人应当予以协助、配合，不得拒绝、阻挠。

第三十二条 当事人对下列专利纠纷可以申请专利行政部门进行调解，也可直接向人民法院提起诉讼：

（一）侵犯专利权的赔偿数额纠纷；

（二）专利申请权和专利权归属纠纷；

（三）发明人、设计人资格纠纷；

（四）职务发明创造的发明人、设计人的奖励和报酬纠纷；

（五）在发明专利申请公布后专利权授予前使用发明而未支付适当费用的纠纷；

（六）其他专利纠纷。

对于前款第五项所列的纠纷，当事人请求专利行政部门调解的，应当在专利权被授予之后提出。

当事人经调解达成协议的，应当制作调解协议书；调解不成的，当事人可以依法向人民法院提起诉讼。

第三十三条 展会管理部门应加强对展览会、展销会、博览会、交易会、展示会等展会期间专利保护的协调、监督、检查。

展会组织者应当与参展方在参展协议中约定参展方不得侵犯他人专利权、不得假冒专利。

展会组织者对标有专利标记的参展展品或者技术，应当查验其展品的专利权有效证明或者专利许可合同。对未能提供专利权有效证明或者专利许可合同的，不得允许其以专利产品、专利技术的名义参展。

专利行政部门认定参展方侵犯他人专利权或者假冒专利的，展会组织者应当通知参展方解除参展协议，专利行政部门依法予以处理。

第五章 专利管理

第三十四条 市和区、县人民政府应当将专利指标纳入国民经济和社会发展统计范围。科技计划实施评价体系、国有企业绩效考核体系和高等院校、科研机构等事业单位科研绩效考核体系应当包括专利拥有数量、质量以及运用等指标。

第三十五条 市和区、县人民政府应当建立重大经济活动的专利审查制度,避免专利技术的盲目引进、重复研发、流失和侵害他人专利权。

第三十六条 专利行政部门应当加强对企业事业单位专利工作的指导。

企业事业单位应当建立和完善专利管理制度,具体落实专利的创造、运用、保护和管理等工作。商业企业应当建立专利商品进货确认制度,防止销售假冒专利的商品。

第三十七条 有关行业协会、商会等组织应当指导和帮助会员申请和实施专利,维护会员自身权益,督促会员尊重他人专利权,为会员提供专利咨询等服务。

第三十八条 专利代理、专利技术交易、专利资产评估、专利信息咨询等专利中介服务机构应当依法设立和运营,其合法权益受法律保护。

专利中介服务机构及其执业人员应当加强自律,提高执业水平,为委托人提供便捷、优质的服务,不得进行下列行为:

(一)以不正当手段招揽业务;

(二)出具虚假报告;

(三)与当事人串通牟取不正当利益;

(四)损害专利权人、其他当事人的合法权益和社会公共利益。

第三十九条 占有专利资产的国有单位发生合并、分立、上市、改制、清算、投资、转让、置换、拍卖、偿还债务等经济行为涉及专利资产作价的,应当按照国家规定进行专利资产评估。

第四十条 有下列情况之一的,有关单位或者个人应当提供专利权有效证明:

(一)以专利产品或者专利技术为主要项目内容,申请政府财政资金支持或者政府奖励的;

(二)在展览会、推广会、交易会等展会活动中,参展方在产品、展板或者宣传资料上标注专利标记的;

(三)组织标注专利标记的商品进入商场、超市等市场流通领域销售的;

(四)委托有关单位或者个人设计、制作、发布广告,内容标注专利标记的;

(五)进行专利资产评估的;

(六)办理专利权质押的;

(七)请求海关保护专利产品进出口的;

(八)其他需要确认专利权权属和专利权法律状态的。

第六章 保障措施

第四十一条 市和区县人民政府设立的专利专项资金,应当用于资助或者奖励专利申请、促进专利实施、援助专利维权、建设公共信息平台等事项。

专利专项资金应当专款专用,具体使用管理办法由市和区、县财政部门会同同级专利行政部门制定。

第四十二条 专利行政部门及政府其他有关部门应当建设专利信息平台,建立专利信息服务网络和重点行业、产业专利数据库,促进专利信息的传播、共享、开发和利用。

企业事业单位、其他组织和个人可以通过捐资、出资、合作等方式参与公益性和增值性专利信息的开发和服务，并依照国家有关规定享受优惠政策。

第四十三条 专利行政部门指导、推动政府其他有关部门和行业组织开展专利预警，监测本市重点行业、重点企业和重点技术领域的国内外专利状况，制定应急预案，为经济发展服务。

第四十四条 专利行政部门建立专利维权援助机制，为企业事业单位和个人依法开展专利维权提供服务。

第四十五条 市和区、县人民政府及其有关部门应当加强专利知识的宣传和普及，把专利法律、法规的宣传教育纳入法制宣传教育计划和中小学地方课程，支持高等学校开设知识产权课程。

新闻等大众传播媒体应当积极开展专利知识和专利法律、法规的宣传。

鼓励企业事业单位、其他组织和个人支持和参与专利知识的宣传和普及工作。

第四十六条 市和区、县人民政府及其有关部门应当加强专利的培训工作，建立知识产权培训体系和培训基地，支持有条件的高等学校设立知识产权专业，鼓励开展专利人才培养的对外合作，支持引进和聘用国内外高层次专利人才。

第四十七条 评定专业技术人员职称，应当将专利发明人、设计人的相关专利作为评审的依据之一。

对技术进步能够产生重大作用或者取得显著经济效益的专利，可以作为发明人、设计人破格申报专业技术职称的依据。获得中国专利金奖、优秀奖以及市专利金奖、优秀奖的主要发明人、设计人，可以破格申报相关专业技术职称。

市人力社保部门会同市专利行政部门对企业事业单位从事专利管理工作的人员进行职称评定。

第七章 法律责任

第四十八条 假冒专利的，由专利行政部门依照《中华人民共和国专利法》第六十三条规定处罚，并采取下列改正措施：

（一）在未被授予专利权的产品或者其包装上标注专利标识，专利权被宣告无效后或者终止后继续在产品或者其包装上标注专利标识，或者未经许可在产品或者产品包装上标注他人的专利号的，责令上述制造、销售的行为人立即消除该专利标记和专利号；专利标记和专利号与产品难以分离的，责令行为人销毁该产品。

（二）在产品说明书等材料中将未被授予专利权的技术或者设计称为专利技术或者专利设计，将专利申请称为专利，或者未经许可使用他人的专利号，使公众将所涉及的技术或者设计误认为是专利技术或者专利设计的，责令行为人立即停止散发产品说明书等材料，消除影响，并销毁尚未发出的产品说明书等材料。

（三）伪造或者变造专利证书、专利文件或者专利申请文件的，责令行为人立即停止上述行为，销毁伪造或者变造的专利证书、专利文件或者专利申请文件。

（四）其他必要的改正措施。

第四十九条 为明知假冒专利的行为提供便利条件的，由专利行政部门责令改正，可以处二千元以上二万元以下罚款；情节严重的，处二万元以上五万元以下罚款。

为假冒专利制作、发布广告的，按照《中华人民共和国广告法》的有关规定处罚。

第五十条 专利侵权纠纷的行政处理决定生效后，侵权人再次侵犯同一专利权，扰乱专利管理秩序的,由专利行政部门责令改正,可以处一万元以上十万元以下罚款。有违法所得的,没收违法所得。

第五十一条 从事专利服务的中介机构及其工作人员出具虚假报告、牟取不正当利益的,由专利行政部门依法给予警告;有违法所得的,没收违法所得;情节严重的,由发证机关依法吊销相关证照。给当事人造成损失的,依法承担赔偿责任。

第五十二条 拒绝、阻碍专利行政执法人员依法执行职务,违反治安管理规定的,由公安机关给予治安管理处罚;构成犯罪的,依法追究刑事责任。

第五十三条 从事专利管理工作的国家工作人员以及其他国家工作人员在专利工作中玩忽职守、滥用职权、徇私舞弊的,依法给予处分;构成犯罪的,依法追究刑事责任。

第八章 附 则

第五十四条 本条例自 2011 年 4 月 1 日起施行。市人民政府 2005 年 11 月 17 日发布的《天津市专利保护和管理办法》(市人民政府令第 95 号)同时废止。

河北省专利条例

(1997年10月25日河北省第八届人民代表大会常务委员会第二十九次会议通过 2003年11月29日河北省第十届人民代表大会常务委员会第六次会议修订 根据2011年11月26日河北省第十一届人民代表大会常务委员会第二十七次会议《河北省人民代表大会常务委员会关于修改部分法规的决定》修正 2017年9月28日河北省第十二届人民代表大会常务委员会第三十二次会议第二次修订)

第一章 总 则

第一条 为了鼓励发明创造，促进发明创造的运用，保护专利权人的合法权益，推动科技进步和经济社会发展，根据《中华人民共和国专利法》和其他有关法律、行政法规，结合本省实际，制定本条例。

第二条 本省行政区域内的专利工作及其相关活动，适用本条例。

第三条 专利工作应当遵循激励创造、有效运用、依法保护、优化服务、科学管理的原则。

第四条 县级以上人民政府应当加强对专利工作的管理，将专利工作纳入国民经济和社会发展规划，组织实施专利发展战略；健全专利管理工作体系，将发明专利的拥有量以及专利的运用、保护等情况纳入政府目标责任考核范围。

县级以上人民政府应当安排必要的经费，用于促进专利创造与运用、保护、服务与管理工作。

第五条 县级以上人民政府管理专利工作的部门负责本行政区域内的专利管理工作，其他有关部门在各自职责范围内，做好与专利相关的工作。

第六条 县级以上人民政府及其有关部门应当加强专利宣传教育，普及专利知识，提高公众的专利意识。

第二章 促进专利创造与运用

第七条 县级以上人民政府及其有关部门应当建立健全发明创造的激励和保障机制，将专利拥有量作为衡量单位创新能力的指标。鼓励、支持单位和个人通过原始创新、集成创新、引进消化吸收再创新等方式进行发明创造并取得专利。

第八条 鼓励企业建立健全专利管理体系，增加研究开发专利技术及产品的投入，促进企业职工和技术人员发明创造，加强科技研发和创新能力。

第九条 鼓励、支持研究开发机构、高等院校、中等职业学校与企业采取联合建立研究开发平台、技术转移机构或者技术创新联盟等多种产学研合作方式，发挥企业在发明创造方向选择、专利运用中的主导作用，促进专利资源的利用，实现专利技术产业化。

第十条 县级以上人民政府及其有关部门应当采取措施促进专利的有效运用，支持符合国家和本省产业政策的专利技术产业化项目的实施。

第十一条 县级以上人民政府及其有关部门应当按照规定和标准对推动技术进步产生重大作用以及取得显著经济效益的优秀专利技术产业化项目给予奖励。

第十二条 专利权人可以依法采用下列方式转化专利：

（一）自行实施；
（二）合作实施；
（三）许可他人实施；
（四）转让；
（五）作价投资，折算股份或者出资比例；
（六）其他方式。

第十三条 单位被授予专利权和转化专利后，应当落实职务发明创造的发明人、设计人和对转化专利做出重要贡献的人员的奖励和报酬。奖励和报酬的方式、数额可以由单位规定或者与发明人、设计人和对转化专利做出重要贡献的人员约定；未规定也未约定的，应当按照下列标准给予奖励和报酬：

（一）自专利权公告之日起三个月内发给不低于法律、法规规定最低标准的奖金；

（二）将专利自行实施或者与他人合作实施的，应当在实施转化成功投产后连续三至五年，每年从实施该专利的营业利润中提取不低于百分之五的比例；

（三）将专利许可他人实施或者转让的，从许可净收入或者转让净收入中提取不低于百分之五十的比例；

（四）利用专利作价投资的，从形成的股份或者出资比例中提取不低于百分之五十的比例。

国家设立的研究开发机构、高等院校、中等职业学校将专利许可他人实施、转让、作价投资的，应当从许可净收入、转让净收入或者形成的股份、出资比例中提取不低于百分之七十的比例，对职务发明创造的发明人、设计人和对转化专利做出重要贡献的人员给予奖励和报酬。对主要发明人、设计人和对转化专利做出重要贡献人员中的主要人员的奖励和报酬的份额不低于总额的百分之五十。

职务发明创造的发明人、设计人和对转化专利做出重要贡献的人员可以依法维护自己获得奖励和报酬的权利。

第十四条 国有企业、事业单位对职务发明创造的发明人、设计人和对转化专利做出重要贡献的人员给予奖励和报酬的支出，计入当年本单位工资总额，但不受当年本单位工资总额限制、不纳入本单位工资总额基数。

第十五条 国家设立的研究开发机构、高等院校、中等职业学校将其拥有的专利许可他人独占实施或者转让的，发明人、设计人在同等条件下享有优先权。

第十六条 有关部门和研究开发机构、高等院校、中等职业学校进行专业技术职称评聘时，应当将专利发明人、设计人的相关专利作为综合评价的重要内容。

主要发明人、设计人获得中国专利金奖或者中国外观设计金奖的，可以作为破格申报相关专业技术职称的条件；主要发明人、设计人获得中国专利优秀奖、中国外观设计优秀奖或者发明专利对推动技术进步产生重大作用以及取得显著经济效益的，可以作为优先推荐申报相关专业技术职称的条件。

第十七条 鼓励、支持拥有专利的单位和个人参与国际标准、国家标准、行业标准以及地方标准的制定。

第十八条 鼓励、支持拥有相关专利的单位和个人进行专利交叉许可，促进专利资源的共享和保护。

第十九条 省人民政府及其有关部门应当制定和实施专利人才培养计划，加强专利人才培养。

教育行政部门和学校应当将专利知识纳入课程教育体系以及学生素质教育内容，鼓励、支持开展创新活动，培养学生专利意识。

第三章　专利保护

第二十条　除法律另有规定外，任何单位和个人未经专利权人许可不得实施其专利。

任何单位和个人不得假冒专利。

任何单位和个人不得为专利侵权、假冒专利行为提供资金、场所、生产设备以及运输、销售、广告、印刷等生产经营的便利条件。

第二十一条　县级以上人民政府管理专利工作的部门负责查处本行政区域内的假冒专利案件，调解专利纠纷。

省、设区的市人民政府管理专利工作的部门负责处理本行政区域内的专利侵权纠纷。

第二十二条　对于涉外专利侵权纠纷、假冒专利案件以及行为发生地涉及两个以上设区的市的跨区域专利侵权纠纷、假冒专利案件，设区的市人民政府管理专利工作的部门可以报请省人民政府管理专利工作的部门协调处理、查处。

对群体侵权、重复侵权以及其他有重大影响的专利侵权纠纷、假冒专利案件，省人民政府管理专利工作的部门可以组织有关设区的市、县（市、区）人民政府管理专利工作的部门处理、查处。

第二十三条　省人民政府应当完善知识产权合作会商机制。省人民政府管理专利工作的部门应当加强与国务院专利行政部门侵权、确权咨询的联动，与北京、天津管理专利工作的部门加强对京津冀跨区域专利侵权纠纷、假冒专利案件的行政执法协作，推动建立立案协作、委托取证、案件协办、联合执法、案件移送与结果互认等制度，处理京津冀重点行业的专利侵权纠纷、假冒专利案件。

第二十四条　发生专利侵权纠纷的，由当事人协商解决；不愿协商或者协商不成的，专利权人或者利害关系人可以向人民法院起诉，也可以请求管理专利工作的部门处理。

第二十五条　专利侵权纠纷的当事人请求管理专利工作的部门处理的，可以依法向行为发生地或者被请求人所在地的管理专利工作的部门提出，并符合下列条件：

（一）请求人是专利权人或者利害关系人；

（二）有明确的被请求人；

（三）有具体的请求事项、事实和理由；

（四）当事人未向人民法院就该专利侵权纠纷提起诉讼；

（五）属于管理专利工作的部门的管辖范围；

（六）提交请求书及相关证明材料。

第二十六条　管理专利工作的部门应当自收到专利侵权纠纷处理请求书之日起五个工作日内作出是否立案的决定。决定立案的，应当自立案之日起五个工作日内将请求书副本送达被请求人，同时指定三名以上单数执法人员处理该案件；不予立案的，应当向请求人书面说明理由。

被请求人应当自收到请求书副本之日起十五日内提交答辩书和相关证据，逾期未提交答辩书和相关证据的，不影响受理部门按照规定和程序继续处理该案件。

第二十七条　管理专利工作的部门处理专利侵权纠纷案件时，可以根据当事人的意愿进行调解，当事人达成一致的，制作调解协议书；调解不成的，应当及时作出处理决定。

管理专利工作的部门处理专利侵权纠纷，应当自立案之日起三个月内结案。因案件特别复杂需要延长的，应当报部门负责人批准，但延长期限最长不得超过一个月。

处理专利侵权纠纷案件中的公告、鉴定、中止期间不计算在前款规定的处理期限之内。

第二十八条　被请求人向国务院专利行政部门请求宣告涉案专利权无效的，可以请求管理专利工作的部门中止案件处理；中止案件处理请求应当在指定的期限内以书面形式提出，并同时提交无效宣告请求受理通知书、专利权无效宣告请求书以及相关证明材料。

管理专利工作的部门经审查认为需要中止处理的，应当作出中止处理的决定。管理专利工作的部门认为被请求人提出的中止理由明显不成立或者有下列情形之一的，可以不中止处理：

（一）当事人提出的无效宣告请求未被国务院专利行政部门受理的；

（二）被请求人请求宣告专利权无效所依据的证据或者理由明显不充分的。

第二十九条　管理专利工作的部门处理专利侵权纠纷案件，认定专利侵权行为成立的，应当责令侵权人立即停止侵权，并按照法律、法规的规定制止侵权行为。

第三十条　管理专利工作的部门可以根据当事人的请求调解专利纠纷。

鼓励、支持知识产权维权援助机构、行业协会等开展专利纠纷的调解工作。

管理专利工作的部门、知识产权维权援助机构、行业协会等可以接受人民法院的委托，对专利民事纠纷案件进行调解。

第三十一条　管理专利工作的部门发现或者接受举报、投诉发现涉嫌假冒专利行为的，应当自发现之日起五个工作日内或者收到举报、投诉之日起十个工作日内立案，同时指定两名以上执法人员查处该案件。

第三十二条　管理专利工作的部门查处假冒专利案件，认定假冒专利行为成立的，应当责令行为人按照法律、法规的规定改正，对有证据证明是假冒专利的产品，可以依法查封或者扣押。

第三十三条　管理专利工作的部门处理专利侵权纠纷、查处假冒专利案件时，可以行使下列职权：

（一）询问当事人和证人；

（二）查阅、复制与案件有关的合同、图纸、账簿等资料；

（三）现场检查与案件有关的物品和设施；

（四）采用测量、拍照、摄像等方式进行现场勘验；

（五）对与案件有关的物品进行登记、抽样取证；

（六）涉嫌侵犯制造方法专利权的，要求被调查人进行现场演示；

（七）对可能灭失或者可能被销毁、被转移的合同、图纸、账簿等资料以及有关的物品和设施依法予以登记保存。

管理专利工作的部门行使前款规定的职权，必要时由公安机关和工商行政管理、质量技术监督等有关部门予以协助。当事人应当配合调查，不得拒绝、阻碍，不得伪造、转移或者毁损证据。

第三十四条　管理专利工作的部门应当加强专利行政执法队伍建设，强化执法人员培训，提高执法水平。

第三十五条　管理专利工作的部门应当对专利侵权、假冒专利行为建立举报、投诉处理制度，公布举报、投诉方式。对查证属实的举报，按照有关规定奖励举报人，并为其保密。

第三十六条　电子商务、电视等交易平台应当建立健全专利保护和管理制度以及对专利侵权、假冒专利行为的举报、投诉处理机制，明确经营者的专利保护责任。专利权人或者利害关系人认为电子商务、电视等交易平台上发生专利侵权、假冒专利行为的，可以向电子商务、电视等交易平台运营商举报、投诉。

专利权人或者利害关系人进行举报、投诉时，应当提供专利登记簿副本、专利证书、专利许可合同等证明材料。涉及实用新型专利或者外观设计专利的，电子商务、电视等交易平台运营商可以要求专利权人或者利害关系人提供专利权评价报告。

电子商务、电视等交易平台运营商在其经营范围内发现专利侵权、假冒专利行为的，应当及时采取措施予以制止。管理专利工作的部门和知识产权维权援助机构应当为交易平台运营商处理专利侵权、假冒专利行为给予必要的指导和帮助。

第三十七条　展览会、展销会、博览会、交易会等展会举办者应当建立健全专利保护制度以及对专利侵权、假冒专利行为的举报、投诉处理机制。

对以专利产品、专利技术的名义参展的单位和个人，展会举办者应当查验其专利登记簿副本、专利证书、专利许可合同等证明材料，对不能提供有效证明的，不得允许其以专利产品、专利技术的名义参展。展会举办中发现参展者专利侵权、假冒专利行为的，展会举办者应当及时采取措施予以制止。

举办者在举办展会前应当告知管理专利工作的部门，管理专利工作的部门可以派员进驻展会，现场受理专利纠纷。展会举办者、参展的单位和个人应当予以协助和配合。

第四章　专利服务与管理

第三十八条　县级以上人民政府及其有关部门应当对本行政区域内的企业、研究开发机构、高等院校、中等职业学校等单位的专利工作进行指导，帮助其建立和完善专利管理制度；引导、支持从事专利代理、信息咨询、检索、评估、运营等专利中介服务机构的发展，加强对专利中介服务机构的指导和监管。

第三十九条　省人民政府管理专利工作的部门应当建立专利综合服务平台，提供政策咨询、信用信息、专利资助、专利交易、专利导航、专利预警、维权援助以及举报、投诉等专利信息公共服务。支持有条件的企业、行业协会建立重点行业、支柱产业和重点技术领域的专利数据库、专利布局、专利预警，推动全省专利信息资源开放共享。

第四十条　县级以上人民政府有关部门应当发展和规范专利交易市场，鼓励企业、机构及社会资金参与专利交易平台建设，支持专利交易机构发展，提高专利交易服务水平，推进专利技术商品化。

第四十一条　县级以上人民政府及其有关部门应当建立重大经济活动专利评议机制，对使用财政性资金的重大专利技术产业化项目立项、涉及国家利益或者重大国有资本的企业并购、技术进出口等事项进行专利评议，防止盲目引进、重复研发、专利侵权和技术泄密，避免造成重大经济损失。

第四十二条　县级以上人民政府有关部门应当建立健全专利维权援助机制，鼓励、支持知识产权维权援助机构、法律服务机构、专利中介服务机构、行业协会等通过多种方式，依法开展专利维权服务。鼓励企业、行业协会建立区域性、专业性专利保护联盟和协作机制，组织企业在国内外贸易和投资中开展集体维权。

第四十三条　省人民政府管理专利工作的部门应当与北京、天津管理专利工作的部门合作建立京津冀专利诚信服务系统，推动京津冀区域内的专利侵权纠纷、假冒专利案件以及执行失信、专利代理失信等信息纳入服务系统，并将该服务系统纳入社会信用体系。

第四十四条　县级以上人民政府可以通过资金补助、风险补偿、创业投资引导等方式，鼓励、支持商业银行增加对专利技术产业化项目的信贷投入，引导金融机构开展专利质押贷款、专利保险等金融业务。

第四十五条 鼓励担保机构为专利技术产业化项目提供专利质押融资担保。

第四十六条 县级以上人民政府应当采取措施，引导符合条件的单位和个人建立专利代理机构，积极引进省外优质代理机构在我省设立分支机构。

鼓励专利代理机构以多种形式和渠道培养和引进专利代理人才。完善专利代理师资格考试的组织和培训，鼓励符合条件的社会各界人士参加专利代理师资格考试。

第四十七条 省人民政府管理专利工作的部门应当加强专利代理公共信息发布，为公众了解专利代理机构经营情况、专利代理师执业情况提供查询服务。

建立专利代理优质服务评价制度，开展全省专利代理诚信服务活动，激励专利代理机构提高服务能力和水平。

第四十八条 鼓励专利代理机构和专利代理师为小微企业以及无收入或者低收入的发明人、设计人提供专利代理援助服务。

第四十九条 任何单位和个人开展专利代理业务，应当具备相应执业资质、资格。

专利代理机构及其工作人员，应当依法开展业务，加强自律，不得出具虚假报告、文件和以不正当手段招揽业务，不得与当事人串通牟取不正当利益，不得损害国家利益和公共利益，不得损害专利申请人、专利权人以及利害关系人的合法权益。

第五章　法律责任

第五十条 违反本条例规定，县级以上人民政府管理专利工作的部门及其工作人员在专利工作中有下列行为之一的，依法给予处分；构成犯罪的，依法追究刑事责任：

（一）无法定事由拒不处理专利侵权纠纷、查处假冒专利案件的；

（二）认定专利侵权、假冒专利行为成立，但未责令行为人立即停止侵权和未按照法律、法规的规定制止专利侵权、假冒专利行为的；

（三）有其他玩忽职守、滥用职权、徇私舞弊行为的。

第五十一条 单位和个人为明知是假冒专利行为提供资金、场所、生产设备以及运输、销售、广告、印刷等生产经营的便利条件的，由管理专利工作的部门责令改正，有违法所得的，没收违法所得。违法所得二万元以上的，可以处违法所得一倍以上三倍以下的罚款；没有违法所得或者违法所得二万元以下的，可以处五千元以上一万五千元以下的罚款。

第五十二条 认定专利侵权的行政处理决定或者民事判决生效后，侵权人再次侵犯同一专利权，扰乱市场秩序的，由管理专利工作的部门责令其立即停止侵权行为，有违法所得的，没收违法所得，可以并处违法所得一倍以上三倍以下的罚款；没有违法所得的，可以处二万元以上五万元以下的罚款；情节严重的，可以处五万元以上十万元以下的罚款。

第五十三条 电子商务、电视等交易平台运营商以及展览会、展销会、博览会、交易会等展会举办者在其经营范围内发现专利侵权、假冒专利行为未及时采取措施予以制止的，由管理专利工作的部门责令改正，处一万元以上三万元以下的罚款。

第五十四条 违反本条例规定，不具备相应执业资质、资格而开展专利代理业务的，由省人民政府管理专利工作的部门责令停止违法行为，没收违法所得，并处违法所得一倍以上三倍以下的罚款。

第五十五条 违反本条例规定，单位和个人骗取专利奖励、资助的，由实施奖励、资助的县级以上人民政府及其有关部门采取如下措施；构成犯罪的，依法追究刑事责任：

（一）追回资金，撤销奖励、资助；
（二）五年内不再受理其提出的专利奖励、资助申请；
（三）向社会公示其骗取专利奖励、资助的不良信用信息。

第六章 附 则

第五十六条 本条例自 2017 年 11 月 1 日起施行。2003 年 11 月 29 日河北省第十届人民代表大会常务委员会第六次会议修订通过的《河北省专利保护条例》同时废止。

山西省专利实施和保护条例

(2001 年 11 月 25 日山西省第九届人民代表大会常务委员会第二十六次会议通过 2014 年 11 月 28 日山西省第十二届人民代表大会常务委员会第十六次会议修订)

第一条 为了保护专利权人的合法权益,鼓励发明创造,推动专利的实施和运用,提升创新能力,促进经济社会发展,根据《中华人民共和国专利法》、《中华人民共和国专利法实施细则》等法律、行政法规,结合本省实际,制定本条例。

第二条 县级以上人民政府应当加强专利工作的领导,将其纳入国民经济和社会发展规划,建立专利工作协调机制和考核制度,制定和实施专利发展战略,将专利有关信息纳入统计指标。

县级以上人民政府应当将专利事业发展资金纳入财政预算,用于专利战略实施、专利申请、专利转化运用、专利奖励、专利维权援助、专利服务等事项。

第三条 县级以上人民政府专利行政主管部门负责本行政区域内的专利工作,其他有关部门在其职责范围内做好相关工作。

第四条 省人民政府应当设立专利奖,对在技术创新与专利实施中为经济社会发展做出突出贡献的专利项目给予奖励。

设区的市、县(市、区)人民政府应当建立健全专利激励机制,对在本行政区域内产生明显经济效益和社会效益的优秀专利项目或者专利工作成绩突出的单位和个人给予奖励。

第五条 县级以上人民政府及其有关部门应当加强专利知识的宣传、培训和普及,把专利相关法律、法规的宣传教育纳入法制宣传教育计划。

广播、电视、报纸、网络等媒体应当开展专利相关法律、法规和专利知识的宣传,增强全社会的创新和专利保护意识。

鼓励企业事业单位和其他组织宣传、培训和普及专利知识,加强专利人才队伍建设,支持引进和聘用国内外高层次专利人才。

第六条 县级以上人民政府及其有关部门可以通过资金资助、贷款贴息以及引进风险投资等方式支持专利的运用,促进专利技术产业化。

第七条 省、设区的市人民政府专利行政主管部门应当制定专利项目实施计划,重点支持符合国家产业政策、市场前景好或者具有本省优势的专利项目。

对政府扶持的研发类项目,有关部门应当支持专利的申报;对政府扶持的科技产业化类、成果推广类及军民融合类项目,有关部门应当优先支持拥有发明专利权的项目立项。

第八条 省、设区的市人民政府支持建立专利评估、交易机构,完善专利交易平台,发展和规范专利交易市场,推进专利交易服务,促进专利技术商品化和产业化。

第九条 鼓励企业、科研院所、高等学校等单位建立和完善专利管理制度和专利技术转化激励机制,增加专利工作经费和专利技术转化投入,将发明专利的拥有量及运用情况纳入绩效考核内容。

鼓励个人进行发明创造,申请和实施专利。

第十条 专利权转让合同、专利实施许可合同经依法认定登记后,符合条件的,享受国家规定的税收优惠政策。

第十一条 鼓励金融机构开展专利权质押贷款业务，增加对专利技术产业化项目的信贷投入。鼓励担保机构优先为专利产业化项目提供融资担保。

第十二条 支持企业事业单位制定或者参与制定基于专利的技术标准。

第十三条 获得专利权的单位拟放弃专利权的，应当提前告知发明人或者设计人，发明人或者设计人享有优先受让的权利；涉及国有资产的，应当按照国有资产管理的有关规定办理。

第十四条 获得专利权的单位应当对职务发明创造的发明人或者设计人给予奖励；专利实施后，应当对发明人或者设计人给予相应报酬。

奖励或者报酬给付的方式和数量，当事人双方有约定的，从其约定；没有约定的，应当按照下列规定执行：

（一）自专利权公告之日起三个月内发给发明人或者设计人奖金，所发奖金不得低于《中华人民共和国专利法实施细则》规定的最低标准；

（二）在专利权有效期内，实施该项专利后，每年应当从实施该项发明或者实用新型专利的营业利润中提取不低于百分之五，从实施该项外观设计专利的营业利润中提取不低于百分之一，作为报酬给予发明人或者设计人，或者给予发明人、设计人相应的一次性报酬；

（三）专利权转让或者许可他人实施的，应当在获得转让、许可收益后三个月内从收取的转让费、使用费中提取不低于百分之二十，作为报酬给予发明人或者设计人。

奖金和报酬可以现金、股份、股权收益或者当事人双方约定的其他形式给予。

第十五条 县级以上人民政府应当建立以专利为主要内容的知识产权评议制度，防范重大经济、科技活动中的专利风险。

第十六条 企业发生重组、清算等涉及专利的，应当按照国家规定进行专利资产评估。

第十七条 有下列情形之一的，有关单位或者个人应当提供专利权有效证明：

（一）以专利产品或者专利技术为项目主要内容，申请政府财政资金支持或者政府奖励的；

（二）参展方在展会活动中，在产品、展板或者宣传资料上标注专利标记的；

（三）组织标注专利标记的商品进入商场、超市等销售的；

（四）委托有关单位或者个人设计、制作、发布广告，内容标注专利标记的；

（五）申请登记的技术合同，其标的涉及专利权的；

（六）进行专利资产评估的；

（七）办理专利权质押的；

（八）请求海关保护专利产品进出口的；

（九）其他需要提供专利权有效证明的。

第十八条 省、设区的市人民政府专利行政主管部门应当加强对专利中介服务机构的指导与监督，建立专利中介服务机构及专利代理人服务评价体系，引导和支持专利中介服务机构发展。

第十九条 专利应当作为专业技术人员职称评审的依据之一。

第二十条 省、设区的市人民政府应当组织开展专利维权援助工作，为企业事业单位和个人专利维权事务提供必要的援助。

第二十一条 专利行政主管部门及其他有关部门应当建立专利信息数据库、专利信息服务平台，促进专利信息的共享、开发和利用。

第二十二条 县级以上人民政府有关部门应当开展专利预警工作，针对重点行业、重点企业和重点技术领域的国内外专利状况、发展趋势、竞争态势等信息进行收集、分析、发布、反馈。

支持行业组织、专利中介服务机构在专利预警方面为政府决策和企业提供服务，维护产业安全，提高企业应对专利纠纷的能力。

第二十三条 任何单位或者个人不得非法实施他人专利，不得假冒专利，不得为非法实施他人专利和假冒专利提供便利。

第二十四条 省人民政府专利行政主管部门应当建立假冒专利以及故意实施专利侵权行为档案，纳入本省社会信用体系，向社会公告。

第二十五条 展览会、展销会、博览会、交易会、展示会等展会组织者，应当依法维护专利权人的合法权益，协助专利行政主管部门做好展会期间专利保护工作，与参展方在参展协议中约定不得侵犯他人专利权，不得假冒专利。

第二十六条 省、设区的市人民政府专利行政主管部门应当建立假冒专利举报制度，公布举报方式，并为举报人保密。

第二十七条 省人民政府专利行政主管部门负责全省范围内有重大影响的专利案件，以及设区的市人民政府专利行政主管部门申请协调处理和查处的专利案件。

设区的市人民政府专利行政主管部门负责处理和查处本行政区域内的专利案件。

县（市、区）人民政府专利行政主管部门受上一级专利行政主管部门委托，调解专利纠纷，查处假冒专利案件。

第二十八条 专利行政主管部门处理专利侵权纠纷案件，应当有三名以上持有行政执法证件的人员。

第二十九条 请求专利行政主管部门处理专利侵权纠纷的，应当符合下列条件：

（一）请求人是专利权人或者利害关系人；

（二）有明确的被请求人；

（三）有明确的请求事项和具体事实、理由；

（四）属于专利行政主管部门的受理案件和管辖范围；

（五）当事人没有就该专利侵权纠纷向人民法院起诉。

第三十条 专利行政主管部门处理专利侵权纠纷案件，可以根据当事人的申请或者案情需要，组织专家进行咨询论证或者委托有关单位进行技术鉴定。

第三十一条 单位或者个人弄虚作假，骗取政府专利资助或者奖励的，由县级以上人民政府或者有关部门撤销奖励，收回资助或者奖励资金，不得再申报政府专利资助、奖励，并将其纳入社会信用体系，向社会公告；构成犯罪的，依法追究刑事责任。

第三十二条 违反本条例规定，假冒专利的，除依法承担民事责任外，由专利行政主管部门责令改正并公告，没收违法所得，可以并处违法所得四倍以下的罚款；没有违法所得，情节轻微的，处一万元以下的罚款，情节较重的，处一万元以上十万元以下的罚款，情节严重的，处十万元以上二十万元以下的罚款；构成犯罪的，依法追究刑事责任。

第三十三条 违反本条例规定，为假冒专利行为提供便利的，由专利行政主管部门责令改正，没收违法所得，并处一万元以下的罚款；情节严重的，并处一万元以上五万元以下的罚款。

第三十四条 专利行政主管部门以及其他有关部门的工作人员玩忽职守、滥用职权、徇私舞弊的，依法给予处分；构成犯罪的，依法追究刑事责任。

第三十五条 拒绝或者阻碍专利行政主管部门依法执行公务的，由公安机关根据《中华人民共和国治安管理处罚法》的规定给予处罚；构成犯罪的，依法追究刑事责任。

第三十六条 本条例自2015年1月1日起施行。

内蒙自治区查处冒充专利行为办法

（1998年10月19日内蒙古自治区人民政府第十四次常务会议通过，1998年10月29日第89号政府令发布施行；2010年11月16日内蒙古自治区人民政府第八次常务会议通过修订，2010年11月26日第175号政府令公布施行）

第一条　为了加强专利管理，查处冒充专利行为，保护公民、法人和其他组织的合法权益，根据《中华人民共和国专利法》及有关法律、法规，结合自治区实际，制定本办法。

第二条　本办法所称冒充专利行为，是指以生产经营为目的将非专利产品或者非专利方法标称为专利产品或者专利方法的行为，包括：

（一）使用伪造的专利证书、专利号或者其他专利标记的；

（二）使用明知已被撤销、宣告无效或者终止的专利的专利证书、专利号或者其他专利标记的；

（三）其他足以使他人将非专利产品或者非专利方法误认为专利产品或者专利方法的。

第三条　盟行政公署和设区的市以上人民政府专利管理机关负责查处冒充专利行为。

工商、技术监督等有关部门配合专利管理机关查处冒充专利行为。

第四条　任何单位和个人都有权向专利管理机关举报冒充专利行为。

专利机关应当为举报人保密并奖励举报有功人员。

第五条　经销缀附专利标记产品的单位或者个人，有义务向供货方索取能证明该专利有效的有关材料或者复印件。

第六条　专利管理机关执法人员在调查冒充专利行为时，有权询问当事人和证人，检查与冒充专利行为有关的物品，查阅、复制与冒充专利行为有关的合同、账册等业务资料。在证据可能灭失的情况下，经专利管理机关负责人批准，可以先行登记保存，但应当在七日内作出处理决定。

专利管理机关执法人员在行使前款所列职权时，有关当事人应当予以协助，不得拒绝、阻挠调查活动。

专利管理机关及其执法人员应当对所涉及的商业秘密予以保密。

第七条　有本办法第二条所列行为之一的，专利管理机关可以责令停止冒充行为，公开更正，并可根据情节处1000元至50000元或者非法所得额1至3倍的罚款。

专利管理机关应当收缴并销毁冒充专利标记。冒充专利标记与产品无法分离的，对产品也应采取其他措施予以处理。

第八条　经销缀附专利标记产品的单位或者个人违反本办法第五条规定的，专利管理机关可责令其履行义务。当事人拒不履行义务的，给予警告。经销明知是冒充专利产品的，处3000元以下罚款。

第九条　明知是冒充专利产品或者方法而为其制作或者发布广告的，由工商行政管理部门按照《中华人民共和国广告法》的有关规定处罚。

第十条　当事人对专利管理机关的行政处罚决定不服的，可以依法申请行政复议或者提起行政诉讼。逾期不申请复议、不起诉，又不履行处罚决定的，作出处罚决定的专利管理机关可以依法申请人民法院强制执行。

第十一条 拒绝、阻碍专利管理机关工作人员依法执行公务的，由公安机关依据《中华人民共和国治安管理处罚条例》的规定予以处罚；情节严重构成犯罪的，由司法机关依法追究刑事责任。①

第十二条 专利管理机关工作人员查处冒充专利行为滥用职权，徇私舞弊，索贿受贿的，给予行政处分；情节严重构成犯罪的，由司法机关依法追究刑事责任。

第十三条 本办法具体应用中的问题由自治区专利管理机关负责解释。②

第十四条 本办法自发布之日起施行。

---

① 根据 2010 年 11 月 16 日内蒙古自治区人民政府第八次常务会议审议通过的《内蒙古自治区人民政府关于修改部分规章的决定》，本条中的"《中华人民共和国治安管理处罚条例》"修改为"《中华人民共和国治安管理处罚法》"。

② 根据 2010 年 11 月 16 日内蒙古自治区人民政府第八次常务会议审议通过的《内蒙古自治区人民政府关于修改部分规章的决定》，本条已被删除。

辽宁省专利条例

(2013年11月29日辽宁省第十二届人民代表大会常务委员会第五次会议通过)

第一章 总 则

第一条 为了保护专利权人的合法权益，鼓励发明创造，促进专利运用，维护市场经济秩序，根据《中华人民共和国专利法》等法律、行政法规，结合本省实际，制定本条例。

第二条 本条例适用于本省行政区域内的专利工作及相关活动。

第三条 专利工作遵循激励创造、有效运用、依法保护、科学管理的原则。

第四条 省、市、县（含县级市、区，下同）管理专利工作的部门（以下简称专利管理部门）负责本行政区域内的专利管理工作。

发展改革、经济和信息化、财政、人力资源和社会保障、农业、海洋与渔业、国有资产监管、科学技术等有关行政部门，应当按照各自职责，做好专利管理的相关工作。

第五条 省、市、县人民政府应当将专利工作纳入国民经济和社会发展规划，建立专利管理工作协调机制，采取措施促进发明创造、专利成果运用和专利产业化发展。

第六条 专利管理、科学技术、教育、文化、新闻出版广电等部门以及社会团体、教育和科研机构、新闻媒体，应当加强专利法律、法规的宣传，普及专利知识，增强全社会尊重、运用和保护专利的意识。

第二章 专利促进

第七条 省、市、县人民政府应当设立专利专项资金，用于资助专利申请和专利维护以及促进专利实施和产业化等事项。

专利专项资金应当专款专用。具体使用管理办法，由省财政部门会同同级专利管理部门制定。

第八条 省人民政府应当对获得中国专利奖和省专利奖的单位或者个人给予一次性奖励。

市、县人民政府可以根据本地实际，对获得前款专利奖的单位和个人给予奖励。

第九条 被授予专利权的单位应当对职务发明创造的发明人或者设计人给予奖励或者报酬。奖励或者报酬给付的方式和金额，按照当事人约定或者依法制定的规章制度执行；无约定或者规定的，应当按照下列规定执行：

（一）自专利权公告之日起三个月内发给发明人或者设计人奖金，所发奖金不得低于法律、法规规定的最低标准；

（二）专利实施后，应当在专利权有效期内，每年从实施该项发明专利或者实用新型专利的营业利润中，提取不低于百分之五，或者从实施该外观设计专利的营业利润中提取不低于百分之一的比例，作为报酬支付给发明人或者设计人，或者参照上述比例，发给发明人或者设计人一次性报酬；

（三）专利技术转让或者许可他人实施的，应当在获得转让、许可收益后三个月内，从收取的转让费、使用费中提取不低于百分之二十的比例，作为报酬支付给发明人或者设计人。

奖金、报酬可以采用现金、股份、股权收益或者当事人约定的其他形式给付。

第十条 自主专利权首次转化使用在本省的，项目所在地的县级以上人民政府应当在项目立项、土地、场所等方面给予支持。

第十一条 由财政性资金资助的科研项目所形成的发明专利权,除涉及国家安全、国家利益和重大社会公共利益外,专利申请权和专利权属于科研项目的承担单位或者个人。

第十二条 专利发明人或者设计人的相关专利,可以作为专业技术职称评审的依据。对技术进步产生重大作用或者取得显著经济效益,并能出具税收等相关证明的专利,以及获得辽宁省专利奖、中国专利奖的专利,均可以作为专利发明人或者设计人破格申报相应专业技术职称的依据。

第十三条 市、县人民政府及有关行政部门应当扶持企业、科研机构、高等学校以及其他组织开展专利知识培训,提高专利管理人员的业务素质。

鼓励高等院校将专利知识纳入课程教育体系。鼓励大、中、小学学生开展发明创造竞赛活动,培养学生的创新观念和专利保护意识。

第十四条 企业、科研机构、高等学校应当完善专利管理制度,建立专利管理工作机构和保护机制,制定优惠办法,提供发明创造所需的物质、技术条件,吸引发明创造高级专业人才从事研究开发和创业,壮大高级专业人才队伍。

第三章 专利运用

第十五条 专利权人可以采取入股、质押、转让、许可等方式运用专利权。以专利权作价出资入股的,可以占公司注册资本中非货币财产作价出资金额的法定最高限额。

第十六条 财政等有关行政部门应当在专利专项资金和其他资金中安排一定资金,采取贷款贴息、风险补助等方式,引导金融机构开展专利权质押贷款业务,为专利技术产业化项目提供资金支持。

政府财政资金安排、设立的风险投资资金和风险投资机构,应当优先支持专利技术产业化项目的投融资需求。

鼓励担保机构优先为专利技术产业化项目提供投融资担保。

第十七条 鼓励和支持企业同高等学校、科研机构围绕本省经济社会发展需要开展产学研合作,依靠专利技术创办科技型企业。

鼓励取得专利技术的企业建立相关领域专利联盟,促进专利资源的充分利用。

在同等条件下,科技型中小企业创新基金和专利专项资金要优先扶持科技型企业和实行专利联盟的企业实施专利产业化开发应用项目。

第十八条 质量技术监督、经济和信息化等有关行政部门,应当引导、支持拥有自主专利的单位和个人参与国家标准、行业标准、地方标准的制定工作,推动自主专利形成相关技术标准。

第十九条 市人民政府应当完善专利交易市场,建立专利技术网络交易平台,促进发展专利代理、咨询、评估等服务业,规范专利权交易行为。

第四章 专利保护

第二十条 任何单位和个人不得侵犯他人专利权或者假冒专利,不得为侵犯他人专利权、假冒专利的行为提供资金、场所、运输工具、生产设备和产品销售服务等便利条件。

第二十一条 专利管理部门应当建立对假冒专利行为的举报制度,经查实确有假冒专利行为的,对举报单位或者个人可以给予奖励,并为举报人保密。

第二十二条 专利管理部门处理专利案件(含调解专利纠纷、处理专利侵权纠纷、查处假冒专利行为,下同)按照下列分工执行:

（一）省专利管理部门负责全省范围内有重大影响的案件；依申请处理行为发生地涉及两个以上市的案件；

（二）市专利管理部门负责本市行政区域内发生的专利案件；

（三）县专利管理部门负责由上级专利管理部门委托的查处假冒专利行为、调解专利纠纷的案件。

第二十三条 专利管理部门处理专利案件时，根据需要或者当事人的申请，可以组织专家进行咨询论证或者委托有关单位进行技术鉴定。

当事人自愿申请进行技术鉴定的，技术鉴定费用暂由申请人垫付；专利管理部门认定责任后，技术鉴定费用由责任人承担。

第二十四条 人民法院或者专利管理部门作出认定专利侵权行为成立并责令侵权人立即停止侵权行为的判决或者处理决定生效之后，被申请人就同一专利权再次作出相同类型的侵权行为，专利权人或者利害关系人申请处理的，专利管理部门可以直接作出责令立即停止侵权行为的处理决定。

第二十五条 专利管理部门应当建立专利保护和维权援助制度，为专利权人提供及时、有效的求助渠道，并发挥行业协会、专利服务机构的作用，指导专利维权援助机构开展相关活动。

鼓励和扶持建立民间专利权维权组织，形成专业性和区域性民间专利权维权体系。

鼓励专利服务机构无偿提供专利权维权援助。

第二十六条 开展展览会、交易会等展会活动时，展会所在地的专利管理部门可以派员进驻展会现场，现场受理专利侵权纠纷，查处假冒专利行为，展会主办方应当提供办公场地等便利条件。

展会期间，专利权人或者利害关系人提供担保且有证据证明参展商涉嫌侵犯他人专利权或者有假冒专利行为的，专利管理部门可以责令参展商撤展，并依法予以处理。

第五章 专利服务与管理

第二十七条 专利管理部门应当建立专利信息公共服务平台，建立支柱产业和重点技术领域的专利信息数据库，促进专利信息的传播、开发和利用。

第二十八条 专利管理部门应当监测本地区重点行业、支柱产业和重点技术领域的国内外专利状况，建立专利预警通报制度，指导有关行政部门和行业协会、企业建立专利预警与应急机制。

第二十九条 发展改革、经济和信息化、科学技术等行政部门应当将拥有专利的质量和数量，作为财政资金支持的研究开发、技术改造、高新技术产业化等项目立项和审批的重要条件，作为工程研究中心、工程技术中心、企业技术中心、重点实验室、工程实验室等认定和考核的指标。

第三十条 有下列情形之一的，发展改革、经济和信息化、国有资产监管等有关行政部门应当会同专利管理部门组织专利技术风险审查：

（一）涉及专利技术的政府投资的重大项目；

（二）涉及重要专利技术的国有及国有控股企业引进项目、重大合资或者合作项目；

（三）涉及重要专利技术的国有及国有控股企业并购、重组、转让、破产清算项目；

（四）国有企业、科研机构重要专利技术进出口；

（五）涉及专利技术且对本地区经济社会发展和公共利益有重大影响的其他情形。

第三十一条 有下列情形之一的，应当按照有关规定进行专利权资产评估：

（一）以专利权作价出资，成立公司的；

（二）以专利权质押，市场没有参照价格，质权人要求评估的；

（三）行政单位拍卖、转让、置换专利权的；

（四）国有事业单位改制、合并、分立、清算、投资、转让、置换、拍卖涉及专利权的；

（五）国有企业改制、上市、合并、分立、清算、投资、转让、置换、拍卖、偿还债务涉及专利权的；

（六）国有企业与非国有企业间收购、置换或者接受出资涉及专利权的；

（七）国有企业许可外国公司、企业、其他经济组织或者个人使用专利权，市场没有参照价格的；

（八）其他依法需要进行专利权资产评估的。

财政、国有资产监管等有关行政部门应当会同专利管理部门指导、监督专利权资产评估。

第三十二条 有下列情形之一的，有关单位和个人应当提供专利登记簿副本，属于专利权实施许可合同的被许可人，还应当同时提供专利实施许可合同等有效证明：

（一）专利技术或者专利产品申请政府奖励；

（二）专利技术产业化项目申请政府财政资金支持；

（三）在展览会、交易会等展会活动中，参展商在产品、展板或者宣传资料上标注专利标识；

（四）标注专利的商品进入商场、超市等市场流通领域销售；

（五）委托有关单位和个人设计、制作、发布专利广告；

（六）需要提供专利有效证明的其他情形。

第三十三条 专利交易、代理、咨询、评估等专利服务机构，应当依法设立和经营。未依法取得专利服务资质的机构和执业资格的人员，不得从事以营利为目的的专利服务。

专利服务机构及其执业人员不得从事下列活动：

（一）以不正当手段招揽业务；

（二）出具虚假报告；

（三）与当事人串通牟取不正当利益；

（四）未经当事人同意披露其商业秘密；

（五）损害当事人合法权益或者公共利益的其他行为。

第三十四条 专利管理部门应当建立假冒专利及侵犯他人专利权的企业和个人的信用档案，将有关信用情况通报信用主管部门，并与省信用数据交换平台实现信息共享。

第六章 法律责任

第三十五条 违反本条例规定，假冒专利的，除依法承担民事责任外，由专利管理部门责令改正并公告，没收违法所得，可以并处违法所得四倍罚款；没有违法所得的，依照下列规定处罚；构成犯罪的，依法追究刑事责任：

（一）在未被授予专利权的产品或者其包装上标注专利标识的，专利权被宣告无效后或者终止后继续在产品或者其包装上标注专利标识的，或者未经许可在产品或者产品包装上标注他人专利号，以及销售上述产品的，情节轻微的，对假冒实用新型、外观设计专利处五千元罚款，对假冒发明专利处一万元罚款，情节较重的，处五万元罚款，情节严重的，处二十万元罚款；

（二）在产品说明书等材料中将未被授予专利权的技术或者设计称为专利技术或者专利设计的，将专利申请称为专利，或者未经许可使用他人的专利号，使公众将所涉及的技术或者设计误认为是专利技术或者专利设计的，情节轻微的，对假冒实用新型、外观设计专利处三千元罚款，对假冒发明专利处五千元罚款，情节较重的，处二万元罚款，情节严重的，处十万元罚款；

（三）伪造或者变造专利证书、专利文件或者专利申请文件的，情节轻微的，处一万元罚款，情节较重的，处五万元罚款，情节严重的，处二十万元罚款；

（四）其他使公众混淆，将未被授予专利权的技术或者设计误认为是专利技术或者设计的，情节轻微的，处一万元罚款，情节较重的，处五万元罚款，情节严重的，处十万元罚款。

第三十六条　违反本条例规定，未依法取得专利服务资质和执业资格的机构和人员以营利为目的从事专利服务的，由专利管理部门责令改正，没收违法所得，可以并处违法所得三倍罚款；没有违法所得的，处五万元罚款。

第三十七条　违反本条例规定，从事专利促进、保护和管理等相关工作的行政人员有下列行为之一的，依法给予行政处分；构成犯罪的，依法追究刑事责任：

（一）拒不受理专利案件，造成不良社会影响的；

（二）未按规定组织专利技术风险审查或者指导、监督专利权资产评估，导致发生不良后果的；

（三）对无专利服务资质和执业资格的机构和人员从事营利性专利服务不予查处，情节较重的；

（四）有其他玩忽职守、滥用职权、徇私舞弊行为的。

第七章　附　　则

第三十八条　本条例自2014年3月1日起施行。1998年9月25日辽宁省第九届人民代表大会常务委员会第五次会议通过的《辽宁省专利保护条例》同时废止。

吉林省专利条例

(2017年12月1日吉林省第十二届人民代表大会常务委员会第三十八次会议通过)

第一章 总 则

第一条 为了保护专利权人的合法权益,鼓励发明创造,推动专利运用,提高创新能力,促进科学技术进步和经济社会发展,根据《中华人民共和国专利法》《中华人民共和国专利法实施细则》等法律、行政法规,结合本省实际,制定本条例。

第二条 本条例适用于本省行政区域内专利促进、保护、管理与服务以及相关活动。

第三条 专利工作应当遵循激励创造、促进运用、依法保护、科学管理、完善服务的原则。

第四条 县级以上人民政府专利行政主管部门负责本行政区域内的专利工作。

县级以上人民政府其他有关部门按照各自职责,负责与专利相关的工作。

第五条 县级以上人民政府应当将专利工作纳入国民经济和社会发展规划,将专利工作经费纳入本级财政预算。

县级以上人民政府应当安排资金,用于促进本行政区域发明创造、专利实施、专利保护、人才培养和引进等。

第六条 县级以上人民政府有关部门应当将专利重要指标纳入科技计划实施评价体系、国有企业绩效考核体系和政府设立的研究开发机构、高等院校等单位科研绩效考核体系。

省级以下的工程(技术)研究中心、企业技术中心、工程实验室、重点实验室等的认定和考核应当将专利的数量和质量作为重要指标。

第二章 专利促进

第七条 省人民政府设立吉林省专利奖,对促进经济社会发展做出突出贡献的优秀专利项目的专利权人以及发明人(设计人)给予表彰奖励。具体办法由省人民政府制定。

第八条 各级人民政府及有关部门应当鼓励和支持企业、研究开发机构、高等院校及其他组织和个人开展创新和发明创造活动,申请专利。

第九条 鼓励和支持单位或者个人依法组建专利运营服务机构;鼓励和支持第三方机构托管、运营专利技术。

鼓励和支持企业、研究开发机构、高等院校和其他组织建立以专利为纽带的产学研协同创新机制,促进专利创造和运用。

第十条 县级以上人民政府发展改革、财政、科学技术、工业和信息化等有关部门应当对提升企业核心竞争力、推进产业结构优化升级、促进经济发展、保护生态环境、保障公众身体健康和生命安全等重大专利实施及专利技术引进项目给予政策、资金支持。

第十一条 保护发明人(设计人)在专利文件中的署名权。

鼓励建立专利激励机制。研究开发机构、高等院校等单位可以与发明人(设计人)依法约定专利权属,共同申请专利,成为专利权的共有人。

第十二条 鼓励建立健全专利实施运用的激励分配机制。企业、研究开发机构、高等院校可以采用项目收益分红、岗位分红等方式激励职务发明人(设计人)开展专利的实施和运用；对依法能够获取股权激励的个人，可以采用股权出售、股权奖励、股票期权等方式进行激励。

第十三条 政府设立的研究开发机构、高等院校制定专利收益分配制度，应当充分听取本单位专利人员的意见，并在本单位公开相关规定。

对职务发明人（设计人）和为职务发明的实施和运用做出重要贡献的人员给予奖励和报酬的比例不得低于国家或者省的规定。

第十四条 政府设立的研究开发机构、高等院校自职务发明创造获得专利权之日起，未自行实施也未许可他人实施的，发明人（设计人）可以与单位协议实施，并按照协议享有相应的权益。

职务发明创造专利权人转让、许可他人实施或放弃专利权的，职务发明人（设计人）享有以同等条件优先受让或者获得许可的权利。法律法规另有规定的除外。

第十五条 单位和个人从事发明创造、专利权转让、专利权质押、专利实施、专利许可和与之相关的专利咨询、专利服务等取得的收入，依法享受税收优惠。

第十六条 鼓励金融机构开展专利权质押贷款等业务为专利实施提供信贷支持，鼓励保险公司开发专利保险产品。

第十七条 县级以上人民政府有关部门应当引导、帮助拥有核心专利的企业、研究开发机构、高等院校、行业协会等开展或者参与标准的研究与制定。

第十八条 省、设区的市级人民政府专利行政主管部门应当建立专家库，组织专家开展与专利有关的技术咨询、评估等工作。

县级以上人民政府有关部门应当支持企业建立专家工作站，在重点产业、重大项目和具有竞争优势的领域，培养、引进专利相关人才和团队。

高等院校、研究开发机构可以建设专利培训基地和人才实践基地。

第十九条 县级以上人民政府有关部门应当将发明专利和专利的实施运用情况纳入专业技术资格（职务）评审条件（范围），同等条件下予以优先评审。

获得中国专利奖、省专利奖的发明人（设计人），可以作为特殊人才破格评聘相关专业技术资格（职务），并适用职务聘任政策。

第二十条 科技人员在完成本职工作前提下，经本单位同意，可以依法领办创办科技型企业，或者在其他单位兼职从事与专利相关的技术开发、产品研制、技术咨询和技术服务等工作，并获取相应的报酬，国家另有规定的除外。

第二十一条 研究开发机构、高等院校及其他组织可以选派优秀专利相关人才到园区、企业开展专利服务及专利的实施和运用活动。

选派期间联合提出的与专利有关的项目，政府科技发展计划在同等条件下予以优先安排。

第二十二条 省人民政府有关部门应当鼓励和支持有条件的高等院校加强专利相关学科建设。

中小学可以通过组织发明创造活动、开设课程等方式，普及专利知识，开展专利教育。

第三章　专利保护

第二十三条 县级以上人民政府专利行政主管部门应当加强专利执法队伍建设，健全专利执法机制，依法处理专利侵权纠纷，查处假冒专利行为，调解专利纠纷，保护专利权人的合法权益。

第二十四条 县级以上人民政府应当建立健全专利行政执法与司法衔接制度，加强专利行政主管部门与人民法院、人民检察院、公安机关的沟通和协作，打击假冒专利等违法行为。

第二十五条　任何单位或者个人未经许可不得实施他人专利，不得假冒专利，不得为假冒专利提供制造、销售、运输、展示、广告、仓储、隐匿等便利条件。

第二十六条　有下列情形之一的，专利权人、利害关系人应当提供专利登记簿副本等专利权有效证明，利害关系人还应当提供专利实施许可合同：

（一）以专利产品或者技术为项目主要内容，申请政府财政资金支持或者政府奖励的；

（二）组织标注专利标记的商品进入商场、超市等市场流通领域销售的；

（三）委托有关单位或者个人设计、制作、发布广告，内容标注专利标记的；

（四）其他需要确认专利权权属和专利权法律状态的。

不能提供专利权有效证明的，有关部门和单位不得给予其资金支持或者为其提供相关服务。

任何单位或者个人不得以专利产品或者技术为项目主要内容，弄虚作假，骗取政府专利资助、奖励。

第二十七条　展销会、博览会、交易会等展会活动的主办方可以与参展商在合同中签订专利保护条款，有权查验标有专利标记的参展产品或者技术的专利权有效证明，参展商应当予以配合。

第二十八条　专利权人或者利害关系人有证据证明用户利用网络、电视等服务侵犯其专利权或者假冒专利的，可以通知网络、电视等服务提供者采取删除、屏蔽、断开链接等必要措施予以制止。

网络、电视等服务提供者知道或者应当知道用户利用其提供的服务侵犯专利权或者假冒专利的，应当立即采取前款所述必要措施予以制止。

县级以上人民政府专利行政主管部门认定用户利用网络、电视等服务侵犯专利权或者假冒专利的，应当要求网络、电视等服务提供者采取本条第一款所述必要措施予以制止。

第二十九条　未经专利权人许可，实施其专利，引起纠纷的，由当事人协商解决；不愿协商或者协商不成，专利权人或者利害关系人可以依法向人民法院起诉，也可以请求县级以上人民政府专利行政主管部门处理。

第三十条　县级以上人民政府专利行政主管部门应当建立专利违法行为举报制度，公布举报方式。

任何单位或者个人可以向专利行政主管部门举报专利违法行为。专利行政主管部门对于查证属实的举报，给予举报单位或者个人适当奖励，并为其保密。

其他有关部门接到专利违法行为举报或者发现涉及专利的违法行为，应当及时告知专利行政主管部门。

第三十一条　县级以上人民政府专利行政主管部门发现或者受理举报、投诉发现涉嫌假冒专利行为的，应当自发现之日起五个工作日内或者受理举报、投诉之日起十个工作日内立案，并指定两名或者两名以上执法人员进行调查。

第三十二条　县级以上人民政府专利行政主管部门受理的专利侵权纠纷，应当符合下列条件：

（一）请求人是专利权人或者利害关系人；

（二）有明确的被请求人；

（三）有明确的请求事项和具体事实、理由；

（四）属于该专利行政主管部门的受案范围和管辖范围；

（五）专利侵权纠纷未进入诉讼程序。

专利行政主管部门应当自收到请求书之日起五个工作日内，作出是否受理的决定并书面通知请求人。

对已驳回请求或者作出处理决定的专利侵权纠纷案件，同一请求人以相同的事实和理由再次对同一被请求人提出专利侵权纠纷处理请求的，专利行政主管部门不予受理。

第三十三条 县级以上人民政府专利行政主管部门调查处理专利侵权纠纷案件、查处专利违法行为，可以采取下列措施：

（一）询问当事人和证人；

（二）查阅、复制与案件有关的合同、图纸、账簿、计算机数据等资料；

（三）对涉嫌侵权的产品进行登记并抽样取证；

（四）对涉嫌制造侵权产品和涉嫌使用专利方法的场所进行现场勘验；

（五）现场检查、摄录与案件有关的物品和设施；

（六）涉嫌侵犯制造方法专利权的，要求被调查人进行现场演示；

（七）依法对可能灭失或者可能被销毁、被转移的合同、图纸、发票、账簿、标记等资料以及有关的物品等予以先行登记保存。

专利行政主管部门依法执行公务，当事人或者有关人员应当协助调查并提供证据，不得拒绝、阻碍。

第三十四条 县级以上人民政府专利行政主管部门处理专利案件时，当事人有权进行陈述和申辩。专利行政主管部门应当充分听取当事人的意见，对当事人提出的事实、理由和证据，应当进行核实。当事人提出的事实属实、理由成立的，专利行政主管部门应当予以采纳。

第三十五条 县级以上人民政府专利行政主管部门可以采用下列方式处理专利侵权纠纷案件：

（一）经调解达成协议的，制作调解书；

（二）构成侵犯专利权的，作出责令停止侵权行为的决定；

（三）不构成侵犯专利权的，作出驳回请求的决定；

（四）专利权被宣告无效的，或者请求人撤回请求，经专利行政主管部门审查同意的，作出撤销案件的决定。

第四章 专利管理与服务

第三十六条 县级以上人民政府应当建立健全重大经济活动专利评议制度。

利用财政性资金和国有资本引进或者政府投资的与专利技术相关的重大建设项目、重点引进项目、核心技术转让等事项应当进行专利评议。

第三十七条 省人民政府专利行政主管部门应当会同相关部门统筹推动本省专利公共信息服务平台和专利运营公共服务平台建设，促进专利信息资源的整合和利用，提高社会化服务水平。

第三十八条 县级以上人民政府专利行政主管部门应当建立专利维权援助机制，为维权援助对象提供有关专利的法律、法规、相关政策、申请授权的程序与法律状态、纠纷处理和诉讼咨询等服务。

鼓励和支持企业、行业协会建立区域性、专业性专利维权组织和保护联盟，形成多元化的维权援助体系。

第三十九条 县级以上人民政府专利行政主管部门应当建立健全专利权保护信用制度和

信用信息档案。专利权保护信用信息档案作为审批专利人员申请专利资金项目、专利计划项目、申报专利奖项以及评聘专业技术职称或者职务等涉及专利事宜的依据。

第四十条 省人民政府专利行政主管部门应当建立专利预警机制,适时监测和通报重点行业、支柱产业、战略性新兴产业国内外专利发展、竞争态势等状况,制定应急预案,防范和化解专利风险。

第四十一条 鼓励依法设立专利中介服务机构。

专利中介服务机构及其工作人员应当依法开展服务,不得出具虚假报告,不得以不正当手段招揽业务,不得与当事人串通牟取不正当利益,不得损害专利申请人、专利权人以及其他当事人的合法权益和公共利益。

第四十二条 县级以上人民政府专利行政主管部门应当加强对专利中介服务机构的指导,建立专利代理机构及专利代理人员监管制度和服务评价机制。

鼓励专利中介服务机构开展国际专利中介服务,支持单位和个人申请国外专利,支持企业通过专利转让、专利许可或者企业并购等方式引进国外先进专利技术。

第四十三条 管理专利工作的部门不得参与向社会推荐专利产品等经营活动。

第五章 法律责任

第四十四条 违反本条例规定,为明知是假冒专利提供制造、销售、运输、仓储、隐匿、展示等便利条件,由县级以上人民政府专利行政主管部门责令其停止违法行为,处五千元以上二万元以下罚款;情节严重的,处二万元以上五万元以下罚款。

第四十五条 违反本条例规定,单位或者个人以专利产品或者技术为项目主要内容,弄虚作假,骗取政府专利资助、奖励,由有关部门依照管理职责追回资助、奖励资金和取消奖励,将其记入专利权保护信用信息档案并予以公布;二十年内不得申报政府专利资助、奖励。

第四十六条 违反本条例规定,广告经营者、发布者为没有专利权有效证明的单位和个人提供广告服务的,按广告法的有关规定依法查处。

第四十七条 违反本条例规定,专利中介服务机构及其工作人员出具虚假报告,与当事人串通牟取不正当利益的,由县级以上人民政府专利行政主管部门责令改正,处五千元以上二万元以下罚款;有违法所得的,没收违法所得。

第四十八条 违反本条例规定,阻碍专利行政执法人员依法执行公务,由公安机关依法给予处罚。

第四十九条 违反本条例规定,管理专利工作的部门参与向社会推荐专利产品等经营活动的,由其上级机关或者监察机关责令改正,消除影响,没收违法收入;情节严重的,对直接负责的主管人员和其他直接责任人员依法给予处分。

第五十条 县级以上人民政府专利行政主管部门的工作人员及其他国家机关相关工作人员在专利工作中玩忽职守、滥用职权、徇私舞弊,尚不构成犯罪的,依法给予处分。

第六章 附 则

第五十一条 本条例自 2018 年 1 月 1 日起施行。

黑龙江省专利保护条例

(2003年12月13日黑龙江省第十届人民代表大会常务委员会第六次会议通过)

第一条 为保护专利权,维护专利申请人、专利权人的合法权益和社会公共利益,鼓励发明创造、技术创新,推动科技进步和经济社会发展,根据《中华人民共和国专利法》、《中华人民共和国专利法实施细则》等有关法律、行政法规的规定,结合本省实际,制定本条例。

第二条 本省行政区域内的专利管理、专利纠纷的行政处理和调解以及有关专利违法行为的查处等活动,适用本条例。

第三条 县级以上人民政府应当加强对专利工作的领导,将专利保护工作纳入地方经济发展总体规划,对有重大贡献的专利发明人或者设计人给予奖励。

第四条 市(行署)级以上人民政府专利管理部门负责本行政区域内专利保护工作,并负责组织实施本条例。

县(市、区)人民政府专利管理部门协助上级专利管理部门处理有关专利纠纷和查处假冒他人专利、冒充专利行为。

科技、财政、工商、海关、公安、质量技术监督、新闻出版等有关部门应当按照各自职责做好专利保护工作。

第五条 省、市(行署)人民政府专利管理部门设立专门机构或者配备专职人员处理专利侵权纠纷、调解专利纠纷、查处假冒他人专利和冒充专利行为。

第六条 鼓励企业、事业单位和其他有关组织建立专利保护制度,做好专利保护工作。

第七条 鼓励组织和个人对假冒他人专利或者冒充专利行为向专利管理部门举报。

第八条 鼓励单位或者个人将其具备申请专利条件的发明创造及时向国内、国外申请专利。

县级以上人民政府可以设立专利资助资金,用于开发拥有自主知识产权的先进技术,扶持单位和个人申请专利,支持技术含量高的专利项目的实施。

第九条 在专利申请公布或者公告前,与发明创造技术方案有关的人员对该技术方案负有保密义务。专利管理部门及其工作人员在行政执法过程中,对当事人的技术秘密和商业秘密负有保密义务。

第十条 凡由政府有关部门资助从事自然科学研究、科技攻关、科技成果产业化项目的单位和个人,应当在计划任务书(合同书)中对符合申请专利条件的项目,承诺申请专利的义务,项目取得成果后无正当理由未申请专利的,政府有关部门不予验收。

第十一条 申请人或者申报人有下列情形之一的,应当向政府主管部门出具有法定机构专利检索内容的报告:

(一)申报应用技术的科研和新技术、新产品立项;

(二)国家给予知识产权保护的进出口专利项目;

(三)申报省、市(行署)政府科学技术进步奖项目;

(四)申报省、市(行署)的高新技术产业化项目时,申报前不能明确该项目的专利权法律状态的。

以专利技术作为投资申办企业的,应当提交相关证明文件,证明出资者对该技术成果拥有权利；属于实用新型专利的技术，还应当提交专利检索报告。

第十二条 展览会、洽谈会、博览会、交易会等会展活动的举办者对标有专利标记的参展产品或者技术，应当查验其专利证书或者专利许可合同。对未能提供专利证书或者专利许可合同的，举办者应当拒绝其以专利产品、专利技术的名义进场参展。

第十三条 专利服务中介机构及其工作人员应当依法开展中介服务，不得出具虚假报告，不得与当事人串通谋取不正当利益，不得损害其他当事人的合法权益和社会公共利益。

第十四条 国有资产占有单位有下列情形之一的，应当由依法成立的资产评估机构按照国家有关规定进行专利资产评估：

（一）转让专利申请权、专利权的；
（二）国有企业、事业单位在合并、分立或者终止前需要对其专利资产作价的；
（三）以国有专利资产与国外，香港、澳门、台湾地区的企业、个人进行合资、合作的；
（四）以国有专利资产作价出资参与成立有限责任公司或者股份有限公司的；
（五）从国外引进专利技术的。

第十五条 未经专利权人许可，实施其专利即侵犯其专利权，引起纠纷的，由当事人协商解决；不愿协商或者协商不成的，专利权人或者利害关系人可以向人民法院起诉，也可以请求专利管理部门处理。

第十六条 有下列情形之一的专利纠纷，当事人可以请求专利管理部门进行调解。

（一）侵权赔偿数额纠纷；
（二）专利申请权和专利权归属纠纷；
（三）发明人、设计人资格纠纷；
（四）职务发明的发明人、设计人的奖励和报酬纠纷；
（五）在发明专利申请公布后专利权授予前使用发明而未支付适当费用的纠纷。

对于前款第（五）项所列的纠纷，专利权人请求专利管理部门调解，应当在专利权被授予之后提出。

第十七条 涉外专利纠纷的调解和处理，由省专利管理部门受理。

第十八条 请求专利管理部门调解和处理专利纠纷的，应当符合下列条件：

（一）请求人与专利纠纷有直接的利害关系；
（二）有明确的被请求人和具体的请求事项、事实、理由；
（三）当事人任何一方未向人民法院起诉且无仲裁约定；
（四）属于专利管理部门管辖范围。

请求人应当提交请求书和相关证据。

第十九条 专利管理部门在收到专利纠纷请求书之日起七日内作出是否受理的书面决定，并送达请求人，在受理之日起七日内将请求书及其附件送达被请求人。

被请求人应当在收到请求书及其附件之日起十五日内提交答辩书，被请求人逾期不提交答辩书的，不影响专利管理部门对专利侵权纠纷的处理。

第二十条 专利侵权纠纷立案后，被请求人提出无效宣告请求并收到专利复审委员会受理通知书的，可以向受理专利纠纷案件的专利管理部门书面申请中止处理程序。但是具有下列情形之一的，受理专利纠纷的专利管理部门可以不中止处理程序：

（一）专利权人出具的国务院专利行政部门作出的检索报告，未发现导致实用新型专利丧失新颖性、创造性的；
（二）被请求人宣告该项专利权无效所提供的证据或者依据的理由明显不充分的；

(三)被请求人提供的证据足以证明其使用的技术已经公知的;

(四)专利管理部门根据国家有关规定,认为不应当中止的其他情况。

第二十一条 专利管理部门对专利纠纷进行调解,达成调解协议的,应当制作调解协议书;对专利侵权纠纷进行处理,应当作出处理决定。

第二十二条 专利管理部门发现假冒他人专利、冒充专利的案件或者接到举报后,应当在七日内立案,并在立案之日起六个月内依法作出处理决定。

第二十三条 专利管理部门处理专利侵权纠纷或者查处假冒他人专利、冒充专利,可以行使下列职权:

(一)询问当事人和证人,制作现场笔录;

(二)查阅、复制、登记保存与专利侵权、假冒他人专利、冒充专利行为有关的档案、合同、图纸、账册等资料;

(三)勘验、检查与专利侵权、假冒他人专利、冒充专利行为有关的物品和场所。

第二十四条 专利管理部门在处理专利侵权纠纷时,根据请求人申请,并提供相应担保后,可以封存或者暂扣与案件有关的物品。

第二十五条 专利管理部门在查处假冒他人专利、冒充专利案件过程中,发现当事人有转移、隐匿、销毁与案件有关的物品等情况,导致案件难以查处或者难以执行的,可以封存或者暂扣与案件有关的物品。经专利管理部门审查,证明当事人未构成专利违法的,应当及时解封或者返还暂扣物品,造成当事人损失的,应当赔偿。

第二十六条 专利管理部门在调解、处理专利纠纷或者查处假冒他人专利、冒充专利行为时,根据当事人申请或者案件审理的需要,可以委托有关单位或者专家进行技术鉴定。

第二十七条 任何单位或者个人不得为侵犯专利权、假冒他人专利或者冒充专利提供便利条件。

第二十八条 展览会、洽谈会、博览会等会展活动的举办者未查验参展者专利证书或者专利许可合同的,由专利管理部门给予警告、没收违法所得,并处以五千元以下的罚款。

第二十九条 专利服务中介机构出具虚假报告,与当事人串通谋取不正当利益,损害其他当事人的合法权益和社会公共利益的,由专利管理部门对专利服务中介机构给予警告、没收违法所得,并处以五千元以上二万元以下的罚款。

第三十条 为侵犯专利权、假冒他人专利、冒充专利提供便利条件并造成严重后果的,由专利管理部门处以二千元以上一万元以下的罚款。有违法所得的,没收违法所得。

第三十一条 专利管理部门在调查核实专利侵权、查处假冒他人专利或者冒充专利时,有关单位或者个人拒不提供或者隐瞒、转移、毁灭与案件有关的档案、合同、图纸、账册等资料的,由专利管理部门处以五千元以上二万元以下的罚款;擅自启封、转移被封存、暂扣与案件有关的物品的,由专利管理部门处以三万元以上五万元以下的罚款。

第三十二条 专利管理部门认定专利侵权行为成立,应当责令侵权人立即停止侵权行为,销毁制造侵权产品的专用设备,并且不得销售、使用尚未售出的侵权产品或者以任何其他形式将其投放市场;侵权产品难以保存的,责令侵权人销毁。

侵权人与被侵权人达成专利权转让或者专利实施许可协议的,不适用上款的规定。

第三十三条 专利管理部门的工作人员有下列情形之一的,由其所在单位或者上级主管部门依法给予行政处分:

(一)包庇或者放纵假冒他人专利、冒充专利的单位或者个人的;

(二)向假冒他人专利、冒充专利的单位或者个人通风报信,帮助其逃避查处的;

（三）在专利纠纷调解过程中，偏袒一方，侵害另一方合法权益的；

（四）泄露当事人的技术秘密或者商业秘密的；

（五）对违反本条例的行为不查处的；

（六）利用职务便利，索取或者收受他人财物的；

（七）其他滥用职权、玩忽职守、徇私舞弊的。

上述行为构成犯罪的，依法追究刑事责任。

第三十四条 本条例自 2004 年 3 月 1 日起施行。

上海市专利保护条例

(2001年12月28日上海市第十一届人民代表大会常务委员会第三十五次会议通过)

第一章 总 则

第一条 为了保护发明创造专利权,保障专利权人的合法权益,促进技术创新,维护市场经济秩序,根据《中华人民共和国专利法》、《中华人民共和国专利法实施细则》和其他有关法律、行政法规,结合本市实际情况,制定本条例。

第二条 本市行政区域内的专利管理、专利纠纷的行政处理和调解以及有关专利违法行为的查处等专利保护活动,适用本条例。

第三条 市和区县人民政府应当加强对专利工作的领导,提高全社会的专利意识,严格执行有关专利保护的法律、法规,维护专利权人的合法权益。

第四条 上海市知识产权局以下简称市知识产权局是本市专利工作的行政主管部门,负责本市行政区域内的专利管理工作并组织实施本条例。

区县人民政府管理专利工作的部门依照本条例的规定,在市知识产权局的指导下,开展有关专利工作。

其他有关行政部门应当按照各自职责,做好专利保护工作。

第五条 有关行业协会应当鼓励会员申请和实施专利,督促会员尊重他人专利权,支持会员维护自主专利权,并为会员提供专利咨询服务。

第六条 任何单位或者个人有权向专利管理部门或者其他有关部门举报专利违法行为。

第二章 专利管理

第七条 市知识产权局和区(县)人民政府管理专利工作的部门(以下统称专利管理部门)以及其他有关行政部门应当指导企业、事业单位开展专利保护工作,引导企业、事业单位建立和完善专利管理制度。

第八条 鼓励单位和个人将符合专利申请条件的发明创造及时申请国内外专利。

第九条 鼓励企业、事业单位和个人在技术开发、进出口贸易或者以专利权作价出资设立企业时,自行或者委托从事专利服务的中介机构开展专利检索。

具有下列情形之一且涉及专利技术的,申请人或者申报人应当向有关行政部门提交专利检索报告;申请人或者申报人不提交的,有关行政部门不予立项、认定或者授奖:

(一)申请政府资助的研究开发或者技术改造项目;

(二)申报市高新技术成果转化项目;

(三)申报市科学技术进步奖项目。

第十条 职务发明创造申请专利的权利属于本单位;申请被批准后,该单位为专利权人。

被授予专利权的单位应当依照法律、法规的规定,对职务发明创造的发明人或者设计人,给予奖励;自行实施专利或者许可他人实施专利的,应当依照法律、法规的规定,给予职务发明创造的发明人或者设计人报酬;转让专利权的,应当参照许可他人实施专利的规定,给予职务发明创造的发明人或者设计人报酬。

奖励或者报酬可以现金、股份、股权收益或者当事人约定的其他形式给付,给付的数量、时间和方式，由当事人约定。奖励或者报酬不得低于法律、法规规定的最低标准。

第十一条 从事专利代理、专利检索、专利评估、专利许可贸易等专利服务的中介机构应当具备相应资质，依法办理登记注册手续后，方可从事专利中介服务。登记注册机构应当将登记注册的有关情况抄送市知识产权局。市知识产权局应当加强对从事专利服务的中介机构的指导与监督。

从事专利服务的中介机构及其工作人员应当遵守法律、法规的规定，独立、客观、公正地开展中介服务，不得出具虚假报告，不得与当事人串通牟取不正当利益，不得损害专利权人、其他当事人的合法权益或者社会公共利益。

第十二条 展览会、展示会、推广会、交易会等会展的举办者对标有专利标记的参展产品或者技术，可以查验其专利证书或者专利许可合同。对未能提供专利证书或者专利许可合同的，举办者可以拒绝其以专利产品、专利技术的名义进场参展。

会展的举办者发现有假冒他人专利或者冒充专利行为的，有权向专利管理部门举报。

第十三条 专利管理部门应当加强专利信息网络建设，为社会提供专利保护信息服务和其他相关专利信息服务。

第十四条 市知识产权局和有关部门应当加强专利管理和专利服务人员的培训工作。

第三章 专利纠纷的行政处理和调解

第十五条 任何单位或者个人不得非法实施他人专利或者为非法实施他人专利提供生产经营的便利。

第十六条 未经专利权人许可实施其专利，引起侵权纠纷的，专利权人或者利害关系人可以依照法律、法规的规定，向人民法院提起民事诉讼，或者请求市知识产权局处理。

当事人向市知识产权局请求处理的，市知识产权局应当依法受理。

第十七条 请求市知识产权局处理专利侵权纠纷的，应当符合下列条件：

（一）请求人与专利侵权纠纷有直接的利害关系；
（二）有明确的被请求人，具体的请求事项、事实；
（三）当事人均未向人民法院提起诉讼；
（四）属于市知识产权局管辖范围的受理事项。

第十八条 请求市知识产权局处理专利侵权纠纷的，应当提交专利侵权纠纷处理请求书和有关证据。

第十九条 市知识产权局应当自收到专利侵权纠纷处理请求书和有关证据之日起五日内，作出是否受理的决定，并书面通知请求人。提交的材料不全的，市知识产权局可以要求请求人在规定的时间内予以补全。

第二十条 市知识产权局应当自受理专利侵权纠纷后的五日内，将请求书副本发送被请求人。被请求人应当自收到请求书副本后的十五日内提交答辩书和有关证据。

被请求人未提交答辩书和有关证据的，不影响处理程序的进行。

第二十一条 市知识产权局处理专利侵权纠纷时，可以根据双方当事人的意愿先行调解。调解达成协议的，市知识产权局应当制作调解书。当事人不愿调解或者调解不成的，市知识产权局认定专利侵权行为成立，应当作出责令侵权人停止侵权的处理决定；认定专利侵权行为不成立，应当书面告知当事人。市知识产权局认定专利侵权行为不成立的，当事人也可以依法提起民事诉讼。

第二十二条 市知识产权局在作出专利侵权纠纷处理决定前，应当对有关证据予以核实。

市知识产权局可以根据当事人的请求，调查收集当事人因客观原因不能自行收集的证据。有关单位、个人应当如实提供材料。

市知识产权局在处理专利侵权纠纷时，可以根据当事人的申请或者案情需要，委托有关单位进行技术鉴定。

第二十三条 市知识产权局对专利侵权纠纷作出处理决定的，可以采用下列方式制止侵权行为：

（一）对制造专利产品的，责令其停止制造，销毁或者拆解用于制造专利产品的模具、专用设备，并且不得使用、转移已经制造的专利产品或者以任何形式将该产品投放市场；

（二）对使用专利方法的，责令其停止使用，并且不得使用、转移依照专利方法直接获得的产品或者以任何方式将该产品投放市场；

（三）对销售专利产品或者依照专利方法直接获得的产品的，责令其停止销售，并且不得以任何形式转移尚未出售的专利产品或者依照专利方法直接获得的产品；

（四）对许诺销售专利产品或者依照专利方法直接获得的产品的，责令其停止作出销售的意思表示，并且不得进行任何实际销售行为；

（五）对进口专利产品或者依照专利方法直接获得的产品的，对进入本市的产品，责令侵权人不得使用或者以任何方式转移该产品。

采取前款方式不足以制止侵权行为的，市知识产权局可以责令侵权人销毁或者拆解侵权产品。

第二十四条 当事人还可以就下列专利纠纷依法请求调解：

（一）侵犯专利权的赔偿数额纠纷；

（二）专利申请权和专利权归属纠纷；

（三）发明人、设计人资格纠纷；

（四）职务发明的发明人、设计人的奖励和报酬纠纷；

（五）在发明专利申请公布后专利权授予前使用发明而未支付适当费用的纠纷。

市知识产权局应当依法调解，调解达成协议的，应当制作调解书；调解不成的，告知当事人依法提起民事诉讼。

第四章　有关专利违法行为的查处

第二十五条 任何单位或者个人不得假冒他人专利、冒充专利或者为假冒他人专利、冒充专利提供生产经营的便利。

第二十六条 市知识产权局应当依法查处假冒他人专利、冒充专利以及为假冒他人专利、冒充专利提供生产经营便利的行为。侵权行为地的区县人民政府管理专利工作的部门应当协助查处。

第二十七条 市知识产权局对假冒他人专利、冒充专利以及为假冒他人专利、冒充专利提供生产经营便利的行为进行调查时，可以行使下列职权：

（一）询问当事人和证人；

（二）查阅、复制与案件有关的合同、图纸、账册等资料；

（三）现场检查、摄录或者登记保存与案件有关的物品。

专利行政执法人员在调查取证时，应当通知当事人及有关人员到场，并对涉及当事人的商业秘密予以保密。当事人及有关人员应当协助调查，不得拒绝或者阻碍。

第五章　法律责任

第二十八条 违反本条例第九条第二款规定，对未提供专利检索报告的项目给予立项、认定或者授奖的,由其所在单位或者上级主管部门对直接责任人员依法给予行政处分。

第二十九条 违反本条例第十一条第二款规定,由有关行政部门依照法律、法规的规定予以处罚;其中,以出具虚假专利检索报告等方式牟取不正当利益的,由市知识产权局给予警告、没收违法所得,并处以一千元以上一万元以下罚款。

第三十条 违反本条例第二十五条规定,假冒他人专利或者冒充专利的,由市知识产权局依照《中华人民共和国专利法》第五十八条、第五十九条规定处罚;构成犯罪的,依法追究刑事责任。

第三十一条 违反本条例第二十五条规定,为假冒他人专利或者冒充专利提供生产经营便利的,由市知识产权局责令改正;拒不改正的,没收违法所得,并处以一千元以上一万元以下罚款。

第三十二条 当事人对市知识产权局或者其他行政部门的具体行政行为不服的,可以依照《中华人民共和国行政复议法》或者《中华人民共和国行政诉讼法》的规定,申请行政复议或者提起行政诉讼。

当事人对具体行政行为逾期不申请复议,不提起诉讼,又不履行的,作出具体行政行为的行政部门可以申请人民法院强制执行。

第三十三条 专利管理部门的工作人员有下列情形之一,尚不构成犯罪的,由其所在单位或者上级主管部门依法给予行政处分,有违法收入的,予以没收:

(一)包庇或者放纵假冒他人专利、冒充专利的单位或者个人的;
(二)向假冒他人专利、冒充专利的单位或者个人通风报信,帮助其逃避查处的;
(三)在专利纠纷调解过程中,偏袒一方,侵害另一方合法权益的;
(四)泄露当事人的商业秘密的;
(五)其他属于滥用职权、玩忽职守、徇私舞弊的。

第六章 附 则

第三十四条 本条例自 2002 年 7 月 1 日起施行。

江苏省专利促进条例

(2009 年 5 月 20 日江苏省第十一届人民代表大会常委会第九次会议通过)

第一章 总 则

第一条 为了鼓励和保护发明创造，培育自主知识产权，推动创新型省份建设，根据《中华人民共和国专利法》和其他有关法律、行政法规，结合本省实际，制定本条例。

第二条 本省行政区域内的专利促进工作及相关活动，适用本条例。

第三条 专利促进工作应当遵循激励创造、有效运用、科学管理、合理保护的原则，促进本省自主创新能力的提升。

第四条 县级以上地方人民政府应当加强对专利促进工作的领导，将专利工作纳入国民经济和社会发展规划，建立和完善专利工作协调机制，鼓励和支持专利的创造和运用，加强专利管理和保护，促进专利事业的发展。

第五条 县级以上地方人民政府及其有关部门应当加强专利宣传教育，提高全社会的专利意识，为促进专利发展创造良好的环境。

第六条 县级以上地方人民政府负责专利工作的部门(以下简称专利行政管理部门)是本行政区域内专利工作的主管部门。

发展和改革、经贸、科技、财政、税务、教育、公安等部门，按照各自职责，共同做好专利管理工作。

第七条 鼓励和支持各类行业协会制定、实施与专利促进工作有关的管理制度，开展同业交流、跨行业协作和市场开拓等活动，推动专利的申请、保护和应用。

第二章 激励措施

第八条 县级以上地方人民政府及其有关部门应当加强对企业、事业单位专利工作的指导和服务，鼓励并支持其制定和实施专利发展战略，推动有关专利管理规范的落实，提高自主创新能力和专利运用水平；培育和发展专利中介服务机构，引导其为企业、事业单位提供优质、规范的专利中介服务。

第九条 县级以上地方人民政府及其有关部门应当加强专利信息服务平台建设，鼓励并支持建立各类专业专利信息数据库，促进专利信息的共享、开发和利用。

第十条 县级以上地方人民政府设立专利专项资金，用于下列事项：

(一)资助专利申请；

(二)促进专利实施；

(三)开展专利宣传和人才培养；

(四)援助专利维权；

(五)扶持专利中介服务机构的发展；

(六)其他专利促进事项。

专利专项资金应当专款专用。具体使用管理办法，由县级以上专利行政管理部门会同同级财政部门制定。

第十一条 省人民政府设立专利奖，对在本省实施产生较好经济效益和社会效益的优秀专利项目或者专利工作成绩突出的单位和个人给予奖励。

第十二条 县级以上地方人民政府应当支持自主专利技术的创造和运用。在同等条件下，专利专项资金应当优先支持含有自主专利技术的专利实施项目。

第十三条 鼓励和支持高等院校、科研院所和生产企业开展多渠道、多形式的合作，共同研究开发和实施专利技术。

第十四条 以政府财政资金安排和设立的创业风险投资资金和创业风险投资机构，应当加大对专利技术产业化项目的投资力度。

鼓励商业银行增加对专利技术产业化项目的信贷投入，县级以上地方财政可以在专利专项资金中安排一定资金对专利技术产业化贷款项目进行贴息；鼓励担保机构优先为专利技术产业化项目提供融资担保。

第十五条 鼓励高等院校通过将专利知识纳入课程教育体系、设立知识产权专业教育机构等方式，普及专利知识，培养专利人才。教育等行政主管部门应当给予支持。

第十六条 鼓励和支持企业、事业单位增加研究开发专利技术及产品的投入。

企业为开发新技术、新产品、新工艺发生的研究开发费用，在计算应纳税所得额时，未形成无形资产计入当期损益的，在按照规定据实扣除的基础上，按照研究开发费用的百分之五十加计扣除；形成无形资产的，按照无形资产成本的百分之一百五十摊销。

第十七条 专利中介服务机构从事专利技术转让、专利技术开发和与之相关的专利技术服务、技术咨询业务，技术交易合同经当地科技、专利行政管理部门按照职责分工进行认定，并报税务机关备案的，其取得的收入可以依法免征营业税。

专利中介服务机构在代理业务中代收代缴的各类国家规费以及国际专利规费，在计算营业税计税营业额时依法予以扣除。

第十八条 鼓励企业、事业单位和个人依法采取专利权入股、质押、转让、许可等方式促进专利实施。以专利权作价入股的，最高可占公司注册资本的百分之七十；转让专利权或者许可他人实施专利的，可以依法享受税收优惠。

专利实施过程中形成的新产品，根据有关规定享受扶持新产品开发的优惠政策。

第十九条 被授予专利权的单位转让专利权的，发明人或者设计人在同等条件下有优先受让的权利。

对职务发明创造的发明人或者设计人的奖励、报酬，单位与其有约定的，从其约定；没有约定的，按照下列规定执行：

（一）专利实施取得经济效益后，应当在专利权有效期内，每年从实施该发明专利或者实用新型专利的税后利润中提取不低于百分之五或者从实施该外观设计专利的税后利润中提取不低于千分之五的比例，作为报酬支付给发明人或者设计人，也可以参照上述比例，一次性支付报酬；

（二）许可他人实施专利的，应当在取得专利许可使用费后三个月内从纳税后的专利许可使用费中提取不低于百分之二十的比例，作为报酬支付给发明人或者设计人；

（三）专利权转让的，应当在取得专利权转让费后三个月内从纳税后的专利权转让费中提取不低于百分之二十的比例，作为报酬支付给发明人或者设计人；

（四）采用股份形式以专利技术入股实施转化的，发明人、设计人可以获得不低于该专利技术入股时作价金额百分之二十的股份或者报酬。

第二十条 有关单位进行专业技术职称评审时，应当将专利发明人、设计人的相关专利作为评审的依据之一。

对技术进步能够产生重大作用或者取得显著经济效益的专利,可以作为发明人、设计人破格申报相关专业技术职称的依据。获得中国专利金奖、优秀奖以及省优秀专利项目奖、优秀专利发明人奖的主要发明人,可以破格申报相关专业技术职称。

第二十一条 对个人的非职务发明创造,有关部门和单位应当在专利申请、专利权转让和专利实施等方面给予支持和帮助。

第三章 规范管理

第二十二条 申请政府财政资金支持的重大技术研究开发、技术改造、技术引进、成果转化等项目,申请人应当向有关项目主管部门提交相关技术的专利文献检索报告。经有关项目主管部门会同专利行政管理部门审查,发现该项目涉嫌侵犯他人专利权或者属于重复研究开发的,政府财政资金不予支持。

政府财政资金支持的项目,可能产生专利的,有关行政主管部门应当与项目承担单位约定专利目标,并将取得专利的情况纳入项目管理内容。项目所产生的专利,归项目承担单位所有,项目主管部门与项目承担单位另有约定的除外。

第二十三条 有下列情形之一的,国有专利资产占有单位应当按照有关规定进行专利资产评估:

(一)以专利资产作价出资成立有限责任公司或者股份有限公司的;

(二)许可外国公司、企业、其他经济组织或者个人使用专利权,市场没有参照价格的;

(三)改制、上市、合并、分立、清算、投资、转让、置换、拍卖、偿还债务涉及专利资产的;

(四)其他需要进行专利资产评估的。

第二十四条 专利权人或者被许可实施人在其产品、产品包装或者产品说明书上标注专利标记的,应当按照国家有关规定标明专利类别和专利号。

第二十五条 有下列情形之一的,有关单位或者个人应当提供专利登记簿副本,被许可实施人还应当提供专利实施许可合同:

(一)以专利产品或者技术为主要项目内容,申请政府财政资金支持或者政府奖励的;

(二)在展览会、推广会、交易会等展会活动中,参展方在产品、展板或者宣传资料上标注专利标记的;

(三)组织标注专利标记的商品进入商场、超市等市场流通领域销售的;

(四)委托有关单位和个人设计、制作、发布广告,内容涉及专利权的;

(五)其他需要确认专利权权属和专利权法律状态的。

未提供专利登记簿副本的,不得给予其资金支持或者为其提供相关服务。

第二十六条 专利中介服务机构应当具备国家规定的资质,并依法登记注册。

专利中介服务机构及其工作人员应当依法开展专利中介服务,不得出具虚假检索、评估报告以及从事以不正当手段招揽业务、与委托人串通牟取不当利益、泄露委托人的商业秘密等损害公共利益或者侵害专利申请人、专利权人和其他单位、个人的合法权益的违法活动。

专利行政管理部门及其工作人员不得从事或者参与专利中介服务。

第二十七条 因终止、解除劳动关系或者其他原因离开单位的人员,在离开单位前,应当将已经完成或者正在进行的与职务发明创造有关的实验材料、试验记录、样品样机以及其他不对外公开的技术资料,交还单位。

第二十八条 企业出口技术、设备、货物等,应当就所涉及技术领域检索进口方所在国家或者地区的专利文献,避免出口产品侵犯该国或者该地区的专利权。具备在进口方所在国家或者地区申请专利条件的,鼓励先行或者同时申请专利。企业维权时,有关行政部门应当提供支持和服务。

第四章 行政保护

第二十九条 专利行政管理部门应当建立专利执法协作机制,依法处理专利纠纷,查处专利违法行为,保护专利权人和其他单位、个人的合法权益。

第三十条 专利行政管理部门受理的专利侵权纠纷涉及新产品制造方法专利的,可以在调查中要求被调查人进行现场演示或者以其他方式证明其制造方法不同于专利方法。

第三十一条 专利行政管理部门查处专利违法行为收集证据时,在证据可能灭失或者以后难以取得的情况下,经专利行政管理部门负责人批准,可以对证据先行登记保存,并应当在七日内作出处理决定。经登记保存的证据,任何单位和个人不得销毁或者转移。

第三十二条 专利行政管理部门受理的侵犯专利权纠纷案件,被请求人在答辩期间内请求宣告该项专利权无效并请求中止处理的,专利行政管理部门应当中止处理,但有下列情形之一的,可以不中止处理:

(一)被请求人请求宣告无效的专利权是发明专利权的,或者是经专利复审委员会审查维持有效或者部分有效的实用新型或者外观设计专利权的;

(二)专利权评价报告认为实用新型、外观设计专利权符合法律、行政法规规定的授予专利权的条件的;

(三)被请求人提供的证据足以证明其使用的技术或者设计属于现有技术或者设计的;

(四)被请求人请求宣告专利权无效所依据的证据或者理由明显不充分的;

(五)被控侵犯专利权的技术或者设计明显不属于该专利权的保护范围的;

(六)国家规定的其他情形。

第三十三条 专利行政管理部门处理专利纠纷时,根据需要或者当事人的请求,可以组织专家进行咨询论证或者委托有关单位进行技术鉴定。

进行技术鉴定的,技术鉴定费用由责任方承担。当事人对技术鉴定费用有约定的,从其约定。

第三十四条 专利行政管理部门依法处理专利侵权纠纷时,认定侵权行为成立的,可以采用下列方式制止侵权行为:

(一)对于侵权人制造专利产品或者未经许可使用专利方法的,责令其停止制造产品或者使用该专利方法、销毁专用模具和设备,并且不得转移已经制造的专利产品或者未经许可使用专利方法直接获得的产品,不得以任何形式将该产品投放市场;

(二)对于侵权人销售、许诺销售专利产品或者未经许可使用专利方法直接获得的产品的,依法责令其停止销售或者许诺销售,并且不得以任何形式转移尚未出售的产品。

对于前款规定的专利产品或者未经许可使用专利方法直接获得的产品,经当事人协商,达成协议的,可以按照协议约定的方式处置;不能达成协议的,专利行政管理部门可以责令侵权人销毁或者拆解侵权产品。

第三十五条 省专利行政管理部门应当建立假冒专利以及故意、重复侵犯专利权的企业档案,纳入本省企业信用信息系统,向社会公告。

鼓励单位和个人举报假冒专利行为。专利行政管理部门应当及时调查处理,并为举报人保密。

第五章 法律责任

第三十六条 对假冒的专利标记，由专利行政管理部门予以收缴并销毁；专利标记张贴、刻录或者附带在产品上的，责令有关当事人清除；专利标记难以清除的，责令有关当事人销毁产品。

第三十七条 在展览会、推广会、交易会等展会活动中，有证据证明参展方涉嫌侵犯他人专利权或者假冒专利的，专利行政管理部门可以责令其撤展，依法予以处理。

第三十八条 有关行政部门的工作人员在专利管理活动中，滥用职权，玩忽职守，徇私舞弊，侵犯行政相对人合法权益的，由其所在单位或者有关主管部门给予行政处分；构成犯罪的，依法追究刑事责任。

第六章 附　　则

第三十九条 本条例自 2009 年 10 月 1 日起施行。

浙江省专利条例

(2015年9月25日浙江省第十二届人民代表大会常务委员会第二十三次会议通过)

第一章 总 则

第一条 为了鼓励发明创造，推动专利运用，保护专利权人的合法权益，促进科学技术进步和经济社会发展，根据《中华人民共和国专利法》和有关法律、行政法规，结合本省实际，制定本条例。

第二条 本省行政区域内专利的创造、运用、保护、管理和服务等活动，适用本条例。

第三条 县级以上人民政府应当加强对专利工作的领导，将专利的创造、运用和保护情况纳入政府目标责任考核；制定和实施专利发展规划，并纳入国民经济和社会发展规划与统计范围。

第四条 县级以上人民政府专利行政部门按照规定职责负责本行政区域内的专利工作。

发展和改革、经济和信息化、教育、科技、公安、财政、人力资源和社会保障、商务、税务、工商、质量技术监督、文化、海关等部门，依照各自职责做好相关工作。

第五条 县级以上人民政府应当安排必要的经费，用于专利的创造、运用、保护、管理和服务工作。

第六条 县级以上人民政府应当建立健全专利执法机制，整合工作力量，加强专利行政执法，保护专利权人的合法权益。

第七条 县级以上人民政府应当对产生显著经济社会效益专利技术的发明人、设计人、专利权人和实施单位给予表彰和奖励。

第八条 县级以上人民政府及有关部门应当通过媒体、学校教育等多种途径，加强专利法律、法规、政策和专利知识的宣传，提高全社会的专利意识。

第二章 专利创造与运用

第九条 县级以上人民政府应当建立健全专利创造的激励和保障机制，鼓励根据国家和本省产业政策，通过原始创新、集成创新、引进消化吸收再创新等方式进行发明创造，掌握核心技术、关键技术并取得专利。

政府采购应当优先采购具有我国自主专利技术的产品。

第十条 专利的申请、授权，依照专利法有关规定执行。对获得授权的发明专利，县级以上专利行政部门应当予以奖励或者对其申请费等相关费用给予必要的补助。

第十一条 对涉及经济社会发展、环境保护、保障公众身体健康和生命财产安全等重大发明专利技术的创造和运用，县级以上人民政府及财政、科技、发展和改革、经济和信息化等部门应当给予政策和资金支持。

第十二条 鼓励和支持金融机构开展专利权质押贷款、专利保险等业务。鼓励、支持投资公司、投资基金对重大专利技术成果产业化项目进行投资。

第十三条 企业事业单位应当在职务发明创造的专利授权时，对发明人或者设计人给予奖励。单位自行实施、许可他人实施、与他人合作实施、转让专利的，应当根据该专利取得的经济效益，对发明人、设计人和对转化专利做出重要贡献的人员给予合理的奖励和报酬。

国有企业事业单位对职务发明创造的发明人、设计人和转化专利做出重要贡献的人员给予奖励和报酬的支出计入当年本单位工资总额，但不受当年本单位工资总额限制、不纳入本单位工资总额基数。

第十四条 政府设立的研究开发机构、高等院校和中等职业学校等对其拥有的专利，可以自主决定许可他人实施、转让或者作价投资，但应当通过协议定价、在技术交易市场挂牌交易、拍卖等方式确定价格。通过协议定价的，应当在本单位公示专利名称和拟交易价格。

政府设立的研究开发机构、高等院校和中等职业学校等自行实施、与他人合作实施、许可他人实施、转让专利所获得的收益全部留归本单位，在对发明人、设计人和转化专利做出重要贡献的人员给予奖励和报酬后，主要用于科学技术研究开发与专利工作。

第十五条 政府设立的研究开发机构、高等院校和中等职业学校等将其拥有的专利，转让或者许可他人独占实施的，发明人、设计人在同等条件下享有优先权。

第十六条 政府设立的研究开发机构、高等院校和中等职业学校等许可他人实施、转让其拥有的专利的，应当从许可、转让的净收入中提取不低于百分之六十的比例用于奖励发明人、设计人；专利作价投资的，应当从该项专利作价形成的股份或者出资比例中提取不低于百分之六十的比例用于奖励发明人、设计人。

政府设立的研究开发机构、高等院校和中等职业学校等自行实施、与他人合作实施其拥有的专利的，在该项专利技术实施转化成功投产后五年内，可以每年从实施该项专利的营业利润中提取不低于百分之十的比例，奖励发明人、设计人。

改制为企业的研究开发机构按照企业有关规定执行。

第十七条 政府设立的研究开发机构、高等院校和中等职业学校等拥有的专利，在不变更专利权属的前提下，发明人、设计人可以根据与本单位的协议实施该项专利。该单位对发明人、设计人实施专利活动应当予以支持。

政府设立的研究开发机构、高等院校和中等职业学校等拥有的专利，单位与发明人、设计人没有签订实施专利协议，且单位在专利授权后超过一年未自行实施、许可他人实施、与他人合作实施、转让或者作价投资的，发明人、设计人可以实施该项专利，所得收益归发明人、设计人所有。

第十八条 鼓励拥有相关专利技术的单位和个人进行专利交叉许可，组建专利联盟，促进专利资源的共享和保护。

第十九条 有关单位在评定专业技术职称时，可以将专利发明人、设计人的相关专利作为评定依据之一。

获得中国专利奖的主要发明人、设计人，可以破格申报相关专业技术职称。

第三章　专利保护

第二十条 任何单位和个人未经专利权人许可不得实施其专利，不得假冒专利，不得为侵犯他人专利和假冒专利提供便利条件。

第二十一条 未经专利权人许可实施其专利发生专利侵权纠纷的，由当事人协商解决；不愿协商或者协商不成的，专利权人或者利害关系人可以向人民法院起诉，也可以请求专利行政部门处理。

第二十二条 省、设区的市专利行政部门负责调解专利纠纷，处理专利侵权纠纷，依职权查处假冒专利、重复侵权、有重大影响的专利侵权案件。

有条件的县（市、区）专利行政部门，经设区的市人民政府决定，可以行使前款规定的职权。

本条第一款规定的有重大影响的专利侵权案件的范围，由省专利行政部门规定。

第二十三条　专利侵权纠纷的当事人请求行政机关处理的，可以依法向侵权行为地或者被请求人所在地的专利行政部门提出。

涉外专利侵权纠纷、跨设区的市的专利侵权纠纷和在全省范围内有重大影响的专利侵权纠纷的处理，由省专利行政部门负责，必要时可以指定设区的市专利行政部门处理。

第二十四条　请求专利行政部门处理专利侵权纠纷，应当符合下列条件：

（一）请求人是专利权人或者利害关系人；

（二）有明确的被请求人和具体的请求事项、事实和理由；

（三）当事人之间无仲裁协议；

（四）当事人未向人民法院提起诉讼；

（五）属于专利行政部门管辖范围。

请求专利行政部门处理专利侵权纠纷，应当递交请求书、主体资格证明和联系方式、专利权有效证明等材料。

第二十五条　专利行政部门处理专利侵权纠纷，应当自收到请求书等材料之日起三个工作日内作出是否受理决定，并书面通知请求人；不予受理的，应当向请求人书面说明理由。

第二十六条　专利行政部门处理专利侵权纠纷，应当自受理之日起二个月内作出处理决定。专利行政部门认定侵权行为成立的，应当责令侵权人停止侵权行为；侵权行为不成立的，驳回请求人的请求，并说明理由和依据。因特殊情况需要延长的，应当报经专利行政部门负责人批准，但延长期限最长不得超过一个月。

专利行政部门处理专利侵权纠纷中的公告、鉴定、中止期间不计算在前款规定的处理期限之内。

第二十七条　专利侵权纠纷受理后，被请求人在专利行政部门作出处理决定之前向国家知识产权局专利复审委员会提出专利权无效宣告请求的，可以申请专利行政部门中止处理，但申请人应当在专利行政部门指定的合理期限内提交专利复审委员会出具的受理通知书。专利行政部门应当根据国家有关规定，作出是否中止处理的决定。

第二十八条　专利行政部门在处理专利侵权纠纷或者查处假冒专利、重复侵权、有重大影响的专利侵权案件时，可以行使下列职权：

（一）询问当事人、利害关系人和证人；

（二）查阅、复制与案件有关的合同、证照、图纸、账册、专利权评价报告和其他原始凭证等资料；

（三）现场检查、摄录、抽样与案件有关的物品和相关软件；

（四）对有证据证明是假冒专利的产品，可以依法查封或者扣押。

专利行政部门处理专利侵权纠纷案件时，对可能灭失或者以后难以取得的具有证据意义的物品，可以按照规定程序先行登记保存。

专利行政部门行使本条第一款、第二款规定的职权时，当事人应当协助、配合，不得拒绝、阻挠。

第二十九条　专利行政部门查处假冒专利、重复侵权、有重大影响的专利侵权案件，公安、工商、质量技术监督等部门应当协同配合。

第三十条　专利行政部门应当建立专利信用档案，将假冒专利、故意侵犯专利权等专利违法信息向社会公布，并纳入社会信用记录。

第三十一条 专利行政部门处理专利侵权纠纷时,可以根据当事人意愿进行调解,经调解达成协议的,由专利行政部门制作调解协议书,双方当事人应当自觉履行。

除专利侵权纠纷外,专利行政部门应当事人请求,可以对下列专利纠纷进行调解:

(一)专利申请权和专利权归属纠纷;

(二)发明人、设计人资格纠纷;

(三)职务发明创造的发明人、设计人的奖励和报酬纠纷;

(四)在发明专利申请公布后专利权授予前使用发明而未支付适当费用的纠纷;

(五)其他专利纠纷。

前款第四项所列的纠纷,当事人请求专利行政部门调解的,应当在专利权被授予之后提出。

鼓励知识产权维权援助机构、行业协会等开展专利纠纷的调解工作。

第三十二条 人民法院对专利民事纠纷案件立案后,可以委托专利行政部门、知识产权维权援助机构等进行调解。

第三十三条 网络、电视等交易平台提供者应当建立健全专利权保护和管理制度以及专利侵权、假冒专利的投诉处理机制,在经营者入网经营时明确其专利权保护责任;发现假冒专利或者专利侵权行为的,应当及时采取措施予以制止。

第三十四条 专利权人或者利害关系人认为在网络、电视等交易平台上销售的商品、技术或者提供的服务侵犯其专利权或者假冒专利的,可以向网络、电视等交易平台提供者投诉,并提供专利权证书等有效证明;涉及实用新型专利或者外观设计专利的,网络、电视等交易平台提供者可以要求专利权人或者利害关系人提供专利权评价报告。网络、电视等交易平台提供者接到投诉后,应当在三个工作日内告知被投诉人并要求其在指定期限内提交申辩材料,及时处理专利侵权投诉。

被投诉人拒不提交申辩材料或者有证据证明是专利侵权、假冒专利的,网络、电视等交易平台提供者应当采取删除、屏蔽、断开链接、关闭网店等必要措施;未及时采取必要措施的,对损害的扩大部分与经营者承担连带责任。

网络、电视等交易平台提供者应当定期将专利侵权、假冒专利的投诉处理情况报告专利行政部门。专利行政部门和知识产权维权援助机构应当对交易平台提供者处理疑难、复杂的专利侵权、假冒专利的投诉给予指导和帮助。

第三十五条 展览会、推广会、交易会等展会的举办者,对标明专利标记和专利号的参展产品或者技术,应当查验其展品的专利证书、专利许可合同等有效证明;对不能提供有效证明的,不得允许其以专利产品、专利技术的名义参展。

专利权人或者利害关系人发现参展产品、技术侵犯其专利权或者假冒专利的,可以向展会的举办者投诉,举办者应当及时报告专利行政部门。专利行政部门认定参展者有专利侵权或者假冒专利行为的,可以责令撤展并依法处理。

展会举办者、参展者应当协助和配合专利行政部门查处专利违法行为,不得拒绝、阻挠。

第四章 专利服务与管理

第三十六条 县级以上人民政府及有关部门应当引导、支持专利代理、信息咨询、检索、评估、运营等专利中介服务机构发展。专利行政部门应当加强对专利中介服务机构的指导和监管。

第三十七条 从事专利代理、信息咨询、检索、评估、运营等中介服务机构,依法取得设立登记后，方可从事专利服务。法律、行政法规规定应当具备相应资格、资质的，应当依法取得相应资格、资质。

专利代理、信息咨询、检索、评估、运营等中介服务机构及其工作人员，应当依法开展中介服务，加强自律，不得出具虚假报告和以不正当手段招揽业务，不得与当事人串通牟取不正当利益，不得损害国家利益和公共利益，不得损害专利申请人、专利权人、利害关系人的合法权益。

第三十八条 省专利行政部门应当建立健全全省统一的专利检索、咨询、服务信息平台。

省、设区的市和有条件的县（市、区）专利行政部门应当依托全省统一的专利检索、咨询、服务信息平台，建立重点行业专利信息数据库，进行专利信息加工和战略分析，开展专利预警分析，为专利运用提供政策指导、技术咨询、信息共享、市场开发、展示交易等公共服务。

鼓励有条件的企业事业单位、行业协会建立重点行业、支柱产业和重点技术领域数据库。

第三十九条 县级以上人民政府有关部门应当培育和规范专利拍卖等技术交易市场，支持专利网络交易平台的建立和发展，提高专利技术交易服务水平，为专利技术许可、转让、作价投资等提供服务。

鼓励有条件的研究开发机构、高等院校开展专利价值评估指标体系和评估方法研究。

第四十条 县级以上人民政府应当建立健全社会化专利维权援助机制，鼓励知识产权维权援助机构、法律服务机构、专利中介服务组织、人民调解组织等通过多种方式，依法开展专利维权服务。

鼓励企业、行业协会建立区域性、专业性专利保护联盟和协作机制，组织企业在国内外贸易和投资中开展集体维权。

第四十一条 鼓励专利中介服务组织积极开展国际专利中介服务，支持单位和个人申请国外专利，支持企业通过购买专利或者获得专利许可等方式积极引进国外专利技术。

第四十二条 县级以上人民政府及相关部门应当建立专利评议机制，对使用财政资金的重大科技项目立项、高层次人才引进以及涉及国家利益或者重大国有资本的企业并购、技术进出口等事项进行专利评议，避免盲目引进、重复研发、专利侵权和技术泄密。

第四十三条 县级以上人民政府应当重视专利人才工作，将专利人才的培养、引进纳入地方人才规划。

专利行政部门应当制定和实施专利人才培养计划，指导和帮助企业事业单位培养专利人才。

企业事业单位应当重视引进和培养专利人才，强化在职人员专利知识培训。

有条件的高等院校应当设立知识产权专业和课程，加强知识产权相关学科建设。

第五章 法律责任

第四十四条 违反本条例规定，法律、行政法规已有法律责任规定的，从其规定。

第四十五条 违反本条例第二十条规定，未经专利权人许可实施其专利的，由专利行政部门责令停止侵权行为，并可以责令侵权人消除、销毁直接用于专利侵权的专用工具、设备和侵权产品，当事人达成和解协议的除外。

违反本条例第二十条规定，明知或者应知对方为假冒专利，为其提供资金、场所、运输工具、生产设备等便利条件的，由专利行政部门责令限期改正，可以处二万元以下的罚款。

第四十六条 有本条例第二十二条第一款规定的重复侵权行为的，由专利行政部门责令侵权人停止侵权，没收违法所得，并可以处违法所得二倍以上四倍以下的罚款；没有违法所得的，可以处二十万元以下的罚款。

第四十七条 违反本条例第三十三条、第三十四条规定，网络、电视等交易平台提供者未履行规定义务的，由专利行政部门责令改正，给予警告，可以并处五万元以上二十万元以下的罚款。

第四十八条 违反本条例第三十七条第二款规定，专利中介服务机构出具虚假报告、文件的，由所在地的专利行政部门给予警告、没收违法所得，可以并处违法所得一倍以上三倍以下的罚款；没有违法所得的，可以并处五万元以下的罚款。

第四十九条 本条例规定的行政处罚、行政强制措施由省、设区的市专利行政部门实施，也可以由本条例第二十二条第二款规定的县（市、区）专利行政部门实施。

第五十条 专利行政部门工作人员玩忽职守、滥用职权、徇私舞弊的，由所在单位或者有关主管机关给予行政处分。

第六章　附　则

第五十一条 本条例所称的重复侵权，是指同一侵权人经人民法院或者专利行政部门依法认定侵犯他人专利权并作出裁决或者处理决定后，再次侵犯同一专利权的行为。

第五十二条 本条例自2016年1月1日起施行。《浙江省专利保护条例》同时废止。

安徽省专利条例

(2015年9月24日安徽省第十二届人民代表大会常务委员会第二十三次会议通过)

第一章 总 则

第一条 根据《中华人民共和国专利法》和有关法律、行政法规,结合本省实际,制定本条例。

第二条 本条例适用于本省行政区域内的专利创造、运用、保护、管理和服务活动。

第三条 专利工作应当遵循激励创造、推进运用、依法保护、科学管理的原则。

第四条 县级以上人民政府应当组织实施专利发展战略,将专利工作纳入国民经济和社会发展规划,建立健全科学的管理体制机制,保障专利工作所需经费。

第五条 县级以上人民政府管理专利工作的部门负责本行政区域内的专利管理工作。

县级以上人民政府有关部门按照各自职责做好专利相关工作。

第六条 县级以上人民政府及其有关部门应当加强专利宣传教育,普及专利知识,营造尊重知识产权、激励自主创新的社会环境。

第二章 激 励

第七条 县级以上人民政府应当建立健全激励机制,鼓励发明创造,对获得发明专利授权的应当按照有关规定予以资助,对符合经济社会发展需求的专利予以扶持,对获得发明专利授权并具有明确市场应用前景的优先扶持。

第八条 省人民政府设立专利奖,对进行发明创造,取得专利并实施,为促进本省经济和社会发展做出突出贡献的专利权人予以奖励。奖励办法由省人民政府制定。

第九条 企业、事业单位应当培养职工创新意识,鼓励职工立足本职岗位,开展技术创新和发明创造,申请专利。

鼓励和支持有条件的企业和事业单位申报高新技术企业、工程技术研究中心、工程研究中心、企业技术中心、重点实验室、工程实验室等。有关人民政府及其部门在认定和考核时,应当将专利创造和运用等情况作为重要指标。

第十条 被授予专利权的单位应当依法给予职务发明创造的发明人、设计人奖励和报酬;单位转让专利权,应当依法给予职务发明创造的发明人、设计人奖励和报酬。

第十一条 被授予专利权的单位未规定、也未与科技人员约定奖励和报酬的方式和数额,将该项职务发明创造转让的,应当从转让净收入中提取不低于百分之五十的比例,对完成职务发明创造做出重要贡献的人员给予奖励和报酬。

利用财政资金设立的高等学校和科研院所被授予专利权,转让该项职务发明创造的,应当从转让净收入中提取不低于百分之五十的比例,对完成职务发明创造做出重要贡献人员给予奖励和报酬。

国有企业和事业单位对完成、转化职务发明创造做出重要贡献人员给予奖励和报酬的支出,计入当年本单位工资总额,但不受当年本单位工资总额限制、不纳入本单位工资总额基数。

第十二条 对财政资金支持的科技计划项目,科学技术、发展改革等行政部门根据情况与项目承担单位约定专利目标，将目标实现情况纳入科技项目验收内容。

第十三条 健全国有企业技术创新经营业绩考核制度，将专利技术的创造和运用等技术创新成效纳入考核范围。

第十四条 县级以上人民政府及其有关部门应当制定和组织实施专利人才培养计划。

教育行政部门和学校应当将专利知识纳入学生素质教育内容，鼓励开展创新活动，培养学生专利意识。

支持高等学校设置与专利相关的课程、专业。

第三章 运 用

第十五条 鼓励专利权人依法实施其专利。

企业、事业单位和个人可以依法采取专利权入股、质押、转让、许可实施等多种形式运用专利，实现专利技术的商品化、产业化。

第十六条 鼓励和支持高等学校、科研院所和企业建立研究开发和转化实施平台，建立专利转移机制，促进专利开发运用。

第十七条 鼓励拥有相关专利的单位和个人通过相互许可使用、互惠使用等形式开展专利合作。

鼓励和支持拥有专利的单位和个人参与国际标准、国家标准、行业标准和地方标准等技术标准的制定。

第十八条 省、设区的市人民政府对具有较高技术水平、符合国家和本省产业政策、市场前景良好，在本行政区域内实施的专利项目，应当予以资金扶持；对可能形成战略性新兴产业的，应当优先扶持或者组织实施。

第十九条 县级以上人民政府可以通过资金补助、风险补偿、创业投资引导等方式，引导金融机构开展专利质押贷款等业务，加大对中小微企业专利实施的信贷支持，促进专利产业化。鼓励金融机构提供相应服务。

第二十条 县级以上人民政府及其有关部门应当为拥有专利技术的科技型中小微企业提供办公与生产场地、融资、信息、管理培训、技术咨询等方面的服务。

第二十一条 省、设区的市人民政府及其有关部门应当培育专利交易市场，规范专利交易活动，支持建立专利代理、专利技术交易、专利资产评估、专利信息咨询等中介机构。

第二十二条 拥有专利权的国有资产占有单位发生主体变更、终止，以及专利权转让、质押、作价入股等情况，应当依法进行专利资产评估。

第四章 保 护

第二十三条 任何单位和个人不得侵犯他人专利权、假冒专利。

任何单位和个人不得为侵犯他人专利权、假冒专利提供资金、场所、生产设备、运输、销售、广告、印刷等生产经营的便利条件。

管理专利工作的部门依法调查专利侵权、查处假冒专利，有关单位或者个人不得拒绝提供或者隐瞒、转移、销毁与案件有关的资料，不得隐藏、转移、变卖、毁损登记保存的物品。

第二十四条 专利权人有权在其专利产品或者该产品的包装上标注专利标识。专利标识的标注形式，应当符合国家有关规定。

第二十五条 未经专利权人许可实施其专利的，专利权人或者利害关系人可以向人民法院提起诉讼，也可以请求县级以上人民政府管理专利工作的部门处理。

第二十六条 请求管理专利工作的部门处理专利侵权纠纷的，应当符合下列条件：

（一）请求人与专利侵权纠纷有利害关系；
（二）有明确的被请求人和具体的请求事项、事实；
（三）当事人未向人民法院提起诉讼；
（四）属于管理专利工作的部门受案和管辖范围。

第二十七条 管理专利工作的部门应当自收到专利侵权纠纷处理请求书之日起五个工作日内作出是否立案的决定，并书面通知请求人。决定立案的，应当自立案之日起五个工作日内将请求书副本送达被请求人。被请求人应当自收到请求书副本之日起十五日内提交答辩书和相关证据。

被请求人未提交答辩书和相关证据的，不影响管理专利工作的部门对专利侵权纠纷的处理。

第二十八条 管理专利工作的部门处理专利侵权纠纷，应当自立案之日起三个月内作出处理决定。案件特别复杂，需要延长期限的，经管理专利工作的部门负责人批准可以适当延长，但最多不超过一个月。

案件处理过程中的公告、鉴定、中止等时间不计入前款所述案件办理期限。

第二十九条 管理专利工作的部门或者人民法院作出侵权处理决定或者判决之后，被请求人对同一专利权再次作出相同类型的侵权行为，专利权人或者利害关系人请求处理的，管理专利工作的部门可以直接作出责令立即停止侵权行为的处理决定。

第三十条 应当事人请求，管理专利工作的部门可以就下列专利纠纷进行调解：
（一）侵犯专利权的赔偿数额；
（二）专利申请权和专利权归属纠纷；
（三）发明人、设计人资格纠纷；
（四）职务发明的发明人、设计人的奖励和报酬纠纷；
（五）在发明专利申请公布后专利权授予前使用发明而未支付适当费用的纠纷。

对于前款第五项所列的纠纷，当事人请求管理专利工作的部门调解，应当在专利权被授予之后提出。

经调解达成协议的，管理专利工作的部门应当制作调解书；不能达成协议的，管理专利工作的部门应当告知当事人可以向人民法院提起诉讼。

第三十一条 查处假冒专利行为由行为发生地县级以上人民政府管理专利工作的部门管辖。

查处电子商务领域假冒专利行为，由电子商务交易平台所在地或者网店经营者注册地县级以上人民政府管理专利工作的部门负责。

管理专利工作的部门对管辖权发生争议的，由其共同的上一级人民政府管理专利工作的部门指定管辖。

第三十二条 管理专利工作的部门处理专利侵权纠纷以及假冒专利案件，可以行使下列职权：
（一）询问当事人、利害关系人和证人；
（二）进行现场勘验；
（三）查阅或者复制与案件有关的书证和视听资料；
（四）抽样取证；
（五）法律、行政法规规定的其他职权。

在证据可能灭失或者以后难以取得的情况下，经管理专利工作的部门负责人批准，可以先行登记保存，并应当在七日内及时作出处理决定。

第三十三条 管理专利工作的部门查处假冒专利案件，应当自立案之日起一个月内依法作出处理决定。案件特别复杂，需要延长期限的，经管理专利工作的部门负责人批准可以适当延长，但最多不超过十五日。

案件处理过程中听证、公告等时间不计入前款所述案件办理期限。

涉外案件的处理期限，按照国家有关规定执行。

第五章　管理和服务

第三十四条 县级以上人民政府管理专利工作的部门应当对本行政区域内的企业、学校、科研院所等单位和组织的专利工作进行指导和服务，帮助其建立和完善专利管理制度。

第三十五条 省人民政府管理专利工作的部门应当建立专利信息服务平台，提供下列公共服务：

（一）专利信息检索；

（二）专利权有效性、权属、变更、许可等查询；

（三）专利信息统计数据；

（四）相关产业专利数据库；

（五）专利侵权、假冒专利的处理信息；

（六）其他应当提供的专利公共信息服务。

第三十六条 县级以上人民政府管理专利工作的部门应当建立专利维权援助机制，为公民、法人和其他组织提供信息、法律、技术等方面的维权服务。

第三十七条 县级以上人民政府应当逐步建立重大经济活动的专利审议制度，避免专利技术的盲目引进、重复研发和流失或者侵犯专利权。

第三十八条 各类会展的举办者，对标注专利标识的参展产品或者技术，应当查验其专利证书或者其他证明文件。未能提供专利证书或者其他证明文件的，举办者应当拒绝其以专利产品、专利技术名义参展。

会展期间，举办地县级以上人民政府管理专利工作的部门接到假冒专利行为举报的，应当立即进行现场调查，必要时可以依法采取抽样取证或者证据先行登记保存措施；认定专利违法行为成立的，应当责令参展商立即撤出其参展产品或者技术，并依法予以处理。

第三十九条 利用报刊、广播、电视等媒体宣传专利产品或者专利方法的，广告主应当向广告审查机关和广告经营者、发布者提供有关专利真实、合法、有效的证明文件。未提供专利证明文件的，有关单位不得为其设计、制作或者发布广告。

第四十条 中介机构从事专利代理等专利服务的，应当具备国家规定的资质，并依法办理登记注册手续。

从事专利的代理、技术交易、资产评估、信息咨询等专利服务的中介机构及其执业人员，应当依法开展专利中介服务，不得出具虚假报告，不得泄露、剽窃委托人的发明创造内容，不得与当事人串通牟取不正当利益，不得损害专利权人及其他当事人的合法权益，不得损害社会公共利益。

第四十一条 依法成立的专利鉴定机构可以接受有关部门及当事人的委托，组织有关方面的专家独立进行与专利保护有关的鉴定活动。

第四十二条 管理专利工作的部门应当建立专利违法行为举报制度，公布举报方式。对接到的专利违法行为举报，管理专利工作的部门应当依法及时调查、处理，并将调查、处理结果向举报人反馈。举报的专利违法行为经查证属实的，由管理专利工作的部门对举报人给予奖励。

第六章　法律责任

第四十三条　违反本条例第二十三条第一款规定，假冒专利的，除依法承担民事责任外，由县级以上人民政府管理专利工作的部门责令改正并予公告，没收违法所得，可以并处违法所得一倍以上四倍以下罚款。没有违法所得的，可以处五千元以上五万元以下罚款；情节严重的，处五万元以上二十万元以下罚款。

第四十四条　违反本条例第二十三条第二款规定，明知其他单位和个人假冒专利，而为其提供资金、场所、生产设备、运输、销售、广告、印刷等生产经营的便利条件的，由县级以上人民政府管理专利工作的部门责令改正；有违法所得的，没收违法所得，可以处违法所得一倍以上两倍以下罚款；没有违法所得的，可以处五千元以上二万元以下罚款。

第四十五条　违反本条例第二十三条第三款规定，拒绝提供或者隐瞒、转移、销毁与案件有关的资料，或者隐藏、转移、变卖、毁损登记保存的物品的，由管理专利的工作部门依法处理；违反治安管理处罚法律规定的，由公安机关依法处罚。

第四十六条　违反本条例第二十四条规定，专利标识的标注不符合规定的，由县级以上人民政府管理专利工作的部门责令其限期改正。

专利标识标注不当，构成假冒专利行为的，由县级以上人民政府管理专利工作的部门依法处罚。

第四十七条　违反本条例第三十八条第一款规定，允许未提供专利证书或者其他证明文件的产品或者技术以专利产品或者专利技术名义参展的，由县级以上人民政府管理专利工作的部门责令改正，没收违法所得，并处五千元以上二万元以下罚款。

第四十八条　从事专利代理服务的中介机构及其执业人员违反本条例第四十条第二款规定的，由省人民政府管理专利工作的部门给予警告，或者提请上一级管理专利工作的部门依法吊销《专利代理人资格证书》；给当事人造成经济损失的，依法承担民事责任。

第四十九条　单位或者个人骗取专利资助、奖励的，由实施资助、奖励的行政机关采取下列方式处理：

（一）追回资助的资金，撤销授予的奖励；

（二）五年内不再受理其提出的专利资助、专利奖励申请；

（三）向社会公示骗取专利资助、奖励的不良信用信息。

第五十条　从事专利管理工作的国家机关工作人员以及其他有关国家机关工作人员玩忽职守、滥用职权、徇私舞弊的，依法给予行政处分。

第五十一条　违反本条例规定，法律、行政法规另有处罚规定的，从其规定；构成犯罪的，依法追究刑事责任。

第七章　附　　则

第五十二条　本条例自2016年1月1日起施行。1998年6月20日安徽省第九届人民代表大会常务委员会第四次会议通过，2005年10月21日安徽省第十届人民代表大会常务委员会第十九次会议修订的《安徽省专利保护和促进条例》同时废止。

福建省专利促进与保护条例

(2013 年 11 月 29 日福建省第十二届人民代表大会常务委员会第六次会议通过)

第一章 总 则

第一条 为鼓励发明创造,促进专利运用,加强专利保护,提高创新能力和水平,根据《中华人民共和国专利法》等法律、法规,结合本省实际,制定本条例。

第二条 本条例适用于本省行政区域内的专利促进与保护及其相关活动。

第三条 专利促进与保护应当遵循激励创造、有效运用、依法保护和科学管理的原则。

第四条 县级以上地方人民政府应当加强对专利工作的领导和扶持,将专利工作纳入国民经济和社会发展规划,健全技术创新激励机制,发展专利交易市场,促进专利实施与产业化,推动专利事业的发展。

县级以上地方人民政府应当加大专利促进与保护的资金投入,多渠道筹集资金,用于资助专利申请和专利技术开发推广。

第五条 县级以上地方人民政府管理专利工作的部门负责本行政区域内的专利促进与保护工作。

县级以上地方人民政府财政、工商、公安等有关部门应当依照各自职责做好专利促进与保护工作。

第六条 县级以上地方人民政府及其管理专利工作的部门应当加强专利知识的宣传普及工作,提高公众的专利意识,推动形成促进与保护专利的良好社会氛围。

第七条 管理专利工作的部门以及有关行业协会,对在专利申请公布或者公告之前的发明创造内容,应当履行保密义务。

第二章 专利促进

第八条 县级以上地方人民政府应当设立专利发展专项资金,用于专利奖励、专利实施与产业化、专利保护和管理等方面。

第九条 省人民政府设立专利奖,表彰在本省行政区域内产生显著经济社会效益的专利项目专利权人和发明人、设计人。

设区的市、县(市、区)人民政府应当对在本地区产生较好经济社会效益的优秀专利项目或者专利工作成绩突出的单位和个人给予奖励。

第十条 县级以上地方人民政府应当支持企业通过自主研发、购买、兼并、特许经营、许可、联盟等方式,获得企业发展所需的专利。

引导和支持企业实施知识产权管理国家标准,提升企业核心竞争力。

第十一条 县级以上地方人民政府及其有关部门应当加强专利人才队伍建设。鼓励和支持企业、科研机构、高等院校和其他组织培养专利人才,开展专利人才培养的对外合作,引进国内外高层次专利人才。

企业应当加强职工创新意识的培养,鼓励职工立足本职岗位,开展技术创新和发明创造。

第十二条 政府采购及其他使用财政性资金进行采购的,应当在同等条件下优先购买专利产品。

第十三条 鼓励单位和个人依法通过专利申请权转让、专利权转让、专利实施许可或者专利权质押、入股等方式促进专利运用。

专利申请权转让合同、专利权转让合同、专利实施许可合同经依法登记或者备案的，可以依法享受税收优惠。

第十四条 鼓励和支持高等院校、科研机构与企业事业单位开展多渠道、多形式的合作，促进专利的开发与运用。

第十五条 鼓励企业、事业单位增加研究开发专利的投入。企业为开发专利的投入费用和所取得的符合条件的技术转让所得，可以依法享受税收优惠。

第十六条 金融机构应当依照国家有关规定，支持专利实施与产业化，开展专利权质押贷款，为专利实施与产业化项目提供信贷支持。

保险机构应当依照国家有关规定，开展专利保险业务。

第十七条 发明人、设计人的发明创造获得专利授权的，可以作为相关专业技术职务任职资格评定的依据；获得省级以上专利奖的，可以作为破格申报相关专业技术职称的条件之一。

第十八条 被授予专利权的单位应当依照法律、法规的规定给予职务发明创造的发明人、设计人奖金。转让专利权的，应当给予职务发明创造的发明人、设计人报酬。

奖金和报酬可以现金、股份、股权收益或者当事人约定的其他形式给付。给付的数量、时间和方式等，由当事人依法约定。

第十九条 省人民政府管理专利工作的部门应当建立专利信息服务平台，为专利交易和运用提供公共服务，促进专利信息的传播和利用，推动专利交易和运用。

鼓励单位和个人在技术开发和新技术、新产品进出口时进行专利检索。

第二十条 管理专利工作的部门应当加强对企业、高等院校、科研机构等单位专利工作的指导，协助其建立、健全专利管理制度；为社会提供专利信息、专利申请、专利实施、专利权保护等方面的服务。

第二十一条 有下列情形之一的，国有专利资产占有单位应当按照国家有关规定对专利资产进行评估：

（一）转让专利申请权、专利权的；

（二）以专利资产作价出资的；

（三）变更或者终止前需要对专利资产作价的；

（四）与其他企业、经济组织或者个人合资、合作实施专利的；

（五）其他法律、法规规定应当评估的。

第二十二条 县级以上地方人民政府管理专利工作的部门以及行业组织应当加强重点领域的专利预警研究，对国内外专利状况、发展趋势、竞争态势等信息进行收集、分析、发布；引导扶持企业建立专利预警应急机制，提高应对专利纠纷的能力，维护产业安全。

第二十三条 省人民政府管理专利工作的部门可以聘请有关专家组成专利鉴定咨询委员会，依照有关法律法规进行专利鉴定的咨询服务。

第二十四条 有关行业协会应当鼓励会员申请和实施专利，支持会员依法维护自主专利权，督促会员尊重他人专利权。

第二十五条 鼓励发展独立公正、规范运作的专利代理机构。

从事专利代理的机构或者个人应当依照有关法律、法规取得执业资质或者资格。

专利代理机构及其专利代理人应当独立、客观、公正地开展中介服务，不得出具虚假检索、评估报告；不得以不正当手段承揽业务；不得损害当事人和其他社会公众的利益；在专利申请公布或者公告之前，不得泄露被代理人的发明创造内容。

管理专利工作的部门依照职责对专利代理机构实施监督管理。

第二十六条 县级以上地方人民政府应当根据当地实际，采取有效措施促进闽台专利交流与合作，支持台湾地区专利代理机构在本地区设立分支机构，鼓励取得大陆专利代理人资格的台湾地区居民在本地区专利代理机构实习或者执业。

第三章 专利保护

第二十七条 任何单位或者个人不得假冒专利或者非法实施他人专利；不得为假冒专利或者非法实施他人专利提供便利条件。

第二十八条 未经专利权人许可实施其专利，引起侵权纠纷的，当事人可以协商解决；当事人不愿协商或者协商不成的，专利权人或者利害关系人可以请求管理专利工作的部门处理，也可以向人民法院起诉。

第二十九条 请求管理专利工作的部门处理专利侵权纠纷的，应当提交专利侵权纠纷处理请求书和有关证据，并且符合下列条件：

（一）请求人是专利权人或者利害关系人；

（二）有明确的被请求人以及具体的请求事项、事实和理由；

（三）当事人双方均未向人民法院提起诉讼；

（四）属于管理专利工作的部门受理管辖范围。

第三十条 管理专利工作的部门自收到专利侵权纠纷处理请求书之日起五个工作日内，对符合条件的，应当作出受理决定；对不符合条件的，不予受理并书面说明理由。

管理专利工作的部门应当自受理之日起五个工作日内，将请求书副本送达被请求人。被请求人应当自收到请求书副本后十五日内提交答辩书和有关证据。被请求人未提交答辩书和有关证据的，不影响处理程序的进行。

第三十一条 管理专利工作的部门应当自立案之日起四个月内作出处理决定。情况特别复杂，不能在规定的期限内做出处理决定的，经管理专利工作的部门负责人批准，可以适当延长期限，并书面告知请求人和被请求人，但是延长期限不得超过三十日。

被请求人在答辩期内提出宣告专利权无效请求的，可以向管理专利工作的部门提出中止处理的书面申请。是否中止处理，由管理专利工作的部门审查后书面通知当事人。

案件处理过程中的公告、中止、鉴定期间不计算在专利侵权纠纷处理期限内。

当事人不服处理决定的，可以依法申请行政复议或者提起行政诉讼。

第三十二条 管理专利工作的部门在处理专利侵权纠纷或者查处涉嫌假冒专利案件时，可以行使下列职权：

（一）询问当事人和证人；

（二）查阅、复制与案件有关的合同、证照、图纸、账册、档案等资料；

（三）现场检查、摄录与案件有关的产品、专用工具、设备等物品和相关软件；

（四）对有证据证明是假冒专利的产品，可以依法查封或者扣押。

管理专利工作的部门依法行使前款规定的职权时，有关单位和个人应当予以协助、配合，不得拒绝、阻挠。

第三十三条 管理专利工作的部门认定专利侵权成立，作出处理决定的，可以采取下列措施制止侵权行为：

（一）对未经专利权人许可制造其专利产品的，责令停止制造并销毁或者拆解用于制造专利产品的模具、专用设备；责令停止使用已经制造的专利产品，并不得以任何形式将该产品投放市场；

（二）对未经专利权人许可使用其专利方法的，责令停止使用该专利方法或者依照该专利方法直接获得的产品，并不得以任何形式将该产品投放市场；

（三）对未经专利权人许可销售其专利产品或者依照其专利方法直接获得的产品的，责令停止销售，并不得转移尚未出售的专利产品或者依照其专利方法直接获得的产品；

（四）对未经专利权人许可许诺销售其专利产品或者依照其专利方法直接获得的产品的，责令不得进行任何实际销售行为；

（五）对未经专利权人许可进口其专利产品或者依照其专利方法直接获得的产品的，责令停止进口、销售、使用该产品，并不得以任何形式将该产品投放市场。

采取前款措施不足以制止侵权行为的，管理专利工作的部门可以责令侵权人销毁或者拆解侵权产品。侵权人拒不停止侵权行为的，管理专利工作的部门可以依法申请人民法院强制执行。

第三十四条 管理专利工作的部门根据当事人的请求调解专利纠纷时，应当遵循自愿、合法的原则，促成当事人和解或者达成调解协议。达成调解协议的，双方当事人可以依法向有管辖权的人民法院申请司法确认。

第三十五条 管理专利工作的部门应当建立、健全专利维权援助机制，加大维权援助力度，拓宽维权援助渠道，依法开展专利维权服务，为公民、法人和其他组织提供专利维权的信息、法律、技术等帮助。

鼓励专利维权援助机构、专利代理机构、高等院校、科研机构、社会团体为公民、法人和其他组织提供专利维权援助。

第三十六条 任何单位和个人有权向管理专利工作的部门举报涉嫌假冒专利等违法行为。

接受举报的管理专利工作的部门对举报人及举报内容应当保密并及时调查处理，对查证属实的，应当给予举报单位和个人奖励。

第三十七条 广告主发布涉及专利的广告，应当提供该专利权有效证明。

广告发布者应当查验广告主提供的专利权有效证明，对未能提供的，不得发布涉及专利的广告。

第三十八条 展览会、推广会、交易会等会展的举办单位，对标注专利标记和专利号的参展产品或者技术，应当要求参展者提供专利证书或者专利许可合同等有效证明；对不能提供有效证明的，禁止其以专利的名义参展。

管理专利工作的部门负责对展览会、推广会、交易会等会展中涉及专利的监督管理。

第四章 法律责任

第三十九条 认定专利侵权成立的行政处理决定或者民事判决生效后，侵权人就同一专利权再次作出相同类型的侵权行为，专利权人或者利害关系人请求处理的，管理专利工作的部门可以直接作出责令立即停止侵权行为的处理决定，没收违法所得，并处以违法所得一倍以上五倍以下的罚款；没有违法所得的，处以一万元以上五万元以下的罚款。

第四十条 违反本条例第二十五条第二款规定，未依法取得专利代理执业资质或者资格，以营利为目的从事专利代理服务的，由管理专利工作的部门责令改正，没收违法所得，并处以违法所得一倍以上五倍以下的罚款；没有违法所得的，处以一万元以上五万元以下的罚款。

第四十一条 违反本条例第二十五条第三款规定，出具虚假检索、评估报告或者在专利申请公布或者公告之前泄露发明创造内容的，由管理专利工作的部门没收违法所得，并处以五千元以上三万元以下的罚款；情节严重的，责令停业整顿。

第四十二条 违反本条例第二十七条规定，假冒专利的，除依法承担民事责任或者行政责任外，管理专利工作的部门可以将违法事实在新闻媒体上予以公告；为假冒专利或者非法实施他人专利的行为提供便利条件的，由管理专利工作的部门没收违法所得，并责令限期改正；逾期不改的，处以五千元以上三万元以下的罚款；构成犯罪的，依法追究刑事责任。

第四十三条 违反本条例第三十二条规定，有关单位或者个人拒不提供或者隐瞒、转移、销毁与案件有关的合同、证照、图纸、账册、档案等资料或者转移、销毁被查封扣押的物品，由管理专利工作的部门对有关单位或者个人处以五千元以上五万元以下的罚款。

第四十四条 拒绝、阻碍专利行政执法人员依法执行职务，违反《中华人民共和国治安管理处罚法》的，由公安机关给予治安管理处罚；构成犯罪的，依法追究刑事责任。

第四十五条 管理专利工作的部门的工作人员有下列情形之一的，依法给予处分；构成犯罪的，依法追究刑事责任：

（一）利用职务便利，索取、收受他人财物的；

（二）查封扣押不当，给当事人合法权益造成损失的；

（三）包庇、放纵假冒专利的单位或者个人，或者通风报信帮助其逃避查处的；

（四）在专利申请公布或者公告之前泄露发明创造内容的；

（五）其他不依法履行职责的情形。

第五章 附　则

第四十六条 本条例自 2014 年 1 月 1 日起施行。2004 年 6 月 2 日福建省第十届人民代表大会常务委员会第九次会议通过的《福建省专利保护条例》同时废止。

江西省专利促进条例

(2009年11月27日江西省第十一届人民代表大会常务委员会第十三次会议通过)

第一章 总 则

第一条 为了鼓励发明创造，促进专利运用，保护专利权人的合法权益，推进创新型江西建设，根据《中华人民共和国专利法》及其他有关法律、行政法规的规定，结合本省实际，制定本条例。

第二条 本条例适用于本省行政区域内的专利创造、运用、保护和管理等活动。

第三条 县级以上人民政府应当加强对专利工作的领导，将专利工作纳入国民经济和社会发展规划，制定促进专利事业发展的政策措施，鼓励和支持专利的开发和运用，并为专利工作提供必要的条件和保障。

第四条 县级以上人民政府管理专利工作的部门负责本行政区域内的专利创造、运用的促进以及专利保护、管理等工作。

发展改革、科技、工业和信息化、财政、教育、商务、国有资产管理、税务、工商行政管理、质量技术监督、公安等有关部门按照各自职责，做好有关专利的促进和保护工作。

第五条 报刊、广播、电视、网络等有关媒体应当加强对专利知识的宣传，提高全社会的专利意识。

第六条 加强青少年知识产权普及教育；支持有条件的高等院校及培训机构开设知识产权专业，鼓励高等院校开设知识产权课程，培养知识产权复合型人才。

第二章 专利创造

第七条 鼓励企业、科研机构、高等院校制定专利战略，扶持符合经济社会发展需要的专利创造与产业化项目；鼓励个人进行发明创造，申请专利。

第八条 县级以上人民政府应当设立专利专项资金，用于下列事项：

（一）资助专利申请；

（二）促进专利实施；

（三）专利公共服务平台建设；

（四）专利保护、预警应急与维权援助机制建设；

（五）专利人才培养与交流合作；

（六）对做出突出贡献的专利权人的奖励；

（七）促进专利事业发展的其他事项。

专利专项资金应当专款专用。具体使用办法由县级以上人民政府财政部门会同管理专利工作的部门制定。

第九条 省人民政府设立专利奖，对进行发明创造，获得专利，为促进本省经济社会发展做出突出贡献的专利权人予以奖励。

设区的市和县级人民政府应当按照国家和本省有关规定，对本地区发明创造、促进专利产业化成绩显著的单位和个人给予奖励。

第十条 县级以上人民政府及其有关部门应当将专利指标纳入国民经济和社会发展统计

范围，纳入科技计划实施评价体系、国有企业绩效考核体系和高等院校、科研机构等事业单位科研绩效考核体系。

发展改革、科技、工业和信息化等有关部门应当将专利权拥有数量、质量作为科技园区、企业技术中心、工程（技术）研究中心、高新技术企业、创新型企业等认定和考核的重要指标。

第十一条 省科技部门应当会同有关部门，按照行业和领域特点编制并定期公布应掌握自主知识产权的关键技术和重要产品目录。对列入目录的关键技术的研发、专利申请和产品的开发，按照省人民政府有关规定给予支持。

第十二条 鼓励企业增加研究开发专利的投入，其专利研究开发费用按照国家有关规定计入成本费用，享受相应税收优惠政策。

第十三条 对政府财政资金支持的科技计划项目，可能产生专利的，科技等有关部门应当优先支持，并与项目承担单位约定专利目标，将获得专利的情况纳入科技计划项目的验收内容。申请专利所发生的费用，可以在项目经费中列支。

第十四条 被授予专利权的单位转让专利权的，发明人或者设计人在同等条件下有优先受让的权利。

被授予专利权的单位应当给予职务发明创造的发明人、设计人奖金或者报酬。单位与其有约定的，从其约定；没有约定的，从实施专利的税后利润、税后专利许可使用费、税后专利转让费中按照高于国家规定的奖励和报酬的比例执行。

奖金和报酬可以现金、股份、股权收益或者当事人约定的其他形式给付。

第十五条 在专业技术职务评审中，专利发明人、设计人所获得的专利应当作为相近序列专业技术职务评定的依据之一。

获得中国专利金奖、优秀奖以及省人民政府专利奖的专利，对技术进步能够产生重大作用或者取得显著经济效益的专利，可以作为发明人、设计人破格申报相近序列专业技术职务的依据。

第三章 专利运用

第十六条 鼓励和支持借（贷）款机构、担保机构开展专利权质押业务，对发展潜力大、具有良好市场前景的专利技术实施项目优先给予信贷支持。质押项目符合科技计划立项条件的，按照省人民政府有关规定给予借（贷）款机构、担保机构一定的风险补助。

第十七条 鼓励专利权人依法实施其专利。

鼓励企业事业单位和个人依法采取专利权入股、质押、转让、许可等方式促进专利实施。

企业在专利实施及产业化过程中形成的新产品，享受有关扶持新产品开发的税收优惠政策。

第十八条 县级以上人民政府及其有关部门应当支持和鼓励企业参与国际国内技术标准的制定，为企业提高国内外市场竞争力创造条件。

第十九条 县级以上人民政府及其有关部门应当发展和规范专利交易市场，支持和鼓励建立专利技术交易机构，推进专利技术交易服务，促进专利技术商品化和产业化。

第二十条 鼓励高等院校、科研机构向企业转移专利技术成果。鼓励企业间专利技术的转移。

管理专利工作的部门以及发展改革、教育、科技等部门应当完善专利技术转移机制，指导高等院校、科研机构与企业之间加强专利技术的转移和许可使用。

高等院校和科研机构专利技术转让所得,按照有关税收法律和政策规定享受企业所得税优惠。

第二十一条 专利中介服务机构从事专利技术转让、专利技术开发和相关的专利技术服务、技术咨询业务,技术交易合同经当地管理专利工作的部门按照职责分工进行认定,并报税务机关备案的,其取得的收入可以依法免征营业税。

专利中介服务机构在代理业务中代收代缴的各类国家规费以及国际专利规费,在计算营业税计税营业额时依法予以扣除。

第二十二条 省发展改革、科技、工业和信息化、财政等部门应当将本省拥有自主专利权的产品认定为自主创新产品,并向社会公布。

省财政部门应当会同省科技等有关部门在获得认定的自主创新产品范围内,确定政府采购自主创新产品目录。机关、团体和事业单位使用财政性资金进行采购时,在性能、技术等指标能够满足需求的条件下,应当优先购买列入目录的产品。

第二十三条 省、设区的市管理专利工作的部门应当建立专利检索、信息和交易的公共服务平台,为单位和个人提供服务。

第二十四条 国有专利资产的占有单位涉及专利资产变动的,应当由依法设立的资产评估机构进行专利资产评估。

第四章 专利保护

第二十五条 县级以上人民政府应当建立健全专利保护工作协调机制,统筹协调本行政区域内的专利保护工作,研究解决专利保护工作中的重大问题。

管理专利工作的部门应当依法处理、调解专利侵权纠纷,查处假冒专利行为,保护专利权人的合法权益,为专利权人提供维权援助服务。

任何单位和个人都有权向管理专利工作的部门检举专利违法行为。管理专利工作的部门应当为举报人保密。

第二十六条 未经专利权人许可,实施其专利,即侵犯其专利权,引起纠纷的,依照《中华人民共和国专利法》的有关规定处理。

第二十七条 管理专利工作的部门可以应当事人请求,对下列专利纠纷进行调解:
(一)侵犯专利权的赔偿数额纠纷;
(二)专利申请权和专利权归属纠纷;
(三)发明人、设计人资格纠纷;
(四)职务发明创造的发明人、设计人奖励和报酬纠纷;
(五)在发明专利申请公布后专利权授予前使用发明而未支付适当费用的纠纷。

管理专利工作的部门调解专利纠纷,应当遵循自愿、合法的原则,在查明事实的基础上,促使当事人双方自愿达成协议。经调解达成协议的,应当制作调解书;不能达成协议的,应当告知当事人可以向人民法院提起诉讼。

第二十八条 任何单位和个人不得有下列侵犯他人专利权的行为:
(一)未经许可制造专利产品或者未经许可使用专利方法的;
(二)未经许可销售、许诺销售专利产品或者未经许可使用专利方法直接获得产品的;
(三)未经许可进口专利产品或者未经许可使用专利方法直接获得产品的;
(四)其他侵犯他人专利权的行为。

第二十九条 当事人请求管理专利工作的部门处理专利侵权纠纷,应当提交书面请求书和相关证据，并按照被请求人的数量提供请求书副本。

管理专利工作的部门应当自收到请求书之日起五个工作日内决定是否受理，并书面通知请求人。决定受理的，应当自受理之日起五个工作日内将请求书副本送达被请求人。

被请求人应当自收到请求书副本之日起十五日内提交答辩书和相关证据。被请求人未按时提交或者不提交答辩书的，不影响管理专利工作的部门对专利侵权纠纷的处理。

第三十条 管理专利工作的部门作出侵权处理决定或者人民法院作出判决后，被请求人对同一专利权再次作出相同的侵权行为，专利权人或者利害关系人请求处理的，管理专利工作的部门可以直接作出责令其停止侵权行为的处理决定。

第三十一条 管理专利工作的部门应当加强对生产、流通环节的专利产品的监督管理，维护市场经济秩序；发现假冒专利或者接到对假冒专利的举报，应当立案查处。

任何单位和个人不得有下列假冒他人专利的行为：

（一）在制造、销售的产品、产品的包装上标注他人的专利号或者制造、销售有专利标记的非专利产品的；

（二）在广告或者其他宣传材料中使用他人的专利号或者将非专利技术称为专利技术的；

（三）在合同中使用他人的专利号或者在合同中将非专利技术称为专利技术的；

（四）伪造或者变造专利证书、专利文件或者专利申请文件的；

（五）其他假冒他人专利的行为。

第三十二条 管理专利工作的部门在查处假冒专利时，可以行使下列职权：

（一）询问有关当事人，调查与案件有关的情况；

（二）对与案件有关的场所实施现场检查；

（三）查阅、复制与案件有关的合同、发票、账簿以及其他有关资料；

（四）检查与案件有关的产品，对有证据证明是假冒专利的产品，可以查封或者扣押。

管理专利工作的部门的工作人员行使前款规定的职权时应当出示有效执法证件，并对应当保密事项负有保密义务；相关当事人应当予以协助、配合，不得拒绝、阻挠。

第三十三条 管理专利工作的部门查处假冒专利，应当自查处之日起两个月内完成。情况复杂需要延长的，经本部门负责人批准，可以延长一个月。

第三十四条 管理专利工作的部门应当建立和完善专利信用公示制度。对假冒他人专利以及故意实施专利侵权行为的，应当建立档案，定期向社会公告。

第五章 专利管理

第三十五条 省人民政府应当建立重大经济活动的专利审查制度，避免专利技术的盲目引进、重复研发和流失。

第三十六条 下列可能涉及专利的重大经济活动，应当进行专利审查：

（一）国有及国有控股企业重大技术引进项目、重大合资合作项目的审批；

（二）具有重要专利权的国有及国有控股企业并购、重组、转让项目的审批；

（三）具有重要专利权的技术出口项目的审批；

（四）其他对本地区经济社会发展和公共利益有重大影响的涉及专利的活动。

第三十七条 省发展改革、科技、工业和信息化、财政、商务、国有资产管理等有关部门，应当对本条例第三十六条所列重大经济活动有关专利的情况进行审查。对所涉及的专利问题难以作出结论的，有关部门可以书面征求省管理专利工作的部门的意见；省管理专利工作的部门应当及时答复。

第三十八条　具有下列情形之一且涉及专利技术的，申请人或者申报人应当向有关行政部门提交专利检索报告：

（一）申请政府资助技术开发、技术引进或者技术改造项目；

（二）申报政府资助科学技术成果转化项目；

（三）申报政府科学技术奖。

第三十九条　展览会、交易会、展示会、推广会等会展的举办者，对标注专利标识的参展产品或者技术，应当查验其专利有效证明文件。未提供专利有效证明文件的，举办者应当拒绝其以专利产品、专利技术名义参展。

广告中涉及专利产品或者专利技术的，应当标明专利号，并提供专利有效证明文件；未提供专利有效证明文件的，有关单位不得为其设计、制作或者发布该广告。禁止利用未授予专利权的专利申请或者已经终止、撤销、无效的专利进行广告宣传。

第四十条　省管理专利工作的部门和商务等有关部门应当加强本省企业境外参展中有关专利工作的统筹协调，指导和帮助企业加强境外参展产品专利的管理和自我审核，预防和应对其境外参展产品专利侵权纠纷。

第四十一条　从事专利代理、专利检索、专利评估、专利许可贸易等专利服务的中介机构依法办理登记注册手续后，方可从事专利中介服务。法律、行政法规规定应当具备相应资质的，依照法律、行政法规的规定。

从事专利服务的中介机构及其工作人员应当依法开展中介服务，不得出具虚假报告，不得与当事人串通牟取不正当利益，不得损害专利权人、其他当事人的合法权益或者侵害社会公共利益。

管理专利工作的部门应当依法加强对专利中介服务机构的指导和监督。管理专利工作的部门及其工作人员不得从事或者参与专利中介服务。

第四十二条　因终止、解除劳动关系或者其他原因离开单位的人员，在离开单位前，应当将已经完成或者正在进行的与职务发明创造有关的实验材料、试验记录、样品样机以及其他不对外公开的技术资料，交还单位。

第六章　法律责任

第四十三条　违反本条例第二十八条规定的，除依法承担民事责任外，由管理专利工作的部门依照下列规定处理：

（一）违反第一项规定的，责令行为人立即停止制造或者使用该专利方法，销毁制造侵权产品的专用设备、模具，并且不得销售、使用尚未售出的侵权产品或者未经许可使用专利方法直接获得的产品，不得以任何形式将该产品投放市场。

（二）违反第二项规定的，责令行为人立即停止销售或者许诺销售，并且不得使用尚未售出的侵权产品或者以任何形式将其投放市场。

（三）违反第三项规定的，责令行为人立即停止进口；侵权产品已经入境的，不得销售、使用该侵权产品或者以任何形式将其投放市场；侵权产品尚未入境的，将处理决定通知有关海关。

第四十四条　违反本条例第三十一条第二款规定的，除依法承担民事责任外，由管理专利工作的部门依照下列规定处罚；构成犯罪的，依法追究刑事责任：

（一）违反第一项规定的，责令行为人清除该专利标记和专利号；专利标记和专利号难以清除的，责令行为人销毁该产品。有违法所得的，没收违法所得，并处违法所得两倍以上四倍以下罚款；没有违法所得的，处五万元以上十万元以下罚款，情节严重的，处十万元以上二十万元以下罚款。

（二）违反第二项规定的，责令行为人立即停止发布该广告或者停止散发该宣传材料，消除影响，并销毁尚未发出的宣传材料，并处一万元以上五万元以下罚款。

（三）违反第三项规定的，责令行为人通知合同的另一方当事人，限期改正合同的有关内容；逾期不改正的，处一万元以上五万元以下罚款。

（四）违反第四项规定的，责令行为人限期停止违法行为，销毁其伪造或者变造的专利证书、专利文件或者专利申请文件；逾期不改正的，处五万元以上十万元以下罚款。

第四十五条 违反本条例第三十二条第二款规定，拒绝、阻挠管理专利工作的部门的工作人员依法行使职权的，由管理专利工作的部门给予警告；构成违反治安管理行为的，由公安机关依法给予治安管理处罚；构成犯罪的，依法追究刑事责任。

第四十六条 违反本条例第三十九条第一款规定，会展的举办者允许未提供专利有效证明文件的产品或者技术以专利产品、专利技术名义参展的，由管理专利工作的部门责令改正，没收违法所得；拒不改正的，处两千元以上一万元以下罚款。

违反本条例第三十九条第二款规定，利用未授予专利权的专利申请或者已经终止、撤销、无效的专利进行广告宣传的，由工商行政管理部门依法予以处罚。

第四十七条 违反本条例第四十一条第二款规定，从事专利服务的中介机构及其工作人员出具虚假报告、牟取不正当利益的，由管理专利工作的部门给予警告，责令改正；拒不改正的，处五千元以上两万元以下罚款；有违法所得的，没收违法所得；情节严重的，由发证机关依法吊销相关证照。给当事人造成损失的，依法承担赔偿责任。

第四十八条 管理专利工作的部门及其他有关部门工作人员玩忽职守、滥用职权、徇私舞弊的，对负有责任的主管人员和其他直接责任人员依法给予处分；构成犯罪的，依法追究刑事责任。

第七章 附 则

第四十九条 本条例自 2010 年 1 月 1 日起施行。

山东省专利条例

(2013年8月1日山东省第十二届人民代表大会常务委员会第三次会议通过)

第一章 总 则

第一条 为了鼓励发明创造，促进专利运用，加强专利保护和管理，增强自主创新能力，推动经济社会发展，根据《中华人民共和国专利法》和其他有关法律、行政法规，结合本省实际，制定本条例。

第二条 本条例适用于本省行政区域内专利促进、保护、管理、服务以及相关活动。

第三条 专利工作遵循激励创造、有效运用、依法保护、科学管理、完善服务的原则。

第四条 县级以上人民政府应当加强对专利工作的领导，将专利工作纳入国民经济和社会发展规划，健全专利工作体系，支持专利运用和产业化，促进专利事业发展。

第五条 县级以上人民政府专利行政部门负责本行政区域内的专利工作；发展改革、财政、人力资源社会保障等部门按照各自职责，做好相关工作。

第六条 县级以上人民政府及其专利行政等有关部门应当加强专利宣传教育，普及专利知识，增强公众的专利意识。

第七条 县级以上人民政府对具有重大经济、社会和生态效益的优秀专利项目，以及对发明创造和专利运用做出突出贡献的单位和个人，按照有关规定给予表彰、奖励。

省人民政府设立山东优秀发明家奖。

第二章 专利促进

第八条 县级以上人民政府及其有关部门应当建立健全发明创造的激励和保障机制，支持发明创造形成专利；重点扶持符合国家和省产业政策、自主研发和具有较高技术水平的专利技术产业化项目，促进专利运用。

第九条 县级以上人民政府应当设立专项资金，按照规定的使用范围，用于促进专利运用、专利资助奖励、专利人才培养、专利行政保护等相关工作。专项资金应当专款专用，并根据财政状况逐步增加。

第十条 县级以上人民政府有关部门进行专业技术职务评审时，应当将专利发明人、设计人的相关专利作为综合评价的重要内容。

对推动技术进步产生重大作用或者取得显著经济效益的发明专利的主要发明人，获得山东优秀发明家奖的个人，可以优先推荐申报相关专业技术职务资格。获得中国专利金奖、优秀奖的主要发明人，符合破格申报条件的，可以破格申报相关专业技术职务资格。

第十一条 被授予专利权的单位应当依法支付发明人或者设计人奖金和报酬。报酬可以采取现金、股份、股权收益形式或者当事人约定的其他形式支付。

第十二条 以政府财政资金安排和设立的创业风险投资资金的管理机构，应当加大对专利技术产业化项目的投资力度。

第十三条 鼓励和支持银行等金融机构开展专利权质押贷款；对具有发展潜力、良好市场前景的专利技术实施项目，优先给予信贷支持。

鼓励信用担保机构为实施专利技术提供以融资担保为主的信用担保。

支持担保机构开展中小企业专利质押融资担保业务。

第十四条 鼓励企业事业单位和个人采取专利权入股、质押、转让、许可等方式实施专利，股东依法以专利权等非货币出资所占注册资本比例可以达到百分之七十。

企业在专利实施以及产业化过程中形成的新产品，享受有关扶持新产品开发的税收优惠。

单位和个人从事专利技术转让、开发和与之相关的专利技术咨询、服务等业务，依法享受税收优惠。

第十五条 鼓励和支持企业事业单位参与国际标准、国家标准、行业标准或者地方标准的制定，促进专利运用与标准制定相结合。

第十六条 鼓励和支持高等学校、科研机构和企业采取多种形式开展发明创造，实现专利技术的产业化。

专利行政等有关部门应当建立专利技术转移机制，鼓励和指导高等学校、科研机构与企业之间加强专利技术的转移。

第三章 专利保护

第十七条 省、设区的市人民政府专利行政部门负责处理本行政区域内的专利纠纷。

县级以上人民政府专利行政部门负责查处本行政区域内的假冒专利行为。

县级以上人民政府专利行政部门应当加强专利行政执法队伍建设，强化执法人员培训，提高执法水平。

第十八条 请求专利行政部门处理专利侵权纠纷的，应当符合下列条件：

（一）请求人是专利权人或者利害关系人；

（二）有明确的被请求人；

（三）有明确的请求事项和具体事实、理由；

（四）属于受理专利行政部门的受案范围和管辖范围；

（五）专利侵权纠纷未进入诉讼程序。

经审查认为不符合受理条件的，不予受理，并出具不予受理通知书。当事人不服的，可以依法对专利行政部门提起行政诉讼。

对已驳回请求或者作出处理决定的专利侵权纠纷案件，同一请求人以相同的事实和理由再次对同一被请求人提出专利侵权纠纷处理请求的，专利行政部门不予受理。

第十九条 专利侵权纠纷处理过程中，被请求人向国家知识产权局专利复审委员会请求宣告涉案专利权无效的，可以请求专利行政部门中止案件处理；中止案件处理请求应当在指定的期限内以书面形式提出，并同时提交无效宣告请求受理通知书、专利权无效宣告请求书以及相关证据材料。

专利行政部门经审查认为需要中止处理的，应当作出中止处理的决定。但是，有下列情形之一的，可以不中止处理：

（一）请求宣告专利权无效的理由不成立或者提交的证据材料不充分的；

（二）被请求人所实施的技术或者设计属于现有技术或者设计的；

（三）被请求人所实施的技术或者设计未落入涉案专利权保护范围的；

（四）专利行政部门认为不应当中止处理的其他情形。

第二十条 在处理实用新型或者外观设计专利侵权纠纷过程中，专利行政部门可以根据案情需要，要求请求人出具由国务院专利行政部门作出的专利权评价报告。请求人无正当理由拒不提供的，专利行政部门可以驳回请求人的请求。

第二十一条 在专利侵权纠纷处理过程中,当事人对自己提出的主张有责任提供证据。

专利行政部门可以根据需要,依据职权调查收集有关证据。

当事人因客观原因不能自行收集部分证据的,可以书面申请专利行政部门调查收集。书面申请应当载明需要调查收集的证据内容和线索、拟要证明的事实以及不能自行收集的客观原因。

第二十二条 专利侵权纠纷涉及新产品制造方法的发明专利的,制造同样产品的单位或者个人应当提供其产品制造方法不同于专利方法的证明。

产品或者制造产品的技术方案在专利申请日以前为国内外公众所知的,该产品不属于前款规定的新产品。

第二十三条 专利行政部门根据处理专利侵权纠纷的需要进行调查时,可以行使下列职权:

(一)询问当事人和证人;

(二)查阅、复制与案件有关的合同、图纸、账簿等资料;

(三)对涉嫌侵权的产品进行登记并抽样取证;

(四)对涉嫌制造侵权产品和涉嫌使用专利方法的场所进行现场勘验;

(五)现场检查、摄录与案件有关的物品和设施;

(六)涉嫌侵犯制造方法专利权的,要求被调查人进行现场演示;

(七)对可能灭失或者可能被销毁、被转移的合同、图纸、发票、账簿、标记等资料以及有关的物品和设施依法予以登记保存。

专利行政部门行使前款规定的职权,公安机关和工商行政管理等有关部门应当予以协助。有关当事人应当协助调查并提供证据,不得拒绝、阻碍,不得伪造、转移或者毁损证据。

第二十四条 专利行政部门处理专利侵权纠纷,当事人应当如实提供相关证据。

专利行政部门可以根据已经查明的事实、鉴定意见以及权利人提供的证据等材料,对是否构成侵权以及损害结果等予以认定并依法作出处理决定。

第二十五条 专利行政部门处理专利侵权纠纷,认定侵权行为成立的,责令侵权人立即停止制造、使用、销售、许诺销售、进口等侵权行为,销毁侵权产品或者使用侵权方法直接获得的产品,销毁制造侵权产品或者使用侵权方法的专用零部件、工具、模具、设备等物品。

第二十六条 专利行政部门处理专利侵权纠纷,认定侵权行为不成立或者请求人提供的证据不充分的,应当驳回请求人的请求。当事人不服的,可以依法提起行政诉讼。

第二十七条 专利行政部门或者人民法院认定专利侵权行为成立的处理决定或者判决生效后,同一行为人对同一专利权继续或者再次实施侵权行为的,除依法承担民事责任外,由专利行政部门依据职权查处。

第二十八条 在展览会、展示会、推广会、交易会等展会上,当地专利行政部门应当及时处理专利侵权纠纷、查处假冒专利行为。

专利行政部门处理展会上的专利侵权纠纷,能够初步认定参展的产品、技术与专利技术相同或者等同的,可以要求被请求人将相关物品撤离展位。被请求人拒不撤离的,由当地专利行政部门依法处理。

第二十九条 专利行政部门处理或者调解专利纠纷,当事人达成调解协议的,应当制作调解书。

调解书经双方当事人签名或者盖章后生效,对双方当事人具有约束力,当事人应当履行。

调解书中具有给付内容的,当事人可以依照《中华人民共和国公证法》的规定申请公证机关赋予强制执行效力。债务人不履行或者不适当履行具有强制执行效力的公证文书的,债权人可以依法向有管辖权的人民法院申请执行。

第三十条 在专利权有效期内,专利权人或者经专利权人同意享有专利标识标注权的被许可人,可以在其专利产品、依照专利方法直接获得的产品、该产品的包装或者该产品的说明书等材料上标注专利标识。

生产、销售标有专利标识的产品,专利权终止的,当事人应当向专利行政部门提供生产日期的有效证明文件;拒不提供的,视为假冒专利。

第三十一条 专利行政部门在检查与涉嫌违法行为有关的产品时,对有证据证明是假冒专利的产品,可以依法查封或者扣押。

第三十二条 任何单位或者个人不得假冒专利,不得为明知是假冒专利提供制造、销售、运输、仓储、隐匿、广告、展示等便利条件。

第三十三条 县级以上人民政府专利行政部门应当建立专利违法行为举报制度,公布举报方式。

任何单位或者个人有权向专利行政部门举报专利违法行为。其他部门接到专利违法行为举报或者发现涉及专利的违法行为,应当及时告知专利行政部门。

专利行政部门对于查证属实的举报,按照有关规定对举报人给予奖励,并为其保密。

第四章 专利管理

第三十四条 任何单位和个人宣传、推销专利产品和专利方法,应当明示该专利权有效的证明文件。

广告中涉及专利的,广告主应当向广告经营者、广告发布者提供设区的市人民政府专利行政部门出具的有关证明文件;未提供的,广告经营者、广告发布者不得提供设计、制作、代理服务或者发布该广告。

第三十五条 设立从事专利代理的中介服务机构应当依法经专利行政部门审查、审批后,再向登记管理机关申请登记。

第三十六条 有下列行为之一的,应当向有关部门提交由省人民政府专利行政部门认定的专利文献检索机构出具的专利检索报告:

(一)申报重大科研和新技术、新产品立项的;

(二)从事专利技术、产品、设备进口贸易的;

(三)以专利技术、设备作为投资或者申办企业的;

(四)对科技成果进行评价的。

在技术、产品、设备出口贸易中,涉及进口国家或者地区专利权的,可以请求省人民政府专利行政部门认定的专利文献检索机构出具专利检索报告。

第三十七条 有下列情形之一的,专利权人、利害关系人应当提供专利登记簿副本等专利有效证明文件,利害关系人还应当提供专利实施许可合同:

(一)以专利产品或者技术为主要项目内容,申请政府财政资金支持或者政府奖励的;

(二)在展览会、展示会、推广会、交易会等展会活动中,参展方在产品、展板或者宣传资料上标注专利标记的;

(三)组织标注专利标记的商品进入商场、超市等市场流通领域销售的;

(四)需要确认专利权权属和专利权法律状态的其他情形。

不能提供专利权有效证明文件的,有关部门和单位不得给予其资金支持或者为其提供相关服务。

第三十八条 省、设区的市人民政府应当建立健全专利考核评价体系，将创新能力与专利运用情况纳入政府目标责任考核。

县级以上人民政府及其有关部门应当建立企业、高等学校和科研机构创新能力评价体系，将专利数量、质量和转化率作为其创新能力评价的重要依据。

第三十九条 专利行业协会应当加强对其会员服务和经营行为的自律管理，维护行业公平竞争秩序和会员合法权益，促进行业健康发展。

第五章 专利服务

第四十条 省、设区的市和有条件的县（市、区）人民政府专利行政部门建立健全专利信息公共服务体系，建立重点行业专利专题信息数据库，进行专利信息加工和战略分析，开展专利预警分析，为专利运用提供政策指导、技术咨询、信息共享、市场开发、展示交易等公共服务。

第四十一条 县级以上人民政府及其有关部门建立专利审议机制，对与专利技术相关的重大经济活动进行审议，防止技术的盲目引进、重复研发、流失或者侵犯专利权，避免造成重大经济损失。

下列与专利技术相关的重大经济活动，项目单位报批立项时，应当进行专利审议，并在可行性研究报告或者立项报告中对项目相关技术的专利权状况、专利侵权风险等作出评价：

（一）实施使用国有资金或者涉及国有资产数额较大的重大建设、重大并购、重点引进、重大高新技术产业化等项目；

（二）实施省重大科学技术项目、核心技术转让、重大技术进出口以及重点装备进口、省重点项目等与专利技术相关的项目；

（三）对当地经济社会发展有重大影响的其他经济活动。

第四十二条 省、设区的市人民政府专利行政部门应当建立专利咨询、鉴定专家人才库，组织有关专家开展与专利有关的技术咨询、鉴定和评价工作。

第四十三条 县级以上人民政府及其有关部门应当发展和规范专利技术交易市场，支持专利技术交易机构、专利技术展示交易平台的设立和发展。

第四十四条 县级以上人民政府应当组织开展专利维权援助工作，省、设区的市和有条件的县（市、区）设立公益性维权援助机构，负责受理、审查维权援助申请，免费提供相关事务咨询、纠纷解决方案等公共服务。

第四十五条 从事专利代理、检索、评估等中介服务机构依法取得设立登记后，方可从事专利服务。法律、行政法规规定应当具备相应资格、资质的，适用其规定。

专利中介服务机构及其工作人员应当依法开展中介服务，不得出具虚假报告和以不正当手段招揽业务，不得与当事人串通牟取不正当利益，不得损害专利申请人、专利权人以及其他当事人的合法权益和公共利益。

专利行政部门及其工作人员不得从事或者参与以营利为目的的专利中介服务。

第四十六条 省、设区的市人民政府专利行政部门应当加强对专利中介服务机构的指导与监管，建立专利中介服务机构以及专利代理人服务评价机制，引导、支持专利中介服务机构发展。

第四十七条 省、设区的市人民政府专利行政部门应当建立专利预警机制，监测和通报重点行业的国内外专利发展趋势、竞争态势等状况，制定应急预案，防范和化解专利风险。

第四十八条 县级以上人民政府及其有关部门应当制定和实施专利人才培养计划,加强对专利专业人才培养,促进专利人才向职业化、市场化和专业化方向发展。

第六章 法律责任

第四十九条 专利行政部门的工作人员以及其他有关国家机关工作人员玩忽职守、滥用职权、徇私舞弊的,依法给予处分;构成犯罪的,依法追究刑事责任。

第五十条 违反本条例规定,单位或者个人弄虚作假,骗取政府专利资助、奖励的,由人民政府或者有关部门撤销奖励,收回资助、奖励资金,五年内不得申报政府专利资助、奖励,将其记入社会信用档案并予以公布;构成违反治安管理行为的,由公安机关依法给予行政处罚;构成犯罪的,依法追究刑事责任。

第五十一条 违反本条例规定,假冒专利的,除依法承担民事责任外,由专利行政部门责令改正并予以公告,没收违法所得,可以并处违法所得一倍以上四倍以下的罚款;违法所得难以确定或者没有违法所得的,可以处二万元以上二十万元以下的罚款;构成犯罪的,依法追究刑事责任。

销售假冒专利产品的,以产品销售价格乘以所销售产品的数量作为其违法所得。

订立假冒专利合同的,以收取的费用作为其违法所得。

第五十二条 违反本条例规定,为明知是假冒专利提供制造、销售、运输、仓储、隐匿、展示等便利条件的,由专利行政部门责令其停止违法行为,可以处四千元以上二万元以下罚款;情节严重的,可以处二万元以上五万元以下罚款。为假冒专利制作、发布广告的,由专利行政部门书面告知,限期改正,并进行公告;逾期不改正的,由有关部门依法处理。

第五十三条 违反本条例规定,专利中介服务机构及其工作人员出具虚假报告,与当事人串通牟取不正当利益的,由专利行政部门责令改正,拒不改正的,处四千元以上二万元以下罚款;有违法所得的,没收违法所得;情节严重的,由发证机关依法吊销相关证照;给当事人造成损失的,依法承担民事责任。

第五十四条 阻碍专利行政执法人员依法执行职务的,由公安机关依照《中华人民共和国治安管理处罚法》进行处罚;构成犯罪的,依法追究刑事责任。

第五十五条 违反本条例规定,法律、行政法规已有行政处罚规定的,依照其规定执行;造成财产损失或者其他损害的,依法承担民事责任;构成犯罪的,依法追究刑事责任。

第七章 附 则

第五十六条 本条例自 2013 年 9 月 1 日起施行。2002 年 5 月 16 日山东省第九届人民代表大会常务委员会第二十八次会议通过的《山东省专利保护条例》同时废止。

山东省专利纠纷处理和调解办法

（2016年2月26日山东省人民政府第73次常务会议通过，自2016年5月1日起施行）

第一章 总 则

第一条 为了规范专利纠纷的处理和调解活动，保护当事人的合法权益，根据《中华人民共和国专利法》《中华人民共和国专利法实施细则》《山东省专利条例》等法律、法规，结合本省实际，制定本办法。

第二条 本省行政区域内专利纠纷的处理和调解，适用本办法。

第三条 省、设区的市人民政府专利行政部门根据当事人的请求，处理和调解本行政区域内的专利纠纷。

县（市、区）人民政府专利行政部门受省、设区的市人民政府专利行政部门委托，可以处理和调解本行政区域内的专利纠纷。

第四条 当事人请求处理或者调解专利纠纷，由侵权行为地或者被请求人所在地的专利行政部门管辖。

当事人向两个以上有管辖权的专利行政部门提出处理请求的，由最先受理的专利行政部门管辖。

专利行政部门对管辖权发生争议的，由争议双方共同的上一级人民政府专利行政部门指定管辖。

第五条 专利纠纷有下列情形之一的，由省人民政府专利行政部门处理和调解：

（一）当事人一方为外国人、无国籍人、外国企业和组织的；

（二）被请求人所在地不在本省同一个设区的市的；

（三）重大、复杂或者有较大影响的。

对前款第二项的专利纠纷，省人民政府专利行政部门可以指定有关设区的市人民政府专利行政部门管辖。

第六条 专利行政部门处理专利纠纷，应当以事实为依据、以法律为准绳，遵循公正、及时的原则。

专利行政部门调解专利纠纷，应当遵循自愿、合法的原则，在查明事实的基础上，促使当事人相互谅解，达成调解协议。

第七条 对已经作出处理决定或者达成调解协议的专利纠纷，当事人以同一事实和理由再次请求专利行政部门处理和调解的，专利行政部门不予受理。

第二章 专利纠纷的处理

第八条 未经专利权人许可实施其专利，引起专利侵权纠纷的，专利权人或者利害关系人可以向专利行政部门提起专利侵权纠纷处理请求。

第九条 提起专利纠纷处理请求，应当符合下列条件：

（一）有明确的被请求人；

（二）有明确的请求事项和具体事实、理由；

（三）属于专利行政部门的管辖范围；
（四）当事人未就该纠纷向人民法院起诉。

第十条 当事人请求处理专利纠纷的，应当提交下列材料：
（一）请求书；
（二）当事人主体资格的证明；
（三）相关专利文件及专利权有效的证明；
（四）涉嫌侵犯专利权的证据；
（五）其他有关证据、证明。

当事人应当提供有关材料的原件、原物或者经专利行政部门核对无异的复制品、照片、副本、节录本；提交外文材料的，应当附有中文译本。

第十一条 当事人委托代理人的，应当提交由委托人签名或者盖章的授权委托书。授权委托书应当载明委托事项和权限。

代理人代为承认、放弃、变更处理请求或者进行和解的，应当有委托人的特别授权。

第十二条 专利行政部门对请求书及有关材料进行审查，认为符合立案条件的，应当自收到请求书之日起五个工作日内立案，并通知当事人；认为不符合立案条件的，应当自收到请求书之日起五个工作日内书面通知请求人不予受理，并说明理由。

请求书及有关材料需要补正的，专利行政部门应当自收到请求书及有关材料之日起五个工作日内，通知请求人在指定期限内补正。经补正符合立案条件的，专利行政部门应当自收到补正材料之日起五个工作日内立案；请求人逾期不补正或者未按照要求补正的，书面通知请求人不予受理，并说明理由。

第十三条 专利行政部门处理专利纠纷，可以依职权调查收集有关证据。

当事人因客观原因不能自行收集有关证据的，可以书面请求专利行政部门调查取证，专利行政部门根据情况决定是否调查收集有关证据。

专利行政部门调查取证时，当事人和有关人员应当协助配合，如实反映情况，不得拒绝、阻挠，或者隐瞒、伪造、转移、毁灭证据。

第十四条 专利行政部门处理专利纠纷时，应当要求当事人出示证据，并进行质证。

对涉及商业秘密、个人隐私的证据，当事人可以提出不公开质证的申请。

第十五条 当事人对专利纠纷涉及的专业性问题，可以向专利行政部门提出鉴定申请。专利行政部门认为有必要的，由双方当事人协商确定具备相应资格的鉴定人进行鉴定；协商不成的，由专利行政部门指定。

专利行政部门可以聘请有关专家或者机构，对专利纠纷涉及的专业性问题进行咨询。

第十六条 专利行政部门应当自立案之日起五个工作日内将请求书及其他有关材料发送被请求人，要求其自收到之日起十五日内提交答辩书。被请求人逾期不提交的，不影响专利行政部门进行处理。

专利行政部门应当自收到答辩书之日起五个工作日内将答辩书发送请求人。

第十七条 专利行政部门处理专利纠纷时，可以根据案情需要决定是否进行口头审理。

进行口头审理的，应当至少在口头审理三个工作日前将时间、地点通知当事人。当事人无正当理由拒不参加的，或者未经允许中途退出的，对请求人按照撤回请求处理，对被请求人按照缺席处理。

第十八条 有下列情形之一的，可以延期审理：
（一）必须到场的当事人和其他参与人有正当理由未到场的；

（二）当事人临时提出回避申请的；
（三）需要通知新的证人到场，调取新的证据，重新鉴定、勘验，或者需要补充调查的；
（四）法律、法规规定可以延期的其他情形。

第十九条 专利行政部门立案后，认为需要追加有关单位或者个人参加专利纠纷处理的，应当书面通知有关单位或者个人。

第二十条 有下列情形之一的，中止专利纠纷处理：
（一）一方当事人死亡，需要等待继承人表明是否参加纠纷处理的；
（二）一方当事人丧失行为能力，尚未确定法定代理人的；
（三）作为一方当事人的法人或者其他组织终止，尚未确定权利义务承受人的；
（四）一方当事人因不可抗拒的事由，不能参加纠纷处理的；
（五）本案应当以其他案件的处理结果为依据，其他案件尚未处理完结的；
（六）法律、法规规定应当中止的其他情形。
中止的原因消除后，应当及时恢复处理。

第二十一条 有下列情形之一的，撤销专利纠纷案件：
（一）立案后发现不属于该专利行政部门管辖的；
（二）处理过程中发现不符合受理条件的；
（三）法律、法规规定应当撤销案件的其他情形。

第二十二条 有下列情形之一的，终结专利纠纷处理：
（一）请求人死亡，没有继承人或者继承人放弃处理请求的；
（二）被请求人死亡，没有义务承担人的；
（三）作为一方当事人的法人或者其他组织终止，没有权利义务承受人的；
（四）请求人撤回或者视为撤回请求的；
（五）涉案专利权被宣告无效的；
（六）当事人达成调解协议的；
（七）法律、法规规定应当终结的其他情形。

第二十三条 专利行政部门处理专利纠纷，可以进行调解；调解不成的，应当及时作出处理决定。

第二十四条 专利行政部门处理专利纠纷，应当自立案之日起三个月内结案。案件特别复杂需要延长期限的，应当由专利行政部门负责人批准，经批准延长的期限不超过一个月。
下列期间不计入前款规定的案件办理期限：
（一）公告、鉴定的期间；
（二）中止处理至恢复处理的期间；
（三）管辖权争议处理期间；
（四）双方当事人进行调解的期间；
（五）调取新证据、重新勘验的期间。

第二十五条 专利行政部门处理专利侵权纠纷，认定侵权行为成立的，应当作出处理决定，依法责令侵权人立即停止侵权行为；认定侵权行为不成立的，应当驳回请求。

第三章 专利纠纷的调解

第二十六条 专利行政部门根据当事人请求，可以调解下列专利纠纷：
（一）在发明专利申请公布后、专利权授予前使用该项发明而未支付适当费用的纠纷；

（二）专利申请权和专利权归属纠纷；
（三）发明人、设计人资格纠纷；
（四）职务发明创造的发明人、设计人的奖励和报酬纠纷；
（五）法律、法规规定的其他专利纠纷。

专利行政部门根据当事人的请求，也可以就侵犯专利权的赔偿数额进行调解。

对于第一款第一项的纠纷，当事人请求专利行政部门调解的，应当在专利权被授予之后提出。

第二十七条 请求专利行政部门调解专利纠纷的，应当提交书面请求书及相关证据。

单独对侵犯专利权赔偿数额提出调解请求的，应当提交专利行政部门作出的认定侵权行为成立的处理决定。

第二十八条 专利行政部门应当自收到调解请求书之日起五个工作日内将请求书发送被请求人，要求其在收到之日起十五日内提交意见陈述书，表明是否同意调解；被请求人逾期不提交的，视为不同意调解。

第二十九条 被请求人提交意见陈述书并同意调解的，专利行政部门应当自收到意见陈述书之日起五个工作日内，书面告知当事人调解的方式、时间和地点。

被请求人逾期未提交意见陈述书，或者在意见陈述书中表示不接受调解的，专利行政部门应当及时告知请求人。

第三十条 当事人经调解达成协议的，由专利行政部门制作调解协议书，并由当事人在协议书上签名或者盖章。当事人认为必要的，可以依法向人民法院申请司法确认。

第四章 展会期间和电子商务专利纠纷处理

第三十一条 在本省行政区域内举办的各类经济技术贸易展览会、展销会、博览会、交易会、展示会等展会期间，专利权人或者利害关系人向展会所在地专利行政部门提出专利纠纷处理请求的，专利行政部门应当自收到专利纠纷处理请求书后二十四小时内决定是否受理，并通知请求人、被请求人、展会主办方。

第三十二条 专利行政部门受理专利纠纷处理请求的，可以要求被请求人在指定期限内答辩。被请求人逾期不答辩的，不影响专利行政部门对案件的处理。

第三十三条 有下列情形之一的，专利行政部门不予受理：
（一）请求人已经向专利行政部门提出处理请求或者向人民法院提起诉讼的；
（二）专利权处于无效宣告请求处理程序的；
（三）专利权存在权属纠纷，处于人民法院的审理程序或者专利行政部门的调解程序的。

第三十四条 专利行政部门经审查，认定专利侵权行为成立的，应当责令被请求人从展会上撤出侵犯专利权的展品，销毁或者封存相关宣传材料；对专利侵权行为是否成立不能作出认定的，应当告知当事人，并在展会结束后继续处理。

第三十五条 专利行政部门认定电子商务平台上的专利侵权行为成立并作出处理决定的，应当通知电子商务平台提供方及时对专利侵权产品的相关网页采取删除、屏蔽或者断开链接等措施。

第五章 法律责任

第三十六条 违反本办法规定，法律、法规已有行政处罚规定的，适用其规定。

第三十七条 专利行政部门及其工作人员不依法履行处理和调解专利纠纷职责的，由上级专利行政部门责令限期改正；情节严重的，对直接负责的主管人员和其他直接责任人员依法给予处分。

专利行政部门工作人员在处理和调解专利纠纷活动中玩忽职守、滥用职权、徇私舞弊的,依法给予处分;给公民、法人和其他组织合法权益造成损害的,依法予以赔偿;构成犯罪的,依法追究刑事责任。

第三十八条 违反本办法规定,有关当事人隐瞒、伪造、转移、毁灭与案件有关的证据的,由专利行政部门处以一万元以上三万元以下的罚款。

第三十九条 违反本办法规定,展会期间被认定专利侵权行为成立的当事人,拒不从展会上撤出认定侵权的展品,销毁或者封存相关宣传材料的,由专利行政部门处以一万元以上三万元以下的罚款。

第四十条 违反本办法规定,电子商务平台提供方拒不对专利侵权产品相关网页采取删除、屏蔽或者断开链接等措施的,由专利行政部门处以一万元以上三万元以下的罚款。

第六章 附 则

第四十一条 本办法自 2016 年 5 月 1 日起施行。1993 年 4 月 14 日省人民政府发布的《山东省专利纠纷处理办法》(省政府令第 44 号)同时废止。

河南省专利保护条例

(2000年11月25日河南省第九届人民代表大会常务委员会第十九次会议通过 2005年12月2日河南省第十届人民代表大会常务委员会第二十次会议修订)

第一章 总 则

第一条 为加强专利保护，鼓励发明创造，提高自主创新能力，推动科技进步和经济社会发展，根据《中华人民共和国专利法》和国家有关法律、法规，结合本省实际，制定本条例。

第二条 县级以上人民政府应当加强对专利工作的领导，将专利工作列入国民经济和社会发展规划，并将专利保护与管理工作经费纳入财政预算，及时协调处理专利保护与管理工作中的重大问题，促进知识产权经济发展。

第三条 省、省辖市人民政府管理专利工作的部门负责本行政区域内的专利保护工作，处理专利纠纷，查处假冒他人专利和冒充专利行为。

县（市、区）人民政府管理专利工作的部门负责本行政区域内的专利保护工作，协助上级管理专利工作的部门处理有关专利纠纷和查处假冒他人专利、冒充专利行为。

其他有关行政管理部门依照各自职责共同做好专利保护工作。

第四条 省人民政府设立专利奖，对进行发明创造并在本省实施，为促进经济和社会发展做出突出贡献的专利权人予以奖励。

县级以上人民政府对在发明创造、促进专利技术产业化以及专利保护与管理工作中取得显著成绩的单位和个人，应当按照国家和本省有关规定给予奖励。

第二章 专利保护与管理

第五条 企业事业单位应当建立、健全专利管理制度，培育、开发和保护具有自主知识产权的核心技术，教育职工尊重他人的专利权，维护本单位的合法权益。

学校应当重视专利法律、法规的宣传教育。高等学校、中等专业学校应当鼓励、支持教师和学生从事发明创造活动并申请专利，对获得专利的给予相应奖励。

管理专利工作的部门应当对企业事业单位专利工作提供服务。

第六条 被授予专利权的国有企业事业单位应当自专利权公告之日起三个月内发给发明人或者设计人奖金。一项发明专利的奖金最低不少于三千元，一项实用新型专利或者外观设计专利的奖金最低不少于一千元。

被授予专利权的国有企业事业单位在专利权有效期限内，实施发明创造专利后，每年应当从实施该项发明或者实用新型专利所得利润纳税后提取不低于百分之五或者从实施该项外观设计专利所得利润纳税后提取不低于百分之一作为报酬支付发明人或者设计人；转让或者许可其他单位或者个人实施其专利的，应当自收到转让费或者许可费后三十日内，提取不低于转让费或者许可费纳税后的百分之三十作为报酬支付发明人或者设计人；或者参照上述比例，发给发明人或者设计人一次性报酬。

被授予专利权的国有企业事业单位以专利入股的，专利权人应当从其股份所得中提取不低于百分之三十的收益给付发明人或者设计人。

前三款关于奖金和报酬的规定，其他单位可以参照执行。

第七条 政府资助的研究开发和产业化项目产生的专利，属项目承担单位所有。对有突出贡献的科技人员，可以按照省人民政府有关规定奖给一定比例的知识产权。

第八条 单位和个人在进行发明创造、专利申请、专利实施等方面因特殊困难需要获得帮助的，可以申请政府财政资金资助。资助办法由管理专利工作的部门和财政部门共同制定。

第九条 任何单位和个人未经许可不得实施他人专利，不得假冒他人专利，不得以非专利产品、方法冒充专利产品、方法。

任何单位和个人不得故意为假冒他人专利或者冒充专利的行为提供资金、场所、运输工具、生产设备或者印刷标识等便利条件。

第十条 对下列行为，管理专利工作的部门可以依法进行查处：

（一）假冒他人专利；

（二）冒充专利；

（三）经依法处理后继续侵犯专利权；

（四）其他重大的专利侵权行为。

第十一条 鼓励、支持社会力量依法设立专利中介服务机构。

专利中介服务机构及其工作人员不得以不正当手段招揽业务，不得与当事人串通谋取不正当利益，不得泄露当事人的商业秘密，不得损害其他当事人的合法权益或者社会公共利益。

管理专利工作的部门应当依法加强对专利中介服务机构的指导和监督。

第十二条 有关行业协会应当进行专利知识的宣传和培训，鼓励会员申请和实施专利，督促会员尊重他人专利权，并为会员提供专利咨询服务。

第十三条 进行技术交易、资产评估、进出口贸易涉及专利权的，专利权人或者专利实施被许可人应当提供该专利权有效证明。

利用广告宣传专利产品或者专利技术的，广告主应当具有或者提供该专利权有效证明。广告经营者、广告发布者对未提供专利权有效证明的，不得为其设计、制作和发布广告。

专利权有效证明由省人民政府管理专利工作的部门办理。

第十四条 举办展览会、展示会、推广会、交易会、招投标会、拍卖会等，主办单位对标明专利标记和专利号的参会产品或者技术，应当查验其专利权有效证明。对不能提供专利权有效证明的，不得允许其以专利产品、专利技术的名义参会。

管理专利工作的部门负责参会产品、技术中涉及专利产品或者专利技术的监督管理。

第十五条 国有专利资产占有单位有下列情形之一的，应当由依法设立的资产评估机构进行专利资产评估：

（一）转让专利申请权、专利权的；

（二）法人的变更或者终止前需要对专利资产作价的；

（三）以专利资产成立中外合资企业或者中外合作企业的；

（四）以专利技术作价出资成立有限责任公司或者股份有限公司的；

（五）从境外引进专利技术的；

（六）以专利权质押的；

（七）其他需要进行专利资产评估的。

非国有专利资产占有单位和个人可参照前款规定申请对其专利资产进行评估。

第十六条 有下列情形之一的，应当向政府有关部门出具专利检索报告：

（一）申报政府资助的研究开发或者技术改造项目的；

（二）申报政府资助的高新技术产业化项目的；
（三）申报政府科学技术奖的；
（四）引进境外技术或者从事境外来料加工涉及专利权的；
（五）技术或者产品出口项目中，涉及进口国家或者地区专利权的。

第十七条 科技计划和技术改造项目评审、高新技术企业资格和高新技术产品认定、科技奖励评审，应当将专利权的取得及其实施产生的经济社会效益作为重要内容。

获得专利权的，可以作为有关专业技术职务任职资格评审的依据之一。

第十八条 管理专利工作的部门应当加强专利信息管理，规范专利信息服务，公布专利保护状况与专利数据，建立专利信息服务网络，加强专利信息传播、开发和利用，促进专利实施。

第三章 处理、调解和查处

第十九条 符合下列条件的专利侵权纠纷，管理专利工作的部门应当受理：
（一）请求人是与专利侵权纠纷有直接利害关系的单位或者个人；
（二）有明确的被请求人和具体的请求事项、事实依据；
（三）当事人任何一方均未向人民法院起诉或者无仲裁协议；
（四）属于管理专利工作的部门的管辖范围。

第二十条 管理专利工作的部门受理专利侵权纠纷后，应当在立案之日起七日内通知被请求人答辩，被请求人收到答辩通知后，应当在十五日内提交答辩书和有关证据。

被请求人不按时提交或者不提交答辩书的，不影响管理专利工作的部门的处理。

第二十一条 管理专利工作的部门在处理实用新型、外观设计专利侵权纠纷时，被请求人在答辩期间内向专利复审委员会请求宣告请求人的专利权无效的，可以申请管理专利工作的部门中止处理程序。管理专利工作的部门在收到被请求人提交的书面申请和专利复审委员会的受理通知书后，应当对是否中止处理程序作出审查决定，并书面通知有关当事人。

第二十二条 管理专利工作的部门根据专利权人或者利害关系人的投诉，对多方侵犯同一专利权的行为可以依法一并进行处理。

第二十三条 管理专利工作的部门执法时，可以行使下列职权：
（一）询问有关当事人和证人；
（二）查阅、复制或者封存与案件有关的档案、图纸、资料、账册和其他原始凭证等资料；
（三）检查与案件有关的物品，依法进行抽样取证。

管理专利工作的部门在行使前款规定的职权时，有关单位和个人应当予以协助，不得拒绝或者阻碍。

第二十四条 管理专利工作的部门处理专利侵权纠纷时，根据请求人的申请，经审查认为必要，可以封存或者暂扣与案件有关的货物、材料、专用工具、设备等物品，并向被请求人出具封存或者暂扣物品的清单。

请求人申请采取封存或者暂扣措施的，必须提供财产担保。被请求人提供财产担保的，经管理专利工作的部门审查同意，可以解除封存或者归还暂扣的物品。

专利行政执法人员在采取上述措施时，应当通知当事人或者有关人员到场；当事人或者有关人员拒不到场的，可以由第三人见证。

第二十五条 管理专利工作的部门认定专利侵权行为成立，作出处理决定的，可以按照法定的权限和程序，采用下列方式制止侵权行为：

（一）对使用专利方法的，责令其停止使用，并且不得使用、转移依照专利方法直接获得产品或者以任何方式将该产品投放市场；

（二）对制造专利产品的，责令其停止制造，销毁或者拆解用于制造专利产品的专用设备，被请求人和相关的经营者不得使用或者转移已经制造的专利产品或者以任何形式将该产品投放市场；

（三）对销售专利产品或者依照专利方法直接获得产品的，责令其停止销售，被请求人不得以任何形式转移尚未出售的专利产品或者依照专利方法直接获得的产品；

（四）对许诺销售专利产品或者依照专利方法直接获得产品的，责令其停止做出许诺销售的一切活动；

（五）应专利权人及其利害关系人的请求，提请海关、出入境检验检疫等部门对侵犯专利权的进出口货物依法进行处理。

第二十六条　请求管理专利工作的部门调解专利纠纷案件，经调解双方当事人达成协议的，管理专利工作的部门应当制作调解书；调解不成的，当事人可以依照《中华人民共和国民事诉讼法》向人民法院起诉。

管理专利工作的部门调处专利纠纷所发生的费用按照省财政、价格主管部门的有关规定执行。

第二十七条　管理专利工作的部门根据处理案件的需要，可以聘请有关专业人员就专门技术性问题进行咨询，或者依法委托法定鉴定机构进行鉴定。

第二十八条　对假冒他人专利的行为、冒充专利的行为，任何单位和个人有权向管理专利工作的部门举报。

管理专利工作的部门应当建立举报制度，公布举报方式，并为举报人保密。

管理专利工作的部门应当建立假冒他人专利、冒充专利以及故意实施专利侵权行为的档案并纳入本省企业信用信息系统，必要时可以向社会公告。

第二十九条　管理专利工作的部门查处假冒他人专利和冒充专利行为案件，应当自立案之日起六个月内作出处理决定。

第四章　法律责任

第三十条　对冒充专利的单位或者个人，由管理专利工作的部门责令其改正，消除影响，可以处五万元以下的罚款；对冒充专利标记予以收缴并销毁，对现存产品上的冒充专利标记予以清除；冒充专利标记与产品难以分离的，责令销毁其产品。

第三十一条　违反本条例第九条第二款、第十条第三项、第十一条第二款规定的，由管理专利工作的部门没收违法所得，并处违法所得一倍以上三倍以下的罚款；没有违法所得的，处二千元以上二万元以下的罚款。

第三十二条　拒绝、阻碍专利行政执法人员依法执行公务，隐瞒、转移、销毁与案件有关的合同、账册等资料，违反治安管理规定的，由公安机关依法予以处理；构成犯罪的，依法追究刑事责任。

擅自启封、处理被封存物品的，由管理专利工作的部门责令改正，并可处被封存物品价值一倍以上三倍以下的罚款。

第三十三条　管理专利工作的部门的工作人员以及其他有关国家机关工作人员玩忽职守、滥用职权、徇私舞弊，构成犯罪的，依法追究刑事责任；尚不构成犯罪的，依法给予行政处分。

第五章　附　　则

第三十四条　本条例自 2006 年 3 月 1 日起施行。

湖北省专利条例

(2017年5月24日湖北省第十二届人民代表大会常务委员会第二十八次会议通过)

第一章 总　　则

第一条　为了鼓励发明创造，保护专利权人的合法权益，推动专利运用，促进科学技术进步和经济社会发展，推进知识产权强省建设，根据《中华人民共和国专利法》和有关法律、行政法规，结合本省实际，制定本条例。

第二条　本条例适用于本省行政区域内专利的创造、运用、保护、服务和管理等活动。

第三条　专利工作应当遵循激励创造、注重质量、促进运用、依法保护、完善服务、科学管理的原则。

第四条　县级以上人民政府应当加强对专利工作的领导，将专利工作纳入国民经济和社会发展规划，制定和实施专利发展战略，健全专利工作体系，加大专利经费投入，促进专利事业发展。

第五条　县级以上人民政府管理专利工作的部门（以下简称专利管理部门）负责本行政区域内的专利工作。有关部门按照各自职责，做好专利相关工作。

第六条　县级以上人民政府及其有关部门、学校以及新闻媒体等应当加强专利宣传教育，普及专利知识，增强全社会的专利意识，营造尊重知识产权、激励创新创业的社会环境。

第七条　省人民政府设立湖北专利奖，对为国家和本省经济社会发展作出突出贡献的专利项目的单位或者发明人、设计人给予奖励。具体办法由省人民政府制定。

县级以上人民政府应当对产生显著效益的专利项目给予表彰和奖励。

第二章　专利创造与运用

第八条　鼓励单位和个人进行发明创造并申请国内外专利。县级以上人民政府应当制定激励、保障措施，鼓励、支持单位和个人开展技术创新形成专利，采取专利权入股、质押、转化、许可实施等多种形式运用专利，实现专利技术的商品化和产业化。

对涉及重点产业发展、生态环境保护和人身财产安全等重大发明创造和运用，县级以上人民政府应当给予重点扶持。

第九条　县级以上人民政府应当设立专项资金，用于发明创造和专利申请的资助、专利奖励、专利运用和产业化引导、专利保护和服务、专利人才培养和引进等方面。

第十条　县级以上人民政府有关部门应当加强对财政资金支持项目的专利管理；科研项目可能产生专利的，项目主管部门应当与项目承担单位就专利成果的研究开发目标及验收标准进行约定。

第十一条　鼓励、支持企业事业单位建立健全专利管理体系，制定专利发展战略，加强科技研发和创新能力建设。

鼓励、支持企业事业单位对国内外专利状况、发展趋势、竞争态势等信息进行收集、分析、运用，开展专利布局、专利储备、专利导航、专利预警，推动专利集成运营。

县级以上人民政府有关部门应当指导、帮助中小微企业、初创企业建立健全专利管理制度，为拥有专利技术的中小微企业、初创企业提供办公与生产场所、融资、信息、技术咨询等方面的服务，提高专利创造和运用能力。

第十二条 企业事业单位专利技术及产品的研究开发费用以及专利申请费、专利代理费等费用，按照法律法规和国家有关规定，在计算企业所得税应纳税所得额时加计扣除。

财政资金支持的科研开发、技术改造和高新技术产业化等项目实施过程中，与专利形成、实施等相关的费用，可以在项目经费中列支。

第十三条 被授予专利权的单位应当按照约定或者有关规定，对发明人或者设计人给予奖励和报酬，不得取消或者以不合理的条件限制发明人、设计人依法获得奖励和报酬的权利。

国有企业事业单位对职务发明创造的发明人或者设计人给予奖励和报酬的支出，计入当年单位工资总额，但不受当年单位工资总额限制，不纳入单位工资总额基数。

第十四条 鼓励高等院校、科研机构建立专利激励机制，高等院校、科研机构可以与发明人或者设计人依法约定专利权属，共同申请专利，成为专利权的共有人。

高等院校、科研机构的职务发明创造获得专利授权之后，未自行实施也未许可他人实施的，发明人或者设计人可以与单位以协议的方式予以实施，并按照协议享有相应权益。

第十五条 企业事业单位将其拥有的专利转让或者许可他人实施的，发明人或者设计人在同等条件下可以优先受让或者优先获得许可，法律法规另有规定的除外。

第十六条 鼓励企业事业单位建立内部专利人才绩效评价和激励机制。在绩效考核、职称评定、职位晋升等方面，可以将专利的创造与运用作为重要评价指标。

获得中国专利金奖的主要发明人或者设计人可以破格申报相关技术职称和各类人才计划；获得中国专利优秀奖、湖北专利奖的，可以优先推荐申报相关技术职称。

第十七条 县级以上人民政府应当采取激励措施，鼓励、支持企业与高等院校、科研机构等开展多渠道、多形式的合作，建立以专利为纽带的产学研协同创新机制，创立专利联盟，共同研究开发和实施专利技术。

鼓励、支持高等院校、科研机构建立专门的专利转移转化机构，推动专利技术的运营。

鼓励第三方机构托管、运营高等院校、科研机构专利技术。

第十八条 鼓励在校学生开展发明创造、申请专利，并给予奖励。具体奖励办法由教育主管部门、学校制定。

鼓励高等院校、科研机构采取有效措施，支持本单位员工和在校学生运用专利技术创新创业。

第十九条 鼓励、支持企业事业单位运用专利参与国际标准、国家标准、行业标准或者地方标准的制定，推动自主研发的专利技术形成相关技术标准。

第二十条 县级以上人民政府应当根据实际需要，制定专利密集型产业目录和发展规划，培育具有地方特色和比较优势的专利密集型产业，加强专利导航和专利联盟，建设专利密集型产业集聚区。

第二十一条 县级以上人民政府应当建立健全专利投融资综合服务体系，运用资金补助、风险补偿、创业投资引导等方式，引导金融资本与专利技术对接，鼓励、支持社会资本参与专利投融资。

第二十二条 鼓励、支持金融机构开展专利质押贷款等业务，建立完善专利质权处置机制，加大对中小微企业、初创企业专利实施的信贷支持，促进专利转化和产业化。

鼓励保险公司开发专利质押融资保险、专利执行保险、专利侵权责任保险等与专利相关的保险产品。

第二十三条 县级以上人民政府应当建立军民融合的专利管理体制机制，国防专利与民用专利的发明人、设计人享受同等的奖励政策。

省国防科技工业主管部门、专利管理部门在符合国家安全、保密等相关法律法规前提下，推动科技协同创新，实现国防专利、民用专利的信息共享和双向转化。

第三章 专利保护

第二十四条 专利管理部门应当依法处理专利侵权纠纷，查处假冒专利、重复侵权等违法行为，调解其他专利纠纷。

第二十五条 县级以上人民政府应当建立健全专利行政执法与司法衔接机制，加强专利管理部门与公安机关、检察机关、人民法院的沟通和协作，打击假冒专利等违法行为。

第二十六条 专利侵权纠纷的当事人请求行政机关处理的，可以依法向侵权行为地或者被请求人所在地专利管理部门提出。

涉外专利侵权纠纷、跨市（州）的专利侵权纠纷和在全省范围内有重大影响的专利侵权纠纷的处理，由省人民政府专利管理部门负责，必要时可以依法指定市（州）人民政府专利管理部门处理。

第二十七条 请求专利管理部门处理专利侵权纠纷，应当符合下列条件：

（一）请求人是专利权人或者利害关系人；

（二）有明确的被请求人和具体的请求事项、事实和理由；

（三）当事人未向人民法院提起诉讼；

（四）属于专利管理部门的受案和管辖范围。

第二十八条 专利管理部门应当自专利侵权纠纷受理之日起三个月内作出处理决定。因特殊情形需要延长期限的，经专利管理部门负责人批准，可以延长一个月。案件处理过程中的公告、鉴定、中止等时间不计入办理期限。

第二十九条 专利管理部门可以采用下列方式处理专利侵权纠纷：

（一）认定侵权行为成立的，责令侵权人立即停止侵权行为；

（二）认定侵权行为不成立的，驳回请求；

（三）专利权被宣告无效，或者请求人撤回请求的，作出撤销案件的决定。

专利管理部门责令停止侵权行为，当事人不服的，可以自收到处理决定之日起十五日内向人民法院起诉；侵权人期满不起诉又不停止侵权行为的，专利管理部门可以申请人民法院强制执行。

第三十条 应当事人请求，专利管理部门可以对下列专利纠纷进行调解：

（一）专利申请权和专利权归属纠纷；

（二）发明人、设计人资格纠纷；

（三）职务发明创造的发明人、设计人的奖励和报酬纠纷；

（四）发明专利申请公布后专利权授予前使用费纠纷；

（五）侵犯专利权的赔偿数额纠纷；

（六）专利实施许可纠纷；

（七）其他专利纠纷。

经调解达成协议的，专利管理部门应当制作调解书；调解不成或者不同意调解的，当事人可以向人民法院起诉。

第三十一条 专利管理部门在处理专利侵权纠纷时，根据当事人申请或者案件审理需要，可以组织专家咨询论证或者委托具备资格的鉴定机构进行技术鉴定。

第三十二条 专利管理部门在处理专利侵权纠纷、查处假冒专利行为过程中,可以根据需要依职权调查收集有关证据。有关单位或者个人应当协助调查并提供有关证据材料,不得拒绝、阻挠。对有证据证明是假冒专利的产品,专利管理部门可以依法查封或者扣押。

对于应当保密的证据,专利管理部门、有关单位和个人负有保密义务。

第三十三条 专利管理部门及有关部门应当加强对生产流通环节以及技术贸易、展会、电子商务等领域涉及专利产品或者技术的监督管理,查处假冒专利、重复侵权等违法行为,维护市场经济秩序。

第三十四条 专利管理部门应当建立健全专利信用档案制度,公开专利行政处罚案件信息,将假冒专利、重复侵权等违法行为纳入社会信用信息服务平台。

第三十五条 网络、电视等交易平台运营商应当建立健全专利保护制度。专利权人或者利害关系人有证据证明相关产品、技术和服务假冒专利的,或者证明侵犯他人专利权并提供相关担保的,交易平台运营商应当及时采取删除、屏蔽等必要措施予以制止。

专利管理部门和知识产权维权援助机构应当为交易平台运营商处理专利纠纷给予必要的专业指导和帮助。

第三十六条 大型零售企业经营者、各类展会举办者应当建立产品专利保护制度,对涉及专利产品或者技术的,应当要求供货企业、参展单位提供专利有效证明文件并进行查验;未能提供专利有效证明文件的,经营者、举办者应当拒绝其入场销售或者以专利产品、技术名义参展。

专利管理部门可以在大型零售企业、展会场所设立专利监督平台,现场受理专利纠纷。大型零售企业经营者、展会举办者应当协助和配合专利管理部门查处专利违法行为。

第三十七条 利用广播、电视、报刊、网络等媒介发布涉及专利的广告的,应当向广告审查机关和广告经营者、发布者提供专利有效证明文件,并对广告内容的真实性负责。

广告经营者、广告发布者应当严格按照有关规定查验专利有效证明文件。对未提供专利有效证明文件的单位或者个人,广告经营者不得为其提供设计、制作或者代理服务,广告发布者不得为其发布广告。

第三十八条 任何单位和个人有权对假冒专利、重复侵权等违法行为向专利管理部门和有关部门举报。

专利管理部门应当建立专利违法行为举报处理机制,公布举报方式,对有关举报及时调查、处理;对查证属实的举报给予奖励,并为举报人保密。

第四章 专利服务与管理

第三十九条 省人民政府专利管理部门应当建立健全专利综合服务平台,提供专利政策咨询、专利信息检索、专利交易、专利运营、专利导航、专利预警等公共服务,推动全省专利信息资源开放共享。

专利管理部门应当建立专利信息共享机制,提供专利公共服务。支持有条件的企业、行业协会建立或者参与建立重点行业、支柱产业和重点技术领域的专利信息数据库。

第四十条 县级以上人民政府及其有关部门应当培育专利服务市场,鼓励、支持专利服务机构提供专利代理、运营、评估、咨询、人才培训等服务。

专利服务机构及其从业人员应当依法取得执业资质或者资格,不得泄露、剽窃委托人的发明创造,不得出具虚假报告,不得与当事人串通牟取不正当利益,不得损害国家利益和社会公共利益。

专利管理部门应当依法对专利服务机构及其从业人员进行监督和管理，及时向社会披露专利服务机构及其从业人员信用评价等相关信息。

第四十一条 鼓励专利服务机构开展国际专利中介服务，支持单位和个人申请国外专利，支持企业通过专利转让、专利许可或者企业并购等方式引进国外先进专利技术。

第四十二条 经济技术开发区、保税区、自由贸易试验区等各类园区应当开展知识产权综合管理改革，建立健全知识产权综合管理体制和知识产权公共服务体系，探索建立重点产业专利导航制度和快速协同保护机制。

第四十三条 县级以上人民政府及其有关部门应当建立健全重大科技经济活动专利评议制度，对涉及科技立项、专利保护、运用和转移的重大产业规划以及使用财政资金的重大投资项目、高层次人才引进等事项进行专利评议，避免盲目引进、重复研发、专利侵权、技术泄密等风险。

第四十四条 专利管理部门应当建立健全专利预警机制，监测重点行业和领域的国内外专利状况、发展趋势和竞争态势，发布预警报告，为政府决策及企业事业单位发展服务。

第四十五条 专利管理部门应当建立社会化专利维权援助机制，鼓励专利维权援助机构、法律服务机构、专利服务机构等通过多种方式，依法开展专利维权服务。

鼓励行业协会建立区域性、专业性专利保护联盟和协作机制，组织企业在国内外贸易和投资中开展集体维权。

省人民政府应当建立健全海外知识产权争端处理机制，支持建立海外知识产权维权服务中心，推动形成海外知识产权服务网络，加强海外知识产权风险防控和维权援助。

第四十六条 县级以上人民政府应当建立健全专利指标体系，将专利指标纳入对政府及有关部门的目标责任考核范围。

县级以上人民政府及其有关部门应当将专利申请量、专利授权量、万人发明专利拥有量、国外专利拥有量、专利技术转化运用率等专利指标和专利发展情况纳入国民经济和社会发展统计范围。

省人民政府应当每年向社会发布全省专利发展情况报告。

第四十七条 县级以上人民政府应当制定和实施专利人才培养计划，加强对专利人才的培养和引进，并纳入地方人才规划。

省人民政府专利管理部门应当建立专利人才数据库，加强专利人才培训基地建设。

企业事业单位应当重视培养和引进专利人才，强化在职人员专利知识培训。

鼓励教育机构、社会机构提供专利相关知识培训，为专利人才培养提供社会服务。

第五章 法律责任

第四十八条 违反本条例，法律法规有规定的，从其规定。

第四十九条 有下列行为之一的，由专利管理部门责令改正，没收违法所得；拒不改正的，处 5000 元以上 2 万元以下罚款；情节严重的，处 2 万元以上 10 万元以下罚款：

（一）网络、电视等交易平台运营商对假冒专利或者侵犯专利权，未采取必要措施的；

（二）大型零售企业经营者、展会举办者对未提供专利有效证明文件的单位，未拒绝其入场销售或者参展的。

第五十条 重复侵犯专利权的，由专利管理部门责令改正，非法经营额 5 万元以上的，处非法经营额 1 倍以上 5 倍以下罚款。非法经营额 5 万元以下的，处 5 万元以上 10 万元以下罚款；情节严重的，处 10 万元以上 20 万元以下罚款。没有非法经营额的，处 1 万元以上 5

万元以下罚款。

第五十一条 从事专利服务,未依法取得相关资质或者资格的,由专利管理部门责令停止违法行为,没收违法所得,并处违法所得1倍以上5倍以下罚款。

专利服务机构及其从业人员泄露、剽窃委托人的发明创造,出具虚假报告,牟取不正当利益或者损害国家利益和社会公共利益的,由专利管理部门责令改正;拒不改正的,处5000元以上2万元以下罚款;情节严重的,处2万元以上10万元以下罚款。

第五十二条 单位或者个人弄虚作假,骗取政府专利资助、奖励的,由实施资助、奖励的机关撤销奖励,追回资助、奖励资金,有关单位或者个人五年内不得申报政府专利资助,相关信息纳入社会信用信息服务平台。

第五十三条 国家机关及其工作人员滥用职权、玩忽职守、徇私舞弊的,依法给予行政处分;构成犯罪的,依法追究刑事责任。

第六章 附 则

第五十四条 本条例自2017年9月1日起施行。1998年4月2日湖北省第九届人民代表大会常务委员会第二次会议通过的《湖北省专利保护条例》同时废止。

湖南省专利条例

(2011年11月27日湖南省第十一届人民代表大会常务委员会第二十五次会议通过)

第一章 总 则

第一条 为了鼓励发明创造，促进专利运用，加强专利保护和管理，推进创新型湖南建设，根据《中华人民共和国专利法》、《中华人民共和国专利法实施细则》和其他有关法律、行政法规，结合本省实际，制定本条例。

第二条 本条例适用于本省行政区域内专利创造、运用、保护、管理、服务及其相关活动。

第三条 县级以上人民政府应当加强对专利工作的领导，将专利工作纳入国民经济和社会发展规划，制定和实施专利发展战略，健全专利管理工作体系，保障专利事业发展经费，促进专利事业发展。

第四条 县级以上人民政府管理专利工作的部门负责本行政区域内的专利工作。

县级以上人民政府发展和改革、财政、经济和信息化、科技、教育、商务、国有资产监督管理、公安、工商行政管理、质量技术监督、税务等有关部门，按照各自的职责，做好与专利相关的工作。

第五条 县级以上人民政府及其有关部门应当加强专利知识的宣传普及。广播、电视、报纸、网络等媒体应当开展专利知识和专利法律、法规宣传，增强全社会的专利意识。

鼓励单位和个人支持、参与专利知识宣传普及工作。

第六条 省人民政府设立湖南专利奖。

县级以上人民政府及其有关部门应当对本行政区域内优秀专利项目的发明人、设计人和实施单位给予表彰、奖励。

第二章 专利创造

第七条 鼓励单位和个人进行发明创造并申请国内外专利。鼓励企业和高等院校、科研机构合作研发专利技术。

第八条 县级以上人民政府应当支持企业通过原始创新、集成创新和引进消化吸收再创新，掌握核心技术，并形成专利。

省人民政府科技主管部门应当会同有关部门，按照不同行业和领域的特点，定期编制并公布应当掌握的关键技术和重点产品目录；对列入目录的关键技术的研发、专利申请和产品的开发，按照省人民政府有关规定给予扶持。

第九条 为研究开发新技术、新产品、新工艺产生的专利申请、维持、受让、培训、评估、维权、奖酬等费用，依法享受税收优惠。

第十条 在评审科学技术奖励、技术创新奖励和专利奖励项目，以及审批科研开发、技术改造和高新技术产业化等财政性资金支持项目时，有关部门应当将项目是否具有或者能否产生专利技术作为评审的重要条件。

前款规定的项目具有专利技术的，在申请奖励或者资金支持时，申请人应当向有关部门提交专利权有效证明文件和专利检索分析报告。

项目承担单位应当在财政支持的项目经费中列支专利事务经费,保证专利申请、维持、文献检索等事项的需要。

第十一条 利用财政性资金形成的发明创造,除涉及国家安全、国家利益和重大社会公共利益外,专利申请权和专利权属于项目承担单位。

第十二条 县级以上人民政府有关部门认定或者考核高新技术企业、工程(技术研究)中心、企业技术中心、工程实验室等,应当将专利拥有情况作为认定或者考核的重要指标。

第十三条 职务发明创造专利权人应当给予职务发明创造的发明人或者设计人奖励和报酬。职务发明创造专利权人与发明人、设计人对奖励和报酬的数额、方式有约定的,从其约定;没有约定的,按照下列规定执行:

(一)自专利权公告之日起三个月内发给发明人或者设计人奖金,一项发明专利的奖金最低不少于五千元,一项实用新型专利或者外观设计专利的奖金最低不少于二千元;

(二)职务发明创造专利权人在专利权的有效期限内,实施其发明创造专利后,每年应当从实施发明或者实用新型专利的营业利润中提取不少于百分之五,或者从实施外观设计专利的营业利润中提取不少于百分之一,作为报酬支付给发明人或者设计人,或者参照上述比例,发给发明人或者设计人一次性报酬;

(三)职务发明创造专利权人转让、许可其他单位或者个人实施其专利的,应当从转让、许可实施该项专利收取的费用纳税后提取不少于百分之二十作为报酬支付给发明人或者设计人。

对专利申请、转让、推广运用做出突出贡献的其他人员,职务发明创造专利权人应当给予适当奖励。

第十四条 职务发明创造专利权人拟放弃专利权的,应当告知发明人或者设计人,发明人或者设计人享有无偿受让的权利。

第十五条 单位进行专业技术职务任职资格评审,可以将获得专利权的情况作为评审的依据之一。

对技术进步产生重大作用、取得显著效益的专利技术的发明人或者设计人,或者获得中国专利奖、省级政府专利奖的人员,可以作为特殊人才破格申报相关专业技术职称。

第三章 专利运用

第十六条 县级以上人民政府及其有关部门应当采取有效措施支持专利运用,重点支持符合国家和省产业政策、技术水平高的专利技术的实施;对自主研发的专利技术产业化项目,应当优先扶持。

县级以上人民政府及其有关部门应当发展和规范专利交易市场,推进专利技术交易,促进专利技术商品化和产业化。

第十七条 对提升企业核心竞争力、推进产业结构优化升级、促进循环经济发展、保护生态环境、保障公众身体健康和生命安全等重大专利实施及专利技术引进项目,省人民政府财政、科技、经济和信息化等有关部门应当按照有关规定给予政策、资金支持。

第十八条 鼓励拥有相关专利技术的单位和个人组建专利联盟,促进专利资源的充分利用。

鼓励科研机构、高等院校建立健全专利技术转让和许可机制,向企业转让、许可专利技术。单位和个人可以依法采取专利权入股、质押、转让、许可等方式运用专利。以专利权作价入股有限责任公司的,最高可以占注册资本的百分之七十。

第十九条 从事专利技术转让、咨询、服务取得的收入,依法享受税收优惠。

第二十条 县级以上人民政府可以通过贷款贴息、风险补助、融资担保等方式,引导金融机构开展专利权质押贷款业务,为专利技术产业化项目提供信贷支持。

财政性资金安排的创业投资资金、担保资金,应当支持自主研发的专利技术产业化项目。

第二十一条 鼓励企业将符合条件的专利产品申报自主创新产品。

在同等条件下,政府采购应当优先购买专利产品,鼓励对专利新产品实行首购和订购。

第二十二条 质量技术监督和有关行业主管部门,应当引导、帮助拥有专利技术的企业事业单位、行业协会制定或者参与制定标准,推进专利与标准制定相结合。

第四章 专利保护

第二十三条 不得假冒专利。

不得故意为假冒专利行为提供运输、展示、广告、仓储、邮寄、隐匿等便利条件。

任何单位和个人有权向县级以上人民政府及其管理专利工作的部门举报假冒专利的违法行为。

第二十四条 县级以上人民政府管理专利工作的部门应当加强专利执法队伍建设,健全专利执法机制,及时依法处理专利侵权纠纷,查处假冒专利行为,调解专利纠纷,保护专利权人的合法权益。

第二十五条 县级以上人民政府管理专利工作的部门处理专利侵权纠纷、查处假冒专利行为时,应当有三名以上持有国务院专利行政部门或者省人民政府颁发的行政执法证件的工作人员参加。

第二十六条 县级以上人民政府管理专利工作的部门在查处假冒专利行为过程中依法调查取证,有关单位和个人应当予以配合、协助。

第二十七条 县级以上人民政府管理专利工作的部门应当建立和完善专利信用公示制度,及时将依法确认的违法事实和处理结果通报征信机构,并向社会公布。

第二十八条 县级以上人民政府管理专利工作的部门处理专利侵权纠纷、调解专利纠纷,可以根据当事人的申请,委托有关机构或者专家进行技术检测、鉴定。当事人对技术检测、鉴定费用有约定的,从其约定;没有约定的,由提出申请的当事人先行支付,结案后由责任方承担。

第二十九条 专利侵权纠纷处理过程中,被请求人提出的专利权无效宣告请求被国家知识产权局专利复审委员会受理的,可以凭受理证明向县级以上人民政府管理专利工作的部门申请中止处理;管理专利工作的部门应当自收到申请书及有关材料之日起十五日内作出是否中止处理的决定,并书面通知当事人;专利权被宣告全部无效的,管理专利工作的部门应当终止处理。

第三十条 县级以上人民政府管理专利工作的部门作出认定专利侵权成立的处理决定,或者人民法院作出认定专利侵权成立的判决后,被请求人对同一专利权再次作出相同的侵权行为,专利权人或者利害关系人请求管理专利工作的部门处理的,管理专利工作的部门应当直接作出责令立即停止侵权行为的处理决定。

第三十一条 县级以上人民政府管理专利工作的部门调解专利纠纷,应当遵循自愿、合法的原则,促成当事人和解或者达成调解协议。达成具有民事合同性质的调解协议的,双方当事人认为必要,可以依法向有管辖权的人民法院申请司法确认。

第三十二条 举办展览会、展销会、博览会、交易会、展示会等展会,应当加强展会期间的专利保护。国家规定应当设立知识产权投诉机构的展会，展会主办方应当设立知识产权投诉机构，县级以上人民政府管理专利工作的部门应当派员进驻。

展会主办方应当与参展方在参展协议中约定不得侵犯他人专利权、不得假冒专利。对标有专利标记的展品或者技术，展会主办方应当查验专利权有效证明，参展方不能提供专利权有效证明的，不得允许其以专利产品、专利技术的名义参展。

第五章　专利管理

第三十三条　县级以上人民政府统计主管部门和其他有关部门应当将专利指标和专利发展情况纳入经济社会发展统计调查范围。

县级以上人民政府及其有关部门应当将专利拥有情况纳入科技计划实施评价体系，国有企业绩效考核体系和高等院校、科研机构等事业单位科研绩效考核体系。

第三十四条　拥有专利资产的国有单位发生合并、分立、改制、清算、上市、投资、转让、质押等经济行为，涉及专利资产作价的，应当按照国家规定进行专利资产评估和备案。

第三十五条　建立重大经济活动专利审议机制，防止技术的盲目引进、重复研发、流失或者侵犯、滥用专利权。

下列与专利技术相关的经济活动，项目单位应当进行专利审议，并在可行性研究报告或者立项报告中对项目相关技术的专利权状况、专利侵权风险等作出评价；县级以上人民政府及其有关部门审批立项时，应当组织开展专利审议：

（一）实施使用国有资金或者涉及国有资产数额较大的重大建设、重大并购、重点引进、重大高新技术产业化等项目；

（二）实施科技重大专项、重点装备进口、核心技术转让、重大技术进出口等项目；

（三）其他对经济社会发展有重大影响的经济活动。

第三十六条　鼓励企业事业单位建立健全专利管理制度。

有下列情形之一的，企业事业单位应当进行专利检索分析：

（一）研究开发新技术、新产品；

（二）进行涉及专利的技术贸易；

（三）以专利资产投资入股；

（四）其他应当进行专利检索分析的。

第三十七条　单位或者个人进行下列活动，应当提供专利权有效证明：

（一）组织标注专利标记的商品进入商场、超市等市场销售；

（二）委托广告经营者发布涉及专利的广告；

（三）组织推广专利技术；

（四）进行专利资产评估和办理专利权质押；

（五）在海关总署申请专利保护备案；

（六）其他需要确认专利权权属和专利权法律状态的。

第三十八条　知识产权事务经费中的专利经费部分主要用于专利战略实施、优势企业培育、专利申请资助、专利保护、专利信息和服务等事项。

县级以上人民政府应当安排经费资助发明专利的维持，具体办法由省人民政府制定。

第六章　专利服务

第三十九条　县级以上人民政府管理专利工作的部门应当依托政府综合服务平台，建立专利公共服务平台和重点行业、支柱产业专利信息数据库，开展专利信息加工和专利战略分析，为专利创造和运用提供政策指导、技术咨询、信息共享、市场开发、出证确权等公共服务。

第四十条　鼓励发展专利代理、检索、评估、鉴定、交易等专利中介服务。

专利中介服务机构应当依法设立，依法经营，并不得有下列行为：

（一）泄露当事人的商业秘密；

（二）出具虚假报告；

（三）与当事人串通牟取不正当利益；

（四）损害专利权人、其他当事人的合法权益或者公共利益。

第四十一条　县级以上人民政府管理专利工作的部门应当建立专利维权援助机制，依法开展专利维权服务，为公民、法人和其他组织提供专利维权的信息、法律、技术等帮助。

鼓励专利维权援助机构、专利中介服务机构、高等院校、科研机构、社会团体为公民、法人和其他组织提供专利维权援助。

第四十二条　县级以上人民政府管理专利工作的部门应当指导、推动有关部门、行业协会开展专利预警，监测重点企业、行业、领域的国内外专利状况，制定应急预案，防范和化解专利风险。

第四十三条　行业协会、商会等组织应当为会员的专利创造、申请、保护、运用、维权等提供指导和帮助。

第四十四条　县级以上人民政府及其有关部门应当建立和完善知识产权普及教育机制，建设知识产权人才培训体系和培训基地，加强知识产权人才队伍建设和管理。

鼓励和支持企业、科研机构、高等院校和其他组织培养专利专业人才，开展专利人才培养的对外合作，引进国内外高层次专利人才。

第四十五条　中小学校应当加强专利等知识产权普及教育，培养学生知识产权意识和创新意识，提高学生创造能力。

各级行政学院和职业教育机构应当将专利知识纳入干部培训、专业技术人员继续教育和职业教育内容。

第七章　法律责任

第四十六条　违反本条例第二十三条第一款规定，假冒专利的，除依法承担民事责任外，由县级以上人民政府管理专利工作的部门责令改正并予公告，没收违法所得，可以并处违法所得一倍以下的罚款，没有违法所得的，可以处一万元以下的罚款；情节严重的，并处违法所得一倍以上二倍以下的罚款，没有违法所得的，处一万元以上十万元以下的罚款；情节特别严重的，并处违法所得二倍以上四倍以下的罚款，没有违法所得的，处十万元以上二十万元以下的罚款。

第四十七条　违反本条例第二十三条第二款规定，故意为假冒专利行为提供便利条件的，由县级以上人民政府管理专利工作的部门责令停止违法行为，依法予以处罚。

第四十八条　违反本条例第三十四条规定，国有单位对其拥有的专利资产未进行资产评估或者评估结果未上报备案的，由履行出资人职责的机构或者有关部门责令限期改正。

第四十九条　违反本条例第三十五条第二款规定，项目单位、县级以上人民政府未按照规定进行专利审议，导致技术盲目引进、重复研发、流失或者侵犯、滥用专利权的，由上一级人民政府或者监察机关依法责令限期改正；情节严重的，对直接负责的主管人员和其他直接责任人员依法给予处分。

第五十条 专利中介服务机构违反本条例第四十条第二款规定的,由有关部门依法予以处罚。

第五十一条 县级以上人民政府及其有关部门工作人员在专利工作中滥用职权、玩忽职守、徇私舞弊的,依法给予处分;构成犯罪的,依法追究刑事责任。

第八章 附 则

第五十二条 本条例自 2012 年 1 月 1 日起施行。2001 年 7 月 30 日湖南省第九届人民代表大会常务委员会第二十三次会议通过的《湖南省专利保护条例》同时废止。

广东省专利条例

(2010年9月29日广东省第十一届人民代表大会常务委员会第二十一次会议通过)

第一章 总 则

第一条 为了加强专利保护和管理,鼓励发明创造,推动发明创造的应用,提高自主创新能力,促进经济社会发展,根据《中华人民共和国专利法》、《中华人民共和国专利法实施细则》和有关法律、行政法规,结合本省实际,制定本条例。

第二条 本条例适用于本省行政区域内的专利工作及相关活动。

第三条 专利工作应当遵循激励创造、有效应用、依法保护、科学管理的原则。

第四条 县级以上人民政府应当实施知识产权战略,加强对专利工作的领导,将专利工作纳入国民经济和社会发展规划,采取有效措施促进发明创造以及专利的应用、保护和管理。

第五条 县级以上人民政府专利行政部门负责本行政区域内的专利保护和管理工作。

县级以上人民政府有关部门按照各自职责做好相关专利工作。

第六条 县级以上人民政府应当安排专项经费,用于促进本行政区域内的发明创造以及专利的应用、保护和管理。

第二章 激 励

第七条 鼓励企业事业单位研究、开发对产业发展有重大推动作用的专利技术和设备,促进原始创新、集成创新和引进消化吸收再创新。

鼓励企业事业单位建立内部专利人才绩效评价和激励机制。

第八条 企业事业单位申请专利、办理其他专利事务和引进先进专利技术或者设备等费用,依法计入企业成本或者列为事业费。

企业和实行企业化管理的事业单位研究和开发新技术、新产品、新工艺的费用,依法享受税收优惠。

第九条 单位和个人从事专利技术转让、技术开发业务和与之相关的技术咨询、技术服务业务取得的收入,依法享受税收优惠。

第十条 县级以上人民政府及其有关部门应当将专利拥有量特别是发明专利的拥有量作为衡量自主创新能力和科技、产业项目立项与验收的重要指标,采取措施促进专利的有效应用,提高专利产业化水平。

第十一条 承担由财政资助的科研项目所完成的发明创造,除涉及国家安全、国家利益和重大社会公共利益或者另有约定的外,专利申请权和专利权属于科研项目的承担单位。

第十二条 政府采购应当优先采购具有本国自主专利技术的产品。

第十三条 鼓励和支持有条件的企业事业单位、行业协会参与国家标准、行业标准和地方标准等技术标准的制定工作,推动自主研发的专利技术形成相关技术标准。

第十四条 鼓励企业事业单位和个人进行发明创造并申请专利。

第十五条 省人民政府对本省获得中国专利奖的企业事业单位或者个人给予奖励。

省人民政府设立广东专利奖,对为本省经济社会发展做出突出贡献、产生显著效益的专利项目实施单位和有重大贡献的专利发明人或者设计人予以奖励。

第三章 应 用

第十六条 各级人民政府及其有关部门应当加强专利应用工作，支持符合国家和省的产业政策、技术水平高、市场前景好的专利技术项目的实施，对拥有自主专利技术的项目在同等条件下优先立项，促进专利技术的产业化。

第十七条 鼓励和支持高等学校、科研机构和企业事业单位开展多渠道、多形式的合作，共同研究、开发和应用专利技术。

第十八条 鼓励商业银行开展专利权质押贷款等业务，增加对专利技术产业化项目的信贷投入。

鼓励担保机构优先为专利技术产业化项目提供融资担保。

第十九条 县级以上人民政府有关部门应当发展和规范专利交易市场，支持专利技术交易机构、网络专利交易平台的建立和发展，提高专利技术交易服务水平，推进专利技术商品化。

第二十条 拥有专利资产的单位有合并、分立、上市、改制、清算、投资、转让、置换、拍卖、偿还债务等情形的，应当按照国家规定进行专利资产评估。

第二十一条 单位和个人可以依法通过专利申请权转让、专利权转让、专利实施许可或者专利权质押等方式促进专利应用。

第二十二条 国有企业事业单位的发明专利和主要由财政资助的科研项目所完成的发明专利，省人民政府认为对国家利益或者公共利益具有重大意义的，依法决定在批准范围内推广应用。实施单位应当按照国家规定向专利权人支付使用费。

第四章 保 护

第二十三条 发明或者实用新型专利权被授予后，除法律法规另有规定的以外，任何单位和个人未经专利权人许可，不得为生产经营目的以相同或者具有等同技术特征的技术方案实施其专利。

前款所称等同技术特征，是指与所记载的技术特征以基本相同的手段，实现基本相同的功能，达到基本相同的效果，并且本领域的普通技术人员无需经过创造性劳动就能够联想到的特征。

第二十四条 外观设计专利权被授予后，除法律法规另有规定的以外，任何单位和个人未经专利权人许可，不得为生产经营目的以相同或者近似的外观设计实施其专利。

前款所称近似，是指侵权设计与授权外观设计在整体视觉效果上无实质性差异。

第二十五条 任何单位和个人不得为第二十三条、第二十四条所列侵权行为提供制造、许诺销售、销售、进口、运输、仓储等便利条件。

第二十六条 未经专利权人许可，实施其专利，即侵犯其专利权，引起纠纷的，由当事人协商解决；不愿协商或者协商不成的，专利权人或者利害关系人可以向人民法院起诉，也可以请求专利行政部门处理。

第二十七条 请求专利行政部门处理专利侵权纠纷的，应当符合下列条件：

（一）提交专利侵权纠纷处理请求书、证据，以及身份证明、营业执照等资料；

（二）请求人是专利权人或者利害关系人；

（三）有明确的被请求人；

（四）有明确的请求事项和事实、理由；

（五）当事人之间无仲裁约定且未向人民法院起诉；

（六）属于该专利行政部门管辖范围和受理事项范围。

第二十八条 专利行政部门自收到专利侵权纠纷处理请求书等有关资料之日起七日内作出是否受理的决定，并书面通知请求人；不予受理的，应当说明理由。

第二十九条 专利行政部门办理专利侵权纠纷案件，应当指定三名以上单数承办人员处理该专利侵权纠纷案件。

第三十条 专利行政部门处理专利侵权纠纷案件，可以采取下列措施：

（一）对当事人的生产经营场所实施现场勘验检查；

（二）询问当事人或者有关人员，调查与案件有关的情况；

（三）查阅、复制与案件有关的合同、发票、账簿、计算机数据以及其他有关资料；

（四）检查与案件有关的物品，抽样取证；

（五）在证据材料可能灭失或者可能转移的情况下，经本部门负责人批准，可以先行登记保存。

专利行政部门依法执行公务，有关单位和个人应当协助、配合，如实反映情况，不得拒绝、阻挠。

第三十一条 专利行政部门处理专利侵权纠纷案件，进行现场勘验检查时，应当向被请求人或者有关人员出示执法证件和送达勘验检查通知书；被请求人或者有关人员应当如实回答询问，并协助调查或者检查。询问或者检查应当制作笔录。

第三十二条 专利行政部门处理专利侵权纠纷案件时，认为当事人有可能转移与案件有关的物品而造成他人损失的，根据请求人的申请和担保，可以对与案件有关的物品采取封存、暂扣措施。专利行政部门采取封存、暂扣措施应当经部门负责人批准，并制作封存、暂扣决定书和清单，当场交付当事人。

被请求人对被封存、暂扣物品提供担保的，经专利行政部门审查同意，解除封存或者归还暂扣物品。

第三十三条 专利行政部门对暂扣或者登记保存的物品应当妥善保管，不得损坏。

当事人对已被封存的物品，不得擅自拆封、转移、毁损、变卖。

第三十四条 专利行政部门审理专利侵权纠纷案件时，当事人有权进行陈述和申辩。专利行政部门应当充分听取当事人的意见，对当事人提出的事实、理由和证据，应当进行复核。

第三十五条 专利行政部门可以采用下列方式处理专利侵权纠纷案件：

（一）经调解达成协议的，制作调解书；

（二）构成侵犯专利权的，作出责令停止侵权行为的决定；

（三）不构成侵犯专利权的，作出驳回请求的决定；

（四）专利权被宣告无效的，或者请求人撤回请求，经专利行政部门审查同意的，作出撤销案件的决定。

第三十六条 专利行政部门处理专利侵权纠纷案件，调解不成的，应当在受理案件之日起六个月内作出处理决定；情况复杂需要延长期限的，经本部门负责人批准，可以延长三个月。

第三十七条 专利行政部门处理专利侵权纠纷时，认定侵权行为成立的，责令侵权人立即停止制造、使用、销售、许诺销售、进口等侵权行为，责令销毁侵权产品或者使用侵权方法直接获得的产品，销毁制造侵权产品或者使用侵权方法的专用零部件、工具、模具、设备等物品。

当事人不服的，可以自收到处理决定之日起十五日内依法向人民法院起诉；侵权人期满不起诉又不停止侵权行为的,专利行政部门可以申请人民法院强制执行。

第三十八条　展会期间发生专利侵权纠纷的,可以采取调解、协议裁决或者行政处理等处理方式。

专利行政部门在行政处理时,认定侵权成立的,应当责令被请求人立即从展会上撤出侵权展品,销毁介绍侵权展品的宣传材料。

展会期间专利侵权纠纷处理的具体办法,由省人民政府自本条例施行之日起一年内制定。

第三十九条　专利权人及利害关系人应当依法行使其权利,不得有下列行为:

(一)以现有技术或者现有设计申请专利并获得专利授权后,向专利行政部门提出专利侵权的处理请求;

(二)强制专利实施被许可人购买其他专利使用权;

(三)强制专利实施被许可人只能将基于专利权人专利作出的改进专利卖回给专利权人;

(四)禁止专利实施被许可人对该专利的有效性提出异议。

第四十条　专利行政部门对查获的假冒专利产品和标识应当予以销毁。

第五章　服　　务

第四十一条　专利行政部门应当加强专利信息化建设,规范专利信息服务,促进专利信息的传播、开发和利用,有条件的地方应当建立专利信息服务网络和重点行业、产业专利数据库。

第四十二条　省、地级以上市人民政府专利行政部门应当建立专利预警机制,监测和通报重点区域、行业、产业和技术领域的国内外专利状况、发展趋势和竞争态势,为政府决策及企业事业单位发展服务。

第四十三条　从事专利代理、检索、评估、许可贸易等服务的机构及其从业人员,应当依照有关法律、行政法规取得执业资质或者资格;专利服务机构应当依法办理登记注册手续。

专利服务机构及其从业人员不得泄露当事人的商业秘密;不得损害专利申请人、专利权人以及其他当事人的合法权益。

第四十四条　县级以上人民政府及其有关部门应当加强专利法律法规和有关专利知识的宣传,加大对专利工作从业人员的培训力度。

鼓励开展青少年专利基础知识教育,有条件的高等学校、中等职业学校和普通中小学校可以开设专利知识课程。

第六章　监督管理

第四十五条　县级以上人民政府应当加强对专利工作的监督管理,建立健全监督管理机制。

上级人民政府专利行政部门应当对下级人民政府专利行政部门的工作进行指导和监督。

第四十六条　省、地级以上市人民政府应当对以下重大经济活动实行专利审查:

(一)涉及专利的重大产业技术和装备引进政策的制定;

(二)涉及重要引进技术的消化吸收再创新活动;

(三)涉及国家利益并拥有重要专利的企业并购、技术出口等活动;

(四)涉及专利的重大项目和产品的政府投资活动;

(五)规模以上的国有或者国有控股企业涉及专利的重大经济活动。

第四十七条　政府投资立项的各类重大研究、开发和产业化项目的承担单位,在实行股份制改造、中外合资、中外合作中转让相关专利时,应当报当地项目管理部门和专利行政部门备案。

第四十八条 省人民政府专利行政部门收到申请成立专利代理机构的申请后，可以委托地级以上市人民政府专利行政部门提出初步审核意见，并根据初步审核意见提出审查意见，依法报国务院专利行政部门审批。

律师事务所申请开办专利代理业务的，应当经地级以上市司法行政部门同意后，报省专利行政部门审查。省专利行政部门审查同意的，上报国务院专利行政部门审批。

第四十九条 专利行政部门应当按照国家规定对专利代理机构与专利代理人进行执业监督。

专利代理行业协会应当建立健全行业自律机制，规范专利代理机构及专利代理人的执业行为，促进行业健康有序的发展。

第五十条 专利行政部门应当将专利行政执法职权与程序向社会公开，并向社会公开举报、投诉电话，接受社会监督。

第五十一条 任何单位和个人都有权对专利行政部门、有关行政部门违反本条例的行为向其上级主管部门或者监察机关举报、投诉；上级主管部门或者监察机关应当自收到举报、投诉之日起十五日内决定是否受理，并告知举报人、投诉人。

任何单位和个人都有权对假冒专利、扰乱市场秩序等违法行为向专利行政部门和有关行政部门举报、投诉；专利行政部门和有关行政部门应当自收到举报、投诉之日起十五日内决定是否受理，并告知举报人、投诉人；对决定受理的，应当及时组织调查并将处理结果告知举报人、投诉人，同时向社会公开。

第五十二条 任何单位和个人不得借专利评奖、专利转让、举办会展、出版专利项目汇编或者发明人名录等名义，骗取专利申请人、专利权人、发明人、设计人等的财物。

第七章 法律责任

第五十三条 违反本条例第二十五条规定，为侵犯专利权行为提供便利条件的，由专利行政部门责令行为人停止该行为。

第五十四条 认定专利侵权的行政处理决定、民事判决或者仲裁裁决生效后，侵权人再次侵犯同一专利权，扰乱市场秩序的，由专利行政部门按照本条例第三十七条第一款的规定处理，没收违法所得，并可处违法所得一倍以上五倍以下的罚款；没有违法所得的，可以处一万元以上五万元以下的罚款；情节严重的，可以处五万元以上十万元以下的罚款。

第五十五条 违反本条例第三十九条规定的，由专利行政部门给予警告，责令改正，可以处一万元以上五万元以下的罚款；情节严重的，可以处五万元以上十万元以下的罚款。

第五十六条 违反本条例第四十三条规定，未依法取得专利服务的执业资质或者资格，以营利为目的从事专利服务的，由专利行政部门责令改正，没收违法所得，并可处违法所得一倍以上五倍以下的罚款；没有违法所得的，可以处一万元以上五万元以下的罚款；情节严重的，可以处五万元以上十万元以下的罚款。

第五十七条 违反本条例第三十条第二款、第三十三条第二款、第五十二条规定的，依法给予治安管理处罚；构成犯罪的，依法追究刑事责任。

第五十八条 专利行政部门违反本条例第三十三条第一款规定的，由上级行政机关或者有关部门责令改正，对直接负责的人员和其他责任人员依法给予处分。

专利行政部门的工作人员以及其他有关国家机关工作人员玩忽职守、滥用职权、徇私舞弊、贪污受贿的，依法给予处分；构成犯罪的，依法追究刑事责任。

第八章 附 则

第五十九条 本条例自 2010 年 12 月 1 日起施行。1996 年 9 月 25 日广东省第八届人民代表大会常务委员会第二十四次会议通过的《广东省专利保护条例》同时废止。

广东省展会专利保护办法

(2012年9月10日广东省人民政府第十一届第103次常务会议通过,自2012年10月15日起施行)

第一章 总 则

第一条 为了加强展会专利保护,维护展会秩序,推动经济社会发展,根据《中华人民共和国专利法》、《广东省专利条例》和有关法律、法规,结合本省实际,制定本办法。

第二条 本省行政区域内举办的展会活动中有关专利的保护,适用本办法。

本办法所称的展会,是指会主办方以招展的方式在固定场所和预定时期内举办的以展示、交易为目的的展览会、展销会、博览会、交易会、展示会等活动。

本办法所称的展会主办方(主办单位或者承办单位),是指与参展商签订参展合同或者其他形式的协议(以下简称参展合同),负责制定展会实施方案、计划和展会专利保护规则,对展会活动进行统筹、组织和安排,并对展会活动承担责任的单位。

本办法所称的展会专利投诉处理机构,是指由展会主办方设立的,负责调解处理展会期间专利侵权纠纷的工作机构。

第三条 展会专利保护应当遵循展会主办方负责、政府监管、社会公众监督的原则。

展会主办方应当与参展商签订参展合同,约定展会专利保护的相关条款,加强展会专利审查和保护工作。

参展商应当合法参展,不得有侵犯专利权和假冒专利行为。

第四条 县级以上人民政府专利行政部门负责指导、监督和管理本行政区域内的展会专利保护工作。

县级以上人民政府有关部门按照各自职责做好展会相关专利工作,维护展会正常秩序。

第五条 展会期间的专利侵权纠纷,专利权人或者利害关系人可以请求展会专利投诉处理机构或者专利行政部门调解,也可以请求展会所在地人民政府专利行政部门处理,或者直接向人民法院起诉。

第六条 行业协会应当通过制定行业自律规范,开展宣传培训等方式,增强会员的专利保护意识,协助专利行政部门和展会主办方开展展会专利保护工作。

第七条 参展商、专利权人或者利害关系人应当遵守展会主办方制定的展会专利保护规则。

第八条 展会主办方和参展商应当接受专利行政部门的指导、监督和管理,配合专利行政部门的执法活动。

第二章 展会专利保护规范

第九条 展会主办方应当制定展会专利保护规则,并通过电子邮件、传真等方式及时向展会所在地人民政府专利行政部门进行告知性备案。

展会专利保护规则的主要内容应当包括:

(一)展会主办方设立的展会专利投诉处理机构、人员组成、职责;

(二)参展展品涉及专利的,参展商应当准备相关权利证明材料,并对展品的专利状况进行自查；

（三）展会主办方应当依法维护专利权人的合法权益，对参展展品进行查验，参展商应当予以配合。

前款所称的参展展品，包括展品、展板、展台、产品及照片、目录册、视像资料，以及其他相关宣传资料。

第十条 展会主办方应当履行下列职责：

（一）在展会显著位置和参展商手册上公布展会专利投诉处理机构或者专利行政部门的地点、联系方式、投诉途径和专利保护规则等信息；

（二）设立展会专利投诉处理机构，接受专利权人或者利害关系人的投诉，对展会中发生的专利侵权纠纷进行调解处理；

（三）参展展品涉嫌假冒专利或者重复侵权的，及时移交专利行政部门依法处理；

（四）完整保存展会的专利保护信息与档案资料，自展会举办之日起保存不少于 2 年，并应当在展会结束之日起 30 日内按照专利行政部门的要求以电子邮件或者传真等方式报送信息。

第十一条 展会主办方应当建立专利公示制度，并将参展展品中涉及的专利以数据库、目录或者其他形式予以公布，涉及商业秘密的除外。

第十二条 展会主办方应当与参展商签订参展合同，参展合同应当包括以下主要专利保护条款：

（一）参展商应当遵守展会的专利保护规则；

（二）参展商应当接受展会专利投诉调解，拒绝配合调解的，展会主办方可以按照约定解除合同，取消参展；

（三）经展会专利投诉处理机构调解认为涉嫌专利侵权并禁止展出的参展展品，参展商拒绝采取遮盖、撤架、封存相关宣传资料、更换展板等撤展措施的，展会主办方可以按照约定解除合同，取消参展；

（四）参展商对专利权人或者利害关系人投诉其涉嫌专利侵权行为的，应当接受专利行政部门的简易程序处理；

（五）展品被专利行政部门或者人民法院认定为侵犯专利权的，参展商拒绝采取遮盖、撤架、封存相关宣传资料、更换展板等撤展措施时，展会主办方可以按照约定解除合同，取消参展；

（六）与展会专利保护有关的其他内容。

第十三条 涉及专利的参展合同范本，由省人民政府专利行政部门制定，在其门户网站上公布，并供免费下载使用。

第十四条 展会专利侵权纠纷当事人委托代理人的，应当提交委托人签名或者盖章的授权委托书，授权委托书必须记明委托事项和权限。对代为承认、放弃、变更投诉请求，进行和解的，必须有委托人的特别授权。

外国人、外国企业或者外国其他组织在展会期间对专利侵权纠纷提出调解或者处理请求的，应当委托依法设立的中国专利代理机构或者律师事务所办理。

第十五条 专利行政部门应当加强展会专利的保护，在展会举办期间，应当以巡查等管理方式督促展会主办方和参展商履行专利保护的义务，抽查有专利标识的展品，对涉嫌假冒专利的展品予以及时处理。

第十六条 专利行政部门应当指导、监督展会主办方按本办法要求设立展会专利投诉处理机构,并要求展会主办方在展馆显著位置或者参展手册上公布展会专利投诉处理机构的地点、联系方式和专利保护规则等信息。

第三章 展会专利侵权纠纷调解

第十七条 向展会专利投诉处理机构投诉的,应当提交以下材料:

(一)投诉申请书,包括投诉人与被投诉参展商(下称被投诉人)的基本情况、投诉请求和所依据的事实及理由;

(二)合法有效的权属证明,包括专利证书、专利公告文本、专利权人的身份证明、专利法律状态证明;

(三)其他相关证据材料。

第十八条 专利行政部门应当建立专利保护专家库,为展会提供服务。专家库由知识产权、法律及相关领域的专家组成。

展会主办方设立的展会专利投诉处理机构,依据参展合同的专利保护条款调解展会期间的专利侵权纠纷。其组成人员不得少于3人,可以从专利行政部门的专家库中选聘,也可以请求专利行政部门指派或者聘请相关领域的专家。

第十九条 展会专利投诉处理机构调解人员与专利侵权纠纷有利害关系的,应当回避。

第二十条 展会专利投诉处理机构根据本办法第九条和第十二条的规定,履行以下职责:

(一)接受展会专利侵权纠纷投诉;

(二)对投诉进行调查核实;

(三)组织投诉人与被投诉人进行调解;

(四)根据调查查明情况或者调解情况向展会主办方提出是否继续履行参展合同的意见。

第二十一条 展会专利投诉处理机构接受投诉后,应当到被投诉人的展位进行现场调查、送达相关文书,听取双方当事人意见,查明事实、分清是非责任,组织双方当事人进行调解。

调解达成协议的,应当当场制作调解协议书,并由双方当事人签收后发生效力;不接受调解或者调解不能达成协议的,展会主办方应当按照参展合同的约定进行处理。

第二十二条 展会主办方对涉嫌侵权的展品,应当要求被投诉人按照合同约定立即采取撤展措施。

展会专利投诉处理机构在调解过程中发现参展商违反本办法第十二条有关情形的,展会主办方可以按照约定解除合同。

参展合同解除后,被投诉人应当立即撤展。

第二十三条 被投诉人依调解协议执行后有异议的,应当在24小时内通过展会专利投诉处理机构向展会主办方提出书面意见,并提交相应的证据。

被投诉人的异议成立的,视为原双方达成的调解协议无效,展会专利投诉处理机构应当在24小时内通知被投诉人恢复展示,并书面告知投诉人。

被投诉人的异议不成立的,原双方达成的调解协议有效。

第二十四条 展会专利投诉处理机构在调解过程中,对涉及大型机械设备、精密仪器内部结构、产品制造方法以及其他难以判定的专利,可以终止调解,并书面告知投诉人。

展会专利投诉处理机构应当根据专利权人或者利害关系人的请求出具相关事实证明或者为其查阅、复印有关的材料提供便利。

第二十五条 专利行政部门调解展会专利侵权纠纷,依据相关法律法规章的规定进行。

专利行政部门进行调解,达成协议的,应当当场制作调解协议书,经双方当事人签收后,即发生效力。

调解未达成协议或者调解协议书送达前反悔的，专利行政部门应当依法作出行政处理。

第四章 展会专利侵权纠纷行政处理

第二十六条 专利行政部门处理展会中的专利侵权纠纷可以适用简易程序或者普通程序。

第二十七条 展会举办时间在3日以上，所在地县级以上人民政府专利行政部门认为需要派员驻会的，可以派员驻会，并设立临时的专利侵权纠纷受理点，接受专利权人或者利害关系人提出的专利侵权纠纷处理请求，对符合受理条件的依法予以受理。

展会主办方应当配合，提供必要的场所和办公条件。

第二十八条 专利权人或者利害关系人向专利行政部门提出专利侵权纠纷处理请求的，应当符合下列条件：

（一）提交专利侵权纠纷处理请求书、证据，以及身份证明、营业执照等资料；

（二）请求人是专利权人或者利害关系人；

（三）有明确的被请求人；

（四）有明确的请求事项和事实、理由；

（五）当事人未向人民法院起诉；

（六）属于该专利行政部门管辖范围和受理事项范围；

（七）重复侵权的，请求人还应当提交已经生效的行政处理决定、民事裁判或者仲裁裁决文书。

专利权正处于无效宣告请求程序中且无效理由明显成立的展会专利侵权纠纷，专利行政部门可以不予受理。

第二十九条 当事人提交的证据材料，应当真实、合法。

当事人提交的证据材料是在中华人民共和国领域外形成的，应当经所在国公证机关予以证明，并经中华人民共和国驻该国使领馆予以认证，或者履行中华人民共和国与该所在国订立的有关条约中规定的证明手续。

当事人提交的证据材料是在香港、澳门、台湾地区形成的，应当履行相关的证明手续。

当事人是境外的，其主体资格的证明材料参照本条第二款和第三款的规定执行。

当事人提交外文书证或者外文说明资料，应当附有中文译本。

第三十条 专利行政部门处理展会专利侵权纠纷案件，可以到被请求人的展位进行现场检查，查阅、复制与案件有关的文件，询问当事人，采取拍照、摄像、抽样等方式调查取证。

第三十一条 展会期间专利侵权纠纷案件的普通处理程序，依据《广东省专利条例》和相关法律法规的规定执行。

执行《广东省专利条例》第三十二条、第三十三条等相关规定措施，所产生的运输、仓储等费用由请求人承担，涉及实用新型专利或者外观设计专利的，请求人应当提交国务院专利行政部门出具的实用新型检索报告或者专利权评价报告。

第三十二条 专利行政部门对事实清楚、证据确凿充分、争议不大并且符合下列条件之一的专利侵权纠纷案件，可以适用简易程序处理：

（一）专利权人或者利害关系人仅要求被投诉人停止在本届展会中的侵权行为；

（二）已经生效法律文书认定专利侵权的；

（三）被投诉的参展展品的技术方案或者外观设计与发明、实用新型或者外观设计专利权相同的；

(四）其他可以适用简易程序的情形。

第三十三条 适用简易程序处理的，除了应当符合本办法第二十八条规定外，请求人还应当提供担保，并提供落入专利权的保护范围的对比分析材料和国务院专利行政部门出具的实用新型检索报告或者专利权评价报告以及相关证明材料。

专利权人或者利害关系人提出专利侵权纠纷处理请求的时间距离展会结束不足 48 小时，不适用简易程序处理。

第三十四条 适用简易程序受理的案件，专利行政部门应当及时将案件受理通知书等相关文书材料送达双方当事人。

被请求人应当在收到案件受理通知书等相关文书材料 24 小时内进行答辩和举证，逾期未答辩和举证的，不影响专利行政部门的处理。

第三十五条 按照简易程序处理的专利侵权纠纷案件，专利行政部门应当在被请求人申辩期满后 24 小时内进行审理，调解不成的作出处理决定。

第三十六条 按照简易程序立案的案件，通过现场对比无法判断是否落入专利权的保护范围等案情复杂的，不再适用简易程序，按照本办法第三十一条的规定进行处理，专利行政部门应当及时告知当事人，并说明理由。

第三十七条 专利行政部门查处涉嫌假冒专利行为，依据《中华人民共和国专利法》等相关法律法规的规定执行。

专利行政部门查处假冒专利行为，展会主办方及参展商应当积极配合、协助。

第五章 展会专利诚信档案管理

第三十八条 专利行政部门应当建立展会专利诚信档案，将下列情形列入档案：

（一）违反本办法第十二条有关情形的；

（二）被认定为专利侵权、假冒专利或者重复侵权的；

（三）专利权人及利害关系人以现有技术或者现有设计申请专利并获得专利授权后，向展会主办方投诉或者专利行政部门提出处理请求的。

第三十九条 专利行政部门应当按照规定将展会诚信档案信息纳入行政部门企业信用信息系统，实现部门之间的企业信用信息资源共享，有效监控和防范专利侵权和假冒专利。

第四十条 专利行政部门应当对在展会期间的专利侵权和假冒专利行为向社会公布。

第四十一条 专利行政部门对纳入展会专利诚信档案的参展商，在展会期间巡查时应当对其进行重点检查，对其相关专利权证明材料进行审查。

第六章 法律责任

第四十二条 展会主办方违反本办法第十条、第十一条、第十二条、第二十一条规定的，由专利行政部门责令限期改正；逾期不改正的，予以警告，并通报批评。

第四十三条 展会主办方违反本办法有关规定，有下列情形之一的，由专利行政部门责令改正；拒不改正的，可以处 1000 元以上 10000 元以下的罚款：

（一）不设立展会专利投诉处理机构的；

（二）拒绝接受专利权人或者利害关系人投诉，未按照规定或者合同约定对禁止展出的参展项目采取措施的；

（三）经专利权人或者利害关系人投诉，拒绝出具相关事实证明，或者拒绝配合公证机关进行取证的；

（四）拒绝行政和司法机关调取投诉案卷，拒绝当事人查阅、复印涉案投诉案卷的。

第四十四条 违反本办法第八条规定，阻碍专利行政部门依法执行职务的，由公安机关依法给予治安管理处罚。

第四十五条 专利行政部门及其工作人员违反本办法有关规定，有下列情形之一的，由上级专利行政部门或者监察部门依法给予处分：

（一）没有在其门户网站上公布参展合同范本的；

（二）没有对展会主办方给予指导、监督的；

（三）没有对展会专利保护工作尽到管理职责的；

（四）玩忽职守、滥用职权、徇私舞弊的。

第七章　附　则

第四十六条 中央和国家机关在粤主办的展会，参照本办法执行；其主管部门对展会专利保护另有规定的，可以从其规定。

第四十七条 本办法自 2012 年 10 月 15 日起施行。

广西壮族自治区专利条例

(2012 年 7 月 26 日广西壮族自治区第十一届人民代表大会常务委员会第二十九次会议通过)

第一章 总 则

第一条 为了加强专利保护和管理，激励发明创造，推动创新成果的应用，促进科学技术进步和经济社会发展，根据《中华人民共和国专利法》、《中华人民共和国专利法实施细则》和有关法律、行政法规，结合本自治区实际，制定本条例。

第二条 本自治区行政区域内的专利工作以及相关活动，适用本条例。

第三条 县级以上人民政府应当将专利工作纳入国民经济和社会发展规划，制定促进、保护专利的政策和措施，鼓励和支持专利的创造和应用，协调处理专利工作中的重大问题，为专利工作提供必要的条件和保障。

第四条 专利管理部门负责本行政区域内的专利工作。

县级以上人民政府有关部门在其职责范围内做好相关专利工作。

第五条 县级以上人民政府及其有关部门应当加强专利的宣传和普及教育，提高全社会的专利意识。

鼓励各类学校开展专利基础教育，鼓励高等院校开设专利课程。

专利管理部门应当加强对专利工作从业人员的培训。

第六条 自治区和有条件的市、县应当加强专利信息公共服务平台建设，开展专利信息检索分析、专利预警预测、项目展示交流交易、专利侵权鉴定、咨询服务等专利服务。

支持企业、科研机构、高等院校建设专业专利数据库。

第二章 激励创造

第七条 县级以上人民政府及其有关部门应当加强对专利工作的指导和服务，鼓励和支持企业、科研机构、高等院校制定专利发展战略，扶持符合经济社会发展需要的专利创造和产业化项目，鼓励个人进行发明创造并申请专利。

第八条 县级以上人民政府应当在本级财政预算中安排经费，用于专利资助和奖励、开展专利预警应急与维权援助、宣传、培训等相关工作，促进专利创造、应用、保护和管理。

第九条 自治区人民政府科学技术行政主管部门应当会同有关部门编制经济社会发展需要的关键技术和重要产品研究开发项目目录，并定期向社会公布。列入目录的项目，可能产生专利的，优先列入政府财政资金支持的科技计划；政府有关部门应当与项目承担单位约定专利目标，将获得专利的情况纳入科技计划项目的验收内容。

第十条 自治区人民政府建立专利资助和奖励制度。对符合自治区产业发展方向，具有技术创新和潜在市场前景的专利给予资助；对在经济社会发展中有突出贡献的专利给予奖励。

第十一条 被授予专利权的单位应当给予职务发明创造的发明人、设计人报酬。单位与发明人、设计人对报酬有约定的，从其约定；没有约定的，从实施专利的税后利润、税后专利许可使用费、税后专利转让费中按照高于国家规定的报酬比例执行。

报酬可以以现金、股份、股权收益或者当事人约定的其他形式给付。

第十二条 在专业技术职务评审中，专利应当作为其发明人、设计人申报和评定相近序列专业技术职务的依据。

获得国家专利金奖和优秀奖的专利，可以作为该专利发明人、设计人破格申报和评定相近序列专业技术职务的主要依据。

第三章　专利应用

第十三条 县级以上人民政府及其有关部门应当加强专利应用工作，支持符合国家和自治区产业政策、技术水平高、市场前景好的专利技术项目，对拥有专利技术的项目在同等条件下优先实施；以政府财政资金安排的创业风险投资资金，在同等条件下应当优先投资专利技术产业化项目。

第十四条 鼓励专利权人依法实施其专利。

鼓励单位和个人依法采取专利权入股、转让、许可等方式促进专利实施，专利权转让合同、专利申请权转让合同、专利实施许可合同经依法认定登记的，当事人双方享受国家和自治区有关技术交易的优惠政策。

第十五条 鼓励高等院校、科研机构向企业转移专利技术成果，鼓励企业间专利技术的相互转移。

专利管理部门以及县级以上人民政府有关部门应当完善专利技术转移机制，指导高等院校、科研机构与企业之间加强专利技术的转移和许可使用。

第十六条 鼓励商业银行开展专利权质押贷款等业务，增加对专利技术产业化项目的信贷投入。鼓励担保机构优先为专利技术产业化项目提供融资担保。

县级以上人民政府可以安排经费对专利技术产业化贷款项目进行贴息。

第十七条 自治区支持设立专利技术交易市场，规范专利交易行为，推进专利技术交易服务，促进专利技术商品化和产业化。

第四章　专利保护

第十八条 任何单位和个人不得侵犯他人专利权，不得假冒专利，不得为侵犯他人专利权或者假冒专利提供制造、销售、使用等便利条件。

第十九条 专利管理部门以及县级以上人民政府有关部门应当加强专利保护工作，建立专利行政执法责任制，设立举报投诉电话，对生产、流通环节的专利产品开展经常性检查和专项检查；及时处理专利侵权纠纷和查处假冒专利行为。

第二十条 专利侵权纠纷，由当事人协商解决；不愿协商或者协商不成的，专利权人或者利害关系人可以请求专利管理部门处理，也可以依法向人民法院提起民事诉讼。

专利管理部门在作出处理决定前，应当先行调解。

第二十一条 专利权人或者利害关系人请求专利管理部门处理专利侵权纠纷，可以向被请求人所在地或者侵权行为地设区的市专利管理部门提出，也可以向自治区专利管理部门提出。

第二十二条 请求专利管理部门处理专利侵权纠纷的，应当提交请求书，并提交所涉及专利权的专利登记簿副本及其复印件和有关侵权证据，按照被请求人的数量提交请求书副本。

第二十三条 专利管理部门处理专利侵权纠纷，依法行使下列职权：

（一）询问有关当事人，调查与涉嫌侵犯他人专利权有关的情况；

（二）查阅、复制当事人与涉嫌侵犯他人专利权有关的合同、发票、账簿以及其他有关资料；

(三) 对当事人涉嫌侵犯他人专利权行为的场所实施现场检查。

第二十四条 专利管理部门认定专利侵权行为不成立的，应当书面告知请求人；认为侵权行为成立的，责令侵权人立即停止侵权行为，并依照下列规定予以处理：

(一) 侵权人制造专利侵权产品的，责令其立即停止制造行为，销毁制造侵权产品的专用设备、模具，并且不得销售、使用尚未售出的侵权产品或者以任何其他形式将其投放市场；侵权产品难以保存的，责令侵权人销毁该产品；

(二) 侵权人未经专利权人许可使用专利方法的，责令侵权人立即停止使用行为，销毁实施专利方法的专用设备、模具，并且不得销售、使用尚未售出的依照专利方法所直接获得的侵权产品或者以任何其他形式将其投放市场；侵权产品难以保存的，责令侵权人销毁该产品；

(三) 侵权人销售专利侵权产品或者依照专利方法直接获得的侵权产品的，责令其立即停止销售行为，并且不得使用尚未售出的侵权产品或者以任何其他形式将其投放市场；尚未售出的侵权产品难以保存的，责令侵权人销毁该产品；

(四) 侵权人许诺销售专利侵权产品或者依照专利方法直接获得的侵权产品的，责令其立即停止许诺销售行为，消除影响，并且不得进行任何实际销售行为；

(五) 侵权人进口专利侵权产品或者依照专利方法直接获得的侵权产品的，责令侵权人立即停止进口行为；侵权产品已经入境的，不得销售、使用该侵权产品或者以任何其他形式将其投放市场；侵权产品难以保存的，责令侵权人销毁该产品；侵权产品尚未入境的，可以将处理决定通知有关海关；

(六) 停止侵权行为的其他必要措施。

第五章 专利管理

第二十五条 有下列情形之一的，国有资产占有单位应当按照有关规定进行专利资产评估：

(一) 以专利资产作价出资成立有限责任公司或者股份有限公司；

(二) 许可他人使用专利权，市场没有参照价格；

(三) 改制、上市、合并、分立、清算、投资、转让、质押、置换、拍卖、偿还债务涉及专利资产；

(四) 引进专利技术；

(五) 其他需要进行专利资产评估的。

第二十六条 县级以上人民政府有关部门对下列可能涉及专利的重大经济活动，应当会同专利管理部门组织审议，作出专利风险评价后方可决定实施：

(一) 国有及国有控股企业重大技术引进项目、重大合资合作项目的审批；

(二) 具有重要专利权的国有及国有控股企业并购、重组、转让项目的审批；

(三) 具有重要专利权的技术出口项目的审批；

(四) 涉及专利的重大项目和产品的政府投资活动；

(五) 其他对本地区经济社会发展和公共利益有重大影响的涉及专利的活动。

第二十七条 具有下列情形之一且涉及专利技术的，申请人或者申报人应当向县级以上人民政府有关部门提交专利文献检索和评价报告，否则不予立项或者授奖：

(一) 申请政府资助重大科学技术研究开发、技术引进或者技术改造项目；

（二）申报政府资助科学技术成果转化项目；

（三）申报政府设立的科学技术奖。

第二十八条 单位或者个人组织标注专利标记的商品进入商场、超市等市场流通领域销售，应当向相关单位提供专利登记簿副本，被许可实施人还应当提供专利实施许可合同，未提供的，相关单位不得为其提供相关服务。

第二十九条 展览会、展示会、推广会、交易会等会展举办者对标注专利标记的参展产品或者技术，应当查验其专利登记簿副本，被许可实施人还应当提供专利实施许可合同，未提供的，举办者应当拒绝其以专利产品、专利技术名义进场参展。

第三十条 从事专利代理、检索、评估、许可贸易等专利服务的机构应当依法办理登记注册手续，从业人员应当依照有关法律、行政法规取得执业资质或者资格。

专利服务机构及其从业人员不得泄露当事人的商业秘密，不得损害专利申请人、专利权人以及其他当事人的合法权益。

第三十一条 自治区、设区的市人民政府应当建立专利预警机制，监测和通报重点区域、行业、产业和技术领域的国内外专利状况、发展趋势和竞争态势。

第六章 法律责任

第三十二条 违反本条例第十八条规定，假冒专利的，除依法承担民事责任外，由专利管理部门依照下列规定处罚：

（一）在未被授予专利权的产品或者其包装上标注专利标识，专利权被宣告无效后或者终止后继续在产品或者其包装上标注专利标识，或者未经许可在产品或者产品包装上标注他人的专利号的，责令行为人立即停止标注行为，消除尚未售出的产品或者其包装上的专利标识，专利标识难以消除的，销毁该产品或者包装，有违法所得的，没收违法所得，可以并处违法所得四倍以下的罚款；没有违法所得的，可以处十万元以下的罚款，情节严重的，可以处十万元以上二十万元以下的罚款；

（二）销售第（一）项所述产品的，责令行为人立即停止销售行为，有违法所得的，没收违法所得，可以并处违法所得四倍以下的罚款；没有违法所得的，可以处十万元以下的罚款，情节严重的，可以处十万元以上二十万元以下的罚款；

（三）在产品说明书等材料中将未被授予专利权的技术或者设计称为专利技术或者专利设计，将专利申请称为专利，或者未经许可使用他人的专利号，使公众将所涉及的技术或者设计误认为是专利技术或者专利设计的，责令行为人立即停止发放该材料，销毁尚未发出的材料，并消除影响，可以处五万元以下的罚款；

（四）伪造或者变造专利证书、专利文件或者专利申请文件的，责令行为人立即停止伪造或者变造行为，销毁其伪造或者变造的专利证书、专利文件或者专利申请文件，并消除影响，可以处五万元以下的罚款。

第三十三条 违反本条例第十八条规定，为侵犯他人专利权、假冒专利提供制造、销售、使用便利条件的，由专利管理部门责令改正，有违法所得的，没收违法所得，可以并处违法所得三倍以下的罚款；没有违法所得的，可以处二万元以下的罚款，情节严重的，可以处二万元以上五万元以下的罚款。

第三十四条 违反本条例第二十九条规定，会展的举办者允许未提供相应证明文件的产品或者技术以专利产品、专利技术名义参展的，由专利管理部门责令举办者改正，可以处一万元以下的罚款。

第七章 附 则

第三十五条 本条例所称的专利管理部门是指县级以上人民政府确定的管理专利工作的部门。

第三十六条 本条例自 2012 年 9 月 1 日起施行。1999 年 7 月 30 日广西壮族自治区第九届人民代表大会常务委员会第十二次会议通过的《广西壮族自治区专利保护条例》同时废止。

重庆市专利促进与保护条例

(2007 年 7 月 27 日重庆市第二届人民代表大会常务委员会第三十二次会议通过 2010 年 7 月 23 日重庆市第三届人民代表大会常务委员会第十八次会议第一次修正 2011 年重庆市第三届人民代表大会常务委员会第二十八次会议第二次修正)

第一章 总 则

第一条 为鼓励发明创造，促进专利运用，加强专利保护，推进创新型城市建设，根据《中华人民共和国专利法》及有关法律、行政法规规定，结合本市实际，制定本条例。

第二条 在本市行政区域内从事专利促进、保护、管理及相关活动，适用本条例。

第三条 市和区县（自治县）人民政府应当加强对专利工作的领导，将专利工作纳入国民经济和社会发展规划，加大对专利事业的投入，加强对专业人才的培养。

第四条 市专利管理部门负责本市行政区域内专利事业发展的统筹协调、专利管理和专利行政执法。

有关行政管理部门依照各自职责共同做好专利工作。

市专利管理部门可以委托区县（自治县）专利管理部门实施专利行政执法。

第五条 行政机关、新闻媒体、社会团体应当加强对专利工作的宣传，提高全社会的专利运用能力，增强全社会的专利保护意识。

第六条 提倡在中小学校开展专利等知识产权基础教育；鼓励高等院校开设知识产权课程，支持有条件的高等院校设立知识产权专业。

第二章 专利促进

第七条 市人民政府设立专利专项资金，支持发明专利的申请，促进专利成果的转化，奖励优秀专利项目。

区县（自治县）人民政府应设立专利专项资金，用于专利事业的发展。

第八条 市专利管理部门应当建立知识产权公共信息平台，组建相关专利检索服务机构，提供专利等知识产权信息服务。

第九条 市专利管理部门应当对企业事业单位的专利工作进行指导，帮助企业事业单位培养、培训专利管理人员。

市人事部门会同市专利管理部门对企业事业单位从事专利管理工作的人员进行职称评定。

第十条 在评定专业技术职称时，发明人、设计人获得的专利应当作为职称评定的重要条件。

第十一条 鼓励企业、科研机构、高等院校制定专利战略，建立专利管理制度，配备专利管理专职人员。

第十二条 政府采购在同等条件下优先选择具有自主知识产权的产品。

第十三条 市专利管理部门应当促进专利中介服务机构的发展。

第十四条 鼓励企业事业单位和个人依法采取专利权入股、质押、转让、许可等方式促进专利实施。

企业在专利技术实施及产业化过程中形成的新产品，享受有关扶持新产品开发的税收优惠政策。

第十五条 被授予专利权的单位应当对职务发明的发明人或者设计人给予奖励；发明创造专利实施后，根据其推广应用的范围和取得的经济效益，对发明人或者设计人给予合理的报酬。

被授予专利权的单位可以与发明人、设计人约定奖励和报酬的方式和数额。约定的奖励和报酬的数额不得低于法律、行政法规规定的最低标准。

第三章　专利保护

第十六条 任何单位和个人不得侵犯他人专利权、假冒专利。

任何单位和个人不得明知有前款所列情形，为其提供制造、销售、使用、展示、广告及其他便利条件。

第十七条 禁止滥用专利权。

公民、法人或其他组织认为其没有侵犯他人专利权的，可以请求市专利管理部门予以确认。市专利管理部门应当在接到请求三十日内，将确认结果书面告知请求人；涉外请求，可以延长三十日。

第十八条 企业事业单位发生涉外专利纠纷时，应当向市专利管理部门报告，市专利管理部门应当及时处理、协调。

第十九条 市专利管理部门处理专利侵权纠纷，依法行使下列职权：

（一）询问有关当事人，调查与涉嫌侵犯他人专利权的有关情况；

（二）查阅、复制当事人与涉嫌侵犯他人专利权有关的合同、发票、账簿以及其他有关资料；

（三）对当事人涉嫌侵犯他人专利权行为的场所实施现场检查；

（四）对有证据证明侵犯他人专利的产品可以查封或者扣押。

第二十条 有下列行为之一的，由市专利管理部门依法进行查处：

（一）假冒专利的；

（二）同一侵权人再次侵犯同一专利权的；

（三）其他违反专利管理秩序的行为。

市专利管理部门在查处专利违法案件时可以行使本条例第十九条规定的职权。

第二十一条 专利管理部门处理专利侵权纠纷案件，应当在受理之日起四个月内作出处理决定。因特殊情况需要延长的，延长期限最长不得超过二个月。

第四章　专利管理

第二十二条 为避免专利技术的盲目引进、重复研发以及流失，市人民政府应当建立重大经济活动的专利审查制度。

第二十三条 市和区县（自治县）人民政府应将专利的有关指标纳入国民经济和社会发展统计范围。

市级各相关部门应当把专利的创造、运用作为对各类企业评奖、申请科技型中小企业技术创新基金和工程（技术）中心认定的依据之一。

第二十四条 对假冒专利以及故意实施专利侵权行为的，市专利管理部门应当建立档案，定期向社会公告。

市专利管理部门及相关部门应当加强对生产、流通环节的专利产品的管理，维护市场经济秩序。

第二十五条 国有企业事业单位对其所有的专利资产进行评估,应当委托依法设立的资产评估机构进行,评估结果应当报同级国有资产管理部门备案。

第二十六条 专利中介服务机构及其工作人员不得以不正当手段招揽业务,不得与当事人串通谋取不正当利益,不得泄露当事人的商业秘密,不得损害他人的合法权益和社会公共利益。

第五章 法律责任

第二十七条 专利管理部门处理专利侵权纠纷,认定侵权行为成立的,责令侵权人立即停止侵权行为;侵权行为情节严重的,没收侵权产品。

第二十八条 违反本条例第十六条第二款规定的,由市专利管理部门责令改正,没收违法所得,可以并处违法所得三倍以下的罚款,没有违法所得的,可并处二千元以上二万元以下罚款,情节严重的可并处二万元以上五万元以下罚款。

第二十九条 擅自启封、处理被扣押物品的,由市专利管理部门责令改正,并可处被扣押物品价值一倍以上三倍以下的罚款。

第三十条 违反本条例第二十条第一款第(二)项的,由市专利管理部门责令改正并予公告,处二千元以上二万元以下罚款,情节严重的处二万元以上十万元以下罚款;有违法所得的,没收违法所得。

第三十一条 违反本条例第二十六条规定的,由市专利管理部门给予警告,责令限期改正;逾期不改的,处二万元以下的罚款;有违法所得的,没收违法所得。

第三十二条 专利管理部门的工作人员以及其他有关国家机关工作人员玩忽职守、滥用职权、徇私舞弊的,依法给予行政处分;构成犯罪的,依法追究刑事责任。

第六章 附 则

第三十三条 本条例自 2007 年 9 月 15 日起施行。

四川省专利保护条例

（1997年6月16日四川省第八届人民代表大会常务委员会第二十七次会议通过　根据2001年9月22日四川省第九届人民代表大会常务委员会第二十五次会议《关于修改〈四川省专利保护条例〉的决定》修正　2012年3月29日四川省第十一届人民代表大会常务委员会第二十九次会议修订）

第一章　总　　则

第一条　为保护发明创造专利权，维护单位和个人以及公众的合法权益，推动发明创造的应用，根据《中华人民共和国专利法》、《中华人民共和国专利法实施细则》和国家有关规定，结合四川省实际，制定本条例。

第二条　凡在四川省行政区域内从事与专利有关活动的单位和个人，适用本条例。法律、法规另有规定的，从其规定。

第三条　专利工作遵循激励创造、有效运用、依法保护、科学管理的原则。

第四条　县级以上人民政府应当加强对专利工作的领导，支持和促进专利技术产业化。

第五条　县级以上人民政府管理专利工作的部门负责本行政区域内的专利保护工作。

发展改革、经济信息、科技、公安、商务、广电、工商、新闻出版、质监、出入境检验检疫、海关等行政管理部门，在各自职责范围内做好专利保护工作。

第六条　县级以上人民政府应当设立专利资助资金，用于扶助本行政区域内单位和个人申请专利、实施专利技术、开展专利维权。

第七条　建立专利转化应用激励机制，促进专利技术转化为现实生产力，具体办法由省人民政府另行制定。

鼓励和支持单位和个人积极申请专利，提高专利的运用水平，做好专利保护工作。

第八条　管理专利工作的部门应当建立知识产权公共信息平台和重点行业产业专利数据库，提供专利等知识产权信息服务，促进专利信息的传播、开发和利用。发展和规范专利交易市场，鼓励和支持建立专利技术交易机构，推进专利技术交易服务，加速专利技术商品化和产业化。

管理专利工作的部门应当对企业事业单位和其他组织的专利工作进行指导，帮助企业事业单位和其他组织培养专利管理人员，鼓励企业事业单位和其他组织制定专利战略，建立专利管理制度。

第九条　县级以上人民政府及其有关部门应当加强专利知识的宣传和普及。

新闻媒体应当积极开展专利法律、法规等专利知识的宣传。鼓励单位和个人支持和参与专利知识的宣传和普及工作。

第二章　专利促进与保护

第十条　企业事业单位及其他组织研究、开发、引进、购买、申办专利技术、产品、设备等过程中所发生的支出，按照税收管理的有关规定，分别进行一次性税前扣除和折旧、摊销处理；符合税收优惠条件的，鼓励享受相应税收优惠。

第十一条　政府财政资金支持的科研开发和高新技术产业化等项目，应当把获得专利权作为立项、考核、验收的指标之一；政府财政资金支持的技术改造项目，应当把获得专利权作为优先支持的条件之一。

认定和考核高新技术企业和创新型企业等，应当将专利权的拥有数量与质量作为重要指标。

第十二条 以政府财政资金安排和设立的创业风险投资资金和创业风险投资机构，应当优先支持专利技术产业化项目。

第十三条 政府采购及其他使用财政性资金进行采购的，应当按照国家要求，在同等条件下优先采购自主创新产品。

第十四条 国有企业事业单位的发明专利和主要由财政资助的科研项目所完成的发明专利，省人民政府认为对国家利益或者公共利益具有重大意义的，可以依法决定在批准范围内推广应用。实施单位应当按照国家规定向专利权人支付使用费。

第十五条 被授予专利权的企业事业单位和其他组织对职务发明创造的发明人或者设计人的奖励及报酬，单位与其有约定的，从其约定；没有约定的，按照下列规定执行：

（一）专利实施取得经济效益后，应当在专利权有效期内，每年从实施该发明专利或者实用新型专利的营业利润中提取不低于百分之五或者从实施该外观设计专利的营业利润中提取不低于千分之五的比例，作为报酬支付给发明人或者设计人；

（二）许可他人实施专利的，应当在取得专利许可使用费后三个月内从专利许可使用费中提取不低于百分之二十的比例，作为报酬支付给发明人或者设计人；

（三）专利权转让的，应当在取得专利权转让费后三个月内从专利权转让费中提取不低于百分之二十的比例，作为报酬支付给发明人或者设计人；

（四）因维权获得专利损失赔偿金的，应当在取得赔偿金后三个月内从专利损失赔偿金中提取不低于百分之二十的比例，作为报酬支付给发明人或者设计人；

（五）采用股份形式以专利技术入股实施转化的，发明人、设计人可以获得不低于该专利技术入股时作价金额百分之二十的股份或者报酬。

奖励和报酬可以采取定额方式或者其他形式一次性给付，标准应当不低于国家有关规定。

国有企业对专利的奖励和报酬在工资总额基数之外单列。

第十六条 评定专业技术职称，应当将专利发明人、设计人的相关专利作为评审依据之一。对技术进步能够产生重大作用或者取得显著经济效益的专利，可以作为主要发明人、设计人破格申报专业技术职称的依据。获得中国专利金奖、优秀奖以及省专利奖的主要发明人、设计人，可以破格申报相关专业技术职称。

企业事业单位从事专利管理工作人员职称评定的具体办法由省管理专利工作的部门会同省人力资源和社会保障部门另行制定。

第十七条 有下列情形之一的，当事人应当向有关主管部门提交专利检索报告：

（一）重大科研立项和新技术、新产品开发；
（二）技术、设备的进出口贸易；
（三）申请国家扶持、投资的科技项目；
（四）外方以专利技术、设备作为投资申办中外合资企业、中外合作企业。

第十八条 鼓励单位和个人依法采取专利入股、质押、转让、许可等方式促进专利实施。以专利权作价入股的，最高可占公司注册资本的百分之七十。

单位在专利实施、技术转让等过程中的涉税事项，符合税收优惠条件的，享受相应税收优惠。

第十九条 鼓励金融机构为专利技术产业化项目提供信贷支持与金融服务，特别是鼓励以专利权质押方式提供信贷支持。

第二十条 鼓励中介服务机构加强专利服务，促进专利实施。

专利代理、专利技术交易、专利资产评估、专利信息咨询等专利中介服务机构应当依法设立和运营，其合法权益受法律保护。

专利中介服务机构及其执业人员应当加强自律，提高执业水平，为委托人提供便捷、优质的服务，不得进行下列行为：

（一）以不正当手段招揽业务；

（二）出具虚假报告；

（三）与当事人串通牟取不正当利益；

（四）损害专利权人、其他当事人的合法权益和社会公共利益。

管理专利工作的部门应当加强对专利中介服务机构及其执业人员的指导和监督。

第二十一条 鼓励申请人对具备申请专利条件的发明创造申请国内、国外专利，管理专利工作的部门应当给予必要的指导。职务发明申请专利之前，与该发明创造技术方案有关的人员应当对该发明创造负有保密责任并不得私自进行转让。

第二十二条 省管理专利工作的部门可以根据当事人申请，组织专门从事知识产权研究的学术团体、鉴证类社会中介机构进行专利技术鉴定工作。当事人也可以委托依法成立的专利技术鉴定机构进行鉴定。

第二十三条 专利权人和专利实施被许可方，有权在其专利产品或者专利产品的包装上标注专利标记，专利标记的标注方式应当符合相关规定。

第二十四条 任何单位和个人不得有为他人侵犯专利权、假冒专利提供制造、许诺销售、销售、使用、展示、广告、仓储、运输、隐匿等条件的行为。

第二十五条 国有资产占有单位有下列情形之一的，应当进行专利资产评估：

（一）转让专利申请权、专利权的；

（二）国有企业和事业单位作为法人在变更或者终止前需要对专利资产作价的；

（三）以国有专利资产与外国公司、企业、其他经济组织或者个人合资、合作的，或者许可外国公司、企业、其他经济组织或者个人合资、合作实施的；

（四）以专利资产作价出资成立有限责任公司或者股份有限公司的；

（五）以各种形式从国外引进专利技术的；

（六）需要进行专利资产评估的其他情形。

评估专利资产由实施评估的单位按照国家有关规定依法选聘符合条件的资产评估机构进行。

非国有资产占有单位也可以依法申请对其专利资产进行评估。

第二十六条 管理专利工作的部门在展会期间应当组织开展专利保护相关法律、法规的宣传，并履行下列职责：

（一）依法受理专利权人或者利害关系人的投诉，处理展会专利侵权纠纷；

（二）依法查处展会期间发生的假冒专利违法行为；

（三）监督主办方及承办方履行专利保护义务。

第二十七条 展会的相关管理部门应当加强展会期间的专利保护指导、协调和监督工作。

第二十八条 展会主办方、承办方应当依法做好展会专利保护工作，加强对参展项目的专利审查，在参展协议中约定参展方不得侵犯他人的专利权、不得假冒专利。

第二十九条 参展方应当合法参展,遵守参展协议,并不得侵犯他人专利权,对管理专利工作的部门或者司法部门的调查应当予以配合。

第三十条 专利权人或者利害关系人认为参展项目侵犯其专利权的,可以向主办方、承办方或者管理专利工作的部门投诉,也可以向人民法院提起诉讼。被投诉人未及时作出不侵权有效举证的,应当按照约定将涉嫌侵权的物品自行撤展;未自行撤展的,由管理专利工作的部门依法处理。

任何人在展会期间发现涉嫌假冒专利行为的,有权向管理专利工作的部门举报。管理专利工作的部门认为参展方涉嫌假冒专利的,应当责令其立即撤展;未自行撤展的,由管理专利工作的部门依法处理。

第三章 专利纠纷的行政处理

第三十一条 未经专利权人许可,对其专利实施的侵权行为,专利权人或者利害关系人可以请求管理专利工作的部门处理,也可以依法直接向人民法院提起诉讼。

第三十二条 当事人对下列专利纠纷,可以请求管理专利工作的部门调解,也可以根据仲裁协议申请仲裁或者依法直接向人民法院提起诉讼:

(一)侵犯专利权的赔偿数额纠纷;
(二)在发明专利申请公布后、专利权授予前使用该发明而未支付适当费用的纠纷;
(三)专利申请权和专利权归属纠纷;
(四)职务发明的发明人、设计人的奖励和报酬纠纷;
(五)专利发明人、设计人的资格纠纷。

对前款第(二)项所述的纠纷,专利权人应当在专利权被授予后请求调解或者提起诉讼。

第三十三条 请求管理专利工作的部门调解、处理专利纠纷,必须符合下列条件:

(一)请求人与专利纠纷有直接利害关系;
(二)有明确的被请求人和具体的请求事项、事实根据;
(三)当事人无仲裁协议并且一方当事人未向人民法院提起诉讼;
(四)属于管理专利工作的部门案件管辖范围。

第三十四条 请求管理专利工作的部门调解、处理专利纠纷,请求人应当递交请求书。管理专利工作的部门收到请求书后,应当在5日内作出是否立案受理的审查决定,并书面通知请求人。

第三十五条 管理专利工作的部门调解、处理专利纠纷案件,应当在立案之日起5日内将请求书副本和答辩通知书送交被请求人。

被请求人收到请求书副本和答辩通知书后,应当在15日内提交答辩书和有关证据。被请求人拒收请求书副本和答辩通知书或者不按期提交答辩书的,不影响专利纠纷案件的处理。

第三十六条 管理专利工作的部门处理专利纠纷,应当书面通知当事人按时参加。当事人经通知无正当理由拒不参加,或者未经同意中途退出,是请求人的,按自动撤回请求处理;是被请求人的,可以缺席作出处理决定。

第三十七条 管理专利工作的部门调解、处理专利纠纷,遵循专利权有效原则。

专利纠纷立案后,被请求人向专利复审委员会请求宣告请求人的专利权无效的,应当自收到专利复审委员会受理通知书之日起10日内,向受理纠纷案件的管理专利工作的部门书面申请中止调解、处理程序。管理专利工作的部门对中止调解、处理的申请,应当作出审查决定，并书面通知当事人。

第三十八条 管理专利工作的部门处理专利纠纷时，有权进行现场检查，查阅、复制与案件有关的图纸、资料、账册等凭证，有关单位或者个人应当协助调查并提供有关资料。

第三十九条 管理专利工作的部门处理专利侵权纠纷时，认定侵权行为成立的，可以责令侵权人立即停止制造、使用、销售、许诺销售、进口等侵权行为，责令销毁侵权产品或者使用侵权方法直接获得的产品，销毁制造侵权产品或者使用侵权方法的专用零部件、工具、模具、设备等物品，并可以通过媒体公告。

当事人对上述处理决定不服的，可以自收到处理决定之日起15日内依照《中华人民共和国行政诉讼法》向人民法院起诉；当事人期满不起诉又不停止侵权行为的，管理专利工作的部门可以申请人民法院强制执行。

第四十条 专利权人及利害关系人应当依法行使其权利，不得有下列行为：

（一）强制专利实施被许可人购买其他专利使用权；

（二）强制专利实施被许可人只能将基于专利权人专利作出的改进专利卖回给专利权人；

（三）禁止专利实施被许可人对该专利的有效性提出异议。

第四十一条 专利权人及其利害关系人对涉嫌侵犯专利权的进出口货物，可以请求管理专利工作的部门和海关、出入境检验检疫等部门采取保护专利权的必要措施。

第四十二条 请求管理专利工作的部门调解专利纠纷案件，经调解双方当事人达成协议的，管理专利工作的部门应当制作调解协议书，双方当事人可以共同对调解协议书的效力申请司法确认。经司法确认后，一方当事人拒不执行调解协议书的，另一方当事人可以申请人民法院强制执行；调解不成的，当事人可以依法向人民法院提起民事诉讼。

第四章 专利违法行为的查处

第四十三条 管理专利工作的部门对下列专利违法行为进行查处：

（一）制造或者销售标有专利标记的非专利产品的；

（二）在未被授予专利权的产品、产品包装或者宣传材料上标注专利标识，专利权被宣告无效后或者终止后，继续在制造或者销售的产品、产品包装或者宣传材料上标注专利标记的；

（三）在广告等宣传材料或者合同中将非专利技术称为专利技术，非专利产品称为专利产品的；

（四）伪造或者变造专利证书或者其它专利文件、专利申请文件的；

（五）已经接受管理专利工作的部门作出的处理决定或者人民法院判决的专利侵权案件，侵权行为人又侵犯该项专利权的；

（六）未经许可，在其制造、销售的产品或者该产品的包装上标注他人专利号的；

（七）未经许可，在广告等宣传材料或者合同、投标书等资料中使用他人专利号的；

（八）专利权人或者被许可人制造的专利产品投放市场后，他人制造并销售仿冒产品的；

（九）其他使公众混淆，将未被授予专利权的技术或者设计误认为是专利技术或者专利设计，或者将所涉及的技术或者设计误认为是他人的专利技术或者专利设计的行为。

专利权终止前依法在专利产品、依照专利方法直接获得的产品或者其包装上标注专利标识，在专利权终止后合理期限内许诺销售、销售该产品的，不属于假冒专利行为。

第四十四条 任何单位和个人有权举报专利违法行为。

管理专利工作的部门收到举报或者发现专利违法行为后，应当在10日内审查立案。

第四十五条　管理专利工作的部门在查处专利违法行为时，有权询问当事人和证人，检查与专利违法行为有关的物品并可以依法进行查封、扣押，查阅、复制与专利违法行为有关的合同文本、账册等资料。

管理专利工作的部门依法行使前款规定职权时，有关单位或者个人应当予以协助，不得拒绝或阻碍。

第四十六条　管理专利工作的部门查处专利违法行为应当自立案之日起 1 个月内作出处罚决定。特别复杂的案件经批准后可以延期 15 日。

第五章　法律责任

第四十七条　违反本条例第二十四条规定，由管理专利工作的部门责令限期改正，没收违法所得，可以并处违法所得 1 倍以上 3 倍以下的罚款；没有违法所得的，可以处 1000 元以上 3 万元以下罚款。

第四十八条　违反本条例第四十条规定的，由管理专利工作的部门责令改正，可以处 1 万元以上 5 万元以下的罚款；情节严重的，可以处 5 万元以上 10 万元以下的罚款。

第四十九条　有本条例第四十三条规定的专利违法行为的，由管理专利工作的部门责令当事人停止违法行为，公开更正，消除影响。

有违法所得的，没收违法所得，可以并处违法所得 1 倍以上 2 倍以下的罚款。情节较轻的，可以并处违法所得 1 倍以下的罚款；情节严重的，可以并处违法所得 2 倍以上 4 倍以下的罚款。

没有违法所得的，可以处 2 万元以上 10 万元以下罚款。情节较轻的，可以处 2 万元以下罚款；情节严重的，可以处 10 万元以上 20 万元以下罚款。

构成犯罪的，依法追究刑事责任。

第五十条　在专利执法过程中，有关当事人拒不提供或者隐瞒、转移、销毁与案件有关的合同、账册、图纸资料的，或者擅自启封、转移、处理被查封、扣押物品的，由管理专利工作的部门对其处以 1000 元以上 3 万元以下或者违法所得 1 倍以上 3 倍以下的罚款。

第五十一条　拒绝、阻碍管理专利工作的部门工作人员依法执行公务，违反《中华人民共和国治安管理处罚法》的，由公安机关给予治安处罚。

第五十二条　从事专利管理工作的国家机关工作人员以及其他有关国家机关工作人员玩忽职守、徇私舞弊的，依法给予行政处分；给当事人合法权益造成损害的，应当依法予以赔偿；构成犯罪的，依法追究刑事责任。

第六章　附　　则

第五十三条　本条例自 2012 年 5 月 1 日起施行。

贵州省专利条例

(2015年3月27日贵州省第十二届人民代表大会常务委员会第十四次会议通过)

第一章 总 则

第一条 为鼓励发明创造，促进专利运用，加强专利保护和管理，提高创新能力，加快实施创新驱动发展战略，推动经济发展方式转变，促进科学技术进步和经济社会发展，根据《中华人民共和国专利法》和有关法律、法规的规定，结合本省实际，制定本条例。

第二条 本省行政区域内从事专利创造、运用、保护、管理、服务及其相关活动，适用本条例。

第三条 县级以上人民政府应当将专利工作纳入国民经济和社会发展规划，健全专利工作体系，保障专利事业发展经费，促进专利事业发展。

第四条 县级以上人民政府专利管理部门负责本行政区域内的专利工作，其他有关部门在各自职责范围内，做好与专利相关的工作。

第五条 县级以上人民政府及其有关部门应当加强专利宣传教育，普及专利知识，增强全社会的专利意识。

第六条 设立贵州省专利奖，对在专利创造、运用和保护中作出突出贡献、取得显著效益的单位或者个人给予表彰、奖励。

第二章 专利促进

第七条 县级以上人民政府应当建立健全专利创造和运用激励机制，支持专利申请，重点扶持符合国家和本省产业政策、具有较高技术水平的专利产业化项目，促进专利运用。

第八条 县级以上人民政府应当设立专项资金，用于促进专利运用、资助专利申请、专利奖励、专利宣传培训、专利人才培养、专利保护和服务等相关工作。专项资金应当专款专用。

第九条 县级以上人民政府及其有关部门应当制定和实施专利人才培养计划，加强对专利人才的培养，促进专利人才向职业化、专业化和市场化方向发展。

鼓励企业事业单位、社会团体和专利工作者与国（境）外有关组织或者个人在专利创造、运用、保护和管理等方面开展合作与交流，支持引进国（境）外高层次专利人才。

第十条 县级以上人民政府人力资源和社会保障等有关部门进行专业技术职务评审时，应当将专利发明人、设计人的相关专利作为综合评价的重要内容，将发明专利列入业绩和学术成果评价条件。

对推动技术进步产生重大作用或者取得显著效益的专利的主要发明人、设计人，可以优先推荐申报相关专业技术职务资格。获得中国专利奖、贵州省专利奖的主要发明人、设计人，可以破格申报相关专业技术职务资格。

第十一条 被授予专利权的单位应当给予职务发明创造的发明人、设计人奖励和报酬。被授予专利权的单位可以与发明人、设计人约定或者在其依法制定的规章制度中规定奖励、报酬的方式和数额。没有约定或者规定的，按照下列规定执行：

（一）自专利权公告之日起3个月内发给发明人或者设计人奖励，一项发明专利的奖励不少于 5000 元，一项实用新型专利的奖励不少于 2000 元，一项外观设计专利的奖励不少于 1000 元；

（二）被授予专利权的单位在专利权的有效期限内，实施其专利后，每年应当从实施发明专利的营业利润中提取不少于 5％，从实施实用新型专利的营业利润中提取不少于 3％，从实施外观设计专利的营业利润中提取不少于 1％，作为报酬支付给发明人、设计人；

（三）被授予专利权的单位转让、许可其他单位或者个人实施其专利的，应当在取得转让、许可使用费后 3 个月内从转让、许可实施该项专利收取的费用纳税后提取不少于 20％ 的比例，作为报酬支付给发明人、设计人。

对专利运用作出实质贡献的人员，被授予专利权的单位应当给予适当奖励和报酬。

第十二条 鼓励开展专利领域的金融创新，支持金融机构开展专利质押业务；鼓励拥有专利的企业利用资本市场融资，支持境内外单位和个人开展以专利运用为目的的投资。支持担保机构为专利产业化项目提供投融资担保。

政府及其有关部门依法设立的创业投资引导资金和基金，应当采取阶段参股、跟进投资、风险补助等多种方式，支持专利运用。

县级以上人民政府专利管理部门可以在相关专项资金中安排一定资金，对专利产业化贷款项目给予贴息。

第十三条 鼓励支持高等院校、科研机构和企业搭建研究开发和转化实施平台，建立专利转移机制，推进专利开发运用。

第十四条 鼓励支持企业事业单位运用专利参与国际标准、国家标准、行业标准或者地方标准的制定，对纳入标准的专利给予扶持和奖励。

第十五条 鼓励拥有关联专利的单位和个人建立专利联盟，促进专利资源的充分运用。

第三章 专利保护

第十六条 禁止任何单位和个人侵犯专利权、假冒专利。

专利管理部门处理决定或者人民法院判决生效后，侵权行为人不得继续侵犯同一专利权、扰乱市场秩序。

任何单位和个人不得为侵犯专利权、假冒专利提供制造、销售、运输、仓储、隐匿、广告、展示等便利条件。

第十七条 专利侵权纠纷由市、州以上人民政府专利管理部门处理；专利权人或者利害关系人也可以依法向人民法院提起诉讼。

第十八条 当事人对下列专利纠纷，可以请求县级以上人民政府专利管理部门调解：

（一）专利申请权和专利权归属纠纷；

（二）发明人、设计人资格纠纷；

（三）职务发明创造的发明人、设计人的奖励和报酬纠纷；

（四）在发明专利申请公布后专利权授予前使用发明而未支付适当费用的纠纷；

（五）侵犯专利权的赔偿数额纠纷；

（六）专利实施许可纠纷；

（七）其他专利纠纷。

前款第四项所列的专利纠纷，专利权人请求人民政府专利管理部门调解，应当在专利权被授予之后提出。

第十九条 请求专利管理部门处理专利侵权纠纷，应当符合下列条件：

（一）请求人是专利权人或者利害关系人；

（二）有明确的被请求人；

（三）有明确的请求事项和具体事实、理由；

（四）属于受理专利管理部门的受案范围和管辖范围；

（五）专利侵权纠纷未进入仲裁或者诉讼程序。

当事人请求处理专利侵权纠纷，应当提交请求书和相关证据，并按照被请求人的数量提供请求书副本。专利管理部门应当自收到请求书之日起 5 日内，作出是否受理的决定。决定受理的，应当出具受理通知书，并自受理之日起 5 日内，将请求书副本发送被请求人，被请求人应当自收到请求书副本之日起 10 日内提交答辩书和相关证据，逾期未提交的，不影响专利管理部门处理；决定不予受理的，应当出具不予受理通知书并说明理由。

第二十条 在处理实用新型或者外观设计专利侵权纠纷过程中，专利管理部门可以根据案情需要，要求请求人出具由国务院专利行政部门作出的专利权评价报告。

第二十一条 在专利侵权纠纷处理过程中，当事人对自己提出的主张有责任提供证据。

专利管理部门可以根据需要，依职权调查收集有关证据。

当事人因客观原因不能自行收集证据的，可以书面申请专利管理部门调查收集。书面申请应当载明需要调查收集的证据内容和线索、拟要证明的事实以及不能自行收集证据的客观原因。

第二十二条 专利管理部门处理专利侵权纠纷、调解专利纠纷，根据需要或者当事人的申请，可以组织专家进行咨询论证或者委托有关单位进行技术鉴定。

当事人对技术鉴定费用有约定的，从其约定；没有约定的，由提出申请的当事人先行支付，结案后由责任方承担。

第二十三条 专利侵权纠纷处理过程中，专利权无效宣告请求被国家知识产权局专利复审委员会受理的，被请求人可以凭受理证明向处理专利侵权纠纷的专利管理部门申请中止处理。

专利管理部门应当自收到申请书及有关材料之日起 5 日内作出是否中止处理的决定。

有下列情形之一的，专利管理部门可以不中止处理：

（一）请求宣告专利权无效的理由明显不成立或者提交的证据材料明显不充分的；

（二）被请求人所实施的技术或者设计属于现有技术或者设计的；

（三）被请求人所实施的技术或者设计明显不属于涉案专利权保护范围的；

（四）专利管理部门认为不应当中止处理的其他情形。

专利权被宣告全部无效的，专利管理部门应当终止处理。

第二十四条 专利管理部门处理专利侵权纠纷或者调解专利纠纷，达成调解协议的，应当制作调解书。调解书经双方当事人签名或者盖章后生效。

调解书中具有给付内容的，当事人可以依法申请公证确认或者请求人民法院予以确认。

第二十五条 专利管理部门处理专利侵权纠纷时，认定侵权行为成立的，应当责令侵权人立即停止制造、使用、销售、许诺销售、进口等侵权行为，销毁制造侵权产品或者实施专利方法的专用设备、模具和工具。

侵犯专利权或者依照专利方法直接获得的侵权产品，经当事人协商，达成协议的，可以按照协议约定的方式处置；不能达成协议的，处理专利侵权纠纷的专利管理部门可以责令侵权人销毁或者拆解侵权产品。

专利管理部门处理专利侵权纠纷，认定侵权行为不成立或者请求人提供的证据不充分的，应当驳回请求人的请求。

第二十六条 专利管理部门在处理专利侵权纠纷时，应当指定 3 名以上单数承办人员办理。

查处专利案件时，执法人员不得少于 2 名，应当出示执法证件，并遵守保密、回避等执法管理规定。

第二十七条 县级以上人民政府专利管理部门在查处专利案件时，可以行使下列职权：

（一）询问当事人和证人，调查与涉嫌违法行为有关的情况；
（二）对涉嫌违法行为有关的场所或者物品实施现场检查、摄像、拍照；
（三）查阅、复制与涉嫌违法行为有关的合同、发票、账簿及其他有关资料；
（四）涉嫌侵犯方法发明专利权的，必要时可以要求被调查人进行现场演示；
（五）对涉嫌违法行为有关的涉案物品进行抽样取证；
（六）对有证据证明是假冒专利的产品，可以查封或者扣押；
（七）调查与专利案件有关的其他事项。

专利管理部门行使前款规定的职权，公安机关、工商行政管理等部门和基层村（居）组织应当予以协助。有关当事人应当协助调查并提供证据，不得拒绝、阻碍，不得转移、毁损证据，不得故意提供虚假证据；相关市场经营者、管理者应当予以协助。

任何单位和个人不得擅自转移、毁损已查封或者扣押的物品。

第二十八条 专利管理部门处理发明专利侵权纠纷案件，应当在受理之日起 4 个月内处理终结；处理实用新型或者外观设计专利侵权纠纷案件，应当在受理之日起 3 个月内处理终结。案件特别复杂需要延长期限的，经专利管理部门负责人批准，最多可以延长 1 个月。案件处理过程中的公告、鉴定、办理专利权评价报告、中止等时间不计入处理期限。

专利管理部门查处假冒专利等专利违法行为案件，应当在立案之日起 1 个月内查处终结。案件特别复杂需要延长期限的，经专利管理部门负责人批准，最多可以延长 15 日。案件查处过程中的听证、公告、鉴定、办理专利登记簿副本、中止等时间不计入查处期限。

专利管理部门调解专利纠纷，应当在受理之日起 3 个月内调解结案，案件特别复杂需要延长期限的，经专利管理部门负责人批准，可以延长 1 个月。调解不成的，应当告知当事人可以依法向人民法院提起诉讼。

第二十九条 展览会、博览会、交易会等展会的举办方，应当与参展方在参展协议中约定不得侵犯他人专利权、不得假冒专利。对标有专利标识的展品或者技术，举办方应当查验专利权有效证明，参展方不能提供专利权有效证明的，举办方不得允许其以专利产品、专利技术的名义参展。展会的展期在 3 日以上的，举办方应当在展会前通知举办地专利管理部门。

专利管理部门应当对参展项目进行监督，接受举报投诉，依法查处专利侵权和假冒专利行为。

第三十条 县级以上人民政府应当建立专利违法行为举报奖励制度，对查证属实的举报给予奖励，并为举报人保密。

第三十一条 专利管理部门应当建立专利案件信息公开制度，依法公开案件信息，将专利案件信息纳入社会征信体系。

第四章 专利服务与管理

第三十二条 省、市（州）人民政府和有条件的县级人民政府专利管理部门应当建立健全专利信息公共服务体系，促进专利信息的传播和利用。

支持专利交易平台的设立和发展,促进专利交易。

第三十三条 鼓励有条件的地区设立公益性专利维权援助机构,开展专利维权援助服务,重点援助、扶持困难人员和中小企业,实现维权援助的公益化、专业化、规范化。

第三十四条 省人民政府专利管理部门依法对专利服务机构及其执业人员进行监督和管理。

省人民政府专利管理部门建立专利服务机构及其执业人员的违法行为信息管理系统,及时披露违法行为信息。

从事专利服务的机构及其执业人员,应当依照有关法律、行政法规取得执业资质或者资格,依法办理登记注册手续。

第三十五条 专利服务机构及其执业人员不得实施下列行为:
(一)泄露委托人的技术或者商业秘密;
(二)出具虚假专利分析、评议、评估等报告;
(三)与当事人串通牟取不正当利益;
(四)以诋毁竞争对手商誉、虚假广告宣传等不正当手段招揽业务;
(五)损害专利申请人、专利权人、其他当事人的合法权益和社会公共利益;
(六)法律、法规禁止的其他行为。

第三十六条 学校应当加强知识产权普及教育,鼓励开展学生发明创造竞赛活动,培养学生创新观念和专利意识。

各级行政院校和职业教育机构应当将知识产权纳入干部培训、专业技术人员继续教育和职业教育内容。

高等院校应当将知识产权教育纳入高等院校学生素质教育体系。加强知识产权学科建设,支持有条件的高等院校开设知识产权专业,培养知识产权高层次人才。

第三十七条 县级以上人民政府有关部门应当加强科技创新和成果转化等财政资金支持项目立项、评审、验收、成果鉴定、奖励等项目管理工作中的专利管理,将专利管理纳入项目实施全过程。

财政资金支持项目可能产生专利的,项目承担者应当全面、准确、真实地报告专利成果。项目主管部门应当与项目承担者就以下事项进行约定:
(一)涉及专利成果的研发目标和验收标准;
(二)资金使用计划。项目实施过程中产生的专利申请、维持、奖酬、检索、分析等专利事务费用,可以在项目经费中列支。有关费用需要在项目实施后支付的,可以转入单位管理费中列支;
(三)专利权的权属及相关权益。未约定的,专利权归项目承担者所有,由项目承担者自主决定专利的实施、许可、转让、作价入股等,并取得相应的收益。法律法规另有规定的除外;
(四)专利申请权及申请的合理期限。项目承担者在合理期限内不提出专利申请的,发明人、设计人可以申请专利,专利权被授予后,项目承担者享有专利免费实施权;
(五)专利的实施运用计划及其期限。项目承担者未依照约定实施的,项目主管部门可以许可他人实施,所收取的费用,应当给予项目承担者。

第三十八条 县级以上人民政府应当建立专利评议机制,对下列与专利相关的重大经济活动进行评议,防止技术的盲目引进、重复研发、流失或者侵犯专利权,避免造成重大经济损失:

（一）使用国有资金或者涉及国有资产数额较大的重大建设、重大并购、重点引进、重大技术产业化等项目；

（二）重大科学技术、重点装备进口、重大技术转让、重大技术进出口等项目；

（三）其他对当地经济社会发展有重大影响的经济活动。

省人民政府专利管理部门应当公布可以出具专利分析、评议报告机构的目录。

第三十九条　县级以上人民政府有关部门应当将专利创造和运用作为考核高新技术企业、工程技术（研究）中心、工程（重点）实验室、企业技术中心、科技企业孵化器的评价指标。

在评审科学技术奖励、技术创新奖励等奖励项目时，有关部门应当将专利创造和运用情况作为评审的重要条件。

第四十条　县级以上人民政府及其有关部门应当组织实施知识产权优势企业培育工程，重点培育具有市场竞争力的知识产权优势企业，并给予资金扶持。

第四十一条　高等院校、科研机构和高新技术企业应当建立完善专利管理制度，设立或者明确专利管理工作机构，培养专利管理人才，开展专利信息分析利用工作，鼓励科技人员从事专利产品和技术研究开发，利用专利创业。

鼓励其他企业事业单位参照前款规定加强专利工作。

第四十二条　国有专利资产占有单位发生合并、分立、上市、改制、清算、投资、转让、置换、拍卖、偿还债务等经济行为，涉及专利资产作价的，应当按照国有资产管理的有关规定进行专利资产评估和备案。

第四十三条　县级以上人民政府应当将专利申请量、授权量、每万人口发明专利拥有量等指标纳入经济社会发展统计调查范围。

省、市（州）人民政府应当建立健全专利考核评价体系，将专利申请量、授权量和每万人口发明专利拥有量等指标纳入政府目标责任考核。

县级以上人民政府及其有关部门应当建立企业、高等院校和科研机构专利评价体系，将专利数量、质量和转化率等指标作为其评价依据。

第五章　法律责任

第四十四条　假冒专利的，除依法承担民事责任外，尚不构成犯罪的，由县级以上人民政府专利管理部门责令改正并予公告。

有违法所得的，没收违法所得。情节较轻的，可以并处违法所得1倍以下的罚款；情节较重的，可以并处违法所得1倍以上4倍以下的罚款。

没有违法所得，情节较轻的，可以处以2万元以下的罚款；情节较重的，可以处以2万元以上20万元以下的罚款。

销售假冒专利产品的，以产品销售价格乘以销售数量作为其违法所得。订立假冒专利合同的，以收取的费用作为其违法所得。

对假冒的专利标识，由县级以上人民政府专利管理部门予以收缴并销毁；专利标识张贴、刻录或者附带在产品上的，责令当事人清除或者覆盖；专利标识难以清除或者覆盖的，责令当事人销毁假冒专利产品。

第四十五条　违反本条例第十六条第二款规定的，由县级以上人民政府专利管理部门没收侵权产品，可以并处违法所得1倍以上4倍以下的罚款；没有违法所得的，可以并处1万元以上10万元以下的罚款。

违反本条例第十六条第三款规定的，由县级以上人民政府专利管理部门给予警告，责令改正，没收违法所得，可以并处违法所得1倍以上3倍以下的罚款；没有违法所得的，可以并处3000元以上3万元以下的罚款。

第四十六条 违反本条例第二十七条第二款规定，有关当事人阻碍专利管理部门依法执法的，由公安机关依法给予处罚。

违反本条例第二十七条第二款规定，故意提供虚假证据，尚不构成犯罪的，由查处案件的专利管理部门给予警告，可以并处1000元以上1万元以下的罚款。

违反本条例第二十七条第三款规定的，由作出查封或者扣押决定的专利管理部门处以查封或者扣押物品价值1倍以上3倍以下的罚款；查封或者扣押物品价值难以计算的，处以5000元以上5万元以下的罚款。

第四十七条 违反本条例第三十四条第三款规定，未依法取得专利服务的资质或者资格，以营利为目的从事专利服务的，由县级以上人民政府专利管理部门责令改正，没收违法所得，可以并处违法所得1倍以上5倍以下的罚款；没有违法所得的，可以处以1万元以上5万元以下的罚款；情节严重的，可以处以5万元以上10万元以下的罚款。

违反本条例第三十五条规定，尚不构成犯罪的，由县级以上人民政府专利管理部门给予警告，责令改正，可以并处1000元以上10万元以下的罚款。

第四十八条 违反本条例第三十七条、第三十八条和第四十二条规定，给国家造成经济损失的，由有关部门依法追究责任人员责任。

第四十九条 国家机关工作人员在专利工作中玩忽职守、滥用职权、徇私舞弊，尚不构成犯罪的，依法给予行政处分。

第六章 附 则

第五十条 本条例自2015年5月1日起施行。2003年7月26日贵州省第十届人民代表大会常务委员会第三次会议通过的《贵州省专利保护条例》同时废止。

云南省专利促进与保护条例

(2012 年 11 月 29 日云南省第十一届人民代表大会常务委员会第 35 次会议通过)

第一章 总　则

第一条 为了鼓励发明创造，推动专利运用，保护专利权人的合法权益，促进科学技术进步和经济社会发展，根据《中华人民共和国专利法》、《中华人民共和国专利法实施细则》等法律、法规，结合本省实际，制定本条例。

第二条 本省行政区域内的专利促进与保护活动，适用本条例。

本条例所称的专利促进与保护活动包括：专利的创造、运用、保护、管理以及与其相关的活动。

第三条 专利促进与保护工作应当遵循激励创造、有效运用、依法保护、科学管理的原则。

第四条 县级以上人民政府应当加强对专利工作的领导，将专利工作纳入国民经济和社会发展规划，保障开展专利促进与保护的经费，建立完善专利管理工作的体制和机制。

第五条 县级以上人民政府管理专利工作的部门负责本行政区域内的专利促进与保护工作。

发展改革、财政、工业和信息化、国有资产监管、科技、商务、农业、林业、教育、海关、公安、质监、食品药品监管、工商等有关部门应当依照各自的职责，做好专利促进与保护的相关工作。

第六条 县级以上人民政府管理专利工作的部门应当会同有关部门建立知识产权宣传教育培训制度，开展知识产权知识及相关法律、法规的宣传培训，加强行政管理部门、企业、事业单位、中介服务机构知识产权人才培养。

第七条 省人民政府设立云南省专利奖，州（市）、县（市、区）人民政府可以根据需要设立专利奖，对在专利工作中做出突出贡献、取得显著经济和社会效益的单位和个人给予奖励。

第二章 专利促进

第八条 省、州（市）人民政府应当设立专利事业发展专项资金，县（市、区）人民政府可以设立专利事业发展专项资金或者安排专利事业发展专项经费。专项资金、专项经费列入同级财政预算，并随着经济社会发展逐步提高。

专项资金、专项经费用于下列事项：

（一）专利申请和维持资助；

（二）专利培育和实施运用；

（三）专利宣传培训和人才培养；

（四）专利行政执法和维权援助；

（五）专利信息服务平台建设；

（六）专利中介服务事业发展；

（七）专利促进与保护其他事项。

专项资金、专项经费应当专款专用，并接受审计和财政部门监督。具体使用管理办法由县级以上人民政府管理专利工作的部门会同同级财政部门制定。

第九条 省人民政府应当建立重大经济活动专利审议制度，避免专利技术的盲目引进、重复研发、流失和专利侵权风险等情形的发生。

第十条 省、州（市）人民政府管理专利工作的部门应当建立完善专利信息服务、维权援助、举报投诉奖励工作机制，提供专利信息检索、分析、预警、维权援助等服务。

第十一条 县级以上人民政府及有关部门应当鼓励和扶持现代生物、光电子、高端装备制造、新材料、新能源和节能环保等重点产业核心技术专利的创造与运用。

发展改革、工业和信息化、科技等有关部门对政府财政资金支持的研究开发、技术改造和高新技术产业化等项目，在其立项、实施、考核、验收、奖励中应当将专利权作为重要指标。

第十二条 管理专利工作的部门应当对本行政区域内企业、科研机构、高等院校、行业协会等单位和组织的专利工作进行指导和提供服务，督促并帮助其建立和完善专利管理制度。

第十三条 被授予专利权的单位应当对职务发明创造的发明人或者设计人给予奖励。发明创造专利实施后，根据其推广应用的范围和取得的经济效益，对发明人或者设计人给予合理报酬。奖励或者报酬给付的方式和数量，当事人有约定的，从其约定。没有约定的，可以按照下列规定执行：

（一）自专利权公告之日起3个月内发给发明人或者设计人奖金，所发奖金不得低于法律、法规规定的最低标准。

（二）专利实施取得经济效益后，在专利权有效期限内，每年从实施该项发明专利或者实用新型专利的营业利润中提取不低于5%或者从实施该项外观设计专利的营业利润中提取不低于0.5%，作为报酬支付给发明人或者设计人，也可以参照上述比例，一次性支付报酬。

（三）专利技术转让或者许可他人实施的，在获得转让、许可收益后3个月内从收取的转让费、使用费用中提取不低于20%，作为报酬支付给发明人或者设计人。

奖金和报酬可以以现金、股权收益或者当事人约定的其他形式给付。

第十四条 职务发明创造单位拟放弃专利申请权或者专利权的，应当告知发明人或者设计人。发明人或者设计人愿意承受该专利申请权或者专利权的，可以约定。

第十五条 鼓励和支持企业、事业单位参与国家或者行业技术标准的制定，将自主研究开发的专利技术纳入技术标准，对纳入技术标准的专利技术给予扶持和奖励。

第十六条 鼓励企业、事业单位增加对专利促进与保护的投入，所投入的费用依照国家和本省的有关规定计入企业成本或者列为事业费。

实施专利的单位和个人，依照有关法律和规定享受科技成果转化优惠政策；单位或者个人拥有的专利权进行转让或者实施许可所得，依照国家和本省的有关规定享受税收优惠政策。

第十七条 鼓励企业、事业单位和个人依法采取专利权入股、许可、转让等方式促进专利的转化实施。

被授予专利权或者转化实施专利的企业、事业单位，可以对促进专利转化实施者给予奖励和报酬，并对奖励和报酬的方式、数额作出规定。

第十八条 鼓励和支持高等院校、科研院所与企业开展多渠道、多形式的合作，搭建研究开发和转化实施平台，推进专利技术的开发与运用。

第十九条 鼓励和引导金融机构开展专利权质押贷款业务；鼓励和引导担保机构对专利权质押融资提供担保。

第二十条 有下列情形之一的，国有企业、事业单位应当进行专利资产评估：

（一）以专利技术作价入股的；

（二）专利权质押的；

（三）重组、变更、上市、清算、破产涉及专利权的；

（四）引进、输出专利技术的；

（五）法律、法规规定需要进行专利资产评估的其他情形。

鼓励非国有资产占有单位在发生变更、终止、产权变动及专利权转让、质押等涉及专利时，进行专利资产评估。

省人民政府管理专利工作的部门会同有关部门制定专利资产评估管理办法，对专利资产评估给予指导和监督。

第二十一条 国家机关、新闻媒体、社会团体应当加强对知识产权的宣传，增强全社会的知识产权意识，提高对知识产权运用和保护的能力。

第二十二条 鼓励高等院校开设知识产权课程，支持有条件的高等院校设立知识产权专业，加强知识产权学科建设。

鼓励和支持各类干部培训机构、职业教育学校和中小学校开展知识产权教育。

第二十三条 人力资源社会保障部门和有关单位在进行专业技术职称评定时，被评定人的专业技术中涉及已授权专利的，应当将其作为优先的评审条件之一；获得中国专利奖或者省级专利奖，并对本省技术进步产生重大作用或者取得显著经济社会效益的专利主要发明人、设计人，可以破格申报评审相应专业技术职称。

第二十四条 鼓励企业、事业单位、社会团体和专利工作者与国（境）外有关组织或者个人在专利的创造、运用、保护和管理等方面依法开展合作与交流，支持引进国（境）外专利工作高层次人才。

第二十五条 鼓励和支持社会力量依法设立专利代理、专利技术贸易、专利资产评估、专利信息服务、专利咨询等专利中介服务机构。

省、州（市）人民政府管理专利工作的部门负责管理和规范本行政区域内的专利中介服务行业，加强对专利中介服务机构的指导和监督。

第三章 专利保护

第二十六条 省人民政府管理专利工作的部门依法处理、调解和查处本行政区域内有重大影响的、涉外的专利纠纷和假冒专利行为。

州（市）人民政府管理专利工作的部门依法处理、调解和查处本行政区域内的专利纠纷和假冒专利行为。

县（市、区）人民政府管理专利工作的部门依法调解、查处本行政区域内的专利纠纷和假冒专利行为。

第二十七条 管理专利工作的部门应当建立和完善专利行政执法的有关制度，设置专门机构或者配备专职执法人员，加强专利行政保护工作。

专利执法人员应当持有国家知识产权局或者省人民政府颁发的专利行政执法证件，依法行政。

第二十八条 禁止任何单位和个人实施下列行为：

（一）非法实施他人专利；

（二）假冒专利；

（三）以专利评奖、获奖、编入名录、介绍许可转让等名义实施诈骗；
（四）擅自启封、转移、处理被查封、扣押的假冒专利产品；
（五）故意为第一项至第四项违法行为提供帮助或者便利条件。

第二十九条 专利中介服务机构及其工作人员应当依法开展专利中介服务，禁止实施下列行为：
（一）出具虚假报告；
（二）以诋毁竞争对手商誉、虚假广告宣传等不正当手段招揽业务；
（三）与委托人串通骗取政府专利资助；
（四）泄露委托人的技术秘密；
（五）法律、法规禁止的其他行为。

第三十条 管理专利工作的部门在处理专利侵权纠纷过程中，可以行使下列职权，有关单位和个人应当予以协助，不得拒绝或者阻碍：
（一）查阅、复制与纠纷有关的合同、账册等资料；
（二）询问当事人和与纠纷有关的人员，调查与纠纷有关的情况；
（三）检查与纠纷有关的物品和场所；
（四）涉嫌侵犯方法发明专利权的，可以要求被调查人进行现场演示；
（五）调查与纠纷有关的其他事项。

管理专利工作的部门及其工作人员，在处理和调解专利纠纷、查处假冒专利案件时，应当保守当事人的商业秘密。

第三十一条 管理专利工作的部门处理专利侵权纠纷，应当自立案之日起4个月内结案，因特殊情况需要延期的，经本部门负责人批准，可以延期1个月。

管理专利工作的部门查处假冒专利案件，应当自立案之日起1个月内查处结案，因特殊情况需要延期的，经本部门负责人批准，可以延期15日。

第三十二条 州（市）人民政府管理专利工作的部门受理的专利侵权纠纷案件和假冒专利案件需要异地专利执法人员参与的，由省人民政府管理专利工作的部门负责统一指派。

第三十三条 管理专利工作的部门应当定期向社会公告专利的重大案件信息，包括恶意、多次侵犯专利权及假冒专利违法案件信息。

第三十四条 省人民政府管理专利工作的部门可以根据单位、个人的申请，组织专家对涉及专利保护的事项进行评议，出具专家评价意见。

第三十五条 加强各类经济技术贸易展览会、博览会、交易会等展会活动中的专利保护。

展会主办方应当加强对参展项目的专利审查，对标注专利标识的进行查验，对不能提供专利有效证明文件的，主办方应当拒绝参展方以专利产品、专利技术等名义参展。展会的展期在3日以上的，主办方应当在展会前通知举办地管理专利工作的部门进驻。

管理专利工作的部门应当对参展项目进行监督，接受举报投诉，依法查处专利侵权案件和假冒专利行为，对有证据证明是假冒专利的产品，可以查封或者扣押。

第四章 法律责任

第三十六条 违反本条例第二十八条第一项至第三项规定的，依照《中华人民共和国专利法》、《中华人民共和国专利法实施细则》、《中华人民共和国治安管理处罚法》等法律、法规查处；构成犯罪的，依法追究刑事责任。

违反本条例第二十八条第四项规定的，除按前款规定处理外，由管理专利工作的部门并处 5000 元以上 2 万元以下罚款。

违反本条例第二十八条第五项规定的，由管理专利工作的部门或者有关部门责令停止违法行为，给被侵权人造成损失的，依法承担赔偿责任。其中，故意为假冒专利的行为提供帮助或者便利条件的，由管理专利工作的部门责令改正，没收违法所得，违法所得 2000 元以上的，并处违法所得 1 倍以上 5 倍以下罚款；违法所得不足 2000 元或者没有违法所得的，并处 2000 元以上 1 万元以下罚款。

第三十七条 违反本条例第二十九条规定的，由省、州（市）人民政府管理专利工作的部门会同工商等有关部门依法处理；给他人造成损失的，依法承担赔偿责任；构成犯罪的，依法追究刑事责任。

第三十八条 违反本条例第三十条的规定，拒绝、阻碍专利行政执法人员依法执行公务的，依照《中华人民共和国治安管理处罚法》处理；构成犯罪的，依法追究刑事责任。

第三十九条 国家机关工作人员在专利管理工作中玩忽职守、滥用职权、徇私舞弊，依法给予处分；构成犯罪的，依法追究刑事责任。

第五章　附　　则

第四十条 本条例自 2013 年 3 月 1 日起施行。2003 年 11 月 28 日云南省第十届人民代表大会常务委员会第六次会议通过的《云南省专利保护条例》同时废止。

陕西省专利条例

（2003年9月28日陕西省第十届人民代表大会常务委员会第六次会议通过　2010年3月26日陕西省第十一届人民代表大会常务委员会第十三次会议修正　2012年7月12日陕西省第十一届人民代表大会常务委员会第三十次会议修订）

第一章　总　　则

第一条　[立法目的] 为了鼓励发明创造，促进技术创新，推动专利应用，加强专利管理和服务，保护专利权人合法权益，根据《中华人民共和国专利法》和有关法律、行政法规，结合本省实际，制定本条例。

第二条　[适用范围] 本省行政区域内的专利促进、保护、管理、服务以及相关活动，适用本条例。

第三条　[工作原则] 专利工作遵循激励创造、有效应用、依法保护、科学管理、完善服务的原则。

第四条　[政府职责] 县级以上人民政府应当制定和实施知识产权发展战略，健全专利管理工作体系，组织、协调有关部门做好专利工作，并将专利工作纳入国民经济和社会发展规划。

第五条　[部门职责] 县级以上人民政府专利行政主管部门负责本行政区域内的专利工作，其他有关部门在各自职责范围内，做好与专利相关的工作。

第六条　[表彰奖励] 省人民政府对产生较好经济效益或者社会效益的优秀专利项目和获得国家奖励的专利项目的单位以及发明人、设计人给予奖励。

县级以上人民政府对在专利工作中做出突出贡献的单位和个人给予奖励。

第七条　[专利宣传] 县级以上人民政府及其专利行政主管部门应当加强专利宣传教育工作，通过多种方式，宣传普及专利知识，增强全社会知识产权意识。

第二章　专利促进

第八条　[激励保障机制] 县级以上人民政府应当建立健全发明创造的激励和保障机制，鼓励根据国家和本省产业政策、技术政策和高新技术产业化重点领域指南，通过自主创新、集成创新、引进消化吸收再创新等方式发明创造，掌握核心技术、关键技术并形成专利。

第九条　[专利申请] 鼓励支持单位和个人将发明创造及时申请中国以及外国专利。

两个以上单位或者个人合作研发专利技术，合作单位或者合作人有权共同申请专利，但有约定的，按照约定执行。

利用财政性资金形成的发明创造，除涉及国家安全、国家利益和重大社会公共利益外，专利申请权和专利权属于项目承担单位。

第十条　[专项资金] 县级以上人民政府设立专利促进与保护专项资金，主要用于下列事项：

（一）专利申请资助；

（二）专利实施；

（三）专利公共服务平台建设；

（四）专利预警、应急与维权援助；

（五）专利人才培养与交流；

（六）专利国际交流与合作；

（七）专利示范、试点工作；

（八）专利奖励；

（九）有关专利促进与保护的其他事项。

专利促进与保护专项资金应当专款专用，具体办法由省财政部门会同省专利行政主管部门制定。

第十一条 ［鼓励规定］鼓励企业事业单位、社会组织和个人支持专利的创造和应用。

第十二条 ［职务发明奖励］被授予专利权的单位未与发明人、设计人约定，也未在其依法制定的规章制度中规定奖励方式和数额的，被授予专利权的单位对职务发明创造的发明人或者设计人按照下列规定给予奖励或者报酬：

（一）自专利权公告之日起三个月内，发给发明人或者设计人奖金，一项发明专利的奖金不少于五千元，一项实用新型专利的奖金不少于二千元，一项外观设计专利的奖金不少于一千元；

（二）职务发明创造专利权人在专利权的有效期限内，实施其发明创造专利后，每年从实施发明或者实用新型专利的营业利润中提取不少于百分之四，或者从实施外观设计专利的营业利润中提取不少于百分之零点五，作为报酬支付给发明人或者设计人，或者参照上述比例，发给发明人或者设计人一次性报酬；

（三）职务发明创造专利权人许可其他单位或者个人实施其专利的，从许可实施该项专利收取的费用中提取不少于百分之二十，作为报酬支付给发明人或者设计人。

对专利申请、推广应用做出突出贡献的其他人员，职务发明创造专利权人应当给予适当奖励。

第十三条 ［税收优惠］单位和个人从事专利技术转让、专利技术开发与之相关的专利技术咨询、专利技术服务业务，享受相应的税收优惠。

企业为实施专利、开发专利产品发生的研究费用，税前列支并加计扣除，研究开发仪器设备等固定资产可以加速折旧。

第十四条 ［政府采购］省人民政府应当将拥有自主知识产权的专利产品、设备纳入政府采购目录，在同等条件下优先采购。

县级以上人民政府对具有专利权的自主创新产品首次投向市场，经评价符合先进技术发展方向，需要重点扶持的，可以进行首购或者订购。

第十五条 ［支持与鼓励］县级以上人民政府应当支持重大专利的后续开发、工业设计以及生产、市场评估等相关活动。

鼓励和支持企业事业单位参与国际标准、国家标准、行业标准或者地方标准的制定，促进专利应用与标准制定相结合。

第十六条 ［资助与补助］县级以上人民政府对符合当地经济发展和产业布局，能够带动地方经济发展的专利技术，通过贷款贴息、投资补助、专利申请资助等多种方式，给予资助和补助，促进申请专利、专利技术转化和产业化。

第十七条 ［质押融资］鼓励银行和金融机构开展专利权质押贷款，加大对中小企业专利实施的信贷支持，促进专利转化和产业化。鼓励企业和其他组织依法设立信用担保机构，为实施专利技术提供以融资担保为主的信用担保。

第十八条 ［创投补偿］创业投资机构将其总投资的百分之七十以上投向有专利权的高新技术产业发展项目的，可以适当提高提取风险补偿金比例。

第十九条 ［专利参股］鼓励高等院校、科研机构和个人以专利权参与企业技术改造，或者以专利权作价出资参与创办企业等方式实施专利技术产业化，其所占企业股份比例，由投资各方依法约定。

以专利权参与创办企业的高等院校、科研机构，可以将其所占股份的一定比例用于奖励做出重要贡献的研发人员。奖励部分依法享受个人所得税征收优惠。

第二十条 ［评价指标］高新技术产业发展项目、工程技术（研究）中心、工程（重点）实验室、企业技术中心等申请认定，以及突出贡献专家选拔评定时，应当将专利的创造与应用作为重要评价指标。

鼓励企业事业单位建立内部专利人才绩效评价和激励机制。科技人员、经营管理人员，在绩效考核、职称评定、职级晋升时，应当将专利的创造与应用作为重要评价指标。

第二十一条 ［考评体系］省、设区的市人民政府应当建立健全专利考核评价体系，将专利的创造与应用情况纳入政府目标责任考核。

县级以上人民政府及其有关部门应当将专利产出量、拥有量和转化率，纳入对国有企业、国有控股企业和科研机构目标责任考核体系，并作为其创新能力评价的重要依据。

第三章 专利保护

第二十二条 ［禁止规定］任何单位或者个人未经许可不得实施他人专利，不得假冒专利，不得为假冒专利行为提供制造、销售、运输、展示、广告、仓储、隐匿等便利条件。

第二十三条 ［举报违法行为］县级以上专利行政主管部门应当建立专利违法行为举报制度，公布举报方式。

任何单位或者个人有权向专利行政主管部门举报专利违法行为。专利行政主管部门对于查证属实的举报，给予举报单位或者个人适当奖励，并为其保密。

其他有关部门接到专利违法行为举报或者发现涉及专利的违法行为，应当及时告知专利行政主管部门。

第二十四条 ［专利纠纷调解］下列专利纠纷，当事人可以请求省或者设区的市专利行政主管部门进行调解：

（一）专利侵权的赔偿数额纠纷；

（二）专利申请权和专利权属纠纷；

（三）发明人、设计人资格纠纷；

（四）职务发明的发明人、设计人的奖励和报酬纠纷；

（五）在发明专利申请公布后专利权授予前，使用该发明而未支付适当费用的纠纷；

（六）其他专利纠纷。

对于前款第（五）项所列的纠纷，当事人请求专利行政主管部门调解的，应当在专利权被授予之后提出。

省或者设区的市专利行政主管部门在调解本条第一款所列纠纷时，调解达成协议的，应当制作调解书，达成具有民事合同性质的调解协议的，双方当事人认为必要，可以向有管辖权的人民法院申请司法确认；调解达不成协议的，当事人可以向人民法院提起诉讼。

第二十五条 ［侵权纠纷处理］请求省或者设区的市专利行政主管部门处理专利侵权纠纷的，应当符合下列条件：

（一）请求人是专利权人或者利害关系人；
（二）有明确的被请求人、请求事项和具体事实；
（三）当事人之间无仲裁协议且未向人民法院提起诉讼；
（四）属于受理专利行政主管部门的受案和管辖范围。

跨行政区域的专利侵权纠纷，请求人可以向其共同的上一级专利行政主管部门请求处理。

专利行政主管部门应当自收到请求书之日起五个工作日内，作出是否受理的决定。作出不予受理决定的，应当书面告知请求人，并说明理由；决定受理的，应当自受理之日起五个工作日内，将请求书副本发送被请求人，被请求人自收到请求书副本之日起十五日内，应当提交答辩书，逾期未提交的，不影响专利行政主管部门处理。

第二十六条　[执法要求]专利行政主管部门处理专利侵权纠纷和查处假冒专利行为时，执法人员不得少于两名，并出示行政执法证件，遵守保密、回避等有关规定。

第二十七条　[执法方式]专利行政主管部门处理专利侵权纠纷和查处假冒专利行为，可以行使以下职权：
（一）询问当事人和证人；
（二）采用抽样取证的方式收集证据，对可能灭失或者以后难以取得的证据登记保存；
（三）现场勘验、检查有关物品、场所和设施；
（四）查阅、复制有关合同、发票、账簿、标记等资料；
（五）检查与涉嫌违法行为有关的产品，对有证据证明是假冒专利的产品，可以查封或者扣押；
（六）调查与假冒专利行为有关的活动。

专利行政主管部门执法时，有关单位和个人应当协助、配合，不得拒绝、阻挠。

第二十八条　[技术鉴定]省、设区的市专利行政主管部门调解专利纠纷、处理专利侵权纠纷时，可以根据当事人的申请，委托有关机构进行技术检测、鉴定。当事人对技术检测、鉴定费用有约定的，从其约定；没有约定的，由提出申请的当事人先行支付，结案后由责任方承担。

省、设区的市专利行政主管部门在处理专利侵权纠纷时，可以聘请专利有关方面专家对专利侵权的技术问题进行鉴定。

第二十九条　[会展专利保护]展览会、展销会、博览会、推广会、交易会等会展活动的举办方应当与参展商在合同中签订专利保护条款，查验标有专利标记的参展产品或者技术的专利有效证明，参展商应当予以配合。

会展所在地专利行政主管部门应当派员进驻展会现场开展专利监管，现场受理专利纠纷。展会主办方应当为专利行政主管部门提供办公场地等便利条件。

第四章　专利管理

第三十条　[专利指标统计]省、设区的市人民政府应当将专利指标和专利工作发展纳入国民经济和社会发展统计内容。

第三十一条　[专利信息系统]省、设区的市专利行政主管部门应当建立专利公共信用信息系统，确定信用信息的目录、指标和内容。

第三十二条　[优先支持立项]省人民政府对属于高新技术、装备制造、能源化工、中医药等重点领域、优势产业的核心技术和关键技术，有可能取得专利权的，确定省重大科学技术项目和省重点项目时，给予优先支持。

第三十三条 [项目专利管理] 组织和参与实施省重大科学技术项目和省重点项目的部门和单位,应当将专利管理纳入项目实施全过程。掌握专利权动态,保护科技创新成果,明晰权利和义务,促进专利的申请和应用,全面提高专利的创造、保护和管理能力。

第三十四条 [管理职责] 省人民政府有关部门对省重大科学技术项目和省重点项目中的专利问题进行统筹协调和指导,监督检查专利工作落实情况。

专利权情况应当作为省重大科学技术项目和省重点项目验收的重要内容之一。

第三十五条 [牵头实施单位职责] 省重大科学技术项目和省重点项目牵头组织单位应当组织开展专利权战略分析,制定专利管理制度,对可能产生专利权的问题进行预测评估,跟踪相关领域的知识产权及技术标准发展动态。项目实施单位发现知识产权受他人制约等情况而无法实现项目目标的,应当及时报告项目牵头组织单位。

第三十六条 [专利权属] 省重大科学技术项目和省重点项目产生的专利权,其权属按照国家有关规定和本条例第九条的规定,在项目任务书中事先作出明确约定。

第三十七条 [专利转让许可] 省重大科学技术项目和省重点项目产生的专利权转让、许可出现下列情形之一的,应当报项目牵头组织单位批准:

(一)向境内单位或个人转让或者许可其独占实施;

(二)向境外组织或个人转让或者许可的;

(三)因并购等原因致使专利权人发生变更的。

第三十八条 [专利强制实施] 省重大科学技术项目和省重点项目产生的专利权有下列情形之一的,项目牵头组织单位可以要求专利权人以合理的条件许可他人实施:

(一)为了本省经济社会发展和重大工程建设需要;

(二)对本省产业发展具有共性、关键作用需要推广应用;

(三)为了维护公共健康需要推广应用;

(四)对重大社会公共利益具有重大影响需要推广应用。

获得专利指定实施的单位不享有独占的实施权。取得有偿实施许可的,应当与专利权人商定合理的使用费。

第三十九条 [审议机制] 县级以上人民政府及其有关部门建立专利审议机制,对与专利技术相关的重大经济活动进行审议,防止技术的盲目引进、重复研发、流失或者侵犯、滥用专利权。

下列与专利技术相关的经济活动,项目单位或者有关部门审批立项时,应当进行专利审议,并在可行性研究报告或者立项报告中对项目相关技术的专利权状况、专利侵权风险等作出评价:

(一)实施使用国有资金或者涉及国有资产数额较大的重大建设、重大并购、重点引进、重大高新技术产业化等项目;

(二)实施省重大科学技术项目和省重点项目、重点装备进口、核心技术转让、重大技术进出口等项目;

(三)其他对当地经济社会发展有重大影响的经济活动。

第四十条 [专利预警机制] 省、设区的市专利行政主管部门建立专利预警机制,监测和通报重点行业、支柱产业国内外专利发展趋势、竞争态势等状况,制定应急预案,防范和化解专利风险。

第四十一条 [国有单位专利管理] 国有企业事业单位建立健全专利管理制度,发生合并、分立、改制、清算、上市、投资、转让、质押等经济行为,涉及专利资产作价的,应当进行专利资产评估和备案。

第四十二条 ［检索评估］企业事业单位在从事技术开发、进出口贸易或者以专利权作价出资以及设立合资或者合作企业前，应当自行或者委托专利中介服务机构开展相关的专利检索和评估。

第四十三条 ［财政支持］以专利产品或者专利技术为主要项目内容，申请政府财政资金支持或者政府财政奖励，属于实用新型专利或者外观设计专利的，应当提交国务院专利行政主管部门出具的专利权评价报告；属于发明专利的，应当提交专利权属状态证明材料。有关行政主管部门对提交的相关材料进行查验，不符合要求的，不得给予资金支持或者奖励。

第四十四条 ［专利权证明］有下列情况之一的，有关单位或者个人应当提供专利权有效证明：

（一）组织标注专利标记的商品进入商场、超市等市场流通领域销售的；

（二）委托有关单位或者个人设计、制作、发布广告，内容标注专利标记的；

（三）进行专利资产评估的；

（四）办理专利权质押的；

（五）请求海关保护专利产品进出口的；

（六）其他需要确认的事项。

第五章 专利服务

第四十五条 ［公共服务体系］省、设区的市和有条件的县级专利行政主管部门建立健全专利公共服务体系，设立展示与交易转化平台，支持建立专利交易机构，建立重点行业、支柱产业专利专业信息数据库，进行专利信息加工和战略分析，为专利创造和应用提供政策指导、展示交易、技术咨询、信息共享、市场开发等公共服务。

第四十六条 ［专利维权援助机制］县级以上人民政府建立专利维权援助机制，设立专利维权援助机构，依法开展专利维权服务，为公民、法人和其他组织提供专利维权的法律、技术、信息等援助。

鼓励地方、企业、行业协会建立专利区域性、专业性维权组织和保护联盟，组织企业在对外贸易中开展集体维权，形成多元化的维权援助机制。

专利行政主管部门应当与重点企业建立专利保护工作联系制度，加强对重点出口企业、支柱和特色产业的专利保护及维权援助工作，提高企业应对专利纠纷与国际贸易壁垒的能力。

第四十七条 ［服务外包］县级以上人民政府及其有关部门可以将外包的专利服务发包给专利中介服务机构或者专业服务企业，实现服务提供主体和提供方式多元化。

第四十八条 ［指导与鼓励］专利行政主管部门应当利用专业人才和信息资源优势，加强对企业事业单位专利工作的指导和服务。

专利行政主管部门应当指导和帮助企业、科研机构、高等院校等制定专利战略，建立专利技术转移机制，开展多渠道、多形式的合作，开发和转化实施专利技术，支持高技术企业在国内外获取专利权，实施标准战略，构建专利联盟。

第四十九条 ［中介机构行为］从事代理、技术交易、资产评估、信息咨询、文献检索等专利中介服务机构，不得出具虚假报告或者资料，不得与当事人串通牟取不正当利益、损害专利权人以及其他当事人的合法权益或者社会公共利益。

第五十条 ［指导与监管］省专利行政主管部门应当加强对专利中介服务机构的指导与监管，建立专利中介服务机构及专利代理人服务评价机制，引导、支持专利中介服务机构向专业化、规范化、市场化、国际化发展，提高专利中介机构服务质量，提升服务能力与水平。

第五十一条 ［人才培养］省人民政府及其有关部门应当制定和实施专利人才培养计划，加强对专利专业人才培养，建立企业事业单位专利经营管理人才及专利中介服务机构人才评价机制，推进专利工程师认证认可工作，促进专利人才向职业化、市场化和专业化方向发展。

省教育行政部门应当组织有条件的高等院校开设专利等知识产权专业或者课程。

第五十二条 ［高层次人才引进］县级以上人民政府应当制定优惠政策，鼓励企业事业单位、科研院所引进能够突破关键技术、发展高新技术产业、带动新兴学科的高层次人才，提高自主创新能力。

第六章　法律责任

第五十三条 ［假冒专利责任］违反本条例规定，假冒专利的，除依法承担民事责任外，由省或者设区的市专利行政主管部门责令改正，并予以公告。有违法所得的，没收违法所得，可以处违法所得二倍以下罚款；情节严重的，可以处违法所得二倍以上四倍以下罚款。没有违法所得的，可以处十万元以下罚款；情节严重的，可以处十万元以上二十万元以下罚款；构成犯罪的，依法追究刑事责任。

第五十四条 ［为假冒专利提供便利责任）违反本条例规定，为明知是假冒专利的行为提供便利条件的，由县级以上专利行政主管部门责令停止违法行为。可以处二千元以上二万元以下罚款；情节严重的，可以处二万元以上五万元以下罚款。其他法律、法规有处罚规定的依照其规定处罚。

为假冒专利制作、发布广告的，按照《中华人民共和国广告法》的有关规定处罚。

第五十五条 ［骗取资助奖励责任］违反本条例规定，单位或者个人弄虚作假，骗取政府专利资助、奖励的，三年内不得申报政府专利资助、奖励，专利行政主管部门或者有关行政管理部门应当收回资助资金、撤销奖励，并将其不良行为纳入专利公共信用信息系统；构成犯罪的，依法追究刑事责任。

第五十六条 ［中介服务机构责任］违反本条例规定，从事专利代理、技术交易、资产评估、信息咨询、文献检索等专利中介服务机构，出具虚假报告或者资料，造成严重后果的，由省专利行政主管部门责令改正，予以警告，有违法所得的，没收违法所得，并处五千元以上三万元以下的罚款；没有违法所得的，并处二千元以上五千元以下罚款；给他人造成经济损失的，依法承担民事责任。其他法律、法规有处罚规定的依照其规定处罚。

第五十七条 ［国家工作人员责任］国家工作人员玩忽职守、滥用职权、徇私舞弊，或者擅自披露知悉的商业秘密、技术秘密，侵犯当事人合法权益的，由其主管部门或者行政监察部门给予直接负责的主管人员和其他直接责任人行政处分；构成犯罪的，依法追究刑事责任。

第五十八条 ［援引规定］违反本条例规定的其他行为，依照《中华人民共和国专利法》及其有关法律、法规处罚。

第五十九条 ［听证规定］省、设区的市专利行政主管部门作出二万元以上处罚决定时，应当告知当事人有要求举行听证的权利。

第七章　附　　则

第六十条 ［施行日期］本条例自 2012 年 10 月 1 日起施行。

甘肃省专利条例

(2012年6月1日甘肃省第十一届人民代表大会常务委员会第二十七次会议通过)

第一章 总 则

第一条 为了鼓励发明创造，促进专利实施与运用，加强专利保护，维护专利权人的合法权益，推动科学技术进步和经济社会发展，根据《中华人民共和国专利法》、《中华人民共和国专利法实施细则》和其他有关法律、行政法规，结合本省实际，制定本条例。

第二条 本省行政区域内从事专利创造、运用、保护、管理及其相关活动，适用本条例。

第三条 专利工作坚持激励创造、有效运用、依法保护、科学管理的原则。

第四条 县级以上人民政府应当加强对专利工作的领导，健全管理体制，建立协调机制，完善服务体系，将专利事业发展纳入国民经济和社会发展规划，所需工作经费列入本级财政预算。

第五条 县级以上人民政府管理专利工作的部门负责本行政区域内的专利工作。

县级以上人民政府其他有关部门按照各自职责，做好专利的相关工作。

第六条 县级以上人民政府管理专利工作的部门应当加强专利知识的宣传，并组织国家机关、企业事业单位、社会团体普及专利知识，增强全社会的专利创造、应用和保护意识。

第二章 专利促进

第七条 县级以上人民政府应当建立健全激励和保障机制，鼓励支持专利创造和运用，扶持适应经济社会发展需求的发明创造与专利产业化项目。

鼓励企业事业单位、社会团体和个人进行发明创造，申请专利。

第八条 县级以上人民政府应当设立专利专项资金，用于下列事项：

（一）资助专利申请；

（二）促进专利实施；

（三）建设专利公共服务平台；

（四）支持企业事业单位制定并实施专利战略；

（五）建立专利保护预警机制；

（六）援助专利维权；

（七）开展专利宣传教育和专利工作人才培养；

（八）进行专利国际国内交流合作；

（九）其他促进专利事业发展的事项。

第九条 省人民政府设立甘肃专利奖，对为本省经济社会发展作出突出贡献、产生显著效益的专利权人和专利实施单位予以奖励。

第十条 企业事业单位研究开发经费和运用专利所发生的费用，按照国家有关规定享受税收优惠政策。

第十一条 利用财政性资金形成的发明创造，除涉及国家安全、国家利益和重大社会公共利益外，专利申请权和专利权属于项目承担单位。申请和维持专利所发生的相关费用，可以在项目经费中列支。

第十二条 被授予专利权的单位应当给予职务发明创造的发明人、设计人奖励。

职务发明专利实施后,被授予专利权的单位应当给予职务发明创造的发明人、设计人报酬。报酬的数额,单位与其有约定的,从其约定;没有约定的,从实施专利的税后利润、税后专利许可使用费、税后专利转让费中按照国家规定的报酬比例执行。

奖金和报酬可以现金、股份或者当事人约定的其他形式给付。

第十三条 县级以上人民政府有关部门应当将专利的数量和应用价值,作为财政资金支持的研究开发、技术改造、高新技术产业化等项目立项、核准、验收及认定科技企业孵化器、高新技术企业的重要指标。

第十四条 鼓励和支持高等院校、科研机构和企业之间多种形式开展发明创造,实现专利技术的产业化。

鼓励高等院校、科研机构、企业之间转移专利技术成果。

管理专利工作的部门、发展和改革、教育、科技等部门应当建立专利技术转移机制,指导高等院校、科研机构与企业之间加强专利技术的转移和许可使用。

第十五条 鼓励高等院校设置知识产权专业,培养知识产权专业人才。教育、科技、专利等行政管理部门应当给予支持。

第十六条 专利发明人、设计人所拥有的专利应当作为其申报相近序列专业技术职务评定的依据之一。

获得中国专利金奖、优秀奖和甘肃专利奖的专利,对技术进步产生重大作用或者取得显著经济效益的专利,可以作为发明人、设计人申报相近序列专业技术职务的重要依据。

第十七条 鼓励企业事业单位和个人采取专利权入股、质押、转让、许可等方式实施专利,但股东以专利权等非货币出资所占注册资本比例最高不能超过百分之七十。

企业在专利实施及产业化过程中形成的新产品,享受有关扶持新产品开发的税收优惠政策。

第十八条 鼓励和支持金融、保险、担保、信托等机构开展专利权质押业务,对发展潜力大、市场前景良好的专利技术实施项目,优先给予信贷支持。

第十九条 企业事业单位在技术研究、产品开发前,应当进行相关技术的专利文献检索,建立相关专利技术跟踪制度;在重大项目的立项、交流、合作和实施前,应当进行专利分析评审,制定预警方案,避免发生专利纠纷和经济损失。

第二十条 企业事业单位和其他组织的专利技术转让所得,按照国家规定免征或者减征企业所得税。

第二十一条 企业、科研机构、高等院校等单位研究开发的新技术、新产品、新工艺,在计算应纳税所得额时,其开发费用未形成无形资产计入当期损益的,在按照规定据实扣除的基础上,按照研究开发费用的百分之五十加计扣除;形成无形资产的,按照无形资产成本的百分之一百五十摊销。

第二十二条 县级以上人民政府及其有关部门应当建立和培育专利交易市场,支持建立专利代理、专利技术交易、专利资产评估、专利信息咨询等中介机构,规范专利交易活动。

第三章 专利保护

第二十三条 县级以上人民政府管理专利工作的部门应当加强专利行政执法队伍建设,建立健全专利执法监督检查机制,依法处理专利纠纷,查处专利违法行为。

第二十四条 县级以上人民政府及其有关部门应当加强专利维权援助工作,确定公益性专利维权援助机构,负责受理维权援助申请,提供相关事务咨询、纠纷解决方案等公共服务。

鼓励和扶持建立民间专利维权组织;鼓励专利中介机构提供专利维权援助。

第二十五条 任何单位和个人不得有下列行为:

(一)在制造、销售的产品或者产品的包装上标注他人的专利号;

(二)制造、销售有专利标记的非专利产品;

(三)在合同、广告或者其他宣传材料中使用他人的专利号或者将非专利技术宣称为专利技术;

(四)伪造或者变造专利证书、专利文件;

(五)其他假冒专利的行为。

任何单位和个人不得为假冒专利的行为提供制造、销售、广告等便利条件。

第二十六条 未经专利权人许可实施其专利,引起纠纷的,由当事人协商解决,协商不成的,可以请求管理专利工作的部门调解。

管理专利工作的部门可以对下列专利纠纷进行调解:

(一)侵犯专利权的赔偿数额纠纷;

(二)专利申请权和专利权归属纠纷;

(三)发明人、设计人资格纠纷;

(四)职务发明创造的发明人、设计人奖励和报酬纠纷;

(五)在发明专利申请公布后专利权授予前使用发明而未支付适当费用的纠纷。

管理专利工作的部门调解专利纠纷,达成协议的,应当制作调解书;不能达成协议的,应当告知当事人可以向人民法院提起诉讼。

第二十七条 当事人请求处理专利侵权纠纷的,应当提交请求书和相关证据,并按照被请求人的数量提供请求书副本。

管理专利工作的部门应当自收到请求书之日起五个工作日内决定是否受理,并书面通知请求人。决定受理的,应当自受理之日起五个工作日内将请求书副本送达被请求人。

被请求人应当自收到请求书副本之日起十五日内提交答辩书和相关证据。被请求人不提交或者未按时提交答辩书的,不影响管理专利工作的部门对专利纠纷的处理。

第二十八条 专利纠纷的双方当事人不愿协商或者调解不成的,当事人或者利害关系人可以请求有处理权的管理专利工作的部门处理。

管理专利工作的部门认定专利侵权行为成立,作出处理决定的,可以采用下列方式制止侵权行为:

(一)实施专利方法的,责令其停止实施,并且不得转移依照专利方法直接获得的产品或者以任何方式将该产品投放市场;

(二)制造专利产品的,责令其停止制造行为,销毁或者拆解用于制造专利产品的专用设备。被请求人和相关的经营者不得使用或者转移已经制造的专利产品或者以任何形式将该产品投放市场;

(三)销售专利产品或者依照专利方法直接获得产品的,责令其停止销售,被请求人不得以任何形式转移尚未出售的专利产品或者依照专利方法直接获得的产品;

(四)许诺销售专利产品或者依照专利方法直接获得产品的,责令其停止做出许诺销售的一切活动;

(五)应专利权人及其利害关系人的请求,提请海关、商务、出入境检验检疫等部门对侵犯专利权的进出口货物依法进行处理。

专利侵权纠纷处理过程中，当事人又向人民法院提起诉讼的，行政程序自行终止。

第二十九条 调解、处理专利纠纷应在立案之日起四个月内调处完毕，并以书面形式告知当事人。案件复杂确需延长期限的，经管理专利工作的部门负责人批准，可以延长一个月。

市（州）管理专利工作的部门应当在作出专利纠纷处理决定之日起十五个工作日内，将处理决定书副本报省管理专利工作的部门备案。

第三十条 管理专利工作的部门可以根据当事人的申请或者案情的需要，委托专利技术鉴定机构对专利技术进行鉴定。

第三十一条 专利侵权处理决定或者判决生效之后，专利侵权人就同一专利权再次发生相同侵权行为，专利权人或者利害关系人请求处理的，管理专利工作的部门可以直接作出责令立即停止侵权行为的决定。

第三十二条 管理专利工作的部门处理专利侵权纠纷、查处专利违法行为时，行使下列职权：

（一）勘验现场，查阅、复制与侵权行为有关的档案、图纸、资料、账册等原始凭证；

（二）对与假冒专利案件有关的可能灭失或者以后难以取得的证据，进行登记保存。

管理专利工作的部门在行使前款规定的职权时，工商行政管理、商务、公安等部门应当予以协助。有关当事人应当协助调查并提供证据，不得伪造、转移和毁灭证据。

第三十三条 省内举办经济技术贸易展览会、展销会、博览会、交易会、展示会等，主办者应当与参展者签订专利保护的相关合同，标有专利标记的展品应当提供专利权有效证明。

展会主办方应当接受专利投诉，收到投诉材料后，应当在二十四小时内将其移交管理专利工作的部门，管理专利工作的部门应当依法及时处理。

第三十四条 发布涉及专利的广告，广告主应当提供专利权有效证明，广告主未提供的，广告经营者、发布者不得设计、制作、发布广告。

专利权有效证明，由省管理专利工作的部门出具。

涉及专利的广告，应当标明符合国家规范的专利类别和专利号。

第三十五条 管理专利工作的部门应当建立举报制度，公布举报方式，对接到的举报，应当及时查处，并对举报人给予奖励。

任何单位和个人有权举报假冒专利的行为。

第四章 专利管理

第三十六条 省人民政府应当建立重大经济活动专利预警机制，避免专利技术的盲目引进、重复研发和流失。

第三十七条 县级以上人民政府应当将专利指标和专利发展情况纳入经济社会发展统计调查范围。

县级以上人民政府及其有关部门应当将专利拥有情况纳入科技计划实施评价体系，国有企业绩效考核体系和高等院校、科研机构等事业单位科研绩效考核体系。

第三十八条 管理专利工作的部门应当加强对企业事业单位专利工作的指导和监督，鼓励其制定和实施专利战略，加强和完善专利促进保护机制。

第三十九条 管理专利工作的部门应当加强对专利中介机构的业务指导和监督。专利中介机构应当具备国家规定的资质，并依法登记注册后，方可开展相关业务。

依法取得国家规定的资格并受聘于依法设立的专利中介机构的个人，方可从事专利中介活动。

第四十条 申请政府财政资金支持的研究开发、技术改造、技术引进项目，涉及发明、实用新型专利的，申请人应当向科技、发展和改革、工业和信息化等有关部门提交相关技术的专利文献检索报告，未提交的，有关部门不予立项。

第四十一条 有下列情形之一的，国有专利资产占有单位应当按照有关规定委托具有资质的评估机构进行专利资产评估：

（一）以专利资产作价出资成立有限责任公司或者股份有限公司的；

（二）许可境外企业、其他经济组织或者个人使用专利权，市场没有参照价格的；

（三）上市、合并、分立、破产、投资、转让、置换、拍卖等涉及专利资产的；

（四）以专利权在金融机构进行质押的；

（五）其他需要评估的。

第四十二条 企业出口的技术、设备、货物等，具备所在国家或者地区专利申请条件的，鼓励先行申请专利。

第四十三条 因终止、解除劳动关系或者其他原因离开单位的人员，在离开单位前，应当将已经完成或者正在进行的与职务发明创造有关的实验材料、试验记录、样品样机以及其他不宜对外公开的技术资料，交还单位并履行保密义务。

第五章　法律责任

第四十四条 违反本条例第二十五条第一款规定，假冒专利的，除依法承担民事责任外，由县级以上人民政府管理专利工作的部门责令改正并予公告，没收违法所得，可以并处违法所得四倍以下的罚款；没有违法所得的，可以处二十万元以下的罚款。

第四十五条 违反本条例第二十五条第二款规定，为假冒专利的行为提供制造、销售、广告等便利条件的，由县级以上人民政府管理专利工作的部门书面告知，限期改正；逾期不改正的，可以处十万元以下的罚款，有违法所得的，没收其违法所得。

第四十六条 违反本条例第三十三条第一款规定，展会举办者允许未提供有效专利证明的产品、技术以专利产品、技术名义参展的，由县级以上人民政府管理专利工作的部门责令改正。

第四十七条 从事专利服务的中介机构及其工作人员出具虚假报告、牟取不正当利益的，由省管理专利工作的部门给予警告，责令改正；拒不改正的，处五千元以上二万元以下罚款；有违法所得的，没收违法所得；情节严重的，由发证机关依法吊销相关证照；给当事人造成损失的，依法承担赔偿责任；构成犯罪的，依法追究刑事责任。

第四十八条 违反本条例第四十条规定，对未提交相关技术的专利文献检索报告的项目予以立项，给国家造成经济损失的，由监察机关对有关部门直接负责的主管人员和其他直接责任人给予行政处分。

第四十九条 管理专利工作的部门及其他有关部门工作人员玩忽职守、滥用职权、徇私舞弊的，对负有责任的主管人员和其他直接责任人员依法给予处分；构成犯罪的，依法追究刑事责任。

第五十条 违反本条例规定的其他行为，法律、行政法规已有处罚规定的，从其规定。

第六章　附　　则

第五十一条 本条例自2012年8月1日起施行。2003年9月29日省第十届人大常委会第六次会议通过的《甘肃省专利保护条例》同时废止。

青海省专利促进与保护条例

(2009年11月30日青海省第十一届人民代表大会常务委员会第十二次会议通过)

第一章 总 则

第一条 为了鼓励发明创造，促进专利运用，加强专利保护，维护专利权人的合法权益，根据《中华人民共和国专利法》及有关法律、行政法规的规定，结合本省实际，制定本条例。

第二条 本省行政区域内从事专利促进、保护、管理及相关活动，适用本条例。

第三条 省人民政府管理专利工作的部门负责本省行政区域内的专利促进、保护和管理工作。

州（市、地）、县（市、区）人民政府指定有关部门负责本行政区域内专利促进、保护和管理工作。

县级以上人民政府其他有关部门应当依照各自的职责，做好专利促进与保护的相关工作。

第四条 县级以上人民政府应当将专利工作纳入本行政区域国民经济和社会发展规划，建立和完善专利工作协调机制，采取措施促进专利创造、专利成果运用和产业化发展。

有关行政机关、教育科研机构、社会团体、新闻媒体应当进行专利知识的宣传，提高全社会的专利运用和保护意识。

第二章 专利促进

第五条 县级以上人民政府应当设立专利专项资金，用于支持专利项目申请、维持、维权以及专利成果转化、奖励优秀专利项目、培训专利人才等专利促进事业。

第六条 省人民政府对在本省实施产生重大经济效益和社会效益的优秀专利项目或者专利工作成绩突出的单位和个人给予表彰奖励。

第七条 省人民政府财政、科技、经济等行政管理部门对提升企业核心竞争力、推进产业结构优化升级、促进循环经济发展、保护生态环境等重大专利实施及专利技术引进项目，应当按照有关规定给予资金支持。

第八条 鼓励企业事业单位安排专利专项经费，增加研究开发和使用专利的投入，其专利研究开发经费和购买专利所发生的费用，按照有关规定计入成本费用或者从事业费中列支。

第九条 鼓励企业事业单位和个人依法采取专利权入股、质押、转让、许可等方式促进专利实施。

第十条 被授予专利权的单位应当自专利权公告之日起三个月内，按照规定或者约定给予发明人或者设计人奖金。发明专利或者实用新型专利，应当作为职务发明人或者设计人参加单位奖励评比的重要条件。

被授予专利权的单位在专利权有效期限内实施运用专利的，每年应当从实施该项发明专利或者实用新型专利所得利润税后提取不低于百分之五或者从该项外观设计专利所得利润税后提取不低于百分之一，作为报酬给予发明人或者设计人。

被授予专利权的单位转让或者许可其他单位或者个人实施其专利的，应当从转让费、使用费税后提取不低于百分之二十作为报酬给予发明人或者设计人。

对职务发明创造的发明人或者设计人的报酬，单位与其有约定的，从其约定。

第十一条　省人民政府管理专利工作的部门应当对企业事业单位的专利工作进行指导，帮助企业事业单位培养、培训专利管理人员。

有关部门会同省人民政府管理专利工作的部门对企业事业单位从事专利工作的专职人员进行相应系列职称评定。

发明人或者设计人获得的专利，应当作为职称评定的重要条件。

第十二条　省人民政府管理专利工作的部门应当培育和扶持专利中介服务机构，引导其为企业事业单位提供优质、规范的专利中介服务。

第十三条　有关部门在申报科技型中小企业技术创新基金项目和认定高新技术企业、创新型企业、科技型企业、工程（技术）中心以及申请政府担保基金时，应当把专利的创造、运用作为重要依据。

第三章　专利保护

第十四条　管理专利工作的部门应当建立健全专利保护制度，依法及时处理和调解专利纠纷，查处专利违法行为，保护专利权人及其他单位和个人的合法权益。

第十五条　省人民政府管理专利工作的部门应当做好专利信息网络建设，为社会公众免费提供专利申请、查验、维权和技术引进、项目研究等信息检索服务。

第十六条　任何单位和个人不得为假冒专利进行的制造、销售、使用、展览、广告等活动提供便利。

第十七条　鼓励单位和个人举报专利违法行为。管理专利工作的部门应当公开举报电话，设立举报信箱，及时受理对专利违法行为的举报、公布调查处理结果，并为举报单位或者个人保密。

第十八条　专利权人或者专利实施被许可人有权在其产品、产品包装或者产品说明书上标注专利标识，并应当同时标注专利类别和专利号。

第十九条　专利申请公告前，与专利申请有关的人员对该专利申请的内容应当予以保密。

管理专利工作的部门及其工作人员，在处理和调解专利纠纷、查处假冒专利时，应当保守当事人的商业秘密。

第四章　专利管理

第二十条　县级以上人民政府应当建立经济活动中的专利项目审查制度，由管理专利工作的部门负责审查和检索项目涉及专利的内容，避免专利技术的盲目引进、重复研发。

第二十一条　管理专利工作的部门应当加强本行政区域内企业、科研机构、高等院校等单位的专利指导工作，督促其建立和完善专利管理制度。

第二十二条　管理专利工作的部门应当加强对本行政区域内专利中介服务机构及其工作人员的指导和监督，做好专利服务工作人员的培训工作。

第二十三条　专利中介服务机构及其工作人员应当依法开展专利中介服务，不得提供虚假专利信息，不得以欺骗、误导、胁迫等不正当手段招揽业务，不得与委托人串通牟取不正当利益。

第二十四条　单位和个人从事下列活动之一的，应当进行专利检索查验：

（一）设计、制作或者发布广告涉及专利的；

（二）产品制造涉及专利的；

（三）在产品、产品包装或者产品说明书上标注专利标识的；

（四）标有专利标识的产品或者技术参加展览会、推广会、交易会的；
（五）进行专利资产作价评估或者办理专利权质押的；
（六）其他应当进行专利检索查验的。

第二十五条 国有专利资产占有单位具有下列情形之一的，应当对专利资产进行评估：
（一）转让专利申请权、专利权的；
（二）以专利技术作价出资的；
（三）以专利质押或者担保的；
（四）以各种方式引进、输出专利技术或者专利产品的；
（五）合并、分立、改制、上市、重组和破产涉及专利资产的；
（六）法律、法规规定应当进行专利资产评估的。

第五章 法律责任

第二十六条 违反本条例规定的行为，法律、行政法规已规定了法律责任的，从其规定。

第二十七条 违反本条例第十六条规定的，由管理专利工作的部门责令限期改正，没收违法所得，可以并处违法所得三倍以下的罚款；没有违法所得的，可以处以一千元以上一万元以下罚款。

第二十八条 违反本条例第二十三条规定的，由管理专利工作的部门给予警告，责令限期改正；有违法所得的，没收违法所得；情节严重的，可以并处一千元以上一万元以下的罚款；给当事人造成损失的，依法承担赔偿责任。

第二十九条 管理专利工作的部门工作人员违反本条例规定泄露秘密的，由其所在单位或者主管部门对直接责任人给予行政处分；给当事人造成损失的，应当依法承担赔偿责任；构成犯罪的，依法追究刑事责任。

第六章 附 则

第三十条 本条例自 2010 年 3 月 1 日起施行。

宁夏回族自治区专利保护条例

(2002 年 11 月 7 日宁夏回族自治区第八届人民代表大会常务委员会第二十九次会议通过)

第一章 总 则

第一条 为了加强专利保护与管理，鼓励发明创造，根据《中华人民共和国专利法》、《中华人民共和国专利法实施细则》和有关法律、行政法规的规定，结合自治区实际，制定本条例。

第二条 本条例适用于自治区行政区域内的专利保护与管理工作。

第三条 自治区人民政府管理专利工作的部门，负责全区的专利保护与管理工作。

设区的市人民政府管理专利工作的部门，负责本行政区域内的专利保护与管理工作。

县级人民政府管理专利工作的部门，负责有关的专利保护与管理工作。

科技、计划、财政、经贸、外贸、公安、海关、质量技术监督、工商行政管理、新闻出版和广播影视等部门，应当做好职责范围内的专利保护与管理工作。

第四条 县级以上人民政府应当加强对专利工作的领导，促进发明创造，推动专利技术产业化。

县级以上人民政府应当建立专利资助资金，用于资助公民、法人或者其他组织开展发明创造活动，组织申请、实施专利。

第五条 自治区人民政府设立专利奖，对具有较高创造性及经济或者社会效益显著的专利项目给予奖励。

县级以上人民政府对在发明创造，促进专利产业化工作中取得显著成绩的单位和个人，应当给予奖励。

第二章 专利管理

第六条 自治区管理专利工作的部门，应当履行下列专利保护与管理职责：

（一）宣传专利法律、法规，培训专利工作人员；

（二）加强专利信息网络建设，为单位和个人提供专利信息服务；

（三）帮助推广本行政区域内的专利技术，促进专利产业化；

（四）鼓励单位和个人将符合申请条件的发明创造及时申请国内外专利，并协助办理有关申请事宜；

（五）应当事人的请求，调解、处理跨市的专利纠纷；

（六）查处跨市的专利行政违法案件；

（七）组织专利技术鉴定委员会进行专利技术鉴定工作；

（八）其他专利保护与管理工作。

第七条 设区的市管理专利工作的部门应当履行下列专利保护与管理职责：

（一）宣传专利法律、法规；

（二）指导企业事业单位建立专利保护制度，并监督检查落实情况；

（三）开展专利执法，发现跨市的专利行政违法行为时，应当立即报告自治区管理专利工作的部门；

（四）应当事人的请求，调解、处理本行政区域内的专利纠纷；协助自治区管理专利工作的部门调解、处理跨市的专利纠纷；

（五）查处本行政区域内的专利行政违法案件；协助自治区管理专利工作的部门查处跨市的专利行政违法案件；

（六）完成本级人民政府和自治区管理专利工作的部门布置的其他工作。

县级人民政府管理专利工作的部门，应当履行前款（一）、（二）、（三）、（六）项规定的职责；协助自治区、设区的市管理专利工作的部门履行前款（四）、（五）项规定的职责。

第八条　管理专利工作的部门不得参与向社会推荐专利产品等经营活动。

第九条　被授予专利权的国有企业事业单位，应当自专利权公告之日起三个月内，给予职务发明人或者设计人奖励。

第十条　被授予专利权的国有企业事业单位在专利权有效期限内，实施发明创造专利后，每年应当从实施该项发明或者实用新型专利所得利润纳税后提取不低于百分之五或者从实施该项外观设计专利所得利润纳税后提取不低于百分之零点五，作为报酬支付发明人或者设计人；或者参照本款规定的比例，发给发明人或者设计人一次性报酬。

被授予专利权的国有企业事业单位许可其他单位或者个人实施其专利的，应当从许可实施该项专利收取的使用费纳税后提取不低于百分之三十作为报酬，支付发明人或者设计人。

被授予专利权的国有企业事业单位以专利权入股的，应当从其股份收益中提取不低于百分之三十作为报酬支付发明人或者设计人。

非国有企业事业单位可以参照本条例第九条和本条前三款规定执行。

第十一条　政府或者国有企业投入资金进行的技术研究开发项目，其成果适宜申请专利的，应当申请专利。

第十二条　企业事业单位或者个人进行下列项目涉及专利的，其协议中应当有专利保护的内容：

（一）与自治区外、国外技术合作研究开发的项目；

（二）委托自治区外、国外有关单位或者个人进行的技术研究开发项目；

（三）聘请自治区外、国外专家参加的技术研究开发项目；

（四）与自治区外、国外企业合作的生产项目。

第十三条　企业事业单位或者其他申请人有下列情形之一的，应当向有关主管部门提交由自治区管理专利工作的部门认定的专利文献检索机构出具的专利检索报告：

（一）进行重大科研项目、新技术和新产品的立项开发的；

（二）涉及专利的技术和专利设备的进出口贸易的；

（三）以专利技术、专利设备作为投资申办中外合资、中外合作企业或者接受外国和地区委托进行来料加工涉及专利权的；

（四）进行科技成果评价，申报高、新技术企业资格的；

（五）其他应当进行专利文献检索的情形。

第十四条　国有专利资产占有的企业事业单位有下列情形之一的，应当进行专利资产评估：

（一）转让专利申请权、专利权的；

（二）法人在变更或者终止前，需要对其专利资产作价处分的；

（三）以专利资产与香港、澳门、台湾地区和国外的个人、法人及其他经济组织进行合资、合作实施的，或者许可香港、澳门、台湾地区和国外的个人、法人及其他经济组织实施其专利的；

（四）以专利资产作价出资成立有限责任公司、股份有限公司或者其他类型的企业的；

（五）许可实施专利技术时，需要进行专利技术评估的；

（六）以专利权出质的；

（七）其他需要进行专利资产评估的。

依照前款规定形成的专利资产评估结果，应当报自治区管理专利工作的部门备案。

非国有专利资产占有的企业事业单位，可以参照本条第一款规定进行专利资产评估。

第十五条 企业事业单位应当建立健全专利工作制度，做好专利保护工作。

企业事业单位应当加强对审查中的职务发明专利和已授权职务发明专利的管理，防止权利丧失。

第十六条 专利权人有权在其专利产品或者专利产品的包装上标明专利标记和专利号。

本自治区的专利标记由自治区管理专利工作的部门监制。

任何单位和个人不得伪造、贩卖专利标记。

第十七条 专利服务中介机构及其工作人员，应当遵守法律、法规的规定，独立、客观、公正地开展专利中介服务，不得出具虚假报告，不得与当事人串通谋取不正当利益，不得损害专利权人、其他当事人的合法权益和社会的公共利益。

第十八条 利用广播、电视、报刊等媒体进行宣传、推销专利产品或者专利方法的，当事人应当向审批机关和传播单位提供由自治区管理专利工作的部门出具的专利权有效的证明文件。被许可实施专利的单位还应当提供经自治区管理专利工作的部门认定登记的专利实施许可合同副本。对未提供合法有效专利证明文件的，有关单位不得为其设计、制作和发布广告。

第十九条 任何单位和个人不得为假冒他人专利、冒充专利的行为提供设备、场所、资金等一切便利条件。

第三章 专利纠纷的行政调解与处理

第二十条 自治区、设区的市管理专利工作的部门应当事人的申请，可以对下列专利纠纷进行调解：

（一）专利申请权和专利权归属纠纷；

（二）专利发明人、设计人资格纠纷；

（三）职务发明的发明人、设计人的奖励和报酬纠纷；

（四）在发明专利申请公布后专利权授予前使用发明而未支付适当费用的纠纷；

（五）侵犯专利权的赔偿数额纠纷。

对前款第四项所述的纠纷，专利权人应当在专利权被授予之后提出。

第二十一条 自治区、设区的市管理专利工作的部门对本条例第二十条规定的专利纠纷调解不成或者调解后当事人又反悔的，应当告知当事人可以依法向人民法院起诉。

第二十二条 未经专利权人许可，实施其专利，引起纠纷的，专利权人或者利害关系人可以向人民法院起诉，也可以请求自治区、设区的市管理专利工作的部门处理。

自治区、设区的市管理专利工作的部门依照前款规定处理专利纠纷时，发现有下列情形之一，可以认定专利侵权行为成立的，依照下列规定，责令停止侵权行为：

（一）对制造专利产品的，责令其停止制造，销毁或者拆解用于制造专利产品的模具、

专用设备,并且不得使用、转移已经制造的专利产品或者以任何形式将该产品投放市场;

(二)对使用专利方法的,责令其停止使用,并且不得使用、转移依照专利方法直接获得的产品或者以任何方式将该产品投放市场;

(三)对销售专利产品或者依照专利方法直接获得的产品,责令其停止销售,并且不得以任何形式转移尚未出售的专利产品或者依照专利方法直接获得的产品;

(四)对许诺销售专利产品或者依照专利方法直接获得的产品,责令其撤回作出销售的意思表示,并且不得进行任何实际销售行为;

(五)对进口专利产品或者依照专利方法直接获得的产品的,责令侵权人不得使用或者以任何方式转移该产品。

第二十三条 管理专利工作的部门处理专利纠纷时,可以行使下列职权:

(一)询问当事人和证人;

(二)查阅、复制与案件有关的合同、资料、账册等有关文件;

(三)进行现场勘验检查、摄录与案件有关的物品和设施;

(四)涉嫌侵犯制造方法专利权的,要求被调查人进行现场演示;

(五)根据收集证据的需要进行抽样取证;

(六)根据需要对与案件有关的可能灭失或者以后难以取得,又无法进行抽样取证的物品,进行登记保存,并在七日内作出决定。

管理专利工作的部门依法行使前款规定职权时,有关单位或者个人应当予以协助,不提拒绝或者阻碍,不得伪造转移、毁灭证据。

第二十四条 当事人对自治区、设区的市管理专利工作的部门依照本条例第二十二条规定作出的责令停止侵权行为的决定不服的,可以依法向人民法院起诉;侵权人期满不起诉又不停止侵权行为的,自治区、设区的市管理专利工作的部门可以申请人民法院强制执行。

第四章 专利行政违法行为的查处

第二十五条 自治区、设区的市管理专利工作的部门应当查处下列假冒他人专利的行为:

(一)未经许可,在其制造或者销售的产品、产品的包装上标注他人专利号的;

(二)未经许可,在广告或者其他宣传材料中使用他人专利号,使人将所涉及的技术误认为是他人专利技术的;

(三)未经许可,在合同中使用他人的专利号,使人将合同涉及的技术误认为是他人专利技术的;

(四)仿造或者变造他人专利证书、专利文件或者专利申请文件的;

(五)其他假冒他人专利的行为。

第二十六条 自治区、设区的市管理专利工作的部门应当查处下列冒充专利的行为:

(一)制造或者销售标有专利标记的非专利产品的;

(二)专利权被宣告无效后,继续在制造或者销售的产品或者该产品的包装上标注专利标记的;

(三)在广告或者其他宣传材料中,将非专利技术称为专利技术、将非专利产品称为专利产品的;

(四)在合同中将非专利技术称为专利技术的;

(五)伪造成或者变造专利证书、专利文件或者专利申请文件的;

(六)其他冒充专利的行为的。

第二十七条 任何单位和个人有权举报专利违法行为。

管理专利工作的部门收到对专利违法行为的举报或者发现专利违法行为后，应当在七日内作出是否予以立案的决定。

第二十八条 管理专利工作的部门在查处专利违法行为时，可以行使下列职权：

（一）询问当事人和证人；

（二）查阅、复制与案件有关的合同、账册、标记等资料；

（三）进行现场勘验检查，摄录与专利违法行为有关的物品和设施；

（四）根据收集证据的需要进行抽样取证；

（五）根据需要对与案件有关的可能灭失或者以后难以取得，又无法进行抽样取证的物品，进行登记保存，并在七日内作出决定。

管理专利工作的部门依法行使前款规定职权时，有关单位或者个人应当予以协助，不得拒绝或者阻碍，不得伪造、转移、毁灭证据。

第二十九条 自治区、设区的市管理专利工作的部门在查处假冒他人专利行为时，对情节严重，涉嫌构成犯罪的，应当及时将有关证据材料移送有管辖权的公安机关，公安机关应当及时受理审查，并在二十日内将审查结果以书面形式通知移送部门。

假冒他人专利案件有下列情形之一的，自治区、设区的市管理专利工作的部门应当移送有管辖权的公安机关处理：

（一）违法所得数额在十万元以上的；

（二）给专利权人造成直接经济损失数额在五十万元以上的；

（三）因假冒他人专利，受过行政处罚两次以上，仍假冒他人专利的；

（四）造成恶劣影响的。

第五章 法律责任

第三十条 违反本条例规定，伪造、贩卖专利标记的，由管理专利工作的部门责令停止违法行为，并处以一千元至一万元的罚款；有违法所得的，没收违法所得。

第三十一条 专利代理机构及其工作人员违反本条例规定，出具虚假报告，与当事人串通谋取不正当利益，损害专利权人、其他当事人合法权益和社会公共利益的，由自治区管理专利工作的部门给予警告，责令改正；逾期不改正的，处以一千元至一万元的罚款。专利代理机构及其工作人员给被代理人造成损失的，应当承担赔偿责任。

第三十二条 违反本条例规定，未提供合法有效的专利证明文件，涉及广告违法行为的，由工商行政管理部门依法查处。

第三十三条 违反本条例规定，为假冒他人专利、冒充专利的行为提供设备、场所、资金等一切便利条件的，由管理专利工作的部门给予警告，责令改正；情节严重的，并可处以一千元至二万元的罚款；有违法所得的，没收违法所得。

第三十四条 违反本条例规定，有关当事人拒不提供或者隐瞒、转移、销毁与案件有关的物品、合同、账册、图纸、资料的，或者擅自启封、转移、处理被保存的物品的，由管理专利工作的部门对其处以一千元至二万元的罚款；构成犯罪的，依法追究刑事责任。

第三十五条 违反本条例规定，假冒他人专利的，除依法承担民事责任外，由管理专利工作的部门责令改正，没收违法所得，可以并处违法所得三倍以下的罚款，没有违法所得的，可以处以五万元以下的罚款；构成犯罪的，依法追究刑事责任。

第三十六条 违反本条例规定，以非专利产品冒充专利产品、以非专利方法冒充专利方法的，由管理专利工作的部门责令改正，可以处以五千元至五万元的罚款。

第三十七条 对假冒他人专利、冒充专利产品或者冒充专利方法的，管理专利工作的部门应当将假冒人、冒充人的姓名、地址以及被假冒和冒充的专利号等在违法行为地的新闻媒体上予以公告，公开侵权事实，消除影响，所需费用由假冒人、冒充人承担。

第三十八条 管理专利工作的部门违反本条例规定，参与向社会推荐专利产品等经营活动的，由其上级机关或者监察机关责令改正，消除影响，有违法所得的予以没收；情节严重的，对直接负责的主管人员和其他直接责任人员依法给予行政处分。

第三十九条 管理专利工作的国家工作人员玩忽职守、滥用职权、徇私舞弊的，由其所在单位或者上级部门给予行政处分；构成犯罪的，依法追究刑事责任。

第四十条 当事人对管理专利工作的部门作出的行政处罚决定不服的，可以依法申请行政复议，或者提起行政诉讼；逾期不申请复议，不提起诉讼，又不履行行政处罚决定的，由作出行政处罚决定的部门申请人民法院强制执行。

第六章 附　　则

第四十一条 本条例自 2003 年 1 月 1 日起施行。

新疆维吾尔自治区专利促进与保护条例

（2004年7月23日新疆维吾尔自治区第十届人民代表大会常务委员会第十一次会议通过　2012年9月28日新疆维吾尔自治区第十一届人民代表大会常务委员会第三十八次会议修订）

第一章　总　则

第一条　为了鼓励发明创造，促进专利运用，加强专利保护和管理，维护专利权人的合法权益，根据《中华人民共和国专利法》、《中华人民共和国专利法实施细则》和有关法律、法规，结合自治区实际，制定本条例。

第二条　自治区行政区域内的专利创造、运用、保护、管理、服务及相关活动，适用本条例。

第三条　专利工作遵循激励创造、有效运用、依法保护、科学管理的原则。

第四条　县级以上人民政府应当加强对专利工作的领导，将专利工作纳入本行政区域国民经济和社会发展规划，建立健全专利管理工作体系，组织实施专利发展战略，促进专利创造、专利成果运用和产业化发展。

第五条　县级以上人民政府对中小企业和个人在专利申请、运用、转让以及专利产品研究、开发等方面给予资金资助。

第六条　自治区人民政府设立专利奖，对产生显著经济效益、社会效益的专利项目的单位和发明人、设计人给予奖励。

第七条　县级以上人民政府管理专利工作的部门（以下简称专利工作部门）负责本行政区域内的专利促进和保护工作。

发展改革、财政、国有资产监督管理、经济和信息化、科学技术、教育、商务、公安、工商行政管理、质量技术监督、税务等有关部门按照各自职责，做好专利促进和保护的相关工作。

第八条　县级以上人民政府及其有关部门应当加强专利知识的宣传普及。广播、电视、报纸、网络等媒体应当开展专利知识和专利法律、法规宣传，增强全社会的专利意识。

第二章　专利创造

第九条　县级以上人民政府应当在本级年度财政预算中安排专利工作专项资金，并根据财政情况逐步提高。

专利工作专项资金主要用于下列事项：

（一）资助专利申请；

（二）促进专利实施；

（三）专利保护、预警应急与维权援助机制建设；

（四）专利公共服务平台建设；

（五）专利人才培养、交流、合作；

（六）对做出突出贡献的专利权人的奖励；

（七）专利促进和保护的其他事项。

县级以上人民政府财政、审计部门应当按照各自职责，对本级专利工作专项资金的使用情况进行监督。

第十条 鼓励企业事业单位或者个人研究、开发对产业发展有重大推动作用的技术和设备，促进原始创新、集成创新和引进消化吸收再创新，取得国内及国外专利。

鼓励企业事业单位建立内部专利人才绩效评价和激励机制。

鼓励对少数民族传统技术工艺进行创新，形成新技术、新产品、新工艺。

第十一条 企业事业单位申请专利、办理其他专利事务以及引进先进专利技术及其设备等费用，依法计入企业成本或者列为事业费。

企业事业单位为研究和开发专利产品所发生的费用，依照有关法律、法规的规定享受税收优惠。

第十二条 评审科学技术奖励、技术创新奖励和专利奖励项目，审批科研开发、技术改造和高新技术产业化等财政性资金支持项目时，有关部门应当将项目是否具有或者能否产生专利技术作为评审的重要条件。

前款规定的项目具有专利技术的，在申请奖励时，申请人应当向有关部门提交专利权有效证明；在申请资金支持时，申请人应当向有关部门提交专利检索报告。

第十三条 被授予专利权的单位应当依照国家和自治区有关规定对职务发明创造的发明人或者设计人给予奖励；自行实施专利、许可他人实施专利或者转让专利权的，应当依法对职务发明创造的发明人或者设计人给予报酬。

奖励或者报酬可以采取现金、股份、股权收益或者当事人约定的其他形式给付。

第十四条 对技术进步产生重大作用、取得显著经济和社会效益的专利技术，其主要发明人或者设计人可以破格申报相关专业技术职称。

第三章 专利运用

第十五条 县级以上人民政府及其有关部门应当加强专利运用工作，支持符合国家和自治区产业政策的专利技术的实施；对自主研发的专利技术产业化项目，应当给予专项资金扶持。

第十六条 鼓励拥有相关专利技术的单位和个人建立专利联盟，促进专利资源的充分利用。

鼓励和支持高等学校、科研机构和企业开展合作，共同研究开发和实施专利技术。

第十七条 企业事业单位和个人可以依法通过专利申请权转让、专利权转让、专利实施许可或者专利权质押等方式促进专利运用。

专利申请权转让、专利权转让和专利实施许可取得的技术性收入，依照有关法律、法规的规定享受税收优惠。

第十八条 鼓励金融机构开展专利权质押贷款等业务，增加对专利技术产业化项目的信贷投入。

鼓励担保机构为专利技术产业化项目提供融资担保。

第十九条 在同等条件下，政府采购应当优先购买专利产品和相关服务，鼓励对专利新产品实行首购或者订购。

第二十条 质量技术监督和有关行业主管部门，应当引导、帮助拥有自主研发专利技术的企业事业单位、行业协会制定或者参与标准的制定，推动专利技术形成相关标准。

第四章 专利保护

第二十一条 县级以上人民政府应当建立健全专利保护工作协调机制，统筹协调本行政区域内的专利保护工作，研究解决专利保护工作中的重大问题。

专利工作部门应当加强执法队伍建设，依法处理专利侵权纠纷、调解专利纠纷，查处假冒专利行为，保护专利权人的合法权益。

第二十二条 自治区专利工作部门负责调解和处理在自治区内有重大影响和跨地区的专利纠纷，查处有重大影响的假冒专利行为。

州、市（地）专利工作部门负责调解和处理本行政区域内的专利纠纷，查处假冒专利行为。

县（市、区）专利工作部门负责调解本行政区域内的专利纠纷，查处假冒专利行为。

调解和处理专利侵权纠纷、查处假冒专利行为，应当有持有国务院专利行政部门或者自治区人民政府颁发的行政执法证件的人员参加。

第二十三条 任何单位或者个人不得非法实施他人专利，不得假冒专利，不得为非法实施他人专利和假冒专利提供运输、展示、广告、仓储、邮寄和隐匿等便利条件。

第二十四条 任何单位和个人有权向专利工作部门举报专利违法行为，接受举报的专利工作部门应当及时调查处理，在五个工作日内予以答复；专利工作部门对于查证属实的举报给予奖励，并为举报人保密。

第二十五条 专利工作部门处理专利纠纷案件，可以根据双方当事人的意愿进行调解。经调解，双方当事人达成一致的，专利工作部门应当制作调解协议书，并由双方当事人签名或者盖章；调解不成的，应当终止调解，并作出处理决定。

第二十六条 专利工作部门作出侵权处理决定，或者人民法院作出判决后，侵权人对同一专利权再次作出相同的侵权行为，专利权人或者利害关系人请求专利工作部门处理的，专利工作部门应当依法直接作出责令立即停止侵权行为的处理决定。

第二十七条 展览会、展销会、博览会、交易会、展示会等会展主办方，应当与参展方在参展协议中约定参展的专利产品、专利技术不得侵犯他人专利权、不得假冒专利。

对标有专利标识的产品或者技术，会展主办方应当查验其专利权有效证明或者专利许可合同；未提供专利权有效证明或者专利许可合同的，会展主办方应当拒绝其以专利产品、专利技术的名义参展。

专利工作部门应当派员对参展的专利产品、专利技术依法进行监督检查。

第二十八条 专利工作部门应当建立和完善专利信用公示制度，对查证属实、认定为专利侵权行为和假冒专利行为的，应当定期向社会公布。

第五章　专利管理

第二十九条 县级以上人民政府及其有关部门应当将专利指标纳入科技计划实施评价体系、国有企业绩效考核体系和高等学校、科研机构等单位科研绩效考核体系。

发展改革、科学技术、经济和信息化等有关部门应当将专利权拥有数量、质量作为科学技术园区、企业技术中心、工程（技术）研究中心、高新技术企业、创新型企业等认定和考核的重要指标。

第三十条 县级以上人民政府及其有关部门应当建立重大经济活动专利审议机制，防止技术的盲目引进、重复研发、流失或者侵犯、滥用专利权。

下列项目涉及专利技术的，审批立项时应当会同专利工作部门进行专利审议：

（一）政府审批或核准的重大经济建设项目；

（二）政府资助的重大科学技术研究、推广项目及重大技术改造项目；

（三）国有及国有控股企业并购、重组、转让项目；

（四）技术出口项目；

（五）科技成果产业化项目；

（六）其他对本地区经济社会发展和公共利益具有重大影响的涉及专利的项目。

专利审议应当包括专利数量、法律状态、权利所属、技术风险、技术高度及专利价值等内容。

第三十一条 国有资产占有单位有下列情形之一的，应当委托具有法定资质的资产评估机构按照国家有关规定进行专利资产评估：

（一）转让专利申请权、专利权的；

（二）以专利技术作价投资的；

（三）以专利权质押担保的；

（四）引进、输出专利技术或者专利产品的；

（五）合并、分立、改制、上市、重组和破产等涉及专利资产的；

（六）法律、法规规定的其他情形。

专利资产评估内容、程序、方法适用国家有关规定。

第三十二条 企业事业单位有下列情形之一的，应当进行专利检索分析：

（一）研究开发新技术、新产品、新工艺；

（二）进行涉及专利的技术贸易；

（三）以专利资产投资入股；

（四）法律、法规规定的其他情形。

第三十三条 公民、法人和其他组织有下列情形之一的，应当提供专利权有效证明：

（一）组织标注专利标识的商品进入商场、超市等市场销售的；

（二）委托广告经营者设计、制作、发布的广告，内容标注专利标识的；

（三）组织推广专利技术的；

（四）进行专利资产评估和办理专利权质押的；

（五）请求海关保护专利产品进出口的；

（六）法律、法规规定的其他情形。

第六章 专利服务

第三十四条 自治区专利工作部门应当会同有关部门建立专利预警机制和专利公共服务平台，监测和通报重点区域、行业、产业和技术领域的国内外专利状况、发展趋势和竞争态势，为专利创造和运用提供政策指导、技术咨询、信息共享等服务。

第三十五条 县级以上人民政府管理专利工作的部门应当建立专利维权援助机制，依法开展专利维权服务，为公民、法人和其他组织提供专利维权的信息、法律、技术等帮助。

鼓励专利维权援助机构、专利中介服务机构、高等院校、科研机构、社会团体为公民、法人和其他组织提供专利维权援助。

第三十六条 县级以上人民政府及其有关部门应当建立专利人才培养机制，将专利知识培训纳入相关公务员和专业技术人员继续教育内容。

鼓励有条件的高等学校开设专利知识课程，开展专利知识普及教育。

第三十七条 行业协会、商会等社会组织应当为会员的专利创造、申请、保护、运用、维权等提供指导和帮助。

第三十八条　鼓励发展专利代理、检索、评估、鉴定及交易等专利中介服务。

专利代理、专利资产评估、专利信息咨询等专利中介服务机构不得从事下列行为：

（一）出具虚假报告及虚假证明文件；

（二）以欺骗、误导等手段招揽业务；

（三）与当事人串通，损害社会公共利益或者第三人利益；

（四）泄露当事人的商业秘密；

（五）法律、法规禁止实施的其他行为。

第七章　法律责任

第三十九条　违反本条例第二十三条规定，非法实施他人专利的，依照《中华人民共和国专利法》第六十条的规定进行处理；为非法实施他人专利提供便利条件的，由专利工作部门责令停止该行为。

假冒专利的，依照《中华人民共和国专利法》第六十三条规定查处；明知是假冒专利行为而为其提供便利条件的，由专利工作部门责令改正，并处一千元以上三万元以下罚款。

第四十条　专利侵权纠纷的行政处理决定生效后，侵权人再次侵犯同一专利权，扰乱专利管理秩序的，由专利工作部门责令改正，可以处一万元以上二十万元以下罚款。有违法所得的，没收违法所得。

第四十一条　违反本条例第二十七条第二款规定，会展主办方未履行查验职责，致使假冒专利产品、专利技术参展的，由专利工作部门责令改正；拒不改正的，处两千元以上一万元以下罚款。

第四十二条　违反本条例第三十条规定，县级以上人民政府及其有关部门未按照规定进行专利审议，导致技术盲目引进、重复研发、流失或者侵犯、滥用专利权的，由上一级人民政府或者行政监察机关责令限期改正；情节严重的，对直接负责的主管人员和其他直接责任人员依法给予处分。

第四十三条　违反本条例第三十一条规定，国有资产占有单位对其拥有的专利资产未进行资产评估的，由履行出资人职责的机构或者有关部门责令限期改正。

第四十四条　违反本条例第三十八条第二款规定，从事专利服务的中介机构及其工作人员出具虚假报告及虚假证明文件、牟取不正当利益的，由专利工作部门依法给予警告；有违法所得的，没收违法所得；情节严重的，由发证机关依法吊销相关证照。给当事人造成损失的，依法承担赔偿责任。

第四十五条　县级以上人民政府及其有关部门工作人员在专利工作中滥用职权、玩忽职守、徇私舞弊的，依法给予处分；构成犯罪的，依法追究刑事责任。

第四十六条　违反本条例应当给予处罚的其他行为，依照有关法律、法规的规定予以处罚。

第八章　附　　则

第四十七条　本条例自2012年12月1日起施行。

三、部门规章

专利行政执法办法

(2010年12月29日国家知识产权局令第六十号发布 根据2015年5月29日发布的国家知识产权局令第七十一号《国家知识产权局关于修改〈专利行政执法办法〉的决定》修正)

第一章 总 则

第一条 为深入推进依法行政，规范专利行政执法行为，保护专利权人和社会公众的合法权益，维护社会主义市场经济秩序，根据《中华人民共和国专利法》、《中华人民共和国专利法实施细则》以及其他有关法律法规，制定本办法。

第二条 管理专利工作的部门开展专利行政执法，即处理专利侵权纠纷、调解专利纠纷以及查处假冒专利行为，适用本办法。

第三条 管理专利工作的部门处理专利侵权纠纷应当以事实为依据、以法律为准绳，遵循公正、及时的原则。

管理专利工作的部门调解专利纠纷，应当遵循自愿、合法的原则，在查明事实、分清是非的基础上，促使当事人相互谅解，达成调解协议。

管理专利工作的部门查处假冒专利行为，应当以事实为依据、以法律为准绳，遵循公正、公开的原则，给予的行政处罚应当与违法行为的事实、性质、情节以及社会危害程度相当。

第四条 管理专利工作的部门应当加强专利行政执法力量建设，严格行政执法人员资格管理，落实行政执法责任制，规范开展专利行政执法。

专利行政执法人员（以下简称"执法人员"）应当持有国家知识产权局或者省、自治区、直辖市人民政府颁发的行政执法证件。执法人员执行公务时应当严肃着装。

第五条 对有重大影响的专利侵权纠纷案件、假冒专利案件，国家知识产权局在必要时可以组织有关管理专利工作的部门处理、查处。

对于行为发生地涉及两个以上省、自治区、直辖市的重大案件，有关省、自治区、直辖市管理专利工作的部门可以报请国家知识产权局协调处理或者查处。

管理专利工作的部门开展专利行政执法遇到疑难问题的，国家知识产权局应当给予必要的指导和支持。

第六条 管理专利工作的部门可以依据本地实际，委托有实际处理能力的市、县级人民政府设立的专利管理部门查处假冒专利行为、调解专利纠纷。

委托方应当对受托方查处假冒专利和调解专利纠纷的行为进行监督和指导，并承担法律责任。

第七条 管理专利工作的部门指派的执法人员与当事人有直接利害关系的，应当回避，当事人有权申请其回避。当事人申请回避的，应当说明理由。

执法人员的回避，由管理专利工作部门的负责人决定。是否回避的决定作出前，被申请回避的人员应当暂停参与本案的工作。

第八条 管理专利工作的部门应当加强展会和电子商务领域的行政执法，快速调解、处理展会期间和电子商务平台上的专利侵权纠纷，及时查处假冒专利行为。

第九条 管理专利工作的部门应当加强行政执法信息化建设和信息共享。

第二章 专利侵权纠纷的处理

第十条 请求管理专利工作的部门处理专利侵权纠纷的，应当符合下列条件：

（一）请求人是专利权人或者利害关系人；

（二）有明确的被请求人；

（三）有明确的请求事项和具体事实、理由；

（四）属于受案管理专利工作的部门的受案和管辖范围；

（五）当事人没有就该专利侵权纠纷向人民法院起诉。

第一项所称利害关系人包括专利实施许可合同的被许可人、专利权人的合法继承人。专利实施许可合同的被许可人中，独占实施许可合同的被许可人可以单独提出请求；排他实施许可合同的被许可人在专利权人不请求的情况下，可以单独提出请求；除合同另有约定外，普通实施许可合同的被许可人不能单独提出请求。

第十一条 请求管理专利工作的部门处理专利侵权纠纷的，应当提交请求书及下列证明材料：

（一）主体资格证明，即个人应当提交居民身份证或者其他有效身份证件，单位应当提交有效的营业执照或者其他主体资格证明文件副本及法定代表人或者主要负责人的身份证明；

（二）专利权有效的证明，即专利登记簿副本，或者专利证书和当年缴纳专利年费的收据。

专利侵权纠纷涉及实用新型或者外观设计专利的，管理专利工作的部门可以要求请求人出具由国家知识产权局作出的专利权评价报告（实用新型专利检索报告）。

请求人应当按照被请求人的数量提供请求书副本及有关证据。

第十二条 请求书应当记载以下内容：

（一）请求人的姓名或者名称、地址，法定代表人或者主要负责人的姓名、职务，委托代理人的，代理人的姓名和代理机构的名称、地址；

（二）被请求人的姓名或者名称、地址；

（三）请求处理的事项以及事实和理由。

有关证据和证明材料可以以请求书附件的形式提交。

请求书应当由请求人签名或者盖章。

第十三条 请求符合本办法第十条规定条件的，管理专利工作的部门应当在收到请求书之日起5个工作日内立案并通知请求人，同时指定3名或者3名以上单数执法人员处理该专利侵权纠纷；请求不符合本办法第十条规定条件的，管理专利工作的部门应当在收到请求书之日起5个工作日内通知请求人不予受理，并说明理由。

第十四条 管理专利工作的部门应当在立案之日起5个工作日内将请求书及其附件的副本送达被请求人，要求其在收到之日起15日内提交答辩书并按照请求人的数量提供答辩书副本。被请求人逾期不提交答辩书的，不影响管理专利工作的部门进行处理。

被请求人提交答辩书的，管理专利工作的部门应当在收到之日起5个工作日内将答辩书副本送达请求人。

第十五条 管理专利工作的部门处理专利侵权纠纷案件时，可以根据当事人的意愿进行调解。双方当事人达成一致的，由管理专利工作的部门制作调解协议书，加盖其公章，并由双方当事人签名或者盖章。调解不成的，应当及时作出处理决定。

第十六条 管理专利工作的部门处理专利侵权纠纷，可以根据案情需要决定是否进行口头审理。管理专利工作的部门决定进行口头审理的，应当至少在口头审理 3 个工作日前将口头审理的时间、地点通知当事人。当事人无正当理由拒不参加的，或者未经允许中途退出的，对请求人按撤回请求处理，对被请求人按缺席处理。

第十七条 管理专利工作的部门举行口头审理的，应当将口头审理的参加人和审理要点记入笔录，经核对无误后，由执法人员和参加人签名或者盖章。

第十八条 专利法第五十九条第一款所称的"发明或者实用新型专利权的保护范围以其权利要求的内容为准"，是指专利权的保护范围应当以其权利要求记载的技术特征所确定的范围为准，也包括与记载的技术特征相等同的特征所确定的范围。等同特征是指与记载的技术特征以基本相同的手段，实现基本相同的功能，达到基本相同的效果，并且所属领域的普通技术人员无需经过创造性劳动就能够联想到的特征。

第十九条 除达成调解协议或者请求人撤回请求之外，管理专利工作的部门处理专利侵权纠纷应当制作处理决定书，写明以下内容：

（一）当事人的姓名或者名称、地址；

（二）当事人陈述的事实和理由；

（三）认定侵权行为是否成立的理由和依据；

（四）处理决定认定侵权行为成立并需要责令侵权人立即停止侵权行为的，应当明确写明责令被请求人立即停止的侵权行为的类型、对象和范围；认定侵权行为不成立的，应当驳回请求人的请求；

（五）不服处理决定提起行政诉讼的途径和期限。

处理决定书应当加盖管理专利工作的部门的公章。

第二十条 管理专利工作的部门或者人民法院作出认定侵权成立并责令侵权人立即停止侵权行为的处理决定或者判决之后，被请求人就同一专利权再次作出相同类型的侵权行为，专利权人或者利害关系人请求处理的，管理专利工作的部门可以直接作出责令立即停止侵权行为的处理决定。

第二十一条 管理专利工作的部门处理专利侵权纠纷，应当自立案之日起 3 个月内结案。案件特别复杂需要延长期限的，应当由管理专利工作的部门负责人批准。经批准延长的期限，最多不超过 1 个月。

案件处理过程中的公告、鉴定、中止等时间不计入前款所述案件办理期限。

第三章 专利纠纷的调解

第二十二条 请求管理专利工作的部门调解专利纠纷的，应当提交请求书。

请求书应当记载以下内容：

（一）请求人的姓名或者名称、地址，法定代表人或者主要负责人的姓名、职务，委托代理人的，代理人的姓名和代理机构的名称、地址；

（二）被请求人的姓名或者名称、地址；

（三）请求调解的具体事项和理由。

单独请求调解侵犯专利权赔偿数额的，应当提交有关管理专利工作的部门作出的认定侵权行为成立的处理决定书副本。

第二十三条 管理专利工作的部门收到调解请求书后，应当及时将请求书副本通过寄交、直接送交或者其他方式送达被请求人，要求其在收到之日起 15 日内提交意见陈述书。

第二十四条 被请求人提交意见陈述书并同意进行调解的，管理专利工作的部门应当在收到意见陈述书之日起 5 个工作日内立案，并通知请求人和被请求人进行调解的时间和地点。

被请求人逾期未提交意见陈述书，或者在意见陈述书中表示不接受调解的，管理专利工作的部门不予立案，并通知请求人。

第二十五条 管理专利工作的部门调解专利纠纷可以邀请有关单位或者个人协助，被邀请的单位或者个人应当协助进行调解。

第二十六条 当事人经调解达成协议的，由管理专利工作的部门制作调解协议书，加盖其公章，并由双方当事人签名或者盖章；未能达成协议的，管理专利工作的部门以撤销案件的方式结案，并通知双方当事人。

第二十七条 因专利申请权或者专利权的归属纠纷请求调解的，当事人可以持管理专利工作的部门的受理通知书请求国家知识产权局中止该专利申请或者专利权的有关程序。

经调解达成协议的，当事人应当持调解协议书向国家知识产权局办理恢复手续；达不成协议的，当事人应当持管理专利工作的部门出具的撤销案件通知书向国家知识产权局办理恢复手续。自请求中止之日起满 1 年未请求延长中止的，国家知识产权局自行恢复有关程序。

第四章　假冒专利行为的查处

第二十八条 管理专利工作的部门发现或者接受举报、投诉发现涉嫌假冒专利行为的，应当自发现之日起 5 个工作日内或者收到举报、投诉之日起 10 个工作日内立案，并指定两名或者两名以上执法人员进行调查。

第二十九条 查处假冒专利行为由行为发生地的管理专利工作的部门管辖。

管理专利工作的部门对管辖权发生争议的，由其共同的上级人民政府管理专利工作的部门指定管辖；无共同上级人民政府管理专利工作的部门的，由国家知识产权局指定管辖。

第三十条 管理专利工作的部门查封、扣押涉嫌假冒专利产品的，应当经其负责人批准。查封、扣押时，应当向当事人出具有关通知书。

管理专利工作的部门查封、扣押涉嫌假冒专利产品，应当当场清点，制作笔录和清单，由当事人和执法人员签名或者盖章。当事人拒绝签名或者盖章的，由执法人员在笔录上注明。清单应当交当事人一份。

第三十一条 案件调查终结，经管理专利工作的部门负责人批准，根据案件情况分别作如下处理：

（一）假冒专利行为成立应当予以处罚的，依法给予行政处罚；

（二）假冒专利行为轻微并已及时改正的，免予处罚；

（三）假冒专利行为不成立的，依法撤销案件；

（四）涉嫌犯罪的，依法移送公安机关。

第三十二条 管理专利工作的部门作出行政处罚决定前，应当告知当事人作出处罚决定的事实、理由和依据，并告知当事人依法享有的权利。

管理专利工作的部门作出较大数额罚款的决定之前，应当告知当事人有要求举行听证的权利。当事人提出听证要求的，应当依法组织听证。

第三十三条 当事人有权进行陈述和申辩，管理专利工作的部门不得因当事人申辩而加重行政处罚。

管理专利工作的部门对当事人提出的事实、理由和证据应当进行核实。当事人提出的事实属实、理由成立的，管理专利工作的部门应当予以采纳。

第三十四条 对情节复杂或者重大违法行为给予较重的行政处罚的，应当由管理专利工作的部门负责人集体讨论决定。

第三十五条 经调查，假冒专利行为成立应当予以处罚的，管理专利工作的部门应当制作处罚决定书，写明以下内容：

（一）当事人的姓名或者名称、地址；

（二）认定假冒专利行为成立的证据、理由和依据；

（三）处罚的内容以及履行方式；

（四）不服处罚决定申请行政复议和提起行政诉讼的途径和期限。

处罚决定书应当加盖管理专利工作的部门的公章。

第三十六条 管理专利工作的部门查处假冒专利案件，应当自立案之日起1个月内结案。案件特别复杂需要延长期限的，应当由管理专利工作的部门负责人批准。经批准延长的期限，最多不超过15日。

案件处理过程中听证、公告等时间不计入前款所述案件办理期限。

第五章 调查取证

第三十七条 在专利侵权纠纷处理过程中，当事人因客观原因不能自行收集部分证据的，可以书面请求管理专利工作的部门调查取证。管理专利工作的部门根据情况决定是否调查收集有关证据。

在处理专利侵权纠纷、查处假冒专利行为过程中，管理专利工作的部门可以根据需要依职权调查收集有关证据。

执法人员调查收集有关证据时，应当向当事人或者有关人员出示其行政执法证件。当事人和有关人员应当协助、配合，如实反映情况，不得拒绝、阻挠。

第三十八条 管理专利工作的部门调查收集证据可以查阅、复制与案件有关的合同、账册等有关文件；询问当事人和证人；采用测量、拍照、摄像等方式进行现场勘验。涉嫌侵犯制造方法专利权的，管理专利工作的部门可以要求被调查人进行现场演示。

管理专利工作的部门调查收集证据应当制作笔录。笔录应当由执法人员、被调查的单位或者个人签名或者盖章。被调查的单位或者个人拒绝签名或者盖章的，由执法人员在笔录上注明。

第三十九条 管理专利工作的部门调查收集证据可以采取抽样取证的方式。

涉及产品专利的，可以从涉嫌侵权的产品中抽取一部分作为样品；涉及方法专利的，可以从涉嫌依照该方法直接获得的产品中抽取一部分作为样品。被抽取样品的数量应当以能够证明事实为限。

管理专利工作的部门进行抽样取证应当制作笔录和清单，写明被抽取样品的名称、特征、数量以及保存地点，由执法人员、被调查的单位或者个人签字或者盖章。被调查的单位或者个人拒绝签名或者盖章的，由执法人员在笔录上注明。清单应当交被调查人一份。

第四十条 在证据可能灭失或者以后难以取得，又无法进行抽样取证的情况下，管理专利工作的部门可以进行登记保存，并在7日内作出决定。

经登记保存的证据，被调查的单位或者个人不得销毁或者转移。

管理专利工作的部门进行登记保存应当制作笔录和清单，写明被登记保存证据的名称、特征、数量以及保存地点，由执法人员、被调查的单位或者个人签名或者盖章。被调查的单位或者个人拒绝签名或者盖章的，由执法人员在笔录上注明。清单应当交被调查人一份。

第四十一条 管理专利工作的部门需要委托其他管理专利工作的部门协助调查收集证据的，应当提出明确的要求。接受委托的部门应当及时、认真地协助调查收集证据，并尽快回复。

第四十二条 海关对被扣留的侵权嫌疑货物进行调查，请求管理专利工作的部门提供协助的，管理专利工作的部门应当依法予以协助。

管理专利工作的部门处理涉及进出口货物的专利案件的，可以请求海关提供协助。

第六章 法律责任

第四十三条 管理专利工作的部门认定专利侵权行为成立，作出处理决定，责令侵权人立即停止侵权行为的，应当采取下列制止侵权行为的措施：

（一）侵权人制造专利侵权产品的，责令其立即停止制造行为，销毁制造侵权产品的专用设备、模具，并且不得销售、使用尚未售出的侵权产品或者以任何其他形式将其投放市场；侵权产品难以保存的，责令侵权人销毁该产品；

（二）侵权人未经专利权人许可使用专利方法的，责令侵权人立即停止使用行为，销毁实施专利方法的专用设备、模具，并且不得销售、使用尚未售出的依照专利方法所直接获得的侵权产品或者以任何其他形式将其投放市场；侵权产品难以保存的，责令侵权人销毁该产品；

（三）侵权人销售专利侵权产品或者依照专利方法直接获得的侵权产品的，责令其立即停止销售行为，并且不得使用尚未售出的侵权产品或者以任何其他形式将其投放市场；尚未售出的侵权产品难以保存的，责令侵权人销毁该产品；

（四）侵权人许诺销售专利侵权产品或者依照专利方法直接获得的侵权产品的，责令其立即停止许诺销售行为，消除影响，并且不得进行任何实际销售行为；

（五）侵权人进口专利侵权产品或者依照专利方法直接获得的侵权产品的，责令侵权人立即停止进口行为；侵权产品已经入境的，不得销售、使用该侵权产品或者以任何其他形式将其投放市场；侵权产品难以保存的，责令侵权人销毁该产品；侵权产品尚未入境的，可以将处理决定通知有关海关；

（六）责令侵权的参展方采取从展会上撤出侵权展品、销毁或者封存相应的宣传材料、更换或者遮盖相应的展板等撤展措施；

（七）停止侵权行为的其他必要措施。

管理专利工作的部门认定电子商务平台上的专利侵权行为成立，作出处理决定的，应当通知电子商务平台提供者及时对专利侵权产品或者依照专利方法直接获得的侵权产品相关网页采取删除、屏蔽或者断开链接等措施。

第四十四条 管理专利工作的部门作出认定专利侵权行为成立并责令侵权人立即停止侵权行为的处理决定后，被请求人向人民法院提起行政诉讼的，在诉讼期间不停止决定的执行。

侵权人对管理专利工作的部门作出的认定侵权行为成立的处理决定期满不起诉又不停止侵权行为的，管理专利工作的部门可以申请人民法院强制执行。

第四十五条 管理专利工作的部门认定假冒专利行为成立的，应当责令行为人采取下列改正措施：

（一）在未被授予专利权的产品或者其包装上标注专利标识、专利权被宣告无效后或者终止后继续在产品或者其包装上标注专利标识或者未经许可在产品或者产品包装上标注他人的专利号的，立即停止标注行为，消除尚未售出的产品或者其包装上的专利标识；产品上的专利标识难以消除的，销毁该产品或者包装；

（二）销售第（一）项所述产品的，立即停止销售行为；

（三）在产品说明书等材料中将未被授予专利权的技术或者设计称为专利技术或者专利设计，将专利申请称为专利，或者未经许可使用他人的专利号，使公众将所涉及的技术或者设计误认为是他人的专利技术或者专利设计的，立即停止发放该材料，销毁尚未发出的材料，并消除影响；

（四）伪造或者变造专利证书、专利文件或者专利申请文件的，立即停止伪造或者变造行为，销毁伪造或者变造的专利证书、专利文件或者专利申请文件，并消除影响；

（五）责令假冒专利的参展方采取从展会上撤出假冒专利展品、销毁或者封存相应的宣传材料、更换或者遮盖相应的展板等撤展措施；

（六）其他必要的改正措施。

管理专利工作的部门认定电子商务平台上的假冒专利行为成立的，应当通知电子商务平台提供者及时对假冒专利产品相关网页采取删除、屏蔽或者断开链接等措施。

第四十六条 管理专利工作的部门作出认定专利侵权行为成立并责令侵权人立即停止侵权行为的决定，或者认定假冒专利行为成立并作出处罚决定的，应当自作出决定之日起20个工作日内予以公开，通过政府网站等途径及时发布执法信息。

第四十七条 管理专利工作的部门认定假冒专利行为成立的，可以按照下列方式确定行为人的违法所得：

（一）销售假冒专利的产品的，以产品销售价格乘以所销售产品的数量作为其违法所得；

（二）订立假冒专利的合同的，以收取的费用作为其违法所得。

第四十八条 管理专利工作的部门作出处罚决定后，当事人申请行政复议或者向人民法院提起行政诉讼的，在行政复议或者诉讼期间不停止决定的执行。

第四十九条 假冒专利行为的行为人应当自收到处罚决定书之日起15日内，到指定的银行缴纳处罚决定书写明的罚款；到期不缴纳的，每日按罚款数额的百分之三加处罚款。

第五十条 拒绝、阻碍管理专利工作的部门依法执行公务的，由公安机关根据《中华人民共和国治安管理处罚法》的规定给予处罚；情节严重构成犯罪的，由司法机关依法追究刑事责任。

第七章 附　　则

第五十一条 管理专利工作的部门可以通过寄交、直接送交、留置送达、公告送达或者其他方式送达有关法律文书和材料。

第五十二条 本办法由国家知识产权局负责解释。

第五十三条 本办法自2011年2月1日起施行。2001年12月17日国家知识产权局令第十九号发布的《专利行政执法办法》同时废止。

专利标识标注办法

(2012 年 3 月 8 日国家知识产权局令第六十三号发布，自 2012 年 5 月 1 日起施行)

第一条 为了规范专利标识的标注方式，维护正常的市场经济秩序，根据《中华人民共和国专利法》（以下简称专利法）和《中华人民共和国专利法实施细则》的有关规定，制定本办法。

第二条 标注专利标识的，应当按照本办法予以标注。

第三条 管理专利工作的部门负责在本行政区域内对标注专利标识的行为进行监督管理。

第四条 在授予专利权之后的专利权有效期内，专利权人或者经专利权人同意享有专利标识标注权的被许可人可以在其专利产品、依照专利方法直接获得的产品、该产品的包装或者该产品的说明书等材料上标注专利标识。

第五条 标注专利标识的，应当标明下述内容：

（一）采用中文标明专利权的类别，例如中国发明专利、中国实用新型专利、中国外观设计专利；

（二）国家知识产权局授予专利权的专利号。

除上述内容之外，可以附加其他文字、图形标记，但附加的文字、图形标记及其标注方式不得误导公众。

第六条 在依照专利方法直接获得的产品、该产品的包装或者该产品的说明书等材料上标注专利标识的，应当采用中文标明该产品系依照专利方法所获得的产品。

第七条 专利权被授予前在产品、该产品的包装或者该产品的说明书等材料上进行标注的，应当采用中文标明中国专利申请的类别、专利申请号，并标明"专利申请，尚未授权"字样。

第八条 专利标识的标注不符合本办法第五条、第六条或者第七条规定的，由管理专利工作的部门责令改正。

专利标识标注不当，构成假冒专利行为的，由管理专利工作的部门依照专利法第六十三条的规定进行处罚。

第九条 本办法由国家知识产权局负责解释。

第十条 本办法自 2012 年 5 月 1 日起施行。2003 年 5 月 30 日国家知识产权局令第二十九号发布的《专利标记和专利号标注方式的规定》同时废止。

展会知识产权保护办法

(2006年1月10日商务部、国家工商行政管理总局、国家版权局、国家知识产权局2006年第1号令发布)

第一章 总 则

第一条 为加强展会期间知识产权保护，维护会展业秩序，推动会展业的健康发展，根据《中华人民共和国对外贸易法》、《中华人民共和国专利法》、《中华人民共和国商标法》和《中华人民共和国著作权法》及相关行政法规等制定本办法。

第二条 本办法适用于在中华人民共和国境内举办的各类经济技术贸易展览会、展销会、博览会、交易会、展示会等活动中有关专利、商标、版权的保护。

第三条 展会管理部门应加强对展会期间知识产权保护的协调、监督、检查，维护展会的正常交易秩序。

第四条 展会主办方应当依法维护知识产权权利人的合法权益。展会主办方在招商招展时，应加强对参展方有关知识产权的保护和对参展项目（包括展品、展板及相关宣传资料等）的知识产权状况的审查。在展会期间，展会主办方应当积极配合知识产权行政管理部门的知识产权保护工作。

展会主办方可通过与参展方签订参展期间知识产权保护条款或合同的形式，加强展会知识产权保护工作。

第五条 参展方应当合法参展，不得侵犯他人知识产权，并应对知识产权行政管理部门或司法部门的调查予以配合。

第二章 投诉处理

第六条 展会时间在三天以上（含三天），展会管理部门认为有必要的，展会主办方应在展会期间设立知识产权投诉机构。设立投诉机构的，展会举办地知识产权行政管理部门应当派员进驻，并依法对侵权案件进行处理。

未设立投诉机构的，展会举办地知识产权行政管理部门应当加强对展会知识产权保护的指导、监督和有关案件的处理，展会主办方应当将展会举办地的相关知识产权行政管理部门的联系人、联系方式等在展会场馆的显著位置予以公示。

第七条 展会知识产权投诉机构应由展会主办方、展会管理部门、专利、商标、版权等知识产权行政管理部门的人员组成，其职责包括：

（一）接受知识产权权利人的投诉，暂停涉嫌侵犯知识产权的展品在展会期间展出；

（二）将有关投诉材料移交相关知识产权行政管理部门；

（三）协调和督促投诉的处理；

（四）对展会知识产权保护信息进行统计和分析；

（五）其他相关事项。

第八条 知识产权权利人可以向展会知识产权投诉机构投诉也可直接向知识产权行政管理部门投诉。权利人向投诉机构投诉的，应当提交以下材料：

（一）合法有效的知识产权权属证明：涉及专利的，应当提交专利证书、专利公告文本、专利权人的身份证明、专利法律状态证明；涉及商标的，应当提交商标注册证明文件，并由投诉人签章确认，商标权利人身份证明；涉及著作权的，应当提交著作权权利证明、著作权人身份证明；

（二）涉嫌侵权当事人的基本信息；

（三）涉嫌侵权的理由和证据；

（四）委托代理人投诉的，应提交授权委托书。

第九条 不符合本办法第八条规定的，展会知识产权投诉机构应当及时通知投诉人或者请求人补充有关材料。未予补充的，不予接受。

第十条 投诉人提交虚假投诉材料或其他因投诉不实给被投诉人带来损失的，应当承担相应法律责任。

第十一条 展会知识产权投诉机构在收到符合本办法第八条规定的投诉材料后，应于24小时内将其移交有关知识产权行政管理部门。

第十二条 地方知识产权行政管理部门受理投诉或者处理请求的，应当通知展会主办方，并及时通知被投诉人或者被请求人。

第十三条 在处理侵犯知识产权的投诉或者请求程序中，地方知识产权行政管理部门可以根据展会的展期指定被投诉人或者被请求人的答辩期限。

第十四条 被投诉人或者被请求人提交答辩书后，除非有必要作进一步调查，地方知识产权行政管理部门应当及时作出决定并送交双方当事人。

被投诉人或者被请求人逾期未提交答辩书的，不影响地方知识产权行政管理部门作出决定。

第十五条 展会结束后，相关知识产权行政管理部门应当及时将有关处理结果通告展会主办方。展会主办方应当做好展会知识产权保护的统计分析工作，并将有关情况及时报展会管理部门。

第三章 展会期间专利保护

第十六条 展会投诉机构需要地方知识产权局协助的，地方知识产权局应当积极配合，参与展会知识产权保护工作。地方知识产权局在展会期间的工作可以包括：

（一）接受展会投诉机构移交的关于涉嫌侵犯专利权的投诉，依照专利法律法规的有关规定进行处理；

（二）受理展出项目涉嫌侵犯专利权的专利侵权纠纷处理请求，依照专利法第五十七条的规定进行处理；

（三）受理展出项目涉嫌假冒他人专利和冒充专利的举报，或者依职权查处展出项目中假冒他人专利和冒充专利的行为，依据专利法第五十八条和第五十九条的规定进行处罚。

第十七条 有下列情形之一的，地方知识产权局对侵犯专利权的投诉或者处理请求不予受理：

（一）投诉人或者请求人已经向人民法院提起专利侵权诉讼的；

（二）专利权正处于无效宣告请求程序之中的；

（三）专利权存在权属纠纷，正处于人民法院的审理程序或者管理专利工作的部门的调解程序之中的；

（四）专利权已经终止，专利权人正在办理权利恢复的。

第十八条 地方知识产权局在通知被投诉人或者被请求人时，可以即行调查取证，查阅、复制与案件有关的文件，询问当事人，采用拍照、摄像等方式进行现场勘验，也可以抽样取证。

地方知识产权局收集证据应当制作笔录，由承办人员、被调查取证的当事人签名盖章。被调查取证的当事人拒绝签名盖章的，应当在笔录上注明原因；有其他人在现场的，也可同时由其他人签名。

第四章 展会期间商标保护

第十九条 展会投诉机构需要地方工商行政管理部门协助的，地方工商行政管理部门应当积极配合，参与展会知识产权保护工作。地方工商行政管理部门在展会期间的工作可以包括：

（一）接受展会投诉机构移交的关于涉嫌侵犯商标权的投诉，依照商标法律法规的有关规定进行处理；

（二）受理符合商标法第五十二条规定的侵犯商标专用权的投诉；

（三）依职权查处商标违法案件。

第二十条 有下列情形之一的，地方工商行政管理部门对侵犯商标专用权的投诉或者处理请求不予受理：

（一）投诉人或者请求人已经向人民法院提起商标侵权诉讼的；

（二）商标权已经无效或者被撤销的。

第二十一条 地方工商行政管理部门决定受理后，可以根据商标法律法规等相关规定进行调查和处理。

第五章 展会期间著作权保护

第二十二条 展会投诉机构需要地方著作权行政管理部门协助的，地方著作权行政管理部门应当积极配合，参与展会知识产权保护工作。地方著作权行政管理部门在展会期间的工作可以包括：

（一）接受展会投诉机构移交的关于涉嫌侵犯著作权的投诉，依照著作权法律法规的有关规定进行处理；

（二）受理符合著作权法第四十七条规定的侵犯著作权的投诉，根据著作权法的有关规定进行处罚。

第二十三条 地方著作权行政管理部门在受理投诉或请求后，可以采取以下手段收集证据：

（一）查阅、复制与涉嫌侵权行为有关的文件档案、账簿和其他书面材料；

（二）对涉嫌侵权复制品进行抽样取证；

（三）对涉嫌侵权复制品进行登记保存。

第六章 法律责任

第二十四条 对涉嫌侵犯知识产权的投诉，地方知识产权行政管理部门认定侵权成立的，应会同会展管理部门依法对参展方进行处理。

第二十五条 对涉嫌侵犯发明或者实用新型专利权的处理请求，地方知识产权局认定侵权成立的，应当依据专利法第十一条第一款关于禁止许诺销售行为的规定以及专利法第五十七条关于责令侵权人立即停止侵权行为的规定作出处理决定，责令被请求人从展会上撤出侵权展品，销毁介绍侵权展品的宣传材料，更换介绍侵权项目的展板。

对涉嫌侵犯外观设计专利权的处理请求，被请求人在展会上销售其展品，地方知识产权局认定侵权成立的，应当依据专利法第十一条第二款关于禁止销售行为的规定以及第五十七条关于责令侵权人立即停止侵权行为的规定作出处理决定，责令被请求人从展会上撤出侵权展品。

第二十六条 在展会期间假冒他人专利或以非专利产品冒充专利产品，以非专利方法冒充专利方法的，地方知识产权局应当依据专利法第五十八条和第五十九条规定进行处罚。

第二十七条 对有关商标案件的处理请求，地方工商行政管理部门认定侵权成立的，应当根据商标法、商标法实施条例等相关规定进行处罚。

第二十八条 对侵犯著作权及相关权利的处理请求，地方著作权行政管理部门认定侵权成立的，应当根据著作权法第四十七条的规定进行处罚，没收、销毁侵权展品及介绍侵权展品的宣传材料，更换介绍展出项目的展板。

第二十九条 经调查，被投诉或者被请求的展出项目已经由人民法院或者知识产权行政管理部门作出判定侵权成立的判决或者决定并发生法律效力的，地方知识产权行政管理部门可以直接作出第二十六条、第二十七条、第二十八条和第二十九条所述的处理决定。

第三十条 请求人除请求制止被请求人的侵权展出行为之外，还请求制止同一被请求人的其他侵犯知识产权行为的，地方知识产权行政管理部门对发生在其管辖地域之内的涉嫌侵权行为，可以依照相关知识产权法律法规以及规章的规定进行处理。

第三十一条 参展方侵权成立的，展会管理部门可依法对有关参展方予以公告；参展方连续两次以上侵权行为成立的，展会主办方应禁止有关参展方参加下一届展会。

第三十二条 主办方对展会知识产权保护不力的，展会管理部门应对主办方给予警告，并视情节依法对其再次举办相关展会的申请不予批准。

第七章 附 则

第三十三条 展会结束时案件尚未处理完毕的，案件的有关事实和证据可经展会主办方确认，由展会举办地知识产权行政管理部门在 15 个工作日内移交有管辖权的知识产权行政管理部门依法处理。

第三十四条 本办法中的知识产权行政管理部门是指专利、商标和版权行政管理部门；本办法中的展会管理部门是指展会的审批或者登记部门。

第三十五条 本办法自 2006 年 3 月 1 日起实施。

四、办案指南

国家知识产权局关于印发《专利侵权判定和假冒专利行为认定指南（试行）》的通知

（国知发管字〔2014〕42号）

各省、自治区、直辖市、新疆生产建设兵团知识产权局：

　　为贯彻落实十八届三中全会关于"严格规范公正文明执法"的要求，规范全国知识产权系统专利行政执法工作，提升专利行政执法能力，更好地维护专利权人和社会公众的合法权益，营造促进创新与发展的良好环境，根据专利法律法规的相关规定，在广泛征求社会各界意见和建议的基础上，制定《专利侵权判定和假冒专利行为认定指南（试行）》，现印发给你们，请遵照执行。在执行过程中遇到的新情况、新问题和有关建议请及时报告我局。

　　特此通知。

国家知识产权局

2014年7月17日

专利侵权判定和假冒专利行为认定指南（试行）

目　录

第一编　发明、实用新型专利侵权判定

第一章　发明、实用新型专利权保护范围的确定 …………………… 253
1. 基本概念 ………………………………………………………… 253
   1.1 说明书与权利要求书 ……………………………………… 253
   1.2 产品权利要求与方法权利要求 …………………………… 253
   1.3 独立权利要求与从属权利要求 …………………………… 254
   1.4 专利权的保护范围与权利要求限定的范围 ……………… 254
   1.5 申请文本、公开文本、授权公告文本和被生效法律文书确定的专利文本 …… 254
   1.6 内部证据与外部证据 ……………………………………… 255
   1.7 技术方案、技术特征和技术手段 ………………………… 255
2. 权利要求的解释 ………………………………………………… 255
   2.1 权利要求解释的原则 ……………………………………… 255
   2.2 权利要求解释的主体 ……………………………………… 256
   2.3 权利要求解释的基础 ……………………………………… 256
   2.4 权利要求解释的规则 ……………………………………… 256
   2.5 权利要求解释的典型情形 ………………………………… 261

第二章　发明、实用新型专利侵权判定 ………………………………… 270
1. 专利侵权判定的比较客体 ……………………………………… 270
2. 专利侵权判定的方式与原则 …………………………………… 271
   2.1 技术特征划分 ……………………………………………… 271
   2.2 全面覆盖原则 ……………………………………………… 271
   2.3 相同侵权 …………………………………………………… 273
   2.4 等同侵权 …………………………………………………… 274
   2.5 等同原则的限制 …………………………………………… 282

第三章　发明、实用新型专利侵权抗辩 ………………………………… 286
1. 现有技术抗辩 …………………………………………………… 286
   1.1 现有技术抗辩的目的及性质 ……………………………… 286
   1.2 现有技术范围 ……………………………………………… 286
   1.3 现有技术抗辩的适用 ……………………………………… 289
2. 不以生产经营为目的的抗辩 …………………………………… 290
3. 权利用尽抗辩 …………………………………………………… 291
   3.1 权利用尽抗辩的注意事项 ………………………………… 291
   3.2 专利权国内用尽和国际用尽 ……………………………… 291

4. 先用权抗辩 …………………………………………………………………… 292
   4.1 取得先用权的行为条件 ………………………………………………… 292
   4.2 先用权的信息来源 ……………………………………………………… 292
   4.3 先用权的范围 …………………………………………………………… 292
   4.4 允许先用权人实施的行为 ……………………………………………… 292
5. 临时过境抗辩 ………………………………………………………………… 294
6. 专为科学研究和实验抗辩 …………………………………………………… 294
7. 药品和医疗器械行政审批抗辩 ……………………………………………… 295

第二编 外观设计专利侵权判定

第一章 外观设计专利权保护范围的确定 …………………………………… 295
1. 基本概念 ……………………………………………………………………… 295
   1.1 产　　品 ………………………………………………………………… 295
   1.2 形状、图案、色彩 ……………………………………………………… 296
   1.3 图片或照片 ……………………………………………………………… 296
   1.4 简要说明 ………………………………………………………………… 297
   1.5 申请文本、授权公告文本或被无效宣告决定确定的专利文本 ……… 297
   1.6 设计要点 ………………………………………………………………… 297
2. 保护范围的确定 ……………………………………………………………… 297
   2.1 确定保护范围的基本规则 ……………………………………………… 297
   2.2 确定保护范围的几种典型情形 ………………………………………… 301

第二章 外观设计专利侵权判定 ……………………………………………… 303
1. 判断主体 ……………………………………………………………………… 303
2. 判断客体 ……………………………………………………………………… 304
   2.1 涉案专利 ………………………………………………………………… 304
   2.2 被控侵权产品 …………………………………………………………… 304
3. 相同或相近种类产品 ………………………………………………………… 306
   3.1 相同种类的产品 ………………………………………………………… 306
   3.2 相近种类的产品 ………………………………………………………… 306
   3.3 产品用途的确定 ………………………………………………………… 306
4. 外观设计相同或近似对比判断 ……………………………………………… 308
   4.1 相同或近似的判断方式 ………………………………………………… 308
   4.2 相同或近似的判断 ……………………………………………………… 309
5. 几种类型产品的近似性判断 ………………………………………………… 316
   5.1 包装类产品 ……………………………………………………………… 316
   5.2 型材类产品 ……………………………………………………………… 317
   5.3 汽　　车 ………………………………………………………………… 318

第三章 外观设计专利侵权抗辩 ……………………………………………… 318
1. 概　　述 ……………………………………………………………………… 318
2. 现有设计抗辩 ………………………………………………………………… 318
   2.1 现有设计的范围 ………………………………………………………… 319

2.2 判断方式 ··· 319
2.3 判断基准 ··· 319

第三编　假冒专利行为认定

第一章　假冒专利行为的认定标准 ··· 326
1. 假冒专利行为的概念界定 ·· 326
   1.1 在产品或产品的包装上标注专利标识 ··· 326
   1.2 销售上述标注了专利标识的产品 ·· 326
   1.3 在产品说明书等材料中宣称专利 ·· 327
   1.4 伪造或者变造专利证书、专利文件或者专利申请文件 ···································· 327
   1.5 其他使公众混淆或误认的行为 ·· 327
2. 专利标识标注权与标注行为 ·· 327
   2.1 专利标识标注权 ·· 327
   2.2 标注行为 ··· 327
3. 认定构成假冒专利的要素 ··· 328
   3.1 行为主体 ··· 328
   3.2 行为形式 ··· 330
   3.3 行为载体 ··· 331
   3.4 时间性要求 ·· 331
4. 假冒专利行为与专利侵权行为 ··· 333

第二章　假冒专利行为的认定 ··· 334
1. 在产品或者其包装上标注专利标识并销售 ··· 334
   1.1 已申请专利但并未获得授权 ··· 334
   1.2 获得授权至有效期届满期间 ··· 335
   1.3 专利权有效期届满 ··· 336
2. 在产品说明书等材料中标注专利标识 ··· 337
   2.1 将专利申请称为专利 ·· 337
   2.2 将未被授予专利权的技术或者设计称为专利技术或者专利设计 ························ 337
   2.3 未经许可使用他人的专利号 ·· 339
3. 伪造或者变造专利法律文书 ·· 339
   3.1 伪造专利法律文书 ··· 339
   3.2 变造专利法律文书 ··· 340
4. 其他假冒专利行为 ·· 341
   4.1 错误标注专利类型 ··· 341
   4.2 在改变的产品上标注原专利标识 ·· 341
   4.3 实际产品与标注的专利标识不一致 ··· 341

第三章　当事人申辩 ·· 342
1. 专利权有效证明 ··· 342
2. 专利权有效期内标注 ··· 343
3. 不知情销售 ··· 344

第一编 发明、实用新型专利侵权判定

根据《专利法》第二条的规定，发明，是指对产品、方法或者其改进所提出的新的技术方案。实用新型，是指对产品的形状、构造或者其结合所提出的适于实用的新的技术方案。

发明与实用新型的保护对象都是智力成果，即对要解决的技术问题所采用的利用了自然规律的技术手段的集合，这决定了对于发明和实用新型的专利侵权判定方法基本上是一致的。目前，在判定被控侵权产品或方法（以下简称被控侵权技术方案）是否侵犯发明或者实用新型专利权时，首先要对权利要求的保护范围进行确定，然后再判断被控侵权技术方案是否落入专利权的保护范围。

在判定被控侵权技术方案是否落入专利权的保护范围时，首先要对专利权利要求和被控侵权技术方案进行技术特征划分，然后将相应的技术特征进行特征对比，之后判断被控侵权技术方案对于专利权利要求是否构成相同侵权，如不构成相同侵权的情况下，必要时还需进一步判定被控侵权技术方案对于专利权利要求是否构成等同侵权。在此过程中，还要考虑被控侵权人的抗辩理由，如现有技术抗辩是否成立。

第一章 发明、实用新型专利权保护范围的确定

《专利法》第五十九条第一款规定，发明或者实用新型专利权的保护范围以其权利要求的内容为准，说明书及附图可以用于解释权利要求的内容。

1. 基本概念

在确定专利权的保护范围时，涉及几个最基本的概念。

1.1 说明书与权利要求书

一项发明、实用新型专利文件都会包括说明书和权利要求书。

说明书，是申请人公开其发明或者实用新型的文件，其作用主要体现在以下三个方面：

（1）清楚、完整地公开发明或者实用新型的技术方案，使本领域技术人员能够理解并实施该发明或者实用新型，并为社会公众提供新的有用的技术信息；

（2）为国家知识产权局进行审查，判断技术方案是否能够被授予专利权提供基础和依据；

（3）作为权利要求书的基础和依据，在专利申请被授权后，在侵权纠纷处理过程中，一定条件下用于解释权利要求书，以便准确地界定专利权的保护范围。

说明书包括说明书文字部分，以及必要时，也包括说明书附图。

权利要求书，是确定专利申请和专利权保护范围不可缺少的文件，其存在包含以下两个方面的意义：

（1）表明申请人希望获得多大的法律保护。申请人在提交发明或者实用新型专利申请时，应当提交权利要求书，此时，权利要求书的作用在于划定申请人想获得的保护范围的大小。国家知识产权局进行的审查，就是确定申请人提交的权利要求书限定的范围是否能够被接受。

（2）作为专利授权后确定专利权保护范围的依据。在专利侵权纠纷处理中，管理专利工作的部门和法院判断被控侵权技术方案是否侵犯专利权，要以权利要求所界定的保护范围为基准。

1.2 产品权利要求与方法权利要求

按照保护对象的不同，权利要求分为两种类型，一种是产品权利要求，一种是方法权利

要求。产品权利要求是关于物的权利要求,不仅包括常规概念之下的产品,还包括物质、机器、装置、系统等。方法权利要求则是关于活动的权利要求,通常包括制造方法、使用方法、通信方法、处理方法、生产工艺、用途等。

权利要求的类型体现于权利要求的主题名称。当权利要求的主题名称保护的是产品,即使特征部分涉及的均是方法特征,该权利要求也属于产品权利要求。相反,如果权利要求的主题名称保护的是方法,即使特征部分包括了材料、产品特征,也不能改变权利要求类型为方法权利要求的属性。

1.3 独立权利要求与从属权利要求

根据《专利法实施细则》第二十条的规定,权利要求书应当有独立权利要求,也可以有从属权利要求。

独立权利要求是指,从整体上反映发明或者实用新型的技术方案,记载解决技术问题的必要技术特征的权利要求。独立权利要求由前序部分和特征部分构成。

从属权利要求是指,用附加技术特征的形式,对引用的权利要求作进一步限定的权利要求。从属权利要求包括了其引用的权利要求的所有技术特征。从属权利要求也由两部分构成,即引用部分和特征部分。

独立权利要求确定了最大的保护范围,所有的从属权利要求的保护范围都是其所引用的那项权利要求保护范围的一个子集合。在判断被控侵权技术方案是否构成侵权时,无论其落入专利的哪一项权利要求保护范围内,都将被认定构成侵权。一般情况下,如果认定被控侵权技术方案落入某一项从属权利要求保护范围内,其必然落入独立权利要求保护范围内;但是,如果认定被控侵权技术方案落入独立权利要求保护范围内,其并不必然落入某一项从属权利要求保护范围内。

1.4 专利权的保护范围与权利要求限定的范围

《专利法》第五十九条第一款中规定的"专利权的保护范围",应当理解为权利人实际能够获得保护的最大范围,是指在权利要求限定的范围基础上,通过适用等同原则所扩展到的范围。是否存在等同范围,需根据具体案情个案分析。

所谓"权利要求限定的范围",是指由专利授权公告文本中权利要求的文字界定的范围,该范围以权利要求的内容为准,但说明书和附图可以对权利要求的内容进行解释。

专利授权程序主要是通过对申请文件进行审查,通过审查员与申请人之间的交流互动,明确权利要求限定的范围。确权程序主要是专利复审委员会基于无效宣告请求人的请求,根据无效宣告请求人提出的理由和提交的证据,确定已授权的权利要求限定的范围是否合适。专利侵权判定,则是由管理专利工作的部门或者法院在解释权利要求限定范围的基础上,通过对是否适用等同原则以及等同范围的确定,明晰权利人实际能够获得的保护范围。

1.5 申请文本、公开文本、授权公告文本和被生效法律文书确定的专利文本

申请文本:对于发明和实用新型专利而言,申请文本是指在提出专利申请时申请人提交的文本。

公开文本:发明专利申请经过初步审查合格后,国务院专利行政部门会公开该专利申请文本,该文本即为发明专利申请的公开文本。

授权公告文本:发明专利申请经过实质审查、实用新型专利申请经过初步审查,符合授权条件时,国务院专利行政部门将会授权公告该专利,此为授权公告文本。

被生效法律文书确定的专利文本:当发明或实用新型专利经历过无效宣告程序后,所述

专利有可能被宣告部分无效,当相关无效宣告请求审查决定(以下简称无效决定)生效后,该无效决定维持有效的文本即为"被生效法律文书确定的专利文本"。

在确定发明、实用新型的保护范围时,应当以国务院专利行政部门公告授权的专利文本为基础,如果有被生效法律文书确定的专利文本,则以最后的被生效法律文书确定的专利文本为基础。

1.6 内部证据与外部证据

内部证据,是指在专利申请和授权过程中形成的材料,包括说明书和附图,权利要求书中的其他权利要求,初步审查、实质审查、复审和无效宣告请求审查中形成的审查档案,以及生效的授权、确权行政决定等文件。

外部证据,是指除内部证据之外,在确定专利权的保护范围时,能够用于对权利要求进行解释的证据,包括辞典(尤其是专业技术辞典)、技术工具书(尤其是技术手册、技术标准)、教科书、百科全书、专家证言等。

1.7 技术方案、技术特征和技术手段

技术方案,是指对要解决的技术问题所采取的利用了自然规律的技术手段的集合,而技术手段通常是由技术特征来体现的。

技术特征是指,在权利要求所限定的技术方案中,能够相对独立地执行一定功能、产生相对独立的技术效果的最小技术单元。在产品技术方案中,该技术单元一般是产品的部件或者部件之间的关系。在方法技术方案中,该技术单元一般是方法的原料、产物、步骤或者步骤之间的关系。

2. 权利要求的解释

解释权利要求通常包括,根据权利要求本身、相关的权利要求以及说明书和附图等专利文档或本领域技术人员的公知常识等,对权利要求中的技术术语或特征进行理解,澄清权利要求中技术术语或特征在表述上的不清楚之处,以明确权利要求限定的范围。

2.1 权利要求解释的原则

2.1.1 折衷原则

确定发明、实用新型专利权的保护范围时,应当以其权利要求的内容为准,说明书和附图可以用于解释权利要求的内容。

所谓"权利要求的内容",是指权利要求记载的技术内容,而不仅仅是权利要求的文字或措辞的字面含义。确定权利要求记载的技术内容,应当根据权利要求概括的技术方案、说明书及附图、发明或实用新型解决的技术问题、专利对现有技术的贡献等因素合理确定,不能将专利权的保护范围扩大到本领域技术人员在阅读说明书及附图后需要经过创造性劳动才能联想到的内容。

2.1.2 整体原则

确定发明、实用新型专利权的保护范围时,应当将权利要求中记载的全部技术特征所表达的技术内容作为一个整体加以考虑,记载在前序部分或引用部分的技术特征与记载在特征部分的技术特征,在确定专利权的保护范围时起同等重要的作用。

2.1.3 公平原则

解释权利要求时,不仅要充分考虑专利对现有技术所做的贡献,合理界定专利权利要求限定的范围,保护权利人的利益,还要充分考虑公众的利益,不能把不应纳入保护的内容解释到权利要求的范围当中。

2.2 权利要求解释的主体

对权利要求作出解释的主体应当是本领域技术人员。

本领域技术人员,是一种假设的"人",假定他知晓申请日或优先权日之前发明或者实用新型专利所属技术领域的所有普通技术知识,能够获知该领域的所有现有技术,并且具有应用该日期之前常规实验手段的能力,但他不具有创造能力。

2.3 权利要求解释的基础

确定发明、实用新型的保护范围,应当以权利人主张的权利要求为准。权利人既可以主张以独立权利要求为基础,也可以主张以从属权利要求为基础。

(1) 当权利人主张以某一从属权利要求为基础确定专利权的保护范围时,应当以该从属权利要求的全部技术特征为基础,即,将该从属权利要求的附加技术特征与其直接或间接引用的权利要求所记载的技术特征并在一起。

(2) 当权利人未明确其用以主张权利的具体权利要求时,管理专利工作的部门应当释明其可以选择其中的一项或多项权利要求。经释明,权利人仍然拒绝明确或者未明确其用以主张权利的具体权利要求时,管理专利工作的部门以独立权利要求作为确定专利权保护范围的基础。

(3) 当专利权利要求书中包括两项或两项以上的独立权利要求,权利人又未明确其用以主张权利的具体权利要求时,管理专利工作的部门应当根据权利人的具体事实和理由,解释其中相关的独立权利要求的保护范围。

(4) 当权利人主张被控侵权技术方案既落入独立权利要求的保护范围,又落入从属权利要求的保护范围时,管理专利工作的部门应当予以全面审查。如果经审查认定被控侵权技术方案未落入独立权利要求保护范围之内时,可以直接认定被控侵权技术方案也未落入从属权利要求的保护范围;如果经审查认定被控侵权技术方案已落入独立权利要求的保护范围,则应当继续对被控侵权技术方案是否落入从属权利要求的保护范围作出认定。

2.4 权利要求解释的规则

2.4.1 "先内后外"

所谓"先内后外",是指在解释权利要求时,应当首先依据内部证据进行解释,在依据内部证据仍不能明确权利要求的含义时,可以结合外部证据以及本领域技术人员的通常理解进行解释。

2.4.1.1 内部证据

(1) 说明书及附图。

说明书包括一项发明或者实用新型专利的所有技术信息,是本领域技术人员理解和实施专利的最重要的文件,对于确定权利要求中技术特征或者技术术语的含义尤其具有重要的意义。

说明书附图是说明书的一部分,尤其是在实用新型专利中,附图对于帮助理解实用新型的技术方案具有重要的作用。很多情况下,附图要与说明书结合在一起,作为解释权利要求的依据。

【案例1-1-1】

专利权利要求1为:"一种玻镁、竹、木、植物纤维复合板,它由镁质胶凝竹、木、植物纤维复合层和玻璃网格布层或竹编网增强层组成,其特征在于:镁质胶凝竹、木、植物纤维复合层至少有两层,玻璃网格布层或竹编网增强层至少有一层,两层镁质胶凝竹、木、植物纤维复合层置于玻璃网格布层或竹编网增强层的上面或下面。"

该案的争议点在于,专利权利要求中"镁质胶凝竹、木、植物纤维复合层"中的"竹、木、植物纤维"是同时具备还是可以选择,即,"竹、木、植物纤维"中的标点符号"、"究竟表示"和"还是"或"。

分析与评述

根据该案说明书具体实施例所述:"镁质胶凝植物纤维层是由氧化镁和竹纤维或木糠或植物纤维制成的混合物",显然,该复合层在说明书中被进一步明确为由三种材料中的一种、两种或三种构成,三者是选择而非并用关系,即权利要求1中的"竹、木、植物纤维"应当为竹或木或植物纤维。

(2)权利要求书中的相关权利要求。

在一份专利申请文件中,通常情况下相同的术语应当解释为具有相同的含义。在不同的权利要求中,对于具有相同或类似技术含义的概念,当采用不同的术语时,可以推定这些术语具有不同的含义,除非根据说明书的解释可以确定具有相同含义。当对一项权利要求中的某一术语的含义无法准确界定时,可以根据其他权利要求中相应术语的含义加以解释。

【案例1-1-2】

涉案专利权利要求如下:

"1. 一种水烟筒,包括烟筒和烟嘴,烟筒内设有一条烟管,其特征在于:所述的烟筒的上端连接有一个烟锅座,烟锅座上连接有一个烟锅,烟锅的底部设有多个小通孔,该小通孔与烟筒内的烟管相通;烟筒的下端连接有一个盛水容器,烟筒内的烟管伸入盛水容器中,烟筒的下端与盛水容器的连接处设有一个空腔;烟筒的下端还设有一个烟孔接头,该烟孔接头与空腔连通,烟嘴通过一个长软管与烟孔接头连接。

2. 如权利要求1所述的水烟筒,其特征在于:所述的烟筒的下端还设有一个排烟阀,排烟阀与烟筒下端的空腔连通。"

该案的争议点在于,权利要求1中的术语"空腔"具体的含义。

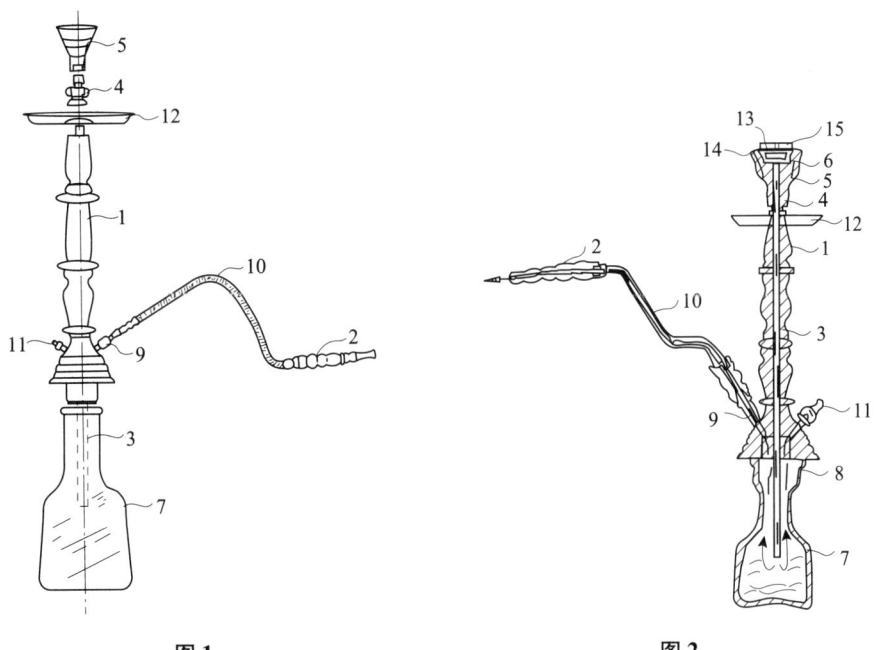

图1　　　　　　　　图2

分析与评述

涉案专利中的术语"空腔",根据权利要求1的记载,空腔设置在"烟筒的下端与盛水容器的连接处",根据权利要求2的记载,"排烟阀与空腔连通",说明书明确标注了空腔的位置为8。据此,空腔应当解释为是在烟筒下端,盛水容器瓶口上方,并与烟孔接头连通,作用在于盛水容器内烟气浓度过大时,可拧松排烟阀,从烟嘴处吹气,排出浓烟,因此,结合权利要求2和说明书中关于空腔的结构与作用,权利要求1中空腔的形状只能被理解为环绕烟管四周的中空结构,且连通烟孔接头与排气阀。

涉案专利图示说明:图1和图2为涉案专利的结构分解图。其中包括:烟筒1、烟嘴2、烟管3、烟锅座4、烟锅5、空腔8、烟孔接头9、长软管10、排烟阀11、托盘12。

【案例1-1-3】

某发明专利,权利要求14中限定可视透光体的层结构为包括介电层、介电外层以及"喷积绝缘体"(sputter-deposited dielectric)等的多层结构。

专利权人主张,权利要求中的"喷积绝缘体"包括以前喷积后经过氧化转化的绝缘体层。被控侵权人举证认为,在专利申请审查过程中,专利申请人(即专利权人)曾针对另一项权利要求36陈述意见,称其与在先技术的区别在于,专利发明通过喷射直接形成绝缘层。对于被控侵权人的这一意见,专利权人称,其在审查过程中所做的如上陈述是针对另一项权利要求36提出的,不适用于案中所争议的权利要求14。

分析与评述

该案中,争议点在于如何解释权利要求14中的术语"喷积绝缘体"。

在解释权利要求时,应当对权利要求的用语进行连贯性解释,即,针对同一技术术语,对于所有权利要求中使用的该技术用语都应当做相同的解释,不能在不同的权利要求中作出不同的解释,除非有明确的相反指示。该案中,权利要求14和36中出现了相同的技术术语"喷积绝缘体",但专利权人将权利要求36中的"喷积绝缘体"解释为"通过喷射直接形成绝缘层",却将权利要求14中的"喷积绝缘体"解释为"以前喷积后经过氧化转化的绝缘体层",这种对相同技术术语作出不同解释的做法不符合权利要求解释的基本规则。

(3)专利审查档案。

专利审查档案,是指专利申请审查和无效宣告程序中的档案,包括专利审查、复审、无效宣告程序中国务院专利行政部门及其专利复审委员会发出的审查意见通知书、专利申请人或者专利权人作出的书面答复、会晤记录、口头审理记录、专利复审请求审查决定书、专利无效宣告请求审查决定书等。

有些情况下,专利审查档案是解释权利要求不可或缺的载体。例如,当专利文件中存在印刷错误,且该印刷错误影响到专利权保护范围的确定时,可以依据专利申请档案、专利复审及无效档案对所述印刷错误进行解释。当专利申请人在授权程序中或者专利权人在确权程序中,为了克服审查意见或者是无效请求指明的缺陷对权利要求的某些技术术语或特征作出限缩性解释时,专利审查档案也可以成为解释权利要求的依据。

【案例1-1-4】

涉案专利独立权利要求为:"在管式反应器中将硝酸与氨进行中和,以生产浓硝酸铵溶液的方法,其特征在于,当反应物总流量是使产物的产量低于150公斤/(小时·平方厘米)时,在有循环比为1至5的硝酸铵溶液循环物存在的情况下进行该中和反应;或当反应物总流量高于150公斤/(小时·平方厘米)时,在没有硝酸铵溶液循环情况下,进行该中和反应。"

侵权纠纷处理过程中,对于该独立权利要求究竟是一个技术方案还是包括两个技术方案,双方当事人存在争议。

根据专利申请审查档案可知:专利申请人原始提交的前四项权利要求为:

"1. 用氨中和硝酸制备浓缩硝酸铵溶液的方法,其特征是中和反应在管式反应器中实现。

2. 根据权利要求1的方法,其特征是反应物总流量相当于低于150公斤/(小时·平方厘米)的产量,中和反应是在有循环的硝酸铵物流存在下实现的。

3. 根据权利要求2的方法,其特征是循环比率为1~5之间。

4. 根据权利要求1的方法,其特征是反应物总流量高于150公斤/(小时·平方厘米),且其中的硝酸铵不进行循环。"

针对该原始申请文本,审查员在审查意见通知书中指出权利要求1已被对比文件公开,并且,权利要求1没有从整体上反映发明的主要技术内容。将发明与对比文件中公开的现有技术相比,二者的区别仅在于"中和反应应在有循环的硝酸铵存在下进行",这一点应当是发明的必要技术特征,然而独立权利要求1却缺少这一特征,因而不符合《专利法实施细则》第二十一条第二款的规定。针对该审查意见,申请人提交意见陈述书,并将专利权利要求修改为授权公告时的权利要求。

分析与评述

该案的审理需要考虑专利审查档案的内容,从专利权人获得专利权的审查过程看,审查员在审查意见通知书中认为,"中和反应在有循环的硝酸铵存在下进行"是发明的必要技术特征。专利申请人根据该意见,对权利要求书进行了修改。这说明,专利权人也同意,该专利的发明目的是在管式反应器中将硝酸与氨进行中和,在低流量时进行循环以防止产生烟雾。专利说明书也阐述了该发明的优点在于有循环。因此,流量低于150公斤/(小时·平方厘米)时有循环和流量高于150公斤/(小时·平方厘米)时没有循环是一个独立的技术方案,并非包括两个技术方案。

【案例1-1-5】

涉案专利是一件分案申请,其授权公告的权利要求1为:"一种现浇砼空心模壳构件,包括上底(4),周围侧壁(5),下底(6),上底(4)和周围侧壁(5)构成模壳(7),模壳(7)与下底(6)彼此围成有封闭空腔(8)的模壳构件(3),其特征在于所述的模壳(7)由至少两块分块模壳板(9)拼接组装而成,分块模壳板(9)有至少一根加强杆(12)支撑。"

涉案专利说明书中记载:分块模壳板为包括部分上板和与之相连的部分侧壁的成型件……模壳由至少两块分块模壳板拼接组装而成,分块模壳板由至少一根加强杆支撑。分块模壳板为包括部分上板和与之相连的部分侧壁的成型件。

权利要求4记载,根据权利要求1的现浇砼空心模壳构件,其特征在于周围侧壁(5)由四块分块模壳板组成。但母案申请中没有记载该权利要求4的内容。

专利权人认为,根据分块模壳板本身的含义以及涉案专利权利要求4,涉案专利中的分块模壳板既包括由部分上板和与之相连的部分侧壁的成型件形式,也包括上板为一整块、周围侧壁为四块板片的形式。

本案争议点在于,如何解释涉案专利中的术语"分块模壳板"。

分析与评述

涉案专利说明书对"分块模壳板"的含义给出了明确界定,即"模壳由至少两块分块模壳板拼接组装而成,分块模壳板由至少一根加强杆支撑。分块模壳板为包括部分上板和与之相连的部分侧壁的成型件"。根据该含义,分块模壳板由部分上板和部分侧壁构成,并且,部分上板与部分侧壁之间相互连接。由于分块模壳板至少为两块，上板只有一块，因此，构成分块模壳板的上板只能为上板的一部分，也即涉案专利权的保护范围不包括模壳的上底为一块整板的结构。

虽然从权利要求4可以得到，组成周围侧壁的四个板片似乎也可归入涉案专利"分块模壳板"的范畴，但所述权利要求4在母案申请文件中并未记载。由于分案申请要受到母案申请文件的约束，对于分案申请而言，母案申请将构成其特殊的专利审查档案，母案申请文件中未记载的内容不能作为权利人基于分案申请主张权利的依据。因此，专利权人基于涉案专利权利要求4，将"分块模壳板"解释为可单独一块板片的形式的主张不能成立。

基于涉案专利中将"分块模壳板"明确定义为"包括部分上板和与之相连的部分侧壁的成型件"，其截面结构呈"冂"或"匚"形式，而被控侵权产品是一种建筑用叠合箱，由四个侧框板组成，相邻侧框板通过四角的连接杆连接，施工时再与一底板和顶板叠合为一个空腔叠合箱，其截面呈"一"字形，上板为一整块结构，因此，二者既不相同，也不等同。

2.4.1.2 外部证据

外部证据通常只在内部证据不足以解释权利要求中模糊不清的技术术语或技术特征时使用。

【案例1-1-6】

涉案专利的权利要求1为："一种用于盛放液体的带托板容器，它具有一个带有可关闭的注入开口与排出开口的塑料制的内容器和一个贴靠着内容器的、由薄金属板制成的或由金属栅格构成的外套，以及一个设置来通过叉车、货架操作器械或其他装置来进行搬运的托板，该托板设计成用来形状配合地容纳内容器以及固定外套的底盘，该底盘固定到托板框架上，内容器的底部设置成带有一个居中的浅排流槽的排流底部，该排流槽带有一个轻微的坡度从内容器后壁伸展到装在内容器前壁上的排放接头，该排放接头用于连接排放龙头，其特征在于，一体制出的底盘的与内容器的排流底部相匹配的底部设计成自身支撑结构并具有加强筋，并且这些加强筋的底部处在一个共同的水平平面上。"

专利权人认为，涉案专利权利要求中的排流槽有一轻微的坡度，根据《辞海》对"轻"与"微"的解释，"轻微"可解释为忽略不计。

分析与评述

本案的争议点在于，涉案专利权利要求中的"轻微"坡度应作何解释。

涉案专利排流槽带有一个"轻微"的坡度，对该"轻微"一词的理解，必须首先根据涉案专利说明书及附图进行解释。根据涉案专利说明书的记载，涉案专利排流槽带有一个轻微的坡度，目的是使涉案专利发明能够自动地排空容器中的残液，故"轻微"并非可有可无，并非可忽略不计，"轻微"的坡度必须要达到能够使容器中的残液能即时排空的程度。在说明书中对于"轻微"一词有特定含义的情况下，专利权人仅仅根据《辞海》对"轻微"一词作"可忽略不计"的解释不能被接受。

由该案可以看出，对于专利权利要求书中的技术术语，首先应当以专利说明书及附图等内部证据为依据进行解释。在不能直接从专利说明书及附图中得到清晰理解的情况下，才应当根据本领域技术人员对该技术术语的通常理解，或者借助技术工具书、百科全书、字典等外部证据来确定该技术术语的含义。

2.4.2 解释权利要求的注意事项

2.4.2.1 不能将权利要求的内容仅解释为说明书或者附图公开的具体实施例

通常，专利权利要求是在说明书或者附图公开的实施例的基础上进行的合理概括，实施例仅仅是权利要求范围内技术方案的示例,是专利申请人认为实现发明或者实用新型的优选方式,除非该权利要求实质上就是实施例所记载的技术方案,否则不能将权利要求的内容仅仅解释为说明书或附图公开的具体实施例。

【案例1-1-7】

涉案专利的权利要求为:一种辊式磨机,包括磨盘、磨辊、主轴、支架、机座和上下机壳,磨盘位于下机壳内,在磨盘上方通过支架活动装有磨辊,支架通过主轴装在机座上并位于上机壳内,由主轴、皮带轮驱动,在机座上装有料斗,下机壳的下面装有出料套管,其特征是磨盘的磨面与磨辊之间存在可调节的间隙而构成间隙式磨合面。

对于其中"磨盘的磨面与磨辊之间存在可调节的间隙"的技术特征,说明书实施例中记载了采用调节螺钉来调节间隙的具体实施方式。

分析与评述

涉案专利的权利要求中"磨盘的磨面与磨辊之间存在可调节的间隙"这一技术特征是对说明书实施例中具体实施方式的上位概括,其中除了包含采用调节螺钉来调节间隙之外,还包括本领域中通常采用的其他调节方式来调节磨盘与磨辊之间的间隙,这些调节方式均可以实现涉案专利最基本的发明目的。因此,不能将权利要求中"磨盘的磨面与磨辊之间存在可调节的间隙"这一技术特征解释为实施例中通过调节螺钉实现上、下等距位移这一具体的间隙调节方式。

2.4.2.2 不能省略权利要求记载的特征

记载在权利要求中的所有技术特征均对专利权的保护范围起到限定作用。在解释权利要求时,不能省略掉任何一个技术特征。

【案例1-1-8】

涉案专利的权利要求1为:一种木耳袋栽的生产方法,其特征在于以棉子壳40%、庄稼秸杆55%、食用植物油1%、磷酸二氢钾1%、轻质碳酸钙1%、硫酸钙1%、硫酸镁1%均匀混合作基料装入菌袋,菌袋为厚2.5微米以下的高密度低压聚乙烯筒料,蒸压灭菌、接种培养放置长出耳基后挂入荫棚中,荫棚为绿色、迷彩色塑料膜,荫棚内采用增氧加湿机进行增氧加湿加温。

分析与评述

该案中,涉案专利是一种木耳袋栽的生产方法,其技术特征包括基料特征、菌袋特征、荫棚特征、生产步骤特征等,虽然其技术特征中包括使用厚度为2.5微米以下的高密度低压聚乙烯菌袋,但该项特征并不构成一项独立的专利,被控侵权人生产的2.5微米厚的高密度低压聚乙烯塑料袋只是涉案专利方法中使用的一种材料,生产和销售该材料并未落入涉案专利权的保护范围。

2.4.2.3 不能用说明书摘要来解释权利要求

说明书摘要的作用是向公众提供技术信息,便于公众检索和掌握专利的主要内容,其本身不具有法律效力,不能用于解释权利要求。

2.4.2.4 不能将权利要求中涉及附图标记的特征解释为附图标记反映的具体结构

附图标记是对权利要求中相关技术特征的举例说明。当权利要求中包含附图标记时,不能用附图中该附图标记所反映的具体结构来限缩性解释权利要求中相关技术特征的含义。

2.5 权利要求解释的典型情形

2.5.1 技术术语

界定权利要求中某一技术术语的含义,可以遵循以下规则。

2.5.1.1 相同术语

相同的技术术语在不同的权利要求以及说明书中，应当认为具有相同的含义。在同一专利文件中，如果对具有相同或类似技术含义的概念采用不同的术语，可以假定这些术语具有不同的含义，除非之后确定其有相同含义。

2.5.1.2 已知术语

专利权人在权利要求中使用的已知术语，含义既可以比其在字典中的普通含义宽，也可以比其普通含义窄。在确定专利权利要求中使用的已知术语的含义时，首先看专利权人在专利说明书中是否赋予其特别含义，如果能找到专利权人赋予其特别含义的明确指示，则将该已知术语解释为该特别含义；如果专利权人未赋予其特别含义，则以字典中的普通含义对该已知术语进行解释；如果说明书中对于该已知术语的解释与其普通含义不一致，则依照说明书中的解释。

【案例 1-1-9】

涉案专利涉及一种蛋糕饰品制作机器，该机器在操作时用扫描机将图片进行扫描，然后再用复印机把图片印刷复制到可食纸张上，从而可以放置在蛋糕上作为装饰品。该机器在操作时，必须准备一张可食用的基材，并送进一个影印机中。由于一般的影印机为了节约空间，通常将送纸通道做成扭转重叠的形状，同时会对纸张进行加热以便碳粉快速融化附着在纸张上，但是可食用的基材（如可食纸张）通常较脆易碎，在弯曲的送纸通道中经过加热后几乎无法使用。因此，涉案专利提出一种具有近乎长形的、非扭转的，且和其他部分没有重叠的、无需加热的送纸通道来解决这一问题。

涉案专利的权利要求 1 为：一种将影像复制到可食纸张而以图片装饰烘焙物品的方法，包括：将一影像放至复印机的复制玻璃上；将一可食纸张沿着一近乎长形、非扭转的复印线送进复印机，且无需对可食纸张进行实质加热，复制线的各部分彼此没有互相重叠，可食纸张沿着一条没有扭转和弯曲的复印线前进；以及当可食纸张通过复印线时，用可食墨汁将复印玻璃上的影像复制到可食纸张上。

专利说明书中，清楚地给出了"复印机"的定义："本发明的复印机扫描与影像复制的功能无须安装于同一机壳内。"

专利权人主张，涉案专利中的复印机具有特定结构，与一般的办公用复印机在外观上有很明显的差异。被控侵权人认为，复印机具有普遍的含义，涉案专利中的复印机应定义为一般的办公用复印机，扫描与复印功能必须是一体的，必须包含在同一机壳内。

该案的争议点是，权利要求中的术语"复印机"应作何解释。

分析与评述

专利权人可以赋予专利文件中某一术语不同于一般通用意义的特殊含义。当说明书中以明示或是暗示的方式对某一术语给出特殊定义时，说明书就成为涉案专利中专利权人自己的字典。该案中，专利权人在其说明书中对"复印机"作出不同于一般办公用复印机的特殊定义，应当可以用于解释专利权利要求限定的范围，即，该案中的术语"复印机"并非是扫描与影像复制功能安装于同一机壳内的一般意义上的复印机。

【案例 1-1-10】

涉案专利权利要求中有一个术语是"铝"。说明书中有些地方提到了"铝层"，有些地方记载的是"铝"。

该案的争议点在于，涉案专利权利要求中的"铝"指的是铝层，还是合金中的纯铝。

分析与评述

如果将权利要求中的"铝"解释为普通含义以外的内容，必须符合两个条件：①专利权人在内部证据中将"铝"定义为其他含义；或者②"铝"的普通含义使权利要求变得不清楚。该案中，虽然专利权人在说明书中有的地方使用了"铝层"，但并不是一直使用"铝层"，因此，没有明确的指示说明专利权人赋予了"铝"以"铝层"的含义。而且，将"铝"解释为其普通含义也不会导致权利要求不清楚。在此情况下，权利要求中的术语"铝"应当按照所属领域的普通含义理解，不能解释为"铝层"。

2.5.1.3 含义发生变化的术语

如果被控侵权行为发生时，某一技术术语产生了新的含义，在解释该技术术语时，应当依照专利申请日时的含义。

2.5.1.4 自定义词

对于专利权人在申请文件中的自定义词，应当依据说明书中的特定含义进行解释，如果说明书中没有明确的定义，应当根据说明书中与该自定义词相关的上下文加以理解，将其解释为最为符合发明目的的含义。如果专利权人在说明书中没有对其自定义词的含义作出定义，同时本领域技术人员结合权利要求、说明书的上下文也无法予以清楚解释，导致无法确定权利要求的保护范围，管理专利工作的部门可以告知当事人向专利复审委员会提起无效宣告请求。

所谓"自定义词"，是指专利权人在专利文件中自己创造的术语，该术语在字典、科技论文等材料中均无法找到。

【案例 1-1-11】

涉案专利的权利要求 1 为：一种钢砂生产方法，其特征在于将轴承厂生产轴承时冲切下来的边角废料，进行淬火，淬火后分两级破碎，筛分得到不同粒度的钢砂，制得多棱形的钢砂。

说明书中记载："本发明的创新之处在于：本发明采用两级破碎，粗碎用颚式破碎机，细碎用辊式破碎机……对于粗大的冲切料，本发明采取先用颚式破碎机将其轧碎成小块，而后进行细碎，破碎成钢砂……"

本案的争议点在于如何解释权利要求中的自定义词"两级破碎"。

分析与评述：

根据本领域技术人员对说明书记载的内容的理解，涉案专利中的"两级破碎"，应理解为采用两种不同的机器分别进行粗碎和细碎两种等级的破碎，即对于粗大的冲切料，先用颚式破碎机将其轧碎成小块，而后通过辊式破碎机进行细碎，破碎成钢砂，不能解释为使用同一机器进行两次破碎。

2.5.2 权利要求与说明书不一致或者相互矛盾

2.5.2.1 权利要求存在明显错误

尽管权利要求与说明书存在不一致之处，但如果本领域技术人员在阅读说明书、附图以及权利要求书后，能够立即发现权利要求的表述存在错误，并且还能通过排除合理怀疑确定其正确的答案，则此时应当将权利要求中的错误归结为明显错误，将其解释为本领域技术人员能够理解的正确答案。

【案例 1-1-12】

涉案专利的权利要求 1 为："一种精密旋转补偿器，包括外套管、内管、压料法兰、延伸管和密封材料，内管（1）与外套管之间装有柔性石墨填料，柔性石墨填料的端面装有压料法兰,压料法兰与外套管一端的法兰之间由螺栓连接,外套管内凸环和内套管外凸环之间设有钢球;在所述的外套管的另一端与延伸管连接,两者之间留有间隙,其特征在于:所述的延伸管为与内套管内径相同的直管,两者同轴对应;所述的压料法兰的外侧与外套管的内侧为紧密配合。"

专利说明书的具体实施方式部分记载:"外套管4外侧是直通延伸管5,与内管1内径相等,延伸管5与内管1之间留有适当间隙(1~10mm)。"

专利权人认为,涉案专利权利要求1中,外套管与延伸管之间为固定连接,不可能留有间隙,权利要求1中的"两者之间留有间隙"属明显错误,应当是内管与延伸管之间留有间隙。

该案的争议点为,对于权利要求1中的技术特征"两者之间留有间隙",应当作何理解。

分析与评述

权利要求1涉及一种具有扭转装置的涉及热网管道的旋转补偿器,该旋转补偿器通过内外套管的旋转来吸收热网管道的轴向推力和位移量,外套管的一端经由法兰与内管相连接,另一端与延伸管连接,因此,内管与外套管之间,以及外套管与延伸管之间不可能既连接,又留有空隙,权利要求1中"两者之间留有间隙"的"两者"不可能是指外套管与延伸管,只可能是内管与延伸管。这种解释与说明书具体实施方式部分公开的内容相一致。因此,本领域技术人员基于其具有的普通技术知识,不仅能够知道权利要求1的撰写存在错误,而且通过阅读说明书及附图可以直接地、毫无疑义地确定"两者之间留有间隙"的"两者"应当是指延伸管与内管,不会误认为是外套管与延伸管之间留有间隙,即,能够清楚准确地得出唯一的正确解释,"两者之间留有间隙"是指内管和延伸管之间留有一定的间隙。

2.5.2.2.2 权利要求的技术方案与说明书的描述不一致

所谓"权利要求的技术方案与说明书的描述不一致",是指权利要求记载的文字含义清楚、确定,但与说明书中相应的描述截然相反或者不一致,且不属于上述(1)中所述情形。其中既包括权利要求的技术方案与说明书公开的技术方案完全不同的情形,也包括权利要求因采用上位概念或概括方式而导致其保护范围大于说明书公开内容的情形。此时,应当以权利要求记载的内容确定专利权的保护范围,而不应当以说明书解释权利要求的方式实质上修改权利要求。

【案例1-1-13】

专利权利要求1为:一种无水银碱性纽扣电池,包括正极片、负极片、负极锌膏、密封胶圈、正极外壳和隔膜,其特征在于,在负极片上电镀上一层锡,并在锌膏中加入金属铟以代替水银。

涉案专利说明书中多处记载了负极片上先电镀一层铜之后再电镀锡的技术方案,具体实施例中记载的负极片也是先电镀一层铜之后再电镀锡。

该案的争议点在于,权利要求1中的负极片是否镀铜。

分析与评述

该案中,权利要求中清楚、确定地记载了在负极片上电镀一层锡,虽然该技术方案与说明书中记载的内容不一致,但对本领域技术人员而言,其含义是清楚的,同时也能够实现发明目的。因此不能将说明书中的内容解释入权利要求,导致对权利要求实质上的修改。

2.5.3 功能性技术特征

2.5.3.1 功能性技术特征的含义

功能性技术特征是指权利要求中以功能或者效果表述的技术特征,其通常是通过在发明创造中所起的作用、功能或者效果而非结构或组成、工艺条件等对产品部件或部件之间的关系或者方法步骤或步骤之间的关系等进行限定的。

如果对于本领域技术人员来说，通过阅读权利要求书、说明书和附图，能够认定以功能或者效果表述的技术特征是所属领域普遍知悉的、约定俗成的上位概念，则一般不应当认定其为功能性技术特征。

2.5.3.2 对功能性技术特征的解释

在专利侵权判定中，对于权利要求中以功能或者效果表述的技术特征，原则上应当理解为覆盖了所有能够实现所述功能的实施方式。如果有充分证据表明权利要求中限定的功能是以说明书实施例中记载的特定方式完成的，并且本领域技术人员不能明了此功能还可以采用说明书中未提到的其他替代方式来完成，或者本领域技术人员有理由怀疑该功能性技术特征所包含的一种或几种方式不能解决发明或者实用新型所要解决的技术问题，并达到相同的技术效果，则对于权利要求中的该功能性技术特征，应当结合说明书和附图描述的实现该功能或者效果的具体实施方式及其等同的实施方式，确定该技术特征的内容。

所谓"说明书和附图描述的实现该功能或者效果的具体实施方式"，是指说明书和附图描述的具体实施方式中实现该功能或者效果的技术特征，该特征应当是实现该功能或者效果不可缺少的技术特征，不应当将并非为实现该功能或者效果所必需的技术特征包括在内作为"说明书和附图描述的实现该功能或者效果的具体实施方式"。

所谓"等同的实施方式"，是指相对于专利说明书和附图描述的实现该功能或者效果的具体实施方式，以基本相同的手段，实现相同的功能，达到基本相同的效果，并且是本领域技术人员在专利申请日（有优先权的，指优先权日）无需经过创造性劳动就能够联想到的技术特征。

2.5.4 方法特征限定的产品权利要求

2.5.4.1 方法特征限定的产品权利要求的含义

一般来说，产品权利要求应当采用该产品的结构、组成等特征来限定保护范围，但在某些情况下，比如当无法用结构、组成等特征清楚地限定产品时，也允许用方法特征对产品进行限定，这样的权利要求被称作"方法特征限定的产品权利要求"。

方法特征限定的产品权利要求通常以两种方式出现：

第一种："权利要求1：一种产品，其是用如下的方法制备的……"

第二种："权利要求5：用权利要求1的方法制备得到的产品。"

2.5.4.2 方法特征限定的产品权利要求的解释

在解释由方法特征限定的产品权利要求时，权利要求中的每一个特征，包括方法特征，都对产品的保护范围具有限定作用。

【案例1-1-14】

涉案专利权利要求1为："一种独一味的软胶囊制剂，原料组成为：独一味提取物20~30重量份，植物油25~36重量份，助悬剂1~5重量份；其中的独一味提取物是由下述方法提取得到的：取独一味药材，粉碎成最粗粉；加水煎煮二次，第一次加10~30倍量的水，煎煮1~2小时，第二次加10~20倍量水，煎煮0.5~1.5小时；合并药液，滤过，滤液浓缩成稠膏；减压干燥，粉碎成细粉，过200目筛，备用。"

本案的争议点在于：权利要求中的方法特征，如加水煎煮2次、研磨成细粉后过200目筛是否对产品具有限定作用。

分析与评述

本案中，涉案专利权利要求是用方法特征限定的产品权利要求，方法特征对于专利权的保护范围也起到限定作用，因此，在解释权利要求限定的范围，进而与被控侵权产品进行对比时，不仅需要比较产品的组成与各组分的含量是否相同或等同，还需要比对方法特征是否相同或等同。对于"加水煎煮2次""研磨成细粉后过200目筛"这两个方法特征，由于涉案专利说明书强调"煎煮2次与煎煮3次相比，可以降低生产成本，所以选择煎煮2次"，"将独一味提取物粉碎成过200目筛的细粉，制成的软胶囊内容物混悬体系最稳定"，因此，"煎煮2次"与"煎煮3次"相比、"粉碎成细粉，过200目筛"与"研成细粉"相比，均不构成等同特征。

2.5.5 用途特征限定的产品权利要求

2.5.5.1 用途特征限定的产品权利要求的含义

所谓"用途特征限定的产品权利要求"是指，根据权利要求的主题名称可以确定该权利要求保护的是一种产品，但是对该产品进行限定的特征中却包括该产品的应用领域，比如，"一种用于……的产品"，这类权利要求统称"用途特征限定的产品权利要求"。

用途特征限定的产品权利要求容易与产品的用途权利要求相混淆。用途特征限定的产品权利要求，其主题名称的中心词通常是"……产品"，而产品的用途权利要求则通常被撰写成"一种××产品在……的用途"的形式。

2.5.5.2 用途特征限定的产品权利要求的解释

对于用途特征限定的产品权利要求，其最终保护的是产品，但是其中的用途特征也是该权利要求不可或缺的组成部分，不能被忽略。

例如，涉案专利权利要求保护一种用于反应1的催化剂A，此时，涉案专利中催化剂的用途对其保护范围具有限定作用，在侵权判定中不能被忽略。假设被控侵权产品涉及同样的催化剂，但其用途是用于反应2。如果反应1和2并非同一类反应，且两者非等同特征，则被控侵权产品不会落入涉案专利权利要求的保护范围。

2.5.6 使用环境或条件特征限定的产品权利要求

2.5.6.1 使用环境或条件特征限定的产品权利要求的含义

"使用环境或条件特征"限定的产品权利要求，是指在产品权利要求中存在一个或多个技术特征，所述技术特征限定的并非该产品的结构或组成，或者该产品部件之间的连接关系，而是该产品的使用环境或使用条件。比如，权利要求保护的是A产品，该A产品需要安装到B产品上使用，在关于A产品的权利要求中，使用B产品的尺寸、对应形状或者与A产品的配合关系来限定A产品，这样的权利要求就是"使用环境或条件特征"限定的产品权利要求。

2.5.6.2 使用环境或条件特征限定的产品权利要求的解释

在含有使用环境或条件特征的产品权利要求中，使用环境或条件特征作为该权利要求的一部分，应当被考虑。此时，应当将产品权利要求中的使用环境或条件特征与产品的结构、组成等特征一并考虑，但这并不意味着产品必须被实际应用于所述环境或者条件下。如果产品的其他技术特征决定了该产品可以并且必然用于所述环境或者条件下，则即使该产品未实际应用于所述环境或者条件下，也认为该产品具备了所述使用环境或者条件特征。

【案例1-1-15】

涉案专利的权利要求1为：一种用于将后换挡器连接到自行车车架上的自行车后换挡器支架，所述后换挡器具有……，所述自行车车架具有形成在自行车车架的后叉端的换挡器安装延伸部上的连接结构，所述后换挡器支架包括……

本案争议的焦点是：如何理解安装环境特征对权利要求保护范围的作用。

分析与评述

本案中,权利要求1不仅限定了支架的具体结构,还限定了后换挡器的结构、自行车车架后叉端的结构以及支架、后换挡器、自行车车架三者的连接位置关系。其中,技术特征"所述自行车车架具有形成在自行车车架的后叉端(51)的换挡器安装延伸部(14)上的连接结构(14a)"(以下简称特征1)以及技术特征"所述第一连接结构(8a)和所述第二连接结构(8b)的布置应使当所述支架体(8)安装在所述后叉端(51)上时,所述的第一连接结构(8a)提供的连接点是在所述第二连接结构(8b)提供的连接点的下方和后方"(以下简称特征2)对权利要求同样起到限定作用,应当纳入考虑。

但是,上述特征1和2仅仅是自行车后换挡器支架的安装环境特征,在判定被控侵权产品是否落入涉案专利权利要求1的保护范围时,并不需要被控侵权人将自行车后换挡器支架真正安装在自行车车架的后叉端的延伸部上,只要被控侵权产品的技术特征决定了其可以而且必然安装在涉案专利权利要求1所限定的自行车车架上,并呈现权利要求1所限定的装配关系,即可以认为被控侵权产品落入专利权的保护范围。

2.5.7 方法权利要求

2.5.7.1 方法权利要求中的步骤顺序

原料、步骤和产品是方法权利要求必不可少的组成部分。对于明确记载步骤顺序的方法权利要求,步骤本身以及步骤之间的顺序都对方法权利要求具有限定作用。对于没有明确记载步骤顺序的方法权利要求,并不必然意味着该方法权利要求不存在步骤顺序,是否需要考虑步骤顺序,应当从本领域技术人员角度出发,结合说明书及附图、专利审查文档、权利要求记载的整体技术方案以及各个步骤之间的逻辑关系,确定各个步骤之间是否应当按特定的顺序实施。

【案例1-1-16】

涉案专利的权利要求1为:"一种制造弹簧铰链的方法,该铰链由至少一个外壳、一个铰接件和一个弹簧构成,其特征是该方法包括下述步骤:(1)提供一用于形成铰接件的金属带;(2)切割出大致与铰接件外形一致的区域;(3)通过冲压形成一圆形部分以形成铰接件的突肩;(4)冲出铰接件的铰接孔。"

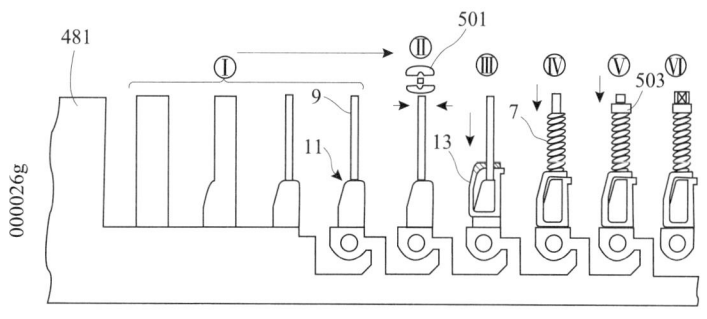

涉案专利附图

本案的争议点在于:权利要求的步骤之间是否有顺序限定,顺序是否会带来实质性的差异。

分析与评述

首先,供料步骤的作用在于为其他的步骤提供加工材料,因此,供料步骤必须在其他步骤之前首先实施。

其次,切割步骤的作用是从金属带上切割出大致与铰接件外形一致的区域,根据说明书及附图，所述区域包括"用于形成凸肩9的基本形状"和"以后具有铰链孔范围497的至少一部分"，由于冲压步骤是对由切割步骤制成的"用于形成凸肩9的基本形状"进行冲压，冲孔步骤是在由切割步骤制成的"范围497"内制作铰接孔，同时，说明书中没有记载可以在切割步骤之前实施冲孔步骤或冲压步骤的技术内容，因此，权利要求1中的切割步骤应当在冲压步骤和冲孔步骤之前实施。从说明书记载的内容看，虽然冲压步骤与冲孔步骤的顺序可以调换，但是，在实际加工过程中，一旦确定了二者的顺序，二者的顺序就只能依次进行。

因此，权利要求1中的四个步骤应当按照供料步骤、切割步骤、冲压步骤或冲孔步骤的顺序依次实施，各个步骤之间具有特定的实施顺序。

2.5.7.2 制备方法权利要求直接获得的产品

根据《专利法》第十一条第一款的规定，制备方法专利权的保护可以延伸到使用该方法直接获得的产品，因此，界定制备方法权利要求直接获得的产品对于确定专利权的保护范围非常重要。

所谓"直接获得"，应当指完成专利方法的最后一个步骤后所获得的最初产品。当权利要求的主题名称中的目标产品与完成最后一个方法步骤后获得的最初产品一致时，主题名称中的目标产品就是制备方法直接获得的产品；当主题名称中的目标产品与完成最后一个方法步骤后获得的最初产品不一致时，需要根据说明书的内容，考察二者的关系。如果说明书中已经明确最后一个方法步骤获得的最初产品能通过常规的方法转化为主题名称中的目标产品，则该权利要求直接获得的产品是所述主题名称中的目标产品；如果说明书中没有明确最后一个方法步骤获得的最初产品如何转化为主题名称中的目标产品，并且转化方法非所属领域的公知技术，则该权利要求直接获得的产品是最后一个方法步骤获得的最初产品。

【案例1-1-17】

说明书中公开的制备方法是：原料A与B反应形成C，C经过转化形成D。

情形1：权利要求为：产品D的制备方法，其特征在于由A与B反应形成C，然后C转化为D。

情形2：权利要求为：产品C的制备方法，其特征在于由A与B反应形成C，然后C转化为D。

情形3：权利要求为：产品D的制备方法，其特征在于包括使A与B反应形成C的步骤。

分析与评述

对于第一种情形，权利要求主题名称中的目标产物与最后一个工艺步骤获得的产物完全一致（均为D），此时，该制备方法权利要求直接获得的产品应当是D。

对于第二种情形，权利要求主题名称中的目标产物为C，但工艺步骤特征中，C仅仅作为中间产品存在，C还通过另外的步骤转化为产品D，此时，如果将C视为该制备方法权利要求直接获得的产品，将会导致在解释权利要求时实质上忽略将C转化为D的步骤，这显然与解释权利要求的一般性规则相违背。

对于第三种情形，权利要求的工艺步骤特征不完整，仅仅包括得到中间体C的步骤，缺少由中间体C转化为最终产物D的步骤描述，由此导致主题名称中的目标产物与工艺步骤得到的产物表面上不完全一致。此时，如果说明书中已经明确C通过常规的方法转化为D，则结合该说明书的内容和本领域技术人员的通常理解，将该制备方法权利要求直接获得的产品理解为D应当是合理的。但是，如果说明书中未明确C是如何转化为D的，并且也无证据表明C转化为D的方法为公知技术，此时，即便结合说明书的内容和本领域技术人员的常识，也无法知道C如何转化为D，这种情况下，把该制备方法权利要求直接获得的产品理解为C

应当是合理的。

2.5.7.3 新产品的制备方法权利要求中的"新产品"

根据《专利法》第六十一条第一款的规定，专利侵权纠纷涉及新产品制备方法发明专利的，被控侵权人负有举证证明其产品制备方法不同于专利方法的责任。但举证责任的倒置需要满足两个前提条件：第一，专利权人需要举证证明该制备方法权利要求所获得的产品是新产品；第二，专利权人需要举证证明被控侵权产品与依据专利方法获得的产品相同。

所谓"新产品"，是指产品或者制备产品的技术方案在专利申请日前不为国内外公众所知。不能将其认定为在专利申请日前在国内未曾出现过的产品，更不能将其认定为在专利申请日前没有在国内上市的产品。

2.5.8 含有用途、方法或材料特征的实用新型专利权利要求

实用新型专利保护的是具有一定形状和构造的产品，但是，这并不意味着实用新型权利要求中只能出现形状或者构造技术特征，也不意味着当实用新型权利要求中出现非形状或构造技术特征，比如用途、方法或者材料特征时，这些特征对于实用新型专利权利要求所要求保护的范围不具有限定作用。

对于含有用途、方法或材料特征的实用新型专利权利要求，应当按照权利要求中的全部技术特征确定专利权的保护范围，用途、方法或材料特征不能被忽略。

【案例 1-1-18】

涉案专利的权利要求为：一种药浸柳枝接骨外固定架，其特征在于用药浸草柳枝条经纬方向编织成一个固定架，在固定架的两侧至少置有一对搭扣。

该专利说明书中记载："本实用新型的目的是设计一种重量轻、透气、不会产生皮肤过敏现象、本身具有活血化瘀功能、使用方便、不会污染环境的价格低、制造方便的药浸柳枝接骨外固定架。药浸柳枝接骨外固定架的重量是石膏的五分之一，很轻巧，使用时透气，病人使用该装置接骨养伤不觉劳累，也不会使患者出现皮肤过敏的现象。由于柳枝条本身结构松疏，中药易被吸收，药浸过的柳枝条接触人体后，中药渐渐挥发其药性，使人体活血化瘀起到一定的药疗作用。"

本案的争议点在于，如何理解"用药浸草柳枝条"这一方法特征对实用新型专利权利要求保护范围的限定作用。

分析与评述

实用新型专利技术方案中既可以有形状、构造或者其结合的技术特征，也可以有非形状、构造或者其结合的技术特征，只要这些技术特征所共同限定的技术方案是具有确定形状或者构造的产品，该种产品就可以成为实用新型专利所保护的技术方案。涉案实用新型专利是由经"药浸"处理的柳枝条编织成的接骨外固定架，"药浸"是非形状、构造或者其结合的技术特征，该技术特征不会引起产品的形状、构造或者其结合发生变化。但根据专利说明书的解释，涉案实用新型专利的目的并不只在于设计一种良好接骨固定效果的接骨外固定架，而且还要使该接骨外固定架具有活血化瘀的功能。涉案实用新型专利正是通过"药浸"这一技术手段，让药浸过的柳枝条接触人体，中药渐渐挥发其药性，从而实现活血化瘀的功能。因此，"药浸"应当是涉案实用新型专利的一项必不可少的技术特征，其与其他技术特征一起共同构成了专利技术方案，共同限定了专利权的保护范围。

2.5.9 组合物权利要求的封闭式与开放式
2.5.9.1 封闭式与开放式的定义

在化学领域有一类特殊的权利要求，即组合物权利要求，这类权利要求通常是用组成该

组合物的组分和各个组分的含量来表征的。这种表征方式分为两种，一种是开放式，一种是封闭式。

所谓"开放式"，是指组合物中除了指明的组分之外，还可以含有权利要求中未指明的组分。开放式组合物一般通过例如"含有""包括""包含""基本含有""本质上含有""基本组成为"等措辞来表达。

所谓"封闭式"，是指组合物由权利要求所指出的组分组成，没有别的组分，虽然可以带有杂质，但这些杂质只是以通常的含量存在。封闭式组合物一般通过"由……组成""组成为""余量为"等术语来表示。

2.5.9.2 对于封闭式与开放式的解释

对于组合物的开放式和封闭式权利要求来说，应当按照如上定义的含义来理解。具体而言，对于开放式组合物权利要求来说，如果被控侵权技术方案在包含权利要求全部技术特征的基础上增加新的技术特征，则应当认定被控侵权技术方案落入专利权的保护范围；对于封闭式组合物权利要求来说，如果被控侵权技术方案在包含权利要求全部技术特征的基础上增加新的技术特征，则应当认定被控侵权技术方案未落入专利权的保护范围，除非该新的技术特征属于不可避免的常规含量的杂质。

【案例1-1-19】

专利权利要求1为：一种电解电容器负极箔用铝-铜合金箔，它是含有铜、锰的合金箔，合金中以铜为主，以锰为辅，其合金成分（重量百分比）如下：铜0.2~0.3、锰0.1~0.3、铁≤0.3、硅<0.15，余量为铝以及不可避免的杂质。

分析与评述

涉案专利发明为组合物发明，其权利要求为封闭式权利要求，所保护的组合物应是由铜0.2~0.3、锰0.1~0.3、铁≤0.3、硅<0.15，余量为铝以及不可避免的杂质（百分比）组成的组合物。该组合物不应包含其他组分，且其中的不可避免的杂质应是通常的含量。

如果被控侵权产品具有涉案专利权利要求1所有的组分，且含量在权利要求1的范围之内，但在此基础上添加含量为0.013%的钛，此时，由于添加的钛的含量高于其作为杂质在铝锭中通常的含量，故钛在被控侵权产品中为一组分而不能视为不可避免的杂质。相对于涉案专利权利要求而言，由于被控侵权产品多了0.013%的钛组分，即使其他组分与涉案专利权利要求完全相同，相应组分的含量落入权利要求中相应组分含量限定的数值范围内，被控侵权产品亦因构成不同的组合物而没有落入涉案专利的保护范围。

【案例1-1-20】

涉案专利权利要求1为：一种仿宣水写练字纸，含纸浆纤维，其特征在于它是由下述重量份的原料按造纸生产工艺制成的水写纸：竹纤维本色绝干浆1000份，色素60份，纯碱10份。

分析与评述

涉案专利权利要求1关于原料的组成为封闭式，该权利要求的保护范围为：（1）保护的阶段是造纸阶段，而不是制浆阶段；（2）竹纤维绝干浆、色素、纯碱三种原料及重量份的比例必须同时具备。即，只有在生产水写纸的阶段，同时使用了上述三种原料，且三种原料的重量份比例必须是1000∶60∶10时，才构成侵权。

第二章 发明、实用新型专利侵权判定

1. 专利侵权判定的比较客体

专利侵权判定的比较客体应该是权利人所主张的涉案专利相关权利要求和被控侵权技术

方案。在判断被控侵权技术方案是否侵犯涉案专利权时，应将被控侵权技术方案与权利人主张的相关专利权利要求所记载的技术方案进行一一比较，不得将被控侵权技术方案与涉案专利产品直接进行比较。当被控侵权技术方案也有专利权时，也不得直接将双方专利产品进行比较，或者将双方的专利权利要求进行比较。

2. 专利侵权判定的方式与原则

在判定被控侵权技术方案是否落入专利权的保护范围时，首先要对专利权利要求和被控侵权技术方案进行特征划分，将相应的技术特征进行特征对比，然后再判断被控侵权技术方案是否构成相同侵权，在二者存在区别的情况下，必要时还需判断是否构成等同侵权。

2.1 技术特征划分

在专利侵权判定中，应当采用"技术特征逐一比对"的方式。

把逐个技术特征作为比较对象，就必须对专利权利要求和被控侵权技术方案所具有的技术特征作出划分，即将专利权利要求或被控侵权技术方案分解为能够相对独立地执行一定功能、产生相对独立的技术效果的最小技术单元。

在划分技术特征时，需要考虑两个重要因素：技术特征的独立性与价值性。独立性是指某一技术特征不需要再与其他技术特征组合就能够体现其自身的功能；价值性是指某一技术特征不仅具有独立的功能，而且事实上已经在整体技术方案中发挥了作用或者产生了技术影响。

对技术特征的划分应当首先以专利权利要求为基础，在准确划分专利权利要求的技术特征的基础上，再对被控侵权技术方案的对应技术特征进行分析。

为了便于比较专利权利要求与被控侵权技术方案的异同，可以采用列表的方式将专利权利要求的技术特征逐项列出，然后分别与被控侵权技术方案的相应部分进行对比。无论以何种方式划分技术特征，均不应当将专利权利要求中记载的某个技术特征或其限定忽略不计。

【案例1-2-1】

专利权利要求1：一种产品X，包括A、B、C，其特征在于，该产品还包括D部件。

被控侵权产品X'，包括技术特征：A、B、C'、D'。

判定被控侵权产品是否构成侵权时，对技术特征可进行如下表所示的分析：

权利要求1	被控侵权产品	对比结论
A	A	相同
B	B	相同
C	C'	C'与C是否相同，在不相同的情况下，判断是否构成等同
D	D'	D'与D是否相同，在不相同的情况下，判断是否构成等同

2.2 全面覆盖原则

全面覆盖原则是判断一项技术方案是否侵犯发明或者实用新型专利权的基本原则，具体含义是在判定被控侵权技术方案是否落入专利权的保护范围时，应当审查权利人主张的权利要求所记载的全部技术特征。

如果被控侵权技术方案包含与权利要求记载的全部技术特征相同或者等同的技术特征的，应当认定其落入专利权的保护范围；如果被控侵权技术方案与权利要求记载的全部技术特征相比，缺少权利要求记载的一个或一个以上的技术特征，或者有一个或一个以上技术特征不相同也不等同的，应当认定其没有落入专利权的保护范围。

全面覆盖原则强调在专利侵权判定时要全面地考虑权利要求中的每一个技术特征，只有被控侵权技术方案包含了权利要求中的所有技术特征时，才认定侵权成立，反之，如果被控侵权技术方案中缺少权利要求中的一个或一个以上技术特征时，或者有一个或一个以上技术特征不相同也不等同，应当认定侵权不成立。

【案例 1-2-2】

某案，其授权公告的权利要求 1 为："一种混凝土薄壁筒体构件，由筒管和封闭筒管两端管口筒底组成，其特征在于，所述的筒底以至少二层以上的玻璃纤维布叠合而成，各层玻璃纤维布之间由一层磷铝酸盐水泥无机胶凝材料或铁铝酸盐水泥无机胶凝材料相粘接，所述的筒管以至少二层以上的玻璃纤维布叠合而成，各层玻璃纤维布之间由一层磷铝酸盐水泥无机胶凝材料或铁铝酸盐水泥无机胶凝材料相粘接。"

被控侵权产品除了在筒管两端管口没有筒底外，其余特征与涉案专利相同。

专利权人认为，筒底为非必要技术特征，应当适用多余指定原则将该特征从权利要求中排除，由此判定被控侵权产品覆盖了专利权利要求的所有特征，从而构成侵权。

分析与评述

凡是专利权人写入权利要求的技术特征，在专利侵权判定中，都不应当被忽略。被控侵权产品缺少专利权利要求 1 中的筒底，未覆盖权利要求 1 的全部技术特征，不构成侵权。

专利权人所主张的"多余指定"，是在我国专利制度发展过程中曾经出现过的一种观点，是指在某些专利权利要求中，除了包含与发明目的直接相关的技术特征外，还包括一些与发明目的关系不大的技术特征（下称"多余特征"），在专利侵权判定中，将记载在专利权利要求中的"多余特征"略去，仅以其中与发明目的直接相关的技术特征来确定专利权的保护范围，判定被控侵权技术方案是否落入保护范围。由于多余指定与全面覆盖原则相矛盾，本质上削弱了权利要求的公示效力，增加了专利权保护范围的不确定性，是对公众权利的不适当损害，因此已经被摒弃。在专利侵权判定中，凡是专利权人写入专利权利要求的技术特征，都不应当被忽略，均应纳入技术特征对比之列。

依据全面覆盖原则判定被控侵权技术方案是否构成侵权，重点考虑技术特征是否相同或者等同，被控侵权技术方案是否因缺少或改变专利的某一技术特征而导致技术功能或效果变劣，不应被列入考虑范围之列。

【案例 1-2-3】

某案，其授权公告的权利要求 1 为："一种高层建筑无水箱直连供暖的排气断流装置，其特征在于该装置的圆柱形上壳体和倒置的圆台下壳体相接，上壳体上边有方便可拆的呼吸室兼盖板；内设有环绕螺纹导向板的杯状水封罐，水封罐内悬置有下呼吸管，下呼吸管上部与呼吸室兼盖板的呼吸室连通，呼吸室兼盖板的呼吸室上部接有上呼吸管，上呼吸管上部接活动的万向弯头，杯状水封罐的上部内衬有圆桶调节阀；上壳体上部的左进水管和右进水管分别与上壳体的上部呈切线相接，其出水管与下壳体下部同心相连。"

说明书中提到，通过涉案专利这种较为复杂的呼吸装置，可以在系统运行不平稳时，通过呼吸装置进行有规律的吸气和呼气，以保持系统内正常的大气压。另外，涉案专利中的环绕螺纹导向板，其主要作用为使进入断流器的水流强化成膜流状态，实现气水分离。

被控侵权产品与涉案专利有两点不同：（1）被控侵权产品的呼吸装置为逆止排气阀，只能呼气不能吸气；（2）被控侵权产品没有环绕螺纹导向板。

专利权人认为，虽然被控侵权产品相比专利权利要求存在以上两个不同点，但其属于被控侵权人故意缺少或者改变专利权利要求中记载的部分技术特征，使得被控侵权产品的技术效果明显变劣，变劣发明也构成侵权。

本案的争议点在于，上述两点区别是否导致被控侵权产品不落入涉案专利权的保护范围之内。

分析与评述

首先，涉案专利设有较为复杂的呼吸装置，其目的是在系统运行不平稳时，通过呼吸装置有规律的吸气和呼气，保持系统内正常的大气压。被控侵权产品内设有逆止排气阀，只能呼气，不能吸气，在系统运行不平稳，尤其是缓冲器内压力小于大气压时，外部空气无法进入，在缓冲器内会形成真空，不但不能形成膜流运动，系统也将无法运行，与涉案专利相比，将呼吸装置改为逆止排气阀是变劣的技术特征。

其次，涉案专利设有环绕螺纹导向板，其主要作用为使进入断流器的水流强化成膜流状态，实现气水分离。被控侵权产品也是利用膜流运动原理，但由于没有环绕螺纹导向板，不能强化膜流运动的形成，减压、减速的效果降低，性能和效果均不如涉案专利技术优越，因此被控侵权产品省略环绕螺纹导向板，也属变劣的技术特征。

根据全面覆盖原则，在判断被控侵权技术方案是否落入专利权保护范围时，应当将被控侵权技术方案的技术特征与专利权利要求记载的全部技术特征进行一一对比。至于被控侵权技术方案是否因缺少专利的某一技术特征而导致技术功能或效果变劣，不应被列入考虑范围之列。本案中，被控侵权产品缺少涉案专利中的环绕螺纹导向板特征，同时逆止排气阀与涉案专利中的呼吸装置既不相同也不等同，因此，被控侵权产品未落入涉案专利的保护范围。

专利权人所持变劣发明也构成侵权的观点虽然有一定的合理性，但本质上削弱了权利要求的公示作用，不应得到支持。因此，如果被控侵权技术方案与专利权利要求相比，因缺少某些技术特征而带来一定的功能缺失或者技术效果变劣，则应当认定被控侵权技术方案已经与专利权利要求有了明显区别，不会对专利权人的合法权益造成实质性损害，不应认定这种变劣发明侵犯了专利权。

2.3 相同侵权

依据全面覆盖原则判定被控侵权技术方案是否侵犯涉案专利权时，可分为相同侵权和等同侵权两种情况。一般而言，应当先判断被控侵权技术方案是否构成相同侵权，如不构成相同侵权，再判断是否构成等同侵权。

2.3.1 相同侵权的定义

相同侵权，是指被控侵权技术方案含有专利权利要求的全部技术特征，落入专利权利要求限定的范围之内。

2.3.2 相同侵权的判定

相同侵权中的"相同"，包括被控侵权技术方案的技术特征与专利权利要求的技术特征在表述上完全相同，或者表述上虽不同，但实质表达的含义相同，或者被控侵权技术方案的技术特征属于专利权利要求相应技术特征的下位概念等。

2.3.2.1 技术特征完全相同

在专利侵权判定中，如果仅从权利要求的字面上分析比较，就可以认定被控侵权技术方案的技术特征与专利权利要求的技术特征相同，或者二者虽然在文字表述上存在一定区别，但经过逐项比对，所述区别仅仅是文字表述的不同，其技术内容完全一致。用公式表示，即专利权利要求的技术特征为：$A+B+C+D$；被控侵权技术方案的技术特征也为：$A+B+C+D$，此时，被控侵权技术方案对于专利权利要求构成相同侵权。

2.3.2.2 被控侵权技术方案的技术特征为下位概念

如果专利权利要求与被控侵权技术方案相比，有一个或多个技术特征存在区别，所述区别为，专利权利要求的技术特征为上位概念，而被控侵权技术方案的相应技术特征为下位概念。用公式表示，即专利权利要求的技术特征为：A＋B＋C＋D，被控侵权技术方案的技术特征为：A＋B＋c＋d，其中 A、B、C、D 表示具有较大范围的上位概念，而 a、b、c、d 相应地表示具有较小范围的下位概念。此时，被控侵权技术方案落入专利权利要求的范围，构成相同侵权。

【案例 1－2－4】

专利权利要求 1：一种计算机装置，包括中央处理器、显示器、输入设备。

被控侵权产品 A：一种计算机装置，包括中央处理器、显示器、键盘。

分析与评述

被控侵权产品 A 与专利权利要求 1 中的计算机装置主题相同，技术特征基本相同，唯一的区别在于权利要求 1 中包含了"输入设备"，而被控侵权产品 A 中相应的技术特征为"键盘"。众所周知，"键盘"是一种具体的"输入设备"，属于"输入设备"的下位概念，因此被控侵权产品 A 落入了专利权利要求 1 的保护范围。

2.3.2.3 被控侵权技术方案增加了其他技术特征

如果被控侵权技术方案除包含涉案专利的权利要求中的全部技术特征外，还增加了新的技术特征。用公式表示，即专利权利要求的技术特征为：A＋B＋C，而被控侵权技术方案的技术特征为：A＋B＋C＋D＋E。此时，由于专利权利要求的全部技术特征在被控侵权技术方案中都有体现，因此构成相同侵权。

【案例 1－2－5】

专利权利要求 1：一种计算机装置，包括中央处理器、显示器、键盘。

被控侵权产品 B：一种计算机装置，包括中央处理器、显示器、键盘、鼠标、打印机、扫描仪。

分析与评述

尽管被控侵权产品 B 具有"鼠标、打印机、扫描仪"这些专利权利要求没有的技术特征，但由于被控侵权产品与专利权利要求技术主题相同，同样具有"中央处理器、显示器、键盘"，已经覆盖了专利权利要求的全部技术特征，因此，被控侵权产品 B 落入了专利权利要求的保护范围，构成相同侵权。

实践中，以下两种情形需要特别注意：

（1）在专利权利要求的基础上增加了其他技术特征的被控侵权技术方案可能因具备新颖性和创造性而被授予专利权，但前者为基本专利，后者为从属专利。尽管从属专利可以获得专利权，但未经基本专利的专利权人许可，实施从属专利的行为也将构成对基本专利的侵犯。

（2）在组合物领域（例如化学组合物或者合金组合物），当专利权利要求保护的是一种"封闭式"组合物产品时，如果被控侵权技术方案与专利权利要求相比，多出一种或一种以上的组分，则应当认定被控侵权技术方案未落入专利权利要求的保护范围，除非多出的技术特征属于不可避免的常规数量的杂质（参见本编第一章第 2 节 2.5.9）。

2.4 等同侵权

等同原则是专利侵权判定中的一项重要原则，它将专利权的保护范围延伸到与专利权利要求中相应技术特征等同的部分，目的在于弥补专利权利要求的语言局限性，避免被控侵权人对专利权利要求中的某些技术特征做非实质性的替代，而以不构成侵权为由逃避法律责任。

2.4.1 等同侵权的含义

等同侵权是指，被控侵权技术方案的某一个或某些技术特征与专利权利要求中记载的相应技术特征不相同,但两者的区别实质上是被控侵权技术方案相对专利权利要求,以基本相同的手段,实现基本相同的功能,能够达到基本相同的效果,并且是本领域技术人员无需经过创造性劳动就能够联想到的,此时,仍然认定被控侵权技术方案落入了专利权利要求的保护范围,构成侵权。

用公式表示,即专利权利要求的技术特征为:a、b、c,被控侵权技术方案的技术特征为:a、b、c'。如果特征 c 与特征 c' 相比,特征 c' 以基本相同的手段,实现了基本相同的功能,达到了基本相同的效果,并且属于本领域技术人员在特征 c 的基础上,无需创造性劳动就能想到的技术特征,则被控侵权技术方案构成对专利权利要求的等同侵权。

2.4.2 等同侵权的判定

2.4.2.1 判定等同的时间点

判断技术特征是否构成等同的时间点为被控侵权行为发生日,目的是防止在专利保护期间,被控侵权人在不改变专利技术实质的情况下,以很容易联想到的新出现的技术来代替专利权利要求中的某些技术特征,从而轻易逃避侵权责任。

2.4.2.2 判定等同的比较对象

判定被控侵权技术方案是否构成等同侵权时,应当将相应的技术特征进行比较,避免将被控侵权技术方案与专利权利要求进行整体比较。在判断技术特征是否等同时,重要的是看被控侵权技术方案中是否存在与专利权利要求中的某一技术特征等同的技术特征,并不要求专利权利要求的技术特征与被控侵权技术方案的技术特征一一对应。即使被控侵权技术方案用一个技术特征实现了专利权利要求中多个技术特征的功能,或者被控侵权技术方案中的多个技术特征实现了专利权利要求中的一个技术特征的功能,只要在被控侵权技术方案中能找到与专利权利要求相对应的技术特征,就不影响等同的认定。

2.4.2.3 等同特征的判断标准

当被控侵权技术方案的某技术特征与专利权利要求记载的相应技术特征相比,是以基本相同的手段,实现基本相同的功能,并达到基本相同的效果,且对于本领域技术人员来说,属于在侵权行为发生时通过阅读该专利的说明书、附图和权利要求书,无需经过创造性劳动就能够联想到的技术特征,则认为这两个技术特征是等同特征。

所谓"手段",是指为实现某一功能及达到某种技术效果所采取的方式。解决一个特定的技术问题,可能存在多种不同的技术手段,因此,不能仅仅从结果进行反推分析。即对于专利权利要求和被控侵权技术方案的相应技术特征,即使二者的功能和效果基本相同,但如果采取的手段明显不同,则仍然不能认为是等同特征。判断技术手段是否基本相同,应当站在被控侵权行为发生时本领域技术人员的角度,结合其具备的普通技术知识和能力,判断被控侵权技术方案中的相应技术特征是否是本领域常见的替代技术特征,本领域技术人员是否容易想到以及其对被控侵权技术方案是否有实质影响。例如,一项专利权利要求中,某一技术特征是采用"皮带传动",被控侵权技术方案替换为"链条传动"就属于基本相同的手段。

"功能"和"效果"分别是指相应的技术手段在整个技术方案中所发挥的作用和取得的技术效果。对于功能和效果,应当结合专利说明书和附图记载的内容以及被控侵权技术方案的技术原理,判断相应技术手段在被控侵权技术方案与专利权利要求中所发挥的作用是什么,究竟实现哪种具体的功能,达到何种具体的效果。同样,"手段"基本相同并不意味着"功能"和"效果"也一定基本相同,因为在某些情况下,某一技术手段表面上看在所属领域中是常见的,但是当与整个技术方案中的其他技术手段结合起来后却可能发挥完全不同的作用,并产生完全不同的技术效果。当然,通常情况下,"手段""功能"和"效果"是密切关联的,在等同侵权判定中,这三个因素往往相互影响,相互印证。

除了"手段""功能"和"效果"之外,判断是否构成等同侵权,还需要进一步判断所述技术特征是否为本领域技术人员不经过创造性劳动就能够联想到的,重点在于本领域技术人员对技术特征进行替换的可能性以及难易程度。

在等同侵权判定中,"手段""功能"和"效果"以及"本领域技术人员不经过创造性劳动能够联想到"这四个要素均要考虑,缺一不可。一般情况下,首先考察被控侵权技术方案区别于专利权利要求的技术特征是否属于基本相同的手段,然后考察二者是否具有基本相同的功能并产生基本相同的效果,最后判断对于这种技术特征的替换,本领域技术人员是否不经过创造性劳动就能够联想到。如果对于四个要素的回答均是肯定的,则二者构成等同特征。

2.4.2.4 等同特征的形式

(1)已知的常用技术要素的简单替换。

如果被控侵权技术方案用本领域技术人员容易想到的已知的常用技术要素替代专利权利要求中的相应技术特征,同时,替换后其功能和效果也基本相同,则应认定二者为等同特征。

【案例1-2-6】

专利权利要求1:一种轻型干粉灭火棒,由筒身、喷套、阀体、钢瓶、顶针、后盖塞组成,其特征在于筒身内有一带孔的活塞。

被控侵权产品:包括筒体、喷套、阀体、钢瓶、顶针、后盖塞、活塞,其特点是筒身内的活塞上有一缝隙。

本案的争议点在于,被控侵权产品中"筒身内的活塞上有一缝隙"与专利权利要求中"带孔的活塞"是否为等同特征。

分析与评述

被控侵权产品与涉案专利权利要求1的结构的不同之处在于,专利权利要求1筒身内有一带孔的活塞,被控侵权产品的筒身内活塞上有一缝隙。在工作状态时,专利权利要求的技术方案是高压气体通过活塞中间的圆孔喷出冲击干粉,被控侵权产品则是高压气体通过活塞上的缝隙喷出冲击干粉。但是,无论活塞中间设置圆孔还是缝隙,其功能和产生的效果都是使高压气体冲开依附在活塞上的柔性膜,使干粉从喷嘴喷出。因此两种产品在原理、功能上都相同,同时被控侵权产品与专利权利要求相比,在简化结构、降低生产成本等方面也没有实质性突破,二者的区别实质上属于本领域技术人员已知的常用技术要素的简单替换。因此,被控侵权产品"筒身内的活塞上有一缝隙"的特征与专利权利要求在活塞上带有孔的技术特征,属于以基本相同的手段,实现基本相同的功能,达到基本相同的效果,且对于本领域技术人员来说,无需经过创造性劳动就能够联想到的特征,二者构成等同特征。

(2)产品部件位置的简单移动。

如果相对于专利权利要求而言,被控侵权技术方案中某一部件的位置是本领域中该部件的常规设置位置,且这种位置的改变没有带来功能和效果上的明显差异,同时对本领域技术人员而言,进行这种部件位置的移动不需要付出创造性的劳动,则被控侵权技术方案中经改变的位置技术特征与专利权利要求中相应的部件位置技术特征构成等同特征。

【案例1-2-7】

专利权利要求1:一种防火隔热卷帘耐火纤维复合帘面,其中,所述的帘面由多层耐火纤维制品复合缝制而成,其特征在于:所述的帘面包括中间植有增强用耐高温的不锈钢丝或不锈钢丝绳的耐火纤维毯夹芯,由耐火纤维纱线织成的用于两面固定该夹芯的耐火纤维布,以及位于其中的金属铝箔层。

被控侵权产品：一种防火卷帘，帘面系由多层耐火纤维制品复合缝制而成，其中包括耐火纤维毯、耐火纤维布、金属铝箔层和钢丝绳，不锈钢钢丝绳放在耐火纤维毯的一侧。

权利要求1与被控侵权产品的特征对比如下表所示：

权利要求1	被控侵权产品	对比
防火隔热卷帘耐火纤维复合帘面	防火隔热卷帘多层耐火纤维复合帘面	相同
所述的帘面由多层耐火纤维制品复合缝制而成	帘面系由多层耐火纤维制品复合缝制而成	相同
耐火纤维毯夹心，中间植有增强用耐高温的不锈钢丝或不锈钢丝绳	耐火纤维毯夹心，不锈钢钢丝绳位于耐火纤维毯的一侧	有区别
由耐火纤维纱线织成的用于两面固定该夹芯的耐火纤维布	由耐火纤维纱线织成的用于两面固定该夹芯的耐火纤维布	相同
位于耐火纤维布中的金属铝箔层	位于耐火纤维布中的金属铝箔层	相同

本案的争议点在于，上述区别特征是否构成等同特征。

分析与评述

被控侵权防火卷帘产品的帘面包括了专利权利要求1中的大部分技术特征，区别在于，被控侵权产品将不锈钢钢丝绳放在耐火纤维毯的一侧，而专利权利要求将钢丝绳放在纤维毯的夹心中间。但帘面中加入钢丝绳系起增强作用，其位置的改变不影响该技术效果的实现。因此，被控侵权产品的上述特征属于以基本相同的手段，实现基本相同的功能，达到基本相同的效果，并且是本领域技术人员无需经过创造性劳动就能够联想到的特征，与涉案专利所记载的技术特征为等同特征，二者构成等同侵权。

（3）技术特征的分解或者合并。

技术特征的分解，是指被控侵权技术方案用两个或多个技术特征代替专利权利要求记载的某一个技术特征。技术特征的合并，是指被控侵权技术方案用一个技术特征代替专利权利要求中记载的两个或多个技术特征。如果这种分解合并没有改变技术特征在技术方案中所实现的功能和效果，且属于本领域技术人员不经过创造性劳动即可想到的简单变形，则其与专利权利要求中相应的技术特征为等同特征。

【案例1-2-8】

专利权利要求1：一种除臭吸汗鞋垫，其特征是：它是由两层防滑层于相对的内面各附设一单向渗透层，其间再叠置粘结吸汗层和除臭层，吸汗层与除臭层相邻。

根据说明书的记载，涉案专利的发明目的是针对现有技术中的鞋垫在除臭时容易产生潮湿、导致除臭效果减弱等不足进行的改进设计，其吸汗层采用吸水树脂制成，除臭层采用活性炭铺设而成。

被控侵权产品鞋垫的结构为：表面是防滑层，防滑层下为干爽表面（单向渗透层），干爽表面下为吸汗除臭层，吸汗除臭层的材质为吸水树脂和活性炭。

被控侵权产品与专利权利要求1相比，二者的区别在于，被控侵权产品将吸汗层和除臭层合并为一层，将活性炭与吸水树脂混合设置，然后利用干爽网面和防滑层将其封困。而专利权利要求中吸汗层与除臭层分别设置，活性炭层与吸水树脂层分别设置，两层紧密相邻，然后利用干爽网面和防滑层将其封闭。

本案的争议点在于,被控侵权产品中的"吸汗除臭层"与专利权利要求中的"吸汗层和除臭层"是否为等同特征。

分析与评述

判断被控侵权产品以吸汗除臭层代替专利权利要求中记载的吸汗层和除臭层是否侵犯专利权,需要分析合并后的吸汗除臭层与吸汗层和除臭层分别设置二者所发挥的功能和取得的效果是否基本一致,以及这种技术特征的合并对本领域技术人员来说是否容易联想到。

首先,将活性炭与吸水树脂混合设置的除臭吸汗层在功能上与分别设置除臭层和吸汗层完全相同,都是为了吸收汗液以及除去气味。

其次,二者的原理都是物理吸收和吸附作用,因此当被控侵权产品和专利权利要求中采用的活性炭和吸水树脂的量一致时,不论分别设置还是混合设置,其吸水和除臭效果也都基本相同。

同时,吸水树脂与活性炭之间并不发生化学反应,两者的制备工艺也相差无几,本领域技术人员不付出创造性劳动就容易联想到这种技术特征的合并。

虽然被控侵权产品用一个技术特征代替了权利要求中记载的两个技术特征,但这种合并没有改变技术特征在技术方案中所起的作用和所实现的功能与效果,且本领域技术人员不付出创造性劳动即可想到技术特征的这种简单变形,因此被控侵权产品的除臭吸汗层与专利权利要求中相应的除臭层和吸汗层为等同特征。

(4)方法步骤顺序的简单变化。

如果被控侵权技术方案仅对方法权利要求或者以方法特征限定的产品权利要求中步骤的组合顺序进行简单变换,而改变顺序后的步骤与原步骤仍然发挥基本相同的功能,并取得基本相同的技术效果,同时,步骤的变化对方法整体上也不产生实质的影响,本领域技术人员不付出创造性劳动就容易想到,则应认定二者为等同特征。反之,如果对方法步骤的改变导致其在专利权利要求中与被控侵权技术方案中所发挥的作用、实现的功能、取得的技术效果均有明显的改变,则不应认定二者为等同特征。

【案例1-2-9】

专利权利要求1:一种制造弹簧铰链的方法,依次包括四个步骤:①提供一用于形成铰接件的金属带;②切割出大致与铰接件外形一致的区域;③通过冲压形成一圆形部分以形成铰接件的凸肩;④冲出铰接件的铰接孔。

说明书记载:现有的弹簧铰链一般由一个铰接件、一个锁紧件和一个弹簧件组成,由于这些零件的尺寸很小,组装相当复杂。又由于这些零件通常都是散装料供给,所以首先需要麻烦的找正,才能把各件组装在正确的位置上。本发明的任务在于提供一种弹簧铰链的经济制作方法,并改进零件的搬运,因而产生良好的经济效益。在本发明中,用金属带加工的铰接件在铰接件仍与金属带连接时进行弹簧和锁紧件安装,这样在部件组装之前一方面取消了铰接件的中间加垫,另一方面又取消了铰接件的找正。组成的部件不从金属带上切断,因而搬运到弹簧铰链外壳中使用特别方便。

权利要求3记载:根据权利要求1所述的铰接件,还包括在铰接件仍与金属带连接时把弹簧件装在铰接件上形成一个装配单元的步骤。

被控侵权产品的加工过程依次为:①将金属带材送入冲压机冲下铰接件;②用钳子夹住铰接件前部,用锻压机将铰接件后部砸圆;③用钳子夹住铰接件前部,将铰接件插入打孔机内打孔;④用铅丝从铰接件前部圆孔中穿过,将若干个铰接件穿在一起后用抛光轮抛光。

本案的争议点在于，被控侵权产品加工顺序的变化与涉案专利中相应的步骤是否构成等同特征。

分析与评述

结合说明书和权利要求3的内容可以看出，涉案专利中，切割出大致与铰接件外形一致的区域，包括"用于形成凸肩的基本形状"和"具有铰接孔范围的至少一部分"，金属带与铰接件的分离是在冲孔并安装了弹簧和锁紧件之后，而被控侵权技术方案中，金属带与铰接件在形成凸肩（第二步）、冲孔（第三步）之前就已经分离。

按照专利说明书的相关表述，如果发生步骤变化，将无法实现专利的技术效果和技术目的，即如果先将铰接件从金属带材上切割下来，那么在随后的安装过程中，需要进行找正才能将各部件组装到正确的位置上，这正是被控侵权技术方案必须经历的过程。因此，被控侵权方法将步骤顺序交换之后，取得的技术效果与涉案专利方法明显不同，步骤顺序的变化不构成等同特征。

以上列举的几种等同特征的形式并非穷举，要做到对等同原则的准确适用，必须在具体案件中具体分析，牢牢把握本领域技术人员这一主体所具有的能力和水平。通过以下3个案例来说明等同侵权的判定方法。

【案例1-2-10】

专利权利要求1：一种用于粉条加工的揉面机，包括机架，以及在机架上部设置有带有进、出料口的料斗；其特征在于，该料斗内水平设置了由驱动电机驱动的输送搅龙，在位于所述出料口上方的机架上并排设置有两个相通的"U"形揉面斗，其中一个"U"形揉面斗的底部与所述出料口相连通；在位于每个"U"形揉面斗上方的机架上分别设置有一揉面锤，所述两揉面锤的支撑架通过曲柄连杆机构与驱动电机的动力轴相连接。

被控侵权产品的技术特征可以分解如下：1. 机架；2. 机架上部设置有带有进、出料口的料斗；3. 该料斗内水平设置了由驱动电机驱动的输送搅龙；4. 所述出料口上方的机架上并排设置有两个相通的"U"形揉面斗，其中一个"U"形揉面斗的上部与所述出料口相连通；5. 位于每个"U"形揉面斗上方分别设置有一揉面锤，每一揉面锤具有一支撑架，每一揉面锤的支撑架之间由杠杆连接，其中一个揉面锤的支撑架通过曲柄连杆机构与驱动电机上减速器的动力轴相连接，该揉面锤支撑架通过杠杆运动使两个揉面锤反向上下往复运动。

分析与评述

将权利要求1与被控侵权产品进行技术特征对比如下表所示：

	权利要求1	被控侵权产品	对比
1	机架	机架	相同
2	机架上部设有带进、出料口的料斗	机架上部设有带有进、出料口的料斗	相同
3	该料斗内水平设置了由驱动电机驱动的输送搅龙	该料斗内水平设置了由驱动电机驱动的输送搅龙	相同
4	在位于所述出料口上方的机架上并排设置有两个相通的"U"形揉面斗，其中一个"U"形揉面斗的底部与所述出料口相连通	所述出料口一侧下方的机架上并排设置有两个相通的"U"形揉面斗，其中一个"U"形揉面斗的上部与所述出料口相连通	有区别

续表

	权利要求1	被控侵权产品	对比
5	在位于每个"U"形揉面斗上方的机架上分别设置有一揉面锤,所述两揉面锤的支撑架通过曲柄连杆机构与驱动电机的动力轴相连接	位于每个"U"形揉面斗上方分别设置有一揉面锤,每一揉面锤具有一支撑架,每一揉面锤的支撑架之间由杠杆连接,其中一个揉面锤的支撑架通过曲柄连杆机构与驱动电机上减速器的动力轴相连接,该揉面锤支撑架通过杠杆运动使两个揉面锤反向上下往复运动	有区别

本案的争议点在于,被控侵权产品的技术特征4和5是否分别与权利要求中的相应技术特征构成等同特征。

对于技术特征4,被控侵权产品只是在专利的基础上,将料斗相对于揉面斗上移,从而利用了面团自身的重力。但由于面团本身不易流动,如果不利用输送搅龙挤压,仅靠面团自身重力难以实现料斗中的面团输送到揉面斗的目的。反过来讲,如果仅靠面团自身重力即可以实现料斗中的面团自流到揉面斗中的目的,就无需采用输送搅龙这一技术手段。因此,被控侵权产品实质上仍是利用输送搅龙挤压将面团通过出料口输送到揉面斗,与专利权利要求一样,两者都需要利用输送搅龙这一部件实现将面团由料斗挤压输送到揉面斗这一功能。可见,与专利权利要求的该项技术特征相比,被控侵权产品系采取基本相同的手段,实现基本相同的功能,达到基本相同的效果。而且物体由于自身的重力能够自上而下滑落是一种普通生活常识,因此,将料斗相对于揉面斗上移对于本领域技术人员来讲,无需经过创造性劳动即可联想到。被控侵权产品的该项技术特征构成相应专利技术特征的等同特征。

对于技术特征5,根据专利说明书和附图的记载,两个揉面锤共用的一个支撑架通过曲柄连杆机构与驱动电机的动力轴相连接,动力驱动装置通过曲柄连杆机构带动两个揉面锤同向上下往复运动。因此,专利技术特征5可以理解为:在位于每个"U"形揉面斗上方的机架上分别设置有一揉面锤,所述两揉面锤共用的一个支撑架通过曲柄连杆机构与驱动电机的动力轴相连接,动力驱动装置通过曲柄连杆机构带动两个揉面锤同向上下往复运动。将第5项对应技术特征进行对比,专利权利要求的两揉面锤共用一个支撑架,并通过曲柄连杆机构和动力驱动装置带动两个揉面锤同向上下往复运动;被控侵权产品则是两揉面锤各有一支撑架,两个揉面锤的支撑架之间由杠杆连接,其中一个揉面锤的支撑架通过曲柄连杆机构和动力驱动装置使两个揉面锤反向上下往复运动。虽然两者均具有通过支撑架支撑揉面锤,动力驱动装置通过曲柄连杆机构带动揉面锤的支撑架上下运动的基本功能,但从揉面锤的工作原理和运动方式来看,二者并非基本相同的手段;同时,由于被控侵权产品的动力驱动装置驱动的是一个揉面锤的支撑架,而专利的驱动装置驱动的是两个揉面锤的支撑架,被控侵权产品的这种设计更节省动力,可使用相对较小功率的驱动电机,而且,被控侵权产品利用杠杆原理使两个揉面锤反向上下往复运动也避免了专利的两个揉面锤共用一个支撑架时同向向上运动时所作的无用功。由此可见,二者在技术效果上亦有明显不同。此外,被控侵权产品的这种变换手段,对于本领域技术人员而言,也并非不经过创造性劳动就能够联想到。因此,二者该项对应技术特征不构成等同特征。

【案例1-2-11】

专利权利要求:一种三氯异氰尿酸消毒制剂,其特征在于由30%~68%重量百分比的三氯异氰尿酸与相应 32%~70% 重量百分比的氯化钠均匀混合而成。

被控侵权产品："鱼用强氯精"，其中三氯异氰尿酸含量为 40%，助剂成分为 60% 钠盐。经鉴定，该产品有效氯总量（以 Cl 计）为 52.9%，硫酸钠含量为 36.8%。

分析与评述

将权利要求 1 与被控侵权产品进行技术特征对比如下表所示：

权利要求 1	被控侵权产品
有效成分为三氯异氰尿酸，有效氯含量范围在 25%~62% 之间	有效成分三氯异氰尿酸，有效氯含量为 52.9%
助剂为氯化钠，重量百分比为 32%~70%	助剂为硫酸钠，重量百分比为 36.8%

被控侵权产品的有效成分三氯异氰尿酸与专利权利要求相同，其有效氯含量为 52.9%，落在专利的三氯异氰尿酸用量范围内，因此有效成分属于相同的技术特征。

专利权利要求中，助剂为氯化钠，重量百分比为 32%~70%，而被控侵权产品使用的助剂为硫酸钠，重量百分比为 36.8%，两者这一技术特征不相同，但二者是否构成等同特征，需要从以下三个方面进行分析。

首先，分析氯化钠和硫酸钠的理化性质。理化性质的分析旨在判断其对专利权利要求和被控侵权产品而言，是否属于基本相同的技术手段。基于氯化钠和硫酸钠均为中性的、溶解性能良好的无机盐，而且都是钠盐，因此属于基本相同的技术手段。

其次，分析硫酸钠与氯化钠在被控侵权产品和专利权利要求中的作用。助剂在专利中的作用是将有效氯含量在 85%~90% 之间的原料三氯异氰尿酸稀释，降低消毒制剂的有效氯含量，使有效氯含量在 25%~62% 之间，同时也促进三氯异氰尿酸的溶解。硫酸钠在被控侵权技术方案中也起相同的作用。

再者，分析两者取得的技术效果。两者对原料三氯异氰尿酸的作用是一致的，都是为了降低消毒制剂中有效氯的百分含量和提高三氯异氰尿酸的溶解度。同时被控侵权产品中硫酸钠的百分含量也在专利权利要求助剂的百分含量范围之内，因此虽然两者使用的助剂不是同一种钠盐，但是达到的技术效果是一致的。

最后，采用硫酸钠代替氯化钠，是本领域技术人员无需经过创造性劳动就能够得出的，助剂硫酸钠对于专利权利要求中的助剂氯化钠来说是一种等同替换。

【案例 1-2-12】

专利权利要求 1：一种玻璃钢夹砂顶管，它由管头、管身以及管尾组成，管头和管尾管径一致，管尾连接部设有密封用套环，管头、管尾通过套环连接，其特征在于：所述的管头、管身以及管尾采用树脂基体，管身设有两维以上方向绕制的纤维层以及石英夹砂层，管头和管尾设有为两维以上方向绕制的纤维层，所述的套环紧密设置在管头或管尾外壁的凹台内。

被控侵权产品：与专利权利要求 1 存在一个区别，即专利权利要求中的技术特征为"管头和管尾管径一致"，被控侵权产品的相应技术特征为"插口的管外径小于承口的管外径，有锥度"。

本案的争议点在于，被控侵权产品与专利权利要求的上述技术特征是否构成等同特征。

分析与评述

被控侵权产品中插口、承口的管内径虽然一致，但是二者的管外径并不一致，具体表现为承口管外径上设有用于安装钢套环的水平凹台，并且承口管外径与钢套环紧密配合；而插口管外径呈不规则台阶状。尽管专利申请日前公开的《顶管施工技术》中已经公开了注浆减阻的工作原理以及注浆孔、台阶状管外径等技术特征，本领域技术人员在顶管施工中为了实现注浆减阻的目的，能够在《顶管施工技术》所给出的技术启示下，在不付出创造性劳动的情况下，显而易见地想到被控侵权产品中的注浆孔以及插口管外径呈不规则台阶状等技术特征。

但是，由于被控侵权产品中的插口管外径呈不规则台阶状，一方面导致插口管外径与钢套环之间并不能紧密配合，无法实现增强管道连接密封性的功能和效果；另一方面能够在管外径与钢套环之间形成供减阻砂浆通过的环形空间，使得从注浆孔中注入的减阻砂浆可以经由该环形空间均匀分布在管道周围，形成润滑套，实现减少管道外壁与土壤间的摩擦阻力，提高管道顶进效率的有益功能和效果。因此，被控侵权产品中技术特征"插口管外径呈不规则台阶状"所实现的功能和效果，与权利要求1中"管头和管尾管径一致"所实现的功能和效果具有实质性的差异，二者不属于等同特征。

由该案可见，在判断技术特征是否等同时，不仅要考虑被控侵权技术方案的技术特征是否属于本领域技术人员无需经过创造性劳动就能够联想到的技术特征，还要考虑被控侵权技术方案的技术特征与专利权利要求的技术特征相比，是否属于基本相同的技术手段，实现基本相同的功能，达到基本相同的效果。只有以上两个方面的条件同时具备，才能够认定二者属于等同特征。

2.5 等同原则的限制

等同原则对于平衡专利权人和社会公众之间的利益具有重要意义，然而，等同原则实质上将专利权的保护范围扩大到了权利要求字面限定的范围之外，使专利权人的利益得到了更充分的保护。在充分保护专利权的同时，适用等同原则会在一定程度上减弱权利要求的公示作用。为了保证专利权人和社会公众利益的平衡，体现等同原则的价值，还必须对等同原则的适用加以适当的限制。

2.5.1 禁止反悔原则

禁止反悔原则，是民法中诚实信用原则在专利侵权民事诉讼以及专利侵权行政执法程序中的体现。一般来说，专利说明书、权利要求书以及专利申请人/专利权人向专利局或专利复审委员会提交的意见陈述，充分反映了专利申请人/专利权人对于其发明创造中技术特征和技术方案的理解。在专利申请审批程序（以下简称授权程序）、专利权无效宣告程序（以下简称确权程序）以及判断被控侵权技术方案是否侵犯专利权时，专利权人对权利要求中技术特征的解释应当前后一致，不能允许专利权人在专利授权或确权程序中，为了获得授权或者维持专利权有效对权利要求进行较窄的解释，而在专利侵权纠纷处理中，为了说明他人侵犯专利权而对权利要求进行较宽的解释。如果允许专利权人在侵权纠纷处理中通过主张等同侵权而将先前放弃的技术方案再纳入到专利权保护范围内，将会由于专利权人的反悔而损害社会公众的利益。

2.5.1.1 禁止反悔原则的含义

所谓禁止反悔原则，是指权利人将专利申请人/专利权人在专利授权或确权程序中，通过修改权利要求书、说明书或者意见陈述而放弃的技术方案，在侵犯专利权纠纷案件中反悔，重新纳入专利权的保护范围的，管理专利工作的部门不应予以支持。

2.5.1.2 禁止反悔原则的适用

当专利申请人/专利权人为了满足专利法及其实施细则关于授予专利权的实质性条件而对申请文件或专利文件进行修改或者意见陈述时，如果该修改或意见陈述限制了权利要求的保护范围,并且修改或意见陈述的目的是为了获得授权或维持专利权继续有效,将可能导致禁止反悔原则的适用。

(1) 修改或意见陈述必须明确且有证据能够证明。

在适用禁止反悔原则时,专利申请人/专利权人对有关技术特征所作的修改以及限制承诺或放弃必须是明示的,而且已经被记录在专利审查文档中。

(2) 管理专利工作的部门可主动适用禁止反悔原则。

禁止反悔原则是对等同原则的限制,目的是维持专利权人与社会公众之间的利益平衡,管理专利工作的部门在认定是否构成等同侵权时,即使被控侵权人没有主张适用禁止反悔原则,也可以根据业已查明的事实,通过适用禁止反悔原则对权利人主张的专利权范围予以必要的限制,以合理地确定专利权的保护范围。

(3) 修改和意见陈述都可以适用禁止反悔原则。

我国专利授权的实质性条件主要包括:要求保护的发明创造应当具备新颖性、创造性和实用性;要求保护的发明应当属于能够授予专利权的主题范围;专利说明书应当对要求保护的发明创造作出清楚、完整的说明,使本领域技术人员能够实施该发明创造;权利要求书应当以说明书为依据,清楚、简明地限定权利要求保护的发明创造。在专利授权、确权程序中,专利申请人或专利权人为了满足专利授权的条件而进行的修改或意见陈述均可能导致禁止反悔原则的适用。

① 修改导致的禁止反悔原则的适用。

适用禁止反悔原则最常见的情形是专利申请人或专利权人在专利授权或确权程序中对权利要求进行的修改。对于因修改而导致权利要求保护范围缩小的情形,不论修改的具体原因和动机如何,均可能导致禁止反悔原则的适用。

例如,无论修改是为了克服新颖性、创造性的缺陷,还是为了克服权利要求得不到说明书支持、权利要求不清楚等缺陷;无论修改是专利申请人自行提交的主动修改,还是为了克服审查员指出的缺陷而作出的被动修改,只要对权利要求的范围作出限缩,并且被审查员所接纳,均可以适用禁止反悔原则。

【案例1-2-13】

专利权利要求1:一种防治钙质缺损的药物,其特征在于:它是由下述重量配比的原料制成的药剂:活性钙4~8份,葡萄糖酸锌0.1~0.4份,谷氨酰胺或谷氨酸0.8~1.2份。

涉案专利原始申请文件中,其独立权利要求中与"活性钙"相对应的技术特征为"可溶性钙剂"。说明书中记载,可溶性钙剂包括葡萄糖酸钙、氯化钙、乳酸钙、碳酸钙或活性钙。国家知识产权局在审查意见通知书中指出,该权利要求1使用的上位概念"可溶性钙剂"包括各种可溶性的含钙物质,概括了一个较宽的保护范围,而申请人仅对其中的"葡萄糖酸钙"和"活性钙"提供了配制药物的实施例,对于其他的可溶性钙剂没有提供配方和效果实施例,本领域技术人员难以预见其他的可溶性钙剂按发明进行配方也能在人体中发挥相同的作用,因此,权利要求得不到说明书实质的支持,不符合《专利法》第二十六条第四款的规定。申请人根据上述审查意见对权利要求书进行了修改,将"可溶性钙剂"修改为"活性钙"。

被控侵权产品为一种葡萄糖酸钙锌口服溶液,其含有葡萄糖酸钙。

本案争议点在于,被控侵权产品的葡萄糖酸钙与权利要求1中的活性钙是否构成等同特征。

分析与评述

专利申请人在专利授权程序中对权利要求1作出修改,放弃了包含"葡萄糖酸钙"技术特征的技术方案。根据禁止反悔原则,专利申请人或专利权人在专利授权或确权程序中,通过对权利要求书、说明书的修改或者意见陈述而放弃的技术方案,在专利侵权纠纷中不能被纳入专利权的保护范围。因此本案中,专利权的保护范围不应包括"葡萄糖酸钙"技术特征的技术方案。被控侵权产品的相应技术特征为葡萄糖酸钙,属于专利权人在专利授权程序中放弃的技术方案,与权利要求1中记载的"活性钙"不构成等同特征。

② 意见陈述导致的禁止反悔原则的适用。

在专利授权程序中,针对审查员提出的反对意见,专利申请人经常通过陈述意见进行争辩。专利申请人提交争辩意见有时伴随着对申请文件的修改,有时仅仅是提出争辩意见而不修改申请文件。在专利确权程序中,为了维持专利权有效,针对无效宣告请求人的无效理由,专利权人往往也需要对权利要求书中的技术术语、技术特征或技术方案进行解释。如果在专利授权、确权程序中关于权利要求的解释对其保护范围产生了限缩性影响,则可能导致禁止反悔原则的适用。

【案例1-2-14】

专利权利要求1:"一种汽车地桩锁,其特征在于:它由底座(1)、芯轴(2)、活动桩(3)和锁具(4)构成,所述底座(1)固定在地面上,所述活动桩(3)通过芯轴(2)与座(1)相连,活动桩设有供锁具(4)插入的孔。"

在该专利的确权程序中,针对无效宣告请求人提出的有关创造性的无效理由,专利权人在其答辩意见中称:"活动桩设有供锁具插入的孔。该描述的含义是,锁具不是永久固定在孔中,而是根据使用状态呈现两种连接关系,即锁定时位于活动桩的孔中,打开时,从孔中取出,与活动桩的孔分离。"

根据专利权人的陈述,专利复审委员会作出了维持专利权有效的决定。在无效宣告请求审查决定中,专利复审委员会认定:"在锁闭地桩锁时,权利要求1的活动桩上所设置的孔可供锁具整体地插入以达到锁闭地桩锁的目的,开启地桩锁时,可将锁具全部取出,活动桩上也无需设置附加的固定装置来固定锁具,因而该专利相对于现有技术具有实质性特点和进步,具备创造性。"

被控侵权产品:除锁具固定在底座上之外,其他技术特征与专利权利要求相同。

本案的争议点在于,被控侵权产品是否构成等同侵权。

分析与评述

在确权程序中,专利权人为克服无效宣告请求人提出的有关涉案专利不具备创造性的缺陷,在意见陈述中明确了其专利中"活动桩设有供锁具插入的孔"这一技术特征的含义,对权利要求的保护范围进行了实质性的限定,专利复审委员会认可了专利权人对这一技术特征的解释,据此认定权利要求所取得的技术效果并最终判定涉案专利具备创造性,维持专利权有效。因此,根据禁止反悔原则,所述技术特征与被控侵权产品"锁具固定在底座上"的技术特征不等同。

2.5.2 捐献原则

专利授权程序中,可能出现说明书中公开的技术方案未被权利要求书覆盖,或者专利申请人为了通过审查,撰写保护范围比较窄的权利要求,而在说明书中又对其进行扩张性解释。针对以上两种情况,在专利侵权纠纷处理中,专利权人可能通过主张等同而将说明书扩张的部分或者说明书中公开却未被权利要求所覆盖的技术方案纳入到专利权的保护范围。捐献原则的确立,就是为了避免这种情况的发生,维护权利要求的公示作用,平衡专利权人与社会公众的利益。

2.5.2.1 捐献原则的含义

所谓捐献原则，是指对于仅在说明书或者附图中描述而在权利要求中未记载的技术方案，权利人在侵犯专利权纠纷案件中将其纳入专利权保护范围的，管理专利工作的部门不应予以支持。

在专利侵权判定中，如果被控侵权产品的技术方案在涉案专利的说明书中公开，但并没有落入权利要求限定的范围，则认为专利权人已将该技术方案捐献给了社会公众，不应再通过主张构成等同侵权而获得保护。

2.5.2.2 捐献原则的适用

适用捐献原则有两个条件。一是只有说明书中对相关主题有具体明确的描述，并且明显以替代方案出现时，才可适用捐献原则，不能以说明书中披露了上位概念为由而推定对其所有的下位概念都要适用捐献原则；二是相关主题是否在说明书中有清楚、具体的描述，需要由本领域技术人员在阅读整个说明书后作出判断。

应当注意，在专利侵权判定中，常常要参考说明书记载的内容解释权利要求的保护范围。如果权利要求中记载的特征 A 只能解释成说明书中记载的特征 B，而被控侵权产品使用的恰好是特征 B 时，不能适用捐献原则以特征 B 在权利要求中没有文字记载为由认定不构成侵权。

【案例 1-2-15】

某专利涉及一种制造印刷电路板的方法。在现有技术中，在制造印刷电路板的成层工艺中，铜箔是由手工处理的，容易遭到损坏。涉案专利将铜箔黏附在硬基片上，能够避免手工处理过程中可能出现的损坏。在该专利权利要求中，将硬基片限定为铝片。说明书中记载：虽然铝是硬基片的优选材料，但也可以使用诸如不锈钢、镍合金等其他材料，有时也可以使用聚丙烯。

被控侵权方法使用的是不锈钢材料。

本案的争议点在于，被控侵权方法使用不锈钢材料是否构成等同侵权。

分析与评述

当专利权人在说明书中公开了一个技术方案，但没有在权利要求书中请求保护时，意味着专利权人将该技术方案捐献给了社会公众。本案中，专利说明书中涉及不锈钢材料的技术方案并没有被划入专利权的保护范围，实际上已经被专利权人捐献给社会公众。这种情况下，专利权人依等同侵权而将其纳入专利权保护范围的主张不能成立。

【案例 1-2-16】

专利权利要求：一种离心式开沟机，其特征在于机体的中心部有一开沟机轴，机轴上带有一切土刀架，刀架的断面呈"十"字形，即圆周四等分设置……。

说明书中记载：刀架的端面呈"十"字形，即圆周四等分设计，也可以是六等分、八等分设计。

被控侵权产品：一种农用葡萄培土机，除刀架为六等分外，其他技术特征与专利权利要求相同。

本案的争议点在于，被控侵权产品采用六等分设计的刀架是否构成等同侵权。

分析与评述

涉案专利说明书中明确记载：刀架的端面可以是圆周四等分设计，也可以是六等分、八等分设计。然而，在权利要求中仅仅要求保护刀架端面为四等分设计的技术方案，这意味着专利权人将六等分、八等分的技术方案捐献给了社会公众。因此被控侵权产品不能被认定构成等同侵权。

第三章 发明、实用新型专利侵权抗辩

在专利侵权纠纷处理中，被控侵权人为了证明其未侵犯专利权，往往会采取一系列抗辩手段。常见的抗辩事由包括，例如基于《专利法》第十一条规定的侵权行为构成要件抗辩、基于《专利法》第六十二条规定的现有技术抗辩、基于《专利法》第六十九条规定的不视为侵权抗辩，以及诸如专利权效力抗辩、诉讼时效抗辩等其他类型的抗辩。

1. 现有技术抗辩

现有技术抗辩，是指在侵犯专利权纠纷案件中，被控侵权人主张被控侵权技术方案采用的是现有技术，因而其行为不侵犯权利人所主张的权利的一种抗辩方式。

1.1 现有技术抗辩的目的及性质

《专利法》第六十二条规定，在专利侵权纠纷中，被控侵权人有证据证明其实施的技术或者设计属于现有技术或者现有设计的，不构成侵犯专利权。该规定的目的在于，保障社会公众能够自由利用现有技术，对使用现有技术的公众提供免受侵权纠纷的救济，从而保障现有技术自由、便利、广泛地传播和使用。

现有技术抗辩是被控侵权人针对停止侵权、损害赔偿等专利请求权行使的一种抗辩权，其效力在于阻止请求权的行使，一般只有在被控侵权技术方案落入了专利权的保护范围时才适用。现有技术抗辩不能变更专利权的保护范围，不能将属于现有技术的范围从专利权的保护范围中排除，也不能否定专利权的效力。

现有技术抗辩作为一种抗辩权，必须以被控侵权人提出抗辩主张为前提，管理专利工作的部门不能依职权主动调查适用。

1.2 现有技术范围

《专利法》第二十二条定义新颖性和创造性时，对现有技术的范围进行了限定。《专利法》第六十二条关于现有技术抗辩中的现有技术范围与《专利法》第二十二条相同。需要注意的是，2008年修改《专利法》时，对《专利法》第二十二条中现有技术的范围进行了调整，随着这一调整，现有技术抗辩中的现有技术范围也相应发生了变化。因此，在专利侵权纠纷处理中，如果权利人主张的专利权的专利申请日（有优先权的指优先权日，下同）在2009年10月1日之前，则被控侵权人能够援引进行抗辩的现有技术应当为：在专利申请日以前在国内外出版物上公开发表、在国内公开使用或以其他方式为公众所知的技术；如果权利人主张的专利权的专利申请日在2009年10月1日之后（含申请日），则被控侵权人能够援引进行抗辩的现有技术应当是：在专利申请日以前在国内外为公众所知的技术。

1.2.1 公开出版物构成现有技术

出版物公开是现有技术的一种最常见的公开方式。专利法意义上的出版物，是指记载有技术或者设计内容的独立存在的传播载体，并且应当标明或者有其他证据证明公开发表或出版的时间。

符合上述含义的出版物可以是各种印刷的、打字的纸件，例如专利文献、科技杂志、科技书籍、学术论文、专业文献、教科书、技术手册、正式公布的会议记录或者技术报告、报纸、产品样本、产品目录、广告宣传册等，也可以是用电、光、磁、照相等方法制成的视听资料，例如缩微胶片、影片、照相底片、录像带、磁带、唱片、光盘等，还可以是以其他形式存在的资料，例如存在于互联网或其他在线数据库中的资料等。出版物不受地理位置、语言或者获得方式的限制，也不受年代的限制。出版物的出版发行量多少、是否有人阅读过、申请人是否知道是无关紧要的。

印有"内部资料""内部发行"等字样的出版物,确系在特定范围内发行并要求保密的,不属于公开出版物。

出版物的印刷日视为公开日,有其他证据证明其公开日的除外。印刷日只写明年月或者年份的,以所写月份的最后一日或者所写年份的12月31日为公开日。

审查员认为出版物的公开日期存在疑义的,可以要求该出版物的提交人提出证明。

当被控侵权人以出版物进行现有技术抗辩时,要注意核查现有技术的公开时间是否在专利申请日之前。

【案例1-3-1】

某实用新型专利,名称为"旋转式吸管瓶盖",申请日为1998年3月3日,授权公告日为1999年3月25日。该专利的权利要求1为:一种旋转式吸管瓶盖,主要由瓶、封口膜、瓶盖接头、吸管、护盖组成,其特征在于瓶口上粘贴有封口膜,瓶口上通过螺纹旋拧有瓶盖接头,瓶盖接头上通过螺纹旋拧有吸管,吸管上套插有护盖;吸管的内管上设有锥刺,吸管的外管内设有螺纹,吸管的外管外设有主拨头,护盖内设有主拨头。

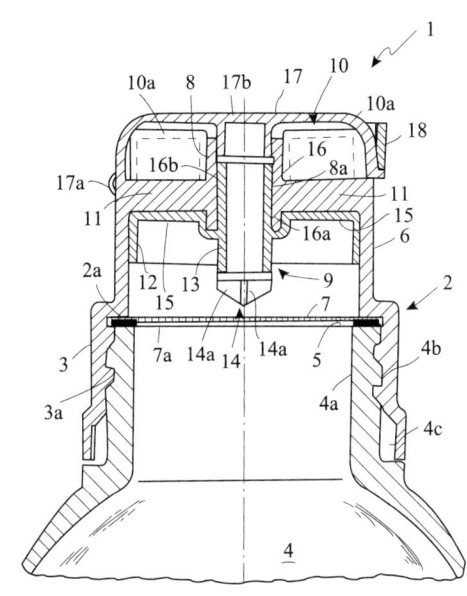

涉案专利视图

被控侵权产品为某品牌AD钙奶所使用的瓶盖。在侵权纠纷处理中,被控侵权人认为,其销售的AD钙奶所使用的瓶盖系现有技术,并提交文献号为DE4323666Al的德意志联邦共和国专利公布文本。经核实,所述专利文献的公开日为1994年1月27日。该专利文献的说明书部分记载:"利用封闭装置也已经为人所知,将瓶盖(固定)部分旋紧在瓶口上。在使用时,把帽用螺纹向内旋拧使得安置在盖内部的尖端刺破膜。此时,产品通过预置的导管取出,所述导管穿过盖罩伸进去,而不把它取出和与瓶子分开"(具体结构如图所示)。德国专利文献公开的技术方案与被控侵权AD钙奶瓶盖采用的技术方案相同。可见,被控侵权奶瓶盖所采用的技术属于现有技术,故不构成对涉案专利技术的侵犯。

分析与评述

专利文献是最常用作现有技术抗辩的证据类型之一,在判断现有技术抗辩是否成立时,重点需要核实如下内容:(1)被控侵权人提交的现有技术证据的公开日是否在涉案专利的申请日之前,是否构成涉案专利的现有技术;(2)所述现有技术证据是否公开了与被控侵权技术方案完全或实质相同的技术特征。本案中,用于现有技术抗辩的德国专利文献DE4323666Al的公开日为1994年1月27日,早于涉案专利的申请日,构成涉案专利的现有技术;其中公开的瓶盖结构也与被控侵权的AD钙奶瓶盖技术特征相同。因此,现有技术抗辩成立。

1.2.2 使用公开构成现有技术

当被控侵权人以专利申请日前已经有与专利权利要求相同的技术被公开使用为由进行现有技术抗辩时,要注意考察使用公开证据链的完整性。使用公开证据链一般包括下述部分:涉案专利申请日之前使用公开事实存在;使用公开的产品(方法)与专利侵权纠纷处理时保存的产品(方法)具有一致性;专利侵权纠纷处理时保存的产品(方法)与被控侵权产品(方法)相同或实质相同。

【案例1-3-2】

某侵权纠纷案中,某地方知识产权局在认定被控侵权人以使用公开为由进行现有技术抗辩是否成立时,重点确定了如下事项:根据对账单、定作合同、银行转账凭证、收款收据等证据认定塑料容器成型机在涉案专利申请日之前已经存在销售事实;根据产品商标、产品型号、证人证言等认定上述销售产品在案件审理时仍然存在,并在相关证据能够予以采信的情况下,将被控侵权产品与该现有技术进行技术特征的对比;经过对比,认定被控侵权产品与上述销售产品技术方案相同。在对上述证据构成的证据链进行确认后,认定现有技术抗辩成立。

1.2.3 非公有技术构成现有技术

现有技术抗辩中的现有技术范围既包括进入公有领域、公众可以自由使用的技术,也包括尚处于他人专利权保护范围内的非公有技术,甚至还包括专利权人拥有的其他专利技术,只要该技术在涉案专利申请日之前为公众所得知,属于专利法规定的现有技术即可。

1.2.4 不能被援引进行现有技术抗辩的技术类型

被控侵权人援引以下技术类型作为现有技术抗辩的现有技术时,管理专利工作的部门不应予以支持。

1.2.4.1 在先申请在后公开的中国发明或实用新型专利/专利申请

所谓"在先申请在后公开的中国发明或实用新型或专利/专利申请",是指在涉案专利申请日前向国家知识产权局提出申请,且在涉案专利申请日之后公布的中国发明或实用新型专利或专利申请。因该专利/专利申请在涉案专利申请日时尚未公开,不构成涉案专利的现有技术,因此,在专利侵权纠纷处理中,不得援引进行现有技术抗辩。

1.2.4.2 享受新颖性宽限期的技术

根据《专利法》第二十四条的规定,申请专利的发明创造在申请日以前六个月内,有下列情况之一的,不丧失新颖性:

(1) 在中国政府主办或者承认的国际展览会上首次展出的;
(2) 在规定的学术会议或者技术会议上首次发表的;
(3) 他人未经申请人同意而泄露其内容的。

对于享受新颖性宽限期的技术,虽然在涉案专利申请日之前为公众所得知,但并不影响随后提出的专利申请的新颖性,同样,在专利侵权纠纷处理中,也不能依据这样的技术对以该享有宽限期的专利为基础提出的专利侵权进行现有技术抗辩。

应当注意,如果在首次展出或发表至专利申请日前六个月内,有任何人,包括发明人或者申请人以不同于上述三种情况再次展出或者发表与专利同样的发明创造的,则该再次的展出或发表构成现有技术。

1.2.4.3 保密技术

在涉案专利申请日之前就已经存在的保密技术不能适用于现有技术抗辩。所谓保密技术,是处于保密状态的技术内容。所谓保密状态,不仅包括受保密规定或保密协议约束的情形,还包括社会观念或者商业习惯上认为应该承担保密义务的情形,即默契保密的情形。但是,如果负有保密义务的人违反规定、约定或默契泄密,导致技术内容公开,使公众能够得知这些技术,这些技术也就构成了现有技术的一部分。

1.3 现有技术抗辩的适用

现有技术抗辩时,存在三项技术:涉案专利权利要求、被控侵权技术方案、援引用于抗辩的现有技术。适用现有技术抗辩,应当在专利权利要求的引导下,将被控侵权技术方案与现有技术进行对比。

1.3.1 现有技术抗辩的适用条件

适用现有技术抗辩时,原则上应当首先将被控侵权技术方案与涉案专利权利要求进行对比,在被控侵权技术方案落入了涉案专利的保护范围,构成侵权的情况下才能适用现有技术抗辩。当对被控侵权技术方案是否构成侵权存在争议,同时又可以认定被控侵权技术方案与现有技术相同或实质相同时,可以不对是否侵权得出结论,直接认定现有技术抗辩成立。

被控侵权技术方案对涉案专利权利要求构成侵权的情形,既可以是相同侵权,也可以是等同侵权。

【案例1-3-3】

涉案专利权利要求具有a、b、c、d四个技术特征,被控侵权产品具备a、b、c、D四个技术特征。

当对于特征d与D是否构成等同不存在争议时,应先对被控侵权产品是否落入涉案专利权保护范围作出认定。如果d与D不构成等同,直接得出不侵权的结论;如果d与D构成等同,则将被控侵权产品与现有技术公开的产品进行对比,判断现有技术抗辩是否成立。

当对于特征d与D是否构成等同存在争议时,可以同时将现有技术公开的产品与被控侵权产品进行对比。如果二者相同或实质相同,则直接认定现有技术抗辩成立;如果对于二者是否相同或实质相同也存在争议,仍然需要先对特征d与D是否构成等同得出结论,之后再认定现有技术抗辩是否成立。

1.3.2 现有技术抗辩成立的判断标准

将被控侵权技术方案与现有技术对比,如果被控侵权技术方案与现有技术相同或实质相同,则现有技术抗辩成立。

被控侵权技术方案与现有技术相同,是指被控侵权技术方案与现有技术完全相同。被控侵权技术方案与现有技术实质相同,是指对现有技术中的技术特征进行惯用手段的直接置换后,与被控侵权技术方案相同。

被控侵权技术方案与现有技术对比时,只需要考虑被控侵权技术方案中与涉案专利权利要求相关的技术特征,无需将被控侵权技术方案中与涉案专利权利要求无关的技术特征与现有技术进行对比。

【案例1-3-4】

某专利侵权纠纷案中,构成现有技术的368号专利申请公开了一种用作建筑内模构件的模盒,其与涉案专利的模壳构件、被控侵权产品的叠合箱均为用于空心楼盖的构件,三者属于相同的技术主题。被控侵权产品与 368 号专利申请公开的技术方案存在以下差别：前者侧壁上方扣合的是上盒，而后者侧壁上方扣合的是模盒。二者的侧壁以及二者的上盒与上模盒作用均相同。因此，被控侵权产品使用的技术方案与 368 号专利申请公开的现有技术方案并无实质性差异，现有技术抗辩成立。

1.3.3 适用现有技术抗辩的注意事项

在适用现有技术抗辩时，需要注意以下事项。

1.3.3.1 单独对比

适用现有技术抗辩，只能将被控侵权技术方案与一份现有技术作单独对比，不得将多份现有技术组合与被控侵权技术方案进行对比。

1.3.3.2 逐一对比

在被控侵权人提出多份现有技术进行抗辩的情况下，应当将被控侵权技术方案与多份现有技术逐一进行对比，只要被控侵权技术方案与其中一份现有技术构成相同或实质相同，现有技术抗辩即成立。

1.3.3.3 一般不得结合公知常识

在现有技术抗辩中，应当对比被控侵权技术方案与现有技术是否相同或实质相同，因此，除惯用手段的直接置换外，一般不得将被控侵权技术方案与现有技术和公知常识的结合进行对比。

1.3.3.4 不考察"更接近"

现有技术抗辩不以被控侵权技术方案更接近于现有技术为成立要件，不需要考察被控侵权技术方案更接近于涉案专利权利要求还是更接近现有技术。

1.3.3.5 不得对比现有技术与涉案专利权利要求

现有技术抗辩中，不得将现有技术与涉案专利权利要求进行对比，得出现有技术与涉案专利权利要求相同或实质相同、涉案专利权利要求不具备新颖性或创造性从而侵权不成立的结论。

2. 不以生产经营为目的的抗辩

根据《专利法》第十一条的规定，只有在为生产经营目的的前提下，未经许可实施专利的行为才构成侵犯专利权。不以生产经营为目的，能够作为专利侵权的抗辩事由。

以生产经营为目的指为工农业生产或者商业经营等目的，但不包括个人消费目的，包括为公共服务、公益事业、慈善事业的目的等。

以非商业的目的私人实施专利的行为属于不以生产经营为目的的行为。然而，未经权利人许可，以私人方式实施专利，随后将专利产品以私人方式销售给朋友、邻居的行为，则构成侵犯专利权的行为。未经权利人许可，雇佣他人实施专利供私人使用，由于被雇佣人获得了利益，故被雇佣人实施专利的行为，仍属于侵犯专利权的行为。

对于从事公共服务、公益事业、慈善事业等非生产经营行为的认定，应该结合具体案情具体分析，单位的性质并不能决定其行为的非生产经营性，重点考察行为本身是否为生产经营为目的。如果政府机关、非营利性单位、社会团体的制造、使用、进口等行为不单纯是为了公共服务、公益事业，或慈善事业等，也可能构成生产经营行为。市场化运行的公共服务主体，在公共服务行为中，未经许可实施专利，不能主张"非生产经营目的抗辩"。

以生产经营为目的并不要求以营利为目的，但以营利为目的的行为不能主张"不以生产经营为目的的抗辩"。制造、使用、进口专利产品和使用专利方法的行为，可能为生产经营目的而实施，也可能为非生产经营目的而实施，但销售和许诺销售一般只能为生产经营目的而实施，实施上述两种行为，一般不能主张"不以生产经营为目的的抗辩"。单位为自己企业员工福利和需求，实施未经许可的专利，虽然并没有营利，但是也不能主张"不以生产经营为目的的抗辩"。

3. 权利用尽抗辩

所谓权利用尽，是指根据《专利法》第六十九条第一款的规定，任何单位、个人购买了专利权人或经专利权人许可的单位、个人售出的专利产品或依照专利方法直接获得的产品后，应当享有自由处置其购买的产品的权利，此后，无论购买者以何种方式使用、许诺销售、销售该产品，均不构成侵犯该专利权人的专利权。权利用尽抗辩是为保证商品的自由流通，维护正常的市场秩序。

3.1 权利用尽抗辩的注意事项

权利用尽抗辩中，需要注意以下几个问题：

（1）权利用尽抗辩的产品初始来源应该合法，即基于专利权人或者其许可人的售出。非法出售的产品，例如其他人未经许可生产的专利产品，或者从专利权人及其被许可人处盗窃的专利产品，即便第三人通过正常途径购买获得，也不能适用权利用尽抗辩。

（2）专利权人及其被许可人售出的产品的对象不限于不特定的社会公众。权利人向特定人出售专利产品的，在产品售出后也可以适用权利用尽抗辩。

（3）权利人出售专利产品并不以获得相关对价为条件。免费发放专利产品、赠送专利产品，也视为权利人出售专利产品，可以适用权利用尽抗辩。

（4）在双方的合同交易中，只要权利人交付了专利产品，专利产品合法脱离权利人，就可以适用权利用尽抗辩。被交付人未按照合同约定给付价款，不影响商品的正常流转，可以适用权利用尽抗辩，但如果权利人只实施了销售的准备行为或者许诺销售行为，则不能认定销售完成，不适用权利用尽抗辩。

（5）权利人在国内或国外售出专利产品时，对购买者提出了限制产品后续使用、销售、许诺销售等限制性条件，购买者违反了上述条件，仍然可以适用权利用尽抗辩，其行为不构成专利侵权。至于其行为是否需要承担合同责任，作为限制条件的合同条款是否有效，不在管理专利工作的部门的处理权限之内。

3.2 专利权国内用尽和国际用尽

专利权利用尽包括两种情形：专利权国内用尽和专利权国际用尽。

专利权国内用尽，是指对于在我国获得的专利权而言，专利权人或者被许可人在我国境内出售专利产品或依照专利方法直接获得的产品后，购买者在我国境内使用、许诺销售、销售该产品，均不构成侵犯专利权的行为。

专利权的国际用尽，又称平行进口，是指对于在我国获得的专利权而言，专利权人或者其被许可人在我国境外售出其专利产品或者依照专利方法直接取得的产品后，购买者将该产品进口到我国境内以及随后在我国境内使用、许诺销售、销售该产品，均不构成侵犯专利权的行为。

对于专利权的国际用尽，有如下情形需要注意：

（1）如果专利权人在本国获得专利权，无论是否在出口国获得专利权，如果进口的专利产品来源于专利权人或者其许可人在国外的公开销售，则可以适用权利用尽抗辩。如果进口的专利产品来源于专利权人或者其许可人以外的其他人在国外的公开销售，则不能适用权利用尽抗辩。

（2）在相关技术在本国和出口国都获得专利权，但专利权分属不同人的情况下，如果进口的专利产品来源于与本国专利权人或者其许可人没有关联的其他人在国外的公开销售,则不能适用权利用尽抗辩,该进口专利产品的行为构成侵犯国内权利人专利权的行为。

4. 先用权抗辩

根据《专利法》第六十九条第二款的规定,在专利申请人提出某项发明创造的专利申请之前,如果他人已经制造了相同的产品、使用了相同的方法或者已经作好了制造专利产品、使用专利方法的必要准备,则在该发明创造被授予专利权后,他人仍有权继续在原有的范围内制造或者使用该项发明创造,其制造和使用行为不被视为侵犯专利权。

适用先用权抗辩应当具备如下条件。

4.1 取得先用权的行为条件

对于产品专利权而言,能够产生先用权的行为只包括在专利申请日之前已经制造相同产品或者已经作好制造的必要准备,不包括使用、许诺销售、销售、进口相同产品的行为;对于方法专利权而言,能够产生先用权的行为只包括在专利申请日之前已经使用相同方法或者已经作好使用专利方法的必要准备,不包括使用、许诺销售、销售、进口依照该专利方法直接获得的产品的行为。

"作好必要准备"要求准备工作是为实施该发明创造而进行的技术性准备工作。一般性准备工作,例如购买地皮、装设水电、市场分析、配备管理人员等不能认为是作好了实施该项发明创造的必要准备。技术性准备工作,一般指完成主要技术图纸、工艺文件,或者制造、购买主要设备、原材料。

4.2 先用权的信息来源

先用权人实施发明创造的信息来源必须是先用权人自己独立研究开发出来或者通过合法途径获得的。先用权的信息来源包括如下途径:①先用权人自己在发明创造申请专利前就已经通过独立研发获得发明创造的内容;②在《专利法》第二十四条规定的新颖性宽限期内,一项发明创造的发明人在中国政府主办或者承认的国际展览会上展出了其发明创造,或者在规定级别的学术会议上发表了其发明创造,先用权人直接或间接从公开的信息中获知该发明创造的内容;③专利权人在申请专利之前,在无附加任何保密义务的前提下,将发明创造的内容告诉了先用权人。

先用权人非法获得发明创造的内容,实施先用行为的,不能主张先用权抗辩。非法获得的来源既包括通过非法途径从后来申请专利的人那里获得,也包括通过非法途径从他人那里获得。非法获得的方式既包括以盗窃、利诱、胁迫或者其他不正当手段从他人那里获知有关发明创造,也包括获知者在合法获得信息后,违背相关保密、不予实施的约定实施发明创造的情形。

4.3 先用权的范围

先用权人必须在原有范围内制造、使用发明创造才能享有先用权抗辩。"原有范围",包括专利申请日前已经具有的生产规模以及利用已有的生产设备或者根据已有的生产准备可以达到的生产规模。在申请日前实际生产规模小于可以达到的生产规模的情况下,先用权人可以将实际生产规模扩大到可以达到的生产规模。当先用权人实施专利的行为超出了原有范围时,在原有范围之内的实施行为不视为侵犯专利权的行为,超出原有范围的部分实施行为属于侵犯专利权的行为。

4.4 允许先用权人实施的行为

先用权人在原有范围内继续实施的行为,对产品专利权而言,包括制造、使用相同产品,还包括许诺销售、销售制造出来的产品;对方法专利权而言,包括使用相同方法,还包括销售、许诺销售、使用依照专利方法直接获得的产品。

值得注意的是，虽然《专利法》第六十九条第二款规定取得先用权的行为和先用权人实施专利的行为都采用"制造、使用"这一术语，两者应该具有不同的含义。对于先用权人实施专利的行为，如果仅限于"制造、使用"专利产品，而制造出来的产品不能销售，先用权制度将形同虚设。因此，先用权人继续实施专利的行为应该扩展到销售、许诺销售，但是不应该包括进口专利产品或者依照专利方法直接获得的产品，因为进口产品的行为与先用权人的先用行为并无关联。此外，先用权人不能许可他人实施有关专利，也不能单独转让先用权，先用权只能连同先用权人的企业一起转让和继承。

当先用技术在申请日之前已经使用公开，构成涉案专利的现有技术时，先用权人既可以主张先用权抗辩也可以主张现有技术抗辩，非先用权人只能主张现有技术抗辩。

【案例1-3-5】

公民李某于1998年12月8日向国家知识产权局提交"挡土墙的成形方法"的发明专利申请，并于2001年4月4日获得授权。专利申请公开日是1999年6月16日。

2001年12月21日，某开发公司与某建筑院签订合同，约定由建筑院为开发公司设计某商住楼基坑支护工程图纸。2002年2月3日，开发公司与某工程公司签订施工协议书，约定由工程公司承担该商住楼基坑喷锚支护工程的施工工程。上述设计及施工使用的技术方案覆盖了李某"挡土墙的成形方法"发明专利独立权利要求的全部技术特征。

在侵权纠纷处理中，开发公司主张其对本案专利享有先用权。经核实，1998年10月20日，某房产公司建设的综合大楼基坑支护工程开工。工程由房产公司委托建筑院负责施工设计，工程设计方案于1998年8月18日完成，工程施工方亦为某工程公司。该工程的设计及施工所使用的技术方案亦覆盖了李某发明专利独立权利要求的全部技术特征。

本案的争议点在于，开发公司主张先用权抗辩是否成立。

分析与评述

本案商住楼基坑工程使用的方法与综合大楼基坑工程相同，且二者的技术方案均与涉案专利方法相同。因综合大楼基坑工程在本专利申请日前已完成设计审批并开始施工，根据《专利法》第六十三条第一款第（二）项的规定，应认定建筑院在综合大楼基坑工程设计方案中使用专利方法属于在先使用，且是在原有范围内继续使用，不视为侵犯专利权。虽然本案商住楼基坑工程的开发商开发公司与综合大楼基坑工程的发展商房产公司不同，但工程设计方和施工方完全相同，故开发公司按照设计单位设计的方案委托施工不构成侵犯专利权。

【案例1-3-6】

A公司于2004年4月28日向国家知识产权局提交名称为"一种作为超白抛光瓷砖原料的球土及其生产方法"的发明专利申请，并于2006年1月25日获得授权。该专利的权利要求1为："一种作为超白抛光瓷砖原料的球土，该球土包含有如下原料：高岭土、二次黏土、水、稀释剂及絮凝剂；以球土的总重量计，其中：高岭土含量为14%~63%；二次黏土含量为7%~56%；稀释剂的含量为0.01%~2%，絮凝剂的含量为0.01%~1%，水为22%~32%。"权利要求4为方法专利。

被控侵权人B公司成立于2003年1月23日。B公司认可，其生产的SD-2、SD-3、SR-3三款产品的配比与涉案专利的权利要求1相同，SD-188、SD-2、SD-3、SR-3四款产品的生产方法与涉案专利的权利要求4相同。

侵权纠纷处理过程中，B公司提交了其申请ISO 9001：2000标准时所提交的部分文件，其中《配方作业指导书》记载了SD-188、SD-2、SD-3三种产品的1.0版本和其他版本的配方，其他版本与 1.0 版本相比，成分相同，但黑、白浆比例，水玻璃的加入量有细微差别。

B 公司主张，其对本案所涉四款产品及其制造方法享有先用权，并提交了相关票据和合同。这些票据和合同证实，B 公司从 2003 年 3 月起陆续购买了振动筛、装载机、压滤机等设备，从 2003 年 5 月起开始购买高岭土、水玻璃、磁泥、黑泥等原料。双方均确认高岭土就是白浆，二次黏土是黑浆，常规稀释剂包括水玻璃、三聚磷酸钠、焦磷酸钠、纯碱等，常规絮凝剂包括氯化镁、氯化钙等。

本案的争议点在于，根据被控侵权人实施的上述行为，能否主张先用权抗辩。

分析与评述

由于 B 公司记载有配方的申请认证文件的形成时间早于涉案专利申请日，且 B 公司在专利申请日前已经开始制造相同产品，已经作好扩大规模制造的必要准备，故其对涉案专利产品享有先用权；尽管 B 公司未提供证据证明其在专利申请日前制造、销售了 SR-3 型号产品，但 SR-3 型号产品与 SD-188、SD-2、SD-3 三种型号产品的成分完全相同，仅仅加入的絮凝剂与稀释剂的比例不同，且该比例的差异均在涉案专利权利要求 1 的范围之内，与其他型号产品的技术特征并无实质差别，因此，B 公司生产、销售 SR-3 型号产品的行为属于行使先用权的行为，不构成侵权。

5. 临时过境抗辩

根据《专利法》第六十九条第三款的规定，临时通过中国领陆、领水、领空的外国运输工具，为运输工具自身需要而在其装置或者设备中使用有关专利的，依照其所属国同中国签订或者共同参加的国际条约，或者依照互惠原则，不视为侵犯专利权。

对于临时过境抗辩而言，需要具备如下条件。

（1）临时过境抗辩仅适用于临时或者偶然通过中国领陆、领水、领空的运输工具。临时或者偶然通过的情形可以是定期航班、躲避风暴、机械故障、紧急迫降、船舶失事等。临时过境抗辩不适用于长期在我国停留的运输工具。

（2）临时过境抗辩仅适用于外国的运输工具，本国运输工具不能适用该抗辩。区分运输工具是外国的还是本国的，以运输工具注册地为准。

（3）临时过境抗辩仅限于为运输工具自身的需要而使用相关专利，一般包括交通工具装置和设备中使用相关专利，例如，交通工具零部件，或者导航仪、雷达等航行附件。在交通工具上制造、许诺销售、销售相关专利产品，均不能主张临时过境抗辩。

（4）临时过境抗辩要求所属国与中国签订了协议或共同参加国际条约或存在互惠原则，在上述协议、国际条约、互惠原则均不存在的情况下，不能主张临时过境抗辩。

6. 专为科学研究和实验抗辩

根据《专利法》第六十九条第四款规定，专为科学研究和实验目的而使用有关专利的，不视为侵犯专利权。专为科学研究和实验，是指针对获得专利的技术本身进行科学研究和实验，一般包括：研究专利技术能达到的实际效果；研究专利技术保护范围内的最佳实施方式；对专利技术进行改进；为在专利保护期限届满后实施该技术等。在科学研究和实验过程中，制造、使用他人专利技术，其目的不是为了研究、改进他人专利技术，其结果与专利技术没有直接关系，不能适用专为科学研究和实验抗辩，其行为构成侵犯专利权。

专为科学研究和实验使用有关专利的行为不仅包括研究者制造、使用专利产品或者使用专利方法的行为，也包括进口专利产品的行为，但是不包括销售、许诺销售专利产品以及依据专利方法直接获得的产品的行为。在研究者进行完科学研究和实验后，不得销售该专利产品，否则构成侵犯专利权。

7. 药品和医疗器械行政审批抗辩

根据《专利法》第六十九条第五款的规定，为提供行政审批所需的信息，制造、使用、进口专利药品或者专利医疗器械的，以及专门为其制造、进口专利药品或者专利医疗器械的，不视为侵犯专利权。该项规定的立法目的在于克服医药上市审批制度对仿制药品和医疗器械在专利权期限届满后上市造成的延迟，从而避免变相延长相关药品和医疗器械专利的保护期。

适用药品和医疗器械行政审批抗辩要注意如下问题：

（1）制造、使用、进口药品或者医疗器械的目的只能是行政审批。其他目的，例如在获得行政审批时，囤积药品待专利过期后进行销售等，不能主张行政审批抗辩。如果制造、进口药品或医疗器械的数量远超过行政审批所需，或者在获得行政审批通过后，仍制造、使用、进口药品或医疗器械，不能主张行政审批抗辩。

（2）为提供行政审批所需的信息，实施的药品专利不仅包括药品本身的专利，还包括药品的活性成分专利、药品的制备方法专利、药品活性成分的制备方法专利；实施的医疗器械专利不仅包括医疗器械本身的专利，还包括医疗器械专用零部件的专利和医疗器械使用方法的专利。

（3）药品和医疗器械行政审批抗辩仅适用于制造、使用、进口三种行为，许诺销售和销售不适用行政审批抗辩。

（4）提供行政审批，既包括向我国药品管理行政机关提供信息，也包括向外国药品管理行政机关提供信息。

第二编　外观设计专利侵权判定

根据《专利法》第二条第四款的规定，外观设计是指对产品的形状、图案或者其结合以及色彩与形状、图案的结合所作出的富有美感并适于工业应用的新设计。

在判定被控侵权产品是否侵犯外观设计专利权时，首先要对专利保护范围进行确定，然后再判断被控侵权产品外观设计是否落入专利权的保护范围。在此过程中，还要考虑被控侵权人的抗辩理由。

第一章　外观设计专利权保护范围的确定

《专利法》第五十九条第二款规定，外观设计专利权的保护范围以表示在图片或者照片中的该产品的外观设计为准，简要说明可以用于解释图片或者照片所表示的该产品的外观设计。

1. 基本概念

确定外观设计专利权保护范围时，会涉及外观设计专利的一些基本概念。

1.1 产　　品

外观设计专利是关于具体产品的外观设计，其载体应当是产品，并且应当是适于工业应用的产品。

农产品、畜产品、自然物以及不能重复生产的手工艺品不属于外观设计专利所称的产品；取决于特定地理条件、不能重复再现的固定建筑物或桥梁等也不属于外观设计专利所称的产品。产品中不能分割的局部，不能单独作为外观设计的载体。

从使用功能角度，外观设计产品分为最终产品和中间产品。最终产品是指供终端消费者直接使用的产品；中间产品是指半成品、零部件、生产材料等。从产品各组件关系角度，外观设计产品分为成套产品、组件产品和单件产品。

成套产品，是指由两件以上（含两件）属于同一大类、各自独立的产品组成，各产品的设计构思相同，其中每一件产品具有独立的使用价值，而各件产品组合在一起又能体现出其组合使用价值的产品，例如由咖啡杯、咖啡壶、牛奶壶和糖罐组成的咖啡器具。

组件产品，是指由多个构件相结合构成的一件产品。包括组装关系唯一的组件产品（例如，由水壶和加热底座组成的电热开水壶组件产品）、组装关系不唯一的组件产品（例如插接组件玩具产品）以及无组装关系的组件产品（例如棋牌）。

1.2 形状、图案、色彩

形状、图案和色彩是构成外观设计内容的三要素。外观设计内容只能是该三要素或其结合，包括形状、图案或者其结合以及色彩与形状、图案的结合。

按照外观设计三要素的不同组合，可构成六种类型的外观设计：（1）单纯产品形状的外观设计；（2）单纯产品图案的外观设计；（3）产品形状和图案结合的外观设计；（4）产品的形状和色彩结合的外观设计；（5）产品的图案和色彩结合的外观设计；（6）产品的形状、图案和色彩三者结合的外观设计。

1.2.1 形　　状

形状，是指对产品造型的设计，也就是指产品外部的点、线、面的移动、变化、组合而呈现的外表轮廓，即对产品的结构、外形等同时进行设计、制造的结果。

产品的形状应当是固定的，形状不能确定的液体、粉末、颗粒状物质等不能受到外观设计专利的保护。

1.2.2 图　　案

图案，是指由任何线条、文字、符号、色块的排列或组合而在产品的表面构成的图形。图案可以通过绘图或其他能够体现设计者图案设计构思的手段制作。

某些产品（如浮雕设计）表面，虽然为点、线、面的移动变化而形成的形状，但其形状变化不明显，更具强烈的图案效果，可视为图案。

1.2.3 色　　彩

色彩，是指用于产品上的颜色或者颜色的组合。产品的色彩只有与形状或图案相结合才能构成外观设计，通常认为，色彩的搭配构成的是图案。

1.3 图片或照片

专利文件中，外观设计图片或照片是确定外观设计保护范围的依据。

外观设计图片或照片显示了产品外观设计各面的设计内容，通常以六面正投影视图、立体图、展开图、剖视图、剖面图、放大图、变化状态图以及参考图表示。六面正投影视图包括主视图、左视图、右视图、后视图、俯视图和仰视图。参考图包括使用状态参考图、变化状态参考图、立体参考图、表示通电状态或操作部位的参考图等各种形式。

外观设计视图的表现形式通常有绘制线条图、渲染图和照片等。

绘制线条图、渲染图能够准确表达各视图的投影关系，可以避免照片正投影视图的透视变形现象，便于在视图内容上去除不纳入保护范围的细节，因而其视图所示内容能准确表达所保护的产品外观设计。

对于照片形式显示的视图，个别照片可能会存在透视变形或者各视图之间的对应关系存在偏差，甚至可能会出现明显不属于要求保护的产品外观设计的内容，比如产品阴影、对反光表面拍照产生的反光影像等。当存在这些情况时，应当注意区分和排除这些因素。

1.4 简要说明

简要说明是对图片或者照片所表示的产品的外观设计的解释和文字说明。

根据《专利法实施细则》第二十八条和《专利审查指南》的相关规定，外观设计的简要说明中明确了如下事项：名称、用途、设计要点，指定一幅最能表明设计要点的图片或者照片。必要时，还包括如下事项：省略视图和请求保护色彩的情况，指定相似外观设计的基本设计，花布、壁纸等纹样的连续方式情况，对特殊视觉效果（例如，透明）材料的说明，细长物品的省略画法，成套产品各套件所对应的产品名称等。

1.5 申请文本、授权公告文本或被无效宣告决定确定的专利文本

申请文本，是指外观设计专利申请人在提出专利申请时提交的文本。

授权公告文本，是指外观设计专利申请经过初步审查，符合授权条件时，国务院专利行政部门授权公告该专利时的文本。

被生效无效宣告决定确定的专利文本：当一件外观设计专利包含有多项外观设计时（例如，成套产品外观设计、相似外观设计），在无效宣告程序中，所述专利的部分项外观设计被宣告无效，在相关无效宣告请求审查决定（以下简称无效决定）生效后，该无效决定维持有效的外观设计专利文本称为"被无效宣告决定确定的专利文本"。

1.6 设计要点

设计要点是专利权人在外观设计专利简要说明中声明的申请专利的外观设计相对于现有设计所作出的创新部分。

2. 保护范围的确定

根据《专利法》第五十九条的规定，确定外观设计保护范围的基本依据是外观设计图片或照片，简要说明是对图片或照片的解释。

2.1 确定保护范围的基本规则

2.1.1 以图片或照片中的产品外观设计为准

外观设计专利权的保护范围以外观设计图片或照片所示产品外观设计为准，当事人提供的专利产品实物或照片仅能作为帮助理解外观设计的参考，不能作为确定外观设计保护范围的依据。

用以确定外观设计保护范围的图片或照片，应当以授权公告的文本为基础，如果有被生效法律文书确定的专利文本，则以该文本为基础。当专利公告（包括专利授权公告与专利权部分无效公告）所示图片或照片不清晰或出现色差时，可以该公告对应的申请文档记载的内容为准。

确定外观设计专利权的保护范围时，应以正投影视图、立体图、展开图、剖视图、剖面图、放大图以及变化状态图等确定外观设计的形状、图案或色彩内容（剖视图、剖面图表达的内部结构除外），参考图通常表示产品用途、使用方法或者使用场所，从产品种类角度确定外观设计专利权的保护范围。参考图中包含的其他视图中未表示的内容应予排除，参考图与其他视图表示的内容有差异的，应以其他视图表示的内容为准。除参考图以外的其他视图用来确定外观设计专利的形状、图案或色彩。

【案例2-1-1】门锁把手

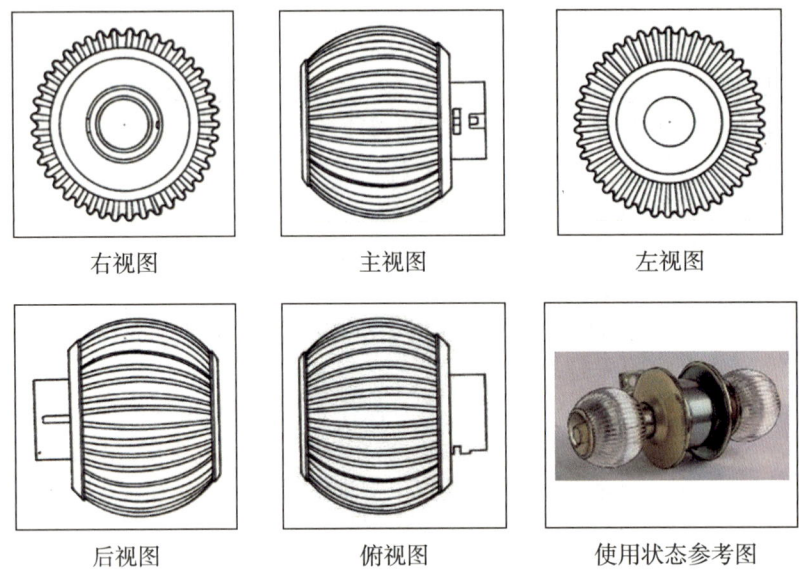

涉案专利视图

分析与评述

该外观设计专利以六面正投影视图表示出门锁把手的形状设计,并通过使用状态参考图表示该门把手与门锁具体组装后的使用方式,在确定该外观设计的具体形状设计时,应以所述正投影视图为准,使用状态参考图示出的包括把手的门锁部分,不属于专利权的保护范围。

2.1.2 简要说明用于解释图片或者照片所示产品外观设计

简要说明可以用于解释图片或者照片所表示的该产品的外观设计。

所谓"解释",即指澄清、说明被解释对象自身包含的、隐含的内容,而非任意内容。简要说明对外观设计保护范围的解释,不能超出图片或照片表示的内容,比如仅在简要说明中描述而未在图片或照片中表示的形状、图案或色彩,在确定保护范围时不应予以考虑;简要说明所记载的内容与图片或者照片不一致时,应以图片或者照片为准。

简要说明的解释作用视其记载的具体内容而有所不同,可分为:

(1) 限定性解释,例如当简要说明记载请求保护色彩时,图片或照片中显示的色彩应属于外观设计专利的保护范围;

(2) 补充性解释,例如当简要说明中记载因对称或者相同省略视图、平面产品图案纹样连续情况时,相应的记载内容补充了缺省视图表现的设计内容;

(3) 一般说明性解释,例如在简要说明中记载产品用途、设计要点时,其对外观设计专利涉及的产品种类、判断视觉瞩目点等可能会产生影响;

(4) 为便于专利审批、公开等行政行为的相关说明,例如指定相似外观设计的基本设计、指定一幅最能表明设计要点的图片。

【案例 2-1-2】婴幼儿浴帽

主视图　　　　　　　　后视图

涉案专利视图

该专利简要说明是：产品名称是婴幼儿浴帽；用于婴幼儿洗浴时戴；设计要点在于主视图和后视图；主视图是最能表明设计要点的图片。本产品视为平面产品，省略其他视图。

分析与评述

该外观设计专利在简要说明中明确"本产品视为平面产品"。但从照片显示的阴影关系看，该产品外观设计是带沟槽状的立体产品，不是带类似沟槽状图案的平面设计，故应以视图所示立体形状设计为准确定该专利的保护范围。

2.1.3 对外观设计作整体性理解

在确定外观设计专利保护范围时，应综合各视图确定外观设计的形状、图案或色彩，以图片或照片表示的整体外观设计为基础确定保护范围。

外观设计既包含创新设计部分，也包含现有设计部分的，以其共同形成的整体作为确定保护范围的基础；对于立体产品，应基于各视图，按读图规则还原的立体形状作为外观设计内容，不能孤立地分别以各视图显示的投影线条确定外观设计保护范围。

外观设计的形状、图案、色彩三要素在确定外观设计的保护范围时处于并列关系，三者不存在任何从属关系。某一要素对外观设计整体视觉效果的影响程度，需要根据具体案件综合考虑各方面因素确定。

2.1.4 排除不受外观设计保护的内容

2.1.4.1 产品内部结构

一般消费者从图片或照片中不能观察到的产品内部结构，不属于专利权的保护范围。

应当注意，对于零部件等中间产品，不应以其在最终产品中是否可见判断其可见部分。例如，门窗型材外观设计的判断以其截面的形状为准。作为最终产品的门窗，观察不到其截面形状，而作为型材一般消费者的门窗制作人员在使用中可观察到。因此，不能以门窗使用过程中不可见型材截面而认定截面不属于专利权保护的范围。

2.1.4.2 产品的功能效果

外观设计中，由产品技术功能唯一确定的设计内容不属于外观设计的保护范围。如果存在可供选择替换的外观设计的，则相关设计属于专利权保护的范围。

在确定外观设计专利保护范围时，不考虑产品技术功能所带来的差异。但是，如果技术功能的差异导致产品用途不相同，则应当考虑两个因素：第一，产品种类是否相近；第二，一般消费者是否会在使用、购买产品时产生误认。

2.1.4.3 字音、字义

外观设计中的文字和数字的字音、字义不属于外观设计保护的内容，在确定外观设计专利保护范围时，仅将其作为图案考虑。

2.1.4.4 照片视图中明显不属于要求保护的外观设计的内容

拍摄照片视图时会完全再现产品的各个细节，因此在个别照片中可能会产生阴影、对反光表面拍照产生的反光影像，有些照片还显示有产品的内装物或者衬托物，明显不属于外观设计专利权保护的内容。另外，透视效果造成的明显偏差、各视图比例不一致等情形亦应当根据日常经验进行判断，其结论应当是能够毫无疑义直接得出的。

【案例2-1-3】水龙头

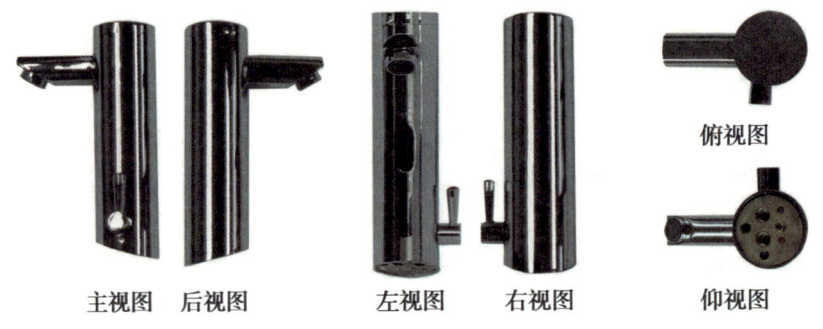

主视图　后视图　　　左视图　右视图　　　俯视图
　　　　　　　　　　　　　　　　　　　仰视图

涉案专利视图

分析与评述

该外观设计以照片表示各面视图，其白色高光部分根据一般常识判断，有可能是光滑表面的反光影像或者图案。根据各视图的投影关系分析，该外观设计中的图案明显不对应，故在确定专利保护范围时，应将其作为不予保护的反光考虑。另外在照片中，主视图、后视图、右视图顶面侧棱显示为弧形，但由于左视图中显示为直线，假如顶面是弧面，在各个视图中应当有顶面与侧面的相交线，因此根据各视图，顶面不可能是弧面。根据经验判断，主、后、右视图顶面弧形为透视所致，故判定产品顶部平直。

【案例2-1-4】塑身裤

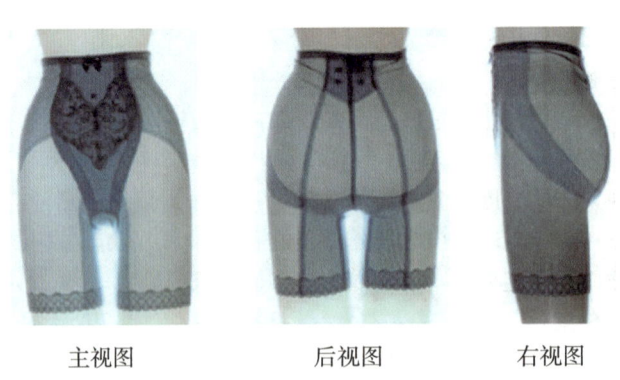

主视图　　　　后视图　　　　右视图

涉案专利视图

分析与评述

该外观设计专利通过衣模的支撑才能清楚地显示塑身裤的形状、图案，该衣模显然不属于塑身裤的组成部分,不属于专利权的保护范围。

2.2 确定保护范围的几种典型情形

2.2.1 成套产品、组件产品、变化状态产品

成套产品的外观设计专利是符合法定条件的多件产品的多项外观设计作为一件专利获得专利权。构成成套产品的各项外观设计均有独立的权利保护范围。

组件产品的外观设计是一件产品的一项外观设计,即使包含有对多个构件分别单独表示的视图,在确定专利权保护范围时,也应将所有组件作为一个整体,共同限定专利权的保护范围,每个组件没有独立的权利保护范围。

变化状态产品的外观设计是一件产品的一项外观设计,其包含有多个变化状态。在确定专利权保护范围时,应将视图显示的每个变化状态整体考虑,由其共同限定专利权的保护范围,每个变化状态没有独立的权利保护范围。

2.2.2 简要说明中记载的请求保护色彩

根据《专利法实施细则》第二十八条的规定,如果一项外观设计专利在简要说明中注明要求保护色彩,则其色彩的搭配属于专利权的保护范围。否则,即使其视图中表示有色彩,其色彩设计也不属于专利权的保护范围。

2.2.3 简要说明中记载的设计要点

如果简要说明中记载的设计要点被确定为专利外观设计相比现有设计的创新部分,且构成一般消费者视觉瞩目的设计内容,则相对于专利外观设计其他部分而言,其对外观设计的整体视觉效果更具有影响。如果简要说明中记载的设计要点并非专利外观设计相对于现有设计的创新部分,则简要说明中记载的设计要点不必然对整体视觉效果具有显著影响。

对外观设计整体视觉效果是否更具影响,不以是否在简要说明中声明为设计要点来确定。

2.2.4 简要说明中记载的产品名称和产品用途

简要说明中记载的产品名称和产品用途是确定外观设计产品种类的依据。外观设计用于相同或相近种类是判断被控侵权产品是否落入外观设计专利保护范围的前提。外观设计图片或照片所表示的仅仅是产品的形态特征(形状、图案、色彩),很多情况下不能由此确定产品种类(例如,汽车与玩具汽车图片显示的外观设计有可能完全相同),简要说明中的产品名称和产品用途可以给出明确指引。

【案例 2-1-5】 风门

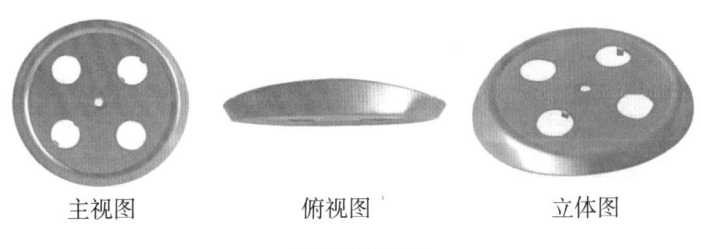

主视图　　俯视图　　立体图

涉案专利视图

该外观设计简要说明中除明确了产品名称、最能表明设计要点的视图以及视图省略情况外,还明确该外观设计产品用于烤炉上。

分析与评述

该外观设计专利仅凭照片视图、产品名称难以确定其用途,结合简要说明可知,该产品为烤炉零件,用在烤炉上。

如果根据外观设计图片或照片即能够直接确定产品用途，则产品名称和简要说明中记载的产品用途仅起补充或辅助说明作用。当简要说明中记载的产品名称和产品用途与根据图片或照片所确定的产品用途不一致或相矛盾时，应根据日常经验判断，结合其他专利信息加以确认。

【案例2-1-6】啤酒瓶

件1主视图　　　　件2主视图　　　　件3主视图　　　　使用状态参考图

涉案专利视图

分析与评述

该外观设计专利产品名称为啤酒瓶，但其件1至件3的主视图显示为瓶贴，根据日常经验判断，瓶体属于惯常设计，并且显示了啤酒瓶的图片为使用状态参考图，根据各主视图，瓶贴应是涉案专利外观设计要求保护的内容，故应以各主视图显示的瓶贴的设计内容确定专利权的保护范围。

2.2.5 省略视图的情况

简要说明中记载因与已经提交的视图相同或对称而省略的视图，等同于提交了该视图。这种省略的视图对外观设计专利的保护范围具有限定作用。因使用中不可见而省略的视图（例如，对于大型设备，简要说明中会明确"省略仰视图"），对外观设计专利的保护范围没有影响。

2.2.6 平面产品图案纹样连续情况

对于花布、壁纸等平面产品，如果简要说明中已明确图示图案纹样属于两方连续或者四方连续、无限定边界。当图片或照片仅表示有图案纹样视图时，不能仅以图片或照片所示的图案纹样作为外观设计保护内容，而应结合简要说明记载的连续方式，还原产品整体外观设计，确定专利权的保护范围。

2.2.7 简要说明中的其他说明

2.2.7.1 对保护范围不产生影响的说明

（1）指定最能表明设计要点的图片。

简要说明中指定的最能表明设计要点的图片或者照片，是申请人自主选择的仅用于出版专利公报的图片或者照片，不能据此认定该图片或者照片在确定保护范围时具有特殊地位，该指定对确定保护范围不具有任何影响。

（2）指定相似外观设计的基本设计。

当针对同一产品的多项相似外观设计提出一件外观设计专利申请时，根据《专利审查指南》的规定，应当在简要说明中指定其中一项作为基本设计。所指定的该项基本设计仅用于在申请阶段将其他各项外观设计与其分别对比是否相似，从而判断是否符合合案申请的条件，在确定外观专利保护范围时，所指定的该项基本设计与其他各项外观设计法律地位完全相同，各项外观设计均具有独立的专利权保护范围。

2.2.7.2 对保护范围具有影响的其他说明

《专利法实施细则》及《专利审查指南》对简要说明可写明的内容并非穷尽列举。根据需要，专利申请人还可以写入其他补充说明性内容，对图片或照片具体内容作进一步界定，相关界定会对专利权的保护范围产生影响。

2.2.8 视图之间存在矛盾或存在视图错误

如果外观设计专利视图存在错误，各视图之间不对应或出现矛盾，不能清楚显示产品的外观设计，以致无法确定外观设计的保护范围，管理专利工作的部门可以告知当事人通过专利无效宣告程序来确认涉案专利的有效性。当事人均不提起无效宣告请求的，管理专利工作的部门可以驳回权利人的侵权纠纷调处请求。

如果视图错误仅为明显笔误、局部细小瑕疵或者可以通过其他视图毫无疑义地确定专利保护对象的，则可依据视图显示的正确内容确认专利的保护范围。通常，下列情形不足以影响产品外观设计专利保护范围的确定：

（1）明显的视图名称错误；

（2）明显的视图方向错误；

（3）外观设计图片中的产品形状绘制线条包含阴影线、指示线、中心线、尺寸线、点划线、电脑三维建模中产生的多余线条等。

第二章　外观设计专利侵权判定

外观设计专利侵权判定是判断被控侵权产品是否落入外观设计专利权保护范围的过程。应以该类产品一般消费者的视角进行判断。首先，判断被控侵权产品与外观设计专利产品是否属于相同或者相近种类产品。其次，确定涉案专利保护范围及被控侵权产品的外观设计，必要时通过对设计空间的分析，确定对外观设计整体视觉效果更具有影响的设计内容，通过整体观察、综合判断，判断二者形态（形状、图案、色彩）是否构成相同或者近似。如果二者属于相同或相近种类产品，并且在形态（形状、图案、色彩）上构成相同或近似，则二者属于相同或近似的外观设计，被控侵权产品落入专利权的保护范围，侵权成立。

1. 判断主体

外观设计专利侵权判定的主体应当是外观设计专利相关种类产品的一般消费者。

所谓"一般消费者"，是一种法律上拟制的"人"，他不具有创新设计能力，不是现实生活中的某类具体人群，他会考虑涉案专利产品及其各部分零部件在产品的使用中对外观设计的影响。

不同种类产品具有不同的一般消费者。一般消费者应当具有如下的特点或能力：

（1）对涉案专利申请日之前相同或相近种类产品及其外观设计具有常识性的了解（包括惯常设计）；

（2）对外观设计产品在形状、图案以及色彩上的区别具有一定的分辨力，但不会注意到产品的形状、图案以及色彩的微小变化；

（3）能够获知相同或近似种类产品的现有设计。

对于一般消费者的能力，例如，"汽车发动机"的一般消费者，发动机属于汽车零部件，即中间产品，其一般消费者应当对发动机及其相近种类产品具有常识性了解，而不是对汽车或者摩托车等最终产品具有常识性了解，能够分辨汽车发动机的形状、图案和色彩，也能够获得发动机或其相近种类产品的现有设计。对于中间产品，其"一般消费者"应该考虑到该中间产品的使用、安装、应用特点，但不能将其认知能力上升到该类产品的设计人员的水平。

2. 判断客体

在外观设计专利侵权判定中，应将授权公告文本或者被无效宣告决定确定的专利文本中记载的涉案专利外观设计与被控侵权产品中的相关设计内容进行比较，不得将当事人主张的涉案专利产品与被控侵权产品直接进行对比，但在确认当事人所称涉案专利产品确与涉案专利一致时，可以将该涉案专利产品作为参考。

2.1 涉案专利

对于涉案专利中包含多项外观设计的，例如相似外观设计专利和成套产品的外观设计专利，权利人应当明确其主张权利的具体外观设计。当权利人未明确时，管理专利工作的部门应当释明其可以选择其中一项或多项外观设计。

2.2 被控侵权产品

对于在相同或近似对比中被控侵权产品的对比内容，应当根据涉案专利本身及其保护内容进行确定。

如果涉案专利为零部件产品，则应当将被控侵权产品中的相应部分作为对比的内容。

【案例2-2-1】童车

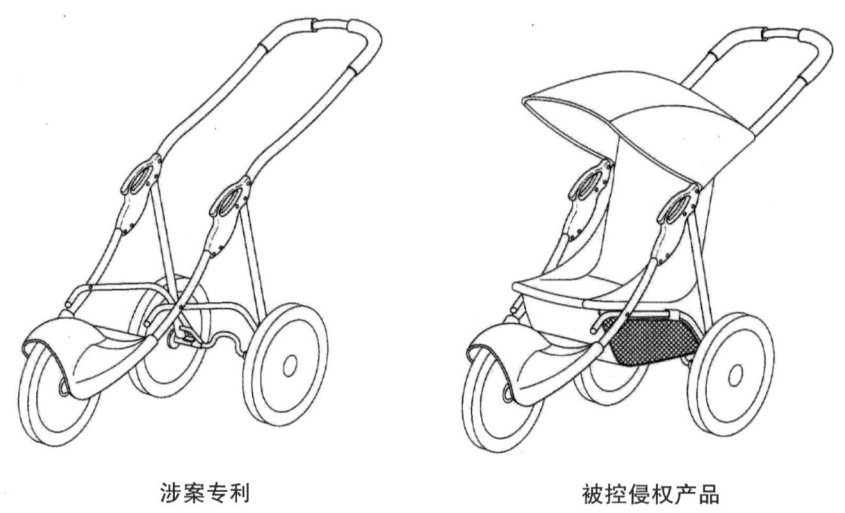

涉案专利　　　　　　　　　　　　被控侵权产品

分析与评述

涉案专利为儿童手推车的车架外观设计，被控侵权产品为儿童手推车整体。在进行相同或近似的对比过程中，应当将被控侵权产品中的相应部分——车架与涉案专利进行对比。

根据涉案专利要求保护的设计要素（形状、图案、色彩），确定被控侵权产品的相应要素。例如，如果涉案专利是单纯形状的外观设计专利，则仅将被控侵权产品的形状与外观设计专利的形状进行对比；如果涉案专利是形状和图案结合的外观设计专利，未要求保护色彩，则将被控侵权产品的形状、图案要素与外观设计专利的形状、图案进行对比。

【案例2-2-2】玩具车

涉案专利　　　　　　　　　　　　被控侵权产品

分析与评述

涉案专利仅是涉及形状的外观设计，无图案，未要求保护色彩；被控侵权产品虽然具有图案和色彩，但在进行相同或近似对比时，应当将被控侵权产品的形状与涉案专利的形状进行对比。

被控侵权产品设计要素（形状、图案、色彩）少于涉案专利的，应将二者全部设计要素进行对比。

【案例2-2-3】口服液包装瓶

涉案专利　　　　　　　　　　　　被控侵权产品

分析与评述

涉案专利为口服液包装瓶，未请求保护色彩，其外观设计包括瓶子的形状和瓶身上的图案设计；而被控侵权产品仅为蓝色的口服液药瓶，包含形状和色彩两个设计要素。由于涉案专利未请求保护色彩，则在对比时，应当将被控侵权产品的瓶身形状与涉案专利的瓶身的形状、图案两个设计要素进行对比，通过整体观察、综合判断，判断二者的整体视觉效果是否相同。

如果涉案专利是由组装在一起使用的至少两个构件组成的组件产品的外观设计，可以将被控侵权产品中与其数量相对应的、明显具有组装关系的构件与涉案专利进行对比。

【案例2-2-4】插拼玩具

涉案专利是包括32个组件的拼插玩具，被控侵权拼插玩具由56个组件组成。

分析与评述

侵权判定时，可以将被控侵权产品中分别与涉案专利中相对应的 32 个组件与涉案专利进行对比。

3. 相同或相近种类产品

判断被控侵权产品是否与涉案专利构成相同或近似，首先要判断相关产品在种类上是否相同或者相近，其判断依据是产品的用途。

当产品的种类既不相同也不相近时，即使被控侵权产品的形态（形状、图案、色彩）与专利相同或近似，也不能认定被控侵权产品落入专利权的保护范围。

3.1 相同种类的产品

相同种类的产品是指产品用途完全相同的产品。

例如，机械表和电子表，虽然二者的内部结构、实现计时的原理不同，但是二者均是指戴在手腕上、用以计时或显示时间的仪器，用途相同，属于相同种类的产品。

3.2 相近种类的产品

相近种类的产品是指用途相近的产品。当产品具有多种用途时，如果其中部分用途相同，即使其他用途不同，二者也属于相近种类的产品。

【案例2-2-5】换气扇和空调扇

换气扇的用途是通过使室内外空气交换而除去室内的污浊空气、调节温度和湿度等。空调扇的用途是送风、制冷、取暖和净化空气、加湿等，二者在送风、净化空气方面的用途相同，属于相近种类的产品。

【案例2-2-6】手表与带 MP3 的手表

手表与带 MP3 的手表都具有计时的用途，虽然后者除计时之外还兼具播放音乐的功效，但就计时而言，二者的用途是相同的。二者属于相近种类的产品。

【案例2-2-7】镜子和汽车后视镜

镜子是一种表面光滑、具反射影像功能的物品。镜子常被人们用来整理仪容，主要用作衣妆镜、家具配件、建筑装饰件、光学仪器部件以及太阳灶、车灯与探照灯的反射镜、反射望远镜、汽车后视镜等。普通的镜子和汽车后视镜虽然一个用于观察仪容，一个用于观察车辆后部的交通情况，但二者都用于供使用者观察镜子中反射的图像，具有相近的用途，属于相近种类的产品。

3.3 产品用途的确定

确定产品的用途，主要根据图片或照片、外观设计简要说明中记载的产品名称、用途，还可以参考国际外观设计分类表、产品的功能以及产品销售、实际使用的情况等因素。

3.3.1 国际外观设计分类号

授予专利权的外观设计在著录项目中注有分类号信息，该分类号是依据外观设计国际分类（洛迦诺分类）标准对产品进行的分类。洛迦诺分类表依据产品的用途，采用两级分类制，即大类和小类，分类较粗，故只宜作为确定产品种类的参考。

3.3.2 简要说明

产品名称、产品用途等信息是确定外观设计产品种类的重要依据，申请日在 2009 年 10 月 1 日以后的外观设计专利，在简要说明记载了这些信息。在产品图片或照片与产品名称不完全对应，或者依据产品名称和图片或照片也不能确定产品用途时，简要说明中有关产品用途的内容对确定外观设计的产品种类具有重要意义。

3.3.3 产品图片或照片

产品图片或照片是确定产品用途的重要依据,例如,对于明确的、已知的产品,根据图片或照片中显示的产品即可确定产品的用途。

除六面视图和立体图外,有的外观设计专利还包括其他视图,这些视图通常用来对外观设计作进一步说明,或者表示产品的使用环境,或者表示与其他产品的配合使用情况(如使用状态参考图),可以用来更好地理解外观设计产品的使用状态,表明外观设计产品的用途。当依据产品的名称、分类号、产品的基本视图不能确定产品的种类时,产品的其他视图,特别是使用状态参考图也为确定外观设计产品的种类提供了重要依据。

下面的案例是实践中如何确定产品用途的一个示例性说明。

【案例2-2-8】复合风管板

涉案专利是产品名称为"复合风管板(菱形)"的外观设计专利,其分类号为23-99,包括主视图、后视图、俯视图、仰视图、左视图、右视图等六面视图,其中主视图和后视图对称,左视图和右视图对称,俯视图和仰视图对称。涉案专利未附具简要说明。

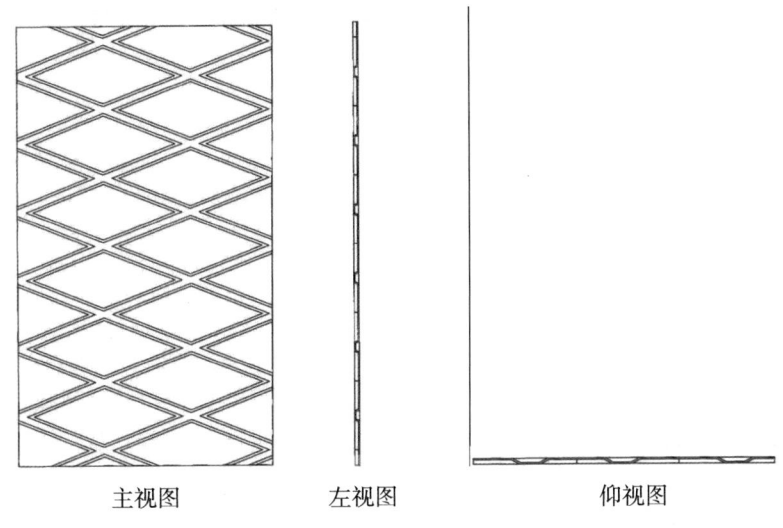

涉案专利部分视图

分析与评述

根据图片,涉案专利产品为压制有菱形图案的片状物。压制有菱形花纹的片状外观的产品用途是多种多样的,仅根据图片无法确定其产品用途。

涉案专利产品名称为"复合风管板(菱形)"。风管板一般用于空气输送和分布的管道系统,主要应用在工业节能环保方面,通常具有多层结构,中间为保温层,两侧粘合有金属薄板层。涉案专利图片所示产品是一个压制有菱形图案的片材,虽然与其产品名称并不完全对应一致,但根据产品名称,可以认为其限定了该压制有菱形图案的片状物的用途。

另外,该外观设计的分类号为23-99,其内容为"卫生、供暖、通风和空调设备"的"其他杂项",由相应分类号体现出产品用途与名称体现的用途相一致。

综上所述,结合产品名称、外观设计分类号、授权公告图片,可以确定涉案专利产品的用途,即用于空调等空气输送和分布的管道系统的复合风管板。

4. 外观设计相同或近似对比判断

外观设计专利侵权判定的另一项重要内容是判断被控侵权产品是否采用与专利外观设计相同或者近似的形态（形状、图案、色彩）。

4.1 相同或近似的判断方式

相同或近似的对比判断应当站在涉案专利产品的一般消费者角度，对涉案专利与被控侵权产品的相关设计内容进行直接观察、单独对比，通过整体观察、综合判断的方式，确定产品外观设计的整体视觉效果。

4.1.1 直接观察

所谓"直接观察"，是指观察者仅凭普通视觉、不借助仪器等其他工具或者手段进行比较观察，视觉无法直接分辨的设计内容不能作为认定相同或近似的依据。

例如，有些纺织品用视觉观看形状、图案和色彩完全相同，但在放大镜下观察，其纹路有很大的不同，这种借助放大镜等仪器观察到的纹路，不能作为外观设计专利侵权对比的依据。

4.1.2 单独对比

所谓"单独对比"，是指在外观设计相同或近似对比时，应当将一件被控侵权产品的相关设计内容与涉案专利的一项设计进行对比，不能将两项或者两项以上外观设计结合起来进行对比。

例如，涉案专利为成套产品的外观设计专利，包含有若干项具有独立使用价值的产品的外观设计，或者涉案专利为相似外观设计专利，包含有多项相似的外观设计，权利人主张多项外观设计作为权利基础时，应当将一件被控侵权产品的相关设计内容与各项外观设计分别单独进行对比。

4.1.3 比较产品外观的视觉效果

在外观设计专利侵权判定时，应当仅以产品的外观为比较对象，考虑要求保护的形状、图案、色彩产生的视觉效果。应当将图片或者照片表现的涉案专利与被控侵权产品（或者其图片或者照片所显示的产品）的形态（形状、图案、色彩）进行比较，从二者外观带给一般消费者的视觉印象、而非产品功能角度进行分析判断。

4.1.4 整体观察、综合判断

外观设计相同或近似的对比中，应当采用整体观察、综合判断的方法。所谓整体观察、综合判断是指，基于涉案专利的全部设计要素与被控侵权产品的相应设计内容进行比较，而不是依据外观设计的局部或者涉案专利与被控侵权产品相区别的设计特征作出判断。应当根据相关种类产品的外观设计的设计空间，综合分析各设计内容对外观设计整体视觉效果的影响。

如果一般消费者会将被控侵权产品误认为涉案专利外观设计，则被控侵权产品落入外观设计专利保护范围。如果一般消费者不会将被控侵权产品误认为涉案专利产品，也不必然得出二者不近似的结论。

4.1.5 组件产品与变化状态产品

4.1.5.1 组件产品

对于组装关系唯一的组件产品，一般消费者会对各构件组合后的产品的整体外观设计留下印象，因此应当以各组件组合状态下的整体外观设计为对象，而不是以单个构件的外观设计为对象进行对比。

对于组装关系不唯一的组件产品，例如插接组件玩具产品，一般消费者会对单个构件的

外观设计留下印象,所以应当以单个构件的外观设计为对象;对于组装关系不唯一但仅有确定的几种组装关系的组件产品还可以考虑以组装后的整体外观设计为对象进行对比。

对于各构件之间无组装关系的组件产品,例如扑克牌、象棋棋子等组件产品,在购买和使用这类产品的过程中,一般消费者会对单个构件的外观留下印象,所以应当以单个构件的外观设计为对象进行对比。

4.1.5.2 变化状态产品

对于变化状态产品,在对比判断中,应当将被控侵权产品的相应变化状态与涉案专利的各状态进行对比,而不应当仅针对被控侵权产品和涉案专利的一种状态进行比较,也不应当仅凭二者变化状态的数量不同而得出不相同或不近似的结论。

如果涉案专利为变化状态产品,应当以其各个状态所示的外观设计作为与被控侵权产品进行比较的对象,对产品各种使用状态的外观设计作综合考虑。

如果涉案专利不是变化状态产品,而被控侵权产品是变化状态产品,应当将被控侵权产品与涉案专利产品相对应的状态作为比较对象。

4.2 相同或近似的判断

4.2.1 外观设计相同

外观设计相同,是指被控侵权产品种类与涉案专利相同,且被控侵权产品与涉案专利的全部设计要素相同,其中外观设计要素是指形状、图案以及色彩。

被控侵权产品种类与涉案专利不同的,即使其外观设计的三要素相同,也不应认为是外观设计相同。

如果涉案专利与被控侵权产品的相关设计的区别仅属于常用材料的替换,或者仅存在产品功能、内部结构、技术性能或者尺寸的不同,未导致产品外观设计的变化,二者仍属于相同的外观设计。

【案例2-2-9】瓷娃

涉案专利视图

分析与评述

图中各瓷娃尺寸大小不同,但是各瓷娃的设计均是相同的,不同之处仅在于尺寸的等比例变化,每个瓷娃外观设计的视觉效果是相同的,二者属于相同的外观设计。

【案例 2-2-10】开关

触摸开关

声控开关

分析与评述

上图中两个产品均为开关,但一个为触摸开关,一个是声控开关,二者实现电路闭合、断开的原理不同,但其产品外观的视觉效果是相同的,二者属于相同的外观设计。

4.2.2 外观设计近似

在涉案专利与被控侵权产品属于相同或相近种类的情况下,如果被控侵权产品的相关设计内容的设计要素(形状、图案、色彩)与涉案专利要求保护的设计要素的区别对产品外观设计的整体视觉效果不具有显著影响,则二者属于近似的外观设计。近似外观设计包括二者实质相同的外观设计(实质相同的外观设计的判断见本编第三章 2.3.2 "属于现有设计的判断")。

在判断区别点对于产品的整体视觉效果是否具有显著影响时,需要根据涉案专利产品的设计空间、区别点所在的部位是否易见、区别点是否为局部细微差异等因素作出综合判断。

4.2.2.1 设计空间

设计空间是指设计者在进行产品外观设计时受各种因素限制情况下能够自由发挥的空间,也称设计自由度。所述各种限制因素包括产品的功能、技术条件、相关标准、文化、经济、现有设计状况等。

涉案专利与对比设计相比,是否构成近似要考虑相同设计特征或不同设计特征对于整体视觉效果影响所占的权重。施以一般注意力不易察觉的局部细微变化对于产品的整体视觉效果通常不具有显著影响。对于某一相同设计特征或者不同设计特征,如果现有设计中已经存在大量与之相同或实质相同的设计特征,该相同或者不同设计特征对于产品整体视觉效果的影响权重会变小。对于设计空间较大的产品,该类产品外观设计丰富多彩、变化较大,一般消费者容易忽略相对比较细微的差别;相反,设计空间较小的产品,由于可变化自由度较小,外观设计整体上会存在较多趋同之处,一般消费者通常会注意到不同设计之间相对较小的区别。对于同一产品的不同部分,设计空间较大的部分更容易受关注,对整体视觉效果影响权重较大;相反,设计空间较小的部分,其设计容易趋同,则该部分受关注程度较小,对整体视觉效果影响权重较小。

在确定产品的设计空间时,通常考虑如下几个方面。

(1)产品的实用功能。

产品的实用功能对产品的设计空间有很大影响。对产品的实用功能的考虑,涉及产品能够满足人们需求而采用的技术方案、产品的操作环境、产品的使用方式、人机工程学要求等。相对于产品的其他设计特征,主要由产品的技术功能决定的设计特征对整体视觉效果具有较小的影响。

如果某类产品的局部外观设计由产品的实用功能唯一确定，则该类产品相应部分的设计必定一致，一般消费者更容易注意到其他部位产生的变化，由实用功能唯一决定的设计内容对外观设计整体视觉效果不具有影响。

【案例 2-2-11】插座

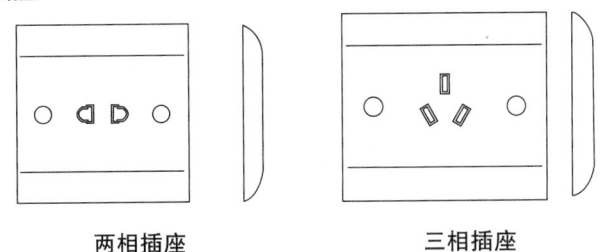

两相插座　　　　　　三相插座

分析与评述

被控侵权产品在涉案专利的电源插座面板基础上，将两相插座改变成三相插座，这是由已有国家标准规定的功能决定的部件的外观变化，属于由产品的功能唯一限定的变化，对整体视觉效果不具有显著影响，二者的其他设计又均是相同的，因而二者构成近似的外观设计。

【案例 2-2-12】车轮

涉案专利视图

分析与评述

就车轮而言，其外轮廓形状要满足滚动的需求，其外部圆形属于受功能唯一限定的设计内容。就辐条而言，其功能在于连接轮毂、轮辋，并且应当符合受力平衡的要求。在满足上述条件下，辐条设计可以作出很多变化，具有较大的设计空间，故其异同将对产品的整体视觉效果更具有影响。

（2）现有设计状况。

现有设计状况是指在涉案专利的申请日之前在国内外为公众所知的相同或相近种类产品的外观设计的整体状况。

通过分析现有设计状况，得出现有设计中存在的共同设计特征，作为判断某类产品设计空间的参考，会使判断者更准确地把握一般消费者的常识性知识，即对涉案专利申请日之前相同或相近种类产品及其惯常设计的常识性了解。

【案例2-2-13】车轮

涉案专利视图

针对案例2-2-12所示的车轮,上图示出了通过检索获得的多个现有设计。从现有设计可见,轮辋的形状均为圆形,印证了车轮形状要受滚动功能限制的认识,也证明了车轮形状为圆形属于车轮的惯常设计。同时,从大量的现有设计可以看出,辐条的形状、数量变化多种多样。进一步说明车轮辐条的设计空间相对较大,辐条的设计变化相对于轮辋、轮毂的设计对车轮整体视觉效果更具有影响。

分析现有设计状况可以确定相关种类产品的惯常设计,涉案专利中区别于现有设计的设计特征。对于产品上某些设计属于该类产品公认的惯常设计的,无论该惯常设计是由功能决定的,还是由其他因素决定的,该惯常设计均属于一般消费者熟视无睹的设计特征,惯常设计之外的其余设计的变化通常对整体视觉效果更具有影响。

【案例2-2-14】饭盒

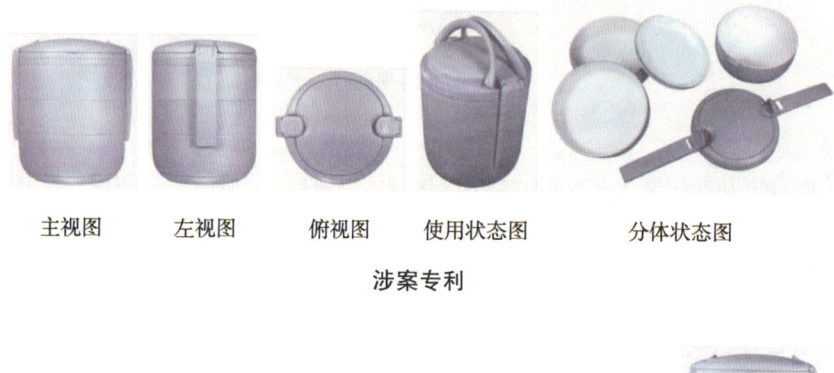

主视图　　左视图　　俯视图　　使用状态图　　分体状态图

涉案专利

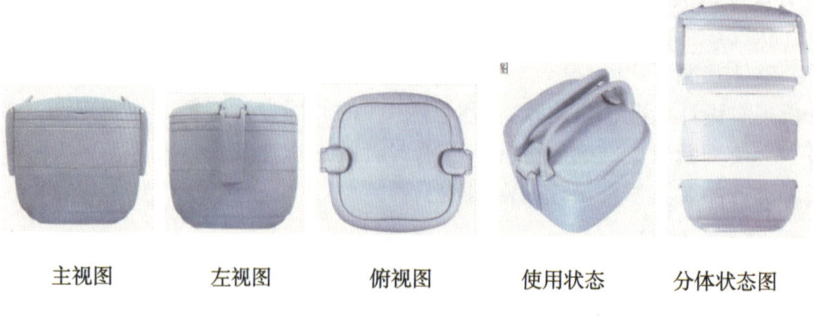

主视图　　左视图　　俯视图　　使用状态　　分体状态图

被控侵权产品

分析与评述

方形和圆形是饭盒类产品常见的设计，层数多少的变化一般消费者也比较熟悉，因此其他设计的变化将对整体视觉效果更具有影响。由于二者在该其他设计如提手设计、卡扣设计等各方面均相同，因此，构成近似的外观设计。

通常，涉案专利区别于现有设计的设计特征，如果反映了外观设计专利在设计上的创新和改进，使得一般消费者更容易关注到相关设计变化，则该设计特征相对于涉案专利中的其他设计特征对外观设计的整体视觉效果更具有影响。

应当注意，简要说明中记载的设计要点，在一定程度上可能反映了涉案专利区别于现有设计的设计特征，但不能直接依据设计要点认定其对整体视觉效果的影响，更不能将其作为判断外观设计是否相同、近似的直接依据。对整体视觉印象具有显著影响的设计特征的确定，还需要根据本节规定的各因素确定。

（3）技术条件、法律法规等其他因素。

技术条件是指实现产品功能与造型的客观生产条件。

法律法规、国家标准、地区标准、行业标准等，可能要求产品满足一定的技术要求，从而对产品外观设计的设计空间产生影响。

（4）设计空间的调查。

在外观设计专利侵权纠纷处理中，管理专利工作的部门可以根据案件需要对设计空间进行调查。当事人应针对相关种类产品的设计空间发表意见，必要时可以举证证明当事人的主张。

日常生活用品的设计空间较易把握；装饰性产品，如摆件、挂件等的设计空间较大。

4.2.2.2 产品易见的部位

在外观设计相同或近似的对比判断中，应当更关注正常使用时易见部位的设计变化，该部位的设计变化相对于不易见或者不可见部位的设计变化，通常对整体视觉效果更具有影响。但有证据表明在不易见部位的特定设计对于一般消费者能够产生引人瞩目的视觉效果的除外。

【案例2-2-15】电视机

涉案专利视图

分析与评述

电视机的背面在使用过程中不被一般消费者关注，对电视机的设计变化通常体现在易见的产品正面，产品的正面具有较大设计空间，因而，使用过程中易见的正面相对于不易见的背面,其设计变化对整体视觉效果更具有影响。

但如果电视机的后外壳采取了透明材料设计,如上图所示,能够看见内部结构的电视机后部设计将在整体中引人瞩目,此时在进行近似对比时应考虑电视机背部的设计变化。

4.2.2.3 局部细微差异

若被控侵权产品与涉案专利外观设计的区别点仅在于局部的细微变化,没有导致二者整体视觉效果产生实质性差异,则被控侵权产品与涉案专利外观设计近似。

在判断区别点是否属于局部细微变化时,一般会考虑区别点在产品整体中所处的位置、所占的比例,以及是否为产品设计空间中的主要设计内容等。当涉案种类产品的整体外观具有一定的设计空间,其形状、图案、色彩等都可以进行设计变化时,如果区别点所占比例很小,即使区别点位于容易观察到的部位,也属于局部细微差异。

【案例 2-2-16】剃须刀

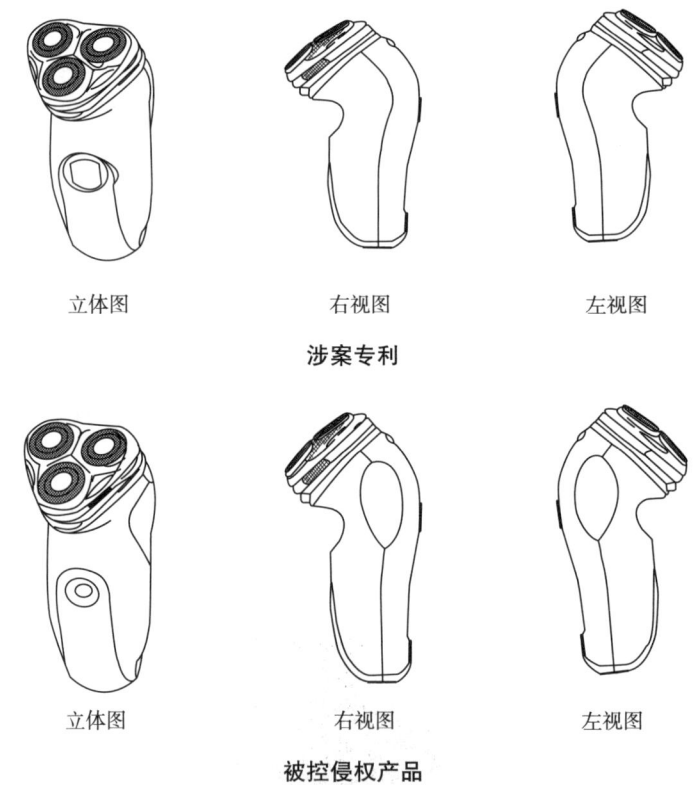

分析与评述

在上图所示涉案专利与被控侵权产品的两款剃须刀中,刀头部位主要实现了剃须功能,其设计空间通常体现在产品的整体形状、手柄部位的设计。二者的区别仅在于正面开关部位以及侧面连接部的设计不同,在整体形状、排布、构成均相同的情况下,上述两个部位的区别并不属于在设计空间内的主要设计,相对于剃须刀整体而言,属于局部的细微差异,二者的整体形状将对产品的视觉效果更具有影响,从整体的视觉效果看,二者不具有实质性差异,构成近似的外观设计。

【案例2-2-17】烛台

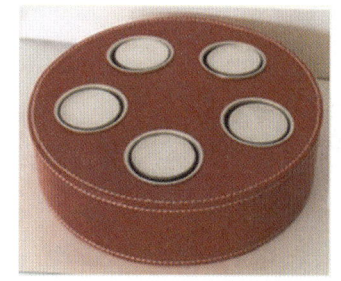

涉案专利　　　　　　　　　　　被控侵权产品

分析与评述

涉案专利产品与被控侵权产品均为蜡烛台，二者的区别仅在于蜡烛安放孔的数量。蜡烛台用于盛放蜡烛，其安放孔的形状、深度除受蜡烛所限外，再无其他限制，因此，蜡烛台在整体形状、图案、安放孔的排布等方面，可具有很大的设计变化，即设计空间较大。一般消费者对蜡烛台整体的形状、图案、排布更容易产生视觉印象。图中所示的两款蜡烛台，整体形状相同、安放孔的形状排布方式相同，虽然安放孔的数量有所差别，容易被识别出来，但是相对于整体造型而言，属于局部细微差异，二者构成近似的外观设计。

4.2.2.4 特殊情形

当被控侵权产品与涉案专利外观设计相比较，区别仅在于将涉案专利整体作为设计单元，按照该种类产品的常规排列方式作重复排列，或者仅其排列数量存在增减变化；或者二者仅是互为镜像对称；或者单一色彩的外观设计仅作色彩的改变，则该设计的变化通常不会带来二者整体视觉效果的实质性差异。

【案例2-2-18】染色机

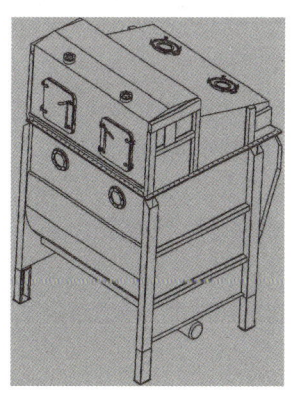
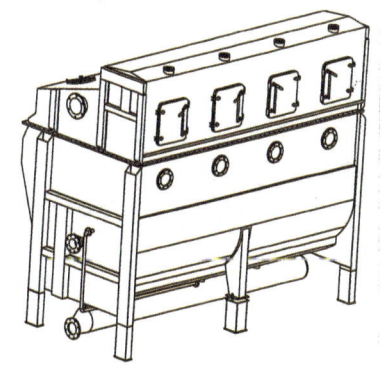

涉案专利　　　　　　　　　　　被控侵权产品

分析与评述

涉案专利为带有两个窗口的染色机，被控侵权产品的染色机将两个窗口按照通常的横向排布方式重复增加为四个，这一设计变化属于简单的重复排列，二者构成近似的外观设计。

【案例 2-2-19】笔筒

涉案专利　　　　　　　　　　被控侵权产品

分析与评述

图中所示的两个笔筒的各部分设计除左右布局不同外，其余均相同，属于对称设计，二者构成近似的外观设计。

【案例 2-2-20】圆凳

涉案专利　　　　　　　　　　被控侵权产品

分析与评述

涉案专利为具有单一色彩的圆凳外观设计，图中所示两款圆凳的形状设计完全相同，不同之处仅在于将圆凳整体颜色作了不同替换，二者构成近似的外观设计。

5. 几种类型产品的近似性判断

以下举例说明几种典型类型产品外观设计的近似性判断中的一些考虑因素。

5.1 包装类产品

包装类产品包括包装盒（箱）、包装瓶（罐）、包装袋等用于商品包装的产品。

5.1.1 产品种类

在判定产品种类时，应当区分被包装物与包装物的用途。由于包装类产品的用途是包装产品，与被包装物的性质无关。因此，在外观设计国际分类中，包装类产品均属于 09 类产品，不因被包装物的不同而属不同的种类。比如，酒的包装瓶和药的包装瓶属于相同种类物品，而不是不同种类产品。

产品在外观设计国际分类表中的分类不同，并不意味着产品种类不同，产品的用途是判断的依据。

5.1.2 产品形态（形状、图案、色彩）

从形状上看，包装类产品分为立体产品和平面产品两种。凡是具有三个以上外表面的产品都属于立体包装产品,仅有正反两个外表面的产品属于平面包装产品。包装类产品上的文字(包括产品名称在内)和数字的字体、字形和排列等,应当作为图案考虑,不应当考虑文字的发音和含义。

5.1.3 设计空间

包装类产品由于受功能等因素限定较少,其设计空间较大,无论是形状还是图案或者色彩,均具有较大的变化自由度。

5.1.4 设计要点

从设计要点来看,很多包装类产品的形状都是惯常设计或者是现有设计,对于这类设计,通常其图案和色彩的设计对整体视觉效果更具有影响;通常,使用状态下朝向消费者的面的设计对整体视觉效果更具有影响。

对于形状、图案和色彩都是新设计的包装类产品外观设计,要综合考虑,判断其视觉瞩目的设计内容,该部分内容对整体视觉效果更具有影响。

对于具有惯常设计或者透明设计部分的包装类产品而言,应综合考虑惯常设计以外的设计内容以及透明设计部分本身的形状、可见部分的设计内容对整体视觉效果的影响。

【案例2-2-21】包装袋

涉案专利　　　　　　被控侵权产品

分析与评述

涉案专利包装袋下半部分是用透明材料制成的楔形包装袋,上半部分是带有图案的纸板,该纸板从中间相对而折,将包装袋的一面封口(简要说明注明后视图无图案,故省略)。尽管对于外表使用透明材料的产品而言,人的视觉能观察到的其透明部分以内的形状、图案和色彩,应当视为该产品的外观设计的一部分,但是,由于该透明部位的设计属于该类产品公认的惯常设计,而且涉案专利并未表示透明部分内部的设计内容。据此判断,根据一般消费者的认知能力,对该部位的关注是出于对所装食品是否符合实用要求的考虑,而不是区别两项外观设计的依据,封口部位带有图案部分的设计内容才是一般消费者区别不同外观设计的视觉瞩目设计内容。因此,判断二者外观设计的近似性时,封口处的带有图案的纸板对整体视觉效果更具有影响。

5.2 型材类产品

型材类产品是指横断面形状沿长度方向连续延伸、在长度方向上无其他形状变化的产品。

对于型材产品而言,横断面形状通常对产品的整体视觉效果更具有影响。由于横断面周边轮廓在最终使用状态下属于可见或易见的设计内容,因此,该设计内容对整体视觉效果更具有影响。对于横断面周边形状是惯常设计的,横断面中其余部分的形状更具有影响。

【案例 2-2-22】型材

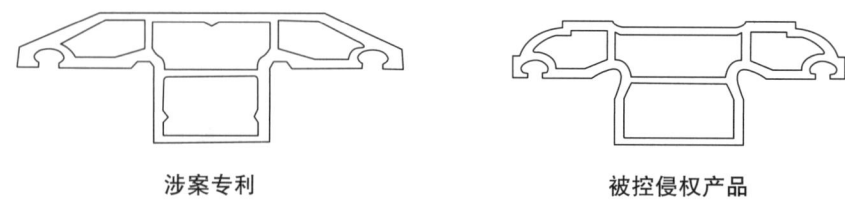

涉案专利　　　　　　　　被控侵权产品

分析与评述

上图所示型材，二者横断面中各腔体位置比例基本相同、形状接近，但由于二者横断面两侧上角、顶边所表示的设计在使用状态下为可见面，对整体视觉效果更具有影响。由于相关设计差别较大，因此，属于具有实质性差异的外观设计。

5.3 汽　　车

汽车的整体流线型设计和部件的变化都是车身设计的组成部分，不能仅仅依据二者的整体流线型判断二者是否近似。影响车身造型的前部及后部造型的变化，包括车灯、保险杠等差别也是需要考虑的重要因素。

5.3.1 了解相关车型的功能

满足不同需求汽车的功能及性能影响着汽车的设计空间。因此，首先需要了解相关车的功能需求，通过对设计空间的了解分析，把握一般消费者通过经验积累的常识性知识。

5.3.2 相同或相近用途的车型进行比较

汽车近似性比较应当基于相同或相近用途的车型进行比较。小客车、大客车、货车以及越野车等不同车型因用途不同导致技术性能上的差异，由此形成了外观设计某些方面的局限性，决定了设计空间的范围，也决定了外观设计更具有视觉影响的判断因素。

第三章　外观设计专利侵权抗辩

1. 概　　述

外观设计专利侵权抗辩包括不侵权抗辩和免责抗辩。不侵权抗辩是指凭借抗辩事由否定相关行为构成侵权，从而免除侵权责任的承担。外观设计专利不侵权抗辩的事由主要包括如下几项：

（1）依据《专利法》第十一条规定的侵权行为构成要件提出的抗辩，包括不以生产经营为目的的抗辩（参见第一编第三章第 2 节）以及经过许可的抗辩，需要注意，区别于发明和实用新型专利，外观设计专利的使用属于不侵权抗辩情形。

（2）依据《专利法》第六十二条规定提出的现有设计抗辩。

（3）依据《专利法》第六十九条规定提出的不视为侵权抗辩，包括权利用尽抗辩、先用权抗辩、临时过境抗辩等情形。

（4）其他抗辩，包括专利权效力抗辩、诉讼时效抗辩等。其中，当被控侵权人以涉案专利不符合授权条件提出抗辩时，管理专利工作的部门应当行使释明权，告知被控侵权人向国家知识产权局专利复审委员会提出无效宣告请求。

2. 现有设计抗辩

《专利法》第六十二条规定："专利侵权纠纷中，被控侵权人有证据证明其实施的技术或者设计属于现有技术或者现有设计的，不构成侵犯专利权。"所谓"现有设计"，根据《专利法》第二十三条的规定，是指申请日以前在国内外为公众所知的设计。

2.1 现有设计的范围

以 2009 年 10 月 1 日为界，此前，现有设计是指在涉案专利申请日（有优先权的指优先权日，下同）之前在国内外出版物上公开发表或者在国内公开使用的外观设计；2009 年 10 月 1 日（含）之后的现有设计是指在涉案专利申请日之前，在国内外出版物上公开发表过或者使用过的外观设计。

被控侵权人以实施自己或者他人在先申请在后公开的中国外观设计专利为抗辩理由的，不属于适用现有设计抗辩的情形。所谓"在先申请在后公开的中国外观设计专利"，是指在涉案专利的申请日之前申请，在涉案专利的申请日后公开的中国外观设计专利，因其在涉案专利的申请日前尚未公开，不能构成涉案专利的现有设计，因此不能作为现有设计用于现有设计抗辩。

如果涉案专利享有新颖性宽限期，则符合新颖性宽限期要求的现有设计不属于《专利法》第六十二条所述的现有设计。

涉案专利申请日之前具有保密性质的外观设计，包括基于法律法规（例如保密协议）、社会观念以及商业惯例形成的具有保密性质的外观设计不属于现有设计。除非有证据表明相关外观设计确实在涉案专利申请日之前公开。

2.2 判断方式

被控侵权产品外观设计是否属于现有设计的判断方式参见本编第二章 4.1 "相同或近似的判断方式"。

2.3 判断基准

适用现有设计抗辩时，应当仅将一项现有设计与被控侵权产品外观设计进行比较，不能将两项现有设计结合与被控侵权产品进行比较。

现有设计产品种类与被控侵权产品种类相同或相近是判断被控侵权产品外观设计是否属于现有设计的前提。如果二者产品种类不相同且不相近，则可直接认定被控侵权产品外观设计不属于现有设计，现有设计抗辩不成立。

在认定产品种类是否相同或相近时，应当以产品的用途为依据，用途相同，则产品种类相同，用途相近则产品种类相近。确定产品用途可以参照产品的名称、外观设计国际分类、专利的图片或照片、产品销售或实际使用状态下的情况以及外观设计专利的简要说明（参见本编第二章第 3 节）。

在适用现有设计抗辩时，应当从一般消费者（参见本编第二章第 1 节）的角度，对被控侵权产品的外观设计与一项现有设计进行整体观察、综合判断，当二者相同（无差异）或者无实质性差异，即二者属于相同或实质相同的外观设计，则认定被控侵权产品的外观设计属于现有设计，即现有设计抗辩成立。

2.3.1 现有设计公开内容的确定

应当依据图片或照片或者实物来确定现有设计公开的内容。图片或照片未反映产品各面视图的，应当依据一般消费者的认知能力来确定现有设计公开的信息。

依据一般消费者的认知能力，根据现有设计图片或照片已经公开的内容即可推定出产品其他部分或者其他变化状态的外观设计的，则该其他部分或者其他变化状态的外观设计也视为已经公开。例如在轴对称、面对称或者中心对称的情况下，如果图片或照片仅公开了产品外观设计的一个对称面，则其余对称面也视为已经公开。

【案例2-3-1】万用表

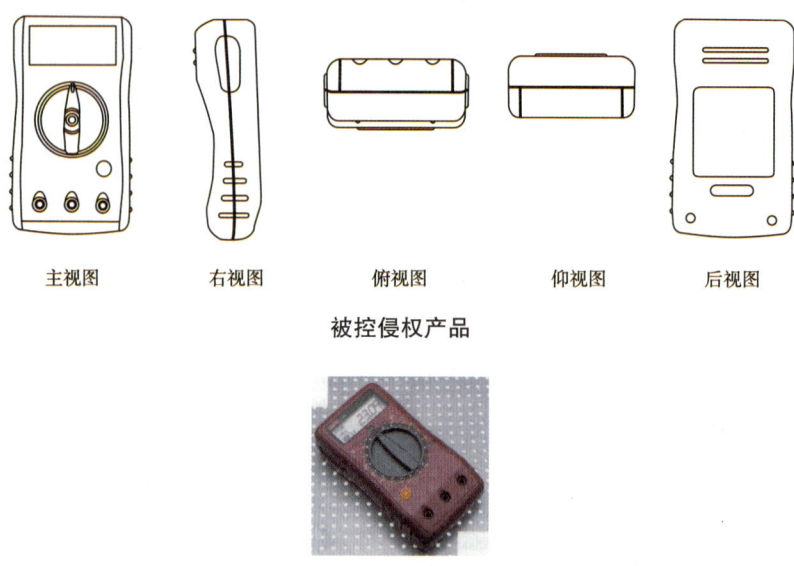

分析与评述

被控侵权产品外观设计左右对称，现有设计立体图显示了正面、左侧面及底面的设计内容，该三面设计，被控侵权产品外观设计采用了现有设计。图中现有设计右侧面、顶面和背面没有显示。但是，根据被控侵权产品外观设计各面视图判断，由于其左右对称，故其右侧设计实质上亦采用的是现有设计，而其背面和上下侧面属于惯常的设计内容，在使用过程中，正面是一般消费者更关注的面，因此，可以确定被控侵权产品外观设计与现有设计无实质性差异。

相反，如果立体图仅公开了背面，没有公开一般消费者关注的使用状态下的正面，则不能据此确认现有设计公开的内容。

依据文字内容确定现有设计时，应当以由文字内容能够唯一确定的外观设计为准。不能由文字内容唯一确定的外观设计不能作为现有设计评价现有设计抗辩成立与否。

【案例2-3-2】无叶电风扇

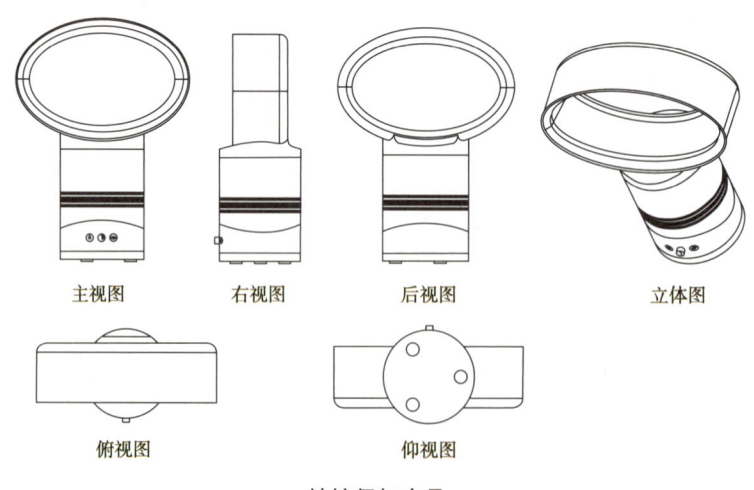

分析与评述

披露现有设计的是一份发明专利说明书,其中,说明书附图1所示的是正圆形的出风口,但说明书又描述"可以想象其他形状的出风口。例如,可以使用椭圆形或'赛道'形、单条或单线,或块状的出风口",这里,尽管披露了椭圆形出风口的设计特征,但附图中未示出具体的出风口椭圆形状,仅根据文字表述,椭圆形由于长短轴比例不同可以存在多种设计形状,不能唯一确定其具体的出风口形状,因此,不能认定被控侵权产品采用的是现有设计。

如果现有设计图片或照片未公开的部位属于该种类产品使用状态下不会被一般消费者关注的部位,并且被控侵权产品在相应部位的设计变化也不足以对产品的整体视觉效果产生影响,则未公开的部位不影响对现有设计抗辩是否成立的评价。例如电冰箱,如果图片或照片没有公开冰箱的底面和背面,被控侵权产品在底面和背面的设计变化不足以对产品外观设计产生影响,则底面和背面未被公开的事实不影响对二者进行整体观察、综合判断。

2.3.2 属于现有设计的判断

被控侵权产品外观设计属于现有设计是指被控侵权产品外观设计与现有设计相同或者无实质性差异,即属于相同或实质相同的外观设计。

被控侵权产品外观设计与现有设计相同是指两项外观设计产品种类完全相同,并且落入涉案专利保护范围的被控侵权产品的全部设计要素(形状、图案以及色彩)与现有设计的相应设计要素相同。

如果两项外观设计仅属于常用材料的替换,或者仅存在产品功能、内部结构、技术性能或者尺寸的不同,而未导致产品外观设计的变化,二者仍属于相同的外观设计。

当产品种类相同或者相近的两项外观设计之间的区别点仅属于以下几种情形时,认为两外观设计无实质性差异。

2.3.2.1 施以一般注意力不能察觉到的局部细微差异

如果被控侵权产品的外观设计与现有设计的区别仅在于一般消费者施以一般注意力不能察觉到的局部细微差异,则二者无实质性差异。

【案例2-3-3】烧烤炉侧台

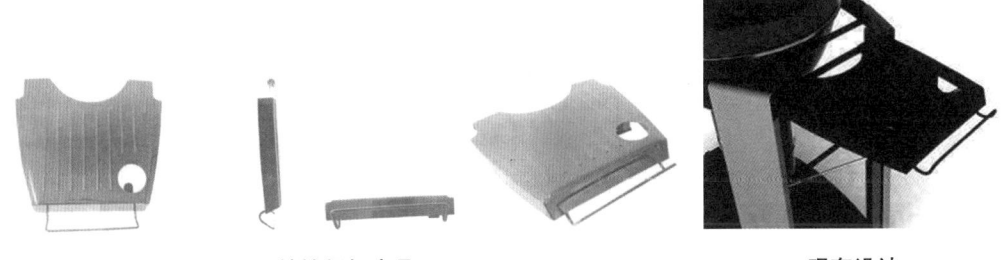

被控侵权产品　　　　　　　　　　现有设计

被控侵权产品外观设计与现有设计相同点与不同点的确认:所示侧台整体均为近似梯形板设计,二者顶边凹口、卷曲边、端角缺口、支架、圆孔等设计基本相同,表面均有细长棱条。二者不同之处主要在于:表面棱条不同,被控侵权产品外侧的两条棱条较短,现有设计相对较长;圆孔内托板位置不同,被控侵权产品位于靠底边一侧,现有设计位于底边相对侧;被控侵权产品立体图显示透过圆孔可见较宽凸台,现有设计未见相应设计。

分析与评述

关于棱条不同,由于二者在侧台表面分布的棱条粗细、方向、密度及绝大多数棱条的长度均基本相同，仅最外侧两条棱条的长度有所不同，一般消费者施以一般注意力对其进行整体观察，上述局部的差异极其细微，容易被忽略；关于托板设计，二者形状相同，仅在相对位置上存在差异，但均位于圆孔下方，作为放置杯子的支撑板，在使用状态下被杯子遮挡而不能观察到；对于被控侵权产品圆孔中的较宽凸台，作为与炉体相结合的支撑结构，在使用状态下同样为不易见部位。因此，在仅存在上述差异的情况下，由于被控侵权产品外观设计与现有设计所示侧台整体形状及顶边凹口、卷曲边、端角缺口、支架、圆孔等各部分设计基本相同，形成了基本相同的视觉印象，二者属于无实质性差异的外观设计。

2.3.2.2 使用时不容易看到或者看不到的部位

如果被控侵权产品的外观设计与现有设计的区别仅在于使用时不容易看到或者看不到的部位，则二者无实质性差异。但有证据表明在不容易看到部位的特定设计对于一般消费者能够产生引人瞩目的视觉效果的情况除外。

【案例 2-3-4】消毒柜

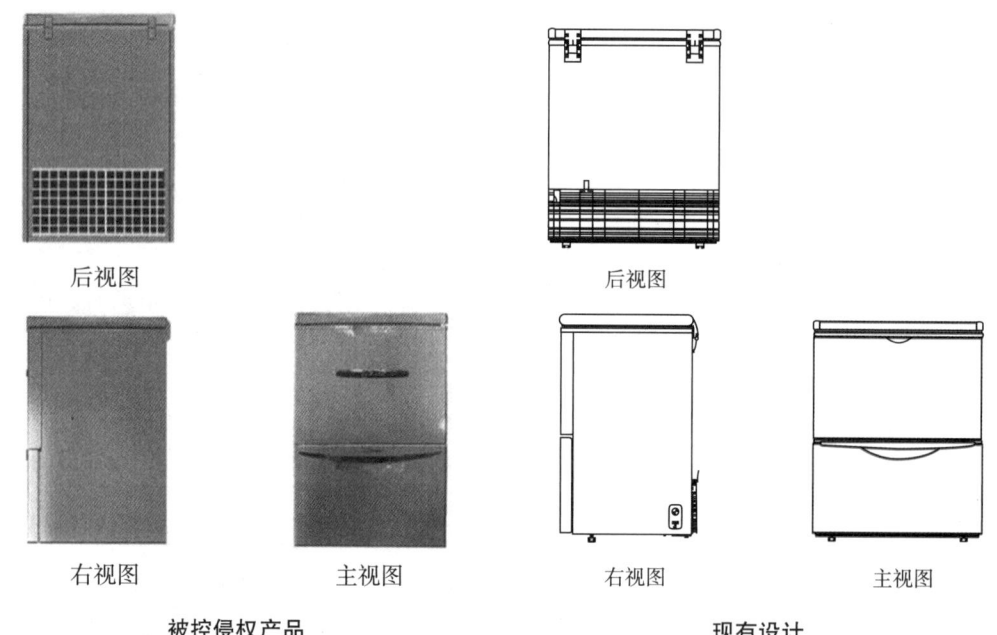

被控侵权产品　　　　　　　　　　　　现有设计

分析与评述

被控侵权产品与现有设计正面整体形状、门的分割比例、把手的设计均相同。二者的区别是：后部压缩机的散热孔、底部四个支脚、电源插孔以及正面的铭牌。由于在最终使用过程中，冰箱的背面和顶面不易见，底面不可见，通常，相应面设计的差别不会给一般消费者留有视觉印象。铭牌处于易见的正面，侧面右下角的电源插孔这两个区别均属于一般消费者不会关注的细微差别。二者给一般消费者无实质性差别的视觉印象，因此，属于无实质性差异的外观设计。

2.3.2.3 将某一设计要素整体置换为该类产品的惯常设计

如果被控侵权产品的外观设计与现有设计的区别仅在于将某一设计要素整体置换为该类产品的惯常设计的相应设计要素，例如，将带有图案和色彩的饼干桶的形状由正方体置换为长方体，则二者无实质性差异。

【案例2-3-5】包装盒

现有设计　　　　　　　　　　　　被控侵权产品

分析与评述

被控侵权产品外观设计和现有设计均为包装盒，二者图案基本相同，仔细观察会发现局部标志及小文字有所差别。二者明显的不同点在于形状，现有设计形状为扁圆柱形，被控侵权产品外观设计为扁立方体形。被控侵权产品仅将现有设计的图案表现在该类产品惯常使用的扁立方体形状上，二者应属于无实质性差异的外观设计。

2.3.2.4 设计单元按常规排列方式作重复排列或单纯的数量增减

如果被控侵权产品的外观设计与现有设计的区别仅在于将现有设计作为设计单元，按照该种类产品的常规排列方式作重复排列，或者将其排列的数量作增减变化，例如，将影院座椅成排重复排列或者将成排座椅的数量作单纯增减变化，则二者无实质性差异。

现有设计　　　　　　　　　　　　被控侵权产品

2.3.2.5 互为镜像对称

如果被控侵权产品的外观设计与现有设计的区别仅在于互为镜像对称，则二者无实质性差异。

【案例2-3-6】书柜

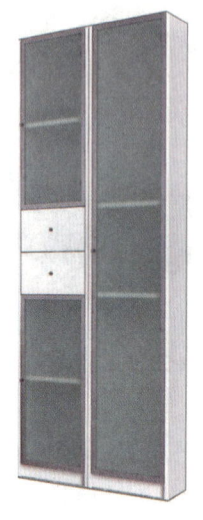 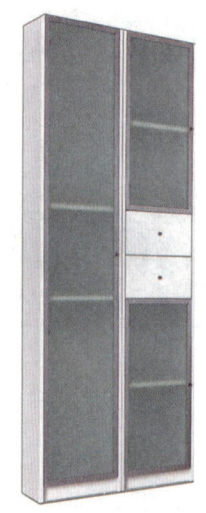

　　现有设计　　　　　　　　　被控侵权产品

分析与评述

　　被控侵权产品与现有设计均为书柜，二者属于镜像对称。被控侵权产品左侧隔成三个空间，右侧上下各有两个空间，中部有两个抽屉；现有设计是右侧隔成三个空间，左侧上下各有两个空间，中部有两个抽屉。二者在设计上没有实质性差别，属于无实质性差异的外观设计。

2.3.2.6 单一色彩的外观设计仅作色彩的改变

　　如果被控侵权产品的外观设计与现有设计的区别仅在于仅是单一色彩的外观设计仅作色彩的改变，则二者无实质性差异。

【案例2-3-7】鞋

　　现有设计　　　　　　　　　被控侵权产品

分析与评述

　　被控侵权产品与现有设计均为鞋，其鞋的色彩均为单一色彩，二者除色彩外其余设计内容相同，差异仅在于单一色彩的外观设计仅作色彩的改变，属于无实质性差异的外观设计。

　　在判断两项外观设计有无实质性差异的过程中，必要时，应当结合产品的设计空间来确定是否属于上述几种情形。

2.3.3 现有设计抗辩的适用

　　在适用现有设计抗辩时，原则上，管理专利工作的部门应当首先判断被控侵权产品是否落入专利保护范围。只有在被控侵权产品外观设计落入专利外观设计保护范围的情况下，才需要进一步判断现有设计抗辩是否成立。除非被控侵权产品外观设计与现有设计没有差异，属于相同的外观设计,才可以直接认定现有设计抗辩成立,无需再判断被控侵权产品是否落入涉案专利保护范围。

在涉及现有设计抗辩的案件中,涉及三项外观设计,即现有设计、被控侵权产品外观设计和涉案专利外观设计。具体而言,可能出现如下几种情形:

情形1:被控侵权产品外观设计未落入涉案专利保护范围,此时,无需比较被控侵权产品外观设计与现有设计是否具有实质性差异,可直接认定侵权不成立。

情形2:被控侵权产品外观设计与现有设计没有差异,即属于相同的外观设计。这表明被控侵权产品使用的是专利申请日之前的现有设计,现有设计抗辩成立。在此情况下,无论被控侵权产品外观设计是否落入涉案专利保护范围,侵权均不成立。因此可以直接认定现有设计抗辩成立。

情形3:被控侵权产品外观设计与现有设计进行比较具有实质性差异,则现有设计抗辩不成立。在此情况下,如果被控侵权产品外观设计落入涉案专利保护范围,判定侵权成立。否则,侵权不成立。

情形4:被控侵权产品外观设计落入涉案专利保护范围,且被控侵权产品外观设计与现有设计进行比较有较小差别,在此情况下,如果被控侵权产品使用了涉案专利区别于现有设计的具有实质性差异的不同点,则应当认定现有设计抗辩不成立,侵权成立;否则,现有设计抗辩成立,侵权不成立。在此情形下,应从如下两个方面进行分析:

(1)判断导致专利外观设计与现有设计具有实质性差异的不同点;

(2)判断被控侵权产品是否使用了外观设计专利区别于现有设计具有实质性差异的不同点。

2.3.4 几点说明

在适用现有设计抗辩时,需要注意以下几点:

(1)现有设计抗辩的适用前提。

现有设计抗辩的适用应当依被控侵权人的请求而进行,对于现有设计的举证责任应当由被控侵权人承担,管理专利工作的部门不能代替被控侵权人搜集证据。但是,如果当事人提交的证据确属涉案专利申请日之前的现有设计,管理专利工作的部门可以行使释明权。

(2)用于抗辩的现有设计与专利外观设计的关系。

在适用现有设计抗辩时,管理专利工作的部门仅需判断被控侵权产品是否采用了现有设计,无需判定专利外观设计是否属于现有设计。

(3)现有设计抗辩的法律效力。

现有设计抗辩成立的判定结论仅对争议的侵权案件有效,对于其他争议案件不产生效力。

(4)现有设计抗辩与设计空间。

在涉及现有设计抗辩的外观设计专利侵权纠纷处理中,审案人员需要确定产品的设计空间。即判断产品可以进行外观设计变化的内容,其目的是确定对于整体视觉效果更具有影响的设计内容。现有设计抗辩的判断是在考虑设计空间的基础上,将被控侵权产品外观设计与抗辩人提交的现有设计进行一对一的比较分析,目的是确认被控侵权产品是否采用的是现有设计。

第三编　假冒专利行为认定

第一章　假冒专利行为的认定标准

《专利法》第六十三条规定：假冒专利的，除依法承担民事责任外，由管理专利工作的部门责令改正并予公告，没收违法所得，可以并处违法所得四倍以下的罚款；没有违法所得的，可以处二十万以下的罚款；构成犯罪的，依法追究刑事责任。

此外，《刑法》第二百一十六条规定：假冒他人专利，情节严重的，处三年以下有期徒刑或者拘役，并处或者单处罚金。

1. 假冒专利行为的概念界定

根据2010年2月1日起实施的《专利法实施细则》第八十四条的规定，下列行为属于《专利法》第六十三条规定的假冒专利的行为：

"（一）在未被授予专利权的产品或者其包装上标注专利标识，专利权被宣告无效后或者终止后继续在产品或者其包装上标注专利标识，或者未经许可在产品或者产品包装上标注他人的专利号；

（二）销售第（一）项所述产品；

（三）在产品说明书等材料中将未被授予专利权的技术或者设计称为专利技术或者专利设计，将专利申请称为专利，或者未经许可使用他人的专利号，使公众将所涉及的技术或者设计误认为是专利技术或者专利设计；

（四）伪造或者变造专利证书、专利文件或者专利申请文件；

（五）其他使公众混淆，将未被授予专利权的技术或者设计误认为是专利技术或者专利设计的行为。

专利权终止前依法在专利产品、依照专利方法直接获得的产品或者其包装上标注专利标识，在专利权终止后许诺销售、销售该产品的，不属于假冒专利行为。

销售不知道是假冒专利的产品，并且能够证明该产品合法来源的，由管理专利工作的部门责令停止销售，但免除罚款的处罚。"

《专利法实施细则》第八十四条第一款第（一）项至第（四）项列举了属于假冒专利行为的四种情形，第（五）项为兜底性条款，第二款和第三款则规定了不属于假冒专利行为和应免除罚款处罚的两种情形。

下面，将《专利法实施细则》第八十四条所列举的假冒专利行为分别进行说明。

1.1 在产品或产品的包装上标注专利标识

在产品或产品的包装上标注专利标识是最常见、主要的构成假冒专利行为的方式，包括两种不同的情况：一是产品本身不具有任何有效的专利权，却在产品或包装上进行专利标识标注。其中，专利权被无效或终止的，也属于不具有有效专利权的情形。二是标注的专利号虽然合法有效，但标注专利标识的行为人并不是专利权人或被许可人。

1.2 销售上述标注了专利标识的产品

根据社会分工的不同，制造和销售产品往往是不同的主体，如果仅仅限定在产品上标注专利标识才构成假冒专利行为，则销售者就会逃脱法律责任，因此销售《专利法实施细则》第八十四条第一款第（一）项所述产品也构成了假冒专利行为。

并且，基于合理性的考虑，第八十四条第二款、第三款规定了专利权有效期内在产品或其包装上标注专利标识,在专利权终止后销售上述产品的,不构成假冒专利行为。销售不知道是假冒专利的产品,并且能够证明该产品合法来源的,由管理专利工作的部门责令停止销售,但免除罚款的处罚。

1.3 在产品说明书等材料中宣称专利

涉嫌构成假冒专利行为的方式还包括在产品说明书、产品宣传资料、广告中将未被授予专利权的技术或者设计称为专利技术或者专利设计,将专利申请称为专利,或者未经许可使用他人的专利号,使公众将所涉及的技术或者设计误认为是专利技术或者专利设计。在产品说明书等材料中宣称专利也是常见的构成假冒专利行为的方式。

1.4 伪造或者变造专利证书、专利文件或者专利申请文件

伪造专利证书、专利文件或者专利申请文件,是指行为人编造国家知识产权局并未颁发过的专利证书、没有公告过的专利文本、并未受理过的专利申请文件。

变造专利证书、专利文件或者专利申请文件,是指行为人以篡改方式变造国家知识产权局颁发过的专利证书、公告过的专利文本、受理过的专利申请文件。

上述行为实质上都会误导公众。

1.5 其他使公众混淆或误认的行为

虽然《专利法实施细则》第八十四条第一款第(一)项至第(四)项规定了假冒专利行为的多种表现形式,但考虑到实践中可能还有部分违法行为形式比较特殊,不能完全加以涵盖,故根据假冒专利的立法目的,设置一项兜底性条款显然是有必要的。其他使公众混淆,将未被授予专利权的技术或者设计误认为是专利技术或者专利设计的行为也应当被认为是假冒专利的行为(例如本编第二章第4节所列情形)。

2. 专利标识标注权与标注行为

判定假冒专利,首先要对专利标识标注权以及标注行为略作阐述。

2.1 专利标识标注权

《专利法》第十七条第二款规定:"专利权人有权在其专利产品或该产品的包装上标明专利标识。"

专利权人有权在其专利产品或者该产品的包装上标明专利标识。有权在专利产品或者产品包装上标明专利标识的,除了专利权人之外,还包括经专利权人同意享有专利标识标注权的被许可人。

2.2 标注行为

《专利法实施细则》第八十三条规定:"专利权人依照专利法第十七条的规定,在其专利产品或者该产品的包装上标明专利标识的,应当按照国务院专利行政部门规定的方式予以标明。专利标识不符合前款规定的,由管理专利工作的部门责令改正。"

国家知识产权局作为国务院专利行政部门,其于2012年3月8日发布的《专利标识标注办法》对如何进行专利标识作出了明确规定。《专利标识标注办法》第四条规定:"在授予专利权之后的专利权有效期内,专利权人或者经专利权人同意享有专利标识标注权的被许可人可以在其专利产品、依照专利方法直接获得的产品、该产品的包装或者该产品的说明书等材料上标注专利标识。"该办法第五条、第六条、第七条进一步对如何标注专利标识作出了明确规定。

其中第五条规定了专利标识包括的内容:

"第五条 标注专利标识的,应当标明下述内容:

(一)采用中文标明专利权的类别,例如中国发明专利、中国实用新型专利、中国外观

设计专利;

(二)国家知识产权局授予专利权的专利号。

除上述内容之外,可以附加其他文字、图形标记,但附加的文字、图形标记及其标注方式不得误导公众。"

第六条对依照专利方法直接获得的产品如何进行标注作了规定:

"第六条 在依照专利方法直接获得的产品、该产品的包装或者该产品的说明书等材料上标注专利标识的,应当采用中文标明该产品系依照专利方法所获得的产品。"

第七条则对尚未获得授权而在产品、该产品的包装或者该产品的说明书等材料上进行标注进行规范:

"第七条 专利权被授予前在产品、该产品的包装或者该产品的说明书等材料上进行标注的,应当采用中文标明中国专利申请的类别、专利申请号,并标明'专利申请,尚未授权'字样。"

专利标识的标注不符合上述第五条、第六条或者第七条规定的,由管理专利工作的部门责令改正。专利标识标注不当,构成假冒专利行为的,由管理专利工作的部门依照《专利法》第六十三条的规定进行处罚。

3. 认定构成假冒专利的要素

一项合法的专利标识应当满足以下条件:第一,行为主体应当是有权主体,即专利权人或者经专利权人同意享有专利标识标注权的被许可人;第二,行为形式应当同时标注中文专利类别和专利号,附加的文字、图形标记不会误导公众;第三,行为载体应当是专利产品、依照专利方法直接获得的产品、产品包装、产品说明书等资料,以及专利证书、专利文件或者专利申请文件;第四,时间性条件应当满足在专利授权之后的专利权有效期内。

凡不符合上述条件之一的,均属于不规范的专利标识标注,并有可能构成假冒专利的行为。

3.1 行为主体

合规的行为主体应当是有权在产品或产品包装等载体上标注专利标识的主体,一般指专利权人或者经专利权人同意享有专利标识标注权的被许可人。

参照《行政处罚法》第三条的规定,违反专利行政管理秩序的行政相对人是专利权人或者经专利权人同意享有专利标识标注权的被许可人之外的其他公民、法人或者其他组织。这一行为主体应具有民事权利能力和民事行为能力。参照相关法律法规,其他组织是指合法成立、有一定的组织机构和财产,但又不具备法人资格的组织,包括:

(1) 依法登记领取营业执照的私营独资企业、合伙组织;

(2) 依法登记领取营业执照的合伙型联营企业;

(3) 依法登记领取我国营业执照的中外合作经营企业、外资企业;

(4) 经民政部门核准登记领取社会团体登记证的社会团体;

(5) 法人依法设立并领取营业执照的分支机构;

(6) 中国人民银行、各专业银行设在各地的分支机构;

(7) 中国人民保险公司设在各地的分支机构;

(8) 经核准登记领取营业执照的乡镇、街道、村办企业;

(9) 符合条件的其他组织。

对于个体工商户涉及假冒专利行为的,应以营业执照上登记的业主为行政相对人。有字号的,应在法律文书中注明登记的字号。营业执照上登记的业主与实际经营者不一致的,以业主和实际经营者共同为行政相对人。

【案例 3-1-1】

某市知识产权局到甲药店进行市场检查,发现其销售的一种药品上标注有"本品外观专利:200930117892.3"字样。经与国家知识产权局专利登记簿副本核对,200930117892.3 专利权因未在规定期限内缴纳年费已终止。经查,药品包装上标明生产时间晚于专利终止时间,另甲药店是乙公司一家连锁分店,在工商部门领取了营业执照。

分析与评述

甲药店销售专利权已终止的上述产品的行为,已构成《专利法实施细则》第八十四条第一款第(二)项规定的"销售第(一)项所述产品"的假冒专利行为,依法应当予以处罚。甲药店虽是乙公司设立的连锁机构,但由于其依法领取营业执照经营,故参照《最高人民法院关于适用〈中华人民共和国民事诉讼法〉若干问题的意见》第四十条第(五)项的规定,以甲药店为处罚对象,下达处罚决定书。

【案例 3-1-2】

某公立医院在广告中宣传其实施的手术采用了专利技术,在知识产权局对其立案调查的过程中,医院提供不了任何拥有有效专利权的证明,但该医院主张,其为全额拨款的事业单位,经营活动具有公益性质,不以营利为目的,故不构成假冒专利行为。

分析与评述

本案涉及以下问题,行为主体以营利为目的是否是构成假冒专利行为的必要条件。

首先,以营利为目的并非《专利法》及其实施细则认定假冒专利行为的必要条件;其次,公立医院即便不营利,其广告宣传行为亦误导公众认为其拥有专利权,该行为同样扰乱了专利管理秩序。

另外,生产经营活动也不是构成假冒专利行为的必要条件。利用专利标识进行宣传的行为通常与生产、经营有关,故即便当事人以此理由作为抗辩理由,亦不能否定假冒专利行为的成立。

【案例 3-1-3】

甲于 1996 年 12 月 23 日向国家知识产权局申请了"组合式墙体结构"的发明专利申请,申请号为 96122343.×。该申请于 1999 年 10 月 15 日进入实审,由于不符合《专利法》的有关规定,没有获得专利权。2002 年 4 月 9 日乙与甲签订了《合资建厂合同书》,合同约定"组合式板块结构墙板"专利技术折价 10 万元。2002 年 8 月 20 日甲单方提出解除合资建厂合同,合资双方因此产生纠纷。2005 年 6 月 6 日,乙向知识产权局举报甲"以非专利产品冒充专利产品、以非专利技术冒充专利技术进行违法活动",请求查处。案件调查中,甲承认在《合资建厂合同书》将"专利申请技术"称作"专利技术",同时辩称,在谈判记录中自己一再强调是"专利申请技术",在合同中打印成"专利技术"是笔误,没有假冒专利的故意。

分析与评述

本案涉及以下问题,行为主体具有主观过错是否是构成假冒专利行为的必要条件。

《专利法》及其实施细则并未要求当事人必须具有故意或过失的心理状态,但故意或过失的心理状态是法律责任的要素,人要对受自己意识支配的行为负责,对无意识的行为不承担责任。就假冒专利行为而言,其法律责任的承担应以故意为主观要件。

需要强调的是,故意是追究其法律责任的构成要素,不是违法行为的构成要素。当事人违法时的心态如何,只是决定其应否承担法律责任或法律责任轻重的问题。对于无过错或明显为过失的假冒专利行为,不宜对其进行行政处罚,但仍应责令其停止违法行为并予以改正。

对于将"专利申请技术"说成是"专利技术",通常有两种情形,一是故意而为的假冒行为,二是因过失而产生的笔误。基于故意的假冒专利行为,行为人的主观恶意明显,故意隐瞒申请未授权事实,谎称已经授权,以使对方发生错误认识为目的。就本案而言,甲在《合资建厂合同书》中,将正在申请中的发明专利称为"专利技术"是不规范的。但是根据本案事实,乙在订立合同时也知道该技术是申请中的技术,且双方都在合同中签字盖章,这说明双方对合同标的并无异议。由此可见,甲在主观上不存在欺诈的故意。合同中的专利技术一词,应属于笔误。

3.2 行为形式

3.2.1 标注字样

假冒专利行为通常与以下表现形式有关:标注专利号、标注专利发明创造名称、标注"专利产品 仿冒必究""专利技术""专利保护""中国专利""国家专利""国际专利""发明专利""已申请专利"等字样以及其他宣称采用了专利技术或设计的形式。未经许可使用他人专利公告号、伪造专利公告号构成假冒专利行为,采用虚构的专利权人称号、假冒其他专利权人称号也构成假冒专利行为。

【案例3-1-4】

甲公司在广告宣传资料上宣称自己公司拥有名称为"一种消泡剂活性组合物制备方法"的专利技术。经核实,名称为"一种消泡剂活性组合物制备方法"的专利权人为乙公司,该专利目前处于有效状态。

分析与评述

甲公司未经许可,将他人的专利名称所涉及的专利宣传为本公司的专利技术,使社会公众误以为甲公司具有该专利技术,该行为属于假冒专利行为。

【案例3-1-5】

张某为农具产品生产商,其在产品上标注"中国专利名称:轻便推车式多功能农具"。经核实,张某并未申请过任何专利,"轻便推车式多功能农具"是李某的实用新型专利名称,张某未获得李某的许可。

分析与评述

张某在未取得许可的情况下,在产品上标注他人合法有效专利的名称,造成社会公众误以为其产品为专利产品的后果,该行为属于假冒专利行为。

【案例3-1-6】

甲公司在其锁具产品上标注有"专利权人李某专利产品"。经核实,专利权人李某拥有一项锁具专利,但并未许可甲公司使用该专利以及进行专利标注。

分析与评述

甲公司未经许可,称其产品为他人专利产品,使社会公众误以为甲公司产品具有他人专利技术,该行为属于假冒专利行为。

3.2.2 技术方案

对于专利权人本人或经其同意标注专利标识的被许可人标注合法有效的专利标识时,需要考虑标注专利标识的产品与该专利标识所代表的专利技术方案(设计)的差异程度。对于产品与专利技术完全不相关或差异较大的情形,应认定为假冒专利行为;如果产品与专利技术(设计)虽有差别,但是两者极其相似,不宜认定为假冒专利行为,可以责令其改正,不作进一步处罚。

【案例3-1-7】

某市知识产权局执法人员到当地某商场进行假冒专利检查,发现甲公司生产的四款款式不同的玩具上都标有同一专利标识"外观设计专利号:200930079093.1",通过国家知识产权局网站检索查明,该专利虽然属于甲公司所有,且处于有效期内,但其主题是一个抱枕,并不是这四款玩具产品。

分析与评述

甲公司虽拥有标注的专利权,但由于其标注的产品并非专利技术,该标注行为仍使社会公众误以为其为专利产品。同时这一行为损害了专利管理秩序,属于在未被授予专利权的产品上进行专利标注,构成了假冒专利行为。同样,被许可人获得专利权人的许可,可以在产品上标注专利号,但如果其实际生产的产品与专利技术不相对应,也有可能涉嫌构成假冒专利行为。

3.3 行为载体

假冒专利行为的载体通常有:产品、产品包装、产品说明书、产品宣传资料、广告、专利文件、专利申请文件、专利证书、产品买卖合同、技术转让合同、技术许可合同及合同要约、投标文件等。随着互联网产业的快速发展,网络逐渐成为假冒专利行为的新载体,包括但不限于新闻网站、网上商城、个人网站、博客及微博等。这些载体在《专利法实施细则》第八十四条中并未穷举,但只要能够使公众获知行为人的宣传行为,即属于假冒专利行为。

【案例3-1-8】

某市知识产权局行政执法人员在某电器商场检查时,发现该商场在销售宣传板上书写有"××热水器,专利产品;中国专利号:20091000××××",经专利检索后确认,该专利号不存在。

分析与评述

某商场虽然未制作书面的广告宣传资料,但其书写在销售宣传板上的内容实质上已经构成了广告宣传行为,能够使公众误认为××热水器产品为专利产品,因此该行为属于《专利法实施细则》第八十四条第一款第(三)项"在产品说明书等材料中将未被授予专利权的技术或者设计称为专利技术或者专利设计,将专利申请称为专利……"的情形,属于假冒专利行为。

【案例3-1-9】

甲公司在公司网站上宣称公司董事长是该公司所有专利技术产品的发明人,他拥有多项中国发明专利,并附有三份专利证书。经检索:专利一已因未缴年费而专利权终止,专利二已为避免重复授权而放弃专利权,专利三已被国家知识产权局专利复审委员会宣告全部无效。

分析与评述

甲公司在网站上宣传该公司产品具有中国专利,并附上三份中国专利证书,显然其宣传的"中国专利"就是指这三项专利,但这三项专利均已失效或被宣告无效,故这一宣传行为属于《专利法实施细则》第八十四条第一款第(三)项"在产品说明书等材料中将未被授予专利权的技术或者设计称为专利技术或者专利设计……"的情形,使社会公众误认为该公司拥有有效的专利技术,属于假冒专利行为。

3.4 时间性要求

符合规定的专利标识标注行为在时间上必须发生在专利授权之后到专利权效力终止之前。与之对应,专利标识标注行为发生在专利授权之前或者专利权效力终止之后的,均构成假冒专利行为。

3.4.1 专利权终止
3.4.1.1 专利权期满终止
发明专利权的期限为二十年，实用新型专利权和外观设计专利权期限为十年，均自申请日起计算。例如，一件实用新型专利的申请日是 1999 年 9 月 6 日，该专利的期限为 1999 年 9 月 6 日至 2009 年 9 月 5 日，专利权期满终止日为 2009 年 9 月 6 日（遇节假日不顺延）。专利权期满后在专利登记簿和专利公报上分别予以登记和公告，并进行失效处理。

3.4.1.2 专利权人没有按照规定缴纳年费的终止
专利年费滞纳期满仍未缴纳或者未缴足专利年费或者滞纳金的，如专利权人未启动恢复程序或者恢复权利请求未被批准的，专利局将在《专利权终止通知书》发出四个月后进行失效处理，并在专利公报上公告。专利权自应当缴纳年费期满之日起终止。

3.4.1.3 专利权人放弃专利权
授予专利权后，专利权人随时可以主动要求放弃专利权。放弃专利权声明经审查符合规定的，有关事项在专利登记簿和专利公报上登记和公告。放弃专利权声明的生效日为手续合格通知书的发文日，放弃的专利权自该日起终止。

申请人依据《专利法》第九条第一款和《专利法实施细则》第四十一条第四款声明放弃实用新型专利权的，专利局在公告授予发明专利权时对放弃实用新型专利权的声明予以登记和公告。在无效宣告程序中声明放弃实用新型专利权的，专利局及时登记和公告该声明。放弃实用新型专利权声明的生效日为发明专利权的授权公告日，放弃的实用新型专利权自该日起终止。

【案例 3－1－10】

某市知识产权局 2009 年在对友谊商厦进行专利行政执法检查时，发现其销售的"心相印盒抽"产品外包装上印有"ZL200630153197.9"专利标识。经检索，国家知识产权局网站法律状态栏公告 ZL200630153197.9 因未缴纳年费已于 2008 年 8 月 27 日终止。根据《专利法》第六十三条、《专利法实施细则》第八十四条的规定，友谊商厦涉嫌假冒专利行为，市知识产权局决定立案处理，对友谊商厦下达了行政处罚前告知书，告知其如对违法事实及处罚意见有不同意见，在收到处罚前告知书的七日内提出申辩。在申辩期内，友谊商厦出具了"心相印盒抽"的生产商"恒安（中国）纸业有限公司"提供的 ZL200630153197.9 国家知识产权局专利收费收据影印件（补缴时间为 2008 年 10 月），及在国家知识产权局网站上查询到 ZL200630153197.9 缴费信息的证明。

分析与评述

根据恒安（中国）纸业有限公司提供的收据和国家知识产权局网站上的缴费信息，可以证明 ZL200630153197.9 续交专利年费成功，为合法有效专利。

国家知识产权局网站上的专利法律状态是判断专利是否合法有效的主要依据之一。但由于国家知识产权局网站上专利法律状态和专利缴费信息有时并不同步，因此地方知识产权局在查处假冒专利时，对法律状态显示专利权失效的情况，应给予当事人充分辩解和提交证据的机会，综合作出判断。

3.4.2 专利权被宣告无效
根据《专利法》第四十五条规定，专利复审委员会对专利权无效宣告请求案件进行审查并作出决定。宣告专利权无效包括宣告专利权全部无效和部分无效两种情形。根据《专利法》第四十七条的规定，宣告无效的专利权视为自始即不存在。

根据《专利法》第四十六条第一款的规定，专利复审委员会作出宣告专利权无效（包括全部无效和部分无效)的审查决定后,当事人未在收到该审查决定之日起三个月内向人民法院提起诉讼或者人民法院生效判决维持该审查决定的,由专利局予以登记和公告。

对于涉及无效宣告程序的专利权,宣告专利权无效或者维持专利权有效的决定生效后,管理专利工作的部门应当根据该决定及时审理、处理假冒专利纠纷。

【案例3-1-11】

某市知识产权局接到社会公众举报,称某公司在产品上标注专利号2009111111.×,该专利号对应的专利权已被专利复审委员会宣布全部无效,该公司的宣传行为涉嫌假冒专利行为。经查询,专利复审委员会已作出宣告该专利权全部无效的决定,并且决定已生效。

分析与评述

本案中专利权人对无效决定作出的时间和结论均无争议,应当认定该专利权已经被宣告无效,该公司的行为构成假冒专利行为。

4. 假冒专利行为与专利侵权行为

对于专利侵权行为而言,《专利法》第十一条规定了"未经专利权人许可,实施其专利"的判断标准。与《专利法实施细则》第八十四条规定的假冒专利行为相比,两者的判断标准不同,对两者的认定应根据各自法条独立进行。假冒专利行为与侵犯专利权行为并无必然联系,假冒专利行为成立不以侵犯专利权为必要条件,单纯侵犯专利权的行为也不能被认定为假冒专利行为或构成假冒他人专利罪。

【案例3-1-12】

某市知识产权局在例行检查中发现,甲企业制造并出售的某种电饭锅上标注有专利号2009××××××。经核查,该专利号所对应的专利为一种微波炉,其专利权人是乙企业,且该专利权处于有效状态。经询问当事人,甲企业称,随意捏造了一个专利号并加以标注,并未刻意使用他人专利号。

分析与评述

假冒专利行为的认定应严格依照法条的规定进行,当未经许可使用他人合法有效的专利号时,即构成假冒专利行为。这一判断标准中并未将落入专利保护范围作为必要条件。本案中甲企业制造的电饭锅并未落入乙企业微波炉专利的保护范围,未构成专利侵权,但构成假冒专利。

有些情况下,当事人在假冒专利的同时,还实施了他人的专利技术,即假冒利行为与专利侵权行为出现了事实上的竞合。此时,当事人须分别承担假冒专利的责任和侵犯专利权的责任。

【案例3-1-13】

甲公司拥有一项手电筒的专利,并生产与之相应的产品。乙公司见该产品技术性能优越,便予以仿制,并在产品外标注甲公司的专利号。在地方知识产权局执法人员对其查处的过程中,乙公司辩称,其产品完全落入甲公司专利权的保护范围,两者技术性能完全一致,消费者购买乙公司的产品并未上当受骗,故乙公司的行为不应构成假冒专利行为。

分析与评述

乙公司的产品虽非价高质低之次品,但乙公司的行为侵犯了甲公司的专利标识标注权,同时扰乱了专利管理秩序,具有一定的社会危害性,应予以处罚。在判断是否构成假冒专利行为之时,只需考虑是否获得专利权人的许可,无需考虑是否落入他人专利的保护范围。如未获得许可,直接认定为假冒专利行为。

然而,在特定情况下,在假冒专利行为的认定中亦需要考虑专利权保护范围(参见案例3-1-7)。

第二章 假冒专利行为的认定

在授予专利权之后的专利权有效期内，专利权人或者经专利权人同意享有专利标识标注权的被许可人可以在其专利产品、依照专利方法直接获得的产品、该产品的包装或者产品说明书等材料上标注专利标识。但是，标识应当按照《专利标识标注办法》的相关规定进行。

行使专利标识标注权最常见、最直接的方式，是在相关产品或其包装上或产品说明书等材料中标注专利标识，销售上述产品。假冒专利的行为也往往发生在生产销售环节。未获得专利权而进行专利标识，不处于专利权有效期内而进行专利标识，未获得专利权人授权而进行专利标识等行为，都可能构成假冒专利行为。

1. 在产品或者其包装上标注专利标识并销售

对于在产品或者包装上标注专利标识的情形，涉案专利（或专利申请）的法律状态包括已申请专利但未获得授权、获得授权至有效期届满期间、专利权有效期届满之后三种情形。

1.1 已申请专利但并未获得授权

【案例3-2-1】

甲公司在其生产的豆浆机上标注专利号。经查，该申请在发明专利申请公布后被视为撤回。

分析与评述

甲公司曾向国家知识产权局提出过发明专利申请，但在发明专利申请公开后，申请人放弃此项申请，该申请被视为撤回，因而该申请并未被授予专利权。本案在未被授予专利权的产品或者其包装上标注专利号，属于《专利法实施细则》第八十四条第一款第（一）项的情形，属于假冒专利行为。

【案例3-2-2】

乙公司在其生产销售的电暖袋产品的宣传册上标注有"专利防爆技术"字样，但没有标注专利号。随后，乙公司提供了申请号为2011××××××××.×的专利申请受理通知书，但未能提供该专利获得授权的相关证据。经查，该专利申请尚未获得授权。

分析与评述

在宣传册等材料中将未被授予专利权的技术或者设计称为专利技术或者专利设计，将专利申请称为专利，使公众将所涉及的技术或者设计误认为是专利技术或者专利设计，属于《专利法实施细则》第八十四条第一款第（三）项的情形，属于假冒专利行为。

【案例3-2-3】

2010年5月，某市知识产权局在例行检查中发现，某企业制造并出售的电饭锅上标注有"中国专利，专利号2009××××××"。经查，该专利的授权公告日为2010年2月，而该产品的生产日期为2009年10月。该企业辩称，该专利的申请日为2009年5月，根据《专利法》第四十二条的规定，发明专利权的期限为二十年，实用新型专利权和外观设计专利权的期限为十年，均自申请日起计算，因此，2009年10月的标注行为不构成假冒专利行为。

分析与评述

该企业的辩解混淆了专利权的保护期限和专利权的生效时间。根据《专利法》第三十九条、第四十条的规定，专利权自公告之日起生效，由此可知，专利标识的合法标注应在专利权授权之后而不是专利申请日之后进行，即便该专利最终获得了授权，在其授权公告日之前的标注行为仍构成假冒专利行为。

当事人在提出专利申请之后，在未授权之前已经开始进行专利标识标注，待专利授权后才被执法人员发现的,授权前的标注行为属于假冒专利行为。但鉴于最终专利获得授权,该行为的客观危害性较小,处罚不宜过重,亦不宜禁止已经标注好的产品继续销售,而应对当事人通过宣传教育的方式加以引导,督促其今后不再犯。

1.2 获得授权至有效期届满期间

标注行为发生授权之后至有效期届满期间,进一步细分为如下情形。

1.2.1 专利权存在并处于有效状态

【案例3-2-4】

某企业获得了一项发明专利权,但其在相关产品上仅标注了专利号,未用中文标明专利类型。

分析与评述

本案中,专利权是存在并处于有效期内的,可以在产品上标注专利标识。并且当事人拥有发明专利权,并无故意混淆隐瞒专利类型的主观意图,因此不应认定为假冒专利行为。但是,未用中文标明该专利类型,不符合《专利标识标注办法》第五条的规定,应责令其限期改正。

【案例3-2-5】

某企业获得了一项发明专利权,但其在产品上仅用中文标明专利类型,而未标注专利号。

分析与评述

该企业未标注专利号的行为属于不规范的专利标识,其也拥有与产品相应的专利权,没有构成假冒专利行为,但这种标注不符合《专利标识标注办法》第五条的规定,应责令其限期改正。

【案例3-2-6】

某企业获得了一项发明专利权,其在产品上用中文标明了专利类型,亦标注了专利号。经查,所标注的专利号与真实专利号相差一位,导致产品上所标注的专利号并不存在。

分析与评述

标注的专利号不存在,不符合《专利标识标注办法》第五条的规定,构成假冒专利行为,但从本案的客观事实来看,专利权人的标注错误明显出于过失而非故意,当事人也没有利用这一结果欺骗公众的意图,因此仅需责令其限期改正,不必进行处罚。

类似地,如果明显标注错误的专利号与他人的专利号重合,但两个专利的主题明显不相关,亦可以作出相同认定。

【案例3-2-7】

某市知识产权局在检查中,发现甲公司生产的产品上标注某专利号。经查,该专利的专利权人是乙公司,甲公司对该专利号的使用并未获得乙公司的许可。

分析与评述

本案中,甲公司未经许可在其产品上标注乙公司的专利号,属于《专利法实施细则》第八十四条第一款第(一)项的情形,即"……未经许可在产品或者产品包装上标注他人的专利号",属于假冒专利行为。

1.2.2 专利权因欠费而终止

获得专利权后,专利权人应按规定缴纳年费,如未缴纳或未缴足,则专利权将因欠费而终止。此后,专利权人不得再在其生产、销售的产品或其包装等载体上标注专利标识。

【案例3-2-8】

2011年,某门店销售的由甲公司生产的空调上标注专利号011×××××.×。经查,涉案专利因未缴纳年费，已于 2009 年某月某日终止。甲公司在规定期限内未能按要求提供相关证明材料。

分析与评述

涉案专利因未缴费而终止，专利权终止之后，继续在产品或者其包装上标注专利标识，属于《专利法实施细则》第八十四条第一款第（一）项的情形，属于假冒专利行为。

1.2.3 专利权人主动放弃专利权

专利申请获得授权，但被专利权人主动放弃的，专利权人也不应再在所生产、销售的产品或其包装等载体上标注专利标识。

【案例 3-2-9】

甲公司 2011 年在自己生产的产品上标注专利号。经查，甲公司为避免重复授权，已于 2009 年主动放弃该专利权。

分析与评述

本案中，涉案专利权已被放弃，之后在产品上标识该专利的专利标识属于《专利法实施细则》第八十四条第一款第（一）项的情形，属于假冒专利行为。

【案例 3-2-10】

甲公司在自己的产品上标注专利号。经查，专利号对应的专利权仍在有效期内，但是，涉案专利权包括多项并列的技术方案，该产品与其中一个技术方案相对应，而该技术方案已在无效宣告请求审查过程中被甲公司主动删除，该技术方案的放弃已被专利复审委员会接受。

分析与评述

尽管该专利号对应的专利权仍然有效，但该产品所对应的技术方案已经被专利权人主动放弃，之后再在产品上标识该专利的专利标识属于《专利法实施细则》第八十四条第一款第（一）项的情形，属于假冒专利行为。

1.2.4 专利权被宣告无效

专利申请获得授权后，任何人均可以对该专利提起无效宣告请求。如果专利权被宣告无效，其后也不得继续在产品或者其包装等载体上标注专利标识。

【案例 3-2-11】

某门店销售甲公司生产的空调，该空调上标注有专利号。经查，该专利已被专利复审委员会宣告全部无效，无效宣告请求审查决定已生效。

分析与评述

本案中，涉案专利已经被宣告无效，该专利权视为自始即不存在。专利权被宣告无效后，继续在产品或者其包装上标注专利标识属于《专利法实施细则》第八十四条第一款第（一）项的情形，属于假冒专利行为。

1.3 专利权有效期届满

专利权的有效期是有限的，发明专利权的期限为二十年，实用新型专利权和外观设计专利权的期限为十年，均自申请日起计算。在专利权有效期届满之后，专利权人不得再在其所生产、销售的产品或其包装等载体上标注专利标识。

【案例 3-2-12】

2011 年，某经销处销售的由甲公司 2010 年生产的天然碎石漆，包装上标注外观设计专利号 983×××××.×。经查，天然碎石漆包装的生产日期也为 2010 年。

分析与评述

外观设计专利权的有效期为 10 年，该漆包装的外观设计专利权已于 2008 年届满，在专利权有效期届满之后，继续在产品或者其包装上标注专利标识，属于《专利法实施细则》第八十四条第一款第（一）项的情形，属于假冒专利行为。

【案例 3-2-13】

某门店销售的甲公司生产的酸奶机相关实用新型专利权已终止，而门店继续销售酸奶机，并已与多家分销商签订了销售该酸奶机的合同。经查，上述酸奶机实用新型专利权终止日期为 2010 年 9 月，销售的酸奶机生产日期为 2010 年 4 月。

分析与评述

涉案酸奶机的生产日期在酸奶机专利权终止之前，在专利权终止之后进行销售或许诺销售，属于《专利法实施细则》第八十四条第二款的情形，不属于假冒专利行为。

2. 在产品说明书等材料中标注专利标识

除在产品或其包装上标注专利标识之外，为了打开销路、宣传品牌或者提高产品价格等，在产品说明书等材料（例如：广告、网页、宣传册等）中标注专利标识也较为常见。

2.1 将专利申请称为专利

仅仅提交了专利申请，还未获得授权，此时不得在产品说明书等材料中标注为"专利"，根据《专利标识标注办法》第七条的规定，应明确标明"专利申请 尚未授权"。

【案例 3-2-14】

甲公司在其网站上发布"我公司研发的矫正系统及教材喜获国家专利"的新闻，当地知识产权局执法人员前往该公司进行调查取证，该公司负责人对公司网站涉及专利的新闻宣传事实予以认可。经查，国家知识产权局仅受理了该公司"矫正系统"实用新型专利申请和"课本"外观设计专利申请，但尚未授权。

分析与评述

本案中，甲公司申请实用新型和外观设计两项专利，尚未获得授权便在公司网站新闻中宣称已获得专利。在产品说明书等材料中将专利申请称为专利，属于《专利法实施细则》第八十四条第一款第（三）项的情形，属于假冒专利行为。

【案例 3-2-15】

甲公司与乙公司签订合同，合同中注明，乙公司将从甲公司购买一定数量的某专利产品，该产品上标注某专利号。经查，该专利号所对应的专利申请仅处于申请阶段，尚未获得授权。

分析与评述

甲公司在合同中将尚未被授予专利权的专利申请称为专利，进行销售或许诺销售，属于《专利法实施细则》第八十四条第一款第（三）项的情形，属于假冒专利行为。

2.2 将未被授予专利权的技术或者设计称为专利技术或者专利设计

当事人如未获得专利权，不应在说明书等材料上标注专利标识。未获得专利权，除了根本未申请专利的情形，还包括授权后被宣告全部或部分无效、授权后期限届满或因欠费而终止、授权后主动放弃等情形。

【案例 3-2-16】

某报纸上刊载治疗失眠新发明广告，在广告中标识专利号 ZL1963177044。经查，上述专利号并不存在。

分析与评述

在广告中标注并不存在的专利号，是将未被授予专利权的技术或者设计称为专利技术或者专利设计，使公众将所涉及的技术或者设计误认为是专利技术或者专利设计，属于《专利法实施细则》第八十四条第一款第（三）项的情形，属于假冒专利行为。

【案例 3-2-17】

某商场的热水器销售宣传板上标有专利标识"全球专利号 2005A000037"。经查,该专利号不存在。

分析与评述

在宣传板上标注并不存在的专利号,是将未被授予专利权的技术或者设计称为专利技术或者专利设计,使公众将所涉及的技术或者设计误认为是专利技术或者专利设计,属于《专利法实施细则》第八十四条第一款第(三)项的情形,属于假冒专利行为。

【案例 3-2-18】

某医院在报纸上连续登载广告,称"国家医用专利××治疗术"。经查,该医院不拥有涉及××治疗术的相关专利,亦无法提供相关专利证书或证明材料。

分析与评述

在广告中谎称拥有专利技术,是将未被授予专利权的技术或者设计称为专利技术或者专利设计,使公众将所涉及的技术或者设计误认为是专利技术或者专利设计,属于《专利法实施细则》第八十四条第一款第(三)项的情形,属于假冒专利行为。

【案例 3-2-19】

某报刊载"国家专利:刷牙长黑发"的广告。经查,该广告所涉及的专利权已期满终止。

分析与评述

涉案专利权因有效期届满而终止,终止之后,专利权已不存在,其效力与未被授予专利权的技术或者设计在本质上相同,继续在广告上以专利来宣传该产品,属于《专利法实施细则》第八十四条第一款第(三)项的情形,属于假冒专利行为。

【案例 3-2-20】

2011 年 1 月,某市知识产权局接到举报,甲公司在其散发的广告宣传册上称"某人造大理石荣获国家专利"并标注专利号。经查,该专利号所对应的发明专利因未缴费已经终止。

分析与评述

本案中,涉案专利因未缴费而终止,专利权终止之后,专利权已不存在,其效力与未被授予专利权的技术或者设计在本质上相同,继续在宣传册上以专利来宣传该产品,属于《专利法实施细则》第八十四条第一款第(三)项的情形,属于假冒专利行为。

【案例 3-2-21】

甲公司在自己网站"公司简介"页面宣称"集团董事长是该公司所有专利技术产品的发明人",其"拥有二十余项美国和中国发明专利",并在"我们的资质"页面附上 A、B、C 三项专利证书。经查,A 专利权因未缴费而终止,B 专利权已放弃,C 专利处于有效状态。

分析与评述

在网站上上传专利证书,是在产品说明书等材料中使用专利进行宣传、广告。虽然,C 专利处于有效状态,但 A 专利权已终止,B 专利权已放弃,A、B 专利权均已不存在,其效力与未被授予专利权的技术或者设计在本质上相同,是未获得授权的专利权,在网站上将未被授予专利权的技术或者设计称为专利技术或者专利设计,使公众将所涉及的技术或者设计误认为是专利技术或者专利设计,属于《专利法实施细则》第八十四条第一款第(三)项的情形,因此,甲公司的宣传行为属于假冒专利行为。综上,对于某一标注有多个专利号的产品,即便多个专利号对应的专利均涉及该产品,但是,如果所标注的专利号对应的专利权中存在终止或无效的情况,同样应认定该行为属于假冒专利行为。

类似地，对于某一标注有多个专利号的产品，如果多项专利中有涉及该产品的，也有不涉及该产品的，即便与该产品相对应的专利权有效，无论其他专利权是否有效，均应认定该行为属于假冒专利行为。

2.3 未经许可使用他人的专利号

未经许可在产品说明书等材料上标注他人的专利号，使公众将所涉及的技术或者设计误认为是标注者拥有的专利技术或者专利设计，构成假冒专利行为。

【案例3-2-22】

某市知识产权局发现甲公司在某产品的产品说明书上标注了某专利号，而该专利的专利权人是乙公司，甲公司并未获得专利权人乙公司的许可。

分析与评述

未经乙公司许可，甲公司在产品说明书上标注乙公司拥有专利权的专利号，使公众将所涉及的技术或者设计误认为是甲公司拥有的专利技术或者设计，属于《专利法实施细则》第八十四条第一款第（三）项的情形，属于假冒专利行为。

【案例3-2-23】

甲公司在其公司网页上公开发布信息，在其某产品的信息中标注某专利号。经查，该专利号对应的专利权属于乙公司所拥有，甲公司并未获得专利权人乙公司的许可。

分析与评述

甲公司在网站上称某专利权为自己拥有，以此进行宣传，使公众将所涉及的技术或者设计误认为是专利技术或者设计，属于《专利法实施细则》第八十四条第一款第（三）项的情形，属于假冒专利行为。

【案例3-2-24】

甲公司在网页上称该公司拥有多项专利，并公开了多个专利号。经查，该网页上所列专利号的专利权人并不是甲公司，而是姜某。经查，姜某为甲公司的法人代表，姜某未许可甲公司以任何形式使用其专利。

分析与评述

甲公司使用公司法人代表姜某拥有的专利权进行宣传。尽管涉案专利的专利权人为甲公司法人代表姜某，但并不意味着甲公司拥有这些专利权，未经姜某许可，甲公司不得标注姜某拥有的专利权。未经许可使用他人专利号，使公众将所涉及的技术或者设计误认为是标注者拥有的专利技术或者设计，属于《专利法实施细则》第八十四条第一款第（三）项的情形，属于假冒专利行为。

3. 伪造或者变造专利法律文书

专利证书、专利文件和专利申请文件，均是专利法律文书，这些文书可证明专利权的所有权，或证明专利权保护范围等，专利申请文件则可以作为预期获得专利权的佐证。

伪造专利法律文书，是指仿照真实法律文书特征使用各种方法制作专利法律文书的行为。变造专利法律文书，是指无变更权限的人对真实专利法律文书进行处理，改变专利法律文书内容的行为。

伪造或变造专利法律文书均属于假冒专利行为。

3.1 伪造专利法律文书

【案例3-2-25】

甲公司在招投标案中，向招标方提供了该公司授权专利的发明专利证书，专利号为20051×××××.×。经查，上述专利号和相关专利权均不存在。

分析与评述

甲公司的行为是典型的伪造专利证书的行为,属于《专利法实施细则》第八十四条第一款第(四)项的情形,属于假冒专利行为。

【案例 3-2-26】

甲与乙进行合作洽谈,洽谈中甲宣称获得了某项技术的专利权,并提供了相关专利授权公告文本复印件。后乙举报甲涉嫌假冒专利。经查,甲提供的专利授权公告文本是伪造的,该专利权并不存在。

分析与评述

本案当事人的行为是典型的伪造专利文件的行为,属于《专利法实施细则》第八十四条第一款第(四)项的情形,属于假冒专利行为。

【案例 3-2-27】

甲和乙在进行洽谈合作研发某产品过程中,甲向乙出示若干份专利证书,并宣称自己已就该产品提交了多项发明专利申请,其中一部分在短期内有望获得授权,经乙要求,甲提供了相关专利申请的权利要求书等文件。经查,上述申请文件均系伪造。

分析与评述

本案当事人的行为是典型的伪造专利申请文件的行为,属于《专利法实施细则》第八十四条第一款第(四)项的情形,属于假冒专利行为。

3.2 变造专利法律文书

【案例 3-2-28】

A 公司经理为公司开展业务的便利,变造专利证书,将某中国发明专利证书的发明名称由"远红外线杀菌除臭鞋垫"篡改为"远红外线杀菌除臭材料及制作方法和杀菌除臭卫生巾",并将专利权人由"张某某"篡改为"A 公司"。

分析与评述

A 公司经理的行为是典型的变造专利证书的行为,属于《专利法实施细则》第八十四条第一款第(四)项的情形,属于假冒专利行为。

【案例 3-2-29】

甲在参加展会时将外观设计专利授权公告文本摆放在展位上招徕顾客,授权公告文本中专利权人是甲本人,专利权均在有效期内。经查,所展示的产品外观设计附图并非该专利的附图,甲也并非该专利的专利权人,申请日与该专利的实际申请日不同。

分析与评述

甲的行为是典型的变造专利文件的行为,属于《专利法实施细则》第八十四条第一款第(四)项的情形,属于假冒专利行为。

【案例 3-2-30】

甲向乙推销某产品,甲宣称自己已就该产品提交了实用新型专利和外观设计专利申请,即将获得授权,并在乙要求下提供了实用新型专利申请权利要求书、外观设计专利申请附图等申请文件,实用新型专利申请的权利要求书内容、外观设计专利申请附图均与甲所推销的产品完全相同。经查,上述实用新型和外观设计专利申请的确存在,但甲提供的专利申请文件相关内容与实用新型专利申请的权利要求书、外观设计专利申请附图均不同,甲提供的申请文件系变造。

分析与评述

本案当事人的行为是典型的变造专利申请文件的行为,属于《专利法实施细则》第八十四条第一款第（四）项的情形，属于假冒专利行为。

4. 其他假冒专利行为

假冒专利的后果是造成公众混淆，将未被授予专利权的技术或者设计误认为专利技术或者专利设计。除了前述情形，实践中还可能遇到下述情形。

4.1 错误标注专利类型

错误标注专利类型（主要是将实用新型专利或外观设计专利称为发明专利），使得公众混淆其内容，例如，使公众将产品包装的外观设计专利误认为是涉及产品本身的发明专利。

【案例 3-2-31】

某企业代理商为推广销售某产品，在晚报上刊登广告，宣称该产品为"国家发明专利"，标注专利号为 20103×××××××.×，并藉该专利权宣传该产品疗效。

分析与评述

根据相关规定，专利申请号（与专利号相同）第三位（采取 8 位数编码时）或第五位（采取 12 位数编码时）表明该专利的类型，其中"1"或"8"代表发明，"2"或"9"代表实用新型，"3"则代表外观设计。某企业代理商未按照《专利法实施细则》第八十三条以及《专利标识标注办法》规定标注专利标识，虽如实标注有专利号，但错误标注专利类型，这种行为使得公众混淆销售产品与外观设计专利的关系，将产品包装的外观设计专利误认为是涉及产品本身的发明专利，属于《专利法实施细则》第八十四条第一款第（五）项的情形，属于假冒专利行为，应该责令其改正。

4.2 在改变的产品上标注原专利标识

【案例 3-2-32】

某公司在一系列形状相同而图案、色彩不同的异形玻璃杯外包装上都标有同一专利标识"外观设计专利号：20093×××××××.×"。经查，该外观设计专利处于有效期内，但其所保护的玻璃杯上图案、色彩与上述系列玻璃杯并不相同，并且该外观设计专利要求保护色彩。

分析与评述

《专利法》第二条第四款规定，外观设计，是指对产品的形状、图案或者其结合以及色彩与形状、图案的结合所作出的富有美感并适于工业应用的新设计。本案中，尽管都是玻璃杯且形状相同，但其上的图案、色彩不同，在同类但与其不同的其他产品上标注该专利权的专利号，其效力与将未被授予专利权的技术或者设计误认为专利技术或者专利设计在本质上相同，属于《专利法实施细则》第八十四条第一款第（五）项的情形，属于假冒专利行为。

4.3 实际产品与标注的专利标识不一致

【案例 3-2-33】

某药店销售的颈椎牵引器上标注有专利号。经查，该专利号对应的专利名称为"腰带包装盒"，并非"颈椎牵引器"。

分析与评述

在某一产品上标注其他产品的专利号，使公众混淆其内容，其效力是将未被授予专利权的技术或者设计误认为是专利技术或者专利设计，属于《专利法实施细则》第八十四条第一款第（五）项的情形，属于假冒专利行为。

【案例 3-2-34】

某企业销售的 A、B 两种保健品瓶贴上分别印有"中国专利保护，侵权必究""本产品已申请专利，侵权必究"。经查，该批保健品并没有申请相关发明专利，A 保健品的包装瓶享有实用新型专利权,其包装瓶贴享有外观设计专利权,两项专利权均在有效期内;B 保健品的包装瓶享有发明专利权,其包装瓶贴享有外观设计专利权,两项专利权均在有效期内。

分析与评述

本案中,两种标注有专利字样的保健品本身均未获得专利权,而其包装瓶、包装瓶贴的专利权授权情形各不相同。尽管保健品 A、B 的包装瓶和包装瓶贴都享有专利权且处于有效期内,但在包装瓶贴上的标注并未按照《专利法实施细则》第八十三条以及《专利标识标注办法》的规定进行标注,文字意义表达不清,使公众混淆其内容,相当于把未被授予专利权的产品(本案中的保健品)误认为是专利产品,属于《专利法实施细则》第八十四条第一款第(五)项的情形,属于假冒专利行为,应该责令其改正。

【案例 3-2-35】

甲企业生产一种辣椒酱,在产品瓶贴上标注有"产品包装已申请专利",但未注明专利号。经查,辣椒酱瓶贴和瓶体均申请了外观设计专利,瓶贴专利因未缴费而终止,瓶体专利一直维持有效。

分析与评述

甲企业确实拥有产品瓶体的外观设计专利权,标注"产品包装已申请专利"并未产生欺骗消费者的后果,该行为未构成假冒专利行为。但甲企业标注不规范,不符合《专利标识标注办法》第七条的规定。

对于产品中仅有部分部件具有专利的情形,只要该部件属于产品的核心部件或主要部件,当事人并未夸大专利技术的作用,则不应将在产品上进行专利标注的行为认定为假冒专利行为。

【案例 3-2-36】

某美容院在广告中宣称其掌握"专利开眼角技术""专利去皱技术"并标有相关实用新型专利号。经查,该美容院的确拥有多项实用新型专利权,均为美容仪器或其部件。

分析与评述

该美容院虽然拥有实用新型专利权,但其在广告中并未明确标明其专利权类型。美容院的经营项目是提供美容服务,其做广告的意图也是招徕顾客、推销其美容服务,但上述标注行为容易造成公众混淆,将其拥有的美容产品专利权误认为美容方法专利权,导致公众将未被授予专利权的技术或者设计误认为是专利技术或者专利设计,属于假冒专利行为。

第三章 当事人申辩

管理专利工作的部门作出行政处罚决定前,应告知当事人作出处罚决定的事实、理由和依据,并告知当事人依法享有的权利。管理专利工作的部门作出较大数额罚款的决定之前,应当告知当事人有要求举行听证的权利。当事人提出听证要求的,应当依法组织听证。

当事人有权进行陈述和申辩,管理专利工作的部门不得因当事人申辩而加重处罚。

1. 专利权有效证明

【案例 3-3-1】

2011 年,某市知识产权局执法人员发现辖地甲公司生产的热水器被标注为专利产品(发明专利:热水器内胆 专利号 20061×××××××.×),该批次产品的生产日期为 2010 年 10 月。经检索,该专利尚处于实质审查阶段,存在假冒专利行为的嫌疑。甲公司于 15 日内向市知识产权局提交了该产品专利证书复印件以及 2010 年年费缴纳收据,证明该发明专利申请已于 2010 年 1 月被授予专利权,甲公司的热水器生产日期均在授权之后。

分析与评述

甲公司向国家知识产权局提交了发明专利申请。在假冒专利行为查处过程中,甲公司提交了专利证书复印件、缴纳专利年费的证明,以及涉案产品出厂日期证明等证据,证明涉案专利已被授予专利权,且涉案产品出厂日期在涉案专利授权之后的专利权有效期内。甲公司的标注行为不属于《专利法实施细则》第八十四条第一款第(一)项的情形,不属于假冒专利行为。

并且,本案涉案产品专利标识内容为"发明专利:热水器内胆 专利号20061×××××××.×",是以中文标明了专利类型、专利号,上述标注符合《专利标识标注办法》第五条、第六条的规定,符合《专利法实施细则》第八十三条的规定。

2. 专利权有效期内标注

在专利权有效期内,专利权人或被许可人在专利产品、依照专利方法直接获得的产品或者其包装上标注了专利标识,但尚未全部销售,专利权即已终止或被宣告无效。对于库存产品,若禁止其继续销售,则显然不够公平,因为专利权人对其标注行为是合法的,应允许其继续销售或许诺销售。同样,专利权终止前在产品说明书等资料上标注专利标识,亦可参照执行。

【案例3-3-2】

2012年,某商厦销售的盒装抽纸产品外包装上印有"ZL 20063×××××××.×"专利标识,该产品生产日期为2012年1月。经检索,该外观设计专利因未缴费于2011年8月终止,这种专利标注行为存在假冒专利行为的嫌疑。该商厦在指定期限内,向辖地知识产权局提交了由盒装抽纸生产商提供的涉案专利的专利收费收据复印件,辖地知识产权局核查属实,该专利仍为合法有效专利。

分析与评述

涉案盒装抽纸生产日期在专利权终止之后,但专利权人及时续费,续接了专利权有效期,因此盒装抽纸包装的外观设计专利权仍处于有效状态。在有效期内依法在专利产品、依照专利方法直接获得的产品或者其包装上标注专利标识,属于《专利法实施细则》第八十四条第二款的情形,不属于假冒专利行为。

但是,盒装抽纸上的专利标识为"ZL 20063×××××××.×",仅标注了专利号,而未以中文标注专利类型,不符合《专利标识标注办法》第五条的规定,不符合《专利法实施细则》第八十三条的规定,应责令其限期改正。

【案例3-3-3】

某市知识产权局2011年1月对某商场进行专利执法检查,查出甲公司酸奶机上标注专利标识所对应的实用新型专利权已于2010年9月22日终止。因其继续在包装上标注涉嫌假冒专利行为,执法人员向该商场和甲公司发出行政处罚前告知书。随后,甲公司提交了上述批次酸奶机的生产及标注日期为2010年4月的证明。

分析与评述

甲公司能够提供该批次酸奶机的生产和标注日期在专利权终止之前的证明,因此甲公司的专利标注行为符合《专利法实施细则》第八十四条第二款的规定,不属于假冒专利行为。

【案例3-3-4】

2011年3月,某市知识产权局接到举报称,发现某商场出售标注有专利号的自动铅笔,相关专利权已于2009年10月到期,涉嫌假冒专利行为。该局执法人员对该商场出售的自动铅笔抽样取证,并要求该商场在规定时间内提供该产品的进货、销售情况证明。相关铅笔供应商提供了相关证据，证明 2009 年 5 月该商场开业时供应了一批铅笔，因销售情况不佳，商场后来再未进货。经核实，供应商所述属实。

分析与评述

商场及供应商并非专利权的拥有主体，但其购买产品的时间早于专利权终止前，显然，专利标识的标注时间不晚于产品的出厂时间，因此，可以推定上述标注行为发生于专利权终止之前。

3. 不知情销售

《专利法实施细则》第八十四条第三款规定，销售不知道是假冒专利的产品，并且能够证明该产品合法来源的，由管理专利工作的部门责令停止销售，但免除罚款的处罚。

【案例 3-3-5】

某商场销售的水杯上标注有专利标识。经查，所标识的专利号对应的专利并非水杯，而是铁锅，涉嫌假冒专利行为。执法人员向商场发出行政处罚前告知书，商场提交了进货合同、发票等证据，证明产品具有合法来源，并称事先不知道为假冒专利产品。

分析与评述

销售商能够提供产品的合法来源证明，其对该产品是假冒专利的事实也并不知情，因此，仅责令其停止销售该产品，免除对其罚款。

停止销售能够避免假冒专利产品进一步侵犯消费者的合法权益，防止不当得利。若当事人拒不停止销售，则当事人主观具有故意，可以对其罚款。

【案例 3-3-6】

某市知识产权局对某商场进行检查，查出甲公司豆浆机上标注的专利号并不存在，涉嫌假冒专利行为。执法人员向商场发出行政处罚前告知书，该商场提交了购买上述豆浆机的发票，证明产品具有合法来源，并称事先不知道为假冒产品。市知识产权局责令其停止销售该产品，但该商场未停止。

分析与评述

销售商虽能够提供产品的合法来源证明，但其后不停止销售的行为，反映出该商场对销售假冒专利商品的主观故意，因此不能适用《专利法实施细则》第八十四条第三款的规定，应认定其属于假冒专利行为，并给予罚款处罚。

国家知识产权局关于印发《专利行政执法操作指南(试行)》的通知

(国知发管字〔2016〕10号)

各省、自治区、直辖市、新疆生产建设兵团知识产权局:

为贯彻落实党中央、国务院全面推进依法治国的精神以及严格规范公正文明执法的要求,实行严格的知识产权保护,配合施行新修订的《专利行政执法办法》,规范全国知识产权系统专利行政执法工作,提升执法能力,更好保护创新者合法权益,努力构建公平竞争、公平监管的创新创业和营商环境,根据专利法律法规的相关规定,制定《专利行政执法操作指南(试行)》,经局批准,现印发你们,请遵照执行。

在执行过程中遇到的新情况、新问题和有关建议请及时报告。同时,《专利行政执法操作指南(示范文本)(试行)》(国知发管字〔2010〕122号)和《专利行政执法文书表格(试行)》(管函〔2011〕61号)自即日起失效。

特此通知。

国家知识产权局
2016年2月4日

专利行政执法操作指南（试行）

目　录

第1章　总　　则 ··· 351
　第1节　专利行政执法基本原则 ··· 351
　　1.1.1　依法行政原则 ··· 351
　　1.1.2　积极办案原则 ··· 351
　　1.1.3　公开公正原则 ··· 351
　　1.1.4　便捷高效原则 ··· 351
　　1.1.5　务实创新原则 ··· 351
　第2节　管　　辖 ··· 351
　　1.2.1　级别管辖 ··· 351
　　1.2.2　地域管辖 ··· 351
　　1.2.3　移送管辖和指定管辖 ·· 352
　　1.2.4　管辖权异议 ··· 352
　第3节　回　　避 ··· 352
　　1.3.1　自行回避 ··· 352
　　1.3.2　请求回避 ··· 352
　　1.3.3　回避的审批 ··· 353
　第4节　代　　理 ··· 353
　　1.4.1　法定代理和委托代理 ·· 353
　　1.4.2　委托代理注意事项 ·· 353
　第5节　送　　达 ··· 353
　　1.5.1　送达和送达回证 ·· 353
　　1.5.2　送达方式 ··· 353
第2章　处理专利侵权纠纷 ·· 354
　第1节　案件受理和立案审查 ··· 354
　　2.1.1　受　　理 ··· 354
　　2.1.2　当 事 人 ··· 354
　　2.1.3　立案审查 ··· 355
　　2.1.4　立案步骤 ··· 357
　　2.1.5　答 辩 书 ··· 358
　第2节　调查收集证据 ··· 358
　　2.2.1　申请管理专利工作的部门调查收集证据 ·· 358
　　2.2.2　现场调查 ··· 359
　　2.2.3　收集证据 ··· 359
　　2.2.4　制作笔录 ··· 360
　　2.2.5　现场指认 ··· 361

四、办案指南

- 2.2.6 技术鉴定 ········ 361
- 第3节 案件审理 ········ 361
  - 2.3.1 口头审理前的准备 ········ 361
  - 2.3.2 口头审理的举行 ········ 362
  - 2.3.3 口头审理的其他问题 ········ 364
  - 2.3.4 案件的中止及恢复处理 ········ 365
- 第4节 证据认定 ········ 366
  - 2.4.1 证据种类 ········ 367
  - 2.4.2 证据认定的一般原则 ········ 367
  - 2.4.3 单一证据的审核认定 ········ 367
  - 2.4.4 数个证据的证明力大小认定 ········ 368
  - 2.4.5 不能单独认定案件事实的证据 ········ 368
  - 2.4.6 证据认定理由的阐述 ········ 368
  - 2.4.7 外文证据的认定 ········ 368
- 第5节 结 案 ········ 368
  - 2.5.1 结案形式 ········ 368
  - 2.5.2 结案时限 ········ 368
  - 2.5.3 合 议 ········ 369
  - 2.5.4 结案形式具体事项 ········ 369
  - 2.5.5 结案审批 ········ 371
  - 2.5.6 结案文书送达 ········ 371
  - 2.5.7 重复侵权行为的处理 ········ 371
  - 2.5.8 案件材料的归档 ········ 371
  - 2.5.9 特别注意事项 ········ 371
- 第6节 执行与公开 ········ 372
  - 2.6.1 处理决定的效力 ········ 372
  - 2.6.2 自觉履行与现场监督 ········ 372
  - 2.6.3 申请强制执行 ········ 372
  - 2.6.4 案件信息公开 ········ 373

第3章 查处假冒专利行为 ········ 373

- 第1节 立 案 ········ 373
  - 3.1.1 案件来源 ········ 373
  - 3.1.2 立案条件 ········ 373
  - 3.1.3 立案时限 ········ 374
  - 3.1.4 立案审批 ········ 374
- 第2节 调查取证 ········ 374
  - 3.2.1 调查取证的准备 ········ 374
  - 3.2.2 调查取证的实施 ········ 374
  - 3.2.3 行政强制措施 ········ 376
- 第3节 形成结案意见 ········ 376
  - 3.3.1 形成处理意见 ········ 376

3.3.2 结案意见审批 ·· 377
第4节　处罚前告知和听证 ·· 377
　　3.4.1 处罚前告知 ·· 377
　　3.4.2 当事人的陈述和申辩 ·· 377
　　3.4.3 听　　证 ·· 378
第5节　改正违法行为、处罚和处罚决定 ·· 384
　　3.5.1 责令停止假冒专利行为和采取改正措施 ······································ 384
　　3.5.2 处罚的种类 ·· 384
　　3.5.3 时　　限 ·· 385
　　3.5.4 实施行政处罚应当注意的事项 ·· 385
第6节　处罚的执行和公开 ·· 388
　　3.6.1 执行的正常程序 ·· 388
　　3.6.2 执行的特殊情形 ·· 389
　　3.6.3 结果公开 ·· 390

第4章　专利纠纷的调解 ·· 390

第1节　调解专利纠纷的类型 ·· 390
　　4.1.1 专利申请权和专利权归属纠纷 ·· 390
　　4.1.2 发明人、设计人资格纠纷 ·· 391
　　4.1.3 职务发明的发明人、设计人的奖励和报酬纠纷 ·························· 391
　　4.1.4 在发明专利申请公布后专利权授予前使用发明而未支付适当费用的纠纷 ··· 392
　　4.1.5 侵犯专利权的赔偿数额 ·· 392
第2节　请求调解专利纠纷的条件和应当提交的材料 ································ 392
　　4.2.1 条　　件 ·· 392
　　4.2.2 专利纠纷调解请求书 ·· 392
　　4.2.3 请求人身份证明文件 ·· 392
　　4.2.4 专利纠纷相关的证据、材料 ·· 392
　　4.2.5 其他材料 ·· 393
第3节　送达和立案 ·· 393
　　4.3.1 送　　达 ·· 393
　　4.3.2 立　　案 ·· 393
　　4.3.3 其　　他 ·· 393
第4节　专利纠纷的调解程序 ·· 393
　　4.4.1 证据审查 ·· 393
　　4.4.2 调　　解 ·· 394
第5节　结　　案 ·· 394
　　4.5.1 调解结案 ·· 394
　　4.5.2 撤销案件 ·· 395

第5章　展会及电子商务领域专利侵权纠纷处理 ·· 395

第1节　展会专利侵权纠纷调解 ·· 395
　　5.1.1 展会开展专利侵权纠纷调解工作的前提和基础 ·························· 395
　　5.1.2 管理专利工作的部门派驻展会人员的身份和工作职责 ·············· 396

四、办案指南

  5.1.3 当事人 ··· 396
  5.1.4 投诉受理 ·· 396
  5.1.5 调查核实和现场处理 ·· 397
  5.1.6 现场情况记载 ·· 397
  5.1.7 抗　辩 ··· 398
  5.1.8 措施及责任 ··· 398
  5.1.9 档案整理和归还物品 ·· 398
 第 2 节　电子商务领域专利侵权纠纷调解 ·· 398
  5.2.1 开展电子商务领域专利侵权纠纷调解判定工作的前提和基础 ················· 399
  5.2.2 管理专利工作的部门的人员的身份和工作职责 ······································ 399
  5.2.3 当事人 ··· 399
  5.2.4 案件的提交 ··· 399
  5.2.5 案件的处理 ··· 400
  5.2.6 措施及责任 ··· 401
  5.2.7 档案整理 ·· 401

第 6 章　跨区域、跨部门专利行政执法协作 ·· 401
 第 1 节　跨区域专利侵权纠纷的处理 ··· 401
  6.1.1 请求协作条件 ·· 401
  6.1.2 提交材料 ·· 401
  6.1.3 初步审查 ·· 401
  6.1.4 管　辖 ··· 401
  6.1.5 立　案 ··· 402
  6.1.6 结　案 ··· 402
 第 2 节　跨区域专利纠纷的调解 ·· 402
  6.2.1 提交材料 ·· 402
  6.2.2 接　收 ··· 402
  6.2.3 管　辖 ··· 402
  6.2.4 材料移送 ·· 402
  6.2.5 结　案 ··· 403
 第 3 节　跨区域假冒专利行为的查处 ··· 403
  6.3.1 移　送 ··· 403
  6.3.2 结　案 ··· 403
 第 4 节　跨区域案件协办 ··· 403
  6.4.1 委托证据调查 ·· 403
  6.4.2 协助证据调查 ·· 404
  6.4.3 委托送达 ·· 404
  6.4.4 配合执行 ·· 404
 第 5 节　跨区域专利执法专项行动 ·· 404
  6.5.1 专利侵权案件 ·· 404
  6.5.2 假冒专利案件 ·· 404
 第 6 节　跨部门行政执法协作 ·· 405

- 6.6.1 与公安机关的执法协作 ... 405
- 6.6.2 与工商、版权等职能部门的执法协作 ... 405
- 6.6.3 与海关的执法协作 ... 405

第7章 执法管理 ... 405

第1节 执法机构 ... 405
- 7.1.1 执法资格 ... 405
- 7.1.2 执法条件建设 ... 405
- 7.1.3 执法队伍建设 ... 405
- 7.1.4 委托执法 ... 405

第2节 执法人员管理 ... 406
- 7.2.1 执法人员 ... 406
- 7.2.2 执法证管理 ... 407
- 7.2.3 执法培训 ... 409

第3节 执法专项经费 ... 410
- 7.3.1 经费范围 ... 410
- 7.3.2 管理职责 ... 410
- 7.3.3 申请、审批、使用和验收 ... 411
- 7.3.4 监督与考核 ... 411

第4节 执法工作机制 ... 412
- 7.4.1 执法专项行动 ... 412
- 7.4.2 展会执法 ... 412
- 7.4.3 执法协作调度 ... 413

第5节 执法案件文书及档案管理 ... 415
- 7.5.1 执法文书 ... 415
- 7.5.2 专利执法案件档案 ... 416
- 7.5.3 专利行政执法案件材料的收集 ... 416
- 7.5.4 专利行政执法文件材料的整理编目 ... 416
- 7.5.5 专利行政执法案卷的移交 ... 418

第6节 知识产权维权援助与举报投诉工作 ... 418
- 7.6.1 知识产权维权援助工作 ... 418
- 7.6.2 知识产权举报投诉工作 ... 419
- 7.6.3 "12330"知识产权维权援助与举报投诉工作平台 ... 419

第7节 指导与监督 ... 420
- 7.7.1 执法目标责任制 ... 420
- 7.7.2 执法督查、督导、督办和指导 ... 421
- 7.7.3 执法维权绩效考核 ... 422
- 7.7.4 责任追究 ... 423

附件 专利行政执法文书表格（略）[①]

[①] 相关表格可以在执法案件报送平台信息浏览和执法 QQ 群中下载。

第1章 总 则

为规范专利行政执法行为,严格依法行政,确保专利行政执法的质量和效率,维护专利权人和社会公众的合法权益,营造建设创新型国家、促进经济社会又好又快发展的良好法制环境,根据《中华人民共和国专利法》(以下简称《专利法》)、《中华人民共和国专利法实施细则》(以下简称《专利法实施细则》)、《专利行政执法办法》(以下简称《执法办法》)和有关法律法规,制定本指南。

第1节 专利行政执法基本原则

1.1.1 依法行政原则

管理专利工作的部门开展专利行政执法工作,应当以事实为依据,以法律为准绳,严格依照法律法规的有关规定,严谨办案程序,接受法律监督;违法失职行为应当承担法律责任。

1.1.2 积极办案原则

管理专利工作的部门对于符合该部门受理条件的案件,应当积极接收并依法办理,不得推诿接收案件;推诿部门将承担相应法律责任。

1.1.3 公开公正原则

管理专利工作的部门在审理专利案件时,除涉及国家秘密、商业秘密以及法律法规规定不宜公开审理的案件外,均应当公开审理,及时公开案件信息。

管理专利工作的部门应当独立行使执法权,在查清事实,分清责任是非,全面、客观、科学地分析判断基础上,作出公正的处理或处罚。

1.1.4 便捷高效原则

管理专利工作的部门开展专利行政执法工作,应当发挥便捷、高效的优势,严格执行法律、法规、规章关于期限的规定,努力提高办案效能,尽量缩短案件处理周期。

1.1.5 务实创新原则

管理专利工作的部门应当在法律法规规定的框架下,适应本地经济社会发展特点与需求,充分发挥行政执法的优势,开拓创新,积极主动探索更加有效保护专利权人和社会公众合法权益的专利行政执法方式、方法。

第2节 管 辖

1.2.1 级别管辖

国家知识产权局负责全国专利行政执法工作的指导、管理和监督。对于有重大影响的专利案件,国家知识产权局在必要时可以组织有关管理专利工作的部门办理。对于跨省、自治区、直辖市的重大专利案件,国家知识产权局在必要时可以协调办理。

省、自治区管理专利工作的部门负责本行政区内专利行政执法工作的指导、管理和监督,负责处理本行政区内重大、复杂、有较大影响的专利案件。对于跨市(地、州、盟)的重大专利案件,省、自治区管理专利工作的部门在必要时可以协调办理。

直辖市管理专利工作的部门负责办理本行政区内的专利案件。

设区的市(地、州、盟)级管理专利工作的部门管辖除前款规定以外的专利案件。

根据地方性法规规定,不设区的市、县(市、区、旗)管理专利工作的部门有权办理本行政区内的专利案件。

1.2.2 地域管辖

专利侵权纠纷的处理由被请求人所在地或者侵权行为地的管理专利工作的部门管辖。侵权行为地包括侵权行为实施地和侵权结果发生地。请求人仅对被控侵权产品制造者提出处理请求,未对销售者提出处理请求,且被控侵权产品制造地与销售地不一致的,制造地管理专利工作的部门有管辖权。两个以上管理专利工作的部门都有管辖权的专利纠纷,当事人可以向其中一个管理专利工作的部门提出请求;当事人向两个以上有管辖权的管理专利工作的部门提出请求的,由最先受理的管理专利工作的部门管辖。

专利纠纷调解案件由被请求人所在地的管理专利工作的部门管辖;因履行涉及专利的合同引起的专利纠纷,由被请求人所在地或者合同履行地的管理专利工作的部门管辖。

假冒专利行为由违法行为发生地的管理专利工作的部门管辖。

1.2.3 移送管辖和指定管辖

管理专利工作的部门发现专利案件不属于该部门管辖的,不予立案。若立案后发现不属于受案管理专利工作的部门的管辖范围,应作撤案处理;同时,应当将案件线索移送有管辖权的管理专利工作的部门处理,移送前告知请求人。受移送的管理专利工作的部门应当受理或者立案。受移送的管理专利工作的部门认为受移送的案件依照规定不属于其管辖的,应当报请上一级管理专利工作的部门指定管辖,不得再自行移送。

上级管理专利工作的部门可以将下级管理专利工作的部门管辖的专利案件提级办理。下级管理专利工作的部门认为不宜由自己办理的专利案件,报经上级管理专利工作的部门同意后,可以移送上级管理专利工作的部门办理。

管理专利工作的部门对管辖权发生争议的,由争议双方协商解决;协商不成的,由其共同的上一级管理专利工作的部门指定管辖;无共同上一级管理专利工作的部门的,由国家知识产权局指定管辖。

1.2.4 管辖权异议

当事人对管辖权有异议的,受理或者立案的管理专利工作的部门应当在收到管辖权异议书之日起 5 日内作出决定。异议成立的,作出将案件移送有管辖权的管理专利工作的部门办理的决定;异议不成立的,作出驳回管辖权异议的决定。

对管理专利工作的部门作出的管辖权异议决定不服的,可以申请行政复议或者行政诉讼。

第3节 回 避

1.3.1 自行回避

承办专利案件的执法人员有下列情形之一的,应当自行回避:
(1) 是案件的当事人或者与当事人有直系血亲、三代以内旁系血亲及近姻亲关系的;
(2) 本人或者其近亲属与案件有利害关系的;
(3) 担任过案件的证人、鉴定人、代理人的;
(4) 与案件当事人有其他关系,可能影响公正处理或查处案件的。

1.3.2 请求回避

执法人员有以上情形之一的,当事人及其代理人有权以口头或书面形式申请其回避。当事人提出回避申请的,管理专利工作的部门应当要求其说明理由。当事人以口头形式提出回避申请的,应当制作陈述笔录并由回避申请人签名。管理专利工作的部门应当自申请回避之日起 3 日内决定是否回避,并以口头或者书面形式通知当事人。

被申请回避的执法人员在管理专利工作的部门作出是否回避的决定前,应当暂停参与该案工作,但假冒专利案件的查处或者案件需要采取紧急措施的除外。

当事人对决定不服的,可以申请复议一次。对复议申请应当在 3 日内作出复议决定,并通知当事人。

复议期间，被申请回避的执法人员不停止参与案件办理工作。
1.3.3 回避的审批
执法人员的回避，由管理专利工作的部门局领导决定；局领导的回避，由局长决定；局长的回避，由管理专利工作的部门办公会议决定，局长不参加会议。

第4节 代　　理

1.4.1 法定代理和委托代理
无民事行为能力人由其监护人作为法定代理人代为参加专利纠纷的处理。当事人、法定代理人可以委托1至2人作为代理人。

1.4.2 委托代理注意事项
委托他人代为参加专利纠纷处理的，必须向管理专利工作的部门提交由委托人签名或者盖章的授权委托书。

授权委托书必须记载委托事项和权限。代理人代为承认、放弃、变更请求，进行和解，必须有委托人的特别授权。授权委托书记载的委托权限为特别授权的，应当要求请求人明确特别授权的具体事务。未明确委托权限的，应当对其能够代理的和不能代理的行为予以明确。

在国外或者我国港澳台地区形成的授权委托书，应按照我国法律的规定办理公证、认证或其他证明手续。授权委托书为外文的，应当附中文译本。中文译本应当由翻译人员签名并加盖翻译机构公章。未提供中文译本的，退回其授权委托书并通知其在指定期限内将中文译本和授权委托书原件一并提交。

外国人寄交或者托交的授权委托书，必须经中华人民共和国驻该国的使领馆证明；没有使领馆的，由与中华人民共和国有外交关系的第三国驻该国的使领馆证明，再转由中华人民共和国驻该第三国使领馆证明，或者由当地的爱国华侨团体证明。

委托代理机构的，代理人必须出庭。

第5节 送　　达

1.5.1 送达和送达回证
受送达人指依照法律、法规、规章的规定，需要将有关法律文书送达的案件当事人或者与案件有关的人员或组织。

送达文书必须有送达回证，由受送达人在送达回证上记明收到日期，并签名或者盖章。

受送达人在送达回证上的签收日期为送达日期。

1.5.2 送达方式
1.5.2.1 直接送达
送达文书，应当直接送交受送达人。受送达人是公民的，本人不在时交他的同住成年家属签收；受送达人是法人或者其他组织的，应当由法人的法定代表人、其他组织的主要负责人或者该法人、组织负责收件的人签收；受送达人有代理人的，可以送交其代理人签收；受送达人已向管理专利工作的部门指定代收人的，送交代收人签收。

受送达人的同住成年家属、法人或者其他组织的负责收件的人、代理人或者代收人在送达回证上签收的日期为送达日期。

1.5.2.2 留置送达
受送达人或者他的同住成年家属拒绝接收文书的，送达人可以邀请有关基层组织或者所在单位的代表到场见证，说明情况，在送达回证上记明拒收事由和日期，由送达人、见证人签名或者盖章，把文书留在受送达人的住所；也可以把文书留在受送达人的住所，并采用拍照、摄像等方式记录送达过程，即视为送达。

调解书应当直接送达当事人本人，不适用留置送达。当事人本人因故不能签收的，可由其指定的代收人签收。

1.5.2.3 邮寄送达

直接送达文书有困难的，可以通过中国邮政采取邮寄送达。邮寄送达应当采用给据邮件方式，以从邮局查询的受送达人实际收到日期为送达日期。

邮寄送达受送达人没有寄回送达回证的，应当另行制作送达回证，将给据邮件寄件人存单粘贴在送达回证上，并在备注栏由案件承办人员写明情况，签名并注明日期。

1.5.2.4 公告送达

受送达人下落不明，或者用本节规定的其他方式无法送达的，可以公告送达。自发出公告之日起，经过60日，即视为送达。

公告送达，可以在管理专利工作的部门公告栏、官方网站、受送达人原住所地张贴公告，也可以在当地主要报纸上刊登公告；对公告送达方式有特殊要求的，应按要求的方式进行公告。

公告送达请求书副本的，应说明请求书要点、受送达人答辩期限及逾期不答辩的法律后果；公告送达口头审理通知，应说明出席口头审理的地点、时间及逾期不出庭的法律后果；公告送达处理决定书、其他通知书的，应说明处理决定书或通知书的主要内容，同时说明当事人的救济途径。

公告送达时，应当制作送达回证，将公告文书和相关载体（报纸原件等，如果是网站公告的，应当将公告网页页面采用带日期、带网址的方式全部打印，并由案件承办人员在上面签名并注明日期）粘贴在送达回证上，并在备注栏由案件承办人员写明情况，签名并注明日期。

第 2 章　处理专利侵权纠纷

第 1 节　案件受理和立案审查

2.1.1 受　　理

专利侵权纠纷案件因请求人请求而启动。

管理专利工作的部门应当依据有关规定对请求人的请求是否符合受理条件进行审查，以决定是否受理。

2.1.2 当 事 人

2.1.2.1 请 求 人

请求人应当是专利权人或者利害关系人：

（1）专利权人是指该专利权的合法所有人；

（2）利害关系人包括专利实施许可合同的被许可人、专利权的合法继承人。

独占实施许可合同的被许可人可以单独提出请求；排他实施许可合同的被许可人在专利权人不请求的情况下，可以单独提出请求；除合同另有约定外，普通实施许可合同的被许可人不能单独提出请求。

2.1.2.2 被请求人

被请求人应当为自然人、法人或其他组织。

2.1.2.3 共同请求人或被请求人

专利侵权纠纷有下列情形之一的，有关单位或者个人应当共同参加案件的处理：

（1）涉案专利权有 2 个以上专利权人的，全体共有专利权人为共同请求人，部分共有专利权人明确表示放弃有关实体权利的除外；

(2) 被请求人为个人合伙的，全体合伙人为共同被请求人；

(3) 法律法规规定的其他情形。

2.1.3 立案审查

请求管理专利工作的部门处理专利侵权纠纷应当符合下列条件：

(1) 请求人是专利权人或者利害关系人；

(2) 有明确的被请求人；

(3) 有明确的请求事项和具体事实、理由；

(4) 有证据证明被请求人涉嫌实施了专利侵权行为；

(5) 属于受案管理专利工作的部门的受案和管辖范围；

(6) 当事人任何一方均未向人民法院起诉，并且双方没有约定其他纠纷解决方式。

提出专利侵权纠纷处理请求的，应当提交请求书，请求书的内容审查适用2.1.3.3的规定。

执法人员经审查认为符合受理条件的，应当自接受当事人材料之日起5个工作日向请求人发送《专利侵权纠纷处理请求受理通知书》；立案后发现请求不符合受理条件的，应当向请求人发送《专利侵权纠纷撤销案件通知书》。

以上受理条件的材料审查适用2.1.3.1至2.1.3.6的规定。

2.1.3.1 请 求 人

请求人的资格审查，适用2.1.2.1的有关规定。

2.1.3.1.1 大陆地区请求人

请求人是自然人的，应当要求其提交本人有效身份证件复印件或有效的个体工商户营业执照副本复印件，并与原件进行核对。

请求人是法人或者其他组织的，应当提交以下材料，并与原件进行核对：

(1) 加盖本单位公章的法人证书复印件或者有效营业执照副本复印件；

(2) 单位法定代表人或负责人的身份证明。

2.1.3.1.2 港澳台地区申请人

请求人是我国香港、澳门、台湾地区居民的，执法人员应当要求其履行相关的证明手续。

2.1.3.1.3 外国请求人

请求人是外国人的，执法人员应当要求其提交所在国公证机关的有效身份证明，并经中华人民共和国驻该国使领馆予以认证，或者履行中华人民共和国与该所在国订立的有关条约中规定的证明手续。

2.1.3.1.4 请求人是专利实施许可合同的被许可人

请求人是专利实施许可合同的被许可人的，执法人员应当要求其提交专利实施许可合同复印件，并与原件进行核对。其中，如果请求人是排他实施许可合同的被许可人，请求人还需提交专利权人放弃专利侵权纠纷请求权利的书面声明。

2.1.3.2 明确的被请求人

被请求人的资格审查，适用2.1.2.2被请求人的有关规定。

明确的被请求人一般指有确定的被请求人姓名或者名称，有确切的住址或者地址。被请求人是法人或其他组织的，执法人员应当要求请求人提交被请求人的企业信息查询相关材料。

2.1.3.3 请 求 书

请求人应当提供请求书正本一份并按照被请求人的数量提供相应请求书副本。一个案件只能涉及一个专利号、一个被请求人，涉及同一专利权人的多个专利号或者同一专利号多名被请求人时，应分别填写请求书并分别立案。

请求书应当记载以下内容：

（1）请求人姓名或者名称、地址、法定代表人或经营者的姓名、邮政编码、联系电话及其他事项，委托代理人的，代理人的姓名和代理机构的名称、地址；

（2）被请求人姓名或者名称、地址、法定代表人或经营者的姓名、邮政编码、联系电话及其他事项；

（3）请求事项、理由和侵权事实，其中，侵权理由如侵权分析比对（应写明侵犯的具体权利要求项）；侵权事实方面，应当说明侵权的基本情况，如侵权行为发生的时间、地点，购买被控侵权产品时间、地点以及过程等；

（4）附证据材料清单；

（5）请求人或获得特别授权的代理人的签名（自然人）或盖章（法人和其他组织）；

（6）需要特别注意的是请求人提出的请求事项，不得超出管理专利工作的部门的法定职权范围。

2.1.3.4 授权委托书

请求人可以委托1至2人作为代理人，委托他人作为代理人时，必须提交由委托人签名或者盖章的授权委托书。

授权委托书必须记载委托事项和权限。代理人代为承认、放弃、变更请求，进行和解，必须有委托人的特别授权。

授权委托书记载的委托权限为特别授权的，应当要求请求人明确特别授权的具体事务。未明确委托权限的，应当对其能够代理的和不能代理的行为予以明确。

在国外或者我国港澳台地区形成的授权委托书，应按照我国法律的规定办理公证、认证或其他证明手续。授权委托书为外文的，应当附中文译本。中文译本应当经过有资质的翻译机构翻译，由翻译人员签名并加盖翻译机构公章。未提供中文译本的，退回其授权委托书并通知其在指定期限内将中文译本和授权委托书原件一并提交。

2.1.3.5 专利证明文件

2.1.3.5.1 专利证书、专利公告文本

执法人员应当要求请求人提交专利证书或者专利公告文本（公告页、附图、权利要求书、说明书等）复印件，并提供专利证书原件以供核对。

2.1.3.5.2 专利法律状态证明

执法人员应当要求请求人出具专利登记簿副本的原件，或者专利证书和当年缴纳专利年费的收据等能够证明涉案专利有效存在的证据。

2.1.3.5.3 专利权评价报告或者实用新型专利检索报告

申请日（有优先权的，指优先权日）在2009年10月1日之前的实用新型专利，涉及专利侵权纠纷，管理专利工作的部门可以要求其在指定期限内出具由国家知识产权局作出的实用新型专利检索报告，作为处理专利侵权纠纷的证据。

申请日（有优先权的，指优先权日）在2009年10月1日之后（含该日）的实用新型专利或者外观设计专利，涉及专利侵权纠纷，管理专利工作的部门可以要求其在指定期限内出具由国家知识产权局作出的专利权评价报告，作为处理专利侵权纠纷的证据。

2.1.3.6 实施专利侵权行为的相关证据

实施专利侵权行为的相关证据，是指请求人提交的能够证明被请求人实施侵权行为的相

关物证、书证等证据。

证据是否充分不是立案条件。在立案审查阶段，执法人员只需对是否能提供证据或证据线索等作形式审查。

2.1.3.6.1 提交证据材料时间审查

执法人员应当要求请求人在提交请求书的同时提交有关证据材料。

在已提交的证据足以立案的前提下，请求人另有部分证据无法即时提交的，可以延长至口头审理日前提交。

2.1.3.6.2 形式审查

2.1.3.6.2.1 公证文书

执法人员对请求人提交的公证文书，只作形式上的审查。如果公证文书在形式上存在严重缺陷，例如缺少公证人员签章，执法人员可以要求其补正。

2.1.3.6.2.2 涉外证据

（1）域外证据

应当经所在国公证机关予以证明，并经中华人民共和国驻该国使领馆予以认证，或者履行中华人民共和国与该所在国订立的有关条约中规定的证明手续。

（2）外文证据

执法人员在接收当事人提交的外文证据时，应当审查其是否提供中文译本。未提供中文译本的，退回其外文证据并通知其在指定期限内将中文译本和外文证据原件一并提交。中文译本应当经翻译机构翻译，由翻译人员签名并加盖翻译机构公章。未提交中文译本的，该外文证据视为未提交。请求人可以仅提交外文证据的部分中文译本；该外文证据中没有提交中文译本的部分，不作为证据使用。

2.1.3.6.2.3 港澳台证据

请求人提供的证据是在香港、澳门、台湾地区形成的，执法人员应当要求其履行相关的证明手续。

2.1.3.6.2.4 新产品证据

专利侵权纠纷案件涉及新产品制造方法发明专利权，且请求人要求举证责任倒置的，执法人员应当要求请求人提供如下证据：

（1）依照专利方法制造的产品是新产品的证据，所述"新产品"是指在专利申请日以前国内外公众未知的产品；

（2）被请求人制造的产品与采用专利方法制造的产品相同的证据。

2.1.3.6.3 证据材料的接收

（1）当事人提交证据材料时，应当提交《接收当事人提交证据材料清单》，对证据材料进行逐一分类编号，并对其来源、证明对象和内容作简要说明，签名盖章，注明提交日期，并由当事人签名确认。

（2）执法人员在接收当事人提交的证据材料后，应当审查制作《接收当事人提交证据材料清单》，清单由接收人员签章，一式两联，第一联附卷，第二联交当事人。

2.1.4 立案步骤

2.1.4.1 审查与报批

请求人提交证据材料完毕后，执法人员应当根据 2.1.3 的要求进行立案审核，提出是否立案的意见，并填写《专利侵权纠纷案件立案审批表》，经办案处（科）室负责人审定。办案处（科）室负责人经审查认为可以立案的，应当指定 3 名或 3 名以上单数执法人员处理该专利侵权纠纷,并报局领导审批。

2.1.4.2 制作并送达文书

经局领导批准,同意予以立案的,承办人员应当对案件编写案号,制作《专利侵权纠纷处理请求受理通知书》《答辩通知书》,并自收到请求书之日起 5 个工作日内向请求人送达《专利侵权纠纷处理请求受理通知书》;自立案之日起 5 个工作日内向被请求人送达《答辩通知书》、《专利侵权纠纷处理请求书》及其证据材料副本,要求被请求人自收到《答辩通知书》之日起 15 日内提交答辩书。被请求人逾期不提交答辩书的,不影响管理专利工作的部门进行处理。

局领导作出不予立案的决定的,执法人员应当制作《专利侵权纠纷处理请求不予受理通知书》,说明不予受理的理由,并应告知当事人如不服本通知书,可以在 60 日内向有行政复议权的机关申请行政复议,也可以在 3 个月内向有管辖权的中级人民法院提起行政诉讼,当事人也可以就请求处理的事项另行直接向人民法院提起民事诉讼。

送达上述文书时应当要求被送达人在送达回证上签名或盖章,并注明收到日期。执法人员应当在送达回证上签名。

2.1.5 答 辩 书

(1) 答辩书提交时间:自被请求人收到《专利侵权纠纷处理请求书》副本和《答辩通知书》之日起 15 日内提交答辩书。

管理专利工作的部门受理专利侵权纠纷案件后,当事人对管辖权有异议的,应当在答辩期间内以书面形式提出,管理专利工作的部门应当作出书面答复。

(2) 答辩书提交数量:提交正本一份,并按当事人数量提交副本。

(3) 答辩书形式:答辩书上无被请求人或其代理人签名或盖章的,应当通知被请求人在 3 日内重新提交,否则视为未提交答辩书。

(4) 转送答辩书:被请求人提交书面答辩书的,执法人员应当自收到答辩书之日起 5 个工作日内将答辩书副本送达请求人。

(5) 被请求人是自然人的,应当要求其提交有效身份证明;被请求人是法人或其他组织的,应当要求其提交工商营业执照或事业单位法人证书、组织机构代码证及法定代表人或者负责人证明。

(6) 当事人提供证据,应当要求其提供原件或者原物。如需自己保存证据原件、原物或者提供原件、原物确有困难的,可以提供经核对无异的复制件或者复制品。

第 2 节 调查收集证据

管理专利工作的部门可以根据需要依职权调查核实有关证据。当事人因客观原因不能自行收集证据的,可以请求管理专利工作的部门调查取证。

2.2.1 申请管理专利工作的部门调查收集证据

2.2.1.1 申请调查收集证据的条件

符合下列条件之一的,当事人及其代理人可以申请管理专利工作的部门调查收集证据:

(1) 申请调查收集的证据属于国家有关部门保存并须管理专利工作的部门依职权调取的档案材料;

(2) 当事人及其代理人确因客观原因不能自行收集的其他材料。

2.2.1.2 申请调查收集证据的程序

当事人及其代理人申请管理专利工作的部门调查收集证据,执法人员应当要求其提交书面申请。申请书应当载明被调查人的姓名或者单位名称、住所地等基本情况，所申请调查收集的证据的内容、存放地点，需要由管理专利工作的部门调查收集证据的原因（不能自行收集的客观原因）及其要证明的事实。

管理专利工作的部门认为符合依申请调查取证条件的，应当按照申请进行调查取证；认为不符合依申请调查取证条件的，可以驳回调查取证申请。

2.2.2 现场调查

立案后，管理专利工作的部门可以依法对案件进行现场调查，且一般应当在送达文书的同时进行。现场调查时执法人员不得少于2人。执法人员在现场调查时，应当出示行政执法证，查明被请求人的身份后，对被请求人有关被控侵权产品的生产、销售、构造等情况进行调查，查清相关事实。

2.2.2.1 现场调查时可以采取的方式

（1）查阅、复制与案件有关的合同、账册等有关文件；
（2）询问有关当事人和证人，调查与案件有关的情况；
（3）采用测量、拍照、摄像等方式进行现场勘验；
（4）检查与案件有关的物品，抽样取证；
（5）涉嫌侵犯方法专利权的，管理专利工作的部门可以要求被调查人进行现场演示。

2.2.2.2 现场调查前的准备

在现场调查前，执法人员应当完成下列工作：
（1）阅读和研究案卷，了解案情，掌握需要调查的主要事实；
（2）研究确定现场检查的时间、分工和内容，应当重点查清的问题，以及可能出现的各种情况及处置方案；
（3）准备必需的文书、文具和执法装备，如相机、摄像机、录音笔等；
（4）是否需要联络其他单位进行联合执法；
（5）调查被请求人的具体地址；
（6）需要准备的其他事项。

2.2.2.3 现场调查的程序

2.2.2.3.1 出示证件，说明来意，告知当事人权利义务

执法人员在现场调查时，应当告知当事人享有查验执法证件、要求执法人员回避的权利，并且应当履行配合调查、如实回答执法人员询问、按照执法人员要求提供相关材料的义务。

2.2.2.3.2 调　　查

执法人员进入现场后，应当对被请求人的生产场地、储存仓库、陈列展示柜台等有关场所进行现场检查，对相关的产品、模具、模板、专用工具以及包装物、宣传材料等与案件事实有关的物品，可以收集证据，以足以证明相关事实为准。对需要了解的事实可以询问有关人员。

2.2.3 收集证据

证据收集方式有以下几种：
（1）抽样取证：被控侵权产品、被控按照专利方法获得的产品以及能反映被控产品外观或者构造的产品宣传册、说明书等可以以抽样取证的方式获取的证据，执法人员可以采用抽样取证的取证方式。抽样取证时，应当对需要抽样取证的产品予以清点，抽取样品。被抽取样品的数量应当以能够证明事实为限。
（2）现场勘验：对于无法进行抽样取证，但可以通过拍照、摄像对其外观、形状及其构

造等情况进行固定的证据,可以采取现场勘验的取证方式。进行现场勘验时,应当对照涉案专利的权利要求,对能反映权利要求技术特征的对应特征进行拍照、摄像,对拍照、摄像不能反映的连接方式等要记入笔录,以固定证据。

(3)登记保存:现场检查中,对于可能灭失或者以后难以取得,又无法进行抽样取证或现场勘验的证据,执法人员可以根据实际情况,对该证据予以登记保存,并在7日内对登记保存的证据作出处理决定,例如对于需要进行技术鉴定的,应决定进行鉴定。对不能作出其他处理决定的,应当决定解除登记保存。

(4)方法专利取证:涉及方法专利的,执法人员应当要求被调查人进行现场演示,并对演示的生产方法和工艺过程进行拍照和摄像。

(5)调取书证:因案件需要查阅、复制与案件有关的档案、图纸、资料、账册等证据时,应当将所需调取的书证复印或者拍照,复制件应当要求被调查人注明"经核对与原件一致"并签名或加盖公章,同时将有关情况记入现场检查笔录。

2.2.4 制作笔录

执法人员在调查收集证据时,应当制作笔录,所有现场检查笔录、清单、询问笔录都应当由执法人员、被调查的单位或者个人逐页签名或者盖章,写明"以上情况属实",并注明日期。被调查的单位或者个人拒绝签名或者盖章的,由执法人员在笔录上注明。

2.2.4.1 制作现场检查笔录

现场检查时,执法人员应当制作现场检查笔录,载明与案件有关的生产场地、储存仓库、陈列展示柜台等有关场所的情况,对相关的产品、模具、模板、专用工具以及包装物进行检查的情况。有抽样取证或登记保存的,应当将抽样或登记保存情况记入笔录,并制作抽样取证清单或登记保存清单,载明抽取样品或登记保存物品的名称、数量、规格、型号及保存地点等,一式两联,第一联附卷,第二联交被检查人;有现场勘验的,应当在笔录中载明勘验过程、拍照、摄像情况以及无法通过照片、录像反映的有关产品的形状、构造或者其结合等特征。

2.2.4.2 制作现场询问笔录

执法人员根据案情需要,可以现场询问被请求人并制作现场询问笔录。

2.2.4.2.1 现场询问笔录需记载的主要事项

(1)案号、执法人员姓名、制作的时间、地点;

(2)被询问人的基本情况,包括姓名、身份证号、职务和所负责的工作等;

(3)生产经营的基本情况,包括主要生产的产品、产品的销售地(国内、国外的具体地点)等;

(4)被控侵权产品的基本情况,包括名称、型号、生产时间(从何时开始生产)、生产数量、库存数量(成品、半成品)、销售情况;被控侵权产品模具的基本情况,包括模具的名称、型号、数量、存放地点等;

(5)涉及方法专利的,还应当询问其具体的生产工艺、步骤和方法。

2.2.4.2.2 制作现场询问笔录注意事项

(1)执法人员应当要求被询问人提供有效身份证件;

(2)一份笔录只得包含对一个被询问对象的询问记录,由该被询问对象签名;

(3)用语规范,字迹工整,名称准确,笔录中的涂改部分应当由被询问人签名或者捺指印、盖章予以确认;

(4)笔录最后应当由执法人员注明"以下空白"字样并且由被询问人在后面注明"以上

情况属实"字样并签名、注明日期。

2.2.5 现场指认

现场检查一般不允许请求人或者其他有关人员进入现场，但请求人没有提供侵权产品样品，被控侵权产品现场无法辨认时，可以根据案情需要，要求请求人或者其他有关人员配合现场检查，但危及其人身安全的，不得进入现场。请求人或者其他有关人员进入现场后，应当要求其在执法人员指定的范围内配合现场检查，不得擅自行动，不得拍照、录音、摄像。指认完毕后即要求指认人员离开被请求人生产经营现场。

2.2.6 技术鉴定

2.2.6.1 技术鉴定的提出

管理专利工作的部门可以根据案情需要或者当事人的申请，委托具有相关资质和技术条件的机构进行技术鉴定。鉴定机构由双方当事人协商确定，协商不成的可以由合议组指定，对必须通过技术鉴定才能确定事实的，应当告知当事人。

2.2.6.2 鉴定书审查

合议组人员对鉴定人出具的鉴定书，应当审查是否具有下列内容：

（1）委托人姓名或者名称、委托鉴定的内容；
（2）委托鉴定的材料；
（3）鉴定的依据及使用的科学技术手段；
（4）对鉴定过程的说明；
（5）明确的鉴定意见；
（6）鉴定部门和鉴定人资格的说明；
（7）鉴定人员及鉴定机构签名盖章；
（8）通过分析获得的鉴定结论，应当说明分析过程。

第 3 节 案件审理

2.3.1 口头审理前的准备

2.3.1.1 口头审理的决定

管理专利工作的部门处理专利侵权纠纷，可以根据案情需要决定是否进行口头审理，并确定合议组组长、成员。

2.3.1.2 口头审理的通知

（1）管理专利工作的部门在处理专利侵权纠纷程序中，确定进行口头审理的，应当向当事人发出《口头审理通知书》及《口头审理回执》，《口头审理通知书》及《口头审理回执》应当确保当事人在口头审理 3 个工作日前接收到。通知进行口头审理的时间、地点等事项，并要求其在规定的时间内向管理专利工作的部门提交《口头审理回执》。

（2）口头审理的时间、地点一经确定一般不再改动；遇特殊情况需要改动的，应当提前通知双方当事人。

（3）《口头审理通知书》的送达应当按照 1.5.2 的规定执行。

（4）专利侵权纠纷请求人无正当理由不参加口头审理的，视为撤回口头审理请求；被请求人无正当理由不参加口头审理的，可以缺席审理。

2.3.1.3 口头审理准备工作

在口头审理开始前，合议组应当完成下列工作：

（1）案情比较复杂、证据材料较多的案件，可以在口头审理前组织当事人交换证据并先行质证。

(2) 合议组成员阅读和研究案卷，了解案情，掌握争议的焦点和需要调查、辩论的主要问题。特别需要注意的是，口头审理前，应当查询涉案专利是否经过无效程序、权利要求是否作过修改、修改后的权利要求的具体内容等。

(3) 举行口头审理前的合议组会议，研究确定合议组成员在口头审理中的分工、调查的顺序和内容、应当重点查清的问题，以及口头审理中可能出现的各种情况及处置方案。

(4) 准备必要的文件。

(5) 除不公开进行口头审理以外，口头审理3个工作日前应当公告该口头审理的有关信息，包括：请求人姓名或者名称，被请求人姓名或者名称，审理时间、地点，涉及的专利号，专利名称等。

(6) 口头审理其他事务性工作的准备。

2.3.2 口头审理的举行

(1) 口头审理应当按照《口头审理通知书》指定的时间、地点进行。

(2) 口头审理应当公开进行，但根据国家法律、法规等规定需要保密的除外。

(3) 请求人与被请求人相同、被控侵权物相同，涉及多项专利权的，可以合并审理。案件合并审理时，各案件的案号、专利号、具体事实、理由、证据、当事人的陈述等应当分开记录写明。

(4) 核对参加口头审理到庭人员身份信息，确认其是否有参加口头审理的资格，是代理人的，代理人身份信息是否与授权委托书相符。

(5) 口头审理可以分成2.3.2.1至2.3.2.3所述的三个阶段。

2.3.2.1 第一阶段：口头审理开始

口头审理由案件合议组组长主持。

(1) 宣布口头审理开始。

(2) 宣布口头审理纪律：所有参加人员关闭通信设备，未经允许不得拍照、录音、摄像，不得随意走动；当事人发言应当征得合议组组长同意；旁听者无发言权，不得向参加口头审理的当事人传递有关信息。

(3) 简要介绍案由。

(4) 双方当事人分别介绍各自信息，包括当事人名称（姓名）、住所、法定代表人（负责人）信息、委托代理人以及代理权限等，有双方当事人出庭的，还应当询问双方当事人对于对方出席人员资格有无异议。

(5) 宣读当事人的权利和义务。当事人权利：委托代理人，对合议组成员、书记员、鉴定人、翻译人员提出回避申请，收集提供证据，申请证人到场作证，进行辩论，请求调解。当事人可以自行和解，请求人可以放弃或者变更请求。当事人的义务：当事人应当按照通知按时到达审理地点，请求人无正当理由拒不到场的，按自动撤回请求处理，被请求人无正当理由拒不到场的，合议组可以缺席审理。在审理过程中，当事人应当自觉遵守审理秩序，未经许可不得中途退场。请求人未经许可中途退场的，按自动撤回请求处理；被请求人未经许可中途退场的，合议组可以缺席审理。当事人对自己提出的主张有举证责任，反驳对方主张的，应当说明理由。

(6) 宣布合议组成员及书记员名单，询问双方当事人是否申请回避，是否请证人出庭作证或请求实物演示。

2.3.2.2 第二阶段：口头审理调查阶段

口头审理的调查阶段一般按照以下顺序进行：

（1）请求人陈述和被请求人答辩；

（2）质证，由请求人、被请求人、管理专利工作的部门（有调查取证的情况）分别出示证据；

（3）进行专利侵权比对；

（4）总结双方争论焦点，进行辩论；

（5）最后意见陈述；

（6）调解。

2.3.2.2.1 请求人陈述和被请求人答辩

（1）请求人陈述专利侵权纠纷请求事项及其理由，并简要陈述有关事实；

（2）被请求人答辩，对请求人的请求提出答辩意见，讲明具体事实和理由。

2.3.2.2.2 质证：由请求人、被请求人、管理专利工作的部门分别出示证据

当事人双方提交的证据应当在庭上出示，由当事人质证，当事人在口头审理前未提交但在口头审理时提交的证据是否质证，由合议组决定；当事人要求口头审理后继续提交证据的，合议组应当当场指定提交时限，并要求当事人在指定期限内提交。

（1）应当要求当事人围绕证据的真实性、关联性、合法性，针对证据证明力有无以及证明力大小，进行阐述、说明与辩驳。

（2）质证按下列顺序进行：

① 请求人出示证据，说明各证据要证明的内容，被请求人与请求人进行质证；

② 被请求人出示证据，说明各证据要证明的内容，请求人与被请求人进行质证；

③ 管理专利工作的部门（有调查取证的情况）出示调查取证的证据及笔录等，请求人与被请求人进行质证。

2.3.2.2.3 进行专利侵权比对

（1）口头审理时，应当询问请求人主张以具体权利要求项作为该案的保护范围，经合议组询问后请求人主张仍不明确的，默认其以权利要求1作为专利的保护范围，由请求人对主张的权利要求的所有必要技术特征与涉案产品或者方法逐项进行比对。

（2）被请求人对涉案产品或者方法是否落入涉案专利权的保护范围发表意见，提出自己的意见。

2.3.2.2.4 总结双方争论焦点，进行辩论

由合议组组长提出案件焦点问题，应当是对案件认定起到决定性作用的问题，例如在某个技术特征上是否存在等同、某个关键证据的法律效力等。

在辩论阶段应当要求当事人严格围绕焦点问题进行辩论，合议组认为已经能够通过当事人的辩论明确双方的观点或者对问题已经作出解答的，即可停止该焦点问题的辩论，进入下一个焦点问题的辩论，防止双方纠缠于语言文字等导致庭审时间过长，缺乏效率。

2.3.2.2.5 最后意见陈述

在双方当事人的辩论意见表达完毕后，合议组组长宣布辩论终结，由双方当事人作最后意见陈述。在当事人没有新的意见时，一般可以要求当事人坚持原有意见即可。

2.3.2.2.6 调　　解

最后意见陈述后，合议组应当就是否同意调解征求双方意见。如果双方同意调解的，可以在口头审理结束后立即进行调解，也可以另行约定时间进行调解。如果代理人表示需要当

事人授权后才能发表是否同意调解的意见的，应当如实记录入口头审理笔录，并要求代理人及时征求当事人意见，并另行向合议组说明。

调解应该贯穿于专利侵权纠纷处理整个程序之中，但为了保证口头审理程序的完整，若非必要，一般不在口头审理过程中穿插调解程序。

2.3.2.2.7 口头审理调查中应当查明的问题

（1）专利权何时申请、何时授权、目前法律状态等专利基本情况；

（2）何时发现被请求人实施涉嫌专利侵权行为、被控产品样品的来源；

（3）被请求人姓名或者名称、成立时间、电话、地址、法定代表人、经营范围等基本情况；

（4）管理专利工作的部门取得的证据，如有关样品、资料、账册的确认；

（5）在现场检查笔录（或询问笔录）上签名的有关人员与被请求人的关系；

（6）被控产品样品（请求人提供或管理专利工作的部门提取）是否是被请求人制造（销售、使用、许诺销售、进口）的；

（7）被控产品开始生产的时间、生产数量、进货情况、库存数量、销售的情况、产品的成本或进货价格、销售的价格；

（8）产品制造模具数量、存放地点、制作情况；

（9）被控产品或方法是否落入涉案专利权的保护范围，并要求说明理由；

（10）被请求人认为不侵权的事实、理由；

（11）其他需要了解、核对的事项。

2.3.2.2.8 口头审理调查阶段的注意事项

（1）合议组向当事人提问。合议组成员可以就有关事实和证据向当事人或者证人提问，也可以要求当事人或者证人作出解释。合议组成员提问应当公正、客观、具体、明确。

（2）经合议组组长许可，当事人可以互相发问，当事人可以向证人或鉴定人员发问。

（3）被请求人对涉案专利的法律状态有异议的，应当要求请求人出具专利登记簿副本的原件或经与原件核对无误的复印件。

2.3.2.3 第三阶段：口头审理结束

合议组组长宣告口头审理结束，双方当事人在核对完口头审理笔录后逐页签字并注明日期。

2.3.3 口头审理的其他问题

2.3.3.1 暂停口头审理

有下列情形之一的，合议组组长可以宣布暂停口头审理，并在必要时确定继续进行口头审理的时间：

（1）当事人当场请求审理人员回避的；

（2）因和解需要协商的；

（3）需要对发明创造进一步演示的；

（4）合议组发现案件事实尚未查清，需要当事人补充证据或者由管理专利工作的部门自行调查收集证据的；

（5）合议组认为必要的其他情形。

2.3.3.2 当事人中途退场

当事人未经合议组许可而中途退场的，或者因妨碍口头审理进行而被合议组责令退场的，应当就该当事人已经陈述的内容及其中途退场或者被责令退场的事实进行记录，并由当事人或者合议组签字确认。

2.3.3.3 证人作证

（1）出具过证言的证人可以就其证言出庭作证；当事人在口头审理中提出证人出庭作证请求的，合议组可以根据案件的具体情况决定是否准许。

（2）证人出庭作证时，应当要求其出示证明其身份的证件，合议组应当告知其诚实作证的法律义务和作伪证的法律责任。

（3）出庭作证的证人不得旁听案件的审理。询问证人时，其他证人不得在场，但需要证人对质的除外。

（4）合议组可以对证人进行提问。双方当事人经合议组许可，可以对证人进行交叉提问。合议组应当要求证人对合议组、双方当事人提出的问题作出明确回答，对于当事人提出的与案件无关的问题可以拒绝回答。

（5）证人接受询问后，应当要求其在口头审理笔录中记载与其回答问题有关的页面上签名。

2.3.3.4 口头审理笔录

在口头审理中，由书记员进行记录。担任记录的人员应当完整地记录庭审内容。条件允许的情况下，可以使用录音、摄像设备进行记录。

在口头审理结束后，合议组应当将笔录交当事人阅读。对笔录的差错，当事人有权请求更正。笔录核实无误后，应当由当事人、合议组成员、书记员签字并存入案卷。当事人拒绝签字的，应当在口头审理笔录中注明。

应当告知当事人可以对口头审理笔录进行阅读、复制、抄摘。

2.3.3.5 口头审理的旁听

公开口头审理的案件允许旁听。

旁听者违反口头审理纪律的，合议组组长应当及时予以制止；不听劝告的，合议组组长应当责令其退场。

必要时，管理专利工作的部门可以要求旁听者办理旁听手续。

2.3.3.6 口头审理注意事项

（1）合议组组长负责主持口头审理的各项程序进行；

（2）合议组要及时制止当事人过激的情绪或与案件无关的议论，维护好秩序；

（3）合议组要认真、仔细听取各方的意见，不得对案件性质及证据效力发表意见，不得与当事人辩论；

（4）注意委托代理人的权限，特别是对于承认、放弃等事项的权限；

（5）口头审理笔录力求全面、准确，书记员来不及记录的，合议组组长应当示意当事人暂停或放慢陈述，以便于记录；

（6）重要的数字，如数量、价格、时间等，尽量不用大约、估计等模糊的、不确定的表述。

2.3.4 案件的中止及恢复处理

2.3.4.1 中止处理的情形

有以下情形之一的，当事人可以申请中止案件的处理，管理专利工作的部门也可以自行决定是否中止案件处理：

（1）被请求人申请宣告涉案专利权无效并被国家知识产权局专利复审委员会（以下简称"专利复审委员会"）受理的；

（2）一方当事人死亡，需要等待继承人表明是否参加处理的；
（3）一方当事人丧失诉讼行为能力，尚未确定法定代理人的；
（4）作为一方当事人的法人或者其他组织终止，尚未确定权利义务承受人的；
（5）一方当事人因不可抗拒的事由，不能参加审理的；
（6）该案必须以另一案的审理结果为依据，而另一案尚未审结的；
（7）其他应当中止处理的情形。

2.3.4.2 因提出专利权无效宣告请求申请中止的情形

2.3.4.2.1 提出中止申请的条件

被请求人以申请宣告涉案专利权无效为由提出中止处理的，应当满足以下条件：
（1）提起宣告专利权无效申请的是被请求人；
（2）宣告专利权无效申请已被专利复审委员会受理；
（3）有明确的无效宣告理由和相关证据。

2.3.4.2.2 提出中止申请应当提交的材料

被请求人提出中止申请的，应当提交以下材料：
（1）书面中止处理请求书；
（2）专利复审委员会无效宣告请求受理通知书；
（3）影响涉案专利权稳定性的有关证据。

2.3.4.2.3 中止申请的审查

被请求人以申请宣告涉案专利权无效为由提出中止处理请求的，管理专利工作的部门应当对其请求是否符合上述条件进行审查，符合条件的可以予以中止。管理专利工作的部门认为被请求人提出的中止理由明显不能成立的或者有下列情形的，可以不中止处理：
（1）当事人提出无效宣告请求，但未被专利复审委员会受理或者未在指定的合理期限内向管理专利工作的部门提供无效宣告请求书副本及专利复审委员会出具的无效宣告请求受理通知书；
（2）请求人提交的专利权评价报告或者实用新型专利检索报告未发现导致实用新型或者外观设计专利丧失专利性的；
（3）被请求人请求宣告专利权无效所依据的证据或者理由明显不充分的；
（4）当事人请求宣告无效的专利权属于发明专利或者经专利复审委员会审查维持专利权有效或部分有效的实用新型、外观设计专利；
（5）法律法规规定的其他情形。

2.3.4.3 关于中止处理的程序

合议组应当在听取有关当事人关于中止审理的意见基础上，依法作出是否中止的决定。决定中止的，向当事人发出《专利侵权纠纷案件中止处理通知书》；决定不予中止的，向当事人发出《专利侵权纠纷案件不予中止处理通知书》。

中止处理的专利侵权纠纷案件，专利复审委员会作出维持专利权有效或者宣告专利权部分无效的决定的，管理专利工作的部门应当及时恢复案件的处理，并通知双方当事人。

专利复审委员会宣告涉案专利权无效的，管理专利工作的部门可以告知请求人撤回处理请求；请求人不撤回的，管理专利工作的部门应当作出驳回处理请求的决定，并送达双方当事人。

第4节 证据认定

合议组应当对当事人提供和管理专利工作的部门依职权调查获得的证据进行全面、客观审查，从证据的合法性、关联性和真实性方面判断其证明力和可采性。

当事人提交的证据材料应当是原件或者原物，如需自己保存证据原件、原物或者提交原件、原物确有困难的，可以提交经受理该案的管理专利工作的部门核对无异的复制件或者复制品。

2.4.1 证据种类

证据包括：（1）书证；（2）物证；（3）视听资料；（4）证人证言；（5）当事人的陈述；（6）鉴定意见；（7）勘验笔录、现场笔录；（8）电子数据。

证据必须查证属实，才能作为认定事实的根据。

2.4.2 证据认定的一般原则

执法人员应当依照法定程序，全面、客观地审核证据，依据法律的规定，遵循职业道德，运用逻辑推理和日常生活经验，对证据有无证明力和证明力大小独立进行判断，并公开判断的理由和结果。

当事人提出的下列证据，对方当事人提出异议但没有足以反驳的相反证据的，合议组应当确认其证明力：

（1）书证原件或者与书证原件核对无误的复印件、照片、副本、节录本；
（2）物证原物或者与物证原物核对无误的复制件、照片、录像资料等；
（3）有其他证据佐证并以合法手段取得的、无疑点的视听资料或者与视听资料核对无误的复制件。

经过法定程序公证证明的法律事实和文书，合议组应当作为认定事实的根据，但有相反证据足以推翻公证证明的除外。

合议组对视听资料，应当辨别真伪，并结合本案的其他证据，审查确定能否作为认定事实的根据。

一方当事人提出的证据，另一方当事人认可或者提出的相反证据不足以反驳的，合议组可以确认其证明力。

一方当事人提出的证据，另一方当事人有异议并提出反驳证据，对方当事人对反驳证据认可的，可以确认反驳证据的证明力。

双方当事人对同一事实分别举出相反的证据，但都没有足够的依据否定对方证据的，合议组应当结合案件情况，判断一方提供证据的证明力是否明显大于另一方提供证据的证明力，并对证明力较大的证据予以确认。

因证据的证明力无法判断导致争议事实难以认定的，合议组应当依据举证责任分配规则作出裁判。

以侵害他人合法权益或者违反法律禁止性规定的方法取得的证据，不能作为认定案件事实的依据。

在纠纷处理中，当事人为达成调解协议或者和解的目的作出妥协所涉及的对案件事实的认可，不得在其后的纠纷处理中作为对其不利的证据。

2.4.3 单一证据的审核认定

对单一证据可以从下列方面进行审核认定：

（1）证据是否是原件、原物，复印件、复制品与原件、原物是否相符；
（2）证据与本案事实是否相关；
（3）证据的形式、来源是否符合法律规定；
（4）证据的内容是否真实；
（5）证人或者提供证据的人与当事人有无利害关系。

2.4.4 数个证据的证明力大小认定

数个证据对同一事实的证明力，依照下列原则认定：

（1）国家机关、社会团体依职权制作的公文书证的证明力一般大于其他书证；

（2）物证、档案、鉴定意见、检查笔录或者经过公证、登记的书证，其证明力一般大于其他书证、视听资料和证人证言；

（3）原始证据的证明力一般大于传来证据；

（4）直接证据的证明力一般大于间接证据；

（5）证人提供的对与其有亲属或者其他密切关系的当事人有利的证言，其证明力一般小于其他证人证言。

2.4.5 不能单独认定案件事实的证据

下列证据不能单独作为认定案件事实的依据：

（1）未成年人所作的与其年龄和智力状况不相当的证言；

（2）与一方当事人或者其代理人有利害关系的证人出具的证言；

（3）存有疑点的视听资料；

（4）无法与原件、原物核对的复印件、复制品；

（5）无正当理由未出庭作证的证人证言。

2.4.6 证据认定理由的阐述

合议组应当在处理决定书中阐明证据是否采纳的理由；对当事人无争议的证据，可以不予阐述。

2.4.7 外文证据的认定

一方当事人提供外文证据的，另一方当事人对译本具体内容有异议的，应当对有异议的部分提交中文译本。必要时，可以委托双方当事人认可的机构对全文、所使用部分或者有异议部分进行翻译。双方当事人对委托翻译达不成协议的，合议组可以委托专业翻译机构对全文、所使用部分或者有异议部分进行翻译。管理专利工作的部门委托翻译的，应当要求双方当事人共同预交委托翻译费用；案件结案后，要求当事人根据责任分担委托翻译费用。拒绝支付翻译费用的，视为其对译本具体内容无异议。

第5节 结 案

2.5.1 结案形式

管理专利工作的部门处理侵犯专利权纠纷案件，应当在调查认定案件事实的基础上依法及时结案。

根据案件处理结果，结案形式包括：

（1）作出行政处理决定，发出《专利侵权纠纷案件处理决定书》，终止行政处理程序；

（2）调解结案，经调解当事人达成调解协议的，作出《专利侵权纠纷调解协议书》，终止行政处理程序；

（3）撤销该案件，发出《撤销专利侵权纠纷案件决定书》，终止行政处理程序。

2.5.2 结案时限

管理专利工作的部门处理专利侵权纠纷，应当自立案之日起3个月内结案。案件特别复杂需要延长期限的，应当由管理专利工作的部门的负责人批准。经批准延长的期限，最多不超过1个月。

案件处理过程中的公告、鉴定、中止等时间不计入前款所述案件办理期限。

对因专利权无效宣告程序中止的案件，专利复审委员会作出无效宣告决定后，管理专利工作的部门应当及时恢复对案件的处理。

2.5.3 合　议

专利侵权纠纷案件结案之前，合议组应当对案件认定的事实、证据、法律责任、适用法律、处理结果进行全面合议。

合议由该案件合议组组长召集并主持，合议组成员应当提出明确意见。合议组合议案件，根据少数服从多数的原则对案件涉及的证据是否采信、事实是否认定以及理由是否成立等进行表决，对处理决定的内容作出结论。合议中的不同意见，书记员应当如实记入笔录。合议组合议笔录由合议组全体成员签名，并注明日期。合议组成员以及合议旁听人员应当对合议内容保密。合议组意见由合议组组长报管理专利工作的部门的负责人决定。

2.5.4 结案形式具体事项

2.5.4.1 作出处理决定

除当事人达成和解协议以及有应当撤销案件的其他情形外，合议组应当及时作出处理决定，并制作《专利侵权纠纷案件处理决定书》。

2.5.4.1.1《专利侵权纠纷案件处理决定书》内容

《专利侵权纠纷案件处理决定书》应当事实叙述清楚，理由论述充分，法律条款援引准确，处理结果具体、明确。

《专利侵权纠纷案件处理决定书》应当载明以下内容：

（1）当事人的姓名或名称、住所。当事人是自然人的，注明身份证件名称及编号；当事人是法人的，注明其法定代表人的姓名、职务。当事人委托代理人的，注明委托代理人的姓名、工作单位及职务、资格或身份证件名称及编号、地址。

（2）案由。

（3）口头审理及到庭情况。

（4）当事人的主张、支持其主张的理由以及有关证据材料。

（5）执法人员现场检查的情况。

（6）当事人对证据的质证意见，合议组对证据材料的采信情况。

（7）经查明的事实及证明事实的依据。

（8）认定侵犯专利权行为是否成立以及认定的理由和依据。

（9）处理结果。认定侵犯专利权行为成立的，应当明确责令被请求人立即停止侵犯专利权行为的类型、对象和范围，对于请求人提出的不属于管理专利工作的部门职权范围内的请求事项应予以驳回；认定侵犯专利权行为不成立的，应当驳回请求人的全部请求；对于专利无效或者不符合管辖条件的，应当驳回请求人的请求。

（10）费用的承担（如果适用）。

（11）当事人不服处理决定提起行政诉讼的途径和期限。

（12）作出处理决定的日期。

（13）合议组成员姓名。

《专利侵权纠纷案件处理决定书》应当加盖管理专利工作的部门的公章。

2.5.4.1.2 停止侵权的措施

管理专利工作的部门认定专利侵权行为成立，作出处理决定，责令侵权人立即停止侵权行为的，应当采取下列制止侵权行为的措施：

（1）侵权人制造专利侵权产品的，责令其立即停止制造行为，销毁制造侵权产品的专用设备、模具，并且不得销售、使用尚未售出的侵权产品或者以任何其他形式将其投放市场；侵权产品难以保存的，责令侵权人销毁该产品；

（2）侵权人未经专利权人许可使用专利方法的，责令侵权人立即停止使用行为，销毁实施专利方法的专用设备、模具，并且不得销售、使用尚未售出的依照专利方法所直接获得的侵权产品或者以任何其他形式将其投放市场；侵权产品难以保存的，责令侵权人销毁该产品；

（3）侵权人使用、销售专利侵权产品或者依照专利方法直接获得的侵权产品的，责令其立即停止使用、销售行为，并且不得使用尚未售出的侵权产品或者以任何其他形式将其投放市场；尚未售出的侵权产品难以保存的，责令侵权人销毁该产品；

（4）侵权人许诺销售专利侵权产品或者依照专利方法直接获得的侵权产品的，责令其立即停止许诺销售行为，消除影响，并且不得进行任何实际销售行为；

（5）侵权人进口专利侵权产品或者依照专利方法直接获得的侵权产品的，责令侵权人立即停止进口行为；侵权产品已经入境的，不得销售、使用该侵权产品或者以任何其他形式将其投放市场；侵权产品难以保存的，责令侵权人销毁该产品；侵权产品尚未入境的，可以将处理决定通知有关海关；

（6）责令侵权的参展方采取从展会上撤出侵权展品、销毁或者封存相应的宣传材料、更换或者遮盖相应的展板等撤展措施；

（7）停止侵权行为的其他必要措施。

管理专利工作的部门认定电子商务平台上的专利侵权行为成立，作出处理决定的，应当通知电子商务平台提供者及时对专利侵权产品或者依照专利方法直接获得的侵权产品相关网页采取删除、屏蔽或者断开链接等措施。

2.5.4.2 调解结案

管理专利工作的部门处理专利侵权纠纷案件时，可以根据当事人自愿的原则，按照有关法律、法规、规章的规定，在查明事实、分清是非的基础上，促使双方当事人相互谅解，达成调解协议。调解协议内容不得违反法律规定，不得损害国家和他人的利益。

调解应当贯穿于专利侵权纠纷处理全过程。调解可以由合议组组长主持，也可以由合议组其他成员主持。

管理专利工作的部门进行调解时，可以用简易方式通知当事人及其代理人。

经过调解达成协议的，由管理专利工作的部门制作《专利侵权纠纷调解协议书》，双方当事人应当在《专利侵权纠纷调解协议书》上签字或者盖章，在双方当事人签字或者盖章后，管理专利工作的部门在《专利侵权纠纷调解协议书》上加盖部门公章。

《专利侵权纠纷调解协议书》应当及时送达双方当事人，管理专利工作的部门留卷一份，并以《专利侵权纠纷调解协议书》的形式结案；调解未达成协议或者当事人在《专利侵权纠纷调解协议书》签收前反悔的，管理专利工作的部门应当及时作出《专利侵权纠纷案件处理决定书》，以便结案。

制作《专利侵权纠纷调解协议书》，应当写明以下内容：

（1）请求人、被请求人的名称或者姓名、地址，法定代表人姓名、职务，委托代理人的姓名、职业、所在单位；

（2）处理请求、案件查明的事实和调解协议的主要内容。

2.5.4.3 撤销案件
2.5.4.3.1 适用范围

出现下列情形之一时，管理专利工作的部门可以撤销相应的专利侵权纠纷案件：

(1) 立案后发现不符合受理条件的；
(2) 请求人撤回行政处理请求的；
(3) 当事人在案件处理过程中自行达成和解协议，并向管理专利工作的部门提出撤回处理请求的；
(4) 请求人死亡或注销，没有继承人，或者继承人放弃处理请求的；
(5) 被请求人死亡或注销，没有遗产，也没有应当承担义务的人的；
(6) 其他依法应当撤销案件的情形。

2.5.4.3.2 《撤销专利侵权纠纷案件决定书》内容

《撤销专利侵权纠纷案件决定书》应当载明以下内容：
(1) 案件编号；
(2) 双方当事人的姓名或名称；
(3) 涉案专利号、专利名称；
(4) 撤销案件的原因；
(5) 准予或决定撤销的决定；
(6) 费用的承担（如果适用）；
(7) 作出撤销案件决定的日期；
(8) 不服决定的救济措施。

《撤销专利侵权纠纷案件决定书》应当加盖管理专利工作的部门的公章。

2.5.5 结案审批

合议组认为可以结案时，应当填写《专利侵权纠纷案件结案审批表》，经办案处（科）室负责人审定后，报局领导审批。

拟作出处理决定的，应当将起草完成的《专利侵权纠纷案件处理决定书》（草稿）作为《专利侵权纠纷案件结案审批表》的附件一并报批。

拟撤销案件的，应当简要说明理由，并将《撤销专利侵权纠纷案件决定书》（草稿）作为《专利侵权纠纷案件结案审批表》的附件一并报批。

2.5.6 结案文书送达

结案文书（《专利侵权纠纷案件处理决定书》《撤销专利侵权纠纷案件决定书》《专利侵权纠纷调解协议书》）形成后，应当依据第1章第5节的有关规定，送达当事人。

2.5.7 重复侵权行为的处理

管理专利工作的部门或者人民法院作出认定侵权行为成立并责令侵权人立即停止侵权行为的处理决定或者判决生效后，被请求人针对同一专利权再次作出相同类型的侵权行为，专利权人或者利害关系人请求处理的，管理专利工作的部门可以直接作出责令立即停止侵权行为的处理决定。

2.5.8 案件材料的归档

《专利侵权纠纷案件处理决定书》《撤销专利侵权纠纷案件决定书》或者《专利侵权纠纷调解协议书》送达当事人后，管理专利工作的部门应当对全案材料按专利案件文书档案立卷归档制度的有关规定归档。

当事人不服行政处理决定提起行政诉讼的，有关行政诉讼的所有材料应当及时单独归档。

2.5.9 特别注意事项

《专利侵权纠纷案件处理决定书》《专利侵权纠纷调解协议书》或者《撤销专利侵权纠纷案件决定书》送达后，一般不再增删任何文字。

如果确有个别关键字词错漏，需要改正的，应当要求当事人将原法律文书交回，重新制作法律文书并送达当事人。

当事人拒不交回原法律文书的，应当另行制作《专利侵权纠纷处理决定修改更正通知书》，补充更正错误之处，送达当事人。

第6节 执行与公开

2.6.1 处理决定的效力

行政处理决定一经作出即生效。当事人提起行政诉讼的，管理专利工作的部门可以不停止处理决定的执行。

但具有下列情形之一的，应当停止执行：

（1）法律规定停止执行的；

（2）人民法院裁定停止执行的；

（3）作出处理决定的管理专利工作的部门认为需要停止执行的。

2.6.2 自觉履行与现场监督

当事人自愿履行处理决定的，应一方当事人或者双方当事人请求，合议组可以指定2名成员现场监督当事人履行义务，并制作执行笔录。执行笔录应当由在场当事人和在场执法人员签名。

2.6.3 申请强制执行

管理专利工作的部门认定侵权行为成立的，可以责令侵权人立即停止侵权行为。当事人不服的，可以自收到处理通知之日起15日内依照《中华人民共和国行政诉讼法》向人民法院起诉；侵权人期满不起诉又不停止侵权行为的，管理专利工作的部门可以申请人民法院强制执行。

2.6.3.1 强制执行的管辖

管理专利工作的部门依法作出的处理决定，由被执行人住所地或财产所在地的省、自治区、直辖市、设区的市有权受理专利纠纷案件的中级人民法院执行。

2.6.3.2 强制执行的提出

侵权人期满不起诉又不停止侵权行为的，请求人可以请求管理专利工作的部门申请法院强制执行。请求执行时，请求人应当于被执行人的法定起诉期限届满后提出，并填写《专利侵权纠纷处理决定强制执行请求书》。

管理专利工作的部门也可以自行申请人民法院强制执行。

2.6.3.3 申请强制执行的期限

管理专利工作的部门应当在被执行人的履行期限届满之日起3个月内提出。

管理专利工作的部门在上述申请执行的期限内未申请人民法院强制执行的，生效的处理决定确定的权利人或者其继承人、权利承受人在90日内可以申请人民法院强制执行。

2.6.3.4 申请执行的程序

管理专利工作的部门申请人民法院强制执行前，应当催告当事人履行义务。催告书送达10日后当事人仍未履行义务的，管理专利工作的部门可以向所在地有管辖权的人民法院申请强制执行。

管理专利工作的部门申请强制执行，应当向人民法院提交下列材料：

（1）强制执行申请书；

（2）处理决定书及作出决定的事实、理由和依据；

(3) 当事人的意见及行政机关催告情况；
(4) 申请强制执行标的情况；
(5) 法律、法规规定的其他材料。

强制执行申请书应当由管理专利工作的部门的负责人签名，加盖公章，并注明日期。

2.6.3.5 配合协助执行

人民法院受理并开展执行工作时，管理专利工作的部门应当给予配合和协助。

2.6.4 案件信息公开

2.6.4.1 处理结果可以公开的内容

认定侵权事实成立、作出处理决定的专利侵权纠纷案件，公开内容应当包括：行政处理决定书文号、案件名称、违法企业名称或自然人姓名、违法企业组织机构代码、法定代表人姓名、主要违法事实、行政处理的种类和依据、行政处理措施的履行方式和期限、作出处理决定的机关名称和日期。

2.6.4.2 公开的时限

对于认定侵权事实成立、作出处理决定的专利侵权纠纷案件，自作出行政处理决定之日起20个工作日内依法主动公开相关信息；因行政诉讼发生变更或撤销的，要在处理决定变更或撤销之日起20个工作日内，公开有关变更或撤销的信息。

2.6.4.3 公开的方式

管理专利工作的部门应当主要通过本单位官方网站公开行政执法案件信息，也可以选择公告栏、新闻发布会以及报刊、广播、电视等便于公众知晓的方式予以公开。公开的案件信息应以适当方式便于公众查询。

第3章 查处假冒专利行为

《专利法实施细则》第八十四条第一款规定的行为属于假冒专利行为。

第1节 立 案

3.1.1 案件来源

管理专利工作的部门查处假冒专利行为的来源有：
(1) 举报、投诉；
(2) 发现。

3.1.1.1 举报、投诉

管理专利工作的部门应当根据政务公开的要求向社会公布举报、投诉假冒专利行为的途径和方式。

举报人、投诉人向管理专利工作的部门举报假冒专利行为的，应当如实提供假冒专利案件线索。

负责接待举报、投诉的工作人员应当对举报人、投诉人提供的假冒专利案件线索和材料进行登记，填写《涉嫌假冒专利行为举报登记表》。

举报、投诉登记材料应当及时移交给办案处（科）室。

3.1.1.2 发 现

管理专利工作的部门应当加强市场监督管理工作，定期对本行政区域内的生产制造、商品流通领域进行检查，查处假冒专利行为。

3.1.2 立案条件

管理专利工作的部门决定立案查处假冒专利行为应当符合以下条件：

（1）有明确的行政相对人；
（2）有构成假冒专利行为的初步线索；
（3）属于该管理专利工作的部门管辖；
（4）涉嫌假冒专利行为从发生之日起在 2 年内被发现；涉嫌假冒专利行为有连续或者继续状态的，从行为终止之日起计算。

3.1.3 立案时限

管理专利工作的部门发现或者接受举报、投诉发现涉嫌假冒专利行为的，应当自发现之日起 5 个工作日内或者收到举报、投诉之日起 10 个工作日内立案，并指定 2 名或者 2 名以上执法人员进行调查。

3.1.4 立案审批

办案处（科）室的执法人员应当及时整理和审查举报材料、移送文书和材料或自行检查发现的案件材料，提出是否立案的意见或者建议，并填写《涉嫌假冒专利案件立案审批表》，经办案处（科）室负责人审定，报局领导审批。

第 2 节 调查取证

调查取证是指由 2 名以上执法人员，为查证违法行为人，查明违法事实，采取法定方式和措施固定、收集证据的工作。按照《专利法》第六十四条的规定，执法人员对涉嫌假冒专利行为进行查处时，可以询问有关当事人，调查与涉嫌违法行为有关的情况；对当事人涉嫌违法行为的场所实施现场检查；查阅、复制与涉嫌违法行为有关的合同、发票、账簿以及其他有关资料；检查与涉嫌违法行为有关的产品，对有证据证明是假冒专利的产品，可以查封或者扣押。管理专利工作的部门依法行使前款规定的职权时，当事人应当予以协助、配合，不得拒绝、阻挠。

3.2.1 调查取证的准备

在调查取证前，执法人员应当完成下列工作：
（1）对有关专利进行检索，初步确定涉案专利情况；阅读和研究案卷，了解案情，掌握需要调查的主要事实。
（2）举行现场检查前准备会，研究确定现场检查的分工；确定现场检查的时间和内容、应当重点查清的问题，以及可能出现的各种情况及处置方案。明确检查组成员的分工，可以根据实际情况考虑是否需要分组行动，如需分组行动的，要明确各组的任务及负责人。
（3）准备必需的文书、文具和执法装备如相机、摄像机、录音笔等。
（4）现场检查过程如需要其他部门配合的，要事先与有关部门取得联系，并明确各部门工作内容。

3.2.2 调查取证的实施

执法人员调查取证时，应当严肃着装，主动向当事人或者有关人员出示行政执法证，表明身份，说明来意，并制作调查笔录，填写《假冒专利案件证据清单》。《假冒专利案件证据清单》要和笔录的内容相一致，一式两联，第一联附卷，第二联交当事人或有关人员。

3.2.2.1 制作调查笔录

调查取证时，执法人员应当制作调查笔录，调查笔录的制作须由 2 名以上执法人员在场，可以通过询问当事人，记录书证、物证等证据的提取过程的方式，将重要的事项进行记录。也可以同时使用录音、摄像设备进行记录。

调查笔录应注意全面客观记录与案件有关的事实，笔录应用规范语言，在笔录中记录的企业名称或当事人姓名要注意与企业营业执照和当事人身份证明进行核对。笔录空白处画"/"，笔录记录结束后，紧接着写上"以下空白"。执法人员应当在现场检查笔录上逐页签名，注明日期。

调查笔录要注意反映证据的客观情况。笔录完成后应当交由当事人及有关人员核对、确认，并逐页签名或者盖章，写上制作笔录的日期；拒绝签名或者盖章的，执法人员应当在现场检查笔录上注明原因，并可以要求其他在场人员签名或者盖章予以证明。当事人对笔录错误地方进行修改的，可以修改，但应要求当事人在修改处签名并注明日期。

调查笔录需记载的重要事项包括：

（1）被调查人单位的基本情况，包括单位的名称、法定代表人或者经营者的姓名、地址等；

（2）被调查人的基本情况，包括姓名、身份证号、职务和所负责的工作；

（3）调查时间、地点；

（4）生产经营的基本情况，包括涉案产品的名称、型号、库存情况，生产、销售涉案产品的时间、数量、价格等；

（5）涉案产品标注专利号或专利标记的有关情况，包括是否拥有或被许可使用相关的专利权、标注专利号或专利标记的目的等；

（6）涉案产品专利号或专利标记与模具有关的，还应当记录涉案产品模具的基本情况，如模具的名称、型号、数量、存放地点等；

（7）证据采集情况。

3.2.2.2 提取书证

书证主要指以其记载内容证明违法行为真实情况的文字、图形等。调查收集的书证，可以是原件，也可以是经核对无误的副本或者复制件，执法人员应当要求当事人在该书证上签名或盖章，并在调查笔录中载明来源和取证情况。经过核实的副本或复制件，除当事人签名、盖章、写明日期外，执法人员也要在书证上签字，并写上"经核对与原件无异"，注明日期。

3.2.2.3 提取物证

物证主要指能够证明违法行为的物品或物质痕迹。调查收集的物证应当是原物。被调查人提供原物确有困难的，应当要求其提供复制品。提供复制品的，执法人员应当在调查笔录中说明取证情况。

3.2.2.3.1 抽样取证

执法人员对涉嫌违法的物品可以采取抽样取证的方式收集证据。涉及产品专利的，可以从涉嫌假冒专利的产品中抽取一部分作为样品；涉及方法专利的，可以从涉嫌依照该方法直接获得的产品中抽取一部分作为样品。被抽取样品的数量应当以能够证明事实为限。采取抽样取证的方式调查收集证据时，应当向当事人制发《假冒专利案件抽样取证决定》和《假冒专利案件抽样取证清单》。

3.2.2.3.2 登记保存

进行现场检查措施时，对可能灭失或者以后难以取得的证据、不适宜提取或者难以提取的证据，执法人员可以根据实际情况，决定对有关证据予以登记保存。执法人员应当对登记保存物品加贴封条、进行现场拍照，并在《假冒专利案件证据登记保存通知书》中注明有关内容、事项，并由执法人员和当事人及其他有关人员签字或者盖章。

执法人员应当告知当事人或者有关人员不得擅自撕毁封条、不得销毁或转移登记保存的物品。

管理专利工作的部门应当在 7 日内，对被登记保存的物品作出处理决定。

3.2.2.4 视听资料

视听资料证据可以通过执法人员拍照、摄像获得，拍照、摄像应当通过拍摄手段，充分记录当事人从事假冒专利的生产经营情况、涉案产品的有关情况以及执法人员现场执法的情况。拍照和摄像的情况应当在调查笔录中予以记载。

同时，执法人员也可调查收集录音、录像等视听资料，执法人员应当要求被调查人提供有关资料的原始载体。提供原始载体确有困难的，可以提供复制件。提供复制件的，在调查笔录中应当载明其来源和制作经过。

3.2.3 行政强制措施

管理专利工作的部门可以根据案情需要对有关涉案证据采取查封、扣押等强制措施。

3.2.3.1 查封与扣押

对有初步证据证明是假冒专利的产品，管理专利工作的部门可以查封或者扣押。执法人员应当根据案情，提出是否采取查封、扣押措施的意见，经办案处（科）室负责人审定，报局领导审批。

执法人员执行查封、扣押措施时应当按照以下程序进行：

（1）向当事人出具《查封（扣押）决定书》。

（2）清点被查封、扣押的物品，被查封模具应当拆开核对。

（3）确定查封、扣押物品存放地点，在加贴封条后拍照和摄像。

（4）填写《查封（扣押）物品清单》，一式两份。

（5）对被查封、扣押的物品应当指定有关人员负责妥善保管，以防损毁、被盗或者被转移。

（6）查封、扣押的期限不得超过 30 日；情况复杂的，经管理专利工作的部门的负责人批准，可以延长，但是延长期限不得超过 30 日。法律、行政法规另有规定的除外。延长查封、扣押的决定应当及时书面告知当事人，并说明理由。

（7）因查封、扣押发生的保管费用由管理专利工作的部门承担。

3.2.3.2 解除强制措施

有下列情形之一的，可以解除查封、扣押措施：

（1）当事人没有违法行为；

（2）查封、扣押的场所、设施或者财物与违法行为无关；

（3）行政机关对违法行为已经作出处理决定，不再需要查封、扣押；

（4）查封、扣押期限已经届满；

（5）其他不再需要采取查封、扣押措施的情形。

根据案情需要，可以解除强制措施的，经办案处（科）室领导同意并报局领导批准后，作出《解除查封（扣押）决定书》，由执法人员负责解除查封、扣押，执行解除查封、扣押时执法人员不得少于 2 名。

执法人员解除查封、扣押时，应当填写《解除查封（扣押）物品清单》，并交由当事人签名或者盖章。当事人拒绝签名或者盖章的，执法人员应当注明。

第 3 节　形成结案意见

3.3.1 形成处理意见

经调查取证，案件事实清楚、证据确凿的，调查终结，由承办案件的执法人员针对案情提出如下处理意见：

（1）构成应当受行政处罚的违法行为的，根据情节轻重及具体情况，作出处罚决定；

（2）有从轻或者减轻处罚情节的，予以从轻或者减轻处罚；

（3）违法行为轻微并已及时纠正，依法可以不予处罚的，免予处罚，下达《责令整改通知书》，案件终结；

（4）违法事实不成立的，撤销案件；

（5）违法行为已构成犯罪的，移送司法机关。

执法人员认为可以结案的，将《假冒专利案件结案审批表》等相关案件材料，经办案处（科）室审定后，报局领导审批。

3.3.2 结案意见审批

部门负责人和局领导对执法人员的结案意见，主要对以下内容进行审查：

（1）违法行为的事实是否清楚。事实清楚是指执法人员收集到了足以确认当事人有无违法行为、违法行为后果轻重的基本事实。对于事实的审查重点在于当事人对处罚的意见和执法人员的意见是否一致，对双方认为事实不一致的地方，执法人员是否有足够的证据支持自己的观点。

（2）违法行为的证据是否合法、充分和确凿。包括收集证据的行为是否合法，证据与案件事实是否有联系。证据充分是指在调查取证过程中所掌握的证据具体、全面，证据性质明显，已能为认定违法事实是否存在及其轻重提供足够的依据。如果审查后认为证据不够充分的，要求执法人员进行补充调查。

（3）执法人员的调查程序是否合法，有无违反处罚程序规定的行为。即审查执法人员是否依照法定程序进行调查，是否告知当事人所享有的权利，以及处罚的依据、事实和理由；执法人员是否认真听取了当事人的陈述和申辩，对当事人提出的事实、理由和证据是否进行了复核。审查过程中发现违反法定程序的做法，必须及时纠正。

（4）行政违法行为的处罚依据是否合法以及处罚规定是否明确。即审查执法人员给予违法行为的行政处罚是否符合法律、法规或者规章的规定，适用法律、法规或者规章的规定是否适当，发现有不适当的地方，应当依照法律、法规或者规章的规定办理。

第4节 处罚前告知和听证

3.4.1 处罚前告知

经局领导审批，拟对行政相对人进行处罚的，在作出行政处罚决定前，应当向行政相对人发出《处罚前告知通知书》。发出《处罚前告知通知书》适用第1章第5节有关送达的规定。

《处罚前告知通知书》应当包括以下内容：

（1）行政相对人的违法事实和证据；

（2）行政处罚的理由、依据和拟作出的行政处罚决定；

（3）行政相对人享有陈述和申辩的权利、提出陈述和申辩的期限（一般定为收到告知书之日起3日内，根据具体情况可以延长）、逾期提出或未提出陈述和申辩的后果；

（4）达到听证条件的，应当告知行政相对人听证的权利。

《处罚前告知通知书》应当加盖管理专利工作的部门的公章。

3.4.2 当事人的陈述和申辩

行政相对人要求陈述和申辩的，应当要求其以书面形式提交陈述和申辩。行政相对人口头陈述和申辩的，由执法人员记录在案。

管理专利工作的部门不得因行政相对人的申辩而加重处罚。

3.4.3 听 证

达到听证条件的案件，行政相对人提出要求听证的，管理专利工作的部门应当按规定组织听证。

管理专利工作的部门对于应当听证而未按规定组织听证的，其作出的行政处罚决定无效。

3.4.3.1 听证的含义

听证，指行政机关对适用听证程序的行政处罚案件，在作出行政处罚决定之前，根据行政相对人申请，以听证会的形式，依法听取行政相对人的陈述、申辩和质证的程序。

3.4.3.2 适用听证程序的案件

管理专利工作的部门拟对行政相对人作出下列行政处罚决定前，行政相对人提出听证要求的，适用本节所述的听证程序：

（1）对个人处以较大数额的罚款（"较大数额"额度依据各地关于行政处罚听证的法规、规章确定）；

（2）对法人或其他组织处以较大数额罚款（"较大数额"额度依据各地关于行政处罚听证的法规、规章确定）；

（3）法律、法规规定其他可以要求举行听证的具体行政行为。

3.4.3.3 听证的告知和提出

3.4.3.3.1 听证的告知

对适用听证程序的行政处罚案件，在作出行政处罚决定前，管理专利工作的部门应当向行政相对人送达《处罚前听证告知书》，告知行政相对人有要求听证的权利。

《处罚前听证告知书》内容包括：

（1）行政相对人的违法事实和证据；

（2）行政处罚的理由、依据和拟作出的行政处罚决定；

（3）行政相对人享有要求听证的权利、提出听证要求的形式（书面形式）和期限（收到告知书之日起3日内）、逾期提出或未提出听证要求的后果；

《处罚前听证告知书》应当加盖管理专利工作的部门的公章。

3.4.3.3.2 听证的提出

行政相对人提出听证要求的，管理专利工作的部门应当对提出听证要求的主体资格、是否在法定期限内提出、是否符合书面形式的要求等几个方面进行审核。对符合听证条件的，应当组织听证。

行政相对人逾期未提出听证要求或者明确提出放弃听证的，视为放弃申请听证的权利，不得就同一案件再次提出听证要求。

行政相对人提出听证要求超过期限或者不符合听证条件的，行政机关应当自收到听证要求后3日内书面告知行政相对人不予听证。

3.4.3.3.2.1 可以提出听证要求的主体

行政相对人提交的提出听证要求的书面材料，应当有行政相对人的签名或者盖章。行政相对人委托或授权他人提出听证要求的，提出听证要求的书面材料应当有被授权人、受委托人的签名或者盖章，同时应当有行政相对人授权、委托其代为提出听证要求的书面证明。

3.4.3.3.2.2 提出听证要求的期限

行政相对人要求听证的,应当要求其在收到《处罚前听证告知书》之日起3日内向管理专利工作的部门提出。

行政相对人因不可抗力的原因,不能在规定期限内提出听证要求的,经听证机关同意,可以延长申请听证期限。

行政相对人以邮寄方式提出听证要求的,以寄出的邮戳日期为准。

3.4.3.3.2.3 提出听证的形式

行政相对人向管理专利工作的部门提出听证要求应当采用书面形式。

3.4.3.4 听证的组织

听证由拟作出适用听证程序的行政处罚的管理专利工作的部门组织。

管理专利工作的部门组织听证的具体工作包括:

(1) 负责承办案件的部门,应当在3日内将行政处罚认定的主要违法事实、证据的复印件、照片以及证据目录、证人名单移送本单位负责听证的部门;

(2) 负责听证的部门接到移送的案卷材料后,应当在3日内确定听证会组成人员。

3.4.3.5 听证会组成人员

听证会由听证主持人、听证员组成。

听证主持人、听证员由管理专利工作的部门局领导指定。管理专利工作的部门可以聘请该单位以外的听证员参加听证。涉及疑难、复杂、重大案件,由管理专利工作的部门的负责人指定听证会组成人员。

听证员为1名以上4名以下,协助听证主持人组织听证。

听证会组成人员为单数。

听证会应当设书记员1名,负责听证笔录的制作和其他事务。

听证会组成人员不得由该案执法人员担任。

3.4.3.5.1 听证主持人及其职责

听证主持人应当具有从事专利行政执法工作3年以上的经历。

听证主持人履行下列职责:

(1) 决定举行听证的时间、地点并通知听证参加人;

(2) 审查听证参加人的资格;

(3) 主持听证,并就案件的事实、证据或者与之相关的法律进行询问,要求听证参加人提供或者补充证据;

(4) 维护听证的秩序,对违反听证纪律的行为进行警告或者采取必要的措施予以制止,情节严重的,可以责令其退场;

(5) 对听证笔录进行审阅,并提出听证报告及处理建议;

(6) 决定中止、终止或者延期听证,宣布结束听证;

(7) 法律、法规、规章规定的其他职责。

3.4.3.5.2 听证员的职责

(1) 阅读案卷、查阅有关证据,熟悉案情;

(2) 参加听证主持人召集的讨论会,拟定听证会要点;

(3) 参加听证会,就案件的事实、证据或者与之相关的法律问题进行询问;

(4) 阅读听证笔录并在听证笔录上签名;

(5) 参加听证会结束后的合议,讨论决定《假冒专利案件听证报告书》的内容。

3.4.3.6 听证参加人及其职责或权利
3.4.3.6.1 听证参加人
听证参加人是指参加听证会并对听证会产生实体和程序影响的有关人员,包括:
(1) 执法人员;
(2) 行政相对人及其代理人;
(3) 与案件处理结果有直接利害关系的第三人及其代理人;
(4) 证人、鉴定人、翻译人员;
(5) 其他有关的人员。

第三人参加听证的可以自行申请并由听证主持人决定,也可以由听证主持人通知其作为第三人参加听证会。

行政相对人、第三人可以亲自参加听证,也可以委托1至2名代理人参加听证。行政相对人、第三人是法人的,由其法定代表人参加听证;当事人是其他组织的,由其主要负责人参加听证。行政相对人、第三人是无民事行为能力人或者限制民事行为能力人的,由其法定代理人代为参加听证。委托代理人参加听证的,应当要求其提交由委托人签名(盖章)的授权委托书,授权委托书应当写明委托事项和权限。

3.4.3.6.2 执法人员在听证中的职责
(1) 查阅案卷、核实有关证据,详细了解案件的有关内容;
(2) 向负责听证的机构和听证主持人提交有关的案件材料;
(3) 拟定听证会的发言材料;
(4) 参加听证会,在听证会上提出行政相对人违法的事实、证据、拟作出的行政处罚建议及法律依据,向其他听证参加人发问,回答听证主持人和听证员的提问,回答行政相对人及其代理人的提问,参加质证和辩论,发表最后意见;
(5) 核对听证笔录,在听证笔录中签名。

3.4.3.6.3 行政相对人在听证中的权利
(1) 要求或者放弃听证;
(2) 申请回避;
(3) 出席听证会或者委托1至2名代理人参加听证,并出具委托代理书,明确代理人权限;
(4) 进行陈述、申辩和质证;
(5) 核对听证笔录。

无民事行为能力或者限制民事行为能力的人,法定代理人享有前款规定的权利。

3.4.3.7 听 证 会
3.4.3.7.1 听证会前的准备
听证会举行的时间由听证主持人确定,一般可以在行政相对人提出听证之日起15日内举行。

听证会举行前,听证主持人应当召集听证人员阅读案卷、查阅有关证据,熟悉案情,对案件事实、证据、适用法律等进行讨论,拟定听证要点,并通知执法人员准备相关事项。

听证主持人确定听证举行的时间、地点后,应当在听证会举行7日前将制作的《假冒专利案件听证会通知书》送达行政相对人,并要求行政相对人在《假冒专利案件听证会回执》签字;将听证时间、地点等事项通知其他参加人。

《假冒专利案件听证会通知书》内容包括:

（1）听证会举行的时间、地点；

（2）听证会组成人员的姓名；

（3）告知行政相对人有权申请回避；

（4）告知行政相对人准备证据、通知证人等事项。

《假冒专利案件听证会通知书》应当加盖管理专利工作的部门的公章。

公开听证的案件应当在听证会举行3日以前公告案由、行政相对人姓名或者名称、听证会举行时间和地点。

3.4.3.7.2 听证会的延期

听证会应当按期举行。管理专利工作的部门因特殊情况，可以决定延期举行听证会并书面通知听证参加人。当事人符合延期举行听证会的情形的，应当及时书面告知听证主持人，请求延期举行听证会。由听证主持人决定是否延期，并书面通知听证参加人。

可以延期举行听证会的情形：

（1）行政相对人因不可抗力的事由不能按时参加听证的；

（2）行政相对人提出回避申请理由成立，需重新确定听证人员的；

（3）其他应当延期的情形。

3.4.3.7.3 听证会的举行

听证会按照《假冒专利案件听证会通知书》上确定的时间、地点举行。

听证会应当公开举行，但根据国家法律、法规等规定保密的除外。

听证会举行当日，听证会开始前，书记员应当查明行政相对人和其他参加人是否到会，并宣布听证纪律：

（1）服从听证主持人的指挥，未经听证主持人允许，不得发言、提问；

（2）未经听证主持人允许，不得录音、拍照、摄像；

（3）听证参加人未经听证主持人允许不得中途退场；

（4）旁听人员要保持肃静，不得议论、喧哗、哄闹或者进行其他妨碍听证秩序的活动。

听证主持人对违反听证纪律的参加人或参加人的不当辩论，有权予以制止；对违反听证纪律的旁听人员，听证主持人有权责令其退席，严重妨害听证正常进行的由公安机关依法处理。

3.4.3.7.3.1 听证主持人组织听证顺序

（1）听证主持人宣布听证开始，介绍案由；

（2）书记员宣布听证纪律；

（3）听证主持人宣布听证组成人员、书记员、翻译人员名单；

（4）听证主持人核对听证参加人身份；

（5）听证主持人告知行政相对人有关的权利和义务，询问是否提出回避申请；

（6）听证会调查，由案件调查人提出行政相对人违法的事实、证据、法律依据和拟作出行政处罚建议，由行政相对人、第三人及其委托代理人进行陈述和申辩；

（7）听证会质证，由执法人员、行政相对人和第三人及其委托代理人在听证主持人的组织下出示证据、宣读证人证言，并进行相互质证；

（8）听证会辩论，由执法人员、行政相对人及其委托代理人、第三人及其委托代理人进行辩论；

（9）听证主持人按照案件执法人员、行政相对人、第三人及其代理人的先后顺序征询各方最后意见；

（10）听证主持人宣布听证会延期、中止、终止或者结束。

3.4.3.7.3.2 回　　避

听证主持人、听证员、书记员有下列情形之一的，应当自行回避，行政相对人及其代理人也有权申请其回避：

（1）该案执法人员；

（2）行政相对人、该案执法人员的近亲属；

（3）担任过该案的证人、鉴定人；

（4）与该案的处理结果有利害关系的。

前款规定，适用于翻译人员、鉴定人、检查人。

3.4.3.7.3.3 听证会调查

听证会调查首先由执法人员提出行政相对人违法的事实、证据、拟作出的行政处罚建议及法律依据。

其次由行政相对人、第三人及其委托代理人进行陈述和申辩。

执法人员可以向行政相对人提问。

行政相对人可以向执法人员提问。行政相对人的代理人经听证主持人同意，可以向执法人员、行政相对人提问。

听证会组成人员可以向执法人员、行政相对人提问。

行政相对人无正当理由不按时参加听证或者在听证过程中未经听证主持人允许中途退场的，视为放弃听证。

3.4.3.7.3.4 听证会质证

执法人员在案件调查过程中采集并作为拟作出行政处罚事实依据的证据，应当在听证会上出示、宣读、辨认并经质证，凡未经质证的证据不能作为定案的证据。

行政相对人向听证会提交的证据也应当在听证会上出示、宣读、辨认并经质证，未经质证的证据不能作为定案的证据。

行政相对人和执法人员可以就有关证据相互进行质证和提问，当事人的代理人经听证主持人同意，可以向执法人员、当事人提问。行政相对人和执法人员经听证主持人允许，也可以向到场的证人、鉴定人、检查人发问。听证会组成人员可以向执法人员、行政相对人及其代理人提问。

听证会主持人认为证据有疑问，可能影响行政处罚的准确性，可以宣布中止听证，由执法人员对证据进行调查核实后再继续听证或者另行安排时间听证。

执法人员、行政相对人及其代理人有权申请通知新的证人到会，调取新的证据，申请重新鉴定或者检查。对于上述申请，听证主持人应当作出是否同意的决定。申请重新鉴定或者检查的费用由申请人支付。

对涉及国家秘密、商业秘密和个人隐私的证据应当保密，由听证会验证，不得在公开听证时出示。

3.4.3.7.3.5 听证笔录

听证会的全部过程应当制作听证笔录。

听证笔录应当作为管理专利工作的部门作出行政处罚决定的依据。

听证笔录应当载明下列事项：

（1）案由；

（2）听证参加人姓名或者名称、地址；

（3）听证主持人、听证员、书记员姓名；
（4）举行听证的时间、地点和方式；
（5）执法人员提出的事实、证据和适用听证程序的行政处罚建议；
（6）行政相对人、第三人及其代理人陈述、申辩和质证的内容；
（7）证人证言；
（8）翻译人员、鉴定人、检查人发言；
（9）听证参加人最后陈述；
（10）其他有关听证的内容。

听证笔录应当交给行政相对人和其他参加人员审核无误后签字或者盖章。行政相对人拒绝签名或者盖章的，由听证主持人在听证笔录上注明。

听证笔录经听证主持人审阅后，由听证会组成人员和书记员签字或盖章。

3.4.3.7.4 听证的中止

有下列情形之一的，听证主持人应当中止听证：
（1）行政相对人死亡或者解散，需要等待权利义务继承人的；
（2）行政相对人或者执法人员因不可抗力事件，不能参加听证的；
（3）在听证过程中，需要对有关证据重新鉴定或者检查的；
（4）出现其他需要中止听证情形的。

中止听证的情形消除后，听证主持人应当恢复听证。恢复听证时，听证主持人应当在听证会举行7日前依照3.4.3.7.1的规定将《假冒专利案件听证会通知书》送达行政相对人，将听证时间、地点等事项通知其他参加人。

3.4.3.7.5 听证的终止

有下列情形之一的，管理专利工作的部门应当终止听证：
（1）行政相对人死亡或者解散满3个月后，未确定权利义务继承人的；
（2）行政相对人无正当理由，未按期参加听证的；
（3）出现其他需要终止听证的情形的。

书记员应当将行政相对人缺席的事实载入听证笔录，由听证主持人签字或者盖章。

3.4.3.8 听证报告书

听证结束后，听证主持人应当组织听证会组成人员依法对案件作出独立、客观、公正的判断，并在听证会结束后10日内写出《假冒专利案件听证报告书》，连同听证笔录一并报告管理专利工作的部门的负责人。听证会组成人员有不同意见的，应当如实报告。

《假冒专利案件听证报告书》内容包括：
（1）听证案由；
（2）听证会组成人员和听证参加人的基本情况；
（3）听证举行的时间、地点和方式；
（4）听证会的基本情况；
（5）处理意见和建议。

管理专利工作的部门的负责人应当根据《假冒专利案件听证报告书》的意见和听证笔录，依法作出行政处罚或不予处罚的决定。

3.4.3.9 听证后案件的处理

听证会结束后，案件的处理工作由承办案件的机构负责。

管理专利工作的部门应当在听证会结束后15日内依法向行政相对人作出行政处罚或者不

予处罚的决定。

作出行政处罚或不予处罚的决定，应当以听证笔录和听证程序中认定的证据作为依据。

3.4.3.10 其他事项

听证费用由管理专利工作的部门负责，不向行政相对人收取。管理专利工作的部门应当提供组织听证所需的场地、设备及其他便利条件。

第5节 改正违法行为、处罚和处罚决定

3.5.1 责令停止假冒专利行为和采取改正措施

管理专利工作的部门认定假冒专利行为成立的，应当责令行为人采取下列改正措施：

（1）在未被授予专利权的产品或者其包装上标注专利标识、专利权被宣告无效后或者终止后继续在产品或者其包装上标注专利标识或者未经许可在产品或者产品包装上标注他人的专利号的，立即停止标注行为，消除尚未售出的产品或者其包装上的专利标识；产品上的专利标识难以消除的，销毁该产品或者包装；

（2）销售第（1）项所述产品的，立即停止销售行为；

（3）在产品说明书等材料中将未被授予专利权的技术或者设计称为专利技术或专利设计，将专利申请称为专利，或者未经许可使用他人的专利号，使公众将所涉及的技术或者设计误认为是他人的专利技术或者专利设计的，立即停止发放该材料，销毁尚未发出的材料，并消除影响；

（4）伪造或者变造专利证书、专利文件或者专利申请文件的，立即停止伪造或者变造行为，销毁伪造或者变造的专利证书、专利文件或者专利申请文件，并消除影响；

（5）责令假冒专利的参展方采取从展会上撤出假冒专利展品、销毁或者封存相应的宣传材料、更换或者遮盖相应的展板等撤展措施；

（6）其他必要的改正措施。

管理专利工作的部门认定电子商务平台上的假冒专利行为成立的，应当通知电子商务平台提供者及时对假冒专利产品相关网页采取删除、屏蔽或者断开链接等措施。

3.5.2 处罚的种类

3.5.2.1 没收违法所得

管理专利工作的部门认定假冒专利行为成立，当事人有违法所得的，应当没收违法所得。

管理专利工作的部门认定假冒专利行为成立的，可以按照下列方式确定行为人的违法所得：

（1）销售假冒他人专利的产品的，以产品销售价格乘以所销售产品的数量作为其违法所得；

（2）订立假冒他人专利的合同的，以收取的费用作为其违法所得。

3.5.2.2 罚　　款

对应当进行行政处罚的假冒专利行为，管理专利工作的部门可以责令改正并予以公告，没收违法所得，并处违法所得4倍以下的罚款；没有违法所得的，可以处20万元以下的罚款。

3.5.2.3 处罚决定

下达《处罚前告知通知书》后，当事人进行陈述和申辩的，管理专利工作的部门应当对

当事人提出的事实、理由和证据进行核实，由案件合议组进行讨论，形成多数意见后，以《行政处罚决定书》或者其他结案文书的形式向部门领导提出维持或变更原拟处罚内容的意见，经办案处（科）室负责人审定后，报局领导审批。

经局领导审批，决定对当事人实施行政处罚的，应当向当事人发出《行政处罚决定书》。

作出行政处罚决定，应当做到认定违法事实清楚，定案证据确凿充分，违法行为定性准确，适用法律正确，办案程序合法，处罚幅度合理适当。

《行政处罚决定书》应当加盖管理专利工作的部门的公章。

《行政处罚决定书》应当在宣告后当场交付当事人；当事人不在场的，行政机关应当在7日内依照《中华人民共和国民事诉讼法》的有关规定，将行政处罚决定书送达当事人。《行政处罚决定书》送达即生效。

《行政处罚决定书》一经送达，管理专利工作的部门不得随意变更。

3.5.3 时　　限

管理专利工作的部门查处假冒专利案件，应当自立案之日起1个月内结案。案件特别复杂需要延长期限的，应当由管理专利工作的部门的负责人批准。经批准延长的期限，最多不超过15日。

案件处理过程中听证、公告等时间不计入前款所述案件办理期限。

3.5.4 实施行政处罚应当注意的事项

3.5.4.1 撤销案件的情形

违法行为不成立的，不予行政处罚，发还有关物品，解除查封和扣押等强制措施。管理专利工作的部门应当向行政相对人发出《撤销案件通知书》，以撤销案件的方式结案。

3.5.4.2 不予处罚的情形

（1）不满14周岁的人有违法行为的。

（2）精神病人在不能辨认或者不能控制自己行为时有违法行为的。

（3）违法行为轻微并及时纠正，没有造成危害后果的。

（4）除法律另有规定外，假冒专利行为在2年内未被发现的。该期限从违法行为发生之日起计算；违法行为有连续或者继续状态的，从行为终了之日起计算。

（5）其他依法不予处罚的。

3.5.4.3 从轻、减轻处罚的情形

（1）已满14周岁不满18周岁的人有违法行为的。

（2）主动消除或者减轻违法行为危害后果的。

（3）在共同违法行为中起次要或辅助作用的。

（4）积极配合行政机关查处违法行为，有立功表现的。

（5）受他人胁迫实施违法行为的。

（6）其他依法从轻或者减轻处罚的。

3.5.4.4 从重处罚的情形

（1）违法行为恶劣，造成严重后果的。

（2）在共同违法行为中起主要作用的。

（3）隐匿、销毁违法行为证据，或擅自启封、转移被查封、扣押物品的。

（4）妨碍、拒绝或者以暴力、威胁等手段抗拒执法人员执法尚未构成犯罪的。

（5）实施扰乱社会公共秩序，妨害公共安全，侵犯人身权利、财产权利，妨害社会管理等违法行为，具有较大社会危害性但尚未构成犯罪的。

（6）违法手段恶劣或者多次违法，屡教不改的。
（7）其他依法从重处罚的。

3.5.4.5 不得重复罚款
对当事人的同一项违法行为，不得给予两次以上罚款的行政处罚。

3.5.4.6 违法行为涉嫌构成犯罪
行为人的违法行为已涉嫌构成犯罪的，应当移送司法机关。

3.5.4.6.1 假冒专利行为构成犯罪
根据《最高人民法院、最高人民检察院关于办理侵犯知识产权刑事案件具体应用法律若干问题的解释》（法释〔2004〕19号）第十条的规定，实施下列行为之一的，属于《中华人民共和国刑法》第二百一十六条规定的"假冒他人专利"的行为：
（1）未经许可，在其制造或者销售的产品、产品的包装上标注他人专利号的；
（2）未经许可，在广告或者其他宣传材料中使用他人的专利号，使人将所涉及的技术误认为是他人专利技术的；
（3）未经许可，在合同中使用他人的专利号，使人将合同涉及的技术误认为是他人专利技术的；
（4）伪造或者变造他人的专利证书、专利文件或者专利申请文件的。

根据《最高人民检察院、公安部关于公安机关管辖的刑事案件立案追诉标准的规定（二）》第七十二条的规定，假冒专利行为具有下列情形之一的，应当移送公安机关：
（1）非法经营数额在20万元以上或者违法所得数额在10万元以上的；
（2）给专利权人造成直接经济损失50万元以上的；
（3）假冒两项以上他人专利，非法经营数额在10万元以上或者违法所得数额在5万元以上的；
（4）其他情节严重的情形。

其中非法经营数额，是指行为人在实施假冒他人专利行为过程中，制造、储存、运输、销售假冒他人专利产品的价值。已销售的产品的价值，按照实际销售的价格计算。制造、储存、运输和未销售的产品的价值，按照标价或者已经查清的产品的实际销售平均价格计算。产品没有标价或者无法查清其实际销售价格的，按照市场中间价格计算。

其中违法所得数额与3.5.2.1的违法所得计算方式不同，这里所指为利润。

多次实施假冒他人专利行为，未经行政处理或者刑事处罚的，非法经营数额、违法所得数额累计计算。

3.5.4.6.2 伪造、变造证书涉嫌构成犯罪
伪造或者变造专利证书，涉嫌构成《中华人民共和国刑法》第二百八十条规定的伪造、变造、买卖国家机关公文、证件、印章罪的，由管理专利工作的部门移送公安机关追究刑事责任。

3.5.4.6.3 移交的程序
执法人员认为行为人已涉嫌构成犯罪的，应当依据《行政执法机关移送涉嫌犯罪案件的规定》（中华人民共和国国务院令第310号）向部门负责人提出移交公安机关处理的意见，经办案处（科）室负责人审定后，报局领导审批。

对公安机关决定不予立案的案件，管理专利工作的部门应当依法作出行政处罚。

表1 假冒专利行政处罚裁量基准

违法行为	处罚依据	违法程度	违法情节	处罚裁量标准
假冒专利的行为： （一）在未被授予专利权的产品或者其包装上标注专利标识，专利权被宣告无效后或者终止后继续在产品或者其包装上标注专利标识，或者未经许可在产品或者产品包装上标注他人的专利号； （二）销售第（一）项所述产品；	《中华人民共和国专利法》第六十三条：假冒专利的，除依法承担民事责任外，由管理专利工作的部门责令改正并予公告，没收违法所得，可以并处违法所得4倍以下的罚款；没有违法所得的，可以处20万元以下的罚款；构成犯罪的，依法追究刑事责任。 《中华人民共和国专利法实施细则》第八十四条	轻微	1. 销售不知是假冒专利的产品，并且能够证明该产品合法来源的； 2. 专利申请当中尚未授予专利权而标注专利标识的； 3. 非法经营数额在0.5万元以下的； 4. 其他属于情节轻微的情形。	责令改正并予公告，没收违法所得，免于罚款。
		较轻	1. 非法经营数额在0.5万元以上5万元以下的，或者违法所得数额在2万元以下的； 2. 给权利人造成直接经济损失10万元以下的； 3. 专利权被宣告全部无效、专利权期满、专利权人声明放弃专利权或专利权因未缴年费终止，逾期但不足6个月而标称或标注专利的； 4. 其他依法从轻或减轻处罚的情形。	责令改正并予公告，没收违法所得，并处违法所得1倍以下罚款；没有违法所得的，处5万元以下罚款。
		较重	1. 非法经营数额在5万元以上10万元以下的，或者违法所得数额在2万元以上5万元以下的； 2. 给权利人造成直接经济损失10万元以上25万元以下的； 3. 专利权被宣告全部无效、专利权期满、专利权人声明放弃专利权或专利权因未缴年费终止，逾期6个月以上不足12个月而标称或标注专利的； 4. 其他依法不属于从轻、减轻或从重处罚的情形。	责令改正并予公告，没收违法所得，并处违法所得1倍以上2倍以下罚款；没有违法所得的，处5万元以上10万元以下罚款。

续表

违法行为	处罚依据	违法程度	违法情节	处罚裁量标准
（三）在产品说明书等材料中将未被授予专利权的技术或者设计称为专利技术或者专利设计，将专利申请称为专利，或者未经许可使用他人的专利号，使公众将所涉及的技术或者设计误认为是专利技术或者专利设计；（四）伪造或者变造专利证书、专利文件或者专利申请文件；（五）其他使公众混淆，将未被授予专利权的技术或者设计误认为是专利技术或者专利设计。		严重	1. 非法经营数额在10万元以上15万元以下的，或者违法所得数额在5万元以上8万元以下的； 2. 给权利人造成直接经济损失25万元以上40万元以下的； 3. 专利权被宣告全部无效、专利权期满、专利权人声明放弃专利权或专利权因未缴年费终止，逾期12个月以上而标称或标注专利的； 4. 伪造或者变造专利证书、专利文件或者专利申请文件，份数较少，或份数较多尚未使用的，但都未给他人和社会造成实际损害的； 5. 假冒两项以上专利，非法经营额在5万元以下的，或者违法所得数额在2.5万元以下的； 6. 其他依法从重处罚的情形。	责令改正并予公告，没收违法所得，并处违法所得2倍以上3倍以下罚款；没有违法所得的，处10万元以上15万元以下罚款。
		特别严重	1. 非法经营数额在15万元以上20万元以下的，或者违法所得数额在8万元以上10万元以下的； 2. 给权利人造成直接经济损失40万元以上50万元以下的； 3. 伪造或者变造专利证书、专利文件或者专利申请文件，已使用，并给和社会造成实际损害的； 4. 假冒两项以上他人专利，非法经营额在5万元以上10万元以下的，或者违法所得数额在2.5万元以上5万元以下的； 5. 违法情节恶劣，屡教不改的； 6. 其他依法属于特别严重的情形。	责令改正并予公告，没收违法所得，并处违法所得3倍以上4倍以下罚款；没有违法所得的，处15万元以上20万元以下罚款。

第6节 处罚的执行和公开

3.6.1 执行的正常程序

3.6.1.1 立即停止违法行为和采取改正措施的执行

管理专利工作的部门认定假冒专利行为成立的，应当责令行为人采取下列改正措施：

（1）在未被授予专利权的产品或者其包装上标注专利标识、专利权被宣告无效后或者终止后继续在产品或者其包装上标注专利标识或者未经许可在产品或者产品包装上标注他人的专利号的，立即停止标注行为，消除尚未售出的产品或者其包装上的专利标识；产品上的专利标识难以消除的，销毁该产品或者包装；

（2）销售第（1）项所述产品的，立即停止销售行为；

（3）在产品说明书等材料中将未被授予专利权的技术或者设计称为专利技术或者专利设计，将专利申请称为专利，或者未经许可使用他人的专利号，使公众将所涉及的技术或者设

计误认为是他人的专利技术或者专利设计的,立即停止发放该材料,销毁尚未发出的材料,并消除影响;

(4) 伪造或者变造专利证书、专利文件或者专利申请文件的,立即停止伪造或者变造行为,销毁伪造或者变造的专利证书、专利文件或者专利申请文件,并消除影响;

(5) 其他必要的改正措施。

3.6.1.2 假冒专利产品的处理

对假冒专利产品应当予以返还,以便其根据行政决定进行改正。对于既不提起行政诉讼或者行政复议,也不执行处罚决定的,管理专利工作的部门可以申请人民法院强制执行。

3.6.1.3 罚款和没收违法所得的执行

3.6.1.3.1 罚款的缴纳

收到《行政处罚决定书》后15日内,被处罚人应当持管理专利工作的部门开具的《罚款缴款通知书》(统一格式,一式三联)到指定的金融机构缴纳罚款。

3.6.1.3.2 罚款的减免或者延期缴纳

当事人确有经济困难,需要延期或者分期缴纳罚款的,经当事人申请和行政机关批准,可以暂缓或者分期缴纳。

(1) 必须是当事人确实有经济困难,有需要暂缓或者延期缴纳罚款的情况。如:被处罚人被处罚后因遭受灾害造成财产损失,无法按时缴纳罚款,需要暂缓或者延期缴纳的。必须区分被处罚人故意拒绝或拖延缴纳罚款的情形,如果当事人有能力履行罚款决定,而故意不履行,或者拖延履行,管理专利工作的部门应当对其加处罚款或申请法院强制执行。

(2) 当事人要向管理专利工作的部门申请,并且得到管理专利工作的部门的批准。被处罚人应当向管理专利工作的部门提出申请,阐述其不能按期缴纳罚款的理由,并提出申请延期的期限或者需要分成几次来缴纳罚款。管理专利工作的部门在收到当事人的申请之后,应当进行严格审查,调查清楚当事人目前的经济状况,从而确定是否有缴纳罚款的能力。如经审查,认为当事人的申请理由不成立的,予以驳回;认为申请理由成立的,应当作出允许延期或者分期缴纳罚款的决定。管理专利工作的部门作出决定之后,应当制作决定书,送达被处罚人。

3.6.2 执行的特殊情形

3.6.2.1 申请强制执行

被处罚人在收到《行政处罚决定书》后,没有在60日内申请行政复议,或没有在3个月内向人民法院起诉,又不履行行政处罚决定的,管理专利工作的部门可以申请人民法院强制执行。

申请强制执行的,应当填写《行政处罚强制执行申请书》,报局领导审批。

3.6.2.2 加处罚款

根据《中华人民共和国行政处罚法》第五十一条的规定,被处罚人如果没有正当理由,到期不缴纳罚款的,每天按照罚款数额的3%加处罚款。

根据《中华人民共和国行政强制法》第四十五条第二款的规定,加处罚款或者滞纳金的数额不得超出金钱给付义务的数额。

3.6.2.3 执行的停止

行政复议或者行政诉讼期间,不停止行政处罚决定的执行。有下列情形之一,应当停止执行:

(1) 法律规定停止执行的;

（2）人民法院裁定停止执行的；
（3）行政复议机关认为需要停止执行的；
（4）管理专利工作的部门认为需要停止执行的。

3.6.3 结果公开

3.6.3.1 公开的主体与权限

各省（自治区、直辖市）人民政府以及各设区的市的人民政府设立的管理专利工作的部门负责公开本单位行政执法案件信息。

受委托开展专利行政执法工作的地区（自治州、盟）、县（区）人民政府设立的管理专利工作的部门办理的行政执法案件，由委托单位负责公开相应案件信息。

地方性法规授权具有专利行政执法职责的地区（自治州、盟）、县（区）人民政府设立的管理专利工作的部门负责公开本单位行政执法案件信息。

3.6.3.2 公开的内容

作出行政处罚决定的假冒专利案件，公开内容应当包括：行政处罚决定书文号、案件名称、违法企业名称或自然人姓名、违法企业组织机构代码、法定代表人姓名、主要违法事实、行政处罚的种类和依据、行政处罚的履行方式和期限、作出处罚决定的机关名称和日期。

公开的假冒专利行为行政处罚决定因行政复议或行政诉讼发生变更或撤销的，应当及时公开相关信息。

责令改正类案件可以不主动公开，但为满足公众了解相关案件办理情况的需求，在不涉及商业秘密、个人隐私和第三方利益的情况下，具有专利行政执法权限的地方知识产权局可以将责令改正类案件信息纳入依申请公开范围。

3.6.3.3 公开的时限

对于假冒专利行为行政处罚案件，自作出行政处罚决定之日起20个工作日内依法主动公开相关信息；因行政复议或行政诉讼发生变更或撤销的，要在处罚决定变更或撤销之日起20个工作日内公开有关变更或撤销的信息。

3.6.3.4 公开的方式

管理专利工作的部门应当主要通过本单位官方网站公开行政执法案件信息，也可以选择公告栏、新闻发布会以及报刊、广播、电视等便于公众知晓的方式予以公开。公开的案件信息应以适当方式便于公众查询。

第4章 专利纠纷的调解

第1节 调解专利纠纷的类型

4.1.1 专利申请权和专利权归属纠纷

4.1.1.1 专利申请权纠纷

专利申请权纠纷主要包括：

（1）关于职务发明与非职务发明的争议，此类纠纷主要是由发明人或设计人与其所在单位就哪一方有权对一项发明创造申请专利而产生的纠纷；

（2）关于合作完成或接受委托完成发明创造后专利申请权归属的纠纷。

4.1.1.2 专利权归属纠纷

专利权归属纠纷主要包括：

（1）职务发明创造被发明人或设计人作为非职务发明申请专利并获得了专利权而引起的纠纷；

（2）非职务发明创造被单位作为职务发明申请专利并获得专利权而引起的纠纷；

（3）在当事人未明确约定的情况下，委托开发完成的发明创造的委托开发方申请专利并获得专利权而引起的纠纷；

（4）在无合同约定又无其他各方声明放弃其所共有的专利申请的情况下，合作开发所完成的发明创造被共有人中的一方申请专利并获得专利权而引起的纠纷。

4.1.1.3 法律依据

执行本单位的任务或者主要是利用本单位的物质技术条件所完成的发明创造为职务发明创造。职务发明创造申请专利的权利属于该单位；申请被批准后，该单位为专利权人。

非职务发明创造，申请专利的权利属于发明人或者设计人；申请被批准后，该发明人或者设计人为专利权人。

利用本单位的物质技术条件所完成的发明创造，单位与发明人或者设计人订有合同，对申请专利的权利和专利权的归属作出约定的，从其约定。

两个以上单位或者个人合作完成的发明创造、一个单位或者个人接受其他单位或者个人委托所完成的发明创造，除另有协议的以外，申请专利的权利属于完成或者共同完成的单位或者个人；申请被批准后，申请的单位或者个人为专利权人。

两个以上的申请人分别就同样的发明创造申请专利的，专利权授予最先申请的人。

"执行本单位的任务所完成的职务发明创造"是指：

（1）在本职工作中作出的发明创造；

（2）履行本单位交付的本职工作之外的任务所作出的发明创造；

（3）退休、调离原单位后或者劳动、人事关系终止后 1 年内作出的，与其在原单位承担的本职工作或者原单位分配的任务有关的发明创造。

本单位包括临时工作单位；本单位的物质技术条件，是指本单位的资金、设备、零部件、原材料或者不对外公开的技术资料等。

4.1.2 发明人、设计人资格纠纷

《专利法》所称发明人或者设计人，是指对发明创造的实质性特点作出创造性贡献的人。在完成发明创造过程中，只负责组织工作的人、为物质技术条件的利用提供方便的人或者从事其他辅助工作的人，不是发明人或者设计人。

4.1.3 职务发明的发明人、设计人的奖励和报酬纠纷

被授予专利权的单位应当对职务发明创造的发明人或者设计人给予奖励；发明创造专利实施后，根据其推广应用的范围和取得的经济效益，对发明人或者设计人给予合理的报酬。

被授予专利权的单位未与发明人、设计人约定也未在其依法制定的规章制度中规定《专利法》第十六条规定的奖励的方式和数额的，应当自专利权公告之日起 3 个月内发给发明人或者设计人奖金。一项发明专利的奖金最低不少于 3000 元，一项实用新型专利或者外观设计专利的奖金最低不少于 1000 元。

由于发明人或者设计人的建议被其所属单位采纳而完成的发明创造，被授予专利权的单位应当从优发给奖金。

发给发明人或者设计人的奖金，企业可以计入成本，事业单位可以从事业费中列支。

被授予专利权的单位未与发明人、设计人约定也未在其依法制定的规章制度中规定《专利法》第十六条规定的报酬的方式和数额的，在专利权有效期限内，实施发明创造专利后，每年应当从实施该项发明或者实用新型专利的营业利润中提取不低于 2% 或者从实施该项外观设计专利的营业利润中提取不低于 0.2%，作为报酬给予发明人或者设计人，或者参照上述比例,给予发明人或者设计人一次性报酬;被授予专利权的单位许可其他单位或者个人实施其专利的,应当从收取的使用费中提取不低于10%,作为报酬给予发明人或者设计人。

4.1.4 在发明专利申请公布后专利权授予前使用发明而未支付适当费用的纠纷

发明专利申请公布后至专利权授予前使用该发明未支付适当使用费的,专利权人要求支付使用费的诉讼时效为2年,自专利权人得知或者应当得知他人使用其发明之日起计算,但是,专利权人于专利权授予之日前即已得知或者应当得知的,自专利权授予之日起计算。

对于发明专利申请公布后专利权授予前使用发明而未支付适当费用的纠纷,当事人请求管理专利工作的部门调解的,应当在专利权被授予之后提出。

4.1.5 侵犯专利权的赔偿数额

处理专利侵权纠纷的管理专利工作的部门应当事人请求,可以就侵犯专利权的赔偿数额进行调解。

第2节 请求调解专利纠纷的条件和应当提交的材料

4.2.1 条　　件

请求调解专利纠纷,必须要求其符合下列条件:
(1) 请求人是与案件有直接利害关系的单位或者个人;
(2) 有明确的被请求人,有具体的请求事项和事实依据;
(3) 当事人没有就该专利纠纷向人民法院起诉,也没有仲裁约定;
(4) 属于管理专利工作的部门受案范围和管辖。

4.2.2 专利纠纷调解请求书

请求管理专利工作的部门调解专利纠纷的,应当提交请求书。

请求书应当记载以下内容:
(1) 请求人的姓名或者名称、地址,法定代表人或者主要负责人的姓名、职务,委托代理人的姓名、职务;有委托代理人的,应当写明委托代理人的姓名及通信联系方式;
(2) 被请求人姓名或者名称、地址,法定代表人或者主要负责人的姓名、职务;
(3) 请求调解的事项、事实和理由;
(4) 请求书应当由请求人签名或者盖章。

单独请求调解侵犯专利权赔偿数额的,应当提交有关管理专利工作的部门作出的认定侵权行为成立的处理决定书副本。

请求书为正本一份,并按被请求人人数提供副本。

4.2.3 请求人身份证明文件

(1) 登记证明(营业执照副本);
(2) 法定代表人身份证明;
(3) 个人身份证及代理人身份证。

可以要求其提交证明材料的复印件(各一份),但需提供原件予以核对,原件核对后退还。

4.2.4 专利纠纷相关的证据、材料

专利纠纷相关的证据、材料包括:
(1) 请求人提供的证据,包括专利申请权和专利权归属纠纷,发明人、设计人资格纠纷,职务发明的发明人、设计人的奖励和报酬纠纷,在发明专利申请公布后专利权授予前使用发明而未支付适当费用纠纷的证据;

（2）被请求人提供的证据，包括制造、使用、销售涉嫌侵权产品的证据（如销售发票、收据、报价单、产品宣传广告材料、生产任务单、出仓单、公证书等）。

证据材料应当提交原件及复印件（份数为被请求人人数）。

4.2.5 其他材料

4.2.5.1 域外证据

请求人在中华人民共和国领域内没有住所或者营业场所的外国公司或外国人，其提交的请求人身份证明文件、授权委托书等证据材料是在中华人民共和国领域外形成的，该证据材料应当经所在国公证机关予以公证，并经中华人民共和国驻该国使领馆予以认证，或者履行中华人民共和国与该所在国订立的有关条约中规定的证明手续。

4.2.5.2 港澳台证据

请求人提供的证据是在我国香港、澳门、台湾地区形成的，应当要求其履行相关的证明手续。

第3节 送达和立案

4.3.1 送 达

管理专利工作的部门收到调解请求书后，应当及时将《专利纠纷调解通知书》、请求书副本、送达回证等文书送达被请求人，要求其在收到之日起15日内提交意见陈述书，表明是否同意调解，并就被请求人提出的调解事项说明理由。

送达方式适用第1章第5节有关送达的规定。

4.3.2 立 案

被请求人提交意见陈述书并同意进行调解的，管理专利工作的部门应当在收到意见陈述书之日起5个工作日内立案，指定2名以上执法人员承办，制作《专利纠纷调解通知书》，并通知请求人和被请求人进行调解的时间和地点。

被请求人逾期未提交意见陈述书，或者在意见陈述书中表示不接受调解的，管理专利工作的部门应当在期限届满或者收到意见陈述书之日起及时制作《专利纠纷调解请求不予立案通知书》，并送达请求人。

案情复杂的可以根据需要组成合议组。

当事人各方应当在收到《专利纠纷调解通知书》后，于调解日之前3日内填写《专利纠纷调解回执》，将出席调解人员的姓名、职务以及是否申请调解员回避等事项的书面材料提交管理专利工作的部门。

4.3.3 其 他

管理专利工作的部门调解专利纠纷，应当遵循自愿、合法、方便当事人的原则。

管理专利工作的部门调解专利纠纷可以邀请与当事人有特定关系或者与案件有一定联系的单位，以及具有专门知识、特定社会经验、与当事人有特定关系并有利于促成调解的个人，参与和协助调解。

第4节 专利纠纷的调解程序

4.4.1 证据审查

执法人员调解专利纠纷，应当对请求人提交的材料、被请求人提交的意见陈述书及材料进行审查。

（1）当事人提交证据材料的，执法人员应当要求其对证据材料进行逐一分类编号，对证据材料的来源、证明对象和内容作简要说明，签名盖章，注明提交日期。

（2）当事人提交证据材料时，执法人员应当填写《接收当事人提交证据材料清单》，并交当事人签名确认。《接收当事人提交证据材料清单》一式两联，第一联附卷，第二联交当事人。

（3）当事人提供证据，应当提供原件或者原物。如需自己保存证据原件、原物或者提供原件、原物确有困难的，可以提供经核对无异的复制件或者复制品。执法人员在接收当事人提交的证据材料后，应当审查其是否原件，不是原件的，应当将复印件与原件核对后，在复印件上注明"与原件相同"字样，并由核对人签章。

（4）执法人员在接收当事人提交的外文证据时，应当审查其是否提供中文译本，未能提供中文译本的，退回其外文证据并通知其在指定期限内将中文译本和外文证据原件一并提交。

（5）执法人员应当要求当事人必须在指定的期限内提交所有的证据材料。当事人因特殊原因无法按期提交且要求延期提交的，由其提出书面申请并说明原因，经办案处（科）室负责人审定后，报分管局领导审批。当事人无故逾期提交的，可以不予接收。

（6）对于应当保密的证据，案件承办及有关人员负有保密义务。

4.4.2 调　　解

调解时，执法人员应当宣布调解纪律，核对当事人身份，宣布当事人的权利和义务，宣布执法人员、记录人的身份，询问当事人是否申请回避。

调解过程中，执法人员应当充分听取双方当事人的意见陈述，查明争议的基本事实，依据法律、法规、规章及政策对双方当事人进行说服、劝导，引导当事人达成调解协议。

当事人可以自行提出调解方案，执法人员也可以提出调解方案供双方当事人协商时参考。

管理专利工作的部门调解专利纠纷，应当制作调解笔录，记载调解时间、地点、参加人员、协商事项、当事人意见和调解结果，由参加人员核对无误后签名或者盖章。

调解时，应当保护当事人的个人隐私和商业秘密。

调解结果涉及第三人合法权益的，应当征得第三人同意。第三人不同意的，终止调解。

第5节　结　　案

4.5.1 调解结案

经调解达成协议的，管理专利工作的部门应当制作《专利纠纷调解书》，载明下列事项：

（1）当事人的姓名或者名称、地址，法定代表人或者主要负责人、委托代理人的姓名、职务；

（2）纠纷的主要事实和应当承担的责任；

（3）协议的内容；

（4）调解书的生效条件和生效日期；

（5）当事人签字或者盖章；

（6）调解人员署名。

《专利纠纷调解书》的内容不得违反国家法律、法规、规章和政策的规定，不得损害公共利益和他人的合法利益。

《专利纠纷调解书》由双方当事人签名或者盖章后生效，并交管理专利工作的部门备案。

《专利纠纷调解书》应当由管理专利工作的部门加盖公章。

《专利纠纷调解书》应当及时送达双方当事人。

4.5.1.1 调解原则

（1）调解专利纠纷以双方当事人自愿为原则。

（2）必须依法调解。一是管理专利工作的部门要依照实体法、程序法的规定切实保护双方当事人的合法利益；二是权利人作出的让步或者放弃某些正当权利，确实是出自其自愿，合议组不能强迫权利人作出让步，强行调解；三是调解内容应当符合法律规定。

4.5.1.2 调解专利申请权或专利权归属纠纷需要特别注意的情况

因专利申请权或者专利权的归属纠纷申请调解的，管理专利工作的部门立案后，当事人可以持管理专利工作的部门的《专利纠纷调解立案通知书》请求国家知识产权局中止该专利申请或专利权的有关程序。

经调解达成协议的，当事人应当持《专利纠纷调解书》向国家知识产权局办理恢复手续；达不成协议的，当事人应当持管理专利工作的部门出具的《专利纠纷调解案件终止调解通知书》向国家知识产权局办理恢复手续。自请求中止之日起满1年专利申请权或专利权的归属纠纷未能结案，请求人又未请求延长中止的，国家知识产权局自行恢复有关程序。

需要进行著录事项变更的，有关单位或者个人可以凭发生法律效力的调解书及有关证明文件到国家知识产权局进行著录事项变更。

4.5.2 撤销案件

经调解未能达成协议或久调不决案件，管理专利工作的部门以撤销案件的方式结案，并向双方当事人发出《专利纠纷调解案件终止调解通知书》，符合人民法院立案条件的，请求人可以向人民法院申请立案。

第5章 展会及电子商务领域专利侵权纠纷处理

第1节 展会专利侵权纠纷调解

对于假冒专利行为查处，参见第3章的规定。对于专利侵权纠纷，展会专利保护可采用行政处理和自律处理两大模式，其中后者又分为调解和协议裁决。行政处理模式参见第2章的规定。展会采取专利侵权纠纷调解模式，可邀请管理专利工作的部门派人驻会。

5.1.1 展会开展专利侵权纠纷调解工作的前提和基础

5.1.1.1 展会主办方与参展商签订参展合同中包括专利保护条款

展会主办方应当与参展商签订参展合同，通过合同形式在展会主办方与参展商之间建立专利侵权纠纷的投诉、受理和调解的权利义务关系。参展合同应当包括以下主要专利保护条款：

（1）参展商应当遵守展会的专利保护规则；

（2）参展商应当接受展会专利投诉调解，拒绝配合调解的，展会主办方可以按照约定解除合同，取消参展资格；

（3）经展会专利投诉处理机构调解认为涉嫌专利侵权并禁止展出的参展展品，参展商拒绝采取遮盖、撤架、封存相关宣传资料、更换展板等撤展措施的，展会主办方可以按照约定解除合同，取消参展资格；

（4）在展会结束后应积极通过司法或其他途径寻求解决专利侵权纠纷，否则展会主办方不予受理参展商就同一专利权向同一被投诉人提出的重复投诉；

（5）展品被专利行政部门或者人民法院认定为侵犯专利权的，参展商拒绝采取遮盖、撤架、封存相关宣传资料、更换展板等撤展措施时，展会主办方可以按照约定解除合同，取消参展资格；

（6）与展会专利保护有关的其他内容。

5.1.1.2 展会主办方设立专利投诉处理机构

展会主办方设立展会专利投诉处理机构，接受专利权人或者利害关系人的投诉，对展会中发生的专利侵权纠纷进行调解处理。

展会主办方设立的展会专利投诉处理机构，依据参展合同的专利保护条款调解展会期间的专利侵权纠纷。其组成人员不得少于3人，可以从管理专利工作的部门的专家库中选聘，也可以请求管理专利工作的部门指派或者聘请相关领域的专家。

5.1.2 管理专利工作的部门派驻展会人员的身份和工作职责

展会调解专利侵权纠纷的主体为展会主办方，管理专利的工作部门派驻展会人员以"专家"的身份贯穿专利侵权纠纷受理和组织调解的全过程，主要工作职责是对投诉进行调查核实以及判定专利侵权与否。

5.1.3 当事人

5.1.3.1 投诉人

投诉人的资格参见第2章请求人的内容。

5.1.3.2 被投诉人

被投诉人应当是参展商。

5.1.4 投诉受理

5.1.4.1 投诉人提交投诉材料

（1）专利侵权纠纷投诉请求书，必须载明被投诉的参展商名称及其展位号等基本信息以及涉嫌侵权的事实和理由，并由投诉人或代理人签名或盖章；

（2）专利证书、专利法律状态证明、专利授权公告文本（提供原件核对）；

（3）专利权人居民身份证或单位工商营业执照副本（身份证提供原件核对，工商营业执照副本须加盖单位公章），利害关系人以及外国或者港澳台投诉人的证明材料参见第2章请求人的内容；

（4）委托代理人的，还需提供授权委托书（原件）和代理人身份证明（提供原件核对）。

5.1.4.2 不予受理的情形

（1）投诉人提交的投诉材料不真实或者不齐全的；

（2）专利权正处于无效宣告请求程序之中，且无效的理由和证据充分的；

（3）专利权存在权属纠纷，正处于人民法院的审理程序或者管理专利工作的部门的调解程序或仲裁程序中的；

（4）专利权已经终止或者专利权人正在办理权利恢复的；

（5）离闭展不足24小时提请投诉的。

5.1.4.3 特殊情形

（1）对涉及大型机械设备、精密仪器内部结构、产品制造方法以及其他难以判定的专利，可以要求投诉人提交证明涉嫌侵权的进一步证据。投诉人提交不出的，可以不予受理。

（2）投诉人在上届展会投诉过，本届展会再次就同一专利权针对同一被投诉人提出的重复投诉，除上届展会后投诉人已通过司法或其他途径寻求解决专利侵权纠纷外，可以不予受理。

5.1.4.4 其他规定

（1）展会专利投诉机构仅受理当届展会举办期间发生在展馆内的涉嫌侵犯知识产权的投诉。

（2）展会主办方可以要求投诉人提供保证。如恶意投诉给展会主办方或者被投诉人造成损失的，投诉人应当承担责任。

（3）展会举办期间发生在展馆内的专利侵权纠纷，应按展会规定的投诉程序处理；对不通过展会主办方擅自与涉嫌侵权方进行交涉而影响展馆秩序的人员，按违反展会会场秩序管理规定处理。

5.1.5 调查核实和现场处理
5.1.5.1 文书制作
展会专利投诉处理机构接受投诉后，制作《涉嫌专利侵权处理通知书》《专利投诉调查表》和《涉嫌专利侵权申诉登记表》。

5.1.5.2 现场调查
展会专利投诉处理机构应当在受理投诉 24 小时内派出工作人员到被投诉人的展位进行现场调查、送达相关文书。检查的范围包括被投诉展位的全部参展展品，包括展品、展板、展台、产品及照片、目录册、视频材料，以及其他相关宣传资料。

工作人员可查阅、复制与案件有关的文件，询问当事人，采用拍照、摄像等方式进行现场调查。拍照时，首先要拍展位的整体情况，要求能看清展位号和参展单位名称；其次要拍涉嫌侵权产品，如果是发明和实用新型，要求拍摄产品的整体及产品的关键部位（结合权利要求书确定关键部位），如果是外观设计的，要求拍摄六面视图以及立体图；最后，要拍当事人及其证件。

5.1.5.3 现场处理
5.1.5.3.1 未发现的情形
如现场未发现涉嫌侵权行为的或者将涉嫌侵权产品经过比对后认为不侵权的，作"未发现"处理，同时应允许不构成涉嫌侵权的展品和宣传册继续展出。

5.1.5.3.2 涉嫌侵权的情形
如现场认定涉嫌侵权，且被投诉人不能当场对被投诉涉嫌侵权的展品作出"不侵权"有效举证的，被投诉方应当立即采取遮盖、撤下展品等处理措施，不再继续展出侵权物品及宣传品。工作人员应填写《涉嫌专利侵权处理通知书》，并要求被投诉方签字确认。

被投诉人不遮盖或自行撤下侵权展品的，展会专利投诉机构可以作出予以撤展的处理，对涉嫌侵权的展品及宣传材料等予以暂扣。同时，工作人员应填写《涉嫌专利侵权处理通知书》，并要求被投诉方签字确认。

5.1.5.3.3 特殊情形
（1）对涉及大型机械设备、精密仪器内部结构、产品制造方法以及其他难以判定的专利，确实难以在展会期间处理的，可以终止调解过程，并告知投诉人。

（2）如被投诉人有抗辩资料，工作人员当场难以判断的，应提取涉嫌侵权产品样品，并将相关抗辩资料带回研究，必要时可以组织投诉人与被投诉人质辩，有确定结论后继续完成现场处理。提取的涉嫌侵权产品样品在现场处理完成后要及时归还。

（3）如投诉人对首次调查核实和现场处理不满意，展会专利投诉处理机构应再次派出工作人员进行调查核实和现场处理。

5.1.6 现场情况记载
工作人员应打印检查照片，并填写《专利投诉调查表》。对于重大和疑难案件，还应在《专利投诉调查表》中对涉嫌侵权产品与相应专利权的特征对比分析作详细记录。

5.1.7 抗　　辩
5.1.7.1 抗辩时限
被投诉人对被投诉的涉嫌侵权事项享有申辩、陈述等权利，对调查核实和现场处理情况享有知情权。被投诉人应当在被认定为涉嫌侵权后24小时内提出抗辩。
5.1.7.2 抗辩理由
（1）权利用尽抗辩；
（2）先用权抗辩；
（3）现有技术抗辩；
（4）技术特征不相同抗辩；
（5）其他充分的抗辩理由。
5.1.7.3 抗辩证据
包括但不限于：证明权属的文件，以及相关进出口海关单据、供货合同或协议、发票、检测检验报告、公开出版物（专利文献、教科书、杂志等）等有效证据。
5.1.7.4 抗辩程序
（1）被投诉人填写《涉嫌专利侵权申诉登记表》，提出抗辩申请，说明抗辩理由，提交抗辩证据。

（2）展会专利投诉处理机构应指派专人负责抗辩程序。工作人员根据被投诉人的抗辩理由和证据进行对比分析，必要时可以召集双方当事人进行质辩。对于同一个投诉人就同一专利权投诉多个被投诉人且均被认定涉嫌侵权的，如其中一个被投诉人提出抗辩并成立，不能据此认定其他被投诉人抗辩成立。

（3）如果抗辩理由成立的，应通知投诉人和被投诉人，并允许被投诉人继续展出；如果抗辩不成立，维持现场处理的结论，并通知被投诉人。同时，由负责抗辩程序的工作人员在《涉嫌专利侵权申诉登记表》上填写相关意见和结论并签名。

（4）如果抗辩理由不成立，被投诉人不服的，可以在规定时限内进行再次抗辩。

5.1.8 措施及责任
（1）对投诉内容涉及已生效的行政处理决定、司法判决或裁定等，经判别认定属同一侵权事实的，展会主办方应当依法立即禁止侵权产品的展出。但被投诉人对被投诉的涉嫌侵权事项，仍然享有申辩、陈述等权利。

（2）对不配合检查工作的，或者同一展会同一展位已认定涉嫌侵权的展品再次展出的，展会主办方可以根据有关规定或者约定采取撤销参展商参展资格、封闭展位等相关措施。

5.1.9 档案整理和归还物品
（1）展会结束后，展会主办方对所有投诉进行档案整理工作。一份完整的投诉档案，应包括：投诉人提交的投诉材料、《涉嫌专利侵权处理通知书》《专利投诉调查表》《涉嫌专利侵权申诉登记表》、被投诉人提交的抗辩证据和调查照片等。

（2）展会结束后，展会主办方通知相关被投诉人领回被暂扣的涉嫌侵权的展品及宣传材料等。

第2节　电子商务领域专利侵权纠纷调解

对于电子商务领域专利侵权纠纷调处，可采用行政处理、电子商务平台商自行处理和电子商务平台商提交管理专利工作的部门调解或判定三种模式。行政处理模式参见第2章的规定，电子商务平台商自行处理依据其设立的知识产权投诉与处理规程，本章主要针对电子商务平台商移交管理专利工作的部门调解或判定模式进行规定。

5.2.1 开展电子商务领域专利侵权纠纷调解判定工作的前提和基础

5.2.1.1 电子商务平台商与商品经营者签订的平台使用合同中包括专利保护内容，或者电子商务平台通过平台规则等方式提示经营者应保护第三人的专利权

电子商务平台商应当建立健全专利权保护和管理制度以及专利侵权投诉处理制度，与商品经营者签订平台使用合同准许其入网经营时，应明确其专利权保护责任，防止商品经营者利用交易平台销售专利侵权产品。合同应当包括以下主要专利保护条款：

（1）商品经营者应当遵守电子商务平台商的专利保护规则；

（2）电子商务平台商专利投诉处理机构审查认为涉嫌专利侵权的，应当及时采取删除或屏蔽产品链接等必要措施；

（3）对于涉嫌反复侵权的被请求人，电子商务平台商应当及时向管理专利工作的部门报告并备案；

（4）经营者经营的产品被专利行政部门或者人民法院认定为侵犯专利权的，电子商务平台商应当及时采取删除或屏蔽产品链接等必要措施；

（5）与电子商务领域专利保护有关的其他内容。

5.2.1.2 电子商务平台商设立专利（知识产权）投诉处理机构

电子商务平台商设立专利（知识产权）投诉处理机构，接受专利权人或者利害关系人的投诉，对其交易平台上发生的专利侵权纠纷进行调解处理，对其难以判定的专利侵权纠纷提交有管辖权的管理专利工作的部门或国家知识产权局在全国范围内设立的知识产权维权援助中心进行调解或判定。

5.2.2 管理专利工作的部门的人员的身份和工作职责

管理专利工作的部门的人员调解电子商务领域专利侵权纠纷时以执法人员身份对专利侵权纠纷进行调解，判定电子商务领域专利侵权纠纷时以"专家"身份对投诉作出侵权与否的判定意见。

5.2.3 当 事 人

5.2.3.1 投 诉 人

投诉人的资格参见第2章请求人的内容。

5.2.3.2 被投诉人

被投诉人，只能是产品经营者。

5.2.3.3 案件提交人

电子商务平台商。

5.2.4 案件的提交

5.2.4.1 可提交的案件范围

电子商务平台商可以将下列有重大社会影响的、难以判定的专利侵权投诉案件提交管理专利工作的部门，由其进行调解或出具专利侵权判定意见书：

（1）涉及区域内重点产业发展，且专利权的新颖性、创造性、实用性不稳定的专利侵权投诉案件；

（2）涉及民生安全和社会公共利益的专利侵权投诉案件；

（3）涉外、涉港澳台的专利侵权投诉案件；

（4）其他有重大社会影响的专利侵权投诉案件。

5.2.4.2 案件材料
5.2.4.2.1 投诉人提交的投诉材料
专利权人或利害关系人认为电子商务交易平台上销售的产品涉嫌侵犯其专利权的，可以通过电子商务平台商建立的投诉机制提交投诉书，请求删除、屏蔽涉嫌侵权的产品。投诉材料应当包含下列内容：

（1）专利权人身份证明（营业执照副本或身份证复印件）、有效联系方式和地址。委托他人投诉的，还应当提供授权委托证明。

（2）专利权证书及其有效性证明。

（3）要求删除、屏蔽的产品名称和具体互联网链接。

（4）涉嫌侵权产品与专利权保护范围的对比材料。

（5）其他能够证明存在侵权行为的证据材料。

专利权利害关系人投诉的，还需提交专利权人的授权书或专利许可合同等证明。

专利权人或者利害关系人应当对投诉材料内容的真实性负责。以虚假材料投诉的，应承担法律责任。

5.2.4.2.2 被投诉的商品经营者提交的申辩材料
被投诉的商品经营者认为其销售的产品未侵犯他人专利权的，应在规定时间内（电子商务平台商投诉机制规定）提交申辩材料。申辩材料应当包含下列内容：

（1）被投诉的产品经营者的身份证明资料（营业执照副本或身份证复印件）、有效联系方式和地址；

（2）不构成侵权的证明材料；

（3）其他能够证明不构成侵权的证明材料。

被投诉的产品经营者应对其申辩材料内容的真实性负责。

5.2.5 案件的处理
5.2.5.1 案件调解
（1）管理专利工作的部门在收到电子商务平台商提交的专利侵权投诉案件后，应在3个工作日内对移送的投诉案件材料进行审核，决定是否受理；

（2）决定受理的，应在受理之日起5个工作日内通过电话、电子邮件、现场调查、送达等多种方式联系案件各方当事人进行调解；

（3）经调解，案件当事人达成调解协议的，应在签署调解协议书之日起3个工作日内通知电子商务平台商，请其按照调解协议内容执行；未达成和解的，经专利权人或利害关系人同意，依法进行处理，并通知电子商务平台商。

5.2.5.2 案件判定
管理专利工作的部门在收到电子商务平台商提交的专利侵权投诉案件后，应在3个工作日内对移送的投诉案件材料进行审核，对事实清楚、证据确凿、争议不大的案件，可以根据案件证据材料在2个工作日内直接作出是否侵权的判定意见书，并通知交易平台提供者是否删除、屏蔽、断开链接或关闭网店。

5.2.5.3 其他情形
（1）管理专利工作的部门认为提交的投诉证据材料无法确定是否侵权的，可以要求案件当事人在指定时间内补充证据材料；

（2）认为需进行技术鉴定的，可以移交技术鉴定部门或专家进行鉴定；

（3）补充证据、进行技术鉴定的时间不计算在办案期限内。

5.2.6 措施及责任

电子商务平台商对管理专利工作的部门出具的专利侵权判定意见书,应当采取删除、屏蔽、断开链接或关闭网店等措施制止侵权行为。

5.2.7 档案整理

案件办结后,管理专利工作的部门应当及时进行档案整理。一份完整的电子商务领域专利侵权纠纷案件档案,应当包括:电子商务领域专利侵权纠纷案件提交表、投诉人提交的投诉材料、被投诉人提交的申辩材料、《电子商务领域专利侵权纠纷案件登记表》、案件调解书或专利侵权纠纷判定意见书等。

第6章 跨区域、跨部门专利行政执法协作

第1节 跨区域专利侵权纠纷的处理

6.1.1 请求协作条件

请求管理专利工作的部门跨区域专利侵权纠纷处理,应当符合以下条件:

(1) 请求人是专利权人或者利害关系人,属于受案管理专利工作的部门行政区域;

(2) 被请求人的住所地或侵权行为实施地在受案管理专利工作的部门行政区域以外的区域;

(3) 有明确的请求事项和具体事实、理由;

(4) 属于管理专利工作的部门的受案范围,但不属于受案管理专利工作的部门管辖;

(5) 当事人没有就该专利侵权纠纷向人民法院起诉。

6.1.2 提交材料

请求管理专利工作的部门跨区域专利侵权纠纷处理,请求人应当提交以下材料:

(1) 专利侵权纠纷处理请求书;

(2) 专利证书和授权专利文本复印件;

(3) 证据和证明材料;

(4) 个人身份证复印件;

(5) 单位营业执照副本复印件;

(6) 单位法定代表人身份证明;

(7) 授权委托书;

(8) 其他材料,包括被请求人所在地管理专利工作的部门立案要求出具的实用新型、外观设计的专利权评价报告。

请求书及专利证书和授权专利文本应当按照被请求人的数量提供副本。

6.1.3 初步审查

管理专利工作的部门收到请求人提出的跨区域专利侵权纠纷处理请求后,进行初步审查,并核查专利证书原件、身份证原件等材料。

请求符合有关条件的,管理专利工作的部门应当在收到请求书之日起 5 个工作日内向请求人出具《跨区域专利侵权纠纷处理材料接收单》;请求不符合规定条件的,地方管理专利工作的部门应当在收到请求书之日起 5 个工作日内通知请求人,并说明理由。

6.1.4 管　辖

跨区域专利侵权纠纷处理的管辖遵循第 1 章第 2 节的规定。

管理专利工作的部门自出具《跨区域专利侵权纠纷处理材料接收单》之日起 3 日内,填写《跨区域专利侵权纠纷处理材料移送单》一式两份,并将其中的一份与请求人提交的请求

书和证据等材料一并移送给请求人确定的有管辖权的管理专利工作的部门,并告知被移送方管理专利工作的部门。

6.1.5 立　　案

有管辖权的管理专利工作的部门自收到移送材料之日起 5 个工作日内决定是否立案。予以立案的,填写《跨区域专利侵权纠纷处理材料移送回执》一式两份,将其中的一份发送给移送方管理专利工作的部门;不予立案的,填写《跨区域专利侵权纠纷处理不予立案通知书》,说明理由,发送给移送方管理专利工作的部门,并将相关材料一并退回。

有管辖权的管理专利工作的部门立案后,按照有关法律、法规和规章处理专利侵权纠纷。必要时,受理案件的管理专利工作的部门可以请移送方管理专利工作的部门派员,或者移送方管理专利工作的部门主动派员协助调查和处理。

6.1.6 结　　案

专利侵权纠纷处理结案后,有管辖权的管理专利工作的部门应当填写《跨区域专利侵权纠纷处理结案通知书》一式三份,将其中一份发送给移送方管理专利工作的部门。

第 2 节　跨区域专利纠纷的调解

6.2.1 提交材料

请求管理专利工作的部门跨区域专利纠纷调解,应当提交以下材料:
（1）专利纠纷调解请求书;
（2）个人身份证复印件;
（3）单位营业执照副本复印件;
（4）单位法定代表人身份证明;
（5）授权委托书;
（6）其他材料。

专利纠纷调解请求书应当按照被请求人数量提供副本。

单独请求调解侵犯专利权赔偿数额的,应当提交管理专利工作的部门作出的认定侵权行为成立的处理决定书副本。

6.2.2 接　　收

管理专利工作的部门收到请求人提出的跨区域专利纠纷调解请求后,依据第 4 章第 2 节进行初步审查。

请求符合规定条件的,应当在收到请求书之日起 7 日内向请求人出具《跨区域专利纠纷调解材料接收单》;请求不符合规定条件的,应当在收到请求书之日起 7 日内通知请求人,并说明理由。

6.2.3 管　　辖

跨区域专利纠纷的管辖遵循第 1 章第 2 节的规定。

6.2.4 材料移送

管理专利工作的部门自出具《跨区域专利纠纷调解材料接收单》之日起 3 日内,填写《跨区域专利纠纷调解材料移送单》一式两份,并将其中的一份与请求人提交的请求书等材料一并移送给请求人确定的有管辖权的地方管理专利工作的部门。

有管辖权的管理专利工作的部门调解移送的专利纠纷依照第 4 章处理。

有管辖权的管理专利工作的部门立案调解专利纠纷,填写《跨区域专利纠纷调解材料移送回执》一式两份,将其中的一份发送给移送方管理专利工作的部门。

有管辖权的管理专利工作的部门不予立案调解专利纠纷的,书面通知移送方管理专利工作的部门,并将材料一并退回。

6.2.5 结　　案

专利纠纷调解结案的,有管辖权的地方管理专利工作的部门应当填写《跨区域专利纠纷调解结案通知书》一式三份,其中两份分别发送给移送方管理专利工作的部门和国家知识产权局专利管理司备案。

未能达成协议,以撤销案件的方式结案的,有管辖权的地方管理专利工作的部门应当书面通知移送方管理专利工作的部门。

第3节　跨区域假冒专利行为的查处

6.3.1 移　　送

对发现地没有管辖权的涉嫌假冒专利案件,发现地管理专利工作的部门填写《跨区域查处假冒专利材料移送单》一式两份,将其中的一份与相关证据材料移送给有管辖权的管理专利工作的部门。

有管辖权的管理专利工作的部门自收到《跨区域查处假冒专利材料移送单》和相关材料之日起7日内决定是否立案。予以立案的,填写《跨区域查处假冒专利材料移送回执》一式两份,将其中一份发送给移送方管理专利工作的部门;不予立案的,说明理由,书面通知移送方管理专利工作的部门,并将相关材料一并退回。

有管辖权的管理专利工作的部门查处移送的假冒专利行为,依照第3章规定处理。

6.3.2 结　　案

有管辖权的管理专利工作的部门查处假冒专利结案后,填写《跨区域查处假冒专利结案通知书》一式三份,将其中的两份分别发送给移送方管理专利工作的部门和国家知识产权局专利管理司备案。

第4节　跨区域案件协办

6.4.1 委托证据调查

6.4.1.1 委托证据调查

地方管理专利工作的部门委托证据所在地的管理专利工作的部门调查收集有关证据,应当填写《跨区域专利案件协助调查取证委托书》一式两份,提出明确的调查事项、要求和期限,并将其中的一份和案件相关材料复印件一起移送给证据所在地的管理专利工作的部门。必要时,应当简要介绍案情或附具调查提纲。

证据所在地的管理专利工作的部门接到《跨区域专利案件协助调查取证委托书》后7日内决定能否接受委托。能够接受委托的,填写《跨区域专利案件委托调查取证回执》一式两份,将其中的一份发送给委托方管理专利工作的部门;不能接受委托的,说明理由,书面通知委托方管理专利工作的部门,并将相关材料一并退回。

6.4.1.2 调查取证

证据所在地的管理专利工作的部门接受委托后,应当在要求的期限内完成调查取证,一般不超过15日。有特殊情况的,应当与委托方管理专利工作的部门商定调查取证期限。

6.4.1.3 通　　知

证据所在地的管理专利工作的部门调查取证后,应当填写《跨区域专利案件调查取证结果通知书》一式两份,将其中一份连同取证结果一起发回委托方管理专利工作的部门。

6.4.2 协助证据调查

地方管理专利工作的部门请求证据所在地的管理专利工作的部门协助调查收集有关证据的，应出具正式公函提出明确的请求协助事项和时间。协助方管理专利工作的部门可以协助联系被调查方，必要时可以派出执法人员配合调查取证。

6.4.3 委托送达

地方管理专利工作的部门在处理或者查处专利案件中，因当事人及相关人员或者单位在其他管理专利工作的部门辖区，或者因其他特殊情况无法送达各类法律文书和案件材料的，可以委托当地管理专利工作的部门予以送达。委托方管理专利工作的部门应当填写跨区域专利案件送达委托书一式两份，将其中的一份移送给送达地的管理专利工作的部门。

受委托方管理专利工作的部门应当及时将法律文书和案件材料送达当事人及相关人员或者单位，并将送达回执发回委托方或者将送达情况回复委托方。

6.4.4 配合执行

地方管理专利工作的部门对涉及其他管理专利工作的部门辖区的案件，应当将发生法律效力的处罚或者处理决定及时通报该管理专利工作的部门。需要协助执行的，该管理专利工作的部门应当予以协助，积极督促当地涉案当事人履行有关义务。

有管辖权的管理专利工作的部门作出的行政处理决定，可以请求被请求人所在地、侵权行为地或财产所在地的管理专利工作的部门予以协助执行，接到协助请求的管理专利工作的部门，应当予以协助。

第5节 跨区域专利执法专项行动

6.5.1 专利侵权案件

对于跨区域群体专利侵权行为，权利人或利害关系人可以向其所在地管理专利工作的部门提出专利侵权处理请求，所在地管理专利工作的部门可以开展专项行动的方式，协调各侵权行为人住所地、侵权行为实施地管理专利工作的部门对各地侵权行为进行调查、处理，制止专利侵权行为。

权利人或利害关系人也可以向其所在地管理专利工作的部门提出专利侵权纠纷处理请求，按照本章第1节规定，跨区域进行群体专利侵权纠纷处理。

请求人所在地管理专利工作的部门应当协调各有管辖权的管理专利工作的部门公平、高效、同步处理，及时结案。

案件相关管理专利工作的部门可以协调、磋商，共同进行技术鉴定，分析案情，寻求专利案件最佳解决途径。

对重大、疑难和涉及法律运用问题等案件，可以请求国家知识产权局予以指导和协调。

6.5.2 假冒专利案件

对于跨区域假冒专利行为，发现地管理专利工作的部门可以协调各专利违法行为发生地管理专利工作的部门联合开展专项行动。

假冒专利行为发现地管理专利工作的部门也可以按照本章第3节规定程序将案件分别移送各发生地管理专利工作的部门进行查处。

发现地管理专利工作的部门也可以联合各专利违法行为发生地管理专利工作的部门在同一时间开展专项行动，各自对本地区专利违法行为进行查处。

第6节 跨部门行政执法协作

6.6.1 与公安机关的执法协作

管理专利工作的部门依法查处假冒专利行为时,对于情节严重、构成犯罪的,或者发现有伪造或变造专利证书行为的,应当按照同级移送的原则,填写移送案件通知书,连同案件材料,及时移送公安机关。

对移送的案件,公安机关立案侦查后,认为没有犯罪事实,或者犯罪情节轻微,不追究刑事责任,将案件移送管理专利工作的部门的,管理专利工作的部门应当依法及时进行行政处理。

管理专利工作的部门在查处假冒专利过程中,对情节严重,社会影响大,可能追究刑事责任的案件,可以协调公安机关提前介入。

6.6.2 与工商、版权等职能部门的执法协作

对当事人同一行为同时侵犯了专利权和商标权和/或著作权,地方管理专利工作的部门应当以专利相关法律为依据进行专利侵权纠纷处理。必要时,协调工商、版权等职能部门共同妥善解决纠纷。

6.6.3 与海关的执法协作

管理专利工作的部门在处理专利侵权纠纷时,需要海关协助调取与进出口货物有关的证据的,可以要求海关予以协助。海关对专利侵权嫌疑货物进行调查,需要管理专利工作的部门提供咨询意见的,地方管理专利工作的部门应当予以协助。

第7章 执法管理

第1节 执法机构

7.1.1 执法资格

各级管理专利工作的部门应当具备下列条件,以适应开展专利行政执法工作的需要:

(1)拥有开展专利行政执法工作的固定场所,配置交通、通信、勘验、拍照、摄像、录音等必要的调查取证装备;

(2)有完善的内部工作制度。

7.1.2 执法条件建设

各级管理专利工作的部门应当完善执法工作条件,设立专门的执法办案场所,配备统一的工作服装、执法车、调查取证设备以及统一的执法标志。

7.1.3 执法队伍建设

各级管理专利工作的部门要加强执法队伍建设,全面提高专利行政执法人员的业务素质。

制定年度执法人员业务培训计划并予以落实,保证本行政区内每位执法人员每年的业务培训时间不少于5天。

加强执法人员的调研考察工作,通过上下级单位、平级单位的执法调研考察等多种方式,促进相互借鉴、共同提高,增强专利执法人员的执法办案能力和水平。

7.1.4 委托执法

按照《专利行政执法办法》第六条规定,专利行政执法部门可以依据本地实际,委托有实际处理能力的市、县级人民政府设立的专利管理部门查处假冒专利行为、调解专利纠纷。

7.1.4.1 实施委托的主体

地方知识产权局单位性质属于行政机关的,可依法开展专利行政委托执法工作。

委托单位属于参照公务员管理的事业单位性质的,不得直接开展委托执法工作。

市（含设区的市、地区、自治州、盟）知识产权局为参照公务员管理的事业单位或者纯粹的事业单位的，可由所在省级知识产权职能部门与符合条件的县级知识产权职能部门签订委托执法协议，开展委托执法工作。

省级知识产权职能部门委托县级知识产权职能部门开展执法工作的，对县级知识产权职能部门的业务指导，可由所在地市级知识产权职能部门代为行使。

7.1.4.2 承担委托执法的主体

承担委托执法任务的单位应符合以下条件：
（1）依法设立，并拥有管理公共事务的职能；
（2）有2名以上拥有行政执法资格的人员。

7.1.4.3 委托执法需要注意的相关事项

（1）委托授权应清晰规范。委托应由委托方与受委托方签订书面委托执法协议，明确委托执法的具体区域、范围、程序、委托期限、撤销委托的条件、监督、考核、责任承担等内容，规范委托执法行为。

（2）不得另行委托。受委托方接受委托后，应当自行开展执法工作，不得另行转委托其他组织和个人。

受委托方擅自实施转委托行为，因此产生的法律后果由受委托方自行承担。

第2节　执法人员管理

7.2.1 执法人员

7.2.1.1 执法人员资格

执法人员应当拥有专利行政执法资格，即持有国家知识产权局颁发的专利行政执法证，或者持有省级人民政府颁发的行政执法证件。

处理专利侵权纠纷的合议组组长以及查处假冒专利行为的主要承办人员，除具备上述条件外，还应具备2年以上专利行政执法工作经验。

7.2.1.2 主要职责

7.2.1.2.1 专利侵权纠纷案件执法人员组成及职责

案件处理采取合议制，一般案件应当由3名（含3名）以上单数执法人员组成合议组，包括合议组组长1人和成员若干。重大案件可以由办案处（科）室负责人或者管理专利工作的部门的负责人（包括分管执法工作的负责人）任合议组组长。

7.2.1.2.1.1 合议组组长职责

合议组组长负责案件全面处理，负责召集合议组合议会议，研究讨论案件事实、证据、法律依据，得出处理结果，主持案件调解工作，撰写合议组意见和结案报告及结案文书，负责案件的结案审批，落实案件的执行或申请强制执行，整理案件文书和材料归档等。

7.2.1.2.1.2 合议组成员职责

合议组成员负责协助组长工作，参加案件口头审理和合议，必要时兼任书记员，参加案件调解工作，接收和送达案件有关文书和材料，完成组长分配的其他工作。

负责制作口头审理、合议组合议或询问当事人笔录，准确记录发言人的意见。

7.2.1.2.2 专利纠纷案件执法人员组成及主要职责

管理专利工作的部门应当指派2名以上执法人员承办专利纠纷案件。

专利纠纷案件执法人员负责接收和送达案件有关文书和材料，进行立案审查，提出立案建议，主持口头调解，制作调解笔录，撰写结案报告及文书，整理案件文书和材料归档。

7.2.1.2.3 假冒专利案件执法人员和职责

管理专利工作的部门应当指派 2 名以上执法人员负责案件的处理。

7.2.1.2.3.1 职 责

办案处（科）室负责人应当在被指派的执法人员中确定案件主办人和协办人人选。

案件主办人负责案件处理过程中文书的起草及撰写、主持现场检查、讨论案情、拟定处理意见及呈报结案等工作。

案件协办人配合主办人员开展执法工作，负责文书整理，以拍照、录音方式提取证物等工作。

7.2.1.2.3.2 仪表与纪律

执法人员在行政执法时，应当佩戴专利行政执法标识，保持仪表端庄，着装严肃、整洁。

执法人员应当遵守以下纪律：

（1）分工合作，服从指挥；

（2）不得擅自向外界透露、传递尚未结案的案情信息等；

（3）为当事人保守技术与商业秘密；

（4）不得有收受当事人的礼品、礼金或有价证券等违反国家相关法律法规的行为；

（5）不得有妨碍执法公正、损害管理专利工作的部门形象的其他行为。

7.2.2 执法证管理

专利行政执法证件实行统一规范、分级管理制度。

国家知识产权局统一制作专利行政执法证，并向具备专利行政执法主体资格、参加专利行政执法上岗培训并考试合格的人员颁发。

各省（自治区、直辖市）人民政府管理专利工作的部门负责组织本行政区域内专利行政执法人员参加专利行政执法上岗培训并管理证件。

7.2.2.1 申领与发放

7.2.2.1.1 专利行政执法证申领表

各级管理专利工作的部门人员申领专利行政执法证，应填写专利行政执法证申领表，各省（自治区、直辖市）知识产权局人员的申领表应报国家知识产权局批准；其他各级管理专利工作的部门人员申领表应经各省（自治区、直辖市）知识产权局审核，并报国家知识产权局批准。

7.2.2.1.2 申领条件

申领专利行政执法证的人员应符合下列条件：

（1）具备大专及以上文化程度。

（2）是各级管理专利工作的部门的正式工作人员。

该部门是指由省、自治区、直辖市人民政府以及专利管理工作量大又有实际处理能力的设区的市人民政府设立的管理专利工作的部门。

以下部门的工作人员符合上述申领条件的，也可申领专利行政执法证：

① 地方性法规明确规定具有执法权的地区、自治州、盟和不设区的地级人民政府（行政公署）设立的知识产权局；

② 地方性法规明确规定具有执法权的县（区、市、旗）知识产权局；

③ 依有关规定开展执法工作的各级知识产权局下属单位，如执法大队；

④ 具有事业单位性质的各知识产权举报投诉与维权援助中心；

⑤ 承担委托执法任务的县（区、市、旗）知识产权局；

⑥ 新疆生产建设兵团知识产权局及其下辖师（市）知识产权局。

以上情况均需提供相应证明材料。

（3）熟悉专利法律、法规及规章。

（4）参加国家知识产权局或者各省（自治区、直辖市）人民政府管理专利工作的部门组织的专利行政执法上岗培训，并考核通过。

参加培训的人员应按要求报名、全程参加培训、参加资格考试并考试合格，培训期间遵守相关培训管理规定。

国家知识产权局对申请领取专利行政执法证的人员进行核查，对符合条件的，颁发专利行政执法证。

7.2.2.1.3 不予核发专利行政执法证的情形

申领人有下列情形之一的，不予核发专利行政执法证：

（1）近2年年度考核结果有不称职等次的；

（2）近2年在行政执法工作中有违法违纪行为的。

7.2.2.2 使用管理

专利行政执法人员履行行政执法职责时，应当随身携带并主动出示专利行政执法证。专利行政执法证限于持证人在本行政区域内依照法定职权使用，不得用于非行政执法活动。

专利行政执法证实行一人一证制度。持证人应当妥善保管行政执法证件，不得涂改、复制、转借、抵押、赠送、买卖或者故意损毁。专利行政执法证遗失的，持证人应当及时报告其所在管理专利工作的部门，经其所在机构查证属实，应当及时逐级报请国家知识产权局注销证件。持证人应当按规定申请补办证件。专利行政执法证损毁的，经持有人所在管理专利工作的部门查证属实，持证人可申请更换新证。

7.2.2.3 专利行政执法证的年检

对专利行政执法证实行核检制度，每两年进行一次。持证人所在单位应当于发证后第二年的第四季度将持证人的专利行政执法证及相关材料报发证机关，经审验合格的，由发证机关加盖审验印鉴；对没有达到年度审验要求的，不予通过年度审验。未通过年度审验的，不得再从事专利行政执法工作。未经发证机关年度审验的专利行政执法证自行失效。

国家知识产权局负责各省（自治区、直辖市）人民政府管理专利工作的部门的专利行政执法证的核检；各省（自治区、直辖市）人民政府管理专利工作的部门负责本行政区域内各级管理专利工作的部门专利行政执法证的核检，并报国家知识产权局备案。

发证机关对持证人的下列情况予以审验：

（1）执法工作考核情况；

（2）参加执法培训的情况；

（3）执法违纪或重大执法过失的情况；

（4）受奖励或处分的情况；

（5）发证机关规定的其他情况。

持有专利行政执法证的人员有下列情形之一的，所在管理专利工作的部门应当收回其专利行政执法证，并交国家知识产权局注销：

（1）不参加专利行政执法证年度审核的；

（2）调离管理专利工作的部门的；

（3）辞职、辞退、长期休假或退休的；

（4）因其他原因应当收回的。

被注销专利行政执法证的人员,2 年之内不得再申请领取专利行政执法证。

专利行政执法证的持有人有下列情形之一的,应吊销其专利行政执法证:

(1) 超越法定权限执法或者违反法定程序执法,造成严重后果的;
(2) 在非履行职责和执行公务时使用专利行政执法证,造成不良影响的;
(3) 将专利行政执法证复制、转借、抵押、赠送、出卖、故意损毁,造成严重后果的;
(4) 变造专利行政执法证的;
(5) 利用专利行政执法证进行违法违纪活动的;
(6) 有徇私舞弊、玩忽职守等渎职行为的;
(7) 受到开除公职行政处分的;
(8) 受到行政拘留处罚或者判处刑罚的;
(9) 有其他违纪违法行为,不宜从事专利行政执法工作的。

被吊销专利行政执法证的人员不得再从事专利行政执法工作。

7.2.3 执法培训

7.2.3.1 上岗培训

7.2.3.1.1 培训对象

拟从事专利行政执法工作且未取得国家知识产权局颁发的专利行政执法证的专利行政执法工作人员。

7.2.3.1.2 培训目标

确保接受培训人员掌握专利行政执法相关的基本政策法律知识、执法程序及办案要求,具备初步承担专利行政执法办案工作的能力。

7.2.3.1.3 培训内容

专利行政执法培训采取课堂授课与模拟庭审相结合的培训方式,主要包括以下内容:基础法律法规、专利行政执法实务、专利侵权判定、专利侵权救济、专利侵权案例分析、案件调处模拟等。

7.2.3.1.4 培训途径

####### 7.2.3.1.4.1 国家知识产权局组织的上岗培训

国家知识产权局举办的上岗培训班,参训人员范围为全国各有关地方知识产权局执法人员,各省、自治区、直辖市知识产权局及执法工作量较大的地市知识产权局可推荐 1 至 2 名本辖区执法处(科)工作人员参加培训。

####### 7.2.3.1.4.2 地方知识产权局组织的上岗培训

根据地方执法工作需求与新上岗执法人数量,省级知识产权局可申请举办由国家知识产权局颁发专利行政执法证的上岗培训班,培训范围以本地执法人员为主,适当兼顾周边地区执法人员。

计划组织上岗培训班的地方知识产权局需提前将举办培训的请示与培训方案(包括培训需求、培训对象及人数、培训地点等)上报至国家知识产权局,经国家知识产权局审批后,可举办由国家知识产权局颁发专利行政执法证的上岗培训班。

地方知识产权局组织的上岗培训,应按照国家知识产权局规定的培训内容与其他要求进行培训,按照国家知识产权局试题组织考试,由国家知识产权局人员监考并组织试卷评阅。

7.2.3.1.5 考核方式

参训学员应参加由国家知识产权局组织的资格考试,备考资料包括专利行政执法相关法律法规、相关教材及教师课件。国家知识产权局派员参加考试监考。国家知识产权局组织阅卷，试卷存档。

试题从专利行政执法上岗培训试题库中抽取，考试通过者将获得申领国家知识产权局颁发的专利行政执法证的资格。考试不合格的学员，需重新报名参加下一期上岗培训并通过考试，方可获得领取专利行政执法证的资格。

考试通过者申领专利行政执法证应填写《专利行政执法证申领表》，并经所在单位和省、自治区、直辖市人民政府管理专利工作的部门签署意见并盖章后，由省、自治区、直辖市管理专利工作的部门统一报至国家知识产权局专利管理司。

7.2.3.2 提高培训

7.2.3.2.1 培训对象

专职从事专利行政执法工作2年以上的人员。

7.2.3.2.2 培训目标

确保培训对象熟练掌握专利行政执法相关政策法规知识，提高执法工作的法律素养与政策水平，增强执法办案能力与跨地区执法协作的能力。

7.2.3.2.3 培训内容

我国专利行政执法工作与知识产权保护工作形势与政策发展；国际知识产权规则，国外知识产权执法的发展与变化；有关系统知识产权执法的实践与思考；专利审批与无效程序；专利权稳定性评价；专利信息检索与分析；专利侵权的判定与救济研究；典型专利侵权案例分析与讨论。

7.2.3.2.4 培训方式

国家知识产权局每年举办提高培训班，由各省、自治区、直辖市知识产权局及执法工作量较大城市知识产权局分别推荐1至2名本辖区执法部门已取得专项行政执法证的工作人员参加培训。

第3节 执法专项经费

7.3.1 经费范围

专利行政执法专项经费是中央财政安排的用于支持专利行政执法工作的专项经费。专项经费的支持对象主要为省、自治区、直辖市知识产权局和地市知识产权局。

专项经费实行项目管理，由国家知识产权局与项目承担单位签订委托合同书。委托合同书是预算执行、监督和财务验收的重要依据。专项经费直接拨付到项目承担单位。

专项经费的管理和使用应当遵循权责明确、专款专用、注重绩效的原则，并遵守国家有关财务制度。

7.3.2 管理职责

7.3.2.1 国家知识产权局职责

国家知识产权局负责专项经费计划的制定、委托合同的审批、经费使用的监管及绩效考核。主要职责是：

（1）制定专项经费管理制度；

（2）编制专项经费年度预算，提出专项经费项目安排方案；

（3）对专项经费的使用进行指导、监督，组织财务验收、考核。

7.3.2.2 项目承担单位的主要职责

（1）建立健全项目承担单位主要领导和项目负责人相结合的管理责任制，主要领导承担项目领导责任，项目负责人承担项目执行责任；

(2) 按项目合同执行经费预算,将项目经费纳入单位财务管理,专款专用,单独核算;

(3) 严格执行项目合同要求,保证项目进度和实施效果;

(4) 总结上报项目进展情况和有关信息报表,并做好相关文件资料的收集、整理和归档管理,及时呈报决算报告;

(5) 配合对项目实施情况进行年度财务验收和绩效考核。

7.3.3 申请、审批、使用和验收

7.3.3.1 项目承担单位应具备的条件

(1) 具有实施项目的基础条件和保障能力,有健全的财务管理制度;

(2) 具有承担项目的团队,且人员结构合理,项目责任人具有完成项目所需的组织管理和协调能力;

(3) 具有良好的信誉度;

(4) 满足项目要求的其他条件。

地方知识产权局上一年度执法维权绩效考核结果,作为项目委托的主要依据。

7.3.3.2 专项经费的申请与审批

申请专项经费项目,应当由项目承担单位向国家知识产权局提出申请。申请材料应包括项目申请书、工作计划、经费预算、执行进度安排和绩效目标。

专项经费项目审批按照国家知识产权局有关规定执行。

在项目实施中,项目承担单位必须严格执行国家有关财务制度,按照委托合同规定的使用用途和要求,保证项目经费专款专用、单独核算。

专项经费项目一经批准,不得自行调整。项目执行中确需变更、终止的,须由项目承担单位向国家知识产权局提出书面申请,经审核批准后方可调整。

专项经费项目应于当年完成。因客观原因造成当年不能完成的,应向国家知识产权局报告。

7.3.3.3 验 收

专项经费项目完成后,由国家知识产权局对项目进行财务验收。财务验收包括经费支出、项目完成情况等。

专项经费项目的申请书、工作计划、经费预算、执行进度安排和绩效目标是财务验收的重要依据。

项目完成超过进度要求 1 个月以上,且未经国家知识产权局同意的,或者未达到目标要求,实际效果严重背离预期的,国家知识产权局不予组织财务验收。

项目承担单位存在下列行为之一的,不得通过财务验收:

(1) 没有及时完成委托任务;

(2) 项目完成情况没有达到委托要求;

(3) 未对项目经费进行单独核算;

(4) 截留、挤占、挪用专项经费;

(5) 违反规定转拨、转移专项经费;

(6) 提供虚假财务会计资料;

(7) 其他违反国家财经纪律的行为。

项目通过财务验收后,项目承担单位应在 1 个月内及时办理财务结账手续。

7.3.4 监督与考核

项目承担单位应当接受并积极配合国家知识产权局的监督和考核。地方知识产权局要加

强对专项经费的监督和管理，对专项经费进行单独核算。项目经费使用过程中出现严重违规、违纪行为的，依照国家相关法律法规办理。

项目承担单位应当按照《财政支出绩效评价管理暂行办法》（财预〔2011〕285号）的规定提交绩效报告。

绩效报告的主要内容包括：

（1）基本概况，包括项目承担单位基本情况、项目内容、项目目标及调整情况；

（2）项目经费安排落实情况、实际使用情况；

（3）项目经费管理情况，包括财务管理制度及执行情况；

（4）项目管理措施及组织实施情况，包括项目管理制度建设、日常检查监督管理等情况；

（5）项目目标完成情况，对项目成本控制、项目完成进度及质量、经费使用效果等情况进行分析，将项目支出后的实际状况与项目预定目标对比，未完成目标的说明原因；

（6）经费安排、使用过程中的主要经验及做法、存在的问题和建议；

（7）其他需要说明的事项。

国家知识产权局对项目承担单位的项目完成情况进行记录，并作为下一年度是否继续支持或委托的重要依据。

第4节 执法工作机制

7.4.1 执法专项行动

各地方知识产权局要按照集中、有力、务实的原则，深化专项行动工作机制，将专项行动作为锻炼执法队伍、加大执法办案力度、提升执法能力的重要手段，作为提高广大创新者、消费者满意度和保障民生的重要抓手抓紧抓实。每年第二、第三季度，集中开展知识产权执法维权"护航"专项行动。专项行动要结合当地实际，以涉及民生领域、重大项目、优势产业为重点，开展形式多样的专项行动启动与推进活动，针对大型商品流通场所和展会，每月至少组织开展一次集中检查、集中整治、集中办案，大力开展专利侵权调处和假冒专利查处工作，扩大执法办案工作声势；要加大对商品批发市场、专业批发市场、商品集散地的监督检查力度，每月至少组织开展两次集中检查、集中整治、集中办案，增强执法维权快速反应能力，提高人民群众对知识产权执法维权的满意度。专项行动中，要通过当地主要媒体、政府网站和本局网站向社会公众公开专项行动执法办案电话和主要活动。各省（自治区、直辖市）知识产权局在每年第一季度向国家知识产权局报送专项行动工作方案，第四季度报送专项行动总结。国家知识产权局根据专项行动方案内容、实际成效，选择地方知识产权局予以重点推进和支持。

7.4.2 展会执法

各管理专利工作的部门在严格执行《展会知识产权保护办法》（商务部、国家工商行政管理总局、国家版权局、国家知识产权局2006年第1号令）的同时，还应做好以下工作。

7.4.2.1 组织展前参展商品预防专利侵权检查的排查工作

为预防展品出现专利侵权行为，各管理专利工作的部门应协调展会主办方，必要时联合有关商（协）会，指导参展商展前对拟参展商品进行预防专利侵权的自查，并对需要重点关注的参展企业组织抽查。对可能侵犯专利权的商品，告知参展商应停止参展，并依照有关法规处置。各管理专利工作的部门应告知本地参展商，当参展商品被展会知识产权投诉机构确认涉嫌侵权假冒后，应立即撤展。

7.4.2.2 加大对展会中专利侵权假冒行为的处理打击力度

对于展会现场知识产权投诉机构能够确认侵权事实的,应要求侵权人立即停止侵权行为,尽快将侵权商品撤展,同时,尽快促成双方协商解决,进行快速调解;对难以快速调解的,应帮助权利人保留证据,并出具相关证明,指导权利人及时请求具有管辖权的管理专利工作的部门处理或向人民法院起诉。对于无法确认是否侵权的,应迅速移交具有管辖权的管理专利工作的部门处理。各管理专利工作的部门接到相关单位移交的侵权假冒案件后,应立即启动法律程序,依法开展执法维权工作。对于涉嫌犯罪的假冒专利案件,应及时移送公安部门追究刑事责任。

在展会专利案件后续程序中,针对专利侵权假冒案件,特别是反复侵权、群体侵权案件和严重的假冒专利案件,应通过建立跨省(自治区、直辖市)联动打击机制,加大打击力度;对符合督办条件的案件,应及时报请国家知识产权局督办。各相关管理专利工作的部门要通过跨省(自治区、直辖市)联动打击机制,明确专人负责、协作范围、结案时间。各有关管理专利工作的部门应当依据法律法规和政策,坚决打击涉及展会的专利侵权假冒行为,不得包庇侵权假冒企业。

7.4.2.3 建立知识产权系统展会专利执法维权信息通报机制

各管理专利工作的部门对涉及展会专利执法维权的重要问题和情况要及时上报国家知识产权局。对于根据管辖权移送的案件,相关管理专利工作的部门要做好案件线索的相互移交工作。对于本地参展商被外地参展商群体、反复、恶意侵权的行为,要及时通报侵权参展商所在地知识产权局。

展会主办地知识产权局要及时向国家知识产权局报送每届展会专利侵权假冒案件情况,国家知识产权局将向各管理专利工作的部门通报,各管理专利工作的部门要结合案发情况,采取相应工作措施。各地方知识产权局要建立历年投诉案件信息库,并及时归纳分析,做好有关预警工作。对多次被投诉的参展商,要建议有关部门取消其参展资格,并纳入本地有关社会信用评价体系。

7.4.2.4 加大对参展商的宣传培训力度

各管理专利工作的部门要协调本地参展工作主管部门,在展前对本地参展商进行宣传培训。宣传培训应强调专利侵权假冒行为的法律责任,突出侵权假冒行为的危害性,宣讲政府坚决打击展会专利侵权假冒行为的政策措施,介绍展会专利执法维权的基本程序、所需证据材料等内容,推广"12330"知识产权维权援助举报投诉公益电话。要增强宣传培训的针对性,震慑潜在的侵权假冒行为人员。

7.4.3 执法协作调度

7.4.3.1 工作目标与重点

建立全系统和若干区域专利行政执法协作调度中心,开展跨地区案件与疑难案件调配工作,开展专项行动联合检查活动,提高执法办案协作水平与效率,加快实现跨地区执法协作的系统化、规范化。

7.4.3.2 组织架构

7.4.3.2.1 协作调度中心运行方式

区域性专利行政执法协作调度中心通过区域专利行政执法协作的方式运行,各地区内的省级知识产权局在国家知识产权局的见证下签订协作协议,并依照协议的规定开展区域专利行政执法协作工作。

7.4.3.2.2 协作调度中心的领导机构

参加协作的各省级知识产权局建立共同区域专利行政执法协作调度联席会议制度。联席会议负责本区域专利行政执法协作调度中心的领导和协调相关工作。会议原则上每年召开一次，总结交流上年度工作情况，协商确定下年重点工作；根据工作需要也可根据会议召集人提议不定期召开。会议召集人每年按顺序进行轮换，会议召集人为协作调度中心执行主任，首次会议由国家知识产权局确定的该区域省级知识产权局负责召集。

联席会议的主要职责是：

（1）统筹、协调专利行政执法协作调度工作；

（2）审定专利行政执法协作调度工作相关管理制度、工作流程和工作计划；

（3）会商执法协作中出现的重大、疑难问题；

（4）其他需要联席会议决定的事项。

联席会议设立办公室，同时作为区域专利行政执法协作调度中心办公室，负责日常工作。办公室设在会议召集人所在省级知识产权局。参与协作调度的其他省级知识产权局协助办公室开展工作。

联席会议办公室的职责是：

（1）承担日常组织、联络工作；

（2）起草本地区专利行政执法协作调度中心工作方案，提议年度工作计划；

（3）按照国家知识产权局要求及本地区各专利行政执法部门的请求，调度协调相关专利行政执法部门开展专利行政执法协作工作；

（4）根据联席会议的安排，组织召开工作例会、研讨会等；

（5）联席会议交办的其他事项。

7.4.3.2.3 协作调度中心的执行机构

协作调度中心的执行机构为本区域的各省级知识产权局。各执行机构建立联络室，负责跨省（自治区、直辖市）协作和省（自治区、直辖市）内调度等日常工作。参与协作的各省级知识产权局依照有关法律、法规和相关协议开展专利执法协作工作，对须调度中心协调的重大事项，可以请求联席会议办公室进行协调。

7.4.3.3 协作调度中心的工作任务和分工

7.4.3.3.1 建立跨区域人员调度制度

参与协作的各省级知识产权局在本省（自治区、直辖市）因执法力量不足导致案件办理出现困难的情况下，可以请求相关省级知识产权局调配人员协助开展行政执法工作。对于各地重大展会，可以相互派出执法人员作为专家配合驻会执法工作。各省级知识产权局每年开展一次以上统一执法行动。联席会议办公室可以根据各省级知识产权局的请求，协调相关省级知识产权局执法人员到提出请求的省（自治区、直辖市）辖区内进行执法协助工作。

7.4.3.3.2 建立跨区域立案协作制度

参与协作的各省级知识产权局须同意建立本区域和跨区域的立案协作制度。在其辖区内的地级以上市知识产权局对于跨省（自治区、直辖市）的案件，可将案件材料移送至相关知识产权局，并抄送各自和对方省级局；接受移送的知识产权局应及时向对方反馈相关情况和通报处理结果。

参与协作的各省级知识产权局对于不能自行协调的跨区域案件可报送联席会议办公室进行协调。若协调不成，可报请国家知识产权局协调。

7.4.3.3.3 建立跨区域案件调度制度

参与协作的各省级知识产权局对于各自查处的假冒专利线索相互进行通报，共享假冒案件线索。对于跨省（自治区、直辖市）的重大专利侵权案件，通过联合办案建立跨区域案件调度制度。对各自立案进行处理的群体性侵权案件和共同侵权等案件，建立案件会审制度，根据各区域办案力量情况协商确定会审单位，对于同类案件按统一标准处理，提高此类案件的处理效率和法律效果。

联席会议办公室可依据具体情况协调跨省（自治区、直辖市）的重大专利侵权案件的会审单位、专业人员等工作。

7.4.3.3.4 建立跨地区执法协助制度

对于需异地取证的案件，根据有管辖权的一方提出的请求，被请求方应积极配合协助开展专利侵权纠纷和假冒专利的调查取证工作。参与协作的各省级知识产权局可对跨区域重大专利案件协商开展统一的联合执法行动；对于难以办理的疑难案件，可以请求协同处理。

联席会议办公室可依据各省级知识产权局请求或根据情况，协调有关执法协助工作。

7.4.3.3.5 建立侵权判定专家资源共享制度

各省级知识产权局根据各自执法人员的学历、专业、特长等情况建立专利行政执法专家库，并且共享执法专家资源。对于疑难技术问题，可以请求相关省级知识产权局派出专家予以协助。

联席会议办公室将与各地区专利侵权判定咨询中心建立相关协作机制，根据相关省级知识产权局请求，推荐相关领域专家，由各地区专利侵权判定咨询中心对省级知识产权局提出的重大疑难专利纠纷案件进行侵权判定咨询。

7.4.3.3.6 加强执法交流工作

参与协作的各省级知识产权局应大力加强专利行政执法交流工作，可根据情况相互派出人员，进行人员交流和学习。加强专利行政执法经验交流，共享专利行政执法培训资源，根据需要开展专利行政执法联合培训工作，促进区域专利行政执法能力和水平的提高。联席会议办公室协调开展区域专利行政执法的业务交流、人员交流等工作。

7.4.3.3.7 建立重大问题会商制度

参与协作的各省级知识产权局对于专利行政执法协作工作中出现的重大及疑难问题应本着平等、协作、互助的精神协商进行解决，对于确实不能解决的争议问题，可以提交联席会议进行讨论，并尊重联席会议的会商决定。

联席会议办公室负责协调参与协作的各省级知识产权局在专利行政执法协作中的争议问题，可根据情况提议召集联席会议，召集参加协作的各省级联络室会商有关问题。

第5节 执法案件文书及档案管理

7.5.1 执法文书

制作执法文书应当使用 A4 纸，双面打印，纵向使用。每页顶部应当留有 25 毫米空白，左侧应当留有 25 毫米空白，右侧应当留有 25 毫米空白，底部从页码下沿至页边应当留有 20 毫米空白。

文字应当自左向右横向书写。每页 25 行。标题文字使用二号宋体加黑，正文使用三号仿宋体。字体颜色为黑色。行距采用单倍行距。

应当用阿拉伯数字顺序编写页码，页码应当置于每页底端，并左右居中。

执法文书应当加盖管理专利工作的部门的骑缝章。

7.5.2 专利执法案件档案

专利行政执法案件档案是专利行政执法工作中直接形成的，具有查证、考究利用价值的，应当保存的文字、图表、声像等不同形式的原始历史记录。

专利执法案件档案分为查处和调处两类。

7.5.2.1 专利执法案件档案立卷的原则

专利执法案件档案立卷应遵循以下原则：

（1）真实原则，即收集的内容应当是执法过程中产生的原始文件；

（2）独立原则，即每一个案件应当建立一份独立的案卷。

7.5.2.2 专利行政执法案件档案的形式

归档的专利行政执法案件材料必须完整、准确，保证相互关联，全面客观地反映专利行政执法工作的全过程。

专利行政执法案件文件材料必须用 A4 规格纸张，或折叠为 A4 规格大小。文字应当是打字、印刷，或用签字笔或钢笔（用碳素或蓝黑墨水）书写、签发，字迹工整，签字手续完备。图片、图纸、照片应当保证图像清晰，并折叠为 A4 规格大小或粘贴于 A4 纸张上。

专利行政执法案件档案的案卷包括：案卷夹、卷宗封面、卷内目录、案卷夹内的各种文件。

7.5.3 专利行政执法案件材料的收集

7.5.3.1 收 集 人

案件材料实行档案管理人员（书记员可以兼任）立卷制度，做到谁承办，谁立卷，案结卷成。

7.5.3.2 收集时间

案件承办人员在结案后 15 日内，应当认真检查案件的全部材料是否收集齐全。若发现文件材料不齐备的，应当及时补齐或补救，并去掉与本案无关的材料，再行排列整理。

7.5.3.3 收集份数

归档的专利行政执法文件材料，一般只保存一份（有领导批示的除外），重份的材料应当剔除。多余的调解书、处理决定书、撤销案件通知书，为备日后查考，可以保留三份夹在已装订好的卷内。

7.5.3.4 不予归档的执法文件材料

下列专利行政执法文件材料可以不归档，由承办人员自行处理：

（1）没有参考价值的信封、转办单、工作材料；

（2）内容相同的重份材料；

（3）与本案无关的材料。

7.5.4 专利行政执法文件材料的整理编目

专利行政执法的文件材料，按年度、一案一号的原则，单独立卷。每个案件从立案到结案所形成的法律文书、公文、函电等一律使用立案时编定的案号。

7.5.4.1 编目顺序

专利行政执法文件材料的排列顺序，应当按照行政执法程序的客观进程形成文件材料时间的自然顺序，兼顾文件之间的相互联系进行排列。具体排列顺序如下：

调处类：

（1）卷宗封面；

（2）卷内目录；

(3) 处理决定书或撤销案件通知书;
(4) 请求书;
(5) 立案审批表;
(6) 受理案件通知书、口头审理通知书;
(7) 答辩通知书、口头审理通知书;
(8) 当事人身份证明材料及其委托代理人相关手续;
(9) 请求人举证材料;
(10) 被请求人举证材料;
(11) 答辩书;
(12) 询问笔录;
(13) 调查笔录或调查取证材料;
(14) 委托代理人、法定代表人授权委托书、法定代表人身份证明;
(15) 口头审理笔录;
(16) 合议笔录;
(17) 撤回调处请求书以及调解协议(以撤回请求结案的);
(18) 结案审批表;
(19) 送达回证。

查处类:
(1) 卷宗封面;
(2) 卷内目录;
(3) 处罚决定书;
(4) 举报、投诉书或市场检查材料;
(5) 立案审批表;
(6) 笔录;
(7) 违法嫌疑人身份资料(企业营业执照副本复印件、法定代表人身份证明、居民身份证复印件);
(8) 违法嫌疑人委托资料;
(9) 违法事实证据材料;
(10) 违法嫌疑人陈述、申辩材料及相关证据;
(11) 处罚前告知书;
(12) 听证通知书(有听证的);
(13) 听证笔录(有听证的);
(14) 结案审批表;
(15) 责令改正通知书;
(16) 送达回证。

独立成册的书证材料,应当与案卷材料一起组卷,作为案卷的附件编号。

7.5.4.2 逐页编号

文件材料经过系统排列后,应当逐页编号。页号一律用阿拉伯数字编写在有文字正面的右下角、背面的左下角。案卷封面、卷内目录、封底不编号。

7.5.4.3 卷内目录

卷内目录应当按文件材料排列顺序逐件填写。一份文件材料编一个顺序号。立卷时根据案件性质选用相应的一种，并在目录的相应"材料名称"之后填上所在页次。属卷内目录所列范围之外的应当归档材料，放在"其他"栏填写或归入"附书证"栏中。

7.5.4.4 案卷装订

案卷装订前，应当对文件材料进行全面检查，材料不完整的应当补齐，破损或褪色的应当修补、复制。订口过窄或有字迹的应当粘贴衬纸。纸张过大的材料应当修剪折叠。加边、加衬、折叠均以 A4 规格纸张为准。需要附卷保存的信封，应当打开展平加贴衬纸，邮票不得取掉。文件材料上的金属物应当剔除干净。卷宗的装订必须牢固、整齐、美观、不丢页、不压字、不损坏文件、不妨碍阅读、便于保管和利用。

每卷的厚度以不超过 20 毫米为宜。材料过多的，应当按顺序分册装订。

案卷采用左侧三孔一线方法装订，以底边和翻口取齐。

7.5.5 专利行政执法案卷的移交

案件自立案之日 6 个月内由案件承办人员向案件档案管理员移交。

案件档案管理员应当逐卷清点，检查案卷质量，对不符合规定要求的案卷应当及时地采取措施予以补救。案件档案管理员确认移交案卷符合要求后，交接双方要在案卷移交清单上签字。

第 6 节　知识产权维权援助与举报投诉工作

2008 年，根据《国务院关于议事协调机构设置的通知》（国发〔2008〕13 号），由国家知识产权局承担原国家保护知识产权工作组的工作。为适应工作需要，国家知识产权局印发《关于知识产权维权援助中心开展举报投诉服务工作的通知》，决定由各知识产权维权援助中心开展知识产权举报投诉服务工作。

2015 年 3 月，中共中央、国务院印发《关于深化体制机制改革加快实施创新驱动发展战略的若干意见》，对创新驱动发展战略作出重要顶层设计和重大改革部署，提出要实行严格的知识产权保护制度，明确要健全知识产权维权援助体系。

7.6.1 知识产权维权援助工作

7.6.1.1 维权援助对象

（1）经济援助：因经济困难，不能支付知识产权纠纷处理和诉讼费用的中国公民或法人；

（2）智力援助：遇到难以解决的知识产权事项或案件的中国公民、法人或其他组织。

7.6.1.2 维权援助内容

（1）组织提供有关知识产权的法律法规、申请授权的程序与法律状态、纠纷处理和诉讼咨询及推介服务机构等服务；

（2）组织提供知识产权侵权判定及赔偿额估算的参考意见；

（3）为具有较大影响的涉外知识产权纠纷以及无能力支付纠纷处理和诉讼费用的中国当事人提供一定的经费资助；

（4）协调有关机构，研究促进重大涉外知识产权纠纷与争端合理解决的方案；

（5）对疑难知识产权案件、滥用知识产权和不侵权诉讼的案件，组织研讨论证并提供咨询意见；

（6）为重大的研发、经贸、投资和技术转移活动组织提供知识产权分析论证和知识产权预警服务；

（7）对大型体育赛事、文化活动、展会、博览会和海关知识产权保护事项，组织提供快捷的法律状态查询及侵权判定等服务。

7.6.1.3 维权援助的主要形式

(1) 采取口头咨询、解答的形式；

(2) 组织专家论证，制定具体的维权或应对方案；

(3) 委托专项服务，可以在协作单位中推荐服务机构开展相应的知识产权服务，维权援助中心适当资助有关服务费用；

(4) 提供资金援助；

(5) 启动协调、调解程序；

(6) 其他可行的形式。

7.6.2 知识产权举报投诉工作

7.6.2.1 举报投诉工作内容

(1) 知识产权维权援助中心应当接收任何单位或个人对知识产权侵权、知识产权违法案件的举报或投诉，以及接收转送的举报或投诉案件；

(2) 知识产权维权援助中心接收的举报或投诉案件，要及时向有关知识产权行政执法机关或公安机关转送，并向举报人或投诉人反馈案件的处理情况和结果；

(3) 知识产权维权援助中心接收其他举报投诉服务机构转送来的案件，在交由所在地相关执法机构依据有关法律处理后，应当通过知识产权维权援助中心向举报人或投诉人反馈案件的处理情况和结果；

(4) 知识产权维权援助中心要进一步做好维权公共服务工作，提供保护知识产权方面的法律法规咨询服务，指导单位或个人依法对知识产权侵权、知识产权违法案件进行举报或投诉；

(5) 知识产权维权援助中心和原知识产权举报投诉服务中心同设在地方知识产权局下的，可以实行整合并开展举报投诉和维权援助服务工作（一套班子两个牌子）；

(6) 各地应根据开展知识产权维权援助和举报投诉服务工作的需要，结合实际情况，按照《关于开展知识产权维权工作的指导意见》（国知发管字〔2007〕157号）的有关要求，设立知识产权维权援助中心。

7.6.2.2 工作目标

建成以各知识产权维权援助中心为主体，各中心所属知识产权局及有关部门为支撑，部门协作、区域互动的知识产权举报投诉工作体系，促进知识产权执法工作效率的提高，为权利人和社会各界的维权和监督提供便利。

7.6.2.3 业务范围

各知识产权维权援助中心应接收涉及专利权、商标专用权、著作权、植物新品种权、集成电路布图设计专有权、商业秘密、地理标志及其他知识产权的举报投诉。其中举报是指非权利人提供知识产权违法犯罪行为线索，投诉是指权利人申诉他人侵犯其合法权益。

7.6.3 "12330" 知识产权维权援助与举报投诉工作平台

7.6.3.1 主要工作内容

(1) "12330" 服务电话——接收维权援助申请和举报投诉；

(2) 知识产权相关知识咨询；

(3) 建立专家库，提供维权援助服务；

(4) 建立案件移送机制，转交相关案件。

7.6.3.2 特色工作
7.6.3.2.1 专利侵权判定咨询服务

发挥知识产权维权援助中心力量，组织调动社会资源，为各知识产权局提供专利侵权案件的判定咨询服务（属于系统内咨询服务性质）。

电子商务领域执法维权专项行动中，中心与电子商务平台建立沟通合作机制，为其提供专利侵权判定咨询服务。

7.6.3.2.2 推进知识产权快速维权工作

2012 年，国家知识产权局印发《国家知识产权局关于开展知识产权快速维权试点工作的通知》（国知发管字〔2012〕112 号）。在产业聚集区开展知识产权快速维权试点工作，建立专利快速维权、快速审查及快速确权机制。推动建立行政与司法衔接机制及行业保护机制。目前快速审查和确权限于外观设计专利。

7.6.3.3 监督和管理

知识产权维权援助中心应在本辖区内的主要媒体上公告知识产权维权援助和举报投诉公益电话，公示维权援助和举报投诉流程及管理制度，接受社会监督，提高社会认知度。

知识产权维权援助中心应建立规范的维权援助与举报投诉受理及处理过程的档案和记录，对维权援助和举报投诉电话要有录音。

知识产权维权援助中心可以接受人民法院委托，开展专利民事纠纷案件的诉调对接以及司法调解委托工作。

知识产权维权援助中心应对工作人员开展职业纪律教育，规范行为，提高工作人员的业务能力和服务水平。

有条件的知识产权维权援助中心可以根据工作需要在本辖区内设立分中心或工作站。设立分中心或工作站的，须在发文之日起 1 个月内报省级知识产权局备案。

省级知识产权局负责统筹指导各省级知识产权维权援助中心的工作，对本行政区域内各知识产权维权援助中心的工作人员开展业务培训。

各省市知识产权局负责本行政区域内知识产权维权援助中心及其分中心或工作站的监督和指导工作。

省级知识产权局负责对各地申报的省级知识产权维权援助中心进行资料审核和实地考察，符合条件的，授予"中国（××）知识产权维权援助中心"。

符合申报国家知识产权维权援助中心条件的省级知识产权维权援助中心，按国家知识产权局的要求提出申请，由省级知识产权局向国家知识产权局推荐。

省级知识产权局负责对省级知识产权维权援助中心运行情况进行考核。不合格的，提出整改要求；连续两次考核不合格的，取消其省级知识产权维权援助中心资格。

省级知识产权维权援助中心工作人员有不履行或不正确履行法定职责的情形，造成危害后果或者不良影响的，依照有关规定追究过错责任。

第 7 节 指导与监督

7.7.1 执法目标责任制

各管理专利工作的部门要建立以执法办案工作为核心的执法工作目标责任制。局主要负责人为执法工作第一责任人，积极推行局领导、处长（科长）、执法人员三级负责制，形成局领导监督、执法处长（科长）指导、执法人员执行的责任机制。

各管理专利工作的部门要严格落实执法办案责任制，将执法办案责任落实到各级领导、各位办案人员,细化分解每个执法人员的办案任务,加强执法办案的精细化管理,同时对下辖各级知识产权局健全执法工作目标责任制的落实和运行情况进行重点督促和检查。

7.7.2 执法督查、督导、督办和指导
7.7.2.1 执法工作督查

国家知识产权局对省(自治区、直辖市)知识产权局执法工作组织年度督查和专项督查。省(自治区、直辖市)知识产权局对本行政区域内知识产权局执法工作开展年度督查和专项督查。

督查中应核验执法档案、执法数据、办案条件、知识产权维权援助中心设置及"12330"接收举报投诉和转交办理等情况。接受督查的管理专利工作的部门应就督查中提出的突出问题进行整改。

7.7.2.2 执法案件督办

国家知识产权局对具有重大影响的专利侵权案件和假冒专利案件进行督办。省(自治区、直辖市)知识产权局对本行政区域内具有较大影响的专利侵权案件和假冒专利案件进行督办。根据实际情况,对有关案件进行公开挂牌督办。加大对大型展会上和电子商务领域中发生的侵权假冒案件的督办工作力度。

负责督办的知识产权局应跟踪案件办理进程,接受督办的管理专利工作的部门对督办案件应尽快办理并及时提交办理结果。

7.7.2.3 重大专利案件报告备案
7.7.2.3.1 备案原则

重大专利案件报告备案,必须坚持真实、全面、高效的原则。

7.7.2.3.2 重大专利案件

本节所称重大专利案件,是指管理专利工作的部门调处或查处的以下案件:

(1)被侵权人为外国或我国香港、澳门、台湾地区的当事人,专利侵权损害额超过10万元的,以及侵权人为外国或我国香港、澳门、台湾地区的当事人的专利侵权纠纷案;

(2)信息技术、生物技术、医药技术、环境保护、食品安全等高新技术领域专利侵权损害超过10万元的纠纷案;

(3)跨3个以上省、自治区、直辖市的,或群体侵权、后果严重的纠纷案件;

(4)侵权造成的损失超过20万元的纠纷案;

(5)违法所得在3万元以上的假冒专利案件;

(6)罚款额超过4万元的假冒专利案件;

(7)在处理或查处中需要国家知识产权局指导、协调或组织查处的疑难或有重大影响的案件。

7.7.2.3.3 报送部门和时间要求

重大专利案件应当自结案之日起1周内,也可以在办案过程中,由承办案件的管理专利工作的部门报告国家知识产权局,承办单位是市(地、州)级管理专利工作的部门的,还应当同时向省级管理专利工作的部门报告。

对关系到国家经济安全与人身安全的特别重大的专利案件,办案机关应当在立案前或立案之日起1周内向国家知识产权局报告,承办单位是市(地、州)级管理专利工作的部门的,还应当同时向省级管理专利工作的部门报告。

重大专利案件调处或查处后,当事人不服管理专利工作的部门的决定,向人民法院提起诉讼的,或管理专利工作的部门请求人民法院强制执行的,管理专利工作的部门应当在诉讼

结束或执行完毕后 1 周内将诉讼结果或执行情况报告国家知识产权局。

国家知识产权局专利管理司负责具体的报告接收、备案及相应的管理、协调工作。

7.7.2.3.4 报送内容

承办案件的管理专利工作的部门在报告案件时，应当填写重大专利案件报告表，经单位负责人审签后报告。重大专利案件报告表应当包括以下内容：

（1）受理单位名称；
（2）立案日期、案卷号；
（3）涉案专利号；
（4）涉案专利的发明名称；
（5）涉案当事人情况；
（6）案件情况简要说明；
（7）案件处理的工作计划或工作总结。

必要时还应当报送调解书、处理决定书、行政处罚书、案件涉及的主要书面证据等有关材料（复印件）。

国家知识产权局认为需要补送有关材料的，可以要求办案机关补送。

报告备案应当按规定的格式填写，有关表格可以复印使用。

7.7.2.3.5 备　　案

国家知识产权局专利管理司自收齐办案机关报告材料之日起 1 周内编号备案，填写备案通知书，通知办案机关。

地方管理专利工作的部门可以查阅专利案件备案材料，了解备案情况。

7.7.2.3.6 国家知识产权局对重大专利案件的指导

根据办案机关的报告，国家知识产权局认为有必要对案件进行指导、协调或组织查处的，应当组织有关部门、专家研究讨论后提出意见，并通知办案机关和其他有关管理专利工作的部门及有关部门。

在报告过程中，不停止办案程序，但办案机关认为有必要的除外。

国家知识产权局的意见对案件不发生直接法律效力。

7.7.2.3.7 备案管理

国家知识产权局对报告备案的重大专利案件材料实行规范管理，按年度进行综合分析，并通告地方管理专利工作的部门和国务院有关部门。

对在全国或某些行业有重大影响的案件，国家知识产权局随时报告国务院或通告相关部门。

7.7.2.3.8 监督检查

国家知识产权局对重大专利案件报告情况按年度进行检查。有关备案和工作情况，作为评价地方管理专利工作的部门工作成绩的重要指标之一。

7.7.2.4 执法业务指导

国家知识产权局应当加强对全国专利行政执法工作的业务指导，及时对执法办案中遇到的疑难问题作出行政解释或行政答复，建立健全重大疑难案件逐级上报、逐级请求支援的制度。

7.7.3 执法维权绩效考核

7.7.3.1 考核范围

（1）各省、自治区、直辖市知识产权局；

(2) 进入知识产权试点示范城市序列的城市（地市级以上）知识产权局、本年度拟认定具备示范城市资格的城市（地市级以上）知识产权局；

(3) 承担国家知识产权局有关执法委托任务的城市知识产权局；

(4) 省（自治区）局推荐的其他城市知识产权局；

(5) 国家知识产权局批复设立的知识产权维权援助中心。

7.7.3.2 考核流程

(1) 各地填报。各参加考核单位的绩效考核由各省（自治区、直辖市）知识产权局统一组织，参加考核单位填写相应表格后，以电子文件形式提交省（自治区、直辖市）知识产权局汇总，由省（自治区、直辖市）知识产权局以电子件形式寄送国家知识产权局专利管理司。

(2) 统一考核。国家知识产权局委托第三方机构，根据统一标准，对各地提交的材料进行初步核查和计分。

(3) 反馈核查。第三方机构完成初步核查和计分后，将初步结果提交国家知识产权局专利管理司；国家知识产权局专利管理司进行审核，向各参加考核单位反馈；参加考核单位对打分情况如有疑问，可在收到反馈之日起 5 个工作日内以书面形式提出更正要求，并提交证明材料，由国家知识产权局专利管理司组织第三方机构核查。

(4) 公布结果。第三方机构完成绩效考核计分，将执法和维权绩效考核结果按省（自治区、直辖市）、城市、维权援助中心分别排序，经国家知识产权局审定后发布。

7.7.4 责任追究

7.7.4.1 行政执法过错责任

行政执法过错责任，是指知识产权部门的工作人员，在专利行政执法过程中，有故意侵犯国家利益或执法相对人合法权益的行为，应当承担的民事、行政等法律责任。

追究行政执法过错责任，应当以法律为准绳，坚持实事求是和批评、教育改正的原则。

7.7.4.2 执法人员的行政执法过错处理

对执法人员的行政执法过错，视情节给予下列处理：

(1) 批评教育，限时改正；

(2) 责令书面检查，通报批评；

(3) 调离原岗位；

(4) 行政处分。

7.7.4.3 过错责任表现形式

执法人员有下列行为之一的，应追究其责任：

(1) 故意违反法定的行政处罚程序，擅自改变行政处罚种类、幅度的；

(2) 故意违反行政执法程序，行政执法适用法律、法规和规章错误的；

(3) 截留和私分罚没款和罚没物的；

(4) 有以权谋私、贪污受贿、徇私舞弊、枉法裁制行为的；

(5) 违反收费规定，擅自提高或降低收费标准或乱收费的；

(6) 不履行法定义务及应当负责任的其他违法行为。

7.7.4.4 执法人员的责任追究

行政执法人员在同一职务行为中，既有过错责任又有违纪行为的，在追究其过错责任时，应同时根据违纪情节，予以行政处分。

7.7.4.4.1 从轻或免于追究责任

执法人员有以下情形之一的,可以从轻或免于追究其责任:

(1) 主动发现其执法过错并及时纠正,未造成严重后果的;
(2) 过错行为情节轻微,经过批评教育后改正的;
(3) 非主观故意的过失行为,未造成严重后果的。

7.7.4.4.2 不承担责任

属于下列情形之一的,执法人员不承担责任:

(1) 执法相对人虚假陈述或出具伪证,致使发生执法过错的;
(2) 不可抗拒的客观原因导致行政不作为的;
(3) 有书面记录表明对执法过错的行政行为,在作出前讨论、合议时持保留反对意见的;
(4) 其他不应当追究责任的情形。

7.7.4.4.3 责任追究决定的批准

对需要追究行政执法过错责任的,经执法监督部门调查核实后,提出处理意见,由所在单位研究决定。作出决定前,应当认真听取过错人的申诉,在充分听取意见和调查核实的基础上,根据规定作出处理意见或提出移送司法机关追究刑事责任的意见。

经批准追究执法过错责任的,应当制作行政执法过错责任追究决定书,并送达过错人。

7.7.4.5 责任追究决定的申诉

执法过错责任人对责任追究决定不服的,可以在接到行政执法过错责任追究决定书之日起15日内向上级监察部门提出申诉。

国家知识产权局关于印发《专利侵权行为认定指南（试行）》《专利行政执法证据规则（试行）》《专利纠纷行政调解指引（试行）》的通知

（国知发管字〔2016〕31号）

各省、自治区、直辖市、新疆生产建设兵团知识产权局：

为贯彻落实党中央、国务院全面推进依法治国的精神以及严格知识产权保护的要求，加快知识产权强国和法治政府建设，规范全国知识产权系统专利行政执法工作，提升专利行政执法能力、效率与水平，更好地维护创新者、专利权人和社会公众的合法权益，努力构建公平竞争、有效监管的创新创业和营商环境，根据专利法律法规的相关规定，在总结全系统执法工作实践经验的基础上，制定《专利侵权行为认定指南（试行）》《专利行政执法证据规则（试行）》《专利纠纷行政调解指引（试行）》，现印发你们，请遵照执行。

在执行过程中遇到的新情况、新问题和有关建议请及时报告。我局此前发布的其他有关规定与本通知相抵触的，依照本通知执行。

特此通知。

国家知识产权局
2016年5月5日

专利侵权行为认定指南（试行）

目　　录

第 1 章　实施专利的行为 …………………………………………………………………… 427
　第 1 节　制　　造 ………………………………………………………………………… 427
　　1.1.1　产品的数量、质量和制造方法对制造行为的影响 ……………………… 427
　　1.1.2　委托加工或贴牌生产行为 …………………………………………………… 427
　　1.1.3　在已有产品上添加图案和/或色彩获得专利产品的行为 ………………… 428
　　1.1.4　制造产品仅供出口的行为 …………………………………………………… 428
　第 2 节　使　　用 ………………………………………………………………………… 428
　　1.2.1　将专利产品组装成另一产品 ………………………………………………… 428
　　1.2.2　拥有、储存或保存侵权产品 ………………………………………………… 429
　　1.2.3　使用专利方法 ………………………………………………………………… 429
　第 3 节　销　　售 ………………………………………………………………………… 430
　　1.3.1　将侵权产品作为零部件制造另一产品并销售 ……………………………… 430
　　1.3.2　搭售、搭送 …………………………………………………………………… 431
　第 4 节　许诺销售 ………………………………………………………………………… 431
　第 5 节　进　　口 ………………………………………………………………………… 432
　第 6 节　产品制造方法专利的延伸保护 ………………………………………………… 432
　　1.6.1　延伸保护仅涉及产品制造方法 ……………………………………………… 433
　　1.6.2　"直接获得"的含义 …………………………………………………………… 433
　　1.6.3　延伸保护与是否获得新产品无关 …………………………………………… 434

第 2 章　不侵犯专利权的行为 ……………………………………………………………… 434
　第 1 节　经专利权人许可 ………………………………………………………………… 434
　　2.1.1　专利权人明示许可 …………………………………………………………… 434
　　2.1.2　专利权人默示许可 …………………………………………………………… 435
　第 2 节　指定许可或强制许可 …………………………………………………………… 436
　第 3 节　不以生产经营为目的 …………………………………………………………… 436
　　2.3.1　以私人方式实施专利的行为 ………………………………………………… 436
　　2.3.2　在公共服务、公益事业、慈善事业中实施专利的行为 …………………… 436

判断被控侵权产品或方法是否侵犯了某一项专利权,不仅需要判断所述产品或方法是否落入该专利权的保护范围,还应当认定被控侵权行为是否属于专利法意义上的侵权行为。缺少其中任何一方面,都无法直接得出被控侵权行为构成侵权的结论。实践中,前者重点是将被控侵权产品或方法与涉案专利进行技术对比,后者重点是考察被控侵权人实施的行为本身,二者的判断过程和标准相对独立,不存在固定的先后顺序。

判断被控侵权人是否具有侵犯专利权的行为,可以遵循以下步骤:(1)被控侵权人是否存在实施他人专利的行为;(2)被控侵权人实施他人专利的行为是否在专利授权之后且在专利权保护期内;(3)被控侵权人是否经专利权人许可、是否不以生产经营为目的以及是否被《专利法》明确规定为不侵犯专利权。

第1章 实施专利的行为

根据《专利法》第十一条的规定,实施专利,对发明和实用新型专利权而言,是指制造、使用、许诺销售、销售、进口专利产品,使用专利方法以及使用、许诺销售、销售、进口依照该专利方法直接获得的产品;对于外观设计专利权而言,是指制造、许诺销售、销售、进口外观设计专利产品。

《专利法》第十一条列举的五种行为是对侵犯专利权行为的穷举,未列入其中的行为,不构成实施专利的行为,不能采用类比的方式将其纳入侵犯专利权行为的范畴。例如,设计专利产品的行为,如果未将该设计转化为专利产品,则设计行为本身不构成实施专利的行为;仓储和运输专利产品的行为,如果该专利产品不是由行为人制造,行为人也未销售或许诺销售该专利产品,则仓储和运输行为不构成实施专利的行为,但构成共同侵权的除外。

第1节 制 造

制造,对于发明和实用新型专利权而言,是指做出或者形成具有与权利要求记载的全部技术特征相同或者等同的技术特征的产品;对于外观设计专利权而言,是指做出或者形成采用外观设计专利的图片或者照片中所表示的设计的产品。

制造行为的对象应当是专利产品,包括将原材料经化学反应、将零部件经物理组装形成权利要求所保护的专利产品等行为。

1.1.1 产品的数量、质量和制造方法对制造行为的影响

在制造行为的认定中,通常需要关注制造的结果,即制造的产品是否为专利产品。产品的数量、质量或性能以及制造方法通常不影响对制造行为的认定,除非制造产品的数量极少从而影响到对生产经营目的的认定或者产品的质量或性能使得产品未落入权利要求参数限定的范围内,或者权利要求中同时限定了特定的制造方法。

1.1.2 委托加工或贴牌生产行为

委托加工或加工承揽,是指定作人或委托人提供样品或图纸,承揽人或加工人按定作人或委托人的要求完成产品,承揽人或加工人交付成品,定作人或委托人支付报酬的行为。企业接受委托加工或贴牌生产都属于加工承揽。

如果委托加工或者贴牌生产的产品侵犯专利权,承揽人或加工人的加工行为构成实施专利的行为,定作人或委托人的委托行为也构成制造专利产品的行为。

【案例1-1】

A公司与B公司签订委托加工合同,约定B公司按照A公司提供的产品图纸及相关技术要求进行产品加工,所加工产品由A公司贴牌销售,产品涉及的知识产权风险由A公司承

担。后 C 公司在市场发现，A 公司上述产品侵犯了其专利权，遂以 A 公司、B 公司侵犯其专利权为由向当地知识产权局请求调处。

分析与评述

不论是否直接参与产品制造，在产品上标识自己为制造者的主体，通常被认定为法律规定的"制造者"或者"生产者"。A 公司应对其产品承担相应的法律责任，其委托加工的行为应当认定为《专利法》第十一条规定的"制造"行为。同时，B 公司是产品制造行为的实际参与者，依法也应当承担侵权责任。并且，由于名义制造人的行为和实际制造人的行为密切联系，缺一不可，共同导致了侵权后果的发生，故一般应认定两者都构成侵权，承担连带责任。A 公司不能以其未直接制造专利产品为由不承担赔偿责任，B 公司也不得以其相应的加工承揽合同中有免责条款为由抗辩 C 公司的主张。当然，B 公司可以在对 C 公司承担赔偿责任后依合同免责条款向 A 公司追偿。

1.1.3 在已有产品上添加图案和/或色彩获得专利产品的行为

外观设计是指对产品的形状、图案或者其结合以及色彩与形状、图案的结合所作出的富有美感并适用于工业应用的新设计。组成外观设计的要素是形状、图案和色彩。外观设计专利保护的对象有：单纯形状的设计、单纯图案的设计、形状和图案的结合的设计、形状与色彩结合的设计、图案与色彩结合的设计以及形状、图案和色彩结合的设计。被控侵权人从他人处获得已有产品，并在产品上添加图案和/或色彩，如果最终的产品落入外观设计专利保护的范围，则该添加图案和/或色彩的行为属于制造专利产品的行为。

【案例 1-2】

张三拥有名称为"出租汽车"的外观设计专利，该专利系在某特定外形轮廓的小汽车上设有黄黑相间的图案。李四从汽车厂商处购买了相同型号的小汽车，并对其进行重新喷漆，最终获得的汽车外观落入了张三外观设计专利的保护范围。张三主张李四侵犯了其外观设计专利权。

分析与评述

在这一侵权纠纷中，虽然李四并未制造汽车本体，但汽车本体只是一个中间产品，其在车身上喷涂相应的图案并获得最终专利产品的行为，类似于发明或实用新型专利侵权中购买零部件并组装成专利产品的情形。故应认定被控侵权人实施了制造专利产品的行为。

1.1.4 制造产品仅供出口的行为

未经专利权人许可擅自制造侵权产品并全部出口到国外的行为，虽然因产品全部销往国外，并不会损害专利权人在本国市场销售其专利产品，但其仍然构成制造专利产品的行为，属于侵权行为。

第 2 节 使 用

使用，对于发明或者实用新型产品专利而言，是指权利要求所记载的产品技术方案的技术功能得到了应用，该应用不局限于专利说明书中指明的产品用途，除非权利要求中已明确记载该用途；对于方法发明专利而言，是指权利要求记载的专利方法技术方案的每一个步骤均被实现，使用该方法的结果不影响对是否构成侵犯专利权行为的认定。

单纯使用侵犯外观设计专利权的产品的行为不属于侵犯专利权的行为。

1.2.1 将专利产品组装成另一产品

将侵犯发明或者实用新型专利权的产品作为零部件或中间产品制造另一产品的，一般应当认定属于对侵权产品的使用。

【案例 1-3】

在某锁具发明专利侵权纠纷中，专利权人 A 称，其拥有一项名称为"锁"的实用新型专利，市场上销售的一款防盗门中安装的锁具侵犯了该专利权，因此认为防盗门的制造者兼销售者 B 公司制造并销售了该锁具，应当承担侵权责任。B 公司辩称，锁具是从 C 公司购买的，B 公司并未制造该锁具，也未销售锁具，其销售的是防盗门，不应承担侵权责任。B 公司提供了从 C 公司购进该锁具的证明。

分析与评述

专利权人 A 主张 B 公司制造了侵权产品的主张于事实无据，因为 B 公司提供的证据能够证明该锁具是成品购进的，B 公司并未参与其制造行为，不能认定其制造了侵权产品。B 公司虽然实施了锁具的安装、连接等装配行为以保证防盗门防盗功能实现，但该行为实际上是一种通过对侵权产品的整体使用，达到其制造防盗门的目的，而非"制造"侵权产品的行为。但是，B 公司未经专利权人 A 许可，为生产经营目的，购买了侵犯专利权的锁具产品以制造防盗门的行为，构成使用侵权产品的行为。另外，B 公司认为自己未销售侵权产品的主张不能成立。虽然 B 公司是整体销售防盗门，并未单独销售锁具，防盗门的销售价格中也未列明锁具所占比例或金额，但该锁具是实现防盗门功能的主要部件，不具备该部件的防盗门即便能够单独销售，其价格也必然低于配备锁具的防盗门，消费者以特定价格购买防盗门即隐含已为该锁具支付了价款，因此销售防盗门产品包含了对锁具的销售，B 公司为生产经营目的而进行的销售行为也构成了对专利权的侵犯。

1.2.2 拥有、储存或保存侵权产品

拥有、储存或保存侵犯专利权产品的行为，通常不构成使用侵权产品的行为。

判断拥有、储存或保存侵权产品是否构成使用行为，需要考虑产品的性质以及储存或保存的目的等因素。例如，如果行为人购买了侵权产品，但仅存放于库房中，尚未进行下一步的销售行为，其本身也不具备使用该产品的条件，则储存行为不应被认定为使用侵权产品的行为。但是，对于某些属于备用性质的产品，例如急救装置、救火设备等，只要将其按照使用要求在建筑物内予以配置，就构成使用行为，不能认为只有在救火或急救中的使用才构成专利法意义上的使用。同样，如果储存或保存某种产品的目的是随时投入使用，则只要备用状态存在，也构成使用侵犯专利权产品的行为。

1.2.3 使用专利方法

专利技术方案可以分为产品技术方案和方法技术方案，方法技术方案又可以分为产品制造方法和操作使用方法。产品制造方法是制造某种产品的方法，一般是通过设定一定条件、使用特定的装置设备并按照特定的工艺步骤使某种物品如原材料、中间产品在结构、形状或物理化学特性上发生变化并形成新的产品的方法。操作使用方法是对特定装置设备、特定产品的操作使用，如测量、计算、制冷、通信方法等。

使用专利方法，是指权利要求记载的专利方法技术方案的每一个步骤均被实现。使用专利方法的结果不影响对是否构成侵犯专利权的认定。对于产品制造方法专利，使用专利方法就是按照专利方法生产出相应产品的行为，通常表现为制造相关产品的过程，在结果上表现为制造出相应的产品；对于操作使用方法专利，使用专利方法就是生产经营过程中按照专利方法的步骤、条件逐一再现专利方法的全过程。

使用专利方法是专利方法的完整再现，如果专利方法有特定步骤顺序，则使用专利方法还应遵循该顺序。一般而言，省略专利方法的步骤或者未按专利方法的顺序完整地再现专利方法，均不构成使用专利方法的侵权行为。

第3节 销 售

销售侵权产品，是指将落入产品权利要求保护范围的侵权产品的所有权、依照专利方法直接获得的侵权产品的所有权或者含有外观设计专利的侵权产品的所有权从卖方有偿转移到买方。搭售或以其他方式转让上述产品所有权，变相获取商业利益的，也属于销售该产品。

销售行为的完成，应以合同依法成立为判断标准，不要求合同实际履行完毕。如果合同成立后出卖人未交付产品，不影响销售行为已成立的定性。

【案例 1-4】

A 公司称，其向国家知识产权局提出的名称为"多功能木工凿"的外观设计获得专利权，B 公司未经其许可，擅自生产、销售与其外观设计专利完全相同的木工凿，侵犯了其专利权，请求判令 B 公司立即停止侵权行为。经查，A 公司委托的代理人曾与 B 公司联系要求提供木工凿产品，以决定是否购买。B 公司工作人员遂向 A 公司的代理人寄送木工凿一只。经查，该"木工凿"与 A 公司的外观设计专利"多功能木工凿"是相同的产品。

分析与评述

本案争议的主要问题是 B 公司寄送产品行为的性质如何认定。销售是将产品从卖方转移到买方，买方支付相应的对价给卖方的行为。也就是买方和卖方之间依约定形成的一方交付物品、另一方支付价款的合同关系。本案中，A 公司与 B 公司并未订立书面的买卖合同，也未在口头上达成一致，因此，判断是否构成侵权主要考察双方是否形成事实合同关系。一般而言，要形成事实合同关系，出卖人与买受人应存在对价关系，即买方取得标的物的所有权是以给付价款为代价的，买卖合同的任何一方从对方取得物质利益，都须向对方付出相应的物质利益。本案中，B 公司寄送产品给 A 公司的委托代理人，A 公司的委托代理人实际占有了被控侵权产品，但 A 公司并未支付相应产品的价款。其取得被控侵权产品的行为属无偿取得，因此双方也未形成事实合同关系，即 B 公司尚未构成销售，但不排除属于许诺销售。

在现实经济活动中，还有一种凭样品买卖的情况，即按货物样品确定买卖标的物，出卖人交付的货物应当与买受人保留的样品具有相同的品质。订货交易多采用凭样品买卖的方式。凭样品买卖的特殊性主要表现在以货物样品来确定标的物。出卖人寄送样品的行为，如附有价款、交付期限等内容，一般可视为合同法上的要约，需买受人正式发出承诺后，方可视为买卖合同成立。本案中，A 公司的委托代理人以准备定购其产品为名，要求 B 公司寄送样品，从而获得 B 公司的产品。这一过程看似看样订货，符合凭样品买卖的特征，但 A 公司在收到样品后，并未与 B 公司进行进一步磋商，正式订立买卖合同。因此，本案也不构成凭样品买卖。

根据相关法律、法规规定，一般产品或包装上应标注生产企业名称、地址、商标等识别性标记，如果标注这类识别性标记，即可认定是标注者生产制造。而本案中，B 公司提供的产品样品并未注明生产者等识别性标记，且 B 公司又否认制造行为，所以，A 公司认为 B 公司制造被控侵权产品举证尚不充分。本案 B 公司寄送样品的行为应属于"为销售而提供"的许诺销售行为。

1.3.1 将侵权产品作为零部件制造另一产品并销售

将侵犯发明或者实用新型专利权的产品作为零部件，制造另一产品并销售的，应当认定属于销售侵权产品的行为。

将侵犯外观设计专利权的产品作为零部件，制造另一产品并销售的，应当认定属于销售侵犯外观设计专利权的产品的行为，但侵犯外观设计专利权的产品在另一产品中仅具有技术功能的除外。仅具有技术功能，是指该零部件在最终产品的正常使用中不产生视觉效果，只具有技术功能。不产生视觉效果，既有可能是零部件位于最终产品的内部等不可视部位，也有可能是零部件部分被遮挡，无法从整体上体现出侵权产品与现有设计的区别。

【案例1-5】

在某专利侵权纠纷中，请求人拥有一项"导气堤式侧向螺旋进气道的单杠直喷式柴油机缸头"的实用新型专利权。在某次产品订货会上，请求人发现A公司展示的柴油机上装有侵犯该专利权的产品，并且，A公司已经就该柴油机与B公司签订销售合同。请求人因此要求A公司承担侵权责任。A公司辩称，该缸头购自某农机具厂，并非自己制造，A公司仅是将其用于组装柴油机，属于善意使用，不构成侵权。

分析与评述

销售侵权产品并不意味着必须将侵权产品直接作为销售的对象，只要销售的产品中包含侵权产品，就可能构成销售侵权产品的行为。本案中，A公司展示并销售的柴油机上装有侵犯实用新型专利权的缸头产品，构成对专利产品的许诺销售和销售行为。如果A公司能提供缸头有合法来源的证明，则可依据《专利法》第七十条的规定，虽不承担赔偿责任，但应停止侵权行为；如果不能提供上述证明，则应停止侵权并承担赔偿责任。

1.3.2 搭售、搭送

搭售，是指销售商要求消费者在购买其商品或服务的同时购买另一种商品或服务。搭售行为构成侵犯专利权既包括搭售品构成侵权的情形，也包括被搭售品构成侵权的情形。无论搭售行为在形式上是否具有独立性，只要搭售品或者被搭售品构成侵犯专利权，则搭售行为应被认定为侵权行为。

搭送，是指销售者在销售某种商品或提供服务时，基于广告宣传等目的免费赠送某种商品或服务。与搭售行为不同，搭送行为从形式上对消费者是免费的。但这并不意味着即便搭送的是侵权产品，销售商也不承担侵权责任。如果销售商搭送的产品或服务侵犯了他人专利权，即使销售的产品未侵权，搭送行为和主销售行为合并成为一种特殊的销售行为，也构成侵犯专利权的行为。

第4节 许诺销售

在销售侵犯他人专利权的产品行为实际发生前，被控侵权人作出销售侵犯他人专利权产品的意思表示的，构成许诺销售。

以做广告、在商店橱窗中陈列、在网络或者在展销会上展出、寄送供试用的侵权产品等方式作出销售侵犯他人专利权产品的意思表示的，可以认定为许诺销售。许诺销售的方式还可以是口头、电话、传真等。

许诺销售既包括合同法上的要约，也包括合同法上的要约邀请。许诺销售成立的关键，不在于订立合同的意向最先由谁提出，只要被控侵权人一方作出将会提供侵权产品的意思表示即可构成许诺销售。

许诺销售行为本身即构成独立的直接侵犯专利权的行为，并非实际销售行为之前的准备性工作，不能以其后确实发生实际销售行为来认定许诺销售行为成立。许诺销售侵权产品的，其后实际销售的产品未落入专利权保护范围的，即便以销售方式侵犯专利权的行为不能成立，也不影响对以许诺销售方式侵犯专利权的行为成立的认定。

【案例1-6】

在某发明专利侵权纠纷中，请求人于1996年2月18日申请96117461.7号发明专利"多层园林绿化建筑",国家知识产权局于 2001 年 5 月 23 日授予专利权。被请求人于 2001 年至 2003 年在某市开发了××花园 C 区和 D 区的空中花园商品住宅。为了宣传促销,被请求人印发了××花园 C 区和 D 区的宣传广告画册,在广告画册中印有 C 区、D 区空中花园样板房实景图,同时还多次在《××商报》上整版或半版刊登有空中花园结构特征的广告。根据被请求人已建成并销售入住的 C 区和在建 D 区及宣传广告行为,请求人于 2003 年 5 月 26 日向某省知识产权局提出请求,要求责令被请求人停止许诺销售和销售侵权行为。

分析与评述

"许诺销售",是指以做广告、在商店橱窗中陈列或者在展销会上展出等方式作出的销售商品的意思表示。要确认许诺销售行为,首先行为人应当有做广告、在商店橱窗中陈列或展销会展出等销售商品的意思表示;其次,广告、陈列或展出的商品落入专利权的保护范围,方构成专利法意义上的许诺销售行为。本案中,首先,被请求人印发的××花园 C 区、D 区宣传广告画册和在报纸上发布的广告,修建的 D 区样板房,以及标注的空中花园销售价格都表明被请求人销售商品的意思表示;其次,被请求人印发的××花园 C 区、D 区宣传广告画册和在报纸上发布的广告,以及修建的 D 区样板房所展示的技术特征完全覆盖"多层园林绿化建筑"专利的技术特征,因此,这种广告、展示的行为是许诺销售行为。

通常情况下,许诺销售与实际销售的标的物是一致的,但由于技术创新、产品改进或其他原因,客观上也存在许诺销售与实际销售的标的物不一致的情况。根据《专利法》第十一条第一款规定,制造、使用、许诺销售、销售、进口这几种侵权行为是并列平行的关系,即当事人未经专利权人许可实施上述行为中的任何一种行为都是专利侵权行为。因此,判断许诺销售行为是否构成专利侵权,以表示在广告或展示中的标的物为准,而判断销售是否构成专利侵权,以实际销售的标的物为准。由于被请求人在报纸上发布的××花园 C 区、D 区的广告和印制的广告画册,以及在 D 区展示的实景样板房都十分明确地体现了"多层园林绿化建筑"发明专利的技术特征,广告中既有户型,又有价格和支付方式,表明了销售的意思表示,因此,属于许诺销售侵权产品的行为。但由于被请求人向业主卖房时交付的是清水房,其空中花园缺少"生长植物的种植层"这一必要技术特征,因此,被请求人最终的实际销售行为不构成侵权。

第 5 节 进 口

进口侵权产品,是指将落入产品专利权利要求保护范围的侵权产品、依照专利方法直接获得的侵权产品或者含有外观设计专利的侵权产品在空间上从境外运进境内的行为。

无论被控侵权产品自哪一国家进口,这种产品在其制造国或者出口国是否享有专利保护,该产品是专利产品还是依照专利方法直接得到的产品,进口者的主观状态如何,只要该产品越过边界进入海关,都属于进口侵权产品的行为。

进口行为的成立,不以产品交付给进口商为判断基准,只要产品进入海关即可判定进口行为成立。

专利权人或者其被许可人在我国境外售出其专利产品或者依照专利方法直接获得的产品后,购买者将该产品进口到我国境内以及随后在我国境内使用、许诺销售、销售该产品的,不构成侵犯专利权的行为。

第 6 节 产品制造方法专利的延伸保护

所谓"产品制造方法专利的延伸保护",是指一项产品制造方法发明专利权被授予后,任何单位或者个人未经专利权人许可,除了不得为生产经营目的使用该专利方法外,也不得为生产经营目的使用、许诺销售、销售或者进口依照该专利方法直接获得的产品。

1.6.1 延伸保护仅涉及产品制造方法

方法专利包括制造方法、加工方法、作业方法、物质的用途等专利。只有产生专利法意义上的产品的方法才涉及延伸保护，不产生专利法意义上的产品的方法不涉及延伸保护。

专利法意义上的产品，是指符合专利法定义的，具有一定结构、组成、性状、功能的产品，不仅包括常规的物品，还包括物质、机器、装置、系统等。

产生专利法意义上的产品的方法主要是制造方法和加工方法。产生专利法意义上的产品既可以是通过将原材料经一系列加工步骤处理后获得一种全新的产品，也可以是对原有物品的性能、结构进行改进后获得一种不同于原有物品的产品。

【案例1-7】

某发明专利涉及一种新的发电方法。在专利侵权纠纷中，专利权人除主张某发电厂未经许可使用其专利方法从而侵犯其专利权外，还同时认为使用了该发电厂输送的电能的单位用户也侵犯了其专利权，因为这些单位用户使用了依照专利方法直接获得的产品。

分析与评述

产品制造方法能够延伸到该产品制造方法直接获得的产品，但该产品必须是专利法意义上的产品，产品本身必须能够作为专利法保护的客体。本案中，虽然依据所述专利方法可获得电能，但是电能并不属于专利法意义上的产品，因此专利权人所能获得的保护仅限于禁止他人未经许可使用其发电方法。如果在此基础上进一步扩展其保护范围，限制他人使用由这种方法产生的电能，则不合理，也不可行。因此所述方法专利不能获得延伸保护。

1.6.2 "直接获得"的含义

产品制造方法专利权只能延伸到依照该专利方法直接获得的产品。

所谓"直接获得"，是指完成专利方法的最后一个步骤后所获得的最初产品。当权利要求的主题名称中的目标产品与完成最后一个方法步骤后获得的最初产品一致时，主题名称中的目标产品就是制备方法直接获得的产品；当主题名称中的目标产品与完成最后一个方法步骤后获得的最初产品不一致时，需要根据说明书的内容，考察二者的关系。如果说明书中已经明确最后一个方法步骤获得的最初产品能通过常规的方法转化为主题名称中的目标产品，则该权利要求直接获得的产品是所述主题名称中的目标产品；如果说明书中没有明确最后一个方法步骤获得的最初产品如何转化为主题名称中的目标产品，并且转化方法非所属领域的公知技术，则该权利要求直接获得的产品是最后一个方法步骤获得的最初产品。

【案例1-8】

说明书中公开的制备方法是：原料A与B反应形成C，C经过转化形成D。

情形1：

权利要求为：产品D的制备方法，其特征在于由A与B反应形成C，然后C转化为D。

情形2：

权利要求为：产品C的制备方法，其特征在于由A与B反应形成C，然后C转化为D。

情形3：

权利要求为：产品D的制备方法，其特征在于包括使A与B反应形成C的步骤。

分析与评述

情形1中，权利要求主题名称中的目标产物与最后一个工艺步骤获得的产物完全一致（均为D），此时，该制备方法权利要求直接获得的产品应当是D。

情形2中，权利要求主题名称中的目标产物为C，但工艺步骤特征中，C仅仅作为中间产品存在，C还通过另外的步骤转化为产品D。此时，如果将C视为该制备方法权利要求直接获得的产品，将会导致在解释权利要求时实质上忽略将C转化为D的步骤，这显然与解释权利要求的一般性规则相违背。因此，该制备方法权利要求直接获得的产品应当是D。

情形3中，权利要求的工艺步骤特征不完整，仅仅包括得到中间体C的步骤，缺少由中间体C转化为最终产物D的步骤描述，由此导致主题名称中的目标产物与工艺步骤得到的产物表面上不完全一致。此时，如果说明书中已经明确C通过常规的方法转化为D，则结合该说明书的内容和本领域技术人员的通常理解，将该制备方法权利要求直接获得的产品理解为D应当是合理的。但是，如果说明书中未明确C是如何转化为D的，并且也无证据表明C转化为D的方法为公知技术，此时，即便结合说明书的内容和本领域技术人员的常识，也无法知道C如何转化为D，这种情况下，把该制备方法权利要求直接获得的产品理解为C应当是合理的。

1.6.3 延伸保护与是否获得新产品无关

对于依照专利方法直接获得的产品，无论该产品是新产品还是已知产品均可获得延伸保护。只要制造方法本身被授予专利权，即使该方法直接获得的是已知产品，任何单位或个人未经专利权人许可许诺销售、销售、使用、进口该已知产品的行为也构成侵犯专利权的行为。

第2章 不侵犯专利权的行为

根据《专利法》第十一条的规定，如果被控侵权人实施专利经过专利权人许可，或者不以生产经营为目的，或者被《专利法》第六十九条明确规定为不侵犯专利权，则该行为不构成侵犯专利权的行为。

第1节 经专利权人许可

专利权人许可分为明示许可和默示许可。专利权人明示许可是指专利权人以书面或口头形式确定其不会对被许可方实施专利的行为追究侵权责任。专利权人默示许可是指虽然不存在明确表示，但专利权人存在语言或行为暗示，使得他人认为其可以实施专利而不会被控侵权。

2.1.1 专利权人明示许可

专利实施许可合同是专利权人作出明示许可的主要方式。专利实施许可合同是指专利权人、专利申请人或者其他权利人作为许可人，授权被许可人在约定的范围内实施专利，被许可人支付约定使用费所订立的合同。

根据许可人是否保留实施权以及是否有权再许可他人实施，专利实施许可包括普通实施许可、排他实施许可和独占实施许可。

普通实施许可，是指专利权人将专利技术许可被许可人在一定范围内实施，同时保留在该范围内对该专利技术的使用权与转让权。普通专利实施许可的特征是，技术的使用权许可给被许可人的同时，专利权人仍保有使用这一专利技术的权利，同时不排斥其继续以同样条件在同一区域许可他人实施。

排他实施许可，是指专利权人在约定许可实施专利的范围内将该专利仅许可一个被许可人实施，但专利权人依约定可以自行实施该专利。排他实施许可的特征是，被许可人在规定的范围内享有对合同规定的专利技术的使用权，专利权人仍保留在该范围内的使用权，但排除任何第三方在该范围内对同一专利技术的使用权。

独占实施许可，是指专利权人在约定许可实施专利的范围内，将该专利仅许可一个被许可人实施，专利权人依约定不得实施该专利。独占实施许可的特征是，被许可人在规定的范围内享有对合同规定的专利技术的使用权，专利权人或任何第三方均不享有在该范围内对该项专利技术的使用权。

双方当事人对专利实施许可方式没有约定或者约定不明确的，认定为普通实施许可。专利实施许可合同约定被许可人可以再许可他人实施专利的，除当事人另有约定外，该再许可应当认定为普通实施许可。

2.1.2 专利权人默示许可

专利权人默示许可是默示合同的一种形式。专利权人默示许可包括基于产品销售产生的专利默示许可和基于先前使用产生的专利默示许可等。

2.1.2.1 基于产品销售产生的专利默示许可

对于产品专利，如果专利权人或其被许可人并非销售专利产品本身，而是销售专利产品的相关零部件，这些零部件只能用于制造该专利产品，不能用于其他任何用途，同时专利权人或其被许可人在销售这些零部件时没有明确提出限制性条件，此时应当认为购买者获得了利用这些零部件制造、组装专利产品的默示许可，其制造、组装行为不构成专利侵权行为。对于方法专利，如果专利权人或其被许可人销售的设备或产品只能专用于实施其专利方法，同时专利权人或其被许可人在销售这些专利设备或产品时没有明确提出限制性条件，此时应当认为购买者获得了实施专利方法的默示许可。

基于零部件或专用设备、产品的销售认定存在专利默示许可时应当满足两个条件：第一，专利权人或其被许可人销售的零部件、专用设备或产品除了用于实施专利技术外，没有其他任何用途；第二，专利权人或其被许可人在销售零部件、专用设备或产品时没有明确提出限制性条件。

【案例2-1】

某专利侵权案件中，请求人拥有一项"全耐火纤维复合防火隔热卷帘"的实用新型专利权，其权利要求1如下："一种全耐火纤维复合防火隔热卷帘，其有卷帘面、连接螺钉和薄钢带，其特征在于卷帘面中包含耐高温不锈钢丝、耐火纤维毯以及贴铝箔的耐火纤维布，耐高温不锈钢丝在耐火纤维毯的中间，耐火纤维毯的二边分别是耐火纤维布和贴铝箔的耐火纤维布。"该专利的发明点主要在于卷帘面本身的结构，而连接螺钉和薄钢带均为现有连接卷帘布的技术。请求人仅出售了涉案专利中的卷帘面，未出售带有连接螺钉和薄钢带的卷帘，但其卷帘面的产品说明书中载明，卷帘面须加装薄钢带和连接螺钉配套使用。A公司从请求人处购买了卷帘面后，加装了连接螺钉和薄钢带形成了卷帘成品，并将该卷帘成品进行售卖。请求人认为A公司侵犯了其专利权。

分析与评述

本案中，请求人出售了专用于涉案专利产品的半成品，而生产这些半成品的目的是销售给他人用于实施该项专利技术；该半成品的说明书也明确告知用户须加装薄钢带和连接螺钉配套使用，从中可以看出，该半成品包含了涉案专利的实质性特征。购买人购买该卷帘面后，注定会依照专利方法进行完工，因此，请求人对半成品卷帘面的销售行为本身就意味着对涉案专利的默示许可，A公司从专利权人处购买卷帘面并加工成专利产品的行为不构成侵犯专利权。

2.1.2.2 基于先前使用而产生的专利默示许可

如果专利权人先前存在允许他人使用的行为，则他人有可能基于该先前使用获得实施专利的默示许可。

【案例 2-2】

在某专利侵权纠纷中,请求人拥有一项"单程线性内存模块"的发明专利权。请求人向 A 公司提供了涉及该专利的图纸和其他技术细节,A 公司据此制造并销售该内存模块长达 6 年之久,其中该内存模块也销售给了请求人,但请求人并未告知 A 公司其已就此技术获得专利权。6 年后,请求人主张 A 公司制造销售该内存模块的行为侵犯了其专利权。

分析与评述

本案中,事实表明,请求人曾通过提供设计、建议和样品,诱使 A 公司进入内存模块市场,而请求人最终也向 A 公司购买了该内存模块产品;同时,双方长达 6 年的合作已经让 A 公司合理地相信请求人同意其制造和销售专利产品。基于合理信赖的基本原则,A 公司已经基于对专利技术的在前先使用获得了实施专利的默示许可,其行为不构成侵犯专利权的行为。

第 2 节 指定许可或强制许可

根据《专利法》第十四条的规定,对于国有企业事业单位的发明专利,其对国家利益或者公共利益具有重大意义,且经国务院有关主管部门和省、自治区、直辖市人民政府报经国务院批准,决定在批准的范围内推广应用而指定被控侵权人实施的,构成指定许可,不属于侵犯专利权的行为。

根据《专利法》第四十八条至第五十一条的规定,国务院专利行政部门对于发明或者实用新型专利给予被控侵权人专利实施强制许可的,不构成侵犯专利权。

第 3 节 不以生产经营为目的

以生产经营为目的是指为工农业生产或者商业经营等目的,不包括以非商业为目的的私人消费行为。

2.3.1 以私人方式实施专利的行为

判断私人方式实施专利的行为是否属于"以生产经营为目的"的行为,重点在于判断其是否为商业目的。为满足个人使用或者消费目的实施专利的行为通常不构成"以生产经营为目的"的行为,私人方式的许诺销售和销售则应认定为"以生产经营为目的"。例如,未经权利人许可,以私人方式将专利产品销售给朋友、邻居的行为,构成侵犯专利权的行为;未经权利人许可,雇佣他人实施专利供私人使用,被雇佣人实施专利的行为,也构成侵犯专利权的行为。

2.3.2 在公共服务、公益事业、慈善事业中实施专利的行为

判断从事公共服务、公益事业、慈善事业等是否属于"不以生产经营为目的",应该结合具体案情具体分析,单位的性质并不能决定其行为的非生产经营性,重点考察行为本身是否以生产经营为目的。如果政府机关、非营利性单位、社会团体的制造、使用、进口等行为不单纯是为了公共服务、公益事业或慈善事业,也可能构成生产经营行为。市场化运行的公共服务主体,在公共服务行为中,未经许可实施专利,不能主张"非生产经营目的"抗辩。

以生产经营为目的并不要求以营利为目的,但以营利为目的的行为应当属于"以生产经营为目的"的行为。制造、使用、进口专利产品和使用专利方法的行为,可能为生产经营目的而实施,也可能为非生产经营目的而实施,但销售和许诺销售一般只能为生产经营目的而实施。单位为自己企业员工福利和需求,未经许可实施专利,虽然并没有营利,也不能主张"不以生产经营为目的"的抗辩。

【案例 2-3】

甲为"宣传柜橱"外观设计的专利权人，其认为乙公司和丙交警支队协议建造的广告牌与其拥有的"宣传柜橱"外观设计专利近似，落入了其外观设计专利权的保护范围。专利行政执法部门认为：首先，从乙公司和丙交警支队的协议可以看出，丙交警支队提供某岗楼建造位置及规格、式样，负责办理设置服务板所需的一切手续及有关单位的审批手续，并对施工质量进行监督，乙公司按照丙交警支队提供图样和地点进行投资建造，两者为涉案广告牌的共同制造者。其次，乙公司和丙交警支队实施专利未经甲许可。最后，从乙公司和丙交警支队的协议看，三面翻广告牌有两面可由乙公司发布商业广告，故乙公司进行商业经营获利目的明显。对于丙交警支队，其发布公益广告的行为，虽不具有经营目的，但依照丙交警支队和乙公司的协议，丙交警支队为广告牌图样的提供方、广告牌的制作委托方和广告牌产权的所有者，虽未实际出资或支付建造费用，却成为广告牌的产权人，实际上是以一定期间广告牌的免费使用来换取广告牌的建造费用。广告牌建成后，乙公司仅在约定的期间内免费使用，期限届满后，该广告牌即变为有偿使用，只不过享有优先使用权。由此可见，丙交警支队的行为也具有经营性质。因此，丙交警支队、乙公司的行为均具备经营目的，共同侵犯了甲的专利权。

【案例 2-4】

因某区环卫局未经许可制造并使用与请求人"坑位垃圾挤压机"实用新型专利完全相同的产品，请求人提起侵犯专利权纠纷处理请求。该环卫局认为，其制造、使用专利的行为出于社会公共利益，不属于"为生产经营目的"的行为。该抗辩理由未得到专利行政执法部门的支持。

分析与评述

从上述两个案件可以看出，实施专利的行为是否属于"不以生产经营为目的"的行为需要具体案件具体分析。在"宣传柜橱"案件中，虽然其中有一部分也涉及公益事业的目的，但是，被控侵权人还具有获得经济利益的行为，这一行为具有商业性质，因此构成了"为生产经营目的"而使用专利的行为；在"坑位垃圾挤压机"案件中，公共服务本身不能成为否定"为生产经营目的"的理由，环卫局的工作虽然具有公共服务的性质，但其本身为市场化运行的公共服务主体，其对于垃圾的回收、处理和利用与单位的效益直接相关，因此，其在公共服务行为中使用专利的行为同样是"为生产经营目的"。

专利行政执法证据规则（试行）

目 录

第1章 专利行政执法中证据规则概述 ·· 440
  第1节 专利行政执法中常见的证据类型 ·· 440
    1.1.1 请求人提供的证据种类 ··· 440
    1.1.2 被请求人提供的证据 ·· 441
    1.1.3 管理专利工作的部门收集的证据 ·· 442
  第2节 专利行政执法中证据的分类与表现形式 ··································· 442
    1.2.1 证据的分类 ·· 442
    1.2.2 证据的表现形式 ·· 443

第2章 举证与收集证据 ··· 444
  第1节 当事人举证 ·· 444
    2.1.1 举证责任的分配 ·· 444
    2.1.2 证据的提交 ·· 449
  第2节 依职权调查收集证据 ··· 451
    2.2.1 调查收集证据的条件 ·· 451
    2.2.2 调查收集证据的途径 ·· 453
    2.2.3 调查收集证据的注意事项 ·· 457

第3章 证据交换与质证 ··· 457
  第1节 证据交换 ··· 457
    3.1.1 证据交换的时机 ·· 457
    3.1.2 依职权调查收集证据的出示 ··· 457
  第2节 质 证 ··· 458
    3.2.1 质证的基本原则 ·· 458
    3.2.2 质证顺序 ··· 458
    3.2.3 不同类型证据的质证 ·· 459

第4章 证据的审核认定 ··· 459
  第1节 与证据审核认定有关的基本概念 ·· 459
    4.1.1 证据资格 ··· 459
    4.1.2 证明力 ·· 460
    4.1.3 现有技术或者现有设计的公开性 ······································· 460
  第2节 证据审核认定的一般规则 ··· 462
    4.2.1 证据认定的考虑因素 ·· 462
    4.2.2 公证书 ·· 466
    4.2.3 域外证据 ··· 466
    4.2.4 自 认 ·· 467
    4.2.5 认 知 ·· 468

4.2.6 推　　定 …………………………………………………………… 468
第3节　几种典型类型证据的审核认定 ……………………………………… 469
4.3.1 书　　证 …………………………………………………………… 469
4.3.2 物　　证 …………………………………………………………… 474
4.3.3 视听资料 …………………………………………………………… 477
4.3.4 证人证言 …………………………………………………………… 478
4.3.5 当事人陈述 ………………………………………………………… 482
4.3.6 鉴定意见 …………………………………………………………… 482
4.3.7 勘验笔录 …………………………………………………………… 485
4.3.8 电子证据 …………………………………………………………… 486
第4节　证据链的审核认定 …………………………………………………… 489

第1章 专利行政执法中证据规则概述

第1节 专利行政执法中常见的证据类型

根据证据提交主体的不同，专利行政执法中常见的证据可以分为三种类型：请求人提供的证据、被请求人提供的证据、管理专利工作的部门依职权调查收集的证据。

1.1.1 请求人提供的证据种类

根据拟证明的对象或者内容，请求人提供的证据可分为三类。

1.1.1.1 涉及请求人主体资格和权利的证据

专利权人或其利害关系人请求管理专利工作的部门处理专利侵权纠纷，必须首先证明其具有提起请求的主体资格且其主张的专利权合法有效。为此，请求人可以提供以下证明文件：

（1）请求人主体资格证明。请求人为自然人的，应当提供身份证；请求人为企事业单位的，应当提供营业执照或事业单位登记证。请求人为外国主体的，应当提供相关证明文件。

（2）专利证书。用于证明专利授权时的权属状况。

（3）专利登记簿副本。用于证明专利权的变更以及现实归属。当权利人没有提供专利登记簿副本时，管理专利工作的部门应当要求其提供。

（4）专利授权公告文本。发明或实用新型专利的授权公告文本为权利要求书、说明书及附图、说明书摘要及摘要附图；外观设计专利的授权公告文本为公告授权的图片或照片及简要说明。

（5）专利年费收据。用于证明专利权持续有效。在权利人提供了专利登记簿副本的情况下，该证据可以不提供。

（6）实用新型、外观设计专利检索报告（评价报告）。请求处理侵犯实用新型或外观设计专利侵权纠纷的请求人，可以主动或者应管理专利工作的部门要求出具由国务院专利行政部门作出的检索报告或专利权评价报告（申请日在2009年10月1日之前的实用新型专利，出具的应为检索报告；申请日在2009年10月1日之后的实用新型或外观设计专利，出具的应为专利权评价报告）。

（7）被许可人还应当提供有关专利实施许可合同及其在国务院专利行政部门备案的证明材料，未经备案的应当提交专利权人的证明，或者证明其享有权利的其他证据。

（8）排他实施许可合同的被许可人单独提出申请的，应当提交专利权人放弃申请的证明材料。

（9）专利财产权利的继承人应当提交已经继承或者正在继承的证据材料。

1.1.1.2 涉及侵权行为的证据

专利权人或其利害关系人请求管理专利工作的部门处理专利侵权纠纷，应当提交被请求人存在侵权行为的相关证据，比如：

（1）被控侵权人已经实施或即将实施侵犯专利权行为的证据。如对购买涉嫌侵权产品的过程及购得的涉嫌侵权产品进行公证保全的证据，或对涉嫌侵权现场（如许诺销售）、涉嫌侵权产品的安装地进行勘查后取得的证据，以及产品宣传册、销售侵权产品人员的名片、购货发票或收据、销售发票、购销合同等。

（2）与被控侵权产品/方法相关的证据。如从市场上或其他渠道获得的涉嫌侵权产品的实物、照片、产品目录、工艺、配方以及生产步骤等。购得的涉嫌侵权产品由公证人员封存并拍照的，提交前，请求人应确保封条完好无损。

（3）其他证据。如其他部门查处各类违法行为的过程中取得的与专利侵权有关的证据。

(4) 请求人主张被请求人侵犯其新产品制造方法的发明专利的，为证明被请求人生产的产品与自己依照专利方法直接获得的产品属于同样的产品，可以提交被请求人的产品和/或其产品说明书、第三方出具的鉴定报告等证据。

1.1.1.3 涉及权利人利益损失的证据

专利权人或其利害关系人在请求管理专利工作的部门就专利侵权纠纷进行调处时，应当提供证据证明其损失，比如：

(1) 专利实施许可合同。专利权人与他人签订的专利实施许可合同中约定的许可使用费可以作为请求赔偿的依据。当专利权人或其利害关系人提交的专利实施许可合同是与其业务单位签订的名义上的专利实施许可合同时，合同约定的许可使用费能否作为赔偿的参照依据需要管理专利工作的部门根据具体案情加以识别与判定。

(2) 请求人因侵权所受的损失。请求人主张以自己所受到的损失作为赔偿数额的依据时，需要提供自己单位产品销售数量减少情况以及销售利润的财务账册资料或财务数据，请求人因被请求人侵权造成销售量减少的总数与每件被控侵权产品销售的合理利润相乘之积为请求人的损失数额的依据。

(3) 被控侵权人因侵权行为所获的收益。请求人主张以被请求人的获利作为赔偿数额的依据时，需要提供被请求人的相应账册，或申请管理专利工作的部门对被请求人的财务会计账册进行调查勘验，以被请求人因侵权导致的销售量增加的总数或者被请求人制造的被控侵权产品的总数，与每件被控侵权产品销售的合理利润相乘之积为被请求人所获收益的依据。

(4) 法定赔偿的依据。当权利人的损失、侵权人获得的利益和专利许可使用费均难以确定时，管理专利工作的部门可以要求请求人提供证明侵权人侵权行为的情节及专利产品市场价值的辅助证据，作为确定具体赔偿数额时的参照因素。

1.1.2 被请求人提供的证据

根据拟证明的对象或者内容，被请求人提交的证据可以分为以下几类。

1.1.2.1 涉及权利瑕疵抗辩的证据

被请求人可以针对请求人的主体资格、专利权的归属等提出权利瑕疵抗辩，并提供相应的证据，例如请求人不具备启动侵权纠纷处理程序的主体资格的证据、专利权终止的证据等。

1.1.2.2 涉及不落入专利权保护范围抗辩的证据

为证明涉嫌侵权产品未落入专利权保护范围，被请求人可以提供证据加以证明。

被请求人提供的证据一般包括技术词典、教科书等证据，用以证明权利要求中某术语或技术特征的确切含义。

被请求人以禁止反悔原则主张不侵权的，应当提供专利审查档案，包括初步审查、实质审查、复审请求审查、无效宣告请求审查中的档案及当事人在上述程序中的书面及口头陈述意见作为证据，管理专利工作的部门也可以要求被请求人提供所有的专利审查文档。

1.1.2.3 涉及现有技术（设计）抗辩的证据

被请求人主张本人实施的技术为现有技术或现有设计的，可以提供现有技术出版物，或者有确切来源、销售或使用时间的产品实物以及有关的辅助凭证，如产品说明书、产品图册、销售发票以及证人证言等。

1.1.2.4 涉及先用权抗辩的证据

被请求人主张先用权抗辩的，可以提供以下证据：

(1) 在涉案专利的申请日前其已经制造、使用涉嫌侵权产品或方法的证据；

(2) 在涉案专利的申请日前其尚未制造、使用，但已经作好制造、使用涉嫌侵权产品或方法准备的证据，如：(A) 在涉案专利的申请日之前其已完成的设计图纸和工艺文件；(B) 在涉案专利的申请日之前其已购置的设备、原材料及产能的资料。

1.1.2.5 涉及合法来源抗辩提出的证据

被请求人主张合法来源抗辩的，可以提供证明合法来源的证据，如买卖合同、租赁合同、发票、运输单据等，以及其他证明交易合法成立的证据；必要时，也可以提供封存的样品、产品的图片等相关证据。

1.1.3 管理专利工作的部门收集的证据

管理专利工作的部门收集的证据主要分为两种类型。

1.1.3.1 就专门技术问题委托鉴定的证据

管理专利工作的部门将案件争议的技术问题委托具有一定权威性的机构组织专家进行鉴定，鉴定人将鉴定意见以证据的形式提交给管理专利工作的部门，经当事人质证后作为定案依据。鉴定可以采用委托专门机构进行技术鉴定、召开专家咨询或专家论证会、专家证人参与等方式。鉴定意见通常为书证。

1.1.3.2 依申请或依职权调取的证据

管理专利工作的部门依据当事人的申请或依职权调取的证据通常包括：

（1）查阅、复制的与案件有关的合同、账册、生产记录等书证；

（2）采用拍照、摄像等方式对被控侵权产品、被控侵权方法的生产操作过程、假冒专利产品的外形、场所布置情况等进行保全形成的视听资料证据；

（3）采用复制计算机数据、电子文档等方式形成的电子证据；

（4）对易于调取的书证、产品实物等采用暂扣、抽样等方式提取的证据；

（5）对不易搬动的大件物品或被控侵权产品等采用测量等方式进行现场勘验或检查形成的勘验或检查笔录；

（6）在勘验现场时对相关人员进行询问或讯问等形成的录音资料或询问或讯问笔录。

第 2 节　专利行政执法中证据的分类与表现形式

1.2.1 证据的分类

1.2.1.1 原始证据与传来证据

按照证据的不同来源，可以将证据划分为原始证据与传来证据。

凡是直接来源于案件事实本身的证据材料即为原始证据，例如专利证书的原件、假冒专利产品原物。凡是经过中间传抄、转述环节获取的证据材料即为传来证据，也称为派生证据，例如营业执照的复印件、物品的照片等。

1.2.1.2 直接证据与间接证据

根据证据与待证事实的关系，可以将证据划分为直接证据与间接证据。

凡是能够单独证明案件主要事实的证据为直接证据，例如直接见证销售侵权产品的公证书。凡是只能证明案件事实的某一个侧面或者某一个环节，需要与其他证据结合使用才能证明案件事实的证据为间接证据。例如，销售某款产品的销售发票，虽然能证明发票开具日以前已经销售了某款产品，但是，该产品的形状、内部结构需要结合其他证据才能确定。

1.2.1.3 言词证据与实物证据

根据证据的表现形式，可以将其划分为言词证据与实物证据。

凡是能够证明案件情况的事实是通过自然人的陈述形式表现出来的证据，称为言词证据，例如销售人员出具的在某时某地销售某产品的证言。凡是能够证明案件情况的事实是通过物品的外部形态特征或者记载的内容思想表现出来的证据,称为实物证据,例如涉嫌侵权的产品或者产品使用说明书。

1.2.1.4 本证与反证

根据当事人对所主张事实是否负有证明责任,可以将证据分为本证与反证。

凡是由负有证明责任的一方当事人提出的用来证明该方主张事实的证据,即为本证。例如,某市知识产权局主张某公司存在制造销售假冒专利产品的行为,举出当事人陈述两份、现场勘验笔录一份,这些证据即为本证。凡是为了推翻对方所主张的事实而提出与对方相反的即相抵消的事实根据的,称为反证。例如,以上案件中,某公司提出,某市知识产权局举证的当事人陈述中所指的产品制造时间正值公司设备检修的停业期间,所谓的制造销售假冒专利产品一事纯属造谣,并举出相应的书证与证人证言,这些证据即为反证。

1.2.2 证据的表现形式

根据证据的不同表现形式,证据一般分为八种法定形式。

1.2.2.1 书　　证

书证是指用文字、符号或图形所表达的思想内容来证明案件事实的证据,是以其内容来证明待证事实的有关情况的文字材料。凡是以文字来记载人的思想和行为以及采用各种符号、图案来表达人的思想,其内容对待证事实具有证明作用的物品都是书证。书证形式上取决于它所采用的书面形式,内容上取决于它所记载或表达的思想内涵与案情具有关联性。

专利纠纷中常见的书证包括各个国家、地区的专利说明书、公证书、期刊、报纸、杂志、发票、单据、合同等。

1.2.2.2 物　　证

物证,即以物品、痕迹等客观物质实体的外形、性状、质地、规格等证明案件事实的证据,如被控侵权产品等。

1.2.2.3 视听资料

视听资料是指以音响、图像等方式记录有信息的载体。视听资料一般可分为三种类型:

(1) 视觉资料,也称无声录像资料,包括图片、摄影胶卷、幻灯片、投影片、无声录像带、无声影片、无声机读件等。

(2) 听觉资料,也称录音资料,包括唱片、录音带等。

(3) 声像资料,也称音像资料或音形资料,包括电影片、电视片、录音录像片、声像光盘等。

1.2.2.4 证人证言

证人证言,是证人就其所感知的案件情况所作的陈述。以本人所知道的情况对案件事实作证的人,称为证人。

专利纠纷中,证人证言通常包括两种类型:自然人证言和单位证明。其中,单位证明形式上是一种书证,但实质上还是一种证人证言。对于单位行政职权范围内的证明内容,通常不需出庭质证即可认定其真实性(内容),但对于非行政职权范围内的证明内容,需要派员出庭质证并可能需要与其他证据结合使用才能认定其真实性。

证言有口头形式与书面形式、录音形式、视听资料形式等,无论以何种形式表现的证言,都应按照内容划为证言,而不应按照载体来划分为书证、视听资料等。

1.2.2.5 当事人陈述

当事人陈述是当事人就案件事实向合议组所作的陈述。广义上,当事人陈述还包括当事人关于请求的陈述、关于与案件有关的其他事实的陈述以及关于案件性质和法律问题的陈述。

作为证据形式的当事人陈述是以询问当事人本人为手段所获得的关于案件事实的证据。

代理人的承认视为当事人的承认。但是，未经特别授权的代理人对事实的承认直接导致承认对方请求的除外；当事人在场但对其代理人的承认不作否认表示的，视为当事人的承认。

1.2.2.6 鉴定意见

鉴定意见，是具有某方面知识的专家凭自己的专业知识、技能、工艺以及各种科学仪器、设备等，对特定事实及专门性问题进行分析鉴别后所作的专门性意见。该证据的产生依赖科学技术方法而不是对有关情况的回忆。

1.2.2.7 勘验笔录

勘验笔录，是管理专利工作的部门指派的勘验人员对案件涉及的标的物和有关证据，经过现场勘验、调查所作的记录。

勘验笔录可以用文字记载，也可以附以拍照、摄像、绘图或制作模型等。勘验人应当将勘验情况和结果制作笔录，由勘验人、当事人和被邀请参加人签名或者盖章。

管理专利工作的部门可以依当事人的申请勘验现场，也可以依职权主动对现场进行勘验。

1.2.2.8 电子证据

"电子证据"是指基于电子技术生成、以数字化形式存在于磁盘、光盘、存储卡、手机等各种电子设备载体，其内容可与载体分离，并可多次复制到其他载体的文件。

"电子证据"可以分为以下几种类型：

（1）文字处理文件：通过文字处理系统形成的文件，由文字、标点、表格、各种符号或其他编码文本组成。

（2）图形处理文件：由专门的计算机软件系统辅助设计或辅助制造的图形数据，通过图形人们可以直观地了解非连续性数据间的关系，使得复杂的信息变得生动明晰。

（3）数据库文件：由若干原始数据记录所组成的文件。数据库系统的功能是输入和存储数据、查询记录以及按照指令输出结果，它具有很高的信息价值，但只有经过整理汇总之后，才具有实际的用途和价值。

（4）程序文件：计算机进行人机交流的工具，软件就是由若干个程序文件组成的。

（5）影、音、像文件：即通常所说的"多媒体"文件，通常经过扫描识别、视频捕捉、音频录入等综合编辑而成。

第2章 举证与收集证据

专利行政执法中证据的出现主要有两种方式，一是当事人举证，二是管理专利工作的部门依职权调查取证。

第1节 当事人举证

2.1.1 举证责任的分配

请求人和被请求人应对自己主张的利己事实承担举证责任。

2.1.1.1 "谁主张谁举证"

"谁主张谁举证"就是当事人对自己提出的主张提供证据并加以证明。在专利行政执法中，"谁主张谁举证"是指请求人应提供证据来证明被请求人存在侵权事实，被请求人或假冒专利行为人应提供证据证明不构成侵权或不存在假冒专利行为的事实。

若被请求人承认存在侵权事实，则构成自认，此时无须请求人证明，即可将自认事实作为决定的依据；若被请求人否认侵权事实的存在，则请求人对该事实承担举证责任。

无论是请求人对存在侵权事实的举证，还是被请求人对不构成侵权的举证，举证若达不到相应的证明标准，负有举证责任的当事人即需承担举证不能或不利的后果。

【案例2-1】

请求人获得的"竹块不夹发枕席"实用新型专利在有效期内。请求人认为被请求人所生产的竹块枕席侵犯了其专利权，向所在地知识产权局提交专利侵权纠纷处理请求。被请求人在口头审理过程中陈述认为：涉案专利的申请日之前，在20世纪90年代初期，浙江义乌的小商品市场上早已有这种结构的枕席出现。但被请求人未提交相关证据。

经审理，被请求人生产的枕席落入涉案专利的保护范围，且虽然被请求人主张其使用的是现有技术，但未提供相关证据，合议组最终对被请求人的现有技术抗辩主张不予支持。

分析与评述

本案中，被请求人主张涉嫌侵权产品已于20世纪90年代初期进行生产、销售，即涉嫌侵权的技术产品属于现有技术。但是，被请求人并未提交任何能够证明涉嫌侵权的技术属于现有技术的证据，未能完成对所主张的不构成侵权的事实承担的举证责任，因此其主张不能获得支持。

【案例2-2】

请求人获得的"墨盒"发明专利在有效期内。请求人认为被请求人销售的若干型号的某品牌墨盒在产品技术特征上与涉案专利完全一致，向所在地知识产权局提出专利侵权纠纷处理请求。审理过程中，被请求人辩称：被请求人自公司成立之日起从未制造墨盒，所销售的墨盒是从其他企业购买再进行分销的，对所购买的墨盒是否涉嫌侵权并不知晓。被请求人提交了营业执照、销售合同原件作为证据，同时出示了从某公司处购买墨盒的合同原件、发货凭证、增值税发票原件等证据。

经审查，合议组认为：首先，被请求人持有的营业执照上所表明的经营范围以及销售合同均限于分销墨盒等产品，并不涉及生产墨盒；其次，从被请求人提交的购买墨盒的合同、发货凭证等证据来看，被请求人虽然销售了专利产品，且未经专利权人许可，但其销售的墨盒具有合法来源，因此可免除其赔偿责任。

分析与评述

本案中，被请求人主张其并未生产墨盒，其销售的墨盒也具有合法来源，不应承担赔偿责任，并且提交了相关证据以证明其并未生产涉嫌侵权产品，同时进一步提供证据证明所分销的涉嫌侵权产品具有合法来源。在这些证据均能被认可的情况下，被请求人完成了对其所主张的事实应承担的举证责任，因此，其主张得到了合议组的支持。

【案例2-3】

请求人获得的"瓷盘"外观设计专利在有效期内。请求人认为某厂生产、销售的彩色瓷盘侵犯其外观设计专利权，于是向所在地知识产权局提出专利侵权纠纷处理请求，同时提交了一份公证书复印件。公证内容是：在某商场购买彩色瓷盘并拍照、封存所购买的彩色瓷盘。公证书后附有购买彩色瓷盘的发票复印件以及所拍摄的彩色瓷盘照片。在口头审理当庭，请求人提交公证书原件，并将公证时封存的瓷盘当庭开封。

经审理，合议组对请求人所提供的证据予以采信。经技术特征对比，认定被请求人生产并销售的该彩色瓷盘落入了涉案专利的保护范围，构成侵权。

分析与评述

本案中，请求人主张某厂生产并销售的彩色磁盘侵犯其外观设计专利权，为证明被请求人存在侵权事实，请求人通过公证购买、封存所购买产品的方式固定证据，提交了相关公证书和涉嫌侵权产品的样品作为证明被请求人存在侵权事实的证据，可见，请求人已经完成了相应的举证责任,所提交的证据也足以支持其主张。

【案例2-4】

请求人获得的"作弊探测器"实用新型专利在有效期内,该专利的申请日为2006年1月4日。请求人认为被请求人在未获得其允许的情况下生产和销售名为"作弊克"的产品构成侵权,于是向所在地知识产权局提出专利侵权纠纷处理请求。

经审查,被请求人生产并销售的产品"作弊克"确实落入了涉案专利的保护范围。被请求人辩称,"作弊克"在涉案专利申请日前就已经投放市场,为此,被请求人提交了一系列证据,其中包括如下证据:

证据1:2006年1月6日的《×××晨报》原件,其上刊登有"考场'黑匣子'在××研制成功"一文,文中记载:"近日,在进行全国大学英语四、六级考试×××大学考场中,巡考教师手中的'黑匣子'吸引了众人的目光。这是由黑龙江大学科研团队自发研制成功的'隐形耳机作弊探测仪'(学名作弊克)。"

证据2:某省招考办中招字某号文件,其上记载:全国大学英语四、六级考试的时间为2005年12月24日。

证据3:某大学研制的"作弊克"产品实物。

经审查,合议组认定这些证据表明"作弊克"于涉案专利申请日前已投放市场使用,被请求人的现有技术抗辩成立,"作弊克"未侵犯涉案专利权。

分析与评述

本案中,被请求人主张涉嫌侵权产品已于涉案专利申请日之前投放市场使用,即该涉嫌侵权产品使用的技术属于现有技术。为证明该主张,被请求人提交了报刊、招考文件等作为证明涉嫌侵权产品使用的技术属于现有技术的证据,完成了对所主张的不构成侵权的事实所应承担的举证责任。鉴于其所提交的证据均可采信,并构成了完整的证据链,因此其主张得到了合议组的支持。

2.1.1.2 举证责任倒置

专利行政执法中,涉及举证责任倒置的法定情形仅有一种,即对于新产品制造方法发明专利,不是由请求人举证被控方法侵权,而是由被请求人对其产品制造方法不同于专利方法承担举证责任。

被请求人承担证明其产品制造方法不同于专利方法的举证责任需要满足一定的前提条件,即请求人必须举证证明两项内容:(1)依照所述制造方法权利要求获得的产品为"新产品";(2)被控侵权产品与依照专利方法直接获得的产品相同。如果请求人未完成以上两项内容的证明责任,则举证责任不能转移,被请求人无须举证证明"其产品制造方法不同于专利方法"。

被请求人应当就其制造方法不同于专利方法举证,而不是提供证据证明使用不同于专利方法的另外一种方法也可以制造出相同产品。

2.1.1.2.1 "新产品"的举证责任分配

所谓"新产品",是指产品或者制备产品的技术方案在专利申请日前不为国内外公众所知。不能将"新产品"认定为专利申请日前在国内未曾出现过的产品,更不能将其认定为专利申请日前没有在国内上市的产品。

请求人对于"新产品"的举证应当是初步举证。请求人完成该初步举证责任的形式可以是提供该产品在某一国家被授权的证明、提供相关部门出具的检索报告等。

如果请求人能够初步举证,则举证证明该产品是已知产品的责任就转移给被请求人。如果被请求人不能提供相应的证据证明该产品是已知产品或者制备该产品的技术方案在专利申请日前已为公众所知,则认为请求人已经完成了证明其专利方法获得的产品为新产品的举证责任。

2.1.1.2.2 "被控侵权产品与依照专利方法直接获得的产品相同"的举证责任

所谓"依照专利方法直接获得的产品",是指完成专利方法的最后一个步骤后所获得的最初产品。当主题名称中的目标产品与完成最后一个方法步骤后获得的最初产品一致时,主题名称中的目标产品就是制备方法直接获得的产品;当主题名称中的目标产品与完成最后一个方法步骤后获得的最初产品不一致时,需要根据说明书的内容,考察二者的关系。如果说明书中已经明确最后一个方法步骤获得的最初产品能通过常规的方法转化为主题名称中的目标产品,则该权利要求直接获得的产品是所述主题名称中的目标产品;如果说明书中没有明确最后一个方法步骤获得的最初产品如何转化为主题名称中的目标产品,并且转化方法非所属领域的公知技术,则该权利要求直接获得的产品是最后一个方法步骤获得的最初产品。

请求人举证证明"被控侵权产品与依照专利方法直接获得的产品相同"可能采用多种形式,例如提供司法鉴定中心出具的鉴定报告、被控侵权产品的产品说明书等。

【案例 2-5】

说明书中公开的制备方法是:原料 A 与 B 反应形成 C,C 经过转化形成 D。

情形	权利要求
情形 1	产品 D 的制备方法,其特征在于由 A 与 B 反应形成 C,然后 C 转化为 D。
情形 2	产品 C 的制备方法,其特征在于由 A 与 B 反应形成 C,然后 C 转化为 D。
情形 3	产品 D 的制备方法,其特征在于包括使 A 与 B 反应形成 C 的步骤。

分析与评述

对于情形 1,权利要求主题名称中的目标产物与最后一个工艺步骤获得的产物完全一致(均为 D),此时,该制备方法权利要求直接获得的产品应当是 D。

对于情形 2,权利要求主题名称中的目标产物为 C,但工艺步骤特征中,C 仅仅作为中间产品存在,C 还通过另外的步骤转化为产品 D。此时,如果将 C 视为该制备方法权利要求直接获得的产品,将会导致在解释权利要求时实质上忽略将 C 转化为 D 的步骤,这显然与解释权利要求的一般性规则相违背。因此,该制备方法权利要求直接获得的产品应当是 D。

对于情形 3,权利要求的工艺步骤特征不完整,仅仅包括得到中间体 C 的步骤,缺少由中间体 C 转化为最终产物 D 的步骤描述,由此导致主题名称中的目标产物与工艺步骤得到的产物表面上不完全一致。此时,如果说明书中已经明确 C 通过常规的方法转化为 D,则结合该说明书的内容和本领域技术人员的通常理解,将该制备方法权利要求直接获得的产品理解为 D 应当是合理的。但是,如果说明书中未明确 C 是如何转化为 D 的,并且也无证据表明 C 转化为 D 的方法为公知技术,此时,即便结合说明书的内容和本领域技术人员的常识,也无法知道 C 如何转化为 D,这种情况下,把该制备方法权利要求直接获得的产品理解为 C 应当是合理的。

【案例 2-6】

请求人的"以亮菌为原料制备液体口服药物的方法"获得发明专利权。请求人曾与被请求人(某制药公司)签订合作生产该药品的合同,但在该合同解除后,被请求人仍在生产亮菌口服液。请求人因此向所在地知识产权局提出专利侵权纠纷处理请求。其除了提交经某公证处公证封存的被请求人生产的亮菌口服液实物、从某药店公证购买亮菌口服液的公证书之外，还提交了两份证据：证据一是国家知识产权局专利检索咨询中心出具的检索报告，称在涉案专利之前未检索到与涉案专利相同的亮菌口服液；证据二是某司法鉴定中心出具的鉴定报告，该中心在对被请求人的亮菌口服液进行鉴定后认为，其与请求人专利中的组成完全相同。但请求人未提供涉嫌侵权的口服液制造方法的相关证据。

被请求人辩称：该专利是产品制造方法专利，其生产销售的亮菌口服液的生产方法与专利生产方法相比，在工艺、原料配比上存在重大不同，为此提交经批准的《亮菌口服液生产工艺规程》。同时，被请求人申请当地知识产权局执法人员前往口服液生产车间了解口服液生产过程。当地知识产权局执法人员赴其生产场所对口服液生产车间进行现场勘验，并详细记录了其生产方法的流程、处方等内容。最终判定被控侵权技术方案没有落入专利权保护范围，不构成侵权。

分析与评述

本案涉及产品制造方法的发明专利，根据《专利法》第六十一条第一款的规定，"专利侵权纠纷涉及新产品制造方法的发明专利"的，"制造同样产品的单位或者个人应当提供其产品制造方法不同于专利方法的证明"。本案实行举证责任倒置，即由被请求人举证证明其口服液生产工艺与专利方法不同的前提条件是，请求人需要举证证明专利方法中亮菌口服液是新产品，同时被请求人生产的亮菌口服液与专利方法得到的亮菌口服液相同。请求人提交的证据一和证据二分别证明了以上内容，因此，提供其产品制造方法不同于专利方法的证明责任转移到被请求人。

被请求人提交的证据包括《亮菌口服液生产工艺规程》，其中记载了被请求人生产亮菌口服液的工艺、处方、培养基配方、工艺标准等内容。从该规程记载的内容看，被请求人的生产方法与请求人的专利方法不同。进一步地，当地知识产权局现场勘验结果也表明，被请求人的亮菌口服液虽与涉案专利所要求保护的方法所得到的最终产品组成相同，但二者在培养基配方、工艺和标准方面均存在区别。

本案中，在请求人完成了其对产品为新产品、被控侵权产品与涉案专利方法所得到的产品相同的情况下，由被请求人承担证明其生产涉嫌侵权产品的方法不同于专利方法的举证责任。

【案例2-7】

请求人已获得"空心砖"发明专利权并维持其有效。其中，权利要求保护一种制造空心砖的方法，包括特征"……使得所述空心砖的空心率为25%~35%……"。请求人认为某空心砖厂（被请求人）生产的空心砖侵犯上述专利权，向当地知识产权局提出专利侵权纠纷处理请求，并提交了购买被请求人生产的空心砖的购买凭证以及购买的空心砖样品作为证据。

被请求人辩称：其空心砖的制造方法与专利方法并不相同，不构成侵权。

将请求人提交的空心砖样品与涉案专利权利要求进行比对，大部分特征均吻合，但涉案权利要求中还包括涉及空心率具体数值的特征，合议组要求请求人证明被请求人生产的空心砖的空心率落入权利要求所述的25%~35%的范围。对此，请求人提交了上述所购买的空心砖的随附说明书，但其中未涉及被请求人生产空心砖的空心率的具体数值。

分析与评述

本案涉及产品制造方法的发明专利，根据《专利法》第六十一条第一款的规定，请求人除需要对依照专利方法制造的产品属于新产品初步举证外，还需要证明被控侵权产品与依照专利方法直接获得的产品相同。本案中，请求人所提交的证据无法证明被控侵权产品与涉案专利方法制造的空心砖的空心率相同,从而无法证明两产品相同,因此请求人未完成"相同产品"的证明责任,举证责任不能转移,被请求人无须举证证明"其产品制造方法不同于专利方法"。

2.1.1.2.3 举证责任倒置的注意事项

举证责任倒置与被请求人举证是两个完全不同的概念。前者是指对于请求人提出的事实主张,本该由提出该主张的请求人加以举证证明,但是法律却将相应的举证责任交由被请求人承担。相对地,被请求人举证除了举证责任倒置的情形外,还存在另外一种情形,即被请求人提出某一事实主张,其需承担证明该主张成立的举证责任。例如,被请求人根据《专利法》第六十二条的规定,主张"其实施的技术或者设计属于现有技术或者现有设计",该主张属于有利于被请求人的抗辩事实,被请求人对此作出证明,属于举证责任的一般性分配原则,即"谁主张谁举证"的范畴。

2.1.1.3 举证责任的免除

以下情形,当事人可免于举证:
(1) 一方当事人陈述的案件事实,另一方当事人明确承认的;
(2) 众所周知的事实;
(3) 自然规律及定理;
(4) 根据法律规定或者已知事实和日常生活经验法则,能推定出的另一事实;
(5) 已为人民法院发生法律效力的裁判所确认的事实;
(6) 已为仲裁机构的生效裁决所确认的事实;
(7) 已为有效公证文书所证明的事实。

其中,第(2)、(4)、(5)、(6)、(7)项,当事人有相反证据足以推翻的除外。

2.1.2 证据的提交

2.1.2.1 物证和书证

请求人提交被控侵权产品的样品、照片、相应的购买发票、购物收据或者购买被控侵权产品的公证文书、宣传画册等物证或者书证作为证据的,原则上应当提交原物或者原件,或者在质证时应对方当事人的要求出示原物或原件。确有困难无法提交或出示原物或原件的,应当提交经受理该案的管理专利工作的部门核对无异的复制品或者复制件。

仅提交复制品或者复制件未提交原物或原件,导致无法核实复制品或复制件与原物或原件是否一致,从而无法认可其真实性,同时对方当事人也不认可其真实性的,将由承担举证责任的一方当事人承担举证不利的后果。

【案例 2-8】

请求人申请了三项外观设计专利均获得专利权,分别是"双炮小礼花弹"、"三炮小礼花弹"、"礼花弹(四炮形)"。请求人认为被请求人(某烟花厂)制造的"双炮弹"、"三炮弹"和"四炮弹"分别侵犯了其外观设计专利权,向所在地知识产权局提出专利侵权纠纷处理请求并提交了相关证据。

被请求人辩称:上述专利申请日之前,"双炮弹"、"三炮弹"和"四炮弹"已经设计并制造、销售,因此不构成对涉案专利权的侵犯。被请求人提交了如下证据:

(1) 八家单位分别致被请求人的生产订单复印件,其上显示盖有相关单位的公章,生产订单上记载的时间早于上述涉案专利的申请日,涉及的产品名称包括"双炮弹"、"三炮弹"、"四炮弹"等,上述单位包括烟花制造有限责任公司 A、B,花炮股份有限公司 C,烟花进出口有限公司 D 等。

（2）被请求人的财务票据复印件共17张，包括：增值税发票10张、与发票相关的销售明细表4张，以及银行转账通知单3张。上述票据开出时间均早于上述专利申请日，销售明细表记载的产品名称包括"双炮弹"、"三炮弹"、"四炮弹"。

经审查，合议组认为，被请求人生产的"双炮弹"、"三炮弹"、"四炮弹"落入上述专利保护范围。然而，被请求人所提交的生产订单和财务票据均是复印件，在审理过程中，被请求人未能提交上述票据的原件，请求人也不认可上述票据的真实性，因此合议组对上述证据无法采信，被请求人不能证明被请求人在专利申请日前就已制造并销售涉嫌侵权产品，现有设计抗辩不成立。

分析与评述

本案中，被请求人主张涉嫌侵权产品的生产时间早于涉案专利的申请日，也即主张涉嫌侵权产品使用的设计属于现有设计。被请求人提交生产订单和财务票据作为证据，但是，其仅提交了生产订单和财务票据的复印件，并未提交原件，导致无法核实复印件与原件或原物是否一致，从而无法认可其真实性，因此须承担举证不能的法律后果。

2.1.2.2 外文证据

请求人提交外文证据的，应当提交相应的中文译本；未提交中文译本的，该外文证据视为未提交。请求人仅提交外文证据部分中文译本的，该外文证据中没有提交中文译本的部分，不能作为证据使用。

2.1.2.3 域外证据及其证明手续

"域外证据"，是指在中华人民共和国法律管辖外的地域形成的证据，既包括在中华人民共和国领域外形成的证据，也包括在中国香港、澳门、台湾地区形成的证据。

2.1.2.3.1 域外证据的一般证明手续

在中华人民共和国领域外形成的证据，应当经所在国公证机关予以证明，并经中华人民共和国驻该国使领馆予以认证，或者履行中华人民共和国与该所在国订立的有关条约中规定的证明手续。

对于在香港地区形成的证据，主要应当通过委托公证人制度进行办理；对于在澳门地区形成的证据，需要由中国法律服务（澳门）有限公司或者澳门司法事务室下属的民事登记局出具公证证明；对于在台湾地区形成的证据，首先应当经过台湾地区的公证机关予以公证，并由台湾海基会根据《海峡两岸公证书使用查证协议》提供相关证明材料。

【案例2-9】

请求人申请并获得了"茶叶袋"的外观设计专利。请求人认为被请求人销售的袋泡茶所使用的茶叶袋涉嫌侵犯其专利权，向当地知识产权局提出侵权纠纷处理请求，并提交了相关证据。

被请求人辩称，自己销售的袋泡茶早于涉案专利申请日就已进入市场，其是通过美国A公司原装进口的。被请求人提交其与A公司在国内签订的中英文合同及其随附的产品规格参数要求等文件原件，用以证明袋泡茶的进口。

请求人对A公司提出质疑。被请求人随即提交如下证据以证明A公司是真实存在的美国公司：

（1）马萨诸塞州州务卿签名并加盖州印的证明以及由某翻译公司翻译的中文译文，用以证明马萨诸塞州州务卿为William Francis Galvin、所附文件上其签名真实。

（2）马萨诸塞州州务卿签署的证明文件以及由某翻译公司翻译的中文译文，用以证明A公司是依法成立、合法存在并且状况良好的马萨诸塞州内公司。

(3) 中华人民共和国驻纽约总领事馆出具的认证,粘贴于证据 1 的背面,用以证明其前面文书上美国马萨诸塞州州政府的印章和该州州务卿 William Francis Galvin 的签字均属实。

口头审理当庭,请求人对被请求人提交证据 1~3 的真实性有异议,对其中文译文准确性无异议。合议组认为,上述证据 1~3 是 A 公司的注册地政府出具的证明,并由中华人民共和国驻纽约总领事馆认证,能够证明 A 公司是在美国马萨诸塞州注册并存在的一家公司,是真实、有效的证明文件。

分析与评述

本案中,证据 1 和证据 2 用于证明 A 公司是真实、合法存在的。由于证据 1 和证据 2 形成于我国领域外,因此需要由我国驻该国使领馆对其予以认证。本案中证据 3 即我国驻美领事馆出具的认证,履行了证明手续。证据 1~3 构成证据链,可以予以采信。

2.1.2.3.2 关于域外证据的难点问题

当双方当事人就是否属于域外证据或者是否应当办理公证、认证等证明手续存在争议时,管理专利工作的部门可以根据以下原则适当进行变通。

(1) 证明当事人主体资格的证据,例如法人或组织资格证明、形成于域外的授权委托书等,应当办理相应的证明手续。

(2) 以下几种情况,当事人可以不履行公证认证等证明手续:①有证据证明对方当事人已经认可;②已被法院生效判决或仲裁机构生效裁决确认的;③能够从官方或公共渠道获得的公开出版物、专利文献等。

管理专利工作的部门在对证据关联性、真实性、合法性进行审查时,不应直接以"未履行相应的公证认证手续"为由直接否定证据,须结合相关案情全面考虑。

第 2 节 依职权调查收集证据

在处理专利侵权纠纷、查处假冒专利行为过程中,管理专利工作的部门可以依当事人的书面请求或者根据需要依职权调查收集有关证据。调查收集证据的途径可以是现场勘验、现场检查、委托鉴定、证据保全等。管理专利工作的部门在调查收集证据时,应当遵守《行政强制法》的有关规定。

2.2.1 调查收集证据的条件

2.2.1.1 当事人请求调查收集证据的条件

以下情形,当事人及其代理人可以请求管理专利工作的部门调查收集证据:

(1) 请求调查收集的证据属于国家有关部门保存并须管理专利工作的部门依职权调取的档案材料;

(2) 当事人及其代理人确因客观原因不能自行收集的其他材料;

(3) 证据可能灭失或者以后难以取得。

当事人及其代理人请求管理专利工作的部门调查收集证据,应当提交书面申请。管理专利工作的部门认为符合依申请调查取证条件的,应当启动调查取证程序;认为不符合调查取证条件的,可以不进行调查取证。

【案例 2-10】

某工业陶瓷厂申请并获得了"新型耐火隔热空心球成型机"发明专利权,后将专利权转让给某工贸公司。某工业陶瓷厂的员工韩某向某科技发展公司提供了空心球成型机(本案中涉嫌侵权的产品)设备草图等技术材料、操作设备,培养操作人员,并收取报酬。某工贸公司随即向当地公安分局以韩某涉嫌假冒专利为由报案,当地公安分局开展调查,查明韩某在某科技发展公司帮助生产空心球成型机等基本事实。但是，公安机关认为侵犯专利权的行为属于民事行为，未予立案，因此某工贸公司（请求人）转而向所在地知识产权局提交专利侵权纠纷处理请求，请求对某科技发展公司（被请求人）侵犯其专利权进行处理，并提交了相关证据。

当地知识产权局成立合议组对该案进行口头审理。请求人请求合议组调取此前韩某涉嫌假冒专利案的相关资料。合议组认为请求人申请调查取证的请求符合相关条件，到当地公安分局调取"韩某涉嫌假冒专利"案卷宗。

分析与评述

请求人曾向公安机关以涉及假冒专利为由报案，该案中的涉嫌假冒专利产品即本案的涉嫌侵权产品，公安机关展开调查取证，但由于不属于假冒专利，因此并未处理。尽管如此，相关的调查取证证据已经作为档案材料存在公安机关。本案中，请求人针对同一产品向当地知识产权局提出侵权纠纷处理请求时，请求当地知识产权局调取公安机关在涉嫌假冒专利案件中依职权调查取得的涉及涉嫌侵权产品的证据，属于上述情形（1），即申请调查收集的证据属于国家有关部门保存并须管理专利工作的部门依职权调取的档案材料。因此，当地知识产权局认为符合依申请调查取证的条件，启动了调查启动程序，从当地公安机关调取了相关证据。

2.2.1.2 依职权调查收集证据的条件

专利侵权纠纷调处中，管理专利工作的部门可以根据案情需要或者在证据可能灭失或以后难以取得的情况下，对侵权可能性大的案件依职权调查收集证据。在假冒专利行为查处中，管理专利工作的部门如发现或接受举报发现涉嫌假冒专利行为，可以根据需要依职权调查收集证据。依职权调查收集证据尤其要针对那些对解决争议可能有决定作用的事实证据。

【案例2-11】

某管理专利工作的部门在例行巡查中，发现某门店所销售的电热水壶外包装上标有"中国专利ZL200530119250.2"，经查实，该专利号并不存在，在该电热水壶上标注上述专利标识构成假冒专利行为。

随后，该管理专利工作的部门通过前往该电热水壶相关生产厂家进行现场勘验，查明该厂的确生产该电热水壶，现场勘验中对生产数量、外包装数量等进行了仔细清点、记录，询问相关人员，并抽样取证。

分析与评述

本案中，管理专利工作的部门在巡查过程中发现了假冒专利产品，需要进一步对其生产厂家进行查处，于是依职权调查收集证据。由于已经确认了存在假冒专利这一事实，因此现场勘验的重点是假冒专利产品的数量、外包装数量、生产或出货记录等内容，以便通过涉案产品的数量、金额等确定行政处罚的金额，这是作出合法、合理的处理决定的客观依据。此外，为了全面掌握案件情况、固定证据，也需要对查验的产品及外包装物进行抽样取证，出具抽样取证的通知，并通过询问相关人员全面了解情况，将查验过程、询问情况记录在案。

【案例2-12】

请求人申请并获得了"包装袋"外观设计专利权。请求人认为被请求人（某烧烤调料店）销售的"美味鲜"包装袋侵犯其专利权，向当地知识产权局提交专利侵权纠纷处理请求，同时提交了涉案专利证书复印件、授权公告文本以及年费缴费收据复印件、落款为被请求人（某烧烤调料店）的收条复印件一张、涉嫌侵权的"美味鲜"产品照片、被请求人店面照片等证据。

当地知识产权局初步审理后认为,请求人所提交的证据表明被请求人侵权可能性很大,但是尚缺乏被请求人正在销售侵权产品的直接证据,不足以证实请求人所主张的侵权事实,因此前往被请求人处现场勘验,进行调查取证。经取证,当地知识产权局获得"美味鲜"产品的进货及销售凭证、在被请求人货架上销售"美味鲜"的货架陈列照片以及正在销售的"美味鲜"产品的样品。

经审理,合议组认为被请求人销售的"美味鲜"包装袋侵犯了请求人的相关专利权,发出侵权纠纷处理决定书。

分析与评述

本案中,请求人提交了涉嫌侵权产品的照片以及被请求人销售涉嫌侵权产品的初步证据,从这些证据来看,被请求人存在侵权行为的可能性极大,但还不足以完全证实请求人所主张的侵权事实。由于涉嫌侵权产品的销售证据对解决争议有着决定作用,因此管理专利工作的部门通过现场勘验,查证核实了相关事实。采取的取证方式包括对请求人所销售的涉嫌侵权产品抽样取证,收集能够证明其销售行为的相关证据,如对货架陈列的涉嫌侵权产品进行拍照,对其进货、销售、送货等相关凭证进行收集和取证。

2.2.2 调查收集证据的途径

2.2.2.1 现场勘验

现场勘验系指执法人员对涉嫌专利侵权的场所进行勘验检查,采取法定方式固定、采集证据的工作。

2.2.2.1.1 现场勘验方式

现场勘验中,除了对现场客观情况与环境进行取证外,执法人员也可以对相关人员进行询问。进行现场勘验的方式包括但不限于:

(1)对被请求人的生产场地、储存仓库、陈列展示柜台等有关场所进行勘验检查;
(2)对相关的产品、模具、模板、专用工具以及包装物等物品进行测绘、拍照;
(3)对现场勘验检查过程进行录音、摄像;
(4)对涉嫌侵权产品予以清点,抽取样品;
(5)对于无法进行抽样取证的证据,应当拍照、摄像或者进行证据登记保存;
(6)涉及方法专利的,要求被调查人进行现场演示,对生产方法和工艺过程进行拍照和摄像;
(7)查阅、复制与案件有关的档案、图纸、资料、账册等证据,复制件应当要求被调查人签名并加盖公章,并将有关情况记录在勘验检查笔录中;
(8)对相关人员进行询问。

2.2.2.1.2 现场勘验笔录

现场勘验笔录需要记载的重要事项参见《专利行政执法操作指南(试行)》相关规定。现场勘验检查笔录应当交由被调查人员核对、确认、签名或者盖章并加盖公章;当事人及有关人员拒绝签名或者盖章的,执法人员应当注明原因,并可以要求其他在场人员签名或者盖章予以证明。当事人及有关人员和其他在场人员拒绝签字或盖章的,由执法人员注明情况。

2.2.2.2 现场检查

现场检查,系指管理专利工作的部门对涉嫌假冒专利的行为人的生产经营场所进行实地勘察,采取法定方式固定、采集证据的工作。

2.2.2.2.1 现场检查重点事项

在现场检查中,执法人员应当先对当事人的生产场地、储存仓库、陈列展示等有关场所进行现场检查，围绕案情，运用各种手段全面、客观、公正地收集相关证据。具体应当对以下事项进行重点检查：

（1）根据举报人举报、其他部门移交、该局检查发现的线索进行检查；
（2）对标注有专利号的产品进行检查；
（3）对标注有"专利产品仿冒必究"等字样的产品进行检查；
（4）对标注有"已申请专利"等字样的产品进行检查；
（5）对宣称运用专利技术的产品或方法进行检查；
（6）对标注有专利号的说明书等材料进行检查；
（7）其他涉嫌假冒专利的产品或行为。

2.2.2.2.2 现场检查证据形式

现场检查证据应当注意：

（1）调查收集的书证，可以是原件或经核对无误的副本或者复制件。当提取书证副本或者复制件时，执法人员应当要求当事人在该书证副本或者复制件上签名或盖章，并在调查笔录中载明来源和取证情况。

（2）调查收集的物证应当是原物；提供原物确有困难的，应当要求其提供复制品或者照片；提供复制品或者照片的，执法人员应当在调查笔录中说明取证情况。

（3）执法人员应当对涉嫌违法的物品提取样品，可以从涉嫌假冒专利的产品中抽取一部分作为样品。被抽取样品的数量以能够证明事实为限。

（4）采取抽样取证的方式调查收集证据时，应当向当事人制发抽样取证决定，并制作抽样取证笔录，载明案由、被取证人姓名或名称、被取证人联系方式、被抽样取证物品名称、专利标识、生产厂家、数量、单价等事项，笔录由执法人员和当事人及其他有关人员签名或盖章。

（5）执法人员应当制作现场检查笔录。笔录制作须有2名以上执法人员在场，将重要的事项记入笔录，同时可以使用录音、摄像设备进行记录。

2.2.2.3 委托鉴定

管理专利工作的部门可以就专业性问题委托专门机构进行鉴定或提供咨询。

2.2.2.3.1 技术鉴定的提出

是否需要委托鉴定机构或专家对技术问题出具鉴定或咨询意见，合议组既可以根据案情需要自行决定，也可以根据当事人的申请决定。

2.2.2.3.2 鉴定机构的确定

鉴定或咨询机构由双方当事人协商确定，协商不成的可以由合议组指定。

原则上，鉴定机构或者鉴定人应当具有鉴定资格。如果没有符合资格的鉴定机构或鉴定人，由具有相应技术水平的专业机构或专业人员进行鉴定。所述专业机构或专业人员一般是相关技术领域的权威机构或专家，应当具有相关技术领域的专门性知识和技术，并且具备必要的鉴定设备和条件。

2.2.2.3.3 鉴定范围的确定

委托鉴定前，鉴定材料应当交由双方当事人认可，并在听取双方当事人意见的基础上确定鉴定范围。

当事人对鉴定范围有异议的，应当提出相应的证据予以证明，管理专利工作的部门可以结合异议人提出的证据综合确定鉴定范围和内容。

双方当事人均申请鉴定但鉴定范围不尽相同的，管理专利工作的部门应当组织双方就鉴定的范围和理由进行说明,综合确定鉴定范围。

2.2.2.3.4 重新委托鉴定

当事人对鉴定意见不服,申请重新委托鉴定的,由当事人协商一致决定是否重新委托新的鉴定机构;当事人不能协商达成一致意见的,由管理专利工作的部门决定是否重新委托鉴定。对于当事人提出的重新委托鉴定的理由,管理专利工作的部门应当予以严格审核。

2.2.2.3.5 鉴定意见的作出

经管理专利工作的部门允许,鉴定人可以向当事人收集其认为必要的技术资料、对当事人的技术人员进行询问、查看技术实施现场、进行必要的测试检验等工作。

鉴定意见应当包括下列内容:

(1) 委托人姓名或者名称、委托鉴定的内容;
(2) 委托鉴定的材料;
(3) 鉴定的依据及使用的科学技术手段;
(4) 对鉴定过程的说明;
(5) 明确的鉴定结论;
(6) 鉴定人的鉴定资格;
(7) 鉴定人员及鉴定机构签名或盖章。

【案例2-13】

请求人申请并获得了"一种能使金刚石刀头冷却的药剂"发明专利权。请求人认为被请求人(王某)生产销售的某型号冷却液侵犯其专利权,向当地知识产权局提交专利侵权纠纷处理请求并提交相关证据:

证据1:涉案专利证书的复印件以及涉案专利授权公告说明书复印件;

证据2:被请求人开具的销货收据和使用配方复印件;

证据3:被请求人销售的产品照片及宣传网站有关网页的打印页。

当地知识产权局立案并开展调查。被请求人向合议组提交涉案专利申请日前,被请求人开具的销货收据复印件(证据1′)。

执法人员进行现场勘验,取得如下证据:

证据A:执法人员现场勘验时对有关人员的调查笔录;

证据B:执法人员在被请求人销售场所拍摄的销售场所照片、所销售化学品实物照片;

证据C:从被请求人处提取的"冷却液"实物样本3份。

当地知识产权局委托某市化学工业研究所对现场勘验抽样取证的冷却液样品(上述证据C)其中一份进行鉴定,该研究所出具《化学品鉴定报告》认为:所委托鉴定的样品含有与涉案专利权利要求中相同的化学成分。当地知识产权局根据鉴定意见作出处理决定,认定涉嫌侵权产品落入涉案专利保护范围,构成专利侵权。

被请求人对处理决定不服,起诉到人民法院,理由如下:

(1) 抽取样品的场所(即销售被请求人生产的冷却液的经销处)的营业执照上登记的经营者并不是被请求人,因此,现场抽样的被抽样人非被请求人,且当地知识产权局也无有效证据来证明被请求人当时在抽样现场;

(2) 案件审理过程中,被请求人不认可送鉴样品为其销售的产品,当地知识产权局也不能提供证据证明送鉴样品为被请求人所生产销售,因此,抽样取证不符合依法行政的维护正当程序原则;

(3) 该鉴定单位所作的《化学品鉴定报告》鉴定意见落款处只有鉴定单位公章,无鉴定人签名和鉴定人鉴定资格的说明,该报告不能作为专利纠纷处理依据。

经审理,法院判决撤销了上述处理决定。

分析与评述

经查,本案现场勘验时,由于该经销处的实际控制人是被请求人,且被请求人王某始终在场,执法人员没有注意到该经销处的个体工商户营业执照登记的经营者为被请求人的父亲王某某;执法人员在现场勘验、取证过程中,未取得被请求人在场并同意和确认取样相应的录像、照片证据;现场勘验时,在勘验笔录、勘验检查登记表和取样样品上签字的均是王某某(被请求人的父亲)。

将样品送鉴获得的《化学品鉴定报告》,依照检验单位的固定格式,在登记页面有检验人员签字,但是,在附页中的送鉴结论中没有鉴定人签名,且没有鉴定人鉴定资格的说明。

本案中,现场勘验和样品鉴定环节均存在一定的瑕疵,导致证据链出现脱漏,最终使得法院未能采信勘验证据和鉴定意见。

本案的启示在于:(1)现场勘验时,需要注意:①应确认现场勘验取证与当事人的关联性;②勘验检查登记表应有当事人签字,当事人拒不签字的,应当有其他证明材料(录像、照片、案外人签字等)佐证;③取证过程应当经采用照相、摄像、录音等措施进行记录,必要时可以采用隐蔽拍摄方式。(2)委托鉴定时:①需要鉴定的,鉴定机构可由双方当事人协商确定,协商不成的可以由合议组指定;②由具备资质的检验机构提供的书面鉴定意见应当由出具该意见的单位加盖公章,同时由制作人员签字并附具鉴定单位的资质证明。

2.2.2.4 登记保存

2.2.2.4.1 登记保存的条件

当事人申请管理专利工作的部门对证据进行登记保存或者管理专利工作的部门根据实际需要依职权对某些证据进行登记保存应当满足以下条件:

(1) 证据可能灭失或者以后难以取得;

(2) 请求或者需要保全的证据对待证事实有证明作用;

(3) 请求或者需要保全的证据的线索清晰。

2.2.2.4.2 登记保存的方式

登记保存时,应当根据证据的不同特点采取不同的方法,以客观地反映案件的真实情况。

(1) 对于证人证言,可以采取制作笔录或录音、摄像的方法;

(2) 对于物证,如涉嫌侵权或者构成假冒专利的机器、设备及其他物品,可以采取扣押、拍照、摄像的方法,同时清点涉嫌侵权或假冒专利物品的数量并制作笔录;

(3) 对于书证,如财务账册等,可以采取扣押或就地封存的方式并辅之以复制、拍照等方法;

(4) 对于计算机软件等证据材料,可以采取下载、拆下硬盘、由双方当事人指派的专家当场对内存上的软件进行比对并制作笔录等方法。

【案例 2-14】

请求人在网上发现被请求人在未经许可的情况下使用请求人的烫印机专利技术,生产销售某型号液压烫印机。请求人向当地知识产权局提交侵权纠纷处理请求,并提交了涉案专利证书原件、被请求人宣传其产品的相关网页打印件作为证据。同时提出因被请求人生产经营活动私密,难以取得证据,请求当地知识产权局依职权调取相关证据。

当地知识产权局执法人员赴被请求人生产厂勘验取证,但该厂工作人员称不能私自打开厂房,当天未能完成保全。执法人员次日再次进行勘验,在厂房内发现正在组装的烫印机15

台,但缺少关键部件,被请求人称上述烫印机正在研发阶段,尚未进行销售。经仔细检查,执法人员在仓库中发现已经组装完毕、部件完全的烫印机 1 台,执法人员对组装完毕的烫印机进行了拍照、封存等登记保存措施。经审理,被请求人生产的烫印机构成侵权。

分析与评述

本案中,由于请求人无法进入被请求人的生产经营场所,难以取得证据,因此向管理专利工作的部门书面提交调取相关证据的请求。经审查,该请求符合相关规定,依请求人的请求,执法人员进行调查取证。在第一次勘验由于被请求人方不能配合打开厂房而未能进行的情况下,被请求人得知已存在专利侵权纠纷请求后将涉嫌侵权产品的关键部件转移的可能性很大。此时证据容易被转移或灭失而难以取得,因此在再次进行勘验时,当发现装配完毕的涉嫌侵权产品时,应及时对其进行登记保存。对具有一定体积和重量、搬运困难的大型机械,对其与涉案专利相关部分现场进行拆解并拍照、摄像,对关键部件可采用抽样取证的方式进行登记保存,同时结合对相关人员的询问制作笔录,对事实进行周密详尽的调查。

2.2.3 调查收集证据的注意事项

管理专利工作的部门依职权调查收集证据需要注意以下事项。

(1) 区分专利侵权纠纷调处与假冒专利行为查处案件

在专利侵权纠纷调处中,管理专利工作的部门应当更严格地审查是否确实存在依职权调查取证的需求、当事人是否确实无法自行收集或由公证机关公证收集证据、需要依职权调取的证据是否确实对案件事实有决定作用等,避免成为请求人的"代言人"。

(2) 注重调查取证的方式

管理专利工作的部门调查收集证据应注重调查取证的方式方法,避免对被请求人正常生产、经营造成不必要的影响。例如,对于需要保全的产品采用抽样取证,对设计、生产图纸可采用复印并由当事人签字、盖章方式确认来代替直接取走原件,以笔录、照相、摄像等方式详尽记载勘验或检查的产品等。

第 3 章 证据交换与质证

证据调查程序一般包括提供证据、交换证据、当事人质证和证据审核认定几个环节。提供、交换证据通常发生在案件审理前的准备阶段,案件审理时原则上先由双方当事人对证据进行质证,发表质证意见,之后,由合议组结合全部证据的调查结果和案件事实的辩论结果最终认定案件事实的真伪。

第 1 节 证据交换

专利行政执法中,证据交换多用于专利侵权纠纷调处案件。对于假冒专利纠纷查处案件,无须进行证据交换。

3.1.1 证据交换的时机

管理专利工作的部门应当在立案之日起 5 个工作日内将请求书及其附件的副本送达被请求人,要求其在收到之日起 15 日内提交答辩书并按照请求人的数量提供答辩书副本。被请求人提交答辩书的,管理专利工作的部门应当在收到之日起 5 个工作日内将答辩书副本送达请求人。

通过上述方式未送达的证据材料,双方当事人可在口头审理前提交并相互交换。

3.1.2 依职权调查收集证据的出示

管理专利工作的部门依职权调查收集的证据未经质证,不能作为定案的依据。

在专利侵权纠纷处理中,依职权调查收集的证据一般是在口头审理中出示给双方当事人,由双方当事人对其进行确认和质证。在假冒专利行为查处案件中,依职权调查收集的证据在听证会上出示、宣读和辨认,涉及国家秘密、商业秘密和个人隐私的证据由听证会验证。

【案例 3-1】

请求人某玩具公司发现被请求人陈某在未经许可的情况下生产销售的电动玩具车侵犯了其专利权,向当地知识产权局提交侵权纠纷处理请求,并提交了涉案专利证书等相关证据。

当地知识产权局依职权到被请求人的生产厂所进行勘验检查,查获涉嫌侵权产品电动玩具车共175箱、生产涉嫌侵权产品的模具共8套,对查获的涉嫌侵权产品抽样取证3箱,对模具抽样取证1套。执法人员制作了勘验检查笔录,并填写了勘验检查登记清单。

当地知识产权局选择书面审理,经审理发出处理决定书,判定被请求人生产销售的电动玩具车侵权。

被请求人不服,向人民法院起诉。法院判决撤销了该处理决定,主要理由是:在专利侵权纠纷处理决定作出之前,当地知识产权局未告知被请求人作出行政处理决定所依据的事实、理由和依据。

分析与评述

程序合法是依法行政的基本准则,程序违法将会导致行政机关在行政诉讼中败诉的后果。在作出不利于当事人的行政决定之前,应当保证当事人对决定所依据的事实、理由和证据具有陈述、申辩的机会。本案中,管理专利工作的部门依照其依职权调查收集的证据作出对被请求人不利的结论,在作出决定之前,即使不举行口头审理,也应书面告知被请求人即将作出行政处理决定的事实、理由和依据(包括依职权调查收集的证据),并给予被请求人一定的答复期限,以保证其有充分陈述和申辩的机会。

第 2 节 质 证

质证,是指在口头审理过程中,由案件的当事人就口头审理过程中出示的证据采取辨认、质疑、说明、辩论等形式进行对质核实,以确认其证据能力和证明力的活动。质证是口头审理的重点环节。证据只有经过必要的质证程序后,才能作为定案的根据。

3.2.1 质证的基本原则

质证中,当事人应当围绕证据的真实性、关联性、合法性,针对证据证明力有无以及证明力大小,进行质疑、说明与辩驳。

经合议组组长准许,当事人及其代理人可以就证据问题相互发问,也可以向证人、鉴定人或者勘验人发问。当事人及其代理人相互发问,或者向证人、鉴定人、勘验人发问时,发问的内容应当与案件事实有关联,不得采用引诱、威胁、侮辱等语言或者方式。

在质证过程中,对与案件没有关联的证据材料,应予排除并说明理由。当事人双方均已认可的证据,无须进行质证。涉及国家秘密、商业秘密、个人隐私或者法律规定的其他应当保密的证据,不得在开庭时公开质证。

3.2.2 质证顺序

质证一般按下列顺序进行:

(1) 请求人出示证据,被请求人发表质证意见;

(2) 被请求人出示证据,请求人发表质证意见。

管理专利工作的部门依照当事人申请调查收集的证据,作为提出申请的一方当事人提供的证据。

管理专利工作的部门依照职权调查收集的证据在口头审理中出示时,听取双方当事人的意见,并就调查收集该证据的情况予以说明。

质证中，双方当事人可以围绕相关证据进行辩论。

3.2.3 不同类型证据的质证

3.2.3.1 书证和物证

对书证、物证进行质证时，当事人有权要求出示证据的原件或者原物，但有下列情况之一的除外：

（1）出示原件或者原物确有困难并经管理专利工作的部门准许出示复制件或者复制品的；

（2）原件或者原物已不存在，但有证据证明复制件、复制品与原件或原物一致的。

3.2.3.2 证人证言

证人应当出庭作证，接受当事人的质询。

证人确有困难不能出庭的，可以提交书面证言或者视听资料，或者通过双向视听传输技术手段作证。"确有困难不能出庭"是指有下列情形：

（1）年迈体弱或者行动不便无法出庭的；

（2）特殊岗位确实无法离开的；

（3）路途特别遥远，交通不便难以出庭的；

（4）因自然灾害等不可抗力的原因无法出庭的；

（5）其他无法出庭的特殊情况。

出庭作证的证人应当客观陈述其亲身感知的事实，不得使用猜测、推断或者评论性的语言。证人为聋哑人的，可以其他表达方式作证。

执法人员和当事人可以对证人进行询问。证人不得旁听口头审理；询问证人时，其他证人不得在场。合议组认为有必要的，可以让证人进行对质。

出具鉴定意见的鉴定人、进行现场勘验的勘验人虽然非典型意义上的证人，但其应当出庭接受双方当事人的质询（确因特殊原因无法出庭的除外）。

证人出庭作证的形式包括通过视频通讯软件远距离传输图像、声音等形式。

第4章　证据的审核认定

证据的审核是指案件处理人员对证据进行的考查、检查、分析、研究等活动。证据的认定是指案件处理人员对证据的证据资格和证据力进行判断、评断、认可、确认等活动。

第1节　与证据审核认定有关的基本概念

4.1.1 证据资格

证据资格，又称证据能力、证据的可采性。它是指证据作为定案的根据时应当具有的性质，是证据材料作为证据的能力。证据资格通常主要指证据的三性：真实性（客观性）、合法性、关联性。

4.1.1.1 证据的真实性

证据的真实性，也叫作证据的客观性，是指证据所反映的内容应当是真实的、客观存在的。

案件审理中，应当根据案件的具体情况，从以下方面审查证据的真实性：

（1）证据形成的原因和方式；

（2）发现证据时的客观环境；

（3）证据是否为原件、原物，复制件、复制品与原件、原物是否相符；

（4）提供证据的人或者证人与当事人是否具有利害关系；

（5）影响证据真实性的其他因素。

需要注意，证据资格中所指的真实性是指形式上的真实性，即用于证明案件事实的证据必须在形式上或表面上是真实的，若完全虚假或者伪造则不得被采纳。证据在实质上的真实程度，是指证据内容的可靠性大小，属于判断其证明力的范畴。

4.1.1.2 证据的合法性

证据的合法性，是指提供证据的主体、证据的形式和证据的收集程序或提取方法必须符合法律的有关规定。不按照法定程序提供、调查收集的证据一般无法作为认定案件事实的根据。

证据的合法性主要从以下方面审查：
（1）证据是否符合法定形式；
（2）证据的取得是否符合法律、法规、司法解释和规章的要求；
（3）是否有影响证据效力的其他违法情形。

需要注意，对违反法定程序收集的证据，需具体情形具体分析。对严重违反法定程序收集的证据，应当坚决否定其证据能力；对那些虽违反程序，但仅属于程序瑕疵，既不影响对人权的保障，也不破坏程序公正性的情形，应承认其证据的证据能力，以利于查清事实，提高效率。

4.1.1.3 证据的关联性

证据的关联性，是指证据必须与案件所要查明的事实存在逻辑上的联系，能以其自身的存在单独或与其他事实一起证明案件事实。如果作为证据的事实与要证明的事实之间没有联系，即使它是真实的，也不能作为证明争议事实的证据。

4.1.2 证 明 力

证明力是指具有证据能力的证据对案件的证明程度的大小。证明力越大，证据对案件事实的证明作用越大。证据的证明力取决于证据同案件事实的客观、内在联系及其联系的紧密程度。一般而言，同案件事实存在直接的内在联系的证据，其证明力较大；反之其证明力较小。

证明力的判断可以考虑以下几方面：
（1）原始证据的证明力大于传来证据；
（2）直接证据的证明力大于间接证据；
（3）物证、历史档案、鉴定结论、勘验笔录或者经过公证、登记的书证的证明力一般高于其他书证、视听资料和证人证言；
（4）证人提供的对与其有亲属或者其他密切关系的当事人有利的证言，其证明力一般小于其他证人证言。

4.1.3 现有技术或者现有设计的公开性

在专利侵权纠纷案件中，被请求人有权主张被控侵权技术方案或者设计是现有技术或者现有设计，即申请日（有优先权的，指优先权日）以前在国内外为公众所知的技术或者设计。申请日（有优先权的，指优先权日）前在国内外出版物上公开发表、在国内外公开使用或者以其他方式为公众所知构成现有技术或者现有设计的公开性。

现有技术或者现有设计的公开性包括两层含义，一是公开，二是必须在申请日（有优先权的，指优先权日）之前公开。所谓公开，是指处于公众能够得知的状态。处于保密状态的技术或者设计内容不属于现有技术或者现有设计。所谓保密状态，不仅包括受保密规定或协议约束的情形，还包括社会观念或者商业习惯上被认为应当承担保密义务的情形（默契保密）。负有保密义务的人违反规定、协议或者默契泄露秘密，导致技术内容或者设计公开，使公众能够得知这些技术或者设计的,不构成现有技术或者设计的公开。

4.1.3.1 公开出版物构成现有技术或者现有设计的证据

专利法意义上的公开出版物,是指记载有技术或者设计内容的独立的有形传播载体,其上记载有或者有证据表明其发表者或出版者以及其公开发表和出版时间。

专利法意义上的公开出版物不仅包括由出版社、报社或杂志社出版的专利文献、书籍、期刊、杂志、文集、报纸等,也包括正式公布的会议记录或报告、产品样本、产品目录、小册子等。作为公开出版物的载体本身可以是印刷或打字的纸件,也可以是光盘等以电子信息方式存储的载体。需要注意,对于产品样本、手册、宣传册、产品目录、会议资料等,只有通过证明其被"正式公布",处于公众可以获得的状态,才具有公开性。

通常情况下,国家标准、行业标准和地方标准属于专利法意义上的公开出版物。一般情况下,企业标准是内部标准,在没有证据证明其属于公众想得知就能得知的情况下,不属于公开出版物。

对于公开出版物,要注意核查其公开时间是否在专利申请日(有优先权的,指优先权日)前。一般情况下,出版物的印刷日视为公开日,有其他证据证明其公开日的除外。印刷日只写明年月或者年份的,以所写月份的最后一日或所写年份的12月31日为公开日。

管理专利工作的部门认为出版物的公开日期存在疑义的,可以要求该出版物证据的提交人提出证明。

【案例4-1】

某侵权纠纷案中,涉案专利申请日为2001年6月30日。被请求人提交了《2000进口设备汇编》一书作为现有技术抗辩证据。该书没有记载出版时间和印刷时间,"前言"部分的落款时间为2001年4月22日,被请求人主张以此为公开日。

分析与评述

"前言"部分的落款时间仅表明编辑完成"前言"部分的时间,并不排除例如该书编辑作好"前言"后搁置较长时间才印刷出版的可能性。所以,在没有其他证据予以佐证的情况下,并不能确定该书印刷时间和出版时间,也不能推定出其公开时间在涉案专利申请日前。因此不能认定该书所载内容构成涉案专利的现有技术。

【案例4-2】

某侵权纠纷案中,被请求人提交了青岛某食品有限公司在青岛市质量技术监督局备案的某食品企业标准,用以证明其为现有技术。

分析与评述

首先,企业标准是企业组织生产、经营活动的依据,目的在于企业内生产和质量控制,其效力仅及于企业本身。其次,企业标准所规范的内容往往与企业掌握的核心技术有关,还可能涉及其技术秘密,因此,通常情况下不对外公布,备案后发布的通常是企业产品标准目录,而不是标准的具体内容,而且公众不能从备案机关获得该标准的文本。因此,本案中并没有证据证明在涉案专利申请日前该企业标准已经公开,因此该证据不能作为现有技术证据使用。

4.1.3.2 使用公开构成现有技术或者现有设计的相关证据

使用公开是指由于使用而导致技术方案或者设计公开或者处于公众可以得知的状态。对于当事人主张使用公开构成现有技术或者现有设计的,管理专利工作的部门需核实相关证据链的完整性,以及技术内容或者设计是否在申请日前被公开。

【案例 4-3】

某侵权纠纷案中,某市知识产权局在认定被控侵权人 A 公司以使用公开为由进行现有技术抗辩是否成立时,重点确定了如下事项:A 公司提交了 B 某 2002 年 3 月、4 月、6 月分别从 C 公司领取样机的审批表,其中,2002 年 6 月 19 日的《销售样机审批表》表明 C 公司销售的是型号为 M-100CC 的样机;C 公司同日的《出库单》载明其销售了 M-100CC 产品 1 套。以上两证据能够互相印证,证明 C 公司在 2002 年 6 月 19 日已制造并公开销售 M-100CC 产品。证人 B 某对其以上《申领样机审批表》和《出库单》中签名的真实性均予以确认。可以根据对账单、销售样机审批表、出库单、收款收据、产品型号、证人证言等认定 A 公司生产的产品在涉案专利申请日 2005 年 2 月 4 日前已经公开销售。某市知识产权局在对上述证据构成的证据链进行确认后,认定现有技术抗辩成立。

4.1.3.3 以其他方式公开的现有技术或者现有设计证据

为公众所知的其他方式主要是指口头公开,例如口头交谈、报告、讨论会发言、广播、电视、电影等能够使公众得知技术内容的方式。口头交谈、报告、讨论会发言以其发生之日为公开日;公众可接收的广播、电视或电影的报道,以其播放日为公开日。

第 2 节 证据审核认定的一般规则

4.2.1 证据认定的考虑因素

管理专利工作的部门应当依照法定程序,全面、客观地对当事人提供和自行收集的证据进行审查,从各证据与案件事实的关联程度、各证据之间的联系等方面进行综合判断。

4.2.1.1 单一证据的证明力判断

对单一证据有无证明力以及证明力大小,可以从下列方面进行审核认定:

(1)证据是否是原件、原物,复印件、复制品与原件、原物是否相符;
(2)证据与本案事实是否相关;
(3)证据的形式、来源是否符合法律规定;
(4)证据的内容是否真实;
(5)证人或者提供证据的人与当事人有无利害关系。

【案例 4-4】

某专利权权属纠纷案中,A 提交了与 B 共同签署的协议作为证据,欲证明 A 为涉案专利的共同申请人。该协议约定 A 与 B 共同作为药物"得力生注射液"的研制者申报国家新药。发明创造的研制人与专利法所称的"发明人"并不一样。根据《专利法实施细则》第十三条的规定,发明人或者设计人,是指对发明创造的实质性特点作出创造性贡献的人。本案协议中未涉及 A 对涉案专利"参芪抑癌注射液"或药物"得力生注射液"技术方案的实质性特点作出创造性贡献的事实,协议中表述的"研制人"并不能证明 A 是涉案专利"参芪抑癌注射液"的共同完成人(对发明创造的实质性特点作出创造性贡献的人)。协议中对"参芪抑癌注射液"、"得力生注射液"的技术方案申请专利的权利的归属并没有约定,不能证明双方是"参芪抑癌注射液"、"得力生注射液"技术方案申请专利的共同权利人。根据《专利法》第八条的规定,如果合作各方没有就合作完成的发明创造申请专利的权利及专利权的归属达成协议,申请专利的权利及取得的专利权应当属于完成或者共同完成发明创造的一方或几方。专利法对于发明创造的归属侧重保护实际完成发明创造一方的利益,应当以是否对发明创造的实质性特点作出了创造性的贡献确定完成人,以保障共同完成人的权利,故《专利法》第八条中的"共同完成的单位或者个人"并不包括约定的研制者或发明人。本案中,即使当事人约定共同研制人的真实意思表示是将 A 约定为共同发明人，从法律效果讲也仅限于 A 为发明人的资格，不同于《专利法》第八条所称的"共同完成"的个人，不能延及申请专利的权利。因此，该协议在证明涉案专利的申请人问题上无证明力。

4.2.1.2 多项证据的证明力判断

就数个证据对同一事实的证明力，可以依照下列原则认定：

（1）国家机关以及其他职能部门依职权制作的公文文书优于其他书证；

（2）鉴定结论、档案材料以及经过公证或者登记的书证优于其他书证、视听资料和证人证言；

（3）直接证据优于间接证据；

（4）法定鉴定部门的鉴定结论优于其他鉴定部门的鉴定结论；

（5）原始证据优于传来证据；

（6）其他证人证言优于与当事人有亲属关系或者其他密切关系的证人提供的对该当事人有利的证言；

（7）参加口头审理作证的证人证言优于未参加口头审理作证的证人证言；

（8）数个种类不同、内容一致的证据优于一个孤立的证据。

【案例 4-5】

某专利侵权案件中，A 公司提交了公证书证明 B 公司销售其专利产品，侵犯了其专利权。B 公司辩称公证书本身就是错误的，该公证书认定"龙小姐"是 B 公司的员工与事实不符，违反了《公证法》的规定。B 公司提供了该公司人事部门经理以及"龙小姐"出具的两份证人证言，欲说明"龙小姐"不属于 B 公司员工。

合议组经审理查明，2008 年 1 月 22 日，A 公司的受托人来到 B 公司一楼，由该公司龙姓女士接待，购买了 025 号计步器（蓝色）一部，并从该公司当场取得收据和产品清单各 1 张。该收据上除有 B 公司的印章外，还有"龍"字签名。该产品清单上载明，"1215，025，lPCS；8.00/lPCS，ABS 透明料；10.0/lPCS，亚克力，B 公司龙小姐，TEL：0755-××××××"。广东省深圳市龙岗区公证处见证了上述过程，并出具公证书 1 份。

分析与评述

本案涉及公证书的证据资格、证明对象及其证明力问题。

公证书只是一种特殊形式的书证，其特殊性在于公证书记载的内容具有推定的证明力，除非有相反的证据可以推翻。对于公证书，管理专利工作的部门同样应该全面、客观地进行审核，依据法律的规定，遵循职业道德，运用逻辑推理和日常生活经验，对公证书的证据资格、证明对象及证明力作出综合认定。

本案公证书由公证人员依法制作，具有证据资格。该公证书可以证明，一个自称为"龙小姐"的人在 B 公司的营业地接待了 A 公司的受托人，以 B 公司员工的名义出具了产品清单，以 B 公司名义出具了收据并在上面签名。因此，该公证书所证明的核心内容不在于"龙小姐"是否属于 B 公司的员工，而在于"龙小姐"的行为是否代表了 B 公司。"龙小姐"在 B 公司的营业地接待了 A 公司的受托人，销售了被控侵权产品，以 B 公司员工的名义出具了产品清单并在上面签名，在 B 公司没有证据证明"龙小姐"无权代表该公司的情况下，应该认为"龙小姐"代表 B 公司实施了上述销售行为，其行为所引发的责任应由 B 公司承担。公证书中关于"龙小姐"是 B 公司的职员，表述虽欠妥当，但其实质在于认定"龙小姐"代表 B 公司实施上述销售行为，因而并无明显不妥。B 公司人事部门经理以及"龙小姐"均与 B 公司为利害关系人，在无其他证据证明的情况下，其证人证言不能证明"龙小姐"与 B 公司无关。"龙小姐"在 B 公司的营业地接待了 A 公司的受托人,以 B 公司员工的名义出具了产品清单,以 B 公司名义出具了收据并在上面签名。该产品清单和收据产生于同一销售过程中。在 B 公司没有提供充分证据证明"龙小姐"无权代表 B 公司的情况下,应该认为,"龙小姐"的销售行为是 B 公司行为。

4.2.1.3 证明责任

证明责任是证据审核认定的一项重要内容。

(1) 当事人对自己提出的请求所依据的事实或者反驳对方请求所依据的事实有义务提供证据加以证明。没有证据或者证据不足以证明当事人的事实主张的,由负有举证责任的当事人承担不利后果。

(2) 因新产品制造方法发明专利引起的专利侵权纠纷,请求人就涉案产品为新产品以及涉案产品与所述新产品相同承担举证责任,制造同样产品的单位或者个人对其产品制造方法不同于涉案的专利方法承担举证责任。

(3) 对当事人无争议的事实,无须举证、质证。

(4) 对一方当事人陈述的事实,另一方当事人既未表示承认也未否认,经执法人员充分说明并询问后,其仍不明确表示肯定或者否定的,视为对该项事实的承认。

(5) 当事人委托代理人参加纠纷处理的,代理人的承认视为当事人的承认,但未经特别授权的代理人对事实的承认直接导致承认对方请求的除外。当事人在场但对其代理人的承认不作否认表示的,视为当事人的承认。

【案例 4-6】

某专利侵权纠纷案中,甲公司发明专利涉及药物 A 的制备方法,被控侵权方乙公司生产的产品为药物 A 已为乙公司所承认。该药物 A 在专利申请日前不为国内外公众所知,因此该专利属于新产品的制备方法,对此双方并无争议。乙公司认为甲公司并无直接证据证明乙公司生产药物 A 的制备方法就是专利方法,没有提供充分证据证明侵权事实存在。

分析与评述

该药物 A 在专利申请日前不为国内外公众所知,对此乙公司并无异议,因此该专利属于新产品的制备方法。根据《专利法》第六十一条第一款的规定,专利侵权纠纷涉及新产品制备方法的发明专利的,被控侵权人负有举证证明其产品制备方法不同于专利方法的责任。故乙公司由于未能证明其使用了不同于涉案专利的方法来生产药物 A,可认定其侵犯了甲公司的专利权。

4.2.1.4 可以采信的证据

一方当事人提出的下列证据,对方当事人提出异议但没有足以反驳的相反证据的,应当确认其证明力:

(1) 书证原件或者与书证原件核对无误的复印件、照片、副本、节录本。

(2) 物证原物或者与物证原物核对无误的复制件、照片、录像资料等。

(3) 有其他证据佐证并以合法手段取得的、无疑点的视听资料或者与视听资料核对无误的复制件。

(4) 一方当事人委托鉴定机构作出的鉴定结论。

(5) 一方当事人提出的证据,另一方当事人认可或者提出的相反证据不足以反驳的,可以确认其证明力。一方当事人提出的证据,另一方当事人有异议并提出反驳证据,对方当事人对反驳证据认可的,可以确认反驳证据的证明力。

(6) 双方当事人对同一事实分别举出相反的证据,但都没有足够的依据否定对方证据的，应当结合案件情况，判断一方提供证据的证明力是否明显大于另一方提供证据的证明力，并对证明力较大的证据予以确认。因证据的证明力无法判断，导致争议事实难以认定的，应当依据举证责任分配原则作出判断。

（7）处理过程中，当事人在请求书、答辩书、陈述及其委托代理人的代理词中承认的对己方不利的事实和认可的证据，应当予以确认，但当事人反悔并有相反证据足以推翻的除外。

【案例 4-7】

某专利侵权纠纷案中，证据 2 是一份某纺织印染厂出具的证明，内容为证明请求人于 2005 年 10 月 8 日在某纺织印染厂办理证据保全的设备的标牌为原始标牌，未作过改动。请求人在口头审理中出示了证据 2 的原件，但证据 2 所示《证明》材料仅有"××纺织印染厂"、"2005 年 10 月 8 日"的落款和单位名称，没有该单位印章和单位负责人的签名，缺少单位出具证明文书类证据的形式要件，但是由于被请求人对该证据的真实性以及所证事实并无异议，故合议组对该证据予以采信。

分析与评述

本案中，某纺织印染厂出具的单位证明属证人证言，这类证言从证据形式要件角度考虑一般需要盖单位印章，同时附具单位负责人签名。如果缺少这一形式要件，同时又没有其他客观证据对相关事实加以佐证的话，该证言通常难以被采信。本案中，所述证据虽然缺少形式要件，但其仍被采信的原因在于，被请求人认可了该证据的真实性，同时对所证事实亦无异议。

4.2.1.5 不能单独采信的证据

下列证据不能单独作为认定案件事实的依据：

（1）未成年人所作的与其年龄和智力状况不相适应的证言；

（2）与一方当事人有亲属关系、隶属关系或者其他密切关系的证人所作的对该当事人有利的证言，或者与一方当事人有不利关系的证人所作的对该当事人不利的证言；

（3）应当参加口头审理作证而无正当理由不参加口头审理作证的证人证言；

（4）难以识别是否经过修改的视听资料；

（5）无法与原件、原物核对的复制件或者复制品；

（6）经一方当事人或者他人改动，对方当事人不予认可的证据材料；

（7）只有当事人本人陈述而不能提出其他相关证据的主张，不予支持，但对方当事人认可的除外；

（8）其他依法不能单独作为认定案件事实依据的证据材料。

【案例 4-8】

某专利侵权纠纷案中，被请求人提交的现有技术抗辩证据是证人证言，主张证人与被请求人所签订的技术培训协议可证明该技术为现有技术。证人并未出席口头审理，也没有证据显示其不出席口头审理有正当理由。由于未经质证的证人证言所述内容的真实性不能确定，因此不能作为定案依据，并且在只有证人证言但无其他相关证据显示该技术为现有技术的情况下，被请求人关于现有技术抗辩的主张不能成立。

分析与评述

证人证言系证人向执法人员所作的关于自己亲身感知的案件事实的陈述。其形成包括感知、记忆和表达三个阶段。任何一个阶段的客观性、真实性都受到诸多因素，比如证人情绪、动机等的影响，因此，直接观察证人作出证言时的细节对于证言的采信与否非常重要。这也是未经质证的证人证言不能单独作为定案依据的原因所在。本案中，所述证人证言之所以未被采信,原因在于证人无合理理由不出席口头审理,同时又没有其他客观证据与证言所述内容相佐证来证明其真实性。

4.2.1.6 不得采信的证据

凡有下列情形之一的证据不得采信:

(1) 未经双方质证或一方有异议而无法确认的;
(2) 不能说明证据合法来源的;
(3) 非法取得的;
(4) 证人证言前后不一致,且又不能获得印证的;
(5) 当事人自行委托鉴定又未得到合议组审核查实的;
(6) 没有原件印证的复印件,且另一方有异议的;
(7) 不能正确表达意志的人的证言或书证。

【案例4-9】

某专利侵权纠纷案中,请求人提交了从被请求人处购买被控侵权产品的销售发票复印件,口头审理中请求人解释该发票原件被对方当事人撕毁,并不是拒不提供原件,而是客观上无法提供。合议组认为,结合出库单、证人证言和视频录像等证据,可以认定被请求人撕毁发票的事实以及被请求人曾向请求人销售被控侵权产品的事实,对该发票复印件予以采信。法律及相关司法解释并未禁止对书证复印件证据的采用,在有其他证据与书证复印件相互印证的条件下,其仍可以作为认定事实的依据,以做到客观真实和法律真实的统一。

4.2.2 公证书

公证,是指公证机关根据当事人的申请,依法对法律行为、法律事实和法律文书确认其真实性、合法性的证明活动。

经过公证的文书,若没有相反证据足以推翻公证证明的事实,则应当直接将公证书作为确定案件事实的基础;有相反证据足以推翻公证证明的,可否定公证书的证据效力。

公证书必须经过质证才能采信。管理专利工作的部门在审核认定公证书时,不仅要审查其形式要件,还应对其是否符合证据的真实性、合法性、关联性进行实质审查。

如果公证文书在形式上存在严重缺陷,例如缺少公证人员签章,则该公证文书不能作为认定案件事实的依据。

如果公证文书的结论明显缺乏依据或者公证文书的内容存在自相矛盾之处,则相应部分的内容不能作为认定案件事实的依据。例如,公证文书仅根据证人的陈述而得出证人陈述内容具有真实性的结论,则该公证文书的结论不能作为认定案件事实的依据。

【案例4-10】

案情同【案例4-5】。该案中,请求人A公司提交的公证书公证了对B公司销售侵权产品取证的详细过程并附有相应证据,是认定B公司构成侵犯专利权行为的决定性证据;即使B公司提交的证人证言经过了公证,也仅能证明证人证言出具人确实进行了相应的意见陈述,不能代表其证人证言内容的真实。

4.2.3 域外证据

"域外证据",是指在中华人民共和国法律管辖外的地域形成的证据,既包括在中华人民共和国领域外形成的证据,也包括在中国香港、澳门、台湾地区形成的证据。当事人提交域外证据的,一般应当履行相关的证明手续。

专利行政执法案件中。证明主体资格的域外证据应当严格要求当事人办理公证、认证等相关证明手续,对于其他域外证据,是否需要办理,视每个案件的具体情况而定。

以下三种情况，当事人可以不办理相关的证明手续：

（1）该证据是能够从除香港、澳门、台湾地区外的国内公共渠道获得的，如从专利局获得的国外专利文件，或者从公共图书馆获得的国外文献资料；

（2）有其他证据足以证明该证据真实性的；

（3）对方当事人认可该证据的真实性的。

【案例 4-11】

某专利侵权纠纷案中，A 公司提交了提货单和销售证明，以证明其销售给 B 农科公司和 C 作物公司委托代理人的 500 克氟虫腈 800WDG 系 A 公司驻越南办事处在越南北宁省蒲山购买的农药样品，具有合法来源。该提货单和销售证明由越南店主 D 在越南北宁省出具。该证据系在中华人民共和国领域外形成，A 公司对此应履行公证和认证手续。但是，A 公司只对翻译 E 先生的身份及其保证将该提货单和销售证明由越南文翻译为英文履行了公证和认证手续，对于该提货单和销售证明的出具人越南店主 D 的身份及其签名的真实性并未履行公证和认证手续，也没有提供相关证据加以证明。在此情况下，该店主的身份、提货单及销售证明的真实性均难以确认，A 公司据此主张其销售的本案 500 克氟虫腈 800WDG 有合法来源，证据不足。

4.2.4 自　认

自认，是指一方当事人就对方当事人所主张的不利于己方的事实作出明确承认，或者不明确予以否认。

专利行政执法中，对于当事人的自认，可遵循以下规则：

（1）一方当事人明确认可的另外一方当事人提交的证据，管理专利工作的部门应当予以确认。但其与事实明显不符，或者有损国家利益、社会公共利益，或者当事人反悔并有相反证据足以推翻的除外。

（2）对一方当事人陈述的案件事实，另外一方当事人明确表示承认的，管理专利工作的部门应当予以确认。但其与事实明显不符，或者有损国家利益、社会公共利益，或者当事人反悔并有相反证据足以推翻的除外。另一方当事人既未承认也未否认，经合议组充分说明并询问后，其仍不明确表示肯定或者否定的，视为对该项事实的承认。

（3）当事人委托代理人参加案件的处理的，代理人的承认视为当事人的承认。但未经特别授权的代理人对事实的承认直接导致承认对方的请求的除外；当事人在场但对其代理人的承认不作否认表示的，视为当事人的承认。

为维护公共利益，某些情况下自认的效力应受到限制，使其不发生拘束当事人和行政机关的效力：

（a）应依职权调查的事项，不适用自认的规定。例如当事人资格事项、管辖事项等，不受当事人自认的约束。

（b）和解、调解中的让步不能视为自认。

（c）当事人在案件审理程序以外（包括在其他案件的审理程序中）对当事人主张作出的自认，不属于本案件审理中的自认，只能作为一种证据资料，供合议组参考。

（d）如果一方当事人的自认是因他人的欺诈、胁迫等违法犯罪行为而作出，或者是由于误解而承认了不真实的事实，允许当事人说明原因后撤回该自认，管理专利工作的部门应不予确认该承认的法律效力。

（e）自认应针对具体事实。对于法律问题和法律后果的承认，管理专利工作的部门不应仅依据其自认来进行审查，而应在认定事实的基础上根据相应法律法规进行法律问题的判断。

需要注意，虽然当事人自认的事实可直接作为定案依据，但不宜仅依据当事人的自认定案。管理专利工作的部门应结合相关证据，对具体技术问题和事实进行分析认定，如果存在相反证据或自认明显与事实不符，可以否定自认。对于自认后又反悔的，应要求当事人提出反证或反证线索，不能提供反证或反证线索查证不属实的应采信自认。当事人委托的代理人调查取证时的承认视为当事人的承认，但应当提交经当事人特别授权的授权委托书；当事人在场但对其代理人的承认不作否认表示的，视为当事人的承认，但应当在询问调查笔录中进行记载。当事人在行政处罚决定送达前反悔的，除非其有充分证据证明其承认是在受胁迫或者重大误解情况下作出的与事实不符的承认，否则其承认应作为认定案件事实的根据。

【案例 4-12】

某专利侵权纠纷案中，根据涉案专利的权利要求1，其必要技术特征应当包含：（1）一个干熄焦除尘设备的除尘单元；（2）包括旋风子、直管和螺旋导向机构，螺旋导向机构内外侧与直管、旋风子之间紧密配合；（3）螺旋导向机构与直管、旋风子制为一体。涉案专利的权利要求2又进一步强调涉案专利的三个部分之间制为一体。被控侵权物也由三部分组成，包括直管、直管导向器旋风子的综合件和旋风子的下半部分，被请求人某机械厂自认被控侵权物的三个部分之间也是必须紧密结合，否则无法实现除尘功能。合议组结合被控侵权人的解释，认定被控侵权技术覆盖了涉案专利的必要技术特征，落入了涉案专利权的保护范围。

分析与评述

本案争议的焦点在于，被控侵权物与涉案专利的三个部分在组成及其连接关系上是否相同。除了用涉案专利的权利要求书（包括说明书）对涉案专利进行解释，结合被控侵权物相应的三个部分的作用及相互配合关系对被控侵权物作出解释，并将二者进行对比之外，被控侵权人对相关事实的自认也是合议组认定案件事实的重要依据。

4.2.5 认　　知

认知是指在案件审理过程中，对某些特定的事项无需证明而直接确认其真实的一种证明制度。认知的内容一般为常识性、公认性及部分专业性的事实，包括：众所周知的事实；自然规律及定理；法律、法规；其他明显的当事人不能提出合理争议的事实。对于认知的内容也应履行听证程序，给予当事人陈述意见和提出反证的机会。

4.2.6 推　　定

推定是指根据已知的事实可以认定推定事实存在，除非有相反证据推翻这种推论。

专利行政执法中，有证据证明一方当事人持有证据无正当理由拒不提供，如果对方当事人主张该证据的内容不利于证据持有人，可以推定该主张成立。

【案例 4-13】

某专利侵权纠纷案中，通过对专利的必要技术特征进行分析，可以看出专利主要由接闪装置和接地装置组成。请求人A举证证明，从被控侵权方B百货公司所使用的避雷装置的外部形状看，被控侵权物的外部表现形式与涉案专利权利要求的接闪装置完全相同，唯一区别在于，仅从被控侵权物的外部形状无法知晓其使用的接地中和部分的结构。B百货公司未举证证明其避雷设备与涉案专利有不同之处。

分析与评述

作为避雷设备，接地中和部分是必备的，而这一部分的结构与设备一般不暴露在外部。本案中，被控侵权物的接地中和部分在其建筑物外部不可见，专利权人无法接触并自行取证。

从技术角度讲，根据涉案专利的放电灭雷原理，该装置的稳定运行与专利要求的限流装置的功能密不可分。被控侵权的避雷设备已稳定运行多年，故可以直接推定被控侵权物采取了与涉案专利相同或等同的技术特征，解决了接闪设备放电所产生的脉冲电流的稳定、释放和中和作用。被控侵权物是否落入涉案专利的保护范围，本应由专利权人举证证明，但涉案被控侵权物由B百货公司掌控，故提交证据以证明被控侵权物内部结构的责任应由B百货公司承担。因此，在请求人A已举证证明B百货公司的设备具有与涉案专利相同的主动灭雷功能的外部结构后，即已完成其初步举证责任。此时，B百货公司应当举证证明其设备采用了与涉案专利不同的内部结构进行避雷，但B百货公司未能完成证据提交责任，故应承担相应不利后果，因此可以认定B百货公司的避雷设备落入涉案专利的保护范围，构成专利侵权。

第3节 几种典型类型证据的审核认定

4.3.1 书　　证

书证是指用文字、符号或图形所表达的思想内容来证明案件事实的证据，是以其内容来证明待证事实的有关情况的书面材料。

4.3.1.1 书证的种类

（1）文字书证、符号书证或者图形书证。文字书证是以文字记载的内容证明案件事实，如各类公文文书、合同、账册、票据等；符号书证是以符号表达的内容证明案件事实的书证；图形书证是以图形表现的内容证明案件事实的书证，如图纸。

（2）公文书证和非公文书证。公文书证，是指国家职权机关在法定职权范围内制作的文书，包括国家权力机关、行政机关、审判机关以及法律、法规授权的组织制作的公文文书，如裁判文书、行政处罚决定书、公证文书等。非公文书证，是指公文书证以外的其他文书。

（3）处分性书证与报道性书证。处分性书证是以发生特定法律后果为目的而制作的书证，如行政处罚决定书、裁判文书、合同书等；报道性书证是记载了某种与案件事实有关的内容而不以发生特定法律后果为目的的书证，它是以书证中所记载或表述的内容，反映制作人对客观事实的认识或体会等，如会议记录、诊断书等。

（4）一般书证与特别书证。在条件、格式和程序方面有特别要求的为特别书证，否则为一般书证。行政处罚决定书、裁判文书均为特别书证。

（5）原本、正本、副本、节录本、影印本和译本。原本是最初制作的书证文本，是书证的初始状态，能够最客观地反映文书所记载的内容。正本是按照原本的内容制作（抄录或印制）的对外正式使用的文本，效力等同于原本。原本一般保留在制作者手中或存档待查，正本则发送给收件人。副本是照原本全文抄录、印制而效力不同于原本的文件，一般是发送给主收件人以外的其他须知晓原本内容的有关单位或者个人。节录本是指从原本或者正本中摘抄其部分内容形成的文本。影印本是指运用影印技术将原本、正本或副本进行摄影、复印形成的文本。译本是以另一种文字将原本或者正本翻译而成的文本。

4.3.1.2 书证的提供要求

（1）提供书证的原件，原本、正本和副本均属于书证的原件。提供原件有困难的，可以提供与原件核对无误的复印件、照片、节录本；外文书证应当附有中文译文。

（2）提供由有关部门保管的书证原件的复制件、影印件或抄录件的，应当注明出处，经该部门核对无异后加盖其印章。

（3）提供报表、图纸、会计账册、专业技术资料、科技文献等书证的，应当附有说明材料。

4.3.1.3 书证的审核认定

书证的证据能力审查,主要涉及对书证在制作上的真实性和合法性进行审查,主要包括审查书证制作人的资格,审查制作书证的手续,审查制作书证的程序,审查书证有无伪造、变造的痕迹,审查书证获取的过程、是否提交原件。

书证的证明力认定,是指对书证所记载、表述的事实的真实性、可靠性等实质证据力进行审查,主要涉及书证的内容与待证事实的关联性。管理专利工作的部门应从以下几方面对书证的证明力加以审查认定:审查认定书证所记载、表达的内容的确切含义,审查认定书证内容是否为有关人员的真实意思表示,审查认定书证内容与待证事实是否具有内在的、必然的联系,审查认定书证内容是否与法律、法规抵触。

4.3.1.4 常见书证的审核认定

专利案件中常见书证形式有:专利文献、科技杂志、科技书籍、学术论文、专业文献、教科书、技术手册、正式公布的会议记录或者技术报告、报纸、小册子、样本、产品目录、发票、合同等。

4.3.1.4.1 专利文献

专利文献是各国专利局及国际性专利组织在审批专利过程中产生的官方文件及其出版物的总称。作为公开出版物的专利文献主要有:各种类型的发明专利说明书、实用新型说明书和工业品外观设计简要说明,各种类型的发明专利、实用新型和工业品外观设计公报、文摘和索引,发明和实用新型、外观设计的分类表等。

各类专利说明书作为证据提交,一般应提交全文,仅使用部分内容的,在证明其真实性的基础上,可部分提交。发明专利的公开说明书和授权说明书由于内容和公开日期的不同,应视为不同的证据,根据情况分别审核。

中国专利文献的真实性可以在国家知识产权局网站核实,外国或国际组织的专利文献可以在该国专利局或该组织网站核实。缺少核实途径的,应当要求当事人提交其获取途径的证明(如图书馆馆藏证明或检索机构证明)。域外形成的应办理公证认证手续。外文专利文献应提交有资质的翻译机构或翻译人员出具的译文,其中外观设计专利应至少翻译文献的国别、类型、公开日期、专利名称、简要说明、附图说明等,以满足审查需求为准。

专利文献一般构成专利法意义上的出版物,其公开日期以其记载的公开日或授权公告日为准,有证据证明其未对公众公开或未在上述日期公开的除外。

4.3.1.4.2 图书类出版物

图书类出版物指的是带有国际标准书号(ISBN)、国际标准刊号(ISSN)、国内统一刊号且通过正规渠道出版发行的书籍、期刊和杂志等。

在当事人提供原件或有证据证明复印件与原件一致时,图书类出版物的真实性一般应当予以认可。

图书类出版物的印刷日视为公开日。同版次多印次或者多版次多印次的图书类出版物,一般应当将该印次的印刷日视为公开日。有证据证明实际公开日的,应当以实际公开日为准。

【案例 4-14】

某专利侵权案中,被请求人提交《汽车底盘设计与构造》一书用于现有技术抗辩。经合议组审查,该书虽已印刷完毕,但因存在印刷错误导致该出版物并未实际在印刷日发行,因此应当将该出版物的实际发行日视为公开日。

【案例 4-15】

某专利侵权案中,被请求人为进行现有技术抗辩提交的《计算机数据结构》一书的版权页上标有"1996年10月第1版 1998年6月第2次印刷"的字样,该书的公开日一般应当认定为1998年6月30日。但是如果有证据证明该书在1996年10月第一次发行以来未经任何修正或者对所使用的部分未经任何修正,则该书的公开日应当认定为1996年10月31日。

4.3.1.4.3 产品样本、产品说明书类证据

产品样本、产品说明书类证据包括产品目录、产品样本、产品说明书、产品宣传册、产品宣传页等。

带有国际标准书号、国际标准刊号、国内统一刊号的产品样本、产品说明书类证据的真实性和公开日审核认定参照图书类出版物的规定。其他产品样本、产品说明书类证据,需有其他证据佐证其真实性和公开性。

当事人提交了产品样本、产品说明书类证据的原件,综合其他证据印证或者由证据本身载明的信息可以证明该产品样本、产品说明书类证据是专门机构(如行业协会、展会主办机构)定期出版发行的,可以认定该产品样本、产品说明书类证据的真实性和公开性。

【案例4-16】

某专利侵权案中,当事人提交了《×××行业采购大全》2005年上期、2005年下期2006年上期以及2006年下期的原件,各期的《×××行业采购大全》封面上均印制有"××××年上期总第×期"或"××××年下期总第×期"、"××协会主编"以及该广告公司的地址、电话、传真号、索阅派发网点等信息。对方当事人虽对该证据的真实性提出质疑,但未提出充足的理由,也未提供证据支持其理由。在此情形下,可以认定该《×××行业采购大全》的真实性和公开性。

其他企业自行印制的产品样本、产品说明书类证据,即使当事人提供了原件或者提供证据证明复印件与原件一致,也需要其他证据予以佐证,才能认可其真实性。但对方当事人予以认可的除外。

产品样本、目录类证据通常用于推销产品,一般情况下对产品感兴趣的公众可以不受限制地得到这类资料。当这类资料具有可靠的载体,其真实性可以确认时,如果该资料上还记载有能够表明其发表者以及发表时间,或者有其他证据可以佐证其公开者或公开日期,可以认定其为专利法意义上的公开出版物。

可以佐证产品样本、产品说明书类证据的真实性和公开性的证据通常包括可以证明其来源的印刷证据、能够证明其公开性的销售证据等。

【案例4-17】

某专利侵权案中,当事人提交了某企业的产品宣传册和与该产品宣传册对应的印刷合同、发票原件作为证据使用,对方当事人虽对该证据的真实性提出质疑,但未提出充足的理由,也未提供证据支持其理由。在此情形下,应当认定该产品宣传册的真实性。

4.3.1.4.4 带有版权标识的出版物

根据《世界版权公约》的要求,版权标记一般包括三项内容:(1)享有著作权的声明或将声明的英文缩写字母C外面加上一个正圆,对音像制品则是字母P外面加上一个正圆;(2)著作权人的姓名或名称;(3)作品出版发行的日期。在出版物上印有版权标记,表明作者愿意或者授权他人公开发表其作品。对于该类出版物的真实性,可以参照图书类出版物的认定方式。

在其真实性可以确认的情况下,印制有版权标识的印刷品一般可以视为专利法意义上的公开出版物,但因要求保密或者限定发行范围导致其不具备公开性的除外。该类出版物版权页上版权标识后所记载的首次出版年份,一般应当以该记载确定其公开日,但有相反证据的

除外。

在当事人提供原件或有证据证明复印件与原件一致时，印制有国际标准音像制品编码的音像制品类出版物的真实性一般应当予以认可。

国际标准音像制品编码（ISCR）的音像制品类出版物的录制年码可用于确定其公开日。

【案例 4-18】

某专利侵权案中，被请求人提交作为证据的光盘上标有"ISCR-CN-C12-97-21-0/VG4"的字样。以上标识中，"CN"为国家码，代表中国；"C12"为出版者码；"97"为录制年码；"21"为记录码；"0/VG4"为记录项码。可以认定该光盘的公开日为1997年12月31日。

【案例 4-19】

某专利侵权案中，当事人提交一本版权页上标有"printed in U.S.A，©Envirex inc.1989"的某美国公司的产品说明书，综合其他证据可以确认其真实性，且没有其他证据证明该产品说明书要求保密或者限定发行范围时，应当确认公开日期为1989年12月31日。

4.3.1.4.5 标　　准

为规范产品和产品生产而制定的标准包括国家标准、行业标准、地方标准和企业标准。

国家标准由国务院标准化行政主管部门制定。对没有国家标准而又需要在全国某个行业范围内统一的技术要求，通常通过制定行业标准来约束。行业标准由国务院有关行政主管部门制定，并报国务院标准化行政主管部门备案。对没有国家标准和行业标准而又需要在省、自治区、直辖市范围内统一的工业产品的安全、卫生要求，根据规定应当制定地方标准。企业生产的产品没有国家标准和行业标准的，根据规定应当制定企业标准，作为组织生产的依据。

通常情况下，国家标准、行业标准、地方标准都属于专利法意义上的公开出版物。企业标准是内部标准，不能视为专利法意义上的公开出版物。

药品领域中的《中国药典》、部颁药品标准汇编本、地方药品标准汇编，其他领域的国家标准、行业标准、地方标准一般应认定为专利法意义上的公开出版物。药品领域中进口药品标准一般不应认定为专利法意义上的公开出版物。药品领域中未汇编成册的部颁标准、地方药品标准、企业药品标准和其他领域的企业标准是否属于专利法意义上的公开出版物应当结合相关法规、规章及其他证据认定。

【案例 4-20】

专利权人A指控B公司侵犯其专利权，其专利申请日为2003年1月20日。B公司主张，根据《国家中成药标准汇编——中成药地方标准上升国家标准部分（骨伤科分册）》（以下简称"汇编"）一书可知，B公司实施的技术为现有技术，因此不应承担侵权责任。A认可该汇编的真实性，但认为，该汇编没有标明出版发行号、书号、条码、定价等国家规定的正规出版图书所应有的特征标识，不是国家公开出版发行物，也没有印刷日期，其公开日期也不能确定，因此不能作为现有技术抗辩证据使用。经查，该汇编封面上盖有"成都力思特制药股份有限公司资料专用章"，有"国家药品监督管理局　编　二OO二年"字样，前言页记载"从2001年初开始，我局对尚未纳入国家药品标准管理的中成药地方标准进行了清理整顿工作。在广大中医、药学专家的帮助下，此项工作已全面完成……标准的试行日期为自2002年12月1日起"和落款日期"2002年11月20日"。

分析与评述

专利法意义上的公开出版物，应当以其在申请日以前处于能够为社会公众获得的状态即可,并不以该出版物是否具有出版发行号、书号、条码等信息为必要条件。仅以汇编没有记载上述信息为由而否定其为公开出版物,依据不足。该汇编是由负责国家药品监督管理的行政部门编纂发行的药品标准汇编,目的是为了在全国范围内统一药品的生产工艺和质量标准,因此这种药品标准的汇编本是任何人不受约束都可获得的,理应处于公众想得知就能够得知的状态。该汇编上盖有"成都力思特制药股份有限公司资料专用章",而该公司并不是此药品标准的提出单位,这也佐证了其是公开发行的,是公众可获得的。而对于该汇编的具体公开日期,根据封面和前言的记载可知,该书在2002年11月20日已汇编完成,其标准于2002年12月1日开始试行。出于在全国范围内统一药品的生产工艺和质量标准的目的,该汇编应当在试行起始日2002年12月1日前公开发行。即便考虑到从汇编完成到印刷完成的合理时间,其最迟公开日也应早于2003年。综上,该汇编属于专利法意义上的公开出版物,公开日早于涉案专利申请日,可以作为本案现有技术抗辩的证据使用。

【案例 4-21】

A 公司指控 B 公司的产品侵犯其专利权。B 公司则主张,其依据《上海市××企业标准——××系列腰椎固定带》制造所述产品,该产品属于现有技术,因此不侵犯 A 公司的专利权。对此,A 公司认为,该标准为企业标准,不属于公开出版物,因此不能作为现有技术抗辩的证据使用。

分析与评述

《上海市××企业标准——××系列腰椎固定带》属于企业内部标准,双方对这一事实均予以确认。但是,在一般情况下,企业标准是内部标准,没有公开渠道能够查询其内容的,难以认定为专利法意义上的公开出版物。本案中,B 公司并未提交其他证据佐证该标准可以从公众渠道获得,该标准自身也未标注任何能够确认其公开时间的信息。在此情形下,即便该标准披露了被控侵权产品的技术方案,也不能认定 B 公司的现有技术抗辩主张成立。

4.3.1.4.6 合同票据单据类

合同是平等民事主体之间设立、变更、终止民事权利义务关系的协议。通常与其他证据结合,证明某种产品销售行为的发生。票据是依法签发和流通的、反映债权债务关系、以无条件支付一定金额为目的的有价证券,包括汇票、本票和支票。单据通常是指办理货物的交付和货款的支付的一种依据,以及提取货物的货权凭证,其种类包括发票、保险单、订货单、销售单、出库单、运货单、提货单、装箱单、商检报告等。

商业发票由税务机关统一监制,由指定的印刷单位统一印刷,并由税务机关统一登记、发放和管理,与其他普通单据相比,具有较强的防伪性,其真实性容易得到确认。发票一般还记载货物名称、数量、单价、货款、买卖双方名称等,对于销售行为的发生具有较强的证明力。发票一般不会记载产品的技术内容,通常无法单独证明销售产品构成侵权,需要有其他证据佐证。

送货单、收据等的印制和发放不受税务机关的监督和管理,其真实性较难确认。对于送货单、收据等单据的真实性和证明力,应结合全案证据综合加以考虑,不能一概不予认定,也不能不加分析当作证据链中证明销售行为的主要证据概然接受。

【案例 4-22】

甲是某汽车锁专利的专利权人。2008 年 8 月 21 日,甲请求公证处对某网站(www.y888y.com)的相关网页内容进行了公证,该网页显示所有者为"天汇万博公司",营业地址为"××市××区××路1号"。随后,甲和公证员来到××市××区××路1号,向自称为"天汇万博公司"业务经理的乙公证购买了车锁一台,取得加盖"天汇卧龙销售中心"财务专用章的发票一张,还取得一份载有 www.y888y.com 网址的产品宣传册。甲请求××市知识产权局对天汇万博公司的侵权行为进行处理。天汇万博公司辩称:公证书中销售发票落款是"天汇卧龙销售中心",与天汇万博公司无关。甲主张:虽然销售发票落款是"天汇卧龙销售中心",而不是"天汇万博公司",但一个公司两块牌子很常见,只要公证的全过程真实可靠,对具有公信力的公证行为都应予认定。

分析与评述

虽然销售发票上加盖的是"天汇卧龙销售中心"财务专用章,并非"天汇万博公司",但实践中一个公司借用或者以其他机构的名义出具发票属于常见情形,并且,本案公证取证的地点与天汇万博公司网站中所载明的该公司地址一致,在天汇万博公司没有相反证据的情况下,在该营业场所接待客户并进行销售的人应推定为该公司的销售人员,其行为所引发的责任应由天汇万博公司承担。因此,××市知识产权局认定天汇万博公司实施了销售行为。

【案例 4-23】

专利权人乙指控甲公司制造的 M-100CC 型号产品侵犯其专利权。甲公司辩称,被控侵权产品虽落入专利保护范围,但乙原为甲公司工作人员,申请日前乙向其领取过该产品,证明甲公司在申请日前已经制造相同产品,甲公司享有先用权,不侵犯该专利权。甲公司提交了《申领样机审批表》和《出库单》对这一事实予以证明。乙认为,《申领样机审批表》和《出库单》上乙的签名为自己所写,但《申领样机审批表》上的产品型号 M-100CC 并非自己所写,是甲公司后添加上去的,因此其不能证明该申领产品为 M-100CC 产品;此外,即便其型号为真,相隔数年生产都标明型号是 M-100CC 的产品,并不必然是同样的产品。甲公司 M-100CC 型号产品并未经有关部门备案或批准。所谓 M-100CC 完全是其自己所编制,其执行自己的型号带有很大的随意性。甲公司对于产品型号并非乙所写予以确认,但否认为事后添加,而是其他工作人员先填写型号由乙随后签字确认。

分析与评述

《申领样机审批表》上记载乙领取型号为 M-100CC 的样品,《出库单》也载明乙领取了 M-100CC 产品。虽然乙否认《申领样机审批表》产品型号"M-100CC"是其所写,但其承认《出库单》上型号为其所写,也承认两份证据上的签名自己所写,也即乙并未否认《出库单》的真实性。在此情形下,由于《出库单》的佐证支持,甲公司关于《申领样机审批表》上型号并非事后添加的解释更为合理,应予采纳。因此,上述两份证据的真实性能够确认,两者相互印证可以证明乙公司在申请日前已制造型号为 M-100CC 的产品。依惯例,同一公司生产的同一型号的产品通常具有相同的结构和组成,根据"谁主张谁举证"的举证责任分配原则,乙如认为证据中的 M-100CC 产品与本案被控侵权产品不同,应该举证予以证明。在没有相反证据的情况下,应推定两者结构相同。因此,甲公司享有先用权,不侵犯乙的专利权。

4.3.2 物 证

物证是能够证明案件事实的物品或者痕迹。物证一般不能直接用来证明案件事实,需要与其他证据结合发挥证明作用。

4.3.2.1 物证的种类

物证有原物和派生物之分。原物是指直接来源于案件事实本身,并以自身存在的外形、重量、规格、损坏程度等特征来证明案件事实的一部分或者全部的物品或者痕迹。派生物是指并非直接来源于案件本身,但记载了能证明案件事实的物品或者痕迹的外形、重量、规格、损坏程度等特征的载体,比如物证的照片、复制品等。

4.3.2.2 物证的提交要求

提供物证应当符合下列要求：

（1）提供原物。提供原物确有困难的，例如对于不便移动、保存或者提取的物品以及无法提取的大型物品，可以提供与原物核对无误的复制件或者证明该物证的照片、录像等其他证据。

（2）物为数量较多的种类物的，提供其中的一部分。

4.3.2.3 物证的审核认定

物证的审核认定一般包括：

（1）审查判断物证是否伪造和有无发生变形、变色或变质的情况；

（2）审查判断物证与案件事实有无客观联系；

（3）审查判断物证的来源，查明物证是原物还是同类物或复制品。

原物的证明力优于复制品。无法与原物核对的复制品不能单独作为定案依据。当事人无正当理由拒不提供原物，又无其他证据印证，且对方当事人不予认可的证据的复制品不能作为定案依据。

对于物证，可以先对关联性、合法性、真实性进行认定，然后决定是否对其证明力进行认定。若经初步判断，能够确定所提交的物证材料不具有合法性或与案件不具有关联性的，可以不进一步认定其真实性；证据提交方无法证明其提交的物证材料的真实性，在对方当事人对该证据的真实性不予认可的情形下，可以不进一步判断其证明力；若经初步质证，可以认定物证材料真实性的，应当当庭展示，审核其证明力。对于无法从外部直接得知其技术结构的物证材料，应当当庭拆卸。对于公证保全的证据，在出示前，应当请双方当事人共同确认封条是否完整，详细记录当事人的意见和证据的封存情况，当庭打开封存，演示证据，并详细记录演示情况，演示结束后如果有必要，可以制作封条，恢复封存，并请双方当事人在封条上签字确认。对于不作为证据的产品实物的一般性演示，其演示目的的主要目的在于帮助合议组了解技术方案，仅供合议组参考，不能作为定案的依据，可不严格进行质证程序。

物证演示过程中，应注意以下内容的调查：

（1）设备铭牌所反映的信息，包括型号、生产厂家、出厂日期等。这些信息是物证与其他证据的关联性所在，决定物证是否可以与其他证据（如发票、合同等）构成证据链。

（2）派生物能否反映原物的结构，如复制件是否与原物相一致，照片、录像等是否是对原物结构的真实记录。

（3）实物所反映的具体结构。对于某些仅能演示产品功能的实物，对于其功能是如何实现的，应特别注意调查。

（4）对涉案专利的特征比对。

【案例 4-24】

请求人 A 公司请求某市知识产权局处理被请求人 B 公司侵犯其"泪道探通导引针"实用新型专利权。请求人 A 公司称 B 公司仿制其专利产品，大量印制宣传资料宣传推广并招收代理商销售，请求责令被请求人立即停止生产销售的侵权行为。

请求人为证明其主张的事实存在，向合议组提交了以下证据：

证据1：被请求人的产品"鼻泪管支架"、"泪道探通引导针、导丝"实物；

证据2：被请求人的产品网站资料公证书；

证据3：被请求人的产品宣传彩页；

证据4：被请求人的宣传光碟；

证据5：被请求人的产品说明书。

被请求人辩称：请求人的专利是一种泪道探通导引针，请求人提交的证据记载的内容中找不到请求人专利权利要求记载的技术特征。而判断被控侵权产品是否构成侵权，需要严格按照《专利法》相关规定进行对比，从而判断是否构成侵权。因此，请求人提供的证据不构成其指责被请求人侵犯其专利的依据。请求某市知识产权局驳回请求人的请求事项。

庭审中，双方当事人对请求人提交的五份证据进行了质证，并发表了质证意见。被请求人意见如下：

对证据1"鼻泪管支架"、"泪道探通引导针、导丝"实物的真实性有异议，认为请求人不能证明其合法来源。

对证据2"被请求人产品网站资料公证书"的真实性无异议，但认为与本案无关联性，网站内容只是宣传意向，没有说明被请求人生产销售涉嫌侵权产品，而且网站内容没有涉嫌侵权产品的结构。

对证据3"被请求人产品宣传彩页"的真实性有异议，没有相关证据证明该宣传彩页是被请求人的，不能作为证据使用。

对证据4"被请求人宣传光碟"的真实性有异议，没有相关证据证明该光碟是被请求人的，不能作为证据使用。

对证据5"被请求人产品说明书"的真实性有异议，"鼻泪管支架"包装盒是打开的，因此无法证明说明书是包装盒内的。并且，说明书仅仅是文字说明，没有产品结构说明。

合议组经审理后认为，请求人提交的证据1"鼻泪管支架"实物包装盒已开封，"泪道探通引导针、导丝"实物无生产企业标识，不能证明该"泪道探通引导针、导丝"实物是"鼻泪管支架"实物包装盒内的产品，请求人无法证明其合法来源，该证据不予采信。

请求人提交的证据2"被请求人产品网站资料公证书"形式无瑕疵，被请求人也认可该证据真实性，对该证据予以采信。

请求人提交的证据3"宣传彩页"，由于请求人无法证明宣传彩页的合法来源，对该证据不予采信。

请求人提交的证据4"宣传光碟"，因请求人无法证明该宣传光碟的合法来源，对该证据不予采信。

请求人提交的证据5"'鼻泪管支架'产品说明书"，因"鼻泪管支架"包装盒是打开的，无法证明说明书是包装盒内的，无法证明其真实性，对该证据不予采信。

由证据2"被请求人产品网站公证书"中的网站图片可以看出被控侵权产品的部分技术特征。但从图片中无法看出"针芯在针管内自由拉动，针管的针头端封闭呈钝圆锥形，针管的针头端有一定长度的实体段，倾斜面与侧壁孔的后壁成钝角"等涉案专利权利要求记载的技术特征，不能认定其落入涉案专利权的保护范围，构成专利侵权。请求人提交的证据缺乏证明力，不足以支持其主张的事实，应当承担举证不能的法律后果。

分析与评述

对于物证而言，如果取证过程中未能将证据来源予以固定，且该证据本身又不具有与其他证据相联系的信息，则该物证通常无法证明特定的使用和销售事实。对于经公证的网络证据，公证本身仅能确认证据形式上的真实性，对于证据内容的可靠性以及在案件中的证明作用，还需进一步判断。对于宣传彩页等制作随意性较大的书证，如果证据提交方不能证明其证据来源，对方当事人亦不认可的，通常难以确认其真实性。

【案例 4 -25】

A 公司指控 B 公司销售的制动器总成侵犯其专利权，提供了从 B 公司公证购买的发票和实物予以证明。B 公司辩称，该制动器总成并非自己制造，而是购买于 C 公司，为此提供了增值税专用发票和照片为证，证明被控侵权产品有合法来源，不承担侵权赔偿责任。

经查，增值税专用发票记载 C 公司向 B 公司出售的产品为"1058 汽刹制动器"，照片中反映的制动器总成上印有产品型号"1058"和 C 公司名称，但看不到内部结构，被控侵权物与照片中产品外形相似，但外表无产品型号和制造厂商名称等信息。

分析与评述

B 公司虽声称照片所摄为从 C 公司购买的产品，且其上具有产品型号和 C 公司名称，可以与增值税发票相互印证，但由于照片形成时间和过程不明，无法认定照片中的产品即为增值税发票中所指产品。在此情形下，即便 B 公司确实曾向 C 公司购买过 1058 汽刹制动器，但增值税发票所指产品与被控侵权产品无任何客观联系，不能证明后者有合法来源；其次，即便认定照片中产品即为 1058 汽刹制动器，但被控侵权物外表无产品型号和制造厂商名称等信息。照片中的产品也无法看到内部结构，不能确定两者技术特征相一致，即照片中产品并非与被控侵权产品指向相同，仍不能合理推断出被控侵权产品即为 1058 汽刹制动器。因此，B 公司有关产品合法来源的抗辩主张不能成立。

【案例 4 -26】

专利权人傅某拥有名称为"茶叶包装盒"外观设计专利，上述专利授权公告日为 2003 年 10 月 25 日。傅某称，2004 年 11 月 26 日，自己在天方茶叶批发部发现被控侵权产品，遂购买了被控侵权产品一个，该批发部出具了一张饮食业发票，由包装可知，该产品为天方公司生产，因此天方公司应承担侵权责任。傅某提供了如下证据：（1）被控侵权产品包装盒；（2）饮食业定额发票 1 张。

经查，被控侵权产品茶叶包装盒上印有"天方公司荣誉出品"、"天方"等字样，盒侧面贴有一张白色标贴，该标贴覆盖了茶盒上的部分说明文字，其上注有"生产日期 2004 年 3 月 17 日"等字样。饮食业定额发票上盖有"天方茶业批发部专用章"，但"客户名称"以及"开具日期"栏均为空白。对此，天方公司认为，被控侵权产品上的生产日期覆盖了包装上的产品介绍内容，违反了国家有关规定；饮食业定额发票与其购买的被控侵权产品之间无互相印证关系，因此，不能证明天方公司制造、销售了被控侵权产品。天方公司出示了其生产的部分茶叶产品包装，以证明其生产日期系以喷码形式印制。

分析与评述

傅某提供的被控侵权产品上虽印有天方公司的相关信息，但用于证明该产品生产日期的标贴系另行贴附于包装盒上，容易拆卸，被控侵权产品的生产日期标注方式亦与天方公司在先产品中以喷涂方式标注生产日期的方式明显不同。傅某提供的饮食业定额发票中虽盖有"天方茶业批发部茶楼宾馆专用章"，但"客户名称"以及"开具日期"栏均为空白，不符合国家有关发票的管理制度，由于其为定额发票，其对应的产品也不明确，发票与被控侵权产品不能相互印证，无法证明天方公司销售了被控侵权产品。

4.3.3 视听资料

视听资料是指采用先进的科学技术，利用图像、音响及电脑等储存反映的数据资料等来证明案件情况的一种证据形式。

4.3.3.1 表现形式

视听资料表现为录像带、录音带、传真资料、微型胶卷、电话录音、电脑储存数据和资料等具体形式。

4.3.3.2 视听资料的提交要求

（1）当事人应当提供有关资料的原始载体。提供原始载体确有困难的，可以提供复制件。提供复制件的，应当说明其来源和制作经过。

（2）注明制作方法、制作时间、制作人和证明对象等。

（3）声音资料应当附有该声音内容的文字记录。

4.3.3.3 视听资料的审核认定

4.3.3.3.1 证据资格审核认定

视听资料证据资格主要审核证据的合法性，即证据是否为非法取得。所谓非法取得，主要指是否以窃听等违反法律禁止性规定的手段取得，或是否以侵害他人合法权益的方式取得。

4.3.3.3.2 证明力审核认定

（1）视听资料载体、制作过程是否可靠

审查视听资料所依赖的设备、软件是否达到一定的质量标准，是否具备一定的灵敏度，使用期限如何等；视听资料制作、存储、传递的方法是否科学，程序是否合理。

（2）视听资料的真实性

审查视听资料有无被加工、改造的可能，必要时，可以运用鉴定方法。被当事人或者他人进行技术处理而无法辨认真伪的证据材料不能作为定案依据。难以识别是否经过修改的视听资料不能单独作为定案依据。

（3）视听资料形成时的条件

审查视听资料的制作主体、方式、形成时间、地点、条件及周边环境，确认由何人录制、摄制、输入，制作具体地点、时间和具体环境情况。例如，对于录音、录像资料，应当查明当事人的有关言辞陈述是否出于自愿或真实意思表示，还是在受到威胁的情况下被迫作出的。

（4）视听资料的证明力判断标准

视听资料载体及其制作过程可靠性强，证明力也强。存有疑点的视听资料不能单独作为认定案件事实的依据。

4.3.4 证人证言

证人证言是人们对客观发生事件在头脑所形成印象的一种表达。

4.3.4.1 证人资格

不能正确表达意志的人，不能作为证人，其证言不能作为定案依据。待证事实与其年龄、智力状况或者精神健康状况相适应的无民事行为能力人和限制民事行为能力人，可以作为证人。

4.3.4.2 证人证言的审核认定

4.3.4.2.1 证人作证的基本要求

证人应当陈述其亲历的具体事实。证人根据其经历所作的判断、推测或者评论，不能作为定案的依据。证人证言的质证应当结合提交的书面证言，围绕证人的感知、记忆能力、证言内容的真实性、证人身份及证人与案件的利害关系等进行。出庭作证的证人应当客观陈述其亲身感知的事实。证人为聋哑人的，可以其他表达方式作证。证人作证时，不得使用猜测、推断或者评论性的语言。

当事人提供证人证言的，应当符合下列要求：

（1）写明证人的姓名、年龄、性别、职业、住址等基本情况；

（2）有证人的签名，不能签名的，应当以盖章等方式证明；

（3）注明出具日期；
（4）附有居民身份证复印件等证明证人身份的文件。

4.3.4.2.2 询问证人的程序和注意事项

询问证人应当包括如下步骤：

（1）核实证人身份（核对身份证件、并要求其提供复印件）；
（2）询问证人的姓名、年龄、性别、职业、住址等基本情况；
（3）告知证人有如实作证的义务及作伪证的责任；
（4）双方当事人对证人证言质证：
① 提供证言一方询问和反方询问；
② 正方再询问和反方再询问；
③ 如有多个证人，可以让证人对质；
（5）合议组成员对未予明确的问题询问。

合议组对证人的询问不得使用诱导性语言；合议组可以根据案件的具体情况，选择不同的询问方法，以查明证人的感知、记忆和表述能力，证人是否亲历其作证事实，证人与当事人或代理人有无利害关系，证言前后有无矛盾之处，证言与其他客观证据有无矛盾之处等。

当事人对证人询问不得使用诱导性的语言，不得威胁、侮辱证人，询问的事项应当与案件事实相关。询问和质证内容应当形成文字材料，可以在口头审理过程中记录并由证人签名，也可以由本人书写，并注明日期。出席口头审理作证的证人不得旁听案件的审理。合议组询问证人时，其他证人不得在场，但组织证人对质的除外。

4.3.4.2.3 证人证言证明力的判断

对于证人证言的证明力，应通过对证人的智力状况、品德、知识、经验、法律意识和专业技能等的综合分析作出判断。针对同一事实，有多个证人证言的，应当综合分析、判断、相互印证。

其他证人证言优于与当事人有亲属关系或者其他密切关系的证人提供的对该当事人有利的证言；出庭作证的证人证言优于未出庭作证的证人证言。未成年人所作的与其年龄和智力状况不相适应的证言，与一方当事人有亲属关系或者其他密切关系的证人所作的对该当事人有利的证言，或者与一方当事人有不利关系的证人所作的对该当事人不利的证言，均不能单独作为定案依据。

4.3.4.2.4 证人不能出庭的情形

以下证人确有困难不能出庭的情形，经管理专利工作的部门许可，证人可以提交书面证言或者视听资料或者通过双向视听传输技术手段作证：

（1）年迈体弱或者行动不便无法出庭的；
（2）特殊岗位确实无法离开的；
（3）路途特别遥远，交通不便难以出庭的；
（4）因自然灾害等不可抗力的原因无法出庭的；
（5）其他无法出庭的特殊情况。

如果证人无正当理由不出庭作证，其证言不能单独作为认定事实的依据。

4.3.4.2.5 证人证言是否公证对证明力的影响

经过公证的证言仍然属于证人证言的范畴，只能证明证人作出了如书面证言所述的陈述，不能证明其所述情况属实。

4.3.4.3 单位证明

单位证明是指以法人单位或者其他非法人组织的名义作出的,以其文字内容来证明案件事实情况的证明材料,如工商行政管理局出具的企业法人变更登记情况表、国家图书馆出具的馆藏证明、档案馆出具的馆藏证明、企业单位出具的对产品销售情况的陈述、行业协会出具的意见等。

4.3.4.3.1 单位证明的分类

根据所记载的内容或表达的思想,单位证明可分为以下几类:

(1) 书证性质的单位证明,具体可分为公书证类证明和私书证类证明。公书证类证明是指国家机关（如工商行政管理机关、海关部门等）或者公共职能部门（如图书馆、标准馆、档案馆等）在职权范围内制作的证明;私书证类证明是指企事业单位提供的案件发生前和案件发生过程中形成的文件或档案等证明材料,或将单位持有的文件或档案进行摘录、总结归纳或将其作为附件而形成的证明材料。

(2) 证人证言性质的单位证明。是指为证明某一案件事实,应一方或多方当事人的请求,以单位的名义出具的、对单位参与的业务活动的记忆性陈述,或者以单位的名义出具的、单位工作人员对案件事实的陈述。如:单位在某年某月某日同另一单位签订了购买某产品的合同,合同标的为专利产品;或者单位的工作人员根据完成的工作进行陈述,如在具体的某个日期开始使用某种型号的产品、产品的结构如何等。

(3) 行业意见类单位证明。例如建筑材料行业协会出具关于某专利在本行业取得良好应用效果的说明,电器行业协会出具关于某种型号的电器已经公开使用的证明,以及其他行业协会或者专业技术部门出具的某种技术方案与涉案专利构成等同的意见等。这类单位证明类似于专家意见,是对某一案件事实的解释、说明。

4.3.4.3.2 单位证明的审核认定

(1) 单位证明的法定形式要求

由有关单位向案件审理机关提出的证明文书,应由单位负责人签名或者盖章,并加盖单位印章。对于单位证明,若其缺少单位的签章或单位负责人签名或者盖章,在对方当事人不予认可的情况下,应当不予采纳。单位在自然人（单位职员）的书面证明上盖章确认的,该份证明材料只能作为自然人的书面证言,不应该被当作单位证明,单位的盖章只能视为单位对证人身份资格的证明。

(2) 证明力认定

关于书证性质的单位证明。国家机关、公共职能部门在职权范围内制作的公书证类证明文书,在确认复印件与原件一致,且无其他反证的情况下,可以确认其证明力。在认定能够作为公书证的单位证明时,应当注意辨别单位主体的性质、证明内容的性质、单位证明的形成时间以及该证明所涉及实体内容的形成时间。注意出具该材料的主体和材料内容是否符合要求,如果该单位不是依照法律、法规或法令等授权而享有相应职能、职责的国家机关或公共职能机构,或者材料的内容不在上述单位的法定职权范围内,该单位证明不能被当作公书证,只能作为私书证类证明或证人证言对待。对于私书证类证明,当事人一般应当提供出具该单位证明文书所依据的证明材料。在当事人取证确有困难的情况下,可以依当事人的申请调取证据;若当事人提交经公证的单位证明,且该公证书附有相关证据材料的复印件,而单位证明的内容又与所附材料相一致时,可以确认单位证明的证明力;若当事人提交经公证的单位证明而公证书未附所依据的证据材料的复印件,在对方当事人提出合理异议,且没有其他证据佐证的情况下,不宜确认其证明力。

对于证人证言性质的单位证明，质证规则可以适用证人证言的质证规则，当事人对单位证明存有异议的情况下，签字的单位负责人或者相关事项的具体经办人应当出庭接受质证。未经质证的单位证明，通常不能单独作为定案的依据。经过质证的单位证明的证明力通常要大于未出庭质证的单位证明的证明力。单位证明的证明力要大于自然人证言的证明力。

行业意见类单位证明的作用仅仅是帮助审案人员了解案情，解释、说明案件的情况，可以作为审查案件时的参考，一般不宜将其作为证据使用。

【案例4-27】

请求人靳某就被请求人某烤肉店侵犯其"烧烤盘"实用新型专利一案，向某市知识产权局提出处理请求。

请求人靳某称：某烤肉店未经其本人授权，私自使用与其专利相同的烧烤盘并应用于相同的行业。上述事实已请公证处人员进行现场公证。请求人请求某市知识产权局责令被请求人立即停止侵权行为。

请求人提供了由某市公证处出具的第1号公证书作为证据。

被请求人某烤肉店辩称：被请求人使用的烧烤盘是被请求人到西安一家烤肉店购买的，具有合法来源，因此被请求人不承担侵权责任。

被请求人提供的证据有：

证据A：证人李某（被请求人员工）去西安拉货的证言；

证据B：被请求人提供的流水账复印件，同时出示了原件。

对请求人提供的公证书证据，被请求人无异议。对被请求人提供的证据，请求人认为：对证据A中的证人证言至多只能证明去西安拉货，不能证明从西安拉的货就是被控侵权产品；证据B的流水账只是随身笔记，形成时间不能确定。

合议组经审理后认为：被请求人提供的证据中，证人证言以及流水账复印件无法证明与本案中的被控侵权产品烧烤盘有关联性，不予采信；同时被请求人提供的租赁合同无法证明与本案中的被控侵权产品烧烤盘有关联性，不予采信。因此，被请求人的合法来源抗辩不成立。

分析与评述

本案中，被请求人虽提交了证人证言证明被控侵权产品购自西安某烤肉店，但该证人为被请求人员工，与本案具有利害关系，其证明力较弱，不能单独作为认定产品具有合法来源的依据。虽然被请求人还提交了流水账，但该证据同样来源于被请求人自身，其真实性难以确认，不能用于佐证证人证言的真实性。

【案例4-28】

专利权人A指控B公司在××住宅使用的产品侵犯其"纱窗拉梁堵头"专利权，B公司承认其使用的产品落入专利权保护范围，但主张被控侵权产品是由中天正阳塑料厂生产，学永建材经营部经销，B公司通过支付合理市场对价后购入，具有合法来源，不应承担赔偿责任。B公司提交了如下证据予以证明：（1）《中天正阳隐形纱窗厂证明》，其中载明："××住宅小区的隐形纱窗配件是由我厂生产销售的，即：中天正阳隐形纱窗厂"。（2）学永建材经营部业主赵某出具的两张购货增值税发票，一张为辽宁省增值税专用发票，其中载明购货单位为B公司，销货单位为"鑫龙铝业有限公司"，货物名称"电泳铝型材"；另一张为山东省增值税专用发票，其中载明购货单位为B公司，销货单位为"建美铝业有限公司"，货物名称"铝型材"。（3）赵某出具的《证明》，其中载明被控侵权产品是其从中天正阳塑料厂购进，学永建材经营部销售给B公司的，赵某委托建美铝业有限公司和鑫龙铝业有限公司代开发票。(4) B 公司的《入库单》、《建设开发公司（×××项）赊货欠款单》、《记账凭证》等，其中记载从赵某处购买隐形纱窗配件等货物，以及相应的金额。上述证明中出证人均未出庭作证。

分析与评述

本案中，B 公司用于合法来源抗辩的证据主要包括两类，一是证人证言，包括中天正阳隐形纱窗厂出具的单位证明和赵某出具的证明材料；二是一些书证，如增值税发票、《入库单》、《建设开发公司（×××项）赊货欠款单》、《记账凭证》等。对于这些证据，一是要单独审核某一证据本身的真实性；二是要看这些证据之间能否相互印证，形成完整的证据链。

（1）《中天正阳隐形纱窗厂证明》系单位出具的证明，但经办人或负责人均未出庭作证，仅凭该证据无法认定其所述事实的真实性。

（2）两张增值税发票中记载的货物名称均与被控侵权产品不符，与 B 公司主张的学永建材经营部业主赵某从中天正阳塑料厂购买被控侵权产品的事实不一致。

（3）赵某出具的《证明》，其中载明被控侵权产品是赵某从中天正阳塑料厂购进，学永建材经营部销售给 B 公司的，赵某委托建美铝业有限公司和鑫龙铝业有限公司代开发票。但该《证明》和中天正阳隐形纱窗厂出具的证明所记载的生产销售单位不符，在没有其他证据佐证两者属于同一主体的情况下，两者无法相互印证。

（4）关于 B 公司的《入库单》、《建设开发公司（×××项）赊货欠款单》、《记账凭证》等，由于该组证据均是 B 公司的内部材料，来源于本案一方当事人自身，且其制作随意性较大，较为容易修改，其真实性亦不能认定。

鉴于 B 公司提交的各组证据均无法证明其主张，其提出的被控侵权产品具有合法来源从而应免除赔偿责任的主张不能成立。

4.3.5 当事人陈述

当事人陈述是当事人就有关案件的事实情况向管理专利工作的部门所作出的陈述，包括当事人自己说明的案件事实以及对案件事实的承认。当事人陈述通常缺乏可靠性，难以单独作为定案依据。相比当事人作出的利己陈述，其作出的不利于己、只有利于对方当事人的事实陈述，可信度相对较高。

对于当事人陈述，主要审查当事人陈述与其他证据有无矛盾、是否能够相互印证。不仅要审查一方当事人陈述与其所提供的其他证据是否存在相互抵触，还要审查该当事人陈述与对方当事人及所提供的其他证据是否存在矛盾。

4.3.6 鉴定意见

鉴定意见是鉴定人接受委托或聘请，运用自己的专门知识和技能，对案件中所涉及的某些专门性问题进行分析、判断后所作出的结论性意见。

4.3.6.1 鉴定人与鉴定文书

具有鉴定资格的专业人员通常称作鉴定人，鉴定人有自然人和机构之分。鉴定意见以鉴定文书为载体。鉴定文书是鉴定委托、鉴定过程和鉴定结果的书面表达方式，是鉴定人将鉴定所依据的资料、鉴定的步骤与方法、鉴定的依据与标准、分析得出的数据图像等用文字和图片的形式表述出来的一种法律文书，包括鉴定书、检验报告书和鉴定意见书等形式。作出肯定或否定鉴定结论的为鉴定书，叙述检验过程和检验结果的为检验报告书，提供倾向性、可能性分析意见的为鉴定意见书。

4.3.6.2 鉴定意见的审核认定
4.3.6.2.1 证据资格审查
（1）鉴定书是否符合形式要求

鉴定书应当载明委托人姓名或名称、委托鉴定的事项、委托鉴定的材料、鉴定的依据和使用的科学技术手段、鉴定过程的说明、明确的鉴定结论、对鉴定人鉴定资格的说明，并应有鉴定人的签名和鉴定部门的盖章。

（2）鉴定机构与鉴定人是否合格

鉴定机构应当是依照法律、法规、规章的规定成立的具有鉴定资格的机构，鉴定人应当是具有某方面的专业知识并依法取得鉴定人资格的人员。审查鉴定意见时应首先审查鉴定机构与鉴定人的资质条件。

（3）鉴定程序是否合法

程序法定是保证鉴定质量的重要措施，鉴定对象的提取、保管、送鉴定、鉴定均需依照法定程序进行。鉴定人数与鉴定书不符合鉴定要求、鉴定人与当事人有利害关系应当回避而没有回避，都属于违反法定程序的情况。

（4）鉴定人有无受到不正常干扰和影响

应当对鉴定人是否受到不正常干扰和影响进行审查。如果鉴定人受到他人干涉，鉴定意见的正确性就可能受到影响。

4.3.6.2.2 证明力审查
（1）鉴定意见依据的材料是否充分和可靠

鉴定所依据的材料应当真实、充分。应当审查鉴定人是否存在出于某种目的，故意更换、增减鉴定材料的情况。

（2）鉴定的方法是否科学，使用的设备和其他条件是否完善

应当审查鉴定人在鉴定过程中，检验、实验的程序规范或者检验方法是否符合法定标准或行业标准，所使用的技术设备是否先进可靠，技术手段是否有效可靠。

（3）鉴定意见是否符合逻辑

应当审查鉴定意见的论据是否充分、推论是否合理、论据与结论之间是否存在矛盾、鉴定结论与其他证据是否存在矛盾、鉴定意见是否明确、内容是否完整。

（4）鉴定意见是否超越职权

鉴定意见只能解决事实问题，不能解决法律问题。鉴定意见中针对法律问题的结论虽不会导致鉴定意见必然无效，但该意见仅能供执法人员参考，不能被不加分析地直接接受。

（5）鉴定委托人的影响

鉴定委托人为案件一方当事人，其鉴定意见的证明力低于鉴定委托人为管理专利工作的部门、人民法院或其他中立机构的鉴定意见。

（6）鉴定人是否出庭接受质询

鉴定人无正当理由不出庭，对方当事人对其鉴定意见提出相反证据或合理怀疑足以推翻其结论的，该鉴定意见不能作为定案依据。

（7）鉴定意见的证明力大小

在证明同一个事实的数个证据中，鉴定意见优于其他书证、视听资料和证人证言。

4.3.6.2.3 关于有专门知识的人出庭说明有关问题

当事人可以申请有专门知识的人出庭说明有关问题，包括对鉴定人作出的鉴定意见提出意见和对专业问题提出意见。

"有专门知识的人",又称专家,是指在科学、技术以及其他专业知识方面具有特殊的专门知识或者经验的人,根据当事人的申请,出庭就鉴定人作出的鉴定意见或者案件事实所涉及的专门问题进行说明或者发表专业意见的人。所谓"专门知识",是指不为一般人所掌握而只有一定范围的专家熟知的那些知识,不包括现行法律、法规的规定等法律知识。

需要有专门知识的人出庭的,应当由当事人向审理机关提出申请,说明理由。审理机关接受申请后,应当进行审查,如果符合法律规定,理由充分,应当通知有专门知识的人出庭;如果不符合法律规定或者理由不成立,就应当驳回当事人的申请。

【案例 4-29】

2009 年 3 月,请求人张某请求某市知识产权局处理被请求人王某侵犯其名称为"一种能使金刚石刀头冷却的药剂"的发明专利权的行为。

该局立案后,于 2009 年 3 月 17 日到被请求人销售现场进行调查取证,于 2009 年 6 月 4 日到被请求人的销售现场对其经销的冷却液原料进行抽样取证,并委托某市化学工业研究所对样品进行鉴定,确定原料为涉案专利权利要求中对应的化学成分。该局据此作出〔2009〕第 4 号专利侵权纠纷处理决定书,认定涉嫌侵权产品中的原料落入涉案专利保护范围,构成专利侵权。被请求人不服该局处理决定,向该市中级人民法院提起行政诉讼。

该市中级人民法院审理认为:抽取样品的场所(即销售被请求人生产的冷却粉的经销处)的营业执照登记不是被请求人,现场抽样的被抽样人为王某某,非被请求人王某;市知识产权局无有效证据证明被请求人王某当时在抽样现场;王某不认可送鉴样品为其销售的产品,该市知识产权局不能提供证据证明送鉴样品为王某生产销售的,抽样取证不符合依法行政的维护正当程序原则。鉴定单位所做的《化学品鉴定报告》鉴定结论落款处只有鉴定单位公章,无鉴定人签名和鉴定人鉴定资格的说明,违反了《最高人民法院关于行政诉讼证据若干问题的规定》第十四条,该报告不能作为专利纠纷处理依据。判决撤销该市知识产权局〔2009〕字第 4 号专利纠纷处理决定书,由该市知识产权局重新作出具体行政行为。

分析与评述

本案存在以下几个问题:(1)请求人在提起侵权处理请求时,被请求人为王某。该局在取证过程中,并没有注意到该经销处的个体工商户营业执照登记的经营者为王某的父亲王某某;(2)取证过程中王某在场,但未取得相应的摄像、照片证据;(3)现场取证的被取证人签字为王某某,王某没有在取证记录及样品上签字。以上存在的问题导致证据无法相互印证,不能证明王某为取证样品的被取证人,也无法进一步证明王某为被控侵权产品的生产者,导致鉴定程序不合法。此外,《化学品鉴定报告》依照检验单位的固定格式,在登记页面有检验人员签字,但是在附页中的送鉴结论中没有鉴定人签名,且没有鉴定人鉴定资格的说明,也导致鉴定结果未被认可。

本案例的指引意义在于:(1)执法人员在取证时,应当确认证据与当事人的关联性;(2)取样登记表应当有当事人签字,当事人拒不签字的,应当有其他证明材料(录像、照片、案外人签字等)佐证;(3)取证过程应当经采用照相、摄像、录音等措施进行记录,必要时可以采用隐蔽拍摄方式;(4)鉴定意见应当有对鉴定人鉴定资格的说明,并应有鉴定人的签名和鉴定部门的盖章。

【案例 4-30】

专利权人李某以公证购买的形式取得被控侵权产品、《今晨实业广东营销中心出货单》。被控侵权产品上印有"Jinchen"字样,外包装上印有今晨公司的名称、地址、服务热线、注册商标以及今晨公司的主页网址等相关信息;出货单上盖有"今晨公司"印章。据此,李某主张今晨公司应承担侵权责任。

今晨公司认为，出货单上的印章系伪造。为证明这一主张，今晨公司委托司法鉴定所进行了鉴定，鉴定意见为"倾向认为检材上复印的印文'今晨公司'与样本1、样本2上的印文不是出自同一枚印章"。该鉴定意见书以《今晨实业广东营销中心出货单》复印件上的印文"今晨公司"为检材，以《印鉴样式》原件上加盖的印文"今晨公司"为比对印文样本1，以公司名称为"今晨公司"的《公司年检报告书》（2009年度）复印件上复印的印文"今晨公司"为比对印文样本2。

李某认为，鉴定意见书使用的鉴定材料样本系由今晨公司单方提供，其真实性有待确认。鉴定意见中的分析说明表明今晨公司系提供复印件作为检材，不具备准确性。此外，一个企业制有两枚公司印章属于常见现象，不能因为今晨公司本部的印章与其广东营销中心的公司印章不一致，就当然推出其广东营销中心公司的印章为假冒。

分析与评述

鉴定意见书虽倾向认为，送货单复印件上的印文与样本1、样本2中的印文不是出自同一枚印章，但由于检材为复印件，并且出货单上载明的单位名称为"今晨实业广东营销中心"，样本1、样本2上的单位名称"今晨公司"，两者并不完全相同。因此，即使印文不完全一致，亦不足以认定出货单上的印文为伪造。

4.3.7 勘验笔录

勘验笔录，是执法人员对于与案件有关的现场或者物品进行勘验所作的实况记录，是对物品、现场等进行查看、检验后所作的能够证明案件情况的记录。现场笔录是专指行政机关及其工作人员在执行职务的过程中，在实施具体行政行为时，对某些事项当场所作的能够证明案件事实的记录。

4.3.7.1 笔录的制作流程

勘验现场时，勘验人必须出示执法证件，并邀请当地基层组织或者当事人所在单位参加。当事人或其成年亲属应到场，拒不到场的，不影响勘验的进行，但应当在勘验笔录中说明情况。勘验人员应当制作勘验笔录，记载勘验的时间、地点、勘验人、在场人、勘验的经过和结果，由勘验人、当事人、在场人签名。勘验现场时绘制的现场图，应当注明绘制的时间、方位、绘制人姓名和身份等。现场勘验笔录的内容，一般包括现场笔录、现场照相、现场摄像和现场绘图。

现场笔录，由行政执法机关及其人员现场制作，应当载明时间、地点和事件等内容，并由执法人员和当事人签名。当事人拒绝签名或者不能签名的，应当注明原因。有其他人在现场的，可由其他人签名。

4.3.7.2 笔录的审核认定

4.3.7.2.1 程序是否合法

勘验必须严格依法进行，对笔录的审查应注意审查勘验的程序是否合法，例如参加人员是否达到法定数额、是否依照法定步骤进行、应当签名的人员是否签名等。

4.3.7.2.2 笔录是否反映了现场、物品等的真实情况

对于笔录，应当审查笔录上所记载的物证、场地环境情况等与从现场收集到实物证据是否吻合；采用文字记录以及绘图、现场摄像、拍照方式反映案件事实的各个部分是否互相照应，有无互相抵触的情形；现场所记录的重要情况有无遗漏之处，所使用的文字表述是否确切，记录的数字是否准确无误；笔录所表述的内容有无推测之处。

4.3.7.2.3 笔录的证明力大小

现场笔录、勘验笔录证明力优于其他书证、视听资料和证人证言。

行政机关主持所制作的勘验笔录证明力优于其他部门主持勘验所制作的勘验笔录。

4.3.8 电子证据

电子证据是以电子形式表现出来的、能够证明案件事实的一切材料。所谓电子就是在技术上具有电的、数字的、磁性的、无线电的、光学的、电磁的或类似的性能。电子证据的形式除了包括网站、电子公告、博客、电子邮件、交互式交流工具（QQ、BBS、微信等）、新闻组及 Ftp 上下载文件等外，还包括表现为电子数据交换（EDI）、电子资金划拨（EFT）和电子签章（E‐signature）等样式的各种证据。

4.3.8.1 电子证据的审核认定

4.3.8.1.1 合法性认定

域外形成的电子证据原则上应经过公证认证，否则不予采纳。对于国外网站信息等可以在我国域内通过正当途径获得的电子证据，无须进行公证认证，可以直接作为证据予以接纳。取证手段的合法性主要需考虑证据的取得是否侵害他人合法权益（如故意违反社会公共利益和社会公德、侵害他人隐私等）或者采用违反法律禁止性规定的方法（如窃听），除此之外，不能随意认定为非法证据。未经对方当事人同意私自录制其谈话所取得的录音资料，如未违反上述原则，不宜简单以不具有合法性予以排除。

4.3.8.1.2 真实性认定

当事人均认可的电子证据，一般予以采纳；对方当事人有充分理由反驳的，应当要求提交电子证据的当事人提供其他证据予以佐证。经查证属实，电子证据可以作为单独认定案件事实的依据。

审核电子证据的真实性时，还需要考虑以下因素：

（1）电子证据的形成过程，包括电子证据是否是在正常的活动中按常规程序自动生成的、生成系统是否受到他人的控制、系统是否处于正常状态等。

（2）电子证据的存储方式，包括存储方式是否科学、存储介质是否可靠、存储人员是否独立、是否具有遭受未授权的接触的可能性。

（3）电子证据的收集过程，包括电子证据的收集人身份、收集人与案件当事人有无利害关系，收集方法（备份、打印输出等）是否科学、可靠等。

（4）电子证据的完整性。一般情况下，应依法指派或聘请具有专门技术知识的人对其进行鉴定，就有关电子证据的技术问题进行说明，不能仅凭生活常识来判定电子证据有无删改。

4.3.8.1.3 证明力认定

（1）经公证的电子证据的证明力大于未经公证的电子证据。经公证的电子证据仍然是电子证据，同样需要适用判断电子证据真实性的规则。

（2）在正常业务活动中制作的电子证据证明力，大于为诉讼目的而制作的电子证据。

（3）由不利方保存的电子证据的证明力最大，由中立的第三方保存的电子证据证明力次之，由有利方保存的电子证据证明力最小。

4.3.8.2 网络证据的审核认定

网络证据是电子证据的一种，又称互联网证据，是指以数字形式存在的、以通信网络作为传播媒介，公众能够从不特定的网络终端获取，需要借助一定的计算机系统予以展现，并且用于证明案件事实的证据材料。

对于网络证据，既不能因其修改不易留痕迹的特点而一律不予接受，也不能不加分析地对网络证据一概接受，而应根据个案情况对网络证据综合加以认定。

网络证据认定的关键在于其真实性。网络证据真实性具有三个层面的含义：一是网络证据是否客观存在，即是否具有形式上的真实性；二是网络证据的内容是否反映了形成时的状态，即其内容是否具有真实性；三是网络证据是否反映事实的客观情况，表述的内容是否可靠。

形式真实性认定主要在于判断网络证据的表现形式是否能证明其来源。内容真实性认定主要在于判断网络证据是否经过篡改，是否经过篡改可以从网站的资质和网站与当事人之间的利害关系考虑。网络证据是否可靠主要从网站的资质进行判断。

在审核认定网络证据时，应先判断其是否具备形式真实性，然后综合考查网站的资质和与当事人的利害关系，判断其内容真实性，最后再综合判断其内容的可靠性。

4.3.8.2.1 网络证据的表现形式

网络证据的表现形式主要包括两种：网页内容的打印件、记载网页内容打印件以及访问过程的公证书。

（1）网页内容的打印件

网页内容的打印件性质上属于复印件，如果通过审理案件现场演示的方式能够证明打印件与网页内容实质相同，则可以初步确认该网络证据的证据来源。

现场演示中，需要注意：①通常应采用案件审理者或中立方的计算机及网络进行演示。如受条件所限，确需采用一方当事人的计算机及网络进行演示的，应首先检验网络是否正常，并对计算机进行清洁性操作；②应注意核对网页网址、网页主要内容是否一致，网页容易发生改动部分（如广告）以及因为显示方式变化出现的细微差别不影响认定；③对于演示过程中表现出来的关键性内容及双方当事人的质证意见，应进行详细记录，防止当事人事后反悔；④现场演示无法访问该网页，或该网页与打印件内容实质不同时，可认定该证据来源不可靠；⑤现场演示可以证明证据来源的，一方当事人于事后主张该网页无法访问或内容发生较大变化的，不影响对该证据的认定，该证据的内容以现场演示时为准；⑥通过网页快照可以确认打印件内容与网页快照内容一致性的，该网络证据的来源应得到认可，有相反证据予以推翻的除外。

（2）记载网页内容打印件以及访问过程的公证书

网络证据的公证，是指公证机构根据当事人的申请，依照法定程序对网络证据的形成过程进行证明的活动。当事人提供记载了网页内容打印件及访问过程的公证书的，该公证书既能够证明该网络证据的证据来源，也能够证明该打印件与该打印件形成时间时的网页相一致，能够初步认定其形式上的真实性。需要注意，网络证据的公证仅能证明公证时相关网页的内容，不能证明网页内容的历史情况以及网页内容的真实性。

4.3.8.2.2 网站的资质

网站的资质是指网站的内在属性。其主要取决于以下因素：网站系统的可靠性与稳定性、网站的权限管理机制。

网站系统的可靠性与稳定性是指构成网站系统的硬件、软件与固件的稳定情况以及正常运行的情况。如果网站的硬件系统没有出现过故障或者具有完备的日志系统与备份系统，网站的软件系统运行比较可靠，则网络证据被黑客入侵非法篡改的可能性较小。

网络的权限管理机制是指网站中各个不同角色的权限情况，其标志着网站信息的可修改性以及修改的难易程度。如果网站的管理比较严格，具有完善的管理制度和权限分配机制，则该网站的网络证据被非法篡改的可能性较小。如果网站的管理比较宽松，没有完善的管理制度和权限分配机制，则该网站的网络证据被非法篡改的可能性较大。

4.3.8.2.3 网站与当事人之间的利害关系

网站与当事人之间的利害关系主要指网站与本案件的当事人之间是否存在特殊关系，例如投资关系、合同关系、管理关系等。

如果网站属于独立运营的网站，与双方当事人没有任何利害关系，该网站管理者缺少篡改网络证据的动机，则该证据被篡改的可能性较小；如果一方当事人与网站有利害关系，例如系网站的赞助商或者广告商、该网站管理者具有篡改网络证据的动机，则应对证据是否经过篡改予以认真审核。

4.3.8.2.4 常见网站的分类及审核认定

常见网站的性质包括以下几种。

（1）政府网站、国际组织网站及公共组织网站类

政府网站主要包括全国人大、国务院及其组成部门与直属机构、最高人民法院、最高人民检察院以及地方各级人大、政府、人民法院、人民检察院等的网站。国际组织网站例如联合国、欧洲专利局、国际标准化组织等网站。

（2）公立学校网站、科研机构网站、非营利性事业单位网站、公益性财团法人网站类

公立学校网站是指政府财政拨款设立的大学、中学等学校的网站，例如清华大学网站、北京大学网站等。科研机构网站是指政府财政拨款设立的专门从事科学研究工作的科研单位的网站，例如中国科学院软件研究所网站、中国科学院计算技术研究所网站等。非营利性事业单位网站例如中国计算机学会、中国通信学会等的网站。公益性财团法人网站是指为了公益事业建立的非营利性的财团法人的网站，例如中国红十字会网站等。

（3）知名的专业在线期刊网站、知名的在线数据库类网站类

知名的专业在线期刊网站是指业界公认的专业期刊的在线网站，例如软件学报网站、计算机工程与应用网站、计算机应用网站等。知名的在线数据库类网站，例如中国知识基础设施工程（CNKI）网站、超星数字图书馆网站、万方数据网站、中国药物专利数据库检索系统网站等。

（4）具有一定知名度的门户网站类

该类网站例如新浪、搜狐、腾讯、网易等综合性门户网站。

（5）具有一定知名度的在线交易网站类

在线交易网站是指网络使用者能够输入意图出售的产品信息以及意图购买的产品信息，能够在计算机网络上完成买卖交易行为的网站。

上述五类网站的网络证据被篡改的可能性较小。对于门户网站和在线交易类网站，应在认定网络证据内容真实性的基础上，进一步判断其内容的可靠性。例如，某门户网站上发布了一则新闻，内容为某公司发布了某款产品，该网页新闻的真实性是指能够认定该网站曾发布相关内容的新闻，且并未被非法篡改，对于该新闻的可靠性，也即某公司是否发布了某款产品，应结合网站权威性、新闻来源等其他客观情况予以综合认定，不能简单地认为网页证据本身具有真实性即代表该证据能够起到证明作用。

（6）公司、企业等私营网站类

公司、企业的网站是指由营利性公司运营的网站。该类网站因管理机制、可靠性与稳定性安全机制千差万别而需根据个案谨慎认定其真实性。在判断该类网站上的网络证据的真实性时，需要考虑网站和当事人之间的利害关系。

（7）BBS、个人讨论区、个人博客、个人网站类

对于BBS、个人讨论区、个人博客和个人网站等由网络使用者发布消息、相互交流的网站，因管理机制、可靠性与稳定性安全机制千差万别而需根据个案谨慎认定其真实性，对于

该类网络证据内容的可信度也需要慎重审查。

4.3.8.2.5 网络证据的公开
4.3.8.2.5.1 网络证据公开性认定

下述类型的网站发布的信息一般被认为构成专利法意义上的公开：

(1) 在搜索引擎上加以注册并能进行搜索的网站；
(2) 其存在和位置为公众所知的网站（例如与知名网站链接的网站）；
(3) 对于需要输入口令的网站，如果公众中的任何人通过非歧视性的正常途径就能够获得所需口令访问网站，则该网站发布的信息可被认为是公众可以得到的。
(4) 对于需要付费的网站，如果公众中的任何人仅仅需要缴纳一定的费用就可以访问，则该信息可被认为是公众可以得到的。

下述类型网站发布的信息一般不能被认为构成专利法意义上的公开：

(1) 其网络资源定位地址没有公开的网站；
(2) 只有特定机构或者特定的成员才能访问，并且其中的信息被作为秘密对待的网站；
(3) 网站信息采用了特殊的编码方式，一般公众无法阅读的网站。

4.3.8.2.5.2 网络证据公开时间的认定

网络证据可能涉及的时间点包括网页的撰稿时间、网页的上传时间、网页的发布时间、网页上记载的时间以及网页中嵌入的 Word、PDF 等特定文件信息中包含的时间。

网页的撰稿时间是指网页内容的撰稿人完成文件的撰写，并且将文件录入网站的内容管理系统的时间，通常表现为网站的内容管理系统记载的进入系统时间以及网页文件的生成时间。网页的上传时间是指撰稿生成的网页被上传到网站并且进入网站的数据库的时间。网页的发布时间是指网页被业务层应用于网站的事务管理中，网站访问者可以看到该网页内容的起始时间，同时也是搜索引擎能够抓取网页的起始时间。网页中嵌入的 Word、PDF 等特定文件信息中包含的时间，一般仅能表明该文件所涉及的信息被创作或修改的时间。

在网络证据具备真实性的前提下，第一，网页上记载的时间通常可以代表网页的发布时间，构成专利法意义上的公开的起始时间，除非当事人能够提供证据证明网页经过修改；第二，网页的撰稿时间、网页的上传时间不能构成专利法意义上的公开的起始时间；第三，网页中嵌入的 Word、PDF 文件信息中包含的时间一般不能构成专利法意义上的公开的起始时间；第四，网络证据所标记或被证明的当地时间作为其公开时间，确定公开日时通常无须考虑时区的影响，但不考虑时区影响对当事人实体权益造成损害的除外。

第 4 节 证据链的审核认定

证据链是指在证据与被证事实之间建立连接关系，相互间依次传递相关的联系的若干证据的组合。

在案件审理中出现当事人提交多个证据试图构成证据链证明某一事实时，管理专利工作的部门应当从各证据与案件事实的关联程度、各证据之间的联系等方面综合审查判断。

在证据链的审查中，一般应先逐个审查每个证据的真实性、合法性、关联性及证明力，再审查证据之间是否具有紧密联系。需要注意的是，如果某一证据不是形成证据链的必要证据，那么即便其不具备证据能力或证明力，也不影响整个证据链的形成。

否定证据链的成立并不需要否定每个证据的证据能力或证明力。形成证据链的必要证据中只要有一个不具有证据能力或证明力，抑或至少两个证据之间完全不具备任何联系，则可以认定这些证据不能构成能够证明案件事实的证据链。

专利侵权纠纷案件中，对于一组证据进行调查时，一般应首先调查被控侵权的销售、制造等行为是否属实，之后再调查销售、制造的产品所涉及的技术方案，最后将该技术方案与涉案专利权利要求进行比对，判断是否落入其保护范围。以销售为例，可以先审查发票等证据是否足以证明被控侵权人销售了某产品，之后再审查该销售的产品的技术方案是否可以得到证明，比如发票上记载的产品型号是否可以与公证保全的实物上的型号相对应、公证保全的实物反映出的技术方案是什么，最后将实物的技术方案与涉案专利的技术方案进行比对，作出是否构成侵权的认定。

【案例 4-31】

2005 年 4 月 8 日，A 公司向国家知识产权局申请名称为"沙发"的外观设计专利，2005 年 12 月 28 日获得授权并于同日公告。

B 厂为个人独资企业，经营范围为制造家具。2007 年 12 月 28 日，B 厂获得"SJ"注册商标。

2008 年 6 月 1 日，李四与某市家具会展中心签订《承包合同》，约定由李四承包经营家具会展中心某商铺，商铺名称为艺名轩家居，经营品牌为"SJ"。

请求人 A 公司主张：2008 年 8 月 7 日，A 公司的委托代理人来到某市家具会展中心"SJ"专卖店，通过现金支付的方式购买了沙发一张，并取得李四名片一张、收据一张、"SJ"家具使用说明书一份。公证员现场公证了该交易过程，代理人将所购物品运至公证处并进行了拍摄，并由公证人员在上述所购物品上粘贴了公证处封签，公证员根据公证过程制作了第 738 号公证书。根据上述事实，可以认定李四销售了被控侵权产品，而该被控侵权产品是 B 厂制造、销售的"SJ"家具。另外，根据网页证据可知，B 厂制造的"SJ"家具一直在模仿 A 公司产品的外观，可以佐证 B 厂的侵权事实。因此，请求李四和 B 厂承担侵权赔偿责任。

请求人提交证据的情况为：

（1）第 738 号公证书，附有名片、收据、"SJ"家具质量保修卡的复印件。其中，名片上记载有李四为艺名轩家居经理、经营品牌为"SJ"家具，收据上记载商品名称为"602 沙发"、盖章为"艺名轩家居"，质量保修卡上印刷有"SJ"商标，但无产品型号，无盖章。

（2）公证处封存的沙发一张，沙发上没有商标标识。

（3）公证处封存的李四名片、收据、"SJ"家具质量保修卡原件，内容与复印件一致。

（4）某家具论坛网页打印件，内容为多名网上用户讨论"SJ"家具一款床产品与 A 公司产品相似。经当庭演示，该网页可以访问，并且其内容与打印件一致。

被请求人 B 厂答辩：认可公证书、名片、收据的真实性，认可李四承包经营的某市家具会展中心商铺是"SJ"产品的签约专卖店，认可被控侵权产品是从李四处购买，但主张该产品没有"SJ"的商标标识，收据上也未注明是"SJ"产品，收据加盖的是"艺名轩家居"章，并非"SJ"专卖店章，因此不能证明 B 厂生产、销售了被控侵权产品。对于"SJ"家具质量保修卡，不认可其真实性。对于网页打印件，认为其与本案无关。综上，B 厂不存在生产、销售被控侵权产品的行为。此外，虽然被控侵权产品与涉案专利相近似，但根据某市家具协会的证明，与涉案专利相似的产品早在申请日前就在某市家具行业普遍生产、销售，根据现有设计抗辩原则，即便该产品是 B 厂制造的，B 厂也不应构成侵权。

被请求人 B 厂提交证据的情况为：

（1）某市家具协会出具的证明原件，内容为证明早在 2005 年 4 月 8 日之前某市家具行业普遍生产、销售过与涉案专利产品相似的产品。该证明盖有某市家具协会红章，但没有单位负责人或经办人签字。

被请求人李四答辩：认可公证书、名片、收据的真实性，认可封存的沙发是其销售的且与涉案专利构成相近似，认可质量保修卡是从自己处取得，但主张其与被控侵权产品不对应，是自己给付错误。本人虽主要销售"SJ"产品，但也销售其他产品，被控侵权产品是其本人于2008年6月19日向某家具厂订购的，某家具厂于2008年6月20日委托某货运部发货，李四于2008年8月9日通过中国工商银行向其家具厂员工张三汇款支付货款。有订货单、发货单及中国工商银行个人业务凭证为证。因此，其所销售的被控侵权产品是从X家具厂购入的，具有合法来源，不应承担侵权责任。

被请求人李四提交证据的情况：

（1）订货单原件，日期为2008年6月19日，印有为某家具厂标志，销售方处未盖章，金额为9200元。

（2）发货单复印件，发货日期为2008年6月20日，货物名称为"××"牌沙发，盖有福山市某货运部章。

（3）中国工商银行个人业务凭证原件，记载有汇款人为李四、收款人为张三、汇款金额9950元。

（4）证人证言，证人名称为张三，内容为张三自称曾是某家具厂员工，经手销售给李四沙发一件，附有张三签名和身份证复印件。该证人未出庭作证，李四对此解释理由为其工作繁忙，没有时间出庭。

A公司对发货单的真实性不予认可，认为订货单与中国工商银行个人业务凭证之间缺少关联，证人未出庭接受质询，对其真实性不予认可。

分析与评述

证据的审核包括两项内容，一是单独证据的审核认定，二是各证据之间是否相互印证、是否形成证据链的审核认定。

（1）证据的审核认定

对于公证书、收据、名片和封存的沙发，由于两被请求人均认可其真实性，且其并不具有明显瑕疵，因此对其真实性应予以认可。其证明力留待证据链的认定中予以判断。

对于质量保修卡，李四认可其真实性，B厂否认其真实性。B厂作为"SJ"质量保修卡的制造、使用者，应有能力就"SJ"质量保修卡的真实情况予以举证，但其并未提交相关证据，因此对其真实性应予以认可，该质量保修卡为"SJ"产品的质量保修卡。其证明力留待证据链的认定中予以判断。

关于某家具论坛网页打印件，虽然当庭演示能够访问该网页，且其显示内容与打印件一致，但由于该证据明显与本案其他证据无关联，也即B厂是否生产过其他侵权产品并不能证明本案被控侵权产品是B厂所制造，其对于本案没有证明作用，故可以跳过对其真实性的认定，直接对该证据不予采纳。

关于某市家具协会出具的证明，就其证明目的来看，其想证明申请日前涉案专利已经公开使用，这一事实并不属于家具协会的职能范畴，也不是对本单位所掌握的档案材料的归纳说明，因此该证明不能归入书证的范畴。虽然其上盖有家具协会的公章，但其缺少单位负责人或经办人的签字，单位负责人或经办人也没有出庭接受质询，因此也不能认定为证人证言，其对于本案无证明作用，不应予以采纳。

对于订货单，A公司虽未否认其真实性，但其缺少某家具厂的盖章，该订货单形式要件有所欠缺，其证明力留待证据链的认定中予以判断。

对于中国工商银行个人业务凭证原件，A公司未否认其真实性，且其并不具有明显瑕疵，因此对其真实性应予以认可。其证明力留待证据链的认定中予以判断。

对于发货单，李四并未提交原件，且A公司对其真实性不予认可，因此应对其不予采纳。

关于证人证言，由于该证人无正当理由不出庭作证，不接受双方当事人和案件审理者的质询，因此该证据无法单独作为定案的依据。其对于本案的证明力应结合其他证据综合考虑。

（2）证据链的审核认定

综合当事人的陈述，各方对于被控侵权产品为李四销售并无异议，因此，本案认定的核心焦点是被控侵权产品是否为B厂所制造并销售给李四。对此，B厂予以否认，但并未提交相关证据。李四则主张该产品为从某家具厂购买，具有合法来源，并提交了一系列证据予以支持。这一系列证据与A公司提交的证据的证明目的截然相反，因此两者至多只能有其一成立。也即认定A公司的证据链成立的必要条件是李四的证据链不能成立，反之亦然。并且，需要注意的是，李四的证据链不能成立并非A公司的证据链成立的充分条件，即李四不能证明该产品为从某家具厂购买，并不能得到该产品一定是从B厂购买的结论，即便李四的证据链经审核不能成立，仍需依证明标准对A公司的证据链进行审核，判断其主张是否成立。因此，本案除非A公司的证据链显然不能成立，否则无论如何都需要对李四证据链的成立进行认定。然而本案并非前述情形，因此对证据链的认定应从李四的证据开始。

李四提供订货单用以证明李四向某家具厂订购了沙发一张，虽然该订货单上有某家具厂的标识、货款总额为9200元等信息，但依商业惯例，订货单仅是买卖双方交易的非正式凭证，至多能说明存在交易意向，并且该订货单签章栏没有销售单位某家具厂的签章，如没有其他证据加以佐证，该订货单难以充分证明该交易的实际发生。

中国工商银行个人业务凭证是银行与客户之间办理款项清讫的凭证，无法体现出付款的事由，况且，由于证人证言的真实性无法确认，导致收款人张三与某家具厂是否具有关联无法认定，该凭证不能证明该笔款项对应的就是订货单的货款，不能用于佐证该交易的实际发生。即便考虑证人证言的内容，认定张三为某家具厂销售员工，但该凭证上载明的金额与订货单上的金额不一致，并且将货款汇给销售员工个人账户而不是企业账户不合商业惯例，该凭证仍不能证明交易的实际发生。

综合以上三份证据的情况，虽然证人证言在张三身份及销售事实的发生等节点上，与订货单和中国工商银行个人业务凭证上具有形式上的关联，但鉴于其自身内容的可靠性难以确认，故难以对另两份证据予以支持。中国工商银行个人业务凭证虽具有客观上的真实性，但鉴于其与订货单的联系具有重大瑕疵，因此也不足以构成对订货单的有力支持。因此，李四提交的一系列证据无法相互印证，形成可靠的证据链证明被控侵权产品是从某家具厂购买。因此，李四认为被控侵权产品具有合法来源的抗辩理由不成立。

A公司所购买的产品上没有"SJ"的商标标识，收据上也未注明是"SJ"商品，收据加盖的是"艺名轩家具"章，并非"SJ"专卖店章。但该产品沙发是在"SJ"专卖店购买的，名片记载李四商铺名称为艺名轩家居、销售品牌为"SJ"，这一事实为各方当事人所认可。按照一般消费心理及商业习惯，消费者在专卖店购买应该是该品牌的产品，B公司认为专卖店还可能销售其他产品并无证据支持，本案中艺名轩家居与专卖店是同一实体的不同名称，盖章的不同并不必然决定产品的差别。并且代理人购买沙发时，取得了"SJ"产品质量反馈卡，普通消费者对此的合理理解，就是产品的制造者、销售者愿意就该产品作出质量保证，能够佐证该产品属于"SJ"品牌。与之相应，李四给付错误的解释，既不符合常理，又缺少其他证据佐证，发生的可能性非常小，其主张难以成立。因此，结合李四无法解释其产品合法来源的事实，依据高度盖然性的证明标准，可以认定 A 公司的系列证据能够相互印证，证明该产品是由 B 厂制造的。

综上所述，在两被请求人认可被控侵权产品与涉案专利相近似及 B 厂现有设计抗辩不成立的基础上，可以认定两被请求人的制造、销售行为侵犯了请求人的专利权，应当承担侵权责任。

专利纠纷行政调解指引（试行）

目　录

第 1 章　专利行政调解程序 …………………………………………………………… 497
　第 1 节　基本原则 …………………………………………………………………… 497
　第 2 节　调解请求的提出、受理和立案 …………………………………………… 497
　　1.2.1 调解请求的提出 …………………………………………………………… 497
　　1.2.2 调解请求的管辖 …………………………………………………………… 497
　　1.2.3 受理范围 …………………………………………………………………… 497
　　1.2.4 受理条件 …………………………………………………………………… 498
　　1.2.5 受理及立案 ………………………………………………………………… 498
　　1.2.6 不予受理 …………………………………………………………………… 498
　第 3 节　调解工作 …………………………………………………………………… 498
　　1.3.1 调 解 员 …………………………………………………………………… 498
　　1.3.2 调　　解 …………………………………………………………………… 499
　　1.3.3 调解协议书 ………………………………………………………………… 499
　　1.3.4 调解时限 …………………………………………………………………… 499
　　1.3.5 中止调解 …………………………………………………………………… 500
　　1.3.6 举证责任 …………………………………………………………………… 500
　　1.3.7 调解终止 …………………………………………………………………… 500
　　1.3.8 司法确认 …………………………………………………………………… 500
　第 4 节　其他事项 …………………………………………………………………… 500
　　1.4.1 案卷管理 …………………………………………………………………… 500
　　1.4.2 调解员名录 ………………………………………………………………… 500
　　1.4.3 调解员管理 ………………………………………………………………… 501

第 2 章　专利权属纠纷的行政调解 ………………………………………………… 501
　第 1 节　基本概念 …………………………………………………………………… 501
　　2.1.1 发明创造 …………………………………………………………………… 501
　　2.1.2 专利申请权 ………………………………………………………………… 501
　　2.1.3 专 利 权 …………………………………………………………………… 501
　　2.1.4 专利权属纠纷 ……………………………………………………………… 501
　　2.1.5 发明人或设计人 …………………………………………………………… 501
　　2.1.6 本 单 位 …………………………………………………………………… 501
　　2.1.7 本单位的物质技术条件 …………………………………………………… 501
　第 2 节　职务发明创造引起的专利权属纠纷的行政调解 ………………………… 502
　　2.2.1 职务发明专利权属纠纷调解案件的类型 ………………………………… 502
　　2.2.2 职务发明创造的判断 ……………………………………………………… 502
　第 3 节　委托开发与合作开发引起的专利权属纠纷的行政调解 ………………… 508

         2.3.1 委托开发完成的发明创造 ·· 509
         2.3.2 合作开发完成的发明创造 ·· 509
         2.3.3 委托开发与合作开发的判断 ·· 510
         2.3.4 发明创造的内容与合同标的的关系 ······································ 511
    第4节 技术转让引起的专利权属纠纷的行政调解 ····························· 512
         2.4.1 权利转让 ·· 512
         2.4.2 技术秘密转让 ·· 513
         2.4.3 技术秘密使用许可 ·· 514

第3章 发明人或设计人署名权纠纷的行政调解 ······························· 515
    第1节 发明人或设计人资格的构成要件 ·· 515
         3.1.1 存在专利法意义上的发明创造 ·· 515
         3.1.2 是发明创造的实际参与人 ·· 516
         3.1.3 对发明创造的实质性特点作出创造性贡献 ···························· 517
    第2节 判断发明人或设计人资格的考虑因素 ···································· 518
         3.2.1 当事人提交的证据 ·· 518
         3.2.2 当事人对技术方案的细节及其形成过程的了解程度 ··············· 518
         3.2.3 当事人在发明创造过程中承担的角色 ·································· 519
    第3节 判断发明人或设计人资格的注意事项 ······································ 521
         3.3.1 发明人或设计人署名权的性质 ·· 521
         3.3.2 发明人或设计人署名权纠纷中的举证 ·································· 522

第4章 奖酬纠纷的行政调解 ·· 523
    第1节 基本概念和基本原则 ·· 523
         4.1.1 奖励和报酬 ·· 523
         4.1.2 被授予专利权的单位 ·· 523
         4.1.3 职务发明人或设计人 ·· 524
         4.1.4 约定优先原则 ·· 525
    第2节 奖励纠纷的行政调解 ·· 526
         4.2.1 支付奖励的条件 ·· 526
         4.2.2 奖励的方式和数额 ·· 527
    第3节 报酬纠纷的行政调解 ·· 527
         4.3.1 支付报酬的条件 ·· 527
         4.3.2 支付报酬的数额 ·· 529
    第4节 多个发明人之间的奖酬纠纷的调解 ·· 531

第5章 发明专利申请临时保护期使用费纠纷的行政调解 ··················· 532
    第1节 临时保护的构成条件 ·· 532
         5.1.1 涉案专利仅限于发明专利 ·· 532
         5.1.2 涉案专利被授予专利权,且请求人在专利授权后提出调解请求 ··· 533
         5.1.3 他人的实施行为发生在临时保护期 ······································ 533
         5.1.4 他人的实施行为落入专利保护范围 ······································ 534
    第2节 临时保护期使用费的确定 ·· 536
         5.2.1 确定补偿费用的原则 ·· 536

  5.2.2 确定补偿费用的考虑因素 ·· 536
第6章　专利侵权损害赔偿额的计算 ·· 537
 第1节　权利人的实际损失 ·· 538
  6.1.1 权利人实际损失的计算 ·· 538
  6.1.2 确定权利人实际损失时的考虑因素 ·································· 538
 第2节　侵权人获得的利益 ·· 540
  6.2.1 侵权人获得的利益的计算 ·· 541
  6.2.2 确定侵权人获得的利益时的考虑因素 ·································· 542
  6.2.3 侵权人获得的利益的举证责任分配 ·································· 543
 第3节　专利许可使用费的合理倍数 ··· 543
  6.3.1 许可使用费的确定 ·· 543
  6.3.2 以许可使用费为依据确定赔偿数额时的注意事项 ·················· 544
 第4节　法定赔偿 ·· 545
  6.4.1 确定法定赔偿数额的方法 ·· 545
  6.4.2 需要考虑的其他因素 ·· 546
 第5节　合理开支 ·· 548

第1章 专利行政调解程序

发生专利纠纷时,当事人可以请求管理专利工作的部门对该专利纠纷予以调解。

专利行政调解,是管理专利工作的部门在日常专利管理和专利行政执法过程中,对专利申请权和专利权的权属纠纷、发明人或设计人资格纠纷、职务发明创造的发明人或设计人的奖励和报酬纠纷、发明专利临时保护期使用费纠纷以及侵犯专利权的赔偿数额纠纷等,以《专利法》及相关法律法规为依据,以当事人自愿为原则,通过对当事人的说服和疏导,促使当事人平等协商、互谅互让,达成调解协议,以快速解决纠纷的行为。

第1节 基本原则

除遵循专利行政执法的基本原则外,行政调解还应当遵循以下原则:

(1) 自愿原则。调解应当充分尊重当事人意愿,不得强迫当事人接受调解方式或者调解协议。

(2) 合法原则。调解应当符合法律、法规及规章,不得损害国家利益、公共利益和他人合法权益。

(3) 保密原则。除双方当事人均明确表示可以公开进行外,调解应当在保密状态下进行,调解内容和文件材料不得对外公开。

(4) 无偿原则。管理专利工作的部门调解专利纠纷,不得收取任何费用。

第2节 调解请求的提出、受理和立案

1.2.1 调解请求的提出

行政调解可以由一方当事人或者双方当事人提出请求。

请求管理专利工作的部门调解专利纠纷的,应当提交书面请求书(1份正本以及与被请求人人数相当的副本)。

请求书应当记载以下内容:

(1) 请求人的姓名或者名称、地址,法定代表人或者主要负责人的姓名、职务;委托有代理人的,写明委托代理人的姓名、职务、通信联系方式和代理机构的名称、地址;

(2) 被请求人的姓名或者名称、地址,法定代表人或者主要负责人的姓名、职务;

(3) 请求调解的具体事项、依据的事实和理由。

请求书应当由请求人签名或盖章。

1.2.2 调解请求的管辖

发生专利纠纷的,当事人可以请求被请求人所在地的管理专利工作的部门予以调解。

管理专利工作的部门认为调解案件不属于本部门管辖的,应当告知当事人向有管辖权的部门请求调解。

管理专利工作的部门对管辖权发生争议的,由其共同的上级人民政府管理专利工作的部门指定管辖;无共同上级人民政府管理专利工作的部门的,由国家知识产权局指定管辖。

1.2.3 受理范围

除专利侵权纠纷和专利侵权赔偿额纠纷之外,管理专利工作的部门还可以对下列专利纠纷进行调解:

(1) 专利申请权和专利权的权属纠纷(以下简称"专利权属纠纷");

(2) 发明人或设计人资格纠纷;

(3) 职务发明创造的发明人或设计人的奖励和报酬纠纷(以下简称"奖酬纠纷");

(4) 在发明专利申请公布后专利权授予前使用发明而未支付适当费用的纠纷(以下简称

"发明专利临时保护期使用费纠纷")。

1.2.4 受理条件

请求调解专利纠纷的,应当符合下列条件:

(1) 请求人是专利纠纷的当事人或其权利继受人;
(2) 有明确的被请求人;
(3) 有明确的请求事项和具体事实、理由;
(4) 属于该管理专利工作的部门的受案范围和管辖范围;
(5) 当事人没有就该专利纠纷向人民法院起诉,也未申请仲裁。

专利权属纠纷的当事人包括专利权人或专利申请人、其他主张对专利或专利申请享有权利的人。

发明人或设计人资格纠纷的当事人包括发明人或设计人、主张自己为发明人或设计人的人以及专利申请人或专利权人。专利文件上列有多个发明人或设计人,部分发明人主张其中某一个或某一些发明人或设计人未对发明创造的实质性特点作出创造性贡献的,主张者和被主张者均为当事人。

奖酬纠纷的当事人包括专利权人、发明人或设计人或其权利继受人,主张自己为发明人或设计人的人。

发明专利临时保护期使用费纠纷的当事人包括发明专利技术使用者和专利权人或其权利继受人,但不包括专利实施许可合同的被许可人。

1.2.5 受理及立案

管理专利工作的部门收到上述纠纷的调解请求后,符合受理条件的,应当在 5 个工作日内将请求书副本送达被请求人,要求其在收到请求书副本之日起 15 日内提交意见陈述书,表明是否同意调解;被请求人同意调解的,可以就请求人提出的调解事项说明理由。

被请求人同意进行调解并提交意见陈述书就请求人提出的调解事项说明理由的,管理专利工作的部门应当及时立案,并发出立案通知书,通知请求人和被请求人调解的时间和地点。

专利纠纷涉及第三人的,应当通知第三人参加,一并进行调解。

被请求人逾期未提交意见陈述书,或者在意见陈述书中表示不接受调解的,管理专利工作的部门应当在期限届满或者收到意见陈述书之日起 5 个工作日内制作不予立案通知书,并送达请求人。

1.2.6 不予受理

下列行政调解请求,管理专利工作的部门不予受理:

(1) 已向仲裁机构申请仲裁的;
(2) 已向人民法院起诉的;
(3) 不属于该管理专利工作的部门的受案和管辖范围;
(4) 管理专利工作的部门认为不应受理的其他情形。

第 3 节 调解工作

1.3.1 调解员

管理专利工作的部门受理行政调解请求后,应当在收到被请求人同意调解的意见陈述书之日起 5 个工作日内安排双方当事人从调解员名录中协商选定调解员;不能共同选定调解员的,由管理专利工作的部门负责人从调解员名录中指定调解员。

事实清楚、情形简单的纠纷,可以由 1 名调解员现场组织调解;其他情形的纠纷,应当由 3 名以上调解员组成调解组进行调解。

调解员有下列情形之一的，应当回避：

（1）是本案当事人或者与当事人、代理人有近亲属关系的；

（2）与本案有利害关系的；

（3）与本案当事人、代理人有其他关系，可能影响案件公正调解的。

当事人认为调解员有前款应当回避情形之一的，可以向管理专利工作的部门口头或者书面申请其回避；调解员有前款情形之一的，应当主动回避。

管理专利工作的部门负责人决定调解员的回避。

1.3.2 调　解

调解时，调解员应当宣布调解纪律，核对当事人身份，宣布当事人的权利和义务，宣布调解员、记录人的身份，询问当事人是否申请回避。

调解过程中，调解员应当充分听取双方当事人的意见陈述，查明争议的基本事实，依据法律、法规、规章及政策对双方当事人进行说服、劝导，引导当事人达成调解协议。

当事人可以自行提出调解方案，调解员也可以提出调解方案供双方当事人协商时参考。

管理专利工作的部门调解专利纠纷，应当制作调解笔录，记载调解时间、地点、参加人员、当事人基本情况、协商事项、当事人意见和调解结果，由当事人和主持调解的调解员核对无误后签名或者盖章。

调解时，调解员应当对调解过程以及调解过程中获悉的国家秘密、商业秘密、个人隐私和其他依法不应公开的信息保守秘密，但为维护国家利益、社会公共利益、他人合法权益的除外。

调解结果涉及第三人合法权益的，应当征得第三人同意。第三人不同意的，终止行政调解。

1.3.3 调解协议书

当事人通过调解达成协议的，可以签订调解协议书。当事人认为不需要签订调解协议书的，由调解员将协议内容记入笔录，并交双方当事人签字或盖章。

调解协议书应当载明下列事项：

（1）当事人及其委托代理人的相关情况，包括姓名或名称、性别、年龄、职业、工作单位、住所、法定代表人姓名和职务；

（2）纠纷的主要事实、争议事项；

（3）当事人达成调解协议的内容、履行的方式和期限；

（4）当事人违反调解协议的责任；

（5）调解协议书的生效条件和生效时间；

（6）其他相关事项。

调解协议书应当由当事人及调解员签名或盖章，并加盖管理专利工作的部门的公章。

调解协议书未明确具体的生效时间的，自双方当事人签字或盖章之日起生效。

当事人应当自觉履行调解协议，不得擅自变更或者解除调解协议。

有下列情形之一的，行政调解协议无效：

（1）违反法律、法规的强制性规定；

（2）损害国家利益、社会公共利益及他人合法权益。

1.3.4 调解时限

管理专利工作的部门调解专利纠纷，应当在立案之日起 60 日内结案。有特殊情况需要延长的，经部门领导批准，可以延长 30 日。

1.3.5 中止调解

有下列情形影响案件处理的，当事人可以提出中止处理请求，是否中止，由管理专利工作的部门决定：

（1）一方当事人死亡，需要等待继承人表明是否参加案件处理的；
（2）一方当事人丧失民事行为能力，尚未确定法定代理人的；
（3）作为一方当事人的法人或者其他组织终止，尚未确定权利义务承受人的；
（4）一方当事人因不可抗拒的事由，不能参加案件处理的；
（5）本案必须以另一案的处理结果为依据，而另一案尚未处结的；
（6）其他应当中止处理的情形。

中止的原因消除后，依当事人的申请可恢复调解。

1.3.6 举证责任

调解专利纠纷，由当事人对其主张负举证责任。但下列事实，当事人无须举证证明：

（1）众所周知的事实；
（2）自然规律及定理；
（3）根据法律规定或者已知事实和日常生活经验法则，能推定出的另一事实；
（4）已为人民法院发生法律效力的裁判所确认的事实；
（5）已为仲裁机构的生效裁决所确认的事实；
（6）已为有效公证文书所证明的事实。

上述（1）、（3）、（4）、（5）、（6）项，当事人有相反证据足以推翻的除外。此外，一方当事人对另一方当事人陈述的案件事实明确表示承认的，另一方当事人无须举证。

管理专利工作的部门在处理专利侵权纠纷时，可根据需要依职权调查收集有关证据。

1.3.7 调解终止

有下列情形之一的，调解终止：

（1）达成调解协议的；
（2）调解过程中至少一方不同意继续进行调解的；
（3）调解过程中至少一方无正当理由在规定的时间不参加调解活动的；
（4）经调解未能在合理期限内达成调解协议的。

经调解未能达成调解协议的，管理专利工作的部门应当终止调解，并告知当事人其他的法律解决途径。

1.3.8 司法确认

调解协议达成后，双方当事人可以向有管辖权的人民法院申请司法确认。经司法确认有效的调解协议，一方当事人拒绝履行或者未全部履行的，另一方当事人可以向作出确认决定的人民法院申请强制执行。

第 4 节 其他事项

1.4.1 案卷管理

管理专利工作的部门受理专利纠纷调解案件的，应当按照一案一号、一案一卷的原则建立案卷。调解员应将调解专利纠纷案件过程中形成的文书、档案及时归档，统一管理。

调解员应当在案件结案后 3 个月内将调解案卷移交本部门档案管理机构归档。

1.4.2 调解员名录

管理专利工作的部门应当建立本部门的调解员名录，供当事人遴选。

调解员通常应当具有涉案专利所属技术领域的技术知识和专利法律知识。

管理专利工作的部门调解时，经双方当事人同意，可以邀请有关单位和个人予以协助。

1.4.3 调解员管理

调解员无正当理由或者在规定的时间内不履行调解职责，造成严重后果的，应当按规定追究相关人员的责任。

管理专利工作的部门应当定期对调解员进行培训，并可以对在行政调解工作中作出突出贡献的调解员和其他工作人员给予表彰。

第2章 专利权属纠纷的行政调解

根据《专利法实施细则》第八十五条第一项的规定，管理专利工作的部门应当事人请求，可以对专利申请权和专利权归属纠纷进行调解。

第1节 基本概念

2.1.1 发明创造

《专利法》所称的发明创造是指发明、实用新型和外观设计。

发明，是指对产品、方法或者其改进所提出的新的技术方案。

实用新型，是指对产品的形状、构造或者其结合提出的适于实用的新的技术方案。

外观设计，是指对产品的形状、图案或者其结合以及色彩与形状、图案的结合所作出的富有美感并适于工业应用的新设计。

2.1.2 专利申请权

专利申请权是指从发明创造被提交专利申请之后到被授予专利权之前，申请人享有的处置该专利申请的权利，包括修改申请文件、决定是否继续进行申请程序等权利，其指向的是已经提出申请但尚未被授权的发明创造。

2.1.3 专利权

专利权是指发明创造被公告授予专利权之后，专利权人享有的对该发明创造进行处置的权利，包括放弃其专利、转让其专利、许可他人实施其专利、制止他人未经专利权人许可，以生产经营为目的实施专利的权利等，其指向的是已经被授予专利权的发明创造。

2.1.4 专利权属纠纷

专利权属纠纷，是指双方或多方当事人之间，对专利申请权和专利权的归属问题产生争议进而引起的纠纷。

2.1.5 发明人或设计人

发明人或设计人，是指对发明创造的实质性特点作出创造性贡献的人。在完成发明创造过程中，只负责组织工作的人、为物质技术条件的利用提供方便的人或者从事其他辅助工作的人，不是发明人或设计人。

2.1.6 本单位

本单位，是指发明人或设计人所在的、能够以自己的名义从事民事活动、独立享有民事权利、独立承担民事责任和义务的组织，既包括法人单位，也包括能够独立从事民事活动的非法人单位，如个人独资企业、个人合伙企业等。本单位包括借调、兼职、实习等建立临时劳动关系的临时工作单位，以及在作出发明创造之前1年内发明人或设计人办理退休、调离手续或者劳动、人事关系终止的单位。

2.1.7 本单位的物质技术条件

本单位的物质技术条件，是指本单位的资金、设备、零部件、原材料或者不对外公开的技术资料等。

第2节　职务发明创造引起的专利权属纠纷的行政调解

执行本单位的任务或者主要是利用本单位的物质技术条件所完成的发明创造为职务发明创造。职务发明创造申请专利的权利属于该单位；申请被批准后，该单位为专利权人。

利用本单位的物质技术条件所完成的发明创造，单位与发明人或者设计人订有合同，对申请专利的权利和专利权的归属作出约定的，从其约定。

2.2.1 职务发明专利权属纠纷调解案件的类型

因职务发明创造引发的权属纠纷调解请求通常由发明人或设计人或者其所在单位提起。包括：

（1）发明人或设计人认为归属于其所在单位的发明创造属于非职务发明；

（2）发明人或设计人将研发成果以个人名义申请专利，其所在单位认为该发明创造属于职务发明创造；

（3）发明人或设计人从原单位退休、调离原单位后或者与原单位终止劳动、人事关系后1年内，其作为发明人或设计人的发明创造由其本人、其他单位或个人提交专利申请，原单位认为该发明创造与发明人或设计人在原单位承担的本职工作或者原单位分配的任务有关联，属于发明人或设计人在原单位的职务发明创造；

（4）主张自己为发明人或设计人的自然人在提起发明人或设计人资格纠纷调解请求的同时，主张所述发明创造为非职务发明创造而提起专利权属纠纷调解请求。

2.2.2 职务发明创造的判断

下列发明创造属于职务发明创造：

（1）在本职工作中作出的发明创造；

（2）履行本单位在本职工作之外分配的任务所作出的发明创造；

（3）退休、调离原单位后或者劳动、人事关系终止后1年内作出的，与其在原单位承担的本职工作或者原单位分配的任务有关的发明创造；

（4）主要是利用本单位的资金、设备、零部件、原材料或者不对外公开的技术资料等物质技术条件所完成的发明创造。

判断是否属于职务发明创造，不取决于发明创造是在单位内还是在单位外作出，也不取决于是在工作时间之内还是在工作时间之外的业余时间作出，只要属于执行本单位的任务或者主要是利用了本单位的物质技术条件，均属于职务发明创造。

2.2.2.1 本职工作中的发明创造

"本职工作"是指根据劳动合同、聘用合同等确定的工作人员的工作职责。本职工作即发明人或设计人的职务范围，属日常工作职责，既不是指单位的业务范围，也不是指个人所学专业的范围。

本职工作的性质是判断发明创造的作出是否为执行本单位的任务的首要因素。原则上，一个单位研发部门工作人员的本职工作即为从事研究、开发、设计等，他们在执行相应的研究、开发、设计任务中完成的发明创造属于在本职工作中作出的发明创造。如果发明人或设计人的本职工作并非研发，而是其他不涉及技术创造的工作，例如行政管理、秘书、人力资源管理等，其没有从事发明创造的义务，如果其在完成相应职责工作之余作出了与本单位相关的发明创造，则不属于在本职工作中完成的发明创造。

【案例2-1】

余某是某汽车公司专门从事发动机开发的工程师，其在工作中发明了一种节能发动机，该发明应当属于职务发明创造；丁某是该汽车公司的修理工，其针对某款汽车油耗较高的缺陷发明了一种节油装置，因为其本职工作是修理汽车而非改进汽车性能，因此该发明不应当属于职务发明创造。

【案例2-2】

孔某为某公司的技术研发人员，其接受该公司的指派研制了一种高速水雾喷头技术。后该公司将该喷头申请专利并获得授权，孔某是发明人之一。孔某认为该技术不是在工作时间完成，而是其本人利用休息时间在晚上思考问题时完成的，属于非职务发明，专利权应归其个人所有。

分析与评述

一般而言，一个单位研发部门的工作人员的本职工作就是从事研究、开发、设计等工作，他们执行相应的研究、开发、设计任务完成的发明创造属于在本职工作中作出的发明创造。这是职务发明创造最典型、最常见的情形。

本案中，孔某的本职工作就是技术研发，涉案专利高速水雾喷头是孔某接受公司委派的研制任务而开发完成的技术，应当属于孔某在本职工作中作出的发明创造，属于职务发明创造。

对于孔某所主张的该设计由其一人在业余时间构思而成的观点，应当认为，不能仅以技术构思是在业余时间完成而当然认定有关发明创造即为非职务发明创造。发明创造是人的智力活动成果，而智力活动与体力劳动最大的不同之处就在于智力活动具有一定的连续性。一个人在上班时间进行的技术构思不会因为下班而完全停止。因此，只要是执行本单位任务或者主要是利用本单位的物质技术条件完成的发明创造，不论其技术构思是在上班时间还是业余时间完成，均应属于职务发明创造。

【案例2-3】

某工具厂的生产经营范围为汽车修理专用可调铰刀、板牙架等。余某在任该厂厂长期间，以个人名义申请了名为"气门座圈拉器"的实用新型专利并被授予专利权。余某在获得该专利权后，将该专利技术无偿投入到该工具厂的生产中。余某退休后，双方对该专利权的归属产生纠纷。

分析与评述

厂长具有作出与本厂业务有关的非职务发明的权利。但是，厂长是企业的法定代表人，全权负责企业各方面的工作，厂长的本职工作一般不能理解为仅仅是行政领导，而与业务和技术问题无关。在认定厂长的发明创造是否为执行本单位的任务时，应着重从两个方面予以审查：一是发明创造技术方案的完成时间是否在其任职期内；二是该发明创造是否落入企业的生产经营范围之内。

本案中，涉案专利的技术方案为余某在其任厂长期间完成的，且涉案专利产品是在工具厂原有产品基础上的完善和改进。因不断研制开发这类新产品与工具厂的生存息息相关，因此涉案专利技术属于该厂的生产经营范围。工具厂为街道小厂，其内部对新产品研制开发工作并无明确具体的分工，该厂也无专职的新产品研制开发部门或人员，而余某本人在任该厂厂长之后，对该厂技术开发工作均承担着主要职责。因此，余某对涉案专利的研制，属于执行本单位的任务，涉案专利应为职务发明创造，专利申请权和专利权均应属于工具厂。

假定涉案专利的技术方案是余某在其任厂长之前完成的，则需要确定完成该专利时余某的本职工作是什么。如果在完成该专利时余某根本不在该工具厂任职，则余某对该专利的研发不可能属于"本职工作中的发明创造"；如果其在任厂长之前负责或者参与该厂的技术开发,则余某对该专利的研制仍属于"本职工作中的发明创造";如果在完成该专利时余某并不负责或者参与该厂的技术开发,则余某对该专利的研发不属于"本职工作中的发明创造"。至于该专利是否属于职务发明创造,还要从其是否在履行单位在本职工作之外分配的任务、是否主要利用了本单位的资金、设备、零部件、原材料或者不对外公开的技术资料等物质技术条件等方面进行考量。

2.2.2.2 履行本单位交付的其他任务作出的发明创造

履行本单位交付的其他任务过程中完成的发明创造,属于职务发明创造。

认定一项任务是否为单位分配给工作人员的在其本职工作之外的其他任务,应当有明确、具体的依据,包括单位与工作人员之间签订的协议、单位有关部门发出的书面通知、办理的有关手续等。

【案例 2-4】

肇某是某果树研究所的研究人员,其本职工作是果树栽培技术研究。1984 年,肇某与其他三人共同受该果树研究所委派,成立课题组进行长效复合肥研制,四人均由果树研究所人事部门通过便函等手续调到课题组。1989 年,该果树研究所申请了"长效复合肥"发明专利并获得授权,肇某等为发明人。肇某认为该技术方案不是其本职工作,是其与他人合作完成,专利权应归其四人所有。

分析与评述

如果单位能够提供明确、具体的证据用以证明一项任务是单位分配给工作人员的其本职工作之外的其他任务,例如单位与工作人员之间签订的协议、单位有关部门发出的有关书面通知、办理的有关手续等,则应当认定履行该任务所作出的发明创造是职务发明创造。

本案中,"长效复合肥"发明专利是肇某在果树研究所任职期间完成的。肇某的本职工作是果树栽培技术研究,长效复合肥研制通常不被认为是肇某的本职工作。要证明该项发明创造属于肇某的职务发明,果树研究所负有更重的举证责任。其要么举证证明长效复合肥的研制属于单位交付给肇某的除本职工作之外的其他任务,要么证明肇某在完成该项发明创造时主要利用了单位的物质技术条件。本案中,根据果树研究所提供的人事部门出具的便函,可以证明肇某从事该项工作完全是单位的安排和要求。虽然肇某作为发明人,对长效复合肥专利的研制作出了创造性贡献,但长效复合肥研制的申请立项、试验、推广等都以是果树研究所的名义进行的,肇某作为长效复合肥研究项目的主持人主持研发,完全是为了完成果树研究所交付的工作任务,其据此作出的发明创造属于职务发明创造,专利权应当归属果树研究所。

2.2.2.3 一定期限内与原单位有关联的发明创造

发明人或设计人退休、调离原单位后或者劳动、人事关系终止后 1 年内作出的,与其在原单位承担的本职工作或者原单位分配的任务有关的发明创造,属于职务发明创造。

"退休、调离原单位后或者劳动、人事关系终止后 1 年内",应当从发明人或设计人办理退休、离职手续,正式与原单位解除劳动关系之日起算。

"作出"发明创造的日期应当是发明创造的实际完成日,而非发明创造提交专利申请的申请日。如果在 1 年内申请专利的,可以推定该专利申请日为作出发明创造的最迟日期;如果在 1 年后申请专利的,不能直接推定该发明创造是在 1 年后作出的,需要原单位(主张该发明创造为职务发明创造的当事人)提供其他证据证明该发明创造的实际作出日期。原单位不能证明该发明创造的实际作出日期的,推定专利申请日为实际作出日期。

"与其在原单位承担的本职工作或者原单位分配的任务有关",应理解为该发明创造在发明人或设计人在原单位具体承担的本职工作之内,或者在原单位分配的其他任务范围之内。如果发明创造只是在原单位的业务范围内,但与发明人或设计人在原单位的本职工作或被分配的其他任务无关,则不属于"一定期限内与原单位有关联的职务发明创造"。

【案例 2-5】

郭某和黄某是 A 公司的技术研发人员,是 A 公司 1996 年获得授权的发明专利"链条炉排生活垃圾炉"的发明人。B 公司于 1997 年申请"竖井式两段链条炉排垃圾焚烧炉"实用新型专利,在请求书中将本公司职工赵某、余某列为发明人。1998 年 1 月,郭某和黄某离开 A 公司,前往 B 公司工作。1998 年 4 月,郭某、黄某、赵某、余某和 B 公司签订了《关于转让专利设计人的合同》,合同中约定:对于 B 公司已申请的上述实用新型专利,确认赵某、余某完成了该专利的总体设计,但因他们提出辞职,B 公司决定将该专利的发明人由赵某、余某变更为郭某、黄某,B 公司一次性向赵某、余某每人支付 5000 元报酬。在合同签订之前,B 公司已经向国家知识产权局提交了著录项目变更申报书,请求将该专利的发明人变更为郭某、黄某。1998 年 12 月,该实用新型专利获得授权,授权公告文本上公布的设计人是郭某和黄某。A 公司认为,根据国家知识产权局公告公布的发明人,郭某和黄某离开 A 公司不到一年就成为 B 公司涉案实用新型专利的发明人,因此该实用新型专利应为郭某和黄某的职务发明,专利权应归 A 公司所有。

分析与评述

法律之所以规定发明人或设计人从原单位离职后一定期限内作出的与其在原单位的本职工作或执行的工作任务有关联的发明创造属于原单位的职务发明创造,原因在于,智力活动从产生到完善具有连续性,一个熟知原单位业务的员工从原单位离职后,其在原单位积累的知识和经验、属于原单位的技术秘密等不会因其离职而消失,其在离职后一定时期内作出发明创造往往与其在原单位承担的工作任务密切相关,如果不将其纳入原单位的职务发明,将会损害原单位的合法利益。另外,这段"脱密期"又不能太长而损害发明人或设计人重新选择就业的权利。为了平衡原单位与发明人或设计人的利益,我国《专利法》将这一"脱密期"规定为 1 年。

本案中,郭某和黄某原本是 A 公司的技术研发人员,在离开 A 公司 1 年内就成为 B 公司涉案实用新型专利的发明人。A 公司要证明涉案实用新型专利为郭某和黄某在 A 公司的职务发明,应当举证证明涉案实用新型专利与郭某和黄某在 A 公司工作期间承担的本职工作或者 A 公司分配的任务有关。如果 A 公司不能完成该项举证责任,A 公司不可能拥有该项专利。本案中,一来 A 公司未证明上述内容,二来 B 公司提供的证据表明,在郭某和黄某到 B 公司工作之前,B 公司已经申请了涉案专利,且请求书中表明发明人为赵某和余某,也就是说,在郭某和黄某到 B 公司工作之前,B 公司已经掌握了涉案专利技术,因此,涉案专利不可能属于 A 公司的职务发明。

需要说明的是,本案例旨在说明一定期限内与原单位有关联的发明创造的专利权属纠纷,案中《关于转让专利设计人的合同》所涉及的发明人署名资格转让并不符合相关法律法规的规定,具体参见本指引相关规定。

2.2.2.4 主要利用本单位的物质技术条件完成的发明创造

"主要利用本单位的物质技术条件完成的发明创造",是指发明人或设计人在本职工作或本单位交付的其他任务以外,按照自己的意志主动完成的发明创造,在该发明创造的完成过程中,全部或者大部分利用了单位的资金、设备、器材或者原材料等物质条件,或者发明创造的实质性内容基于该单位尚未公开的技术成果、阶段性技术成果或者关键技术。对利用本单位提供的物质技术条件,约定返还资金或者交纳使用费的除外。

判断发明创造的作出是否主要利用了本单位的物质技术条件,要考虑本单位的物质技术条件是否属于完成发明创造不可或缺或不可替代的前提条件,或者所利用的本单位的物质技术条件是否对发明创造的完成具有实质性贡献或起到决定性作用。在研究开发过程中利用本单位已公开或者已为本领域普通技术人员公知的技术信息,或者仅在发明创造完成后利用本单位的物质技术条件对技术方案进行验证、测试的,不属于主要利用本单位的物质技术条件。

如果对本单位的物质技术条件的利用只是少量的、可有可无的,或者所述物质技术条件对发明创造的完成没有起到实质性帮助,则不被认为达到"主要利用本单位的物质技术条件"的程度。

【案例 2-6】

孙某为某医院的退休职工,其在该医院工作期间的本职工作是临床工作。孙某在该医院工作期间,作为主要完成人员参与了该院研制的新药"癌灵 1 号注射液"的临床与试验研究项目组的工作,负责临床研究。在此过程中,孙某对该药物的剂型及处方组成的改进提出了构思和建议。后该医院将该药物申请了专利并获得授权,孙某是发明人之一。孙某认为该专利是其本人独立完成的,且其对处方的改进不属于本职工作,因此该专利应属于非职务发明,专利权应归其个人所有。

分析与评述

本案中,孙某的本职工作是临床工作,医院交付给孙某的除本职工作之外的任务是"癌灵 1 号注射液"的临床与试验研究项目组的临床研究工作。因此,孙某对药物处方的改进并不是执行本单位的任务。

但是,新药的研制开发是由医院的项目组完成的,孙某是项目组成员之一,该项发明创造由医院提出研究方向、项目要求等,并提供临床观察等研究条件,研究过程体现的是该单位的意志。孙某提出技术方案的构思或想法虽对专利的完成具有重要的意义,但中药药物的研制完成不仅仅包括确定处方的组成,还包括后续的一系列药学、药物制备、药理、药效、毒性、临床试验等研究,药品研发的各个阶段形成复方药品研制的有机整体。没有证据表明孙某作为临床医师完成了临床工作以外的药品研制的其他工作,其对处方组成的改进主要是利用了医院的资金、设备、原材料或者不对外公开的技术资料等物质技术条件,且也仅为构思和建议,不足以形成一个完整的发明专利,因此其发明创造属于职务发明创造。

需要指出的是,通常情况下,执行本单位的任务客观上应当主要利用本单位的物质技术条件。在执行本单位任务的情况下,对本单位物质技术条件的利用应当被认为属于执行本单位任务的情形,直接判定相关发明创造属于职务发明创造,无须另行认定其是否属于"主要是利用本单位的物质技术条件"的情形。

【案例 2-7】

吴某经过长期研究,掌握了一种能源转换技术,并提供图纸委托他人加工制造了一台能源转换设备。1999 年 1 月,吴某以该设备为固定资产作实物出资,与雷某一起注册成立 A 公司。A 公司于 1999 年 8 月申请了"一种可燃性垃圾的处理方法"的发明专利并获得授权,发明人为吴某。2001 年 1 月,吴某与 B 公司的田某共同申请了"无害化处理垃圾的高温裂解炉及回收装置"的实用新型专利并获得授权,专利权人和发明人均为吴某和田某。A 公司认为该实用新型专利的设备即为 A 公司的能源转换设备,是为实施 A 公司的发明专利专门设计的,其在 A 公司成立之前就已研制成功,吴某以该设备出资后,该设备就成为 A 公司的固定资产，因此，利用该设备形成的实用新型专利应该是 A 公司发明专利的从属专利，属于吴某在 A 公司的职务发明创造，专利权应当归 A 公司所有。

分析与评述

"主要是利用本单位的物质技术条件"强调的是本单位的物质技术条件在发明创造完成过程中的作用和比重。在此类纠纷案件中，若单位主张发明创造的作出主要是利用本单位的物质技术条件，应当提供明确、具体的证据，例如协议、财务文件等，以证明发明创造的作出全部或者大部分利用了本单位的资金、设备、器材、原材料和/或阶段性技术成果或关键技术。若所涉及的本单位的物质技术条件为本单位尚未公开的技术成果，则职工应当负有证明该技术成果已经公开的举证责任。

本案中，A 公司主张涉案实用新型专利应该归其所有基于两项理由：一是该实用新型专利保护的就是其拥有的固定资产"能源转换设备"，或者换句话说是在其能源转换设备上完成的，因此，该实用新型专利的完成主要利用了 A 公司的物质技术条件，应当为职务发明创造；二是该能源转换设备是专门为了其发明专利设计的专用设备，涉案实用新型专利作为发明专利的从属专利，理应归 A 公司所有。

关于以上第一项理由：A 公司成立时拥有一台吴某在 A 公司成立之前提供技术制作的能源转换设备作为公司的固定资产，A 公司要证明涉案实用新型专利为吴某在 A 公司所作的职务发明创造，应当举证证明：（1）其拥有的能源转换设备与涉案实用新型专利的技术方案相同或等同；吴某在以所述能源转换设备出资时，将该能源转换设备相应的知识产权一并转移给 A 公司；或者（2）在所述能源转换设备与涉案实用新型专利技术方案不相同也不等同的情况下，证明所述能源转换设备技术属于 A 公司的技术秘密，完成涉案实用新型专利必须利用或者借助于所述能源转换设备。本案中，A 公司既未能证明涉案实用新型专利技术属于 A 公司所有的成果、收入或申报的专利权，也未能证明该实用新型专利是吴某执行 A 公司的任务或者主要是利用了 A 公司的物质技术条件所完成的发明创造，因此不能证明该实用新型专利是吴某在 A 公司的职务发明。

关于上述第二项理由：所谓基本专利，指的是不依附于任何其他专利的最原始的专利；从属专利则是在基本专利的基础上进行改进所获得的专利，该专利的技术方案包括了基本专利的必要技术特征，其实施必然会落入基本专利的保护范围或者覆盖基本专利的技术特征，也必然有赖于基本专利技术的实施。从属专利的形式主要有：（1）在原有产品专利技术特征的基础上，增加了新的技术特征；（2）在原有产品专利技术特征的基础上，发现了原来未曾发现的新的用途；（3）在原有方法专利技术方案的基础上，发现了原来未曾发现的新的用途。本案中，首先，A 公司并未充分证明涉案实用新型专利的实施依赖于发明专利，该实用新型专利是在发明专利基础上的改进；其次，实现方法发明技术方案的设备通常并不唯一，即使实现本案 A 公司方法发明的设备只能是本案实用新型专利所指向的设备，也不能否定发明专利与实用新型专利两个技术方案各自独立、非基本专利和从属专利的关系，因此无法证明涉案实用新型专利的权属问题。

2.2.2.5 单位与发明人或设计人就权利归属作出合同约定

单位与发明人或设计人之间可以对发明创造的权利归属作出约定，这种约定应当采用书面合同的形式。在对专利权属纠纷进行行政调解时，应首先考察双方当事人是否就专利申请权或专利权归属存在合同约定。有合同约定的，应首先确定合同的有效性。在合同有效的情况下，遵从合同约定确定权利归属。在合同无效的情况下，视为无合同约定，按照《专利法》第六条第一款的规定确定权利归属，具体操作参见本节相关内容。

【案例 2-8】

姚某于 1998 年与他人合资组建成立 A 公司，姚某提供本人专利及技术，并负责新产品开发。2001 年，姚某个人申请了"一种带中药蒸汽产生装置的洗浴设备"的实用新型专利，并于 2002 年获得授权。2004 年，姚某与 A 公司签订了《专利实施许可协议》，该协议认可姚某是该实用新型专利的专利权人，姚某同意 A 公司使用该专利开发可以自动煎中药的足浴盆产品，协议还约定"在该专利的基础上一切扩展、涵盖的专利权归姚某所有"。2005 年，姚某又申请了"一种液体制取方法和装置"的发明专利并获得授权。经查明，该发明专利的技术方案涵盖并扩展了上述实用新型专利的技术方案。A 公司认为，姚某作为公司的总工程师，分管技术、专利研发等工作，该发明专利应属执行本单位的任务所完成的职务发明，其专利权应当归 A 公司所有；执行本单位的任务所完成的职务发明依法不允许通过订立合同的方式约定归属，《专利实施许可协议》中的约定违反了法律，应当无效。

分析与评述

在专利权属纠纷的调解中应当遵从合同优先的原则，在合同有效的情况下，按照合同约定确定权属。

本案中，姚某作为 A 公司的技术负责人，其工作职责是研发、设计足浴盆产品，因此涉案发明专利是其在本职工作中作出的发明创造，属于执行本单位的任务所完成的职务发明创造。但是，因双方通过合同对在涉案实用新型专利基础上的改进专利权的归属进行了约定，在合同真实有效的情况下，应当按照《专利实施许可协议》来认定争议专利的权属，涉案发明专利的专利权应归姚某所有。

就 A 公司所提出的"执行本单位的任务所完成的职务发明依法不允许通过订立合同的方式约定归属"的问题，目前存在一定的争议。一种观点认为，按照《专利法》第六条第三款的字面含义，单位与发明人、设计人之间订立的合同应当限于"利用本单位的物质技术条件所完成的发明创造"的情形，既包括"主要是利用本单位的物质技术条件所完成的发明创造"，也包括不是主要利用本单位的物质技术条件所完成的发明创造。对于"执行本单位的任务所完成的发明创造"，不适用《专利法》第六条第三款的规定，即"执行本单位的任务所完成的发明创造"只能作为职务发明创造归属于单位所有，不能通过合同进行约定。其原因在于，如果对这种类型的发明创造的权利归属也允许约定的话，不仅有可能扰乱单位内部的管理秩序，影响单位组织创新的积极性，还有可能导致国有资产的流失。另一种观点则认为，我国尚处于社会主义初级阶段，参与市场竞争的主体复杂多样，企业与职工之间有时并不单纯是简单的雇主与雇员的关系。在生产、生活实际中，单位与发明人或设计人之间基于真实的意思表示，对"执行本单位的任务所完成的发明创造"的权利归属作出约定并不罕见，如果将这种约定均认定无效的话，将会悖于当事人的真实意思表示。另外，专利申请权和专利权本质上还是一种民事权利，当事人在不损害其他合法利益的情况下，基于双方真实的意思表示对自身民事权利进行处置应当予以尊重。

综合以上观点，在目前国情下，对《专利法》第六条第三款的理解不应仅限于其字面含义，在单位与发明人或设计人订立了合同，就其专利申请权和专利权约定归属的情况下，只要合同真实、符合双方当事人的真实意思表示，无论其中约定的是"利用本单位的物质技术条件所完成的发明创造"还是"执行本单位的任务所完成的发明创造"，约定内容都应当被允许，管理专利工作的部门应遵从合同约定确定权利归属。

第 3 节 委托开发与合作开发引起的专利权属纠纷的行政调解

技术开发合同是指当事人之间就新技术、新产品、新工艺或者新材料及其系统的研究开发所订立的合同。技术开发合同包括委托开发合同和合作开发合同。根据《专利法》第八条的规定，委托或合作开发过程中完成的发明创造，专利申请权和专利权的归属取决于双方是否就该发明创造的归属另有协议约定。双方约定专利申请权和专利权归属的，从其约定。

2.3.1 委托开发完成的发明创造

委托开发完成的发明创造，是指一个单位或个人提出研究开发任务并提供经费和报酬，由其他单位或者个人进行研究开发所完成的发明创造。委托开发合同的标的是一项新的发明创造，通常表现为一项新的技术方案，既可以是技术方案本身，也可以是体现技术方案的产品、工艺、材料或者其组合。

一个单位或者个人接受其他单位或者个人委托所完成的发明创造，双方就该发明创造的归属另有协议约定的，专利申请权属于协议约定的一方；双方没有协议约定归属的，专利申请权属于完成的单位或者个人；申请被批准后，申请的单位或者个人为专利权人。

【案例2-9】

1983年起，李某自立课题开始研究治疗乙型肝炎的配方。1986年，李某与某制药厂签订委托加工协议书，其中约定：制药厂根据李某提供的配方和要求加工"肝病药物"，李某向制药厂支付加工费。协议书签订后，制药厂进行了不同剂型选择实验后建议"肝病药物"采用冲剂型。之后，制药厂加工出"肝病冲剂"初试药品，该药品在某医院临床应用，显示出较好的临床疗效。为将此药物推向市场，1988年，双方签订了补充协议，约定：李某负责药物研发，包括配方改进、毒性试验、药效试验、提供临床疗效资料等；制药厂负责提供试验费用、生产、销售等。1993年，李某以个人名义申请了"肝病冲剂"发明专利。制药厂认为该专利申请权及随后的专利权应由双方共享。

分析与评述

由于技术开发合同的性质影响到最终权利的归属，因此，在判断权利归属之前，应当首先确定双方当事人之间的合同究竟属于委托开发还是合作开发（参见本章相关内容）。属于委托开发合同的，管理专利工作的部门应考察合同条款，看其中是否就委托开发的技术成果归属存在约定。如果存在权属约定条款，以约定条款的内容为准判定权利归属；如果不存在权属约定，受托方拥有专利申请权和/或专利权。

本案中，根据双方补充协议，制药厂为出资方，李某为研发方，二者之间应当属于委托开发关系。由于双方的协议和补充协议中均未对涉案技术的专利申请权和专利权作出约定，因此根据《专利法》第八条的规定，涉案技术申请专利的权利属于完成该项技术发明创造的李某所有。

2.3.2 合作开发完成的发明创造

合作开发完成的发明创造，是指两个以上单位或者个人共同进行投资、共同参与研究开发工作所完成的发明创造。

两个以上单位或者个人合作完成的发明创造，合作各方就发明创造的归属订有协议的，按照协议确定权利归属。没有订立协议的，专利申请权和专利权属于完成或者共同完成的单位或者个人。

所述完成或者共同完成的单位或者个人，是指对发明创造的实质性特点作出了创造性贡献的合作方。如果发明创造的完成是基于对某一合作方提供的特有的技术、设施或试验数据等的运用，则该合作方亦应视为对发明创造的实质性特点作出了创造性贡献。

"完成或者共同完成的单位"，是指完成发明创造的发明人或设计人所在的单位。在没有协议的情况下，如果各方派出的人员对发明创造的完成都作出创造性贡献，各方就是共同完成发明创造的单位或者个人，应当共同享有权利；如果只有一方的发明人对发明创造的完成作出了创造性贡献，其他合作方虽然参加了研究开发，但是没有作出创造性贡献，就只有发明人或设计人所代表的一方享有权利。

关于实质性特点和创造性贡献的判断，参见本指引相关规定。

【案例 2-10】

A 公司具有保健药品"灵仙化石胶囊"的研究开发成果，其于 1996 年获得了省卫生厅同意批量生产灵仙化石胶囊的批准文号。1997 年，A 公司与 B 公司签订了《合作协议书》，协议约定：在卫生部门许可条件下，A 公司将该药品的批准文号从 A 公司变更至 B 公司名下；A 公司和 B 公司共同研制、开发、生产该药品，A 公司提供 20% 的资金，主要负责提供配方、技术、生产工艺、技术指导等工作，并将上述工作的成果交由 B 公司保管，B 公司派员参与药品研发，并负责提供该药品生产所需的厂房、设备、80% 的资金和经营管理；对该药品继续研究的成果由 A 公司和 B 公司共享。《合作协议书》签订后，双方依约履行，进行了该药品的研制开发，B 公司生产销售了该药品。2001 年，B 公司申请了"复方威灵仙制剂制备工艺"的发明专利，并承认"复方威灵仙制剂制备工艺"是在 A 公司的灵仙化石胶囊研究成果原配方的基础上研究出来的。A 公司认为，复方威灵仙制剂制备工艺与灵仙化石胶囊制备工艺完全相同，B 公司违反合作协议的约定，窃取了 A 公司的研究成果并申请专利，该专利的专利申请权应归 A 公司所有。

分析与评述

A 公司与 B 公司签订了《合作协议书》，明确约定了双方共同研制、开发、生产"灵仙化石胶囊"药品，并对该药品继续研究和开发，继续研究的成果由双方共享。因此本案属于有合同约定的合作开发的情形。

复方威灵仙制剂制备工艺是 A 公司和 B 公司签订《合作协议书》之后，在灵仙化石胶囊原配方的基础上研究开发出来的，因此可以认定复方威灵仙制剂制备工艺属于合作协议书里约定的"继续研究的成果"。根据双方在《合作协议书》中的约定，在没有相反证据表明 A 公司未依约履行其合同义务的情况下，应当认定 A 公司和 B 公司对复方威灵仙制剂制备工艺的取得均作出了贡献，涉案专利的专利申请权应归 A 公司和 B 公司共同享有。B 公司单独以其名义申请专利的行为不应被支持。

对于 A 公司认为 B 公司违反合作协议的约定，窃取其研究成果并申请专利，该专利的专利申请权应归 A 公司所有的主张，首先，A 公司提出的这一主张实质上是认为 B 公司申请的"复方威灵仙制剂"与其"灵仙化石胶囊"相同。为此，A 公司需要举证证明二者技术方案之间的关系，即"复方威灵仙制剂"究竟是与"灵仙化石胶囊"相同还是对"灵仙化石胶囊"作出了实质性改进。经对比发现，二者存在诸多区别，并非完全相同，因此不能证明 B 公司窃取了 A 公司灵仙化石胶囊的研究成果，而是应当认定涉案专利申请的技术方案是利用了原中药复方的研究成果并在合作之后进行继续研究所取得的研究成果，相对于原中药制备工艺具有实质性的改进，属于双方合作期间的共同研究成果。

2.3.3 委托开发与合作开发的判断

委托开发合同与合作开发合同都是当事人之间就新技术、新产品、新工艺和新材料及其组合的研究开发所订立的合同。有合同约定权利归属的，没有必要区分合同的性质究竟是委托开发和合作开发，应按照约定确定权利归属；双方没有约定权利归属的，需要判断双方是合作关系还是委托关系，以及发明创造究竟是双方共同完成的还是某一方独自完成的。

判断究竟是合作开发合同还是委托开发合同，除了考察合同的名称之外，还可以根据两者的不同特点来决定。包括：

（1）当事人之间的权利义务关系。合作开发合同，双方当事人享有和承担着类似的权利和义务；委托开发合同，除保密义务等双方均承担的义务以外，双方当事人之间的权利义务一般是相对的，委托方的义务是受托方（开发方）的权利，而受托方的义务则是委托方的权利。

（2）当事人参与研究开发工作的方式。合作开发合同的当事人共同参加研究开发工作，双方既可以共同进行全部的研究开发工作，也可以约定不同的分工，分别承担不同阶段或不同部分的研究开发工作；委托开发合同则不同，当事人一方主要负责物质投资和/或经费投入，一般不参与实体研究，即使参与研究，也仅起辅助或检查的作用，而另一方则主要从事研究开发工作。

（3）合同主体的能力。合作开发合同的当事人双方一般都具有研究开发能力，而委托开发合同的当事人，一般受托方具有科研能力。

判断合同双方究竟属于委托开发还是合作开发，主要依据两点：一是双方是否都进行了投资，二是双方是否都派出了人员参与研究开发。如果仅有一方投资，另一方进行研究开发，则一般属于委托开发；如果双方都进行了投资，则一般属于合作关系。但专利申请权或者专利权究竟属于哪一方，需要看哪一方派出的人员对发明创造的完成作出了创造性贡献。假定双方派出的人员均对发明创造的完成作出了创造性贡献，则双方共同享有权利；假定只有一方派出的人员对发明创造的完成作出了创造性贡献，则完成的发明创造只能由完成方享有权利。

2.3.4 发明创造的内容与合同标的的关系

判断基于合同的发明创造的归属，还应当考虑所涉及的专利或专利申请的技术方案与双方合同标的之间的关系。在双方存在委托或合作合同的情况下，如果涉案专利申请的技术方案与合同标的不具有关联性，则不能认为涉案专利申请是基于合同完成的发明创造。

【案例2-11】

2006年9月，A公司与B公司就城市轨道交通自动售票机项目达成合作意向并签订了保密协议。其间，A公司提供图纸委托B公司加工城市轨道交通自动售票机样机；样机验收合格后，2007年9月19日，双方就该项目签订正式的《委托加工制造合同》，合同中约定："A公司委托B公司加工制造并由A公司按照合同价款和条件全部购买用于某市××轨道交通的自动售票机"，"本合同的整机知识产权归A公司所有，组件知识产权归A、B双方共有"。之后，A公司发现B公司在2007年8月21日至9月11日期间，申请了"一种硬币循环处理机"等8项专利，申请人均为B公司和C公司。A公司认为，该8项专利中"一种硬币循环处理机"属于整机，专利权应归A公司所有，其余7项专利属于组件，专利权应归A公司和B公司共有。

B公司和C公司辩称，涉案8项专利源于B公司于2006年5月1日至2007年12月31日所承担的某市科委的"自助服务装备关键技术研究与应用"项目，该项目中包含"自助铁路售票装备系统应用研究"子课题，在该项目的《项目任务书》中载明"本项目研究的有关技术成果归某市科委、项目主持单位、课题承担单位所有"。2006年12月18日，B公司与C公司签订技术开发合同，就"自助铁路售票装备系统应用研究"课题的技术开发进行合作。随后，对该课题的合作成果申请了该8项涉案专利。在该8项专利的申请日跨度期间，B公司和A公司尚未形成技术合作开发关系。

分析与评述

实践中，经常会出现一个单位同时受托多个不同项目的情况，这些项目主题类似，来源于不同的委托单位。涉案研究成果究竟来源于哪一个项目往往是这类纠纷的关键，为此，需要判断涉案专利或专利申请的技术方案与相同委托事项或合同标的是否相同或高度关联。

本案中，B公司先后承接某市科委委托的"自助服务装备关键技术研究与应用"课题和A公司就城市轨道交通自动售票机项目委托B公司进行加工的《委托加工制造合同》，前者的研发时间为2006年5月1日至2007年12月31日，后者签订合作意向的时间是2006年9月，签订《委托加工制造合同》的时间是2007年9月19日。从两合同的委托时间和项目完成时间看，二者项目完成时间重叠，涉案8项专利的申请日（2007年8月21日至9月11日）恰好处于两合同的履行期间。判断所述专利是B公司完成某市科委委托项目中完成的发明创造，还是在完成A公司委托加工项目中完成的发明创造，关键在于涉案发明专利与两合同标的之间的关系。经查，前一合同（某市科委项目）主要涉及用于铁路售票系统的自动售票机，其项目研发内容未包括有关硬币处理设备的内容；而后一合同（A公司委托项目）主要涉及用于城市轨道交通（地铁和城铁）的自动售票机。一方面，众所周知，相比铁路票价来说，地铁票价相对较低，前者多用纸钞而后者多用硬币；另一方面，从某市科委的委托项目书来看，也未包括要对硬币处理单元进行研发的内容，因此，尽管在某市科委委托项目的课题验收时，B公司将所述8项专利作为前一课题的研究成果，但尚不能确定涉案8项专利就属于B公司在执行某市科委委托项目中完成的发明创造。

第4节 技术转让引起的专利权属纠纷的行政调解

技术转让是指转让方将自己所拥有的技术转让给受让方的行为。广义上的技术转让包括专利权转让、专利申请权转让、技术秘密转让、专利实施许可、技术秘密使用许可等形式。

技术转让中的技术是制造产品和提供服务的系统知识，主要以专利技术和技术秘密（非专利技术）形式存在。技术转让实质上是知识产权的转让，转让的是具有权属性质的技术。本领域普通技术人员已经掌握的技术、专利期满的技术等社会公众可以自由使用的技术，通常不能成为技术转让的标的。

技术转让的当事人应当签订书面合同。技术转让合同一般针对的是现有的特定的专利、专利申请、技术秘密等，通常不包括转让尚待研究开发的技术成果或者传授不涉及专利或者技术秘密成果权属的知识、技术、经验和信息订立的合同。

通常情况下，专利实施许可转让的仅仅是专利技术的实施权，不涉及权属转移，很少引起专利权属纠纷。由技术转让引起的专利权属纠纷一般包括专利申请权转让和专利权转让（以下统称"权利转让"）引起的专利权属纠纷、技术秘密转让引起的专利权属纠纷，以及技术秘密使用许可引起的专利权属纠纷。

2.4.1 权利转让

转让专利申请权或者专利权的，当事人应当订立书面合同，并向国务院专利行政部门登记，由国务院专利行政部门予以公告。专利申请权或者专利权的转让自登记之日起生效。中国单位或者个人向外国人、外国企业或者外国其他组织转让专利申请权或者专利权的，应当依照有关法律、行政法规的规定办理手续。

在调解由于权利转让引起的专利权属纠纷时，管理专利工作的部门应确定转让合同是否有效以及转让是否已经生效。签订转让合同并向国务院专利行政部门申请登记的，专利申请权或者专利权归属转让后的当事人；签订转让合同但未向国务院专利行政部门申请登记的，专利申请权或者专利权未发生转移。将相关的专利申请权和专利权调解归转让前的当事人还是转让后的当事人,要视转让合同的具体情况具体分析。

【案例 2-12】

1994 年,A 公司与 B 公司签订转让合同,约定将其拥有的两项实用新型专利转让给 B 公司,但未在国务院专利行政部门办理转让登记手续。1997 年,B 公司又与 C 公司订立转让合同,约定将上述两项实用新型专利转让给 C 公司,仍未在国务院专利行政部门办理转让登记手续。其后,三家公司对该两项实用新型专利权的归属产生纠纷。相关部门经审查后认为,A 公司与 B 公司签订的合同和 B 公司与 C 公司签订的合同均为双方当事人的真实意思表示,合同均有效,根据合同法的原则,转让合同自合同成立之日生效。基于上述理由认为两项专利权应当归 C 公司所有,A 公司和 B 公司应配合 C 公司尽快完成登记和公告手续。

【案例 2-13】

张某申请了一项发明专利并获得授权。1999 年 10 月,张某与王某订立专利权转让合同,但在王某就该转让事项向国务院专利行政部门进行登记之前,张某又与李某就同一专利权订立了转让合同并就这一转让向国务院专利行政部门进行了登记,并被公告。相关部门经审查后认为,尽管张某与李某的转让合同在后,但合同本身有效且该转让行为已经登记并公告,因此该在后转让合同能够产生专利权转让的效力,专利权归李某所有。

分析与评述

根据《专利法》第十条第三款的规定,专利权的转让应当经国务院专利行政部门登记和公告,其生效日是专利权转让的登记日。该条款明确,登记并公告是专利权或专利申请权转让生效的必要条件。

【案例 2-12】中,A 公司与 B 公司之间的转让行为和 B 公司与 C 公司之间的转让行为均未履行《专利法》所要求的登记和公告程序,因此合同虽然成立但未生效,专利权应当视为未从 A 公司转让给 B 公司,更谈不上从 B 公司转让给 C 公司,专利权应当归 A 公司所有。但本案中,相关部门经审查后认为,A 公司与 B 公司签订的合同和 B 公司与 C 公司签订的合同均为双方当事人的真实意思表示,合同均有效,根据合同法的原则,转让合同自合同成立之日生效。基于上述理由认为两项专利权应当归 C 公司所有,A 公司和 B 公司应配合 C 公司尽快完成登记和公告手续。

【案例 2-13】中,张某就同一专利权先与王某签订转让合同,之后又将专利权转让给李某。虽然张某与李某的转让合同在后,但经登记并公告后已经成就合同生效的条件,专利权由张某转移到李某。虽然张某与王某的转让合同成立在先,但其不能对抗在法律上已经生效的在后转让合同。王某可以要求张某承担违约责任。

2.4.2 技术秘密转让

技术秘密是一种未申请专利的技术成果,不受专利法保护。

技术秘密可以完全让与他人。技术秘密转让后,受让人有完全处置该技术秘密的权利,包括将其申请专利。除非合同中有约定,技术秘密转让后,将该技术申请专利的权利属于受让人。

由于技术秘密转让引起的专利权属纠纷,在进行行政调解时应确定技术秘密转让合同是否有效。

【案例 2-14】

2008 年 6 月,A 公司与 B 公司签订技术秘密转让合同,双方约定:A 公司将其拥有的一项技术秘密转让给 B 公司,B 公司付给 A 公司 300 万元转让费,其中 50% 在合同签订当天给付,剩余 50% 在 6 个月后给付。B 公司于 2008 年 11 月将该技术秘密申请了专利,但逾期未给付剩余的 50% 转让费。A 公司以 B 公司未给付余款导致合同无效为由,主张该技术秘密的专利申请权应归 A 公司所有。

分析与评述

本案中,经查,A 公司与 B 公司签订的合同为双方当事人的真实意思表示,该转让合同为有效合同,据合同法的相关规定,转让合同自合同成立之日生效。合同生效后,B 公司对涉案技术秘密拥有完全处置权,该专利申请权应归 B 公司所有。至于合同余款,A 公司可以要求 B 公司承担违约赔偿责任。

需要指出的是,对于技术秘密转让合同,合同有效存在的基础是作为合同标的的技术客观上处于秘密状态。在合同签订前该技术处于保密状态,且合同的签订是双方当事人的真实意思表示的情况下,应当认定合同有效。至于合同签订后受让方未付全款或者转让方泄密等,与合同的有效性无关,属于未履行或违反合同义务,应当根据合同法的相关规定由违反合同的当事人承担违约责任或赔偿责任。

2.4.3 技术秘密使用许可

技术秘密使用许可可以分为独占许可、排他许可和普通许可。独占许可是指被许可方在合同规定的区域内享有使用技术秘密的独占权,即使是许可方(技术秘密的权利人)也无权使用该技术。排他许可是指在合同规定的区域内,许可方仅能给予被许可方使用技术秘密的权利,不得再许可第三方使用,但是许可方自己可以保留使用该技术秘密的权利。普通许可是指在合同规定的区域内,许可方既能给予被许可方使用技术秘密的权利,也能保留自己使用该技术秘密的权利,还可以将该技术秘密以同样的方式许可给第三方使用。

无论是许可方还是被许可方,都负有对技术秘密的保密义务,不应当将其申请专利。但是,当一方当事人违背保密协议和合同约定,将技术秘密申请专利的,无论哪一种许可方式,专利申请权和专利权均应当归许可方(即技术秘密的权利人)所有。如果许可方申请了专利,其应当承担违约和赔偿责任,且被许可方有权继续按照技术秘密使用许可协议的约定使用该专利;如果是被许可方申请了专利,其不仅要承担违约和赔偿责任,还要归还专利申请权和专利权。

【案例 2-15】

1994 年 1 月,A 公司获得"AFS-230 型全自动双道原子荧光光度计"发明专利。1994 年 8 月,A 公司与其他两个公司共同出资成立 B 公司。三方签订的《合资企业合同》中写明:A 公司以 2 万美元现金、0.8 万美元的设备、3 万美元的专利技术使用权作为出资;A 公司提供以 AFS-230 型为基础的改进型主机、接口、软件等全部技术及断续流动装置;B 公司的主要经营范围是生产和经营 AFS 原子荧光光谱仪等产品,B 公司在经营中每销售一台 AFS 仪器向 A 公司支付 3% 的技术提成费。1998 年,B 公司申请了"用于原子荧光光度计的断续流动装置"实用新型专利,2000 年获得授权。B 公司认为,A 公司以 AFS-230 型为基础的改进型主机、接口、软件等全部技术及断续流动装置作为投入转让给了 B 公司,因此 B 公司从 A 公司处受让取得了断续流动装置的全部权利,有权申请专利。

分析与评述

本案中,双方发生专利权属纠纷的原因,应当归咎于合同就涉案实用新型技术的归属约定不明确。涉案实用新型专利技术的研制开发是 A 公司的任务范围,在共同投资成立 B 公司的合同中,三方当事人也约定向 B 公司提供涉案断续流动装置技术是 A 公司的义务之一,其性质类似技术秘密使用许可,表明该技术是 B 公司从 A 公司转让取得的,B 公司有权使用该项技术并生产相关的产品。但该合同并未约定 A 公司将该项技术申请专利的权利同时予以转让，即并未约定 B 公司享有以该技术申请专利的权利。因此，不能推定为 A 公司同意同时将专利申请权转让，只能认定作为 A 公司的一项合同义务，其应当许可 B 公司使用该项技术和产品。

另外，需要指出的是，当事人以技术入股的方式订立联营合同，但技术入股人不参与联营体的经营管理，并且以保底条款形式约定联营体或者联营对方支付技术价款或者使用费的，视为技术转让合同。

第 3 章 发明人或设计人署名权纠纷的行政调解

一项发明创造的发明人或设计人有权在专利申请文件中写明自己是发明人或设计人。当事人对于发明人或设计人资格或专利申请文件上的署名权发生纠纷的，可以请求管理专利工作的部门进行调解。

第 1 节 发明人或设计人资格的构成要件

发明人或设计人，是指对发明创造的实质性特点作出创造性贡献的人。对发明与实用新型专利或专利申请的实质性特点作出创造性贡献的人，称为发明人；对于外观设计专利或专利申请的实质性特点作出创造性贡献的人，称为设计人。在完成发明创造过程中，只负责组织工作的人、为物质技术条件的利用提供方便的人或者从事其他辅助工作的人，不是发明人或设计人。

发明人或设计人有权在一项发明、实用新型或外观设计专利申请文件中署名，其通常应具备以下几个要件：

（1）存在专利法意义上的发明创造，包括发明、实用新型或外观设计专利或专利申请；

（2）发明人或设计人应当是所述发明创造的实际参与人；

（3）发明人或设计人对发明创造的实质性特点作出了创造性贡献。

3.1.1 存在专利法意义上的发明创造

存在一项专利法意义上的发明创造是判断是否具备发明人或设计人资格的前提条件。专利法意义上的发明创造包括发明、实用新型和外观设计，既可以是经授权公告的专利，也可以是尚未授权的专利申请。

发明或实用新型专利或专利申请所涉及的发明创造应当是指专利文件或专利申请文件中记载的技术方案，其中不仅包括权利要求书记载的技术方案，也包括仅记载在说明书中而未记载在权利要求书中的技术方案，但记载在说明书摘要而未记载在说明书或权利要求书中的技术方案不能作为专利法意义上的发明创造。

【案例 3-1】

仇某向当地知识产权局提出调解请求，认为其为专利号为 001×××.×、发明名称为"一种发动机用燃油添加剂"的发明专利申请的发明人，A 单位未将其写在专利申请文件中不满足《专利法》第十七条第一款的规定。仇某称，该发明同时涉及发动机燃油及该燃油用添加剂，虽然其未参与添加剂的开发，但是具体参与了将添加剂加入燃油中调整燃油配方的工作，不将其作为发明人对待是不公平的。A 单位辩称，该发明名称为"一种发动机燃油添加剂"，权利要求中也仅保护燃油添加剂，并未要求保护添加了添加剂的燃油，因此未将仇某作为该发明专利申请的发明人。经查，该案件说明书中不仅包括燃油添加剂的配方，也包括添加了添加剂的燃油的配方，以及对燃油的使用效果进行验证的实施例。

分析与评述

能够有资格作为发明人或设计人写在专利文件或专利申请文件中的人应当是实际参与了

发明创造的人，其所参与的发明创造应当包括所有出现在说明书中的技术方案，而不局限于权利要求中要求保护的技术方案。这是因为，一方面，在专利文件或专利申请文件中署名发明人或设计人是对发明人或设计人参与发明创造在精神层面上的肯定，而专利文件或专利申请文件不仅包括权利要求书，还包括说明书，社会公众在看到专利文件或专利申请文件扉页上的发明人或设计人时，不会仅将其与权利要求联系起来；另一方面，在专利审批过程中，专利申请人可能会对申请文件作出修改，仅出现在说明书中的技术方案可能会因修改而作为权利要求书要求保护的技术方案，如果仅将发明人或设计人的署名权界定在基于权利要求书的技术方案上的话，将会导致发明人或设计人的署名权随着权利要求的变化发生变化，这显然是不合理的。

本案中，A单位仅以专利权利要求中未请求保护燃油而将仇某不作为发明人的理由不能被接受。判断仇某是否有资格作为发明人，管理专利工作的部门还应审查仇某在具有添加剂的燃油的发明过程中是否作出了创造性贡献。

3.1.2 是发明创造的实际参与人

有资格作为发明人或设计人的人应当实际参与到发明创造的形成过程中，未实际参与发明创造的人不能作为发明人或设计人。根据发明创造性质的不同，实际参与的表现形式可能会有差异。

【案例3-2】

王某于2007年向国家知识产权局提交名称为"智能门锁"的实用新型专利申请，其本人既是发明人，又是专利申请人。该专利授权后，李某向当地知识产权局提交调解请求，认为该项专利权所涉及的"智能门锁"是他发明的，他才是这种智能门锁的发明人。李某主张，其与王某在一次展览会上结识，二人就该展览会上展出的一种门锁讨论后，均认为这种门锁不够智能。展览会结束后，李某给王某发了一封邮件，其在邮件中提出，如果把锁芯控制改为自动控制，就可以将门锁改为智能门锁。王某辩称，智能控制锁芯的移动是门锁智能化的必经过程，在收到李某的邮件之前，自己已经在尝试采用各种方法来控制锁芯的移动；并且，在涉案专利智能门锁的发明过程中，李某根本没有参与任何工作。

分析与评述

在头脑中产生一个概念与亲自参与发明创造是两个完全不同的过程。尽管某些发明，尤其是开拓性发明的作出，新概念或新原理的突破起着非常重要的作用，但是，这种新的概念与能够最终获得知业产权的技术构思存在很大程度的差异。前者仅仅是智慧的灵光，非常抽象，是否能够形成技术方案具有太多的不确定性；后者则是发明创造的起点，更加具体。虽然从技术构思演变成能够给予知业产权保护的具体技术方案可能也需要试验、修改、再试验、再修改，但具体的技术构思对于发明创造的作出具有非常强的指导性，形成技术构思应当属于亲历发明创造。

本案中，锁芯是门锁的关键部件，将锁芯由机械控制改为自动控制，自然会影响到门锁的智能化程度，关键是如何将这种抽象的概念实际应用到门锁结构中。李某显然只是提出智能化这样一个抽象的概念，其没有具体参与到采用何种方式实现智能化控制锁芯移动的研究开发过程中，因此，不能被认为是涉案"智能门锁"真正的发明人。

【案例3-3】

吴某称，赵某以唯一发明人身份提交涉案专利申请，该发明专利申请所涉技术方案系赵某在执行某公司的任务时与吴某共同完成的职务发明创造，赵某将该项发明创造以唯一发明人的身份申请发明专利的行为违反了有关法律规定。吴某提交了关于涉案专利申请的技术鉴定资料，其中有吴某参与署名的相应技术文档，该文档中详细记载了涉案发明专利申请的技术方案的细节。管理专利工作的部门认为，吴某证明自己为发明人的证据仅为在相应技术文档中有其署名的技术鉴定资料。根据相关法律规定，如无相反的证据，在作品上署名的人即为作者，并以此享有相关的权利。基于该技术文档中详细记载了涉案发明专利申请的技术方案的细节，因此可推定吴某参与了对所涉的技术方案进行的研究。吴某主张其具有涉案发明专利申请的发明人资格的请求应当得到支持。

分析与评述

本案中，吴某证明自己具有涉案专利申请的发明人资格所依赖的证据为涉案专利申请的技术鉴定资料，其中有吴某参与署名的相应技术文档。在判断所述技术鉴定资料能否证明吴某为涉案专利的发明人时，要解决以下两个问题：一是所述技术鉴定资料与涉案专利的关系，二是在技术鉴定资料中吴某的身份。本案中，首先，所述技术鉴定资料中记载有涉案专利技术，经查与涉案专利技术方案一致；其次，所述技术鉴定资料中记载，吴某为参与研发人员，而非出具鉴定意见的评委。在无相反证据表明所述技术鉴定资料不能被采信的情况下，技术鉴定资料中记载的研发人员应当是对该技术的形成作出了创造性贡献的人，吴某应当为涉案专利的发明人。

3.1.3 对发明创造的实质性特点作出创造性贡献

3.1.3.1 实质性特点

理论上，发明创造的实质性特点，对于发明和实用新型而言，是指与作出发明创造时已有的技术相比，发明创造在技术方案的构成上所具有的本质区别，它不是在已有的技术基础上通过逻辑分析、推理或者简单试验就能够自然而然得出的结果，而是必须经过创造性思维活动才能获得的结果；对于外观设计而言，是指外观设计与现有设计或者现有设计特征的组合相比，应当具有明显的区别。

现实中，发明创造的实质性特点应理解为专利申请文件或者专利文件中当事人声称的技术改进，对这一技术改进作出创造性贡献的人都应当认定为发明人或设计人。在根据专利文件或专利申请文件无法确定所述技术改进之处时，以整体技术方案为准，对在技术方案的任何一部分作出创造性贡献的人，均为发明人或设计人。

3.1.3.2 创造性贡献

对发明创造的实质性特点作出"创造性贡献"，是指发明创造的参与人对于该发明创造相比已有技术的改进的作出起主要作用，例如提出技术构思、提出验证构思可行性的方案、提出修改构思的方案等。所述"创造性贡献"不同于《专利法》第二十二条第三款规定的"创造性"。

在对创造性贡献作出认定时，应当分解所涉及专利技术方案的实质性技术构成，提出实质性技术构成并由此实现技术方案的人，是对发明创造的实质性特点作出创造性贡献的人。

判断当事人是否对发明创造作出创造性贡献，应当基于技术本身，仅仅负责项目组织、人员调配、资金划拨、实验操作、设备购买、资料收集、文献检索等，不能认为对实质性特点作出了创造性贡献。

【案例3-4】

张某某认为，其具有涉案专利的署名权，并提交《可研报告》、长胜项目和新鑫项目的技术资料作为涉案专利申请的主要技术资料。专利行政执法部门认为，张某某在案件处理过程中始终未能提交或说明《可研报告》等技术资料的原始文档或文件来源；除《可研报告》外，涉及长胜项目和新鑫项目的技术资料本身也未体现出张某某个人对涉案专利的技术贡献。

同时，在相关部门反复就涉案专利技术的内容要求双方当事人陈述意见的情况下，张某某未能就涉案专利技术的形成、研发和其他技术细节问题给予清晰的阐释。鉴于张某某未能充分说明并提交证据证明其对涉案专利技术的实质性特点作出了创造性贡献，因此不能认定其具有涉案专利的署名权。

分析与评述

根据《专利法实施细则》第十三条的规定，发明人是指对发明创造的实质性特点作出创造性贡献的人。只负责组织工作或从事其他辅助工作的人，不是发明人。本案中，只有在张某某能够证明其对涉案专利技术作出了创造性贡献而非一般性的辅助工作的情况下，其发明人身份才能够得以确认。但在本案审理过程中，张某某既无法对涉案专利技术的技术细节和技术构思进行清晰的阐释，也怠于对关键的证据予以举证，因此需要承担不利的后果。相关部门认定张某某并非涉案专利技术方案的主要参与者，非涉案专利的发明人并无不妥。

第2节 判断发明人或设计人资格的考虑因素

在判断谁有资格作为发明人或设计人时，需要综合考虑多方面的因素，比如：当事人提交的证据、当事人对技术方案的细节及其形成过程的了解程度，以及当事人在发明创造的形成中所承担的角色。

3.2.1 当事人提交的证据

一般来说，无论职务发明还是非职务发明，一项发明创造从构思、试验、改进到形成最终的技术方案乃至专利申请文件的过程中，都会留有相关资料。这些资料是确定发明人或设计人资格的关键证据。

当事人之间就发明人或设计人资格产生争议时，发明创造应当已经完成，而确定谁是否实际参与发明创造的作出，属于对之前发生事件的事后判断，一定程度上依赖于当事人提供的证据。尤其是当专利申请文件或专利文件中记载了某人为发明人或设计人，请求人欲推翻这一法律拟制，认为某人不是真正的发明人或设计人时，负有相比证明其为发明人或设计人更重的举证责任。

【案例3-5】

具体案情同【案例3-3】。

本案中，判定吴某是否具备发明人资格的证据为涉案专利申请的技术鉴定资料，其中有吴某参与署名的相应技术文档。一般情况下，纠纷发生前形成的与案件事实有关的证据具有较大的可信度。在记载有涉案专利技术的技术鉴定资料中署名一般有两类情况：一类是参与研发人员，另一类是出具鉴定意见的评委。若无相反证据，技术鉴定资料中记载的研发人员应当是事发当时被认为对该技术的形成作出了创造性贡献的人。在赵某没有相反证据证明吴某未实际参与技术研发的情况下，可以认定吴某是对涉案发明创造作出创造性贡献的人，应当属于发明人。

3.2.2 当事人对技术方案的细节及其形成过程的了解程度

一般情况下，发明创造的主要完成者对技术构思的缘起、项目研发时的技术状况、研发过程中遇到的主要困难、发明创造的解决方式以及效果等各个方面应当会有详细的了解。调解署名权纠纷时，除了客观证据外，争议双方对发明创造完成过程各阶段的了解程度也可以辅助确定真正的发明人或设计人。

【案例3-6】

本案中，张某以《可研报告》一文为主要技术基础申请了涉案发明专利并获得授权，发明人为张某和王某。王某称,自己是《可研报告》的唯一作者,张某受公司委托负责申请专利,但其申请时私自添加自己的名字,因此请求确认涉案专利的唯一发明人为王某。专利行政执法部门认为,《可研报告》是打印稿,该作品体现了一定的虚拟性,在两个主体对该份打印稿都主张权利的情况下,必须认定作者与虚拟作品的对应关系,确定真正的作者。《可研报告》是申请发明专利的基础文件,真正的作者必然对报告中所涉及的复杂技术了然于胸。处理过程中相关部门多次要求双方对《可研报告》中涉及的技术原理予以解释,但张某以各种理由拒绝解释。鉴于张某无法对《可研报告》中的相关技术作出合理的解释,同时其他证据也不足以认定其对涉案发明专利的实质性特点作出创造性贡献,因此张某不是本案的发明人,王某的主张能够得到支持。

分析与评述

发明人或设计人的署名权保护的是那些真正在技术上对发明创造作出贡献的人,而真正的发明人或设计人,因为实际参与了发明创造的萌芽、试验和形成的整个过程,一般来说,相比未实际参与发明创造的人来说,必然会对涉案专利的技术细节有更多的了解。在调解过程中充分调查双方当事人对于技术细节的掌握,有些情况下对形成内心确认更有帮助。本案中,通过在处理过程中观察涉案当事人对技术原理的了解情况,确定《可研报告》的真正作者,最终结合其他证据确定涉案专利的发明人,给出了一种有效且可操作的判断方式,具有较高的借鉴意义。

3.2.3 当事人在发明创造过程中承担的角色

未从技术角度对发明创造的作出起到主要作用的人不能作为发明人或设计人。这类人员通常包括研究项目的组织人、为物质技术条件的利用提供方便的人、从事其他辅助性工作的人。

3.2.3.1 组 织 人

组织人通常包括研究课题或研发项目的牵头人、负责人,合作项目的联系人等,其在课题或项目研发过程中仅仅起到确定项目、筹措经费、调配人员、提供各种后勤保障的作用。既组织领导整个课题或项目的全部进程,又实际参与课题或项目的具体研究工作的人,不应当被排除到发明人或设计人之外。

【案例3-7】

金某认为,其在专利申请中作出的贡献巨大,是该专利项目组的负责人,应当享有该专利的发明人署名权。对方当事人则认为,金某是其所在公司的总经理,负责公司的管理,并未参与发明创造的具体研发。相关部门认为,涉案专利属于实用新型专利,其创新在于产品结构的适应性改造,并不包括改造前产品的制造、加工工艺。金某在涉案专利形成前的产品制造方法方面的贡献以及其在涉案专利申请中的贡献均不等同于《专利法实施细则》中规定的"对发明创造的创造性贡献",故金某以其对重要零部件的加工工艺、制作工艺的贡献以及专利申请资料的整理为由主张其享有涉案专利的发明人署名权,不能得到支持。

分析与评述

专利法之所以将发明人或设计人的署名权界定在那些从技术角度对发明创造相对于已有技术的改进作出主要贡献的人,原因在于,通过允许发明人或设计人在专利申请文件或专利文件上署名而从精神层面上对其发明创造的能力予以肯定,从而在更大程度上鼓励技术人员的发明创造积极性,从事牵头、组织工作的人未在技术层面作出贡献,不能冠之以发明人或设计人,其贡献可以从职务、收入等方面得以体现。本案中,金某以其在专利项目组中作为负责人的身份主张署名权,不能被支持。

3.2.3.2 提供物质条件便利的人

一项发明创造从形成技术构思到具体技术方案的完成需要诸多物质条件的保障,例如购买设备、提供原材料、保养维修仪器与设备等。为发明创造的完成提供物质条件便利的人不能作为发明人或设计人。

【案例3-8】

某公司拥有一项发明专利,该专利涉及一种由原料A经氧化、成盐制备药物B的方法,专利文件中载明的发明人为刘某、田某。专利授权后,李某向当地知识产权局提出调解请求,主张其也是发明人之一。李某提出的理由是,该专利所用到的原料A是由其所在课题组合成并提供给刘某的,如果没有原料A,刘某就不可能制备得到药物B,不可能获得该专利。某公司和刘某辩称,尽管实验过程中使用的原料A确实来源于李某,但原料A是一种市售商品,即使不从李某处获得,也可以从其他公司购买得到。

分析与评述

是否具有发明人或设计人资格,最关键要考察其对发明创造的完成是否作出主要的技术贡献。涉案专利技术的核心在于将原料A转化为产品B,其中对产品B的结构设计和形成产品B的方法步骤的设计是该专利技术的重中之重。李某由于方便而向课题组提供一种市售的已知原料尽管对发明创造的形成具有一定的作用,但其仅仅是为发明的完成提供物质便利,并非是对该发明所作的技术贡献。因此,李某不能被认为具有涉案专利发明人的资格。

本案中,假定原料A是一种由李某发明的新物质,从其他任何单位和已知的文献都不能获得该物质,那么,没有李某提供原料A,涉案专利就不可能完成,此时,应当认为李某对涉案专利的作出具有主要的技术贡献,是涉案专利的发明人。

3.2.3.3 辅助人

辅助人是指研究项目组中不参与大量实质性、创造性的工作,仅根据主要参与人员的指示提供辅助性外围劳动的人。辅助人通常包括实验操作人员、文献检索人员、数据分析人员、产品检测人员、资料管理人员等。

【案例3-9】

某催化剂公司提交一项沸石催化剂的发明专利申请,专利申请文件中载明的发明人为樊某、祁某。王某、任某向当地知识产权局提出调解请求。王某称其为课题组的一员,与祁某一起负责催化剂的合成,既然祁某是该专利申请的发明人,其也应当具有发明人资格;任某称其在该公司测试中心工作,负责物理吸附仪的做样和日常维护,樊某课题组的每批催化剂样品都由其测试,其会将测试结果反馈课题组,样品的测试是催化剂研发不可缺少的一部分。催化剂公司辩称,王某虽然是课题组的一员,但其日常工作任务是根据樊某设计的配方和条件合成沸石催化剂。祁某除参与催化剂的合成外,每次都对实验的现象、结果进行分析,并提出配方修改方案。另外,每批催化剂制备结束后,课题组都会取样送测试中心进行吸附性能测试,任某仅是根据樊某拟定的条件对样品进行测试,并将原始结果反馈课题组,由樊某对测试结果进行分析。为证明其主张,催化剂公司提交实验报告、课题组会议纪要和测试报告等证据。

分析与评述

一项发明创造从构思到方案完善,乃至最终形成适合于工业产权保护的技术方案,往往需要很多人的配合,其中既需要实验室小型试验,又可能需要中试,有些情况下还需要在工业化装置上予以测试;既需要主要负责技术构思及方案设计的技术人员,又需要将设计方案付诸具体实施的操作工,还需要对产品进行测试的仪器操作工。如果所有参与发明创造的人,无论角色如何、分工是什么,都作为发明人或者设计人的话,从技术贡献角度对发明人或设计人给予精神奖励的初衷将失去意义,同时也无助于鼓励真正对发明创造付出智力劳动的人的积极性。这正是专利法不将那些仅仅做辅助性工作的人作为发明人或设计人对待的原因。本案中,祁某和王某虽然都参与催化剂的合成,但二人对催化剂配方完善的技术性贡献却完全不同,前者显然对发明创造贡献了更多的智力,而后者仅是日常的机械劳动,将前者作为发明人而将后者作为从事辅助性工作的人对待并无不妥。另外,任某对样品的测试虽然对催化剂的开发不可或缺,但其也仅仅是根据设定的条件进行机械的重复劳动,对测试结果的分析与利用完全依靠樊某而非任某,因此,任某的工作对于涉案专利来说也仅仅是辅助性工作。

第3节 判断发明人或设计人资格的注意事项

3.3.1 发明人或设计人署名权的性质

发明人或设计人署名权属于一种依附于发明人或设计人之自然人身份的精神权利,是法律规定对于发明人或设计人就发明创造的作出给予的精神层面的肯定和奖励。其具有以下特征:

(1) 专有性,也称排他性。署名权只能由发明人或设计人本人享有,未对发明创造的实质性特点作出创造性贡献的其他任何人都不能享有。

(2) 不可让与性。署名权与发明人或设计人本身不可分离,与专利权或专利申请权归属的变化无关,既不依协议的规定而发生变化,也不能被继承。

【案例3-10】

某案中,丁某称:叶某为A公司所属实用新型专利授权时署名的发明人,后经丁某与A公司交涉,A公司将其发明人变更为丁某、叶某以及案外人陶某。但涉案专利是由丁某独自完成,而非由丁某、叶某和陶某共同完成的。A公司将发明人变更为丁某、叶某和陶某,侵犯了丁某作为涉案专利唯一发明人的署名权利,请求相关部门确认其为涉案专利的唯一发明人,叶某不具有涉案专利发明人资格。丁某用以支持其主张的重要证据中:叶某以A公司总经理名义向丁某出具的《承诺书》一份,其中载明多功能小型履带式拖拉机项目设计署名权应为丁某;丁某与案外人某机械厂签订的补充协议一份,该协议载明丁某同意将某机械厂开发试制的小履带拖拉机项目的知识产权及经营权转入A公司。相关部门认为:丁某依据其与某机械厂签订的协议书、A公司(叶某以A公司的名义)出具的承诺书主张其是涉案专利的唯一发明人,于法无据。虽然丁某提交的其他证据证明其参与了涉案专利部分技术内容的设计,但不是涉案专利的全部内容。因此,丁某主张其是涉案专利的唯一发明人缺乏事实依据。

分析与评述

发明人的署名权具有人身权的性质。有权在专利文件上署以发明人的人应当是对发明创造作出创造性贡献的人。究竟是谁实际参与发明创造的作出、承担何种分工并起到何种作用是已经发生的事实,在专利文件上署以其名是对过去发生事实的一种客观描述,它不因时间的推移发生变化,也不因事后当事人之间的约定而发生转移。

本案中,丁某虽然参与了涉案专利在开发阶段的一部分工作,但要想证明其为唯一的发明人,必须用充分的证据证明叶某、陶某未参与该项工作,推翻专利文件中已经记载叶某、陶某为发明人的法律拟制。为证明这一主张,丁某提供的证据仅是其与A公司、其与案外人某机械厂签订的协议。但是,根据署名权依附于自然人身份的这一性质,即使叶某或A公司承诺丁某是涉案专利的唯一发明人，也无法排除其他人（例如陶某）在涉案专利中的署名权；而且，具有利害关系的当事人之间所作出的对第三人不利的承诺本身属于无权处分的范畴，丁某之外的对涉案专利作出创造性贡献的其他人（陶某）的署名权不会因该承诺而失去。另外，丁某与某机械厂之间的协议仅仅表明丁某有权代表某机械厂转让专利权，并不能说明其就是所述实用新型专利的唯一发明人。

【案例 3-11】

郭某和黄某原为 A 公司的技术研发人员。B 公司申请涉案专利，将本公司职工赵某、余某列为发明人。后郭某和黄某离开 A 公司，前往 B 公司工作。郭某、黄某、赵某、余某和 B 公司签订了《关于转让专利设计人的合同》，合同中约定：对于 B 公司已申请的上述专利，确认赵某、余某完成了该专利的总体设计，但因他们提出辞职，B 公司决定将该专利的发明人由赵某、余某变更为郭某、黄某，B 公司一次性向赵某、余某每人支付 5000 元报酬。后该专利获得授权，授权公告文本上公布的设计人是郭某和黄某。A 公司认为，根据国家知识产权局的公告公布的发明人，郭某和黄某在离开 A 公司不到 1 年就成为 B 公司涉案专利的发明人，因此该专利应为郭某和黄某在 A 公司的职务发明，该专利权应归 A 公司所有。

分析与评述

虽然本案中主要争议焦点在于专利权属，但 A 公司之所以可以主张涉案专利的专利权，根源在于其上载明的发明人郭某和黄某原为 A 公司的员工。因此，问题的核心在于，B 公司基于《关于转让专利设计人的合同》，约定将涉案专利的发明人变更为郭某和黄某。发明人的署名权属于人身权和精神权，依附于对发明创造的实质性特点作出创造性贡献的自然人，不能通过协议的方式转让。《关于转让专利设计人的合同》中约定将发明人由赵某、余某变更为郭某、黄某这一行为没有法律依据。

3.3.2 发明人或设计人署名权纠纷中的举证

未将真正的发明人或设计人写入专利文件或专利申请文件中，或者将不是发明人或设计人的人写入专利文件或专利申请文件中，都是对发明人或设计人署名权的侵犯。

主张自己是发明人或设计人的，被请求人可以是专利申请人或专利权人，也可以是专利申请文件或专利文件中载明的发明人或设计人；主张专利文件或专利申请文件中载明的发明人或设计人非真正的发明人或设计人的，被请求人应当是被控不具备发明人或设计人资格的人。

请求人主张自己为发明人或设计人，或者主张记载在专利申请文件或专利文件中的发明人或设计人不具备发明人或设计人资格的，应当提供相应的证据。主张自己为发明人、设计人的，应当举证证明自己对发明创造的实质性特点作出了创造性贡献；主张专利申请文件或专利文件中载明的发明人或设计人非真正的发明人或设计人的，应当举证证明该自然人未参与发明创造的完成或者未对发明创造的实质性特点作出创造性贡献。请求人举证不能的，应当承担对自己不利的后果。

【案例 3-12】

马某与赵某就谁是涉案专利的设计人产生纠纷，马某请求确认其是涉案专利的唯一设计人。相关部门认为，为了证明该主张，马某需要就以下两个问题进行举证：一是其对涉案专利作出了创造性的贡献，二是赵某对涉案专利没有创造性贡献。关于马某对涉案专利的研制及设计是否作出了创造性贡献的问题，经查，双方合作之初，由马某负责提供的技术尚不能生产出《合作协议》所约定的产品，需要进行研发设计后，才能将各种部件组合成成品，将马某提供的样品变为商品。从马某提交的证据研判，马某确实在研发上做了创造性工作，有资格成为涉案专利的设计人。但是，对于其是涉案专利唯一设计人的主张，马某应当对其主张的"唯一"性承担法定举证义务。本案中马某并未对此举证，相反，其出示了一个赵某曾经制作的类似样品，说明赵某为产品的外形进行过设计和构思，因此不能否定其参与了涉案专利的设计工作。

分析与评述

本案主要涉及证明己方是设计人或者证明对方不是设计人的举证方式。根据谁主张谁举证的原则，马某应当对其主张的"唯一"性承担法定举证义务，其不仅要证明自己在涉案专利的开发中作出了创造性贡献，还要证明赵某没有对涉案专利的开发作出创造性贡献。

第4章 奖酬纠纷的行政调解

被授予专利权的单位应当对职务发明创造的发明人或设计人给予奖励；发明创造专利实施后，根据其推广应用的范围和取得的经济效益，被授予专利权的单位应当对发明人或设计人给予合理的报酬。

发明人或设计人就职务发明创造的奖励或报酬与所在单位发生纠纷的，可以请求管理专利工作的部门进行调解。

第1节 基本概念和基本原则

4.1.1 奖励和报酬

奖励是指给予发明人或设计人金钱或物品奖励，以对其进行勉励。奖励可以表现为货币形式的奖金或物品形式的奖品，也可以是期权或股权等方式，但通常表现为奖金。

报酬是作为报偿付给发明人或设计人的金钱或实物等。报酬通常表现为货币形式的金钱，即一定比例的营业利润提成，也可以是期权或股权等方式。

【案例4-1】

某案中，发明人要求所在单位支付职务发明人奖励和报酬。所在单位主张，发给发明人的季度奖金和年度奖金中，已包含了给予职务发明人的奖励和报酬，并提交了原告工资通知单、员工评价表等证据。

分析与评述

给予发明人的奖励和报酬应当是单位对发明人作出的创造性贡献另行支付的金钱或实物，与发明人获得的工资收入、奖金等通常收入不同，除非单位对工资收入、奖金的具体分割有明确规定，且其中包括对于发明人就职务发明创造给予的奖励和报酬，否则通常不认为二者是包含关系，不能认定奖金中必然包括了职务发明人的奖励和报酬。本案中，是否已向发明人支付职务发明人的奖励和报酬，应由发明人所在单位承担举证责任。尽管单位所提交的工资单等证据能够说明单位向发明人支付过季度和年度奖金，但并未说明季度和年度奖金中已经包括了给予职务发明人的奖励和报酬，因此其主张不能成立。

4.1.2 被授予专利权的单位

向职务发明人或设计人支付奖励和报酬的主体是被授予专利权的单位。

被授予专利权的单位是指中国大陆境内的单位，包括法人单位和非法人单位，具体可以是国有企事业单位、民营企业、外商投资企业。所述单位不限于发明人或设计人正式工作的单位，还包括临时工作的单位。

将在国外完成的发明创造向中国申请专利并在中国获得专利授权的单位，不负有《专利法》第十六条规定的支付奖励和报酬的义务。

单位将员工完成或参与完成的职务发明创造按照技术转让合同、委托开发合同或合作开发合同的约定移转给受让方，并由受让方获得专利权的，单位视为被授予专利权的单位。

【案例 4-2】

某案中，职务发明人于 2012 年要求所在单位支付职务发明人的奖励、报酬。所在单位认为，其为民营企业，没有向职务发明人支付奖励和报酬的义务。

分析与评述

支付奖励和报酬的义务主体是被授予专利权的单位，不仅包括国有企事业单位，也包括民营企业。这是随着我国市场经济的深入开展，各类市场主体平等参与竞争应遵循一致规则的要求所决定的，也是《专利法》及其实施细则第三次修改时的一处比较大的修改。根据现行《专利法实施细则》的规定，本案中，支付职务发明创造奖励和报酬的单位不应限于国有企事业单位，民营企业也负有向职务发明人支付奖励、报酬的义务。所在单位以其为民营企业为由拒绝向职务发明人支付奖励与报酬的主张缺乏法律依据，不应得到支持。

4.1.3 职务发明人或设计人

有权获得奖励和报酬的人是职务发明创造的发明人或设计人。适格的发明人或设计人应当同时符合以下条件：（1）是所在单位的工作人员或临时工作人员，例如从其他单位借调、聘请来的人员和劳务派遣人员；（2）对职务发明创造的实质性特点作出创造性贡献。在完成发明创造过程中，只负责组织工作的人、为物质技术条件的利用提供方便的人或者从事其他辅助工作的人，不是发明人或设计人。关于职务发明创造的构成以及实质性特点与创造性贡献的判断，参见本指引相关规定。

尽管作为单位员工就职于某一单位，但其完成的发明创造不属于职务发明创造的，发明人或设计人不应当被认为是职务发明人或设计人。利用本单位的物质技术条件所完成的发明创造，单位与发明人或设计人订有合同，约定申请专利的权利和专利权属于发明人或设计人，由发明人或设计人返还研发资金或者支付使用费的，该发明创造不属于职务发明创造，发明人或设计人不属于职务发明人或设计人。

除有相反证据外，在专利文件中写明的发明人或设计人通常应视为职务发明创造的发明人或设计人，推定其对发明创造的实质性特点作出了创造性贡献，有权获得奖励和报酬。发明人或设计人经过合法变更的，应当以变更后的发明人或设计人作为有权获得奖励或报酬的主体。

职务发明人或设计人与原单位解除或者终止劳动关系或者人事关系后，除与原单位另有约定外，其从原单位获得奖励和报酬的权利不受影响；职务发明人死亡的，其获得奖金和报酬的权利由其继承人继承。

【案例 4-3】

某案中，请求人要求所在公司支付职务发明人奖励和报酬。该公司主张请求人不属于发明人。经查，请求人在该公司工作时负责研发部的管理工作并从事技术研发，其间该公司提交了 11 项专利申请并获得授权，发明人一栏的署名均为请求人。该公司未能提交其他证据证明请求人不属于发明人。

分析与评述

除有相反证据证明外，专利文件上列明的发明人均是专利法意义上的发明人，有权获得职务发明创造的奖励和报酬。本案中，请求人以专利授权文件证明其发明人身份，尽到了初步举证义务。请求人所在公司不认可请求人为这 11 项专利技术的发明人，应对其主张负举证责任，但该公司提出的现有证据并不充分，故其提出的请求人不是涉案专利技术发明人的主张事实依据不足，不能成立。

4.1.4 约定优先原则

职务发明人或设计人与所在单位事先约定奖励和报酬的数额、支付方式以及支付时间的,单位应当按照约定支付奖励和报酬。单位与发明人或设计人之间没有约定或约定不明时,按照《专利法》及其实施细则、《合同法》以及其他相关法律法规的规定支付奖励和报酬。

单位与发明人或设计人之间的这种约定可以采用单独订立合同的形式,也可以作为劳动合同的一部分。这种约定可以在项目研发之前作出,也可以在发明创造完成后作出。

单位在规章制度中规定有关奖励和报酬事项的,其性质相当于有关奖励、报酬的格式合同。单位在与员工签订劳动合同时,对于该部分内容,应当明确告知员工。未明确告知且规定的奖励和报酬低于法定标准的,该部分内容对该员工不具有约束力。

单位与职务发明人或设计人之间的奖励、报酬约定应当合法、有效。单位与员工的约定或者其规章制度的规定不合理地限制或剥夺发明人或设计人根据《专利法》及其实施细则享有的获得奖励、报酬的权利的,不得作为确定奖励和报酬的依据。

按照约定优先原则,奖励、报酬的形式可以多种多样。除了采取货币形式之外,还可以采取股票、期权等其他物质形式,只要能达到《专利法》及其实施细则规定的合理的原则要求即可。

约定的奖励和报酬采用货币形式予以支付的,约定的数额可以比法定标准高,也可以比法定标准低。单位可以自主地根据自身的行业特性、生产研发状况、知识产权战略发展需求等制定相应的具体标准。

【案例 4-4】

某案中,请求人要求所在单位支付职务发明人奖励和报酬。该单位根据其制定的《企业职工奖惩条例》主张,请求人就其第一项职务发明专利获得一次报酬后,将无权就其后的专利获得奖励和报酬。经查,该单位《企业职工奖惩条例》第五条规定:"取得多项成果的员工仅享受一次报酬申请的权利;除此之外任何员工不得向公司提出其他任何形式的报酬请求。"

分析与评述

单位可以与员工约定职务发明的奖励和报酬,但是该约定应当以避免不合理地限制或剥夺员工获得奖励和报酬的权利为限。对职务发明人或设计人给予适当的奖励,目的在于充分调动单位与员工的创新积极性,鼓励更多的发明创造。本案中,根据该单位《企业职工奖惩条例》的规定,无论员工作出多少职务发明创造,也仅能享受获得一次报酬的权利,这实际上是对发明人或设计人获得奖励和报酬的权利的不合理限制,明显与《专利法》第十六条规定的初衷不相吻合,因此是无效的。

【案例 4-5】

某案中,请求人要求某大学就其作为发明人的发明专利支付奖励 8000 元。经查明,就职务发明的奖励标准,该校与请求人并未作出约定。该校正式发布的《××大学专利管理办法》虽然明确了该校应当对职务发明的发明人给予奖励,但并未就具体奖励标准作出规定。另外,该校于 2004 年正式发布《××大学校内津贴分配方案》,其中载明:基于发明专利的科研分值为 50 分,科研工作量的奖励标准为每月每分 10 元,学校按 10 个月发放。相关部门参照《××大学校内津贴分配方案》,结合《专利法实施细则》(2001 年) 第七十四条所规定的发明专利最少奖励 2000 元的规定,确定本案发明专利的奖励标准为 5000 元。

分析与评述

职务发明人与单位就职务发明人奖励、报酬作出约定的,应当按照约定处理;单位发布的规章制度有规定的,所述规章制度具有相同的法律效力。本案中,《××大学校内津贴分配方案》实质上已就奖励、报酬数额与发放方式作出了规定,应当作为确定发明人奖励的依据。

第2节 奖励纠纷的行政调解

发明人或设计人就职务发明创造奖励纠纷向管理专利工作的部门提出调解请求的,管理专利工作的部门应当审查发明人或设计人是否满足应当给予奖励的条件。满足奖励条件的,管理专利工作的部门应当审查发明人或设计人与被请求人是否就职务发明奖励存在约定。如果双方有约定,根据约定确定支付奖励的数额与方式;如果没有约定,根据法定标准确定支付奖励的数额与方式。

单位对于请求人的发明人或设计人资格有争议的,应当先按照本指引第三章的规定确定职务发明创造的发明人或设计人。经审查,如果请求人不具有职务发明人或设计人资格,管理专利工作的部门应当对调解请求不予受理;如果请求人具有职务发明人或设计人资格,则按照本章的规定确定奖励的数额和方式。

4.2.1 支付奖励的条件

发明人或设计人获得奖励应当符合以下条件:

(1) 其完成或参与完成的发明创造属于职务发明创造,申请专利的权利归单位所有;
(2) 单位就该发明创造获得了中国专利权;
(3) 被授予的专利权未被宣告无效。

利用本单位的物质技术条件所完成的发明创造,单位与发明人或设计人订有合同,约定申请专利的权利和专利权属于发明人或设计人,由发明人或设计人返还研发资金或者支付使用费的,发明人或设计人不属于职务发明人或设计人,无权获得奖励。

单位明确表示放弃有关职务发明创造的权益,由发明人或设计人申请并获得专利权的,发明人或设计人无权获得奖励。

单位将员工完成或参与完成的职务发明创造按照技术转让合同、委托开发合同或合作开发合同的约定移转给受让方,并由受让方获得专利权的,单位视为被授予专利权的单位,有义务向职务发明人或设计人支付奖励。

被授予的专利权在单位支付奖励前被依法宣告无效的,单位不再负有支付奖励的义务。支付奖励后专利被依法宣告无效的,职务发明人或设计人可以不予返还奖励。

【案例4-6】

某案中,A公司委托B公司研究开发一个项目。委托合同约定,项目研发成果包括专利申请权归A公司所有。B公司安排其员工C研发该项目。研发成果移交A公司后,A公司就研发成果申请了发明专利并获得授权。后C辞职,向管理专利工作的部门提出职务发明奖励调解请求,将A公司和B公司列为被请求人,要求其支付奖励。A公司主张,C并非其单位员工,向其主张职务发明奖励没有法律依据。B公司主张,自己并非被授予专利的专利权人,员工C无权向B公司主张职务发明奖励。

分析与评述

根据《专利法》的规定,支付奖励的主体是被授予专利权的单位,有权获得奖励的主体是本单位作为职务发明人或设计人的员工。本案中,C与A公司之间不存在民事法律关系,与B公司存在劳动合同关系,因此,C只能向B公司主张支付奖励请求。但是,B公司并没有获得专利授权,其只是根据委托开发合同完成了研发项目。对此,有人认为,专利被授权后，受托方因不享有专利权而不涉及职务发明创造奖励与报酬支付；委托方虽享有专利权，但发明人、设计人不是委托方的职工，故亦不涉及职务发明创造奖酬支付。这种处理方式不利于维护职务发明人的合法权益、激励职务发明人的创新积极性，有悖于《专利法》第十六条的立法精神。对于这种情形，合理的解释是，由于《专利法》没有明确规定职务发明人或设计人的奖励应当如何支付，因此在处理这种纠纷时，有必要寻求其他的法律依据。根据《合同法》第三百二十六条规定，职务技术成果的使用权、转让权属于法人或者其他组织的，法人或者其他组织应当从使用和转让该项职务技术成果所取得的收益中提取一定比例，对完成该项职务技术成果的个人给予奖励或者报酬。本案中，职务发明创造归属于 B 公司所有，并由 B 公司根据合同约定转让给 A 公司。B 公司因为该项技术成果的转让获得了收益，应当从收益中提取一定比例作为职务发明人或设计人的奖励。

4.2.2 奖励的方式和数额
4.2.2.1 约定标准

发明人或设计人获得奖励的具体方式和数额可以由发明人或设计人与所在单位通过合同或其他适当的形式约定，比如在单位制定的规章制度中规定。有约定的，奖励的具体方式和数额根据约定来确定。约定的数额应当合理。

如果发明创造的完成归功于发明人或设计人提出的建议，所在单位采纳该建议后才得以完成该发明的，所在单位应当从优给予奖励。这种建议应当是指，对发明、实用新型专利技术方案的实质性内容带来了创造性贡献，或者给外观设计带来了明显区别于现有设计的美感，尤其是带来了独特的视觉效果，对完成发明创造具有积极意义或作用。从优给发奖金是指比约定标准要高，具体程度可以由单位根据所述发明创造对单位生产经营的影响、单位的经济情况等因素决定。

4.2.2.2 法定标准

被授予专利权的单位未与发明人或设计人约定奖励的具体数额和方式的，应当按照法定方式和标准对发明人或设计人进行奖励。根据《专利法实施细则》第七十七条的规定，法定方式为奖金，一项发明专利的奖金最低不少于3000元，一项实用新型专利或者外观设计专利的奖金最低不少于1000元。

在适用法定标准时，如果发明创造的完成主要源于发明人或设计人提出的建议，而该建议的采纳又被认为对发明创造的实质性内容作出了创造性贡献，则对该发明人或设计人的奖金应适当高于上述法定标准。

第3节 报酬纠纷的行政调解

单位、发明人或设计人就职务发明创造报酬纠纷向管理专利工作的部门提出调解请求的，管理专利工作的部门应当审查发明人或设计人是否满足应当给予报酬的条件。满足条件的，管理专利工作的部门应当审查发明人或设计人与单位是否就职务发明创造报酬存在约定。如果双方有约定，根据约定确定支付报酬的数额与方式；如果没有约定，根据法定标准确定支付报酬的数额与方式。

4.3.1 支付报酬的条件

同时满足以下条件的，单位应当向职务发明人或设计人支付报酬：
（1）发明创造被授予专利权且在纠纷发生时专利权处于有效状态；
（2）专利已被转让、实施或被许可实施；
（3）单位因专利转让、实施或许可实施获得了转让费、许可使用费等经济效益。

"实施"是指《专利法》第十一条规定的实施，即为生产经营目的制造、使用、许诺销售、销售、进口发明或实用新型专利产品，或者使用专利方法以及使用、许诺销售、销售、进口依照该专利方法直接获得的产品，或者为生产经营目的制造、许诺销售、销售、进口外观设计专利产品。判断专利权人（即单位）是否实施了发明或实用新型专利，应以其制造、使用的产品或使用的方法是否落入了专利权利要求的保护范围为准；判断专利权人是否实施了外观设计专利，应以其制造的产品是否与专利相同或实质相同为准。具体的判断标准应当与专利侵权标准一致。在专利技术方案的基础上进行一些改进，如果改进后的技术方案仍然落入专利保护范围内，仍应认定为实施该专利。

专利权人许可他人实施或者将专利权转让给他人的，应当视为专利权人（单位）实施了该专利，无论被许可人或者受让人是否实际实施。发明人或设计人有权从专利权人获得的许可费或转让费中提取一定比例的数额作为报酬。职务发明人或设计人只能向所在单位主张报酬，不能直接向专利被许可人或受让人主张报酬。

他人为生产经营目的非法实施专利，同样属于专利实施行为。专利权人起诉他人侵权获得的侵权赔偿减去合理的诉讼成本后，应当按照约定或法律规定向发明人或设计人支付报酬。

利用本单位的物质技术条件所完成的发明创造，单位与发明人订有合同，约定申请专利的权利和专利权属于发明人或设计人，由发明人或设计人返还研发资金或者支付使用费的，不属于职务发明，单位不负有向发明人或设计人支付报酬的义务。

单位明确表示放弃有关职务发明创造的权益，由发明人或设计人申请并获得专利权的，不负有向发明人或设计人支付报酬的义务。

【案例4-7】

某发明专利报酬纠纷案中，请求人要求所在公司支付职务发明人报酬。该公司认为，涉案专利"一种摩托车用高能点火系统"只是个理想化的名称，其核心为磁电机和点火器，点火线圈和火花塞只是摩托车点火系统的常规部件，不涉及技术创新。而磁电机和点火器均非公司生产，公司只是按市场价采购了零部件磁电机和点火器后，安装于涉案摩托车上，安装程序及方式均为固有程序，不涉及专利权利要求书中所述的技术特征，故公司并未实施涉案专利。另外，单位还以涉案专利"存在重大技术瑕疵"为由，主张"专利产品生产者实际未按涉案专利的权利要求实施"。

分析与评述

发明专利权的保护范围以其权利要求的内容为准，判断是否实施了该专利也应以实施的技术方案是否落入权利要求的保护范围为准。如果单位实施的技术方案落入了职务发明专利的保护范围，则应当认为单位实施了该专利。本案中，根据权利要求书的记载，涉案专利的独立权利要求为：顺序电连接的磁电机、点火器、点火线圈与火花塞，其特征是将磁电机点火绕阻串联或并联后并联在点火器的两个不接地的输入端上。故涉案专利并非仅包括磁电机和点火器，而应指由上述四项组成要素联接成的整体。公司按照专利技术所述方式将磁电机、点火器与点火线圈、火花塞联接成高能点火系统后安装于摩托车的行为涉及制造、使用涉案专利产品，属于实施专利的行为。涉案专利存在技术缺陷的事实仅证明单位实施专利过程中曾因技术的不完善而影响效益，不能证明其未实施涉案专利。

【案例4-8】

某案中，单位主张，其未曾实施过涉案专利。请求人提交单位生产的产品包装盒作为证据。包装盒上标注了涉案专利的专利号和所在单位的公司名称等字样。

分析与评述

单位在产品上标注专利号和单位名称,其性质应当属于当事人对事实的一种自认,即该单位承认其在制造所述产品时使用了所标注专利号指代的专利技术。除非产品制造单位提供相反证据证明其在制造所述产品时未使用所标注的专利,否则应当认为单位实施了该专利,免除发明人或设计人举证证明单位存在具体实施行为的义务。本案中,涉案产品包装盒可以初步证明涉案专利已被实施的事实。在被请求人未提出相反证据证明其实际上并未实施该专利的情况下,认定其已经实施了该专利是合理的。

【案例 4-9】

某案中,请求人为一项发明专利的发明人,其要求所在单位支付职务发明人报酬。该单位辩称其未实施涉案专利,不应向发明人支付报酬。经查明,虽然该单位未自行实施,但该专利已由其许可他人实施。

分析与评述

职务发明专利的实施既包括专利权人自行实施,也包括专利权人许可他人实施。专利权人许可他人实施专利的,单位作为专利权人通过专利获得了经济效益,应当给予发明人合理的报酬。按照《专利法实施细则》的规定,没有约定的,其数额应当是从许可费中提取不低于10%的比例。本案中,单位已经许可他人实施,故其主张涉案专利未被实施,与事实不符。

【案例 4-10】

某案中,请求人原为 A 公司的技术人员,现离职。请求人称 A 公司已实施的某重大项目采用了其在职期间所作出的发明专利技术方案,依据法律规定,要求公司按照该项目的实施收益支付其发明人报酬。经查明,A 公司涉案项目所实施的技术方案与涉案专利并不相同,具体包括:二者所涉及技术主题不同、工艺处理对象不同、涉案项目采用的关键设备未包含涉案专利的所有技术特征。

分析与评述

针对职务发明人报酬纠纷,首先需要确定单位是否实施了涉案专利。如果没有实施专利,则单位并未通过专利获得经济效益,不应负有支付报酬的义务。判断单位是否实施了涉案专利,要以单位所实施的技术是否落入涉案专利权保护范围内为基准。如果其既未字面落入、也未以等同方式落入涉案专利权保护范围,则不能认为单位实施了涉案专利。本案中,A 公司提供的证据表明其所实施的项目未覆盖涉案专利权利要求的全部特征。这一举证已经证明,A 公司未实施涉案专利,请求人要求就涉案专利获得职务发明人报酬,缺少事实依据,不应得到支持。

4.3.2 支付报酬的数额

4.3.2.1 约定标准

发明人或设计人获得报酬的具体数额和方式可以由发明人或设计人与所在单位通过合同或其他适当的形式约定,比如在单位制定的规章制度中规定。有约定的,应当根据约定来确定报酬的数额和支付方式。约定的报酬数额应当合理。

单位与员工没有就职务发明报酬签订协议或者单位未在其规章制度中规定该事项的,可以在事后补充签订协议。补充签订的协议同样应当优先适用。

约定报酬的数额是否合理,应当考虑单位通过职务发明创造获得的经济效益和职务发明人或设计人对职务发明创造完成的贡献程度等因素。

4.3.2.2 法定标准

如果被授予专利权的单位未与发明人或设计人约定支付报酬的方式和数额的，报酬的数额应当适用法定标准，即对于发明或者实用新型专利，每年应当从实施该项专利的营业利润中提取不低于2%、从实施该项外观设计专利的营业利润中提取不低于0.2%作为报酬给予发明人或设计人，或者参照上述比例，给发明人或设计人一次性报酬。

发明人或设计人获得报酬的数额应当与专利对营业利润的贡献正相关。

所述营业利润是指所在单位在一定时间内实施专利后获得的营业收入相对于未实施专利时的营业收入增加的利润，减去相应比例的营业费用、管理费用以及财务费用后所剩余的数额。这里的营业利润相当于会计学上的税后利润。如果其他条件不变，实施专利后获得的营业利润减少，则不应当向发明人或设计人支付报酬。

在未与职务发明人或设计人约定也未在单位规章制度中规定报酬的情形下，国有企事业单位和军队单位自行实施其发明专利权的，给予全体职务发明人的报酬总额不低于实施该发明专利的营业利润的3%；转让、许可他人实施发明专利权或者以发明专利权出资入股的，给予全体职务发明人的报酬总额不低于转让费、许可费或者出资比例的20%。

实施获得的利润或许可费无法确定的，应当考虑职务发明对整个产品或者工艺经济效益的贡献，以及职务发明人对职务发明的贡献等因素，合理确定报酬数额。

在报酬纠纷的行政调解中，报酬的提成比例可以根据专利对营业利润的贡献来确定，但一般不应低于法定标准。

【案例4-11】

某案中，请求人主张将使用了涉案专利的产品与未使用涉案专利的产品的价差作为涉案专利为整车所带来的利润。单位则以其近3年生产销售涉案产品税后利润为负数为由，主张其不应向请求人支付报酬。相关部门认为，不同摩托车价差受多方面因素的综合影响制约，除了涉案专利的影响外，还可能包括多种专利的组合应用、不同的功能配置、消费者对产品的偏好、产品在不同时期的价格策略、广告投入等因素。在无法通过审计评估确定涉案专利摩托车及点火系统利润的情况下，应当以产品本身的利润率为基础，再参考其技术的先进性及对整车价值的提升而酌情确定职务发明专利报酬。单位提交的会计师事务所审计报告不能直接、完整反映涉案产品的税后利润，同时，单位又未提供其他确切的证据证明其关于税后利润的主张，故不确认涉案专利摩托车税后利润为负。

分析与评述

在确定营业利润时，应当合理确定职务发明专利对利润增长的贡献。由于市场营销等产品以外的因素引起的利润下滑，不应当成为发明人不应获得报酬的理由。本案中，没有证据证明实施职务发明专利后营业利润为负数，相反，相比未采用专利技术的产品，采用专利技术的产品无论在销售价格还是销售数量上，均能体现出专利的影响，因此可以作为专利对营业利润增长有贡献的依据。

【案例4-12】

某案中，关于应付报酬比例，请求人根据《重庆市专利促进与保护条例》的规定主张按照6%计算。单位则认为应当按照《专利法实施细则》规定的2%计算。根据《重庆市专利促进与保护条例》的规定，实施实用新型专利的报酬提取比例不得低于税后利润的5%。

分析与评述

本案的争议点在于确定报酬数额的依据。一般情况下，当地方性法规对职务发明人提取报酬比例标准有规定时，如果其不低于《专利法实施细则》中规定的标准，从保护发明人利益出发,应当优先适用地方标准。本案发生在重庆。根据《重庆市专利促进与保护条例》的规定,实施实用新型专利的报酬提取比例不得低于税后利润的5%。这与《专利法实施细则》的规定亦不抵触,应当优先适用,即按照不低于5%的比例计算报酬。

4.3.2.3 许可与转让专利权

单位许可其他单位或者个人实施其专利或者转让其专利,获得收益的,可以与职务发明人或设计人约定支付报酬的数额、比例与方式。单位应当按照约定支付报酬。没有约定的,应当从收取的使用费或转让费中提取不低于10%,作为报酬给予发明人或设计人。

单位以专利权出资的,应当按照转让专利权处理。

因单位经营策略或者发展模式的需要而低价、无偿转让或者许可他人实施职务发明创造专利的,应当参照相关技术的市场价格,合理确定对职务发明人或设计人的报酬数额。

被授予的专利权在单位支付报酬前被依法宣告无效的,单位不再负有支付报酬的义务。支付报酬后专利被依法宣告无效的,职务发明人或设计人可以不予返还报酬。

【案例4-13】

某案中,请求人要求单位支付职务发明人报酬。单位将涉案专利许可给其作为大股东的另一公司使用,主张应当按照许可费的一定比例确定报酬。请求人认为,许可费明显偏低,不予认可。

分析与评述

单位许可他人实施职务发明创造专利的,如果没有约定,发明人或设计人报酬应为许可费的10%。但许可费应当为按照市场行情确定的许可费。本案中,由于许可人是被许可人的股东,两者之间存在直接投资关系,且代表许可人和被许可人签订专利实施许可合同的是同一个人。因此,在没有同类专利许可使用费作为参照的情况下,仅以两个关联公司约定的专利许可使用费作为发明人报酬的计算依据并不客观。许可费明显偏低,损害了发明人的利益。由于双方当事人均未提供证据证明按照市场行情确定的许可费的具体数额,因此相关部门可以根据涉案专利产品的销售情况酌情确定合理的许可费,并在此基础上确定应付报酬的金额。

第4节 多个发明人之间的奖酬纠纷的调解

职务发明人或设计人有两个或以上的,奖励和报酬应当按照各发明人或设计人的贡献大小在发明人或设计人之间分配。奖励或报酬视为发明人或设计人之间按份共有。对发明创造贡献大的,所占份额大;贡献小的,所占份额也小。

主张自己贡献大应当多分的发明人或设计人负有举证证明其贡献较其他发明人或设计人大的责任。如果主张多分的请求缺乏证据支持,则发明人或设计人的贡献应当视为同等大小,由全体发明人或设计人平均分配奖励、报酬。

对职务发明创造作出创造性贡献的大小与发明人或设计人在专利申请文件上的排名、在单位中的职位高低等没有必然联系。

发明人或设计人之间存在分配比例协议的,应当按照分配协议进行分配。

部分发明人或设计人放弃获得奖励、报酬的权利,其他发明人或设计人有权获得全部奖励或报酬。

【案例4-14】

某案中,请求人与另一员工作为共同发明人研发完成并获得了一项实用新型专利,并由所在公司实施。请求人要求该公司支付报酬,并与另一发明人平分。该公司认为,请求人在申请文件上的排名靠后、职务比另一发明人低,不应平分报酬。

分析与评述

职务发明有多个发明人的，所得报酬应当按照各发明人的创造性贡献大小来确定报酬的份额。发明人之间就报酬分配达成协议的，应当视为证明贡献大小的证据。发明人排序、职位高低、由谁立项研发等不能直接反映各发明人在该专利研发、设计过程中所作的具体工作和业绩，不必然表明相应的贡献大小。在没有足够证据证明各发明人的贡献大小时，应依法推定各发明人具有相同的贡献，应当平分专利报酬。本案中，该公司没有证据证明请求人的贡献小，其依发明人排名的前后等确定两位发明人对专利贡献的大小缺少事实和法律依据。

第5章 发明专利申请临时保护期使用费纠纷的行政调解

发明专利申请从提交到授权经历三个效力完全不同的阶段：（1）申请日到公布日；（2）公布日到专利授权公告日；（3）专利授权公告后。第二个阶段又被称为发明专利申请临时保护期。

发明专利申请授权后，专利权人有权要求在临时保护期内实施其发明的单位或者个人支付适当的费用。双方当事人就临时保护期使用费产生纠纷的，可以请求管理专利工作的部门予以调解。

第1节 临时保护的构成条件

请求人（通常是专利权人或其利害关系人）向被请求人（涉嫌实施发明的单位或个人）主张临时保护期使用费，应当符合如下构成要件：
（1）涉案专利应仅限于发明专利；
（2）涉案专利被授予专利权，且请求人在专利授权后提出调解请求；
（3）被请求人实施专利的行为发生在临时保护期内；
（4）被请求人的实施行为落入专利保护范围。

5.1.1 涉案专利仅限于发明专利

被请求支付临时保护期使用费的专利应当仅限于发明专利。请求人以实用新型专利或外观设计专利主张临时保护期使用费的，管理专利工作的部门不予支持。

【案例5-1】

郑某于2007年5月9日提交一项名称为"一种混凝土板桩"的实用新型专利申请，该申请于2008年1月3日授权公告。2007年9月16日，郑某发现同市某建筑公司工地使用的混凝土板桩与其专利申请的混凝土板桩产品完全相同。郑某与该建筑公司协商索要专利使用费未果，于2008年4月15日向当地管理专利工作的部门提出调解请求，请求该建筑公司支付专利使用费5万元。该建筑公司辩称，其使用的混凝土板桩是自己研发的，并未窃取郑某的技术，而且相关工程于2007年12月已经完工。

分析与评述

本案中，建筑公司支付专利使用费只能基于两种行为：一是其实施专利的行为发生在专利授权之后，因侵犯专利权而应支付侵权赔偿；二是其实施专利的行为发生在发明专利申请的临时保护期内，基于《专利法》第十三条的规定支付临时保护期使用费。而本案不具备上述条件：首先，郑某请求建筑公司支付专利使用费所基于的事实是建筑公司在郑某提出专利申请后到该专利被授予专利权之前的时间段内使用与专利产品相同的混凝土板桩，因建筑公司实施行为发生在专利授权之前，并未侵犯专利权，不应当支付侵权赔偿；其次，所述专利为实用新型专利。由于我国仅对发明专利申请实行"早期公开、延迟审查"的制度，对于实用新型和外观设计专利申请仅进行初步审查，初步审查合格符合授权条件的，即行授权公告，因此，对于实用新型专利和外观设计专利来说不存在所谓的临时保护期，郑某请求建筑公司支付专利使用费没有法律依据。

5.1.2 涉案专利被授予专利权，且请求人在专利授权后提出调解请求

发明专利申请被授予专利权，且请求人提出的调解请求在专利授权公告之后是构成临时保护的必要条件。提出请求时专利申请尚未被授予专利权的，管理专利工作的部门对请求人请求他人支付临时保护期使用费的主张不予支持。

【案例 5-2】

张某于 2007 年 8 月 2 日提交一项发明专利申请，该申请于 2009 年 2 月 3 日公开，并于 2010 年 10 月 20 日授权公告。张某于 2009 年 5 月发现同市的李某生产的产品与其所提交专利申请要求保护的产品完全相同，遂于 2009 年 5 月 30 日向当地管理专利工作的部门提出支付专利使用费的请求。

分析与评述

根据《专利法实施细则》第八十五条的规定，因临时保护期内的实施行为未支付使用费发生纠纷，当事人请求管理专利工作的部门调解的，应当在专利权被授予之后提出。这一规定的出发点在于，发明专利申请在公布后进入实质审查程序，完成实质审查后的发明专利申请可能有两种结果：一是被授予专利权，二是被驳回。如果不作出上述规定，可能会导致某些被驳回的发明专利申请也被赋予了临时保护，这对社会公众是不公平的。另外，在实质审查过程中，无论是主动还是依审查员的要求，申请人均可能会对权利要求书进行修改，由此可能会导致被授予专利权的申请，其授权后权利要求书的范围与其公布时权利要求书的范围不同，从而导致在确定临时保护范围时的不确定性。

本案中，张某于 2009 年 5 月 30 日向当地管理专利工作的部门提出发明专利申请临时保护期使用费请求时，其专利申请尚处于审查阶段，并未获得专利权。因此，尽管张某发现他人使用的产品与其专利申请中要求保护的产品相同，将来可能涉嫌侵犯其专利权，但也只能在 2010 年 10 月 20 日获得专利权之后才可以向管理专利工作的部门提出调解请求。

5.1.3 他人的实施行为发生在临时保护期

请求支付临时保护期使用费是在专利授权之后，专利权人或其利害关系人请求管理专利工作的部门对他人在发明专利申请临时保护期内实施发明的行为予以追溯的权利。他人实施发明的行为发生在临时保护期内是构成临时保护不可或缺的另一要件。

在发明专利临时保护期内实施发明包括：未经专利申请人许可，以生产经营为目的，制造、使用、许诺销售、销售、进口专利产品，或者使用专利方法以及使用、许诺销售、销售、进口依照该专利方法直接获得的产品。

如果他人实施发明的行为发生在发明专利申请日至公布日之间，请求人依此行为主张临时保护期使用费的请求，管理专利工作的部门将不予支持；如果他人实施发明的行为发生在发明专利授权后，请求人应当提出侵权纠纷调解请求而非临时保护期使用费纠纷调解请求。当请求人未明确其究竟主张临时保护期使用费，还是侵权损害赔偿时，管理专利工作的部门应当释明二者的含义，由请求人根据侵权行为发生的时间确定行政调解请求的性质；在请求人不能正确选择的情况下，由管理专利工作的部门根据当事人提出的理由和提供的证据综合予以确定。当被请求人的实施行为从临时保护期内一直持续到专利授权之后，管理专利工作的部门应当分别予以认定。

【案例 5-3】

涉案发明专利的名称为"制备高纯度二氧化氯的设备"，申请日为 2006 年 1 月 19 日。该专利申请于 2006 年 7 月 19 日公布，2009 年 1 月 21 日授权公告，专利权人为 A 公司。2008 年

10月20日，B自来水公司与C公司签订《购销合同》购买二氧化氯发生器一套，C公司于2008年12月30日就上述产品销售款要求税务机关代开统一发票。上述产品一直由B自来水公司使用，C公司为该产品的正常运转提供维修、保养等技术支持。A公司向一审法院提起诉讼，认为C公司生产、销售和B自来水公司使用的二氧化氯生产设备落入涉案发明专利保护范围，请求判令二被告停止侵权并赔偿经济损失30万元。本案中，A公司没有提出支付发明专利临时保护期使用费的诉讼请求，在一审法院对临时保护期使用费与侵权损害赔偿的区别作出释明的情况下，A公司仍坚持原诉讼请求。该案经审理后，终审法院认为，A公司在本案中没有提出支付发明专利临时保护期使用费的请求，故本案对发明专利临时保护期使用费不予考虑。

分析与评述

本案中，C公司制造、销售被控侵权产品的行为发生在涉案发明专利申请公布之后、授权公告之前，B自来水公司使用被控侵权产品的行为从专利授权之前一直持续到专利授权之后。本案值得讨论的问题包括：（1）C公司制造、销售被控侵权产品的行为和B自来水公司在专利授权之前使用被控侵权产品的行为是否构成侵权？如果不构成侵权的话，是否需要支付临时保护期使用费？（2）A公司没有提出支付发明专利临时保护期使用费的诉讼请求，在一审法院已经释明的情况下，依然坚持请求侵权损害赔偿而不主张临时保护期使用费补偿，此时法院对发明专利临时保护期使用费不予考虑的做法是否恰当？

关于第一个问题，对于发明专利而言，虽然专利授权之后，专利权回溯到自申请日起有效，但是其能够真正获得保护的时间是自授权公告之日起计算。C公司制造、销售被控侵权产品的行为发生在专利授权之前，因此不构成侵权；同样，B自来水公司在专利授权之前使用被控侵权产品的行为也不构成侵权。C公司和B自来水公司均不应当承担侵权损害赔偿。如果A公司请求支付临时保护期使用费的话，其请求应当被支持。

关于第二个问题，发明专利申请临时保护期使用费与专利侵权损害赔偿并不属于同一诉因，在法院已经释明的情况下，A公司依然坚持请求侵权损害赔偿而不主张临时保护期使用费补偿，法院对发明专利临时保护期使用费不予考虑的做法固然有一定道理，但在行政调解中，基于行政调解的性质，管理专利工作的部门明确告知请求人其侵权损害赔偿主张得不到支持，变更为临时保护期使用费补偿请求也未尝不可。

5.1.4 他人的实施行为落入专利保护范围

构成临时保护的第四个必要条件是，他人的实施行为落入专利保护范围。所述"专利保护范围"，应当以请求人指定的权利要求的保护范围为准。

5.1.4.1 专利文本的确定

在提出调解请求时，请求人应当提交发明专利申请公布文本和提出调解请求时有效的专利文本。如果专利授权公告后未经历无效宣告程序，所述有效的专利文本为专利授权公告文本；如果专利授权公告后经历过无效宣告程序，所述有效的专利文本应当是生效的专利复审委员会无效宣告请求审查决定最终维持有效的专利文本。

请求人应当明确提出请求所依据文本的权利要求。无论针对公布文本还是最终有效的专利文本，如果请求人未明确具体的权利要求，管理专利工作的部门应当向请求人释明，要求其指定具体的权利要求；经释明，请求人仍然未明确的，以相应的独立权利要求为准。对于权利要求书中包括多项独立权利要求的，管理专利工作的部门应当向请求人释明，要求其指定具体的权利要求；经释明，请求人仍然未明确具体的权利要求的，管理专利工作的部门根据请求人在请求书中的具体理由选定最相关的独立权利要求作为比对基础。

5.1.4.2 专利保护范围的确定

根据发明专利申请公布时权利要求保护范围（范围 A）和提起调解请求时有效的权利要求保护范围（范围 B）的关系，存在如下不同的情形：（1）范围 A = 范围 B；（2）范围 A > 范围 B；（3）范围 A < 范围 B；（4）范围 A 与范围 B 完全不同。

如果被请求人的实施行为同时落入上述两个保护范围，应当认定被请求人在临时保护期内实施了该发明，应当支付临时保护期使用费；如果被请求人的实施行为未落入任何一个保护范围或者仅落入其中一个保护范围，应当认定被请求人在临时保护期内未实施该发明。

5.1.4.3 被请求人的行为是否落入专利保护范围的确定

判断被请求人的实施行为是否落入范围 A 或范围 B 的方法与专利侵权判定方法完全相同，即首先判定被请求人的实施行为是否字面落入范围 A 或范围 B，在未构成字面落入的情况下，判断二者的区别是否构成等同。

根据案件的具体情况，管理专利工作的部门既可以先对比范围 A 与范围 B 的大小，判断案件属于如上哪种情形，然后再判断被请求人的实施行为是否落入专利保护范围；也可以先判断被请求人的实施行为是否落入范围 B，之后再根据需要判断其是否落入范围 A。

5.1.4.4 注意事项

在处理调解请求时，管理专利工作的部门应当注意针对涉案专利是否存在未审结的无效宣告请求。如果相关无效宣告请求案尚未审结，同时双方当事人就被请求人的行为是否落入专利保护范围存在争议的，管理专利工作的部门可以中止临时保护期使用费纠纷调解请求的审理。

【案例 5-4】

蒋某于 1994 年 12 月 26 日提出了一项名为"有线电视机上变频器的制作法"的发明专利申请。1996 年 7 月 31 日，该申请被公布，权利要求只有一项，为"一种有线电视机上变频器的制作方法……"。1999 年 9 月 29 日，该发明专利被授权公告，公告发明名称为"有线电视终端信号的处理方法及其装置"，权利要求有两项，分别为："1. 一种有线电视终端信号的处理方法……。2. 一种有线电视终端信号的处理装置，它包括……"

蒋某在所述专利授权公告后向法院提起诉讼，称于 1996 年 9 月发现李某、金某未经其同意，以生产经营为目的，使用其专利技术制造、销售有线电视增台器。直至专利授权公告之日，从未向其支付临时保护期使用费。请求判令李某、金某支付临时使用费 160 万元。

审理过程中，法院委托某技术鉴定委员会对技术问题进行鉴定，鉴定结论表明，李某、金某生产、销售的有线电视增台器的结构、组成及其制作方法与蒋某申请公布文件的变频器的制作方法及结构相同，与授权公告的专利中处理方法以及实施该处理方法得到的装置也均一致。法院根据查明的事实，最终依照《专利法》第十三条的规定，判决李某、金某支付发明专利临时保护期使用费 54 万元。

分析与评述

本案中，对比专利申请公布的权利要求和授权后的权利要求的保护范围，可以看出公布文本权利要求的主题是"变频器的制作方法"，其权利要求所阐述的实际上是有线电视终端信号的处理方法；授权后的权利要求 1 保护的是有线电视终端信号的处理方法，权利要求 2 保护的是有线电视终端信号的处理装置，同时对许多技术特征作了非常明确的限定。在公布的权利要求的基础上，授权专利权利要求缩小了专利保护范围。基于李某、金某生产、销售的有线电视增台器既落入公布的权利要求 1 的保护范围，又落入授权公告的权利要求 2 的保护范围，因此，其被认为落入专利保护范围，李某、金某应支付专利权人合理的临时保护期使用费。

第 2 节 临时保护期使用费的确定

临时保护期使用费是在专利授权后对专利权人利益的一种事后补偿。在确定临时保护期使用费时，综合考虑实施行为的性质、情节、后果实施行为人的技术来源、主观是否具有故意、生产能力及规模、产品价格等因素。

5.2.1 确定补偿费用的原则

发明专利申请的"临时保护"和专利授权公告后的"正式保护"是两种不同性质的保护。被请求人在专利授权后未经许可实施发明的，应当支付侵权损害赔偿，但其在临时保护期内实施发明的，仅需支付适当的补偿即可。补偿数额应"适当"，不应超过相应期间的专利许可使用费，一般也不宜直接依照专利侵权赔偿数额的计算方法，而是应较相同情节的侵权赔偿数额低。

5.2.2 确定补偿费用的考虑因素

在确定临时保护期使用费时，应当综合考虑各种因素。包括：

（1）专利权人已经许可他人实施的，可参照专利许可使用费确定。

（2）专利权人尚未许可他人实施的，可根据实施发明专利的收益和发明专利的贡献大小确定合适的数额。专利权人实施发明专利所获得的收益越大，发明本身的贡献在所述收益中所占的比重越大，临时保护期使用费应越高。

（3）他人实施行为的技术来源。他人实施的专利可能源于自我研发，也可能源于专利申请的公布。对于自我研发的技术而言，虽然实施人并未利用专利申请人的智力劳动成果，但为鼓励发明创造的公开以推动整体社会进步，也可以要求实施人支付临时保护费，但一般应当少于利用专利申请公布而需要支付的临时保护费。

（4）要考虑实施人主观故意程度。如果专利申请人在临时保护期间内对相关实施人提出过相关警告，而相关实施人并不理睬或扩大实施范围等，则可参照侵犯专利权的赔偿来确定临时保护期使用费。

【案例 5-5】

A 公司于 1996 年 12 月 28 日提出了名称为"分隔系统及其装配方法"的发明专利申请。该申请于 1997 年 8 月 27 日公布，于 2000 年 6 月 7 日授权公告。专利授权后，A 公司向一审法院提起诉讼，要求 B 公司支付其专利公布期间临时保护期使用费 50 万元以及因专利侵权造成的经济损失 50 万元。

经审理查明，1999 年 3 月 18 日，A 公司与 C 公司签订了一份专利许可合同，许可标的是涉案发明专利，许可类型是独占许可。根据该合同约定，许可费采用入门费加销售额提成的方式，入门费共 80 万元人民币。签订合同后，被许可方先向 A 公司支付 40 万元，专利授权后，再支付 40 万元，提成按专利产品销售额的 5% 向 A 公司缴纳。虽然 A 公司提交了其与第三人签订的专利许可合同，但其没有提交该合同的履行情况。

根据 A 公司的申请，法院对 B 公司进行了证据保全。根据 B 公司向法院提供的 KW 屏风出货明细表，1999 年 4~9 月 B 公司的 KW 屏风出货金额为 164 576.9 元，2001 年 1 月 B 公司的 KW 屏风出货金额为 14 976 元，2001 年 3 月 B 公司的 KW 屏风出货金额为 6552.84 元。

法院经审理，最终判决 B 公司支付发明专利申请临时保护期间的使用费为 15 万元。

分析与评述

本案涉及确定临时保护期使用费时要考虑的两个问题：一是被请求人在专利授权前与授权后的收益，二是参照专利许可使用费。

由于发明专利临时保护与发明专利权保护的性质并不相同,因此发明专利申请公布期间使用费的数额应当与侵犯专利权的损害赔偿数额有所差异。本案中,在确定补偿额时,法院同时考虑了 B 公司在专利授权前后被控侵权产品的相应生产、销售状况。涉案专利公布期间,1999 年 4~9 月被控侵权产品的出货金额为 164 576.9 元;专利授权后,2001 年 1 月、3 月 B 公司的被控侵权产品的出货金额分别为 14 976 元、6552.84 元。法院最终判决 B 公司支付发明专利申请公布期间使用费 15 万元是综合考虑两方面收益后折中的结果。

另外,参照专利许可使用费赔偿与参考专利许可使用费赔偿的依据是不同的。根据《专利法》及最高人民法院关于侵犯专利权若干问题的司法解释的规定,在被控侵权人的损失或者侵权人获得的利益难以确定时,有专利许可使用费可以参照的,参照该专利许可使用费的 1~3 倍合理确定赔偿数额。如果是参照赔偿,额度至少为许可使用费。本案中,A 公司提交的许可合同约定的许可费在 80 万元以上,法院判决 B 公司支付发明专利申请公布期间的使用费为 15 万元。显然,法院考虑到该许可合同的实际情况,并未参照其约定的本案专利"许可使用费"确定 B 公司的赔偿额。

【案例 5-6】

某临时保护期使用费请求案中,受法院委托,某会计师事务所对所保全的财务凭证、账目进行了审计,并出具了相应的审核验证报告。法院将上述审核验证报告送达双方当事人后,双方均就审核验证报告提出了异议。该会计师事务所出具了书面说明后,在法院的主持下,该会计师事务所对双方当事人提出的异议进行了说明。

审理机关综合会计师事务所出具审核验证报告说明的有关情况,并充分考虑该事务所对双方当事人异议所作出的答复,认为该会计师事务所出具的审核验证报告是客观、合理的,予以采信,并以此作为确定当事人支付临时保护期使用费和赔偿数额的一个依据。另外,法院确定补偿金时还酌情结合了当事人采用该技术生产产品的数量、时间以及该技术在产品中的重要性等因素。

分析与评述

确定临时保护期使用费时,侵权损害赔偿是非常重要的参考依据。

根据《专利法》的相关规定,侵权赔偿的数额确定除参照专利许可使用费外,还有权利人因被侵权所受到的损失或者侵权人因侵权获得的利益以及法定赔偿。在专利权人主张以自己所受到的损失作为赔偿数额的依据时,应提供自己单位产品获利情况的财务审计报告,以及专利权人因被侵权造成销售量减少的总数或者制造的侵权产品的数量,两者相乘之积就是专利权人的损失数额的依据;在专利权人主张以侵权人的获利作为赔偿的依据时,专利权人通常要申请保全侵权人的财务会计账册,经独立的第三方审计后,以审计结论确定侵权获利情况,从而明确赔偿的依据。

本案中,法院在确定临时保护期使用费补偿金数额时,首先参考其委托的会计师事务所对所保全的财务凭证、账目审计后出具的审核验证报告,以审计结论确定侵权获利情况;其次还酌情考虑了当事人实施专利的情况,比如产品数量、生产专利产品的时间段以及专利技术在产品中所起的作用等。

第 6 章 专利侵权损害赔偿额的计算

管理专利工作的部门在处理专利侵权纠纷时,应当事人的请求,可以就侵犯专利权的赔偿数额进行调解。

权利人与被控侵权人就专利侵权赔偿数额或者计算方式有约定的,管理专利工作的部门应当按照约定确定赔偿数额；权利人与被控侵权人就专利侵权赔偿数额或者计算方式没有约定的，管理专利工作的部门应当在根据《专利法》第六十五条的规定确定的赔偿数额的基础上，本着公平、合理的原则组织双方就赔偿数额达成调解协议。

按照《专利法》第六十五条的规定，侵犯专利权的赔偿数额按照权利人因被侵权所受到的实际损失确定；实际损失难以确定的，可以按照侵权人因侵权所获得的利益确定。权利人的损失或者侵权人获得的利益难以确定的，参照该专利许可使用费的倍数合理确定。赔偿数额还应当包括权利人为制止侵权行为所支付的合理开支。权利人的损失、侵权人获得的利益和专利许可使用费均难以确定的，可以根据专利权的类型、侵权行为的性质和情节等因素，确定给予1万元以上100万元以下的赔偿。

第1节 权利人的实际损失

权利人的实际损失是指权利人因侵权人的侵权行为而减少的利润。权利人未实施专利技术或专利设计的，不得按照权利人的实际损失确定赔偿数额。

6.1.1 权利人实际损失的计算

权利人的实际损失可以按照专利权人的专利产品因侵权所造成销售量减少的总数乘以每件专利产品的合理利润所得之积计算。

专利权人的专利产品因侵权所造成销售量减少的总数不能确定的，可以按照侵权产品在市场上销售的总数予以确定。

每件专利产品的合理利润可以按照专利权人销售全部专利产品的平均利润计算，即销售收入减去生产、销售成本后除以销售数量，也可以直接参照专项审计报告所载明的项目利润计算表确定。

权利人应当对其主张的实际损失和侵权与损失之间具有直接因果关系承担举证责任，也应当对每件专利产品的合理利润承担举证责任。对于权利人主张的合理利润，经明示，被控侵权人没有异议的，权利人可以免于举证。

【案例6-1】

某案中，审理部门查明，B公司生产并销售侵权产品数量为1套，专利权人A公司销售成套控制机专利产品的价格为58 680元，且A公司与第三方C公司均确认涉案产品的利润为50%左右，B公司对此不持异议。因此，司法机关认为，专利权人A公司因B公司侵权而造成专利产品销售的减少量应当是1套，专利权人的实际损失应当为：58 680元/套×50%×1套＝29 340元。结合A公司为制止本案侵权行为客观上亦支出了相应的公证费、律师费用等因素，酌情确定本案赔偿额为3万元。

【案例6-2】

A公司享有"防火隔热卷帘用耐火纤维复合卷帘及其应用"的发明专利权。在确定侵权损害赔偿额时，A公司提交了北京市B会计师事务所出具的关于A公司承建北京市某大厦防火卷帘及挡烟垂壁供应及安装工程项目利润的专项审计报告、A公司在招投标过程中取得的某博览会主场馆各层消防平面图作为其经济损失赔偿数额的计算依据。经查证，北京市B会计师事务所出具的专项审计报告载明，A公司提供的项目利润计算表系按照《企业会计准则》和《企业会计制度》的规定编制，反映了相关工程项目的主要经济指标。

6.1.2 确定权利人实际损失时的考虑因素

在确定权利人的实际损失时，要考虑专利对于整个产品利润的贡献、与专利产品相关的配件及零部件的销售损失以及其他因素。

6.1.2.1 专利对于整个产品利润的贡献

侵犯发明、实用新型专利权的产品系另一产品的零部件时,如果专利产品有单独的销售价格和利润,应当按基于该产品的全部利润确定合理利润,计算损害赔偿金额;如果专利产品没有单独的销售价格和利润,则应当根据成品的利润乘以该零部件在实现成品利润中的作用比重确定合理利润。

侵犯外观设计专利权的产品为包装物时,应当按照包装物本身的价值及其在实现被包装产品利润中的作用等因素确定专利产品的合理利润。

权利人应当举证证明专利产品在实现成品利润中的作用比重;作用比重无法确定的,由管理专利工作的部门酌定。

【案例6-3】

A公司拥有名称为"车辆运输车上层踏板举升机构"的实用新型专利。B公司生产、销售的五种型号的车辆运输车中,车辆上层踏板的举升机构落入涉案专利的保护范围,构成侵权。A公司主张赔偿所失利润为5 606 480元,其计算方法是按照被控侵权车辆的销售数量506辆乘以A公司销售车辆的利润(128 000 - 116 920 = 11 080元)而得出。

司法机关经审理后认为,涉案专利的专利产品并非车辆运输车,而是车辆运输车的上层踏板举升机构,11 080元/辆的单车利润并非该专利产品的单件利润。在计算赔偿额的时候要考虑该专利产品在整个车辆运输车中所占的价值比例,因此11 080元/辆的单车利润可以作为计算该专利产品合理利润的重要依据。该专利的发明目的在于设计一种上层踏板高度可调节的、便于操作的车辆运输车上层踏板举升机构。考虑到该专利在实现车辆运输车用途中所起到的作用,以及安装该专利产品的车辆运输车相对于其他车辆运输车而言具有的市场竞争优势,并结合A公司车辆运输车本身的销售利润,酌定因归属涉案专利的利润贡献占车辆运输车利润的1/3。

6.1.2.2 与专利产品相关的配件及零部件的销售损失

权利人的实际损失不仅包括因侵权失去的专利产品的销售额,也包括对专利产品相关配件和零部件失去的销售额。如果权利人能够证明其专利产品之前是与非专利零配件一同销售的,那么专利侵权损害赔偿额的计算也应当包括和专利产品相关的配件以及零部件所失去的销售额。

6.1.2.3 其他因素

确定权利人的实际损失时,还应当考虑其他因素,例如市场对专利产品的需求、权利人是否具有开发这种需求的生产和市场销售能力、权利人是否有获得这种利润的可能性、侵权行为和侵权结果之间是否存在因果关系(不包括其他原因导致权利人销售额的下降或增长的停滞)等因素。

权利人对这些因素的存在负有举证责任。管理专利工作的部门可以应用"四步检验法"判断权利人是否充分举证,即考察权利人是否举证证明:(1)市场对专利产品的需求;(2)不存在可接受的非侵权替代产品;(3)权利人具有开发这种需求的生产和市场营销能力;以及(4)如果没有侵权产品的话,权利人本可能获得的利润额。如果以上所有四个要件都得到证明,则权利人的利润损失可以得到赔偿;如果其中任何一个要件没有得到证明,则应当按照其他法定方式确定赔偿数额。

可以通过其他合理方式确定权利人合理损失的,管理专利工作的部门应当在综合考量全部证据后予以确定。

【案例6-4】

B公司大量仿造A公司已获得外观设计专利权的几种"窗花粘贴"产品。由于B公司销售侵权产品的时间长，数量无法查清，获利无从知晓，因此 A 公司根据自己在 1993 年 2 月至 1995 年 4 月间专利产品的销售量由于 B 公司侵权而降价产生的损失 1 041 624.79 元，请求判令 B 公司赔偿。

审理中查明，窗花粘贴作为一种新型的装饰材料，最初上市时比较受欢迎，但该产品工艺简单，生产厂家较多，随着市场的饱和，人们审美意识也发生了变化，尤其是产品销售好坏与产品图案设计变化有直接的关系，生产厂家根据市场需求降价是必然选择。因此，司法机关认为，A 公司将产品降价完全归责于 B 公司是不合理的。但 B 公司在两年多时间里，在同一地区大量仿造 A 公司拥有外观设计专利权的产品，对 A 公司专利产品的销售带来了重大影响，A 公司不得不通过降价方法对抗 B 公司的侵权，由此带来损失也是必然的结果。经过分析，司法机关最终采纳了 A 公司的请求，按照其请求额的 1/3，判令 A 公司赔偿 A 公司经济损失 347 208.23 元。

【案例 6-5】

乙公司生产的仿制药 B 涉嫌侵犯甲公司原研药 A 的专利权。针对乙公司的仿制药 B 上市后对甲公司利润的影响，甲公司依照权利人的利润损失要求赔偿，甲公司的具体计算过程如下：

（1）原研药 A 的市场需求

原研药 A 从上市销售时就产生了巨大的市场需求。原研药 A 每季度都能为甲公司带来 2 亿美元左右的收益，并已成为近年来甲公司最能盈利的药品。在甲公司的所有药品中其利润率最高，每一美元的销售几乎能保证 85% 到 90% 的盈利。

（2）替代品

原研药 A 并不存在真正的可替代品。原研药 A 本身被认为是最好的抗焦虑处方药。其他"可能"的代替品——以苯二氮族的抗焦虑药为代表，都有极大的风险，会产生依赖性，它们只会被医生用于前两到三周的治疗。相反，原研药 A 不会产生依赖性，而且对减轻由焦虑紊乱而产生的情绪和身体方面的症状也是安全有效的。

（3）市场营销和生产能力

甲公司通过其下属部门和子公司可以构建一个庞大的生产和销售药品、营养品、医疗器械和美容产品的网络。作为拥有一定资本实力的公司，甲公司当然具有所需要的营销和生产能力。

（4）利润损失

甲公司 2001 年第二季度和第三季度的财报显示，因为竞争者乙公司的仿制药 B，甲公司的收入已经有了巨大的损失。在 2001 年第二季度，原研药 A 的销量已经从 2000 年第三季度的 1.75 亿美元下滑到 8900 万美元，这主要是由于竞争者乙公司的仿制药 B 造成的。在 2001 年的第三季度，原研药 A 的销售额比上一年同期下降了 84%，从 1.75 亿美元下滑至 2800 万美元，这同样是由于仿制药品的竞争导致的，而这些仿制药品中大部分是由乙公司生产的仿制药 B。考虑到原研药 A 对甲公司的重要作用，这些收入的减少肯定会影响甲公司现在和将来的利润。从数据来看，甲公司 2002 年利润增长率的预期是 2001 年的一半左右，原研药 A 的利润下滑是其中一个重要的原因。

司法机关认为，甲公司的举证已经满足了"四步检验法"的要求，可以作为计算权利人实际损失的依据。

第 2 节 侵权人获得的利益

侵权人获得的利益是指侵权人因侵犯专利权人的专利权而直接获得的利益。该利益应当限于侵权人因侵犯专利权行为所获得的利益,因其他原因所产生的利益,应当合理扣除。

6.2.1 侵权人获得的利益的计算

侵权人获得的利益可以按照侵权产品在市场上销售的数量乘以每件侵权产品的合理利润所得之积计算;或者可以按照侵权产品的销售总额乘以该时间段的营业利润率计算。

每件侵权产品的合理利润是指被控侵权人销售全部侵权产品的平均利润,即销售收入减去生产、销售成本后除以销售数量。每件侵权产品的合理利润可以按照侵权人的平均营业利润计算。对于完全以侵权为业的侵权人,可以按照平均销售利润计算。平均营业利润是指营业收入减去营业成本的差额除以销售量,营业成本一般包括管理费、广告费、租金等。平均销售利润是指销售收入减去销售成本的差额除以销售量。

营业利润率是指营业利润除以营业收入。营业利润率难以确定的,可以按照该行业或领域通常的利润率计算。

上述利润、成本、费用、销售数量等可根据审计报告、咨询报告或者发票等予以确定,也可参照侵权人订货合同中载明的进货成本以及销售合同中载明的销售价格或者通过进货单、报价单等证据予以确定。

【案例6-6】

A公司生产的汽车后保险杠产品涉嫌侵犯B公司的"汽车保险杠"外观设计专利。被控侵权的后保险杠产品是安装于涉案汽车上的零部件。涉案汽车的整车制造者A公司设计确定了被控侵权产品外观,且该产品是由A公司委托他人定制,专门用于组装涉案汽车。A公司将安装有被控侵权产品的涉案汽车以整车的形式进行销售,构成对被控侵权产品的销售。

在举证过程中,A公司提交了一份由某会计师事务所出具的《审计报告》及一份由某资产评估事务所作出的《A公司因专利侵权纠纷造成利润损失评估咨询报告书》(以下简称《咨询报告书》)。《审计报告》中载明A公司制造的某车自2003年10月至2007年3月共销售了16 442辆。《咨询报告书》中载明了2004年2月至5月A公司汽车损益情况表,以2004年2月为例,其销量1218辆,销售收入9743万元,销售成本为7045万元,最终每辆车的利润损失为2.12万元。

司法机关经审理后认为,根据A公司提交的《审计报告》及《咨询报告书》,可以确定每辆车的销售成本、整车利润及销售数量;同时,根据A公司提交的由第三人C公司向A公司开具的发票,后保险杠单价为286.32元,由此可以确定该产品在整车中所占比重。据此,确定A公司制造销售侵权产品所获得的利润为172万元。

【案例6-7】

某进出口贸易有限公司和某地毯有限公司(以下简称"被请求人")涉嫌侵犯许某的外观设计专利权。经查证,被请求人为履行出口合同生产并销售出口侵权产品,挤占了许某本应享有的市场份额,应就其给许某造成的实际损失承担相应的赔偿责任。

审理部门认为,根据已被海关扣押的侵权产品共计6930个、价款约11万美元可知,每件侵权产品的价格约为19美元,约合132元人民币。扣除许某某提交的经审计的成本78元人民币左右,每件侵权产品的利润约为54元人民币,利润率为41%。另外,双方均认可被请求人实际已出口的侵权产品为36万美元左右。据此确定被请求人因侵权所获得的利润应为122万元人民币左右。

【案例6-8】

A公司主张,B医院、C公司侵犯了其外观设计专利权。经查证,B医院与C公司先后签订并已实际履行了两份《铸铁花饰栏杆加工制作安装合同》。根据合同中的约定可推算出C

公司的合同利益，该合同约定可以作为依据确定 C 公司具体的赔偿数额。

6.2.2 确定侵权人获得的利益时的考虑因素

在确定侵权人获得的利益时，也要考虑专利对于整个产品利润的贡献，排除侵权人因侵权行为之外的其他原因，如广告宣传或市场地位等获得的利益，并从侵权人的侵权产品总销售金额中扣除管理费、广告费、租金等费用。

6.2.2.1 专利对于整个产品利润的贡献

侵犯发明、实用新型专利权的产品系另一产品的零部件时，如果该产品有单独的销售价格和利润，应当按基于该产品的全部利润确定合理利润，并据此计算损害赔偿金额；如果该产品没有单独的销售价格和利润，则应当根据成品的利润乘以该零部件在实现成品利润中的作用比重确定合理利润。

侵犯外观设计专利权的产品为包装物时，应当按照包装物本身的价值及其在实现被包装产品利润中的作用等因素确定专利产品的合理利润。

权利人应当举证证明专利产品在实现成品利润中的作用比重；作用比重无法确定的，由管理专利工作的部门酌定。

【案例 6-9】

A 公司为"一种蚊香盒"实用新型专利的独占被许可人，B 公司生产、销售的被控产品——整盒蚊香构成专利侵权。A 公司没有提供有效证据证明其在被侵权期间因侵权所受到的具体损失，以侵权人 B 公司在侵权期间因侵权所获得的具体利益来确定赔偿数额。

司法机关经审理，通过以下步骤计算乙公司的非法获利：

（1）B 公司共生产了被控产品 1500 万只；

（2）经查明，B 公司出售的被控产品每盒单价为 1.475 元；

（3）因 B 公司并没有提供被控产品的利润情况，按照通常商品利润为 10%～20% 计算，B 公司生产销售 1500 万只蚊香及蚊香盒可获得的利润为 2 212 500～4 425 000元；

（4）被控产品中的利润包括了被控产品蚊香盒及蚊香两部分，应排除蚊香盒中所包含的蚊香利润比例，酌情裁量，最终确定赔偿非法获利 220 万元。

【案例 6-10】

A 公司涉嫌侵犯 B 公司的专利权。在确定侵权人获得的利益时，司法机关认为，A 公司的"防火卷帘"实际包括被控侵权产品"无机布基特级防火卷帘产品"及与涉案专利无关的"无机布基防火卷帘产品"两部分，在以侵权人因侵权所获得的利益来确定赔偿额时，应当排除防火卷帘中"无机布基防火卷帘产品"的利润比例。故应当从经审计的产品毛利 1 079 251.61 元中扣除非侵权产品的销售毛利168 416.8元，最终确定 A 公司销售被控侵权产品所得毛利为 899 163.1 元。

6.2.2.2 需要扣除的费用

侵权人获得的利益应当从侵权人的侵权产品总销售金额中扣除管理费、广告费、租金等费用。

【案例 6-11】

A 公司销售的淋浴喷头侵犯了 B 公司享有专利权的喷雾嘴。经查明，A 公司订购了在某地预先包装的淋浴喷头，然后在甲国进行销售和提供售后服务。

司法机关适用"侵权人获得的利益"法计算侵权赔偿，具体的计算方法是：分别计算出 A 公司的总销售额（收入）和可扣除的成本，由"收入"减去"成本"得出"净利润"。计算过程如下：

(1) 总收入：1 020 873.30元。
(2) 可扣除的成本：
生产成本：450 570.57元；
管理成本：6737.76元；
可变销售成本（如雇员福利、差旅、广告、印刷以及一般开支）：4931.42元；
财政支出（银行借贷利息、进口及销售侵权产品所支付的利息）：19 647.38元；
销售回扣：24 191.33元；
运输成本（多伦多离岸价成本不扣除）：1153.31元；
维修部成本（劳动、监管、航运、退货的运输、修理部件和设施）：1466.71元；
合作广告：143.80元。
(3) 不可扣除的成本：
法律费用、模具成本、打印成本、生产被销毁的侵权产品的成本、海运成本。
(4) 最终确定A公司的净利润额为：512 031.02元。

6.2.3 侵权人获得的利益的举证责任分配

原则上，权利人应当对其主张的侵权人获得的利益以及侵权与所获利益之间具有直接因果关系承担举证责任。

为确定侵权人获得的利益，在权利人已经尽力举证，但与专利侵权行为相关的账簿、资料主要由侵权人掌握的情况下，管理专利工作的部门可以责令侵权人提供与专利侵权行为相关的账簿、资料；侵权人无正当理由拒不提供或者提供虚假的账簿、资料的，可以根据权利人的主张和提供的证据认定赔偿数额。

【案例6-12】

2006年8月，A公司以侵犯专利权为由，要求B公司停止生产被控侵权产品，并赔偿损失50万元。经查明，指定的会计师事务所出具的审计报告核定B公司销售额合计8.8亿元，但该审计报告没有确定B公司的实际利润。A公司根据有关证据主张B公司的利润率在30%以上，遂增加索赔额至334 869 872元。

司法机关认为，可以根据B公司于2004年8月至2006年7月期间销售侵权产品所获得的营业利润来确定赔偿数额，该营业利润可以根据各时间段的侵权产品销售额乘以该时间段的营业利润率所得之积计算。因B公司拒绝提供成本账目，无法直接得出B公司销售侵权产品的营业利润率，故可将B公司销售全部产品的平均营业利润率认定为可作计算依据的营业利润率，得出355 939 206.25元的赔偿数额。由于这一数额高于A公司请求的334 869 872元，故以A公司主张的赔偿数额为依据，确定B公司的赔偿数额为334 869 872元。

【案例6-13】

某公司涉嫌侵犯某太阳能研究所的专利权。司法机关认为，由于某公司没有在规定的期限内提交自己生产、销售侵权产品的财务手续，因此视为其放弃了对某太阳能研究所提出的赔偿数额的抗辩权，最终参考某太阳能研究所的主张，确定赔偿数额为436万元。

第3节 专利许可使用费的合理倍数

许可使用费是指侵权行为发生时或相近时期权利人许可他人实施其专利获得的报酬。在参照专利许可使用费的倍数为依据确定侵权赔偿数额时，侵权赔偿数额通常为专利许可使用费的1~3倍。

6.3.1 许可使用费的确定

权利人提供的向国家知识产权局备案的专利实施许可合同约定的许可使用费，通常可以直接认定为专利许可使用费。同一时期存在多项许可使用费的，按照许可使用费的平均值计算赔偿数额。

【案例6-14】

A公司自2010年10月起取得了B公司"液体分配器"外观设计专利的独占实施许可权，并于2011年1月12日在国家知识产权局对该专利的独占许可进行了备案，许可期限至2015年10月11日，许可费为5万美元加上每季度销售额（FOB价格）的5%。后A公司发现杨某生产、销售的产品涉嫌侵权。

在举证过程中，A公司提供了向国家知识产权局备案的上述专利实施许可协议，并参照其中确定的专利许可使用费，主张侵权人杨某应当向其赔偿15万元人民币。A公司的这一主张得到了司法机关的支持。

【案例6-15】

A公司于2000年12月20日向国家知识产权局申请了名称为"童车的轮毂"的外观设计专利，2001年6月30日获得授权。后A公司在市场上发现，B公司生产的产品与A公司的该专利相似，侵犯了其外观设计专利权，故要求B公司赔偿相关损失。

关于赔偿损失的数额，A公司主张以专利许可他人的使用费作为赔偿依据。经查证，A公司提交的《专利实施许可合同》在国家知识产权局已备案并实际履行，而且，该合同与专利实施许可使用费银行进账单、发票、纳税凭证等可以相互印证。司法机关认定，该《专利实施许可合同》签订于诉讼发生前，且在国家知识产权局办理了备案并已实际履行，因此，其中约定的许可费用可以作为确定赔偿数额的依据，故据此确定赔偿数额为50万元。

6.3.2 以许可使用费为依据确定赔偿数额时的注意事项

6.3.2.1 专利实施许可合同的当事人与权利人的关联关系

如果专利实施许可合同的一方当事人为权利人的关联方，不宜将其中约定的许可使用费直接作为专利许可使用费用于计算侵权赔偿数额。

【案例6-16】

2006年6月6日，C公司与A公司签订《专利实施许可合同》一份，约定由A公司独占许可使用涉案专利，许可使用费为90 000美元，合同有效期为2006年6月6日至2014年3月12日。2007年6月14日，双方将上述合同报国家知识产权局备案。A公司依据与专利权人的实施许可合同，享有涉案实用新型专利的独占许可使用权。

在合同有效期内，A公司认为B公司侵犯该专利权。B公司举证证明合同双方C公司与A公司有关联关系，故对合同的真实性提出异议。经查证，A公司为C公司的子公司，二者存在密切关联，故司法机关未将《专利实施许可合同》中约定的许可使用费90 000美元作为确定赔偿数额的依据。

6.3.2.2 专利实施许可合同是否实际履行

《专利实施许可合同》未实际履行的，不宜将其中约定的许可使用费直接作为专利许可使用费用于计算侵权赔偿数额。

【案例6-17】

A公司和B公司涉嫌侵犯叶某某的"食物绞碎机"外观设计专利权。经查明，叶某某提交的专利实施许可合同中虽然约定了专利许可费用，但是没有证据证明该合同约定的费用合理并已实际履行，故司法机关认为不能据此确定赔偿额。

6.3.2.3 专利实施许可合同中约定的许可使用费是否合理

专利实施许可合同中约定的许可使用费明显低于或高于正常的许可使用费的，不宜将其中约定的许可使用费直接作为专利许可使用费用于计算侵权赔偿数额。

6.3.2.4 确定合理倍数时需要考虑多个因素

确定具体的合理倍数时,应当结合考虑专利权的类别,侵权人侵权的性质、规模、持续时间、地域范围,专利许可的性质、范围、时间、使用费数额等因素。

对于恶意侵权、重复侵权或者侵权情节严重的,可酌情加重适用专利许可使用费的倍数。对于专利实施许可合同中一次性地或者包含多年专利使用费的,需要考察专利许可使用费的使用年限。

【案例 6-18】

林某获得"组合式钢床"的实用新型专利权后,将该专利独占许可给 A 公司进行使用,许可费为 225 万元。B 公司涉嫌侵犯该专利权。在确定损害赔偿额时,林某和 A 公司因被侵权所受到的损失,并无证据加以证明。经查,B 公司与某大学曾签订《合同书》,由该合同书可以认定 B 公司此次销售的侵权产品组合式钢床的数量、单价和总价。由于 B 公司未提供确凿的证据证明其所获利润,因此,其本次因侵权所获得的利益难以确定。另查,林某和 A 公司曾于 2006 年将涉案专利普通许可给浙江 C 有限公司生产组合式钢床 6000 位、许可费用为 500 800 元,且为一次许可生产。B 公司此前已侵犯过涉案专利权,当时所确定的赔偿标准是按产品数量的比例并参照许可使用费的 1 倍。

综合以上事实,审理部门认为,本案中,B 公司的侵权行为属于重复侵权。考虑到本案专利权的类别、专利许可使用费的数额以及本案侵权行为的性质等具体情况,根据 B 公司销售侵权产品的数量占涉案专利一次许可生产的产品数量的比例,以专利许可使用费的 3 倍为准酌定 B 公司赔偿 90 144 元。

【案例 6-19】

陈某拥有名称为"自推进式水翼装置"的发明专利。2009 年 3 月,国家知识产权局对陈某与 A 公司的实施许可合同出具备案证明,其中载明许可合同的有效期为 2009 年 2 月 19 日至 2023 年 11 月 25 日,使用费总计 25 万元,分期付款。2009 年 5 月,B 公司销售涉嫌侵权产品。关于赔偿的具体数额,陈某主张参照上述许可合同中专利许可使用费 25 万元的 1~3 倍进行赔偿,但因本案的专利许可使用费的使用年限为涉案专利的剩余期限,使用年限超过 14 年,如赔偿数额直接参照专利许可使用费总数的 1~3 倍确定赔偿数额,明显不合理。从公平角度考虑,赔偿数额应当参照每年平均的专利许可使用费以及侵权时间。经审理,司法机关支持了陈某的主张。

第 4 节 法定赔偿

权利人直接主张适用《专利法》第六十五条第二款确定赔偿数额,或者权利人的损失、侵权人获得的利益和专利许可使用费均难以确定的,可以根据专利权的类型、侵权行为的性质和情节、专利技术或设计的市场价值等因素,确定给予 1 万元以上 100 万元以下的赔偿,一般不得低于 1 万元,也不得高于 100 万元。

6.4.1 确定法定赔偿数额的方法

6.4.1.1 市 场 法

市场法,是指利用市场上相同或类似专利技术或设计的近期交易价格为参照,结合其他相关影响因素对专利技术或设计的市场价值进行评估。

采用该方法对侵权损害赔偿进行评估时,可以按照以下程序进行:

(1) 选择参照物;

（2）在评估对象与参照物之间选择比较因素；
（3）指标对比、量化差异；
（4）在各参照物成交价格的基础上调整已经量化的对比指标差异；
（5）综合分析确定评估结果；
（6）运用市场法估计单项专利权应考虑的可比因素；
（7）将通过市场法评估出来的相关专利权价值与该专利可能的损害赔偿数额进行比较，确定两者是等同还是有差异，最终确定法定赔偿额。

运用市场法确定法定赔偿时，通常可以根据经济发展程度相类似地区对类似性质的被请求人企业就类似专利产品价值的侵权损害赔偿判决，或者参考类似请求人在本地区对类似性质被请求人的相类似产品的损害赔偿数额的判决先例，确定最终的损害赔偿额。

6.4.1.2 收益法

专利技术或设计已经用于商业经营的，可以通过估算专利技术或设计在相同期限的经营中的收益比例，确定赔偿数额。

采用该方法进行评估时，可以按照以下程序进行：
（1）搜集验证与评估对象未来预期收益有关的数据资料，包括经营前景、财务状况、市场形势以及经营风险等；
（2）分析测算评估对象未来预期收益；
（3）确定折现率或资本化率；
（4）以所确定折现率将被评估专利预测收益折算成现值；
（5）分析确定评估结果；
（6）将通过收益法评估出来的相关专利权价值与该专利可能的损害赔偿数额进行比较，确定两者是等同还是有差异，最终确定法定赔偿额。

6.4.1.3 成本法

专利技术或设计的研发成本可以确定的，可以根据该成本的合理比例确定赔偿数额。

6.4.2 需要考虑的其他因素

除上述市场法、收益法、成本法外，对专利技术进行评估需综合考虑以下因素：
（1）权利人可能的实际损失，或者侵权人可能的侵权所得。即对权利人的实际损失或侵权人的侵权所得的数额有一个合理的估计，其是确定法定赔偿额的基础，可有效防止自由裁量的随意性。
（2）专利权的类型和创新程度。即需考虑专利属于发明、实用新型还是外观设计专利。一般来说，专利的创新程度和技术含量越高，对生产效率和质量的影响越大；发明专利的侵权赔偿额应为最高，实用新型专利次之，外观设计专利再次。
（3）专利权的价值。即需考虑专利技术的创造性、显著性、技术研发成本、技术实施情况、市场上同类产品的平均利润等因素。
（4）侵权行为的性质。即考虑是直接侵权还是间接侵权、是生产过程中的侵权还是销售过程中的侵权、是初次侵权还是重复侵权等因素。
（5）侵权行为的情节。即考虑侵权行为的次数、侵权行为持续的时间和空间程度、权利人发出侵权警告后侵权人的行为表现、侵权行为的组织化程度等因素。
（6）侵权行为的损害后果。即应根据侵权行为对权利人的商业利润、商业声誉、社会评价的影响等进行衡量。
（7）侵权人的主观过错程度。主观因素决定过错程度，并影响责任的大小和归属；过错越大,对权利人造成的损失可能越严重。

(8) 作为部件的专利产品在整个产品中所起的作用。通常专利产品在整个产品中的作用越大,价值越高。

(9) 同类专利的合理转让费、许可使用费。

(10) 其他可能影响确定赔偿数额的因素。例如,专利是否经过无效程序,并且已被专利复审委员会维持有效;专利属于基础专利还是从属专利,从属专利的价值往往低于基础专利;市场上是否有可替代产品或更新产品。

【案例 6-20】

陆某于 2005 年 5 月 18 日就其设计的"鼠标"向国家知识产权局提出外观设计专利申请,2006 年 5 月 3 日授权公告。A 公司涉嫌侵犯权利人陆某的外观设计专利权。在确定损害赔偿额时,鉴于权利人陆某因被侵权所受到的损失、侵权人 A 公司因侵权所获得的利益均难以确定,也没有专利许可使用费可以参照,因此,应综合考虑本案的下列因素确定侵权人 A 公司的赔偿数额:(1) 本案所涉的专利为外观设计专利。(2) 本案被控侵权产品是在 A 公司的住所地公证购买的,因此 A 公司存在销售被控侵权产品的行为。(3) A 公司的经营范围包括电脑、手机周边产品的生产及销售,即 A 公司具有生产包括鼠标在内的电脑、手机周边产品的资质和能力;公证购买时取得的 A 公司法定代表人陈某的名片上明确记载"某市 A 电子有限公司,工厂地址:某市某区某镇某村学生工业园 C 栋 4 楼";A 公司没有提供任何证据证明其销售的被控侵权产品具有合法来源。综合分析上述证据,可以推定本案被控侵权产品是由侵权人 A 公司制造的。(4) 被控侵权产品的销售价格。(5) 陆某为维护自己的合法权益所支出的合理的公证费、律师费、差旅费等。经综合考虑上述因素后,审理部门酌情确定 A 公司赔偿陆某经济损失及合理的维权费用共计 8 万元。

【案例 6-21】

A 公司与 B 研究所涉嫌侵犯范某某的专利权。司法机关在确定法定赔偿额时综合考虑了以下几个因素:(1) 被控侵权产品的利润。被控侵权产品的销售价为 2800 元/只,被告自称该产品利润为销售价的 20%,故推算出被控侵权产品的利润为 560 元左右。(2) 被控侵权产品的生产规模。根据 B 公司陈述,该公司每人每天可以做 2~3 只支架,据此推算,该公司每人每年至少可以生产 400~600 只支架。(3) 侵权行为可能的持续时间。因被控侵权产品上标注的检验日期为 2002 年 8 月 25 日,没有证据证明被告在本纠纷处理期间已停止被控侵权产品的生产,由此可以推定被告生产被控侵权产品持续时间较长。综合上述各因素,酌情确定赔偿数额为 30 万元。

【案例 6-22】

B 公司涉嫌侵犯 A 公司的专利权。司法机关依据 A 公司提交的 B 公司的资产负债表、损益表、业绩表等证据材料,以及 A 公司分别与 C 公司、D 公司签订的涉案专利技术许可协议中规定的许可费数额 150 万元和 60 万元,综合 B 公司实施侵权行为的性质、规模、产品价格、一般市场利润、A 公司的专利许可使用费等多种因素,酌情确定 B 公司赔偿 A 公司经济损失 100 万元。

【案例 6-23】

B 公司涉嫌侵犯 A 公司的专利权。在确定损害赔偿数额时,司法机关综合考虑了以下四个因素:(1) A 公司专利的类别为外观设计专利,市场价值相对较低;(2) A 公司的酒瓶享有瓶贴、瓶形、瓶盖共三个外观设计专利,赔偿数额应考虑其他外观设计的份额;(3) B 公司的主观过错,即 B 公司在接到了酿酒专业协会的通知后立即对涉嫌侵权的瓶贴进行了回收;

(4) B 公司侵权持续的时间较短。据此,酌情确定赔偿数额为 5 万元。

第 5 节 合理开支

合理开支是指权利人为制止侵权行为所必要而遭受的直接损失,一般包括公证费、调查取证费、交通食宿费、误工费、材料印制费等,不应包括上述费用在支付后获得赔偿前期间的利息等间接损失。

权利人应当举证证明其合理开支的数额,必要时应当说明开支合理的理由并提交相关证据。不合理的开支或者合理但缺乏证据支持的开支,不应由侵权人赔偿。

权利人直接主张法定赔偿的,管理专利工作的部门确定的赔偿数额不得包括权利人为制止侵权行为所支付的合理开支。

【案例 6-24】

孙某是名称为"灯罩(水晶腰鼓)"的外观设计专利权人。A 厂和张某未经同意,擅自制造、销售该专利产品,侵害了孙某的外观设计专利权。除要求 A 厂和张某赔偿其经济损失外,孙某还要求获赔合理费用:包含为公证保全涉案证据缴纳的公证费 2100 元、照片冲洗费 130 元,以及购买侵权产品的费用 1100 元,合计 3330 元。在判定损害赔偿金额时,司法机关综合考虑了该专利的专利类型、A 厂和张某的主观过错、侵权行为情节以及侵权的时间等因素,确定 A 厂与张某应赔偿孙某的经济损失为 4 万元。此外,鉴于孙某在进行证据公证保全时确实需要支付购买被诉侵权产品的费用、公证费等,而且其实际上也已经有费用支出,结合本案实际需要和该市公证的相关收费标准规定,综合确定孙某在本案中为制止侵权应支付的合理费用为 1800 元,该费用由 A 厂和张某予以支付。

国家知识产权局办公室关于加强专利权权属纠纷案件办理工作的通知

(国知办发管字〔2016〕13号)

各省、自治区、直辖市、新疆建设兵团知识产权局：

为贯彻落实党中央、国务院关于严格知识产权保护的要求，有效规范全国知识产权系统专利行政执法工作，切实维护创新者、专利权人和社会公众的合法权益，积极营造规范有序、公平竞争的市场环境，现结合工作实际，就进一步加强专利权权属纠纷案件办理工作，提出以下要求：

一、严格立案。当事人双方就专利权权属争议请求管理专利工作的部门调解的，管理专利工作的部门应当全面了解涉案专利既往权属纠纷、无效宣告请求等情况。对于事实和理由不充分且涉案专利处于无效宣告请求阶段的立案请求，原则上不予立案。

二、快速调解。管理专利工作的部门应当积极发挥专业优势，按照依法、自愿、方便当事人的原则，尽快促成达成调解协议。对于经调解未能达成协议的案件，应以撤案方式结案并发出专利纠纷调解案件终止调解通知书。原则上，管理专利工作的部门调解专利权权属纠纷，应当在2个月内结案。案件特别复杂需要延长期限的，应当由管理专利工作的部门负责人批准。经批准延长的期限，最多不超过1个月。

三、及时沟通。对于涉案专利因权属纠纷请求中止相关审查程序的案件，国家知识产权局专利局在向当事人发出中止程序请求审批通知书时，应当将相关信息告知受理该权属纠纷的管理专利工作的部门；管理专利工作的部门应当于结案5日内将相关执法文书（专利纠纷调解书或专利纠纷调解案件终止调解通知书）送交至国家知识产权局专利局受理处，以便及时结束中止程序。另外，管理专利工作的部门办结专利权权属纠纷案件，应当于案件办结日下月5号前通过执法案件报送平台报送相关案件材料。

四、主动公开。为提高执法办案工作的透明度，方便利害关系人及时了解相关案件办理情况，管理专利工作的部门调解专利权权属纠纷案件，应当在结案之日起20个工作日内依法主动公开相关信息，公开内容仅限于案由、案号、立案日期、双方当事人名称、结案方式（达成调解协议或撤案）及结案日期，不得公开调解内容和调解材料。管理专利工作的部门应当主要通过本单位官方网站，以及公告栏、报刊等便于公众知晓的方式予以公开。

五、监督指导。各省（自治区、直辖市）管理专利工作的部门要对行政区域内专利权权属纠纷案件办理工作加强指导和监督，在执行过程中遇到的新情况、新问题和有关建议请及时报告。我局此前发布的其他有关规定与本通知相抵触的，依照本通知执行。同时，我局将专利权权属纠纷案件办理工作情况纳入年度执法维权工作绩效考核，对工作突出的给予表扬，加大支持力度；对履职不力造成恶劣影响的，责令改正并追究责任。

特此通知。

国家知识产权局办公室
2016年5月17日

国家知识产权局关于印发《专利执法行政复议指南（试行）》《专利执法行政应诉指引（试行）》的通知

（国知发管字〔2017〕80号）

各省、自治区、直辖市、新疆生产建设兵团知识产权局：

  为深入贯彻党的十九大精神，认真落实党中央、国务院关于全面推进依法治国和严格知识产权保护的决策部署，规范全国知识产权系统专利行政执法工作，提升执法能力，切实维护创新者、专利权人和社会公众合法权益，加快建设法治政府，推进知识产权强国建设，根据专利法律法规的相关规定，制定《专利执法行政复议指南（试行）》《专利执法行政应诉指引（试行）》，现印发给你们，请遵照执行。

  请及时将本通知转发至行政区域内各级具有执法权限的知识产权局，并指导督促执行。在执行过程中遇到的新情况、新问题和有关建议请及时报告。我局此前发布的其他有关规定与本通知相抵触的，依照本通知执行。

  特此通知。

国家知识产权局
2017年12月22日

专利执法行政复议指南（试行）

目　录

第1章　专利执法行政复议概述 ······················· 553
　第1节　专利执法行政复议的范围 ······················· 553
　第2节　专利执法行政复议机关 ······················· 553
　　1.2.1　专利执法行政复议机关的确定 ······················· 553
　　1.2.2　专利执法行政复议机关的职责 ······················· 554
第2章　专利执法行政复议的应对 ······················· 554
　第1节　专利执法行政复议程序的启动 ······················· 554
　　2.1.1　专利执法行政复议的期限 ······················· 554
　　2.1.2　专利执法行政复议的提出 ······················· 555
　　2.1.3　申请专利执法行政复议应提交的证据 ······················· 555
　　2.1.4　代理人委派 ······················· 556
　　2.1.5　专利执法行政复议参加人 ······················· 556
　第2节　被申请人的答复 ······················· 556
　　2.2.1　答复材料的内容 ······················· 557
　　2.2.2　答复的注意事项 ······················· 557
　　2.2.3　申请人、第三人对答复材料的查阅 ······················· 557
　第3节　专利执法行政复议决定的履行 ······················· 557
第3章　专利执法行政复议的处理 ······················· 557
　第1节　专利执法行政复议申请的审查与处理 ······················· 558
　　3.1.1　对专利执法行政复议申请的审查 ······················· 558
　　3.1.2　对专利执法行政复议申请的处理 ······················· 558
　第2节　专利执法行政复议的审理 ······················· 559
　　3.2.1　确定审理人员 ······················· 559
　　3.2.2　通知被申请人答复 ······················· 559
　　3.2.3　被申请人答复 ······················· 559
　　3.2.4　审阅案卷并确定审理方式 ······················· 560
　　3.2.5　专利执法行政复议的中止 ······················· 560
　第3节　专利执法行政复议的结案 ······················· 560
　　3.3.1　结案形式 ······················· 560
　　3.3.2　审理期限 ······················· 561
　　3.3.3　结案形式的具体事项 ······················· 561
　　3.3.4　结案审批 ······················· 562
　　3.3.5　结案后的后续措施 ······················· 562
　第4节　专利执法行政复议决定的作出 ······················· 562
　　3.4.1　专利执法行政复议的审理和决定理由 ······················· 562

3.4.2　专利执法行政复议决定的类型 …………………………………… 564

第4章　专利执法行政复议的期间和送达 ……………………………… 565

第1节　专利执法行政复议期间 ……………………………………………… 565

4.1.1　期间的计算单位 ……………………………………………… 565

4.1.2　期间的计算方法 ……………………………………………… 566

第2节　专利执法行政复议文书的送达 ……………………………………… 566

4.2.1　送达和送达回证 ……………………………………………… 566

4.2.2　法定的送达方式 ……………………………………………… 566

附录（略）[①]

[①] 相关表格可以在执法案件报送平台信息浏览和执法 QQ 群中下载。

第1章 专利执法行政复议概述

专利执法行政复议，是指自然人、法人或非法人组织不服管理专利工作的部门在专利执法过程中作出的具体行政行为，认为该行为侵犯其合法权益，依照法定的程序和条件，向特定的行政机关提出申请，由受理该复议申请的机关依法对原具体行政行为的合法性和适当性进行审理，并最终作出行政复议决定的行政行为。

在专利执法过程中，行政相对人对于管理专利工作的部门作出的具体行政行为不服的，可以依法选择行政复议作为救济手段。

第1节 专利执法行政复议的范围

专利执法行政复议的范围，是指申请人可以申请行政复议的事项范围。这既是申请人提出行政复议申请的范围，同时也是行政复议机关有权审查的行政行为或处理的行政争议的范围。

专利执法行政复议的事项可分为以下几种：

（1）对查处假冒专利行为时作出的责令改正、罚款、没收违法所得等行政处罚不服的；

（2）对查处假冒专利行为时作出的财产的查封、扣押等强制措施不服的；

（3）认为管理专利工作的部门在专利执法过程中侵犯法律、法规规定的经营自主权的；

（4）申请管理专利工作的部门履行专利执法法定职责，管理专利工作的部门没有依法履行的，主要包括请求管理专利工作的部门处理专利侵权纠纷而未受理或驳回请求的，或者举报假冒专利行为，管理专利工作的部门不予立案处理的；

（5）认为管理专利工作的部门在执法信息公开中的具体行政行为侵犯其合法权益的，或者申请执法信息公开，管理专利工作的部门依法应公开而不公开或逾期不答复的；

（6）认为管理专利工作的部门的其他具体行政行为侵犯其合法权益的。

需要注意：根据《行政复议法》第八条第二款、《专利法》第六十条、《国家知识产权局行政复议规程》有关规定，当事人对管理专利工作的部门作出的侵权纠纷处理决定不服的，应当直接依照《行政诉讼法》向人民法院提起行政诉讼，不得提起行政复议。当事人对管理专利工作的部门作出的调解不服的，应当依照《民事诉讼法》相关规定向人民法院提起民事诉讼，不得提起行政复议。

由各地知识产权维权援助中心协助办理的电商、展会领域专利案件，以调解形式结案的，不属于本指南所称的专利执法范畴，当事人对处理结果不服的，可以依照《民事诉讼法》相关规定向人民法院提起民事诉讼，不得申请行政复议。

第2节 专利执法行政复议机关

专利执法行政复议机关，是指依照《行政复议法》《行政复议法实施条例》《专利法》及《专利法实施细则》的有关规定，对专利执法行政复议申请进行受理，并审查原专利执法行为合法性和适当性的行政机关。

1.2.1 专利执法行政复议机关的确定

可以按照以下原则来确定专利执法中原具体行政行为的行政复议机关：

（1）对各省、自治区、直辖市管理专利工作的部门开展专利执法工作过程中作出的具体行政行为不服，提出复议请求的，参照《国家知识产权局行政复议规程》有关规定执行；

（2）对县级以上地方各级人民政府管理专利工作的部门作出的具体行政行为不服的，申请人可以选择该部门的本级人民政府或者上级主管部门申请行政复议；

（3）对专利行政委托执法工作中的具体行政行为不服的，申请人可以向委托部门的本级人民政府或者上级主管部门申请行政复议；

（4）对被撤销的管理专利工作的部门在撤销前作出的具体行政行为不服的，申请人可以向继续行使其职权的部门的本级人民政府或者上级主管部门申请行政复议。

1.2.2 专利执法行政复议机关的职责

管理专利工作的部门作为行政复议机关时，需要依照《行政复议法》和《行政复议法实施条例》的规定履行行政复议职责。管理专利工作的部门可以由内设的处（科）室（以下简称"复议处（科）室"）办理具体行政复议事项，但需要注意的是，复议处（科）室是以行政复议机关的名义履行行政复议职责，并由行政复议机关领导、支持、保障、监督和指导其行政复议工作。在涉及专利执法的行政复议工作中，复议处（科）室应履行的职责主要包括以下几个方面：

（1）接收并审查专利执法行政复议申请，对于不符合受理条件的不予受理，符合受理条件的予以受理；

（2）向有关部门及人员调查取证，调阅有关文档和资料；

（3）审查申请复议的具体行政行为是否合法与适当；

（4）如果申请人在对专利执法过程中作出的具体行政行为申请复议的同时，对该执法行为所依据的规定提出审查申请的，由复议处（科）室对该申请进行处理或转送；

（5）对下级管理专利工作的部门违反《行政复议法》《行政复议法实施条例》等法律、法规的行为，依照法定的权限和程序提出处理建议；

（6）办理因不服专利执法行政复议决定而提起行政诉讼的行政应诉事项；

（7）办理《行政复议法》第二十九条规定的行政赔偿事项；

（8）按照职责权限，督促下级专利执法行政复议机关对符合规定的复议申请进行受理，以及督促被申请人或申请人对生效行政复议决定的履行；

（9）办理专利执法行政复议、专利执法行政应诉案件统计，以及下级专利执法行政复议机关重大行政复议决定备案事项；

（10）研究专利执法行政复议工作中发现的问题，及时向有关机关提出改进建议，重大问题及时向行政复议机关报告。

第2章 专利执法行政复议的应对

专利执法程序中的相对人提起申请，启动专利执法行政复议程序后，管理专利工作的部门作为被申请人，应当做好应对工作。

第1节 专利执法行政复议程序的启动

2.1.1 专利执法行政复议的期限

申请人认为与专利执法相关的具体行政行为侵害其合法权益的，可以自知道该具体行政行为之日起60日内提出专利执法行政复议申请。

对于上述60日的期限，按照以下规定进行计算：

（1）专利执法过程中作出的具体行政行为是当场作出的，自具体行政行为作出之日起计算。

（2）载明具体行政行为的文书直接送达的，自被送达人签收之日起计算。

（3）载明具体行政行为的文书通过邮局以给据邮件形式邮寄送达的，自被送达人在邮政签收单上签收之日起计算；没有邮政签收单的，自通过给据邮件跟踪查询系统查询的受送达人实际收到之日起计算。

（4）载明具体行政行为的文书留置送达的，自送达人和见证人在送达回证上签注的留置送达之日起计算。

（5）具体行政行为依法通过公告形式告知被送达人的，自公告规定的期限届满之日起计算。

（6）被申请人在专利执法过程中作出的具体行政行为未当场告知申请人，事后补充告知的，自该申请人收到补充告知通知之日起计算。

（7）有证据材料能够证明申请人知道具体行政行为的，自证据材料证明其知道具体行政行为之日起计算。

（8）申请人曾申请管理专利工作的部门履行处理专利侵权纠纷或查处假冒专利行为等法定职责，管理专利工作的部门未履行的，行政复议申请期限计算如下：①有履行期限规定的，自履行期限届满之日起计算；②没有履行期限规定的，自管理专利工作的部门收到申请满60日起计算。

（9）因不可抗力或者其他正当理由耽误法定申请期限的，申请期限自障碍消除之日起继续计算。

2.1.2 专利执法行政复议的提出

申请人书面申请专利执法行政复议的，可以采取面交、邮寄或者传真等方式。专利执法行政复议申请书应当载明以下内容：

（1）申请人的基本情况，包括：申请人是公民的，写明姓名、身份证号码、住所、邮政编码等；申请人是法人或者其他组织的，写明名称、住所、邮政编码和法定代表人或者主要负责人的姓名、职务等。申请人如果有委托代理人的，还应当写明委托代理人的基本情况，包括委托代理人的姓名、工作单位、住所、联系方式等内容。

（2）被申请人的正式名称，不能使用简称。

（3）专利执法行政复议请求、申请专利执法行政复议的主要事实和理由，其中，请求要写明申请人的复议目的，如要求撤销或变更具体行政行为，确认具体行政行为违法，申请行政赔偿或者要求履行法定职责等。事实和理由部分主要写明：①被申请人专利执法中作出具体行政行为的时间、地点、事实和法律依据；②与复议请求相关的事实和法律依据，如要求撤销被申请人的具体行政行为，是否有证据，依据哪些法律、法规等。

（4）申请人签名或者盖章。

（5）申请专利执法行政复议的日期。

如果申请人是口头申请的，专利执法复议机关应当依照上述内容制作专利执法行政复议申请笔录，并将笔录交申请人核对或向其宣读，并由申请人签字确认。

2.1.3 申请专利执法行政复议应提交的证据

虽然在专利执法行政复议程序中，主要的举证责任由被申请人承担，但是有下列情形之一的，申请人应当提供证明材料：

（1）认为被申请人不履行法定职责的，应提供材料证明曾经向被申请人申请履行法定职责的事实。例如，申请人提出专利执法行政复议申请，要求管理专利工作的部门履行处理专利侵权纠纷的法定职责，必须提供证据证明自己曾经向管理专利工作的部门提出过请求，而相关部门未予受理。

（2）申请专利执法行政复议时一并提出行政赔偿请求的，应提供材料证明被申请人的具体行政行为侵害其合法的人身、财产权益，并且对于造成损失的数额也应提供证据。

（3）需要申请人提供证明材料的其他情形，例如申请人因不可抗力或者其他正当理由耽误申请专利执法行政复议的法定期限的，申请人需要提供发生不可抗力或有其他正当理由的证明材料。

2.1.4 代理人委派

申请人如果委托代理人，应向专利执法行政复议机关提交由委托人签名或盖章的授权委托书。

授权委托书上应当载明委托事项、权限和日期。授权委托书如果是在国外或者我国港澳台地区形成的，应按照我国法律的规定办理公证、认证或其他证明手续。授权委托书为外文的，应当附中文译文。

2.1.5 专利执法行政复议参加人

2.1.5.1 申请人

专利执法行政复议的申请人应当是利害关系人。在假冒专利行为的查处中，复议申请人可以是举报假冒专利行为的举报人、投诉人、被查处人等行政相对人；在执法信息公开中，专利执法行政复议申请人可以是信息公开的申请人，也可以是认为专利执法信息公开行为侵害其合法权益的行政相对人。

专利执法行政复议申请人的资格可以因发生法定情形而被继承或变更。继承的情形是指，有专利执法行政复议申请权的公民死亡的，其近亲属可以作为申请人申请行政复议，这里的近亲属主要是指父母、配偶、子女和兄弟姐妹等。变更的情形是指，有专利执法行政复议申请权的法人或者其他组织中止的，承受其权利的法人或者其他组织可以申请行政复议。

如果同一行政复议案件有5个以上申请人的，由申请人推选1~5名代表参加专利执法行政复议。

2.1.5.2 第三人

第三人，是指除专利执法行政复议申请人外，同申请专利执法行政复议的专利行政执法行为有利害关系的其他公民、法人或者其他组织。例如，管理专利工作的部门在查处假冒他人专利行为时，被假冒的专利权人认为对假冒人的处罚过轻的，可以作为第三人。

第三人参加专利执法行政复议有两种形式：一种是第三人主动向行政复议机关申请，另一种是行政复议机关依职权主动通知第三人参加复议。

2.1.5.3 被申请人

可以按照以下原则来确定专利执法行政复议申请的被申请人：

（1）公民、法人或者其他组织对专利执法过程中作出的具体行政行为不服申请行政复议的，作出该具体行政行为的管理专利工作的部门为被申请人，这是确定复议被申请人的一般原则。

（2）专利执法过程中作出具体行政行为的部门是由法律、法规授予其专利执法权的，该部门作为被申请人。

（3）受管理专利工作的部门委托进行专利执法的组织作出具体行政行为的，委托的部门是被申请人。

（4）被撤销的管理专利工作的部门在撤销前作出具体行政行为的，继续行使其职权的部门为被申请人。

如果申请人提出行政复议申请时错列被申请人的，行政复议机关应当告知申请人变更被申请人。

第2节 被申请人的答复

管理专利工作的部门作为被申请人，应重视对行政复议申请书的答复，因为答复内容是行政复议机关判断专利行政执法行为是否合法、适当的重要依据。

2.2.1 答复材料的内容

被申请人的答复材料主要包括以下几个方面的内容：

（1）书面答复意见。被申请人的答复意见应当包括作出被复议的专利行政执法行为的事实和理由、反驳申请人请求的理由，以及向行政复议机关提出的主张和请求。

（2）表明被复议的专利行政执法行为存在的书面材料，如处理假冒专利案件时作出的《限期整改通知书》《处罚决定书》等。

（3）依据、证据和其他有关材料。依据是指被复议的专利行政执法行为所依据的法律、法规等规范性文件。证据则包括专利执法过程中，当事人提供和管理专利工作的部门依职权获得的证据，具体包括书证、物证、视听资料、证人证言、当事人的陈述、鉴定意见、勘验笔录和现场笔录、电子数据等。当然，上述证据并不直接成为作出行政复议决定的根据，而是必须经行政复议机关查证属实，才能成为行政复议的根据。

2.2.2 答复的注意事项

被申请人在答复时需要注意以下几个方面：

（1）应当提交当初作出被复议的专利执法行为的全部证据、依据和其他有关材料；

（2）提交的应当是当初作出被复议的专利执法行为时的证据，不能是执法行为作出后再补充的证据，更不能在复议过程中自行取证；

（3）应在收到答复通知10日内提出书面答复，并提交相应的证据、依据等有关材料。

2.2.3 申请人、第三人对答复材料的查阅

对于被申请人提供的答复材料，申请人和第三人可以依法申请查阅。但是，如果被申请人提供的证据和其他材料涉及国家秘密、商业秘密和个人隐私等内容的，行政复议机关可以拒绝申请人、第三人的查阅请求。

第3节 专利执法行政复议决定的履行

对生效的专利执法行政复议决定，被申请人应当履行。根据行政复议决定类型的不同，被申请人的履行方式可分为以下几种：

（1）行政复议机关作出维持决定的，被申请人主要义务就是保持原具体行政行为确定的状态；如果原具体行政行为还未执行的，应继续执行。

（2）行政复议机关作出撤销决定的，若原具体行政行为已经执行的，要恢复原状，如解除对申请人的行政强制措施；若尚未执行的，不再执行。

（3）行政复议机关作出变更决定的，被申请人要协助行政复议机关执行变更后的具体行政行为，如将罚款变更为责令改正的，被申请人就不得再对申请人处以罚款，而要以行政复议机关的名义责令申请人改正。

（4）行政复议机关作出确认违法决定的，被申请人不得维持原具体行政行为的效力，并依申请人请求采取相应的行政赔偿措施。

（5）行政复议机关作出责令限期履行决定的，被申请人应在规定期限内履行完毕，并将履行的情况报告行政复议机关。

（6）行政复议机关作出撤销或者确认违法决定的同时，责令被申请人限期重新作出具体行政行为的，被申请人要依照法律的要求，在规定期限内重新作出具体行政行为，并将履行情况报告行政复议机关。

第3章 专利执法行政复议的处理

管理专利工作的部门作为专利行政执法复议机关的，应当做好复议申请的审查、复议的

审理与决定以及决定的送达等工作。

第 1 节 专利执法行政复议申请的审查与处理

3.1.1 对专利执法行政复议申请的审查

管理专利工作的部门在收到行政复议申请后,应审查该复议申请是否符合法定的受理条件。受理条件包括如下几个方面:

(1)有明确的申请人并且申请人与管理专利工作的部门作出的具体行政行为存在利害关系。其中,明确的申请人主要是形式审查的事项,关键在于申请人是否明确提出了专利执法行政复议申请,并在申请书上进行了签字或盖章;只要身份核对无误,这一形式要件的审查就满足了要求。而对于申请人与具体行政行为存在利害关系这一要求,则是资格审查的内容,在审查中需要注意以下两点:①管理专利工作的部门作出的具体行政行为侵犯的是申请人自身的合法权益,不能是别人的合法权益;②侵犯的权益必须是合法的。

(2)有符合规定的被申请人。被申请人的资格审查,适用第 2 章第 2.1.5.3 节有关被申请人的规定。如果申请人提出行政复议申请时错列被申请人的,专利执法行政复议机关应当告知申请人变更被申请人;申请人对被申请人进行更正期间,不计入行政复议审理期限。

(3)有具体的专利执法行政复议请求和理由。

(4)在法定期限内提出。

(5)属于本机关的行政复议管辖范围。

(6)没有重复受理的情况。具体是指不存在以下两种情况:①其他行政复议机关已经受理同一专利执法行政复议申请;②人民法院已经受理同一主体就同一事实提起的专利执法行政诉讼。但需要注意的是,如果其他行政复议机关或者人民法院对其复议申请或行政诉讼不予受理,只要符合其他法定条件,本机关可以受理其专利执法行政复议申请。

3.1.2 对专利执法行政复议申请的处理

在申请人提交专利执法行政复议申请后,行政复议机关应当进行审查,并在履行审批程序后,对专利执法行政复议申请作出受理与否的决定。

3.1.2.1 专利执法行政复议申请的受理

专利执法行政复议申请符合法定受理条件的,经行政复议机关负责人审批后予以受理。

根据《行政复议法》第十七条第二款的规定,行政复议的受理为推定受理,即只要行政复议机关收到申请 5 日内未作出补正、告知、不予受理等其他处理,便视为已经受理。专利执法行政复议机关决定受理后,也可以制作《专利执法行政复议申请受理通知书》并发送申请人,告知其行政复议程序已启动。

专利执法行政复议申请人就同一事项向两个或者两个以上有权受理的行政机关申请专利执法行政复议的,由最先收到行政复议申请的行政机关受理;同时收到行政复议申请的,由收到行政复议申请的行政机关在 10 日内协商确定;协商不成的,由其共同上一级行政机关在 10 日内指定受理机关。协商确定或者指定受理机关所用时间不计入专利执法行政复议审理期限。

3.1.2.2 专利执法行政复议申请的不予受理

专利执法行政复议申请不符合法定受理条件的,应由承办人员拟定《专利执法行政复议申请不予受理决定书》,经复议处(科)室负责人审核后,报行政复议机关负责人审批。《专利执法行政复议申请不予受理决定书》应自收到该专利执法行政复议申请之日起 5 日内制作完成,并发送申请人,在决定书中应说明不予受理的事实和理由。

3.1.2.3 专利执法行政复议的告知

对于不属于本级行政复议机关受理范围的专利执法行政复议申请,承办人员应拟定《专利执法行政复议告知书》,经复议处(科)室负责人审核后,报行政复议机关负责人审批。《专利执法行政复议告知书》应自收到该行政复议申请之日起 5 日内制作完成,并发送申请人,在告知书中需告知申请人应依法向有权管辖的行政复议机关提出专利执法行政复议申请。

3.1.2.4 专利执法行政复议申请的补正

专利执法行政复议申请材料不齐全或者表述不清楚的,经复议处(科)室负责人审核后,报行政复议机关负责人审批,承办人员自收到该行政复议申请之日起 5 日内一次性通知申请人补正。书面通知的,应当发出《专利执法行政复议申请补正通知书》,并载明需要补正的事项和合理的补正期限。

对补正的专利执法行政复议申请,根据不同的情况,可以作出以下几种处理:

(1)受理。申请人补正后,专利执法行政复议申请符合受理条件的,受理期限自收到补正材料之日起计算。

(2)不予受理。专利执法行政复议申请材料补正后,发现仍不符合受理条件的,应于 5 日内作出不予受理决定。

(3)告知。如果补正后,发现专利执法行政复议申请不属于本机关受理的,应当告知申请人向有权机关提出。

(4)视为放弃专利执法行政复议申请。申请人无正当理由逾期不补正的,视为放弃该专利执法行政复议申请。

3.1.2.5 复议期间原具体行政行为停止执行的情形

原则上,专利执法行政复议期间被复议的具体行政行为不停止执行,但是有下列情形之一的,可以停止执行:

(1)被申请人认为需要停止执行的;
(2)专利执法行政复议机关认为需要停止执行的;
(3)申请人申请停止执行,专利执法行政复议机关认为其要求合理的;
(4)法律规定停止执行的。

第 2 节 专利执法行政复议的审理

专利执法行政复议机关受理行政复议申请后,下一步任务就是对原具体行政行为进行审查,并以作出专利执法行政复议决定书或者其他方式结案。专利执法行政复议审理程序主要包括以下几个方面。

3.2.1 确定审理人员

行政复议机关受理专利执法行政复议申请后,确定 2 名或者 2 名以上行政复议人员负责复议案件的审理。

3.2.2 通知被申请人答复

行政复议机关在专利执法行政复议申请受理之日起 7 日内,将专利执法行政复议申请书副本或者专利执法行政复议申请笔录复印件发送给被申请人,并同时通知被申请人在规定期限内进行答复。

3.2.3 被申请人答复

被申请人在收到答复的通知以及专利执法行政复议申请书副本或者专利执法行政复议申请笔录复印件后,应在 10 日内提出书面答复,对具体行政行为是否合法、是否适当、是否认同申请人的专利执法行政复议请求作出明确答复,并提交当初作出具体行政行为的全部证据、依据和其他有关材料。

3.2.4 审阅案卷并确定审理方式

行政复议人员在接收专利执法行政复议案件后,主要从以下几个方面来审阅行政复议的相关材料:

(1) 了解申请人的请求和理由,了解被申请人的答复意见,确定案件的争议点;

(2) 对申请人提供的证据以及被申请人提交的在专利执法过程中作出原具体行政行为的证据及其他材料进行审查,判断案件事实是否足以认定,进而决定是否需要作进一步调查取证;

(3) 经过审阅案卷材料,根据对案件复杂程度的判断,确定适用书面审理方式、听证审理方式或者其他审理方式。

需要指出的是,根据《行政复议法》第二十二条的规定,专利执法行政复议原则上实行书面审理,但是申请人提出要求或者复议处(科)室认为有必要的,可以向有关组织和人员调查情况,并听取行政复议参与人的意见。即专利执法行政复议审理采取书面审理为主、调查取证为辅的审理方式。此外,对于一些重大、复杂的案件,申请人提出要求或者复议处(科)室认为有必要的,也可以采取听证审理方式。

3.2.5 专利执法行政复议的中止

专利执法行政复议的中止,是指在专利执法行政复议过程中因出现法定情形,暂停对行政复议的审理。中止审理的,应当制作《专利执法行政复议中止通知书》并发送当事人。中止审理的情形包括以下几种:

(1) 作为申请人的自然人死亡,其近亲属尚未确定是否参加行政复议的;

(2) 作为申请人的自然人丧失参加行政复议的能力,尚未确定法定代理人参加行政复议的;

(3) 作为申请人的法人或者其他组织终止,尚未确定权利义务承受人的;

(4) 作为申请人的自然人下落不明或者被宣告失踪的;

(5) 申请人、被申请人因不可抗力,不能参加专利执法行政复议的;

(6) 案件涉及法律适用问题,需要有权机关作出解释或者确认的;

(7) 案件审理需要以其他案件的审理结果为依据,而其他案件尚未审结的;

(8) 其他需要中止专利执法行政复议的情形。

一旦专利执法行政复议中止的原因消除后,行政复议机关应制作《专利执法行政复议恢复审理通知书》并发送当事人,此时的行政复议审理期限需继续计算。

第3节 专利执法行政复议的结案

3.3.1 结案形式

管理专利工作的部门作为行政复议机关处理专利执法行政复议案件,应当在查清事实的基础上,依法及时结案。

根据案件处理结果,结案形式可分为以下三种:

(1) 作出《专利执法行政复议决定书》,以行政复议决定形式结案;

(2) 终止审理,发出《专利执法行政复议终止决定书》,终止行政复议程序;

(3) 申请人和被申请人经行政复议机关调解达成协议的,作出《专利执法行政复议调解书》,经履行法定程序结案。

3.3.2 审理期限

专利执法行政复议的审理期限原则上为60日，期限的计算以复议处（科）室收到专利执法行政复议申请书之日为起算日。

对于情况复杂的案件，办案人员应及时提出延长期限的意见，经行政复议机关负责人批准的，审理期限可以延长，最多不超过30日，并且应当及时将延期决定通知申请人和第三人。

3.3.3 结案形式的具体事项

3.3.3.1 作出专利执法行政复议决定书

除终止审理和达成调解协议的情形外，行政复议机关应当及时作出专利执法行政复议决定，并制作《专利执法行政复议决定书》。

《专利执法行政复议决定书》应当满足以下要求：事实叙述清楚，理由论述充分，法条引用准确，复议决定具体、明确。具体而言，《专利执法行政复议决定书》可以按照以下内容进行撰写：

（1）参加人的基本情况。申请人与第三人是公民的，应写明姓名、公民身份证号码、住所等；申请人与第三人是法人或其他组织的，应写明其全称，并写明法定代表人或主要负责人的姓名、职务；申请人与第三人委托代理人或者有法定代理人的，还应写明代理人的情况。被申请人应写明其名称的全称以及法定代表人或主要负责人的姓名、职务。

（2）行政复议案件的程序陈述，包括案由、立案审查、审理、结案等程序环节的记载。

（3）申请人的申请内容、被申请人的答复内容；如有第三人参与，还应写明第三人的陈述内容。

（4）专利执法行政复议机关审理查明的案件事实，以及证明上述事实的证据。

（5）专利执法行政复议机关作出决定的理由和依据。

（6）行政复议决定的最终处理结果，具体的决定类型见本章第3.4.2节的规定。

（7）复议决定书的效力及申请人和第三人诉权的告知。

（8）作出专利执法行政复议决定的日期。

《专利执法行政复议决定书》应加盖行政复议机关公章或行政复议专用章。

3.3.3.2 终止审理

专利执法行政复议案件出现下列情形之一的，行政复议机关可以终止审理：

（1）申请人要求撤回专利执法行政复议申请，行政复议机关准予撤回的。对于申请人撤回专利执法行政复议申请的案件，申请人不能以同样事实和理由再次申请复议，除非其能证明撤回行政复议申请违背其真实意思表示。

（2）作为申请人的自然人死亡，没有近亲属或者其近亲属放弃行政复议权利的。

（3）作为申请人的法人或者其他组织终止，其权利义务的承受人放弃行政复议权利的。

（4）对行政机关行使法律、法规规定的自由裁量权作出的具体行政行为不服申请专利执法行政复议的案件，申请人与被申请人在行政复议决定作出前自行达成和解协议，并经行政复议机关准许的。

依照本章第3.2.5节第（1）～（3）项规定中止专利执法行政复议，满60日行政复议中止的原因仍未消除的，行政复议终止。

3.3.3.3 达成调解协议

有下列情形之一的，专利执法行政复议机关可以按照自愿、合法的原则进行调解：

（1）公民、法人或者其他组织对管理专利工作的部门行使法律、法规规定的自由裁量权作出的具体行政行为不服申请专利执法行政复议的；

（2）申请人与被申请人之间的行政赔偿或者行政补偿纠纷。

申请人与被申请人经调解达成协议的，行政复议机关应当制作《专利执法行政复议调解书》。调解书应当载明行政复议请求、事实、理由和调解结果，并加盖行政复议机关公章或行政复议专用章。《专利执法行政复议调解书》经双方签字，即具有法律效力。当《专利执法行政复议调解书》生效后，一方不履行《专利执法行政复议调解书》的，另一方可以申请强制执行。

调解未达成协议或者调解书生效前一方反悔的，行政复议机关应当及时作出专利执法行政复议决定。

3.3.4 结案审批

专利执法行政复议案件依法需要作出行政复议决定书的，办案人员应当制作《专利执法行政复议案件结案审批表》，拟订《专利执法行政复议决定书》，经复议处（科）室负责人审核后，报行政复议机关负责人批准。

专利执法行政复议案件依法需要终止审理的，办案人员应当制作《专利执法行政复议案件结案审批表》，经复议处（科）室负责人审核，报行政复议机关负责人批准后，终止审理。

3.3.5 结案后的后续措施

为了更加妥善地解决行政争议，行政复议机关还可以在结案后采取如下三种后续措施：

（1）复议意见书。在行政复议期间，行政复议机关发现被申请人或其他下级行政机关的专利执法行为违法或需要做好善后工作的，可以制作《专利执法行政复议意见书》。有关机关应当自收到《专利执法行政复议意见书》之日起 60 日内，将纠正相关专利执法违法行为或做好善后工作的情况通报复议处（科）室。

（2）复议建议书。在复议期间，行政复议机关发现法律、法规、规章实施中带有普遍性的问题，可以制作《专利执法行政复议建议书》，向有关机关提出完善制度和改进专利执法的建议。

（3）复议备案制。下级复议机关应当及时将重大专利执法行政复议决定报上级复议机关备案。

第 4 节 专利执法行政复议决定的作出

专利执法行政复议决定是行政复议机关在对具体行政行为进行依法审查后，基于查清的事实，根据法律、法规、规章以及其他规范性文件的规定，以《专利执法行政复议决定书》的形式作出的结论性意见。

3.4.1 专利执法行政复议的审理和决定理由

专利执法行政复议机关在作出行政复议决定前，需要对行政复议所针对的专利执法行为的合法性和适当性进行全面的实体审查，并将审查结果作为专利执法行政复议决定的理由。这主要包括以下几个方面。

3.4.1.1 主体及其职权的审查

主体审查主要看两点：（1）专利执法主体存在的组织法依据；（2）专利执法主体的权限来源是否有法律、法规的明确授权。

职权审查包括对是否超越职权和滥用职权两个方面的审查。

超越职权有如下几种情形：（1）下级行政机关非法行使了上级行政机关的职责；（2）超越地域管辖权限的越权，如某专利假冒案件本应由违法行为发生地的管理专利工作的部门管辖，但却由违法行为人户籍所在地的管理专利工作的部门进行了处理；（3）行政机关的内设工作机构行使了本机关的权限，如管理专利工作的部门内设的执法处（科）室以自己的名义对外作出了执法行为；（4）法律、法规授权的组织超越了授权范围；（5）受委托进行专利执法工作的组织超越了委托权限范围。

滥用职权则是指被申请的管理专利工作的部门虽然在形式上是在职责范围内作出专利执法行为，但是其在行使职权过程中违背了赋予其权限的法律、法规的宗旨。

3.4.1.2 事实证据的审查

事实清楚和证据确凿是具体行政行为合法的前提，对事实和证据的判断，直接影响审理的结果。对案件事实的审查，主要标准就是看证据是否确凿充分，因此在审理涉及专利执法的行政复议案件时，要对证据的质量和数量进行全面的判断。对证据具体有以下几个方面的要求：

（1）证据是真实客观存在的，不是由专利执法人员主观臆造出来的；

（2）证据需要和具体行政行为之间存在关联性，如处罚假冒专利行为依据应当是能证明其假冒行为的证据，而不能是与假冒专利无关的证明存在其他违法经营情况的证据；

（3）取证的主体和程序必须合法，如在进行现场取证的人员应具有执法权限、符合法定人数以及在现场收集证据时应履行法定的程序；

（4）具体行政行为依据的全部证据完整充分、确凿，据以定案的证据之间在逻辑上没有冲突，所有的证据都相互印证，形成一个完整的证据链。

3.4.1.3 依据的审查

对依据的审查，是指在查明事实的基础上，对被复议的专利执法行为是否正确适用法律、法规、规章以及其他规范性文件进行审查。这主要从如下几个方面进行判断：

（1）该依据是否适用于专利执法行为；

（2）是否本应适用甲依据时，却适用了乙依据；

（3）是否错误地适用了条款；

（4）适用依据是否全面，如是否为规避某些依据，仅适用了部分依据；

（5）适用依据是否已失效或尚未生效；

（6）适用的法律规范位阶是否正确，如有上位法的不能适用下位法，有法律、法规的不能适用法律、法规以下的规范性文件。

3.4.1.4 程序的审查

对程序的审查，就是指审查专利执法行为作出时是否符合法律、法规、规章规定的方式、形式、手续、顺序和时限的要求。如《专利行政执法办法》第三十条规定："管理专利工作的部门查封、扣押涉嫌假冒专利产品的，应当经其负责人批准。查封、扣押时，应当向当事人出具有关通知书。管理专利工作的部门查封、扣押涉嫌假冒专利产品，应当当场清点，制作笔录和清单，由当事人和执法人员签名或者盖章。当事人拒绝签名或者盖章的，由执法人员在笔录上注明。清单应当交当事人一份。"执法人员查封、扣押涉嫌假冒专利产品时应当遵循上述程序，否则就是程序不合法。

对程序的审查具体包括如下几个方面：

（1）是否履行法定手续。如是否在执法时表明执法身份，是否在处罚前告知了行政相对人其享有的权利，是否依法经领导批准，是否依法完成了送达等。

（2）是否符合法定形式。如法律规定用书面形式的，是否使用了书面形式；是否依法制作笔录等。

（3）是否符合法定步骤和顺序，即专利执法中是否严格依照法定程序进行。如是否在作最后处理决定前，先听取当事人的意见。

（4）是否在法定期限内完成具体行政行为。

3.4.1.5 适当性的审查

对适当性的审查,主要是指在进行专利执法时,是否公正合理地行使其自由裁量权。在进行适当性审查时,可以采取三种方法:一是横向比较的方法,即对于情节性质类似的情形,与所在地区同系统其他行政机关的处理结果是否大体类似;二是纵向比较的方法,即对于情节性质类似的情形,与本机关此前作出的处理是否大体类似;三是内部比较的方法,如在涉及多个违法行为人的案件中,对于违法性质和情节相类似的两个违法行为人,给予处理的结果是否大体类似。

3.4.2 专利执法行政复议决定的类型

根据专利执法行政复议的审理结果,行政复议决定的类型主要包括以下几种。

3.4.2.1 维持决定

当行政复议机关经过对专利执法行为的审查,认为该执法行为同时满足事实清楚、证据确凿、适用依据正确、程序合法、内容适当这五个方面要求的,应当作出维持该执法行为的复议决定。

3.4.2.2 撤销决定

当专利执法行为具备以下六种情形中的任意一种时,行政复议机关可以依法作出撤销该具体行政行为的决定:

(1) 主要事实不清,证据不足;
(2) 适用依据错误;
(3) 违反法定程序;
(4) 超越或滥用职权;
(5) 具体行政行为明显不当;
(6) 被申请人没有提出书面答复,未提交当初作出具体行政行为的证据、依据和其他有关材料的。

专利执法行政复议撤销决定的类型可以分为两种:一是全部撤销具体行政行为,如假冒专利的查处决定是没收违法所得,同时处以罚款的,行政复议决定将两种处罚一并撤销;二是部分撤销具体行政行为,如将前例中的没收违法所得的处罚予以保留,而对罚款的处罚予以撤销。

3.4.2.3 变更决定

除作出撤销决定外,专利执法行政复议机关还可以作出决定直接变更被申请人的具体行政行为。变更决定主要适用于以下两种情形:(1) 案件事实清楚,证据确凿,程序合法,但具体行政行为明显不当或适用依据错误的;(2) 案件认定事实不清,证据不足,但是经行政复议机关审理查明,事实清楚,证据确凿的。

行政复议机关在作变更决定时,在申请人的专利执法行政复议请求范围内,不得作出对申请人更为不利的行政复议决定。

3.4.2.4 确认违法决定

确认违法决定是指,行政复议机关确认被复议的专利执法行为违法的行政复议决定。当专利执法行为有以下几种情形之一,且不能适用撤销或变更决定时,专利执法行政复议机关可以作出确认违法决定:

(1) 主要事实不清,证据不足;
(2) 适用依据错误;
(3) 违反法定程序;

(4) 超越或滥用职权；

(5) 具体行政行为明显不当。

3.4.2.5 责令重作决定

当专利执法行政复议机关作出撤销或确认违法决定的同时，还可以责令被申请人在一定期限内重新作出具体行政行为。

当专利执法行政复议机关责令被申请人重新作出专利执法行为的，被申请人不得以同一事实和理由作出与原具体行政行为相同或者基本相同的专利执法行为。但对于因程序违法而被撤销或确认违法的专利执法行为，如果重新作出的专利执法行为遵循了法定程序，修正了程序瑕疵，则不受上述限制。

专利执法行政复议机关责令被申请人重新作出专利执法行为的，被申请人应当在相关法律、法规、规章规定的期限内重新作出具体行政行为；相关法律、法规、规章没有规定期限的，重新作出具体行政行为的期限为60日。

3.4.2.6 责令履行决定

当被申请人有不履行法定职责的情形时，专利执法行政复议机关应当作出责令履行的决定。在专利执法中责令履行决定主要适用三类案件：（1）没有履行保护专利权等财产权的法定职责的案件；（2）没有履行查处假冒专利行为的案件；（3）没有应申请人申请依法公开执法信息的案件。

专利执法行政复议机关作出责令履行的行政复议决定应当具备以下几个条件：（1）申请人已提供材料证明曾经申请被申请人履行法定职责的事实；（2）要求作出的具体行政行为在被申请人的职权范围内，也就是说，被申请人负有履行的法定职责；（3）被申请人未履行法定职责且无正当理由；（4）责令被申请人继续履行法定职责对申请人而言还具有实际意义。

专利执法行政复议机关决定被申请人履行法定职责的，应当同时明确被申请人履行该职责的期限。

3.4.2.7 驳回专利执法行政复议申请决定

有下列情形之一的，专利执法行政复议机关应当决定驳回行政复议申请：

（1）申请人认为管理专利工作的部门不履行法定职责申请专利执法行政复议，行政复议机关受理后发现该部门没有相应法定职责或者在受理前已经履行法定职责；

（2）受理专利执法行政复议申请后，发现该专利执法行政复议申请不符合《行政复议法》和《行政复议法实施条例》规定的受理条件。

第4章 专利执法行政复议的期间和送达

专利执法行政复议期间的计算和行政复议文书的送达，依照《民事诉讼法》关于期间和送达的规定执行。

第1节 专利执法行政复议期间

4.1.1 期间的计算单位

专利执法行政复议期间的主要计算单位为"日"。如公民、法人和其他组织申请专利执法行政复议的期限为60日，行政复议机关对专利执法行政复议申请进行审查以决定是否受理的期限为5日。

根据《行政复议法》第四十条第二款的规定，行政复议期间有关"5日""7日"的规定是指工作日，不含节假日。除此之外，其他期间的"日"指自然日。

4.1.2 期间的计算方法
4.1.2.1 期间的起算
专利执法行政复议期间开始的第一日不计算在期间内,即专利执法行政复议期间从法定或指定日期的第二日开始计算。例如,申请人于 2017 年 3 月 27 日向行政复议机关提出专利执法行政复议申请,如果行政复议机关经审理决定不予受理的,则其可以作出不予受理决定的日期应从 2017 年 3 月 28 日开始计算 5 个工作日。

4.1.2.2 期间的扣除
"5 日""7 日"的期间不包括节假日,应当扣除。除此之外,其他期间如"10 日""30 日""60 日"等不能扣除节假日,但是如果这些期间的最后一日恰好为节假日,则期间届满的日期也要顺延到节假日后的第一个工作日。

专利执法行政复议法律文书在邮寄过程中所花费的时间也应当扣除,如行政复议机关邮寄送达《专利执法行政复议决定书》的时间、行政复议申请人邮寄递交行政复议申请书的时间。

第 2 节 专利执法行政复议文书的送达

4.2.1 送达和送达回证
专利执法行政复议文书的送达,是指行政复议机关按照法定的程序和方式,将依法制作的专利执法行政复议法律文书交付复议参加人的行为。

根据《民事诉讼法》的相关规定,送达相关文书必须有送达回证,由受送达人在送达回证上记明收到日期,签名或者盖章。

受送达人在送达回证上的签收日期为送达日期。

4.2.2 法定的送达方式
4.2.2.1 直接送达
直接送达是指将专利执法行政复议法律文书直接送交受送达人签收的送达方式。原则上直接送达应当由受送达人本人或其代理人签收。本人不在时,可送交与其同住的成年家属签收。受送达人为法人或其他组织的,应当由法人的法定代表人、其他组织的主要负责人或者法人、其他组织的负责收件的人签收。受送达人向专利执法行政复议机关指定代收人的,也可以由代收人签收。

4.2.2.2 留置送达
留置送达是指在受送达人或者其同住的成年家属无正当理由拒绝签收行政复议法律文书的情况下,送达人可以邀请有关基层组织或者所在单位的代表到场,说明情况,在送达回证上注明拒收事由和日期,由送达人、见证人签名或者盖章,将文书留在受送达人的住所;也可以把文书留在受送达人的住所,并采用拍照、录像等方式记录送达过程,即视为送达。

4.2.2.3 委托送达
委托送达是指在直接送达方式确有困难的情况下,由专利执法行政复议机关委托受送达地的行政机关代为送达的送达方式。

4.2.2.4 邮寄送达
邮寄送达是指行政复议机关将专利执法行政复议法律文书交付邮局,由邮局通过寄送邮件的形式送交受送达人的送达方式。邮寄送达的,以送达回证上注明的收件日期为送达日期。受送达人没有寄回送达回证的,或送达回证上填写的日期明显错误的,以从邮局查询的受送达人实际收到日期为送达日期。

4.2.2.5 转送送达

转送送达是指行政复议机关将专利执法行政复议法律文书交由受送达人所在单位转交给受送达人的送达方式。转送送达适用于受送达人是军人和受送达人被监禁等情形。

4.2.2.6 公告送达

在受送达人下落不明，或者采取其他方式均无法送达的情况下，可以使用公告送达。公告送达可以在管理专利工作的部门公告栏、官方网站、受送达人原住所地张贴公告，也可以采取登报形式公告。自公告发布之日起，经过60日即视为送达。公告送达的，应当在行政复议案卷中载明原因和经过。

专利执法行政应诉指引（试行）

目　录

第1章　专利执法行政诉讼概述 ··· 570
　第1节　专利执法行政诉讼案件的类型 ·· 570
　　1.1.1　针对专利侵权纠纷处理提起的行政诉讼 ······························ 570
　　1.1.2　针对假冒专利行为查处提起的行政诉讼 ······························ 570
　第2节　专利执法行政诉讼案件的管辖 ·· 570
　　1.2.1　第一审案件 ·· 570
　　1.2.2　第二审案件 ·· 571
　　1.2.3　再审案件 ··· 571
第2章　专利执法行政诉讼案件的处理 ·· 571
　第1节　案件启动 ··· 572
　　2.1.1　第一审程序的启动 ··· 572
　　　2.1.1.1　起诉期限 ·· 572
　　　2.1.1.2　当事人地位 ··· 572
　　2.1.2　第二审程序的启动 ··· 572
　　2.1.3　再审程序的启动 ·· 573
　　　2.1.3.1　当事人申请再审 ··· 573
　　　2.1.3.2　法院主动再审 ·· 573
　　　2.1.3.3　检察院抗诉 ··· 573
　第2节　立案建档和代理人指派 ·· 573
　　2.2.1　立案建档 ·· 573
　　2.2.2　代理人指派 ··· 574
　第3节　诉讼材料准备 ·· 574
　　2.3.1　当事人启动的行政诉讼案件 ··· 574
　　　2.3.1.1　授权委托书 ··· 574
　　　2.3.1.2　答辩状 ··· 574
　　　　2.3.1.2.1　答辩状的形式 ·· 574
　　　　2.3.1.2.2　答辩状的撰写 ·· 574
　　　2.3.1.3　证据和证据清单 ··· 575
　　　2.3.1.4　行政行为所依据的法律或规范性文件 ··························· 576
　　2.3.2　管理专利工作的部门启动的行政诉讼案件 ·························· 576
　　　2.3.2.1　上诉案件 ·· 576
　　　　2.3.2.1.1　启动上诉案件前的报批 ······································· 576
　　　　2.3.2.1.2　上诉材料的准备 ·· 576
　　　　2.3.2.1.3　上诉状的撰写 ·· 576
　　　　2.3.2.1.4　证据材料和证据清单的准备 ································· 577
　　　2.3.2.2　再审申请案件 ·· 577

2.3.2.2.1　启动再审申请前的报批 ……………………………… 577
　　　2.3.2.2.2　再审申请材料的准备 …………………………………… 577
　　　2.3.2.2.3　再审申请书的撰写 ……………………………………… 577
　　　2.3.2.2.4　证据材料和证据清单的准备 …………………………… 577
第 4 节　出庭前的准备 ……………………………………………………………… 577
　2.4.1　确定出庭人员 …………………………………………………………… 577
　2.4.2　庭前合议 ………………………………………………………………… 577
　2.4.3　根据需要准备代理词 …………………………………………………… 578
　2.4.4　准备开庭所需材料 ……………………………………………………… 578
第 5 节　出庭应诉 …………………………………………………………………… 578
　2.5.1　庭审过程 ………………………………………………………………… 578
　　2.5.1.1　确认出庭资格 …………………………………………………… 578
　　2.5.1.2　法庭调查和法庭辩论 …………………………………………… 578
　　2.5.1.3　最后意见陈述 …………………………………………………… 579
　　2.5.1.4　核对笔录及签字 ………………………………………………… 579
　2.5.2　出庭注意事项 …………………………………………………………… 579
　　2.5.2.1　着　　装 ………………………………………………………… 579
　　2.5.2.2　态　　度 ………………………………………………………… 579
　　2.5.2.3　表　　达 ………………………………………………………… 579
　　2.5.2.4　应对合议庭提问 ………………………………………………… 579
　　2.5.2.5　应对突发情况 …………………………………………………… 579
第 6 节　庭后事务处理 ……………………………………………………………… 580
　2.6.1　补交诉讼代理词或证据 ………………………………………………… 580
　2.6.2　收到判决书或裁定书后的事务 ………………………………………… 580
　　2.6.2.1　收到一审判决书或裁定书 ……………………………………… 580
　　　2.6.2.1.1　一审判决或裁定的类型 …………………………………… 580
　　　2.6.2.1.2　一审判决或裁定后的报批 ………………………………… 581
　　2.6.2.2　收到二审判决书或裁定书 ……………………………………… 581
　　　2.6.2.2.1　二审判决或裁定的类型 …………………………………… 581
　　　2.6.2.2.2　二审判决或裁定后的报批 ………………………………… 581
第 7 节　结　案 ……………………………………………………………………… 581
第 3 章　诉讼程序中其他事宜 ………………………………………………………… 582
　3.1　送达回证、宣判笔录的签署 ………………………………………………… 582
　3.2　诉讼用印的使用管理 ………………………………………………………… 582
　3.3　诉讼费用缴纳 ………………………………………………………………… 582
附录　各个诉讼程序法律文书模板附表（略）[①]

[①] 相关表格可以在执法案件报送平台信息浏览和执法 QQ 群中下载。

第1章 专利执法行政诉讼概述

行政诉讼，是指公民、法人或者其他组织认为行政机关和行政机关工作人员的行政行为侵犯其合法权益，依照法律规定向人民法院提起的诉讼。专利执法行政诉讼，是指当事人对管理专利工作的部门作出的与行政执法有关的行政行为不服，依法向人民法院提起的行政诉讼。

第1节 专利执法行政诉讼案件的类型

根据管理专利工作的部门行政执法的类型，可以将专利执法行政诉讼粗略划分为两类。

1.1.1 针对专利侵权纠纷处理提起的行政诉讼

管理专利工作的部门针对请求人提出的专利侵权纠纷处理请求进行的以下处理，当事人不服相应处理决定的，可以向人民法院提起行政诉讼：

（1）认为不符合立案条件，向请求人发出《专利侵权纠纷处理请求不予受理通知书》的；

（2）经审理，认为需要作出行政处理决定，向当事人发出《专利侵权纠纷案件处理决定书》的；

（3）经审理，认为存在《专利行政执法操作指南（试行）》第2章第2.5.4.3.1节的情形，向当事人发出《撤销专利侵权纠纷案件决定书》的；

（4）管理专利工作的部门在接到请求之日起2个月内不履行法定职责的。

1.1.2 针对假冒专利行为查处提起的行政诉讼

管理专利工作的部门针对涉嫌假冒专利行为进行的以下处理，当事人对相应的处理决定不服的，可以向人民法院提起行政诉讼：

（1）收到举报人、投诉人对涉嫌假冒专利行为的举报，管理专利工作的部门经调查核实，认为不构成假冒专利，向举报人、投诉人发出《举报涉嫌假冒专利案件不予立案通知书》或者《撤销案件通知书》的；

（2）有初步证据证明是假冒专利，向当事人发出《查封（扣押）决定书》，查封或者扣押涉嫌假冒专利的产品的；

（3）经调查核实，认定假冒专利行为成立，向当事人发出《责令整改通知书》，责令停止假冒专利行为和采取改正措施的；

（4）经调查核实，认定假冒专利行为成立，在当事人有违法所得或者应当进行处罚的情况下，发出《行政处罚决定书》，没收违法所得、单处或者并处罚款的。

以上第（2）类案件包括当事人对管理专利工作的部门作出的行政行为不服，依法向上级主管部门申请行政复议，上级管理专利工作的部门作为复议机关维持原行政行为，当事人对复议决定不服，向人民法院提起行政诉讼，作出复议决定的上级管理专利工作的部门和作出原行政行为的管理专利工作的部门一起作为共同被告参加行政诉讼的情形。

调查取证、登记保存证据、中止等程序性行为，虽然也可能影响当事人的利益，但不宜将其纳入行政诉讼范畴。

第2节 专利执法行政诉讼案件的管辖

依据《行政诉讼法》，专利执法行政诉讼案件实行两审终审制。

1.2.1 第一审案件

不服管理专利工作的部门所作行政行为提起的第一审行政诉讼案件，由各省、自治区、直辖市人民政府所在地中级人民法院和最高人民法院指定的中级人民法院或基层人民法院管辖。例如：

（1）不服北京市知识产权局、上海市知识产权局的行政行为提起的行政诉讼，分别由北京知识产权法院、上海知识产权法院管辖；

（2）不服广东省内（深圳地区除外）各管理专利工作的部门的行政行为提起的行政诉讼，由广州知识产权法院管辖；不服深圳地区管理专利工作的部门的行政行为提起的行政诉讼，由深圳市中级人民法院管辖；

（3）不服其他省、自治区、直辖市管理专利工作的部门的行政行为提起的行政诉讼，由各省、自治区、直辖市人民政府所在地中级人民法院或者最高人民法院指定的中级人民法院或基层人民法院管辖；

（4）受省、自治区、直辖市管理专利工作的部门委托进行执法的县、市级管理专利工作的部门所作的行政行为，当事人对其不服的，通常由各省、自治区、直辖市人民政府所在地中级人民法院或者最高人民法院指定的中级人民法院或基层人民法院管辖；

（5）由地方性法规授权的县、市级管理专利工作的部门作出的行政行为，当事人对其不服的，除地方性法规另有规定的外，由各省、自治区、直辖市人民政府所在地中级人民法院或者最高人民法院指定的中级人民法院或基层人民法院管辖。

管理专利工作的部门作为复议机关的，根据复议决定的类型、当事人的诉讼请求，结合以上（1）～（5）中的管辖原则确定具体的管辖法院。例如，复议机关维持原行政行为的，作出原行政行为的行政机关和复议机关作为共同被告，两被告所在地有管辖权的人民法院均可管辖；复议机关改变原行政行为的，由复议机关所在地有管辖权的人民法院管辖；复议机关在法定期限内未作出复议决定，当事人起诉原行政行为的，由作出原行政行为的行政机关所在地有管辖权的人民法院管辖；起诉复议机关不作为的，由复议机关所在地有管辖权的人民法院管辖。

1.2.2　第二审案件

对一审判决、裁定不服提起的上诉案件，由第一审人民法院（以下简称"一审法院"）所在地的上级人民法院管辖。例如：

（1）对北京知识产权法院、上海知识产权法院和广州知识产权法院作出的一审判决、裁定不服提起的上诉，分别由北京市高级人民法院、上海市高级人民法院和广东省高级人民法院管辖；

（2）对深圳市中级人民法院作出的一审判决、裁定不服提起的上诉，由广东省高级人民法院管辖；

（3）对其他省、自治区、直辖市人民政府所在地中级人民法院或者最高人民法院指定的中级人民法院作出的一审判决、裁定不服提起的上诉，由各省、自治区、直辖市高级人民法院管辖；

（4）对最高人民法院指定的基层人民法院作出的一审判决、裁定不服提起的上诉，由该法院所在地的上一级人民法院管辖。

1.2.3　再审案件

对于已经发生法律效力的判决、裁定不服，当事人可以向第二审人民法院（以下简称"二审法院"）的上一级人民法院申请再审，但原判决、裁定不停止执行。

第2章　专利执法行政诉讼案件的处理

专利执法行政诉讼案件启动后，管理专利工作的部门应当做好立案建档、代理人指派、开庭前准备、出庭应诉、庭后事务处理以及结案工作。

第1节 案件启动

除管理专利工作的部门自行提起上诉或再审申请的案件外,专利执法行政诉讼案件通常由行政执法案件的当事人向人民法院提起诉讼,管理专利工作的部门作为被告、被上诉人、被申请人参加诉讼。

2.1.1 第一审程序的启动

专利执法行政诉讼案件的第一审程序均由行政决定所涉当事人启动,管理专利工作的部门只能作为被告进行应诉。

2.1.1.1 起诉期限

通常情况下,当事人启动第一审程序的期限为自知道或者应当知道作出行政行为之日起6个月内。例如,针对假冒专利行为查处中的《查封(扣押)通知书》,责令停止假冒专利行为和采取改正措施的《责令整改通知书》、没收违法所得、罚款等《行政处罚决定书》提起行政诉讼的,起诉期限为自知道或者应当知道作出行政行为之日起6个月内。

有两类案件,第一审程序的启动期限为自收到处理通知之日起15日内。一是针对《专利侵权纠纷案件处理决定书》提起行政诉讼的,起诉期限为自收到处理通知之日起15日内;二是当事人先向上级管理专利工作的部门申请复议,对行政复议决定不服再向人民法院提起诉讼的,起诉期限为自收到复议决定书之日起15日内。

当事人针对管理专利工作的部门在接到专利侵权纠纷处理请求之日起2个月内不履行法定职责的,2个月期限届满后,当事人即可以向人民法院提起行政诉讼。

2.1.1.2 当事人地位

当事人针对与专利侵权纠纷案件相关的行政行为提起行政诉讼的,该当事人为原告,管理专利工作的部门为被告,通知书或决定书中涉及的其他当事人作为第三人。

当事人针对假冒专利行为查处过程中的行政行为提起行政诉讼的,该当事人为原告,管理专利工作的部门为被告。

当事人针对维持原行政行为的复议决定提起行政诉讼的,该当事人为原告,作出原行政行为的管理专利工作的部门和履行复议职能的上级管理专利工作的部门为共同被告。当事人针对改变原行政行为的复议决定提起行政诉讼的,该当事人为原告,履行复议职能的上级管理专利工作的部门为被告。

当事人提出行政复议请求,但履行复议职能的上级管理专利工作的部门在法定期限内未作出复议决定,当事人起诉作出原行政行为的管理专利工作的部门的,该当事人为原告,作出原行政行为的管理专利工作的部门是被告;当事人起诉履行复议职能的上级管理专利工作的部门的,该当事人为原告,履行复议职能的上级管理专利工作的部门为被告。

2.1.2 第二审程序的启动

专利执法行政诉讼案件的第二审程序可由一审程序的任一方启动,包括原告、被告和第三人。

原告不服一审判决或裁定提起上诉的,该当事人为上诉人,管理专利工作的部门作为被上诉人参加应诉,其他当事人通常被列为原审第三人。第三人不服一审判决或裁定提起上诉的,该原审第三人为上诉人,原审原告作为被上诉人参加应诉,管理专利工作的部门通常被列为原审被告。管理专利工作的部门不服一审判决,也可以作为上诉人主动提起上诉,此时原审原告将被列为被上诉人,原审第三人仍作为第三人参加诉讼。

针对判决书提起上诉的期限为自一审判决书送达之日起 15 日内，针对裁定书提起上诉的期限为自裁定书送达之日起 10 日内。送达之日是指当事人收到人民法院送达的裁判文书的日期，上诉期限从该日期的第二天起算。

2.1.3 再审程序的启动

再审程序是对两审终审制的补充。再审程序的启动有三种渠道：当事人申请、法院主动再审和检察院抗诉。

2.1.3.1 当事人申请再审

任何一方当事人，包括管理专利工作的部门，对已经发生法律效力的判决、裁定不服，均可以向上一级人民法院申请再审。原则上，申请再审应当在判决、裁定发生法律效力后 6 个月内提出。当存在以下情形时，可以自知道或者应当知道之日起 6 个月内提出：

（1）有新的证据，足以推翻原判决、裁定的；
（2）原判决、裁定认定事实的主要证据是伪造的；
（3）据以作出原判决、裁定的法律文书被撤销或者变更的；
（4）审判人员审理该案件时有贪污受贿、徇私舞弊、枉法裁判行为的。

原告或第三人提出再审申请时，该当事人为再审申请人，管理专利工作的部门为被申请人，另一方当事人通常被列为原审原告或原审第三人。管理专利工作的部门主动提起再审申请的，原审原告将被列为被申请人，原审第三人仍作为原审第三人参加诉讼。

2.1.3.2 法院主动再审

最高人民法院对地方各级人民法院已经发生法律效力的判决、裁定，发现有《行政诉讼法》第九十一条规定情形之一的，有权提审或者指令下级人民法院再审。

各级人民法院的院长对本院已经发生法律效力的判决、裁定，发现有《行政诉讼法》第九十一条规定情形之一，认为需要再审的，经提交审判委员会讨论决定后，可以启动再审程序。

管理专利工作的部门根据人民法院的通知和要求参加诉讼。

2.1.3.3 检察院抗诉

最高人民检察院对各级人民法院已经发生法律效力的判决、裁定，上级人民检察院对下级人民法院已经发生法律效力的判决、裁定，发现有《行政诉讼法》第九十一条规定情形之一的，有权按照审判监督程序提出抗诉，进而由人民法院启动再审程序。

地方各级人民检察院对同级人民法院已经发生法律效力的判决、裁定，发现有《行政诉讼法》第九十一条规定情形之一的，可以向同级人民法院提出检察建议，并报上级人民检察院备案；也可以提请上级人民检察院向同级人民法院提出抗诉，进而由人民法院启动再审程序。

管理专利工作的部门根据人民法院的通知和要求参加诉讼。

第 2 节 立案建档和代理人指派

2.2.1 立案建档

立案建档是行政诉讼案件处理的第一环节。

管理专利工作的部门应当根据实际情况，指定专门处（科）室（下称"行政诉讼处室"）负责行政诉讼工作。如果行政诉讼处室不同于作出行政行为的业务处（科）室（下称"业务处室"），应当做好二者的衔接和分工。

行政诉讼处室在收到法院的应诉通知书等材料后，应当签收送达回证并进行登记（参见附表1），注明收到日期，生成诉讼案件编号，制作诉讼案卷。

2.2.2 代理人指派

专利执法行政诉讼案件通常应当指派两名代理人参加诉讼，其中最好包括一名被诉行政行为的承办人或者熟悉相关案件情况的工作人员。根据工作需要，管理专利工作的部门也可以委托本单位以外的专业人士，例如律师或专利代理人等作为委托代理人参加行政诉讼。两名代理人的分工由管理专利工作的部门根据实际情况确定。

第3节 诉讼材料准备

管理专利工作的部门在行政诉讼中需要准备的材料依据其在诉讼中的地位不同具有一定的差异。

2.3.1 当事人启动的行政诉讼案件

针对当事人启动的行政诉讼案件，管理专利工作的部门作为被告、被上诉人或者再审被申请人，需要在自收到应诉通知书及起诉状副本之日起15日内提交答辩材料，包括但不限于：统一社会信用代码证书、法定代表人身份证明、授权委托书、答辩状、作出行政行为依据的证据及证据清单、作出行政行为所依据的法律及规范性文件等。

2.3.1.1 授权委托书

授权委托书应当由正职负责人签批（参见附表2）。出庭前代理人发生变更的，应当对变更后的代理人准备授权委托书（参见附表3）。

代理人应当在委托代理权限范围内进行应诉。代理人的代理权限包括以下一项或多项：

（1）出庭参加诉讼活动；
（2）进行调解；
（3）进行法庭质证和辩论；
（4）其他需要委托的事项。

2.3.1.2 答辩状

答辩状是管理专利工作的部门针对起诉状、上诉状或者再审申请书的内容，在法定期限内根据事实和法律进行回答和辩驳的法律文书。提交答辩状是法律赋予当事人的一种权利，有利于保护其正当合法权益，也有利于人民法院全面了解案情，判明是非，作出正确的判决或裁定。

代理人应当在收到应诉材料之日起7日内针对原告的起诉资格、诉讼时效、诉讼请求及理由等事项提出应诉意见，形成答辩状，连同整理的证据材料和证据清单一起报分管负责人和/或正职负责人审批。

2.3.1.2.1 答辩状的形式

一份完整的行政答辩状应当包括首部、正文、尾部及附项三方面的内容（参见附表4）。

首部即标题"行政答辩状"。正文部分由三部分组成：当事人栏、案由部分和答辩部分。尾部及附项部分包括三方面的内容：（1）致送机关；（2）答辩人及答辩日期；（3）附项，包括答辩状副本份数、证物或书证件数、法律和法规复印件份数。

2.3.1.2.2 答辩状的撰写

撰写答辩状时，应当针对原告、上诉人或者再审申请人提出的全部理由并结合证据和法律依据逐一进行答辩，答辩内容具有针对性且不能遗漏。答辩理由应论证详尽、条理清楚、逻辑严密，必要时可以用证据（主要是行政程序中采用的证据）和/或相关法律依据予以支持。没有证据或法律依据的答辩理由尽量不要写入答辩状，确保答辩理由符合法律规定。

（1）注意不同审级当事人的正确称呼：一审程序中为原告/被告/第三人，二审程序中为上诉人/被上诉人/原审第三人，再审程序中为再审申请人/再审被申请人等。

（2）针对程序问题进行答辩，包括诉讼主体是否适格、起诉或上诉期限是否超期、当事人是否提交了在行政程序中未出现的新证据和新理由等。如果经核实原告不是被诉行政决定或通知书的当事人或者起诉或上诉期限超出法定期限，则需要在答辩状中说明，请求法院依法裁定驳回其诉讼请求；如果原告提交了在行政程序中没有出现过的新证据，或者提出了在行政程序中没有提出过的新理由，则需要在答辩状中说明，请求法院对该证据不予采信，对该理由不予审理或请求法院准许补充证据。

（3）针对实体问题进行答辩。可以引述被诉行政决定中的论述，必要时针对诉讼请求对被诉行政决定的理由作进一步解释和论述。对于原告所叙述的案件事实与实际情况不符之处，应明确提出，予以辩驳，并清楚、简要地描述案情，就争议的重点事实进行详细阐述。

根据案情，可以采取以下几种答辩技巧：

① 认为行政行为完全正确的，需明确指出原告诉讼请求没有依据。针对原告诉讼请求的论点，提出确实充分的证据证明案情事实，列举有关的法律、法规，并适当摘引其相应的条款进行辩驳，说明作出行政行为所适用的实体法和程序法正确；

② 认为行政行为有欠缺的，可先就行政行为的正确部分，根据事实、证据以及法律、法规进行答辩，然后再实事求是地说明行政行为的瑕疵或不妥之处，并提出改正意见；

③ 发现行政行为确属不当的，可不进行答辩。

（4）准确提出答辩请求。在答辩状正文的最后部分，准确提出答辩请求，例如："综上所述，×××知识产权局作出的第×××号行政决定（通知书）认定事实清楚，适用法律法规正确，处理程序合法，处理结论正确，原告的诉讼理由不能成立，请贵院驳回原告诉讼请求。"

2.3.1.3 证据和证据清单

行政诉讼是法院对行政行为的合法性进行审查的制度。在行政诉讼中，行政机关对其作出的行政行为的合法性负有举证责任，如果行政机关不能在举证期限内提交证据或者无正当理由逾期提交证据证明其行政行为合法，将要承担不利的法律后果。

证据应当与答辩状中的内容相对应，以证明行政行为合法性为目的，通常包括两种类型：

（1）证明行政行为程序合法的证据。例如受理通知书、答辩通知书、送达登记表、接收当事人证据材料清单、证据登记保存清单、查封（扣押）物品清单、现场笔录、口头审理记录、听证笔录等。

（2）证明行政行为实体合法的证据。例如调查取证的照片或录像、现场笔录、口头审理记录等。

对于需要提交的证据，应当制作证据清单（参见附表5），详细列明每个证据的证据名称和证明目的，其中，证明目的可以逐项列出，也可以综合概括。在形成证据清单时，需要注意以下几点：

（1）被诉决定或通知书是行政诉讼审查的对象，原告或上诉人没有提交该决定或通知书的，管理专利工作的部门应当将该决定或通知书以附件的形式提交，不应当将其列为证据；

（2）原告提交过的证据不用重复提交，但是如果这些证据同时也是被诉决定或通知书所依据的证据，则需要在证据清单中列出，同时注明"以上证据××已由原告提交，不再另行提交"；

（3）被诉决定或通知书中依据多份证据的，根据需要可以注明"被诉决定中的证据××"。

2.3.1.4 行政行为所依据的法律或规范性文件

一般情况下，提供能够证明行政行为程序、实体合法的法律或规范性文件的相关条款即可。必要时，可打印或复印相应文件作为诉讼材料的一部分。

2.3.2 管理专利工作的部门启动的行政诉讼案件

管理专利工作的部门启动的行政诉讼案件仅限于两种类型，一是管理专利工作的部门不服一审判决或裁定决定提起上诉的案件，二是管理专利工作的部门不服二审判决或裁定决定提起再审申请的案件。

2.3.2.1 上诉案件

管理专利工作的部门决定提起上诉的，应当在收到判决书之日起 15 日内或收到裁定书之日起 10 日内向原审人民法院的上一级人民法院提起上诉。

2.3.2.1.1 启动上诉案件前的报批

管理专利工作的部门收到一审判决书或裁定书后，两名代理人应当于收文之日起 3 日内商定是否提起上诉，填写诉讼案件分析表（参见附表 6），并报分管负责人审批，决定是否上诉。

2.3.2.1.2 上诉材料的准备

管理专利工作的部门决定提起上诉的，应当准备上诉材料，通常包括但不限于：统一社会信用代码证书、法定代表人身份证明、授权委托书、上诉状、证据清单、证据材料、用于供二审法院参考的其他材料等。

上诉状内容由两名代理人共同商定。代理人应当根据具体分工，在收文之日起 8 日内起草上诉状，准备拟提交的证据材料和证据清单等诉讼材料，报主管负责人和/或正职负责人审批后，在上诉期限内提交二审法院。

2.3.2.1.3 上诉状的撰写

上诉状是当事人不服一审判决或裁定，按照法定程序和期限向上一级人民法院提起上诉时使用的文书。一份完整的上诉状应当包括首部、正文、尾部及附项三方面的内容（模板参见附表 7）。

首部即标题"行政上诉状"。

正文通常由三部分组成：当事人栏、诉讼请求、上诉的事实与理由。

（1）当事人栏。除列明上诉人的情况外，还要列出被上诉人的情况。

（2）诉讼请求。诉讼请求部分应当写明上诉人请求二审法院依法撤销或变更原审裁判以及如何解决争议的具体要求。上诉请求应当明确、具体。

（3）上诉的事实与理由。首先应当概括叙述案情及原审人民法院的处理经过和结果，为论证上诉理由奠定基础。其次针对原审判决或裁定中的错误和问题进行分析论证，表述正确主张，阐明上诉理由，为实现上诉请求提供事实和法律依据；针对判决或裁定中存在的错误和问题的分析应当有理有据。最后概括性地重申诉讼请求的内容，即撤销原审判决或裁定。

通常可以从以下几个方面具体阐述上诉理由：

① 事实认定错误的，应当列举证据，否定其认定的全部或部分事实；

② 适用法律不当的，应当援引有关法律加以反驳；

③ 违反法定程序的，应当依据法律指出错误之处。

尾部和附项包括三方面的内容：（1）致送机关；（2）上诉人和上诉日期；（3）附项，包括上诉状副本份数、证物或书证件数、法律和法规复印件份数。

2.3.2.1.4 证据材料和证据清单的准备

提起上诉时证据和证据清单的准备与应对当事人启动的行政诉讼案件的相应要求相同（参见本章第2.3.1.3节）。

2.3.2.2 再审申请案件

管理专利工作的部门申请再审的，应当在判决、裁定发生法律效力后6个月内提出。

2.3.2.2.1 启动再审申请前的报批

管理专利工作的部门收到生效判决书或裁定书后，两名代理人应当于收文之日起5日内商定是否提起再审申请，填写诉讼案件分析表（参见附表6），并在收文之日起2周内报分管负责人审批，决定是否提起再审申请。

2.3.2.2.2 再审申请材料的准备

管理专利工作的部门决定申请再审的，代理人应当在完成报批程序之日起15日内准备再审申请材料，通常包括但不限于：统一社会信用代码证书、法定代表人身份证明、授权委托书、再审申请书、证据清单、证据材料、用于供再审人民法院参考的其他材料等。

再审申请书内容由两名代理人共同商定。代理人应当根据具体分工起草再审申请书，准备拟提交的证据材料和证据清单等诉讼材料，一并报分管负责人和/或正职负责人审批后，在法定期限内按照规定将相应的再审申请材料提交人民法院。

2.3.2.2.3 再审申请书的撰写

再审申请书针对的是生效判决或裁定中存在的事实认定、法律适用等错误，在撰写格式和行文方式上与上诉状类似（模板参见附表8）。

再审申请书与上诉状的不同之处主要体现在以下几个方面：

（1）当事人地位。分别为再审申请人、被申请人。

（2）诉讼请求。诉讼请求部分应当写明请求人民法院撤销、部分撤销或变更人民法院已经发生法律效力的判决、裁定的具体事项。该部分应当明确具体、简明扼要。

（3）事实与理由。除了针对所涉案件二审判决或裁定中存在的认定事实不清、适用法律不当、违反法定程序等进行分析论证外，再审申请书还可以就该案的争议焦点从更深层次进行详细分析和说明，例如，可以从法律、法规如何适用才更符合立法本意角度进行充分阐释，而不仅限于具体个案情况。

2.3.2.2.4 证据材料和证据清单的准备

提起再审申请时证据和证据清单的准备与应对相对人启动的行政诉讼案件的相应要求相同（参见本章第2.3.1.3节）。

第4节 出庭前的准备

开庭前，应当针对庭审中可能遇到的情况进行充分的准备，以确保庭审顺利进行。

2.4.1 确定出庭人员

正职负责人或分管负责人应当尽可能出庭应诉；对于涉及重大公共利益、社会高度关注或者可能引发群体性事件等案件以及人民法院书面建议行政机关负责人出庭的行政诉讼案件，正职负责人或分管负责人应当出庭应诉。

正职负责人或分管负责人不能出庭的，应当委托工作人员出庭。

2.4.2 庭前合议

开庭前，两名代理人应当全面阅卷，并就案件情况进行合议。针对起诉状、上诉状或者再审申请书中涉及的内容，分析庭审中可能遇到的问题，并确定应对方案。

庭前合议通常包括以下内容：(1) 梳理案件处理过程；(2) 熟悉案件中可能涉及的技术问题；(3) 讨论起诉状、上诉状或者再审申请书中涉及的主要争议焦点，逐一商议应对方案；(4) 讨论庭审中可能出现的其他问题并准备应对预案；(5) 确定开庭中的分工以及是否需要准备代理词，例如，可以根据实际情况，由其中一名代理人重点负责程序和法律问题（下称"第一代理人"），另一名代理人负责实体问题（下称"第二代理人"）。

管理专利工作的部门的负责人出庭应诉的，应当参加庭前合议，了解庭审应对思路和注意事项，准备预案。

2.4.3 根据需要准备代理词

代理词主要用于在人民法院开庭审理中或者开庭后向合议庭陈述意见。代理人可以根据案件的具体情况，决定是否在开庭审理时准备并提交代理词。

对于庭审前确需拟定代理词的，代理词内容由两名代理人共同商定。根据庭审合议中确定的分工，各自起草所负责陈述部分的代理词，汇总后，根据需要提交人民法院。

撰写代理词时，应当将重点放在答辩状、上诉状或再审申请书中遗漏的内容上，对于答辩状、上诉状或再审申请书中已经全面阐述的内容可以不必重复。

2.4.4 准备开庭所需材料

开庭前，代理人应当整理好诉讼案卷，将开庭所必需的材料装订入诉讼案卷中。对于需要质证的证据，根据实际情况准备证据原件。必要时，准备庭审中可能涉及的法律、法规及其他相关的规范性文件的复印件。

第5节 出庭应诉

开庭审理是人民法院审判的核心阶段，是人民法院在完成审判前的准备工作后，在人民法院或其他适宜场所设置的法庭内，对案件进行审理的过程。

2.5.1 庭审过程

庭审通常主要包括确认出庭人员资格、法庭调查、法庭辩论、最后意见陈述、核对笔录、签字等几个步骤。

2.5.1.1 确认出庭资格

确认当事人及出庭人员资格是法院庭审的第一阶段。通常由审判长主持，各方介绍单位名称、住所地、法定代表人及其职务、出庭人员情况及各代理人代理权限，并核实各方当事人身份。

之后，审判长宣布案由和审判人员、书记员名单，告知当事人诉讼权利义务，并询问当事人是否对审议庭组成人员提出回避申请等事项。

该阶段通常由第一代理人负责陈述。

2.5.1.2 法庭调查和法庭辩论

法庭调查和法庭辩论可能分阶段进行，但针对专利行政执法行政诉讼案件，这两个阶段通常合二为一，没有严格的界线。法庭调查开始时，通常先由各方简单陈述诉讼请求或答辩意见、出示证据并与对方当事人进行证据质证；之后，合议庭归纳庭审要点，并由各方围绕每个庭审要点陈述意见。

在法庭调查和法庭辩论阶段，两名代理人应当根据事先确定的分工，分别负责对涉案决定的程序、法律及实体问题陈述意见。二人应当相互配合，必要时相互补充；对于庭审中新出现的、庭审前未准备的其他问题，应当协商后作出答辩。

对于管理专利工作的部门提起上诉或再审申请的案件，管理专利工作的部门处于主动提出诉求的地位，在庭审中需要明确上诉或再审申请请求，并针对在前判决或裁定中存在的问题逐一反驳，必要时结合证据进行论述。

2.5.1.3 最后意见陈述

最后陈述阶段由诉讼代理人作最后陈述，一般情况下坚持当庭陈述意见即可，如有必要，可以对需要补充说明的法律适用等问题再进行陈述。这一阶段通常由第一代理人负责。

2.5.1.4 核对笔录及签字

庭审结束后，所有出庭人员均需要在开庭笔录上签字。两名代理人需要核对开庭笔录，尤其是本方陈述的意见是否完整、准确，之后再签字确认。

2.5.2 出庭注意事项

2.5.2.1 着　　装

代理人开庭穿着应当庄重简洁，尽量着正装，避免穿着暴露、过于休闲。

2.5.2.2 态　　度

庭审中应当尊重审判人员及对方、第三方出庭人员；庭审前后注意保持行政机关的中立立场，避免与对方、第三方出庭人员有过于密切的行为或者交谈；对对方出庭人员在庭审中的过激言辞要不卑不亢，态度礼貌地提醒法官注意当事人的不当行为，避免直接与对方当事人争论。

2.5.2.3 表　　达

庭审中语言表达以沟通为目的。代理人发言要用词礼貌，发言清晰、自信，语速适中，注意根据不同问题掌握发言节奏。对于案情的描述应当客观、完整、清楚、简洁；回应对方当事人的问题时，应当客观阐述，避免使用过激言辞激怒对方。两名代理人之间要注重沟通，不要独自贸然回答，特别是对案件可能有重要影响的事实，更需要在沟通后再回答。

2.5.2.4 应对合议庭提问

在专利行政诉讼中，合议庭的提问一般包括两种情形，一是针对具体案件情况进行提问，二是针对法律适用问题进行提问。

合议庭对具体案件情况提问通常意味着相关内容很重要，行政决定或通知书中针对该部分内容的认定可能影响到判决或裁定的结论，此时应当关注合议庭针对该部分问题的疑惑，重点解释并详细阐述行政决定或通知书中的观点。

合议庭对法律适用问题所作的一般性提问可能只意味着合议庭希望了解管理专利工作的部门的普遍做法，此时可以简洁、系统地介绍现有的规定和处理方式。对于尚存在争议、部门没有统一结论的问题，可以从不同角度阐述不同观点，切忌将个人观点作为统一观点进行回复，以避免产生不必要的误导。

2.5.2.5 应对突发情况

庭审中不可避免会遇到一些突发情况。代理人应当冷静面对，及时沟通。

（1）是否需要提出回避请求

根据《行政诉讼法》的相关规定，当事人认为审判人员与本案有利害关系或者有其他关系可能影响公正审判的，有权申请审判人员回避。

（2）对方当事人未到庭或者中途退庭

应当要求法庭明确对方仅是迟到还是无法参加。对于一审程序，如果确定原告经合法传唤未到庭，可以请求人民法院按撤诉处理。

（3）当事人资格或出庭人员身份存在问题

针对对方出庭人员，如果发现其身份资格或者授权委托书存在问题（尤其当对方当事人为境外公司，出庭人员为境外公司职员时），可请求合议庭核实当事人或者委托代理人的出庭手续是否合法有效。

（4）起诉或上诉期限超期

庭审中，如果发现对方当事人可能存在起诉或上诉期限超期的问题，可请求合议庭当庭核实立案信息。

（5）证人、专家辅助人、鉴定人等出庭作证

对于对方当事人在未告知或通知的情况下，有证人出庭作证或者邀请专家辅助人的，应当请求合议庭查核其申请程序是否合法，提请合议庭注意相关出庭人员身份是否适格；在申请程序和资格均无瑕疵的情况下，可以根据具体案情重点针对证人的证言是否与事实相符、是否存在逻辑错误，鉴定人或专家辅助人的陈述是否超出其鉴定范围或专业知识范围等问题陈述意见或发表质证意见。

（6）庭审中对方当事人突然提出新理由和要求提交新证据

对于对方当事人在庭审过程中突然提出新理由、要求提交新证据的情况，代理人一般情况下可以请求合议庭不予接受；对于在起诉状、上诉状或者再审申请书中未涉及的新的诉讼理由，如果确实无法回应，可以要求合议庭再次开庭；对于对方当事人之前未提及、在庭前合议中也未准备的有关行政决定或通知书中的瑕疵或者缺陷，代理人应当及时沟通，商量应对，如果确实没有把握回答，可以坚持决定或通知书中的内容；如果确实需要，可以向合议庭说明情况，请求庭后补交相关资料、补充意见或者提交代理词等。

第 6 节　庭后事务处理

庭审结束后，应人民法院要求或代理人认为确有必要的情况下，可以补交诉讼代理词或者证据，提交程序与答辩材料的提交相同；或者根据案件情况与人民法院进行电话沟通。

2.6.1　补交诉讼代理词或证据

当合议庭明确要求代理人针对某些问题提交代理词时，可能意味着合议庭对某些事实的认定尚不明确，需要通过进一步的书面意见更准确地理解案情，促进心证形成。此时需要认真对待，针对所述问题，结合庭审中合议庭关注的事项，逐一详细阐述，论证行政决定对于该问题认定的合法性与合理性。

合议庭要求当事人庭后补充提交证据，通常是为了通过合议庭的依职权调取证据以突破《行政诉讼法》对被告举证期限的限制，以便于查清事实，解决原告当庭增加诉讼理由而被告对该理由没有机会提交证据的问题。对于合议庭明确要求补充提交证据的，代理人应当按时提交。

2.6.2　收到判决书或裁定书后的事务

管理专利工作的部门收到人民法院判决书或裁定书后，由行政诉讼处室负责登记归档，纸件原件装订入诉讼案卷中，复印件转交代理人。

2.6.2.1　收到一审判决书或裁定书

2.6.2.1.1　一审判决或裁定的类型

针对专利执法行政诉讼案件，第一审人民法院经审理后，作出的判决或者裁定主要包括以下几种类型：

（1）原告经合法传唤未到庭，裁定驳回起诉；

（2）行政行为证据确凿，适用法律、法规正确，符合法定程序，判决驳回原告的诉讼请求；

(3) 行政行为存在以下情形，如主要证据不足，适用法律、法规错误，违反法定程序，超越职权，滥用职权，明显不当，判决撤销或部分撤销行政行为，由管理专利工作的部门重新作出行政行为；

(4) 行政行为程序轻微违法，但对原告实体权利不产生影响，判决确认行政行为违法；

(5) 行政处罚明显不当，判决变更。

2.6.2.1.2 一审判决或裁定后的报批

管理专利工作的部门收到一审判决书或裁定书后，两名代理人应当于收文之日3日内商定是否提出上诉，填写诉讼案件分析表（参见附表6），并报分管负责人审批，决定是否提起上诉。

对于决定不提起上诉的案件，如果确认原告也未提起上诉，代理人应当根据原定分工在判决或裁定生效后1个月内结案。其中，针对判决撤销或部分撤销原行政行为，并同时要求管理专利工作的部门重新作出行政行为的案件，应当重新立案处理。

对于决定提起上诉的案件，按本章第2.3.2.1节的规定准备上诉材料。

2.6.2.2 收到二审判决书或裁定书
2.6.2.2.1 二审判决或裁定的类型

针对专利执法行政诉讼案件，二审法院经审理后，作出的判决或者裁定主要包括以下几种类型：

(1) 原判决、裁定认定事实清楚，适用法律、法规正确，判决或者裁定驳回上诉，维持原判决、裁定；

(2) 原判决、裁定认定事实错误或者适用法律、法规错误，依法改判、撤销或变更原判决、裁定；

(3) 原判决认定基本事实不清，证据不足，或者存在遗漏当事人或者违法缺席判决等严重违反法定程序的情形，裁定发回原审法院重审；

(4) 原判决认定基本事实不清、证据不足的，在查清事实后直接改判。

2.6.2.2.2 二审判决或裁定后的报批

管理专利工作的部门收到二审判决书或裁定书后，两名代理人应当于收文之日5日内商定是否提起再审申请，填写诉讼案件分析表（参见附表6），并在收文之日起2周内报分管负责人审批，决定是否提起再审申请。

对于决定不提起再审申请的案件，如果确认对方当事人也未提起再审申请，代理人应当根据原定分工在判决或裁定生效后1个月内结案。其中，针对二审判决撤销或部分撤销原行政行为，并同时要求管理专利工作的部门重新作出行政行为的案件，应当重新立案处理。

对于决定提起再审申请的案件，按本章第2.3.2.2节的规定准备再审申请材料。

第7节 结　案

对于决定不提起上诉或再审申请的案件，如果确认对方当事人也未提起上诉或再审申请，代理人应当根据原定分工在判决或裁定生效后1个月内结案。

代理人在结案前，应当整理诉讼案卷，并将下列法律文书归档：

(1) 应诉通知书原件、起诉状及证据材料副本；

(2) 一审答辩状、证据清单及证据材料副本；

(3) 一审判决书或裁定书原件；

(4) 其他重要的法律文书，如上诉状、证据清单和证据材料副本、二审判决或裁定书、诉讼代理词等。

归档时案卷顺序依次为：应诉通知书、起诉状、原告提交的证据、诉讼代理人指派书、统一社会信用代码证书、法定代表人身份证明书、授权委托书、答辩状、证据清单、依照证据清单顺序的一套完整的证据副本、第三人的答辩状及证据、传票、诉讼代理词、判决书或裁定书、诉讼案件分析报批表。其余未尽文件依时间顺序排列。

退档前，代理人应当将行政诉讼工作档案表填写完整（参见附表1），检查诉讼案卷的完整性，符合退档要求的，退档；不符合退档要求的，应当进行整理，不能弥补的，应当在行政诉讼工作档案表的备注栏中记录。

行政诉讼结案归档后，管理专利工作的部门应当对案件情况进行登记，并定期进行统计和分析。管理专利工作的部门可以通过举行行政诉讼案件分析研讨会或案例交流会等形式，组织业务处室和行政诉讼处室共同就行政诉讼中反映出的问题进行讨论交流，进一步规范行政执法，提高执法能力和水平。

第3章 诉讼程序中其他事宜

3.1 送达回证、宣判笔录的签署

送达回证、宣判笔录由代理人根据原定分工签收，签收后及时送达相应人民法院。

3.2 诉讼用印的使用管理

需要用印的诉讼文书包括：法定代表人身份证明、授权委托书、答辩状、上诉状、再审申请书、代理词以及必须以管理专利工作的部门名义出具的公函等。

3.3 诉讼费用缴纳

根据诉讼程序的进展，管理专利工作的部门应当及时向人民法院交纳相应的诉讼费用。

需要交纳诉讼费用的，由代理人根据原定分工记录判决编号、书记员姓名以及收到日期，具体办理交费事宜，凭人民法院或者人民法院指定银行开具的收据到财务部门办理诉讼费报销手续。

对于一审败诉后管理专利工作的部门提起上诉的案件，二审胜诉发生退费的，代理人依据二审法院的退费通知单到财务部门领取收据，再到二审法院换取支票交回财务部门。

五、行政答复

（一）处理专利侵权纠纷

1. 关于新产品的认定

【答复要旨】

只有满足"依照专利方法制造的产品应当是新产品、被请求人制造的产品与采用专利方法制造的产品相同"两个条件，才能适用新产品方法专利举证责任倒置的规定。

（函中关于新产品的定义在 2008 年《专利法》修改后已经被《最高人民法院关于审理侵犯专利权纠纷案件应用法律若干问题的解释》修正，其第十七条规定："产品或者制造产品的技术方案在专利申请日以前为国内外公众所知的，人民法院应当认定该产品不属于专利法第六十一条第一款规定的新产品。"）

国家知识产权局办公室关于对洛阳××工贸有限公司涉及专利侵权案件有关问题的复函

（办函字〔2008〕44 号）

山东省知识产权局：

《关于洛阳××工贸有限公司专利侵权案件有关问题的请示》（鲁知法字〔2008〕11 号）收悉。经研究，答复如下：

《专利法》第五十七条第二款规定："专利侵权纠纷涉及新产品制造方法的发明专利的，制造同样产品的单位或者个人应当提供其产品制造方法不同于专利方法的证明。"据此，在专利侵权纠纷处理程序中，只有在满足以下两个条件的前提下，才能适用举证责任倒置的规定：第一，依照专利方法制造的产品应当是新产品，所述"新产品"是在专利申请日以前在我国未曾出现过的产品；第二，被请求人制造的产品与采用专利方法制造的产品相同。

特此函复。

国家知识产权局办公室
2008 年 4 月 10 日

山东省知识产权局关于洛阳××工贸有限公司专利侵权案件有关问题的请示

（鲁知法字〔2008〕11 号）

国家知识产权局：

我局受理了洛阳××工贸有限公司请求处理青岛××碳材有限公司等四家企业侵犯其发明专利案件。在案件处理过程中，请求人请求我局要求被请求人提供与方法专利生产的同样产品的产品制造方法的证明，并对其制造方法进行调查，而被请求人认为，根据《专利法》第五十七条第二款规定，只有专利侵权纠纷的方法专利涉及新产品制造方法时被请求人才负有举证责任。涉案方法专利所生产的产品在专利申请日前早就有，不是新产品，被请求人没有提供自己生产方法的义务。据了解，涉案方法专利生产的产品在该专利申请日以前在日本就有，但在国内没有。这样的产品是否属于《专利法》第五十七条第二款规定的"新产品"？

特此请示，请批复。

山东省知识产权局
2008 年 2 月 18 日

2. 关于口头审理是否为专利行政执法必经程序

【答复要旨】
口头审理并不是管理专利工作的部门处理侵权纠纷时的必经程序。管理专利工作的部门没有专门就不进行口头审理的做法先行通知当事人的义务。

（函中"《专利行政执法办法》第十条"现为《专利行政执法办法》第十六条。）

国家知识产权局办公室关于对使用《专利行政执法办法》第十条有关问题的复函

（办函字〔2009〕15号）

甘肃省知识产权局：

《关于如何使用〈专利行政执法办法〉第十条的请示函》（甘知函字〔2008〕21号）收悉，经研究，现答复如下。

我局认为，依法处理专利侵权纠纷，必须充分尊重当事人依法享有的陈述、申辩或者听证权利，满足程序公正的条件。与书面形式相比，口头审理具有质证辩论充分的优点，有利于公正及时解决侵权纠纷。因此，在经过调查以及当事人书面陈述意见后，如果案情仍未查明，管理专利工作的部门应当进行口头审理。但是，根据现行《专利行政执法办法》第十条"可以根据案情需要决定是否进行口头审理"的规定，口头审理并不是管理专利工作纠纷时的必经程序。管理专利工作的部门在通过查明案件事实，且当事人没有争议的情况下，可以决定不进行口头审理。另外，现行《专利行政执法办法》只要求在进行口头审理的情况下及时通知当事人，而对不进行口头审理的情况未作任何强制性规定。因此，管理专利工作的部门没有专门就不进行口头审理的做法先行通知当事人的义务。

特此函复。

国家知识产权局办公室
2009年1月22日

甘肃省知识产权局关于如何使用《专利行政执法办法》第十条的请示函

（甘知函字〔2008〕21号）

国家知识产权局：

我局在专利侵权纠纷案件处理中，涉及《专利行政执法办法》第十条如何使用发生了争执,现存在两种不同观点。一种认为:根据第十条的规定,由于案情比较简单,我局可以不进行口头审理,根据掌握的证据直接作出认定侵权成立的处理决定;另一种认为:虽然案情比较简单,但在作出涉及相对人的权利义务的具体行政行为之前,有义务听取相对人就案件的事实、适用法律等问题的陈述,并对行政机关将要作出具体行政行为所依据的事实和法律依据进行申辩,根据《最高人民法院关于行政诉讼证据若干问题的规定》第六十条第(二)项的规定,应当就不口头审理先征求当事人的意见,而不能非法剥夺了当事人依法享有的陈述、申辩或者听证权利。

我局比较倾向于第一种观点,特此请示。

妥否,恳请批复。

甘肃省知识产权局

2008 年 12 月 25 日

3. 关于专利权有效的证明及侵权起算时间点

【答复要旨】

管理专利工作的部门立案时应以专利登记簿副本或者专利证书和当年缴纳专利年费的收据作为专利权有效的证明,而不管涉案专利权是否正处于权属纠纷诉讼中。

侵权开始时间,应自侵权人未经合法专利权人许可,开始实施其专利时起算。

(函中"《专利行政执法办法》第九条"现为《专利行政执法办法》第十条。)

国家知识产权局办公室关于襄阳××电子设备有限公司涉及专利侵权案件有关问题意见的函

(国知办函管字〔2012〕469号)

湖北省知识产权局:

《关于涉嫌专利侵权案件有关疑问的咨询函》(鄂知函〔2012〕31号)收悉。经研究,答复如下:

一、关于立案时间

《专利法实施细则》第八十九条规定,国务院专利行政部门设置专利登记簿,登记专利权的转移、专利权的恢复等事项。《专利审查指南》第五部分第九章规定,"专利权授予之后,专利的法律状态的变更仅在专利登记簿上记载,由此导致专利登记簿和专利证书上记载内容不一致的,以专利登记簿上记载的法律状态为准。"我局认为专利权权属变更采取公示原则,专利权的设立、归属、变动、消灭等均需专利局登记和公告后方可生效。而民事司法判决书的拘束力羁束对象仅包括作出裁决的法院、当事人和相关单位。本案中法院判决书是专利行政部门应当事人申请进行权属变更的依据。

按照《专利行政执法办法》第九条规定,请求管理专利工作的部门处理专利侵权纠纷时应提供"专利权有效的证明,即专利登记簿副本,或者专利证书和当年缴纳专利年费的收据"。因此,本案中在司法判决至专利局完成权属变更手续前,在专利局登记簿中并没有记录相关的权属变更,当事人无法提供合格的专利权属证明材料,管理专利工作的部门无法立案。

二、关于侵权时间判定

我局认为,王×利用职务之便自行将公司所有的实用新型专利转至个人名下的行为,已被法院判定为无效行为。按照《民法通则》第五十八条"无效的民事行为,从行为开始起就没有法律约束力",襄阳××电子设备有限公司应始终是该项实用新型专利的合法权利人。王×生产销售专利产品的行为应始终未得到合法专利权人的许可,因此,从其生产销售专利产品之日起即涉嫌侵犯涉案专利权。

以上意见,供参考。

国家知识产权局办公室
2012年12月20日

湖北省知识产权局关于涉嫌专利侵权案件有关疑问的咨询函

（鄂知函〔2012〕31号）

国家知识产权局：

今年，我省襄阳市知识产权局受理了一起专利侵权纠纷案件，在处理过程中对立案时间与侵权时间的判定有些疑问，现将案情予以反馈，请给予指导。

特此致函。

附件：襄阳市知识产权局关于立案时间及侵权时间判定的咨询函

湖北省知识产权局
2012年8月28日

附件

襄阳市知识产权局关于立案时间及侵权时间判定的咨询函

国家知识产权局：

近日，我局受理了一起专利侵权纠纷案件，遇到一些疑问，现将案件反馈国家知识产权局，请给予我局指导。

案情：

襄樊××电子设备有限公司成立于2009年4月10日，股东分别为王×和王××（兄弟关系）。王×为公司的执行董事，法定代表人。在经营期间，公司取得一项实用新型专利（名称为"一种可控硅芯片磨角机"，专利号201020604427.X）。2011年5月25日，王×未经公司和其他股东，利用职务之便，自行将公司所有的实用新型专利权转至个人名下，国家知识产权局于2011年7月11日下发《变更手续合格通知书》。在得知此事后，公司另一股东王××于2011年9月27日，向襄阳市中级人民法院提起民事诉讼，要求法院确认王×的专利权转让行为无效。2012年1月19日，襄阳市中级人民法院作出一审判决，确认了襄阳××电子设备有限公司将201020604427.X号实用新型专利权转让给王×的行为无效，并且在上诉期内王×没有提出上诉，判决生效。

2011年7月21日襄樊××电子设备有限公司变更名称为襄阳××电子设备有限公司（2010年襄樊市更名为襄阳市），同时公司法定代表人变更为王××。王×现已离开原公司，自行成立新公司。因王×目前仍存在生产销售"一种可控硅芯片磨角机"专利产品的行为，王××于2012年5月来我局提出专利侵权纠纷请求，因当时专利权人仍为王×，故我局要求王×先将专利权人变更为襄阳××电子设备有限公司后，我局才能受理。于是王××向国家知识产权局提出专利权变更请求，2012年7月4日，专利权变更完成，7月11日我局正式立案受理该案。

本案的疑问：

一、关于立案时间

对于该案的立案时间，存在两种不同观点：一种认为法院判决生效后，已经确认王×的变更行为是违法的、无效的。根据《民法通则》第五十八条"无效的民事行为，从行为开始起就没有法律约束力"的规定，可以直接认定专利权人为最初法律状态指示的。根据《专利法》第六十条规定，"未经专利权人许可……专利权人或者利害关系人可以向人民法院起诉，也可以请求管理专利工作的部门处理。"结合《民法通则》及《专利法》，应以最初法律状态确定的专利权人（襄阳市××电子设备有限公司）为请求人进行立案，而不需要经过著录事项变更后，专利权重新转移为原始专利权人后再进行立案。另一种认为：应严格按照《专利法》和《专利行政执法办法》的规定，请求人必须是专利权人或利害关系人，此专利权人应为专利登记簿上记载的内容。该案中，请求人来我局提出请求时还没有完成著录事项变更，专利权未转移，请求人还不是专利权人或利害关系人，因此，就必须等到专利权经专利局批准重新变更回原权利人后，才能立案。

我局比较倾向于第一种观点。

二、关于侵权时间判定

对于该案侵权时间的判定，一种观点是：因为法院判决王×的变更行为无效，根据"无效的民事行为，从行为开始起就没有法律约束力"的规定，应以无效行为开始，王×成立新公司并生产销售专利产品之日起算；另一种观点是：根据《专利法》第六十条规定，"未经专利权人许可，实施其专利，即侵犯其专利权"，应以襄阳××电子设备有限公司重新变更为专利权人后，王×继续生产销售专利产品之日起算。对此，我局比较倾向于第一种观点。

特此请示，妥否，恳请批复。

襄阳市知识产权局
2012年8月28日

4. 关于行政处理决定的性质、生效时间及当事人救济途径

> 【答复要旨】
>
> 管理专利工作的部门处理专利侵权纠纷属于行政裁决。
>
> 当事人对专利行政纠纷处理决定不服的只能提起行政诉讼。
>
> 管理专利工作的部门作出"认定侵权行为不成立"的处理决定时，当事人也可以根据《专利法》第六十条提起行政诉讼。
>
> 侵权人期满不起诉又不停止侵权行为的，管理专利工作的部门可以自法定起诉期限届满之日起 180 日内向人民法院申请强制执行。如果管理专利工作的部门在上述申请执行的期限内未申请人民法院强制执行，专利权人或利害关系人可以自上述期限届满之日起 90 日内自行向人民法院申请强制执行。
>
> 专利侵权纠纷处理决定作为一种具体行政行为在文书送达后生效。
>
> 侵权人主观上为避免侵权而对管理专利工作的部门已经认定的侵权产品进行了改进然后继续实施，若专利权人或利害关系人认为改进后的产品仍然落入涉案专利权的保护范围并要求立即启动强制执行程序的，管理专利工作的部门应根据是否符合《专利行政执法办法》第十八条规定情形，可以直接作出责令立即停止侵权行为的处理决定，或者告知专利权人或利害关系人另行提出处理请求。
>
> （函及本要旨中"《专利行政执法办法》第十八条"现为《专利行政执法办法》第二十条。函中"《行政诉讼法》第三十九条"现为《行政诉讼法》第四十六条。另外，现《行政诉讼法》起诉期限已修改为 6 个月。同时，2018 年 2 月 8 日施行的《最高人民法院关于适用〈中华人民共和国行政诉讼法〉的解释》第一百五十六条、第一百五十八条规定行政机关申请强制执行的期限以及当事人在行政机关未申请强制执行情况下自行申请执行的期限分别为 3 个月、6 个月，函及本要旨中的 180 日、90 日的规定已不再适用。）

国家知识产权局办公室关于处理专利侵权纠纷相关问题的函
（国知办函管字〔2014〕264 号）

新乡市知识产权局：

《关于处理专利侵权纠纷中有关问题的请示》（新知〔2014〕5 号）收悉。经研究，答复如下：

一、关于《专利法》第六十条的理解与适用

（一）管理专利工作的部门处理专利侵权纠纷的性质问题

在法理上，行政处罚与行政裁决属于两种不同的具体行政行为，其中行政处罚已经由《行政处罚法》确立了其法律地位，而行政裁决目前尚无统一的立法规定。一般认为，行政裁决是指行政机关或法定授权的组织，依照法律的授权，对平等主体之间发生的、与行政管理活动密切相关的、特定的民事纠纷进行审查并作出裁决的具体行政行为。管理专利工作的

部门应当事人请求并根据《专利法》第六十条的授权,针对当事人双方的专利侵权纠纷作出处理决定,这一过程从法律性质上来说,符合行政裁决的特征,应当认为管理专利工作的部门处理专利侵权纠纷属于行政裁决。作为行政裁决的结果,《专利法》第六十条规定的"认定侵权行为成立的,可以责令侵权人立即停止侵权行为",主要是对民事权利义务关系进行确认与调整,行政相对人所需要承担的也主要是民事责任而非行政责任,其与行政处罚种类中的"责令停产停业"在禁止方式上虽有类似之处,但本质上并不相同。

目前,在司法审判实践中,也逐步认可管理专利工作的部门处理专利侵权纠纷属于行政裁决。例如,在贺××诉新乡市人民政府案中,郑州市中院(2006)郑行初字第139号认为"专利处理行为不同于行政处罚,可以不按照行政处罚的程序处理";在甘肃兰州某企业诉甘肃省知识产权局案中,甘肃省高院(2009)甘行终字100号认为"该行政处理决定的性质不是行政处罚,而是行政裁决"。

(二)当事人能否对专利侵权纠纷处理决定提起行政复议的问题

按照《行政诉讼法》第三十九条的规定,当事人提起行政诉讼的法定期限一般为3个月,《专利法》第六十条作为特别法将该期限缩短为15天,其立法本意是为了提高专利权保护的效率,尽可能地防止侵权人利用较长的争议期作出妨碍执行的行为。与此相适应,《专利法》第六十条还规定了"侵权人期满不起诉又不停止侵权行为的,管理专利工作的部门可以申请人民法院强制执行",由此可以认为本条已经隐含了"当事人对专利行政纠纷处理决定不服的只能提起行政诉讼,不然该处理决定就是具有确定力和执行力的行政决定"的意思。否则,如果当事人在15天的起诉期限届满后仍可以根据《行政复议法》在2个月的复议期限内提起行政复议,那本条的立法目的将无法实现,因为行政复议这一救济途径的存在就表示行政决定还在争议期,只能产生拘束力而不能产生确定力和执行力,即尚不能被强制执行。《行政复议法》第八条规定:"不服行政机关对民事纠纷作出的调解或者其他处理,依法申请仲裁或者向人民法院提起诉讼",也可以认为管理专利工作的部门处理专利侵权纠纷行为属于该条规定的"其他处理",从而将专利侵权纠纷处理决定排除在行政复议的受案范围之外。

(三)管理专利工作的部门作出"认定侵权行为不成立"的处理决定的救济途径问题

作为《专利法》第七章"专利权的保护"中的一条,第六十条是从专利权保护的角度订立的条文,在明确规定了"认定侵权行为成立"情形下管理专利工作的部门的职权时,当然也同时赋予了管理专利工作的部门"认定侵权行为不成立"的职权。民事纠纷是平等主体间的权利义务关系纠纷,双方当事人在程序上应享有平等的权利和义务,具体到本条,"认定侵权行为成立"时,对该决定不服的只可能是被控侵权人,与此相反"认定侵权行为不成立"时,对此不服的也只可能是专利权人或利害关系人,如果仅将提起行政诉讼的范围限定在"认定侵权行为成立"时,无异于将提起行政诉讼的权利仅赋予当事人一方,这与平等原则相违背。应当认为,管理专利工作的部门作出"认定侵权行为不成立"的处理决定时,当事人也可以根据本条提起行政诉讼。另需注意的是,基于平等原则,15天的法定起诉期限也同样适用于"认定侵权行为不成立"时,而不能认为"认定侵权行为不成立时"仍旧适用《行政诉讼法》中3个月的法定起诉期限。

(四)管理专利工作的部门申请人民法院强制执行的期限问题

《最高人民法院关于执行〈中华人民共和国行政诉讼法〉若干问题的解释》(法释〔2000〕8号)第八十八条规定:"行政机关申请人民法院强制执行其具体行政行为,应当自被执行人的法定起诉期限届满之日起180日内提出。逾期申请的,除有正当理由外,人民法院不予受理。"管理专利工作的部门申请法院强制执行的期限应当按照此规定,即侵权人期满不起诉又不停止侵权行为的,管理专利工作的部门可以自法定起诉期限届满之日起180日内向人民法院申请强制执行。此外,该解释第九十条还规定,"行政机关根据法律的授权对平等主体之间民事争议作出裁决后,当事人在法定期限内不起诉又不履行,作出裁决的行政机关在申请执行的期限内未申请人民法院强制执行的,生效具体行政行为确定的权利人或者其继承人、权利承受人在90日内可以申请人民法院强制执行",按照此规定,如果管理专利工作的部门在上述申请执行的期限内未申请人民法院强制执行,专利权人或利害关系人可以自上述期限届满之日起90日内自行向人民法院申请强制执行。

二、关于专利侵权纠纷处理决定的生效时间

具体行政行为是一种行政法上的意思表示行为,其依行政主体的意志建立、变更或消灭行政法上的权利义务关系,其不同于民法上的意思表示行为之处在于具体行政行为具有单方性,即仅基于行政主体单方意志便可成立,因此具体行政行为在作出(文书确定)时即成立,但是,具体行政行为需告知行政相对人才能产生效力,即文书送达时具体行政行为方生效。专利侵权纠纷处理决定作为一种具体行政行为也只有在文书送达后才能生效,送达后该处理决定将产生拘束力,即不得随意更改。如果当事人在法定争议期内不起诉,则该处理决定将产生确定力和执行力,即不得再争议、更改并且可以依法申请人民法院强制执行。

三、关于侵权人为避免侵权对已认定的侵权产品作出改进并实施行为的处理

对于管理专利工作的部门已经认定的侵权产品,侵权人主观上为避免侵权而对该侵权产品进行了改进然后继续实施,若专利权人或利害关系人认为改进后的产品仍然落入涉案专利权的保护范围并要求立即启动强制执行程序的,管理专利工作的部门应根据下列情况分别处理:(一)如果认定符合《专利行政执法办法》第十八条规定情形的,可以直接作出责令立即停止侵权行为的处理决定;(二)如果认定不符合《专利行政执法办法》第十八条规定情形的,应告知专利权人或利害关系人另行提出处理请求。

特此致函。

国家知识产权局办公室
2014年6月26日

新乡市知识产权局关于处理专利侵权纠纷中有关问题的请示

(新知〔2014〕5号)

国家知识产权局:

2014年4月,晋冀鲁豫四省十一市知识产权执法经验交流会召开。会上,参会代表就专利行政执法工作进行了研讨交流。会后,我局将处理专利侵权纠纷工作中遇到的疑问进行梳理汇总。现将相关问题上报,请予指示。

一、管理专利工作的部门处理专利侵权行为的性质问题。根据《专利法》第六十条的规定:管理专利工作的部门处理专利侵权纠纷,"认定侵权行为成立的,可以责令侵权人立即停止侵权行为"。对于该行政处理行为的法律性质,有不同观点:第一种观点认为属于行政处罚,理由是"责令侵权人立即停止侵权行为"属于《行政处罚法》规定的"责令停产停业"；第二种观点认为，属于行政裁决，认为"责令停止侵权行为"与"责令停止侵权"存在不同；第三种观点认为"认定侵权行为成立"属于行政裁决，"责令侵权人立即停止侵权行为"属于行政处罚。我局比较倾向于第二种观点。

二、管理专利工作的部门对专利侵权纠纷作出处理决定后，当事人是否可以提出行政复议。第一种观点认为，《专利法》第六十条规定"当事人不服的，可以自收到处理通知之日起十五日内依照《中华人民共和国行政诉讼法》向人民法院起诉"，因此没有明确排除行政复议作为救济途径。第二种观点认为：《行政复议法》第八条规定"不服行政机关对民事纠纷作出的调解或者其他处理，依法申请仲裁或者向人民法院提起诉讼"，管理专利工作的部门处理专利侵权纠纷行为属于该条款规定的"其他处理"，因此不属于行政复议范围。我局倾向于第二种观点，具体案例参见附件中案例1。

三、对于管理专利工作的部门作出的"侵权行为不成立"的处理决定的救济途径。在办案工作中，有当事人提出：《专利法》第六十条规定管理专利工作的部门处理专利侵权纠纷时，只有当"认定侵权行为成立的"，可以责令侵权人立即停止侵权行为，当事人不服的，可以向人民法院起诉。该条款并没有明确"认定侵权事实不成立"，当事人不服的，是否可以向人民法院起诉。鉴于该问题有不同认识，恳请国家局予以明确。

四、管理专利工作的部门请求强制执行的时限。《专利法》第六十条规定"侵权人期满不起诉又不停止侵权行为的，管理专利工作的部门可以申请人民法院强制执行"，但是没有明确在行政诉讼期满后多长时间，管理专利工作的部门可以提起强制执行申请。考虑该问题在执法实践中会造成困扰，恳请国家局予以明确。

五、对管理专利工作的部门认定的侵权产品，当事人主观上为避免继续侵权而进行了改进，但专利权人认为仍落入专利权保护范围，要求启动强制执行。管理专利工作的部门是告知专利权人另行提起处理请求，还是二次判定侵权成立后再申请强制执行。恳请国家局予以明确。

六、管理专利工作的部门作出的处理决定生效时间如何确定。第一种观点认为作出即生效，第二种观点认为送达即生效，第三种观点认为执行方生效。我局倾向于第二种观点。

以上请示，妥否，请批示。

附件：柴油机启动器外观设计专利侵权纠纷案（略）

新乡市知识产权局
2014 年 5 月 13 日

5. 关于举证责任

【答复要旨】

当事人对自己的请求所依据的事实有义务提供证据加以证明，没有证据或证据不足的，由负有举证责任的当事人承担不利后果。管理专利工作的部门可以根据需要依职权调查收集有关证据，或根据当事人书面请求决定是否调查收集有关证据。在管理专利工作的部门依职权进行调查取证后，也未能获得足够证据证明被请求人侵犯了专利权的情况下，不能认定侵权行为成立。

国家知识产权局办公室关于处理专利侵权纠纷中有关问题意见的函
（国知办函法字〔2015〕532号）

苏州市知识产权局：

《关于处理专利侵权纠纷中有关问题的咨询函》收悉。经研究，答复如下：

《专利法》规定："未经专利权人许可，实施其专利，即侵犯其专利权，引起纠纷的，由当事人协商解决；不愿协商或者协商不成的，专利权人或者利害关系人可以向人民法院起诉，也可以请求管理专利工作的部门处理。"当事人对自己的请求所依据的事实有义务提供证据加以证明，没有证据或证据不足的，由负有举证责任的当事人承担不利后果。为此，《专利行政执法办法》规定当事人请求管理专利工作的部门处理专利侵权纠纷应当提交请求书，请求书应当记载请求处理的事项以及事实和理由，并按照被请求人的数量提供请求书副本及有关证据。同时，为发挥行政执法的优势，《专利行政执法办法》也规定，管理专利工作的部门可以根据需要依职权调查收集有关证据，或当事人因客观原因不能自行收集部分证据的，可以书面请求管理专利工作的部门调查取证，管理专利工作的部门根据情况决定是否调查收集有关证据。

执法实践中，若请求人指控被请求人侵犯其专利权，请求管理专利工作的部门处理，则请求人应提供证据证明被请求人侵犯了其专利权。但根据来函反映的情况，请求人提供的证据（照片）不能用于技术比对，不能证明被控侵权产品落入其专利权保护范围，也就不能证明被请求人侵犯了其专利权。管理专利工作的部门依职权进行了调查取证，也未能获得足够的证据证明被请求人侵犯了该专利权。在此情况下，不能认定侵权行为成立。你局可结合具体案情根据相关规定作出相应决定。

特此致函。

国家知识产权局办公室
2015年9月25日

苏州市知识产权局关于处理专利侵权纠纷中有关问题的咨询函

国家知识产权局：

我局于今年立案受理的一起专利侵权纠纷案件（案号：苏知专处字（2015）1号）在案

五、行政答复

件处理过程中遇到一些疑问，现将相关案情反馈给国家知识产权局，望给予指导。

请求人孙××诉被请求人张家港市××房地产开发有限公司在张家港杨舍镇开发的"××·阳光怡庭"、"××·阳光半岛"两处房产项目中所使用的门窗侵犯了其名称为"铝木榫镶分体复合外平开门窗"（专利号：ZL200810100624.5）的发明专利权。本局于2015年3月13日立案受理，并依法组成合议组。本案承办人员于2015年3月18日向被请求人送达了请求书副本、答辩通知书等相关法律文书，并依职权进行了调查取证，取得被控侵权产品照片7张。被请求人于2015年4月1日向本局提交了答辩意见及相关证据材料。2015年5月5日，本局公开开庭审理本案。请求人提交的证据包括ZL200810100624.5专利证书复印件、权利人身份证复印件、国家知识产权局出具的专利收费收据复印件、被请求人被控侵权产品照片8张，被请求人提交了被控侵权产品的实物。在口审质证环节，被请求人对请求人提供的证据均无异议，而请求人对被请求人提供的被控侵权产品实物不予认可，认为不是他们所投诉的被控侵权产品。双方对合议组调取的证据均无异议。合议组在证据的采信上认为，请求人所提供的证据被请求人都予以认可，合议组予以采信；被请求人提供的被控侵权产品实物请求人不予认可，被请求人也无相关证据能够证明他们提供的产品实物就是请求人所投诉的"××·阳光怡庭"、"××·阳光半岛"两处房产项目中所使用的被控侵权产品，故合议组不予采信。

在此基础上，合议组主持双方当事人对被控侵权产品与涉案专利进行技术比对。合议组要求请求人和被请求人将被控侵权产品与涉案专利进行技术特征比对时，请求人认为无法用被控侵权产品的照片与涉案专利进行比对，必须以被控侵权产品的实物截面进行比对，而目前经质证能作为定案的证据只有请求人提供的被控侵权产品8张照片和合议组在被请求人房产项目现场依职权取得的被控侵权产品7张照片，据此请求合议组要求由被请求人提供被控侵权产品的实物和请求合议组依职权调查收集实物证据。合议组认为，当事人对自己提出的诉讼请求所依据的事实或者反驳对方诉讼请求所依据的事实有责任提供证据加以证明，没有证据或者证据不足以证明当事人的事实主张的，由负有举证责任的当事人承担不利后果。本案中，请求人认为只能有被控侵权产品实物截面才能与涉案专利进行技术特征的比对，则其具有提供被控侵权产品实物的举证责任，而不应当由被请求人举证。对于请求人在口审期间要求合议组去被控侵权产品安装现场破坏建筑物以调取实物方式调查取证，合议组认为合议组于2015年3月18日依职权到张家港市××房地产开发有限公司"××·阳光怡庭"、"××·阳光半岛"两处房产项目现场进行了调查取证，由于建筑工地上被控侵权产品已全部安装完毕，合议组未能现场取得实物证据，只进行了拍照取证，同时被请求人承诺其将于举证期内从生产厂家西安飞机工业装饰工程股份有限公司发回与"××·阳光怡庭"、"××·阳光半岛"两处房产项目相同型号的门窗提供给合议组，对于这个证据，请求人在口审质证中不予认可，其又未能在举证期内提供相关实物产品。由于请求人提供的证据不足导致本案技术比对无法进行，其应承担举证不足的不利后果。

本案的疑问：依据《专利行政执法办法》第十七条规定，只有当认定侵权行为不成立，才可以驳回请求人的请求，那从本案来看，是否可以以证据不足来认定侵权不成立，以驳回请求人的请求。

特此请示，妥否，恳请批复！

苏州市知识产权局
2015年7月10日

6. 关于可否列入第三人

【答复要旨】

关于专利侵权纠纷处理程序中是否可以列入第三人,尚无明确法律依据,管理专利工作的部门原则上不宜在缺少明确规定的情况下,依职权将请求人未请求处理的生产商列为第三人,但可适当听取其意见,也可允许其以证人身份参与相关程序。但是,如果请求人和被请求人都同意将生产商列为第三人,管理专利工作的部门则可以根据案情需要决定是否将生产商列为第三人,如本部分第 16 个行政答复中所述情况。

国家知识产权局办公室关于在处理专利侵权案件过程中是否可以列第三人意见的函

(国知办函法字〔2015〕750 号)

广州市知识产权局:

《关于在处理专利侵权纠纷案件过程中是否可以列第三人的请示》(穗知〔2015〕58 号)收悉。经研究,现提出如下意见:

管理专利工作的部门处理侵权纠纷应当按照依法行政要求,确保程序合法。目前,关于专利侵权纠纷处理程序中是否可以列入第三人,尚无明确法律依据。

我国《民事诉讼法》《行政诉讼法》以及《行政复议法》分别对民事诉讼、行政诉讼以及行政复议程序中的第三人问题进行了规定,但就行政程序中的第三人,由于尚未出台行政程序法,并无统一规定。虽有个别地方性法规涉及利害关系人参与行政程序的规定,却未明确其第三人地位。就专利侵权纠纷处理而言,我国现行的《专利法》《专利法实施细则》以及相关部门规章中均未就列入第三人问题作出规定。

在行政程序中,允许利害关系人适当参与,有利于查清事实,提高纠纷解决效率,但应以严格遵守法定程序为前提,不宜在缺少明确规定的情况下自行引入新的程序,否则会造成执法标准不一。

基于以上考虑,在专利侵权纠纷处理过程中,不宜将请求人未请求处理的生产商列为第三人,但可适当听取其意见,也可允许其以证人身份参与相关程序。

特此致函。

国家知识产权局办公室
2015 年 12 月 28 日

广州市知识产权局关于在处理专利侵权纠纷案件过程中是否可以列第三人的请示

(穗知〔2015〕58 号)

国家知识产权局:

我局在处理专利权人请求处理广州本地销售商销售被控侵权产品的专利侵权纠纷案件过

程中，位于广州市行政区域外的被控侵权产品生产商请求作为本案第三人参加案件审理，经查询相关法律、法规、规章及规范性文件，专利侵权纠纷行政处理程序中，未见有列第三人的相关规定。因此我局建议被控侵权产品生产商可派熟悉案件的工作人员接受销售商委托，以证人或委托人的身份参与案件审理，但该生产商仍希望以第三人身份加入案件审理。

现特请示国家知识产权局：

1. 我局是否可以在专利侵权案件行政处理中列第三人，理由是什么？

2. 如果列第三人，在我局处理决定中是否应作出第三人生产、销售行为侵权与否的认定，并对此作出行政处理？

3. 如果第三人是本市辖区外企业或个人，对此有无影响？

当否，请函复。

广州市知识产权局
2015 年 9 月 8 日

7. 关于修改前后的《专利行政执法办法》的过渡适用

【答复要旨】

管理专利工作的部门在 2015 年 7 月 1 日（不含该日）前立案的案件应当适用修改前的《专利行政执法办法》的规定，在 2015 年 7 月 1 日（含该日）后立案的案件应当适用修改后的《专利行政执法办法》的规定。

国家知识产权局办公室关于施行修改后的专利行政执法办法过渡问题的函
（国知办函管字〔2016〕99 号）

广西壮族自治区知识产权局：

《关于专利侵权纠纷案件处理时限适用办法的请示》（桂知报〔2016〕4 号）收悉。经研究，现答复如下：

按照"法不溯及既往"的原则，管理专利工作的部门在 2015 年 7 月 1 日（不含该日）前立案的案件应当适用修改前的《专利行政执法办法》的规定，在 2015 年 7 月 1 日（含该日）后立案的案件应当适用修改后的《专利行政执法办法》的规定。

特此复函。

国家知识产权局办公室
2016 年 2 月 23 日

广西壮族自治区知识产权局关于专利侵权纠纷案件处理时限适用办法的请示
（桂知报〔2016〕4 号）

国家知识产权局：

新修订的《专利行政执法办法》已于 2015 年 7 月 1 日起施行，其中对专利侵权纠纷案件的审理期限作出了新的规定。对于在 2015 年 7 月 1 日前立案，2015 年 7 月 1 日后仍在处理当中的专利侵权纠纷案件的办案时限应当适用修订前的《专利行政执法办法》（国家知识产权局令第 60 号）相关规定，还是适用修订后《专利行政执法办法》（国家知识产权局令第 71 号）相关规定，恳请国家知识产权局予以释义。

特此请示，请批复。

广西壮族自治区知识产权局
2016 年 1 月 29 日

8. 关于追加被请求人及处理决定对侵权行为的效力

【答复要旨】
　　目前并无法律、法规及部门规章规定专利侵权纠纷处理程序中管理专利工作的部门能否追加共同被请求人；管理专利工作的部门在处理专利侵权纠纷过程中，确定或追加被请求人应基于请求人（专利权人或者利害关系人）的明确请求。
　　依照《专利法》授予的专利权在我国境内统一有效，管理专利工作的部门根据专利权人的请求依法作出认定侵权行为成立、责令停止侵权的处理决定效力及于侵权人相应的侵权行为。

国家知识产权局办公室关于专利侵权案件办理中法律适用问题的函
（国知办函法字〔2016〕960号）

北京市知识产权局：
　　《北京市知识产权局关于请求解释专利侵权案件办理中法律适用问题的函》（京知局函〔2016〕301号）收悉。经研究，现答复如下：
　　一、关于管理专利工作的部门处理专利侵权纠纷过程中能否追加共同被请求人的问题
　　关于在民事诉讼程序中追加共同被告的问题，《民事诉讼法》及相关司法解释进行了规定。《民事诉讼法》第一百三十二条规定："必须共同进行诉讼的当事人没有参加诉讼的，人民法院应当通知其参加诉讼。"《最高人民法院关于适用〈中华人民共和国民事诉讼法〉的解释》第七十三条规定："必须共同进行诉讼的当事人没有参加诉讼的，人民法院应当依照民事诉讼法第一百三十二条的规定，通知其参加；当事人也可以向人民法院申请追加。人民法院对当事人提出的申请，应当进行审查，申请理由不成立的，裁定驳回；申请理由成立的，书面通知被追加的当事人参加诉讼。"
　　关于在专利侵权纠纷处理程序中能否追加共同被请求人的问题，目前相关法律法规及部门规章尚无规定。《专利行政执法办法》第十条规定："请求管理专利工作的部门处理专利侵权纠纷的，应当符合下列条件：（一）请求人是专利权人或者利害关系人；（二）有明确的被请求人；……"管理专利工作的部门在处理专利侵权纠纷过程中，确定或追加被请求人应当基于请求人（专利权人或者利害关系人）的明确请求。
　　二、关于管理专利工作的部门作出的责令停止侵权的处理决定的效力问题
　　依照《专利法》授予的专利权在我国境内统一有效。对于侵犯专利权的行为，专利权人可以根据《专利法》及其实施细则的规定请求有管辖权的管理专利工作的部门进行处理。管理专利工作的部门依法作出的认定侵权行为成立、责令停止侵权的处理决定效力及于侵权人相应的侵权行为。
　　以上意见，仅供参考，具体法律适用仍需结合案情判断。

国家知识产权局办公室
2016年12月29日

北京市知识产权局关于请求解释专利侵权案件办理中法律适用问题的函

(京知局函〔2016〕301号)

国家知识产权局办公室：

××电脑贸易（上海）有限公司（以下简称"××上海公司"）诉我局"京知执字〔2016〕854-16号"专利侵权纠纷处理决定书一案，正在北京知识产权法院进行行政诉讼。12月7日庭审中法庭提出两个焦点问题，请贵办就法律适用问题进行解释。

第一，本案中，北京××电讯工体店销售的涉案产品其最终来源于××上海公司。管理专利工作的部门处理专利侵权纠纷时，对于请求方向北京地区的销售商提起专利侵权纠纷处理请求的，在后续案件处理中发现该涉案产品合法来源为非本行政区域内的销售商或制造商，由于其与本地的销售商共同完成了最终发生在北京的侵权行为，属于一个纵向的有关联的销售行为，管理专利工作的部门能否将其追加为共同被请求人，即在本案中北京市知识产权局能否追加××上海公司为共同被请求人？

第二，管理专利工作的部门作出的责令停止侵权的处理决定，其停止侵权的效力是针对主体还是针对主体加地域？如本案中××上海公司住所地在上海，我局作出的责令其停止侵权的处理决定，是针对××上海公司这个主体，即××上海公司不能继续销售涉案侵权产品，还是针对××上海公司在北京地区不能继续销售侵权产品？

由于我局需尽快向法庭提交庭后书面意见，敬请贵办于12月20日前回复我局。

特此函达。

北京市知识产权局

2016年12月14日

9. 关于处理专利侵权纠纷的执法性质、行政诉讼中一并审理民事争议的含义及确认不侵权起诉条件

【答复要旨】

管理专利工作的部门处理专利侵权纠纷属于行政裁决。

在行政诉讼中能否一并实质性解决专利侵权纠纷，取决于专利侵权纠纷是否属于《行政诉讼法》第六十一条第一款中规定的"相关民事争议"。

在已经向管理专利工作的部门申请处理，并已由管理专利工作的部门作出处理决定的情况下，权利人并不构成怠于行使权利，不符合确认不侵权之诉的条件。

国家知识产权局条法司关于专利侵权案件办理中法律适用问题的复函

（法发〔2016〕124号）

北京市知识产权局：

《关于请求解释专利侵权案件办理中法律适用问题的函》（京知局函〔2016〕288号）收悉，经研究，答复如下：

1. 关于管理专利工作的部门处理专利侵权纠纷的行为性质问题。一般认为，行政裁决是指行政机关或法定授权的组织，依照法律的授权，对平等主体之间发生的、与行政管理活动密切相关的、特定的民事纠纷进行审查并作出裁决的具体行政行为。管理专利工作的部门应当事人的请求并根据《专利法》第六十条的授权，针对当事人双方的专利侵权纠纷作出处理决定，这一过程从法律性质上来说，符合行政裁决的特征，应当认为管理专利工作的部门处理专利侵权纠纷属于行政裁决。

2. 关于是否可以适用《行政诉讼法》第六十一条第一款的规定一并实质性解决专利侵权纠纷问题。全国人大常委会法工委编写的《中华人民共和国行政诉讼法释义》进行了以下说明："关于在行政诉讼中一并审理民事争议，应当具备一定的条件。首先，行政诉讼成立，符合起诉条件、起诉期限等规定。其次，该行政诉讼是涉及行政许可、登记、征收、征用和行政机关对民事争议所作的裁决的行政诉讼。再次，当事人在行政诉讼过程中申请一并解决民事争议。最后，行政诉讼与民事诉讼之间具有相关性。而行政诉讼与附带民事诉讼的相关性主要体现在两个诉讼都涉及某一行政行为的合法性问题。"在行政诉讼中能否一并实质性解决专利侵权纠纷，取决于专利侵权纠纷是否属于《行政诉讼法》第六十一条第一款中规定的"相关民事争议"。

3. 关于确认不侵权之诉的受理条件。依照《最高人民法院关于审理侵犯专利权纠纷案件应用法律若干问题的解释》第十八条规定：权利人向他人发出侵犯专利权的警告，被警告人或者利害关系人经书面催告权利人行使诉权，自权利人收到该书面催告之日起1个月内或者

自书面催告发出之日起 2 个月内，权利人不撤回警告也不提起诉讼，被警告人或者利害关系人向人民法院提起请求确认其行为不侵犯专利权的诉讼的，人民法院应当受理。

上述司法解释对确认不侵权之诉的受理条件进行了规定，只有在权利人怠于行使权利并满足一定条件时，被警告人或者利害关系人才可以向法院提起确认不侵权的诉讼请求。在已经向管理专利工作的部门申请处理，并已由管理专利工作的部门作出处理决定的情况下，权利人并不构成怠于行使权利。

以上意见，仅供参考，关于具体的法律适用问题仍需结合案情判断。

特此复函。

条法司

2016 年 12 月 2 日

北京市知识产权局关于请就专利侵权案件办理中的法律适用问题进行解释的函

（京知局函〔2016〕288 号）

国家知识产权局条法司：

××电脑贸易（上海）有限公司（以下简称"××上海公司"）诉我局"京知执字（2016）854-16号"专利侵权纠纷处理决定书一案，目前正在北京知识产权法院进行行政诉讼，将于12月7日开庭审理。11月30日北京知识产权法院向我局发来案件争议焦点，其中第一项为"本案为行政诉讼，法院是否可以在行政诉讼中实质性解决其中涉及的民事争议（即原告××上海公司是否可以在本案中提出确认不侵权的诉讼请求？）"。其法律依据为《中华人民共和国行政诉讼法》第六十一条第一款的规定："在涉及行政许可、登记、征收、征用和行政机关对民事争议所作的裁决的行政诉讼中，当事人申请一并解决相关民事争议的，人民法院可以一并审理。"

现请贵司就本案涉及的三个法律适用问题进行解释：

第一，管理专利工作的部门处理专利侵权纠纷的行为性质，即其属于行政裁决、行政处罚抑或其他种类行政行为？

第二，管理专利工作的部门处理专利侵权纠纷被诉后法院是否可以适用《中华人民共和国行政诉讼法》第六十一条第一款的规定，同时一并实质性解决专利侵权纠纷？

第三，本案中××上海公司提起的确认不侵权之诉是否适用《中华人民共和国行政诉讼法》第六十一条第一款的规定，法院是否可以同时一并审理确认不侵权之诉？

由于本案将于12月7日开庭审理，需要在案件审理时就上述问题向法庭作出陈述，请贵司于12月5日前回复我局。

特此函达。

北京市知识产权局

2016 年 12 月 1 日

10. 关于举证期限

【答复要旨】

在专利侵权纠纷处理程序中，原则上当事人应当在口头审理前提交并交换证据，未经质证的证据，不得作为认定案件事实的证据。当事人在口头审理后提交的证据，管理专利工作的部门可以不组织质证，但对方当事人同意的除外；如果该证据属于口头审理后新发现的证据、确因客观原因无法在口头审理前提交的证据及其他对证明案件事实有重要作用的证据，管理专利工作的部门可以组织二次口头审理或启动专门的证据交换程序进行质证。

国家知识产权局办公室关于处理专利侵权纠纷举证期限有关问题的函

（国知办函管字〔2016〕772号）

广西壮族自治区知识产权局：

《关于专利侵权纠纷案件举证期限的请示》（桂知报〔2016〕22号）收悉。经研究，现答复如下：

根据相关法律、法规和执法实践，在专利侵权纠纷处理程序中，原则上双方当事人应当在口头审理前提交并相互交换证据。对于当事人无正当理由在口头审理后提交的证据，管理专利工作的部门可以不组织质证，但对方当事人同意进行质证的除外。未经质证的证据，不得作为认定案件事实的依据。

对于当事人在口头审理后提交的证据，如果该证据属于当事人在口头审理后新发现的证据、确因客观原因无法在口头审理前提供的证据以及其他对查明案件事实具有重要作用的证据，管理专利工作的部门在严格执行《专利行政执法办法》第二十一条规定的法定审理期限的前提下，可以组织二次口审或者启动专门的证据交换程序进行质证。补充提交的证据经过质证后，可以作为认定案件事实的依据。

特此致函。

国家知识产权局办公室
2016年10月26日

广西壮族自治区知识产权局关于专利侵权纠纷案件举证期限的请示

（桂知报〔2016〕22号）

国家知识产权局：

我局在处理或指导设区市知识产权局处理专利侵权纠纷案件时发现，由于《专利行政执法办法》《专利行政执法操作指南（试行）》等规章文件中未明确专利侵权纠纷处理过程中的当事人的举证期限，执法人员对是否采纳当事人补充提交的证据，尤其是口头审理后补充提交的证据存在争议，恳请国家知识产权局对专利侵权纠纷案件举证期限的问题予以批复。

广西壮族自治区知识产权局

2016 年 9 月 23 日

11. 关于依职权取得的证据是否必须质证

【答复要旨】
　　管理专利工作的部门依职权经法定程序取得的证据，不论当事人是否在场，必须经双方依法质证后，方可作为处理专利侵权纠纷的依据。

国家知识产权局办公室关于处理专利侵权纠纷中调查取证权限问题意见的函

（国知办函管字〔2016〕355号）

河南省知识产权局：

　　《河南省知识产权局关于提请指导处理专利案件中执法人员调查取得的证据采信问题的请示》（豫知〔2016〕29号）收悉。经研究，现答复如下：

　　《专利法》第六十条规定：未经专利权人许可，实施其专利，即侵犯其专利权，引起纠纷的，由当事人协商解决；不愿协商或协商不成的，专利权人或者利害关系人可以向人民法院起诉，也可以请求管理专利工作的部门处理。《专利行政执法办法》第三十七条第二款规定：在处理专利侵权纠纷、查处假冒专利行为过程中，管理专利工作的部门可以根据需要依职权调查收集有关证据。根据上述规定，管理专利工作的部门处理专利侵权纠纷是法定职能，在处理过程中拥有依职权独立行使的调查取证权限。

　　管理专利工作的部门依职权经法定程序取得的证据，不论当事人是否在场，必须经当事人双方依法质证后，方可作为处理专利侵权纠纷的依据。

　　特此致函。

国家知识产权局办公室
2016年5月17日

河南省知识产权局关于提请指导处理专利案件中执法人员调查取得的证据采信问题的请示

（豫知〔2016〕29号）

国家知识产权局：

　　近日，我省新乡市知识产权局处理的一起专利侵权纠纷案件，当事人对处理决定不服，在郑州市中级人民法院提起了行政诉讼。在行政处理过程中，该局采信使用了执法人员调查取得的证据。在行政诉讼过程中，此证据能否被法院采信存在争议。现将案情上报，请给予指导。

请批示。

附件：新乡市知识产权局关于执法人员调查取得的证据采信问题的请示

河南省知识产权局
2016 年 4 月 20 日

附件

新乡市知识产权局关于执法人员调查取得的证据采信问题的请示

（新知〔2016〕9 号）

国家知识产权局：

  我局于 2015 年处理的一起专利侵权纠纷案件，被请求人对处理决定不服，向郑州市中级人民法院提起了行政诉讼。在行政诉讼当中遇到一些疑问，现将案件反馈国家知识产权局，请给予我局指导。

  主要案情：本案的请求人河南××公路养护设备股份有限公司向我局提出调查取证申请，根据《专利行政执法办法》（国家知识产权局令第 71 号）第三十七条第一款、第三十八条规定，我局执法人员于 2015 年 9 月 14 日对被请求人新乡市××专用汽车车辆有限公司销往江西赣州的涉案产品进行调查取证。我局执法人员对涉案产品进行了现场拍照取证，并制作了调查笔录，调查笔录中有使用涉案产品的赣州高速公路有限责任公司工作人员签名。赣州高速公路有限责任公司使用的涉案产品是被请求人新乡市××专用汽车车辆有限公司销售的，被请求人新乡市××专用汽车车辆有限公司没有到调查取证现场参加我局的调查取证工作。在处理该案过程中，我局采信并使用了我局执法人员调查取得的证据，但是，在行政诉讼过程中，能否被法院采信存在争议。

  针对本案存在的情况，现就双方当事人没有在场或缺少一方当事人在场的情况下，执法人员调查取得的证据能否采信与使用请予以明确。

  以上请示，请予批复。

新乡市知识产权局
2016 年 4 月 15 日

12. 关于中止处理的条件（1）

【答复要旨】

无效宣告请求由有利害关系的第三人提出，且经管理专利工作的部门审查后，对涉案专利稳定性产生质疑，并有充足理由认为不中止处理将会对后期案件处理带来不利影响，可以中止处理案件。但是，需要注意的是，如果因案外第三人提出无效宣告请求而中止案件时，该第三人原则上应该是与被请求人有关联关系的当事人。

国家知识产权局办公室关于处理专利侵权纠纷中有关问题意见的函

（国知办函管字〔2016〕354号）

河南省知识产权局：

《河南省知识产权局关于提请指导处理专利侵权纠纷案件中有关问题的请示》（豫知〔2016〕27号）收悉。经研究，现答复如下：

《专利法实施细则》第八十二条第一款规定：在处理专利侵权纠纷过程中，被请求人提出无效宣告请求并被专利复审委员会受理的，可以请求管理专利工作的部门中止处理。在处理专利侵权纠纷中，涉案专利作为专利侵权纠纷的请求权基础，必须具备较强的稳定性。若以不具备稳定性的专利权作为请求基础提出侵权处理请求，将对市场主体正常的生产经营活动产生不利影响。

为避免无关的案外第三人对案件处理产生不必要的影响，《专利法实施细则》第八十二条第一款限定由被请求人提出无效宣告请求。如果无效宣告请求由有利害关系的第三人提出，且管理专利工作的部门对无效宣告请求的理由和证据进行仔细审查后，对涉案专利的稳定性产生质疑，并有充足的理由认为不中止处理将会对后期案件处理带来不利影响，则可参照适用《专利法实施细则》第八十二条的规定中止处理案件。

特此致函。

国家知识产权局办公室
2016年5月17日

河南省知识产权局关于提请指导处理
专利侵权纠纷案件中有关问题的请示

（豫知〔2016〕27号）

国家知识产权局：

近日，我省安阳市知识产权局受理一起专利侵权纠纷案件。在处理过程中，被请求人在答辩期内提出中止审理申请，提交了涉案专利已被利害关系人向专利复审委提起无效宣告并被受理的证据，管理部门对能否中止案件处理存在疑问，现将案情上报，请给予指导。

请批示。

附件：安阳市知识产权局关于处理专利侵权纠纷案件中有关问题的请示

河南省知识产权局
2016年4月8日

附件

安阳市知识产权局关于处理专利侵权纠纷案件中有关问题的请示

国家知识产权局：

近日，我局受理了一起专利侵权纠纷案件，遇到一些疑问，现将案件反馈国家知识产权局，请给予指导。

一、基本案情

2016年3月4日，请求人深圳市××节能工程技术有限公司就××发电有限责任公司涉嫌侵犯其"一种火力发电厂凝汽器真空维持系统"（专利号：201220064029.2）实用新型专利权，向我局提出了处理请求。我局依法受理后于2016年3月15日向被请求人××发电有限责任公司送达了相关文书。被请求人按期提交答辩材料，向我局说明，被请求人是通过招标，与第三人北京××电力技术服务有限公司签订协议，是由第三人为被请求人改造的凝汽器真空维持系统，且第三人已于2016年1月28日对涉案实用新型专利权向国家知识产权局专利复审委员会提起无效宣告请求，专利复审委员会于2016年3月10日发出受理通知书，被请求人××发电有限责任公司向我局申请中止该案，并提交了涉案专利无效宣告受理通知书。

我局对双方提交的材料进行审查，请求人提交的涉案实用新型专利权评价报告中说明该专利有专利性，但无效宣告请求提交的对比文件超出了评价报告中对比文件的范围，并且在国家知识产权局网站的中国专利审查信息查询栏目中，分别查询到有三家企业或个人提出了涉案专利无效宣告请求，专利复审委员会将于近日审理。

二、本案争议问题

《中华人民共和国专利法实施细则》第八十二条第一款规定："在处理专利侵权纠纷过程中，被请求人提出无效宣告请求并被专利复审委员会受理的，可以请求管理专利工作的部门中止处理。"《专利行政执法办法》没有明确规定。《专利行政执法操作指南（试行）》第2章"处理专利侵权纠纷"2.3.4.2.1规定提出中止申请的条件是："被请求人以申请宣告涉案专利权无效为由提出中止处理的，应当满足以下条件：（1）提出宣告专利权无效申请的是被请求人；（2）宣告专利权无效申请已被专利复审委员会受理；（3）有明确的无效宣告理由和相关证据。"

在本案中，无效宣告请求人不是被请求人，虽不符合《中华人民共和国专利法实施细则》第八十二条第一款和《专利行政执法操作指南（试行）》第2章"处理专利侵权纠纷"

2.3.4.2.1中条件（1）的规定，但提起无效请求的本案第三人是涉嫌侵犯专利权产品施工方，属于利害关系人，被请求人是使用方，是一个产品链关系。且专利复审委已经受理即将审理，我局也根据被请求人提交的材料，经过分析对比，认为涉案专利法律状态处于不确定状态。由此，我局认为虽专利无效宣告申请人不是被请求人，但却是一个产品链上的利害关系人，此案应予中止处理。

特此请示，妥否，恳请批复。

安阳市知识产权局
2016年4月5日

13. 关于专利权被宣告无效后侵权案件的处理

【答复要旨】

涉案专利权被宣告无效后，管理专利工作的部门可以告知请求人撤回处理请求；请求人不撤回的，管理专利工作的部门应当作出驳回处理请求的决定，并送达双方当事人，但应当告知请求人有证据证明宣告该专利权无效的决定被生效的司法判决撤销的，可以再次请求管理专利工作的部门处理。

国家知识产权局办公室关于专利权被宣告无效后相关侵权案件处理事宜的函

（国知办函管字〔2017〕590号）

湖北省知识产权局：

《关于转呈武汉市知识产权局〈关于专利被宣告无效后管理专利的部门能否直接撤销专利侵权案件的请示〉的请示》（鄂知文〔2017〕13号）收悉。经研究，现答复如下：

根据《专利法》第四十七条规定，专利权被宣告无效后，专利权视为自始即不存在。国家知识产权局专利复审委员会作为专利无效宣告请求审理机构，其作出的无效决定具有法律效力。

管理专利工作的部门处理专利侵权纠纷案件时，涉案专利权被宣告无效后，则请求专利侵权案件处理的依据即已不存在。管理专利工作的部门可以告知请求人撤回处理请求；请求人不愿撤回的，管理专利工作的部门应当作出驳回处理请求的决定，并送达双方当事人，但应当告知请求人，有证据证明宣告上述专利权无效的决定被生效的司法判决撤销的，可以再次请求管理专利工作的部门处理。

特此致函。

国家知识产权局办公室
2017年8月14日

湖北省知识产权局关于转呈武汉市知识产权局《关于专利被宣告无效后管理专利的部门能否直接撤销专利侵权案件的请示》的请示

（鄂知文〔2017〕13号）

国家知识产权局：

我局于7月12日收到武汉市知识产权局《关于专利被宣告无效后管理专利的部门能否直

接撤销专利侵权案件的请示》。该请示涉及管理专利工作的部门在处理专利纠纷案件时,当涉案专利被国家知识产权局专利复审委宣告无效后,请求人(专利权人)不愿撤回处理请求,管理专利工作的部门能否直接撤销专利侵权案件。请予指示。

湖北省知识产权局
2017 年 7 月 20 日

14. 关于地域管辖

【答复要旨】

一般情况下，通过互联网销售专利侵权产品的专利侵权纠纷，不宜由买受人住所地及收货地的管理专利工作的部门管辖。

国家知识产权局办公室关于专利侵权纠纷案件管辖权适用法律问题的函

（国知办函法字〔2017〕540号）

北京市知识产权局：

《北京市知识产权局关于专利侵权纠纷案件管辖权适用法律问题的请示》（京知局〔2017〕112号）收悉。经研究，答复如下：

一、（略）

二、关于对信息网络方式订立的买卖合同，买受人住所地及收货地专利行政部门是否有权处理该专利侵权纠纷的问题

《专利法实施细则》第八十一条规定，专利侵权纠纷由被请求人所在地或者侵权行为地的管理专利工作的部门管辖。侵权行为地包括侵权行为实施地和侵权结果发生地。关于通过网络销售的侵权产品引发的专利侵权纠纷，对其侵权结果发生地的认定尚无明确依据，尤其是买受人住所地及收货地是否属于侵权结果发生地，当地管理专利工作的部门或人民法院是否具有管辖权的问题，实践中也存在不同观点和做法。

我们认为，考虑到专利行政执法具有简便、快捷的特点，在确定管辖权过程中，应当综合考虑是否方便请求人提出请求、方便管理专利工作的部门处理、有利于查明侵权事实等各方面因素。如果仅以侵权产品可以销售至某地为理由，简单认定任何买受人住所地及收货地均属于侵权结果发生地，将会产生管理专利工作的部门虽有权处理，但既不能尽快查明侵权行为，也不能保证处理结果得到有效执行的不利局面。同时，销售者将可能处于不得不前往各地接受调查、处理的被动地位，亦不利于公平合理地解决纠纷。综上，一般情况下，通过互联网销售专利侵权产品的专利侵权纠纷，不宜由买受人住所地及收货地的专利行政部门管辖。

国家知识产权局办公室
2017年7月19日

北京市知识产权局关于专利侵权纠纷案件
管辖权适用法律问题的请示

(京知局〔2017〕112号)

国家知识产权局：

我局处理专利侵权纠纷案件过程中，在管辖权问题的处理上首先依据国家局下发的相关规范性文件予以确定，并结合具体案情参照最高人民法院司法解释中管辖权的有关规定，但对于以下两种具体情况，由于涉及跨区域管辖问题，请求国家知识产权局对此予以解释：

一、（略）

二、对信息网络方式订立的买卖合同，买受人住所地及收货地专利行政部门是否有权处理该专利侵权纠纷

依据《最高人民法院关于适用〈中华人民共和国民事诉讼法〉的解释》第二十条的规定："以信息网络方式订立的买卖合同，通过信息网络交付标的的，以买受人住所地为合同履行地；通过其他方式交付标的的，收货地为合同履行地。合同对履行地有约定的，从其约定。"

我局参照上述司法解释，对于一起专利权人在北京通过电子商务平台购买异地销售者的产品，且该电子商务平台本身并不在北京的情况下的专利侵权纠纷案件，予以立案处理。该案异地销售者提出管辖权异议，认为我局不具备管辖权，请国家知识产权局明确我局是否应当参照上述司法解释予以立案管辖。

特此请示。

北京市知识产权局

2017年5月4日

15. 关于中止处理的条件（2）

【答复要旨】

管理专利工作的部门在处理专利侵权纠纷过程中，必须以另一案的审理结果为依据，而另一案尚未审结的，管理专利工作的部门可以根据另一案与本案关联的性质和程度，分析另一案结果是否会对侵权判断产生实质影响，决定是否中止处理程序。

国家知识产权局办公室关于专利侵权纠纷案件中止适用法律问题意见的函

（国知办函法字〔2017〕498号）

北京市知识产权局：

《关于专利侵权纠纷案件中止适用法律问题的请示》（京知局〔2017〕147号）收悉。经研究，我局提出意见如下：

《专利法实施细则》第八十二条第一款规定："在处理专利侵权纠纷过程中，被请求人提出无效宣告请求并被专利复审委员会受理的，可以请求管理专利工作的部门中止处理。"第二款规定："管理专利工作的部门认为被请求人提出的中止理由明显不能成立的，可以不中止处理。"该条明确了被请求人在提出无效宣告请求并被专利复审委员会受理的情况下可以请求中止专利侵权纠纷的处理，但并没有排除其他可以中止处理的情形。

《专利行政执法操作指南（试行）》第2章"处理专利侵权纠纷"部分第2.3.4.1节中列明了当事人可以申请中止案件处理、管理专利工作的部门也可以自行决定是否中止案件处理的具体情形，其中第（6）项为"该案必须以另一案的审理结果为依据，而另一案尚未审结的"。

对于来函中提出的问题，即存在未审结的权属纠纷案件，是否应当中止专利侵权纠纷案件的处理，取决于权属纠纷案件的审理结果对侵权判定结果的影响。来函提及专利权属纠纷案件原告与侵权纠纷案件中的被请求人存在关联关系，为此需要综合考虑该关联的性质和程度，分析权属变化的可能性以及权属变化是否会对侵权判断产生实质影响。请你局根据案情具体情况依法进行判定。

特此复函。

国家知识产权局办公室
2017年6月30日

北京市知识产权局关于专利侵权纠纷案件中止适用法律问题的请示

（京知局〔2017〕147号）

国家知识产权局：

我局处理专利侵权纠纷案件，一直依据《中华人民共和国专利法实施细则》第八十二条的规定，在被请求人提出无效宣告请求并被专利复审委员会受理的，决定是否中止案件处理，目前尚不存在以其他情况中止案件处理的情形。

我局正在处理的一起专利侵权纠纷案件中，案外第三人（与被请求人存在关联关系）认为涉案专利应当归其所有，向北京知识产权法院提起诉讼，要求法院确认涉案专利归其所有并被立案，该权属纠纷案件目前尚未审结。被请求人依据国家知识产权局下发的《专利行政执法操作指南（试行）》2.3.4.1中"该案必须以另一案的审理结果为依据，而另一案尚未审结的""当事人可以申请中止案件的处理，管理专利工作的部门也可以自行决定是否中止案件处理"的规定并参照《中华人民共和国民事诉讼法》第一百五十条第一款第（五）项"本案必须以另一案的审理结果为依据，而另一案尚未审结的"中止诉讼的规定，认为专利侵权纠纷案件的处理必须以请求人具有专利权为前提，在专利权存在权属纠纷的情况下应当以权属纠纷案件的审理结果为依据再处理专利侵权纠纷案件，据此向我局提起中止案件处理的请求。

请国家知识产权局明确此种情况是否应当中止专利侵权纠纷案件处理，由于案件办理时限问题，请尽快给予答复。

特此请示。

北京市知识产权局
2017年6月7日

16. 关于案外人参加案件处理

【答复要旨】

在专利侵权纠纷处理程序中,应允许案件处理结果间接或直接与其民事权利有损益关系的民事主体以第三人身份参与,但应依其请求并征得案件各方当事人同意。

国家知识产权局办公室关于专利侵权纠纷案件案外人参加案件处理适用法律问题的函

(国知办函管字〔2017〕767号)

北京市知识产权局:

《北京市知识产权局关于专利侵权纠纷案件案外人参加案件处理适用法律问题的请示》(京知局〔2017〕236号)收悉。经研究,现答复如下:

一、关于"对本地销售商的侵权行为进行处理的,异地制造商能否以第三人身份参加案件处理程序"

《民事诉讼法》《行政诉讼法》及《行政复议法》分别对民事诉讼、行政诉讼和行政复议程序中的第三人问题进行了规定。就专利侵权纠纷处理而言,《专利法》《专利法实施细则》及相关部门规章中均未就第三人问题作出明确规定。

按照有关管辖原则,管理专利工作的部门依据请求处理涉及销售商的专利侵权纠纷时,不能将异地制造商列为共同被请求人。由于涉案侵权产品来自于制造商,案件办理结果可能对其利益产生影响。如果不允许异地制造商参与行政处理程序,当案件处理结果对其不利时,其只能另行提起处理请求以寻求救济,这显然会增加当事人的诉累,也可能造成前后案办理结果的冲突,更无从体现专利行政执法的简便、快捷优势。

综合考虑,在专利侵权纠纷处理程序中,应允许案件处理结果间接或直接与其民事权利有损益关系的民事主体以第三人身份参与,以听取其意见与诉求,查清事实,提高纠纷解决效率,但应依其请求并征得案件各方当事人同意,从而更好保障各方合法权益。

二(略)

以上意见,供参考。

国家知识产权局办公室
2017年11月1日

北京市知识产权局关于专利侵权纠纷案件案外人参加案件处理适用法律问题的请示

(京知局〔2017〕236号)

国家知识产权局：

我局处理专利侵权纠纷案件过程中，涉及请求方仅就在北京市行政区域内的销售商提起专利侵权纠纷处理请求，产品制造商为外地企业，现一些案件中销售商对侵权答辩并不积极，同时对涉案专利亦不愿向国家知识产权局专利复审委员会提起无效请求，导致案件审理不能明辨侵权是否成立。产品制造商希望作为第三人加入专利侵权纠纷程序的案件办理过程中的以下两种具体情况，由于现有《专利行政执法办法》并未加以规定任何第三人程序，请求国家知识产权局对此予以解释：

一、对本地销售商的侵权行为进行处理的，异地制造商能否以第三人身份参加案件处理程序。

二（略）

由于目前正在处理的相关案件需要在办理时限内结案，请尽快作出解释。

特此请示。

附件：相关案件说明（略）

北京市知识产权局
2017年9月4日

17. 关于缺席审理、追加被请求人及"使用"侵权行为的处理

【答复要旨】

口头审理应提前3个工作日通知当事人。请求人无故不参加或中途退出口头审理的，按撤回请求处理；被请求人无故不参加或中途退出口头审理的，按缺席处理。但应注意的是，管理专利工作的部门应当确定口头审理通知书是否以法律规定的送达方式送达至当事人后，才能决定是否缺席口审。

若专利权人以制造者或者销售者为被请求人，请求制造或者销售者所在地（或行为发生地）管理专利工作的部门处理专利侵权纠纷，之后提出追加使用者为被请求人的，管理专利工作的部门可以同意追加且作并案处理。此外，若专利权人以使用者为被请求人请求使用者所在地（或行为发生地）管理专利工作的部门处理专利侵权纠纷，之后提出追加制造者或销售者为被请求人的，管理专利工作的部门也可以同意追加并作并案处理。

《专利法》第十一条所称"使用"一般是指利用专利产品、专利方法或依照其专利方法所直接获得的产品，使其技术功能得到应用，达到预期的效果。为生产经营目的使用不知道是未经专利权人许可而制造并售出的专利侵权产品，能证明该产品合法来源的，不承担赔偿责任，但需承担其他侵权责任，如停止侵权等。

对于"使用"造成的侵权行为，其"停止侵权行为"一般有两种可选的实现方式。一是侵权人过去使用侵权产品的，立即停止使用行为，不再使用任何侵权产品；侵权人过去使用侵权方法的，立即停止使用行为，不再使用侵权方法。二是侵权人仍然希望继续实施专利的情况下，与专利权人达成协议，向专利权人支付专利实施使用费，则视为停止侵权行为。

（函中"《专利行政执法办法》第十二条、第十四条"现分别为《专利行政执法办法》第十四条、第十六条。）

国家知识产权局办公室关于处理专利侵权纠纷有关问题的复函
（国知办函法字〔2014〕358号）

甘肃省知识产权局：

《关于处理专利侵权纠纷有关问题的请示》（甘知函〔2014〕24号）收悉。经研究，现答复如下：

一、关于地方知识产权局可否在被请求人缺席情况下进行口头审理

《专利行政执法办法》第十二条规定，管理专利工作的部门应当在立案之日起5个工作日内将请求书及其附件的副本送达被请求人，要求其在收到之日起15日内提交答辩书并按照请求人的数量提供答辩书副本。被请求人逾期不提交答辩书的，不影响管理专利工作的部门进行处理。此外，根据《专利行政执法办法》第十四条，管理专利工作的部门处理专利侵权纠纷，可以根据案情需要决定是否进行口头审理。管理专利工作的部门决定进行口头审理的，

应当至少在口头审理3个工作日前将口头审理的时间、地点通知当事人。当事人无正当理由拒不参加的,或者未经允许中途退出的,对请求人按撤回请求处理,对被请求人按缺席处理。

结合来函请示的问题,地方知识产权局在进行相应处理前,需先对"送达"作准确理解、认定。参考我国《行政诉讼法》《民事诉讼法》并结合专利行政执法实践,送达立案通知书、口头审理通知要有送达回证,由合法受送达人在送达回证上注明签收日期,签名或盖章。一般而言,送达方式包括直接送达、留置送达、邮寄送达、转交送达、公告送达。采取直接送达的情况下,受送达人是公民的,本人不在,交他的同住成年家属或者委托代理人或其指定的代收人签收;受送达人是法人或者其他组织的,由法人的法定代表人、其他组织的主要负责人或者该法人、组织负责收件的人签收。受送达人或者他的同住成年家属拒绝接收立案通知书、口头审理通知的,送达人可以请有关基层组织或者所在单位的代表到场,说明情况,在送达回证上记明拒收事由和日期,由送达人、见证人签名或者盖章,把立案通知书留在受送达人的住所;见证人不愿签名或盖章的,也可以把立案通知书、口头审理通知留在受送达人的住所,由管理专利工作的部门执法人员在送达回证上注明情况,即视为送达。直接送达立案通知书有困难的,可以委托其他地方知识产权局代为送达,或者邮寄送达。邮寄送达的,以合法签收人在挂号信回执或者专递回执上注明的收件日期为送达日期。受送达人下落不明,或者无法送达的,公告送达,自发出公告之日起60日后,有关法律文书即视为送达。

因此,地方知识产权局应结合具体案情,首先确定立案通知书、口头审理通知是否已送达。如果被请求人在送达之日起15日内拒不回应和提交答辩材料的,地方知识产权局可以在被请求人缺席的情况下进行处理;如果被请求人在口头审理通知送达后,无正当理由拒不参加的,地方知识产权局可以按缺席处理,并根据案件情况进行相应的判定。

二、关于追加涉嫌使用专利侵权产品一方为被请求人的处理

对于专利侵权行为,专利权人或者利害关系人可以请求管理专利工作的部门处理。《专利法实施细则》第八十一条规定:当事人请求处理专利侵权纠纷或者调解专利纠纷的,由被请求人所在地或者侵权行为地的管理专利工作的部门管辖。

如果涉嫌使用专利侵权产品的一方所在地或使用行为地在本管理专利工作的部门管辖范围内,则管理专利工作的部门可以在专利权人或者利害关系人按照规定提交请求追加被请求人材料的情况下,同意其请求,作并案处理。如果涉嫌使用专利侵权产品的一方所在地和使用行为发生地均不在本管理专利工作的部门管辖范围内,实践中不同地区管理专利工作的部门对此情况的处理尚不统一。其中,有代表性的做法包括:1. 出于提高行政效率、方便权利人维权的考虑,根据具体案情,接受专利权人请求,同意追加涉嫌使用侵权产品一方为被请求人,且作并案处理;2. 根据案情,若认为使用行为与前述制作或销售行为没有关联,对涉嫌使用一方单独立案,并将案件移送涉嫌使用一方所在地;3. 告知专利权人或利害关系人向涉嫌使用一方所在地或使用行为地管理专利工作的部门提出处理请求,移送相关线索。

在司法实践中,法院遇到类似情况时,往往依据相关司法解释,按以下原则处理:1. 因侵犯专利权行为提起的诉讼,由侵权行为地或者被告住所地人民法院管辖。2. 原告仅对侵权产品制造者提起诉讼,未起诉销售者,侵权产品制造地与销售地不一致的,制造地人民法院有管辖权;以制造者为共同被告起诉的,销售地人民法院有管辖权。

经上述分析并结合实践中的各种做法,建议管理专利工作的部门在处理来函所述情况时,从提高行政效率、便利专利权人维权的角度出发,根据具体情况进行处理。若专利权人以制造者或者销售者为被请求人,请求制造或者销售者所在地(或行为发生地)管理专利工作的部门处理专利侵权纠纷,之后提出追加使用者为被请求人的,管理专利工作的部门可以同意追加且作并案处理。此外，若专利权人以使用者为被请求人请求使用者所在地（或行为发生地）管理专利工作的部门处理专利侵权纠纷，之后提出追加制造者或销售者为被请求人的，管理专利工作的部门也可以同意追加并作并案处理。

三、关于专利法中"使用"的理解与适用

根据《专利法》第十一条，在发明和实用新型专利权授予之后，未经专利权人许可，为生产经营目的使用其专利产品、专利方法或依照其专利方法所直接获得的产品，属于专利侵权行为。这里的"使用"一般是指利用专利产品、专利方法或依照其专利方法所直接获得的产品，使其技术功能得到应用，达到预期的效果。

根据《专利法》第七十条，为生产经营目的使用不知道是未经专利权人许可而制造并售出的专利侵权产品，能证明该产品合法来源的，不承担赔偿责任。此时，仅免除行为人承担赔偿责任的义务，即该使用行为仍构成侵权行为，除了不需要承担赔偿责任以外，还需承担其他侵权责任，如停止侵权等。

对于"使用"造成的侵权行为，其"停止侵权行为"的认定应根据实际情况予以判断。一般而言，前述"停止侵权行为"有两种可选的实现方式：一是侵权人过去使用侵权产品的，立即停止使用行为，不再使用任何侵权产品，侵权人过去使用侵权方法的，立即停止使用行为，不再使用侵权方法；二是侵权人仍然希望继续实施专利的情况下，与专利权人达成协议，向专利权人支付专利实施使用费，则视为停止侵权行为。

特此函复。

国家知识产权局办公室

2014年8月1日

甘肃省知识产权局关于处理专利侵权纠纷有关问题的请示

（甘知函〔2014〕24号）

国家知识产权局：

近日，兰州市知识产权局在处理一起专利侵权纠纷时，遇到若干问题，现将有关问题请示如下：

一、在地方知识产权局已经邮寄送达立案通知书的情况下，被请求人对此拒不回应和提交答辩材料，在事实清楚的情况下，我局可否在被请求人缺席情况下进行口头审理。

二、专利权人提出追加涉嫌使用专利侵权产品的一方为被请求人，地方知识产权局可否接受。如接受，是并案审理还是另案审理。

三、专利法规定，未经专利权人许可，"使用"属于侵权行为，但"使用"的内涵和外延应该如何界定，请予以明确。使用未经权利人许可的专利侵权产品，使用者可以提供合法来源，可否免侵权责任。对于"使用"造成的侵权行为，如何理解"停止侵权行为"。

特此请示，请给予指示批复。

甘肃省知识产权局

2014年6月19日

18. 关于"为生产经营目的使用"的认定

【答复要旨】
　　为生产经营目的的使用应当是指在生产经营过程中使用了专利产品，并且该使用行为对生产经营发挥了直接或间接的作用。这种使用不仅包括生产经营活动中制造产品、从事服务等行为中的使用，还应包括为生产或经营提供物质保证、安全保障等在维持生产或经营活动正常运转的过程中使用专利产品。

国家知识产权局办公室关于处理专利侵权案件有关问题的函
（国知办函法字〔2015〕296号）

广西壮族自治区知识产权局：

　　《关于处理专利侵权案件有关问题的请示》（桂知报〔2014〕8号）收悉。经研究，答复如下：

　　《专利法》第十一条第一款规定，发明和实用新型专利权被授予后，除本法另有规定的以外，任何单位或者个人未经专利权人许可，都不得实施其专利，即不得为生产经营目的制造、使用、许诺销售、销售、进口其专利产品，或者使用其专利方法以及使用、许诺销售、销售、进口依照该专利方法直接获得的产品。其中，为生产经营目的的使用应当是指在生产经营过程中使用了专利产品，并且该使用行为对生产经营发挥了直接或间接的作用。这种使用不仅包括生产经营活动中制造产品、从事服务等行为中的使用，还应包括为生产或经营提供物质保证、安全保障等在维持生产或经营活动正常运转的过程中使用专利产品。

　　对于生产煤粉的企业，其使用的电动伸缩门虽不属于煤粉生产工艺，但作为隔离企业独立的生产空间、保障正常秩序的设备，对该设备的使用应当属于生产经营活动的一部分。因此，对被控侵权产品的使用属于为生产经营目的的使用。

　　党政机关或人大常委会是为管理国家和社会公共事务设立的机构，其办公行为不具有生产经营性的目的，因此党政机关或人大常委会在其办公场所使用相关产品不应认定为《专利法》第十一条所规定的侵犯专利权的行为。但是，考虑到党政机关使用涉嫌侵犯知识产权的产品会在社会上产生不良的示范作用，应尽量避免购买或使用相关产品，为公众树立尊重和保护知识产权的良好形象。

　　特此致函。

国家知识产权局办公室
2015年5月28日

19. 关于专利权期限届满后侵权纠纷的处理

【答复要旨】

对于专利权有效期内发生的侵权行为，专利权终止后，专利权人在诉讼时效内提出处理请求，管理专利工作的部门应予立案。如果认定侵权事实不成立，则应驳回请求人的全部请求。如果认定侵权事实成立，管理专利工作的部门可以在处理决定书中确认侵权事实成立，阐明由于专利权期满无法申请强制执行后结案。

国家知识产权局办公室关于专利权期限届满后管理专利工作的部门受理专利侵权纠纷处理请求意见的函

（国知办函法字〔2018〕638 号）

湖北省知识产权局：

《关于专利权期限届满后管理专利工作的部门是否应当受理专利侵权纠纷处理请求的请示》收悉。经研究，提出意见如下：

对于专利权有效期内发生的侵权行为，专利权终止后，在诉讼时效内，专利权人有权向管理专利工作的部门提出处理请求。专利权人提交了符合《专利行政执法办法》规定的立案材料，管理专利工作的部门应予立案，依法对侵权行为是否成立进行认定。管理专利工作的部门可以根据专利权人的请求予以处理：

一、如果认定侵权事实不成立，则应驳回请求人的全部请求。如果认定侵权事实成立，由于专利权期限届满，管理专利工作的部门作出"责令立即停止侵权行为"的处理决定将不具备现实基础。因此，管理专利工作的部门可以在处理决定书中确认侵权事实成立，阐明由于专利权期满无法申请强执行后结案。

二、管理专利工作的部门依请求就侵犯专利权的赔偿数额进行调解，在调解过程中确认侵权事实成立的，可以促成双方就赔偿数额达成调解协议。如双方就赔偿数额未能达成协议，则应根据《专利行政执法办法》第26条，以撤销案件的方式结案，同时告知专利权人可以另行提起民事诉讼。

特此致函。

国家知识产权局办公室
2018 年 9 月 12 日

湖北省知识产权局关于专利权期限届满后
管理专利工作的部门是否应当受理专利侵权纠纷处理请求的请示

国家知识产权局：

  我局于 2018 年 6 月 8 日接到武汉市知识产权局《关于专利权届满终止失效后管理专利的部门是否应当受理侵权纠纷处理请求的请示》（见附件）。该局受理专利侵权纠纷时，当事人以期限已届满的专利权在有效期内遭遇侵权为由要求该局立案处理，确认侵权事实并就专利使用费和赔偿金进行调解。如何处理，恳请贵局予以指导。

  附件：武汉市知识产权局《关于专利权届满终止失效后管理专利的部门是否应当受理侵权纠纷处理请求的请示》

湖北省知识产权局

2018 年 6 月 8 日

武汉市知识产权局关于专利权届满终止失效后
管理专利工作的部门是否应当受理侵权纠纷处理请求的请示

（武科文〔2018〕12 号）

湖北省知识产权局：

  我局在受理专利侵权纠纷时，遇到当事人以已到期届满的专利在专利有效期内遭遇侵权为由请求我局处理，请求人请求确认被请求人所使用的技术构成侵权，并就专利授权后专利使用费或/和侵权赔偿金进行调解。

  对是否受理此类案件，我局形成两种意见：

  一是认为该专利在到期届满前真实有效，且申请人提交的被请求人实施侵权行为证据材料是在专利权有效期内，应当立案受理；

  二是目前该专利已进入公众领域，对该有效期已届满的专利在有效期内发生的侵权纠纷管理专利工作的部门是否应当立案无明确法律依据，故不应当立案受理。

  对该类专利侵权纠纷案件是否应该立案受理，呈请予以指导。

  请复示。

武汉市知识产权局

2018 年 6 月 8 日

附件

案件基本情况

  我局于 2018 年 6 月 5 日收到请求人王××提交的专利侵权纠纷处理请求 6 件，被请求人分别为"中国××股份有限公司/中国××股份有限公司湖北分公司""中国××通信集团有限公司""长×证券股份有限公司""天×证券股份有限公司""武汉市××银行股份有限公司""××银行股份有限公司",涉案专利为同一专利,专利号 ZL201110091092.5,专利名称为"能够与电脑相连接的电话机或移动电话机"。请求人请求确认被请求人所使用的技术构成侵权,并就专利授权后专利使用费或/和侵权赔偿金进行调解,调解数额分别为中国××股份有限公司 49 亿元整、中国××通信集团有限公司 121 亿元整、长×证券股份有限公司 690 万元整、天×证券股份有限公司 100 万元整、武汉市××银行股份有限公司 5232 万元整、××银行股份有限公司 21400 万元整。

经审查,该涉案专利申请日期为 1996 年 7 月 12 日,授权公告日期为 2015 年 8 月 5 日,目前状态为届满终止失效。

(二)查处假冒专利行为

1. 关于地域管辖

【答复要旨】

查处假冒专利行为由行为发生地的管理专利工作的部门管辖。

（函中《专利法实施细则》第八十四条已作修改。另外，函中"《专利行政执法办法》第二十二条"现为《专利行政执法办法》第二十九条。）

国家知识产权局办公室关于对青岛××环保科技有限公司涉嫌假冒他人专利案件有关问题的答复

（办函字〔2008〕34号）

青岛市知识产权局：

《关于青岛××环保科技有限公司涉嫌假冒他人专利一案管辖问题的请示》（青知法〔2008〕1号）收悉。经研究，现答复如下：

根据《专利法实施细则》第八十四条规定，未经许可，在广告或者其他宣传材料中使用他人的专利号，使人将所涉及的技术误认为是他人的专利技术属于假冒他人专利的行为。根据国家知识产权局制定的《专利行政执法办法》第二十二条规定，查处假冒他人专利行为由行为发生地的管理专利工作的部门管辖。据此，如在青岛××环保科技有限公司网站上发布的广告信息涉嫌假冒他人专利行为，青岛市知识产权局可以对该案进行查处。

特此函复。

国家知识产权局办公室
2008年3月17日

青岛市知识产权局关于青岛××环保科技有限公司涉嫌假冒他人专利一案管辖问题的请示

（青知法〔2008〕1号）

国家知识产权局：

专利权人李××向我局投诉，称青岛××环保科技有限公司在其网站上发布的有关广告信息假冒专利权人李××的200520104664.9号和200520104665.3号专利，要求我局立案查处。

根据《行政处罚法》第二十条的规定，行政处罚由违法行为发生地的行政机关管辖。经我局调查查明，青岛××环保科技有限公司的住所地在青岛市，该公司的网站服务器在位于北京市的北京××信息技术有限公司,向该服务器上传青岛××环保科技有限公司广告内容的计算机终端设备地址无法查明。该案中网站服务器所在地、上传青岛××环保科技有限公司广告内容的计算机终端设备所在地和青岛××环保科技有限公司的住所地三者哪一个是违法行为发生地没有法律规定,我局能否将青岛××环保科技有限公司的住所地作为违法行为发生地,对该涉嫌假冒他人专利一案进行查处,请批示。

青岛市知识产权局
2008 年 1 月 28 日

2. 关于修改后《专利法》《专利行政执法办法》的溯及力

【答复要旨】

管理专利工作的部门对发生在 2009 年 10 月 1 日之后的涉嫌假冒专利行为进行查处的，适用修改后的《专利法》第六十三条、第六十四条的规定，行为人的违法所得依据修改后的《专利行政执法办法》第四十五条的规定进行计算。

（函及本要旨中"《专利行政执法办法》第四十五条"现为《专利行政执法办法》第四十七条。）

国家知识产权局办公室关于沈阳××假冒专利案有关问题的复函
（国知办函管字〔2011〕215 号）

辽宁省知识产权局：

《关于"沈阳海×举报沈阳××假冒专利案"有关问题的请示》（辽知发〔2011〕3 号）收悉。经研究，现答复如下：

2009 年 10 月 1 日起施行的修改后的《专利法》将修改前的《专利法》第五十八条规定的"假冒他人专利行为"和第五十九条规定的"冒充专利行为"统一规定为"假冒专利行为"，同时提高了对假冒专利行为的行政处罚力度。《施行修改后的专利法的过渡办法》（国家知识产权局第 53 号令）第五条规定："管理专利工作的部门对发生在 2009 年 10 月 1 日之后的涉嫌假冒专利行为进行查处的，适用修改后的专利法第六十三、六十四条的规定。"虽然《专利法实施细则》从 2010 年 2 月 1 日起施行，但不影响《专利法》从 2009 年 10 月 1 日起实施。

你局请示所述，沈阳××电力设备有限公司在 2009 年初印制了产品说明书 1000 份，其中标注了专利号 200620092960.6，并一直使用至 2010 年。该专利于 2008 年 1 月获得授权，专利权人是杨××（沈阳××公司股东）、于××。该专利因未缴年费于 2009 年 12 月 9 日终止。2010 年 11 月 19 日，你局依法扣押了沈阳××公司剩余的产品说明书 125 份，并认定产品说明书对该专利的创新点"内凸式结构"没有体现，目前生产销售的储油柜生产技术与该专利不完全一致。但请示附件及附送的案卷副本材料所述内容与请示内容有不完全相符之处。为依法认定假冒专利行为，你局应当就以下证明材料进一步调查取证：一是在专利权有效期内，沈阳××公司在其产品说明书上标注专利号是否得到了专利权人的同意；二是该专利权终止时间的证据；三是有关涉嫌假冒专利行为发生时间。

在进一步调查取证的基础上，假冒专利行为发生在 2009 年 10 月 1 日之前的，你局应当对是否构成假冒他人专利行为或冒充专利行为进行认定，并分别依据修改前的《专利法》第五十八、第五十九条予以处罚，其中，假冒他人专利行为人的违法所得可以依据修改前的《专利行政执法办法》第三十八条的规定进行计算；假冒专利行为发生在 2009 年 10 月 1 日之后的，适用修改后《专利法》第六十三条予以处罚，其中，行为人的违法所得可以依据修改后的《专利行政执法办法》第四十五条的规定进行计算。

特此函复。

国家知识产权局办公室
2011 年 7 月 1 日

辽宁省知识产权局关于"沈阳海×举报沈阳××假冒专利案"有关问题的请示

(辽知发〔2011〕3号)

国家知识产权局：

  2010年，沈阳海×电力设备有限公司针对沈阳××电力设备有限公司向我局提交了2份专利侵权纠纷处理请求和1份假冒专利举报。2010年12月2日，我局根据案件进展情况依法对三起案件决定中止。从案件开始处理起，沈阳海×电力设备有限公司多次向上级有关部门递交材料，并且有多位领导亲自批示要认真处理此案。我局在处理此案的过程中，对以下几个问题存在困扰，希望国家知识产权局给予我局如何处理该案件的具体指导意见。案件具体情况详见附件1和附件2。

  1. 法律适用。第三次修正的《中华人民共和国专利法》开始适用的时间是2009年10月1日，《中华人民共和国专利法实施细则》开始适用的时间是2010年2月1日，而涉嫌假冒专利行为发生的时间在2009年至2010年期间，在处理此案时，应该依据原《专利法》还是修改后的《专利法》的有关规定？是依据原《专利法实施细则》还是修改后的《专利法实施细则》？

  2. 是否属于《专利法实施细则》第八十四条第一款规定的情况。沈阳××电力设备有限公司2006年8月28日申请了"内凸式金属波纹密封储油柜"实用新型专利（专利号ZL200620092960.6）；2008年1月16日授权公告；2009年12月9日因未按时缴费专利权终止。该公司于2009年初印制了标有专利号的产品说明书1000份，并一直使用至2010年（2010年11月19日，我局依法扣押了沈阳××电力设备有限公司剩余的产品说明书125份）。产品说明书中对其专利的创新点"内凸式结构"没有体现。

  我们的问题是沈阳××电力设备有限公司的行为是否构成了《专利法实施细则》第八十四条第一款第（三）或第（五）项的行为。

  3. 处罚决定的裁量。国家知识产权局最新修改的《专利行政执法办法》中只有对假冒他人专利行为进行处罚的条款，对原专利法意义上的冒充专利行为如何处罚没有规定。如果沈阳××电力设备有限公司构成《专利法》第六十三条假冒专利的行为，应该对其进行什么样的处罚？如何认定违法所得？是否可以依据我省《专利保护条例》和原《专利行政执法办法》处理？

  以上问题，望解答。

  附件1：关于"沈阳海×举报沈阳××假冒专利案"调查处理情况的报告（略）
  附件2："沈阳海×举报沈阳××假冒专利案"案卷副本（略）
  附件3：无效宣告决定书（略）

辽宁省知识产权局
2011年2月18日

3. 关于假冒专利行为的认定

【答复要旨】

专利权被宣告无效后，当事人继续标注专利标识的行为，不论其方式和载体如何，都应当属于假冒专利行为。而在专利权终止后在产品说明书、宣传材料中标注专利标识的行为属于不当行为，需要具体情况具体分析。

对于在宣传、推销产品过程中的行为是否构成假冒专利行为，应当依据《专利法实施细则》第八十四条第一款第（三）项或者第（五）项的规定判断。

《专利法》及其实施细则对当事人在专利权终止后许诺销售、销售该产品的行为不属于假冒专利行为均未限制期限。

国家知识产权局办公室关于对查处假冒专利行为有关问题的复函
（国知办函法字〔2011〕43号）

德阳市科学技术和知识产权局：

《关于查处假冒专利行为有关问题的请示》（德市科知发〔2011〕9号）收悉。经研究，现答复如下：

一、关于专利权被宣告无效后或者终止后，在产品说明书、宣传材料中继续标注专利标识的行为是否属于假冒专利行为

对于这一问题，我们认为应当考虑以下因素：第一，专利权被宣告无效的，视为自始即不存在；第二，专利权终止后，专利权人不再享有禁止他人实施其专利的权利；第三，根据《专利法实施细则》第八十四条的规定，专利权被宣告无效后或者终止后继续在产品或者其包装上标注专利标识的行为属于假冒专利行为。

综合考虑上述因素和《专利法实施细则》第八十四条第（一）项、第（三）项规定的内容，我们认为，专利权被宣告无效后，当事人继续标注专利标识的行为，不论其方式和载体如何，都应当属于假冒专利行为。而在专利权终止后在产品说明书、宣传材料等标注专利标识的行为属于不当行为，需要具体情况具体分析，采取妥当方式予以处理。

二、关于许诺销售在专利权被宣告无效后或者终止后标注专利标识的产品是否构成假冒专利行为

对于这一问题，我们认为，《专利法实施细则》第八十四条对假冒专利行为的界定中，除了该条第二款关于不属于假冒专利行为的规定外，没有涉及许诺销售行为。对于在宣传、推销产品过程中的行为是否构成假冒专利行为，应当依据《专利法实施细则》第八十四条第一款第（三）项或者第（五）项的规定判断。关于专利权被宣告无效后或者终止后的有关行为是否构成假冒专利行为，可参照前述问题一的判断标准。

三、关于在专利权终止前依法在专利产品或者其包装上标注专利标识，在专利权终止后许诺销售、销售该产品是否有时间限制

根据《专利法实施细则》第八十四条第二款的规定，专利权终止前依法在专利产品或者

其包装上标注专利标识,在专利权终止后许诺销售、销售该产品的行为不属于假冒专利行为。因此,《专利法》《专利法实施细则》对当事人的销售或者许诺销售行为均未限制期限。

以上意见,供参考。

国家知识产权局办公室
2011 年 2 月 23 日

德阳市科学技术和知识产权局关于查处假冒专利行为有关问题的请示

(德市科知发〔2011〕9 号)

国家知识产权局条法司:

我局查处德阳××涉嫌假冒专利案件中,对如何适用法律出现较大分歧,恳请贵司给予指示。

一、案件的基本事实

2010 年 12 月 10 日,德阳市知识产权稽查支队在对成都××电器公司德阳分公司(简称:德阳××)进行检查时,发现德阳××所售美菱冰箱的宣传材料中称拥有国家专利"〈冰箱温度自动补偿装置〉(专利号:ZL02252455)",宣传材料上无印刷日期。据查,该专利权已于 2007 年 8 月 8 日被国家知识产权局公告因未缴年费终止。我局遂以德阳××涉嫌假冒专利为由立案查处。

二、存在的法律适用问题

1. 专利权终止后,在宣传材料中继续标注专利号的行为是否属于假冒专利行为?

一种意见认为是假冒专利行为。理由一:上述行为属于修改前《专利法实施细则》第八十五条第一款第(三)项"在广告或者其他宣传材料中将非专利技术称为专利技术"的情形,《专利法》修改后冒充专利归并为假冒专利,修改前的《专利法实施细则》第八十五条第一款第(三)项归并为修改后《专利法实施细则》第八十四条第一款第(三)项;理由二:专利权终止后应视为未被授予专利权,宣传资料与产品说明书属同类性质材料,上述行为符合《专利法实施细则》第八十四条第一款第(三)项所述"在产品说明书等材料中将未被授予专利权的技术或者设计称为专利技术或者专利设计……"情形。

另一种意见认为不是假冒专利行为。理由是,修改后的《专利法实施细则》第八十四条已经将未被授予专利权的,与专利权被宣告无效后或者终止后的区分开,其中第一款第(一)、(二)、(三)、(五)项涉及未被授予专利权的违法情形,只有第一款第(一)、(二)项涉及专利权终止后的违法情形。其中明确了专利权终止后继续在产品或者包装上标注专利标识的行为和销售带该种标识的产品的行为属于假冒专利行为。由于《专利法实施细则》所列的假冒专利情形为穷尽性的,因而在宣传资料中继续标注专利号的行为不是假冒专利行为。而且,产品说明书类材料是随产品一起给购买者的,而宣传材料则是不随产品的东西,因此,宣传材料有别于产品说明书类材料。

2. 专利权被宣告无效后或者终止的,继续许诺销售(比如:广告宣传)的行为是否是假冒专利行为?

一种意见认为是假冒专利行为。理由是,专利权被宣告无效后或者专利权终止后应视为未被授予专利权，许诺销售是专利的一种实施方式，上述行为属于《专利法实施细则》第八十四条第一款第（五）项所述"其他使公众混淆，将未被授予专利权的技术或者设计误认为是专利技术或者专利设计的行为"的情形，只要不是《专利法实施细则》第八十四条第二款所述的例外情形，就属于假冒专利行为。

另一种意见认为不是假冒专利行为。《专利法实施细则》第八十四条第一款第（二）项规定：销售第（一）项所述产品的情形属于假冒专利行为，并没有规定许诺销售第（一）项所述产品的情形属于假冒专利行为。

3. 专利权终止后许诺销售专利权终止前依法在专利产品或者其包装上标注专利标识的产品是否有时间限制？

对于终止前完成制作的广告或印制的宣传材料，在终止后继续许诺销售，按照《专利法实施细则》第八十四条第二款的规定，不属于假冒专利行为。但对于播放广告、发放宣传资料的无任何限制显然是不合理。

以上问题应如何处理，请指示。

德阳市科学技术和知识产权局
2011 年 1 月 19 日

4. 关于专利权被宣告无效或终止后标注专利标识行为如何定性

【答复要旨】

专利权被宣告无效后，当事人继续标注专利标识的行为，属于假冒专利行为；专利权终止后在产品说明书等材料中标注专利标识的行为属于不当行为。

国家知识产权局办公室关于对查处假冒专利法律适用问题的复函

（国知办函法字〔2011〕33号）

上海市知识产权局：

《关于查处假冒专利法律适用问题的请示》（沪知局〔2010〕89号）收悉。经研究，现答复如下：

根据《行政法规制定程序条例》第三十一条的规定，行政法规条文本身需要进一步明确界限或者作出补充规定的，由国务院解释。因此，对《专利法实施细则》条文本身的解释应由国务院作出。

关于专利权被宣告无效后或者终止后，当事人在产品说明等材料中标注专利标识的行为是否属于假冒专利行为，我们认为应当考虑以下因素：第一，专利权被宣告无效的，视为自始即不存在；第二，专利权终止后，专利权人不再享有禁止他人实施其专利的权利；第三，根据《专利法实施细则》第八十四条的规定，专利权被宣告无效后或者终止后继续在产品或者其包装上标注专利标识的行为为假冒专利行为。

综合考虑上述因素和《专利法实施细则》第八十四条第一款第（一）项、第（三）项规定的内容，我们认为，专利权被宣告无效后，当事人继续标注专利标识的行为，不论其方式和载体如何，都应当属于假冒专利行为。而在专利权终止后在产品说明书等材料中标注专利标识的行为尽管属于不当，但需要具体情况具体分析，采取妥当方式加以处理。

以上意见，供参考。

国家知识产权局办公室
2011年1月31日

上海市知识产权局关于查处假冒专利法律适用问题的请示

（沪知局〔2010〕89号）

国家知识产权局：

近期，我局在市场执法检查中发现一些企业在专利权被宣告无效后或者终止后在其宣传材料（例如产品宣传手册）或者产品说明书中标注专利标识的情况。我局执法人员在适用有关假冒专利的法律条文时遇到了无法适用的问题，现将有关情况请示如下：

新修改的《专利法》将原《专利法》规定的假冒他人专利和冒充专利两种违法行为合并为假冒专利行为，新修改的《专利法实施细则》第八十四条对假冒专利行为的具体情形进行了重新界定。

根据第八十四条第一款第（一）项的规定，假冒专利行为包括三种情况：1. 在未被授予专利权的产品或者其包装上标注专利标识；2. 专利权被宣告无效后或者终止后继续在产品或者其包装上标注专利标识；3. 未经许可在产品或者产品包装上标注他人的专利号。根据对该项条文的理解，上述三种情形是不同的假冒专利行为，"在未被授予专利权的产品或者其包装上标注专利标识"与"专利权被宣告无效后或者终止后继续在产品或者其包装上标注专利标识"是两种并列的违法情形，即"未被授予专利权"的情形并不包含"专利权被宣告无效或者终止"的情形。而在专利权被宣告无效后或者终止后在其宣传材料（例如广告）或者产品说明书中标注专利标识的情况既不是"在未被授予专利权的产品或者其包装上标注专利标识"，也不是"专利权被宣告无效后或者终止后继续在产品或者其包装上标注专利标识"，因此无法适用第八十四条第一款第（一）项的规定。

根据第八十四条第一款第（三）项的规定，假冒专利行为包括三种情况：1. 在产品说明书等材料中将未被授予专利权的技术或者设计称为专利技术或者专利设计；2. 在产品说明书等材料中将专利申请称为专利；3. 在产品说明书等材料中未经许可使用他人的专利号，使公众将所涉及的技术或者设计误认为是专利技术或者专利设计。根据对该项条文的理解，假冒专利行为不包括"专利权被宣告无效后或者终止后继续在产品说明书等材料中标注专利标识"的行为。在专利权被宣告无效后或者终止后在其宣传材料（例如产品宣传手册）或者产品说明书中标注专利标识的行为也无法适用本项的规定。

根据第八十四条第一款第（五）项的规定，假冒专利行为还包括"其他使公众混淆，将未被授予专利权的技术或者设计误认为是专利技术或者专利设计的行为"。根据对该项条文的理解，应当是兜底条款，但是该项的文字表述中使用了"未被授予专利权"，结合前面对第八十四条第一款第（一）、（三）项的理解，"未被授予专利权"并不包含"专利权被宣告无效或者终止"的情形，因此也无法适用本项的规定。

综上所述，在专利权被宣告无效后或者终止后不在产品或者其包装上标注专利标识，而在其宣传材料（例如产品宣传手册）或者产品说明书中标注专利标识，这种行为应当如何适用新修改的《专利法实施细则》？近日，我局已接到类似性质的举报，是否立案查处，面临困惑，恳请贵局能够尽快予以明确的解释和指导。

以上当否，请批复。

上海市知识产权局
2010年12月29日

5. 关于查封、扣押产品的处理及"责令改正"的性质

【答复要旨】

假冒专利案件处理结束后，查封、扣押的假冒专利产品应当予以返还，以便行为人根据行政决定进行改正。

对假冒专利行为的处罚，没收违法所得和罚款是两种独立并可同时适用的处罚方式。对于不知情的假冒专利产品销售者，《专利法实施细则》仅免除对其罚款的处罚。

责令改正的行政行为不能认定为行政处罚。

国家知识产权局办公室关于查处假冒专利案件相关问题的复函

（国知办函管字〔2013〕176号）

湖南省知识产权局：

《关于假冒专利案件查处中几个问题的请示》（湘知〔2013〕10号）收悉。经研究，答复如下：

一、关于假冒专利产品的后续处理问题

根据《行政强制法》第二十七条、第二十八条的相关规定，行政机关采取查封、扣押措施后，对违法事实清楚、依照法律或行政法规的规定应当依法没收、销毁的非法财物予以没收、销毁；行政机关对违法行为已经作出处理决定，不再需要查封、扣押的，应当及时解除查封、扣押。

《专利法》及其实施细则中并未规定对假冒专利产品的没收和销毁，因此应当予以返还，以便其根据行政决定进行改正。对于既不提起行政诉讼或者行政复议，也不执行处罚决定的，管理专利工作的部门可以申请人民法院强制执行。

二、关于假冒专利案件中没收违法所得问题

免除罚款不应排除并罚的罚种。《专利法》第六十三条规定，管理专利工作的部门对假冒专利行为人可以没收违法所得，并处罚款。两种行政处罚非相互依附关系，而是独立并可同时适用。管理专利工作的部门无权任意变更法定的并罚处罚方式。

按照《行政处罚法》第四条第二款"罚过相当"的规定，在立法本意上《专利法实施细则》第八十四条已充分考虑不知情的假冒专利产品销售者的事实、性质、情节及社会危害程度，仅免除罚款的处罚，没有明确说明免除其他行政处罚，表明针对这类违法行为，是应该给予一定的惩处。如果免除罚款的同时，也免除没收违法所得，则可能使得违法行为人获利，有违立法本意。

三、关于责令改正是否属于行政处罚措施的问题

责令改正不能认定为行政处罚。理由如下：

（一）行政处罚是指对违反行政管理秩序但是尚未构成犯罪的人实施的法律制裁。行政处罚的本质在于制裁、惩戒，而责令改正是通过命令相对人履行其本应遵守的行政法上的义

务，从而达到将行为从不合法状态恢复到合法状态的目的，不具行政处罚性质。

（二）《行政处罚法》第八条列举了行政处罚的种类，但并没有将责令改正明确确定为行政处罚的罚种，第二十三条排除了将责令改正作为行政处罚种类的可能性。

（三）从责令改正和行政处罚的内容看，责令改正是要求相对人履行其本应该承担的法定义务，这种义务不是额外的义务，亦不是对其权利的剥夺或限制，因此不是处罚；行政处罚是对违法的相对人依法要求其承担的特别义务或责任。责令改正与行政处罚性质不同，责令改正是作为行政机关针对特定的、个别的对象实施的行政管理措施，属于一种具体行政行为。

特此致函。

国家知识产权局办公室
2013 年 5 月 21 日

湖南省知识产权局关于假冒专利案件查处中几个问题的请示

（湘知〔2013〕10 号）

国家知识产权局：

最近，我省长沙市知识产权局等单位在假冒专利案件查处中，存在三个方面疑问，现将相关问题汇报如下：

一、关于已经确定为假冒专利产品的后续处理问题。根据现行法律法规规定，假冒专利案件查处中，管理专利工作的部门只有抽样取证、扣押的职权，法律没有赋予没收与销毁假冒专利产品的职权，案件处理结束后扣押的假冒专利产品应当如何处理不明确。

二、关于假冒专利案件中没收违法所得问题。在假冒专利案件查处中，对销售方提供了假冒专利产品的合法来源证明和假冒专利产品销售凭证的，根据《专利法》第六十三条规定，责令销售方改正并予公告，没收其违法所得，可以并处违法所得四倍以下的罚款。但《专利法实施细则》第八十四条规定，销售不知道是假冒专利的产品，并且能够证明该产品合法来源的，由管理专利工作的部门责令停止销售，但免除罚款的处罚。对《专利法实施细则》的这一规定，是否可以理解为销售不知道是假冒专利的产品，并且能够证明该产品合法来源的，管理专利的部门只能责令停止销售，而不用没收销售方的违法所得。

三、关于责令改正是否属于行政处罚措施的问题。在假冒专利案件处理实践中，很多案件因为情节轻微，因而仅仅责令当事人改正，但相关法律法规中并未对此行为的法律性质予以明确，是否属于行政处罚的一种类型尚存在争议。

特此请示，请批复。

附件：长沙市知识产权局关于假冒专利产品及没收违法所得处理的咨询函（略）

湖南省知识产权局
2013 年 3 月 8 日

6. 关于销售或者使用假冒专利产品行为的定性及行政机关的举证责任

【答复要旨】

销售假冒专利产品行为构成假冒专利行为（其中不知情并证明合法来源的免除罚款处罚），而使用假冒专利产品不构成假冒专利行为。

行政机关对其具体行政行为的合法性负有举证责任，管理专利工作的部门在对涉嫌假冒专利行为进行查处时，可以按照《专利法》第六十四条的规定进行调查取证。

国家知识产权局办公室关于医疗机构涉嫌假冒专利行为适用法律问题意见的函

（国知办函管字〔2013〕268号）

甘肃省知识产权局：

《关于专利行政执法中有关法律适用问题的请示》（甘知函字〔2013〕27号）收悉。经研究，答复如下：

在行为认定上，"使用"与"销售"的区别在于涉案物品所有权是否转移。"使用"行为不涉及所有权转移；而"销售"行为必然发生所有权转移。根据《专利法实施细则》第八十四条第一款规定，假冒专利行为包括：（一）在未被授予专利权的产品或者其包装上标注专利标识，专利权被宣告无效后或者终止后继续在产品或者其包装上标注专利标识，或者未经许可在产品或者产品包装上标注他人的专利号；（二）销售第（一）项所述产品；（三）在产品说明书等材料中将未被授予专利权的技术或者设计称为专利技术或者专利设计，将专利申请称为专利，或者未经许可使用他人的专利号，使公众将所涉及的技术或者设计误认为是专利技术或者专利设计；（四）伪造或者变造专利证书、专利文件或者专利申请文件；（五）其他使公众混淆，将未被授予专利权的技术或者设计误认为是专利技术或者专利设计的行为。同时，该条第三款规定，销售不知道是假冒专利的产品，并且能够证明该产品合法来源的，由管理专利工作的部门责令停止销售，但免除罚款的处罚。这说明销售假冒专利产品行为构成假冒专利行为（其中不知情并证明合法来源的免除罚款处罚），而使用假冒专利产品不构成假冒专利行为。

医疗机构涉嫌假冒专利行为定性上存在两种可能。一是利用医疗器械向患者提供诊断、治疗服务，患者仅支付诊疗费用，医疗器械的所有权并未转移，可以认定为使用假冒专利产品，但不承担违法责任。管理专利工作的部门应当根据已掌握的线索，追究生产者、销售者的责任。二是购进医疗器械、药品并向患者出售，此时患者支付相应费用获取相关医疗器械、药品的所有权，均应认定构成销售假冒专利产品行为，属于《专利法实施细则》第八十四条第一款第（二）项所列情形。如果医疗机构销售不知道是假冒专利的产品，并且能够证明该产品合法来源的,根据《专利法实施细则》第八十四条第三款规定,管理专利工作的部门可责令停止销售,但免除罚款的处罚。

按照《行政诉讼法》的有关规定,行政机关对其具体行政行为的合法性负有举证责任,其他人均不负举证责任,即不能要求当事人自证有或无违法行为。管理专利工作的部门在对涉嫌假冒专利行为进行查处时,可以按照《专利法》第六十四条的规定进行调查取证。

以上意见,供参考。

国家知识产权局办公室
2013年7月22日

甘肃省知识产权局关于专利行政执法中有关法律适用问题的请示
（甘知函字〔2013〕27号）

国家知识产权局:

近日,我局接到兰州市知识产权局《关于如何使用〈专利法实施细则〉第八十四条的请示函》(兰知函字〔2013〕1号),由于涉及相关法律适用问题的解释,现将兰州市知识产权局的请示函呈上,特此请示。

附件:兰州市知识产权局《关于如何使用〈专利法实施细则〉第八十四条的请示函》（兰知函字〔2013〕1号）

甘肃省知识产权局
2013年6月5日

附件

兰州市知识产权局关于如何使用
《专利法实施细则》第八十四条的请示函
（兰知函字〔2013〕1号）

甘肃省知识产权局:

我局在查处的假冒专利案件中,某医院使用一假冒专利产品,医院述称本院只是使用该假冒专利产品,未销售,故不属于《专利法》第六十三条规定的假冒专利行为,未违反《专利法实施细则》第八十四条的规定。我局现存在两种不同观点。第一种观点认为:根据《专利法实施细则》第八十四条的规定,使用假冒专利产品不构成假冒专利行为。第二种观点认为:医院虽然陈述只是使用该假冒专利产品,如果我局要求医院出具证据以证明自己未进行销售,就认定其未违反《专利法实施细则》第八十四条;如果医院无法证明,就认定其违反

《专利法实施细则》第八十四条。但我局不知道是否可以依据《专利法》强制要求医院出具证明；如果可以，依据哪款法条。

我局比较倾向于第一种观点，特此请示。

妥否，恳请批复。

兰州市知识产权局
2013 年 5 月 24 日

7. 关于企业使用法定代表人或员工专利权是否构成假冒专利行为及专利标识标注要求

【答复要旨】

专利权人为企业法定代表人或企业员工,并不能理解为企业必然获得专利权人的许可。如果企业不能提供获得专利权人许可的证明材料,则构成假冒专利行为。

在专利产品或者该产品的包装上标明专利标识的,应当按照《专利标识标注办法》规定的标注专利标识的具体内容和方式予以标明。

国家知识产权局办公室关于认定有关假冒专利行为的函

(国知办函管字〔2013〕360号)

济南市知识产权局:

《关于如何认定假冒专利行为的函》(济知字〔2013〕19号)收悉。经研究,答复如下:

一、关于产品标注专利号,但专利权人非生产厂家的问题

专利权作为一种无形资产,归属于具体的民事主体。而企业法定代表人或企业员工作为自然人,与企业是不同的民事主体。专利权人为企业法定代表人或企业员工,并不能理解为企业必然获得专利权人的许可。按照《专利标识标注办法》第四条的规定,在授予专利权之后的专利权有效期内,专利权人或者经专利权人同意享有专利标识标注权的被许可人可以在其专利产品、依照专利方法直接获得的产品、该产品的包装或者该产品的说明书等材料上标注专利标识。如果企业不能提供获得专利权人许可的证明材料,则属于《专利法实施细则》第八十四条第一款第(一)项规定的"未经许可在产品或者产品包装上标注他人的专利号"情形,构成假冒专利行为。此外,还应按照《专利法》第六十三条的规定,承担相应民事责任。但是如果能够提供已获得专利许可的证明材料,则应当认为当事人标注专利标识的行为不构成假冒专利行为。

二、关于标注"专利产品,仿冒必究"等用语定性的问题

《专利法》第十七条规定,专利权人有权在其专利产品或者该产品的包装上标明专利标识。《专利法实施细则》第八十三条规定,在其专利产品或者该产品的包装上标明专利标识的,应当按照国务院专利行政部门规定的方式予以标明。专利标识不符合前款规定的,由管理专利工作的部门责令改正。《专利标识标注办法》第五、第六、第七条明确规定了标注专利标识的具体内容和方式。不符合上述规定的,应当由管理专利工作的部门责令整改。专利标识标注不当,且构成《专利法》第六十三条规定的假冒专利行为的,管理专利工作的部门可以进行处罚。

以上意见,供参考。

国家知识产权局办公室
2013年9月30日

济南市知识产权局关于如何认定假冒专利行为的请示

(济知字〔2013〕19号)

国家知识产权局：

我局在执法过程中遇到以下问题：

一、产品上标注有专利号，在国家局网站上检索发现，专利权人为个人，并不是生产厂家。经调查，专利权人为企业法定代表人或企业员工。

二、产品上仅标注"专利产品，仿冒必究"或"本产品已申请专利""本产品拥有 * 项专利"。

以上行为是否可以进行查处，请求国家知识产权局予以明确界定。

以上请示，请予批复。

济南市知识产权局
2013 年 7 月 17 日

8. 关于使用近亲属的专利是否构成假冒专利行为及"未被授予专利权"的产品的认定

【答复要旨】

专利权人是涉案企业负责人近亲属并不表明企业必然获得专利权人的许可。如果企业不能提供获得专利权人许可的证明材料，则构成假冒专利行为。

管理专利工作的部门在认定涉嫌违法标注专利标识的产品是否构成"未被授予专利权的产品"时，应当对该产品是否落入专利权保护范围进行判断，对于生产、销售的产品与专利保护范围不一致的情形，不宜简单、机械地一律作为假冒专利行为予以查处，应综合考虑该行为的情节、性质、结果、影响等因素予以处理。

国家知识产权局办公室关于涉嫌假冒专利行为相关问题的复函

（国知办函管字〔2013〕362号）

淄博市知识产权局：

《关于涉嫌假冒专利案件有关疑问的咨询函》（淄知函字〔2013〕5号）收悉。经研究，现答复如下：

一、未经专利权人许可标注专利标识的行为定性

法人、自然人属于地位平等的不同民事主体，虽然来函述及涉案专利的专利权人是涉案企业负责人近亲属，这并不表明企业必然获得专利权人的许可。如果企业不能提供获得专利权人许可的证明材料，则应认定属于《专利法实施细则》第八十四条第一款第（三）项规定的"未经许可使用他人的专利号，使公众将所涉及的技术或者设计误认为是专利技术或者专利设计"情形，构成假冒专利行为。

二、专利权人在未被授予专利权的产品上标注专利标识的行为定性

根据《专利法实施细则》第八十四条第一款第（一）项的规定，在未被授予专利权的产品或者其包装上标注专利标识，属于《专利法》第六十三条规定的假冒专利行为。

据此，专利权人在未被授予专利权的产品上标注自己的专利标识仍有可能构成假冒专利行为。为认定涉嫌违法标注专利标识的产品是否属于未被授予专利权的产品，管理专利工作的部门应当对其是否落入了专利权保护范围进行判断。

但需注意的是，对于生产、销售的产品与专利保护范围不一致的情形，不宜简单、机械地一律作为假冒专利行为予以查处，而应遵循《行政处罚法》规定的"实施行政处罚必须以事实为依据，与违法行为的事实、性质、情节以及社会危害程度相当"的原则，综合考虑该产品与专利产品在技术上的关联度、违法行为情节的严重程度以及行为人的主观过错等因素。另应考虑《行政处罚法》第三十八条的规定："违法行为轻微的，依法可以不予行政处罚的，不予行政处罚"。如果实际产品与标识标注的专利产品有较大区别（如明显不属于同一发明构思），则应依法认定为假冒专利行为并依法严肃处理；如果实际产品与标识标注的专利产品区别较小（如实际产品是对相关专利产品的少许改动或改进），则也应依法认定为假冒专利行为，但综合考虑该行为的情节、性质、结果、影响等因素，可责令改正。

为防止专利权人标注专利标识不当而误导公众，管理专利工作的部门应采取各种措施教育引导专利权人正确、规范地标注专利标识。

以上意见，供参考。

国家知识产权局办公室
2013 年 10 月 12 日

淄博市知识产权局关于涉嫌假冒专利案件有关疑问的咨询函

（淄知函字〔2013〕5 号）

国家知识产权局：

近日，我局接到一起涉嫌假冒专利案件的举报，在案件调查过程中对于当事人的行为是否构成假冒专利存有疑问，现将案情介绍如下，敬请给予指导。

今年 6 月 9 日，淄博市的冯××来我局举报淄博市桓台县唐山镇××住宅烟道厂（以下简称"××烟道厂"）宣传、生产、销售假冒专利烟气道，并提供了一系列证据，请求我局调查。

经调查得知，山东省住房与城乡建设厅于 2010 年 6 月 12 日批准《ZXB 住宅油烟气集中排放系统》（图集号：L09J106）为山东省标准设计图集，××烟道厂为该图集协编单位。该图集设计说明第八条第 1 项载明"本图集按照国家专利技术（ZL200820027211.4）编制"。ZL200820027211.4 号专利权人孙××系××烟道厂负责人妻子。

淄博市住房与城乡建设局于 2011 年 9 月 26 日下发了《关于进一步加强住宅工程排气道质量监督管理的补充通知》（淄建函发〔2011〕59 号），其中第一条载明："排气道产品应拥有国家技术专利或获得专利持有方授权，并取得《山东省建设新技术新产品推广证书》（有效期内）后方可进入建设市场，否则，不得用于工程建设。"

经过对比，该图集记载的技术方案与 ZL200820027211.4 号专利权利要求书记载的技术特征一致。

该专利权利要求书载明：

"1. 一种楼房烟气排放道，包括主管道（1），主管道侧壁上开有进气口（5），其特征在于主管道内在进气口位置设置由支气管道板（3）与主管道壁围成的支气管道（2），进气口（5）连接支气管道（2），支气管道（2）底部设置有漏液口（4），漏液口上加有止逆阀。

"2. 根据权利要求 1 所述的楼房烟气排放道，其特征在于所述漏液口上的止逆阀由支撑架（9）、弹性体（11）和柔性体（10）组成，支撑架（9）位于漏液口（4）顶部位置，柔性体（10）位于漏液口（4）底部位置，支撑架（9）与柔性体（10）之间连接弹性体（11）。"

举报人冯×提供了两份《单位工程排烟气（风）道质量登记表》，其中一份载明的工程名称为"中润华侨城 12#"，另一份工程名称为"春申君临天下 17#"，两份表格记载的产品类型均为 ZXB，选用图集均为 L09J106 号，生产单位均为××烟道厂（盖有公章）。

冯×提供的公证书记载：公证人员来到君临天下十七号楼，查看了已经安装好的烟气道并拍摄了照片；在中润华侨城南区施工现场查看了散放的三条烟气道并拍摄了照片；两处施工现场所采用的烟气道都未曾见到漏油止逆装置。

根据以上证据，冯×认为××烟道厂对外宣称采用按照专利技术编制的图集为标准生产产品，并依据此图集及其产品推广证书与施工单位订立供货合同，而其实际生产销售的产品结构与图集记载的技术特征不符，即缺少专利权利要求书中记载的漏液口和止逆阀，因此并非专利产品，此种行为涉嫌假冒专利。

我局认为，××烟道厂利用 L09J106 号图集及其产品推广证书宣传销售其住宅烟气道，实际上是将其生产的住宅烟气道宣传为专利产品，而其销售给上述两个施工单位的产品并非专利产品，确有假冒专利之嫌疑。但是在法律适用方面，《专利法实施细则》第八十四条第一款规定的前四项假冒专利行为都不太符合本案情况。经过办案人员认真讨论，在没有其他法律法规依据的情况下，能否适用《专利法实施细则》第八十四条第一款第（五）项"其他使公众混淆，将未被授予专利权的技术或者设计误认为是专利技术或者专利设计的行为"之规定，认定××烟道厂的生产、销售、宣传行为是假冒专利行为。

特此致函，妥否，请批复。

附件：1.《ZXB 住宅油烟气集中排放系统》图集（略）
2. （2013）淄淄川证民字第 796 号公证书复印件（略）
3.《关于进一步加强住宅工程排气道质量监督管理的补充通知》（淄建函发〔2011〕59 号）复印件（略）
4. ZL200820027211.4 号专利说明书复印件（略）
5.《单位工程排烟气（风）道质量登记表》复印件两份（略）
6.《山东省建设新技术新产品推广证书》复印件（略）

淄博市知识产权局
2013 年 7 月 15 日

9. 关于销售附有"将未被授予专利权的技术称为专利技术"的产品说明书的产品是否构成假冒专利行为的认定

【答复要旨】
若销售者所售产品的说明书中存在将尚未授权的技术称为专利技术的情况，其销售行为本身并不构成《专利法实施细则》第八十四条规定的假冒专利行为，除非销售者本身是生产者或相关虚假专利信息的标注者。

国家知识产权局办公室关于假冒专利行为认定有关问题的函
（国知办函法字〔2014〕80号）

广州市知识产权局：

《关于假冒专利行为认定有关问题的请示》（穗知函〔2014〕7号）收悉。经研究，现答复如下：

根据《中华人民共和国专利法实施细则》（以下简称《细则》）第八十四条第一款规定，销售行为构成假冒专利行为的情形，指该款第（二）项规定的"销售第（一）项所述产品"。《细则》第八十四条第三款规定的"销售不知道是假冒专利的产品"构成假冒专利行为的情况，也特指上述销售行为。另外，虽然《细则》第八十四条第一款第（三）项规定，在产品说明书等材料中将未被授予专利权的技术或者设计称为专利技术或者专利设计的行为构成假冒专利行为；但是，该项规定中的"称为"主要指将相关虚假专利信息直接填写、标注或显示在说明书等材料上的行为，不包含销售该类产品的情况。因此，若销售者所售产品的说明书中存在将尚未授权的技术称为专利技术的情况，其销售行为本身并不构成《细则》第八十四条规定的假冒专利行为，除非销售者本身是生产者或相关虚假专利信息的标注者。

建议你局将办案重点转移到在产品说明书中标注、填写相关虚假专利信息的行为及当事人，并依法进行认定、处理。

特此致函。

国家知识产权局办公室
2014年3月3日

广州市知识产权局关于假冒专利行为认定有关问题的请示
（穗知函〔2014〕7号）

国家知识产权局：

最近，我局在查处假冒专利案件过程中，在适用《专利法实施细则》（下称《实施细

则》)第八十四条时遇到问题,现将该问题汇报如下:

我局在案件查处过程中,查实某产品的说明书中存在将尚未授权的技术称为专利技术的情况。根据《实施细则》第八十四条第一款第(三)项的规定,"在产品说明书等材料中将未被授予专利权的技术或者设计称为专利技术或者专利设计",构成假冒专利行为。群众向我局举报的是该产品的销售商,对于该销售商的行为是否构成《实施细则》第八十四条第一款第(三)项所规定的假冒专利行为,我局对此存在疑问。

特此请示,恳请予以指示批复。

广州市知识产权局
2014年1月8日

10. 关于查处假冒专利行为中过罚相当原则的适用

【答复要旨】

对于假冒专利行为，在依照《专利法》第六十三条的规定予以查处的同时，还应考虑《行政处罚法》"实施行政处罚必须以事实为依据，与违法行为的事实、性质、情节以及社会危害程度相当"的原则及该法第三十八条第一款第（二）项"违法行为轻微的，依法可以不予行政处罚的，不予行政处罚"的规定，综合考虑假冒专利行为的情节、性质、结果、影响等因素，决定是否给予行政处罚及行政处罚相应的程度。

（函中"《专利行政执法办法》第四十三条"现为《专利行政执法办法》第四十五条。）

国家知识产权局办公室关于处理假冒专利案件相关问题的复函
（国知办函管字〔2014〕538号）

珠海市知识产权局：

《关于处理假冒专利案件相关问题的请示》（珠知〔2014〕59号）收悉。经研究，答复如下：

根据《专利法实施细则》第八十四条第一款第（一）项及第（二）项的规定，"在未被授予专利权的产品或者其包装上标注专利标识"的行为及"销售第（一）项所述产品"的行为都属于《专利法》第六十三条规定的假冒专利行为。

对于假冒专利行为，在依照《专利法》第六十三条的规定"假冒专利的，除依法承担民事责任外，由管理专利工作的部门责令改正并予公告，没收违法所得，可以并处违法所得四倍以下的罚款"予以查处的同时，还应考虑《行政处罚法》"实施行政处罚必须以事实为依据，与违法行为的事实、性质、情节以及社会危害程度相当"的原则及第三十八条第一款第（二）项"违法行为轻微的，依法可以不予行政处罚的，不予行政处罚"的规定，综合考虑假冒专利行为的情节、性质、结果、影响等因素，决定是否给予行政处罚。

在认定假冒专利行为属于"轻微"的情形之后，可免予处罚，但应当根据相关规定，责令行为人采取改正措施。

对于生产假冒专利产品且行为"轻微"的，应当根据《专利行政执法办法》第四十三条第（一）项的规定，责令行为人采取"立即停止标注行为，消除尚未售出的产品或者其包装上的专利标识；产品上的专利标识难以消除的，销毁该产品或者包装"的改正措施。

对于销售假冒专利产品且行为"轻微"的，应当首先根据《专利法实施细则》第八十四条第三款"销售不知道是假冒专利的产品，并且能够证明该产品合法来源的，由管理专利工作的部门责令停止销售，但免除罚款的处罚"的规定进行处理，若不属于前述情形，应当根据《专利行政执法办法》第四十三条第（二）项的规定，责令行为人采取"立即停止销售行为"的改正措施。

特此致函。

国家知识产权局办公室
2014年12月24日

珠海市知识产权局关于处理假冒专利案件相关问题的请示

(珠知〔2014〕59号)

国家知识产权局:

2014年11月7日,我局收到公众举报,称珠海市××生活用品有限公司、珠海市××商贸有限公司、珠海市××商贸连锁有限公司生产、销售"乐尼金装超柔纸尿裤"外包装上标注有专利号为201120213032.1的产品涉嫌假冒专利。举报人还提供了一份发票号码为"01614087"的发票复印件及三张该产品外包装图片,用于证明所列公司有生产、销售涉案产品的行为。

2014年11月17日、2014年11月19日,我局分别对珠海市××生活用品有限公司、珠海市××商贸有限公司、珠海市××商贸连锁有限公司进行了立案。2014年11月17日、2014年11月19日分别对上述公司进行了现场检查,并制作了调查笔录。上述公司不能提供涉案产品上标注有专利号为201120213032.1的授权文件。执法人员对库存进行了清点,同时制作了《专利执法案件现场调查登记清单》及《抽样取证物品清单》。

2014年11月20日,珠海市××生活用品有限公司向我局提交了《关于乐尼纸尿裤涉嫌假冒专利行为的几点说明》。辩称:(1)公司法人代表朱×于2011年6月22日向国家知识产权局申请了名称为"360度全包覆婴幼儿纸尿裤用芯片"的专利,专利申请号为201120213032.1,之后由于工作失误,于2011年9月28日被国家知识产权局发文撤回;2011年9月28日,朱×又以相同内容的发明向国家知识产权局重新申请了专利,专利申请号为201120375740.5,2012年7月25日得到授权。2012年8月30日,朱×授权公司使用该专利。(2)2014年8月份公司接到珠海市××商贸有限公司的研发订单,之后进入产品研发阶段。根据与珠海市××商贸有限公司的协定,9月份双方商讨决定使用公司专利技术(法人授权)"360度全包覆婴幼儿纸尿裤用芯片"用于乐尼纸尿裤,首批先送货420包正式产品试销,及约500包测试装(免费赠送)。之后陆续生产了一些产品,但均未出厂(未出厂部分约680包已在工厂做了贴标覆盖处理)。(3)由于产品还处于试销测试状态,所售产品尚未结算货款,但已收取定金8557.8元。(4)由于设计人员的工作失误,公司在产品的包装上误印了第一次申请的申请号,但两个专利的申请内容一致,发明人及申请人均为公司法人代表朱×,公司没有假冒的必要,更没有从假冒中得到任何利益;在本案中,专利权人在主观上不存在欺诈的故意,也没有利用这一结果欺骗公众的意图,只是工作上的一种失误,请求免除行政处罚。同时提供了相关的证据资料。

2014年11月20日,珠海市××商贸有限公司向我局提交了《关于乐尼纸尿裤产品情况说明》。辩称:(1)"乐尼金装超柔纸尿裤"产品是由我司委托珠海市××生活用品有限公司依据国家纸尿裤产品标准生产加工,并由生产厂家严格把关质量监控流程,提供给部分××门店卖场销售给消费者。(2)所下订单数量珠海市××生活用品有限公司并未完全生产发货,自2014年9月下旬至今,生产厂家共供货920包外包装上标注有专利号为201120213032.1的"乐尼金装超柔纸尿裤"产品(S72片装105包、V62片装105包、L54片装105包、2片装500包),总货款价值合计28526元整。由于生产厂家尚未将订单生产供货完毕,且门店卖场内的乐尼纸尿裤商品尚处于试销阶段,因此相关货款结算工作尚未进行,但已支付定金8557.8元给珠海市××生活用品有限公司。（3）当发现乐尼纸尿裤包装印刷出现错误后，立即进行了整改。

2014年11月20日，珠海市××商贸连锁有限公司向我局提交了《关于乐尼纸尿裤产品情况说明》。辩称：（1）乐尼金装超柔纸尿裤商品是由珠海市××商贸有限公司委托第三方工厂生产后提供我司门店销售的，共进货420包（不含2片装），销售了223包，销售收入26537元，库存197包。另500包2片装产品主要用于现场演示、测试消耗用途。货款尚未与供应商进行结算支付。当发现所销售的乐尼纸尿裤包装印刷出现专利号错误事件后，立即进行了整改。

经现场调查，现已查实：经专利检索，该专利号不存在。珠海市××生活用品有限公司法人代表朱×于2011年6月22日向国家知识产权局申请了名称为"360度全包覆婴幼儿纸尿裤用芯片"的专利，专利申请号为201120213032.1，之后由于工作失误，于2011年9月28日被国家知识产权局发文撤回；2011年9月28日，朱×又以相同内容的发明向国家知识产权局重新提交了专利申请文件，专利申请号为201120375740.5，2012年7月25日得到授权，2012年8月30日朱×授权××公司使用该专利。珠海市××生活用品有限公司于2014年5月与珠海市××商贸有限公司签订"乐尼金装超柔纸尿裤"委托加工合同，从2014年5月份开始向珠海市××商贸有限公司提供了920包外包装上标注有专利号为201120213032.1的"乐尼金装超柔纸尿裤"产品（S72片装105包、V62片装105包、L54片装105包、2片装500包），总货款价值合计28526元整。所售产品尚未结算货款，但已收取定金8557.8元。未出厂的库存涉案产品部分680包已在工厂做了贴标覆盖处理。珠海市××商贸有限公司从珠海市××生活用品有限公司所进的货品全部转到了珠海市××商贸连锁有限公司的门店进行销售，销售了223包（不含2片装），销售收入26537元，库存197包。500包2片装产品主要用于现场演示、测试消耗用途。所供的产品尚未结算货款。

我局组成的合议组成员经调查及结合本案的实际情况初步认为：朱×于2011年6月22日向国家知识产权局申请了名称为"360度全包覆婴幼儿纸尿裤用芯片"的专利，专利申请号为201120213032.1，之后由于工作失误，于2011年9月28日被国家知识产权局发文撤回；2011年9月28日朱×以相同内容的发明向国家知识产权局重新提交了专利申请文件，专利申请号为201120375740.5，2012年7月25日得到授权。2012年8月30日，朱×授权珠海市××生活用品有限公司使用该专利。由于珠海市××生活用品有限公司设计人员的工作失误，在产品的包装上误印了被国家知识产权局发文撤回的专利号，但两个专利的申请内容相同、发明人及申请人均为朱×。在本案中，专利权人在主观上不存在欺诈的故意，也没有利用这一结果欺骗公众的意图，客观危害性较小，只是工作上的一种失误。根据《中华人民共和国专利法实施细则》第八十四条第一款第（二）项之规定，珠海市××生活用品有限公司、珠海市××商贸有限公司、珠海市××商贸连锁有限公司的生产、销售行为已构成假冒专利行为。拟对这些公司作出：1. 立即停止标注行为；2. 消除库存涉案产品的假冒专利标记；但免除没收所得和罚款。

我局组成的合议组成员初步认定妥否，请批示。

珠海市知识产权局
2014年11月28日

11. 关于案件信息的公开

【答复要旨】
　　管理专利工作的部门查处假冒专利行为，作出的责令改正决定是作为行政机关针对特定的、个别的对象实施的行政管理措施，属于一种具体行政行为，不属于行政处罚。
　　责令改正类案件信息不属于行政处罚类案件信息，此类案件信息可以不主动公开。具有专利行政执法权限的地方知识产权局可以将责令改正类案件信息纳入依申请公开范围。

国家知识产权局办公室关于假冒专利案件信息公开问题的函

（国知办函管字〔2015〕415号）

广西壮族自治区知识产权局：

　　《关于查处假冒专利案件有关问题的请示》（桂知报〔2015〕7号）收悉。经研究，现答复如下：

　　一、关于责令改正是否属于行政处罚措施

　　责令改正不属于行政处罚。理由如下：

　　（一）行政处罚是指对违反行政管理秩序但是尚未构成犯罪的人实施的法律制裁。行政处罚的本质在于制裁、惩戒，而责令改正是通过命令相对人履行其本应遵守的行政法上的义务，从而达到将行为从不合法状态恢复到合法状态的目的，不具行政处罚性质。

　　（二）《行政处罚法》第八条列举了行政处罚的种类，但并没有将责令改正明确确定为行政处罚的罚种，第二十三条排除了将责令改正作为行政处罚种类的可能性。

　　（三）从责令改正和行政处罚的内容看，责令改正是要求相对人履行其本应该承担的法定义务，这种义务不是额外的义务，亦不是对其权利的剥夺或限制，因此不是处罚；行政处罚是对违法的相对人依法要求其承担的特别义务或责任。责令改正与行政处罚性质不同，责令改正是作为行政机关针对特定的、个别的对象实施的行政管理措施，属于一种具体行政行为。

　　二、关于"责令改正"案件信息是否应当公开

　　根据《中华人民共和国政府信息公开条例》、国务院批转全国打击侵犯知识产权和制售假冒伪劣商品工作领导小组《关于依法公开制售假冒伪劣商品和侵犯知识产权行政处罚案件信息的意见（试行）的通知》（国发〔2014〕6号）规定，我局印发《关于公开有关专利行政执法案件信息具体事项的通知》（国知发管字〔2014〕23号），要求具有专利行政执法权限的地方知识产权局应主动公开作出行政处罚决定的假冒专利案件，以及认定侵权事实成立且作出处理决定的专利侵权纠纷案件的信息。上文已说明责令改正不属于行政处罚，因此此类案件信息可以不主动公开。

　　此外，按照《中华人民共和国政府信息公开条例》规定，除行政机关主动公开的政府信息外，在不涉及商业秘密、个人隐私和第三方利益的情况下，行政机关可以依申请公开相关

信息。因此，为满足公众了解相关案件办理情况的需求，提高专利行政执法工作透明度，具有专利行政执法权限的地方知识产权局可以将责令改正类案件信息纳入依申请公开范围。

特此致函。

国家知识产权局办公室
2015 年 7 月 20 日

广西壮族自治区知识产权局关于查处假冒专利案件有关问题的请示

（桂知报〔2015〕7 号）

国家知识产权局：

近几年，我区查处了大批假冒专利案件，由于我区市级知识产权局未设立罚没账户，目前对假冒专利案件处理方式以责令当事人停止生产或销售假冒专利产品为主。

我局在审核各市上报的假冒专利案件时发现，各市对上述处理方式是否属于行政处罚、相关案件信息是否应当公开等问题存在分歧。我局认为该处理方式属于"其他"类的行政处罚，应当依法对相关案件信息进行公开。我局对这一问题的理解是否正确，恳请国家知识产权局予以指导。

特此请示，请批复。

广西壮族自治区知识产权局
2015 年 6 月 21 月

12. 关于专利实施许可合同的生效条件

【答复要旨】

《专利法实施细则》第十四条第二款规定的"向国务院专利行政部门备案"不是相关法律、行政法规规定的专利实施许可合同的生效要件。专利实施许可合同自依法成立时生效。

国家知识产权局办公室关于涉嫌假冒专利案件有关问题的函

(国知办函管字〔2014〕274号)

淄博市知识产权局：

《关于涉嫌假冒专利案件有关问题的咨询函》收悉。经研究，答复如下：

《合同法》第四十四条规定："依法成立的合同，自成立时生效。法律、行政法规规定应当办理批准、登记等手续生效的，依照其规定。"《专利法实施细则》第十四条第二款规定："专利权人与他人订立的专利实施许可合同，应当自合同生效之日起3个月内向国务院专利行政部门备案"，即专利实施许可合同的备案是在合同生效之后进行的，"向国务院专利行政部门备案"不是相关法律、行政法规规定的专利实施许可合同的生效要件。专利实施许可合同自依法成立时生效。

根据《专利法实施细则》第八十四条第一款第（一）项的规定，涉及专利许可的假冒行为是指："未经许可在产品或者产品包装上标注他人的专利号"。认定来函所述行为是否构成假冒专利行为，关键在于认定标注他人专利号的行为是否"未经许可"。在专利权人与专利实施人之间已经签署了专利实施许可合同的情形下，若专利实施许可合同有效，则专利实施人的标注行为不属于"未经许可"的行为，即不构成假冒专利行为。

管理专利工作的部门应积极引导订立专利实施许可合同的当事人，在合同依法成立后，及时向国务院专利行政部门备案，以切实保护专利权，规范专利实施许可行为，促进专利权的运用。

特此函复。

国家知识产权局办公室
2014年6月30日

淄博市知识产权局关于涉嫌假冒专利案件有关问题的咨询函

国家知识产权局：

近日，我局查处一起假冒专利案件，在案件调查过程中对于当事人的行为是否构成假冒专利存有疑问。现将案情介绍如下，敬请给予指导。

A企业在产品上标注专利标识，而其提供的专利证书上记载的专利权人为自然人B，同时提供了B允许A实施其专利的实施许可合同，但该实施许可合同未经国家知识产权局备案。依据《专利法实施细则》第十四条第二款规定，专利权人与他人订立的专利实施许可合同，应当自合同生效之日起3个月内向国务院专利行政部门备案。《专利标识标注办法》第四条规定：在授予专利权之后的专利权有效期内，专利权人或者经专利权人同意享有专利标识标注权的被许可人可以在其专利产品、依照专利方法直接获得的产品、该产品的包装或者该产品的说明书等材料上标注专利标识。根据以上事实，能否认定A企业标注专利标识（权利人为B）的行为是假冒专利行为？

特此致函，请批复。

淄博市知识产权局
2014年6月3日

(三)调解其他专利纠纷

1. 关于分案申请的临时保护

【答复要旨】

发明专利申请从公开日（分案申请时如果母案申请公开日早于分案申请公开日的，以母案申请公开日为公开日，即以最早公开的申请日为准）至授权日为"临时保护期"，在发明专利临时保护期内实施相关发明的，在专利权授予之后，管理专利工作的部门可以应当事人请求，对发明专利申请公布后专利权授权前使用发明而未支付适当费用的纠纷进行调解。在专利授权后至终止日期间实施相关发明的，管理专利工作的部门应专利权人请求处理侵权纠纷。对于发生在不同阶段的专利纠纷，管理专利工作的部门有相应不同的立案标准、办案程序和执法权限。应当注意，调解程序和处理程序在立案环节程序不尽相同，对于"临时保护期"的调解请求，如果对方当事人不同意调解，管理专利工作的部门则不能立案。

国家知识产权局办公室关于专利侵权案件立案处理意见的函
（国知办函管字〔2015〕686号）

邯郸市知识产权局：

《邯郸市知识产权局关于专利侵权案件立案前（后）处理意见的咨询请示》收悉。经研究，现答复如下：

按照专利法律法规的规定，发明专利从申请日起，经公开日、授权日，直至终止日，分阶段享受不同的保护。其中公开日至授权日为"临时保护"，授权日至终止日为专利保护。具体对分案申请而言，母案申请日为申请日，当计算"临时保护"期限时，在母案申请公开日早于分案申请公开日的情况下，应以母案申请公开日作为公开日。

对于发生在不同阶段的专利纠纷，管理专利工作的部门有相应不同的立案标准、办案程序和执法权限。

对于"临时保护"，《专利法》第十三条规定："发明专利申请公布后，申请人可以要求实施其发明的单位或者个人支付适当的费用。"因此申请人享有请求给付发明专利临时保护期使用费的权利，但对于专利临时保护期内实施其发明的行为并不享有请求停止实施的权利。因此，在发明专利临时保护期内实施相关发明的，不属于专利法禁止的行为。按照《专利法实施细则》第八十五条的规定，在专利权授予之后，管理专利工作的部门可以应当事人请求，对发明专利申请公布后专利权授权前使用发明而未支付适当费用的纠纷进行调解。按照《专利行政执法办法》第二十四条的规定，请求管理专利工作的部门调解专利纠纷的，应被请求人同意并提交意见陈述书后方可立案；被请求人逾期未提交意见陈述书或者明确表述不接受调解的，管理专利工作的部门不予立案，并通知请求人。

对于专利授权后至终止日的专利权保护，应按照《专利法》第十一条第一款规定：发明专利权被授予后，不得为生产经营目的制造、使用、许诺销售、销售、进口其专利产品，或者使用其专利方法以及使用、许诺销售、销售、进口依照该专利方法直接获得的产品。按照《专利法》第六十条的规定，管理专利工作的部门应专利权人请求处理侵权纠纷，认定侵权成立的，可以责令侵权人立即停止侵权行为，并就侵犯专利权的赔偿数额进行调解。按照《专利行政执法办法》第十条的规定，请求管理专利工作的部门处理专利侵权纠纷的，应当符合下列条件：（一）请求人是专利权人或者利害关系人；（二）有明确的被请求人；（三）有明确的请求事项和具体事实、理由；（四）属于受案管理专利工作的部门的受案和管辖范围；（五）当事人没有就该专利侵权纠纷向人民法院起诉。

管理专利工作的部门应及时、全面向权利人解释说明相关法律规定，使其明确诉求，并依法依职能，按照法定程序处理相关纠纷，积极维护权利人合法权益。

特此致函。

国家知识产权局办公室
2015年11月2日

邯郸市知识产权局关于专利侵权案件立案前（后）处理意见的咨询请示

国家知识产权局：

2015年8月份以来，我市专利权人王××多次到我局就其"发明专利：1. 发明名称：能够传递图像信息的电话机或移动电话机，专利号：201110086053.6（原分案专利号：96106785.3，申请日：1996年7月12日），授权日2015年8月5日；2. 发明名称：一种移动电话机及其相关的产品、方法，专利号：201110083144.4（原分案专利号：96106785.3，申请日：1996年7月12日），授权日2015年7月29日"请求立案，由于该两件专利申请日均为1996年7月12日，授权日分别为2015年7月29日和8月5日，时间跨度19年之久，申请日时的专利技术，现在早已经成为公知常识。专利权人王××以其授权的两件专利到我局进行专利侵权纠纷立案请求，被请求人为邯郸市辖区内所有手机经销商（较大的具有固定经营场所的手机销售门市），我局因为技术和政策尺度掌握不准暂时没有正式立案（不敢立案），但是专利权人要求我局必须立案，否则就会面临被指行政不作为。

我局认为：专利权人首先面向庞大的公众群体（全国手机经销商）主张其权利，然后是向生产商主张其权利，并且专利权人还强烈要求以我局的判例为基础，在全国维权。我局无论是从该两项发明专利的权利要求书记载的技术特征判定，还是从法规、政策掌握尺度均难以判定手机经销商是否侵犯其专利权，至于立案后怎样去调处也感到茫然，首先维护专利权人的合法利益，其次又怎样避免侵害公众的利益。

为此，邯郸市知识产权局请示国家知识产权局，为我局提供该两项专利侵权案件立案前（后）的处理咨询意见。请明示侵权与否的具体理由、立案与否的具体理由。

以上请示妥否，请指示。

邯郸市知识产权局
2015年9月28日

(四) 其 他

1. 关于故意不缴费是否属于不可抗拒的事由及专利程序的中止

【答复要旨】

故意不缴费而导致专利权终止的情况不属于《专利法实施细则》第六条第一款规定的"不可抗拒的事由"。

《专利法实施细则》第六条第一款规定的"2年"不是当事人的诉讼时效,而是当事人行使权利恢复请求权的最长期限,因此不能适用诉讼时效中止、中断的规定。

国家知识产权局办公室关于有关专利权纠纷案意见的函

(国知办函办字〔2015〕462号)

四川省成都市中级人民法院:

你院《协助调查函》收悉。经研究,现就来函所提的两个问题,答复如下:

一、涉案专利情况(略)

二、关于"不可抗拒的事由"

按照《专利法实施细则》第六条第一款的规定,当事人因不可抗拒的事由而延误《专利法》或本细则规定的期限或者国务院专利行政部门指定的期限,导致其权利丧失的,自障碍消除之日起2个月内,最迟自期限届满之日起2年内,可以向国务院专利行政部门请求恢复权利。就涉案专利而言,被告故意不缴费而导致专利权终止的情况不属于《专利法实施细则》第六条第一款规定的"不可抗拒的事由",当事人不能以此为理由向我局请求恢复已经终止的专利权。

三、关于"中止"

期限的中止和中断是《民法通则》有关诉讼时效的规定。《专利法实施细则》第六条第一款规定的"2年"不是当事人的诉讼时效,而是当事人行使权利恢复请求权的最长期限,因此不能适用诉讼时效中止、中断的规定。为了维护权属纠纷中真正权利人的权益,《专利法实施细则》第八十六条规定了当事人请求中止有关专利程序的制度。可以依专利权权属纠纷当事人请求而暂停的程序包括专利申请的初步审查、实质审查、复审程序,授予专利权程序和专利权无效宣告程序,视为撤回专利申请,视为放弃取得专利权,未缴年费终止专利权等程序。

综上所述,涉案专利中的5件专利权已经终止,也不能适用《专利法实施细则》第六条第一款的规定恢复专利权。涉案专利中,ZL201220119536.1尚处于等待专利权人缴纳第4年度年费及滞纳金期间,当事人可以按照《专利法实施细则》第八十六条的规定,在该专利权终止前向我局请求中止有关程序。

特此函复。

国家知识产权局办公室
2015年8月19日

四川省成都市中级人民法院协助调查函

(2014) 成知民初字第 334—339 号

国家知识产权局：

我院在审理（2014）成知民初字第 334—339 号原告成都××电子科技有限公司与被告何×、成都××微波技术有限公司侵害实用新型专利权纠纷六案中，因案情需要，需向贵单位核实如下相关情况，请予以协助：

（2014）成知民初字第 334—339 号专利权属纠纷案件涉及的六件实用新型专利的专利号分别是 ZL201220037954.6、ZL201220119566.2、ZL201220119536.1、ZL201220119563.9、ZL201220037949.5、ZL201120467848.7。六专利最后缴纳年费的时间均为 2012 年 12 月 20 日，现均因超期未缴纳年费而终止。在案件审理过程中查明的事实是：涉案专利由被告申请，原被告发生专利权属的纠纷后，被告故意不缴费导致专利终止。根据《专利法实施细则》第六条的规定，当事人因不可抗拒的事由而延误《专利法》或者本细则规定的期限或者国务院专利行政部门指定的期限，导致其权利丧失的，自障碍消除之日起 2 个月内，最迟自期限届满之日起 2 年内，可以向国务院专利行政部门请求恢复权利。本案中，由于被告控制了专利，原告无法缴纳专利年费，被告故意不缴费而导致专利终止的情况是否属于《专利法实施细则》第六条所规定的"不可抗拒的事由"？由于目前诉讼在进行中，该条所规定的期限是否适用中断、中止？

请将上述问题答复后回函，并加盖你局公章，邮寄至以下地址：
（略）
谢谢配合！

四川省成都市中级人民法院
2015 年 5 月 10 日

2. 关于不可抗力或不可抗拒事由的认定

> 【答复要旨】
>
> 是否属于不可抗力或者不可抗拒的事由，需要根据具体情况进行个案判断。一般来说，如果当事人确属主观上有行使权利的意愿且客观上有具体行为，但因客观原因无法行使权利致使超出规定的期限，可以认定为发生了不可抗拒的事由。
>
> 《专利法实施细则》第六条第一款规定的2年应当是指最长的请求恢复权利的时限，对于障碍消除之日超过期限届满之日起2年的情形，原则上不予恢复权利。

国家知识产权局办公室关于调解专利申请权属纠纷相关问题的函

（国知办函管字〔2014〕305号）

常德市知识产权局：

《关于调解专利申请权属纠纷有关问题的请示》收悉。经研究，答复如下：

一、关于不可抗拒的事由与不可抗力的区别

从专利法的立法角度看，"不可抗拒的事由"和"不可抗力"存在紧密关联，但两者的范围又不完全相同。不可抗力这一概念通常规定在实体法中，作为一项可以免除责任的正当理由，《民法通则》第一百五十三条规定了不可抗力的定义，即"不能预见、不能避免并不能克服的客观情况"，不可抗力事件具有不可预见的偶然性和不可控制的客观性。不可抗拒的事由的概念范围通常略大于不可抗力，这样能在当事人和我局均无过错的情况下，继续为当事人提供最长恢复期限的最终救济途径。但是，在实践中也应注意不能任意扩大不可抗拒事由的范围，要把握制度设计目标与个案情况的关系。无论是不可抗力还是不可抗拒的事由，其具体情形均是无法事先完全列举的，我局在处理案件时需要根据具体情况进行个案判断，一般来说，通过回溯整个事件的历史过程，如果当事人确属主观上有行使权利的意愿且客观上有具体行为，但因客观原因导致其无法行使权利致使超出规定的期限，可以认定为发生了不可抗拒的事由。

二、关于障碍消除之日超过期限届满之日起2年的情况的处理

《专利法实施细则》第六条第一款规定："当事人因不可抗拒的事由而延误专利法或者本细则规定的期限或者国务院专利行政部门指定的期限，导致其权利丧失的，自障碍消除之日起2个月内，最迟自期限届满之日起2年内，可以向国务院专利行政部门请求恢复权利。"从字面含义上理解，该条的2年应当是指最长的请求恢复权利的时限，也即自期限届满之日起2年后，当事人就不能再请求恢复权利，即使此时不可抗拒的事由造成的障碍仍然没有消除。虽然在实践操作中可能存在特定案情下对当事人不利的情形，但该条的立法目的是为了平衡当事人权利与行政机关公信力，在给予当事人充分救济权利的情况下尽量保证行政决定的稳定性同时节省社会资源。因此，对于障碍消除之日超过期限届满之日起2年的情形，原则上不予恢复权利。

特此致函。

国家知识产权局办公室
2014年7月24日

常德市知识产权局关于调解专利申请权属纠纷有关问题的请示

国家知识产权局：

近日，我局在调解一起专利申请权属纠纷过程中遇到若干问题，现将有关问题请示如下：

一、《专利法实施细则》第六条中规定的"不可抗拒的事由"可否理解为《民法通则》中的"不可抗力"。

一种观点认为按照《民法通则》的规定"不可抗力"是指"不能预见、不能避免并不能克服的客观情况"，属于"事实不能"。而"不可抗拒的事由"应当包括"事实不能"和"法律不能"。此外《专利法实施细则》在1985年施行时即使用"不可抗拒的事由"，而《民法通则》自1987年施行，在《专利法实施细则》的历次修改中，并未将"不可抗拒的事由"修改为"不可抗力"，说明立法本义是将二者作出区分。另一种观点认为"不可抗拒的事由"即是"不可抗力"。两者只是用词不同，内涵完全一致。我局倾向于第一种观点。

二、《专利法实施细则》第六条第一款规定，"因不可抗拒的事由"，"导致其权利丧失的，自障碍消除之日起2个月内，最迟自期限届满之日起2年内，可以向国务院专利行政部门请求恢复权利"。如果出现障碍消除之日超过期限届满之日起2年的情况，应该如何处理？

特此请示，请给予指示批复。

附件：1. 案件基本情况
2. 申请号为200410023304.6的发明专利申请文档（略）
3. 李××侵犯商业秘密案刑事判决书（略）
4. ××公司诉国×公司商业秘密侵权纠纷案民事裁定书（略）

常德市知识产权局
2014年6月3日

附件1

案件基本情况

1982年至1985年间，湖南××制药有限公司前身湖南省××中药厂组织科技人员和经费研制了新药"天麻首乌片"。1984年10月，湖南省医药总公司、湖南省卫生厅组织对"天麻首乌片"的处方及质量标准等进行鉴定，并于同月28日经湖南省新药鉴定会通过，确认为国内首创。同年11月23日，常德地区中药厂（××中药厂前身）以（84）常药厂字第021号文,向湖南省医药总公司及湖南省药政局申请对新产品"天麻首乌片"处方及工艺予以保密,对该科技成果以商业秘密的方式进行保护。

2007年3月,湖南××制药有限公司发现"天麻首乌片"处方、工艺等技术秘密被湖南国×制药有限公司窃取并非法生产获利,随即向常德市中级人民法院提起诉讼。该案经常德市中级人民法院一审、湖南省高级人民法院二审和最高人民法院再审,一致判决和裁定湖南××制药有限公司享有"天麻首乌片"技术成果权,湖南国×制药有限公司侵犯湖南××制药有限公司"天麻首乌片"商业秘密,判令其赔偿300万元。该案在最高人民法院再审听证期间(2009年2月),湖南国×制药有限公司向法院提交了一份证据,即:一份名为"一种天麻首乌制剂及其制备方法"的发明专利申请公开说明书,申请人为黄××,申请号为200410023304.6,申请日为2004年6月16日,公开日为2005年2月23日。最高人民法院认定该公开说明书记载的技术方案公开了湖南××制药有限公司的技术秘密。

湖南××制药有限公司怀疑黄××涉嫌侵犯商业秘密刑事犯罪,于2009年3月2日向常德市武陵区公安分局报案。常德市武陵区人民法院审理查明:申请人为黄××,申请号为200410023304.6,名称为"一种天麻首乌制剂及其制备方法"的发明专利申请技术方案,系被告李××利用在湖南国×制药有限公司从事"GMP"认证技术指导之便窃取,并以黄××的名义向国家知识产权局申报,黄××并不知情,李××为掩人耳目,还故意留下案外人覃××的地址作为申请人的地址。在申请过程中,李××怕事情败露,没有对审查员发出的《第二次审查意见通知书》进行答复,导致该专利申请视为撤回。该专利申请的技术方案与湖南××制药有限公司天麻首乌片商业秘密技术方案属于同样的发明创造。据此,常德市武陵区人民法院判决李××犯侵犯商业秘密罪,判处有期徒刑2年6个月,缓刑3年,并处罚金人民币5万元。被告不服,上诉至常德市中级人民法院。常德市中级人民法院于2013年10月18日将该案发回常德市武陵区人民法院重审。

李××在被逮捕期间,以黄××的名义向国家知识产权局专利局受理处请求不再进行该发明专利内容的公示。

在涉案专利的申请过程中,该专利所涉技术方案的权利人湖南××制药有限公司从未与专利局有过任何互动。

3. 关于由地方颁发的专利行政执法证件的认定

【答复要旨】

省、自治区、直辖市人民政府颁发的行政执法证件应理解为在省（自治区、直辖市）人民政府统一管理、统一印制、统一监督下颁发的行政执法证件，具体颁发和管理方式可以由省（自治区、直辖市）人民政府自行确定。

国家知识产权局办公室关于专利行政执法证件有关问题的函

（国知办函管字〔2018〕497号）

江西省知识产权局：

《关于对专利行政执法证件有关问题的请示》（赣知发〔2018〕37号）收悉。经研究，答复如下：

按照《立法法》的相关规定，作为部门规章的《专利行政执法办法》和作为地方政府规章的《江西省行政执法证件管理办法》具有同等效力，在各自的权限范围内施行。

《专利行政执法办法》第四条所称的"省、自治区、直辖市人民政府颁发的行政执法证件"应理解为在省（自治区、直辖市）人民政府统一管理、统一印制、统一监督下颁发的行政执法证件，具体颁发和管理方式由省（自治区、直辖市）人民政府自行确定。因此，《专利行政执法办法》和《江西省专利行政执法证件管理办法》关于行政执法人员资质的规定并不存在冲突。

来函提及，涉案执法人员持有《江西省行政执法证件》且已录入"江西省执法证查询平台"。我局认为，这些证件符合《专利行政执法办法》第四条"省、自治区、直辖市人民政府颁发的行政执法证件"的规定。建议你局积极与法院、法制部门沟通，争取认同与支持，依法妥善处理好本案。

特此致函。

国家知识产权局办公室
2018年7月20日

江西省知识产权局
关于对专利行政执法证件有关问题的请示

(赣知发〔2018〕37号)

国家知识产权局：

近日我局收到赣州市知识产权局来文，对王××诉赣州市专利侵权处理决定行政诉讼一案中相关法律适用问题提出疑问。该案经南昌市中级人民法院一审、江西省高级人民法院二审已作出终审判决，案件中涉及勘验人员专利行政执法资格认定这一重要标准。

本案中2名勘验人员袁×、郭××所持有的《江西省行政执法证》分别由赣州市人民政府法制机构和龙南县人民政府法制机构核发，判决书依据《专利行政执法办法》第四条中"专利行政执法人员应当持有国家知识产权局或者省、自治区、直辖市人民政府颁发的行政执法证件"认定勘验人员不具有专利行政执法资质。袁×、郭××所持有的《江西省行政执法证》是依据《江西省行政执法证件管理办法》(省政府令第220号)第四条"行政执法证件的管理，实行统一管理、分级负责的原则。行政执法证件由县级以上人民政府分级核发，具体工作由县级以上人民政府法制机构负责"等有关规定办理，且在"江西省执法证查询平台"上可查询。

该案件争议焦点集中在专利执法资质的认定上，具体涉及《专利行政执法办法》和《江西省行政执法证件管理办法》中对行政执法资质的相关规定的冲突。《江西省行政执法证件管理办法》中明确了不同级别行政执法机关的执法证件核发机关，限定了行政执法证件的核发主体。以具体操作为例，赣州市知识产权局的行政执法证件由赣州市法制办核发，龙南县知识产权局工作人员行政执法证件由龙南县法制办核发。但该规定又与《专利行政执法办法》中要求国家知识产权局、省级政府颁发行政执法证件相悖。

现就有关事项提请国家知识产权局，望给予答复：

一、请释明《专利行政执法办法》中第四条第二款中所指"省、自治区、直辖市人民政府颁发的行政执法证件"的适用范围，省级以下人民政府颁发的行政执法证件是否可以作为专利行政执法人员的合法工作证件；

二、请对《专利行政执法办法》第四条第二款和《江西省行政执法证件管理办法》第四条在专利行政执法实际操作中的具体适用予以指导。

特此请示。

附件：赣州市知识产权局《关于行政执法资格的咨询请示》(略)

江西省知识产权局
2018年6月12日

六、政策文件

海关总署、中国专利局关于发布《关于实施专利权海关保护若干问题的规定》的通知

(署监〔1997〕202号)

广东分署,各直属海关,各省、自治区、直辖市专利管理机关:

为了贯彻实施《中华人民共和国知识产权海关保护条例》的有关规定,有效地保护专利权人和其他有关当事人的合法权益,加强海关和专利管理机关在专利权保护工作中的联系配合,海关总署和中国专利局联合制定发《关于实施专利权海关保护若干问题的规定》,请遵照执行并做好宣传工作。

海关总署
中国专利局
1997年3月11日

关于实施专利权海关保护若干问题的规定

为了有效地实施专利权的海关保护,维护专利权人和其他有关当事人的合法权益,根据《中华人民共和国专利法》和《中华人民共和国知识产权海关保护条例》(以下简称《条例》)作出如下规定:

一、凡已在海关总署备案的专利权发生下列情况变更,专利权人应依据《条例》第十一条的规定,自变更生效之日起10日内持中国专利局的证明向海关总署办理备案变更或注销手续:

(一)专利权人的姓名(名称)、国籍、地址或发明创造名称变更;

(二)专利权被撤销或宣告无效;

(三)专利权终止;

(四)专利权被继承、转让或赠与;

(五)专利的许可情况发生变化;

(六)海关总署认为应当说明的其他变更情况。

二、专利权人或其代理人根据《条例》的有关规定向进出境地海关申请采取保护措施,应在海关要求时交验海关所在地或专利权人所在地专利管理机关或者中国专利局指定部门根据中国专利局专利登记簿出具的证明专利权有效的文件。

三、专利权人或其他当事人根据《条例》的规定,将侵权争议提交专利管理机关处理的,应当向采取保护措施的进出境地海关的所在地有管辖权的专利管理机关提出申请。

专利管理机关处理上款所述侵权争议,适用中国专利局制订的《专利管理机关处理专利纠纷办法》。

四、依据《条例》第二十二、二十三条的规定,专利管理机关对海关扣留的侵权嫌疑货物进行调查,应作出构成侵权或排除侵权嫌疑的决定书。进出境地海关可以凭专利管理机关

的决定书作出放行或者没收货物的决定。

五、专利管理机关在处理侵权争议过程中，可以要求海关予以必要的协助。

六、海关依照《条例》第二十条的规定对涉嫌侵犯专利权的货物进行调查时，可以要求其所在地有管辖权的专利管理机关协助对货物的侵权状况进行技术性判定，专利管理机关应给予协助。所作出的技术判定应出具技术判定书。

七、本规定所称的专利管理机关是《中华人民共和国专利法实施细则》第七十六条规定的"国务院有关主管部门或者地方人民政府设立的专利管理机关"。

八、本规定由海关总署和中国专利局共同解释。

九、本规定自发布之日起施行。

国家知识产权局关于印发《关于开展知识产权维权援助工作的指导意见》的通知

(国知发管字〔2007〕157号)

各省、自治区、直辖市知识产权局,各知识产权示范城市创建市、试点城市知识产权局:

现将《关于开展知识产权维权援助工作的指导意见》印发,请认真贯彻落实,并将落实中的情况和意见及时报我局。

特此通知。

国家知识产权局
2007年11月7日

关于开展知识产权维权援助工作的指导意见

当前,知识产权工作在我国政治、经济、科技、文化生活中的重要性日益凸显,加强知识产权公共服务,推进知识产权维权援助工作,大力提高全社会保护和运用知识产权的能力,已经成为我国经济社会发展的内在需要。同时,我国知识产权工作已开展20多年,培养了一支素质较高的队伍,积累了相当的经验与资源,一些地方在知识产权维权援助方面进行了有益的探索,这为有效开展知识产权维权援助工作打下了一定基础。胡锦涛总书记在党的十七大报告中指出,要加强行政管理体制改革,建设服务型政府,完善公共服务体系,强化社会管理和公共服务。为深入贯彻十七大精神,深入贯彻落实科学发展观,积极履行公共服务与社会管理职能,为发展社会主义市场经济、建设创新型国家提供有力支撑,促进社会和谐发展,我局决定在全国开展知识产权维权援助公共服务工作,有序推进知识产权维权援助中心(以下简称"中心")建设工作。

一、工作原则

(一)发挥优势,积极推进。各地应结合当地实际,针对社会需求重点,充分利用和发挥优势,积极推进维权援助工作,不断完善维权援助工作机制。

(二)整合资源,协调运行。中心的运行要与现有的管理与服务工作机制相协调,充分调动和整合社会各界资源,为维权援助对象提供有效服务。要通过维权援助工作,积极推动、支持各类知识产权中介服务机构的发展。

(三)公开公平,优质高效。要公开知识产权维权援助的政策、措施与方式,向符合条件者公平地提供服务与支持。要不断提高维权援助工作的质量,向社会提供优质高效的知识产权公共服务。维权援助工作人员与案件有利害关系的,应当回避。

二、维权援助对象

(一)因经济困难,不能支付知识产权纠纷处理和诉讼费用的中国公民与法人;

(二)遇到难以解决的知识产权事项或案件的中国公民、法人或其他组织。

三、维权援助内容

（一）组织提供有关知识产权的法律法规、申请授权的程序与法律状态、纠纷处理和诉讼咨询及推介服务机构等服务；

（二）组织提供知识产权侵权判定及赔偿额估算的参考意见；

（三）为具有较大影响的涉外知识产权纠纷以及无能力支付纠纷处理和诉讼费用的中国当事人提供一定的经费资助；

（四）协调有关机构，研究促进重大涉外知识产权纠纷与争端合理解决的方案；

（五）对疑难知识产权案件、滥用知识产权和不侵权诉讼的案件，组织研讨论证并提供咨询意见；

（六）为重大的研发、经贸、投资和技术转移活动组织提供知识产权分析论证和知识产权预警服务；

（七）对大型体育赛事、文化活动、展会、博览会和海关知识产权保护事项，组织提供快捷的法律状态查询及侵权判定等服务。

各地可以结合当地经济社会发展状况和知识产权工作现状，根据实际需求，对中心的援助内容进行适当调整。

四、维权援助程序

（一）申请人可以向申请人住所地、经常居住地，侵权行为地，或对方当事人住所地、经常居住地的中心提出维权援助申请。

（二）知识产权纠纷的双方当事人，符合本意见规定条件的，均可向中心提出维权援助申请。

（三）知识产权维权援助申请必须以书面形式提出，同时递交下列材料：申请人身份证明文件；申请援助事项的基本情况；援助对象属于经济困难的，应提交有关单位出具的申请人及其家庭成员经济状况证明；中心认为需要提供的其他材料。

（四）中心在收到维权援助申请后，应审查是否符合第（一）项和其他条款所规定的条件。

中心认为申请人提供的材料不完备或有疑义的，应通知申请人作必要的补充，并可视情况进行调查。

中心应当及时对维权援助申请作出是否予以维权援助的决定：对符合条件者，应作出同意提供维权援助的书面决定，并尽快组织落实；对不符合条件的，作出不予援助的决定，并通知申请人。

申请人对中心作出的不予援助的决定有异议的，可以申请当地知识产权局重新审议一次。

五、中心的建设与运行

（一）设置

各中心可以结合当地实际设置。设在省、自治区、直辖市、计划单列市、副省级城市的中心，工作人员不得少于6人；设在地级市的中心，工作人员不得少于4人。中西部地区可以适当放宽条件。

（二）条件保障

我局根据中心的运行情况提供适当的支持，各地方知识产权局主要依靠地方财政给予中心必要的资金支持。要创造条件，协调有关机构与组织，建立知识产权维权援助资金。

各中心必须具备一定的场地、办公设备等条件，设在省、自治区、直辖市、计划单列市、副省级城市的中心，办公场地不得少于80平方米；设在地级市的中心，办公场地不得少于50

平方米。中西部地区可以适当放宽条件。

（三）工作机制

中心通过组织协调有关中介机构、研究机构、社会团体与专家，依照规定开展知识产权维权援助工作。

各地应根据本意见，结合本地实际，制定中心的工作方案或操作办法，报我局审批后施行。

对维权援助中的侵权判定、论证分析和代理等服务工作，中心应组织不具有公务员身份的中介服务机构人员和其他机构专业人员承担。

各中心应积极开展知识产权维权援助合作单位库、专家库等必要的基础工程建设。合作单位名单、专家名单应报我局审核备案。合作单位与专家名单的确定与调整，采用自愿申报、公正审核、统一标准、动态进出的工作机制。

各中心应根据工作需求，结合工作经费、人员数量等条件，确定知识产权维权援助规模，确保维权援助的质量与水平。

六、监督管理

地方知识产权局负责中心的日常监督和管理。

地方知识产权局要积极组织开展对中心及其工作人员的指导、培训和监督工作，按年度表彰奖励维权援助先进工作者，通过培训等方式，不断提高维权援助工作人员的业务能力与水平；要建立健全维权援助档案；要对违纪违法的工作人员按有关规定严肃处理；要积极防范骗取援助资金事件的发生，对弄虚作假、骗取援助资金者，要依法移交司法机关处理。

我局对知识产权维权援助工作的重要事项进行统筹安排，建立对中心的指导、监督、规范和扶持机制，组织条件成熟、工作基础好的中心，在海外主要国家和地区开展相应工作。

我局对中心的工作组织年度检查，进行总结部署，对工作突出的，予以重点支持；对工作不到位的，提出整改要求；对违章运行的，停止其运行。

我局对中心的工作人员组织上岗培训和业务研修，对表现突出的维权援助工作人员给予奖励。

七、中心的申报与审批

中心设立的条件为：能保证一定的工作人员、场所和经费，当地政府重视知识产权工作，有比较好的知识产权工作体系和工作基础，知识产权工作发展态势较好，当地对知识产权维权援助的需求较强。

省、自治区、直辖市知识产权局以及对知识产权维权援助工作有较强需求的城市的知识产权局，可以向我局申请在当地设立知识产权维权援助中心。提交的申报材料中，除工作方案外，还应包括对机构设置、工作人员详细情况、办公场所、计算机及网络软硬件条件配备，以及经费保障的说明。我局协调管理司负责申请的受理。我局将综合考虑各地实际工作开展情况、条件配备、人员情况和工作需求，进行审批。

国家知识产权局　公安部关于建立协作配合机制共同加强知识产权保护工作的通知

(国知发管字〔2008〕80号)

各省、自治区、直辖市知识产权局，公安厅、局；各计划单列市知识产权局，新疆生产建设兵团知识产权局、公安局：

为贯彻落实党的十七大精神，实施国家知识产权战略，推动国民经济又好又快发展，充分发挥各级知识产权部门和公安机关在打击侵犯知识产权违法犯罪工作中的职能作用，现就知识产权部门与公安机关建立协作配合机制，共同加大知识产权保护力度的有关工作通知如下：

一、高度重视、大力加强知识产权保护工作

党中央、国务院高度重视知识产权保护工作，多次强调要完善有中国特色的知识产权法律制度，依法保护知识产权。党的十七大明确提出要实施知识产权战略。各级知识产权部门、公安机关要从构建社会主义和谐社会和建设创新型国家、实现国家繁荣昌盛和民族伟大复兴的高度出发，深刻认识加强知识产权保护对于促进科技进步、文化繁荣和经济发展的重大意义，采取各项有力措施，坚决遏制和严厉打击各类侵犯知识产权违法犯罪活动。要以科学发展观为指导，进一步加强横向联合和统筹协调，建立部门间协作配合机制，完善制度措施，开展调查研究，加强宣传培训，为实施国家知识产权战略提供坚强有力的支撑和保障。

二、建立协调会商机制

国家知识产权局和公安部将建立知识产权保护协调会商机制，每年召开1至2次联席会议，邀请有关行政执法部门、司法机关分析研判全国侵犯知识产权违法犯罪形势，拟定年度知识产权保护工作目标和工作重点，研究制定工作方案，推动知识产权保护工作的深入开展。如遇重大紧急情况或需联合部署重要工作，可临时召开联席会议。

各地知识产权部门与公安机关要根据当地实际情况，建立相应的协调会商机制，指定专人负责，研究落实相关工作。各地知识产权部门与公安机关在知识产权保护工作方面的协作配合，由国家知识产权局协调管理司和公安部经济犯罪侦查局归口管理。

三、推动行政执法、刑事司法的衔接配合

各地知识产权部门和公安机关要认真贯彻国务院的工作部署，建立健全行政执法、刑事司法顺畅衔接的工作机制，完善行政执法部门与公安机关、司法机关协调配合的工作格局，促进执法资源的合理利用，形成执法合力，提高打击效能。一是探索建立信息共享机制。各地知识产权部门和公安机关要主动会同相关行政执法部门、司法机关建立情况信息通报制度，逐步实现各部门立法、执法信息和业务工作数据的共享，推动建立相互间违法犯罪信息的共享平台和"绿色通道"。二是开展多种形式的业务交流。要通过共同开展调研、举办座谈会、交流会和互派人员进行工作观摩等多种形式，加强知识产权部门与公安机关之间的业务交流，掌握业务知识，提高业务技能，培养出一批业务骨干，提高执法办案的质量和效率。三是完善案件移送规范。要按照"依照法律、符合实际、贴近实战、服务基层"的原则，细化行政执法部门与公安机关进行案件移送、信息通报和业务咨询的程序，明确各自的职责要求，完善监督制约机制，增强法律制度的可操作性，建立起行政执法与刑事司法顺畅、高效的衔接

配合机制。

四、加强案件线索移交和信息通报

各地知识产权部门在工作或对外磋商谈判中接收的涉嫌侵犯知识产权犯罪案件线索,应商有关行政执法部门后,及时移送给有管辖权的公安机关,并根据公安机关的要求,协调有关部门、机构和企业提供证据材料。对于知识产权部门移送的案件,有关公安机关应当进行审查,符合立案条件的要立案侦查,并将案件办理结果等有关信息及时反馈给知识产权部门。必要时可会同知识产权部门商请有关行政执法部门共同研究案情和制定工作方案,开展联合执法行动。公安机关在侦查中发现没有犯罪事实、案件情节未达到刑事追诉标准或者认为犯罪事实显著轻微、不需要追究刑事责任的,要及时书面通知移送案件的行政执法机关,退回相应案卷材料。

五、加强重大案件督办

各地知识产权部门和公安机关要加强重大案件的督办工作,协调组织优势力量,提高办案效率。要通过联席会议、情况通报、情报交换等形式,共同会商、研究案情和决定打击对策,联合开展打击工作。联合打击要以"精确打击、全程打击"为方针,协同作战,查明侵犯知识产权违法犯罪各个环节的策划者、组织者和参与者,彻底摧毁整个犯罪网络。必要时,上级知识产权部门、公安机关要联合挂牌督办一批重大案件,加大指导协调力度,确保严格依法办案。

重大案件一般是指跨省、自治区、直辖市,在全国有重大影响的侵犯知识产权违法犯罪案件;涉及有组织犯罪,或者利用高科技、高智商手段违法犯罪的案件;重大跨国跨境案件,以及其他危害严重、损失巨大、影响恶劣,有必要协调、督办的案件。

六、开展调查研究和内部培训,强化基层基础工作

在知识产权保护工作中,各地知识产权部门和公安机关要大力开展调查研究,加强对侵犯知识产权违法犯罪形势、知识产权保护法律政策和执法工作机制的研究,及时解决工作中遇到的问题,更好地将打击侵犯知识产权违法犯罪活动与促进经济社会发展结合起来。要充分发挥自身优势,通过培训班、远程教学、实地考察等形式,相互支持,共同组织开展知识产权保护法律和业务培训,提高知识产权保护工作的整体水平。

七、共同开展宣传教育,营造保护知识产权的良好氛围

各地知识产权部门和公安机关要加强知识产权保护的宣传,充分利用广播、电视、互联网等多种媒体,采取灵活多样的形式,广泛宣传知识产权保护法律政策,提高消费者的鉴别能力和主动参与的积极性,教育群众,警示社会,提高全社会知识产权保护意识。要积极开展国际交流,学习国外知识产权保护的先进经验,介绍我国知识产权保护工作的成效和行政执法、刑事司法的工作情况,加强沟通、增进了解,进一步提升我国国际形象,充分发挥知识产权保护工作在构建和谐社会中的作用。

八、加强指导检查和督导落实

各地知识产权部门和公安机关要定期组织开展对本辖区内知识产权保护工作的督导检查。对于保护工作不力,或者侵犯知识产权违法犯罪活动猖獗的地区,上级知识产权部门和公安机关要联合派出工作组,会同有关部门组织区域整治,加大专项整治力度。国家知识产权局、公安部将不定期地对各地在知识产权保护工作中的协作配合等情况进行联合检查,并于每年年底对有关知识产权保护工作情况进行总结,评选年度知识产权刑事保护与行政保护典型案例,对在建设协作机制、侦破重大案件、开展理论研究和宣传培训等工作中有突出贡献的各地知识产权部门、公安机关的先进集体和个人,以国家知识产权局和公安部的名义进行通报表扬或表彰；对工作不力的地方予以通报批评，情节严重的，依法依纪追究有关单位和人员责任。

各地知识产权部门和公安机关要认真贯彻落实本通知精神，有关工作情况、成果及在执行中遇到的问题于每年 10 月底前报国家知识产权局和公安部，重大情况随时报告。

国家知识产权局　公安部
2008 年 6 月 16 日

国家知识产权局关于加强知识产权维权援助中心举报投诉维权服务工作的通知

(国知发管字〔2010〕139号)

各省、自治区、直辖市知识产权局,设立知识产权维权援助中心的城市知识产权局,各知识产权维权援助中心:

日前,国务院办公厅印发了《国务院办公厅关于印发打击侵犯知识产权和制售假冒伪劣商品专项行动方案的通知》(国办发〔2010〕50号),明确要求"各知识产权维权援助中心要积极参与专项行动,通过'12330'知识产权维权援助与举报投诉电话接受公众和权利人的知识产权举报投诉,有关部门要认真接收、快速处理"。为深入贯彻国务院工作部署,适应社会需要,进一步加强和完善知识产权举报投诉工作,积极保护知识产权权利人合法权益,为促进创新与发展创造良好环境,现将有关工作事项通知如下:

一、明确工作目标和业务范围

建成以各中心为主体,各中心所属知识产权局及有关部门为支撑,部门协作、区域互动的知识产权举报投诉工作体系,促进知识产权执法工作效率的提高,为权利人和社会各界的维权和监督提供便利。

各中心应接收涉及专利权、商标专用权、著作权、植物新品种权、集成电路布图设计专有权、商业秘密、地理标志及其他知识产权的举报投诉。其中举报是指非权利人提供知识产权违法犯罪行为线索,投诉是指权利人申诉他人侵犯其合法权益。

二、规范工作程序

知识产权举报投诉案件办理流程包括:案件接收、初步审核、移交办理、反馈结果和归档分析。

(一)案件接收

举报投诉案件通过12330电话、互联网、面访、信函或其他机构移送的方式接收。

接收条件为:

1. 举报投诉有明确的对象及具体的事实。

2. 举报投诉属于当地知识产权行政部门(包括专利管理部门、工商管理部门、版权管理部门、植物新品种管理部门、文化市场执法机构、城管执法机构、公安机关、海关)的受案范围和管辖,对于涉及司法程序的案件,仅给予提供联系方式等一般性回复。

3. 举报投诉人应提供本人的真实情况;如果举报人不愿提供,则应有理由足以证明侵犯知识产权等违法行为存在。举报投诉已经由其他行政执法机关或司法机关接收的,不予接收;其他中心或举报投诉机构转交的符合接收条件的,应当接收。

符合上述业务范围和接收条件的举报投诉案件,应当予以受理,填写《知识产权举报投诉案件登记表》(见附件1),登记案件编号,详细记录有关情况;不予受理的,应当及时告知不予受理的理由。

(二)初步审核

各中心负责对受理案件进行初步审核,对案件情况进行初步分析,提出后续办理意见,并在《知识产权举报投诉案件登记表》中填写"初步审核意见"。初步审核内容包括:审核是否符合接收条件，检查案件信息是否完整，判断举报投诉信息是否可信，确定移交办理部门。初步审核办理时限为自案件接收之日起 3 个工作日。

（三）移交办理

经初步审核后需要移交行政执法部门办理的案件，应当在初步审核之日起 3 个工作日之内予以处理，在《知识产权举报投诉案件登记表》中签署"处理意见"。

移交办理需填写《知识产权举报投诉案件移交办理工作单》（见附件 2），写明移交办理事项，《知识产权举报投诉案件登记表》可作为附件。案件相关信息应当及时、准确、完整地传达移交办理部门。

案件移交遵循案件管辖区域和职能分工原则。属于本级知识产权局办理范围的，由各中心移交知识产权局办理。属于本级其他部门办理范围的，由各中心或所隶属知识产权局移送其他单位办理。涉及跨区域办理范围的，如当地设有中心，由本中心直接移交当地中心办理，符合接收条件的，当地中心应当接收并予办理；当地没有设中心的，由本级知识产权局移交当地知识产权局办理，属于职责范围内的，当地知识产权局应当接收并根据法定执法权限予以办理。

在移交办理过程中，所移交办理部门拒收的，各中心应当分析拒收原因。因职责不符而造成移交部门错误的，应当移交至对应行政执法部门办理。因职责相符但未达移交办理部门接收条件的，应当进行协调，协调不成的，应当说明和记录原因后归档。

各中心在案件移交办理后，应当及时督促办理部门予以办理，必要时提供相关协助，推动案件办理顺利进行。

（四）反馈结果

移交办理部门办理完毕之后，各中心应当在接收到办理结果 5 个工作日内将办理结果反馈给举报投诉人，填写《知识产权举报投诉案件办理结果反馈单》（见附件 3）。

反馈结果以信函、电话、当面递交或网络等方式进行。

（五）归档分析

各中心应当定期归纳分析案件信息，发现案发规律，找准存在问题，并及时上报给本级知识产权局和国家知识产权局，同时反映给本级其他知识产权行政执法机关。

三、建立健全各项工作制度和机制

强化工作责任机制。设立中心的知识产权局主要领导与分管领导，是本局举报投诉工作的责任人；各中心负责人作为具体责任人，对本中心举报投诉工作负责；中心工作人员，根据工作分工承担相应工作责任。

建立跨区域跨部门协作机制。各中心要利用现有知识产权协调工作机制，依托 12330 电话等平台，加强相互配合，积极开展中心之间的直接转案工作。各中心所隶属知识产权局要建立当地案件移送协调工作机制，保障跨部门案件依法得到及时办理。

建立档案管理制度。实现案件全流程归档管理。要安排专人管理档案，制定各种工作表格，达到一案一档、随时调档的要求。要同时建立纸质档案与电子档案，达到全流程无纸化办公条件的，可只建立电子档案。

完善信息分析报送机制。各中心要按照《关于报送知识产权维权援助中心工作情况的函》的要求，按季度向我局报送工作情况表。按年度编写年度报告，分析受理的举报投诉案件情况与态势。有关情况或总结要及时报我局。

建立举报表彰奖励制度。对于为案件侦破或查处提供重要线索的举报人，在保护举报人人身安全与各项权利的前提下，可以给予物质奖励或精神奖励。各中心可协调有关司法和执法部门联合开展表彰奖励。

完善交流学习制度。各中心要加强与其他中心之间的交流，通过互访、电话、会议等方式，相互学习先进经验和做法。同时各中心要学习其他举报投诉服务部门的有益经验。各中心要建立定期学习制度，充实工作人员知识面，提升工作水平。

确立案件信息保密制度。各中心工作人员要严格遵守工作纪律，为举报投诉人保守案件信息秘密，不得将举报投诉人或案件材料等情况以任何方式透露给被举报投诉人。

各有关知识产权局、各中心要充分认识知识产权举报投诉工作的重要性，切实加强组织领导，抓紧落实机构、人员，确保基本投入，加快完善工作制度和机制，积极开展各项有关工作，充分发挥知识产权举报投诉工作的重要作用。

各有关知识产权局、各中心要认真贯彻落实本通知精神，在执行本通知中遇到的问题要及时报我局专利管理司。

特此通知。

附件：1. 知识产权举报投诉案件登记表
　　　2. 知识产权举报投诉案件移交办理工作单
　　　3. 知识产权举报投诉案件办理结果反馈单

2010 年 11 月 4 日

附件 1

知识产权举报投诉案件登记表

受理中心：中国（_____）知识产权维权援助中心
案件编号：_____

受理方式	□12330 电话	□互联网	□面访	□信函	□其他机构移送
举报投诉人类型	□个人	□单位	□国别		
个人	姓名		身份证号码		
	电子邮件		联系电话		
	通信地址				
单位	单位名称				
	联系人		联系电话		
	通信地址				
知识产权类型		事件发生所属地区			
主题					
相关信息	发生时间				
	发生地点				
	侵权金额		侵权数量		
	相关证据				
举报投诉内容					
初步审核意见	（写明初步审核是否合格、下一步建议程序、初步审核日期、初步审核人）				
处理意见	（指明移交办理部门，写明移交时间）				
备注					

附件2

知识产权举报投诉案件移交办理工作单

移交单位	
移交承办人	
联系方式	
移交时间	
案件主题	
案件编号	
移交办理意见	
受移交单位	
联系方式	
办理结果	
备注	

附件 3

知识产权举报投诉案件办理结果反馈单

反馈单位	
反馈承办人	
接收单位或个人	
案件主题	
案件编号	
具体办理单位	
办理完毕时间	
办理结果	

国家知识产权局关于加强专利行政执法工作的决定

(国知发管字〔2011〕74号)

各省、自治区、直辖市及计划单列市、副省级城市、新疆生产建设兵团知识产权局；国家知识产权局机关各部门，专利局各部门，局直属各单位、各社会团体：

为深入贯彻党中央、国务院关于加强知识产权执法的工作部署，加快推进专利行政执法制度建设，切实建立健全专利行政执法工作长效机制，进一步提升全国知识产权系统执法能力，促进经济社会发展，国家知识产权局作出如下决定。

一、大力推进专利行政执法制度建设

（一）推进制定和完善专利保护法规规章

加快推进制定和完善专利保护法规，大力加强专利侵权救济制度建设，切实解决专利执法手段不强、专利侵权救济措施不力等问题，依法加大对侵权假冒行为的打击力度。

加强知识产权举报投诉维权援助制度建设，鼓励和支持开展知识产权举报投诉工作。

（二）强化专利行政执法工作责任制度

各地方知识产权局必须将执法办案工作列入重要议事日程，主要领导和有关人员必须依职责履行执法工作责任，坚决消除执法办案中的推诿现象，积极参与行政诉讼，确保公正、廉洁、高效执法，全面提高依法行政水平。

对国家知识产权局安排的专项执法任务，地方知识产权局必须按要求高质量完成。省、自治区、直辖市知识产权局应根据实际需要，对行政区域内知识产权局安排执法办案工作任务，提出并督促落实责任要求。

（三）建立专利行政执法工作督查制度

国家知识产权局对省（区、市）知识产权局执法工作组织年度督查和专项督查。省（区、市）知识产权局对行政区域内知识产权局执法工作开展年度督查和专项督查。

督查中应核验执法档案、执法数据、办案条件、维权中心设置及12330接收举报投诉和转交办理等情况。接受督查的地方知识产权局应就督查中提出的突出问题进行整改。

（四）建立专利行政执法案件督办制度

国家知识产权局对具有重大影响的专利侵权案件和假冒专利案件进行督办。省（区、市）知识产权局对行政区域内具有较大影响的专利侵权案件和假冒专利案件进行督办。根据实际情况，对有关案件进行公开挂牌督办。加大对大型展会上发生的侵权假冒案件的督办工作力度。

负责督办的知识产权局应跟踪案件办理进程，接受督办的地方知识产权局对督办案件应尽快办理并及时提交办理结果。

（五）建立专利行政执法工作考核评价制度

国家知识产权局对各省（区、市）知识产权局、进入5·26专利执法推进工程的知识产权局和维权中心进行考核评价。省（区、市）知识产权局对行政区域内知识产权局执法维权工作进行考核评价。

制定专利行政执法及举报投诉维权工作评价标准，以执法办案数量和质量及举报投诉维权工作接转数量和质量作为重要内容，客观全面评价执法维权工作。

（六）完善专利行政执法信息报送公开制度

各地方知识产权局按要求的周期向上级知识产权局报送执法统计数据、执法办案材料。重大案件及时报送。执法统计数据应全面客观地反映依据专利法及其实施细则、地方专利保护条例、专利行政执法办法、展会知识产权保护办法等法律法规，调解、处理和查处案件的情况。

国家知识产权局和省（区、市）知识产权局在政府网站上公开执法统计数据。

（七）建立知识产权举报投诉奖励制度

鼓励权利人和社会各界对知识产权侵权假冒行为的举报投诉，加快建立知识产权举报投诉奖励制度。

国家知识产权局鼓励地方知识产权局和知识产权维权援助中心加快制定和实施知识产权举报投诉奖励办法，对通过12330平台举报投诉的人员按照规定给予奖励。地方知识产权局和知识产权维权援助中心对提供重要线索和多次提供线索的举报投诉人员给予奖励。知识产权举报投诉奖励应以事实为依据，以证据为基础，鼓励实名举报投诉。要建立健全举报投诉保密机制，切实保护举报投诉人合法权益。

二、切实完善专利行政执法工作机制

（八）创新专利纠纷行政调解工作机制

要大力开展各类专利纠纷的行政调解工作，创新工作机制，根据专利类型和纠纷的实际情况，简化调解程序，采取快速有效的调解方式。

优化专利侵权救济与确权无效程序的衔接机制，充分发挥行政执法简便、快捷的优势。

（九）完善专利行政执法协作机制

完善跨地区专利行政执法协作机制，规范跨地区专利行政执法协作。省（区、市）知识产权局负责在本行政区域内组织开展跨省的执法协作办案工作，安排、指导有关知识产权局及时完成跨省执法协作办案任务。

加强与公安、工商、版权、海关、文化、广电、质检、农业、林业等部门的执法协作。强化与司法机关的沟通协调，推进行政调解与司法调解的衔接，协同提高解决专利侵权纠纷的效率。加强与公安机关的协作，推进行政执法与刑事执法的衔接，对涉嫌刑事犯罪的假冒专利行为和涉及专利的诈骗行为，要及时移送公安机关，予以坚决整治。

（十）健全专利行政执法工作激励机制

国家知识产权局将执法维权工作考评结果作为执法专项支持的重要依据，对表现突出的地方知识产权局和维权中心给予表彰，并加大支持力度；对考评结果不合格的，视情况提出限期整改要求，或作出退出5·26工程、维权中心序列的决定。考评结果将作为全国专利工作先进集体评选和城市试点示范工作评价的重要内容之一，对考评结果不合格的市知识产权局，所在城市不再列入国家知识产权局城市试点示范序列。

省（区、市）知识产权局要根据各市专利行政执法考评结果，加强对执法工作突出的市局的支持力度。地方知识产权局对执法办案工作突出的执法处（科）室和人员给予表彰奖励。

（十一）建立知识产权保护社会信用评价监督机制

建立知识产权保护社会信用评价标准，对地方知识产权局执法工作开展社会满意度调查与评价，对企业侵权假冒行为进行监测与评价，建立知识产权诚信档案。

要充分发挥协会、中介机构、研究机构和各类群众组织的作用，构建多层次的知识产权保护社会信用评价监督机制。

（十二）建立高层次人才和重大项目知识产权维权援助服务机制

加快建立高层次人才和重大项目知识产权维权援助服务机制。选择有条件的地区先行先试，通过全面监测、主动跟踪、专题指导、提前介入、快速维权等措施，充分发挥知识产权维权对高层次人才和重大项目高水平创新的激励作用，为我国引进高层次人才、发挥高层次人才作用，支持原创性、基础性重大发明创造，加快战略性新兴产业发展营造良好环境。

对涉及高层次人才和重大项目且影响广泛的专利纠纷，相应区域的维权中心和知识产权局应及时组织开展专利预警与应对部署。

（十三）深化专利保护重点联系机制

加强与各类专利保护重点联系基地的沟通协调，积极取得司法机构、研究机构、法律服务机构和市场主体的支持与协助。

各地方知识产权局应根据需要，选择各类符合条件的机构进入当地专利保护重点联系机制，或推荐进入全国专利保护重点联系机制，借助各方资源，促进专利行政执法工作水平的提高，营造良好的执法环境。

三、全面加强专利行政执法能力建设

（十四）加强专利行政执法队伍建设

依法积极推进专利行政执法队伍建设，确保专利行政执法专职人员数量，稳定与发展执法队伍。省（区、市）知识产权局、副省级城市及进入5·26工程的地级市知识产权局应依据专利法和有关编制工作的政策法规，明确专门承担执法职责的处室；其他城市知识产权局应明确主要承担执法职责的科室。在争得当地编制部门同意的情况下，省（区、市）知识产权局加挂专利行政执法总队牌子，副省级城市、地级市知识产权局加挂专利行政执法支队牌子。县级知识产权局根据需要依法加强专利行政执法队伍建设，为积极依法开展专利行政执法工作提供队伍保障。

建立健全各级专利行政执法指导机构、知识产权举报投诉维权指挥调度机构。国家知识产权局根据需要向地方派驻执法督导员。省（区、市）知识产权局根据需要向行政区域内知识产权局派驻执法督导员。各地方知识产权局根据需要，在各类园区、商业场所、产业集聚区、大型会展及其他大型活动场所选派执法监督人员和志愿人员。

（十五）提高专利行政执法人员业务素质

专利行政执法人员取得专利行政执法证后方可从事执法办案工作。省（区、市）知识产权局负责组织行政区域内人员参加全国专利行政执法人员上岗培训。组织由国家知识产权局颁证的专利行政执法人员上岗培训，应提前报国家知识产权局同意。国家知识产权局对具备资格、参加专利行政执法上岗培训且考试合格的人员颁发专利行政执法证。要完善专利行政执法上岗培训和各类专利行政执法业务培训的管理与协调工作。

要结合工作实践中的突出问题，组织专利执法专题研讨交流活动。支持执法工作人员参加国内外业务研修及在职攻读学位，加快培养执法业务骨干。

（十六）改善专利行政执法工作条件

省（区、市）知识产权局、副省级城市及进入5·26工程的地级市知识产权局要设立专门的专利纠纷调处场所。其他城市知识产权局要设立可供专利纠纷调处的场所。要为执法人员提供基本的办案设备。承担专利执法工作职责的地方知识产权局应配置必要的执法装备。执法办案时应严肃着装。执法着装、执法用车、执法标志必须遵守国家有关规定。执法着装和执法车的标志应使用国家知识产权局核准的执法标志，以增强执法办案的规范性、严肃性与协调性，确保执法人员现场办案时的人身安全。

对国家知识产权局给予的执法专项支持,地方知识产权局应争取地方政府财政匹配,协同推进改善执法条件。

(十七)加大专利行政执法信息化建设力度

要加快全国专利行政执法工作信息网络建设,健全专利行政执法电子档案库,配置专利执法电子查询设备,建立即时查询系统。

各地方知识产权局必须建立完整一致的纸质和电子专利执法档案,配置专用的执法档案保存设备。

(十八)加强知识产权举报投诉维权援助工作平台建设

要大力加强12330知识产权举报投诉维权援助工作平台建设,加快全国知识产权举报投诉维权援助网络建设,建立健全知识产权举报投诉维权援助案件电子档案库。

国家知识产权局根据各维权中心运行情况,在全国建设若干重点中心。

国家知识产权局
2011年6月27日

国家知识产权局关于知识产权系统
执法督查督办工作若干事项的通知

(国知发管字〔2011〕155号)

各省、自治区、直辖市知识产权局：

为深入贯彻落实《关于加强专利行政执法工作的决定》(国知发管字〔2011〕74号)，加快推进专利行政执法制度建设、机制建设和能力建设，强化执法办案工作，营造专利制度运行的良好秩序，促进科学发展，现就有关执法督查督办工作若干事项通知如下：

一、执法工作督查

(一) 督查主体与对象

我局根据工作安排与各地执法工作实际，派出督查组或督查人员，对省(区、市)专利行政执法工作进行年度督查和专项督查。省(区、市)知识产权局应结合本地实际，对辖区内知识产权局执法工作开展年度督查和专项督查。

(二) 督查内容

1. 执法办案工作开展情况(包括执法办案数量、质量与效果，展会中专利侵权假冒案件的防范、调处以及后续程序情况)。

2. 执法工作基础情况(包括执法人员与机构、制度建设、政策制定、经费支持、条件建设及执法档案等情况)。

3. 上级委托执法任务的完成情况及上级督办案件处理情况。

4. 知识产权维权援助中心运行情况(包括机构、工作人员详细情况，办公场所、网络软硬件条件配备及经费保障情况，维权援助业务工作开展情况，12330接收举报投诉和转交办理情况，12330公益电话宣传推介等)。

5. 对执法工作的重视和安排情况。

(三) 督查方式

督查采取座谈、现场考察、抽查走访或书面报告等方式。

(四) 督查报告

督查工作结束1周内，督查组或督查人员应向派出部门上报督查报告，同时抄送督查对象。督查报告应客观分析督查对象的执法工作现状，肯定成绩，对不足之处提出整改要求。督查对象应根据督查报告中提出的整改要求和期限及时整改。

二、执法案件督办

(一) 督办条件

我局对具有全国影响或跨省的专利侵权案件和假冒专利案件进行督办。省(区、市)知识产权局对具有全省(区、市)影响或跨省内辖区的专利侵权案件和假冒专利案件进行督办。

(二) 督办方式

省(区、市)知识产权局将符合条件的案件报请我局督办。报请督办应按规定的格式(请见附件)报送，并附送全面的案件材料。我局根据实际情况，对符合条件的案件进行督办，向相关地方知识产权局发出督办函，对申请督办局及时给予回复。

根据实际情况，可对有关案件进行公开挂牌督办。

（三）工作要求

有关地方知识产权局在收到案件督办函后，应根据法律与事实，按照督办函的具体要求，积极办理案件，并在规定时间内将案件办理的进展、处理结果及跟踪情况报送我局。对存在恶意、群体、反复专利侵权行为和严重假冒专利行为者，要依法加大惩处力度，震慑不法分子。对于跨地区、群体侵权假冒案件，相关地方知识产权局要加强沟通、密切协作。对督办案件材料应建档。

案件督办执行情况将作为我局专利行政执法工作绩效考核评价的重要内容和安排任务的重要依据。

附件：专利行政执法督办案件申请表

国家知识产权局

2011 年 12 月 6 日

六、政策文件

附件

专利行政执法督办案件申请表

_____年 编号：_____（国家知识产权局人员填写）

案件名称					
案件办理联系人	姓名		职务		
	办公电话		手机		
被控侵权人或假冒专利行为人信息	名称或者姓名		职务		
	法定代表人		电话		
	地址				
立案日期					
案情简述	包括案由、简单案情介绍、案件处理过程等。 （可加附页） 案件材料复印件装订随本表一并报送。				
申请督办意见	（省（区、市）知识产权局） 申请单位负责人（单位盖章及领导签字）：　　　　　　年　　月　　日				
督办部门意见	（国家知识产权局） 督办部门负责人（单位盖章及领导签字）：　　　　　　年　　月　　日				

国家知识产权局专利管理司制

注：本表填完盖章签字后，传真或邮寄至国家知识产权局专利管理司，同时发送电邮。
　　联系电话：010－62086885　　传真：010－62083091　　电子邮件：zhifa@sipo.gov.cn
　　邮　　编：100088　　通信地址：北京市海淀区蓟门桥西土城路6号　国家知识产权局专利管理司

国家知识产权局关于开展知识产权快速维权试点工作的通知

(国知发管字〔2012〕112号)

各省、自治区、直辖市知识产权局：

为适应经济社会发展需要，我局决定在产业聚集区开展知识产权快速维权试点工作，现就有关事宜通知如下：

一、工作目标

深入贯彻落实科学发展观，大力推进国家知识产权战略实施，针对在全国具有优势地位的集聚产业，在产业集聚度高、知识产权快速维权需求强烈、工作条件成熟的地区科学有序推进知识产权快速维权试点工作，加快构建专利快速维权工作机制，积极探索具有中国特色的知识产权制度的有效运行模式，促进知识产权保护长效机制建设，充分吸引国内外优秀创新资源，推进产业转型升级，加快经济发展方式转变。

二、工作内容

（一）建立专利快速维权机制。充分发挥知识产权快速维权中心对专利行政执法的支持与协助功能，根据产业发展需求，建立专利执法委托办案机制，加快调处专利纠纷等案件的办理工作。

（二）积极推进专利快速审查及快速确权。根据发明专利优先审查管理办法、外观设计申请及时审查、专利确权咨询处理办法的相关规定，通过提供专业培训、业务指导、技术支持，推进专利快速审查及快速确权工作。

（三）建立行政与司法衔接机制。在试点地区推进建立专利侵权司法案件行政调处前置制度与专利纠纷行政调解的司法确认制度，推进设立知识产权巡回审判法庭。

（四）建立行业保护机制。推进建立产业知识产权保护联盟，促进行业自律，加强行业知识产权维权能力。

三、申报条件

申请开展试点工作的地区，应满足以下条件：

（一）当地相应的集聚产业产值在全国同类产业产值占比中居于领先地位；

（二）当地相应的集聚产业对知识产权特别是外观设计快速维权需求强烈，其产品周期更新较快；

（三）当地政府高度重视知识产权执法维权工作，专利行政执法办案量在同类城市中居于前列；市局的专利行政执法与知识产权维权援助工作绩效考评结果位居本省前列；

（四）当地设立了由国家局批复的知识产权维权援助中心，有关知识产权部门之间建立了执法协调机制及举报投诉案件转交机制；

（五）当地设立了机构建制完善的知识产权局，知识产权维权援助中心的办公场地、人员、信息化设备、网络环境、经费具有充分保障，符合国家局《关于开展知识产权维权援助工作的指导意见》（国知发管字〔2007〕157号）的各项基本要求，并能确保中心的工作人员达到10人以上，中心的工作面积达到200平方米以上；

（六）当地的非正常专利申请量占全年总申请量比例不超过5‰。

四、申报材料与申报方式

申报材料的主要内容：

（一）近年来知识产权工作情况，特别是专利行政执法办案情况；

（二）有关集聚产业产值及其在全国占比，该产业各类专利的授权量，当地对快速维权的需求；

（三）当地维权中心与专利行政执法机构设置、经费保障、办公条件配备、信息化设施配备、人员配备等情况；

（四）快速维权工作方案（包括工作思路、拟采取的工作措施、人员编制及办公场所等保障条件）。

申请快速维权试点工作的城市（区），由当地政府向所在省（自治区、直辖市）知识产权局（以下简称"省知识产权局"）提交书面申报材料。省知识产权局对申报材料进行审核，对符合条件的，以书面推荐函形式提交我局。

我局将就各省知识产权局推荐或提出的申请组织现场考察，根据客观、公正的原则进行评审，选择符合条件的地区开展试点。

五、工作职责

当地政府应建立由政府领导牵头的快速维权工作领导小组，对快速维权工作给予充分的资金保障，落实快速维权中心人员编制。

省知识产权局要积极推进快速维权中心建设，指导快速维权各项业务工作，对快速维权中心工作人员进行业务指导，确保中心工作效率、工作质量符合本通知的要求；在地方政策法规制定、经费保障、条件支持等方面，加大对快速维权中心的扶持力度，为快速维权工作的开展做好有关协调工作。

市知识产权局要建立快速维权工作责任制；要研究制定知识产权快速维权办法，委托并指导中心的快速执法维权工作；确保中心工作人员到位，并组织必要培训，不断提升工作人员业务素质；要监控并处理可能出现的非正常申请；要推动建立产业知识产权保护联盟。

知识产权快速维权中心要根据委托加快办案工作，建立高效的知识产权案件办理流程；要积极支持、协助和参与专利行政执法案件的办理；要确保办案的效率与质量，缩短办案期限，办案期限一般为法定期限的 1/2 以内；要根据工作安排，对拟进入快速审查、确权工作机制的申请及时进行预审。

我局对快速维权中心的建设、运行给予指导、监督和绩效考评；对快速维权中心工作人员组织专业培训与考核；针对当地集聚产业发展需求，按照有关办法加快处理。

六、试点考评

试点期间，我局根据以下工作指标组织年度考评：

（一）试点期间，当地相应集聚产业的年度专利申请量和授权量同比应有明显增长，增长幅度应不低于 20%；

（二）试点期间，当地年度专利行政执法办案受理量与结案量同比应有较快增长，增长幅度应不低于 40%；专利行政执法办案效率大幅提高，办案期限低于法定期限一半时间的案件应超过 80%；

（三）试点期间，当地相应集聚产业产值、规模以上企业产值、设计类企业和技术密集型企业数量同比应有显著增加；

（四）试点期间，当地非正常专利申请量占全年总申请量比例未超过 5‰。

对于试点期间出现快速维权工作对当地经济发展和产业转型支撑效果不明显，对知识产权执法维权工作重视不够，相应人力、资金投入不足，办案量与办案期限达不到要求，相应集聚产业非正常专利申请数量过高等情况的，我局将要求限期整改，整改后仍无明显效果的，停止该地区试点资格。

试点工作措施得力、效果显著的，下一年度可以继续开展试点工作，我局将继续加大指导与支持力度。

特此通知。

国家知识产权局

2012 年 11 月 15 日

国家知识产权局关于印发《专利行政执法能力提升工程方案》的通知

(国知发管函字〔2013〕34号)

各省、自治区、直辖市、新疆生产建设兵团知识产权局：

为深入贯彻党的十八大精神，积极推进实施知识产权战略和专利战略，加大《关于加强专利行政执法工作的决定》(国知发管字〔2011〕74号）的执行力度，落实《知识产权人才"十二五"规划（2011—2015）》有关要求，我局决定从今年开始实施专利行政执法能力提升工程，争取通过三年的工作，建成一支专业化、职业化、规范化、信息化的专利行政执法队伍，创新有利于充分发挥专利行政执法优势的体制机制，改善执法工作条件，全面提升专利行政执法能力，充分发挥专利行政执法在激励创新、保障民生、促进发展中的重要作用。为此，我局制定了《专利行政执法能力提升工程方案》（以下简称《方案》）。现将《方案》印发，请认真贯彻执行。

地方知识产权局可以根据《方案》中各项任务的性质和要求，结合本地条件与需求，申请承担具体任务。我局对执法办案工作突出、需求较强、方案合理的地方知识产权局适当加大支持力度。地方知识产权局应提高对执法工作的重视程度，加大对执法工作的支持力度，共同推进专利行政执法能力提升工程工作。

特此通知。

国家知识产权局
2013年3月20日

专利行政执法能力提升工程方案

为适应形势发展需要，全面提升专利行政执法能力，特制定如下方案。

一、提高执法人员业务素质，提升执法队伍专业化、职业化水平

（一）完善执法上岗培训。国家知识产权局每年面向全系统组织专利行政执法上岗培训班。各省（自治区、直辖市）知识产权局和办案量居全国同类城市前列的市知识产权局，可根据需求申请举办上岗培训班，培训对象以本区域执法人员为主，兼顾周边地区。参加培训且通过考试者可取得国家知识产权局颁发的专利行政执法证。考试不合格者，两年内可再申请参加一次上岗培训，其他任何人员不可重复报名参加上岗培训。

（二）强化执法业务提高培训。针对已持证在岗的专利行政执法人员、执法工作负责人开展专利行政执法业务提高培训。要求参训人员在培训结束时撰写结业报告。三年内完成对全系统专利行政执法人员的业务提高轮训工作。

（三）加强执法培训基础工作。充分发挥地方知识产权局执法业务骨干作用，协同编写实体与程序相结合、理论与案例相结合的专利行政执法培训系列教材。2013年，完成专利行政执法培训大纲、专利行政执法培训教材、专利行政执法案例汇编的撰写、编辑、论证与印刷发行工作；2014年至2015年，根据工作实践，对上述教材进行调整与完善。

通过地方知识产权局和有关单位推荐、他人推荐、个人自荐及主动发现等方式，从本系统业务骨干和律师、专利代理人、法官、学者及国外专家中，遴选优秀师资人才，组建专利行政执法培训师资库。2013年，基本建成专利行政执法培训师资库；2014年至2015年，在专利行政执法培训实践中调整充实，加快建成类型齐全、结构合理的专利行政执法培训师资库。

（四）深化执法业务研修与交流。择优支持从事执法工作两年以上、办案量较多的执法业务骨干，赴国内高校参加有关法律研修，攻读硕士、博士学位；每年遴选若干名从事执法工作三年以上、办案量较多，且通过有关考试、外语水平较高的执法业务骨干，参加国际知识产权法律研修。

各省（区、市）知识产权局及执法办案工作突出的城市知识产权局可向我局推荐年度优秀案例。组织专家评析，评选出优秀案例，向全系统执法人员公开。针对执法办案中的典型案件和疑难案件，国家局按区域组织地方知识产权局执法业务骨干和有关专家开展分析论证。

（五）健全执法机构。推进省（区、市）知识产权局建立专门执法处室，成立专利行政执法总队，并引导行政区域内具备条件的城市知识产权局建立专门执法处室，成立专利行政执法支队。

推进开展执法督导员派驻工作。2013年，国家局根据需要向有关地区派出执法督导员。省（区、市）知识产权局根据需要向行政区域内知识产权局派出执法督导员。2013年开展督导员短期派驻工作，有条件的地方开展较长期的督导员派驻工作。2014年至2015年，逐步加强督导员派驻工作，适当延长督导员派驻时间。

（六）强化执法激励措施。根据各地执法工作实际，遴选并公开专利行政执法工作模范局长、模范处长和业务骨干。积极创新对执法人员的办案激励措施。加快研究推进专利行政执法队伍职业化建设的方式方法。

举办年度专利行政执法办案业务知识竞赛。知识竞赛名次将作为参加国内外进修、承担执法督导、执法专题研究和执法培训授课任务的依据之一。

二、创新执法工作机制，提高执法办案水平与效率

（一）建立专利侵权纠纷快速调解机制。建立专利侵权纠纷快速调解机制，大力开展各类专利纠纷的快速调解工作。2013年，研究提出专利侵权纠纷快速调解工作方案，选择条件比较成熟的地方知识产权局进行试点，初步构建专利侵权纠纷快速调解机制；2014年至2015年，进一步完善和推广，充分发挥专利行政执法简便、快捷的优势。

（二）强化执法协作机制。建立全系统和若干区域专利行政执法协作调度中心，提高执法办案协作水平与效率。选择若干地区开展试点，建立若干区域性专利行政执法协作调度中心；推进建立全系统专利行政执法指挥调度中心，加快实现跨地区执法协作的系统化、规范化。

（三）深化专项行动工作机制。按照更加集中、更加有力、更加务实的原则，深化专项行动工作机制，将专项行动作为锻炼执法队伍、加大执法办案力度、提升执法能力的重要手段，作为提高广大创新者、消费者满意度和保障民生的重要抓手抓紧抓实。2013年至2015年，每年二、三季度，集中开展知识产权执法维权"护航"专项行动。专项行动要结合当地实际，以涉及民生领域、重大项目、优势产业为重点，针对大型商品流通场所和展会，每月至少组织开展一次集中检查、集中整治、集中办案，大力开展专利侵权调处和假冒专利查处工作，扩大执法办案工作声势，增强执法维权快速反应能力，提高人民群众对知识产权执法

维权的满意度。专项行动中,要通过当地主要媒体、政府网站和本局网站向社会公众公开专项行动执法办案电话和主要活动。各省(区、市)知识产权局、进入专利行政执法推进工程的知识产权局在每年第一季度向国家局报送专项行动工作方案,第四季度报送专项行动总结。国家局根据专项行动方案内容、实际成效,选择地方知识产权局予以重点推进和支持。

(四)建立专利侵权判定咨询机制。结合实际需求、工作基础和区域分布,在全国选择若干知识产权维权援助中心,设立专利侵权判定咨询中心,组建专利侵权判定咨询委员会,建立专利侵权判定咨询专家库、专利侵权判定咨询电子档案库,研究制定专利侵权判定咨询办法,及时组织各类专业人员为地方知识产权局提供专利侵权判定咨询公共服务。2013年,各专利侵权判定咨询中心开始运行,对工作开展不到位的中心,及时调整;2014年至2015年,在健全工作机制基础上,提高专利侵权判定咨询服务的规模与水平。

(五)完善执法工作重点推进机制。将专利行政执法推进工作纳入专利行政执法能力提升工程之中,选择执法办案工作突出或进展较大的地方知识产权局予以重点推进,有效带动全系统专利行政执法能力提升工作。根据年度执法工作绩效考评情况,特别是执法办案情况,结合东、中、西部地区不同条件与需求,确定专利行政执法推进工程单位。

(六)健全执法调查工作机制。围绕专利行政执法和专利侵权假冒情况,组织动态调查。组织知识产权维权志愿者通过网络、报刊和实地调查等方式,发现并提供专利违法行为线索。各地方知识产权局应结合当地专利授权量和经济发展等实际情况,建立一定规模的知识产权维权志愿者队伍,在研发创新类园区、大型商业场所、产业集聚区、大型展会及其他大型活动场所选派志愿者,积极开展维权调查,提供维权服务。

三、加快执法工作制度建设,提高执法工作规范化水平

(一)完善执法办案规范。各地方知识产权局应加大工作力度,创新工作方式,加快推进制定和完善专利行政执法法规与规章制度。在推进专利保护地方法规制定、修改的同时,从细化专利侵权判定、假冒专利认定、专利侵权赔偿额计算、假冒专利行为行政处罚裁量、专利纠纷快速调处、证据规则等执法办案依据方面,加快专利行政执法制度建设。

(二)健全执法工作目标责任制。各地方知识产权局要建立以执法办案工作为核心的执法工作目标责任制。局主要负责人为执法工作第一责任人,积极推行局领导、处长(科长)、执法人员三级负责制,形成局领导监督、执法处长(科长)指导、执法人员执行的责任机制。2013年,省(区、市)知识产权局、副省级城市和地级市知识产权局应建立起完善的执法工作目标责任制;2014年至2015年,重点检查健全执法工作目标责任制的落实和运行情况。

(三)完善执法维权绩效考核评价制度。国家局按年度对各省(区、市)知识产权局、进入专利行政执法推进工程的知识产权局、知识产权示范城市知识产权局和维权中心进行执法维权绩效考核评价,在一定范围内公开考核评价结果。省(区、市)知识产权局按年度对本行政区域内各地知识产权局执法维权工作进行绩效考核评价。根据各方反馈,调整、完善专利行政执法及维权援助工作绩效考核评价指标,逐年加大考评结果运用力度。

(四)完善举报投诉奖励与维权援助制度。鼓励权利人和社会各界对专利违法行为的举报投诉,健全举报投诉奖励和维权援助制度。2013年,研究提出专利维权援助的方式方法,引导各维权援助中心从保障民生和降低权利人维权成本出发,对确有困难的专利权人给予维权援助,提供必要的经济支持,帮助权利人及时有效维护合法权益;地方知识产权局和知识产权维权援助中心根据当地实际,制定和实施知识产权举报投诉奖励的具体办法,对通过12330平台提供重要线索和多次提供线索的举报投诉人员给予奖励。2014年至2015年,共同

推进逐年加大维权援助与举报投诉奖励力度。

（五）健全执法管理监督制度。结合各地经济社会发展水平、创新能力和知识产权创造情况，从执法队伍机构建设、人力物力投入、办案情况、责任落实、领导重视程度、政策支持等方面，研究提出施行专利行政执法管理标准的方式方法。

研究提出专利行政执法与维权工作专项经费使用与监管的具体方案，确保规范、高效地使用执法维权专项经费。从使用过程和使用绩效两方面，对专项经费使用加强监督，建立健全使用过程监督机制，加大现场验收工作力度。

各地方知识产权局应加快建立健全执法办案电话公开和接听值班制度。应在本局网站和当地主要媒体公布专利行政执法办案值班电话和移动电话，确保工作时间电话接听畅通。使用普通话接听案件受理和咨询电话。凡出现推诿、拒绝依法受理案件或态度恶劣等情况者，有关领导及当事者均须承担相应责任。

开展专利行政执法证年检工作，掌握执法人员动态情况，稳定执法工作队伍。充分发挥省（区、市）知识产权局在年检工作中的作用。

四、加强执法条件建设，提高执法工作信息化水平

（一）建立执法案件报送系统。加快建设专利行政执法数据三级（国家、省、市）报送系统，实现各级专利行政执法数据的汇总、分析和上报功能。2013年初步建成；2014年至2015年，在运行中进行调整、完善。

（二）建立执法人员信息管理系统。建设包括执法人员培训管理模块和执法人员基本信息模块的专利行政执法人员信息管理系统。各地方知识产权局通过本系统可以检索、录入、更改本局执法人员信息。加快实现执法证件年检管理工作的信息化。2013年，初步建立专利行政执法人员信息管理系统；2014年至2015年，在系统运行的实践中，不断完善系统和相应管理工作。

（三）建立健全维权援助举报投诉系统。加快建立健全知识产权维权援助与举报投诉系统，实现举报投诉案件网上转接，提供维权援助网上申请服务。2013年，初步完成系统建设，并开始运行；2014年至2015年在运行中进行调整、升级。

（四）配备执法装备。加快为专利行政执法工作人员配备便携式专利法律状态查询设备，提高执法办案效率，确保专利行政执法人员准确、及时地获取专利法律状态。具有执法职能的地方知识产权局应完善执法装备、严肃执法着装、设立专门执法办案口审场所。

国家知识产权局关于公开有关专利行政执法案件信息具体事项的通知

(国知发管字〔2014〕23号)

各省、自治区、直辖市、新疆生产建设兵团知识产权局：

为贯彻落实《中华人民共和国政府信息公开条例》、国务院批转全国打击侵犯知识产权和制售假冒伪劣商品工作领导小组《关于依法公开制售假冒伪劣商品和侵犯知识产权行政处罚案件信息的意见（试行）的通知》（国发〔2014〕6号），规范公开专利行政执法案件信息，结合工作实际，现就公开专利行政执法案件信息具体事项通知如下：

一、公开主体与权限

各省（自治区、直辖市）人民政府以及各设区市人民政府设立的管理专利工作的部门负责公开本单位行政执法案件信息；

受委托开展专利行政执法工作的地区（自治州、盟）、县（区）人民政府设立的管理专利工作的部门办理的行政执法案件，由委托单位负责公开相应案件信息；

地方性法规授权具有专利行政执法职责的地区（自治州、盟）、县（区）人民政府设立的管理专利工作的部门负责公开本单位行政执法案件信息。

二、公开内容

作出行政处罚决定的假冒专利案件，公开内容应当包括：行政处罚决定书文号；案件名称；违法企业名称或自然人姓名；违法企业组织机构代码；法定代表人姓名；主要违法事实；行政处罚的种类和依据；行政处罚的履行方式和期限；作出处罚决定的机关名称和日期。

认定侵权事实成立、作出处理决定的专利侵权纠纷案件，公开内容应当包括：行政处理决定书文号；案件名称；违法企业名称或自然人姓名；违法企业组织机构代码；法定代表人姓名；主要违法事实；行政处理的种类和依据；行政处理措施的履行方式和期限；作出处理决定的机关名称和日期。

公开的假冒专利行为行政处罚决定因行政复议或行政诉讼发生变更或撤销的，应当及时公开相关信息。公开的专利侵权纠纷处理决定因行政诉讼发生变更或撤销的，应当及时公开相关信息。

应当按照有关规定及时向公安机关移送涉嫌犯罪的假冒专利行为案件；对作出行政处罚决定后移送的假冒专利行为案件，要公开行政处罚结果信息。

对公民、法人或其他组织申请公开的其他专利行政执法案件相关信息，按照《中华人民共和国政府信息公开条例》和相关法律法规的规定办理。

三、公开时限

对于假冒专利行为行政处罚案件，自作出行政处罚决定之日起20个工作日内依法主动公开相关信息；因行政复议或行政诉讼发生变更或撤销的，要在处罚决定变更或撤销之日起20个工作日内公开有关变更或撤销的信息。

对于认定侵权事实成立、作出处理决定的专利侵权纠纷案件，自作出行政处理决定之日起20个工作日内依法主动公开相关信息；因行政诉讼发生变更或撤销的，要在处理决定变更或撤销之日起20个工作日内，公开有关变更或撤销的信息。

四、公开方式

管理专利工作的部门应当主要通过本单位官方网站公开行政执法案件信息，也可以选择公告栏、新闻发布会以及报刊、广播、电视等便于公众知晓的方式予以公开。公开的案件信息应以适当方式便于公众查询。

五、工作规范

管理专利工作的部门要建立健全专利行政执法案件信息内部管理制度及工作责任制度，明确分管局领导，指定承担行政执法案件信息公开工作的处（科）室、负责人、联络员、联络方式（电话、传真、电子邮箱），以及公开案件信息的政府网站地址。各省（自治区、直辖市）管理专利工作的部门汇总行政区域内各级公开主体相关信息，于 2014 年 5 月 15 日前填写专利行政执法案件信息公开责任人信息表（见附件 1），并报送我局专利管理司。

管理专利工作的部门要建立健全专利行政执法案件公开信息的内部审核机制和档案管理制度，指定专人负责审核需公开的案件信息，及时将有关案件信息录入专利执法办案报送系统，公开的具体内容和格式依照假冒专利行政处罚案件信息公开表（见附件 2）、专利侵权纠纷处理案件信息公开表（见附件 3）。

管理专利工作的部门要制定相关配套措施，加强执法人员培训，学习相关法律法规、业务知识，提升办案质量，提高执法水平；要加大宣传，向社会公众做好政策解读工作，对公开的案件信息可能引起的社会关注，要及时做好解释和回应。

公开的专利行政执法案件相关信息，不得涉及商业秘密、技术秘密以及自然人住所、肖像、电话号码、财产状况等个人隐私。但是，经行政相对人同意公开或者行政执法机关认为不公开可能对公共利益造成重大影响的，可以予以公开，并将公开的内容和理由书面通知行政相对人。

公开的专利行政执法案件相关信息，不得泄露国家秘密，损害国家政治、经济安全，影响社会稳定。因上述理由不予公开相关信息的，应当写明理由并报上级机关批准。

公开的专利行政执法案件相关信息，涉及其他行政机关的，应当在公开前沟通、确认，保证所公开的信息准确一致。

自 2014 年 6 月 1 日起，各公开主体要按照本通知要求公开专利行政执法案件信息；自 7 月开始按月向我局专利管理司报送专利行政执法案件信息公开情况。

六、监督指导

各省（自治区、直辖市）管理专利工作的部门要对行政区域内专利行政执法案件信息公开工作加强指导和监督，督促下级部门建立健全信息公开工作管理制度。

我局将定期对全国专利行政执法案件信息公开工作开展督导检查，同时，将案件信息公开工作情况纳入年度执法维权工作绩效考核，对工作表现突出的给予表扬，加大支持力度，对不履行信息公开义务、不及时公开或更新信息内容等行为，责令改正并追究责任。

特此通知。

附件：1. 专利行政执法案件信息公开责任人信息表
　　　2. 假冒专利行政处罚案件信息公开表
　　　3. 专利侵权纠纷行政处理案件信息公开表

国家知识产权局
2014 年 4 月 21 日

附件 1

专利行政执法案件信息公开责任人信息表

单位	分管局领导	处（科）室	负责人	联络员	联络方式（联络员电话、传真、电子邮箱）	信息公开网站地址
×××省（自治区、直辖市）知识产权局						
×××市知识产权局						
×××市知识产权局						
……						
……						
……						

附件 2

假冒专利行政处罚案件信息公开表

序号	处罚决定书文号	案件名称	违法企业名称或违法自然人姓名	违法企业组织机构代码	法定代表人姓名	主要违法事实	行政处罚的种类和依据	行政处罚的履行方式和期限	作出处罚决定的机关名称和日期	备注
1										
2										
3										
……										

附件3

专利侵权纠纷行政处理案件信息公开表

序号	处罚决定书文号	案件名称	违法企业名称或违法自然人姓名	违法企业组织机构代码	法定代表人姓名	主要违法事实	行政处理的种类和依据	行政处理的履行方式和期限	作出处理决定的机关名称和日期	备注
1										
2										
3										
……										

国家知识产权局办公室关于深化电子商务领域专利执法维权协作机制的通知

（国知办发管字〔2016〕2号）

各省、自治区、直辖市知识产权局，各知识产权维权援助中心：

为深入贯彻落实党中央、国务院关于加强知识产权保护的工作部署，构建电子商务领域高效便捷的专利执法协作机制，有效打击电子商务领域专利违法行为，推进"闪电"专项行动的深入开展，协同提升互联网治理水平，进一步增强广大创新者、投资者与消费者的信心，为我国经济稳增长、调结构、增效益营造有利环境，现就深化电子商务领域专利执法维权协作机制有关事项通知如下，请认真遵照执行。

一、建立健全电子商务领域专利执法维权协作调度机制

国家知识产权局建立电子商务领域专利执法维权协作调度机制，在中国（浙江）知识产权维权援助中心内建立电子商务领域专利执法维权协作调度（浙江）中心（以下简称"中心"），支持浙江省知识产权局与中国（浙江）知识产权维权援助中心充分发挥区位作用与经验优势，保障电子商务领域专利执法维权协作调度机制的有序运行。中心负责执法主体与浙江省内电子商务平台间专利保护举报投诉案件衔接机制的运行，就浙江省内电子商务平台上的专利案件组织分送工作；负责汇总有关专利侵权判定咨询意见和假冒专利认定意见，提高删除、屏蔽、断开浙江省内电子商务平台上专利侵权假冒链接的效率；同时，就相应案件的移送等事项进行协作调度。

各地方知识产权局和知识产权维权援助中心应大力支持中心的工作，确保协作调度机制高效运行，充分发挥专利行政执法快捷高效优势。各地方知识产权局应及时提炼快速办理电子商务领域专利侵权假冒案件的实践经验，加快推进相关法规与规章制度建设，持续提升电子商务领域专利执法协作的规范化水平，协同推进电子商务领域专利执法维权协作长效机制建设。

二、加强线上案件办案协作

（一）提高线上案件侵权判定的效率

中心可通过国家知识产权局专利管理司或通过协商将接收的浙江省内电子商务平台上的专利侵权举报投诉案件，分送至全国各有关知识产权维权援助中心协助办理，相应知识产权维权援助中心应在接到分送案件后2个工作日内作出是否侵权的咨询意见书，无法判定是否侵权的，应说明理由。侵权判定咨询意见书作出后的当日，应移交至中心，认为专利侵权成立的，由中心告知电子商务平台商参照咨询意见书决定是否根据合同约定采取删除、屏蔽、断开商品或网店链接等措施。

（二）提升线上案件移送与执行中的协作水平

各地方知识产权局接到电子商务领域专利侵权假冒举报投诉案件后，应依法审核材料，对于无管辖权的案件，应于接到案件之日起3个工作日内，直接移送给被投诉人或电子商务平台商所在地知识产权局；也可以在接到案件之日起3个工作日内告知中心，由其及时将案件移送给被投诉人或电子商务平台商所在地的地方知识产权局。

地方知识产权局对电子商务领域专利案件作出生效法律文书，需移交电子商务平台商所在地知识产权局协助执行的,接受移送的地方局应在接到协助执行书后3个工作日内通知电子商务平台商,并在协助执行完成后3个工作日内告知移送案件的地方知识产权局。

地方知识产权局对电子商务领域具有重大社会影响,或群体性专利侵权案件,应在确定案件线索3个工作日内向国家知识产权局报告案件情况,由国家知识产权局对案件进行协调处理。

三、做好线上转线下案件的衔接工作

对线上查实的发生在浙江省内电子商务平台上的侵犯专利权案件,可由中心通过电子商务平台商查实被请求人详细信息,并通过国家知识产权局专利管理司或通过协商及时将案件线索移送有管辖权的地方知识产权局进行线下办理。电子商务平台商告知的被请求人信息无法查实的,接受移送的地方知识产权局可告知电子商务平台商所在地知识产权局,由其协调电子商务平台商作进一步核实。

接受移送的地方知识产权局应在接到案件线索3个工作日内联系专利权人或利害关系人询问其办理意见,若专利权人或利害关系人提出线下处理请求的,则开展线下执法工作。符合立案条件的,应依法进行调处并将调处情况于结案后3个工作日内告知中心。地方知识产权局应尽量通过电话、电子邮件等方式联系专利权人或利害关系人,减轻专利权人或利害关系人维权成本,提高线下案件办案效率。

专利权人或利害关系人直接投诉电子商务平台商侵犯专利权,并要求进行线上处理的,电子商务平台商所在地的地方知识产权局应在接到案件之日起3个工作日内联系电子商务平台商协商解决。双方不同意协商解决的,依法立案调处。

对线上查实的发生在浙江省内电子商务平台上的假冒专利案件,可由中心通过电子商务平台商查实涉嫌假冒专利行为人的详细信息,并通过国家知识产权局专利管理司或通过协商及时将案件线索移送至有管辖权的地方知识产权局进行线下查处。接受移送的地方知识产权局应在接到线索5个工作日内完成线下调查核实工作,符合立案条件的,应依法进行查处并将处理情况于结案后3个工作日内告知中心。

四、加强责任与保障机制

(一)强化责任机制

国家知识产权局指导全系统电子商务领域专利执法协作调度工作,浙江省知识产权局与中国(浙江)知识产权维权援助中心负责电子商务领域专利执法协作调度(浙江)中心的日常运行,各地方知识产权局要明确分管局领导为责任人,执法处室与知识产权维权援助中心主要负责人为协调人,并指定具体负责案件协作与信息报送工作的联系人。

中心、各地方知识产权局和知识产权维权援助中心应协同努力,确保执法维权协作的规范、公正、高效,坚决反对地方保护主义,反对推诿扯皮。国家知识产权局对各地工作情况定期进行检查督导。

(二)加大支持力度

国家知识产权局在年度执法维权工作绩效考核中,将如实考虑各地方局和维权中心在电子商务领域执法维权协作中的实际工作量。要有效发挥知识产权系统法律、技术等专业人才资源和信息资源雄厚的优势,确保电子商务领域专利执法协作机制的高水平运行。

国家知识产权局对在电子商务领域专利执法协作中表现突出的单位和个人将给予表扬,支持中心的有效运行,加大对表现突出的地方知识产权局和知识产权维权援助中心等机构的支持力度。

(三)确保信息通畅

在全国专利行政执法案件报送系统基础上,深化电子商务领域专利案件信息共享机制,地方知识产权局应及时将有关电子商务领域案件信息录入全国专利行政执法案件报送系统，对发生在电子商务领域的案件统计信息和重大、群体案件适时分析、发布和上报。

国家知识产权局适时组织全国或片区电子商务领域专利执法维权协作交流活动，通报相关执法维权情况，研究解决疑难案件和工作中出现的重要问题。

国家知识产权局办公室
2016 年 1 月 18 日

国家知识产权局关于开展知识产权系统社会信用体系建设工作若干事项的通知

(国知发管字〔2016〕3号)

各省、自治区、直辖市、新疆生产建设兵团知识产权局：

为贯彻落实国务院《社会信用体系建设规划纲要（2014—2020)》，积极推进知识产权系统社会信用体系建设，提升知识产权领域信用水平，现就有关事项通知如下，请认真贯彻执行。

一、基本目标

深入贯彻党的十八大，十八届三中、四中、五中全会关于加强知识产权保护和推进社会信用体系建设的精神，落实国务院关于加强社会信用体系建设的工作部署，通过推进知识产权系统社会信用体系建设工作，更加有效地维护权利人和市场主体合法权益，营造公平竞争的市场环境和诚信守法的社会氛围。

到2020年，知识产权系统社会信用体系基本建成，工作机制基本健全，信用信息采集与应用制度基本完善，信用信息采集与共享系统运行良好，有关知识产权守信激励和失信惩戒机制初步发挥作用，全社会对知识产权执法保护的满意度显著提升。

二、主要任务

(一) 切实做好有关信用信息记录的基础工作

各地方知识产权局及有关管理部门负责采集、记录、更新、校核以下知识产权信用信息，按要求及时公示和报送。

1. 重复专利侵权行为信息。各地方知识产权局经调解或作出行政决定，认定存在专利侵权行为后，侵权方再次侵犯同一专利权的，视为侵权方存在重复专利侵权行为，相关行为信息作为重复专利侵权行为信息采集报送。采集报送方式：各地方知识产权局根据专利侵权纠纷当事人申诉，将有关专利侵权纠纷案件结果与往年结果相比对采集，经省（区、市）知识产权局汇总后，按月报送至国家知识产权局。

2. 假冒专利行为行政处罚信息。各地方知识产权局认定当事人存在假冒专利行为并作出行政处罚决定的，相关行为信息应及时采集报送。采集报送方式：各地方知识产权局根据实际办案情况采集，并在作出行政处罚决定后7个工作日内公示，同时报送至国家知识产权局。行政处罚决定因行政复议或行政诉讼发生变更或撤销的，也应在变更或撤销后7个工作日内公开和报送相关信息。

3. 不依法执行行为信息。拒不执行已生效的行政处理决定或行政处罚决定的行为，以及阻碍地方知识产权局依法开展调查、取证的行为视为不依法执行行为，相关行为信息作为不依法执行行为信息采集报送。采集报送方式：各地方知识产权局根据实际办案情况，以及当事人申诉情况采集，经省（区、市）知识产权局汇总后按月报送至国家知识产权局。

4. 专利代理相关信用信息。未经国家知识产权局批准，不具备专利代理资质而违法从事专利代理业务的，视为存在非法专利代理失信行为。专利代理机构和专利代理人存在不诚信执业行为，或申请人在专利代理机构设立、变更审批过程中及专利代理执业证的首次申领、变更及注销过程中存在提交虚假材料等其他行为的，视为存在专利代理失信行为。上述行为信息作为专利代理相关信用信息采集报送。采集报送方式：各地方知识产权局及有关行业管理部门根据实际工作情况及公众举报采集，对于作出行政处罚决定的，应当在作出决定后7个工作日内公示，同时报送至国家知识产权局；对于没有作出行政处罚决定的，相关信息经省（区、市）知识产权局汇总后按月报送至国家知识产权局。

（二）建立健全知识产权系统社会信用体系建设工作机制

一是建立健全信用信息公开和共享机制。国家知识产权局根据国务院部署和社会信用体系建设部际联席会议要求，对各地方知识产权局及有关管理部门报送的信用信息进行汇总、整理、分析，与有关部门和信用信息共享公共平台进行数据交换和共享，实现信用信息跨部门共享和社会公开；国家知识产权局与各省（区、市）知识产权局建立信用信息共享数据库，实现信用信息跨地区共享。

各地方知识产权局及有关管理部门负责采集、整理有关信用信息，按要求报送至国家知识产权局，并与同级发展改革、公安、工商、质检、税务、农业、林业、法院等部门信用信息平台及同级综合性信用信息平台协商对接，按规定公开、交换和共享相关信用信息。

二是建立健全守信激励和失信惩戒机制。充分利用各类行政、社会资源建立知识产权系统守信激励和失信惩戒机制。全系统要积极探索在重点监管、政策优惠、宣传推介、督查督导、评奖评优、项目委托、资格评定、专利保险投保、专利申请资助、加快审查审批等行政管理事项中，以及在专利代理机构、专利代理人的年检、评优、社会推荐等工作中，对相关市场主体和个人进行守信激励和失信惩戒的措施，对信用记录优良者加大支持和激励力度，对不良信用记录较多者实施严格的限制和惩戒政策。

国家知识产权局根据社会信用体系建设部际联席会议安排，积极与有关政府部门、金融机构、社会征信机构联合推进有关知识产权信用信息在相关工作中的广泛应用。各地方知识产权局要适时与同级发展改革、公安、工商、质检、税务、农业、林业、法院等部门探索对失信市场主体和个人依法进行联合惩戒的工作机制。

（三）加强有关信用信息系统建设

国家知识产权局在现有的专利行政执法案件报送平台和中国专利代理诚信信息平台基础上，整合有关信用信息管理模块，实现对有关信用信息的统一采集、查询、交换、共享等功能，按照统一格式归集全系统信用信息，按要求及时公开和共享。各地方知识产权局要设立专项资金，建设本地相关信用信息数据库，并及时与国家知识产权局信用信息平台和本地有关信用信息平台对接，按要求归集、报送、公开和共享有关信用信息。

（四）努力营造诚信守法的良好氛围

各地方知识产权局要在执法维权、代理服务、专利申请等工作中强化对市场主体的诚信教育和宣传引导。抓住"4·26"知识产权日等关键节点，充分利用报纸、广播、网络和"12330"公益电话等渠道，树立诚信典范，突出诚信主题，努力营造良好的知识产权诚信环境和社会氛围。

三、工作安排

（一）强化组织保障

各地方知识产权局要高度重视社会信用体系建设工作，强化组织领导，完善制度措施，加快推进本地区相关工作。要建立本地区知识产权系统社会信用体系建设工作机制，及时研究重大问题，加强指导协调，督促各项任务落实到位，确保建设工作顺利进行。

（二）注重责任落实

各地方知识产权局要按照本通知的基本目标和主要任务，制定具体落实方案。方案内容包括分解目标、具体措施、责任单位、人员分工、进度安排等。专利保护和专利代理行业自律组织应协助做好相关工作，健全行业自律机制，加强行业诚信建设。

（三）加大支持力度

各地方知识产权局要在国家法律和政策允许的范围内，积极争取本级人民政府对有关社会信用体系建设的资金支持，拓宽经费来源，形成稳定的财政投入渠道，确保知识产权系统社会信用体系建设顺利推进。

（四）加强考核激励

各地方知识产权局要根据制定的工作目标，将有关社会信用体系建设工作成效适时纳入执法维权绩效考核评价体系，加强对建设工作的考核评价。对未完成工作任务或未达到预期工作目标的单位，督促整改；对工作积极、成效突出的单位，予以鼓励，充分发挥示范带动作用，整体提升知识产权信用水平。

特此通知。

国家知识产权局

2016 年 1 月 6 日

国家知识产权局关于印发《专利行政执法案卷评查办法（试行）》的通知

（国知发管字〔2016〕68号）

各省、自治区、直辖市、新疆生产建设兵团知识产权局：

为落实党中央、国务院关于加强知识产权保护和严格规范公正文明执法的要求，进一步规范专利行政执法行为，推进执法办案量质双升，提升依法行政水平，我局组织制定《专利行政执法案卷评查办法（试行）》，现印发你们，请认真贯彻执行。在执行过程中遇到的问题与建议请及时报告。

特此通知。

国家知识产权局
2016年9月2日

专利行政执法案卷评查办法（试行）

第一章 总 则

第一条 为规范专利行政执法案卷评查工作，加强专利行政执法监督，规范专利行政执法行为，提高专利行政执法水平，根据有关法律、法规和规章的规定，制定本办法。

第二条 本办法所称专利行政执法案卷评查（以下简称"案卷评查"），是指上级专利行政管理机关通过对下级专利行政管理机关的专利行政执法案卷实施的检查，对其行政执法行为的合法性、合理性及文书的规范性等进行评价，并对发现的问题进行督促整改的行为。

第三条 案卷评查工作应当遵守公平、公正的原则，客观公正评价专利行政执法行为。

第二章 评查范围及标准

第四条 专利行政执法案卷是指在专利行政执法过程中，依照法定程序直接形成的，能反映案件真实情况、体现执法环节、具有保存价值的文字、图表、声像等不同形式的历史记录，按照一定的逻辑结构形成的档案材料，包括查处假冒专利、处理专利侵权纠纷和调解其他纠纷三类。

正在进行行政复议、行政诉讼程序且尚未结案的专利行政执法案卷，一般不纳入评查范围。

专利行政执法案件承办人员应当在案件办结完毕后20日内对案件材料进行归档，一案一卷，分门别类，统一编号，妥善保管。

第五条 案卷评查标准包括案件质量评查标准和文书材料立卷规范标准。

第六条 案件质量评查标准主要包括以下内容：

（一）执法主体是否合法，即执法主体是否具有专利行政执法的法定权限；

（二）执法人员是否具有执法资格；

（三）执法案卷认定的事实是否清楚、证据是否确凿；

（四）适用法律、法规、规章是否正确；

（五）行政执法的程序是否合法；

（六）是否存在超越职权和滥用职权的情况；

（七）行政执法行为是否明显不当；

（八）是否存在导致行政执法行为无效的其他情形。

第七条 文书材料立卷规范标准是指专利行政执法案卷立卷归档的标准，主要包括以下内容：

（一）专利行政执法过程中的执法文书是否完整齐备、使用是否规范正确；

（二）案卷内容和装订质量是否合格，归档是否规范、正确。

第三章 评查程序

第八条 全国专利行政执法案卷评查工作原则上每年开展一次。

各省、自治区、直辖市专利行政管理机关根据需求，自行决定开展频次。

第九条 专利行政执法案卷评查工作可以采取全面评查、重点评查、专项评查等方式进行，也可以结合执法检查等工作进行。

第十条 开展专利行政执法案卷评查工作可以成立若干评查组，评查组人员应为3名以上的单数、由专利行政管理机关遴选的业务骨干组成。

专利行政执法案卷评查工作可以根据需要商请法制、监察等部门派员参加。

第十一条 专利行政执法案卷评查可以采取随机抽卷、指定选卷或推荐案卷等方式确定被评查的案卷。

案卷评查原则上以查阅案件卷宗为主，可以直接调阅执法卷宗，也可以采取报送执法案卷与现场检查相结合的方式，询问相关行政执法人员，了解有关情况。被评查的单位和相关人员应如实反映情况，提供有关资料，不得弄虚作假。

第十二条 评查组应从专利行政执法案件质量评查标准、专利行政执法文书材料立卷规范标准两方面进行评查，形成书面初评意见，并由评查人签名。初评意见包括被评查案卷等次和存在的主要问题。

初评意见应当向被评查单位反映，并听取意见。

第十三条 案卷等次分为优秀、良好、合格和不合格四种。

第十四条 主持专利行政执法案卷评查工作的专利行政管理机关应当对评查组初评意见进行复核，形成专利行政执法案卷评查结果。

被评查单位与评查组对被评查案卷的等次和存在主要问题有较大争议的，应当重点复核。重点复核时可以组织专家论证，并邀请被评查单位参加。

第十五条 进行专利行政执法案卷评查时，应当遵守相关保密法律法规的规定，不得泄露国家秘密、商业秘密和个人隐私。

第四章 评查结果

第十六条 主持专利行政执法案卷评查工作的专利行政管理机关应当向被评查单位书面反馈专利行政执法案卷评查结果，对优秀专利行政执法案卷的执法单位、执法人员给予表彰奖励；对专利行政执法案卷质量进步明显的执法单位、执法人员给予适当形式鼓励。

主持专利行政执法案卷评查工作的专利行政管理机关对不合格的案卷应督促整改。被评查单位应当在规定时间内进行整改，并书面报告整改措施和整改结果。

第十七条 下级专利行政管理机关在案卷评查工作结束后,应当及时向上级专利行政管理机关书面报送案卷评查工作情况。

第十八条 专利行政执法案卷评查结果应当在一定范围内进行通报。

第十九条 专利行政执法案卷评查结果应当作为年度专利行政执法绩效考核的重要内容。

第五章 附 则

第二十条 专利行政管理机关在开展专利行政执法案卷评查的同时,可以参照本办法对电子商务、展会等领域的专利执法案卷进行评查。

第二十一条 本办法所称的专利行政管理机关包括国家知识产权局、各省(自治区、直辖市)和设区的市级管理专利工作的部门。

第二十二条 本办法由国家知识产权局专利管理司负责解释。

第二十三条 本办法自颁布之日起实施。

附表1

调处专利侵权纠纷案件案卷评查标准

评查项目	分值	评查内容和要求	评分细则
主体部分	10	1. 执法机关主体适格，实施行政调处行为符合法定职责权限。 2. 承办案件的人员应具备行政执法资格。 3. 案件当事人主体适格	1. 不具有行政调处权的部门作出行政处理决定或者作出与其职权不符执法文书的，不合格。 2. 行政机关或授权组织超越法定职权实施行政处理的，不合格。 3. 未经依法委托的组织或虽经依法委托但超越了委托的范围从事行政处理活动的，不合格。 4. 指派不具备执法资格的人员承办案件的，不合格。 5. 案件当事人认定错误并对其作出行政处理的，不合格；案件当事人认定不当但未影响处理结果的扣5分，对处理结果有影响的扣10分
事实部分	15	1. 案件事实部分认定清楚	1. 对当事人的基本情况、法律事件或行为发生的时间、地点的内容、情节、性质等未核实并未在执法文书上记载清楚的，扣5分。 2. 执法文书记载的内容前后不一致的，扣5分。 3. 被控侵权人的违法行为不在法定追诉时效内，扣5分
证据部分	20	1. 证据合法、有效，足以证明行为的事实、性质、情节及后果。 2. 证据应当充分，证据之间能相互印证，形成有效的证据链。 3. 案件当事人提供的证据应当经质证，提取证据应当符合法定程序	1. 作出处理决定书所依据的证据未达到合法有效，证据之间不能相互印证、形成证据链的，扣4分。 2. 提取证据的方式和程序不合法的，扣4分。 3. 证据不充分，无法证明法律事件或行为的事实、情节、性质及后果的，扣1~4分。 4. 与案件事实有关的证据材料不符合形式要件的，包括：现场检查（勘验）笔录、抽样取证物品清单、涉案物品清单、现场照片、调查（询问）笔录、执法文书的送达回证以及当事人身份证明、营业执照、许可证等证据材料，应有当事人签字确认的记录和执法人员的签名；当事人拒绝签字的，执法人员应当注明拒签的理由，有见证人的应由见证人签字等，扣1~4分。 5. 调查笔录等书证材料时间、地点记载不正确、前后不一致的，扣4分

续表

评查项目	分值	评查内容和要求	评分细则
适用法律依据部分	10	1. 适用的法律、法规和规章应当准确、完整和有效。 2. 文书中引用的法律、法规、规章名称应使用全称，引用依据条、款、项内容准确、完整	1. 适用法律、法规和规章依据错误或无法律、法规依据的，不合格。 2. 引用法律、法规、规章名称填写不规范、不完整的，扣2分。 3. 引用法律、法规依据未具体明确到条、款、项的扣2分；条、款、项指称错误的扣5分；引用依据内容不准确的扣5分，不完整的扣2分
执法程序部分	30	1. 案件办理的步骤和流程完整、规范	1. 案件办理不符合立案、调查取证、审查、决定、送达、执行等基本步骤和流程的，扣2分。 2. 作出或者撤销立案、抽样取证、证据先行登记保存、行政强制执行等决定未填写相应的案件审批表，未按照规定办理内部审批手续的，扣1分。 3. 依法应当移送其他行政机关处理的案件，未及时办理移送手续或没有移送记录的，扣1分。 4. 案件处理中未依法告知当事人依法享有的权利和期限的，扣2分。 5. 未按程序制作专利行政执法审理笔录的，扣2分。 6. 对已确定的处理意见，未经合法程序改变专利行政执法决定没有充分的法律或事实理由的，扣1分。 7. 处理决定书作出后，未及时结案的，扣1分
		2. 案件办理符合执法规范要求	1. 现场检查（勘验）、调查取证时没有由2名以上持合法有效的行政执法证件的执法人员进行的，扣3分；执法人员未向当事人出示证件、表明身份，并未在执法文书上记载和确认的，扣2分。 2. 处理决定书等执法文书的送达不符合法定的方式、时限和程序，没有相应的送达回证，或未按规定送达并未提取当事人的签收凭证的，扣1~2分。 3. 开展调查取证后，没有制作案件调查笔录的，扣2分。 4. 案件办结后未制作结案审批表，且无行政机关负责人签署的意见的，扣1分

六、政策文件

续表

评查项目	分值	评查内容和要求	评分细则
执法程序部分	30	3. 案件办理符合法定时限要求	1. 收到处理请求书后，未在法定期限内立案的，扣2分。 2. 登记保存证据、查封扣押物品的处理不符合法定的期限要求；依法应当解除登记保存或查封的，未在法定的期限内及时解除、返还物品的，扣1分。 3. 没有在立案之日起5个工作日内将请求书及其附件的副本送达被请求人的，扣2分。 4. 决定进行口头审理，没有在口头审理至少3个工作日前将时间、地点通知当事人的，扣1分。 5. 没有在法定期限内结案的，扣4分
案卷文书制作标准部分	15	1. 法律文书制作完整、正确	1. 处理决定书。处理决定书形式上不符合法律文书的制作要求，对当事人的基本情况记载不完整、不正确，对违法行为的事实、证据陈述不清楚，对违法行为作出专利行政执法的法律依据不准确、不清楚，未明确告知处理决定书的履行方式和期限，未正确告知当事人救济的途径和期限，没有专利行政执法实施机关的署名、印章和作出日期的，酌情扣1~2分。 2. 口审笔录。口审笔录没有举行口审的起止时间、地点、方式，未记载参加口审人员的基本情况，没有当事人陈述申辩情况以及当事人双方质证、辩论的情况，没有当事人最后陈述意见，没有审理人员、记录人、当事人审核后的签名或盖章和日期的，酌情扣1~2分。 3. 集体讨论记录。对重大、复杂案件的集体讨论未制作讨论记录，未载明主持人、参加人、记录人和讨论的事项、具体意见、最终结论，没有参加人的签名或盖章的，酌情扣1~2分

续表

评查项目	分值	评查内容和要求	评分细则
案卷文书制作标准部分	15	1. 法律文书格式正确，形式规范。 2. 案卷装订符合要求	1. 卷内书写文书有用铅笔、圆珠笔或红墨水笔书写的，扣1分。 2. 卷内文书应当有执法人员签名而无签名的，发现一处扣2分。 3. 现场检查、调查询问等笔录内容有改动，未经被检查或询问的当事人签字或捺指印确认的，发现一处扣1分。 4. 对外使用的一般执法文书未加盖行政执法机关印章的，扣2分。 5. 对外使用的一般法律文书没有标明日期或标错日期的，扣2分。 6. 对外执法文书对侵权行为发生的时间、地点及其他文书时间、地点记载错误或前后不一致的，扣1分。 7. 案卷装订不符合要求的扣2分。 上述各项共计8分，扣完为止

附表2

查处假冒专利案件案卷评查标准

评查项目	分值	评查内容和要求	评分细则
主体部分	10	1. 执法机关主体适格，实施行政处罚行为符合法定职责权限。 2. 承办案件的人员应具备行政执法资格。 3. 行政相对人应当主体适格，依法能够独立行使权利和承担法律责任	1. 不具有行政处罚权的部门作出行政处罚决定或者作出与其职权不符执法文书的，不合格。 2. 行政机关或授权组织超越法定职权实施行政处罚的，不合格。 3. 未经依法委托的组织或虽经依法委托但超越了委托的范围从事行政处罚活动的，不合格。 4. 指派不具备执法资格的人员承办案件的，不合格。 5. 行政相对人认定错误并对其作出行政处罚决定的，不合格；行政相对人认定不当但未影响处理结果的扣5分，对处理结果有影响的扣10分
事实部分	15	1. 被查处的违法行为事实认定清楚	1. 对违法行为的事实认定错误或者主要事实不清的，不合格。 2. 基本事实清楚但执法文书对违法事实的描述不够清楚，尚未影响对案件作出正确处理的扣5分；影响案件正确处理的，扣10分。 3. 执法文书记载的内容前后不一致的，扣5分
证据部分	20	1. 证据合法、有效，足以证明行为的事实、性质、情节及后果。 2. 证据应当充分，证据之间能相互印证，形成有效的证据链。 3. 提取证据应当符合法定程序	1. 证据不足，不能证明当事人有违法事实而作出错误决定的，不合格。 2. 证据认定错误，导致对当事人身份或者事实认定错误的，不合格。 3. 证据认定有瑕疵，尚未影响对案件作出正确处理的扣5分，影响案件正确处理的扣10分。 4. 证据收集不充分或者证据之间不能相互印证、形不成证据链的，如证据无法证明法律事件或行为的事实、情节、性质及后果，对当事人的身份证明、营业执照、许可证等应当提取的证据没有全部提取，扣1~5分。 5. 调查笔录等书证材料时间、地点记载不正确、前后不一致的，扣1~5分。 6. 提取证据的方式和程序不合法、不规范的，扣1~5分；伪造证据的，不合格

续表

评查项目	分值	评查内容和要求	评分细则
适用法律依据部分	10	1. 适用的法律、法规和规章应当准确、完整和有效。 2. 文书中引用的法律、法规、规章名称应使用全称，引用依据条、款、项内容准确、完整	1. 适用法律、法规和规章依据错误或无法律、法规依据的，不合格。 2. 引用法律、法规、规章名称填写不规范、不完整的，扣2分。 3. 引用法律、法规依据未具体明确到条、款、项的扣2分；条、款、项指称错误的扣5分；引用依据内容不准确的扣5分，不完整的扣2分
行政执法程序部分	30	1. 立案应符合法定时限要求	1. 收到举报或在执法检查中发现涉嫌违法行为后，没有在法定期限内立案的，扣2分
		2. 调查取证应符合法定程序，有相应的笔录和证据清单；有关证据材料应经当事人签字确认或者注明情况	1. 现场检查（勘验）、调查取证时没有由2名以上持合法有效的行政执法证件的执法人员进行的，扣3分；执法人员未向当事人出示证件、表明身份，并未在执法文书上记载和确认的，扣2分。 2. 与案件事实有关的证据材料，包括现场勘验笔录、抽样取证物品清单、调查（询问）笔录、当事人身份证明文件、执法文书的送达回证等，未经相关当事人或者现场负责人、代收人签字确认的，或者应当由相关当事人签字确认但当事人拒绝签字、行政执法人员未注明情况或未由现场的其他人签名见证的，扣1~4分。 3. 抽样取证涉案产品未出具抽样物品清单以及制作调查笔录的，缺一项扣2分；查封、扣押涉嫌假冒专利产品未出具通知书、清单以及制作调查笔录的，缺一项扣2分。 4. 对先行登记保存证据没有制作笔录和清单的，扣2分；未在7日内作出处理的，扣1分。 5. 登记保存证据、查封扣押物品的处理不符合法定的期限要求；依法应当解除登记保存或查封的，未在法定的期限内及时解除、返还物品的，扣1分

续表

评查项目	分值	评查内容和要求	评分细则
行政执法程序部分	30	3. 行政处罚的审查、决定应当完整、规范，有相应的文书记载；履行有关权利告知、听取陈述和申辩、听证等的程序要求	1. 在作出行政处罚决定前，未依法预先告知当事人作出行政处罚决定的事实、理由、依据和依法享有的陈述、申辩权或者要求听证的权利，不合格。 2. 行政处罚预先告知书中有告知内容错误或者告知权利、期限不明确的，扣2分；行政处罚预先告知书告知处罚种类、罚款数额不明确的，扣2分。 3. 符合听证条件当事人要求听证的，行政机关未在举行听证7日前送达行政处罚听证通知书的，扣2分；无法定理由不依法组织听证的，扣10分。 4. 虽举行听证，未制作行政处罚听证笔录或听证报告的，扣5分；行政处罚听证笔录内容不完整或填写有错误的，发现一处扣1分。 5. 情节复杂或者对重大违法行为给予较重行政处罚的案件，未经行政机关负责人集体讨论决定的，扣1~2分
		4. 法律文书应在法定期限内送达；行政处罚的执行应有执行依据，符合法定权限和程序	1. 没有按照规定时间送达相关法律文书的，扣1分；缺少送达回执或有效送达凭证的，扣1分。 2. 采取责令改正措施无相应执法文书的，扣5分。 3. 责令整改通知书内容不完整或填写错误的，扣2分。 4. 对罚款的行政处罚未实行罚缴分离，未由当事人持行政处罚决定书到指定银行缴纳罚款的，扣3分
		5. 结案应符合法定时限要求，制作结案报告	1. 没有在法定期限内结案的，扣4分。 2. 案件办结后未制作结案审批表，且无行政机关负责人签署的意见的，扣1分。 行政执法程序部分共计30分，扣完为止

续表

评查项目	分值	评查内容和要求	评分细则
案卷文书制作标准部分	15	1. 法律文书制作完整、正确	1. 行政处罚决定书。行政处罚决定书形式上不符合法律文书的制作要求，对当事人的基本情况记载不完整、不正确，对违法行为的事实、证据陈述不清楚，对违法行为作出行政处罚的法律依据及处罚的种类和幅度不准确、不清楚，未明确告知行政处罚的履行方式和期限，未正确告知当事人救济的途径和期限，没有行政处罚实施机关的署名、印章和作出日期的，酌情扣1～3分。 2. 听证笔录。听证笔录没有举行听证的起止时间、地点、方式，未记载参加听证人员的基本情况，没有案件调查人员对违法行为的事实、证据、处罚依据和处罚建议的阐述，没有当事人陈述申辩情况以及调查人员与当事人双方质证、辩论的情况，没有当事人最后陈述意见，没有听证主持人、听证员、记录人以及听证当事人审核后的签名或盖章和日期的，酌情扣1～2分。 3. 集体讨论记录。对重大、复杂案件的集体讨论未制作讨论记录，未载明主持人、参加人、记录人和讨论的事项、具体意见、最终结论，没有参加人的签名或盖章的，酌情扣1～2分
		1. 法律文书格式正确，形式规范。 2. 案卷装订符合要求	1. 卷内书写文书有用铅笔、圆珠笔或红墨水笔书写的，扣1分。 2. 卷内文书应当有执法人员签名而无签名的，发现一处扣1分。 3. 现场检查、调查询问等笔录内容有改动，未经被检查或询问的当事人签字或捺指印确认的，发现一处扣1分。 4. 对外使用的一般执法文书未加盖行政执法机关印章的，扣2分。 5. 对外使用的一般法律文书没有标明日期或标错日期的，扣2分。 6. 对外执法文书对侵权行为发生的时间、地点及其他文书时间、地点记载错误或前后不一致的，扣1分。 7. 案卷装订不符合要求的扣2分。 上述各项共计8分，扣完为止

附表3

调解其他专利纠纷案卷评查标准

评查项目	分值	评查内容和要求	评分细则
主体部分	20	1. 执法机关主体适格，实施行政调解行为符合法定职责权限。 2. 承办案件的人员应具备行政执法资格。 3. 案件当事人主体适格	1. 不具有行政调解权的部门作出行政调解书或者作出与其职权不符法律文书的，不合格。 2. 行政机关或授权组织超越法定职权进行行政调解的，不合格。 3. 未经依法委托的组织或虽经依法委托但超越了委托的范围从事行政调解活动的，不合格。 4. 指派不具备执法资格的人员承办案件的，扣10分。 5. 案件当事人主体不适格（如不能依法独立承担法律责任等），扣10分
调解程序部分	50	1. 案件办理的步骤和流程完整、规范。 2. 案件办理符合执法规范要求。 3. 案件办理符合法定时限要求	1. 应当有请求人请求调解的请求书、专利管理部门发出的意见陈述书、被请求人的意见陈述书，缺一项扣5分，本项共计15分。 2. 案件处理中未依法告知当事人依法享有的权利和期限的，扣3分。 3. 收到调解请求书后，未及时将请求书副本通过寄交、直接送交或者其他方式送达被请求人的，扣3分。 4. 被请求人不同意调解的，制作不予立案通知书，并通知请求人。缺不予立案通知书的，扣5分；缺送达证的，扣2分。 5. 被请求人同意调解的，制作立案通知书，并通知请求人（送达证）。缺立案通知书的，扣5分；缺送达证的，扣2分。 6. 案件立案应当有立案审批表。没有审批表或者没有签署审批意见的，扣5分。 7. 调解协议书作出后，未及时结案的，扣5分。 8. 案件办结后未制作结案审批表，且无行政机关负责人签署的意见，扣5分

续表

评查项目	分值	评查内容和要求	评分细则
案卷文书制作标准部分	30	1. 法律文书制作完整、正确	1. 调解协议书形式上不符合法律文书的制作要求，对当事人的基本情况记载不完整、不正确，没有专利行政执法实施机关的署名、印章和作出日期的，酌情扣1~6分。 2. 调解笔录。调解笔录没有时间、地点，未记载参加人员的基本情况，未按规定要求制作，没有当事人审核后的签名或盖章和日期的，酌情扣1~4分
		1. 法律文书格式正确，形式规范。 2. 案卷装订符合要求	1. 卷内书写文书有用铅笔、圆珠笔或红墨水笔书写的，发现一处扣1分。 2. 卷内文书应当有执法人员签名而无签名的，发现一处扣1分。 3. 对外使用的一般执法文书未加盖行政执法机关印章的，扣2分。 4. 对外使用的一般法律文书没有标明日期或标错日期的，扣2分。 5. 案卷装订不符合要求的扣4分。 上述各项共计20分，扣完为止

国家知识产权局关于印发《专利行政执法证件与执法标识管理办法（试行）》的通知

（国知发管字〔2016〕70号）

各省、自治区、直辖市、新疆生产建设兵团知识产权局，局有关部门：

为加强对专利行政执法证件与执法标识的管理，规范专利行政执法证件与执法标识的使用，特制定《专利行政执法证件与执法标识管理办法（试行）》，现印发给你们，请遵照执行。

特此通知。

国家知识产权局
2016年9月12日

专利行政执法证件与执法标识管理办法（试行）

第一章 总 则

第一条 为落实行政执法人员资格管理制度，加强专利行政执法证件与执法标识管理，提升专利行政执法的规范性与严肃性，依据有关法律、法规和规章，制定本办法。

第二条 本办法所称专利行政执法证件，即《专利行政执法证》，是取得专利行政执法资格的合法凭证，是由国家知识产权局统一制作颁发，专利行政执法人员依法履行行政执法职责、从事专利行政执法活动的身份证明。

本办法所称专利行政执法标识，是指由国家知识产权局统一监督制作、监督颁发，专利行政执法人员在执行公务时着装上佩戴的专用标志。

第三条 专利行政执法证件的主要内容包括：持证人的姓名、性别、照片、工作单位、职务、执法地域、发证机关、证号、发证时间、核验记录等。专利行政执法证件实行全国统一编号。

专利行政执法标识包括胸牌、徽章等，具体样式和规格由国家知识产权局统一规定。

第四条 专利行政执法证件和执法标识实行全国统一规范、分级管理制度。

国家知识产权局负责全国专利行政执法人员证件的申领、核发、核检、监督等工作，各省、自治区、直辖市管理专利工作的部门负责本行政区域内专利行政执法证件的日常管理工作。

第二章 专利行政执法证件与执法标识的申领、核发

第五条 申领专利行政执法证件和执法标识的人员应符合以下条件：

（一）遵纪守法，公正廉洁，有良好的职业道德；

（二）具备专利行政执法工作职能的部门及符合《专利行政执法操作指南（试行）》（第7.2.2.1.2条款）申领条件的单位的工作人员；

（三）掌握专利法律法规、规章及相关行政法律、法规；

（四）参加国家知识产权局组织或者经国家知识产权局同意后由管理专利工作的部门组织的专利行政执法人员上岗培训班，并通过专利行政执法资格考试。

第六条 各级管理专利工作的部门的工作人员申请领取专利行政执法证件和执法标识的，须填写《专利行政执法证件与执法标识申领表》，一并提交所在单位，经所属省、自治区、直辖市管理专利工作的部门审核后，统一报送国家知识产权局批准。

第七条 申领人有下列情形之一的，不予核发专利行政执法证件和执法标识：

（一）年度考核结果有不称职等次的；

（二）近两年在行政执法工作中有违法违纪行为的；

（三）有其他不应当核发的情形的。

第八条 专利行政执法证件丢失或损毁的，持证人应及时报告所在管理专利工作的部门，经查证属实后，逐级报国家知识产权局。

需要补办专利行政执法证件的，持证人须重新填写《专利行政执法证件和执法标识申领表》，还应当提交原证件作废说明，说明内容包括姓名、性别、工作单位、职务、证号、丢失/毁损事由等，加盖所在单位公章，经所属省、自治区、直辖市管理专利工作的部门审核后，统一报送国家知识产权局批准。

第九条 持有专利行政执法证件的人员有下列情形之一的，须重新填写《专利行政执法证件和执法标识申领表》，连同原证件报送所在管理专利工作的部门，并提交执法证件换证申请：

（一）工作调动或职务变更的；

（二）部门单位机构合并、新设及名称变更的；

（三）证件有效期届满的。

证件有效期届满的持证人员须提前六个月申报。由国家知识产权局作旧证销毁，予以更换新证。

第三章 专利行政执法证件和执法标识的使用、管理

第十条 专利行政执法人员在履行专利行政执法职责时，应当随身携带并主动出示专利行政执法证件并佩戴执法标识。

专利行政执法人员不得将专利行政执法证件和执法标识用于非公务活动。

第十一条 专利行政执法人员应在专利行政执法证件载明的执法区域内从事执法活动。

第十二条 专利行政执法人员应在有效期限内使用专利行政执法证件，超出有效期限不得使用。

第十三条 专利行政执法证件实行一人一证一号制度。持证人应当妥善保管专利行政执法证件，不得涂改、复制、转借、抵押、赠送、买卖、变造或者故意损毁。

第十四条 持有专利行政执法证件的人员有下列情形之一的，所在管理专利工作的部门应当收回其执法证件，并交国家知识产权局注销：

（一）未通过核检或到期未核检的；

（二）调离管理专利工作的部门的；

（三）辞职、辞退、长期休假、退休或死亡的；

（四）发证机关认为应当收回的。

除上述条款第（二）项规定的情形外，被注销执法证件的人员，两年之内不得再申请领取专利行政执法证件。

第十五条　持有专利行政执法证件的人员有下列情形之一的，所在管理专利工作的部门应当暂扣其专利行政执法证件：

（一）依有关规定履行法定职责、执行公务时，没有或拒绝出示执法证件，尚未造成严重后果的；

（二）因涉嫌违法违纪被立案审查，尚未作出结论的；

（三）受到开除以外行政处分的；

（四）依法被停止履行执法职责的；

（五）故意复制、转借、抵押、赠送、出卖给他人，故意损毁专利行政执法证件，尚未造成严重后果的；

（六）因其他原因应当暂扣的。

被暂扣行政执法证件者须向所在的部门作出书面说明或书面检查，扣证期间不得从事行政执法工作。

第十六条　持有专利行政执法证件的人员有下列情形之一的，所在管理专利工作的部门应当收回其执法证件，并报请国家知识产权局吊销：

（一）超越法定权限执法或者违反法定程序执法，造成严重后果的；

（二）在非履行职责和执行公务时使用执法证件，造成不良影响的；

（三）将专利行政执法证件复制、转借、抵押、赠送、出卖给他人，故意损毁，造成严重后果的；

（四）变造专利行政执法证件的；

（五）利用专利行政执法证件进行违法违纪活动的；

（六）有徇私舞弊、玩忽职守等渎职行为的；

（七）受到开除公职行政处分的；

（八）受到行政拘留处罚或者判处刑罚的；

（九）有其他违纪违法行为，不宜从事专利行政执法工作的。

被吊销专利行政执法证件的人员，不得再从事专利行政执法工作。

第十七条　专利行政执法证件被暂扣、注销、吊销的，应将专利行政执法标识及时上交所在管理专利工作的部门。

专利行政执法证件失效或者超过有效期限的，不得再使用专利行政执法标识。

第四章　专利行政执法证件的核检

第十八条　专利行政执法证件实行核检制度，每两年进行一次核检。

第十九条　对持证人的核检应考虑以下情形：

（一）执法工作考核情况；

（二）参加执法培训的情况；

（三）执法违纪或重大执法过失的情况；

（四）受奖励或处分的情况；

（五）其他情况。

第二十条　对于执法证件核检申请，核检机关根据下列情形分别处理：

（一）对符合核检要求的，由核检机关在证件的核检记录栏上贴示当年的核检专用标识，允许持证人继续从事专利行政执法工作；

（二）对没有达到核检要求的，不予通过核检。

第二十一条 持有专利行政执法证件的人员年度考核成绩不合格的或未按规定参加执法业务培训的，核检不予通过。

第二十二条 未经核检的专利行政执法证件自行失效。对失效的专利行政执法证件国家知识产权局予以回收、销毁。

第五章 附 则

第二十三条 有关单位或个人违反本办法擅自制作、发放、使用专利行政执法证件和执法标识的，应当依照有关规定予以纪律处分或追究法律责任。

第二十四条 严禁任何单位和个人生产、销售和佩戴与专利行政执法标识式样、颜色、图案相同或相近似并足以造成混淆的标志。

第二十五条 专利行政执法证件有效期限为六年。有效期满，国家知识产权局予以收回销毁，符合条件的予以更换。

第二十六条 国家知识产权局以及专利局、专利复审委员会等下属单位工作人员持有的专利执法证件和执法标识，适用本办法管理。

经济技术开发区、高新技术产业开发区等各类非行政区划管理专利工作的部门的工作人员，在申领执法证件和执法标识时，应当同时提交执法区域的情况说明材料。

第二十七条 各知识产权维权援助中心和快速维权中心，以及各类非行政区划管理专利工作的部门的工作人员持专利执法证件参与知识产权局办案工作的，应通过办理挂职或借调等手续，符合相关人事规定。

第二十八条 本办法由国家知识产权局专利管理司负责解释。

第二十九条 本办法自发布之日起施行。国家知识产权局此前有关规定与本办法不一致的，依照本办法执行。

专利行政执法证件和执法标识申领表

□ 执法证件　　□ 执法标识
□ 新办　　□ 丢失　　□ 损毁　　□ 更换

姓名		性别		出生年月		一寸 彩色同底版 照片两张 （一张贴于此处， 一张另行提交， 用于制证）
工作单位				所在部门		
行政职务				执法地域		
办公电话				单位地址		
移动电话				电子邮箱		
学历学位				所学专业		

工作简历：

参加上岗培训情况：

所在单位意见： 盖章

省（自治区、直辖市）知识产权局意见： 盖章

国家知识产权局专利管理司制

国家知识产权局关于开展知识产权快速协同保护工作的通知

(国知发管字〔2016〕92号)

各省、自治区、直辖市知识产权局，局机关、专利局有关部门、局直属有关单位：

为深入贯彻党中央、国务院关于实行严格的知识产权保护的决策部署，进一步深化知识产权维权援助与快速维权工作，加快建立产业知识产权快速协同保护机制，切实完善产业知识产权保护体系，促进产业结构调整和转型升级，我局决定在有条件地方的优势产业集聚区，依托一批重点产业知识产权保护中心，开展集快速审查、快速确权、快速维权于一体，审查确权、行政执法、维权援助、仲裁调解、司法衔接相联动的产业知识产权快速协同保护工作，并授予"中国（××[①]·××[②]）知识产权保护中心"（①为具体"地区"，②为具体"产业"）称号（以下简称"保护中心"）。现就有关事项通知如下：

一、工作内容

（一）完善快速维权工作

1. 全力推动快速维权工作。加大保护中心对专利执法办案工作的支持力度，建立健全专利执法委托办案机制，大力简化办案程序，积极协助快速办理专利侵权纠纷等案件，促进办案效率的进一步提升。

2. 全面开展举报投诉工作。在保护中心开通12330知识产权举报投诉热线电话，对接全国知识产权维权援助与举报投诉网络平台，建立举报投诉快速反应机制，实现快速受理、快速处理、快速反馈。

3. 积极构建优势产业线上维权机制。保护中心应加快对接大型电子商务平台，建立集聚产业线上专利保护合作机制，积极推进线上专利侵权判定咨询工作。

4. 切实加大对失信行为惩戒力度。建立产业集聚区知识产权失信"黑名单"，将存在重复侵权、假冒专利、拒不执行行政决定、连续提交非正常申请及违法违规从事专利代理者列入"黑名单"，在一定时间内禁止其通过快速审查通道申请专利。

（二）深化快速审查、快速确权工作

1. 有序拓展快速审查的权利类型。根据产业发展实际需求，有效运用专利优先审查等工作机制，积极优化审查程序，合理配置审查资源，全面开展发明、实用新型和外观设计专利申请以及专利复审无效请求的快速审查工作。

2. 合理延伸快速审查的产业领域。根据集聚产业、优势产业发展需求，将快速审查由单一领域向相关领域拓展。

3. 协同提升专利质量。明确保护中心工作人员条件要求，加大业务培训工作力度，提升人员业务水平，提高队伍稳定性，保障各项工作顺利开展。进一步严格专利申请的主体条件、格式、内容的预先审查，建立健全快速审查质量检查与奖惩机制，协同促进专利质量的稳步提升。

4. 快速出具专利权评价报告。根据产业发展实际需求，建立快速出具实用新型和外观设计专利权评价报告的通道。

（三）推进知识产权保护协作

1. 推进完善行政与司法衔接机制。积极推进建立专利侵权案件行政调处前置制度、诉中委托调解制度和专利纠纷行政调解协议司法确认制度,推进设立知识产权巡回审判法庭。

2. 促进建立社会调解与仲裁机制。有序推进与各类社会调解及仲裁机构的合作,形成多途径保护知识产权的合力,协同化解各类知识产权纠纷。

(四)推动专利导航与知识产权运营工作

1. 建立专利导航产业发展工作机制。根据当地相应的优势产业特点,建立产业专利数据库,跟踪国内外产业专利布局态势,预警产业专利风险,引导产业专利布局,围绕产业关键领域核心技术,加强专利导航工作与快速审查联动,积极培育高价值核心专利。

2. 推动产业知识产权运营。根据当地相应的优势产业发展需要,充分利用保护中心全链条服务资源,加强保护中心服务能力建设,与行业协会、产业知识产权联盟及龙头企业深度合作,探索开展具有产业特色的知识产权运营服务,推动行业知识产权联合创造、集成管理、协同运用和自律保护。

二、保护中心的申报与审批

(一)申报条件

1. 申请的主体为地级及以上城市或地区。

2. 当地相应的优势产业产值在全国同类产业的产值占比中居于领先地位。应结合产业实际需要和本地的相应条件,选择开展快速审查、快速确权的类别(外观设计专利类、发明和实用新型专利类、三种专利类),相应类别专利的申请量、授权量或有效专利量以及发明创造质量在全国同类产业中占比居于领先地位,相关产业对知识产权保护需求强烈。

3. 专利行政执法办案量在同类城市(地区)中居于前列,当地的专利行政执法工作绩效考核结果位居全国同类城市(地区)前三分之一,或本省份前列。

4. 当地政府重视知识产权队伍建设,能对保护中心的建设提供必要保障(参见附件)。

5. 申请的主体一般应为国家知识产权强市创建市,知识产权试点、示范城市,或者设立了国家专利导航产业发展实验区的城市;同样条件下,优先考虑以上城市的申请。

(二)申报与审批

申报建立保护中心的城市(地级及以上)或地区,由当地政府向所在省(自治区、直辖市)知识产权局(以下简称"省知识产权局")提交书面申报材料,申报材料应围绕申报条件,明确和细化相关内容,并提出保护中心建设方案,包括工作目标、工作措施及保障条件。省知识产权局审核通过后,以推荐函形式报请我局审批。申报的地区如为省、自治区、直辖市,则由地方政府直接申报。

我局按照客观、公正的原则,对申报材料完备、条件基本具备的地区组织现场考察,综合考虑申报主体的条件与需求,择优批复设立保护中心。

三、工作要求

省知识产权局应积极推进保护中心各项建设,对保护中心的建设和工作情况进行指导与检查;协调地方政府,在政策法规制定、队伍建设及条件支持等方面,加大对保护中心的扶持力度。保护中心所在地知识产权局应建立保护中心建设工作责任制;研究制定工作方案,指导各项业务工作,对保护中心工作人员进行业务培训;委托保护中心开展执法办案工作;保证人员到位,确保人员素质符合岗位需要;配合监控并处理可能出现的非正常申请。

地方政府应建立由政府领导牵头、各相关部门参与的领导工作机制,积极支持保护中心的条件建设、队伍建设,协调推进行政执法与司法保护的有效衔接,推动建立知识产权巡回审理机制。

保护中心应制定高效的知识产权侵权假冒案件办理流程,根据委托或授权加强快速办案工作，确保办案质量，提升办案效率，假冒专利案件和外观设计侵权案件一般在 10 日内办结，发明及实用新型侵权案件一般在 1 个月内办结。根据快速审查、快速确权的类型，细化工作流程，及时进行预审，确保预审工作质量与效率。严格遵守专利申请受理及审查过程中的保密规定。

四、督导与考核

我局对保护中心的建设与运行给予监督指导，加强对保护中心工作人员的上岗培训和能力提升培训，组织业务交流和工作督导活动。组织对各保护中心的年度绩效考核，考核内容包括专利侵权纠纷调处情况、预先审查的数量与质量、非正常申请与非规定领域受理情况、队伍建设、条件保障情况，以及工作机制构建运行情况等。对考核不合格（60 分以下）或考核名次居后 10% 的保护中心责令限期整改，对连续两年考核不合格或考核名次居后 10% 的保护中心，取消其参与快速审查、快速确权及快速维权工作的资格。

特此通知。

附件：保护中心建设需求测算参考表

国家知识产权局

2016 年 11 月 23 日

附件

保护中心建设需求测算参考表

基本要素	需求测算			备注
完成年度基本工作量	外观设计类	发明、实用新型类	全类别	根据保护中心的工作内容，保护中心的工作性质为公益服务性质，可根据授权与委托，开展专利执法协助工作和专利审查预审等工作
	10人年	15人年	20人年	
建设与运行条件	业务条件建设费用	保护中心年运行费用		
	150万元以上	100万元以上		
场地	300平方米以上			

注解：

（1）本表根据设在地级市的现有知识产权快速维权中心的相应最低数据进行了测算，而且是依据单一产业领域的需求进行的测算。

（2）省级保护中心相关测算标准约为：地级市标准×下辖地级市数量/3。

国家知识产权局关于印发《关于严格专利保护的若干意见》的通知

(国知发管字〔2016〕93号)

各省、自治区、直辖市知识产权局,新疆生产建设兵团知识产权局;局机关各部门,专利局各部门,局各直属单位、各社会团体:

为深入贯彻党中央、国务院关于严格知识产权保护的决策部署,认真落实《中共中央 国务院关于完善产权保护制度依法保护产权的意见》(中发〔2016〕28号),积极履行政府专利保护监管职责,切实加大对专利侵权假冒行为的打击力度,增强专利授权、确权、维权的协调性,全面从严保护专利权,大力推进知识产权强国建设,我局制定了《关于严格专利保护的若干意见》,现印发你们,请认真贯彻执行。

特此通知。

国家知识产权局
2016年11月29日

关于严格专利保护的若干意见

为深入贯彻党中央、国务院关于严格知识产权保护的决策部署,认真落实《中共中央 国务院关于完善产权保护制度依法保护产权的意见》(中发〔2016〕28号),推进知识产权强国建设,现就严格专利保护提出如下意见。

一、总体要求

(一)指导思想

严格专利保护,必须全面贯彻党的十八大和十八届三中、四中、五中、六中全会精神,深入贯彻习近平总书记系列重要讲话精神,按照"五位一体"总体布局、"四个全面"战略布局的要求,牢固树立创新、协调、绿色、开放、共享的发展理念,开拓进取,勇于创新,突出中国特色,加快构建严格保护专利权的政策体系、工作机制,全面提升专利保护的效率与水平,严厉打击侵权假冒行为,满足广大创新主体、市场主体与消费者需要,营造创新发展良好环境,切实维护群众根本利益。

(二)基本原则

坚持服务大局。严格专利保护,必须着眼于完善体制、创新机制,助力深化改革;着眼于规范竞争、强化监管,推进依法治国;着眼于弘扬诚信、激励创新,促进经济发展。

强化协同推进。严格专利保护,必须构建授权确权、行政执法、司法裁判、维权援助、社会诚信及调解仲裁相互促进的保护机制;进一步发挥行政保护的优势,加快完善行政和司法两条途径优势互补、有机衔接的保护模式;完善统筹协调机制,推进形成协调、顺畅、高效的大保护格局。

注重突出重点。严格专利保护,必须切实加强关键环节和重点领域的专利保护工作,创新执法监管机制,加大对侵权假冒行为的惩治力度;建立快速协同保护机制,增强授权、确权、维权的协调性,提高专利保护各环节的质量和效率;推进互联网、电子商务、大数据等新业态新领域的专利保护,加强食品药品、环境保护、安全生产等民生领域的专利保护。

(三)工作目标

到2020年,严格专利保护的政策法规体系与工作体制机制基本健全,专利执法办案力度、效率和水平全面提升,专利保护协作机制有效运行,专利授权确权维权联动机制运行良好,快速协同保护机制全面深化,专利保护与发明水平、专利质量之间形成良性互动关系。专利侵权假冒行为得到有效遏制,违法犯罪分子受到严厉打击,专利权人合法权益得到切实维护,权利人与社会公众对专利保护的信任度、满意度大幅提高,专利维权能力显著提升,尊重创造、崇尚创新的氛围更加浓厚,严格专利保护的局面基本形成。

二、充分履行政府监管职责,加大打击专利侵权假冒力度

(四)全面加强专利执法监管

积极履行专利保护领域事中事后监管职责。建立适应新的技术发展与生产交易方式的监管方式,完善专利保护领域事中事后监管政策体系,推进建立健全专利执法监管规则,协调行业监管与社会监管,融合线上监管与线下监管,兼顾重点监管与一般监管,提升监管成效,切实履行政府监管职责。

创新专利执法监管方式。综合运用网络方式与现场抽查方式,通过大数据分析,精准发现专利侵权假冒线索,科学判断各地专利侵权假冒行为发生率与执法维权需求度,为合理配置执法监管资源、确定执法办案力度提供充分依据。加强专利侵权假冒风险监控,针对专利侵权假冒高风险企业与高风险商品,深化信息调查,强化风险研判,及时采取专利侵权假冒风险监控措施。选择相关领域先行突破,加快推进各领域专利执法监管机制创新。

深化线上专利执法监管机制。加强网络交易平台监管,对经营者入网审核、日常经营各环节的专利维权保护提出明确要求,引导网络交易平台建立针对侵权假冒行为的内部投诉处理机制。强化与网络交易平台合作,加强对侵权假冒的预警监测和事前风险防范,及时发现和掌握专利侵权假冒违法线索。深化电子商务领域专利执法协作调度机制,提升线上案件办理效率和线上转线下案件协作水平。针对线上专利侵权假冒线索,积极开展线下调查,依法进行快速处理。严格对跨境电子商务的专利执法监管,促进国内监管与跨境监管的结合。

(五)大力整治侵权假冒行为

强化专项整治行动。加强对专项整治行动的统一调度,增强专项整治行动合力,推动加大执法办案力度,提升对侵权假冒行为的打击效果,防止和打击创新领域的劣币驱逐良币现象,提振创新者与权利人信心。加强技术手段运用,拓展专项行动类型与方式。坚决打击食品药品、环境保护、安全生产等领域侵权假冒行为,切实维护人民群众切身利益。

依法延伸打击范围。依照法律法规,积极打击为侵权假冒提供便利条件的行为。提高打击侵权行为的效率,对认定侵权成立后,再次侵犯同一专利权的案件,依法尽快责令停止侵权。对使用或销售侵权假冒产品的行为,依法深挖生产源头,切实予以严厉打击。

(六)切实提高执法办案效率

简化立案、送达与处理的手续和方式。简化专利侵权纠纷案件立案手续,推行专利侵权纠纷案件立案登记制。建立案件送达信息的网上公告方式,方便案件送达。试行侵权纠纷案件书面审理机制,对立案时请求人已提交专利权评价报告的外观设计、实用新型侵权案件,经当事人陈述和质证后,可以书面审理作出处理决定。对庭前准备充足、证据收集全面的案件,可试行在口头审理结束后当场作出处理决定。对于证据充分的假冒专利案件,试行当场

作出停止假冒行为的决定。在外观设计专利案件中推行格式化处理决定书。

建立办案分级指导机制。跨省份、具有全国影响力的案件可报请国家知识产权局指导或督办，跨地级市的案件可提请省（区、市）知识产权局指导或督办。通过上级机关委托或地方法规授权的方式，推动有条件的县级知识产权局查处假冒专利、调处专利纠纷。各省（区、市）知识产权局可组织辖区内执法办案骨干，集中、快速办理辖区内的重大、疑难案件。市级、县级知识产权局在执法办案中遇到的具体规则适用问题，原则上由省（区、市）知识产权局及时答复，有关方面对答复有不同意见的，可请求国家知识产权局答复。

（七）有效推进调查取证工作

充分运用调查取证手段。对权利人举证确有困难的，应充分、合理使用登记保存、抽样取证等调查取证手段，适当减轻专利权人举证负担；专利侵权纠纷案件立案受理后，应尽量采取直接送达方式，在送达的同时进行调查取证。调查取证时，对拒绝配合的被调查人员和企业，依照相关规定列入征信系统失信名单。对法律、法规赋予地方知识产权局实施查封、扣押、封存、暂扣等措施的，应依法充分行使。探索以公证方式保管案件证据及相关证明材料。

（八）切实提升侵权判定水平

切实提高专利侵权判定水平。建立健全侵权判定咨询机制，推进专利侵权判定咨询中心与专家库建设，充分发挥专业人员的作用，有效开展疑难案件的侵权判定咨询工作。加大专利侵权判定及相关证据规则的推广施行力度，提高侵权判定的规范性与协调性。对创新程度高、研发投入大的原创性发明，加大专利保护力度。严格执行发明和实用新型专利侵权判定的全面覆盖原则，积极适用等同侵权判定原则，合理适用现有技术和现有设计抗辩原则。

（九）全面加强执法能力建设

推进全系统执法能力的整体提升。全面强化专利执法监管能力，有效提升执法监管水平。创新执法培训方式，建立网络培训研讨模式。深化培训内容，调整完善专利行政执法人员培训大纲与培训教材体系。开展分专业技术领域的专利侵权判定培训，加快培养精通特定领域案件的专业性执法人才。严格实行执法人员持证上岗和资格管理制度，有序开展专利行政执法证件年检。加强执法办案骨干的培养和使用，选择执法办案骨干参与全系统的执法督导、政策研究及跨区域疑难案件分析。支持从事执法工作五年以上的执法办案骨干参加各类高层次法律研修。

（十）有效加强执法协作调度

深化专利执法协作调度机制。积极开展跨地区执法案件与办案人员调度工作，确保跨区域协助调查、送达、执行的渠道畅通。深化"一带一路"、京津冀协同发展、长江经济带等区域的联合专利执法和协作执法。

建立专利违法线索通报通告机制。通过执法信息化系统汇总、通告、分发各地专利违法线索，畅通跨区域案件信息交换渠道，协同查处重大案件。各省（区、市）知识产权局汇总全省专利案件线索，及时将有关地市知识产权局查处的假冒专利案件信息以线上方式推送至辖区内其他地市知识产权局，以方便其及时获取案件线索，并为统一组织查处提供可靠信息。

（十一）建立案件质量保障体系

加快建立全面的执法案件质量保障体系。建立覆盖立案、处理、结案全流程的动态监控机制，强化执法办案质量奖惩机制。加快建立指导案例制度。根据专利行政执法案卷评查办法，定期评查并发布执法案件质量评查报告，发挥典型案例在提升办案质量中的示范作用。严格落实档案管理规定，做到专利执法案卷基本要素齐全、格式规范；建立完整的电子执法档案库，加快推进执法档案信息化建设。建立专利执法案件回访机制，对于近年已经结案的侵权假冒案件，组织案件回访，跟踪案件处理效果。公开处理重要案件，探索以互联网方式对专利案件进行公开处理，对于典型专利侵权案件开展示范口头审理活动。

（十二）强化绩效考核与责任制

建立常态化执法责任追究机制。严格确定不同岗位专利行政执法人员的执法责任，加强执法监督，完善行政执法监督网络，坚决排除对执法办案活动的干预，防范地方保护主义，警惕执法工作中的利益驱动。加强行政问责规范化、制度化建设，积极预防和纠正不作为、乱作为现象。认真落实党风廉政建设责任制，坚持有错必纠、有责必问。深化执法督导巡查机制。国家知识产权局定期督导、巡查各省（区、市）知识产权局及承担专项执法任务的市局执法工作情况，各省（区、市）知识产权局对辖区内各地执法工作进行全面督导。强化案件督办机制，提高案件督办效率，对不当拖延、推诿扯皮等行为要坚决问责。通过巡查督导，确保执法责任制和纠错问责制的全面落实。

建立随机抽查与公开制度。深入落实"双随机一公开"工作制度，在执法检查中按规定确立随机抽查的比重。制定随机抽查事项清单，推广运用电子化手段，对抽查做到全程留痕，实现痕迹可查、行为可溯、责任可追。

强化执法绩效考核机制。完善执法维权绩效考核指标体系，确立办案力度、水平及效率等重要指标的合理分值，引导各地切实加强执法办案工作。加强执法绩效管理，根据执法办案实际与绩效考核情况，强化对地方知识产权局的办案支持，加大对执法办案人员的激励。

三、加强授权确权维权协调，提升专利保护的效率和质量

（十三）加快建立快速协同保护体系

加快建立快速协同保护体系。充分发挥知识产权保护中心的作用，畅通从授权、确权到维权的全链条快速保护通道，扩大知识产权快速授权、确权、维权覆盖面，推进快速保护由单一专业领域向多领域扩展。在快速维权需求程度高的技术领域先行突破，运用专利申请优先审查等机制，加快推动将快速保护的专利类别由外观设计向实用新型与发明扩展，从审批授权环节向无效确权环节延伸。积极对接大型电子商务平台，加强集聚产业线上快速维权工作。拓展工作范围，建立快速出具实用新型和外观设计专利权评价报告机制。

（十四）促进授权确权维权信息共享

建立专利审查信息与专利执法办案信息的共享机制。充分发挥执法办案信息在专利审查管理与专利质量提升工作中的参考作用。将维权成功率高、专利稳定性强的权利人信息定期反馈给专利审查、专利复审部门，作为快速审查、确权的重要参考信息之一。适时将专利授权、确权的相关信息提供给专利行政执法办案主体，以提高侵权判定的效率。将专利授权、确权中发现的诚信度高的专利权人纳入诚信激励名单，将诚信缺失的专利申请人纳入诚信惩戒名单。

加强专利授权、确权、维权信息交流。推进专利申请、审查授权、公布公告、登记备案、产品标注、执法办案等各环节实行统一的专利标识，实现专利标识电子化管理，构建专利执法与专利审查良性互动的技术条件。建立授权、确权、维权信息定期交流与专题交流机制，协同提升专利授权与专利执法的质量与效率。

（十五）建立授权确权维权联动机制

建立授权、确权、维权联动机制。建立专利审查员作为技术专家参与专利侵权案件处理的机制。加强审查、复审人员与执法人员之间的业务交流，提高对授权、确权、维权中常见法律与技术问题认定的协调性。建立专利确权与专利侵权办案的联动机制，加快侵权案件涉

案专利无效宣告的处理速度，缩短侵权案件办理期限。

建立快速联动反应机制。根据产业发展需要与社会反响，针对相关专利执法案件，建立从无效到行政调处的快速联动反应机制，组织执法、审查等方面的专业人员，就权利稳定性、侵权判定、案件处理等快速开展分析判断，有效提高案件办理质量和效率。

有效发挥服务机构在授权、确权、维权联动机制中的作用。建立专利侵权案件调处与专利代理服务、法律服务的信息反馈机制，及时将执法办案中发现的专利申请文件撰写质量问题反馈至相关服务机构。在执法办案过程中及时听取相关服务机构意见。推进提升专利中介服务质量，通过专利服务质量的提高，促进授权、确权、维权质量的提升。

四、推进行政、司法有机衔接，进一步加强跨部门执法协作

（十六）推进行政执法与民事保护优势互补

发挥行政执法在快捷调处纠纷、及时制止侵权方面的优势，推进民事保护在专利侵权赔偿救济中发挥重要作用，更好实现行政执法与民事保护的相融互补。

推进诉调对接和司法确认工作。支持对专利纠纷进行诉前、诉中调解，促成当事人和解或达成调解协议，引导当事人依法申请司法确认。针对专利侵权案件执行难问题，积极开展强制执行申请工作，推进强制执行"责令停止侵权"行政决定工作。

（十七）促进行政执法与刑事执法有机衔接

加强行政执法和刑事执法的有机衔接，查处专利违法行为时，依法做好案件的相互移送，严禁以罚代刑。

深化与公安机关的协作配合机制。推动在地方知识产权局设立公安联络室，推进调查取证协作工作和协调涉嫌犯罪案件的移送工作。联合通报表扬知识产权执法先进集体和个人。

推进行政执法与刑事执法联动机制建设。积极利用行政执法与刑事执法信息共享平台，推动实现涉嫌假冒专利犯罪案件网上移送、网上监督，完善线索通报、证据移交、案件协查等协作机制。

认真配合检察监督工作。积极配合检察机关对行政执法机关移送涉嫌假冒专利犯罪的监督工作。认真配合对涉及专利侵权的民事、行政案件的审判和执行活动的监督工作。对于检察机关履职中发现的行政机关违法行使职权或者不积极履行职责的行为，及时依法予以纠正。

（十八）强化专利案件的行政诉讼应诉工作

提高对行政诉讼应诉工作重视程度。地方知识产权局负责人应听取涉及行政诉讼的案件情况汇报，审核答辩法律文书。对于重大疑难案件或可能涉及行政诉讼的案件，提前做好法律风险的分析研判。落实负责人出庭应诉制度，逐步提高负责人出庭应诉案件比例。

加强专利行政应诉典型案例研讨。加强专利行政应诉案件分析研判，充分发挥法律顾问在行政应诉中的作用，持续提升依法行政的自觉性。

（十九）积极推进跨部门知识产权执法协作

积极推进跨部门执法办案协作。充分发挥各级跨部门知识产权协作机制的作用，积极推进知识产权执法协作。推进在新技术领域形成跨部门保护合力。加大植物新品种育种方法专利保护协作力度。推进完善进出口环节专利保护协作，配合建立进出口环节专利侵权判定机制，协同推进强化专利权边境保护工作，带动对生产源头、销售环节专利侵权行为的治理。建立健全展会专利保护协作机制，推进建立对注有专利标识的参展产品的报备机制，在重点展会建立知识产权举报投诉维权援助工作站。

推动拓展跨部门执法合作范围。加强与各有关部门的合作，充分发挥专利保护对高新技术快速发展、民生相关产业健康发展、国防建设与经济建设融合发展的促进保障作用，加快建立相关的信息沟通、风险研判、办案协作等机制，将专利保护与人民群众的重大关切更密切地结合起来，进一步提高治理各类侵权假冒行为的协同性。

五、加强维权援助平台建设，拓宽专利保护公益服务渠道

（二十）深化维权援助举报投诉机制

畅通知识产权举报投诉渠道。加强网络与通信终端举报投诉平台建设，完善工作流程，规范举报投诉的受理、答复、移交、反馈与跟踪，建立举报投诉快速反应机制。严格实行举报投诉工作责任制，确保举报投诉件件有落实。健全知识产权举报投诉奖励制度，鼓励权利人和社会各界对知识产权侵权假冒行为进行举报投诉。

强化维权援助中心公益服务功能。拓展维权援助中心服务渠道，使其成为各界群众与权利人寻求支持和监督建言的重要平台。推动加大对维权援助条件建设的支持力度。提升维权服务质量，通过制定针对性强的维权方案，帮助权利人降低维权成本、缩短维权周期、提升维权效果。

（二十一）加强创新创业维权援助服务

建立创新创业知识产权维权援助服务机制。拓展创新创业人才知识产权维权援助服务的深度和广度，通过完善网络、专题指导、信息监测、侵权判定、快速维权等措施，从知识产权的申请、运用和维权等方面为创新创业人才提供专业服务，助力大众创业、万众创新，促进人才引进、人才发展。建立创新创业人才知识产权维权援助绿色通道，快速受理和解决创新创业人才反映的维权问题。

构建创新创业知识产权维权服务网络。在创新创业人才集聚区设立知识产权维权援助工作站，实现工作站对创新创业人才的点对点服务。面向创新创业人才开展专题宣传，提高创新创业人才的知识产权维权意识，引导创新创业人才通过12330平台及时获得维权援助服务。深化维权中心对接创新创业人才活动，制定专门维权援助方案，提供专项维权援助服务。

（二十二）拓展维权援助服务工作范围

深化重大活动知识产权维权援助服务机制。对冬奥会、园博会等影响较大的活动，制定知识产权维权援助工作方案，明确工作责任，加强风险评估，方便举报投诉，维护良好活动秩序，保障活动顺利开展。

拓宽维权调查渠道。发挥维权援助中心在开展专利保护社会调查中的作用，广泛听取权利人、创新主体、法律服务机构等社会各界的意见建议，对各地侵权假冒行为的发生情况、维权需求及执法效果进行深入调查、综合研判，并向国家知识产权局反馈，以增强对地方知识产权部门执法维权工作评价的公正性和客观性。

引导企业及时维权。维权援助中心应引导行业协会、产业知识产权联盟，定期提供创新程度高、市场反响好的专利产品名单；及时组织知识产权保护志愿者，围绕专利产品名单，通过互联网检索与市场暗访等方式，发现侵权假冒线索，并引导企业及时维权。

完善境外展会维权机制。以大型境外展会为突破口，推进加强海外知识产权维权。建立境外展会快速维权与境内维权援助工作的联动机制，发挥现有维权援助体系对境外展会维权的支撑作用。选择对我国重点产业发展影响较大、专利密集度较高的境外知名展会开展现场维权服务。

六、引导社会力量参与治理，共建专利保护社会治理机制

（二十三）加强信息公开与社会信用体系建设工作

加大案件信息公开力度。强化假冒专利案件行政处罚信息和专利侵权案件处理决定信息的公示工作，拓展公开范围与内容，严格落实公示标准。对专利违法行为加大曝光力度，有效震慑侵权假冒行为。

完善失信惩戒机制。将有关专利违法违规行为信息纳入企业和个人信用记录，明确有关信用信息的采集规则，积极推进信用信息的有效使用。充分利用统一社会信用代码数据库，有效使用全国统一的信用信息共享交换平台，加强专利违法失信行为信息在线披露和共享。加快推进专利领域联合惩戒机制建设，充分利用相关监管惩戒手段，加大对不良信用记录较多者实施严格限制和联合惩戒的力度，推进强化针对侵权假冒的惩戒手段。

（二十四）健全纠纷多元解决机制与社会监督机制

健全纠纷多元化解决机制。健全知识产权调解、仲裁规则，调动各类社会团体与机构的积极性，发挥社会调解与仲裁等替代性纠纷解决机制的作用。持续开展知识产权保护社会满意度调查工作。加大权利人、专业人员和社会公众对知识产权保护的社会监督力度，广泛动员社会力量参与知识产权保护工作，探索建立知识产权保护监督机制，提高公众知识产权保护意识和社会参与度。

引导建立专利维权行业自律机制。有效发挥行业协会作用，指导行业协会做好会员的专利维权服务，发挥行业协会在构建专利保护社会治理机制中的作用。引导服务机构提供全方位、高品质的维权服务。

（二十五）充分发挥专利保护重点联系机制的作用

深化专利保护重点联系机制。发挥专利保护重点联系单位在侵权判定咨询、调查侵权假冒行为中的专业优势。进一步吸纳研发机构、高校、服务机构、创新人才集聚区、产业园区等进入重点联系机制；鼓励企业加入专利保护重点联系机制，在公开、自愿的前提下，引导创新型企业加入专利保护重点联系机制，听取企业诉求，畅通企业专利保护通道。增强市场主体、创新主体参与专利保护社会治理的主动性，提升执法主体加强专利保护事中事后监管的针对性。

七、积极营造良好国际环境，深化执法保护领域国际合作

（二十六）积极拓展执法交流合作

积极拓展多双边知识产权执法交流合作。推进与周边国家、主要贸易伙伴国、金砖国家及"一带一路"沿线国家知识产权机构的执法信息交流、人员交流与执法协作，加强执法人才培养合作，积极推进执法监管合作，加大相互借鉴、相互支持力度，协同解决各方重点关切问题。在符合国际规则与国内法律的基础上，在知识产权确权、维权中为国内外企业提供同样的便利，吸引尽可能多的国外先进技术向我国转移。

（二十七）有效运用争端解决机制

主动运用多双边知识产权争端解决机制。积极应对外方发起的知识产权争端，依规则维护中方合法权益。必要时，支持在多边贸易机制中启动知识产权争端解决机制，依照国际规则积极维护我国权益。指导、支持我国知识产权权利人维护海外合法权益。

（二十八）推进完善执法国际规则

推进完善国际知识产权执法保护规则。积极参与国际组织的知识产权执法交流活动，推进加强与国际组织在执法能力提升中的各项合作，支持专业性国际组织在知识产权争端解决中发挥作用，增强参与调整知识产权执法保护国际规则的主动性与针对性，及时提出措施建议。

八、加强保障

（二十九）强化制度保障

协同加强严格专利保护的制度建设。积极配合立法部门推进相关法律法规的制定、修改

工作，及时修改完善部门规章，推进条件成熟的地区及时制定、修改地方性法规或政府规章，积极探索建立严格专利保护的法律制度。通过推进完善制度，加大专利侵权损害赔偿，针对故意扰乱市场秩序的侵权行为，规定必要的行政调查取证手段，明确行政调解协议效力，为各级政府履行专利保护监管职责提供必要的法律依据，推进合理划分行政与司法的职责，为形成严格保护专利权的合力提供充分的法制保障。推进加快互联网、电子商务、大数据等领域的知识产权保护规则研究制定。

（三十）加强队伍建设

全面加强专利执法力量建设。加大各级专利执法队伍建设力度，确保执法队伍的基本稳定，依法推进专利执法队伍的专业化、职业化建设。充分利用系统内外专业人才资源，建立健全执法指导与执法咨询机制，建立执法咨询专家库。

（三十一）改善条件保障

提升执法工作信息化水平。发挥好大数据、云计算、物联网等信息技术手段在发现、防范与打击侵权假冒行为中的重要作用，构建全方位的执法维权工作信息化网络。

加强执法条件建设。积极推进依法依规加大执法投入，配备必要的执法装备，保障打击侵权假冒的基本需求，确保有效履行职责。地方知识产权局应加强专利执法办案标准化建设，确保案件口头审理室基本条件，积极为执法工作人员配备便携式专利法律状态查询设备和执法现场视音频记录仪。执法人员应严肃执法着装，增强执法办案的规范性、严肃性与权威性。

（三十二）营造舆论环境

创新舆论营造方式。针对创新资源集中的区域与单位，广泛宣传知识产权维权的各类途径，引导有关各方选择合适的纠纷解决方式。及时发布知识产权保护理论最新研究成果，争取各方对加强专利执法监管的支持。创新对外宣传的方式方法，积极推进多语种对外宣传，加大海外宣传力度。积极通过政府网站、12330举报投诉平台等渠道，充分运用新媒体方式，提升舆论营造效果。

深化实例报道。加强对维权成功案例的报道，曝光知识产权侵权假冒典型案件，开展全国知识产权系统行政执法典型案例评选，专题报道执法维权先进集体和个人的经验与事迹，进一步增强创新者、权利人和社会公众对专利制度的信心，营造严格专利保护的舆论氛围。

（三十三）明确工作路径

推动全面展开。各地方知识产权局与国家知识产权局各部门、各单位应根据本意见的要求，依照工作职责，细化措施，积极行动，努力开展各项工作，尽快取得工作成效。

鼓励先行先试。指导有条件、有基础的地方与单位，选择严格专利保护的某一方面，发挥优势，先行突破。

强化支持引导。采取综合措施，对严格专利保护工作突出的地方与单位加大支持力度，及时向全国推广经验，科学引导严格专利保护工作的深入开展，加快在全国形成严格专利保护局面的进程。

国家知识产权局办公室关于印发《〈关于严格专利保护的若干意见〉任务分工和工作进度方案》的通知

（国知办发管字〔2017〕27号）

各省、自治区、直辖市知识产权局，新疆生产建设兵团知识产权局；局机关各部门，专利局各部门，局各直属单位、各社会团体：

为深入贯彻落实《关于严格专利保护的若干意见》（国知发管字〔2016〕93号），大力推进知识产权严保护、大保护、快保护，现制定相关任务分工和工作进度方案如下，请认真贯彻执行。

特此通知。

国家知识产权局办公室
2017年5月31日

《关于严格专利保护的若干意见》任务分工和工作进度方案

任务	分工	工作进度
一、全面加强专利执法监管	1. 创新专利执法监管方式。综合运用网络方式与现场抽查方式，通过大数据分析，精准发现专利侵权假冒线索，科学判断各地专利侵权假冒行为发生率与执法维权需求度，为合理配置执法监管资源、确定执法办案力度提供充分依据。（专利管理司、各有关地方知识产权局（下称地方局）负责，列第一位的为牵头部门或单位，下同）	2017年：组织研究起草通过大数据技术发现专利侵权假冒线索的方案，选择有关地方进行探索。（专利管理司） 2018—2020年：推进在各地运用大数据分析技术，精准、快速发现专利侵权假冒线索，并为合理配置执法监管资源、确定执法办案力度提供依据。（专利管理司、各有关地方局）
	2. 加强专利侵权假冒风险监控，针对专利侵权假冒高风险企业与高风险商品，深化信息调查，强化风险研判，及时采取专利侵权假冒风险监控措施。（各省（区、市）知识产权局（下称省局）、市知识产权局（下称市局）负责）	2017年：根据各地历年执法办案与举报投诉情况，建立行政区域内的专利侵权假冒高风险企业与高风险商品名录，采取一定的监控措施。（各省局、市局） 2018—2020年：动态调整高风险企业与高风险商品名录，强化重点监管。（各省局、市局）
	3. 深化线上专利执法监管机制。加强网络交易平台监管，对经营者入网审核、日常经营各环节的专利维权保护提出明确要求，引导网络交易平台建立针对侵权假冒行为的内部投诉处理机制。强化与网络交易平台合作，加强对侵权假冒的预警监测和事前风险防范，及时发现和掌握专利侵权假冒违法线索。严格对跨境电子商务的专利执法监管，促进国内监管与跨境监管的结合。（各有关地方局负责）	2017年：深化与当地电子商务平台合作机制，引导其健全内部投诉机制；制定对侵权假冒进行预警监测和事前风险防范的方案；探索跨境电子商务专利执法监管机制。（浙江、北京、江苏、广东局） 2018—2020年：推进各地深化线上专利执法监管机制，加强线上专利保护工作，严格跨境电子商务监管。（各有关地方局）

续表

任务	分工	工作进度
一、全面加强专利执法监管	4. 深化电子商务领域专利执法协作调度机制，提升线上案件办理效率和线上转线下案件协作水平。针对线上专利侵权假冒线索，积极开展线下调查，依法进行快速处理。（专利管理司、各有关地方局、中国电子商务领域专利执法维权协作调度（浙江）中心负责）	每年度：制定电子商务领域专利案件线上转线下协作方案，并确定一批相关案件线索。（中国电子商务领域专利执法维权协作调度（浙江）中心） 每年度：根据确定的线上转线下案件线索，积极开展线下调查，依法进行快速处理。（各有关地方局）
二、大力整治侵权假冒行为	5. 强化专项整治行动。加强对专项整治行动的统一调度，增强专项整治行动合力，推动加大执法办案力度，提升对侵权假冒行为的打击效果，防止和打击创新领域的劣币驱逐良币现象，提振创新者与权利人信心。加强技术手段运用，拓展专项行动类型与方式。坚决打击食品药品、环境保护、安全生产等领域侵权假冒行为，切实维护人民群众切身利益。（各地方局负责）	每年度：组织开展本地知识产权执法维权"护航"专项行动。（各地方局） 每年度：制订具体方案，组织打击重点领域专利侵权假冒行为的"雷霆"专项行动。（各省局）针对电子商务、食品药品、环境保护、安全生产、高新技术等重点领域，以及展会、进出口等重点环节开展专项行动，精准、快速打击专利侵权假冒行为，提高专利执法办案影响力，加大对群体侵权、重复侵权的打击力度，选择一批重点案件、典型案件进行曝光，提高打击声势，深入开展"雷霆"专项行动。（各地方局）
	6. 提高打击侵权行为的效率，对认定侵权成立后，再次侵犯同一专利权的案件，依法尽快责令停止侵权。（各地方局负责）	2017年：根据地方性法规，开展重复专利侵权案件查处工作试点。（浙江、山东、河南、广东、重庆、新疆、四川局） 2018—2020年：在有条件的地方逐步推开。（各地方局）
	7. 依法延伸打击范围。依照法律法规，积极打击为侵权假冒提供便利条件的行为。对使用或销售侵权假冒产品的行为，依法深挖生产源头，切实予以严厉打击。（各地方局负责）	2017年：根据地方性法规，切实打击为侵权假冒提供便利条件的行为；对使用或销售侵权假冒产品的行为，依法深挖生产源头，切实予以严厉打击。（安徽、贵州、辽宁、陕西局） 2018—2020年：在有条件的地方逐步推开。（各地方局）

六、政策文件

续表

任务	分工	工作进度
三、切实提高执法办案效率	8. 简化立案、送达与处理的手续和方式。简化专利侵权纠纷案件立案手续，推行专利侵权纠纷案件立案登记制。建立案件送达信息的网上公告方式，方便案件送达。试行侵权纠纷案件书面审理机制，对立案时请求人已提交专利权评价报告的外观设计、实用新型侵权案件，经当事人陈述和质证后，可以书面审理作出处理决定。对庭前准备充足、证据收集全面的案件，可试行在口头审理结束后当场作出处理决定。对于证据充分的假冒专利案件，试行当场作出停止假冒行为的决定。在外观设计专利案件中推行格式化处理决定书。（各地方局负责）	2017年：根据各地实际，探索简化立案、送达与处理手续和方式的可行方案，试点立案登记制、送达信息网上公告、侵权案件书面审理、当场作出决定、格式化处理决定书等工作机制。（浙江、江苏、广东、湖南、山东局年内开展试点，其他有条件的地方可自行开展） 2018—2020年：在有条件的地方逐步推开。（各地方局）
	9. 建立办案分级指导机制。跨省份、具有全国影响力的案件可报请国家知识产权局（下称国家局）指导或督办，跨地级市的案件可提请省局指导或督办。市级、县级知识产权局在执法办案中遇到的具体规则适用问题，原则上由省局及时答复，有关方面对答复有不同意见的，可请求国家局答复。（专利管理司、条法司、各省局负责）	每年度：国家局对跨省份、具有全国影响力的案件进行指导或督办，答复有关办案规则以及相关法规适用问题。（专利管理司、条法司） 每年度：各省局对跨地级市的案件进行督办，并对市级、县级局在执法办案中遇到的地方法规与具体规则适用问题进行答复。（各省局）
	10. 各省局组织辖区内执法办案骨干，集中、快速办理辖区内的重大、疑难案件。（各省局、市局负责）	每年度：更新各地执法办案骨干人才库，及时组织参与辖区内重大、疑难案件集中、快速办理工作。（各省局、市局）
	11. 通过上级机关委托或地方法规授权的方式，推动有条件的县级知识产权局查处假冒专利、调处专利纠纷。（各省局负责）	2017年：通过上级机关委托或地方性法规授权的方式，推进指导当地县级知识产权局查处假冒专利、调处专利纠纷。（湖南、广东、江苏、浙江、天津、福建、安徽、湖北、江西、四川、甘肃、青海、山东、广西、贵州、云南、新疆局在当地推进，有条件的其他地方自行推进） 2018—2020年：在有条件的地方进一步深化县级地方的知识产权执法工作。（各省局）

续表

任务	分工	工作进度
四、有效推进调查取证工作	12. 充分运用调查取证手段。对权利人举证确有困难的，应充分、合理使用登记保存、抽样取证等调查取证手段，适当减轻专利权人举证负担；专利侵权纠纷案件立案受理后，应尽量采取直接送达方式，在送达的同时进行调查取证。调查取证时，对拒绝配合的被调查人员和企业，依照相关规定列入征信系统失信名单。（各地方局、专利管理司负责）	每年度：充分、合理使用登记保存、抽样取证等手段强化调查取证工作；积极在直接送达的同时开展调查取证工作；采集拒绝配合依法调查取证的被调查人和企业信息报送国家局。（各地方局） 每年度：汇总拒绝配合依法调查取证工作的相关信息，上传至全国信用信息共享平台。（专利管理司）
	13. 对法律、法规赋予地方局实施查封、扣押、封存、暂扣等措施的，应依法充分行使。探索以公证方式保管案件证据及相关证明材料。（各地方局负责）	2017年：在办案时依据地方性法规实施查封、扣押、封存、暂扣等措施，探索开展以公证方式保管案件证据及相关证明材料工作。（广东、四川、河南局） 2018—2020年：在有条件的地方逐步推开。（各地方局）
五、切实提升侵权判定水平	14. 切实提高专利侵权判定水平。建立健全侵权判定咨询机制，推进专利侵权判定咨询中心与专家库建设，充分发挥专业人员的作用，有效开展疑难案件的侵权判定咨询工作。（各地方局、专利管理司负责）	2017年：依托当地知识产权维权援助中心（下称维权中心）推进专利侵权判定咨询中心建设，建立专家库。（各省局、市局） 2017年：建立全国专利侵权判定咨询专家库。根据各有关单位和地方局推荐、专家自荐，建立全国性的专利侵权判定咨询专家库。（专利管理司） 每年度：组织专利侵权判定咨询中心有关专家开展疑难案件侵权判定咨询工作，整理典型案件并公布。（各省局、市局，专利管理司）
	15. 加大专利侵权判定及相关证据规则的推广施行力度，提高侵权判定的规范性与协调性。严格执行发明和实用新型专利侵权判定的全面覆盖原则，积极适用等同侵权判定原则，合理适用现有技术和现有设计抗辩原则。（各地方局负责）	每年度：积极认真实施《专利侵权判定和假冒专利行为认定指南（试行）》《专利行政执法证据规则（试行）》等文件的相关规定；按要求适用全面覆盖原则，积极适用等同侵权判定原则，合理适用现有技术和现有设计抗辩原则。（各地方局）

续表

任务	分工	工作进度
六、全面加强执法能力建设	16. 创新执法培训方式，建立网络培训研讨模式。深化培训内容，调整完善专利行政执法人员培训大纲与培训教材体系。开展分专业技术领域的专利侵权判定培训，加快培养精通特定领域案件的专业性执法人才。（专利管理司、各省局负责）	2017年：完善专利行政执法人员培训大纲，组织试用专利行政执法培训教材。（专利管理司） 2018—2020年：创新执法培训方式，建立网络培训研讨模式，委托开展分专利技术领域的侵权判定培训。（专利管理司、各省局）
	17. 加强执法办案骨干的培养和使用，选择执法办案骨干参与全系统的执法督导、政策研究及跨区域疑难案件分析。支持从事执法工作五年以上的执法办案骨干参与高层次法律研修。（专利管理司、人事司负责）	2017年：确定全系统执法办案骨干名单，建立执法办案骨干高层次法律研修机制。（专利管理司、人事司） 每年度：选派执法办案骨干到国家局锻炼，组织参与执法督导、政策研究及跨区域疑难案件分析。（专利管理司、人事司）
	18. 严格实行执法人员持证上岗和资格管理制度，有序开展专利行政执法证件年检。（专利管理司、各省局负责）	2017年：完成执法证年检工作，健全执法人员资格管理制度。（专利管理司） 2018—2020年：有序开展执法证年检工作，严格执行执法人员资格管理制度。（专利管理司、各省局）
七、有效加强执法协作调度	19. 深化专利执法协作调度机制。积极开展跨地区执法案件与办案人员调度工作，确保跨区域协助调查、送达、执行的渠道畅通。深化"一带一路"、京津冀协同发展、长江经济带等区域的联合专利执法和协作执法。（专利管理司、承担区域性执法协作调度工作的各地方局负责）	每年度：积极开展跨地区执法案件与办案人员调度工作，健全"一带一路"、京津冀协同发展、长江经济带等区域的联合专利执法和协作执法机制，年内至少组织1次联合执法或协作执法行动。（专利管理司、承担区域性执法协作调度任务的各地方局）

续表

任务	分工	工作进度
七、有效加强执法协作调度	20. 建立专利违法线索通报通告机制。通过执法信息化系统汇总、通告、分发各地专利违法线索，畅通跨区域案件信息交换渠道，协同查处重大案件。（专利管理司、各有关地方局负责） 各省局汇总全省专利案件线索，及时将有关地市知识产权局查处的假冒专利案件信息以线上方式推送至辖区内其他地市知识产权局，以方便其及时获取案件线索，并为统一组织查处提供可靠信息。（各省局负责）	2017年：完善执法信息化系统，推进执法工作领先的部分地区开展线索通报工作。（专利管理司） 及时汇总各地专利案件线索，以线上方式推送至辖区内其他地市知识产权局。（江苏、浙江、广东、山东、湖南、河南、四川局全面推进，其他省局依条件积极推进） 2018—2020年：健全专利违法线索通报通告机制，开展线索通告和重大案件协查工作；各省局持续推进辖区内案件线索推送和共享工作。（专利管理司、各省局）
八、建立案件质量保障体系	21. 加快建立全面的执法案件质量保障体系。建立覆盖立案、处理、结案全流程的动态监控机制，强化执法办案质量奖惩机制。（专利管理司、各省局负责）	2017年：组织实施专利执法案卷评查工作，推进各省初步建立案件质量保障体系，开始运行执法办案质量奖惩机制。（专利管理司） 2018—2020年：完善案件质量保障体系，建立健全覆盖立案、处理、结案全流程的动态监控机制。（各省局）
	22. 加快建立指导案例制度。根据专利行政执法案卷评查办法，定期评查并发布执法案件质量评查报告，发挥典型案例在提升办案质量中的示范作用。（专利管理司负责）	2017年：建立指导案例制度，发布首批指导案例，组织开展上一年度案卷质量评查工作。（专利管理司） 2018—2020年：在系统内公布上一年度案卷质量评查报告，发布指导案例。（专利管理司）
	23. 严格落实档案管理规定，做到专利执法案卷基本要素齐全、格式规范；建立完整的电子执法档案库，加快推进执法档案信息化建设。（各地方局负责）	每年度：严格落实档案管理规定，依照纸质执法档案管理标准，完善相应电子执法档案库。（各地方局） 每年度：检查辖区内各市执法档案建立情况，并将检查结果报国家局。（各省局）

续表

任务	分工	工作进度
八、建立案件质量保障体系	24. 建立专利执法案件回访机制，对于近年已经结案的侵权假冒案件，组织案件回访，跟踪案件处理效果。（各地方局、各有关维权中心负责）	2017年：建立专利执法案件回访机制。（各地方局指导有关维权中心开展） 2018—2020年：有序开展案件回访工作。（各地方局指导有关维权中心开展）
	25. 公开处理重要案件，探索以互联网方式对专利案件进行公开处理，对于典型专利侵权案件开展示范口头审理活动。（专利管理司、各有关地方局负责）	2017年：选择条件成熟的地方开展以互联网方式对专利案件进行公开审理试点。（专利管理司、各有关地方局） 2018—2020年：在有条件的地方逐步推开。（各地方局）
九、强化绩效考核与责任制	26. 建立常态化执法责任追究机制。严格确定不同岗位专利行政执法人员的执法责任，加强执法监督，完善行政执法监督网络，坚决排除对执法办案活动的干预，防范地方保护主义，警惕执法工作中的利益驱动。加强行政问责规范化、制度化建设，积极预防和纠正不作为、乱作为现象。认真落实党风廉政建设责任制，坚持有错必纠、有责必问。（专利管理司、各省局负责）	每年度：组织对各省局执法岗位责任落实情况的年度抽查工作，并将相关情况纳入执法维权绩效考核指标体系。（专利管理司） 每年度：各省局负责检查行政区域内的执法责任追究机制落实情况。（各省局）
	27. 深化执法督导巡查机制。国家知识产权局定期督导、巡查各省局及承担专项执法任务的市局执法工作情况，各省局对辖区内各地执法工作进行全面督导。通过巡查督导，确保执法责任制和纠错问责制的全面落实。强化案件督办机制，提高案件督办效率，对不当拖延、推诿扯皮等行为要坚决问责。（专利管理司、各省局负责）	每年度：组织对各省局及承担专项执法任务的市局执法工作情况开展督导、巡查，对重要案件进行督办。（专利管理司） 每年度：各地根据实际对辖区内各地执法工作进行全面督导，强化有关案件督办工作。（各省局）
	28. 建立随机抽查与公开制度。深入落实"双随机一公开"工作制度，在执法检查中按规定确立随机抽查的比重。制定随机抽查事项清单，推广运用电子化手段，对抽查做到全程留痕，实现痕迹可查、行为可溯、责任可追。（各地方局负责）	每年度：根据有关规定，结合本地实际在执法检查中确立随机抽查比重，制定随机抽查事项清单，推广运用电子化手段，建立随机抽查电子化档案记录。（各地方局） 每年度：各省局随机抽查辖区市"双随机一公开"工作制度的落实情况。（各省局）

续表

任务	分工	工作进度
九、强化绩效考核与责任制	29. 强化执法绩效考核机制。完善执法维权绩效考核指标体系，确立办案力度、水平及效率等重要指标的合理分值，引导各地切实加强执法办案工作。加强执法绩效管理，根据执法办案实际与绩效考核情况，强化对地方局的办案支持，加大对执法办案人员的激励。（专利管理司负责）	每年2—4月：完善执法维权绩效考核指标体系，开展年度绩效考核工作。（专利管理司） 每年5—12月：根据执法办案实际与绩效考核情况，强化对有关地方局的办案支持，加大对执法办案人员的激励。（专利管理司）
十、加快建立快速协同保护体系	30. 加快建立快速协同保护体系。充分发挥知识产权保护中心的作用，畅通从授权、确权到维权的全链条快速保护通道，扩大知识产权快速授权、确权、维权覆盖面，推进快速保护由单一专业领域向多领域扩展。在快速维权需求程度高的技术领域先行突破，运用专利申请优先审查等机制，加快推动将快速保护的专利类别由外观设计向实用新型与发明扩展，从审批授权环节向无效确权环节延伸。（专利管理司、人事司、审查业务部、人事教育部、初审流程部、实用新型部、外观设计部、自动化部、复审委员会、各知识产权保护中心（下称保护中心）、各知识产权快速维权中心（下称快速维权中心）负责）	2017年：研究起草保护中心总体建设方案，有关部门完成相应领域的细化措施；推进建立健全保护中心（快速维权中心）管理机制。（专利管理司、人事司、审查业务部、人事教育部、初审流程部、实用新型部、外观设计部、自动化部、复审委员会） 每年度：共同开展有关保护中心的调研、审批、建设、管理等工作。（专利管理司、审查业务部、初审流程部、实用新型部、外观设计部、自动化部、复审委员会） 每年度：有关地方局根据实际需求组织申报重点优势产业知识产权保护中心。（各有关地方局） 每年度：各保护中心、快速维权中心根据需要上报培训需求、派员需求。（各保护中心、快速维权中心） 每年度：国家局组织开展上岗培训与业务提高培训；完成人员选派工作。（专利管理司、审查业务部、人事教育部）
	31. 积极对接大型电子商务平台，加强集聚产业线上快速维权工作。（各保护中心、各快速维权中心负责）	每年度：各保护中心、快速维权中心对接大型电子商务平台，开展有关快速维权工作。（各保护中心、快速维权中心）

六、政策文件

续表

任务	分工	工作进度
十、加快建立快速协同保护体系	32. 拓展工作范围，建立快速出具实用新型和外观设计专利权评价报告机制。（专利管理司、初审流程部、审查业务部、实用新型部、外观设计部、各保护中心、快速维权中心负责）	2017年：研究提出快速出具专利权评价报告的流程。（专利管理司、初审流程部、审查业务部、实用新型部、外观设计部） 每年度：各保护中心、快速维权中心按要求开展快速出具评价报告的预审工作。（各保护中心、快速维权中心） 每年度：有关部门按既定流程快速出具评价报告。（实用新型部、外观设计部）
十一、促进授权确权维权信息共享	33. 建立专利审查信息与专利执法办案信息的共享机制。充分发挥执法办案信息在专利审查管理与专利质量提升工作中的参考作用。将维权成功率高、专利稳定性强的权利人信息定期反馈给专利审查、专利复审部门，作为快速审查、确权的重要参考信息之一。适时将专利授权、确权的相关信息提供给专利行政执法办案主体，以提高侵权判定的效率。加强专利授权、确权、维权信息交流。（专利管理司、审查业务部、复审委员会负责）	2017年：研究提出专利审查信息与专利执法办案信息对接共享的工作方案。（专利管理司、审查业务部、复审委员会） 2018—2020年：有序深化审查信息与执法信息共享工作机制，推进专利授权、确权、维权信息共享，提高侵权判定效率，提升专利质量，优化快速审查、确权机制。（专利管理司、审查业务部、复审委员会）
	34. 将专利授权、确权中发现的诚信度高的专利权人纳入诚信激励名单，将诚信缺失的专利申请人纳入诚信惩戒名单。（专利管理司、审查业务部、复审委员会负责）	2017年：健全专利领域信用奖惩机制，将相关信息纳入知识产权系统社会信用信息目录。（专利管理司、审查业务部、复审委员会） 每年度：根据要求将相关信息纳入全国信用信息共享平台。（专利管理司）
	35. 推进专利申请、审查授权、公布公告、登记备案、产品标注、执法办案等各环节实行统一的专利标识，实现专利标识电子化管理，构建专利执法与专利审查良性互动的技术条件。（专利管理司、初审流程部、实用新型部、外观设计部、审查业务部、自动化部、复审委员会负责）	2017年：研究提出在各环节实行统一专利标识的方案。（专利管理司、初审流程部、实用新型部、外观设计部、审查业务部、自动化部、复审委员会） 2018—2020年：推进在各环节实行统一专利标识工作。（专利管理司、初审流程部、实用新型部、外观设计部、审查业务部、自动化部、复审委员会）

续表

任务	分工	工作进度
十一、促进授权确权维权信息共享	36. 建立授权、确权、维权信息定期交流与专题交流机制，加强审查、复审人员与执法人员之间的业务交流，提高对授权、确权、维权中常见法律与技术问题认定的协调性，协同提升专利授权与专利执法的质量与效率。（专利管理司、人事教育部、审查业务部、复审委员会负责）	每年度：选取执法典型案件，适时组织开展专题研讨，就相关授权、确权、维权信息及常见法律与技术问题进行交流，协同提升专利授权与专利执法的质量与效率。（专利管理司、人事教育部、审查业务部、复审委员会）
十二、建立授权确权维权联动机制	37. 建立专利审查员作为技术专家参与专利侵权案件处理的机制。（专利管理司、人事教育部、审查业务部、各有关审查部、复审委员会、专利审查协作中心、各有关地方局负责）	每年度：各地方局通过省局上报疑难案件，国家局建立健全相关工作机制，组织执法办案技术专家申报与遴选工作，建立专利执法办案技术专家库，有序组织对有关执法案件的技术指导，并根据实际工作量确定合理的工作量核减方式。（专利管理司、人事教育部、审查业务部、各有关审查部、复审委员会、各专利审查协作中心、各有关地方局）
	38. 建立专利确权与专利侵权办案联动机制，加快侵权案件涉及专利无效宣告的处理速度，缩短侵权案件办理期限。建立快速联动反应机制。根据产业发展需要与社会反响，针对相关专利执法案件，建立从无效到行政调处的快速联动反应机制，组织执法、审查等方面的专业人员，就权利稳定性、侵权判定、案件处理等快速开展分析判断，有效提高案件办理质量和效率。（专利管理司、复审委员会负责）	2017年：推进建立专利确权与专利侵权办案联动机制，加快侵权案件涉及专利无效宣告的处理速度；建立从无效到行政调处的快速联动反应机制，对案件开展快速分析判断。（专利管理司、复审委员会） 每年度：各地方局上报有关案件，国家局推进联动机制的有效运行。（专利管理司、复审委员会）

续表

任务	分工	工作进度
十二、建立授权确权维权联动机制	39. 有效发挥服务机构在授权、确权、维权联动机制中的作用。建立专利侵权案件调处与专利代理服务、法律服务的信息反馈机制，及时将执法办案中发现的专利申请文件撰写质量问题反馈至相关服务机构。在执法办案过程中及时听取相关服务机构意见。推进提升专利中介服务质量，通过专利服务质量的提高，促进授权、确权、维权质量的提升。（条法司、专利管理司、各有关地方局、中华全国专利代理人协会负责）	2017年：建立专利侵权案件调处与专利代理服务、法律服务的信息反馈机制，及时反馈信息。（专利管理司、条法司、中华全国专利代理人协会） 每年度：各地方局整理在执法办案中发现的专利申请文件撰写质量问题，向当地相关服务机构反馈，同时报国家局专利管理司。（各地方局）
十三、推进行政执法与民事保护优势互补	40. 推进诉调对接和司法确认工作。支持对专利纠纷进行诉前、诉中调解，促成当事人和解或达成调解协议，引导当事人依法申请司法确认。（各地方局负责）	2017年：有序推进地方依照地方法规与相关政策，建立诉调对接机制，开展司法确认工作。（湖南、陕西、北京局重点深化该工作机制，其他有条件的地方自行开展） 2018—2020年：在有条件的地方逐步推开。（各地方局）
	41. 针对专利侵权案件执行难问题，积极开展强制执行申请工作，推进强制执行"责令停止侵权"行政决定工作。（专利管理司、各有关地方局负责）	2017年：引导执法工作突出的地方积极开展强制执行申请工作，加强强制执行"责令停止侵权"行政决定。（专利管理司） 2018—2020年：推进在有条件的地方逐步加大强制执行工作力度。（各有关地方局）
十四、促进行政执法与刑事执法有机衔接	42. 加强行政执法与刑事执法的有机衔接，查处专利违法行为时，依法做好案件的相互移送，严禁以罚代刑。深化与公安机关的协作配合机制，推动在地方局设立公安联络室，推进调查取证协作工作和协调涉嫌犯罪案件的移送工作。联合通报表扬知识产权执法先进集体和个人。（各地方局、专利管理司负责）	每年度：持续推进相关案件移送工作，积极协调在本局设立公安联络室，做好有关案件移送和调查取证协作等工作。（各地方局） 每年度：国家局与公安部联合通报表扬年度知识产权执法先进集体和个人。（专利管理司）

续表

任务	分工	工作进度
十四、促进行政执法与刑事执法有机衔接	43. 推进行政执法与刑事执法联动机制建设。积极利用行政执法与刑事执法信息共享平台，推动实现涉嫌假冒专利犯罪案件网上移送、网上监督，完善线索通报、证据移交、案件协查等协作机制。（各地方局负责）	每年度：各地方局积极对接当地"两法衔接"平台，持续推进涉嫌犯罪案件网上移送、线索通报等工作。（各地方局） 每年度：在绩效考核中客观考察移送工作情况，对相关工作突出的地方局予以鼓励，加大支持力度。（专利管理司）
	44. 认真配合检察监督工作。积极配合检察机关对行政执法机关移送涉嫌假冒专利犯罪的监督工作。认真配合对涉及专利侵权的民事、行政案件的审判和执行活动的监督工作。对于检察机关履职中发现的行政机关违法行使职权或者不积极履行职责的行为，及时依法予以纠正。（各地方局负责）	每年度：各地积极推进与当地检察机关的协作配合工作，及时依法纠正违法行使职权或者不积极履行职责的行为。（各地方局）
十五、强化专利案件的行政诉讼应诉工作	45. 提高对行政诉讼应诉工作重视程度。地方局负责人应听取涉及行政诉讼的案件情况汇报，审核答辩法律文书。对于重大疑难案件或可能涉及行政诉讼的案件，提前做好法律风险的分析研判。落实负责人出庭应诉制度，逐步提高负责人出庭应诉案件比例。（各地方局负责）	每年度：健全各地行政应诉工作机制，严格落实负责人听取案情汇报、审核法律文书、出庭应诉等规定。（各地方局） 每年度：各省局应对行政区域内各局相关工作的开展情况进行专项检查。（各省局）
	46. 加强专利行政应诉典型案例研讨。加强专利行政应诉案件分析研判，充分发挥法律顾问在行政应诉中的作用，持续提升依法行政的自觉性。（各地方局、专利管理司、条法司负责）	2017年：在执法工作研讨中强化专利行政应诉相关内容；提出强化专利执法案件行政复议、行政应诉工作的具体措施。（有关地方局、专利管理司、条法司） 2017年：各地方局建立法律顾问制度，聘请法律顾问参与行政应诉相关工作。（各地方局） 2018—2020年：加强对地方行政应诉工作的指导，开展相关典型案例研讨。（专利管理司）

续表

任务	分工	工作进度
十六、积极推进跨部门知识产权执法协作	47. 积极推进跨部门执法办案协作。充分发挥各级跨部门知识产权协作机制的作用，积极推进知识产权执法协作。推进在新技术领域形成跨部门保护合力。加大植物新品种育种方法专利保护协作力度。推进完善进出口环节专利保护协作，配合建立进出口环节专利侵权判定机制，协同推进强化专利权边境保护工作，带动对生产源头、销售环节专利侵权行为的治理。建立健全展会专利保护协作机制，推进建立对注有专利标识的参展产品的报备机制，在重点展会建立知识产权举报投诉维权援助工作站。（各地方局、专利管理司、条法司负责）	每年度：积极建立与当地公安、工信、农业、海关、工商、质检、新闻出版广电、林业等部门的协作沟通机制。（有条件的地方局积极开展） 2017年：协同海关总署推进完善进出口环节专利保护工作措施。（专利管理司、条法司） 2017年：深化广交会执法维权工作，强化协作机制，并加大向全国推广经验力度。（广东局、专利管理司） 每年度：各地在当地重点展会建立12330举报投诉维权援助工作站，开展维权援助服务。（各地方局）
	48. 推动拓展跨部门执法合作范围。加强与各有关部门的合作，充分发挥专利保护对高新技术快速发展、民生相关产业健康发展、国防建设与经济建设融合发展的促进保障作用，加快建立相关的信息沟通、风险研判、办案协作等机制，将专利保护与人民群众的重大关切更密切地结合起来，进一步提高治理各类侵权假冒行为的协同性。（各地方局、专利管理司负责）	每年度：积极完善与当地工信、国防科工、食药监、民政、社会保障、环保等部门的知识产权执法协作机制，拓宽合作范围，深化合作内容，加强信息共享，加快形成跨部门保护合力。（有条件的地方局自行开展） 每年度：加强与国家发改委、工信部、国防知识产权局、国防科工局、民政部、人社部、环保部、国家食药监总局的沟通协调，建立健全相应机制。（专利管理司）
十七、深化维权援助举报投诉机制	49. 畅通知识产权举报投诉渠道。加强网络与通信终端举报投诉平台建设，完善工作流程，规范举报投诉的受理、答复、移交、反馈与跟踪，建立举报投诉快速反应机制。（专利管理司负责）	2017年：指导建立移动端举报投诉端口，整合电话端、移动端与网络平台相结合的举报投诉系统；委托开展移动端与PC端案件举报投诉受理业务培训。（专利管理司） 2018—2020年：全面推开网络与通信终端举报投诉模式，健全举报投诉快速反应机制。（专利管理司）

续表

任务	分工	工作进度
十七、深化维权援助举报投诉机制	50. 严格实行举报投诉工作责任制，确保举报投诉件件有落实。健全知识产权举报投诉奖励制度，鼓励权利人和社会各界对知识产权侵权假冒行为进行举报投诉。（各维权中心、保护中心、快速维权中心负责）	2017年：建立健全举报投诉工作责任制和举报投诉奖励制度。（各维权中心、保护中心、快速维权中心） 2018—2020年：严格落实责任制和奖励制度。（各维权中心、保护中心、快速维权中心）
	51. 强化维权援助中心公益服务功能。拓展维权援助中心服务渠道，使其成为各界群众与权利人寻求支持和监督建言的重要平台。推动加大对维权援助条件建设的支持力度。提升维权服务质量，通过制定针对性强的维权方案，帮助权利人降低维权成本、缩短维权周期、提升维权效果。（各地方局、各有关维权中心负责）	每年度：加大对维权援助中心条件建设的支持力度。（各有关地方局） 每年度：强化公益服务功能，对接当地重点企业与创新主体，主动开展针对性维权援助服务。（各维权中心）
十八、加强创新创业维权援助服务	52. 建立创新创业知识产权维权援助服务机制。拓展创新创业人才知识产权维权援助服务的深度和广度，通过完善网络、专题指导、信息监测、侵权判定、快速维权等措施，从知识产权的申请、运用和维权等方面为创新创业人才提供专业服务，助力大众创业、万众创新，促进人才引进、人才发展。建立创新创业人才知识产权维权援助绿色通道，快速受理和解决创新创业人才反映的维权问题。（专利管理司、各有关地方局、各有关维权中心负责）	每年度：指导有条件的维权中心建立创新创业知识产权维权援助服务机制，建立重点创新创业人才名录，畅通创新创业人才知识产权维权援助绿色通道，增强公益服务的针对性、专业性。（专利管理司、各有关地方局、各有关维权中心）
	53. 构建创新创业知识产权维权服务网络。在创新创业人才集聚区设立知识产权维权援助工作站，实现工作站对创新创业人才的点对点服务。面向创新创业人才开展专题宣传，提高创新创业人才的知识产权维权意识，引导创新创业人才通过12330平台及时获得维权援助服务。深化维权中心对接创新创业人才活动，制定专门维权援助方案，提供专项维权援助服务。（各维权中心负责）	每年度：主动对接当地重点双创基地、人才集聚区及创新资源集中的区域，发挥12330平台作用，设立工作站，构建服务网络，开展专项维权援助服务。（各维权中心）

续表

任务	分工	工作进度
十九、拓展维权援助服务工作范围	54. 深化重大活动知识产权维权援助服务机制。对冬奥会、园博会等影响较大的活动，制定知识产权维权援助工作方案，明确工作责任，加强风险评估，方便举报投诉，维护良好活动秩序，保障活动顺利开展。（专利管理司、有关地方局、有关维权中心负责）	2017年：积极与冬奥会、园博会组委会对接，细化维权援助工作方案，开通维权援助与举报投诉快速通道。（专利管理司、北京局、天津局、河北局、有关维权中心） 2018—2020年：持续推进大型活动专项维权援助工作。（专利管理司、有关地方局、有关维权中心）
	55. 拓宽维权调查渠道。发挥维权援助中心在开展专利保护社会调查中的作用，广泛听取权利人、创新主体、法律服务机构等社会各界的意见建议，对各地侵权假冒行为的发生情况、维权需求及执法效果进行深入调查、综合研判，并向国家知识产权局反馈，以增强对地方知识产权部门执法维权工作评价的公正性和客观性。（各维权中心负责）	2017年：充分发挥维权中心在专利保护社会调查中的作用，广泛听取社会各界对相关情况的意见，对各地侵权行为发生情况、维权需求及执法效果进行深入调查，并及时向国家局反馈。（各维权中心） 2018—2020年：拓宽维权调查渠道，持续增强对执法维权工作评价的公正性和客观性，探索开展异地执法维权调查评价工作。（各维权中心）
	56. 引导企业及时维权。维权援助中心应引导行业协会、产业知识产权联盟，定期提供创新程度高、市场反响好的专利产品名单；及时组织知识产权保护志愿者，围绕专利产品名单，通过互联网检索与市场暗访等方式，发现侵权假冒线索，并引导企业及时维权。（各维权中心负责）	每年度：指导当地行业协会、知识产权联盟建立健全评选重点专利产品名单机制，组织志愿者通过互联网检索与市场暗访等方式，及时发现针对上述产品的侵权假冒线索，引导企业及时维权。（各维权中心）
	57. 完善境外展会维权机制。以大型境外展会为突破口，推进加强海外知识产权维权。建立境外展会快速维权与境内维权援助工作的联动机制，发挥现有维权援助体系对境外展会维权的支撑作用。选择对我国重点产业发展影响较大、专利密集度较高的境外知名展会开展现场维权服务。（专利管理司、国际合作司负责）	每年度：健全海外展会维权机制，发挥现有维权援助体系对境外展会维权的支持作用，选择重点境外展会开展现场维权服务。（专利管理司、国际合作司）

续表

任务	分工	工作进度
二十、加强信息公开与社会信用体系建设工作	58. 加大案件信息公开力度。强化假冒专利案件行政处罚信息和专利侵权案件处理决定信息的公示工作，拓展公开范围与内容，严格落实公示标准。对专利违法行为加大曝光力度，有效震慑侵权假冒行为。（各地方局、专利管理司、条法司负责）	每年度：将有关案件信息在规定时限内公示，依法依规将公示范围从现有的政府网站拓展至本地综合性信用信息共享平台，确保信息准确、更新及时。（各地方局） 2017年：根据国务院有关要求，修订完善专利行政执法案件信息公开相关文件。（专利管理司、条法司）
	59. 将有关专利违法违规行为信息纳入企业和个人信用记录，明确有关信用信息的采集规则，积极推进信用信息的有效使用。充分利用统一社会信用代码数据库，有效使用全国统一的信用信息共享交换平台，加强专利违法失信行为信息在线披露和共享。（专利管理司、条法司、自动化部、各地方局负责）	每年度：按要求采集、报送有关信用信息。（各地方局） 每年度：及时整理有关信息并上传至全国信用信息共享平台。（专利管理司、条法司） 2017—2018年：加快推进全国信用信息共享平台知识产权局部分的建设工作。（专利管理司、条法司、自动化部）
	60. 完善失信惩戒机制。加快推进专利领域联合惩戒机制建设，充分利用相关监管惩戒手段，加大对不良信用记录较多者实施严格限制和联合惩戒的力度，推进强化针对侵权假冒的惩戒手段。（专利管理司牵头负责）	2017年：协调有关部委和局内相关部门出台专利领域联合奖惩备忘录。（专利管理司） 2018—2020年：有序开展相关联合奖惩工作。（专利管理司牵头）
二十一、健全纠纷多元解决机制与社会监督机制	61. 健全纠纷多元化解决机制。健全知识产权调解、仲裁规则，调动各类社会团体与机构的积极性，发挥社会调解与仲裁等替代性纠纷解决机制的作用。（保护协调司、有关地方局负责）	每年度：在全国范围内选择试点地区部署开展工作，推动完善知识产权纠纷多元化解决机制。各地方可探索适应当地实际的多元化纠纷解决机制，推进相关工作。（保护协调司组织有条件的地方局开展）
	62. 持续开展知识产权保护社会满意度调查工作。加大权利人、专业人员和社会公众对知识产权保护的社会监督力度，广泛动员社会力量参与知识产权保护工作，探索建立知识产权保护监督机制，提高公众知识产权保护意识和社会参与度。（保护协调司负责）	每年度：组织开展年度知识产权保护社会满意度调查。（保护协调司）

六、政策文件

续表

任务	分工	工作进度
二十一、健全纠纷多元解决机制与社会监督机制	63. 引导建立专利维权行业自律机制。有效发挥行业协会作用，指导行业协会做好会员的专利维权服务，发挥行业协会在构建专利保护社会治理机制中的作用。引导服务机构提供全方位、高品质的维权服务。（各地方局、有关行业协会负责）	每年度：探索推进建立本地行业自律机制。（有条件的地方局自行开展） 每年度：行业协会健全服务机制，指导会员做好相应维权工作。（中国专利保护协会、中华全国专利代理人协会等协会）
二十二、充分发挥专利保护重点联系机制作用	64. 深化专利保护重点联系机制。发挥专利保护重点联系单位在侵权判定咨询、调查侵权假冒行为中的专业优势。进一步吸纳研发机构、高校、服务机构、创新人才集聚区、产业园区等进入重点联系机制。（专利管理司、有关地方局负责）	2017年：根据申请确定新一批的全国及地方重点联系机制成员单位。（专利管理司、有关地方局） 每年度：根据需要引导、支持有关成员单位开展相应工作。（专利管理司、有关地方局）
	65. 鼓励企业加入专利保护重点联系机制，在公开、自愿的前提下，引导创新型企业加入专利保护重点联系机制，听取企业诉求，畅通企业专利保护通道。增强市场主体、创新主体参与专利保护社会治理的主动性，提升执法主体加强专利保护事中事后监管的针对性。（专利管理司、有关地方局负责）	2017年：确定当地专利保护重点联系企事业单位名单，畅通专利保护通道，提高对重点创新主体、市场主体的保护成效，名单报国家局备案。（专利管理司、有关地方局） 每年度：根据实际更新名单，提升执法监管工作针对性。（专利管理司、有关地方局）
二十三、积极拓展执法交流合作	66. 积极拓展多双边知识产权执法交流合作。推进与周边国家、主要贸易伙伴国、金砖国家及"一带一路"沿线国家知识产权机构的执法信息交流、人员交流与执法协作，加强执法人才培养合作，积极推进执法监管合作，加大相互借鉴、相互支持力度，协同解决各方重点关切问题。在符合国际规则与国内法律的基础上，在知识产权确权、维权中为国内外企业提供同样的便利，吸引尽可能多的国外先进技术向我国转移。（国际合作司、专利管理司负责）	每年度：在现有多双边合作框架内，推进有关知识产权机构建立执法信息、人员交流和执法协作机制，加强执法人才培养合作，推进执法监管合作，开展专题研讨交流活动。（国际合作司、专利管理司）

续表

任务	分工	工作进度
二十四、有效运用争端解决机制	67. 主动运用多双边知识产权争端解决机制。积极应对外方发起的知识产权争端，依规则维护中方合法权益。必要时，支持在多边贸易机制中启动知识产权争端解决机制，依照国际规则积极维护我国权益。指导、支持我国知识产权权利人维护海外合法权益。（国际合作司、专利管理司、保护协调司、有关地方局负责）	每年度：积极应对外方发起争端，依规则维护中方合法权益，研究适时启动争端解决机制。（国际合作司、专利管理司、保护协调司） 每年度：地方局积极指导、支持当地权利人维护海外合法权益。（各有关地方局）
二十五、推进完善执法国际规则	68. 推进完善国际知识产权执法保护规则。积极参与国际组织的知识产权执法交流活动，推进加强与国际组织在执法能力提升中的各项合作，支持专业性国际组织在知识产权争端解决中发挥作用，增强参与调整知识产权执法保护国际规则的主动性与针对性，及时提出措施建议。（国际合作司、专利管理司、条法司负责）	每年度：积极支持、参与国际知识产权执法交流活动，密切关注并积极参与知识产权执法保护国际规则的调整工作。（国际合作司、专利管理司、条法司）
二十六、强化制度保障	69. 协同加强严格专利保护的制度建设。积极配合立法部门推进相关法律法规的制定、修改工作，及时修改完善部门规章，推进条件成熟的地区及时制定、修改地方性法规或政府规章，积极探索建立严格专利保护的法律制度。通过推进完善制度，加大专利侵权损害赔偿，针对故意扰乱市场秩序的侵权行为，规定必要的行政调查取证手段，明确行政调解协议效力，为各级政府履行专利保护监管职责提供必要的法律依据，推进合理划分行政与司法的职责，为形成严格保护专利权的合力提供充分的法制保障。推进加快互联网、电子商务、大数据等领域的知识产权保护规则研究制定。（条法司、专利管理司、有关地方局负责）	2017年：积极推进《专利法》第四次修改工作。（条法司） 2018—2020年：及时修改完善部门规章，推进加快互联网、电子商务、大数据等领域的知识产权保护规则研究制定；积极推进地方性法规或政府规章的制修订工作。（条法司、各地方局） 每年度：指导各地方局充分行使地方法规规定的职责，积极加大专利执法保护力度。（专利管理司）

六、政策文件

续表

任务	分工	工作进度
二十七、加强队伍建设	70. 全面加强专利执法力量建设。加大各级专利执法队伍建设力度，确保执法队伍的基本稳定，依法推进专利执法队伍的专业化、职业化建设。（各地方局、专利管理司负责）	每年度：委托开展各类执法上岗、提高培训。（专利管理司） 每年度：各地方局推进加大执法人员力量配置，推动解决执法人员流动过频问题。（各地方局） 每年度：有序推进专利执法队伍专业化、职业化建设。（专利管理司）
	71. 充分利用系统内外专业人才资源，建立健全执法指导与执法咨询机制，建立执法咨询专家库。（专利管理司负责）	2017年：推进成立各级执法指导委员会，建立执法咨询专家库。（专利管理司、各省局） 2018—2020年：逐步健全执法指导与咨询机制。（专利管理司、各省局）
二十八、改善条件保障	72. 提升执法工作信息化水平。发挥好大数据、云计算、物联网等信息技术手段在发现、防范与打击侵权假冒行为中的重要作用，构建全方位的执法维权工作信息化网络。（专利管理司负责）	2017年：升级专利执法案件报送系统。（专利管理司） 2018—2020年：融合有关执法维权信息化系统，提升执法维权工作信息化水平。（专利管理司）
	73. 加强执法条件建设。积极推进依法依规加大执法投入，配备必要的执法装备，保障打击侵权假冒的基本需求，确保有效履行职责。地方局应加强专利执法办案标准化建设，确保案件口头审理室基本条件，积极为执法工作人员配备便携式专利法律状态查询设备和执法现场视音频记录仪。执法人员应严肃执法着装，增强执法办案的规范性、严肃性与权威性。（各地方局、专利管理司负责）	2017年：研究制定专利执法办案条件标准。（专利管理司） 每年度：积极推进依法依规加大执法投入，加强执法办案标准化建设，支持口头审理室建设，配备执法设备，推进严肃执法着装。（各地方局）

续表

任务	分工	工作进度
二十九、营造舆论环境	74. 创新对外宣传的方式方法，积极推进多语种对外宣传，加大海外宣传力度。（办公室、国际合作司、专利管理司负责）	每年度：通过网络"两微一端"等新媒体手段推进多语种宣传，加大海外宣传力度。（办公室、国际合作司、专利管理司）
	75. 创新舆论营造方式。针对创新资源集中的区域与单位，广泛宣传知识产权维权的各类途径，引导有关各方选择合适的纠纷解决方式。积极通过政府网站、12330举报投诉平台等渠道，充分运用新媒体方式，提升舆论营造效果。（各地方局、办公室、专利管理司负责）	每年度：对接当地高新技术开发区、"双创"基地、知识产权试点示范园区、经济技术开发区等创新资源集中的区域开展宣传，引导有关各方选择合适的方式解决纠纷；积极通过政府网站、12330举报投诉平台等渠道，充分运用新媒体方式，提升舆论宣传效果。（各地方局、办公室、专利管理司）
	76. 及时发布知识产权保护理论最新研究成果，争取各方对加强专利执法监管的支持。深化实例报道。加强对维权成功案例的报道，曝光知识产权侵权假冒典型案件，开展全国知识产权系统行政执法典型案例评选，专题报道执法维权先进集体和个人的经验与事迹，进一步增强创新者、权利人和社会公众对专利制度的信心，营造严格专利保护的舆论氛围。（办公室、专利管理司、各地方局负责）	每年度：开展典型案例评选，征集执法维权先进集体和先进个人典型事迹。（专利管理司） 每年度：充分利用各类平台宣传执法典型案例、先进集体及先进个人。（办公室、专利管理司） 每年度：运用各地媒体、门户网站等营造当地严格专利保护的舆论氛围。（各地方局）

注：分工涉及部门（单位）、各地方局要确定严格专利保护专项工作负责人（分管领导）、联络员（处级）、联系人（科级），填写附件表格（略），于6月15日前报国家局（专利管理司）。局外请发至外网邮箱 zhifa@sipo.gov.cn，局内请发至内网邮箱 anyalei@sipo.gov.cn。

附件

严格专利保护专项工作负责人、联络员、联系人信息表

部门（单位、地方局）：

	姓名	职务	电话	手机	邮箱
负责人 （分管领导）					
联络员 （相应处或科负责人）					
联系人					

注：局外请发至外网邮箱 zhifa@sipo.gov.cn，局内请发至内网邮箱 anyalei@sipo.gov.cn。

国家知识产权局关于印发《"互联网+"知识产权保护工作方案》的通知

(国知发管字〔2018〕21号)

各省、自治区、直辖市知识产权局,新疆生产建设兵团知识产权局;局机关各部门,专利局各部门,局各直属单位、各社会团体:

为深入贯彻习近平新时代中国特色社会主义思想和党的十九大精神,认真落实党中央、国务院关于加强知识产权保护的决策部署,推进完善执法力量,加大执法力度,把违法成本显著提上去,把法律威慑作用充分发挥出来,创新知识产权监管方式,充分运用"互联网+"相关技术手段提升知识产权保护效率和水平,营造更好的创新、投资和营商环境,有力促进扩大开放和中国经济竞争力提升,制定《"互联网+"知识产权保护工作方案》,现予印发,请认真贯彻落实。

特此通知。

国家知识产权局
2018年7月31日

"互联网+"知识产权保护工作方案

为认真贯彻落实党中央、国务院关于加强知识产权保护的决策部署,充分运用"互联网+"相关技术手段创新知识产权保护方式,提升保护水平与效果,制定本方案。

一、总体要求

(一)指导思想

以习近平新时代中国特色社会主义思想为指导,全面贯彻党的十九大和十九届二中、三中全会精神,认真落实党中央、国务院关于加强知识产权保护的决策部署,将"互联网+"作为深化知识产权保护方式改革的重要手段,深化改革措施,创新执法指导和管理机制,发挥大数据、人工智能等信息技术在知识产权侵权假冒的在线识别、实时监测、源头追溯中的作用,缩小对知识产权侵权假冒行为的人力调查范围,最大程度减少对企业正常生产经营行为的影响,提升打击知识产权侵权假冒行为的效率、力度及精准度,净化互联网交易环境,遏制线下侵权假冒生产销售,科学推进知识产权严保护、大保护、快保护、同保护,增强知识产权领域治理能力,确保公正高效保护中外知识产权权利人的合法权益,营造更加良好的创新、投资和营商环境,有力促进扩大开放和中国经济竞争力提升。

(二)基本原则

——统筹规划。做好运用"互联网+"强化知识产权保护工作的顶层设计,促进技术手段、运行机制、工作运行体系间的相互支撑、相互融合,统筹和调动系统内外各类资源,形成工作合力。

——分类指导。遵循各类知识产权保护与网络治理的规则和规律,在方案设计实施中,充分考虑专利、商标等各类知识产权特点，分类指导，分步实施，突出工作实效。

——点面结合。选择具备条件的地方或单位先行先试，形成经验。鼓励有一定资源优势的地方结合实际，大胆推进。同时，加快推进各项全局性任务的安排落实，实现点面协调、相互促进。

——协同推进。通过"互联网＋"相关技术推进知识产权执法维权工作的协调发展，在强化线上侵权假冒行为治理的同时，推进线上线下一体化协同监管，协同提升在线识别、实时监测、源头追溯的效率与水平。

（三）工作目标

到2020年，知识产权侵权假冒线索在线识别、实时监测、源头追溯的技术支撑体系基本建成，知识产权相关数据库、产品和服务数据库构建完成，全流程的知识产权执法维权指导管理系统运行通畅。

"互联网＋"知识产权保护模式在全系统得到广泛应用，"互联网＋"知识产权保护工作机制基本形成，线上知识产权侵权假冒治理水平明显提高，线下源头追溯精准快捷，知识产权执法维权效率显著提升，各类知识产权侵权假冒行为受到严厉打击，知识产权保护环境明显改善。

二、主要任务

（一）建立技术支撑体系

1. 建设基础数据库。提取知识产权授权文件的核心信息，构建知识产权概要数据库。建立侵权判定信息数据库，为侵权判定提供人工智能学习基础。利用知识产权转让许可数据库，为不侵权行为的筛查提供数据。建立动态的重点产品和服务数据库及相关市场主体数据库，提供用于侵权假冒比对的基本数据。

2. 建设侵权假冒线索智能检测系统。建设功能全面的智能检测系统，实现对侵权假冒线索的在线识别、实时监测、源头追溯功能。

分类建立假冒专利、外观设计专利侵权、商标侵权、发明与实用新型专利侵权线索的在线识别模型，与基础数据库对接，实现对侵权假冒线索的在线识别。

通过大数据分析，确定侵权假冒高风险产品和企业名录，建立易受侵权假冒的知识产权名录，对名录实施关联性主动监控，同时推进建立新上线商品侵权假冒风险监测平台，协同实现对侵权假冒线索的实时监测。

建立线上线下快速协查通道，对在线识别和实时监测模块输出的线上侵权假冒线索，结合线上注册和交易信息，确定线下生产销售场所及仓储物流等信息，实现线下源头追溯。

开发对侵权假冒线索的网上取证、存证功能，及时固定网络证据，实现智能检测中的网络电子证据固化。

3. 实现智能检测系统与相关系统的对接。将智能检测系统与执法维权指导管理系统对接，实现侵权假冒线索检测的启动与推送、在线办案指导、在线维权援助等功能。

（二）建立运行机制

1. 建立侵权假冒线索检测启动与推送机制。建立侵权假冒线索检测启动机制。来自国内外的知识产权权利人，可以通过当地知识产权维权援助中心、保护中心、快速维权中心或地方局等执法维权机构启动侵权假冒线索检测。执法维权机构可主动启动检测，针对本地优势产业的单个或批量侵权假冒线索进行检测。国家知识产权局结合实际需求，对重点领域、重点区域、重点知识产权的侵权假冒线索进行全国性检测。

建立信息推送与共享机制。全国性系统发现的专利侵权线索，推送给维权援助中心和权利人；假冒专利和商标侵权线索，根据管辖要求推送给有关执法机构。区域性系统发现的线索，参照以上方式推送，并上传至全国性系统备案。将全国性和区域性智能检测系统与数据库对接融合，在全国性系统中实现信息汇总。

2. 建立智能检测与人工判断衔接机制。建立智能检测与人工判断的信息交互机制。在信息化系统中，设置智能检测与人工判断交互接口，对输出的疑似侵权线索进行人工判断，结果回传至信息化系统，根据要求推送。建立健全智能检测与人工判断信息交互的操作流程和规范标准。把握人工判断基本要求，提升人工判断专业能力，确保交互机制有效运行。

3. 建立涉外侵权假冒相关信息分析处理机制。充分运用国外知识产权数据，建立健全外文网络产品和服务信息采集、加工机制，完善网络产品和服务数据。推进加强涉外知识产权执法交流合作，开展涉外侵权假冒线索检索工作，引导我国企业通过智能检测系统，对重点出口产品的海外侵权风险进行预警检测，防止侵权，进一步提升我国产品的国际竞争力和国际形象；鼓励我国权利人主动检测重点知识产权在海外遭受侵权的线索，引导企业依法有效维权。

4. 推进建立标识电子化管理机制。与有关机构和网络交易平台、大型展会组织方等建立协作机制，在知识产权注册授权、产品销售、维权救济等各环节推行统一的电子化标识，实现全流程信息追踪。

（三）推进试点工作

结合各地实际条件与需求，选择试点地方和单位，选择电子商务、进出口、大型展会等重点领域及地方优势领域，协同推进全国性和区域性智能检测系统的建设运行。

1. 试点地方和单位。选择有条件的省份、城市及单位进行试点，支持、引导其开发适用于区域内或单一执法主体的区域性"互联网＋"知识产权保护数据库和信息化系统，根据本方案提出的各项机制进行运行探索。优先选择"互联网＋"治理基础较好、执法维权工作领先或设有知识产权保护中心的地方及单位进入试点。

充分发挥地方知识产权局、知识产权保护中心、快速维权中心、维权援助中心及研发机构的积极性，鼓励根据本方案提出的技术路径和运行机制，主动作为、积极推进、率先突破，探索建立适应本地条件与需求的"互联网＋"知识产权保护技术体系和运行机制，将管理创新与技术手段创新密切结合起来，提升推进效率。

2. 试点领域与环节。选择信息易追溯、社会关注度高的电子商务、大型展会、进出口等重点领域、重点环节，作为试点工作的突破口，探索推进"互联网＋"知识产权保护工作，及时总结技术手段与治理机制相融合的经验，尽快向各领域推广。试点地方和单位还可以结合实际，选择其他优势领域，作为试点工作的重点领域，突出试点实效。

电子商务领域。通过信息技术手段，全面深化相关协作调度机制。健全对互联网自营、他营、移动客户端交易等不同模式网络交易平台的信息化治理机制，引导平台运用"互联网＋"高效处理侵权假冒举报投诉。根据智能检测系统确定的线下源头信息，提升源头追溯精准度，高效打击生产源头，切断侵权假冒产品流通链条。

进出口环节。推进线上信息共享、办案咨询、案件协查，在权利稳定性分析、侵权判定、网络培训等方面加强协作，通过信息技术手段提升进出口环节知识产权保护效率，协同强化知识产权边境保护能力。

大型展会。推进各地加强同类别展会上侵权假冒案件的信息共享，建立跨区域的展会知识产权保护线上协同监管机制。推进建立知识产权标识展品报备机制，对重点展品实施协同监测。对展会现场发现的侵权假冒产品，通过智能检测平台反溯线上侵权假冒线索，强化线上线下一体化监管。

三、工作运行体系

国家知识产权局有关部门和单位。负责研究提出"互联网+"知识产权保护工作方案，组织实施推进，强化指导监督；指导推进试点工作，及时总结推广试点经验；建立健全运行机制；组织建设全国性技术支撑体系，加强与有关大数据中心建设工作的协调；在相关执法指导工作中推进"互联网+"的广泛应用。

地方局等机构。有条件的地方可超前探索、先行一步，组织推进区域性数据库和智能检测系统建设，推进深化本地"互联网+"知识产权保护运行机制。根据机构改革的要求履行职责，加强与其他地方局和本地有关机构沟通协作，积极指导、支持"互联网+"知识产权保护机制的应用与推广。

知识产权维权援助中心。推广维权援助客户端和网站的使用，运用"互联网+"提升侵权假冒线索受理、移交和反馈效率。通过信息化系统及时向请求人提供维权援助方案，提升维权援助服务质量与效率，提高协助支持行政执法工作效率，实现对疑难执法案件信息的在线移送、专家在线咨询、结果在线反馈。组织知识产权保护志愿者为"互联网+"知识产权保护工作提供尽可能多的人力支持。引导消费者通过客户端或网站积极提供侵权假冒线索，带动权利人通过"互联网+"机制积极维权，促进形成社会共治局面。

知识产权保护中心与快速维权中心。积极运用信息化系统，实现对保护中心全业务流程的在线管理。针对快速协同保护备案单位，建立全周期的跟踪服务机制，及时检测其遭受侵权风险，提示采取保护举措。梳理当地优势产业高质量知识产权列表，主动检测网络侵权假冒线索，切实开展线上线下协同保护。通过信息化系统与有关机构探索建立信息共享、远程审理、执法协作等机制，运用"互联网+"进一步提升快速协同保护效率。

重点联系机制成员单位。鼓励全国专利保护重点联系单位深化定向信息交流机制，充分利用本单位技术、人才、管理等方面的优势资源，加强对"互联网+"知识产权保护工作的支持。结合对各领域"互联网+"应用实例的研究分析，为智能检测系统开发、在线识别模型构建等工作提供专业咨询意见。配合所在地知识产权局开展区域性技术支撑体系建设工作。通过本单位各种渠道，引导权利人积极通过"互联网+"知识产权保护机制开展维权工作。

知识产权保护咨询专家。鼓励各类知识产权保护咨询专家，特别是侵权判定咨询专家充分发挥作用，积极参与侵权假冒线索在线识别模型的构建等工作，协助人工判断侵权行为的规则制定和智能检测系统的开发工作。根据安排，开展线上侵权判定咨询工作。

知识产权保护志愿者。根据各知识产权维权援助中心安排，有序参与智能检测系统的开发、测试等工作；根据引导，做好与知识产权侵权假冒相关的网络舆情监控和分析，结合线下调查方式，汇集各类侵权假冒线索，充实涉嫌侵权假冒的产品和服务数据库；根据要求，使用检测系统发现侵权假冒线索，引导权利人及时维权。

四、工作进度

（一）研究与准备阶段（2018年1月—6月）

有效运用近年来有关研究成果，提炼实践经验，调研借鉴相关方面"互联网+"治理做法，协同发挥管理人员、技术专家、法律专家作用，全面深入听取有关地方局、互联网企业、高校、研究机构等各方意见，研究制定"互联网+"知识产权保护工作方案。

（二）开发与试点阶段（2018年7月—2019年6月）

根据工作方案，部署推进各项任务落实。推进技术支撑体系建设，依法依规确定开发单位，高质高效完成全国性数据库和智能检测系统建设，实现对各领域侵权假冒线索进行在线识别、实时监测、源头追溯的功能。建立并理顺各项工作机制、工作运行体系。

选择并推进试点地方和单位，建设区域性数据库和信息化智能检测系统，与全国性数据库和智能检测系统对接，在重点领域和地方优势领域率先突破，探索可复制、可推广的经验，促进管理机制创新与技术手段创新深度融合。

（三）总结与推广阶段（2019年7月—2020年6月）

充分运用开发成果，全面提炼推广试点工作经验，不断完善各技术支撑系统功能，充实、调整数据库，改进、完善智能检测系统，提升智能化、信息化检测水平，完善适应各地区、各领域的工作体系和运行机制，推进"互联网＋"知识产权保护工作持续深化，基本实现预期目标。

本阶段任务完成后，根据实际运行情况与需求，持续完善"互联网＋"知识产权保护的技术体系、工作运行体系和长效机制，有序推进相应制度建设。

五、工作保障

（一）加强组织领导

国家知识产权局负责方案制定、推进实施和督促检查等工作。参与专项工作的各部门、各单位要根据任务安排保障人员投入，确保责任到人、履职到位。

（二）确保投入实效

在科学论证和规范程序的基础上，给予必要投入。各研发单位应根据要求，按期高质完成研发任务。各试点地方或单位应将国家知识产权局的支持与自身优势资源充分结合，积极创造条件，确保共同完成好既定任务。严格监督，确保投入实效。

（三）加强监督考核

国家知识产权局建立专项工作月报制度，扎实推进阶段性工作落实，确保工作进度和质量。对各项工作进行定期督导，对推诿拖延、履职不力者采取约谈、整改等措施，对工作成效显著者加大支持和激励力度。

（四）强化信息安全

各有关部门和单位要提高对"互联网＋"知识产权保护相关数据库和智能检测系统的安全防护能力，协同建立信息安全机制，确保关键信息和基础设施安全。研发单位要将保密责任落实到人，落实到研发各环节。

（五）健全制度规范

针对"互联网＋"知识产权保护工作中遇到的新情况、新问题，制订、修订相关指南、标准。及时总结经验，持续完善"互联网＋"知识产权保护各项制度。

（六）加强宣传培训

通过各类媒介加大宣传力度，及时推介、分享运用"互联网＋"提升知识产权保护成效的经验做法，引导广大创新主体、市场主体积极运用"互联网＋"机制提升维权效率。开展专项培训研讨，不断提升执法维权人员运用"互联网＋"的工作能力，加强技术人员与管理人员交流，促进技术系统完善升级、管理机制不断优化。

邂逅 植物之美

陈乃权 ◎ 著

人有人之美,动物有动物之美
植物也有植物独特之美

华南理工大学出版社
SOUTH CHINA UNIVERSITY OF TECHNOLOGY PRESS
·广州·

图书在版编目（CIP）数据

邂逅植物之美/陈乃权著. —广州：华南理工大学出版社，2019.8
ISBN 978-7-5623-6082-7

Ⅰ.①邂… Ⅱ.①陈… Ⅲ.①植物-青少年读物 Ⅳ.①Q94-49

中国版本图书馆CIP数据核字（2019）第163517号

Xiehou Zhiwu Zhi Mei
邂逅植物之美
陈乃权 著

出 版 人：卢家明
出版发行：华南理工大学出版社
（广州五山华南理工大学17号楼，邮编510640）
http://www.scutpress.com.cn　E-mail: scutc13@scut.edu.cn
营销部电话：020-87113487　87111048（传真）
策划编辑：吴兆强
责任编辑：吴兆强　邓荣任
印 刷 者：广州市新怡印务有限公司
开　　本：787mm×1092mm　1/16　印张：8.25　字数：196千
版　　次：2019年8月第1版　2019年8月第1次印刷
定　　价：48.00元

版权所有　盗版必究　　印装差错　负责调换

邂逅 植物之美

陈乃权 ◎ 著

人有人之美，动物有动物之美
植物也有植物独特之美

华南理工大学出版社
SOUTH CHINA UNIVERSITY OF TECHNOLOGY PRESS

·广州·

图书在版编目（CIP）数据

邂逅植物之美/陈乃权著. —广州：华南理工大学出版社，2019.8
ISBN 978-7-5623-6082-7

Ⅰ.①邂…　Ⅱ.①陈…　Ⅲ.①植物-青少年读物　Ⅳ.①Q94-49

中国版本图书馆CIP数据核字（2019）第163517号

Xiehou Zhiwu Zhi Mei
邂逅植物之美
陈乃权　著

出 版 人：卢家明
出版发行：华南理工大学出版社
　　　　　（广州五山华南理工大学17号楼，邮编510640）
　　　　　http://www.scutpress.com.cn　E-mail: scutc13@scut.edu.cn
　　　　　营销部电话：020-87113487　87111048（传真）
策划编辑：吴兆强
责任编辑：吴兆强　邓荣任
印 刷 者：广州市新怡印务有限公司
开　　本：787mm×1092mm　1/16　印张：8.25　字数：196千
版　　次：2019年8月第1版　2019年8月第1次印刷
定　　价：48.00元

版权所有　盗版必究　　印装差错　负责调换